VERLAG HERMANN BÖHLAUS NACHFOLGER
16 24
WEIMAR

# SCHILLERS WERKE

NATIONALAUSGABE

1940 begründet von
JULIUS PETERSEN

Fortgeführt von
LIESELOTTE BLUMENTHAL
BENNO VON WIESE
SIEGFRIED SEIDEL

Herausgegeben im Auftrag der
Klassik Stiftung Weimar
und des Deutschen Literaturarchivs
Marbach von
NORBERT OELLERS

DREIUNDVIERZIGSTER BAND
KORREKTUREN, ERGÄNZUNGEN,
VERZEICHNISSE
ABSCHLUSS DER AUSGABE

2024
VERLAG
HERMANN BÖHLAUS NACHFOLGER
WEIMAR

# SCHILLERS WERKE

NATIONALAUSGABE

DREIUNDVIERZIGSTER BAND

KORREKTUREN, ERGÄNZUNGEN,
VERZEICHNISSE

Herausgegeben von
Georg Kurscheidt und Norbert Oellers

2024
VERLAG
HERMANN BÖHLAUS NACHFOLGER
WEIMAR

Bibliografische Information der Deutschen Bibliothek
Die Deutsche Bibliothek verzeichnet diese Publikation in der Deutschen Nationalbibliografie;
detaillierte bibliografische Daten sind im Internet über <http://dnb.ddb.de> abrufbar.

Gedruckt auf chlorfrei gebleichtem, säurefreiem und alterungsbeständigem Papier

Gesamtwerk:
ISBN 978-3-7400-0031-8

Band 43
ISBN 978-3-7400-0799-7



www.metzlerverlag.de

Satz: ARThür Grafik-Design & Kunst, Weimar
Druck und Bindung: Wilco B.V., Amersfoort www.wilco.nl
2024

Verlag Hermann Böhlaus Nachfolger Weimar

# *Einleitung*

Der letzte Band der Schiller-Nationalausgabe, deren erster Band 1943 erschien, enthält hauptsächlich Ergänzungen, vor allem von Briefen, die Schiller geschrieben und erhalten hat. Aber auch die Werkabteilung (Bände 1–22) bekommt einigen Zuwachs, nicht zuletzt durch das Auffinden von Handschriften, die sich beim Tod des Dichters noch in seinem Haus befanden und zum großen Teil in Fragmenten an viele seiner Verehrer von seiner Schwägerin Caroline von Wolzogen, aber auch von seiner Witwe und in späteren Jahren von seinem Sohn Ernst und seiner Tochter Emilie verschenkt wurden. Außerdem wird der Band 22 bereichert.

Zu den Ergänzungen kommen etliche Korrekturen, die sich im Laufe der Jahrzehnte angesammelt haben, sei es durch Quellenfunde, sei es durch die wissenschaftliche Beschäftigung mit einzelnen Werken. Von den Druckfehlern sind diejenigen nicht korrigiert, die jeder Benutzer als Fehler erkennen kann, etwa: daß in Band 1 (S. 286) am Ende des Epigramms „Weibliches Urtheil" ein Punkt fehlt und ebd., Seite 293, dem ersten Vers des Epigramms „Der schöne Geist und der Schöngeist" am Ende ein „t" fehlt. Leicht zu korrigierende Fehler in Zeilenzählern wurden ebenfalls nicht vermerkt. Sinnentstellende Fehler werden natürlich korrigiert; so zum Beispiel in Vers 8 des Gedichts „Die Entzükung / an Laura" (Band 1, S. 23), in dem nicht „angenehmern", sondern „angenehmen" korrekt ist; oder in Vers 698 des „Piccolomini"-Erstdrucks, wiedergegeben in Band 8 N II (S. 529), in dem es nicht „Das sie", sondern „Das Sie" heißen muß). Auf Eingriffe in die Erläuterungen der Schillerschen Werke wurde grundsätzlich verzichtet, so daß auch bemerkte Fehler – unterschiedlicher Schwere – nicht korrigiert wurden, etwa die Behauptung des Herausgebers von Band 3 (S. 306), „Die Räuber" seien nur in zwei Zeitschriften kurz nach ihrer Veröffentlichung rezensiert worden; er übersah einen Artikel über Schillers Drama in der „Allgemeinen deutschen Bibliothek" (anonym; Verfasser: Adolf von Knigge) und einen weiteren in der „Litteratur- und Theaterzeitung" (anonym; Verfasser: Goethes Schwager Johann Georg Schlosser). Daß in den vergangenen Jahrzehnten zahlreiche Gespräche bekannt wurden, die Schiller geführt hat, die aber keinen Eingang in den 1967 erschienenen Band 42 gefunden haben, sei wenigstens erwähnt.

Es war ein Glücksfall, daß nach dem Zweiten Weltkrieg die Nationalausgabe fortgesetzt werden konnte. Ein „Geleitwort" zum 1943 erschienenen Gedichtband von Bernhard Rust, dem Reichsminister für Wissenschaft, Erziehung und Volksbildung, schließt mit dem Satz: „Das Werk dieses deutschen Genius, das hier inmitten des härtesten Kampfes um die deutsche Freiheit und um die Kultur unseres Erdteils von der Nation und für sie herausgegeben wird, möge denn unser Volk stärken in der Stunde seiner höchsten Bewährung, zugleich aber eine Brücke bilden zu den hohen Aufgaben einer gemeinsamen europäischen Zukunft." Das Geleitwort verschwand 1956, als der Band nachgedruckt wurde. Da hatte die Ausgabe schon, dank der intensiven Bemühungen des Böhlau-Verlags (Weimar) und der Kooperation zwischen dem Goethe- und Schiller-Archiv (Weimar) und dem Schiller-Nationalmuseum (Marbach) ihren Fortgang genommen; sechs weitere Bände waren erschienen, von denen allerdings nur der 1953 erschienene Band 3, der „Die Räuber“ enthält, den Ansprüchen an eine historisch-kritische Ausgabe genügte. Band 8 (1948; mit „Wallenstein“) und Band 9 (1949; mit „Maria Stuart“ und „Die Jungfrau von Orleans“) wurden Jahrzehnte später (2010–2013) durch neue Ausgaben ersetzt. Auch der 5. Band (mit „Kabale und Liebe“), 1957 veröffentlicht, wurde 2000 durch eine Neuausgabe auf den gewünschten Stand gebracht.

Vier Bände konnten im vorliegenden Band nicht so korrigiert werden, daß eine Neubearbeitung überflüssig wäre; die Texte wurden entsprechend den Duden-Vorgaben zur Zeit der Bearbeitung ‚modernisiert‘, die Erläuterungen sind oft unzureichend; sie zu ergänzen und zu korrigieren, würde den Umfang des vorliegenden Bandes sprengen. Es handelt sich um die Bände 13 und 14 („Bühnenbearbeitungen“, erschienen 1949), Band 16 („Erzählungen“, erschienen 1954) und Band 22 („Vermischte Schriften“, erschienen 1958). Ein dringendes Desiderat kann allerdings nun erfüllt werden: Schillers – von seinen Lehrern nicht akzeptierte – Dissertation „De Discrimine Febrium inflammatoriarum et putridarum“ wird als Ersatz des in Band 22 Gebotenen (vgl. ebd., S. 31–62 und 353–358) in ansprechender Weise ediert, nämlich nach der überlieferten Handschrift transkribiert, außerdem übersetzt und erläutert. Dem dringendsten Desiderat, das ebenfalls Band 22 betrifft, wird nun endlich Rechnung getragen: Schillers „Avanturen des neuen Telemachs oder Leben und Exsertionen Koerners“, ein Kunstwerk eigener Art aus dem Jahr 1786, erscheint zum ersten Mal in einer ‚Gesamtausgabe‘ der Werke Schillers nach dem überlieferten Original.

Die Herausgeber dachten gelegentlich daran, schriftliche Zeugnisse Schillers, die nicht zu seinen Werken im engeren Sinne gehören, in den vorliegenden Band aufzunehmen: Korrekturen in handschriftlich überlieferten literarischen Arbeiten seiner Frau Charlotte, seiner Schwägerin Caroline von Wolzogen und des „Horen“-Mitarbeiters Carl Ludwig von Knebel sowie Marginalien Schillers in von ihm gelesenen Büchern, etwa in Kants „Critik der Urtheilskraft“, oder auch Widmungen in eigenen Büchern, die er an verschiedene Empfänger verschenkte. Die Überlegungen wurden fallen gelassen, weil sie einen ungewöhnlich weiten Werk-Begriff verfolgten, der für die Editionswissenschaft nicht relevant ist. Doch ist der Schillerforschung eine Auseinandersetzung mit den ‚Nebenarbeiten‘ des Dichters durchaus anzuraten – wegen seiner Hauptwerke. Das mag in Abhandlungen geschehen.

# *Verzeichnis der Siglen und Abkürzungen*

## *Editorische Siglen*

| | |
|---|---|
| *H:* | *Schillers Handschrift.* |
| *h:* | *Abschrift von fremder Hand.* |
| *egh.* | *eigenhändig.* |
| *E:* | *der erste Druck.* |
| *D:* | *spätere Drucke, soweit sie für die Textgeschichte wichtig sind.* |
| *abc* | *Kursivdruck in Brieftexten markiert Hinzufügung durch Bearbeiter.* |
| *[abc]* | *Kursivdruck in eckigen Klammern markiert Textverlust.* |
| | |
| ××× | *nicht gelesenes Wort.* |
| ~~abc~~ | *gestrichene Buchstaben und Wörter.* |
| <u>abc</u> | *unterstrichener Text.* |
| — | *Wiederholungsstrich.* |
| *erg.* | *ergänzt.* |
| *gestr.* | *gestrichen.* |
| *korr.* | *korrigiert.* |
| *ü. d. Z.* | *über der Zeile.* |
| *verb.* | *verbessert.* |
| | |
| *r.* | *recto (folio); Vorderseite eines Blattes.* |
| *v.* | *verso (folio); Rückseite eines Blattes.* |
| *Wz.* | *Wasserzeichen.* |

## *Archive, Bibliotheken und Institutionen*

| | |
|---|---|
| *DLA:* | *Deutsches Literaturarchiv Marbach a. N.* |
| *GMD:* | *Goethe-Museum Düsseldorf, Anton-und-Katharina-Kippenberg-Stiftung.* |
| *GSA:* | *Goethe- und Schiller-Archiv Weimar.* |
| *SBPK:* | *Staatsbibliothek Preußischer Kulturbesitz Berlin.* |
| *SNM:* | *Schiller-Nationalmuseum Marbach.* |
| *SNM (Cotta):* | *Cotta'sche Handschriftensammlung im Schiller-Nationalmuseum Marbach (Stiftung der Stuttgarter Zeitung).* |

*Mit Siglen zitierte Literatur*

*FA/Schiller:* *Friedrich Schiller: Werke und Briefe in zwölf Bänden [Frankfurter Ausgabe]. Hrsg von Otto Dann, Heinz Gerd Ingenkamp, Rolf-Peter Janz, Gerhard Kluge, Herbert Kraft, Georg Kurscheidt, Matthias Luserke, Norbert Oellers, Mirjam Springer und Frithjof Stock. Frankfurt a. M. 1988 bis 2002.*

*GB:* *Johann Wolfgang Goethe: Briefe. Historisch-kritische Ausgabe. Im Auftrag der Klassik-Stiftung Weimar/Goethe- und Schiller-Archiv [...] hrsg. von Georg Kurscheidt, Norbert Oellers und Elke Richter. Bd 1 I/II ff. Berlin 2008 ff.*

*NA:* *Schillers Werke. Nationalausgabe. Bd 1: Im Auftrag des Goethe- und Schiller-Archivs, des Schiller-Nationalmuseums und der Deutschen Akademie hrsg. von Julius Petersen † und Gerhard Fricke. Weimar 1943 – Bd 3, 5, 8, 9, 13, 16, 22, 23, 27: Im Auftrag des Goethe- und Schiller-Archivs und des Schiller-Nationalmuseums hrsg. von Julius Petersen † und Hermann Schneider. Weimar 1948–1958. – Bd 6, 7 I, 11, 17, 18, 20, 21, 25, 28, 29, 30, 35, 36 I, 36 II, 38 I, 42: Begründet von Julius Petersen. Hrsg. im Auftrag der Nationalen Forschungs- und Gedenkstätten der klassischen deutschen Literatur in Weimar (Goethe- und Schiller-Archiv) und des Schiller-Nationalmuseums in Marbach von Lieselotte Blumenthal und Benno von Wiese. Weimar 1961–1979. – Bd 2 I, 2 II A, 4, 7 II, 10, 12, 24, 31, 32, 33 I, 34 I, 37 I, 37 II, 39 I, 40 I: Begründet von Julius Petersen. Fortgeführt von Lieselotte Blumenthal und Benno von Wiese. Hrsg. im Auftrag der Nationalen Forschungs- und Gedenkstätten der klassischen deutschen Literatur in Weimar (Goethe- und Schiller-Archiv) und des Schiller-Nationalmuseums in Marbach von Norbert Oellers und Siegfried Seidel. Weimar 1980–1991. – Bd 15 I, 26: 1940 begründet von Julius Petersen. Fortgeführt von Lieselotte Blumenthal und Benno von Wiese. Hrsg. im Auftrag der Stiftung Weimarer Klassik und des Schiller-Nationalmuseums Marbach von Norbert Oellers und Siegfried Seidel †. Weimar 1992–1993. – Bd 2 II B, 5 N, 15 II, 19 I, 33 II, 34 II, 38 II, 39 II, 40 II, 41 I: 1940 begründet von Julius Petersen. Fortgeführt von Lieselotte Blumenthal, Benno von Wiese, Siegfried Seidel. Hrsg. im Auftrag der Stiftung Weimarer Klassik und des Schiller-Nationalmuseums in Marbach von Norbert Oellers. Weimar 1993–2003. – Bd 8 N I, 8 N II, 8 N III, 9 N I, 9 N II, 19 II, 41 II A, 41 II B: 1940 begründet von Julius Petersen. Fortgeführt von Lieselotte Blumenthal, Benno von Wiese, Siegfried Seidel. Hrsg. im Auftrag der Klassik Stiftung Weimar und des Deutschen Literaturarchivs Marbach von Norbert Oellers. Weimar 2006–2023.*

*RA:* *Briefe an Goethe. Gesamtausgabe in Regestform <Regestausgabe>. Bd 1–5: Nationale Forschungs- und Gedenkstätten der klassischen deutschen Literatur in Weimar. Goethe- und Schiller-Archiv. Herausgeber: Karl-Heinz Hahn. Redaktor: Irmtraut Schmid. Weimar 1980–1992; Ergänzungsband zu den Bänden 1–5. Hrsg. von der Stiftung Weimarer Klassik/Goethe- und*

*Schiller-Archiv. Bearbeitet von Manfred Koltes unter Mitarbeit von Ulrike Bischof und Sabine Schäfer. Weimar 1995; Bd 6–8: Hrsg. von der Stiftung Weimarer Klassik/Goethe- und Schiller-Archiv <Bd 8: Klassik Stiftung Weimar>. Bearbeitet von Manfred Koltes unter Mitarbeit von Ulrike Bischof und Sabine Schäfer. Weimar 2000, 2004, 2011; Bd 9: In Verbindung mit der Sächsischen Akademie der Wissenschaften und der Mainzer Akademie der Wissenschaften und der Literatur hrsg. von der Klassik Stiftung Weimar Goethe- und Schiller-Archiv. Bearbeitet von Manfred Koltes, Ulrike Bischof, Christian Hain und Sabine Schäfer. Weimar 2017.*

*WA:* *Goethes Werke. Hrsg. im Auftrage der Großherzogin Sophie von Sachsen [Weimarer Ausgabe]. I. Abtheilung: [Goethes Werke.] 55 Bde. - II. Abtheilung: Goethes Naturwissenschaftliche Schriften. 13 Bde. - III. Abtheilung: Goethes Tagebücher. 15 Bde. - IV. Abtheilung: Goethes Briefe. Bd 1–50. Weimar 1887–1919; Bd 51–53: Nachträge und Register zur IV. Abtheilung: Briefe. Hrsg. von Paul Raabe. 3 Bde. München 1990.*

*Abgekürzt zitierte Literatur*

*ALZ:* *Allgemeine Literatur-Zeitung. [Hrsg. von Christian Gottfried Schütz und Gottlieb Hufeland.] Jena 1785–1803.*

*Aus Herders Nachlaß:* *Aus Herders Nachlaß. Ungedruckte Briefe von Herder und dessen Gattin, Goethe, Schiller, Klopstock, Lenz, Jean Paul, Claudius, Lavater, Jacobi und andern bedeutenden Zeitgenossen. Hrsg. von Heinrich Düntzer und Ferdinand Gottfried von Herder. 3 Bde. Frankfurt a. M. 1856–1857.*

*Beziehungen:* *Schiller's Beziehungen zu Eltern, Geschwistern und der Familie von Wolzogen. Aus den Familien-Papieren mitgetheilt (von Alfred Freiherrn von Wolzogen). Stuttgart 1859.*

*Charlotte:* *Charlotte von Schiller und ihre Freunde. (Hrsg. von Ludwig Urlichs.) 3 Bde. Stuttgart 1860–1865.*

*Fambach:* *Oscar Fambach: Ein Jahrhundert deutscher Literaturkritik (1750–1850). Bd 2: Schiller und sein Kreis in der Kritik ihrer Zeit. Berlin 1957; Bd 3: Der Aufstieg zur Klassik in der Kritik der Zeit. Berlin 1959; Bd 4: Das große Jahrzehnt in der Kritik seiner Zeit. Berlin 1958.*

*Geschäftsbriefe:* *Geschäftsbriefe Schiller's. Gesammelt, erläutert und hrsg. von Karl Goedeke. Leipzig 1875.*

*GJb:* *Goethe-Jahrbuch.*

*Hartmann:* *Julius Hartmann: Schillers Jugendfreunde. Stuttgart und Berlin 1904.*

*Hoffmeister:* *Karl Hoffmeister: Schiller's Leben, Geistesentwickelung und Werke im Zusammenhang. 5 Tle. Stuttgart 1838–1842.*

*Humboldt, Briefe:* *Wilhelm von Humboldt: Briefe. Historisch-kritische Ausgabe. Abteilung I: Briefe bis zum Beginn der diplomatischen Laufbahn 1781–1802. – Bd 3: Juli 1795–Juni 1797. Hrsg. und kommentiert von Philip Mattson. Berlin, Boston 2017.*

*JbDSG:* *Jahrbuch der Deutschen Schillergesellschaft.*

*Jonas:* *Schillers Briefe. Hrsg. und mit Anmerkungen versehen von Fritz Jonas. 7 Bde. Stuttgart, Leipzig, Berlin, Wien (1892–1896).*

*Schiller-Cotta:* *Briefwechsel zwischen Schiller und Cotta. Hrsg. von Wilhelm Vollmer. Stuttgart 1876.*

*Schiller-Goethe*[1] *Briefwechsel zwischen Schiller und Goethe in den Jahren 1794 bis 1805. <Hrsg. von Johann Wolfgang von Goethe.> 6 Tle. Stuttgart und Tübingen 1828–1829.*

*Schiller-Humboldt*[3]*:* *Briefwechsel zwischen Schiller und Wilhelm von Humboldt. Dritte vermehrte Ausgabe mit Anmerkungen von Albert Leitzmann. Stuttgart 1900.*

*Schiller-Körner:* *Schillers Briefwechsel mit Körner. Von 1784 bis zum Tode Schillers. 4 Tle. Berlin 1847.*

*Schiller-Körner*[2]*:* *Schillers Briefwechsel mit Körner. Von 1784 bis zum Tode Schillers. 2. vermehrte Auflage. Hrsg. von Karl Goedeke. 2 Bde. Leipzig 1874.*

*Schiller-Körner*[3]*:* *Briefwechsel zwischen Schiller und Körner. Von 1784 bis zum Tode Schillers. Mit Einleitung von Ludwig Geiger (1892). 4 Bde. Stuttgart [1895 bis 1896].*

*Schiller-Lotte:* *Schiller und Lotte. 1788. 1789. (Hrsg. von Emilie von Gleichen-Rußwurm geb. von Schiller.) Stuttgart und Augsburg 1856.*

*Schiller-Lotte*[2/3]*:* *Schiller und Lotte. 1788–1805. Zweite und dritte, den ganzen Briefwechsel umfassende Ausgabe, bearbeitet von Wilhelm Fielitz. 3 Bde. Stuttgart 1879.*

*Schiller-Reinwald:* *Schiller's Briefwechsel mit seiner Schwester Christophine und seinem Schwager Reinwald. Hrsg. von Wendelin von Maltzahn. Leipzig 1875.*

*Schilleriana:* *Carl Künzels ‚Schilleriana'. Briefe an Schiller und Schillers Familienmitglieder nach den Abschriften im Besitz des Wiener Goethe-Vereins. Hrsg. von Eduard Castle. Wien 1955 (Österreichische Akademie der Wissenschaften. Philosophisch-historische Klasse. Sitzungsberichte. Bd 229. 3. Abhandlung).*

*Schütz:* *Christian Gottfried Schütz. Darstellung seines Lebens, Charakters und Verdienstes nebst einer Auswahl aus seinem literarischen Briefwechsel mit den berühmtesten Gelehrten und Dichtern seiner Zeit. Hrsg. von seinem Sohne Friedrich Karl Julius Schütz. 2 Bde. Halle 1834–1835.*

*Urlichs:* *Briefe an Schiller. Hrsg. von L[udwig] Urlichs. Stuttgart 1877.*

*WB:* *Wielands Briefwechsel. Bd 1–2: Hrsg. von der Deutschen Akademie der Wissenschaften zu Berlin/Institut für deutsche Sprache und Literatur (Bd 2: durch Hans Werner Seiffert); Bd 3–5: Hrsg. von der Akademie der Wissenschaften der DDR/Zentralinstitut für Literaturgeschichte durch Hans Werner Seiffert; Bd 6–18, 20: Hrsg. von der Berlin-Brandenburgischen Akademie der Wissenschaften durch Siegfried Scheibe. Berlin 1963–2007. – Bd 10: April 1788–Dezember 1790. T. 1: Text. Bearbeitet von Uta Motschmann (1992); T. 2: Anmerkungen. Bearbeitet von Uta Motschmann (1993); Bd 13: Juli 1795–Juni 1797. T. 1: Text. Bearbeitet von Klaus Gerlach (1999). T. 2: Anmerkungen. Bearbeitet von Klaus Gerlach (2000).*

*Wolzogen, Literarischer Nachlaß: Literarischer Nachlaß der Frau Caroline von Wolzogen. [Hrsg. von Karl Hase.] 2 Bde. Leipzig 1848–1849.*

*Wolzogen, Schillers Leben: [Caroline von Wolzogen:] Schillers Leben, verfaßt aus Erinnerungen der Familie, seinen eignen Briefen und den Nachrichten seines Freundes Körner. 2 Thle. Stuttgart und Tübingen 1830.*

# SCHILLERS WERKE (NA 1–22): KORREKTUREN UND ERGÄNZUNGEN

*Verzeichnis der Abkürzungen*

***Siehe S. [7–]8.***

### *NA 1, Titelblatt*

1778–1798 *(korr.). Vgl. die „Vorbemerkung" zum 1992 erschienenen Nachdruck des Bandes. – Vgl. auch die Ergänzungen und Korrekturen zu Band 2 II A in Band 2 II B, 294–296; sie betreffen auch Fehler in NA 1.*

### *NA 1, 110–111*

DIE FREUNDSCHAFT

*Das Gedicht wurde unter „Lot 438" im Versteigerungskatalog von Sotheby (London) vom 13. und 14. Juli 1931 angeboten: „A very fine Autograph. Poem signed, ‚Die Freundschaft', 10 stanzas each of six lines on 4 pp. 4to – This well-known poem was first published in ‚Anthologie', 1781." (Dank für die Mitteilung an Helmuth Mojem, Marbach a. N.) – Der Besitzer der Handschrift ist nicht bekannt; auch nicht, ob diese tatsächlich von Schiller stammt.*

### *NA 1, 137*

HOCHZEITGEDICHT

*V. 1:* nach *(korr.)*

### *NA 1, 150*

FÜR AUGUST FRIEDRICH KNÜPPEL *(erg.)*

Klopstok

Reizend klinget des Ruhms lokender Silberton
in das schlagende Herz, und die Unsterblichkeit
ist ein großer Gedanke,
ist des Schweißes der Edeln werth.

Leipzig
am 4ten May. 85. Fridrich Schiller.

*ÜBERLIEFERUNG. H: Privatbesitz. Auf der Auktion von Hauswedell & Nolte vom 19./20. Mai 2005 versteigert. (Katalog, S. 197–198, Nr 847.) S. 11 des Stammbuchs von August*

*Friedrich Knüppel. 1 Blatt 18,6 × 11,2 cm, geripptes Papier (Mitteilung von Diedrich Deseniss im Brief an Georg Kurscheidt vom 22. Mai 2005). – Textwiedergabe nach dem Facsimile im Katalog der Auktion „Wertvolle Bücher und Autographen des 15.–20. Jahrhunderts", Tafel 19, zu Nr 847.*

*ERLÄUTERUNGEN. Schiller zitiert Klopstocks Ode „Der Zürichsee" (V. 49–52). Statt „Reizend" heißt es im Original „Reizvoll". – August Friedrich Julius Knüppel (1757–1840) war Jurist, Schriftsteller und Journalist in Halle und Leipzig, seit 1787 in Hamburg.*

## *NA 1, 217*

### FÜR GEORG WILHELM PRAHMER *(erg.)*

Der Geist gedeyht durch Weißheit!
Das' Herz durch Schönheit,
Dieser Adel führt zum Ziele
Dauernder Glückseligkeit
(Bürgers Gedichte)
Zum Andenken von Frid. Schiller
Jena den 23. Aug. 1789

*ÜBERLIEFERUNG. H: Privatbesitz. Blatt 17r des Stammbuchs von Georg Wilhelm Prahmer. Eintrag vom 23. August 1789. – E: Neulateinisches Jahrbuch 2018. S. 358. Ebd. S. [351]–392: Walther Ludwig: Deutsche Klassiker und andere Gelehrte im Stammbuch von Georg Wilhelm Prahmer (1789–1799).*

*ERLÄUTERUNGEN. Das Zitat stammt aus Gottfried August Bürgers Gedicht „Gesang / am heiligen Vorabend / des / Funfzigjährigen Jubelfestes / der / Georgia Augusta" (Bürger: Gedichte. T. 1. Göttingen 1789. S. 239–248; das Zitat S. 241). – Georg Wilhelm Prahmer (1770–1812) war nach seinem Studium der Theologie in Halle zunächst lutherischer Pfarrer an der Charité in Berlin, seit 1800 Pfarrer in Ahrensfelde.*

## *NA 1, 219*

### FÜR FRIEDRICH WILHEM HANSER *(erg.)*

Der Geist gedeyht durch Wahrheit
das Herz durch Schönheit
Bürger

Erfurt d 24. Aug.
1791.

Zum Andenken
von Ihrem ergebnen
Diener
Fr. Schiller

*ÜBERLIEFERUNG. H: DLA/SNM. Bl. 98 des 157 Blätter umfassenden Stammbuchs (14,5 × 10,1 cm, brauner Kalbslederband mit insgesamt 242 Eintragungen).*

*ERLÄUTERUNGEN. Zu den zitierten Bürger-Versen vgl. die Erläuterungen zum vorangegangenen Stammbuch-Eintrag. – Friedrich Wilhelm Hanser (1760–1803) war der Sohn eines schwäbischen Pfarrers; er studierte Theologie im Tübinger Stift und war dort Repetent. Auf einer wissenschaftlichen Reise durch Deutschland traf er im August 1791 in Erfurt mit Schiller zuammen. 1793 wurde Hanser in Herrenberg Diakon, 1796 wurde er nach Cannstatt versetzt.*

### *NA 1, 219*

FÜR LEONHARD CREUZER *(erg.)*

– quem te Deus esse  
Jussit et humana qua parte locatus es in re  
disce –  
Erfordiæ XVII. Septbr. 91  
Fr. Schiller.

*ÜBERLIEFERUNG. H: Privatbesitz (Berlin). Stammbuch Leonhard Creuzers. (191 Blätter 18,2 × 10.9 cm, geripptes Papier. Wz.:* C & I HONIG.*) Facsimile und Druck in: Ketterer Kunst. 287. Auktion. Hamburg 2004 (Mai). Tafel 29 und Nr 1103. – Das Stammbuch enthält auch einen am 24. September 1791 – ebenfalls in Erfurt – vorgenommenen Eintrag Charlotte Schillers:*

Viel sind der Zaubereyen der Kunst,  
und wenig der Tage des Lenzes.

*Dieselben Verse aus Klopstocks Ode „Die Lehrstunde" (vgl. V. 12–13) trug Schiller am 22. Mai 1796 in das Stammbuch Auguste Duvaus ein (vgl. den zweiten Nachtrag zu S. 221).*

*ERLÄUTERUNGEN. Das Zitat stammt aus den Satiren („Saturae") des Persius Flaccus (Satura tertia, V. 71–73): „[...] wie Gott dich haben hat wollen, / Und an welcherlei Stelle im Menschengetriebe dein Platz sei! Lern's [...]." (Die Satiren des Persius. Lateinisch und deutsch. Hrsg. von Otto Seel. 2. Aufl. München 1974. S. 37.) – Christoph Andreas Leonhard Creuzer (1768–1844), Theologe in Marburg, war der ältere Bruder von Georg Friedrich Creuzer.*

### *NA 1, 219*

[FÜR DENSELBEN] *(korr. und erg.)*

*Die Wieland-Verse schrieb Schiller in das Stammbuch des mit Karl Wilhelm Justi befreundeten Marburger Philosophieprofessors Joseph Friedrich Engelschall (1739–1797). Justi und*

*Engelschall lernten Schiller im September 1791 in Erfurt kennen, wo dieser von Mitte August bis Anfang Oktober 1791 lebte – zur Nachkur seines Karlsbader Aufenthalts, der ihm nicht die gewünschte Erholung gebracht hatte. Unter die Wieland-Verse für Engelschall schrieb Schiller:*

Erfurt 17. Sept. 91

Zum Andenken unsrer kurzen

Bekanntschaft.

F. Schiller

*Vgl. Hermann F. Weiss: Eine Reise nach Thüringen im Jahre 1791. Zu einer unbeachteten Begegnung Karl Wilhelm Justis und Joseph Friedrich Engelschalls mit Schiller und Novalis. In: Zeitschrift des Vereins für hessische Geschichte und Landeskunde 101 (1996). S. 43–56. – In den Inhaltsverzeichnissen des Bände 1 (S. 437), 2 I (S. 512) und 2 II B (S. 539) sind die unrichtigen Angaben zu* Doch auch die Weisheit *zu korrigieren.*

## ***NA 1, 221***

### FÜR AUGUSTE DUVAU *(erg.)*

Viel sind der Zaubereyen der Kunst und
wenig der Tage des Lenzes.

Klopstock.

Jena den 22. May
1796. zum Andenken
von Fr. Schiller.

*ÜBERLIEFERUNG. H: Privatbesitz (Tokio). Stammbuch Auguste Duvau (310 Seiten 20,9 × 13,5 cm). Facsimile und Druck (= Erstdruck) in: Frieder Sondermann: Das Stammbuch von Auguste Duvau. In: Tohoku Doitsu bungaku Kenkyu. No. 49 (2005/2006). S. 21–50 (Text auf S. 29, Facsimile auf S. 48). Vgl. auch Ernst Lewalter: Ein Stammbuch aus der Goethe-Zeit. In: Die Literatur / Monatsschrift für Literaturfreunde. 26. Jg. [des Literarischen Echo. H. 1]. Stuttgart und Berlin [Oktober] 1923. S. 654–656. (Erwähnung des nicht zitierten Eintrags ebd., S. 655.)*

*ERLÄUTERUNGEN. Das Zitat stammt aus Klopstocks Ode „Die Lehrstunde" (vgl. V. 12 bis 13). – Louis Auguste Duvau (Du Vau) (1771–1831), französischer Naturforscher, Schriftsteller und Übersetzer aus Tours, war 1793 mit seinem Bruder Alexis nach Deutschland emigriert; 1795 war er nach Weimar gekommen. 1798–1801 war Duvau als Sprachlehrer an dem von Jean Josephe Mounier in Belvedere gegründeten Erziehungsinstitut tätig. Vgl. Friedrich Michael: Auguste Duvau. Ein französischer Freund der Weimarer Gesellschaft. In: Jahrbuch der Sammlung Kippenberg. Bd 4 (1924). S. 191–248.*

## *NA I, 221*

### FÜR FRIEDRICH MATTHISSON *(erg.)*

Non fumum ex fulgore sed ex fumo lucem.
Jena den 26. May.
1794. zum Andenken
von Fridrich Schiller.

*ÜBERLIEFERUNG. H: Landesbücherei Dessau. 1 Blatt, gerippt. Wz.: Zierrand. Der Eintrag Schillers befindet sich auf Seite 60 des in rotes Leder gebundenen, 233 Seiten umfassenden Stammbuchs, das insgesamt 302 Eintragungen enthält. (Angaben nach Mitteilungen Martine Kreißlers, der Leiterin der Landesbücherei Dessau, in einem Brief an Hermann F. Weiss vom 31. Januar 2003.) – Textwiedergabe nach dem Facsimile in: Das Stammbuch Friedrich von Matthissons. Transkription und Kommentar zum Faksimile. Hrsg., kommentiert und mit einem Nachwort versehen von Erich Wege, Doris und Peter Walser-Wilhelm sowie Christine Holliger in Zusammenarbeit mit Bonstettiana, Archiv und Edition sowie der Anhaltischen Landesbücherei Dessau. Göttingen 2007. Nr 74 [S. 88].*

*ERLÄUTERUNGEN. Schillers Eintrag ist ein Zitat aus Horaz' „Ars poetica" (V. 143: „non fumum ex fulgore, sed ex fumo dare lucem"). Übersetzung des Schiller'schen Eintrags, etwa: Nicht Rauch [soll] aus Blitzen, sondern aus Rauch [soll] Licht [werden].*

## *NA 1, 221*

### [FÜR EINEN UNBEKANNTEN (1796?)] *(erg.)*

Zieh umrollender Kreisel den Mann mir zurück in die Wohnung.

*ENTSTEHUNG. Schiller zitiert den 17. Vers aus Theokrits zweiter Idylle „Die Zauberin". Die Idylle in der Übersetzung von Johann Heinrich Voß war Schiller von Voß am 7. Februar 1796 geschickt worden (vgl. NA 36 I, 111). Sie erschien im Juni 1796 in den „Horen" (6. Stück, S. 50–60; das Zitat ebd., S. 51). Vermutlich stammt Schillers Eintrag in ein Album oder ein Stammbuch aus dem ersten Halbjahr 1796.*

*ÜBERLIEFERUNG. H: Privatbesitz. Facsimile (und Transkription) in: Kotte: Autograph highligths […]. Roßhaupten [2020]. Ohne S. Unter dem Text Schillers:* Schillers Handschrift bezeugt durch / Goethe / Weimar / d. 25. Juni / 1823. *Dazu die Angaben im Kotte-Verzeichnis: „Albumblatt mit eigenh. Einträgen beider Dichter. […] Unter Passepartout mit Tuschrahmen und Blattgoldauflage montiert (128 × 220 cm [gemeint ist: mm]. Gesamtgröße 188 × 273 mm [Höhe × Breite]. […] Auf Papier mit Wasserzeichen: Lilien-Fragment, darunter doppelstrichige Antiquaversalien ‚A Wunnerlich'." – Die Bitte an den Besitzer der Handschrift um weitere Angaben zur Überlieferung wurde nicht beantwortet.*

### *NA 1, 221*

[FÜR EINEN UNBEKANNTEN (1796?)] *(erg.)*

Das Verbindungsmittel. *(erg.)*

Wie verfährt die Natur, um Hohes und Niederes im Menschen ,
zu verbinden? Sie stellt Eitelkeit zwischen hinein.
S.

*ENTSTEHUNG. Der Text entspricht fast ganz dem Distichon, das im August 1796 in Schillers "Musen-Almanach für das Jahr 1797" erschienen ist (vgl. NA 1, 310 und NA 2 II A, 458f.) Die Lesarten im Almanach sind* hohes und niedres *statt* Hohes und Niederes*; außerdem* Zu *statt* zu.

*ÜBERLIEFERUNG. H: Nachlass Heinrich Bölls, Köln. – 1 Blatt 18,1 × 9,6 cm, offenbar an allen vier Rändern beschnitten. Der untere Rand (und damit die Länge des Blatts) ist möglicherweise noch 1 oder 2 Zentimeter durch ein Bindemittel, das an allen vier Rändern das beschriebene Blatt mit einer festen Unterlage verbindet, verdeckt. Die Unterlage ist eingefügt in einen Bilderrahmen; die Möglichkeit, Schillers offenbar gut erhaltene Handschrift genauer zu beschreiben, ist nicht gegeben, zumal sie durch eine Glasscheibe vom Betrachter getrennt ist.*

*ERLÄUTERUNG. In den Besitz der Handschrift ist Heinrich Böll im Sommer 1965 gekommen. Nach einer Lesung in Moskau wurde sie ihm dort geschenkt. Möglicherweise war sie bis wenigstens 1945 im Besitz eines in einer sowjetischen Besatzungszone lebenden Deutschen gewesen.*

### *NA 1, 221*

FÜR F. L. J. BODEMANN *(korr.)*

*Bodemanns zweiter Vorname: Ludwig.*

### *NA 1, 409*

DAS GLÜCK

*V. 31:* glücklichen *(korr.)*

### *NA 1, 437*

*Inhaltsverzeichnis: Siehe den zweiten Eintrag zu S. 221. – Der Eintrag* Für denselben *(unter* Für Karl Wilhelm Justi*) mit der Seitenzahl* 219 *fehlt.*

### *NA 1, 438*

*Inhaltsverzeichnis:* Tabulae votivae *(korr.)*

### *NA 2 I, 68*

*Mitte:* observantissimus *(korr.)*

### *NA 2 I, 92*

*„Xenien" 559 und 560 nach der Sammelhandschrift* $h^8$ *in umgekehrter Reihenfolge (korr.; s. NA 2 II A, 360).*

### *NA 2 I, 97 und 98 und NA 2 II B, 90 und 91*

Socrates

Weil er unwissend sich rühmte, nannt' ihn Apollo den Weisen,
Freund, wieviel weiser bist du, was er bloß rühmte, du bists.

Socrates

Dich erklärte der Pythia Mund für den weisesten Griechen.
Wohl! Der weiseste mag oft der beschwerlichste seyn.

*ÜBERLIEFERUNG (erg.). H: DLA/SNM. 1 Blatt 18,5 × 6,5 (–7,0) cm, 1 S. beschrieben, aufgeklebt auf ein größeres Blatt, auf dem Ludwig von Gleichen-Rußwurm 1877 beglaubigt hat, daß die Verse von Schillers Hand geschrieben wurden.*

*LESART.* **1** nannt'] *über gestr.* hiess

### *NA 2 I, [99]*

STAMMBUCHBLÄTTER 1776–1798*; zu korrigieren auch S. 101, Kolumnentitel, und S. 553, Inhaltsverzeichnis.*

### *NA 2 I, 101*

*Kolumnentitel:* STAMMBUCHBLÄTTER 1776–1798 *(korr.)*

### *NA 2 I, 102*

[FÜR JOHAN NICLAS LINDAHL] *(erg.)*

In den Meinungen Streit, Eintracht in Gefühl und Gesinnung
Bringt in das Leben zugleich Wärme und Farbe und Luft.
Jena 2. September 1798 FSchiller.

*ÜBERLIEFERUNG. E: Siehe NA 29, 623.*

*ERLÄUTERUNG. Siehe NA 29, 622–623.*

### *NA 2 I, 139*

LAURA AM KLAVIER *(korr.)*

*Der Hinweis auf die Varianten ist zu streichen; bei der genannten „Fassung" handelt es sich um eine der etwa 400 überlieferten Fälschungen Schillerscher Handschriften des in Weimar lebenden Geometers Georg H e i n r i c h Karl Jakob Victor von Gerstenbergk (1814–1880). Vgl. Gerhard Schmid: Der Mann, der wie Schiller schrieb. [...] In: Manuskripte 8. Freundesgesellschaft des Goethe- und Schiller-Archivs. Weimar 2017. S. 17–34.*

### *NA 2 I, 171*

FÜR JOSEPH WOELFL *(erg.)*

Leben zeige die bildende Kunst, G e i s t fodr'
ich vom Dichter

Aber die S e e l e spricht nur Polyhymnia aus.
Weimar am lezten März
1800 Schiller.

*ÜBERLIEFERUNG. H: San Francisco, Sutro Library. S. 49 (s. u.) des nicht paginierten, 198 Seiten umfassenden Stammbuchs des Musikers Joseph Woelfl (Umfang des Stammbuchs: 17 × 10 cm; Papier 15,1 × 9,8 cm, geripppt). Das Blatt, mit Schillers Text auf der Rückseite, wo mit Bleistift fälschlich „49" notiert ist, wurde, wie andere Blätter auch, aus dem Stammbuch herausgetrennt und nach der Beschriftung wieder eingeklebt. Das Wort* Leben *ist ebenfalls unterstrichen (geschlängelt), vermutlich von einer anderen Hand als von der, mit der offenbar Schiller* Geist *und* Seele *unterstrichen hat. Für die Mitteilung der genauen Daten ist Sebastian Biesold (Frankfurt a. M.) zu danken.*

*ERLÄUTERUNGEN. Der österreichische Komponist Joseph Woelfl (1773–1812) unternahm 1799/1800 eine Reise durch Nord- und Mitteldeutschland. Ende 1799 hielt er sich für einige Wochen in Hamburg auf. Ende März 1800 kam er für vermutlich 2 bis 3 Wochen nach Weimar. Dort trugen sich außer Schiller in sein Stammbuch ein: Amalie von Imhoff (am 30. März). Johannes Daniel Falk (am 31. März), August von Kotzebue (am 9. April) und Carl August Böttiger (am 1. Mai, auf einem zunächst herausgetrennten, dann wieder eingeklebten Blatt). – Schillers Distichon erschien, mit der Variante* athme *(statt* zeige*) und ohne Hervorhebungen, unter der Überschrift* Tonkunst *als Votivtafel 1800 im dritten Buch seiner Gedichtausgabe letzter Hand nach dem Plan der Prachtausgabe. Vgl. NA 2 I, 325 und NA 2 II B, 213.*

## *NA 2 I, 172*

### SCHARADE *(erg.)*

*ÜBERLIEFERUNG. Die in E (vgl. NA 2 II A, 119) beschriebene Handschrift (E, S. 62), die vermutlich nicht von Schiller stammt, befindet sich im SNM . 1 Blatt 10,0 × 15,8 cm; nicht definierbares Wasserzeichen.*

*LESARTEN. Zwischen den Strophen und am Ende waagerechte Striche von 3,5, 2,8 und 1,7 cm Länge H Überschrift:* Charade *H* **2** rot,] roth *H* **3** sich's] sichs *H* Quell,] Quell *H* **4** macht's] machts *H* Grauen.] Grauen *(*G *verb. aus* g*) H* **5** produziert's] produzirt *H* sich,] sich *H* **8** schauen,] schauen *H* **9** sich's] sichs *H* Quell,] Quell *H* **10** macht's] machts *H* Grauen,] Grauen *(*G *verb. aus* g*) H* **11** produziert's] produzirts *(*s *in d. Z. eingefügt) H* ich,] sich *H* **12** es] er *H* **14** anzuschauen.] anzuschauen, *H* **15** Eine] E *verb. aus* e *H* drauf,] drauf *H* **16** Dem] m *verb. aus 2 unlesbaren Buchstaben H* Grauen,] Grauen *H* **17** soll's] solls *H* **18** so brennt man sich.] ~~so~~ — ~~xxxxxx~~ *(unleserliches Wort gestr.)* brenntmansich *H*

## *NA 2 I, 177*

### [EINGANGSLIED] *aus „Wilhelm Tell"*

*V. 32:* der Menschen *(korr.)*

## *NA 2 I, 425*

### [Orpheus in der Unterwelt]

*Z. 6:* blühender ungefährdet *(korr.)*

### *NA 2 I, 428*

[WANDERSÄNGER (I)]

*V. 11:* Er singt *(korr.)*

### *NA 2 I, 437*

[BIANCA]

*Z. 6:* Edel auch die Gräfin *(korr.)*

### *NA 2 I, 452*

DER HYPOCHONDRISCHE PLUTO

*V. 176:* mißt *(korr.)*

### *NA 2 I, 454*

DIE ALTEN UND NEUEN HELDEN *(korr.)*

*Korrektur auch im Register, S. 501 sowie im Inhaltsverzeichnis, S. 564*

### *NA 2 I, 475*

[AN CARL KAATZ NACH SUBIACCO] *(korr.)*

*Korrektur auch im Register, S. 486 sowie im Inhaltsverzeichnis, S. 565; außerdem in NA 2 II B, 513 (Register der Gedichtüberschriften)*

### *NA 2 I, 486*

*Register: Siehe zu S. 475.*

### *NA 2 I, 501*

*Register: Siehe zu S. 454.*

### *NA 2 I, 512*

*Register: Siehe den zweiten Eintrag zu NA 1, 221; außerdem:* Für H. v. T. *(korr.).*

### *NA 2 I, 536*

Unterthänigstes Pro Memoria *(korr.)*

### *NA 2 I, 553*

*Inhaltsverzeichnis: Siehe zu S. [99].*

### *NA 2 I, 564*

*Inhaltsverzeichnis: Siehe zu S. 454.*

### *NA 2 I, 565*

*Inhaltsverzeichnis: Siehe zu S. 475.*

### *NA 2 II A, 37*

[EINEM AUSGEZEICHNETEN ESSER]

*Das Gedicht ist möglicherweise Johann Wilhelm Petersen gewidmet; vgl. die Erläuterungen zu Karl Philipp Conz' Brief an Schiller vom 19. Februar 1785 (NA 33 II, 136; Erläuterung zu 61,15–16) (erg.).*

### *NA 2 II A, 53*

AN DIE SONNE

*Die Fassung $h^3$ erschien in: Verzeichnis der von Herrn Wilhelm Künzel in Leipzig hinterlassenen Autographen-Sammlung. 4. Abteilung. Versteigerung am 4. Oktober und folgenden Tagen durch das Auktionsinstitut von List & Francke in Leipzig. Leipzig 1897. S. 50–51 (erg.).*

### *NA 2 II A, 55*

*Fassung $h^3$, V. 16:* taumeln *(korr.)*

***NA 2 II, 57***

LAURA AM KLAVIER

*Das Gedicht entstand vermutlich im Herbst 1781.*

*ERLÄUTERUNG zu Z. 6: Jakob Philadelphia (eigentl. Jakob Meyer)(erg.)*

***NA 2 II A, 146***

[AN DIE FREUDE] *(erg.)*

Duldet mutig Millionen
   Duldet für die beßre Welt,
   droben überm Sternenzelt
wird ein großer Gott belohnen.

---

Jeder Schuldschein sei zernichtet
   ausgesöhnt die ganze Welt,
   Brüder überm Sternenzelt
Richtet man, wie wir gerichtet.

---

Den der Sterne Wirbel loben
   den des Cherubs Ode preißt,
   Dieses Glas dem guten Geist
Überm Sternenzelt dort oben.

---

Schließt den heilgen Zirkel dichter,
schwört bei diesem goldnen Wein,
dem Gelübde treu zu seyn,
Schwört es bei dem Sternenrichter.

Eine helle Abschiedsstunde!
   Süßen Schlaf im Leichentuch!
   Brüder, einen sanften Spruch
aus des Sternenrichters Munde

S

*ENTSTEHUNG. Die frühe Fassung des Gedichts „An die Freude", von dem die letzten fünf Chorstrophen überliefert sind, entstand wahrscheinlich im Sommer 1785 in Gohlis „in einem fröhlichen Zirkel", von dem später Schillers Freund Körner sprach (vgl. NA 2 II A, 146). Für den Druck in der „Thalia" im Februar 1786 hat Schiller die frühe Fassung überarbeitet.*

*ÜBERLIEFERUNG. H: Privatbesitz. Ein Doppelblatt 17,3 × 20 cm, auf dessen 1., 2. und 3. S. der Text der Chorstrophen steht (jeweils zwei Strophen auf den Seiten 1 und 2, die letzte Strophe auf der Seite 3). Festes geripptes Papier, Wz.:* IGH. *– Die Bitte an den Besitzer der Handschrift um weitere Angaben zur Überlieferung wurde nicht beantwortet. – Ein weiteres Doppelblatt, das sicher einmal zu dem 2011 aufgetauchten – und im selben Jahr in Basel öffentlich versteigerten – Blatt gehörte (mit den Chorstrophen 1–4 auf den beiden ersten Seiten), ist noch unbekannt. – Dem Erstdruck der Ode war Körners Komposition beigegeben. Ein Einzeldruck, ebenfalls mit der Komposition Körners (der nicht genannt ist), erschien ohne Orts- und Verlagsangabe bald nach dem Erstdruck: „An / die Freude. / Ein Rundgesang / für / freye Männer / von Schiller. / Mit Musik. / 1786." Ein weiterer Einzeldruck, der gestochene Vignetten mit freimaurerischen Symbolen sowohl auf dem Titelblatt als auch unter dem Gedichttext enthält, kam vier Jahre später heraus: „An / die Freude / von / Schiller. / Hamburg . 1790. / zu bekommen in allen Zeitungsläden." Unter der Überschrift wird auf die dem Text nicht beigefügte Komposition Körners hingewiesen: „Melodie von K***."*

### *NA 2 II A, 146*

*2. Absatz (korr.): Nicht Gottlieb Leonhardt Heubner, sondern sein jüngerer Bruder Carl Leonhardt Heubner (geb. 1770) arbeitete gelegentlich für Schiller. Ihm fehlte von Geburt an eine Hand. Vgl. NA 41 II B, 420, zu Nr 310.*

### *NA 2 II A, 166*

*Z. 3–4: Briefe [...], die, gelesen zu werden, bitten (korr.).*

### *NA 2 II A, 169*

*2. Absatz:* keine moderne Schriftsteller *(korr.)*

### *NA 2 II A, 207*

*Vgl. den neuen Text* FÜR LEONHARD CREUZER *(incl. Überlieferung und Erläuterungen) zu NA 1, 219.*

### *NA 2 II A, 208*

[FÜR KARL WILHELM JUSTI]

]

*ENTSTEHUNG (erg.). Vermutlich trug Schiller die Verse am 17. September 1791 in Erfurt in Justis Stammbuch ein, ebenso wie die für Engelschall (siehe den nächsten Eintrag zu NA 1, 219). – Der Eintrag für Georg Friedrich Creuzer vom 18. September 1791 ist demnach hinter die beiden folgenden Einträge vom 17. September zu setzen; entsprechend sind die Angaben in den Inhaltsverzeichnissen (NA 1, 437; NA 2 II A, 664) zu verbessern.*

### *NA 2 II A, 208–209*

[FÜR DENSELBEN]

*Siehe den zweiten Eintrag zu NA 1, 219.*

### *NA 2 II A, 212*

[FÜR F. C. J. BODEMANN]

*ÜBERLIEFERUNG. [...] für F. L. J. (korr.); s. zu NA I, 221.*

### *NA 2 II A, 213*

DIE MACHT DES GESANGES

*ERLÄUTERUNGEN. 1. Absatz: [...] dem ersten Gedicht (korr.)*

### *NA 2 II A, 336*

TABULAE VOTIVAE / XENIEN

*$H^{10}$: xxx Darunter:* S.
*Das Blatt enthält das 12. Distichon, leicht variiert: schmückende Umrandung*
hohes und niedres] Hohes und Niedres *(korr.)*

## *NA 2 II A, 338*

TABULAE VOTIVAE / XENIEN

*Drucke: $E^a$: […] S. [197]–302: Xenien (korr.)*

## *NA 2 II A, 479*

*Kolumnentitel:* XENIEN Nr 63–68 *(korr.)*

## *NA 2 II A, 607*

RITTER TOGGENBURG

*ERLÄUTERUNGEN (erg.). 1993 wurde auf einer Autographenauktion in Wien (Galerie, Antiquariat Hassfurther [S. 116, Nr 262]) ein Blatt mit Schillers gestrichener Notiz versteigert:*
Elisabeth v. Toggenburg oder die edlen Frauen von Sargans
ist, dünkt mir vor 12 Jahren in Weigands Verlag z. Leipzig herausgekommen.
Schill*er*

*(Textwiedergabe nach einer Photokopie.) – Das genannte Werk („Elisabeth, Erbin von Toggenburg, oder Geschichte der Frauen von Sargans in der Schweiz") stammt von Christiane Benedikte Naubert (1756–1819); es war 1789 erschienen. Vgl. die Erläuterungen in NA 2 II A, 607.*

## *NA 2 II A, 608*

DER TAUCHER

*ENTSTEHUNG. […] das Ende unter dem 14. oder 15. Juni (vgl. NA 41 I, 64, Anm. 93) (korr. und erg.)*

## *NA 2 II A, 615 und 616*

NADOWESSISCHE TODTENKLAGE

*ÜBERLIEFERUNG (erg.). H: DLA/SNM.*

## *NA 2 II A, 663*

*Inhaltsverzeichnis:* Unterthänigstes pro Memoria *(korr.)*

### *NA 2 II A, 664*

*Inhaltsverzeichnis: Vgl. den zweiten Eintrag zu NA 1, 208.*

### *NA 2 II B, 90 und 91*

*Siehe zu NA 2 I, S. 97und 98.*

### *NA 2 II B, 115–116*

*Alle drei Rätsel (7, 9 und 12) sind vor dem Druck in Gedichte $^2$2 (1805) in der „Zeitung für die elegante Welt" (134. Stück vom 8. November 1804. Sp. 1067–1068) erschienen (erg.).*

### *NA 2 II B, 145*

SEHNSUCHT *(erg.)*

*ÜBERLIEFERUNG. H: Anne-Marie Springer Collection, Coinsins (Kanton Waadt, Schweiz). Rückseite eines Quartblattes 18,5 × 23,5 cm.*

*LESARTEN. Die 2. Strophe (V. 9–16) fehlt* **3** Könnt'] Könnt *H* **5** erblick'] erblick *H* **7** Hätt'] Hätt *H* **17** sich's] sichs *H* **18** ew'gen] ewgen *H* **26** fehlt!] fehlt! – *H* **29** mußt] must *H* mußt] must *H* **30** Pfand,] Pfand. *H* *unter dem Text:* Schiller. *H*

### *NA 2 II B, 147 (erg.)*

THEKLA. EINE GEISTERSTIMME

*ÜBERLIEFERUNG. H: Anne-Marie Springer Collection, Coinsins (Kanton Waadt, Schweiz). Vorderseite eines Quartblattes 18,5 × 23,5 cm. (Vgl. zur Überlieferung von „Sehnsucht", zu S. 145.)*

*LESARTEN. Die Anfangsverse der sechs Strophen sind nicht eingezogen, die Verse 2 und 4 jeder Strophe sind eingezogen.* **1** sei,] sei *H* **2** flücht'ger] flüchtger *H* **3** Hab'] Hab *H* beschlossen] beschloßen *H* gesendet,] gesendet? *H* **4** Hab'] Hab *H* **7** Tagen,] Tagen? *H* **8** so lang] solang *H* **10** vereint] vereint, *H* **12** Dort] Dort, *H* **13** wirst] *danach* d *gestr. H* **14** gleicht,] gleicht – *H* **16** blut'ge] blutge $h^2$ **18** sah,] sah. *H* **20** Heil'ge] Heilge *H* **21** Räumen] *danach Komma gestr. H* **22** Gefühl,] Gefühl. *H*

### *NA 2 II B, 242*

DIE DEUTSCHE MUSE

*ÜBERLIEFERUNG (erg.). H der drei ersten Verse: Privatbesitz (Husum). 1 Blatt 14,9 × 3,5 cm. – Der dritte Vers in H ohne Einzug.*

### *NA 2 II B, 250*

[ORPHEUS IN DER UNTERWELT]

*ÜBERLIEFERUNG (erg.). H: Lilly Library, Indiana University Bloomington.*

### *NA 2 II B, 270*

*Z. 3: „An den Galgen zu schreiben" (korr.)*

### *NA 2 II B, 288*

[AN PIUS VI.]

*ERLÄUTERUNGEN. Die Übersetzung „Pol, Brasche" ist zu korrigieren in „Himmel, Braschi" (nach einem Schreiben von Burkhard Roberg an Norbert Oellers vom 31. August 2004).*

### *NA 2 II B, 289*

[FÜR EINEN UNBEKANNTEN]

*ÜBERLIEFERUNG. Das Stammbuchblatt ist seit 1987 im Besitz von Henning Bahlow (Lahntal-Caldern) (erg.).*

### *NA 2 II B, 364 und 404*

*Schubart, Christian Friedrich Daniel (korr.)*

### *NA 2 II B, 415*

*An die Freude (An Minna) (erg.)*

*ÜBERLIEFERUNG. H: Kongelige Bibliotek København) (erg.).*

***NA 2 II B, 513***

*Register: Siehe zu NA 2 1, 475.*

***NA 3, nach [343]***

*Ergänzung der Facsimilia durch „Der / Verfasser an das Publikum" und den Theaterzettel zur Uraufführung der „Räuber" am 13. Januar 1782 in Mannheim. – Unterschrift unter „Der Verfasser…": „Vom Mannheimer Intendanten Dalberg leicht veränderter Text der Beilage von Schillers Brief an ihn vom 12. Dezember 1781". Vgl. NA 22, 88 und NA 23, 24–27.*

***NA 3, 349***

*Das von Schiller benutzte und von ihm mit Korrekturen versehene Exemplar von „DIE GESÆNGE / aus dem Schauspiel die Räuber / von FRIDERICH SCHILLER"(Vertonungen von Johann Rudolph Zumsteeg) befindet sich im Stadtarchiv Hannover. Vgl. NA 2 II B, 15.*

***NA 4, 100***

*3. Z. v. u.:* Labetrank *(korr.)*

***NA 5***

*Der 1957 erschienene Band wurde 2000 durch Band 5 N ersetzt.*

***NA 6, 241***

*V. 4668:* Mutter *(korr.)*

***NA 7 II, [169]***

FRAGMENTE UND BRUCHSTÜCKE
*ENTWÜRFE UND GETILGTES (erg.)*

***NA 7 II, [169]***

*Entwürfe zu I, 2 und I, 5 des* THALIA-FRAGMENTS

*I, 2 (Karlos spricht):*

Es ist der Karl ō mehr
Der zu Alkala von dir abschied nahm
~~Der Karl nicht mehr, der feurig sich entschloß~~

~~angeh~~
der Karl nicht mehr, der ~~Herz an Herz~~
~~Brust an Brust~~
~~Von deines~~

*I, 5 (die Königin spricht):*

Erringen Sie ihn junger Held. Die Bahn
Ist dieses hohen starken Kämpfers werth
Des Jünglings werth, in die Tugend
So vieler königlichen Ahnen rollt.
Der Enkel
Des großen Karls fängt frisch zu ringen an,
Wo andre Menschenkinder muthlos werden.
Europa ruht auf weichem Frieden aus.
Amerika schleift Ketten – für die Flagg~~en~~
Der Spanier ist keine Welt mehr da,
Besiegen Sie den Wunsch – mich zu besizen.
Karlos

*ÜBERLIEFERUNG. $H^{4c}$: DLA/SNM. 1 Blatt 11,5 × 9,7 cm (vermutlich die Hälfte eines waagrecht durchgeschnittenen Oktavblatts), 2 S. beschrieben, gerippptes Papier. Wz.: Teil einer Krone, darunter eine kaum entzifferbare Buchstabenkombination.*

### *NA 8*

*Der 1949 erschienene Band wurde 2010–2013 durch die Bände NA 8 N I, 8 N II und 8 N III ersetzt.*

### *NA 8 N II, 529*

*V. 698:* Das Sie vordem zu Regenspurg gestürzt. *(korr.)*

### *NA 8 N III, 39*

*9. Z. v. u.: Friedrich Eberhard Rambach (korr.)*

### *NA 8 N III, 40*

*Z. 10–11: Weymarischer Feld-Zug […] Fürstl. Weymarischen Armee (korr.)*

### *NA 8 N III, 42*

*Z. 11: Mathilde den Merveld (korr.)*

### *NA 8 N III, 222*

*Nr 611: Schillers Wünsche nach Veränderung der Rollen (bei der Aufführung von „Wallensteins Lager" am 18. Mai 1799 in Weimar) auf „beiliegendem Zettel" lauten:*

| | |
|---|---|
| Wachtmeister. | Weihrauch. |
| Trompeter. | Schall. |
| Scharfschütz. | Cordemann. |
| Erster Jäger | Vohs. |
| Zweiter —— | Spitzäder. |
| Dragoner. | Eilenstein. |
| Tiefenbacher | Malcolmi. |
| Erster Kürassier | v Haide |
| Zweiter —— | |
| Kroat. | Benda. |
| Uhlan. | JAltenhof |
| Rekrut. | v Cyliax |
| Bürger. | v Becker. |
| Bauer. | v Beck. |
| Kapuziner. | v Genast. |

*(WA IV 30, 262; korr. nach H: Stadtarchiv Hannover. 1 Blatt 19 × 22 cm, geripptes Papier. Spuren eines Wasserzeichens).*

### *NA 8 N III, 649*

*Letzte Z.: Jaroslav Borsita (korr.)*

### *NA 9*

*Der 1948 erschienene Band wurde durch die 2010 bzw. 2012 erschienenen Bände NA 9 N I und 9 N II ersetzt.*

### *NA 10, 49–50*

*Die Braut von Messina, V. 818–843: H: UB Basel (Kontakt: Ralf Simon)*

### *NA 10, 163*

*V. 734: Stauffacher begab sich nur mit neun Vertrauten auf den Weg zum Rütli (vgl. die Aufzählung nach V. 986); vermutlich versah sich Schiller. (Nach freundlicher Mitteilung von Andreas Kienast, Kronberg im Taunus.)*

### *NA 10, 193*

*V. 1466–1477: Vgl. NA 2 II B, 123–124 (zu „Jägerliedchen für Walther Tell").*

### *NA 10, 255*

*V. 2833–2838: Vgl. NA 2 II B, 124 (zu „Chor der barmherzigen Brüder").*

### *NA 10, 305*

*Über die Vorlesung der „Braut von Messina" berichtete Johann Justin Bertuch ausführlich in seinem Tagebuch (H: GSA), schließend: „Schiller war tief bey dem Vorlesen gerührt. Die Damen weinten." Als Teilnehmer an der Veranstaltung nannte er: Herzog Georg I. von Sachsen-Meiningen, Caroline von Wolzogen, Johann Heinrich Meyer und dessen Ehefrau Amalie, Christina Friederike von Loewenstern und deren Tochter Auguste, Amalie von Imhoff, Carl August Böttiger, Sophie Friederike Eleonore von Schardt, James Henry Lawrence und Heinrich Becker.*

### *NA 10, 389*

QUELLEN

*Quellen, deren Titel sich Schiller im Oktober 1803 in Jena notiert hat:*

Helvetia

Folio.

1 Stumpfs Schweitzerchronik.
2 Thesaurus Historiæ helvetiæ
3 Etterlyns Chronica der Eidgenoßenschaft.
4. Stettlers Annales 2 Theile
5 Theatrum der vornehmsten Städte u: Orte in der Schweiz. queerfolio
6 Casp. Langens christkatholisch. Helvetia, / I und II Thl

4to

Convolut kleiner Schriften
darinn
Thurgauische Kunkelstube.
Scheuchzer Naturgesch. des Schweizerlands mit Kupfer. 3 Theile.

ejusdem Helvetia Hydro-
graphia
—— Meteorologia.
Alberti Haller Iter Helveticum.
Todtentanz zu Basel.

8vo.
Plantini Helvet. antiqua
et nova.
Helvetische Bibliothek 1-5 / St.
Lauffers Beschreibung hel-
vet. Geschichten 18 Theile.
—— histor. Beiträge zur
historie der Eidgenoßen.
4 Theile.
Tscharners Historie der
Eidgenoßen. / 2 Theile.
Altmanns Beschreibg der
Helvet. Eisberge.
Groß Epitaphia et inscrip-
tiones Basilieensis.
Heutelia.

12mo.
Steiners Grund Zeichnung
des Spartierlandes.

*Vorbemerkung: Die folgenden Angaben sind Paul Geyer (Bonn) zu verdanken, der über die Handschrift Schillers mit der Bibliothek in Florenz korrespondiert hat. – H: Biblioteca Nazionale Centrale Florenz. 1 Blatt 21,6 × 35,3 cm. Vergilbt. Wz.:* ISH. *Der Text bis* Heutelia. *auf der rechten Hälfte der 1. S., der letzte Eintrag auf der linken Hälfte der 2. S. – Auf der Vorderseite Notiz Friedrich Theodor David Kräuters (1790–1856), des Privatsekretärs Goethes (bis 1817, danach Bibliothekssekretär in Jena, schließlich Bibliothekar ebenda):* Schillers Handschrift, und zwar ein Verzeichniß derjenigen Bücher, welche er bey Bearbeitung Wilhelm Tells benutzt. Aus des HE. Assessor *[Ernst]* von Schillers Händen erhalten. Weimar d. 17. Juny 1819 / THKräuter – *Darunter befindet sich eine bibliographische Notiz aus der Bibliothek in Florenz:* Lista dei libri che hanno servita a Schiller per la composizione della di lui Tragedia Gug$^{mo}$ Tell scritta di proprio pugno. *(„Liste der Bücher, die Schiller gedient haben bei der Abfassung seiner Tragödie Wilhelm Tell, geschrieben mit eigener Faust.“)* Ein *eigenes Blatt geringerer Größe ist der Handschrift beigegeben, mit einem offenbar später notierten Text:* Autografo di Federico Schiller da me con altro di lei scritti pugilari con- frontato *(„Handschrift von Friedrich Schiller von mir mit anderen Schriften von seiner Faust verglichen“). Dem italienischen Text ist eine kaum lesbare Unterschrift hinzugefügt.*

*ERLÄUTERUNGEN. Schiller notierte sich die Titel während seines Aufenthaltes in Jena vom 2. bis zum 7. Oktober 1803, und zwar nach der Liste der „Manuscripta Buderiana" in der Universitätsbibliothek Jena. Der Historiker Christian Gottlieb Buder (1693–1763) hatte die Liste seiner etwa 17 000 Bände umfassenden Bibliothek, getrennt nach Folio-, Quart- und Oktav-Formaten, der Universität zusammen mit den Büchern testamentarisch vermacht. Daß sich Schiller für seine Arbeit an „Wilhelm Tell" wenigstens zwei der notierten Werke aus Buders Bibliothek entlieh, ist durch Ausleihquittungen belegt. Vgl. die folgenden Erläuterungen. – Für die Wiedergabe der genauen Titel der Werke ist Jutta Eckle (Weimar) und Martin Schalbruch (Esslingen) zu danken.*

Stumpfs Schweitzerchronik.] *Schweytzer Chronick: Das ist / Beschreybunge Gemeiner loblicher Eydgnoschafft Stetten / Landen / Völcker vnd dero Chronick-wirdigen Thaten: Beneben vorbeschribner Gelegenheit Europe, vnd kurtzverzeichneter fleissiger Histori Teütschlands Franckreychs vnnd Niderlands: Alles Mit schönen Landtafeln / der Stetten / Flächen vnd Schlachten / contrafacturen / vilen Königl. Fürstl. vnd Adelichen alten Waapen und Genealogien gezieret. Erstlich durch H. Johan Stumpfen in XIII. Büchern beschriben: folgends durch H. Johan Rudolph Stumpfen an vilen orten gebesseret / gemehret vnd von Anno 1548. biß auf das 1597. continuiert: an jetzo aber biß auf das gegenwirtige 1606. außgeführt. Sampt einem volkommenen hierzü erforderten zwyfachen Register [von Caspar Wasern]. Zürich 1606. – Buderische Bibliothek, Sign.: 2 Bud.Helvet.1. – Vgl. auch NA 10, 391, Nr 9.*

Thesaurus Historiæ helvetiæ] *[Wahrscheinlich herausgegeben von Johann Konrad Füßli und Johann Jakob Breitinger:] Thesaurus Historiae Helveticae Continens Lectissimos Scriptores, Qui Per Varias Aetates Reipublicae Helveticae Rationem, Instituta, Mores, Disciplinam, Fata Et Res Gestas Sermone Latino Explicarunt Et Illustrarunt: Quorum Pars antehac edita; Nunc vero Ob raritatem recusa, et ex ipsorum Auctorum Chirographis vel aucta, vel correcta; nonnulla nunc primum in lucem prodeunt; Cum Indice copioso. Tiguri [Zürich] 1735. – Buderische Bibliothek; Sign.: 2 Bud.Helvet.2.*

Etterlyns Chronica der Eidgenoßenschaft.] *Kronica von der loblichen Eydtgenoschaft Ir harkomen vnd sust seltzam strittenn und geschichten / Durch den fürnemen herren Peterman Etterlyn gerichtschriber zu Lutzern zesame geuasset vnd Rudolffen Husenegk Fürsprech des Statt gerichtz zu Basel Corrigyert. Basel 1507. – Buderische Bibliothek; Sign.: 2 Bud.Helvet.4. – Vgl. auch NA 10, 391, Nr 7.*

Stettlers Annales 2 Theile] *Michael Stettler: Annales Oder Gründliche Beschreibung der fürnembsten geschichten vnnd Thaten / welche sich in gantzer Helvetia den jüngsten Jahren nach / von ihrem anfang her gerechnet / als sonderlich seither erbawung der Loblichen Statt Bern in Nüchtland: Auch in geschäfften darin diese berümbte Nation / bey Kriegen / Bündnussen vnd andern hochwichtigen händlen / mit Bäpsten / Käysern / Königen / Fürsten / vnd sonderbahren hohen Ständen / biß auff das 1627. Jahr participirt, verlauffen. [So der Titel des ersten Teils. Titel des anderen Teils von 1626 lautet: Chronicon Oder Gründtliche Beschreibung der denckwürdigsten sachen vnnd thaten / welchem den Helvetischen Landen / an jetzt die Eydgnoschafft / oder das Schweitzerland genent]. 2 Teile. Bern 1626–1627. – Buderische Bibliothek; Sign.: 2 Bud.Helvet.5(1), (2).*

Theatrum der vornehmsten Städte u. Orte in der Schweiz.] *Zu dem von Schiller entliehenen Werk vgl. NA 10, 392, Nr 15 und 41 II B, 709 und 711, zu Nr 528 und 532.*

Casp. Langens christkatholisch. Helvetia, / I und II Thl] *Caspar Lang: Historisch-Theologischer Grund-Riß Der alt- und jeweiligen Christlichen Welt. Bey Abbildung der fürnembsten und unfehlbahren Biblischen Kennzeichen der allein-wahren H. Kirch Gottes. Zweyter Theil: Das ist: Grundlich-Theologisch-Historische Erweisung / Wie auff der gantzen Welt keine andere Christliche / als die Röm. Kirch / mit denen in H. Schrifft uns geoffenbahrten Kennzeichen der einzig-wahren heiligen / Catholisch- und Apostolgischen Kirch GOttes / bezeichnet seye: Item Wie kein andere als eben diese Röm. Catholische Kirch die beyde hohe Geistliche Lehr- und Kirchen-Aembter des allgemeinen Weydung aler Christlichen Schäfflein / und Abtreibung aller widerwartigen Wölffen verwaltet habe. Sambt etwelchen grundlichen Schutzschrifften von fürnembsten streitigen Glaubens-Articklen. Einsideln 1692. – Buderische Bibliothek; Sign.: 2 Bud.Helvet.11. (In Jena ist nur der 2. Teil vorh.)*

Convolut kleiner Schriften darinn Thurgauische Kunkelstube.] *Dem Konvolut gehören neun Schriften an; darunter: Turgawische Kunckelstuben Oder Gantz verträwlich vnd Nachbarlich gespräch Zwischen* Jäkel *vnd Barthel / einem Bawrn und Wirth in Turgaw / Betreffend Den jetzigen Lauff und zustand hochlöblicher Eydgenoßschafft. Im Jahr MDCLV. – Buderische Bibliothek; Sign.: 4 Bud.Helvet.5a(5). – Den übrigen beiliegenden Schriften (aus den Jahren 1621 bis 1718), die sich mit einzelnen Ereignissen der Schweizer Geschichte beschäftigen, galt offenbar Schillers Interesse nicht, weil sie seine Stoffsammlung für „Wilhelm Tell" nicht bereicherten.*

Scheuchzer Naturgesch. des Schweizerlands mit Kupfer. 3 Theile.] *Johann Jacob Scheuchzer: Beschreibung der Natur-Geschichten Des Schweizerlands. 3 Teile. Zürich 1706–1708. – Buderische Bibliothek; Sign.: 4 Bud.Helvet.7(1) :1–3. – Vgl. NA 10, 390f., Nr 4 und 5.*

ejusdem Helvetia Hydrographia] *Joh. Jacob Scheuchzer: Hydrographia Helvetica. Beschreibung Der Seen / Flüssen / Brünnen / Warmen und Kalten Bäderen / und anderen Mineral-Wasseren Des Schweitzerlands. Der Natur-Histori des Schweitzerlands Zweyter Theil. Zürich 1717. – Exemplar der Buderischen Bibliothek; Sign.: 4 Bud.Helvet.7(2) :2. (Sammelband, Teil 1 bis 3 in einem Band.) – Ein weiterer Band gehört zu der Sammlung (außer Scheuchzers „Naturgeschichte" und dem folgenden Band „Meteorologia"): Helvetiae Stoicherographia, Orographia. Et Oreographia. Oder Beschreibung Der Elementen / Grenzen und Bergen des Schweitzerlands. Der Natur-Historie des Schweitzerlands Erster Theil. Zürich 1716.*

Meteorologia.] *Johann Jacob Scheuchzer: Meteorologia Et Oryctographia Helvetica: Oder Beschreibung der Lufft-Geschichten / Steinen, Metallen / und anderen Mineralien des Schweitzerlands / absonderlich auch der Uberbleibselen der Sündfluth. Jst der Dritte oder eigentlich der Sechste Theil der Natur-Geschichten des Schweitzerlands. Zürich 1718. – Sammelband (wie das Werk des vorhergehenden Titels); Buderische Bibliothek; Sign.: 4 Bud. Helvet.7(2) :3.*

Alberti Haller Iter Helveticum.] *Alberti Haller: Iter Helveticum anni MDCCXXXVIIII. Et iter Hercynicum anni MDCCXXXVIII. Gottingæ 1740. – Buderische Bibliothek; Bestandssignatur: 4 Bud.Helvet.9. (Exemplar laut Katalogeintrag unvollständig.)*

Todtentanz zu Basel] *Matthaeus Merian: Todten-Tantz / Wie derselbe in der löblichen und weltberühmten Stadt Basel / Als ein Spiegel Menschlicher Beschaffenheit / gantz künstlich gemahlet zu sehen ist. Frankfurt a. M. 1649. – Buderische Bibliothek; Sign.: 4 Bud.Helvet.13. (Das Buch ist zur Zeit nicht verfügbar; Ausgabe von 1756 in HAAB vorh.)*

Plantini Helvet. antiqua et nova.] *Joh. Bap. Plantin: Helvetia Antiqva Et Nova, Seu, Opus Describens I. Helvetiam, quoad adjuncta & partes & Helvetiorum antiquitatem, originem, nomina, mores, antiquam linguam, Religionem, Politiam, virtutem bellicam, &]c. II. Antiquiora Helvetiæ loca, &c. III. Populos Helvetijs finitimo, &c. Bernae 1656. – Die Abhandlung ist in der Buderischen Bibliothek zweimal vorhanden: Sign.: 8 Bud.Helvet.2 und 8 Bud.Var.216.*

Helvetische Bibliothek 1-5 / St.] *Helvetische Bibliotheck, bestehend in Historischen, Politischen und Critischen Beyträgen Zu den Geschichten Des Schweitzerlands. Viertes Stück. Zürich1741. - Die Zeitschrift wurde nach dem Erscheinen des 6. Heftes eingestellt. Das Exemplar der Buderischen Bibliothek umfaßt nur das 4. Stück; Sign.: 8 Bud.Helvet.4.*

Lauffers Beschreibung helvet. Geschichten 18 Theile.] *Jacob Lauffer: Genaue und umstaendliche Beschreibung Helvetischer Geschichte. Aus den bewährtesten Verfassern der alten und neuen Historien, und dazu dienenden Urkunden zusammen getragen. 18 Teile. Zürich 1736–1739. - Vollständige Ausgabe in der Buderischen Bibliothek; Sign.: 8 Bud.Helvet.8 fortlaufend bis 8 Bud.Helvet.25.*

—— histor. Beiträge zur historie der Eidgenoßen. 4 Theile.] *Historische und Critiche Beyträge Zu der Historie Der Eidsgenossen. Bestehend In Urkunden Zeugnissen und Untersuchungn, auch gantzen historischen Werckgen, grösten Theils aus authentischen Handschrifften genommen, und zu mehrerer Beglaubung und Erklärunge der vornehmsten Geschichten, vornehmlich mit Absicht auf das große Werk Hrn. Jacob Lauffers zusammengetragen. 4 Teile. Zürich 1739. - Buderische Bibliothek, gebunden in einem Band; Sign.: 8 Bud.Helvet.26.*

Tscharners Historie der Eidgenoßen.. 2 Theile.] *Vincenz Bernhard von Tscharner: Historie der Eidgenossen. Erster Theil. Von der Aufrichtung des Schweizerbundes, biß auf den Frieden mit Oesterreich, in 1389. / Zweiter Theil: Von dem ersten Friede mit Oesterreich in 1389. biß auf den Bund der zehn Kantone in 1481. – [Zürich] 1756–1768. - Buderische Bibliothek; Sign.: 1. Teil: 8 Bud.Helvet.29. 2. Teil: 8 Bud.Helvet.30.*

Altmanns Beschreibg der Helvet. Eis Berge.] *Joh. Georg Altmanns Versuch Einer Historischen und Physischen Beschreibung Der Helvetischen Eisbergen. Zürich 1751. - Buderische Bibliothek, Sign.: 8 Bud.Helvet.41.*

Groß Epitaphia et inscriptiones Basileensis.] *Vgl. die Angaben in NA 41 II B, 719, zu Nr 529. (Schiller entlieh das Exemplar der Buderischen Bibliothek.)*

Heutelia.] *[Hans Franz Veiras:] Heutelia, Das ist: Beschreibung eineer Reiß / so zween Exulanten durch Heuteliam gethan / darinn verzeichnet / 1. Was sie denckwürdig gesehen vnd in obacht genommen so wol in Geistlichen als Weltlichen. 2. Was sie für Discursen gehalten. 3. Was ihnen hin vnd wider begegnet / Lutetiae 1658 (Druckort fingiert, wohl in Ulm erschienen) - Buderische Bibliothek; Sign.: 8 Bud.Helvet.50. (Zum Verfasser – als der noch im 20. Jahrundert Jakob von Gravisset galt – vgl. Hans Franz Veiras: Heutelia. Hrsg. Von Walter Weigum. München 1969. S. 328–351.)*

Steiners Grund Zeichnung des Spartierlandes.] *Kurtz deutliche Grund-Zeichnung Deß Alt-Teutschen Spartier-Lands / Das ist Schweitzerland / Blößlich entworffen und beschrieben Von Johann Caspar Steinern / Burgern von Zürich / Rotweil 1680. - Buderische Bibliothek; Sign.: 12 Bud.Helvet.1(1).*

*$HK^{3b}$*

*ÜBERLIEFERUNG. H: GSA.*

***NA 10, 406***

*HK*[3f]

Die aufgerichteten Stangen am Gotthardter Weg. Beschreibung dieses Wegs Fæsi II. 189, 194
Der Fluss Reuß und s. Quellen Fæsi I. Einleitung 44.
Der Tessin ebd. 48.

*ÜBERLIEFERUNG. H: Universitäts-Bibliothek Amsterdam. Unterer Teil eines Quartblatts 20,7 × 9,4 (10,1) cm. Grünliches geripptes Papier, leicht vergilbt. Unter dem Text: „Schillers Handschrift / bezeugt Emilie von Gleichen / geb. von Schiller".*

*LESART.* **2** 189,] *Komma vor gestrichenem Gedankenstrich*

*ERLÄUTERUNG. Schillers Notiz findet in „Wilhelm Tell" keine genaue Entsprechung.*

***NA 10, 411***

*HK*[6]

Etterlyn
Die Raben des heiligen Meinrad. pag. 2.
Ankunft der Schweitzer in ihrem Land. 10.
Tells Geschichte XV.
Baumgartens Gesch XIII
Arnold Melchthals XII.

Anonymi Leobiens Chronic
Cap. VII. De Inthronizatione Duc. Meinhardi et Consuetud. Carinthiorum
Daßelbe erzählt Hagens Chronicon, auch Arenpek
Item die Hadelbach Chronic. Austriac. 801.

*ÜBERLIEFERUNG. H: Lilly Library, Indiana University Bloomington. 1. S. eines Doppelblatts 20,7 × 33.9 cm, ¼ S. beschrieben. Geripptes Papier. Wz.: Posthorn in gekröntem Schild mit angehängter Dreipaßmarle, darunter:* WAI.

***NA 10, 413–414***

*HS*[1]

*ÜBERLIEFERUNG. H: Lilly Library, Indiana University Bloomington. I (Z. 1–27): 3. S. eines Doppelblatts (s. zu HK*[6]*) ¾ S. beschrieben. – II (Z. 28–40): 1 Blatt 20,5 (–21) × 34, 3⅔ S. beschrieben. Geripptes Papier. Wz.: Gekrönter Schild mit verschlungenen Initialen des*

*Papierherstellers (vermutlich* JFL*). – III (Z. 41–72): 1 Blatt 21 × 34,3 cm, 1 S. und 3 Zeilen beschrieben. Geripptes Papier. Wz.: Gekrönter Schild.*

*LESARTEN. Zu I: Die mit Einzügen wiedergegebenen Zeilen gehören in H jeweils zur vorangehenden Zeile. Die ersten 2–3 Buchstaben der meisten Zeilen sind von Schiller unterstrichen.* **1** pp.] pp **4** prise] Prise **5** verdrießt's] verdrießts groß] *richtig:* sooft **6** d.] d **12** Blutbann.] Blutbann **20** Surenen.] Surenen **22** der] d
*Zu II: Die Zeilenzählung entspricht in vielen Fällen nicht H; die 1. Zeile beginnt nicht mit einem Einzug. – Zu III: Die Zeilenzählung entspricht in vielen Fällen nicht H; die meisten Einzüge in H sind nicht berücksichtigt.* **42** den See] *über gestr.* Zwing Uri **49** u] und **55** Bewegung.] *verb. aus* Bewegungen. **56** gerißen] gerissen **58** Uri.] Uri, **63** nicht,] nicht u.] und

## *NA 10, 418 und 447–449*

*Zwischen $HP^1$ und $HP^2$: Personenverzeichnis:*

Wilhelm Tell
Schauspiel in fünf Aufzügen
von Schiller

Personen.

Herrmann Geßler Reichsvogt in Schweiz und Uri
Werner Freiherr von Attingkausen
Ulrich von Rudenz sein Neffe

| | |
|---|---|
| Werner Stauffacher<br>Itel Reding<br>Auf der Mauer | Landleute aus Schweiz |
| Walther Fürst<br>Wilhelm Tell<br>Ruodi der Fischer<br>Kuoni der Hirt<br>Werni der Jäger<br>Rößelmann der Pfarrer<br>Petermann der Sigrist | aus Uri |
| Arnold vom Melchthal<br>Konrad Baumgarten<br>Meier von Sarnen<br>Struth von Winkelried | aus Unterwalden |

Frohnvogt, Meister Steinmetz, Gesellen und Handlanger
Pfeifer von Lucern, Stüßi der Flurschütz, der Stier von Uri
Rudolph der Harras Geßlers Stallmeister.
Frießhard und Leuthold Waffenknechte.
Ein Fischerknabe

Johannes Parricida Herzog von Oestreich.
Walther und Wilhelm, Tells Knaben
Hedwig Tells Gattinn Fürsts Tochter
Gertrud, Stauffachers Gattinn
Bertha von Brunck, eine reiche Erbin
Armgart eine Hirtinn
Ein Reichsbote.
Reiter und leibeigene Buben des Landvogts
Barmherzige Brüder.
Viele Landleute Weiber und Kinder aus den Waldstätten

Weimar den 10 März 1804.

*ÜBERLIEFERUNG. H: ? Wiedergabe nach einem Facsimile (Besitzer: Dietmar Czarnojan, Oberbalzheim). 1 Blatt 30,4 × 45,2 cm, 1 S. beschrieben. Vergilbtes geripptes Papier, eingerissen.*

*ERLÄUTERUNG. Die Niederschrift des Verzeichnisses erfolgte in Zusammenhang mit der „Wilhelm Tell"-Einstudierung am Weimarer Theater; die Uraufführung des Schauspiels fand dort am 17. März 1804 statt.*

### *NA 10, 434–435*

*$H^{2e}$*

*ÜBERLIEFERUNG. H: Sächsisches Staatsarchiv Leipzig. 1 beschnittenes Blatt 18,7 × 6,2 cm. Geripptes Velinpapier, grünlich.*

*LESART.* **476** essen,] eßen, *danach gestr.* s

### *NA 10, 436*

*Zwischen $H^{2g}$ und $H^{2h}$: Vers 519–525 und nach 544–551*

Die über Meinrads Zell nach Welschland fahren
Rühmt jeder euer gastlich Haus – Doch sagt,
Kommt ihr so eben frisch von Flüelen her,
Und habt euch nirgend sonst noch umgesehn,
Eh ihr den Fuß gesezt auf diese Schwelle?

STAUFFACHER
Wohl ein erstaunlich neues Werk hab ich
Bereiten sehen das mich nicht erfreute.

STAUFFACHER
Auch drüben unterm Wald geht schweres vor
Und blutig wirds gebüßt – der Wolfenschießen,
Des Kaisers Vogt, der auf dem Roßberg haußte,
Gelüsten trug er nach verbotner Frucht,
Baumgartens Weib, der haushält zu Alzellen,
Wollt er zu frecher Ungebühr misbrauchen,
Und mit der Axt hat ihn der Mann erschlagen.

*ÜBERLIEFERUNG. H: DLA/SNM. 1 Streifen 20,5 × 7,8(–8,5) cm, oben und unten unregelmäßig beschnitten. Beide Seiten beschrieben. Geripptes Papier, vergilbt, mit einem Wasserfleck.*

*LESARTEN.* **525** das mich nicht erfreute.] *über gestr.* und zum Himmel steigen, *in der nächsten Zeile gestr.* Was meine Augen nicht erfreute. **545** geht] *über gestr.* geschehen] schweres] s *am Wortende erg.* vor] *über gestr.* Thaten **547** Des] s *verb. aus* r, *danach ein Wort unleserlich gemacht* **550** misbrauchen] *in der folgenden Zeile ein Text von 2 oder 3 Worten (denen kein weiterer Text folgt) unleserlich gemacht*

### *NA 10, 438–439*

$H^{2j}$

*ÜBERLIEFERUNG. H: The Pierpont Morgan Library New York. 2 Seiten eines Blattes beschrieben (erg).*

### *NA 10, 439–440*

$H^{2k}$

*ÜBERLIEFERUNG. H: DLA/SNM. Geripptes Papier.*

### *NA 11, nach 174*

*Ein zu den Skizzen gehörendes Fragment ohne unmittelbaren Zusammenhang mit anderen Fragmenten; eine Vorstufe zu Marfas Monolog am Ende der 1. Szene des 2. Aufzugs (vgl. S. 51f., 167, 377f. und 394f.):*

ohnmächtig fühlt ihm zu helfen,
was sie hat, ihr Gebet, auf den äusersten
Grad steigert und machtvoll wie himmlische
Schaaren ihm entgegen sendet.

und Tapferkeit des Czars.

*ÜBERLIEFERUNG. H: DLA/SNM. Ein unregelmäßig beschnittenes Blatt, 21,2 cm breit, 7,5 und 4,8 und 5,7 cm hoch, auf der rechten Seite Zahlen, vermutlich von Schiller:*

32.12
33.18
34. 15
32. 12

*Unter dem Text: „Die Aechtheit von Fried. von Schillers Handschrifft beurkundet dessen altester Sohn Cf von Schiller"*

### NA 11, 287–288, [437], 445

*Die Handschrift $F^3$, die 1971 im Besitz von Walter Slezak (1902–1983) war, ging später in den Besitz von Axel Bender (Düsseldorf) über. Der jetzige Besitzer ist unbekannt.*

### NA 11, 356 und 438

*$F^{7a}$*

Mein Gatte war Iwan der Schreckliche
Aus hundert edeln Jungfrauen heraus
Erwählt' er mich zu seiner Ehgenoßinn,
Die Czarenkrone sezt er mir aufs Haupt.
Ein zitternd Leben lebt' ich ihm zur Seite,

*ÜBERLIEFERUNG. H (= $F^{7a}$): FDH. 1 Blatt 22,5 × 8,3 cm. Geripptes Papier.*

*ERLÄUTERUNG. Vgl. die Fassungen auf S. 355, Z. 6–11 und S. 364, Z. 3–10.*

### NA 11, 357, 438 und 445

*$F^9$*

*ÜBERLIEFERUNG. H: GSA. 1 Blatt 21 × 18 cm, mit Siegellack auf ein Papier geklebt, auf dessen unterem Teil Schillers Sohn Ernst die Echtheit der Handschrift des Vaters bestätigt hat; darunter die Widmung: „An Fräulein Babette Oppenhoff von FW Ernst Schiller / Trier d. 8. Juli 1834". Das Ganze ist eingerahmt. Die Ecken des Holzrahmens sind mit hölzernen Versatzstücken versehen.*

### NA 12, 20

*$F^{3r}/F^{1r}$*

Maltha der äuserste Grenzposten gegen die Länder der Ungläubigen.

Eben so ein künstliches Produkt ist der Orden, aller Stoff ist aufgehoben.

*$F^{1v}/F^{3v}$*

Das Küstenreiche Mittelmeer Calpe und Abila, die Stra[ße,] die Barbareiküste,

*H: GSA. 1 beschnittenes Blatt 9,8 – 10,3 × 10,5 – 10,2 cm; die beiden ersten Texte auf der Vorder-, der dritte Text auf der Rückseite.*

*Lesart.* ein künstliches] ein *ü. d. Z. erg.*

**NA 12, 20**

5. Bertrande de Texis

*ÜBERLIEFERUNG. H (= $F^{3a}$): DLA/SNM. 1 Papierstreifen 10,5 × 3,7 cm, beschnitten, leicht vergilbt.*

*ERLÄUTERUNG. Bertrand de Texi (Thessy) war der 15. Großmeister des Ritter- und Hospitalordens vom Heiligen Johannes von Jerusalem (des Malteserordens); er amtierte 1229–1231. Möglicherweise sollte er beim geplanten Bericht über die Geschichte des Ordens erwähnt werden.*

**NA 12, 20**

36 Jacques de Milly
Auvergne † 1461

*ÜBERLIEFERUNG. H (= $F^{3b}$): DLA/SNM. 1 Blatt 9,7 × 4,5 cm, aufgeklebt in die Mitte eines größeren Blattes (13,9 × 13,1 cm). Darüber: „Schillers Handschrift.“ Darunter: „Die Aechtheit derselben beglaubigt Ludwig FrhrvGleichen Rußwurm“.*

*ERLÄUTERUNG. Jacques de Milly, ein Adeliger aus der Auvergne, war von 1454 bis 1461 der 37. [!] Großmeister des Malteserordens (auf Rhodos). In den überlieferten Fragmenten des Dramas wird er nicht mehr erwähnt.*

**NA 12, 20**

37. Raimond Zacosta Castille.

*ÜBERLIEFERUNG. H:? 1927 versteigert an Unbekannt; vgl. Henrici-Versteigerungskatalog CXXV vom 23. November 1927 (Autographen aus verschiedenem Besitz [...]. Berlin 1927. S. 129, Nr 852; ebd. Textwiedergabe, gesperrt gedruckt).*

*ERLÄUTERUNG. Piero Raimonod Zacosta, ein Aseliger aus Aragonien, war von 1461 bis zu seinem Tod der 38. 1667 Großmeister des Malteserordens (in Rom). In den überlieferten Fragmenten des Dramas wird er nicht mehr erwähnt.*

### *NA 12, 20*

41. Gui de Blanchefort
   Auvergne † 1513
42. Fabricé Carette † 1521

*ÜBERLIEFERUNG. H (= $F^{4a}$): DLA/SNM. 1 Papierstreifen 21,1 × 6,0 (–6,4) cm, beschnitten. Dazu ein Umschlag mit Echtheitsbestätigung der Handschrift Schillers von Emilie von Gleichen-Rußwurm.*

*ERLÄUTERUNG. Guy de Blanchefort (1446–1513) war 1512/13 der 42. [!] Großmeister des Malteserordens (auf Rhodos), gefolgt von Fabrice Carette. Beide werden in den überlieferten Fragmenten des Dramas nicht mehr erwähnt.*

### *NA 12, 27*

2.
La Valette kommt
mit Mendoza und
raubt ihm die auf
Sicilien gesezte Hofnung. Murren des Ordens
Bothschaft des Mendoza. Über den König v Spanien
Der Orden ist ganz auf
sich selbst reduciert.
S. Elmo soll behauptet
Werde.

3.
Eine Gesandtschaft
Abgesandter von S. Elmo.
Unhaltbarkeit dieses Forts.
Vorstellungen der Besatzung.
La Valette giebt eine
abschlägige Antwort. Protestation einiger Ritter. Seine
heroische Erklärung.

6.
La Valette und
Ripperda, der ihm
den Streit der zwey
Rivals erzählt: Noth-
wendigkeit den Orden
zu reformieren. Auch
der Chor stimmt bei.
La Valettes Denkart
Er muß jezt rigoristisch
handeln.

*ÜBERLIEFERUNG. H: Privatbesitz. 1 Blatt etwa 17 × 17,6 cm, am oberen rechten Rand beschnitten. Text von 2. und 3. auf der Vorderseite, Text von 6. auf der Rückseite. Textwiedergabe nach einem Facsimile im GSA.*

## *NA 12, 31 und 394*

Einsegnung und Abschied der
Todesopfer
La Valette segnet seinen
Neffen, der sein natürlicher
Sohn ist.

11. Die Rükkehr, Reue und Reinigung.
12. Der Abschied der Todesopfer.
13. Die Catastrophe.
14. Die Exposition.

*ÜBERLIEFERUNG. H (= $F^{12a}$): DLA/SNM. 1 Blatt 11,4 × 11,4 cm, 1 S. beschrieben. Festes geripptes Papier.*

## *NA 12, 44 und 394*

Was für Anträge kann der Muselman thun, die den Rittern eine Aufmerksamkeit zu verdienen scheinen?

Es kann von Auswechßlung eines gefangenen Ritters die Rede seyn.

Die Türken versprechen den Elmoischen Rittern einen freien Abzug.

*ÜBERLIEFERUNG. H (= $F^{15a}$): DLA/SNM. 1 Blatt 11,2 × 11,3 cm, 1 S. beschrieben. Festes geripptes Papier.*

***NA 12, 68***

XVII.
Sein und des Chors Verschwinden, seine
mächtige Rede, und die Ref
über das, was sie gethan, decon
iert die Ritter. Sie

Partheien, einige meinen, ma
Müße dem Großmeister gehorch
Indem sie noch zweifelhaft un
Bestürzt dastehen wird Monta

*ÜBERLIEFERUNG. H: Privatbesitz. Das Fragment ist beschnitten. Von der oberen Zeile der Vorderseite –* XVII. *–ist nur die untere Hälfte, von der unteren –* iert die Ritter Sie *– ist nur die obere Hälfte lesbar. Auf der Rückseite sind von der folgenden Zeile des Fragments –* mitten unter den Rittern *– nur die oberen Teile einiger Buchstaben lesbar. Textwiedergabe nach einem Facsimile in: Kotte Autographs. Roßhaupten 2020. S. 3, 4 und 9. – Die Bitte an den Besitzer um weitere Angaben zur Überlieferung wurde nicht beantwortet.*

***NA 12, 239***

*Z. 22:* Nach Brüßel wallen *(korr.)*

***NA 12, 484***

*Am 21. Juli 1804 entlieh Schiller aus der Jenaer Universitätsbibliothek ein Buch von Johann Michael Heusinger: Juliani Imperatoris Caesares […] cum adnotationibus Chr. Sieg Liebe […]. Gotha 1736. (Der vollständige Titel in: GJb 32 [1911], 20–21.) Das Buch kam als Quelle des geplanten „Agrippina"-Dramas in Frage. Den Empfang des Buches hat Schiller auf dem Leihschein eigenhändig quittiert:* v Schiller. *Der Leihschein wurde auf der Stargardt'schen Autographen-Auktion vom 1. und 2. April 2008 (vgl. Katalog 688. S. 126. Nr 279) an Unbekannt versteigert. (Ein anderes Julian-Buch hat Schiller schon früher einmal ausgeliehen. Vgl. NA 41 II B, zu 379.2.)*

***NA 13, Text (1949)***

*Siehe Einleitung. – Eine Neubearbeitung wäre zu empfehlen. Allerdings bietet sich mit FA 8 ein guter ‚Ersatz' an (hrsg. von H. G. Ingenkamp).*

### *NA 14, Text (1949)*

*Siehe Einleitung und zu NA 13. – Evtl. Proben (2–5 S.?) aus $h^3$ (Hamburg). Hinweis auf FA 9. (Auch nach E, aber z. T. anders als NA; also 3 Fassungen. Nach neuen ‚Regeln' gäbe es eine 4. Fassung.) – Das „Othello"-Problem ist ähnlich; vielleicht noch größer: Die in Hannover schon seit 1854 liegende Fassung wäre vollständig zu präsentieren? Ist vermutlich zu aufwändig. Indes: 2 oder 3 Seiten Facsimilia und Hinweise auf diese Stellen in NA 14 wären sinnvoll. (Evtl. auch Hinweise auf Fehler in der Transkription für Band 14.) (‚Lesarten' interessieren ja kaum.) Und Erläuterungen kämen hinzu. In FA 9 ist die Handschrift in Hannover auch berücksichtigt.*

### *NA 15 II, 580–582*

*$H^{1a}$: Vers 216–227 und 240–246*

*ÜBERLIEFERUNG. GSA. 1 beschnittenes Blatt 20,7 × 18,3 (– 18,8) cm. Geripptes Konzeptpapier. Wz.: Teil eines Posthorns in gekröntem Schild.*

### *NA 15 II, 582*

*zwischen $H^{1a}$ und $H^{1b}$: Vers 401–408 und 419–428*

Vor ihm entfernt hielt, dir entgegen fliegen.
Aricia hat endlich ihr Geschick
In ihrer Hand und alles wird ihr huldgen.

Aricia

So wär es keine unverbürgte Sage,
Ich wäre frey und meines Feinds entledigt?

Ismene

So ists. Dir kämpft das Glück nicht mehr entgegen,
Theseus ist deinen Brüdern nachgefolgt.

Aricia

Weiß man durch welch Geschick er umgekommen?

Aricia

Ists glaublich, daß ein Mensch, ein Sterblicher,
Ins tiefe Haus der Todten lebend dringe?
Was für ein Zauber denn zog ihn hinab
An dieses allgefürchtete Gestade?

Ismene ~~Phædra~~
Theseus ist todt, Gebieterin! Du bists
Allein, die daran zweifelt. Den Verlust
Beseufzt Athenä, und Trezene hat
Den Hippolyt als Herrscher schon erkannt.
Phädra, voll Angst um ihren Sohn, hält Rath
Hier im Pallast mit den bestürzten Freunden.

*ÜBERLIEFERUNG. H: GSA. 1 beschnittenes Blatt 17,9 × 20,7 cm. Geripptes Konzeptpapier. Wz.: Teil eines Schilds.*

**NA 15 II, 585**

*zwischen* $H^{1c}$ *und* $H^{1d}$*: Vgl. Vers 474–490*

und nicht zu wißen scheint:
Nein herrlichere Gaben sinds, die ich
~~Die ich~~ Nein
Lieb ich in ihm! Die hohen Tugenden
doch von seinen Schwächen frei
Des Vaters, ~~und des~~ aber frei von seinen Schwächen

Von Amors
Da hatt ich seinen Sohn noch nicht mit Augen
Gesehn! Nicht daß die Schönheit seiner Züge
Mein leicht betrognes Aug verführt, der Reiz
Der ihn umgiebt,
Die Gaben einer gütigen Natur,
Die er verschmäht und nicht zu wißen scheint!
hoher
Lieb ich in ihm! Die hohen Tugenden
Des Vaters aber frei von seinen Schwächen.
Den edeln Stolz der großen Seele lieb ich
D

Den Muth zu brechen welchen nichts gebeugt,
Das Herz zu rühren, welches nie gefühlt,
Den stolzen Mann als Siegerin zu feßeln
Der nicht begreift, wie ihm geschieht, umsonst
Sich einem Joch entwindet, das er liebt,
Das lockt mich an, das reizt mich. Mindern Ruhm
Bracht es den großen Herkules ~~was ihn~~ zu rühren
~~Den tapfern Sohn~~
Als Hippolyt!

*ÜBERLIEFERUNG. H: Erika Bresser (Remscheid). 1 Blatt 14 (–14,4) × 20,3 cm. Geripptes Papier, vergilbt. Wz.: unterer Teil einer Vierpaßmarke.*

*LESARTEN.* **476** hohen] en *verb. aus* die **477** doch von seinen Schwächen frei] *zwischen die Verse geschrieben.*

## *NA 15 II, 587*

*zwischen $H^{1d}$ und $H^{1e}$: V. 700–711 und 724–733*

O nein, nein, ich kam ihr darinn zuvor!
Mir hätts zuerst die Liebe eingegeben
Ich, Herr, und keine andre zeigte dir
Den Pfad des Labirinths: Wie hätt ich nicht
Für dieses liebe Haupt gewacht! Ein Faden
War der besorgten Liebe nicht genug,
Gefahr und Noth hätt ich mit dir getheilt,
Ich selbst ich wäre vor dir her gezogen,
Ins Labirinth stieg ich hinab mit dir
Mit dir war ich gerettet oder verloren
H.
Was hör ich, Götter? Wie, vergißest du
Daß Theseus dein Gemahl, daß er mein Vater

Das Gift genährt, das mich wahnsinnig macht,
Dem ganzen Zorn der Himmlischen ein Ziel
Haß ich mich selbst noch mehr als du mich haßest,
Zu Zeugen deß ruf ich die Götter an,
Sie, die in meiner Brust das Feur entzündet,
Das all den Meinen so verderblich war,
Die sich ein grausam Spiel damit gemacht,
Das schwache Herz der Sterblichen zu verführen
Ruf das Vergangne dir zurück! Dich fliehen
War mir zu wenig. Ich verbannte dich

*ÜBERLIEFERUNG. H: GSA. 1 Blatthälfte 20 × 14,9 cm. Geripptes Konzeptpapier. Eingeklebt in „Wallstein, / Tragédie en cinq actes et en vers […]. / Par / Benjamin Constant de Rebecque. / A Paris […] / A Genève / 1809, und zwar zwischen Titelblatt und der Abhandlung „Quelques Réflexions sur la Tragédie de Wallenstein sur le Théatre Allemand" (von Benjamin Constant).*

*LESARTEN. V.* **703** Pfad des] *über gestr.* Ausgang aus *(das folgende* dem *wurde nicht verbessert)* Labirinths] s *erg.* hätt] *verb. aus* hätte, *danach am Rand eingefügt:* ich nicht **704** Für dieses] *über gestr.* Ich nicht dein liebe] *verb. aus* liebes gewacht] *verb.*

*aus* bewacht **726** Haß ich mich] Haß *vor der Zeile erg.*, ich mich *über gestr.* Mich selbst] *danach gestr.* haß ich **732** Ruf das Vergangne *bis* fliehen] Ruf *vor gestr.* Ruf*;* ü. d. Z. (am Anfang der Zeile) gestr. Denkst selbst an*;* dir zurück! Dich] *über gestr.* bald *[?]* zurück*;* Dich *über gestr. (mit Einweisungszeichen):* zu *[?].*

### *NA 15 II, 587*

*$H^{1e}$*

*ÜBERLIEFERUNG. DLA/SNM.*

### *NA 15 II, 588*

*zwischen $H^{1e}$ und $H^{1f}$: Vers 1077–1080 und 1104–1106*

O wird mir solcher Dank für meine Liebe?
O solche That! Verdammliches Erkühnen!
Und seiner wilden Lust genug zu thun,
Erlaubte sich der Freche gar Gewalt!

Denk an die Klagen meiner Königinn
O Herr! Aus einer frevelhaften Liebe
Entsprang ihr ganzer Haß.
Theseus

*ÜBERLIEFERUNG. H: Privatbesitz. 1 beschnittenes Blatt ca 17 × ca 4 cm. Textwiedergabe nach Kopien.*

*LESARTEN. Über* **1077***: Unterlängen der 2. Hälfte des vorangehenden Verses:* , nicht was ich bin. **1078** O solche That!] *zunächst beginnend:* Vergangenes Erkühnen! *dann: Änderung von* ga *durch* we*; dann* Verwegenes Erkühnen *gestr.*, Verdammliches *über gestr.* Verwegenes*; dann:* O solche That *hinter gestr.* Verdammliches, *also über gestr.* Erkühnen **1079** wilden] *über gestr.* frevelhaften Lust] *danach gestr.* zum beißen

### *NA 15 II, 652*

*zu $H^{2o}$: Vers 914–920 und 939–946*

In Ruh einwiegte oder aller Schaam
Mit eherner Stirne nie erröthend trotzte
Mein Unrecht kenn ich, es steht ganz vor mir.

Schon seh ich diese Mauern, diese Bogen
Sprahe bekommen, und, mich anzuklagen
Bereit, ~~sobald~~ des Gatten Ankunft nur erwarten,
Furchtbares Zeugniß gegen mich zu geben!

Was werd ich ich *[!]* ihm antworten, wenn er nun
Als Kläger auftritt? Ach ich muß verstummen!
Er aber wird sich seines gräßlichen
Triumphs mit Uebermuth erfreun, und jedem
Ders hören will von deiner Schmach erzählen.
Eh dieß geschieht, zerschmettre mich der Blitz!
– Sag mir die Wahrheit. Ist er dir noch theuer?
Mit welchem Auge siehst du jetzt den Stolzen?

*ÜBERLIEFERUNG. H: Privatbesitz. Oberer Teil eines Quartblattes 20 × 10,5 cm. „Gerripptes Büttenpapier, beidseitig beschrieben zu je 8 [!] Zeilen, verso mit Echtheitsvermerk von fremder Hand.“ Versteigert auf der Auktion von Ketterer Kunst am 21./22. November 2016 in Hamburg (Kat. 434, Nr 57). Beschreibung der Handschrift ebd. Textwiedergabe nach den Facsimilia (ebd.). – Bei den auf S. 653 wiedergegebenen Versen handelt es sich offenbar um eine Abschrift von der vorliegenden Fassung, ergänzt um vier Zeilen (3 Verse und* Phædra*), die vermutlich abgeschnitten wurden, um als Schiller-Handschrift einen neuen Besitzer zu bekommen.*

***NA 15 II, 666***

*nach $H^{2y}$: Vers 1429–1439*

– Ich will dich nicht mehr hören. Fahre / hin
Fluchwürdige Verführerin! Mich selbst
Laß sorgen für mein jammervolles Loos.
Mög dirs der Himmel lohnen nach Verdienst,
Und deine Strafe ein Entsetzen seyn
Für alle, die mit schändlich
Wie du, den Schwächen ihrer Fürsten dienen,
Und noch hinstoßen, wo das Herz schon treibt,
Und uns den Weg des Frevels eben machen!
Verworfne Schmeichler, die der Himmel uns
In seinem Zorn zu Freunden hat gegeben!
(sie geht ab)

*ÜBERLIEFERUNG. GMD. 1 beschnittenes Blatt 18,3 (–18,6) × 11,3 (–11,6). Auf der Rückseite Besitzvermerk von Johannes Daniel Falk: „Schillers Handschrift / aus / den Händen seiner Wittwe. / empfangen / von / Johannes Falk (Im Novbr, 1818.)“*

*LESARTEN.* **1433** deine] d *vor* eine *erg.*

### *NA 15 II, 666*

*vor $H^{2z}$: Vers 1489–1493 und 1511–1515*

Komm, eilen wir, der Augenblick ist günstig,
– Was fürchtest du? Du scheinst, dich zu bedenken.
Dein Vortheil ja macht einzig mich so kühn,
Und lauter Eis bist du, da ich voll Glut?
Du fürchtest, dich dem Flüchtling zu gesellen?

Wo meiner Ahnherrn alte Mahle sind,
Stellt sich ein Tempel dar, furchtbar dem Meineid.
Hier wagt man keinen falschen Schwur zu thun,
Denn schnell auf das Verbrechen folgt die Rache,
Das Graun des unvermeidlichen Geschicks

*ÜBERLIEFERUNG. DLA/SNM. Der obere Teil eines Blattes, unten beschnitten, 20,9 × 7,1 cm, gerippt. E: Menschen und Bücher um Schiller. Bildnisse, Handschriften, Bücher im Jahre der 150. Wiederkehr seines Todes, ausgestellt im Gleimhause zu Halberstadt, Juni bis August 1955. Hrsg. vom Gleimhause in Verbindung mit dem Kreis-Schillerkomitee. S. 22.*

*LESARTEN.* **1514** schnell] *verb. aus* schnelle, *danach gestr.* Rache [...] trift den Friedverächter ???, *darüber gestr.* Schnell folgt, *danach gestr.* die Rache. **1515** Das Graun] *über gestr.* Die Frucht

### *NA 16, Text (1954)*

*Siehe Einleitung.*

### *NA 16, 477*

*Z. 5–6: Die Bogen 1–16 waren die Vorlage (nicht die Abschrift) des Manuskripts $h^1$ (korr.).*

### *NA 21, 336–341*

## UEBER EPISCHE UND DRAMATISCHE DICHTUNG

*Über die Annahme, die Abhandlung, an der Goethe keinen geringen Anteil hat, sei nicht schon am 26. Dezember 1797 abgeschlossen gewesen, vgl. Klaus Gerlach: Zur Neudatierung eines Aufsatzes von Goethe und Schiller. In: Goethe-Jahrbuch 104 (1987). S. 379 bis 381.*

## *NA 22*

*Siehe Einleitung.*

## *NA 22, 314–315*

*Anhang auf den Seiten 2 und 3 des Doppelblatts mit Schillers Brief an Leopold Friedrich Günther Goeckingk vom 23. August 1784 (NA 23, Nr 103). Nro 1: s. u. Nationalzeitung 1901. Nr 23 vom 12. Jan.; Nro 2: Journal von und für Deutschland 1784; s. u.; außerdem Berliner Schiller-Ausgabe 10, S. 239f. (Erl. S. 801f.).*

Mannheim, Nro. 1

Die Preißmedaille von 12 Dukaten, die der Intendant der Mannheimer Nazionalschaubühne, Herr Baron von Dalberg, auf die beste Beantwortung Dramaturgischer Fragen ausgesezt hat, und deren Entscheidung der dasigen teutschen gelehrten Gesellschaft überlaßen wurde, ist deren Schauspieler Heinrich Bek zuerkannt worden. Dieser verdienstvolle junge Mann, der in den ersten Liebhabern und jungen leidenschaftlichen Rollen auf deutschen Bühnen wenig seines Gleichen findet, und durch das philosophische Studium seiner Kunst sich eben so glänzend, als durch Wahrheit und Stärke des Spiels, unter dem großen Haufen seiner anmaßlichen Kollegen auszeichnet, muss mit dem Schauspieler Bök nicht verwechselt werden, der das Publikum früher schon unter Ekhof, bei der ersten Entreprise zu Hamburg gespielt hat.

Nro 2

*Über Ifflands Spiel als King Lear in der Mannheimer Aufführung vom 19. August 1784 (s. NA 23, 336).*

Am 19$^{ten}$ des Augusts ist auf der Nazionalschaubühne zu Mannheim vorgestellt worden König König Lear von Shakespear nach der Schröderischen Veränderung. Dieses Stük blieb mehrere Jahre liegen, weil es keiner der hiesigen Schauspieler wagte, den Lear zu spielen, nachdem Herr Schröder das Äuserste in dieser Rolle erreicht, und durch sein großes meisterhaftes Spiel das ganze Publikum gegen mindere Kunst verwöhnt hatte. H*err* Ifland mußte zulezt dem Verlangen des Publikums nachgeben, und erschien in dieser Rolle mit soviel Glanz und Vollkommenheit, daß eben die Zuschauer, denen noch das lebhafte Bild der Schröderischen Darstellung vorschwebte, die ersten und feurigsten seiner Bewunderer waren. Unstreitig weicht dieser große Künstler keinem einzigen Deutschlands – Sein Spiel ist geistvoll und wahr – nicht bloße Arbeit der Lunge und Gurgel, womit unsre Theaterhelden gewöhnlich dem Publikum Furcht und Erstaunen, wie Straßenräuber dem Reisenden das Geld, mit gespannter Pistole, abtrotzen – Sein Fach ist das ganze Gebiet aller zärtlichen und feinen Empfindungen, des feierlichen Ernstes, wie des satyrischen Spotts. Seine Darstellung ist ganz; keine Grimaße, keine Bewegung des unbedeutenden Muskels straft die andern Lügen. Sprache und Mienenspiel vereinigen sich bei ihm, die gewagteste Täuschung hervorzubringen, nichts erinnerte uns daß dieser Lear Franz Moor sei, den wir 2 Monate vorher mit schaudernder Bewunderung anstarrten. Zuverläßig hängt es nur von ihm selbst ab, worinn er groß seyn will – und vielleicht fehlt es ihm nur an einem brittischen Publikum, um den Geist des Unerreichten Garriks zurükzurufen.

*ÜBERLIEFERUNG. H: DLA/SNM. 1 Doppelblatt. Text (Nro 2) auf den Seiten 2 und 3. – E: Journal von und für Deutschland 1784. St. 10. S. 262–263 (ULB Bonn: H 660). Nro 1: G[otthilf] Weisstein: Ein kleines Ineditum des Dichters. In: Nationalzeitung 1901. Nr 23 vom 12. Januar.*

*LESARTEN. (nur H; evtl. „Nro. 1" und „Nro 2" vermutlich Streichungen von Goeckingk)*

*ERLÄUTERUNGEN. Die vorläufig letzte „Räuber"-Vorstellung in Mannheim hatte am 20. Juni 1784 stattgefunden.*

*NA 22, 31–62 und 353–358*

# DE DISCRIMINE FEBRIUM INFLAMMATORIARUM ET PUTRIDARUM

# ÜBER DEN UNTERSCHIED ZWISCHEN ENTZÜNDLICHEN UND FAULIGEN FIEBERN

# De

# Discrimine

# Febrium inflammatoriarum et putridarum

---

## Tractatio

Auctore Joh. Christ. Frid. Schiller M. C$^{o}$.

1780.

# Über

# den Unterschied

# zwischen entzündlichen und fauligen Fiebern

---

## Abhandlung*

von Johann Christoph Friedrich Schiller, dem Kandidaten der Medizin.

1780.

---

*) Die vorliegende Übersetzung der Dissertation stammt von Karl August Neuhausen (Bonn) und Astrid Steiner-Weber (Bonn). Diese schrieb auch das beigefügte Glossar. Die meisten Erläuterungen hat Daniel Schäfer (Köln) verfaßt.

Experientissimis scientiarum medicarum Professoribus in Academia militari
Præceptoribus æstimatissimis

---

Indulgeant artis medicæ Antistites temeritati juvenili, quæ Thema arduum e praxeos medicæ centro pertractandum aggressa est. Equidem non ignoro, vix ac ne vix quidem de Morborum Oeconomia rite statui posse, nisi viva eorundem cognitio ad lectos ægrorum antecesserit; nec scientiam, hominum saluti innixam inani Theoria exhauriri posse, facile credo. Ex quo vero veterum annalibus eruendis operam navavi, nil magis e re esse ratus sum, quam eo tendam, ut bina Morbi genera, Inflammatorium puto et Putridum, familiaria mihi redderentur, utpote quorum latissimum est in Praxi medica dominium. Succurrebat amplissima Praxis Præceptoris Peritissimi, Domini Archiatri D. Consbruch, quæ, dum magnam mihi Vim Casuum Clinicorum suppeditaverat, experientiæ propriæ defectum quodammodo compensabat. Accedit, quod ex summa Serenissimi Ducis benevolentia hoc anno concessum mihi fuerit, in Nosocomio academico versari; morbosque, utut per singularem Dei providentiam huic Instituto invigilantem, rarissimos atque mitissimos, a primo inde Insultu, ad extremam usque defervescentiam studiose persequi, et Methodo medendi, qua exquisitissima pollet doctissimus archiater Dominus D. Reuss, testem adesse mihi licuerit.

Vestris itaque humeris, Viri medici perfectissimi, insistens, generalem quandam utriusque morbi Ichnographiam sistere ausus fui, quam plenam lacunis Examini Vestro timidulus jam offerre annitor. Tironi vero medico dedecori non esse a Magistris corrigi; nec nisi perfectiorem me Juvenem a Virorum consilio discessurum, persuasissimum habeo.

Dat. Stutgardtiæ
1.$^{mo}$ Novembr. 1780.

autor.

Den erfahrensten Professoren der medizinischen Wissenschaften in der Militärakademie, den hochgeschätzten Lehrmeistern

---

Nachsichtig seien die Meister der ärztlichen Kunst mit jugendlicher Verwegenheit, die es unternommen hat, ein überaus schwieriges Thema aus dem Kernbereich der ärztlichen Praxis eingehend zu behandeln. Jedenfalls weiß ich durchaus, daß kaum – ja nicht einmal kaum – über die Ökonomie der Krankheiten etwas auf gehörige Weise festgestellt werden kann, wenn man sie nicht vorher an den Krankenbetten lebensnah kennengelernt hat; auch glaube ich, daß die Wissenschaft, die auf das Wohlergehen der Menschen ausgerichtet ist, schwerlich aus leerer Theorie geschöpft werden kann. Seitdem ich mich nun aber mit den Geschichtsbüchern antiker Autoren beschäftigt habe, bin ich zu dem Urteil gelangt, daß nichts in größerem Maße von Vorteil ist, als selber darauf hinzuarbeiten, mich mit zweierlei Krankheitsarten – die entzündliche meine ich und die faulige – vertraut zu machen, da ja deren Herrschaftsbereich in der medizinischen Praxis den weitesten Raum einnimmt. Zu Hilfe kam dabei die sehr umfangreiche Praxis meines höchst fachkundigen Lehrmeisters, des Herrn Leibarztes Dr. Consbruch; sie hatte mir eine große gewichtige Menge klinischer Fälle zur Verfügung gestellt und glich dadurch den Mangel an eigener Erfahrung aus. Darüber hinaus ist es mir dank des höchsten Wohlwollens des Durchlauchten Herzogs in diesem Jahr gestattet worden, mich im akademischen Krankenhaus aufzuhalten und die dank der irgendwie über dieses Institut sorgsam wachenden einzigartigen Vorsehung Gottes nur sehr selten auftretenden und sehr milde verlaufenden Krankheiten von ihrem ersten Anfall bis zu ihrem letzten Abklingen eifrig zu verfolgen, und es war mir möglich, bei der Anwendung der Heilmethode, die als die vorzüglichste gilt und die der hochgelehrte Leibarzt Herr Dr. Reuss beherrscht, als Zeuge anwesend zu sein.

Auf eure Schultern mich daher stellend, ihr ganz vollkommenen Ärzte, habe ich es gewagt, gewissermaßen einen allgemeinen Grundriß beider Krankheiten vorzulegen, den ich trotz seiner erheblichen Lückenhaftigkeit furchtsam eurer Prüfung nun anzubieten mich bemühe. Daß es jedoch für einen Lehrling der Medizin keine Schande ist, von seinen Lehrern berichtigt zu werden, und daß ich als Jüngling aufgrund der Ratschläge von Männern nur in erheblich verbesserter Gestalt von dannen ziehen werde, davon bin ich völlig überzeugt.

Gegeben zu Stuttgart
am 1. November 1780

Der Verfasser.

§. 1.

Medicis, qui in luculenta praxi versantur, duo potissimum Febrium acutarum genera solent occurrere, quorum unum ab altero prorsus abhorret. Simplicius primum, at rigidius atrociusque aperto Marte in firmos decumbit, sed sub insidiis alterum, et sub specie benignitatis[1] malignum in labefactatos sese insinuat. Subito irruens illud, hoc subdole lentoque gradu obrepit. Nimio primum robore periculosum, fracto secundum. Id condensatos refert humores, hoc dissolutos. Prius in circulo sanguinis concipitur, posterius ex imo Ventre propullulat. Qua quidem idea perducti Medici, pro diversitate caussarum et indolis, huic Putridæ biliosæ, illi Febris Inflammatoriæ simpliciter sic dictæ nomen addere consueverunt. Cum vero contrariam unaquæque agnoscat medendi rationem, fieri non potuit, quin earundem confusio majorem longe hominum Vim pessumdederit, quam ipse pyrius pulvis, quare in praxi medica summi momenti est, oeconomiam utriusque specificam ac caracteres distinctivos ad normam Naturæ tradidisse, ut eo facilior ad ipsam denique Therapiam Via sternatur.

§. 2.

Priusquam in interiora tractationis demergamur, communia quædam quæ fundamento reliquorum inserviant, præmittenda censeo. Et quidem jam Sydenhamus, „(a) nil aliud esse Morbum asseruit, quam naturæ conamen materiæ morbificæ exterminationem in ægri salutem molientis. Verum tamen, pergit Vir magnus, cum sibi relicta est, vel nimio opere satagendo vel etiam sibi deficiendo „(obstando mallem)“ hominem letho dat. Præclare sane istud pronunciatum est, ac summum ingenium practicum spirat, neque tamen absque limitibus assumendum vellem.“[2] Missis omnibus quæ Stahliana sunt somnia de Nisu effectivo animæ intelligentis ad morbos subigendos, accuratius stabiliendum esse reor, quid sub Naturæ conamine medicativo intelligendum sit. Non certe, quod fortassis ex asserto Sydenhami deduci posset, Motus isti Naturæ expulsionem materiæ intendunt, qui nil aliud sunt, quam Commotiones Virium animalium, stimulum quendam præternaturalem sequentes. Fert enim prima lex in Corpore animato, ut Spiritus animales, simulac peregrinum quid eosdem contingit, densi nimiique ad locum stimulatum ruant, ac fibras irritabiles, ipsis subordinatas, ad vehementiores urgeant contractiones. Hæc[3] vero lex, tantum abest, ut in salutem hominis cedat, ut potius sola

(a) Sydenham. Oper. omn. Tom. 1. Sect. 1. cap. 1. De morbis acutis in genere.

[1]~~mali~~[beni]gnitatis [2]*keine Abführungsstriche* [3]Hac *(Schreibversehen)*

§ 1.

Ärzten, die in einer stattlichen Praxis tätig sind, begegnen gewöhnlich vor allem zwei Arten akuter Fieberfälle, deren eine von der anderen völlig abweicht. Die einfachere erste, jedoch härtere und schrecklichere Art befällt in offener Schlacht kräftige Menschen, aber die andere schleicht sich mit Heimtücke und scheinbarer Gutmütigkeit bösartig bei Geschwächten ein. Jene Art dringt plötzlich ein, diese behelligt hinterlistig und mit langsamem Schritt. Durch allzu große Stärke ist die erste Art gefährlich, durch gebrochene die zweite. Die eine verdickt die Säfte, die andere macht sie dünnflüssig. Die erstere wird durch den Blutkreislauf erzeugt, die letztere sprießt aus dem untersten Teil des Bauches hervor. Auf Grund dieser Vorstellung haben sich die Ärzte daran gewöhnt, entsprechend der Verschiedenheit der jeweiligen Ursachen und natürlichen Beschaffenheit der letzteren Art die Bezeichnung ‚galliges Faulfieber' beizulegen, jener dagegen die des einfach sogenannten ‚entzündlichen Fiebers'. Da nun aber jedwedes Fieber ein gegensätzliches Heilverfahren erkennen läßt, war es eine zwangsläufige Folge, daß eine Verwirrung eben dieser Methoden eine weitaus größere Anzahl von Menschen zugrundegerichtet hat als selbst das Schießpulver. Deshalb ist es in der medizinischen Praxis von höchster Bedeutung, das wesentliche Merkmal der beiden Fieberarten und ihre gemäß dem Gesetz der Natur unterschiedlichen Eigenschaften zu vermitteln, damit dadurch umso leichter der Weg zur Therapie geebnet wird.

§ 2.

Bevor wir uns in die inneren Themen der Abhandlung versenken, halte ich es für notwendig, einige allgemeine Bemerkungen vorauszuschicken, die als Grundlage für alle übrigen Darlegungen dienen sollen. So versicherte ja z.B. schon Sydenham, „(a) Krankheit sei nichts anderes als ein Bemühen der Natur, wenn sie die Austreibung des krankmachenden Stoffes zum Wohle des Kranken zu bewerkstelligen sucht. Aber dennoch, so fährt der große Mann fort, wenn sie sich selbst überlassen ist, liefert sie den Menschen dem Tod aus, indem sie entweder sich allzu eifrig mit dem Werk beschäftigt oder sich selbst erschöpft" (ich würde eher sagen: indem sie sich selbst im Wege steht). Dies ist gewiß vortrefflich ausgedrückt und atmet einen höchst bedeutsamen praktischen Geist, aber dennoch dürfte man den Ausspruch nach meiner Ansicht nicht ohne Einschränkungen übernehmen. Läßt man alle Träumereien eines Stahl über die wirksame Bestrebung der erkennenden Seele, die Krankheiten zu überwinden, beiseite, muß man, so glaube ich, genauer festlegen, was unter dem heilsamen Versuch der Natur zu verstehen ist. Diese Bewegungen der Natur zielen sicherlich nicht, was man vielleicht aus Sydenhams Behauptung ableiten könnte, auf die Vertreibung des Stoffes ab, da sie nichts anderes sind als die Anregungen der Seelenkräfte infolge eines gewissen widernatürlichen Reizes. Das erste Gesetz in einem beseelten Körper hat nämlich zur Folge, daß die Seelengeister, sobald sie irgendetwas Fremdes berührt, in dichter Menge und übergroßer Zahl zu der gereizten Stelle strömen und die ihnen selbst untergeordneten reizbaren Fasern zu ziemlich heftigen Kontraktionen drängen. Dieses Gesetz ist freilich so weit davon entfernt, sich heilsam auf das Wohl des Menschen auszuwirken,

(a) Sydenham, Sämtliche Werke, Band 1, Teil 1, Kapitel 1: Über die akuten Krankheiten allgemein.

sit eademque, quæ Morbos procreat, procreatos graves reddit ac internecinos. Non enim stases istæ exiguæ in pulmonicis vasis machinam nostram destruerent, quam centies millies destruxit naturæ molimen ad istas perfringendas. Non myasma in Sanguinem resorptum vitæ periculum induceret, at quoties induxit importunus Naturæ[1] impetus ad istud eliminandum? Non bilis in Intestinis fermentans putredinem tam cito subiret, quam vero spastici Motus nervorum summopere accelerant. Negari quidem nequit, hostilem materiam per id ipsum, Naturæ conamen felici Crisi quodammodo expurgari, quod in Febribus Intermittentibus, quam plurimis, nec non in quibusdam ardentibus contingit, at quæso perpendant, an despumatione opus fuerit, si ebullitio non antecesserit?

Crisis enim non ideo expectata est, quod materia morbosa[2] terminis vasorum proscribitur, sed quia proscripta materia[3] motus inordinati sedantur. Materia morbosa per se hostilis non est, hostilis redditur per Virium animalium turbas quas movet. In activo itaque Naturæ adversus morbosam materiam conatu et Morbus et Morbi gravitas collocata sunt. Melius ergo Morbum describimus per inordinatas Virium commotiones occasione stimuli præternaturalis; qui, si Circulo sanguinis inhæreat Febrem, si aliis regionibus aut Convulsiones, aut Vomitus, aut Diarrhoeas aut alia producit. Omne quidem, quod Spiritus animales præter naturam lacessit stimuli[4] munere defungi potest, hinc quæ a foris intrant, quæ intus a suis finibus[5] aberrant, aut generatim a naturali Rhythmo declinant.

Coqui Materia dicitur, dum per citatiores motus vasorum aut circumacta, aut contrita, disjecta, decomposita ea redditur; ut per naturales vias despumari, aut exhauriri par sit per factitias, quod quidem Crisin appellant. Quæ ergo Symptomata, durante Morbo, in conspectum veniunt, non ad eliminandam Materiam tanquam finem sibi præfixam emoliuntur, sed Materia, occasione horum Symptomatum, eliminari interdum potest, quod probe distinguendum est. Caveamus itaque ne luxuriose nimis de significationibus Verborum Coctionis, Criseosque statuamus ac dogmata nostra a natura Morborum aberrent. Ego quidem per varios Errorum labyrinthos ad persuasionem tandem perductus sum, talem ordinem non esse in rerum natura, qualem in nostris compendiis concinnamus!

There are more things in Heaven and Earth
Than are dreamt of in our philosophy.

---

[1] *Reihenfolge von* Naturæ importunus *durch überschriebene Ziffern* 2 *und* 1 *geändert* [2] morbosa e [3] materiæ**a** [4] se**t**imuli [5] finib

daß es vielmehr das einzige und dasselbe ist, das Krankheiten hervorbringt, die hervorgebrachten dann schwer und todbringend macht. Denn nicht diese geringen Stauungen in den Lungengefäßen würden unsere Körpermaschine aus ihren Fugen reißen, die zur Durchbrechung dieser Stauungen durch die gewaltige Anstrengung der Natur schon hunderttausendmal aus den Fugen gerissen wurde. Nicht ein ins Blut aufgenommenes Miasma würde zu einer Lebensgefahr führen, aber wie oft führte dazu der ungestüme Trieb der Natur, es zu beseitigen? Nicht würde die in den Eingeweiden gärende Galle so rasch in Fäulnis übergehen, welche tatsächlich die krampfartigen Bewegungen der Natur in höchstem Maße beschleunigen. Zwar kann nicht bestritten werden, daß ein feindlicher Stoff gerade durch diesen Versuch der Natur bei einer glücklich verlaufenden Krisis irgendwie ausgeschieden wird, was bei den meisten Wechselfiebern sowie bei hitzigen Fiebern gelingt, aber man möge bitte genau abwägen, ob ein Abschäumen nötig war, falls ein Aufwallen nicht vorangegangen ist.

Die Krisis wurde nämlich nicht deshalb erwartet, weil der krankmachende Stoff an den Gefäßenden verbannt wird, sondern da nach der Verbannung des Stoffes die ungeordneten Bewegungen zur Ruhe kommen. Der krankmachende Stoff an sich ist nicht feindlich, feindlich wird er erst durch die Verwirrungen der Seelenkräfte, die er verursacht. Auf dem aktiven gegen den krankmachenden Stoff gerichteten Versuch der Natur beruhen daher sowohl die Krankheit als auch die Schwere der Krankheit. Folglich beschreiben wir die Krankheit besser durch die ungeordneten Erregungen der Kräfte beim Auftreten eines widernatürlichen Reizes, der, falls er sich an den Blutkreislauf anheftet, Fieber hervorbringt, falls in anderen Bereichen, entweder Krämpfe oder Erbrechen oder Durchfälle. Jedenfalls kann alles, was die Seelengeister reizt, die Funktion eines Reizes erfüllen: somit dasjenige, das von außen eindringt, das innerhalb des Körpers von seinem Gebiet abirrt oder das allgemein von seinem natürlichen Rhythmus abweicht.

Gekocht wird ein Stoff, so sagt man, wenn er durch ziemlich rasche Bewegungen der Gefäße entweder herumgetrieben oder aufgerieben, <wenn> er zertrümmert und entstellt aus dem Körper ausgestoßen wird, daß er demgemäß über die natürlichen Wege abgeschäumt oder durch handwerkliche Maßnahmen ausgeleert wird, was man unstreitig Krisis nennt. Diese Symptome kommen folglich im Verlaufe der Krankheit zum Vorschein; sie werden nicht zur Beseitigung des Stoffes – gleichsam zu dem ihnen vorgesteckten Ziel – hervorgebracht, sondern der Stoff kann bei der Gelegenheit des Auftretens dieser Symptome manchmal beseitigt werden, was man gehörig unterscheiden muß. Hüten wir uns deshalb davor, daß wir allzu verschwenderisch über die Bedeutungen der Begriffe ‚Kochung' und ‚Krisis' Feststellungen treffen und daß unsere Lehrmeinungen von der Natur der Krankheiten abweichen. Ich jedenfalls bin durch die mannigfachen Labyrinthe der Irrtümer schließlich zu der Überzeugung gelangt, daß die Ordnung in der Natur der Dinge nicht so beschaffen ist, wie wir sie uns in unseren Lehrbüchern zurechtlegen!

> Da gibt es mehr Dinge im Himmel und auf Erden,
> als man es sich erträumt in unserer Philosophie.

### §. 3.

A Febre inflammatoria exordium mihi sumo. Eo quidem nomine insignitur Febris ardens continua, irruens cum Rigore, corporis profunda conquassante, quem dein excipit vehementior æstus, et pulsus velox et cum plenitudine durus, et dolor partis alicujus pulsatorius cum quibusdam functionibus læsis, quæ omnia, adaucto furore, intra spatium quatuor dierum ad statum moventur.

Progressa[1] fuit Lassitudo Spontanea phlegmonoso-gravativa, cum ponderis quodam sensu in membris movendis, fugitivis per Corpus ardoribus, capitis dolore, pectoris oppressione, insomniis turbulentis, voracitate interdum nimia, a quibus omnibus proxime distat Febris ipsius dira Invasio.

### §. 4.

De Caussis primo spectandum, quæ sunt aut antecedentes quæ disponunt, aut occasionales accessoriæ quæ cum prioribus junctim sumtæ gravem morbum progignunt. Caussa antecedens omni Febrium phlogisticarum cohorti communis P l e t h o r a habetur. Plethora quidem ex vulgari medicorum sententia justo major est Sanguinis in systemate vasorum accumulatio, quam[2] ad sustinendum actionum vigorem requiritur. Certatum est, an plus sanguinis parari possit, quam sanitas hominis reposcit, dum humoris nobilissimi nullo tempore nimium haberi possit, dum abundante Virium fonte et Vires abundare necessum sit, dum abundantes Vires exaltatum potius quam fractum trahant vigorem et quæ reliqua sunt, caussis quæ ad plethoram disponunt, morbisque ad quos ipsa disponit propius pensitatis, disparitura.

### §. 5.

Plethora adultis potissimum innasci observatur, qui Ventri admodum indulgent, expedite digerunt, macilenti ceteroquin et rigidi Corpus validum vehementer exercent. Obesitas contra in eos potius decumbit adultos, qui Vitam tantis conviviis transigunt, nec minus facile concoquunt, largo præterea otio corpus laxum reponunt.

Eo quidem tempore quo ulteriori incremento Solidorum Rigor obluctatur, humores, qui alioquin in partium nutritionem consumti fuerunt, nec jam inveniunt quo secedant, nec ideo parcius ac antea parantur in magnum Sanguinis circulum regurgitant. Qui si Musculorum vegeta[3] actione, animique vivaciori exercitio animatius exagitantur, ostia quæ oleo sanguinis recipiendo ad vasorum parietes admota sunt rapidi nimis præterfluunt,

---

[1]Progressa~~nt~~ [2]qua~~m~~ *(Streichung versehentlich?)* [3]n**v**egeta

§ 3.

Mit dem entzündlichen Fieber nehme ich den Anfang. Mit diesem Namen bezeichnet man jedenfalls das kontinuierliche Brennfieber, das mit einer die Tiefen des Körpers erschütternden Kältestarre hereinbricht. Auf diese Starre folgt dann direkt eine ziemlich heftige Gluthitze, ein schneller und harter Puls mit starker Füllung sowie ein pochender Schmerz irgendeines Körperteils mit gewissen verletzten Funktionen; dies alles wird mit gesteigerter Raserei innerhalb von vier Tagen zum Höchststand gebracht.

Vorangeschritten war eine plötzlich aufgetretene, entzündlich-beschwerende Ermattung zusammen mit einem gewissen Schweregefühl bei der Bewegung der Gliedmaßen, mit fluchtartig den Körper durchziehenden Hitzewallungen, mit Kopfschmerz, Brustbeklemmung und unruhigen schlaflosen Nächten sowie mit manchmal allzu großer Gefräßigkeit, von welchen allen der unheilvolle Einfall des Fiebers selbst sehr nahe entfernt ist.

§ 4.

Hinsichtlich der Ursachen ist zuerst zu betrachten, welche entweder dem Fieber vorausgehen und es bestimmen oder welche als Gelegenheitsursachen hinzutreten, die, mit den vorigen Ursachen in Verbindung gesetzt, eine schwere Krankheit hervorbringen. Als die vorausgehende Ursache, die der gesamten Gruppe der entzündlichen Fieber gemeinsam ist, gilt die Blutüberfülle. Die Blutüberfülle ist jedenfalls nach der allgemeinen Auffassung der Ärzte eine Aufhäufung von Blut im Gefäßsystem, die ungebührlich größer ist als zur Erhaltung der Lebenskraft der Körperverrichtungen erforderlich. Man streitet darüber, ob mehr Blut produziert werden kann, als die Gesundheit des Menschen erfordert, da man doch von dieser edelsten Flüssigkeit zu keiner Zeit zu viel besitzen könne, da bei einer überaus reichlich fließenden Kräftequelle notwendigerweise auch die Kräfte überaus reichlich vorhanden seien, da die überaus reichlich vorhandenen Kräfte eher eine erhöhte als eine gebrochene Lebensenergie nach sich ziehen dürften, und das, was übrig bleibt, werde – bei näherer Prüfung und Abwägung der Gründe, die zur Blutüberfülle führen, sowie der Krankheiten, zu denen sie selbst führt – verschwinden.

§ 5.

Blutüberfülle entsteht, wie man beobachtet, vornehmlich bei Erwachsenen, die sich ihrem Bauch in hohem Grad hingeben, leicht verdauen, im übrigen schlank und kräftig sind sowie ihren starken Körper energisch üben. Fettleibigkeit dagegen befällt eher die Erwachsenen, die ihr Leben bei üppigen Gastmählern verbringen, nicht weniger leicht durch Kochung verdauen und außerdem ihrem schlaffen Körper eine lange Ruhepause verschaffen.

Zu dem Zeitpunkt jedenfalls, bei dem einer weiteren Zunahme die Starre der festen Körperteile entgegensteht, finden die Säfte, die sonst für eine Ernährung der Körperteile verbraucht wurden, nicht mehr den Ort, wohin sie sich absondern könnten, und strömen deshalb nicht weniger sparsam, als sie vorher produziert werden, in den Blutkreislauf zurück. Falls diese Säfte durch eine rege Betätigung der Muskeln sowie eine recht lebhafte Geistestätigkeit ziemlich heftig angeregt werden, fließen sie an den Öffnungen, die zur Aufnahme der öligen Bestandteile des Blutes in den Gefäßwänden angelegt worden sind, allzu rasch vorbei, und es bleibt keine Zeit, um sich in den Zellen abzusondern; wir

nec tempus secedendi in Cellulas datur, scimus enim ex physiologicis, Secretionem adipis nonnisi sub placidiori sanguinis rivo procedere posse. Accedit quod strictior Vasorum compages massam humorum valdopere compingat, calor[1] denique major, motusque vehementior difflato aqueo eandem condenset, quo fit, ut eo difficilius adeps a reliquo sanguine segregetur. Hinc remanebit in Vasis, et accumulabitur, hinc plethoræ natales. Sin autem otiosis anima et corpore tardius atque tranquillius per laxiora vasa repant humores, nec calor inspisset, nec velocior circuitus partes aqueas fuget, adeps facillime in cessabiles cellulas exsudabit, quo facto Obesitas ingruit. Exinde patet, ab Obesitate Plethoram non differre nisi ratione inquilinæ[2] Receptivitatis, iisdemque præterea caussis respondere utramque, nemo vero Mortalium Obesitatem pro exaltata Sanitate agnovit. Neque tamen Plethora morbis accensenda, ad quos saltem disponit.

Hinc in plethoricis turgida Vasa, atque stricta, compactior sanguis, oleosoque abundans principio, pulsus cum fortitudine magnus, Vis summa vitalis, animus ad Exæstuationes facillimus: hæc subsunt in Corpore inflammatoria Febre capiendo.

§. 6.

Caussæ occasionales duplicis generis occurrunt. Aut sunt exagitationes sanguinis nimiæ, quo referas animi pathemata ferociora, motus Corporis justo vehementiores, usum Calidorum vini præsertim ejusdemque spiritus, Venerem immodice celebratam, vigilias nimis protractas et alia; aut versantur circa obstaculum Circulo sanguinis obnitens, huc pertinent subitaneæ refrigerationes, hybernæ præcipue, aut aqua frigida[3] post æstivas exæstuationes subito ingurgitata, retentus Mensium Hæmorrhoidumve fluxus, lactis recessus, spasmi varii tum idiopathici, tum consensuales, quin ipsæ Mechanicæ pressiones quales ex. gr. flatulentia facit, quæ omnia plethoram partialem formando operantur. Frequentissime plures ex caussis hisce enumeratis simul ad producendam inflammationem concurrunt. Nec genium epidemicum prætereas, nec stimulos locales quales sunt vulnera, abscessus materiales, dum circumcingens ora phlogosin concipit, uti in Vomicis pulmonum hepatisve contingit, succi dein nimis acres, quod inflammationibus spasticis putridis ansam præbet, æstus foris admotus, quo Insolationem referas, corpora denique peregrina. Inflammationes symptomaticæ, etiamsi huc non pertineant, semper tamen[4] ex uno alterove horum fomitum subnascuntur.

---

[1] c~~a~~lor~~e~~ [2] in quilinæ *(kein Trennungsstrich am Zeilenende)* [3] aqua~~m~~ frigida~~m~~ [4] tamen ~~su~~

wissen nämlich aus der Physiologie, daß die Ausscheidung von Fett nur bei ziemlich gemäßigtem Blutfluß erfolgen kann. Hinzu kommt, daß ein zu straffer Aufbau der Gefäße die Masse der Säfte erheblich zusammendrückt, zu große Hitze schließlich sowie zu heftige Bewegung durch Verdampfung des wässrigen Anteils diese Masse eindickt, was bewirkt, daß sich um so schwieriger Fett vom übrigen Blut absondert. Daher wird es in den Gefäßen verbleiben und sich dort anhäufen; hieraus entsteht die Blutüberfülle. Wenn aber bei geistig und körperlich Untätigen die Säfte langsamer und ruhiger durch die schlafferen Gefäße kriechen und weder die Hitze sich verdichtet noch ein schnellerer Kreislauf die wässrigen Bestandteile vertreibt, wird sich das Fett sehr leicht in die trägen Zellen ergießen, wodurch Fettleibigkeit eintritt. Daraus wird offenbar, daß sich die Blutüberfülle von der Fettleibigkeit nur hinsichtlich der Art der Aufnahmefähigkeit im Inneren des Körpers unterscheidet und daß außerdem beide denselben Ursachen entsprechen; kein Mensch jedoch hat Fettleibigkeit als Anzeichen erhöhter Gesundheit anerkannt. Aber dennoch darf man die Blutüberfülle nicht zu den Krankheiten rechnen, für die sie wenigstens eine Veranlagung besitzt.

Daher haben die Vollblütigen geschwollene und straffe Gefäße sowie ziemlich verdicktes und von öligem Grundstoff überströmendes Blut, einen großen, kräftigen Puls, höchste Lebenskraft und ein sehr leicht zu hitzigen Aufwallungen neigendes Gemüt. Diese Eigenschaften liegen einem Körper zugrunde, der von einem entzündlichen Fieber ergriffen wird.

## § 6.

Gelegenheitsursachen kommen in zweierlei Art vor. Entweder sind es allzu starke Erregungen des Blutes, wozu man zu ungestüme geistige Leidenschaften zählen kann; übermäßig heftige Bewegungen des Körpers, die Einnahme erwärmender Getränke, besonders von Wein und Branntwein, unmäßigen Liebesgenuß, allzu lange ausgedehnte Nachtwachen und anderes. Oder sie treten im Bereich eines äußeren Hindernisses auf, das sich dem Blutkreislauf widersetzt; hierzu gehören plötzliche Abkühlungen, vor allem im Winter, oder kaltes Wasser, das nach den Erhitzungen im Sommer plötzlich hinuntergeschluckt wird, der zurückgehaltene Fluß der Monatsblutungen oder der Hämorrhoiden, der Rückgang der Milch, verschiedene bald ‚idiopathische', bald ‚konsensuale' Krämpfe, ja sogar mechanische Pressungen, wie sie z.B. eine Flatulenz verursacht, welche Faktoren alle wirken, indem sie eine lokale Blutüberfülle hervorbringen. Sehr häufig kommen von diesen hier aufgezählten Ursachen mehrere gleichzeitig zusammen, um eine Entzündung zu erzeugen. Auch darf man weder den ‚Genius epidemicus' übergehen noch örtliche Reizungen, wie es Wunden sind, stoffliche Absonderungen, während der sie umgebende Gewebesaum sich eine Entzündung zuzieht – wie es bei Geschwüren von Lunge oder Leber eintritt –, sodann allzu scharfe Säfte, was krampfartige faulige Entzündungen veranlaßt, ferner äußerliche Zufuhr von Hitze, wozu man einen Sonnenstich zählen kann, und schließlich Fremdkörper. Symptomatische Entzündungen, auch wenn sie nicht hierhin gehören mögen, wachsen dennoch immer unter dem einen oder anderen dieser Zündstoffe hervor.

## §. 7.

Nec tamen, quam diu Circulus sanguinis, utut citatissimus musculorum ope, per venas expedite adhuc absolvitur, nec ullibi resistentiam invincibilem offendit, locus dabitur Inflammationi.[1] Simulac autem sanguis, musculis ad quietem repositis, cum labore per Venas trahitur, et æquilibrium Circuitus arteriosi venosique aufertur; simulac aer frigidus nudos pulmones infestans, aut aliud quid eorum quæ supra recensuimus vasorum minimorum systema constringit, nec ideo minus rapide per arterias sanguis adsiliat, eadem Vi qua appetit, repercutiatur necesse est, majoresque arterias a tergo distendat. Sed arteriæ rigidiores, jamque superfluo sanguine turgentes fortius obnituntur, qui Nisus per universum tractum Systematis arteriosi retrorsum ad Cor usque propagatur.

Jam vero Boerhaavius monuit, resistentiam stimuli loco esse, stimulum autem Spiritus animales densiore agmine ad loca stimulata rapere supra monitum est. Cor itaque majori sibi Virium parte vindicata validius celeriusque micat[2], plures atque majores eodem tempore emittit sanguinis undas, plus sanguinis ad locum cui obstaculum inhæret projicitur, dum semper minus expediri potest; Succurrit pervulgatum Phænomenon in physicis, Vas quoddam angustiori ostio instructum, jam liquido quodam impletum ac subito inversum prorsus nihil initio emittere, dum liquor nimius versus ostium minus ruens sibi ipsi viam occludit. Idem in Vasis vivis sanguiferis contingit. Accedit quod spissior sanguis jam per se difficilius vasorum angustias traducatur. Hinc sanguis stagnabit in ultimis arteriolis; sed stagnatio in ultimis arteriolis I n f l a m m a t i o n i s nomen exhaurit. (b)

## § 8.

Ineluctabile Impedimentum humorum circulo sese opponit; Vires animales in impetum aguntur, quasi peregrinum quid intus lacessat, ad quod abigendum omnis machina sese

(b) Quæ scilicet subito contingit, nam quæ lento gradu innascuntur vix inflammationis nomen[3] accipient, dum febrem non moveant.

[1]Inflammationi. ~~(b)~~ [2]mica~~bit~~ [3]nomin~~e~~ *(versehentlich falsche Korrektur)*

§ 7.

Trotzdem wird einer Entzündung kein Raum gegeben werden, solange der Blutkreislauf, wie auch immer sehr rasch mit Hilfe der Muskeln beschleunigt, durch die Venen ungehindert geschlossen wird und nirgendwo auf einen unüberwindlichen Widerstand stößt. Sobald aber die Muskeln zur Ruhe gekommen sind, das Blut daher nur mit Mühe durch die Venen befördert und das Gleichgewicht von arteriellem und venösem Kreislauf aufgehoben wird, sobald kalte Luft, die in die entblößten Lungen eindringt, oder irgendetwas anderes von dem, was wir oben erläutert haben, das System der kleinsten Gefäße verengt und das Blut deshalb weniger reißend schnell durch die Arterien heranströmt, wird es notwendigerweise mit derselben Kraft, mit der es herandrängt, zurückgestoßen und die größeren Arterien in rückwärtiger Richtung ausdehnen. Aber die allzu starren und bereits durch den Überfluß an Blut angeschwollenen Arterien stemmen sich stärker dagegen, welche Anstrengung sich durch den gesamten Verlauf des Systems rückwärts bis zum Herzen fortsetzt.

Nun gab jedoch Boerhaave zu bedenken, der Widerstand sei wie ein Reiz, daß aber der Reiz die Seelengeister in ziemlich dichter Schar zu den gereizten Orten strömen läßt, wurde schon oben zu bedenken gegeben. Daher schlägt das Herz, nachdem es den größeren Teil der Kräfte für sich in Anspruch genommen hat, kräftiger und schneller, es sendet noch mehr sowie noch größere Blutwellen zur selben Zeit aus, und noch mehr Blut wird zu der Stelle geschleudert, wo das Hindernis steckt, während immer weniger weggeschafft werden kann. Dabei tritt ein in der Physik allgemein bekanntes Phänomen in Erscheinung, nämlich daß ein mit einer ziemlich engen Öffnung versehenes Gefäß, das bereits mit einer gewissen Flüssigkeit gefüllt war und dann plötzlich umgedreht wurde, anfänglich überhaupt nichts auslaufen läßt, solange die allzu große Flüssigkeitsmenge, die gegen die kleinere Öffnung stürzt, sich selbst den Weg verschließt. Dasselbe tritt in den lebendigen Blutgefäßen ein. Hinzu kommt, daß zu dickes Blut an sich schon schwerer durch Engstellen der Gefäße hindurchgeführt wird. Darum wird das Blut in den äußersten Arteriolen stocken, das Stocken in den äußersten Arteriolen paßt aber völlig zum Begriff der Entzündung. (b)

§ 8.

Ein nicht zu bewältigendes Hindernis stellt sich dem Kreislauf der Säfte entgegen; die Seelenkräfte werden zum Angriff getrieben, gleichsam als ob etwas Fremdes im Inneren reizt, zu dessen Beseitigung sich die ganze Körpermaschine rüstet, daher gehen

(b) Welche allerdings plötzlich auftreten, denn sich langsam heranbildende Stockungen können kaum mit dem Begriff „Entzündung“ bezeichnet werden, da sie kein Fieber erzeugen.

accingit, hinc Algores præcurrunt (c). Sub frigore tantum abest, ut impedimentum dimoveatur, ut potius summa capiat incrementa. Algor enim cutaneis vasis constrictis ad interiora urget humores, in imo pulmone accumulat, plethoram internam partialem adauget (d) adauget inflammationem. Frigoris tempore pectoris gravatio, anxietas, pulsus minor, contractus, inæqualis, nauseosus aliquis sensus per Corpus universum. Rigorem intercipit Æstus ipse, cujus vehementia inflammationis gradum, temperiem, sanguinis indolem, et vasorum rigiditatem sequitur. Jam pulsus impetuose[1] rapitur, durus ad instar serræ tangentis digitum secat, jam minimus est (e) jam ad plenitudinem quandam attollitur; ardet omne corpus; lingua, fauces, cutis arida; facies rutila Splendida; oculi flammescunt; caput punctorie dolet, ac si in partes mox dissiliret; sedes inflammata dolorose pulsat; Spiritus gravius ducitur; sitit æger; prostratæ Vires motus Voluntarii, dum vis vitalis enormiter exaltata sit.

Simplicissima hæc Symptomata e speciali Inflammatoriæ Febris oeconomia fluunt. Dum vero sanguis crescente impetu atque copia, ad locum Inflammatum urgetur, nec ipsi rigidæ, angustæ, infarctæque cedunt arteriæ, magis atque magis ad modum Cunei in illas impingetur, majus semper incrementum capiet Inflammatio. Crescente itaque

(c) Sydenham. De Horrore: „Et quidem ad exhorrescentiam quod attinet, ego illam exinde oriundam arbitror, quod materia febrilis, quæ nondum turgescens a massa sanguinea utcumque assimilata fuerat, jam tantum non solum inutilis verum et inimica naturæ facta, illam exagitat quodammodo atque lacessit, quo sit ut naturali quodam sensu irritata et quasi fugam molita, rigorem in corpore excitet atque horrorem aversationis suæ testem et indicem. Eodem plane modo quo potiones purgantes, a delicatulis assumtæ, aut etiam toxica incaute deglutita horrores statim inferre solent aliaque id genus Symptomata.“[2]

(d) Aretæus. De curat. Pleurit. „Si refrigeratum Corpus animo destituitur[3] pulmoniam invadere periculum est. Humores enim exteriori caliditate attractioneque privati, in penitiores relabuntur. Item pulmo rarus, calidus, ad trahendum valentissimus“[4] etc.

(e) Dum scilicet arteriæ sanguine nimio obfarctæ sunt ægrius contrahi possunt, minor ergo erit systole, minori systole et minor esse debet Diastole. Erit[5] ergo pulsus minor cum summa vasorum oppletione. Misso sanguine arteriæ expediuntur, et pulsus ad magnam plenitudinem assurgit. Minor iste pulsus ab alio minori de quo deinde Sermo erit prorsus distinguendus est.

---

[1]impt**e**e**t**uose [2]Symptomata. *(Abführungszeichen fehlt)* [3]|des|tituitur [4]valentissimus *(Abführungszeichen fehlt)* [5]Diastole|.| e**E**rit

Kälteschauer voraus. (c) Unter der Einwirkung der Kälte ist das Hindernis so weit entfernt davon, beseitigt zu werden, daß es vielmehr seine größte Zunahme erreicht. Die Kälte drängt nämlich nach der Verengung der Hautgefäße die Säfte in die inneren Körperteile, häuft sie im innersten Teil der Lunge an, vermehrt die innere lokale Blutüberfülle (d), vermehrt die Entzündung. Zum Zeitpunkt der Kälte erfolgt eine Beklemmung der Brust, ein Angstgefühl, ein kleinerer, gespannter und ungleichmäßiger Puls sowie irgendeine Empfindung von Übelkeit im gesamten Körper. Unterbrochen wird die Kältestarre von der Hitze selbst, deren Heftigkeit sich nach dem Grad der Entzündung, der Mischung, der Beschaffenheit des Blutes und der Härte der Gefäße richtet. Bald rast der Puls heftig, schneidet hart nach Art einer Säge, die einen Finger berührt, bald ist er sehr klein (e), bald erhebt er sich zu einer gewissen Fülle; es brennt der ganze Körper; Zunge, Rachen und Haut sind trocken, das Gesicht glänzt rötlich, die Augen flammen auf, der Kopf empfindet einen stechenden Schmerz, wie wenn er bald in Stücke zerspränge, die entzündete Stelle klopft schmerzhaft, der Atem geht schwerer, der Kranke dürstet, darnieder liegen die Kräfte zu einer willentlichen Bewegung, während die Lebenskraft enorm erhöht ist.

Diese sehr einfachen Symptome rühren her aus der speziellen Wesensart des entzündlichen Fiebers. Während jedoch das Blut mit wachsender Wucht und Menge zur entzündeten Stelle gedrängt wird, ihm aber selbst die starren, engen und vollgepropften Arterien nicht weichen, wird es gegen sie mehr und mehr wie ein Keil gestoßen werden, die Entzündung wird immer mehr zunehmen. Mit wachsendem Fieber wächst infolgedessen die

(c) Sydenham. Über das Schaudern: „Und was jedenfalls das Erschaudern angeht, so glaube ich, daß dies daher entsteht, daß der fiebrige Stoff, der, noch nicht anschwellend, von der Blutmasse wie auch immer assimiliert worden war, schon beinahe nicht nur schädlich, sondern sogar der Natur feindlich geworden, sie gewissermaßen quält und reizt, so daß er, durch eine Art natürliche Empfindung erregt und gleichsam eine Flucht planend, Kälte im Körper und Schaudern erregt als Zeugen und Anzeiger seiner Abneigung. Genau auf dieselbe Weise, auf die abführende Tränke, von ziemlichen Genießern eingenommen, oder auch unvorsichtig geschluckte Giftstoffe sofort Schauder oder andere Symptome dieser Art hervorzurufen pflegen."

(d) Aretäus. Über die Heilmethode bei Brustfellerkrankung. „Wenn ein abgekühlter Körper das Bewußtsein verliert, besteht die Gefahr, daß eine Lungenentzündung eintritt. Die Säfte, der äußeren Wärme und Anziehung beraubt, gleiten nämlich weiter ins Innere zurück. Die Lunge ist gleichfalls weitmaschig, warm, äußerst stark darin, etwas an sich zu ziehen" usw.

(e) Solange allerdings die Arterien, durch zu viel Blut verstopft, sich nur mit größerer Anstrengung zusammenziehen können, wird folglich die Systole geringer sein, die Diastole muß durch die geringere Systole auch geringer sein. Der Puls wird folglich schwächer sein bei gleichzeitiger größter Anfüllung der Gefäße. Nach einem Aderlaß sind die Arterien befreit und der Puls steigt zu großer Fülle an. Jener schwächere Puls ist von einem anderen schwächeren, von dem anschließend die Rede sein wird, ganz genau zu unterscheiden.

Febre crescit Inflammatio; Febris crescit crescente Inflammatione; Hinc Febris phlogistica se ipsam exacerbat, quæ egregia ista Stahliana Autocratia est.

Quo vehementius Febris ebullit, eo plures simul partes in consensum trahuntur. Mitto omnia, quæ Specialioribus Inflammationis locis adstriguntur; non enim sermo est de Pleuritide, aut Peripneumonia, aut Erysipelate, ubi generales Febris phlogisticæ caracteres traduntur. Urina rara, flammea, urens sub mictione. Dum enim sanguis durante æstu, turbido modo rotatus, impetuose nimis versus Cribrum renale[1] accurrat, fieri non potest, quin[2] globuli sanguinei de reliqua massa abrepti una cum urinis in ductus uriniferos transiliant, urinam rubicundo tincturi colore. Urina alcali volatile acerrimum secum fert, quod ex combinatione elementi salini cum Inflammabili principio sub Ardore Febris evoluto procreari videtur.

Nec non transpiratio Sanctoriana per omne Incrementi Stadium intercepta venit. Dum enim sanguis phlogistice condensatus per angustissima Colatoria hujus ostiola trajici recuset, sibique ipsi, ob impetum quo jactatur, viam obruat obstruatque, in systemate vasculorum Cutis microscopicorum irretitus hærebit ac Inflammationis prætereuntis simulacrum quoddam exhibebit. His efficitur ut minores arteriolæ luculentius pulsent, et ardor præternaturalis quasi pannis calidis perfricuisset, in omni Cutis superficie sentiendum se præbeat. Quos ergo transpiratione insensibili[3], aut profusis intempestivis sudoribus difflasset humores, obstructis Viis in sanguinis circulo recludit, hoc unum est quod boni natura molitur. Id ipsum enim aquosum principium in sanguine remanens, diluendo ipsi spisso summopere inservit.

Eadem quæ Cuti, pari modo et Intestinis contingit, et faucibus, et quod probabile est universo systemati exhalantium vasorum. Hinc alvus tarda non nisi sicciora dejicit et compacta. Hinc summa aquosorum cupido, acidorum præcipue, quippe quæ Alcalinum principium per Calorem liberatum quam optime corrigunt. Hinc aversatio omnium, quæ solidiorem sanguinis partem adaugent.

Quoniam vero negotia Coctionis et Secretionis non possunt succedere nisi sub naturali motus calorisque gradu, simulac hunc natura excedat, non potest non malum insigne malum in Oeconomiam Coctionum redundare. Hinc et Digestio labem contrahit, alimenta cruda Ventriculum obsident, Bilis secretio turbatur. Sic comprehendo, quo fiat ut simplicissimæ Febres phlogisticæ gastricarum specie fallant, ut oris amaritiem faciem icterodem, mucosas fauces, quin Flatulentiam aut Diarrhoeas adsciscant. Hæc vero symptomata modo accessoria sunt, non primitiva, nec in methodo medendi propriam principialem[4] Indicationem sibi vindicant.

[1]renate *(Schreibversehen)* [2]⌈quin⌉ [3]insensili *(Schreibversehen)* [4]principilem *(Schreibversehen)*

Entzündung, das Fieber wächst mit wachsender Entzündung. Daher verschärft das ‚phlogistische' Fieber sich selbst, welches diese hervorragende ‚Stahlsche Selbstherrschaft' ist.

Je heftiger das Fieber brodelt, desto mehr Körperteile werden in Mitleidenschaft gezogen. Ich lasse alles beiseite, was durch die spezielleren Entzündungsstellen in Anspruch genommen wird; denn die Rede ist hier nicht von der Brustfell- oder Lungenfellentzündung oder von Wundrose, wenn allgemeine Eigenschaften des entzündlichen Fiebers dargelegt werden. Der Harn fließt spärlich, ist feuerrot und brennt beim Wasserlassen. Während sich nämlich das Blut bei andauernder Hitze wirbelartig dreht und allzu ungestüm dem Nierenfilter zuströmt, springen notwendigerweise die von der übrigen Masse weggerissenen Blutkügelchen zusammen mit der Urinflüssigkeit weiter in die Harnleiter, um dann den Urin rötlich zu färben. Der Urin führt sehr scharfes flüchtiges Laugensalz mit sich, das anscheinend aus der Verbindung des salzigen Elements mit dem entzündlichen Grundstoff erzeugt wird, der sich unter der Einwirkung der Fieberglut entwickelt hatte.

Auch die von Santorio beschriebene Ausdünstung ist im gesamten Verlauf der Zunahme der Krankheit unterbrochen. Während sich nämlich das entzündlich eingedickte Blut weigert, durch die sehr engen kleinen siebartigen Öffnungen geworfen zu werden und wegen der Wucht, mit der es geschleudert wird, sich selbst den Weg verbaut und versperrt, wird es im System mikroskopisch kleiner Hautgefäße vernetzt hängenbleiben und gewissermaßen ein Abbild einer vorübergehenden Entzündung bieten. Dadurch wird bewirkt, dass die kleineren Arteriolen kräftiger pulsieren und sich eine widernatürliche Hitze auf der gesamten Hautoberfläche zeigt, gleichsam als ob sie mit heißen Tüchern abgerieben worden wäre. Diejenigen Säfte also, die sie durch eine unmerkliche Ausdünstung oder durch unzeitige Schweißausbrüche hätte verdunsten lassen, schließt sie nach Absperrung der Wege wieder in den Blutkreislauf ein – das ist das einzige, was die Natur an Gutem bewerkstelligt. Denn eben dieser im Blut verbleibende wässrige Grundstoff dient gerade der Verdünnung der eingedickten Masse.

Dasselbe wie auf der Haut tritt in gleicher Weise auch in den Eingeweiden und im Schlund sowie, was wahrscheinlich ist, im gesamtem System der Atemgefäße auf. Daher ist der Stuhlgang verzögert und setzt nur Trockeneres und Kompaktes ab. Daraus entsteht stärkstes Verlangen nach Getränken, vorwiegend sauren, da sie ja den durch die Hitze freigesetzten alkalischen Grundstoff aufs wirkungsvollste verbessern. Daher die Abneigung gegen alles, was den festen Bestandteil des Blutes vermehrt.

Weil jedoch die Vorgänge der Kochung und Ausscheidung nur bei einem natürlichen Grad von Bewegung und Wärme erfolgen können, muss sich, sobald die Natur davon abweicht, notwendigerweise ein Übel, und zwar ein hervorstechendes Übel, auf die Ökonomie der Kochungen übermäßig auswirken. Daher zieht auch die Verdauung Unrat zusammen, rohe Nahrung bleibt im Magen liegen, die Gallenausscheidung wird gestört. So verstehe ich, wodurch es geschehen kann, daß die einfachsten entzündlichen Fieber Magenfieber vortäuschen können, indem sie den bitteren Geschmack im Munde, ein gelbsüchtiges Gesicht, einen verschleimten Rachen, ja sogar Blähungen und Durchfälle auslösen. Diese Symptome sind jedoch nur hinzutretende, nicht erstrangige, und bei dem Verfahren der Heilung beanspruchen sie für sich keine eigene primäre Heilanzeige.

§ 9. Actionibus naturalibus ac vitalibus læsis superveniunt læsæ animales. Jam enim initio Febris intentæ vigiliæ, nox turbulentis tracta insomniis, quæ plerumque, quod memorabile, et cujus ipse exemplum vidi, circa ignes et incendia versantur. Febre vehementer perstante ipsa deliria, furiosa præcipue, accedunt, cum tendinum subsultu, quin universalibus interdum convulsionibus quod vero rarum est atque pessimum (f). Dantur, qui delirium non admittunt, nisi ex imo ventre sympathicum multisque sententiam speciosis adornant ratiunculis, sed Clarissimorum ac fide dignissimorum Artis principum experientia me quidem edocuit jam solam sanguinis[1] exæstuationem per Carotides Cerebrumque sufficere deliriis producendis. Quid enim Ebrietas aliud, quam delirii species? quo[2] vero alio modo Vinum agit, quam sanguinis exagitatione? Certe quidem exorbitatio sanguinis Convulsiones excitavit (g) idem vero principium, quod convulsiones, etiam[3] Deliria progignere valet, quum utrumque e cerebro prodeat.

§. 10. Ingravescentibus symptomatibus quas[4] jam recensuimus, novisque semper stipatis ad suum usque fastigium Febris phlogistica[5] excurrit. Nulla intermissionis spes, dum caussæ quæ febrem fovent continenter perdurent, quin Exacerbationes antevertentes ac diutius persistentes plus semper de Remissionibus detrahant, donec[6] tandem penitus quasi coalescant. Quæ dum aguntur Organa vitalia gravius luctantur, Vitæque summa pernicies instat. Quum enim immanis ista sanguinis copia, quæ Vi Febris pulmones imos subierat, per venas pulmonales in Cor posterius trajici recuset, aorta justo minus accipiet, nec poterit non omne Systema circuli majoris inopia sanguinis laborare, dum minorem summa premat partialis plethora. Hinc pulsus sub hoc tempore tangendus parvus erit quin minimus, qui vero pulsus cum summo[7] luctamine Respirationis ac idearum perversione conjunctus Febrem inflammatoriam ad Statum pertigisse testatur.

2)[8] (f) Experientissimus Præceptor D. Consbruch observavit Venæ jugulari sectæ in Lethargico Convulsiones successisse, pacato sanguinis impetu per caput disparentes. Certe subitanea revulsio his convulsionibus ansam præbuit.

1)[9] (g) Ex ardoribus vehementibus Convulsio aut distentio, malum Hipp. Aphor. S. VIIa. XIII.

---

[1] sanguis *(Schreibversehen)* [2] v**q**uo [3] etiā [4] quæ *(Schreibversehen)* [5] phlogistia *(Schreibversehen)* [6] **q** donee [7] summa**o** [8] ]2)] [9] ]1)]

§ 9. Zu den Verletzungen der ‚natürlichen' und der ‚vitalen' Aktionen kommen Verletzungen der ‚seelischen' hinzu. Schon beim Beginn des Fiebers sind es nämlich angestrengte Nachtwachen, eine durch unruhige Träume hingezogene Nacht, die meistens – was bemerkenswert ist und wofür ich selbst ein Beispiel gesehen habe – mit Feuer und Brand zu tun haben. Dauert das Fieber heftig an, kommen selbst Delirien hinzu, vor allem rasende, zusammen mit Sehnenhüpfen, ja sogar bisweilen mit Krämpfen, die den gesamten Körper ergreifen, was allerdings selten vorkommt und sehr schlimm ist (f). Es gibt einige, die ein Delirium nur gelten lassen, wenn es in Hinsicht auf den tiefsten Bereich des Bauchs ‚sympathisch' ist, und sie schmücken ihre Ansicht mit eindrucksvollen Spitzfindigkeiten aus, aber die Erfahrung der berühmtesten und vertrauenswürdigsten Meister der medizinischen Kunst hat mich jedenfalls gelehrt, dass allein schon die Erhitzung des Blutes ausreicht, um auf dem Weg über die Halsschlagadern und das Gehirn Delirien hervorzurufen. Was anderes ist nämlich Betrunkenheit als eine Form von Delirium? Auf welche andere Art und Weise wirkt tatsächlich Wein als durch Erregung des Blutes? Mit Sicherheit erregt jedenfalls nach der bisherigen Erfahrung eine Ableitung des Blutes Krämpfe (g), und derselbe Grundstoff, der Krämpfe erzeugt, vermag auch Delirien hervorzubringen, da beides aus dem Gehirn hervorgeht.

§ 10. Verschlimmern sich die Symptome, die wir erläuterten, und haben sich immer neue angehäuft, eilt das entzündliche Fieber fortwährend zu seinem Höhepunkt. Es gibt keine Hoffnung auf eine Unterbrechung, sofern die Ursachen, die das Fieber fördern, unablässig andauern, ja sogar die vorausgegangenen und länger anhaltenden Verschärfungen immer mehr die Möglichkeiten eines Nachlassens verringern, bis sie schließlich gänzlich sozusagen miteinander verschmelzen. Während dieser Vorgänge kämpfen die lebenserhaltenden Organe ziemlich schwer, und dem Leben droht größtes Verderben. Da nämlich die besagte ungeheure Blutmenge, die durch die Kraft des Fiebers in die tiefsten Bereiche der Lunge eingeströmt war, sich weigert, in den hinteren Bereich des Herzens weitergeleitet zu werden, wird die Aorta weniger, als es angemessen wäre, aufnehmen, und zwangsläufig leidet das ganze System des größeren Kreislaufs unter einem Blutmangel, während auf den kleineren Kreislauf in höchstem Maße eine lokale Blutüberfülle Druck ausübt. Deshalb wird der zu diesem Zeitpunkt tastbare Puls schwach, ja sogar sehr klein sein. Dieser Puls ist mit stärkstem Ringen nach Atmung sowie mit einer Verwirrung der Gedanken verbunden und beweist damit vollends, daß das entzündliche Fieber seine volle Ausprägung erreicht hat.

2) (f) *[recte g]* Mein überaus erfahrener Lehrer Dr. Consbruch hat beobachtet, daß einem Drosselvenenschnitt bei einem Schlafsüchtigen Krämpfe folgten, die nach Beruhigung des Blutandrangs durch den Kopf verschwanden. Mit Sicherheit hat die plötzliche Ableitung des Blutes den Anstoß zu diesen Krämpfen gegeben.

1) (g) *[recte f]* Aus heftigen Fieberhitzen entstehen Krampf oder Verzerrung, ein Übel – Hippokrates, Aphorismen, Teil 7, 13.

§. 11. Et hic quidem filum descriptionis abscindo, ad ipsam medendi rationem quæ jam prono alveo fluit, procedens. E symptomatibus, quæ urgent ad opem ferendam, sequentia potissimum exstare[1] vidimus:
I. Plethoram universalem et partialem
II. Sanguinem spissiorem.
III. Æstum vehementiorem.
IV. Colatoria occlusa.
Quibus quatuor momentis quatuor indicationes respondent.
I. Sanguis detrahendus.
II. – – – – resolvendus
III. Corpus refrigerandum.
IV. – – – aperiendum.

§. 12. Rerum faciendarum summa in sanguinis missione collocata est. Primo quidem quæ morbo atroci ansam dederat plethora universalis, vix alia methodo cohiberi potest; sed in acutioribus morbis, quæ generalis regula est in praxi medica, non[2] tam ad caussas morbi remotas prædisponentes, quam ad symptomata, quæ gravius instant, respiciendum est. Sunt autem pectoris angustiæ, quæ e consortio reliquorum dirissimæ sese efferunt, oriundæ ab impedito circulo minori per pulmones. Est vero plethora venosa, quæ arterioso circulo obnixa actiones Cordis et vasorum ad excessum perduxit. Est denique excessivum Robur partium vitalium, quod vasa sanguine obfarciendo, inflammationem continuis subsidiis succendit. Misso sanguine Vires nimiæ infringuntur, plethora diminuitur, Pectus liberatur; Dimoto obstaculo arteriosus sanguis expeditur, liberius per sua vasa fluunt humores.

§. 13. Sanguis extractus, loco frigidiori repostus, crustam in superficie contrahit, albugineoflavam, instar sebi liquati spissam, reliquo Cruori supernatantem, Inflammatoriam dicunt, sive pleuriticam. Litigatum est, quænam sanguinis partes ad Crustam pleuriticam constituendam concurrant, et adhuc sub judice lis est. Sunt qui existimant serum esse coagulatum, sunt qui lympham concretam, sunt alii qui pinguedinem esse contendunt. Operæ[3] pretium est experimenta quædam, quæ circa sanguinis miscelam nuperrime instituta sunt, et ad materiem hanc illustrandam facient, paucis hic recensere.

Hewsonus et Moscati (h) Sanguinem tribus partibus constitutivis conflari, sero scilicet, lympha, et globulis, ad amussim demonstraverunt. Serum calore aquæ fervidæ,

(h) Peter Moscati Neue Beobachtungen über das Blut, und über den Ursprung der thierischen Wärme. übersezt von Köstlin. 1780.

[1] ex~~t~~|s|tare [2] non~~t~~ [3] Opere *(Schreibversehen)*

§ 11. So reiße ich hier jedenfalls den Faden der Beschreibung ab, indem ich zum Heilverfahren selbst fortschreite, das schon in einem sich leicht neigenden Flußbett fließt. Wir haben gesehen, daß von den Symptomen, die zu einer Hilfeleistung drängen, hauptsächlich die folgenden vorkommen:

I. Blutüberfülle, die den Körper insgesamt und teilweise betrifft
II. Zu dickes Blut.
III. Zu heftige Hitze.
IV. Verschlossene Poren.

Diesen vier Befunden entsprechen vier Heilanzeigen.

I. Blutentzug.
II. Verdünnung <des Blutes>
III. Abkühlung des Körpers.
IV. Öffnung <des Körpers>.

§ 12. Der Schwerpunkt der Maßnahmen, die zu ergreifen sind, liegt auf dem Aderlaß. Zuerst kann jedenfalls die generelle Blutüberfülle, die der gräßlichen Krankheit den Anlass geboten hatte, kaum mit einer anderen Methode eingedämmt werden; aber bei akuteren Krankheiten, was die allgemeine Regel in der ärztlichen Praxis ist, muß man nicht so sehr auf die entfernten, sie vorherbestimmenden Ursachen Rücksicht nehmen als vielmehr auf allzu schwerwiegende bedrohliche Symptome. Es gibt aber Brustbeklemmungen, die sich aus der Gruppe der übrigen Symptome als die verhängnisvollsten hervortun, ausgehend von einer Behinderung des kleinen Kreislaufs durch die Lungen. Es gibt in der Tat eine venöse Blutüberfülle, die durch ihren Widerstand gegen den arteriellen Kreislauf die Tätigkeiten des Herzens und der Gefäße zum Exzess brachte. Schließlich gibt es eine übertriebene Kraftanstrengung der lebenserhaltenden Teile, die, indem sie die Gefäße mit Blut vollstopft, die Entzündung durch ständigen Nachschub anfacht. Durch den Aderlaß werden die übermäßig starken Kräfte gebrochen, die Blutüberfülle vermindert und die Brust befreit. Nach Beseitigung des Hindernisses löst sich wieder das arterielle Blut, und freier fließen die Säfte jeweils durch ihre Gefäße.

§ 13. Wird das entzogene Blut an einem ziemlich kühlen Ort aufbewahrt, zieht es sich auf seiner Oberfläche zu einer weißgelblichen, nach Art eines verflüssigten Talgs eingedickten und auf der übrigen Blutmasse schwimmenden Kruste zusammen; man nennt sie eine entzündliche oder pleuritische. Umstritten ist, welche Teile des Blutes zusammenwirken, um eine pleuritische Kruste zu bilden, und bis heute liegt der Streit vor Gericht. Einige halten sie für geronnene Blutflüssigkeit, einige für eine geronnene Lymphe, andere behaupten, es sei Fett. Es ist der Mühe wert, hier mit wenigen Worten einige Experimente zu erläutern, die bezüglich der Blutmischung in jüngster Zeit durchgeführt worden sind und zur Veranschaulichung der vorliegenden Materie beitragen werden.

Hewson und Moscati (h) haben genau nachgewiesen, daß sich das Blut aus drei wesentlichen Bestandteilen zusammensetzt, nämlich aus Blutflüssigkeit, Lymphe und Kügelchen. Daß Blutflüssigkeit durch die Hitze kochenden Wassers sowie durch schwe-

(h) Peter Moscati Neue Beobachtungen über das Blut, und über den Ursprung der thierischen Wärme. übersetzt von Köstlin. 1780.

acidis vitriolicis et spiritu vini coagulum subire jam Hewsonus docuit. Adjecit Moscati jam solum Ignem fixum (fuoco-solido) ad Serum coagulandum sufficere. Docuerunt ipsum experimenta, Serum hominis Calce viva injecta, sub campana vitrea sine omni Effervescentia intra octodecim aut viginti horas inspissari, ut nec Campana percalescat, nec impositus Thermometer nisi ad unum duosve Caloris gradus assurgat. Lympha contra, quam Illustrissimus[1] Gaubius sub fibra sanguinis jam comprehendit, in aëre atmosphærico coit, sed addito igne, sive id fixum sit, sive fluidum, attenuata fluit, nec non citius Sero computrescit – Globuli denique neque coagulum concipiunt, neque dissolvuntur, quos saltem Lympha coercet atque suspendit. Globuli isti in consortio Ignis fixi sanguini colorem conciliant, ita ut sanguis quo majorem inflammabilis principii copiam continet, eo magis ad fuscedinem quin nigritiem, quo minorem, eo magis ad pallorem viriditatemque[2] accedat.

Ex his experimentis colligit Moscati: I. Serum in febribus Inflammatoriis coagulum subire posse etiamsi Calor febrilis utut vehementissimus calorem aquæ ferventis nunquam attingat. II. Lympham in morbis phlogisticis attenuari, coire autem in frigidis: hinc errare, qui sanguinem inflammatorium condensatum perhibeant, dum Cruor potius dissolutus sit. An vero valet conclusio a Lympha dissoluta ad sanguinem dissolutum? Annon ipse Vir sagacissimus nos docuit, Serum sub eo gradu caloris coagulari, quo Lympha fluat? Annon ipse aquosa et temperantia dissolvendo Sero in morbis phlogisticis commendat? – Ipse quidem per sua experimenta confirmavit, Sanguinem pleuriticorum ob Serum coagulatum Spissiorem reddi, etiamsi Cruor tenuior sit. Pergit observator. III. Crustam inflammatoriam, polypos Cordis et majorum arteriarum, pus, thrombos[3] venarum, pituitam nil aliud esse, quam Lympham attactu aëris frigidi concretam, quæ omnia in vasis vivis fluida sint. IV. Æquilibrio inter Ignis fixi generationem ejusdemque Excretionem justam sanguinis mixtionem inniti, ita ut excessiva illius generatio et accumulatio ad Morbos phlogisticos, justo vehementior ejus extricatio ad[4] morbos putridos, justo major ejusdem penuria ad[5] morbos frigidos disponat. Equidem ex his omnibus concludo, serum spissescere in Phlogosi, Lympham in Levcophlegmatia; in his Serum, Lympham in illis dissolvi. Oleosum sanguinem ideo Phlogosi favere, quod principium inflammabile Sero coagulando suppeditat. – Jam vero e diverticulo in viam.

§. 14. Institutam Venæsectionem, si Euphoria exoptata fefellerit, reiterandam suadeo, donec aut Remissio Febris finem imponat, aut fracta Vis vitalis interdicat. Quamdiu

[1]Illustriss. [2]viridatemque *(Schreibversehen)* [3]trombos *(Schreibversehen)* [4]|ad| [5]|ad|

felhaltige Säuren und Weingeist einer Gerinnung unterliegt, hat schon Hewson gelehrt. Moscati fügte hinzu, dass schon allein ‚festes Feuer' (fuoco solido) genügt, um Blutflüssigkeit gerinnen zu lassen. Experimente lehrten ihn selbst, daß die Blutflüssigkeit eines Menschen nach Zusatz von gebranntem Kalk unter einer Glasglocke ohne jede Aufwallung innerhalb von achtzehn oder zwanzig Stunden sich verdickt, so daß weder die Glocke sich erwärmt noch ein hineingelegtes Thermometer um mehr als ein oder zwei Wärmegrade ansteigt. Die Lymphe dagegen, die der hochberühmte Gaub bereits als Faserstoff des Blutes verstanden hat, gerinnt in atmosphärischer Luft, aber durch Hinzufügung von ‚Feuer' – sei es in fester oder in flüssiger Form – wird sie dünnflüssig und fault auch schneller als die Blutflüssigkeit. Die Kügelchen schließlich ziehen sich weder eine Gerinnung zu noch lösen sie sich auf, wenigstens solange die Lymphe sie umschließt und in der Schwebe hält. Diese Kügelchen verleihen in Gemeinschaft mit dem festen Feuer dem Blut seine Farbe. Die Folge ist, daß sich das Blut, je größer die Menge ist, die es an entzündlichem Grundstoff enthält, desto mehr dem Dunklen, ja sogar dem Schwarzen nähert, je geringer dagegen die Menge ist, desto mehr dem Blassen und Grünen.

Aus diesen Experimenten folgert Moscati: I. Blutflüssigkeit könne bei entzündlichen Fiebern einer Gerinnung unterliegen, auch wenn sogar das heftigste Fieber die Hitze kochenden Wassers niemals erreiche. II. Die Lymphe verdünne sich bei entzündlichen Krankheiten, gerinne aber bei Kältekrankheiten; daher seien diejenigen im Irrtum, die angeben, entzündliches Blut sei verdichtet, während doch die Blutmenge eher dünnflüssig ist. Taugt jedoch überhaupt der Schluß von dünnflüssiger Lymphe auf dünnflüssiges Blut? Lehrte uns nicht der sehr scharfsinnige Mann selber, daß Blutflüssigkeit bei dem Wärmegrad gerinnt, bei dem die Lymphe fließt? Empfiehlt er uns nicht selber wässrige und mäßigende Mittel zur Verdünnung der Blutflüssigkeit bei entzündlichen Krankheiten? – Er selbst jedenfalls hat durch seine Experimente bestätigt, daß das Blut der am Brustfell Erkrankten wegen der geronnenen Blutflüssigkeit dickflüssiger wird, auch wenn die Blutmenge ziemlich dünn ist. Der Beobachter fährt fort: III. Die entzündliche Kruste, die Polypen im Herzen und in den größeren Arterien, Eiter, Blutklumpen in den Venen und Schleim seien nichts anderes als die durch die Berührung mit kalter Luft geronnene Lymphe, was alles in lebendigen Gefäßen flüssig sei. IV. Auf dem Gleichgewicht zwischen Erzeugung des festen Feuers und dessen Ausscheidung beruhe die angemessene Mischung des Blutes, so daß eine übertriebene Erzeugung und Anhäufung jenes Feuers zu Entzündungskrankheiten führe, seine über Gebühr heftige Freisetzung zu fauligen Krankheiten, sein zugleich über Gebühr großer Mangel zu Kältekrankheiten. Ich jedenfalls habe aus all diesem die Folgerung gezogen, daß Blutflüssigkeit bei einer Entzündung dick wird, die Lymphe bei ‚Leukophlegmatia'; daß sich im letzteren Fall die Blutflüssigkeit, im ersten Fall die Lymphe verdünnt; daß öliges Blut daher eine Entzündung begünstigt, weil der entzündliche Grundstoff sie durch die Gerinnung der Blutflüssigkeit unterstützt. – Doch nun von dem Neben- zum Hauptweg.

§ 14. Sollte das erhoffte Wohlbefinden ausbleiben, rate ich zur Wiederholung des vorgenommenen Venenschnitts, bis ihm entweder das Nachlassen des Fiebers ein Ende setzt oder die gebrochene Lebenskraft ihn untersagt. So lange nämlich, wie die pleuritische

enim Crusta pleuritica apparet, quamdiu Pectoris urgent angustiæ tamdiu salus in Sanguinis detractione quærenda est.

§. 15. Jam vero apparente minimo isto pulsu de quo §. 10 Sermo fuerat, cum Respiratione[1] profunda, angore summo, viribusque dejectis, quæstio movebitur an sanguis adhucdum mittendus sit, nec ne? Si mittas, metuendum est, ne impetu a tergo penitus fracto, circuloque majori exantlato lypothymiam inferas internecinam, sub qua minor plenario sistatur. Sin autem mittere dubites, periculum est ne æger Catharrho suffocativo occumbat. — Hic sane Rhodus est, hic salta. Anceps ista rerum facies animum sibi præsentem, summumque reposcit judicii acumen, ne retardando negligas, ne præcipitando occidas. Sed præjudiciis æque ac hæmophobia vacuus Vir Hippocraticus, Peritissimus Archiater D. D. Consbruch in partes plerumque abiit primas nec ipsi unquam defuit eventus dexterrimus (i) Felices medicos, quos nec fallax hujus pulsus imago seducere, nec deterrere potest superstitiosa Vulgi querela!

Venæsectionis vices omnino gerere possunt Sanguisugi, sedi inflammatæ quam proxime admoti, qui dum localem quandam præstant phlebotomiam cum minori sanguinis dispendio majora operantur. Dein et Cucurbitulis sua laus est, Vesicantia vero locis adflictis apposita omnem post Venæsectionem paginam absolvunt, ex triplici virtute præstantissima. Primo quidem humores a locis inflammatis revellunt; Secundo dissolvunt, tertio suppuratione exhauriunt, quicquid enim suppuraverit non reverti jam Hippocrates effatus est. Clarissimus Schmukerus, Pleuresiam initiantem Vesicatorio pectori imposito plenario intercepit; Supra insignitus Archiater D. Consbruch Vim Vesicantium mirificam innumeris casibus expertus est. Balnea tepida siquidem ægri admittant ex usu forent, dum partibus externis emollitis humores ab interioribus derivant, placidosque sudores provocando Crisin succedaneam æmulantur.

§. 16. Diluendo ac resolvendo Sanguini spisso Salia media, nitrosa præcipue, conveniunt, ac dein sapones vegetabiles. Huc spectant fructus horæi, quos quidem Magnus Boerhaavius primus in usum vocavit, decocta herbarum resolventium frigidarum, acetum, oxymelle simplex veterum, Citrus et alia, quæ omnia juxta vim resolventem et virtute refrigerante

(i) Idem, subjungere solet Mixturam Camphoratam, quæ Vim vitæ per Venæsectionem frangendam reanimet, ac stases discutiat per sudores.

[1] ~~ut~~ [cum] Respiratione

Kruste in Erscheinung tritt, wie Brustenge drängt, so lange muß man die Heilung im Blutentzug suchen.

§ 15. Tritt nun aber der besagte sehr kleine Puls in Erscheinung, von dem in § 10 die Rede gewesen war, mit tiefer Atmung, höchster Beklemmung und niedergeschlagenen Kräften, wird man die Frage aufwerfen, ob weiterhin zur Ader gelassen werden muß oder nicht. Falls man zur Ader läßt, ist zu befürchten, daß man nach einem völligen Zusammenbruch des Blutstroms ‚von hinten' und infolge der Entleerung des größeren Kreislaufs eine tödliche Bewußtlosigkeit herbeiführt, unter welcher der kleinere Kreislauf vollständig zum Erliegen kommt. Hat man aber Bedenken, zur Ader zu lassen, besteht die Gefahr, daß der Kranke durch einen Stickfluß stirbt. – Gewiss gilt nun „Hier ist Rhodos, hier springe". Dieses doppelgesichtige Bild der Sachlage erfordert Geistesgegenwart und höchsten Scharfsinn bei der Beurteilung, damit man weder durch Verzögerung etwas versäumt noch durch überstürztes Handeln tötet. Aber als ein von Vorurteilen ebenso wie von Blutfurcht freier Hippokratiker hat der höchst erfahrene Leibarzt Herr Doktor Consbruch meistens den ersten Weg eingeschlagen, und niemals blieb ihm der beste Erfolg versagt (i). Glücklich die Ärzte, die weder das trügerische Bild dieses Pulses verführen noch die abergläubische Klage des gemeinen Volkes abschrecken kann!

Die Rolle des Venenschnitts können allgemein Blutegel übernehmen, wenn man sie möglichst nahe an den entzündeten Ort herangebracht hat, denn diese erzielen, indem sie ein gewisses lokales Aderlassen leisten, mit einem kleineren Blutverlust eine größere Wirkung. Sodann gebührt auch den Schröpfköpfen ihr Lob, blasenziehende Mittel jedoch, auf die betroffenen Stellen gelegt, erfüllen die Aufgabe nach dem Venenschnitt vollständig, und zwar dank ihrer dreifachen ausgezeichnetsten Vorzüge: Erstens jedenfalls ziehen sie die Säfte von den entzündeten Stellen weg, zweitens verdünnen sie diese, drittens entleeren sie durch Eiterung; denn schon Hippokrates hat als Satz ausgesprochen, daß alles, was geeitert hat, nicht zurückkehrt. Der hochberühmte Schmucker hat eine beginnende Brustfellentzündung durch Auflegen eines Blasenpflasters auf die Brust vollständig unterbunden. Der oben gekennzeichnete hervorragende Leibarzt Herr Consbruch hat die wunderbare Kraft blasenziehender Mittel in unzähligen Fällen erprobt. Lauwarme Bäder wären, sofern Kranke sie zulassen, von Nutzen, indem sie nach Aufweichung der äußeren Körperteile die Säfte von den inneren ableiten und durch die Auslösung sanfter Schweißausbrüche eine stellvertretende Krisis nachahmen.

§ 16. Zur Verdünnung und Auflösung des eingedickten Blutes passen neutrale Salze, vornehmlich salpetrige, und dann pflanzliche Seifen; hierzu gehören reife Früchte, zu deren Gebrauch jedenfalls der große Boerhaave als erster aufgerufen hat, Abkochungen von auflösenden kalten Kräutern, Essig, der einfache mit Sauerhonig der Alten, die Zitrusfrucht und anderes, was alles neben auflösender Kraft auch eine vorzügliche kühlende

(i) Derselbe pflegt eine Kampfermischung beizufügen, die die Lebenskraft, die durch einen Aderlaß geschwächt werden muß, wieder anregen und Stockungen durch Schweißausbrüche vertreiben soll.

ac refocillante instructa ægrum mirum in modum reficiunt atque oblectant (k) Alvus stricta lenioribus laxativis, quin et Clysmatibus repetita vice ducenda, caveas vero a calidis resinosis. Diæta per totum Stadium incrementi tenuissima sit, carne vinoque prorsus vacua, quod eo facilius servari potest, quo breviori curriculo Febris ardens absolvitur.

§ 17. His ita omnibus ex consilio administratis Crisis expectata non potest non succedere. Ea quidem adesse dicitur si pulsus antea durus mollescat, aut parvus ad plenitudinem quandam assurgat, spiratio facilior reddatur, æque ac ingens moles de pectore devoluta[1] fuisset, quæ ægrorum vulgo verba sunt, ac universali halituoso tepeat madeatque Cutis sudore. Jam fluidior sanguis placidiori rivo per sua vasa fluit, et humores per laxiora colatoria transsudant[2]. Urina redditur clara, citrea, quæ sibi relicta subalbum sedimentum præcipitat, alvus solvitur, dolor inflamatorius diminuitur, blandus ægrum somnus obrepit, quo expergiscens hilari animo est, clarescunt oculi, de tota facie redeuntis sanitatis imago resplendet. Crisin excipit magna Febris remissio, antevertens typus cum retardanti commutatur, exacerbationes mitiores ac citius disparentes largius abiguntur remissionibus, quæ sensim atque sensim in veras Intermissiones defervescunt, donec tandem omni Febris fomite exhausto, omnia ad naturalem Sanitatis Rhythmum recurrant. Hoc itaque respectu omnes Febres ardentes in Intermittentes abeunt, dum quæ sub Stadio declinationis ingruunt Exacerbatiunculæ Sudoribus et Urinis coctis solvantur, subsequente universali apyrexia. Jam nil agi medico præstat, ne motus naturæ despumatorios perturbet, quæ ut Crisi instituendæ par fuerat, et par erit absolvendæ. In iis saltem quæ exhalationem leni stimulo promovent, alvum laxam servant, ac Vires paullatim restaurant acquiescendum est. Exstant exempla, rariora quidem, ubi et post Crisin Venæ secandæ necessitas invaserat, præsertim si sub Incremento Morbi negligenter nimis secta fuerit.

Diæta jam paullo largior concedi potest, neque tamen lauta atque plena Vini modicum usum vix dissuaderem.

+ Non possum non casus quosdam regularis Febris phlogisticæ huc allegare, qui[3] hactenus exposita comprobent atque illustrent. Primus sit e dio græco. v. Hippocrat. de Morbis popularibus. edit. Hallerian. Ægrot. VIII.vum . Tom. I. p. 159. „In Abderis Anaxionem, qui decumbebat ad Thracias portas febris acuta corripuit, lateris dextri dolor

(k) Hanc in finem decoctum Malorum pauperibus propinare solet Archiater D. Consbruch. Remedium exquisitissimum et simplicissimum.

---

[1]devolutaq [2]trans|s|udāt [3]quoi

und wiederbelebende Eigenschaft besitzt und dadurch den Kranken auf wunderbare Weise wieder kräftigt und ergötzt (k). Ein verstopfter Unterleib ist durch sanftere Lockerungsmittel, ja sogar mit Klistieren im wiederholten Wechsel abzuführen; man hüte sich dagegen vor warmen harzhaltigen Mitteln. Die Kost sei während der gesamten Zeit der Krankheitszunahme sehr leicht, völlig frei von Fleisch und Wein, was man umso leichter einhalten kann, je kürzer der Verlauf ist, in dem das hitzige Fieber zum Abschluß kommt.

§ 17. Hat man somit dies alles nach ärztlichem Rat durchgeführt, folgt zwangsläufig die erwartete Krisis. Diese stellt sich jedenfalls ein, sagt man, wenn der vorher harte Puls weich wird oder ein kleiner Puls zu einer gewissen Fülle ansteigt, die Atmung leichter wird, ebenso wie wenn eine ungeheure Last von der Brust gewälzt worden wäre – was gemeinhin die Worte von Kranken sind –, und wenn die Haut warm und feucht wird von einem allgemeinen ausdünstenden Schweiß. Nun fließt das Blut flüssiger in ziemlich ruhigem Lauf durch die Gefäße, und die Säfte schwitzen durch die schlafferen Poren aus. Der Urin, der, sich selbst überlassen, einen weißlichen Bodensatz abstößt, wird hell und zitronenfarbig, der Stuhlgang löst sich, der Entzündungsschmerz verringert sich, den Kranken umfängt ein wonniger Schlaf, aus dem er mit heiterem Gemüt erwacht, die Augen hellen sich auf, vom gesamten Gesicht erstrahlt das Bild der wiederkehrenden Gesundheit. Auf die Krisis folgt sofort ein starker Rückgang des Fiebers, sein vorhergehender Typ wechselt zu einem nachlassenden Fieber, Verschärfungen werden milder, klingen schneller ab und werden in reichlicherem Maße von Phasen des Rückgangs abgelöst, die allmählich zu echten Unterbrechungen des Fiebers abflauen, bis endlich nach dem Erlöschen des gesamten Fieberzunders alles zum natürlichen Rhythmus der Gesundheit zurückkehrt. In dieser Hinsicht gehen daher alle hitzigen Fieber in Wechselfieber über, wobei sich die kleinen Verschärfungen, die während des Stadiums des Abklingens auftreten, durch Schweißausbrüche und Kochungen des Urins auflösen, worauf eine Fieberfreiheit folgt. Es ist besser, wenn der Arzt nichts unternimmt, damit er nicht die abschäumenden Vorgänge der Natur stört, wie es bei der Einrichtung der Krisis angemessen gewesen war und bei ihrer Beendigung angemessen sein wird. Man muß sich wenigstens mit den Maßnahmen begnügen, welche die Ausdünstung durch einen sanften Anreiz fördern, einen lockeren Stuhl bewahren und die Kräfte allmählich wiederherstellen. Es gibt Beispiele, allerdings recht seltene, wo auch nach der Krisis die Notwendigkeit eines Venenschnitts eingetreten war, zumal wenn bei einer Zunahme der Krankheit der Schnitt zu nachlässig erfolgte.

Die Krankenkost kann nun schon ein wenig reichlicher zugestanden werden, aber dennoch nicht üppig und in vollem Umfang. Von mäßigem Weingenuß würde ich kaum abraten.

+ Ich kann nicht umhin, einige Fälle eines regulären entzündlichen Fiebers hier anzuführen, welche die bisherigen Darlegungen bestätigen und veranschaulichen sollen. Der erste Fall stamme von dem göttlichen Griechen; s<iehe> die Hallersche Ausgabe der Schrift des Hippokrates über die weit verbreiteten Krankheiten, den achten Kranken, Band 1, S. 159. „In Abdera befiel den Anaxio, der an den Thrakischen Pforten daniederlag, ein

(k) Zu diesem Zweck pflegt der Leibarzt Dr. Consbruch den Armen einen Sud von Äpfeln zu verabreichen. Ein höchst vorzügliches und sehr einfaches Heilmittel.

assiduus. Siccam tussim habebat, neque exspuebat primis diebus. Siticulosus. Insomnis. Urinæ boni coloris, multæ tenues. Sexta delirus. Ad calefactoria nihil remisit. Septima dolorose agebat, nam et febris augescebat[1], et[2] dolores non remittebant[3], et tusses vexabant, difficulterque spirabat. Octava cubitum secui, effluebat sanguis multus velut debebat. Remiserunt vero dolores, tusses tamen siccæ comitabantur. Undecima remiserunt; Febres; parum circa caput sudavit. Tusses adhuc, et quæ a pulmone prodibant liquidiora erant; Decima septima incepit pauca matura spuere, allevatus est. Vigesima sudavit, a febre liber, post judicationem allevatus est. Erat autem siticulosus et a pulmone prodeuntium purgationes non bonæ. Vigesima septima febris rediit. Tussiit, eduxit matura multa. Urinis subsidentia multa, alba. Sine siti erat, bene spirans. Trigesima quarta sudavit per totum, a Febre liber, judicatus est.“

Subjungo alium e Praxi Præceptoris depromptum.

„Æger habitu corporis robustioris et plethorici, ætatis 26 annorum, Febre ardente decumbere coepit. Aderant Cephalalgia intolerabilis, facies tumida, rubra, exæstuans, oculi humidi, rubentes, pulsus celerrimus, debilis, tamen et suppressus; secundo morbi die per Venæ sectionem sanguinis unciæ circiter XII eductæ sunt. Die morbi tertio pulsus celer et plenus deprehensus, calore interim sicco, urente, cephalalgia, reliquis symptomatibus ad hucdum urgentibus, quapropter Venæsectio reiterata fuit. Sanguis emissus nulla phlogistica crusta notatus fuit, sed compactus densus gelatinæ instar illico concrescens. Sub initio diei IVti guttulæ aliquot cruoris atri e naribus stillabant; interea pulsus deprehendebatur mollior, et æstus aliquantum se remisit. Morbus mitiorem retinuit indolem, nisi quidem Capitis dolor et arteriarum temporalium pulsatio gradu vehementiori continuassent. Die denique nono narium hæmorrhagia largissima cum ægri levamine insequebatur, lotium antea ruberrimum paullo post nubeculam et sedimentum flavum, albicans furfuraceum demisit. Convaluit postea æger, difficili auditu adhuc per tres menses gravatus.“ En febrem inflammatoriam sine[4] inflammatione! e sola sanguinis spissitudine et exæstuatione oriundam.

§ 18. Hæc de Solutione critica. Perdurantibus vero Symptomatibus actionum Vitalium, ac in pejora conversis, accedentibus motibus convulsivis, persistente Delirio, Vi vitæ suppressa, pulsu minimo intermittente, exaudito Stertore profundo, frigidis pedibus

---

[1]augesceba~~n~~t [2]et ~~Febre~~ dolores [3]remitteba⌈n⌉t [4]„sine *(Anführungsstriche am Zeilenanfang; versehentlich)*

akutes Fieber, die rechte Seite schmerzte ihn unablässig. Dabei hatte er trockenen Husten und an den ersten Tagen keinen Auswurf. Durstig. Schlaflos. Viel dünner Urin von guter Farbe. Am sechsten Tag im Delirium. Bei der Anwendung von Wärmemitteln ließ nichts nach. Am siebten Tag waren seine Aktionen schmerzhaft, denn einerseits stieg das Fieber, und andererseits ließen die Schmerzen nicht nach, Hustenanfälle quälten ihn, und er atmete schwer. Am achten Tag schnitt ich den Ellenbogen, es floss viel Blut heraus, wie es mußte. Die Schmerzen ließen wohl nach, trotzdem begleiteten ihn dabei trockene Hustenanfälle. Am elften Tag ließen sie nach; Fieberanfälle; er schwitzte ein wenig am Kopf. Hustenanfälle immer noch, und was aus der Lunge herauskam, war ziemlich flüssig. Am siebzehnten Tag begann er, wenig Reifes zu spucken, er war erleichtert. Am zwanzigsten Tag schwitzte er, war fieberfrei, nach der Krise war er erleichtert. Aber er war durstig, und die Reinigungen hinsichtlich dessen, was aus der Lunge herauskam, waren nicht gut. Am siebenundzwanzigsten Tag kehrte das Fieber zurück. Er hustete und führte viel reifen Auswurf ab. Im Urin viel weißer Niederschlag. Er war ohne Durst und atmete gut. Am vierunddreißigsten Tag schwitzte er am ganzen Körper, die Krise war überstanden."

Ich füge noch einen anderen, der Praxis meines Lehrmeisters entnommenen <Fall> an.

„Der Erkrankte – mit der Gestalt eines ziemlich kräftigen und blutüberfüllten Körpers, 26 Jahre alt – begann, mit brennendem Fieber daniederzuliegen. Dabei hatte er unerträglichen Kopfschmerz, ein aufgedunsenes, rotes und glühendes Gesicht, feuchte und rötliche Augen, einen sehr schnellen, schwachen und dennoch unterdrückten Puls; am zweiten Krankheitstag wurden durch einen Venenschnitt ungefähr zwölf Unzen Blut entzogen. Am dritten Krankheitstag wurde ein schneller und voller Puls festgestellt, wobei die Fieberhitze inzwischen trocken war und brannte, der Kopfschmerz sowie die übrigen Symptome immer noch hart zusetzten; deswegen wurde der Venenschnitt wiederholt. Das entzogene Blut war durch keine entzündliche Kruste gekennzeichnet, zog sich aber dicht zusammen, indem es sich sofort wie Gelatine verdichtete. Am Anfang des vierten Tages träufelten etliche Tröpfelchen schwarzen Blutes aus den Nasenlöchern, unterdessen wurde ein weicherer Puls festgestellt, und die Gluthitze ließ einigermaßen nach. Die Krankheit hätte ihre mildere Form beibehalten, wenn nicht jedenfalls der Kopfschmerz und die Pulsation der Schläfenarterien in zu heftigem Ausmaß fortbestanden hätten. Am neunten Tag schließlich folgte ein sehr reichliches Nasenbluten mit einer Erleichterung für den Kranken, und der vorher sehr rote Urin setzte wenig später ein Wölkchen und ein gelbes, weißlich-kleienartiges Sediment ab. Später genas der Kranke, war jedoch noch drei Monate lang durch Schwerhörigkeit belästigt." Hier also ein entzündungsartiges Fieber ohne Entzündung, allein aus einer Eindickung und Erhitzung des Blutes entstanden!

§ 18. Soviel über die Lösung des Krankheitsfalls durch die Krisis. Dauern jedoch die Krankheitszeichen der lebenserhaltenden Tätigkeiten fort und haben sie sich zum Schlechteren gewandt, kommen Schüttelkrämpfe hinzu, besteht das Delirium weiter, ist die Lebenskraft unterdrückt, setzt der sehr kleine Puls mitunter aus, hat man tiefes

atque manubus, auribus acutis frigidis, labiis lividis exsanguinibus[1], naso acuto, uno verbo, apparente facie ista Hippocratica moribunda in propinquo Mortem esse divines[2]. Jam enim in peripneumoniam lethalem inflammatio abscessit; obstipatus sanguine mucoque pulmo quibus impar excutiendis aut suffocativa aut morte gangrænosa hominem enecabit. Miratu dignum Ægros quam plurimos rebus desperatis præter modum hilares deprehendi, ut sinistra prognosi improvidens medicus plenariam fidei jacturam facere possit; demortuis scilicet nervis, qui durante Inflammatione acerrime fuerunt adflicti, dolorificus sensus ab anima recessit, et spe salutis redeuntis fallit lethalis Indolentia. Hinc conspicua hujusmodi exhilarescentia, cujus caussas eruere nequis, ac apparentibus simul fatalibus signis de quibus jam Sermo fuit, certissimum tibi erit ingruentis horæ fatalis præsagium.

Sin autem Medela sinistre administrata sanguis sponte e naribus fluxerit et gravativus sensus in locis inflammatis percipiatur, evanido dolore pulsatorio, et horrores ingruant vagi, et cruda fluat urina, et lenta gliscat[3] febricula cum sudoribus profusis, et post coenam exacerbata Inflammationem in Apostema versam esse conjicias. Si glandulas Inflammatio obsesserit haut incongrua erit suspicio scirrhi formandi, quin dein successu temporis ac delictis circa sex res non naturales commissis in Cancrum degenerabit. Rarius Morbus phlogisticus ad viscera abdominalia decumbit, raro Febres Intermittentes succedaneas trahit.

§. 19. Hæc de Febribus inflammatoriis dicta sufficiant; longe alia ratio est <u>Putridarum</u>.

Eo quidem titulo incurrunt Febres continuæ remittentes, quæ invadunt sub catarrhalium larva, cum summa Virium prostratione, horripilationibus vagis, vertigine, nausea, vomituritionibus, diarrhoeis, præcordiorum variis affectionibus, pectoris[4], capitis, dorsi, lumborum artuumve fugitivo dolore, pulsu interdum naturali consimillimo, interdum spastice contracto, accelerato, minimo, inæquali, mentis varia perturbatione, motibus spasticis aliisque, ac per longum Febrium succedentium tractum ad tres quatuorve septimanas protenduntur. Febres putridæ plerumque epidemicæ devastant, aut serpunt contagiose, rarius ex inquilinis caussis sporadice pronascuntur. Me quidem aëris, victus et contagii anomaliam quæ faciunt ad istas procreandas prorsus ignorare ingenue fateor, nec an ex terræ visceribus effletur, aut in aëre concipiatur, aut in Corporibus humanis

---

[1]exsanguibus *(Schreibversehen)* [2]esse portendas [divines] *(*portendas *versehentlich nicht gestrichen)*
[3]glisc~~e~~at [4]pectoris~~tus~~

Schnarchgeräusch gehört, sind die Füße und Hände kalt, die Ohren spitz und kalt, die Lippen bläulich und blutleer, die Nase spitz, mit einem Wort: tritt das bekannte den Tod ankündigende ‚Hippokratische Gesicht' in Erscheinung, dann kann man ahnen, dass der Tod nahe ist. Nun nämlich ging die Entzündung in eine tödliche Peripneumonie über; die Lunge, angehäuft mit Blut und Schleim und unfähig, diese Masse abzustoßen, wird den Menschen entweder durch den Erstickungs- oder brandigen Tod umbringen. Erstaunlicherweise habe ich sehr viele Menschen angetroffen, die trotz ihrer hoffnungslosen Lage übermäßig heiter waren, so daß ein unvorsichtiger Arzt mit einer verfehlten Prognose einen völligen Vertrauensverlust bewirkt; denn infolge des Absterbens der Nerven, die durch die dauernde Entzündung aufs schwerste geschädigt waren, wich natürlich das Schmerzgefühl von der Seele, und die tödliche Schmerzunempfindlichkeit trügt durch die Hoffnung auf eine wiederkehrende Gesundheit. Daher die auffallende derartige Heiterkeit, deren Gründe man nicht herauszufinden vermag, und wenn die verhängnisvollen Anzeichen, von denen schon die Rede war, gleichzeitig auftreten, wird dies die sicherste Vorhersage der hereinbrechenden Todesstunde sein.

Wenn nun aber nach verkehrter Handhabung des Heilmittels das Blut von selbst aus der Nase geflossen ist und ein Druckgefühl an den entzündeten Orten wahrgenommen wird, der klopfende Schmerz dagegen verschwindet und wenn weit ausgreifende Schauer einsetzen, roher Urin fließt, ein langsames schwaches Fieber mit ausgiebigen Schweißausbrüchen aufflammt und sich nach einer Mahlzeit verschärft hat, dann kann man vermuten, daß sich die Entzündung zu einer Geschwulst entwickelt hat. Wenn die Entzündung die Drüsen ergriffen hat, wird der Verdacht nicht unpassend sein, daß sich eine harte Geschwulst bildet, die dann im Laufe der Zeit und nach Verstößen, welche die ‚Sechs nicht natürlichen Dinge' betreffen, zu einem Krebs ausarten wird. Ziemlich selten befällt die Entzündungskrankheit die Eingeweide des Bauches, selten zieht sie Wechselfieber als Folge nach sich.

§ 19. Diese Aussagen über die entzündlichen Fieber mögen genügen; bei weitem anders ist das Wesen der fauligen Fieber.

Mit dieser Bezeichnung treten dauerhafte nachlassende Fieber auf, die unter der Maske katarrhalischer Erkrankungen eindringen, verbunden mit höchstgradigem Verfall der Kräfte, Haarsträuben hier und da, Schwindelgefühl, Übelkeit, Brechreizen, Durchfällen, mit verschiedenen Leiden der Herzgegend, der Brust, des Kopfes und des Rückens, mit flüchtigem Schmerz in den Lenden oder Gliedmaßen, mit einem Puls, der manchmal einem natürlichen sehr ähnlich, manchmal krampfartig angespannt, beschleunigt, sehr klein und ungleichmäßig ist, mit verschiedenartiger geistiger Verwirrung, mit krampfartigen Bewegungen sowie anderem, und die sich während des langen Verlaufs der aufeinander folgenden Fieber bis zu drei oder vier Wochen ausdehnen. Die fauligen Fieber haben meistens eine epidemieartig verheerende Wirkung oder schleichen sich durch Ansteckung ein, seltener entstehen sie sporadisch aus Ursachen im Innern des Körpers. Daß ich jedenfalls die Regelwidrigkeit der Luft, der Nahrung und der Ansteckung, welche Faktoren zur Erzeugung der besagten fauligen Fieber beitragen, ganz und gar nicht kenne, gestehe ich freimütig, und ich halte mich auch für unfähig zu entscheiden, ob das faulige Fieber aus den Eingeweiden der Erde herausgehaucht wird oder sich in der Luft bildet oder durch eine gewisse Art von

per fermentationis quoddam genus prodeat decidere parem me judico, id unum scio quidquid sit in vitiata Bile et qualicumque modo læsa Officina Chylifica[1] sese concentrare. Sufficiat jam pauca quædam, quæ de sporadicis Febris putridæ natalibus certa habentur, aut probabilia placent, fugaci pede pererrasse[2].

§. 20. Et quidem ex omnium Veterum consensu Febres putridæ Jecinerosos malunt corripere, quos spasticæ per Corpus turbæ divexant, ac labes Chylopoëseos affligit. Dum enim Nervi secretionibus et coctionibus invigilent, idquod ex Physilologicis innotescit, fieri non potest, quin Nervorum αταξια horum negotiorum systema dirimat, liquidorum miscelam corrumpat, excretiones et secretiones vario modo confundat. Docuerunt quidem sexcentæ observationes Bilem sub Pathematum exæstuationibus, nervorumque distentionibus singulari modo exasperari ac destrui, ut Capite vulneratis æruginosa vomatur, in epilepticis virulenta inficiat, vappescat[3] in melancholicis, ebulliat in Iracundis. Pari modo Puris miscela a nervorum stricturis mira patitur ut quod antea fuerat Pus benignissimum, sub Insultu Maniæ aut Phrenitidis, quin sub Indigestionibus in ichorosum diffluat colliquamen, aut plane intercipiatur, quod in Febribus malignis frequentissime observatur. Nec non Venena complura vegetabilia, ut e. g. Belladonna, atque Cicuta simulac Corpus humanum intrant Nervosque commovent, putredinem accersunt velocissimam, cum alias si extus adhibeas mira Virtute antiseptica polleant.

Diuturni[4] itaque animi adfectus, quales sunt Indignatio sive Ira depascens, moeror, tædium, nostalgia et Melancholia, miasmata introducta, quin ipsa Vulnera morbo putrido ansam præbere consueverunt. Accedunt inquilinæ et spontaneæ humorum degenerationes quorsum refero lochia putrida regurgitantia, ulcera degenera, gangrænam.

§. 21. Non vero cum Impetu, quo solent phlogistici morbi, Febres putridæ hominem adoriuntur, quæ jam dudum interioribus Viscerum latebris funesta semina sparsere priusquam luculentius sese prodant. Eo quidem tempore, quo hostis insidiosus per corporis penetralia serpit, mira mentis metamorphosis in conspectum venit. Morosi sunt qui antea vividissimi, rixosi qui antea placidissimi. Aversantur ad quæ alias cum cupidine rapti; lucem effugiunt, ac meticulosi in Solitudines discedunt, quos antea Strepitus Urbium oblectarat. Accedunt insomnia turbulenta delira, subitanei pavores levissimis de caussis incussi, pervigiliæ, vagi per corporis ambitum dolores, spastici ardores, horroresve,

---

[1]Chylificat [2]pererraturs**se** [3]va[p]pescat [4]Diuturnei**i**

Gärung hervortritt; nur das eine weiß ich, nämlich daß sich alles, was auch immer es sein mag, in der beschädigten Galle und in dem wie auch immer gestörten Bereich der Herstellung von Nahrungssaft konzentriert. Es möge schon genügen, mit raschem Schritt nur weniges durchstreift zu haben, was man über die verstreuten Geburtsorte des fauligen Fiebers für sicher hält oder was als wahrscheinlich allgemeine Zustimmung findet.

§ 20. Nach der übereinstimmenden Auffassung jedenfalls aller alten Autoren ergreifen faulige Fieber vorzugsweise Leberkranke, die krampfhafte Anfälle im Körper plagen und die ein Verderben der Produktion des Nahrungssaftes niederbeugt. Da nämlich die Nerven die Ausscheidungen und Kochungen überwachen, was aus der Physiologie bekannt ist, muß eine Unordnung der Nerven zwangsläufig das Gefüge dieser Maßnahmen zerstören, die Mischung der Flüssigkeiten zerstören sowie auf verschiedenartige Weise die Ausscheidungen und Absonderungen in Verwirrung bringen. Jedenfalls haben sechshundert Beobachtungen gelehrt, daß die Galle bei Aufloderungen der Leiden und bei Anspannungen der Nerven in einzigartiger Weise angegriffen und zerstört wird, so daß sie bei den am Kopf Verletzten grünspanfarbig erbrochen wird, bei Epileptikern giftig infiziert, bei Melancholikern säuerlich wird und bei Jähzornigen aufschäumt. In gleicher Weise erleidet eine Eitermischung infolge der Zusammenschnürungen der Nerven Sonderbares, und zwar so, daß der Eiter, der vorher sehr gutartig gewesen war, unter dem Anfall einer Manie oder Phrenitis, ja sogar bei Verdauungsmängeln in eine schmutzige Flüssigkeit zerfließt oder ganz zerstört wird, was man bei fauligen Fiebern sehr häufig beobachtet. Auch mehrere pflanzliche Gifte wie z.B. Tollkirsche und Schierling rufen, sobald sie in den menschlichen Körper eintreten und die Nerven in Bewegung setzen, eine sehr rasche Fäulnis hervor, während sie sonst bei äußerlicher Anwendung durch ihre wunderbare antiseptische Kraft eine starke Wirkung haben.

Daher sind es alltägliche Gemütsregungen – wie Unwillen oder verzehrender Zorn, Kummer, Ekel, Nostalgie und Melancholie – sowie eingedrungene Miasmen, ja sogar selbst Wunden, die einer fauligen Krankheit gewöhnlich Veranlassung bieten. Hinzu kommen aus dem Inneren des Körpers stammende und spontan auftretende Abartigkeiten der Säfte, wozu ich zurückströmende faulige Wochenflüsse, verkommene Geschwüre und heißen Brand zähle.

§ 21. Nicht jedoch mit der Wucht, mit der entzündliche Fieber es zu tun pflegen, greifen den Menschen die fauligen Fieber an, die schon vorher in den inneren Schlupfwinkeln der Eingeweide ihre verderblichen Samen ausgestreut haben, bevor sie sich deutlicher zeigen. Zu dem Zeitpunkt jedenfalls, wo der hinterlistige Feind durch das Innere des Körpers schleicht, kommt ein merkwürdiger Sinneswandel zum Vorschein. Mürrisch sind die vorher sehr Lebenslustigen, streitsüchtig die vorher sehr Sanftmütigen. Abneigung empfinden sie gegen das, wozu sie sich sonst mit Begierde hinreißen ließen; dem Licht entfliehen und furchtsam weichen in einsame Gegenden die aus, die vorher der Lärm der Städte ergötzt hatte. Hinzu kommen turbulente wahnsinnige Traumbilder, plötzliche durch geringfügigste Ursachen ausgelöste Angstzustände, durchwachte Nächte, verstreut den gesamten Körperbereich durchziehende Schmerzen,

inappetentia, quin interdum excessiva convivii cupido: urinæ aquosæ quales Epilepsiæ, Maniæ, Hydrophobiæ,[1] Hypochondriæ insultus annunciant, splenicæ Veteribus nuncupatæ, coryza, lassitudo insolita genuum præcipue artuum tremores, sudores nocturni, inæquales et alia hujusmodi quæ omnia subinde remittentia, subinde exasperata ipsius tandem perfecti Morbi Insultus disrumpit.

§. 22. Turgens putrida Bilis Symptomatum agmen ducit atrocissimum. De præcordiorum angustiis, ardore, pulsatione continuæ querelæ, Vomitus spontanei cum summa Capitis concussione, jam inanes jam Bilem decolorem, pituitam corruptam, quin interdum atrum Cruorem rejicientes pessimo quidem indicio si Coo fidem præbueris (l) dum inveterati Infarctus vi putredinosæ Colliquationis moventur; Diarrhoea tenesmodes, cum Cordis palpitatione, Lypothymia, pulsu intermittente, dicroto nonnunquam, sudoribus spasticis, frigidis, partialibus, lingua jam humida, rubicunda, jam flavomucosa, impurissima. Dentes insuper viscosi, oculi icterodes lemis subsiccis eorum canthis adhærentibus foetis, facies jam pallida, jam spastico perfusa rubore, sitis enormis, tussis sicca, Respiratio anxia. Horum consortio sese addunt tendinum subsultus, festucarum lectio, oculorum splendores, temporum carotidumve insolitæ micationes, aurium tinnitus, laryngis et pharyngis spasticæ stricturæ, quin veræ convulsiones universales quæ vero testante Hippocrate efflorescentibus pustulis aut maculis remittunt, funesto præsagio si perdurent. Sanguis sub Febre putrida aut missus aut spontane effluens fluidus apparet ac dissolutus (qui vero quod mireris haut citius computrescit phlogistico aut sanissimo) interdum naturali simillimus.[2] Venter nonnunquam in modum Tympanitidis intumescit, quem tumorem Meteorismum vulgo appellant, haut dubie ex aëre fixo per fermentationem putridam liberato oriundum. Spiratio jam sublimis, jam lentuosa et suspira, quæ posterior prorupturæ purpuræ certum indicium præbet, siquidem fides fide dignissimis (m). Interdum aliquot sanguinis atri guttulæ ex uno alterove narium stillant, lethale signum testante Hippocrate; interdum Menses fluunt, aut Hæmorrhoides, sine tamen allevamento.

(l) Quibuscunque morbis incipientibus atra bilis aut sursum aut deorsum prodierit lethale. Hipp. Aphor. IV. a. 22.

(m) Id quidem toties memoratus Wirtembergiæ practicus in Epidemia, Vayhingiam et Vicina depascente[3], creberrime observavit.

---

[1] Hydrophobiæ, ~~D~~ [2] simmillimus. ~~Sanguis~~ [3] depasceu**n**te

krampfartige Hitzewallungen oder Schauder, Appetitlosigkeit, ja sogar manchmal exzessive Eßbegierde; wässerige Harnausscheidungen, wie sie Anfälle von Epilepsie, Manie, Hydrophobie und Hypochondrie ankündigen, von den alten Autoren als milzsüchtig bezeichnet, ferner Schnupfen, ungewöhnliche Schlaffheit vor allem der Knie, Zittern der Gelenke, unregelmäßige nächtliche Schweißausbrüche und anderes dieser Art, was alles bald nachläßt, bald sich verschärft und was schließlich der Anfall der voll ausgebildeten Krankheit zerreißt.

§ 22. Die anschwellende faulige Galle führt den äußerst grauenvollen Zug der Krankheitserscheinungen an. Ständige Klagen über Verengungen in der Herzgegend, Hitze und Pulsschlag, spontane Brechanfälle mit schwerster Erschütterung des Kopfes, die teils wirkungslos bleiben, teils die entfärbte Galle, zersetzten Schleim, manchmal sogar schwarzes Blut auswerfen – ein jedenfalls sehr schlechtes Anzeichen, wenn man dem Koer Glauben schenkt (l), wenn dabei alteingesessene Verstopfungen durch die Kraft der fauligen Verflüssigung in Bewegung geraten; von Stuhlzwang herrührender Durchfall mit Herzklopfen, mit Ohnmacht, mit aussetzendem, bisweilen doppelschlägigem Puls, mit krampfartigen kalten, lokalen Schweißausbrüchen, mit einer bald feuchten und geröteten, bald gelbschleimigen, sehr verschmutzten Zunge. Darüber hinaus sind die Zähne klebrig, die Augen gelbsüchtig, mit halbtrockenem, an ihren Lidern hängendem, stinkendem Augenschleim, das Gesicht bald blaß, bald von einer krampfartigen Röte überzogen, der Durst ungeheuer groß, der Husten trocken, die Atmung beklommen. Zur Gruppe dieser Symptome gesellen sich ‚Sehnenhüpfen', ‚Halmesammeln', Augenglänzen, ungewöhnliche zuckende Bewegungen der Schläfen oder der Halsschlagadern, Ohrenklingen, krampfartige Einengungen von Kehlkopf und Rachen, ja sogar echte, den gesamten Körper umfassende Krämpfe, die jedoch nach dem Zeugnis des Hippokrates beim Aufblühen von Pusteln und Flecken nachlassen, dagegen von unheilvoller Vorbedeutung sind, falls sie andauern sollten. Beim fauligen Fieber zeigt sich das Blut, entweder durch Aderlaß entzogen oder spontan fließend, in flüssiger und aufgelöster Form (das allerdings erstaunlicherweise nicht schneller verfault als bei einem Entzündungskranken oder bei einem ganz Gesunden), manchmal dem natürlichen Blut sehr ähnlich. Der Bauch schwillt bisweilen nach Art einer Blähsucht an, welche Schwellung man gemeinhin Meteorismus nennt, zweifellos aus der ‚fixierten', durch die faulige Gärung freigesetzten Luft entstanden. Die Atmung ist bald hoch, bald schwerfällig und keuchend, die, wenn sie später eintritt, ein sicheres Anzeichen für den bevorstehenden Ausbruch einer Purpura bietet, sofern man den Glaubwürdigsten glaubt (m). Manchmal tröpfeln etliche kleine Tropfen schwarzen Blutes aus dem einen oder anderen Nasenloch, ein tödliches Zeichen nach dem Zeugnis des Hippokrates; manchmal fließen die Monatsblutungen oder die Hämorrhoiden, aber trotzdem

(l) Bei allen Krankheiten, bei denen im Anfangsstadium oben oder unten schwarze Galle austritt, ist dies ein tödliches <Zeichen>. Hippokrates, Aphorismen 4, 22.

(m) Dies jedenfalls hat der so oft erwähnte praktische Arzt Württembergs während der Epidemie, die Vaihingen und Umgebung niedergemäht hat, sehr häufig beobachtet.

Supersunt innumera plura quæ pessimum morbum insigniunt, nulla certe exhaurienda tractatione.

> Non mihi si centum linguæ sint, oraque centum
> ferrea vox omnes Morbi comprehendere formas
> Omnia spasmorum percurrere nomina possem.

§. 23. Quæ dum per Corporis ambitum præter naturam geruntur, Mens ipsa vario modo tentatur. Fert enim intimus facultatis cogitatricis cum digestrice consensus ut spasmis ex Imo Ventre oblatis spasticæ respondeant Idearum commotiones, non tam ordinem associationis et rationis dictata, quam mechanicas morbi leges sequentes. Id vero est quod <u>Delirium</u> vocamus. Inter Delirium et Convulsiones partium exteriorum alternatio quædam observatur ut his sævientibus deliria cessent, deliriis insistentibus remittant convulsiones (n) fatali quidem indicio, si perstet utrumque. Raro furiose delirant, qui Febre putrida detinentur, taciturne plerumque, aut melancholice, aut risorie sive nugatorie aut stupide, aut vario modo soporose[1]. Huc spectant omnes Phrenitidis ac paraphrenitidis species, Hydrophobia, Melancholia, Risus Sardonius ferocissimus, Choræa St. Viti, (quæ bina posteriora a verminosis[2] caussis plerumque sublatentibus originem trahunt) Catochus Aetii, Coma tum vigil, tum somnolentum, ad ipsum usque Lethargum et Carum profundissimum. Catochi Aetiani in Coma Vigil et Lethargum usque protracti memorabile exemplum in Nosocomio academico luctuosum se mihi obtulit. Æger apertis oculis somnum simulabat, in quem, si excussus fuerit, mox iterum recidebat. Interrogatus ægerrime primo, dein plane non respondebat, jussis tamen exactissime obsequebatur. Cibos non appetebat, propinatos autem deglutiebat. Intentis oculis adstantes nonnunquam adspiciebat, quasi summam ipsis infigeret attentionem, nec tamen dubium est ipsum ne[3] minimam eorundem habuisse perceptionem. Insimul tendines ipsi saliebant, digiti circa faciem ludebant, floccos legebat, manus contrectantium

(n) Hippocrates de Morbis popularibus. Lib. III. Ægr. XI. „Mane convulsiones multæ. Quum autem intermisissent convulsiones illæ multæ, delirabat, turpia loquebatur.“[4] Idem Aphorismorum Sect. VI. aph. 26. „Quibus in febribus ardentibus tremores[5] facti fuerint, mentis emotio solvit.“[6]

---

[1]sp**o**porose [2]verminosis ~~ferocit spasmis~~ [3]ne~~xxxxx~~nimam [4]loquebatur. *(Abführungszeichen fehlt)* [5]~~tramores~~ tremores [6]solvit. *(Abführungszeichen fehlt)*

ohne eine Erleichterung. Übrig bleibt noch Unzähliges mehr, was eine sehr schlimme Krankheit kennzeichnet, doch sicherlich in keiner Abhandlung erschöpfend dargelegt werden kann.

Hätte ich hundert Zungen und hundert Münder, auch eine
eiserne Stimme, könnte ich nicht alle Formen der Krankheit
gänzlich erfassen und alle Krämpfe mit Namen benennen.

§ 23. Während dieser widernatürlichen Vorgänge im Gesamtbereich des Körpers gerät der Verstand selber auf verschiedenartige Weise in Gefahr. Denn der intime Einklang des Denkvermögens mit der Verdauungsfähigkeit bringt es mit sich, daß den aus dem Unterleib emporgebrachten Krämpfen krampfartige Erregungen der Ideen entsprechen, die nicht so sehr dem Ordnungssystem der gedanklichen Verbindung und den Vorschriften der Vernunft als vielmehr den mechanischen Gesetzen der Krankheit folgen. Genau dies ist nun aber das, was wir als Delirium bezeichnen. Zwischen Delirium und krampfartigen Bewegungen der äußeren Teile beobachtet man eine gewisse wechselseitige Beziehung derart, daß dann, wenn diese Konvulsionen wüten, die Delirien zurückgehen, dagegen wenn die Delirien hart bedrängen, die Konvulsionen nachlassen (n), wobei es jedenfalls ein verhängnisvolles Zeichen ist, wenn beides andauert. Nur selten verhalten sich Menschen, die das faulige Fieber fesselt, im Delirium rasend, meistens schweigsam oder melancholisch oder lächerlich, sei es läppisch oder albern oder auf verschiedenartige Weise schläfrig. Hierzu gehören auch alle Erscheinungsformen von Phrenitis und Paraphrenitis, Hydrophobie, Melancholie, äußerst wildes sardonisches Lachen, Veitstanz (welche zwei letztgenannten Arten ihren Ursprung jeweils aus meistens verborgenen Umständen nehmen, die von Würmern herrühren), Starrsucht nach Aetius, bald ‚Coma vigil', bald ‚Coma somnolentum', bis hin selbst zu Lethargie und zur regungslosen abgrundtiefen Bewußtlosigkeit. Ein denkwürdiges Beispiel für eine Starrsucht nach Aetius, die sich bis zum Wachkoma und bis selbst zur Lethargie hinauszog, hat sich mir im Akademischen Krankenhaus als trauriger Fall dargeboten. Der Kranke bildete mit offenen Augen einen Schlaf nach, in den er, wenn er daraus gerissen worden war, abermals wieder zurückfiel. Wurde er gefragt, antwortete er zuerst sehr mißmutig, dann überhaupt nicht, Anweisungen gehorchte er trotzdem aufs genaueste. Speisen verlangte er nicht, dargereichte aber schlang er hinunter. Mit angestrengten Augen blickte er bisweilen auf Dabeistehende, als ob er auf sie die höchste Aufmerksamkeit richtete, und dennoch gibt es keinen Zweifel, daß er sie überhaupt nicht wahrgenommen hat. Gleichzeitig hüpften ihm selber die Sehnen, die Finger spielten um sein Gesicht herum, er sammelte Flocken, die Hände derer, die ihn berührten, drückte er

(n) Hippokrates, Über weit verbreitete Krankheiten. Buch 3, Kranker 11. „Am Morgen viele Krämpfe. Wenn aber jene vielen Krämpfe nachgelassen hatten, delirierte sie, redete Ungehöriges." Derselbe, Teil 6 der Aphorismen, Aphorismus 26. „In hitzigen Fiebern, bei denen Gliederzittern aufgetreten sind, behebt das Delirium <dieses Zittern>."

in modum amicorum fortiter comprimebat; jam parieti admotus, jam inquiete circumjectus, nec quibus sanus assueverat motibus moribundum deseruere. Delirium soporosum pedetentim in profundiorem abiit somnum, ex quo vix aliquot horulis ante fatum excussus est. Spiritus jam gravius ducebatur, jam prorsus intermittebat, pulsus reptans, cessans, extrema frigida, facies instar moribundi, strepitus in imo pulmone, expirabat. Mireris vero, nec fæces nec urinas unquam ipsi clanculum elapsas, nec unquam naturalem Juveni[1] defuisse pudorem. Adeo strictum inter animam[2] et Corpus servatur[3] commercium; adeo tyrannicus homini arroganter nimis de se ipso statuenti monitor inest, qui continuo ipsum hortetur[4] ab humo progenitum, in humum relapsurum.

§ 24. Spasticas istas functionum perversiones intercipiunt immaturæ Crises, quæ varii generis sunt. Aut enim succedunt Hæmorrhagiæ[5] profusæ; diarrhoeæ; sudores; urinæ turbidæ, biliosæ, viscidæ, fuscæ Jumentorum ad instar, alcalinæ, vario modo decolores; abscessus ad aures, inguina, articulos; aphthæ; fluor albus benignus, gonorrhoea et alia, aut, quæ potior classis est, colluvies putrida per Exanthemata despumatur, de quibus fuse Brendelius. (o) Jam vero ad medelam.

§. 25. Quum Bilis putrida in imo Ventre nidulans, et Spasmos istos per Consensum excitaverit, et Febrem ipsam perpetim suggestis fomitibus sufflaminaverit, omne Morbi Systema in Bilem concurrit, omnis curationis Nervus in ea corrigenda aut radicitus exstirpanda sese concentrat. Hinc audacis ac circumspecti est medici, pessimum Morbum tum Emesi tum Catharsi adoriri. Quum vero biliosæ saburræ per totum tractum Intestinorum traductæ et locus et tempus datur, quo vasculis resorbentibus admota quam plurimis inhalari vehique ad sanguinem potest ex magni Sarcone, Stollii et aliorum sententia; Emesis Catharsi præstare mihi videtur, ut Emesis expurgando Ventriculo ac superiori Intestino, inferiori Catharrsis adaptata sit; Probabile quidem est Vim Vomitoriorum non solius Ventriculi terminis circumscribi, sed omne tenue Intestinum ad usque Valvulam Coli ipsius dominio esse subjectum.

Amplissima Præceptoris experientia, methodus medendi, quam præstantissimam in Nosocomio academico usurpat Doctiss. Dom. Archiater D. Reuss observationes Virorum Hippocratico instructorum ingenio me jam affatim edocuere, Evacuationes primarum

(o) Dissert. de Abscessibus ad Nervos.

---

[1]Juveni ~~pudorem~~ [2]strictum ⌈inter⌉ animam [3]~~con~~servatur [4]continuo ⌈ipsum⌉ hortetur [5]enim ~~sunt~~ ⌈succedunt⌉ Hæmorrhagiæ

nach Art von Freunden fest zusammen; bald lehnte er sich an eine Wand an, bald drehte er sich unruhig im Kreis herum, und die Bewegungen, an die er sich als Gesunder gewöhnt hatte, ließen ihn auch als Todgeweihten nicht im Stich. Das schläfrige Delirium ging allmählich in einen tieferen Schlaf über, aus dem er sich einige Stündlein vor dem Tod kaum mehr wachrütteln ließ. Bald ging sein Atem schwerer, bald setzte er völlig aus, sein Puls war schleichend, setzte aus, die Gliedmaßen waren kalt, das Gesicht wie das eines Sterbenden, ein Rasseln im untersten Bereich der Lunge, er hauchte sein Leben aus. Man kann sich wirklich darüber wundern, daß ihm selbst niemals Kot und Urin unbemerkt entglitten und daß dem jungen Mann niemals das natürliche Schamgefühl fehlte: So fest wird die Verbindung zwischen Geist und Körper bewahrt; so weit wohnt dem allzu anmaßend über sich selbst bestimmenden Menschen ein tyrannischer Mahner inne, der ihn beständig ermahnt, daß er aus Erde erzeugt wurde und zur Erde zerfallen wird.

§ 24. Diese mit Krämpfen einhergehenden Verkehrungen der Körperfunktionen unterbrechen vorzeitige Krisen, die verschiedener Art sind. Entweder nämlich folgen der Reihe nach unmäßige Blutungen; Durchfälle; Schweißausbrüche; trübe Harnausscheidungen, gallig, klebrig, dunkelbraun wie die von Lasttieren, laugenhaft, verschiedenartig verfärbt; Abszesse an den Ohren, in der Leistengegend, an den Gelenken; Mundfäule; gutartiger weißer vaginaler Ausfluß, Gonorrhoe und anderes, oder, was die wichtigere Gruppe ist, fauliges Gemisch wird durch Ausschläge abgeschäumt, worüber Brendel ausführlich geschrieben hat. (o) Doch nun zur Behandlung.

§. 25. Da die faulige, im tiefsten Bereich des Bauches nistende Galle sowohl die besagten Krämpfe durch Sympathie erregt als auch das Fieber selbst ständig durch Zuführung von Zündstoffen entflammt hat, läuft das gesamte System der Krankheit auf die Galle zu, die Energie jeder ärztlichen Behandlung konzentriert sich darauf, diese zu verbessern oder von Grund auf zu beseitigen. Daher ist es die Aufgabe eines kühnen und umsichtigen Arztes, gegen die äußerst tückische Krankheit teils durch Erbrechen, teils durch Abführen anzugehen. Wenn aber dem durch den gesamten Darmtrakt geführten galligen Ballast sowohl Raum als auch Zeit gegeben wird, in der er, an die ihn aufnehmenden Gefäße herangebracht, von möglichst vielen aufgesogen und zum Blut transportiert werden kann – nach der Meinung des großen Sarcone, Stolls und anderer –, dann scheint mir das Erbrechen besser zu sein als das Abführen, da ja das Erbrechen zur Reinigung des Magens und des oberen Darms, das Abführen zur Reinigung des unteren Darms paßt; wahrscheinlich ist es jedenfalls, daß die Wirkung der Brechmittel nicht allein durch die Grenzen des Magens bestimmt wird, sondern daß der gesamte Dünndarm bis zur Dickdarmklappe hin ihrem beherrschenden Einfluß unterworfen ist.

Die außerordentlich umfangreiche Erfahrung meines Lehrers, die Heilmethode, die als die hervorragendste im Akademischen Krankenhaus der hochgelehrte Herr Leibarzt Dr. Reuss anwendet, die Beobachtungen von Männern, die vom hippokratischen Geist

(o) Abhandlung über Abszesse an den Nerven.

viarum in Febribus putridis omne punctum ferre. Repetita scilicet Emesi atque Catharrsi Archiater D. Consbruch gravissimi morbi jam prima semina[1] suppressit, jam sæva declarati symptomata eadem audacia cohibuit, qua Venæsectionibus Inflammationes vehementissimas disjicere solet.

§. 26. Neque tamen ulteriori morbi Decursu, si forsan Virium languor dissuaderet; aut Exanthematis recessuri metus ingrueret, suus est terminus Evacuantibus. Positis enim Ulceribus artificialibus, datis simul, quæ vim vitæ succendunt, et superficiem Corporis lubenter petunt quorum ex tribu potior est Camphora, vix de Eventu sinistro timeas (p). Hoc quidem tempore celebrata Emesis Vires vitales tantum abest ut frangat, ut potius ad instar Cardiaci mirum in modum refocillet, quod sexcentæ Præceptoris observationes deprædicant.

§. 27. Jam vero apparentibus signis quæ prorupturum Exanthema præsagiunt ex quorum censu sunt Respiratio suspiriosa, Symptomata convulsiva, sudores acidi et alia, Diaphoresis in usum vocanda est, ac ponenda simul Ulcera artificialia, quæ hæsitans Exanthema ad cutem invitant; lenique illic stimulo figant. Adjungantur[2] antiputridinosa, quæ inter primas tenent Cortex peruvianus, Sal ammoniacus acidumque Vitrioli, quæ putredinem incipientem coercent, ac Vires lapsas restaurant. Placent simul Decocta demulcentia, quæ acredinem involvendo sopiunt atque refrigerant. Opium vero ab hoc morbi genere egregie abesse potest, nec sane hic gladius Delphicus est, qualem Sydenhamus deprædicavit.

(p)[3] Cum his confer Diss. Brendel. De Seriori usu Evacuantium in quibusquam acutis. Nec non ipse Febrium domitor Sydenhamus in seriori adhibitione purgantium et Emeticorum Salutem quæsivit . Quodsi[4] nobis ait , ut sæpe fit sero accersitis non licuerit Emeticum propinando ægrorum saluti sub febris initio consulere, certe tamen, convenire existimaverim, ut quovis morbi tempore illud fiat, modo Vires / eo usque morbus non attriverit, ut Emetici Vim ferre jam amplius nequeant. Equidem ego die Febris duodecimo vomitum imperare non dubitavi, etiam cum æger vomiturire desiisset, neque sine fructu: Eo namque diarrhoeam sustuli, quæ sanguinem in peragenda despumatione impedivit, quin et serius idem facere minime dubitarem nisi virium attritarum ratio prohiberet. Th. Sydenh. opera. med. T. I. Genev.. S. I. Capit. 4.to. p. 33.

---

[1]seminia *(Schreibversehen)* [2]Abjunganur *(Schreibversehen)* [3]*Fußnote auf zwei Seiten* [4]~~S. 1. Capit. IV.to. p. 33.~~ Quod|si|

geprägt wurden, haben mich schon hinreichend gelehrt, daß Entleerungen der Hauptwege bei fauligen Fiebern den Kernpunkt bilden. Durch wiederholtes Erbrechen und Abführen nämlich hat der Leibarzt Dr. Consbruch die ersten Anzeichen dieser so schweren Krankheit unterdrückt, außerdem die schrecklichen Symptome der offenkundig gewordenen Krankheit mit demselben Mut aufgehalten, mit dem er durch Venenschnitte die heftigsten Entzündungen zu vernichten pflegt.

§. 26. Aber dennoch ist im weiteren Verlauf der Krankheit, falls vielleicht Ermattung der Kräfte davon abriete oder einen Angst befiele, daß der Ausschlag verschwinden könne, den Entleerungen keine eigene Grenze gesetzt. Nachdem man nämlich künstliche Geschwüre angelegt, gleichzeitig Mittel verabreicht hat, welche die Lebenskraft anfachen und bevorzugt auf die Körperoberfläche einwirken, aus deren Gruppe der Kampfer recht wirkungsvoll ist, dürfte man kaum einen unglücklichen Ausgang befürchten (p). Ein zu dieser Phase allgemein verbreitetes Erbrechen jedenfalls ist so weit davon entfernt, die Lebenskräfte zu schwächen, daß es sie vielmehr wie ein Herzmittel auf wunderbare Weise wiederbelebt, was sechshundert Beobachtungen meines Lehrers verkünden.

§. 27. Wenn aber nun Anzeichen in Erscheinung treten, die den bevorstehenden Ausbruch eines Ausschlags ankündigen, zu deren Einschätzung keuchende Atmung, Symptome von Krämpfen, saure Schweißausbrüche und anderes gehören, ist Schweißtreibendes in Anwendung zu bringen, und gleichzeitig müssen künstliche Geschwüre angelegt werden, die den zögerlichen Ausschlag auf die Haut locken und ihn dort mit sanftem Anreiz anheften sollen. Hinzufügen sollte man gegen die Fäulnis wirkende Mittel, unter denen den ersten Rang einnehmen die Peruvianische Rinde, Salmiak und Vitriolsäure, die die beginnende Fäulnis hemmen und die ins Wanken geratenen Kräfte wiederherstellen. Beruhigend sind zugleich wohltuende Abkochungen, die die Schärfe durch Einhüllen betäuben und abkühlen. Opium jedoch kann bei dieser Krankheitsart am ehesten fehlen, und gewiß handelt es sich hier nicht um ein ‚Delphisches Schwert', wie es Sydenham

(p) Vergleiche damit die Abhandlung Brendel, Über den späteren <späten> Gebrauch von Entleerungsmitteln bei bestimmten akuten Krankheiten. Sogar der Bezwinger der Fieberarten selbst, Sydenham, suchte einen Heilerfolg in späterer <später> Anwendung von Abführ- und Brechmitteln. Wenn es aber, so sagt er uns, nicht möglich gewesen ist, durch Verabreichung eines Brechmittels für das Wohl der Kranken zu Beginn des Fiebers zu sorgen, wie dies uns oft passiert, weil wir zu spät herbeigerufen worden sind, so würde ich dennoch mit Sicherheit annehmen, daß es angemessen ist, jenes zu jedem möglichen Zeitpunkt der Krankheit zu tun, wenn nur die Krankheit die Kräfte nicht so weit zerrieben hat, daß sie die Stärke des Brechmittels schon nicht mehr ertragen können. Ich jedenfalls habe nicht gezögert, am zwölften Tag des Fiebers ein Erbrechen anzuordnen, auch dann, als der Kranke aufgehört hatte zu erbrechen, und nicht ohne Erfolg: Dadurch nämlich habe ich einen Durchfall behoben, der das Blut bei der Durchführung der Abschäumung behinderte, ja, ich würde auch nicht im geringsten zögern, dasselbe sogar noch später vorzunehmen, wenn nicht der Zustand der zerrütteten Kräfte dies verhinderte. Th. Sydenham, Medizinische Werke, Band 1, Genf, Teil 1, Kapitel 4, Seite 33.

Alvus Clysmatibus aperienda, quem in finem Infusa de Chamomillis, et Serum lactis salinum, quin si Putredo vehementius urgeret, Decocta Chinata commendassem. Fuit ubi Febre[1] nimis exorbitante ac ingruente Suffocationis metu Sanguinis missio exposcebatur, quæ vero quod generatim dictum sit, in Febre putrida negligi mavult quam institui. Diæta sit e vegetabili regno: Atmosphæra libera, aperta, frigidiuscula, ac continenter correcta ope Ventilatorum.

§. 28. Quæ omnia si ad leges ratione dictatas institueris, nec malum Viscerum compagem jam exsolverit, nec Vires Vi morbi oppressæ impares cedant gravissimum morbum mitescentem gaudebis. Prima quidem spes affulgebit, si spastica symptomata aut Emesi Catharrsique celebrata, aut Exanthemate propullulante remittant, quin plenario cessent, si sopore excussus homo resipiscat, jamque cibos appetere incipiat. Ne vero ad Sudores urinasque[2] coctas respicias, ne[3] Crisi perfectæ inhies in morbo in quo regulari Virium typo subverso jam beant imperfectissimæ. A Sudoribus partialibus utut profusissimis prorsus nihil expectandum est teste Hippocrate (q) utpote qui nec justo Criseos tempore fluunt, nec nisi spastice emulgentur. Summa Salus in Intestinorum expurgationibus, Exanthematum justo moderamine, et abscessibus externis, quos diutius post morbum alendos suadet Brendelius. Exhaustis mali fomitibus ad restituendum Solidorum tonum et corrigendam crasin humorum te convertas, quod Martialibus Chinatis, Aquis mineralibus medicatis, Herbis amaris sanguinem depurantibus obtinebitur.

§. 29. Sin vero in pejus semper malum ruat, ac spasmi ferociores continenter insistant nec fractæ Vires vitales sufficiant perpetim generatæ biliosæ saburræ ad cutem promovendæ aut prævalens Stimulus, quem sistit[4] putridum colliquamen primis Viis inhabitans, Exanthema ad interiora quasi revellat, aut gangrænam istud concipiat nigrumque colorem contrahat, aut Vires atque Succos immanis abluat Diarrhoea colliquativa, aut miasmatica pituita pulmonum latebris irretita dejectis Viribus Respirationis nesciat extricari, et

(q) Febricitanti sudor oboriens, febre non remittente, malum. aph. S. IV. a. 56.

[1]~~D~~ Febre [2]urinasqua**e** [3]~~d~~ne [4]quem ⌈sistit⌉ putridum

verkündet hat. Der Darm ist durch Klistiere zu öffnen, zu welchem Zweck ich Kamillenaufguß, salzige Molke, ja sogar, falls die Fäulnis allzu heftig belästigen würde, abgekochte Chinarinde empfohlen hätte. Es kam vor, daß man bei allzu sehr sich ausbreitendem Fieber und aufkommender Angst vor dem Ersticken einen Aderlaß forderte, der allerdings, was allgemein gesagt sei, bei fauligen Fieber lieber vermieden als vorgenommen werden soll. Die Ernährung soll aus dem Pflanzenreich erfolgen: Die Luft in der Umgebung sei frei, offen, etwas kühler und mit Hilfe von Lüftungsvorrichtungen ständig verbessert.

§ 28. Wenn man dies alles nach den von der Vernunft bestimmten Vorschriften vorgenommen, das Übel noch nicht das Gefüge der Eingeweide aufgelöst hat und auch die Kräfte nicht weichen, obwohl sie von der Macht der Krankheit niedergedrückt und ihr nicht ebenbürtig sind, dann wird man sich darüber freuen, wie diese äußerst schwere Krankheit milder wird. Ein erster Hoffnungsschimmer jedenfalls wird aufleuchten, wenn die krampfartigen Symptome entweder durch häufig angewandtes Erbrechen und Abführen oder durch das Ausbrechen von Ausschlag zurückgehen, ja sogar vollständig ausbleiben, falls der aus der Betäubung wachgerüttelte Mensch wieder zu sich kommt und schon beginnt, nach Speisen zu verlangen. Man nehme jedoch keine Rücksicht auf Schweißausbrüche und Ausscheidungen gekochten Urins, man lauere nicht begierig auf eine vollkommene Krise bei einer Krankheit, bei der nach der Zerstörung der regelmäßigen Ordnung der Kräfte bereits die unvollkommensten Krisen zufriedenstellen. Von lokalen Schweißausbrüchen, mögen sie auch noch so reichlich sein, darf man, nach dem Zeugnis des Hippokrates (q), überhaupt nichts erwarten, da sie ja nicht zum passenden Zeitpunkt der Krise fließen und lediglich im Verlaufe eines Krampfes ausgemolken werden. Die höchste Heilwirkung liegt in den Reinigungen der Eingeweide, in der angemessenen Lenkung der Ausschläge und in den äußeren Geschwüren, die, wie Brendel rät, noch längere Zeit nach der Krankheit gefördert werden sollen. Wenn die Zündstoffe des Übels vernichtet sind, möge man sich der Wiederherstellung der Spannkraft der festen Bestandteile des Körpers und der Verbesserung der Säftemischung zuwenden, was durch eisenhaltige Chinarindenmittel, heilkräftige Mineralwässer und bittere blutreinigende Pflanzen erreicht werden wird.

§. 29. Falls jedoch das Übel immer weiter zum Schlimmeren abstürzt, allzu heftige Krämpfe andauernd fortbestehen und die gebrochenen Lebenskräfte nicht ausreichen, um den ständig erzeugten galligen Ballast auf die Haut zu befördern, oder falls der überaus mächtige Reiz, den die faulige, den Magen-Darm-Trakt innewohnende Flüssigkeit hinstellt, den Ausschlag sozusagen in das Leibesinnere wegreißt oder dieser den heißen Brand empfängt und eine schwarze Färbung annimmt oder falls ein ungeheurer wässriger Durchfall die Kräfte und Säfte fortspült oder der in den Schlupfwinkeln der Lungenflügel verstrickte miasmatische Schleim durch die Schädigung der Atmungskräfte nicht entfernt werden kann und der Rotz sich in den inaktiven Verzweigungen der Bronchien

(q) Bei einem Fiebrigen aufkommender Schweiß ist, wenn das Fieber nicht nachläßt, ein Übel. Aphorismen, Teil 4, 56.

Mucus coacervetur in otiosis bronchiorum ramis, et Stertor iste moribundus percipiatur, et Spiritus difficillime trahatur, aut[1] homo mersus sopore profundissimo nulla arte excutiendus sit, aut Syncopen Syncope excipiat, aut fatalis iste singultus exaudiatur quem jam Cous lethalem pronunciarit, et sudor extincti Lampadis odorem referat, et lingua, et fauces, et urina nigrescant, et pulsus intermittat, et Chordæ ad instar intremat, et extrema perfrigescant et labium aut Nasus aut oculus aut supercilium distorqueatur, nec homo audiat, nec videat jam debilis existens, quicquid horum fiat lethale est (r).

§. 30. Si vero neque mortis neque salutis signa luculentius se exhibeant, et æger paullo levius habere incipiat citra omne[2] Criseos indicium et urina cruda reddatur, aut aquosa aut ingravescente febre rubicunda, et tussicula accedat, et Febris ad statas periodos recurrat cum horroribus, et Sudores matutini caput et superiora perstringant, et lingua præter modum gracilis[3] sit et munda, et ad apicem rubicunda, et urinæ pinguis innatet cuticula et Corpus sensim sensimque contabefiat Febrem putridam in lentam abiisse, per factam ad Viscus quoddam Hepar et Pulmones præcipue, metastasin haut injusta suspicio est. Generatim notandum, Febres maligni ordinis vix alio modo, quam Metastasi tum nervosa tum materiali, diutius superstite, exhauriri, aut per Longum Febrium acutarum Syrma hominem tandem opprimere. Innumeræ certe Arthritides, Ulcera et exanthemata chronica, fluores, paralyses, mentis hebetudines, Maniæ, Melancholiæ, Hypochondriæ quin Epilepticæ invasiones quarum remotiores caussas eruere non possunt, a Febre maligna olim Sæviente, ac Crisi imperfecta soluta prima Semina[4] trahunt.

+ Liceat mihi memorabilem Casum Febris putridæ exanthematicæ junctæ cum singulari Pituitæ degeneratione, pituitam vitream vocant e penu Præceptoris practico depromptum adnectere.

»Femina[5] quædam 40 circiter annorum ex aliquo tempore multis afflicta fuit injuriis, atque ut est taciturna et meticulosa, captam ex iis indignationem imo sub pectore condebat, ac memores fovebat iras. Æstate anni 1773 multa biliosa forte evomuit die 16to novembris laxans quoddam infusum assumsit frequenter ipsi alvum movens. Postero die vehemens horror invasit ægram ab hora IVta vespertina ad nonam usque perdurans, tum calor toto corpore accendi coepit maximam vim ab hora ista nona usque ad 12 mam nocturnam exserens. Jam vires aliquantulum labebantur, caput artuumque articuli dolebant, hypochondriis etiam et ossis sacri regioni dolor aliquis inhæsit, et præcordia

(r) Hipp. Aphorismi. Sect. VII. aph. LXXIII. ejusd. prognostica et Prædictiones.

[1]aut ~~Sopore profundissimo~~ [2]citra~~m~~ omne~~m~~ [3]~~C~~gracilis [4]Seminia *(Schreibversehen)* [5]F~~œ~~emina

anhäuft und der den Tod ankündigende Schnarchton wahrgenommen und das Atemholen nur sehr schwer vollzogen wird oder der in tiefste Betäubung versunkene Mensch durch kein Mittel aufzurütteln ist oder falls eine Ohnmacht auf die andere folgt oder falls sich der berüchtigte unheilverkündende Schluckauf ankündigt, den schon der Koer als todbringend bezeichnet hat, und falls der Schweiß den Geruch einer ausgelöschten Lampe wiedergibt und Zunge, Rachen und Harn schwarz werden, der Pulsschlag aussetzt und wie eine Saite erzittert und die Gliedmaßen kalt werden und Lippe, Nase, Auge oder Braue sich verzerren und der Mensch weder hört noch sieht und nur noch schwach lebt – was auch immer von all diesem geschieht, es ist tödlich (r).

§. 30. Falls sich jedoch weder Anzeichen von Tod noch von Genesung in deutlicherer Form zeigen und der Kranke beginnt, sich ein wenig leichter zu fühlen ohne jedes Zeichen einer Krise, und falls der Harn roh wird oder wässrig oder sich rötlich färbt bei steigendem Fieber und ein leichter Husten hinzukommt, das Fieber in bestimmten Perioden mit Anfällen von Schüttelfrost zurückkehrt, morgendliche Schweißausbrüche den Kopf und die oberen Körperteile erfassen, die Zunge übermäßig dünn und rein und an der Spitze rötlich ist und im Urin eine fettige kleine Haut schwimmt und der Körper ganz allmählich verfällt, dann besteht ein nicht unberechtigter Verdacht, daß das faulige Fieber in ein schleichendes übergegangen ist, und zwar infolge einer Verlagerung in gewisse Eingeweide, vorwiegend in Leber und Lungen. Allgemein ist anzumerken, daß Fieber der bösartigen Gruppe bei einem Menschen, der länger überlebt, sich kaum auf andere Weise überstehen lassen als durch eine Verlagerung teils auf nervösem, teils auf materiellem Wege, oder daß sie durch ein langes sich Hinschleppen akuter Fieber den Menschen schließlich zugrunde richten. Zahllose Gelenkentzündungen, Geschwüre und chronische Ausschläge, Ausflüsse, Lähmungen, Zeichen geistiger Stumpfheit, Manien, Melancholien, Hypochondrien, sogar epileptische Anfälle, deren tiefere Ursachen man nicht herausfinden kann, nehmen ihre ersten Keimzellen sicherlich von einem bösartigen Fieber, das vormals wütete, und von einer unvollkommen abgeschlossenen Krise.

+ Es sei mir gestattet, einen denkwürdigen Fall eines fauligen Ausschlagfiebers anzufügen, verbunden mit einer außerordentlichen Abartigkeit des Schleims – man nennt den Schleim ‚glasig' – , einen Fall, der dem praktischen Erfahrungsschatz meines Lehrmeisters entnommen ist.

„Eine Frau von etwa 40 Jahren war seit einiger Zeit infolge vieler Kränkungen niedergeschlagen, und schweigsam und ängstlich verbarg sie tief in ihrer Brust den sich daraus ergebenden Unwillen und hegte dazu auch nachtragende Gefühle des Zorns. Im Sommer des Jahres 1773 erbrach sie einmal viel Galliges, am 16. November nahm sie einen bestimmten abführenden Aufguß ein, der bei ihr häufig den Stuhlgang anregte. Am darauffolgenden Tag befiel die Kranke ein heftiger Schauder, der von der vierten bis zur neunten Abendstunde andauerte. Dann begann sich am ganzen Körper eine Hitze zu entzünden, die ihre größte Kraft von eben dieser neunten bis zur zwölften Nachtstunde zeigte. Schon gerieten die Kräfte ein wenig ins Wanken, der Kopf und die Gelenke der Gliedmaßen schmerzten, auch im Oberbauch und im Bereich des Kreuzbeins setzte sich ein gewisser Schmerz fest,

(r) Hippokrates, Aphorismen, Teil 7, Aphorismus 73. Derselbe, Vorzeichen und Vorhersagen.

ex spasticis laborabant angustiis. Ea symptomata die 18vo Novembr. per vices rediere: die 19no ego de Venæsectione consultus sum. Scire autem convenit, sanguine admodum abundanti foeminæ novissime justo parcius fluxisse menstrua, qua propter permisi sanguinis missionem, licet alias minime facilis essem ad sanguinis profusiones in hujusmodi febribus; prolatum sanguinem parum seri exhibuisse, et cruori lividam crustam esse innatam, mihi denunciatum est. Die 20mo post inquietam noctem consueta febrilis invasio vespertinis horis rediit. Quum emetica abhorreret jam pridie propinatum est laxans sensim capiendum, idquot bene alvum duxit et aliquot vomitus movit. Die vigesimo primo ægrotam conveni, ea in primis vehementem in occipite dolorem accusavit, brachiorum articulos adhucdum dolor tenuit, pulsus parvus fuit et celeriusculus. In pectore collo et brachiis rubræ hinc inde petechiæ apparebant maculis istis a pulicum morsibus exortis, consimiles. Circa præcordia angustiæ hærebant, et abdomen multis turgebat flatibus. Cum autem hodie ægrota nullo permota medicamine biliosa evomuit, eam etiam atque etiam rogavi, velit demum periclitatæ vitæ suæ melius consulere, et implacabile adhuc in vomitoria deponere odium. Illa ægre obtemperans devoravit tandem emeticum quod multum biliosæ saburræ excussit; Nox parum attulit somni; Die 22$^{\underline{do}}$ versus meridiem et serius horrores subinde incidebant, quos Calor insequebatur capitis dolorem revocans. Nunc corpus petechiis scatebat, et crura stupor quidam tenebat; die 23$^{\underline{tio}}$ mihi relatum est, noctem fere omni somno orbam fuisse, dein hoc mane parum cruoris e naribus stillasse. Post meridiem foeminam contra morem suum loquacem inveni, facies intense rubebat, pulsus parvus erat et celer, caput denuo subitus invadebat dolor, et totum corpus aliquoties repentinis quatiebatur convulsionibus: Vesperi utrique pedi vesicans Emplastrum admotum est; Nox bona neque prorsus insomnis transacta. Die 24$^{\underline{to}}$ calorem inveni modicum, pulsum parvum et succelerem, oculi turbidi erant ac paullum inflammati, sermo pacatus, capitis dolor exiguus, et auditus aurium susurru ex parte impeditus. Fauces tenax mucus obsidebat, crebri screatus necessitatem faciens. Igitur syringæ ope in fauces injectiones fiebant, quibus multum muci emissum fuit. Stricta alvus clysmate ducebatur. Post solutam alvum meliuscula ægrota, somno tamen per noctem orba. Die XXVto remittebant et calor et flatulentia, ac ulcera cantharidibus excitata parum suppurabant. Die XXVI.to lingua purior, tussis rara sanguinisque e naribus profluvium. Orta quoque est levior quædam Dysuria, quam cepæ in lini oleo tostæ et superdatæ pubis regioni multum mitigarunt. Mucus fauces lacessens nocturnam turbavit quietem et crebras oris collutiones exegit. Die 27$^{\underline{mo}}$ Calor satis mitis, faucium

und die Herzgegend litt unter krampfartigen Verengungen. Diese Symptome kehrten am 18. November abwechselnd zurück. Am 19. wurde ich bezüglich eines Venenschnitts konsultiert. Man muß aber wissen, daß bei der Frau, die übermäßig reichlich Blut besaß, in jüngster Zeit die Monatsblutungen sparsamer als angemessen geflossen waren, weshalb ich einen Aderlaß erlaubte, obwohl ich sonst bei derartigen Fiebern im Hinblick auf Blutabschöpfungen alles andere als leichtfertig war; es wurde mir gemeldet, das entnommene Blut habe zu wenig Blutflüssigkeit aufgewiesen und auf dem geronnenen Blut sei eine bläuliche Kruste entstanden. Am 20. kehrte nach einer unruhigen Nacht der gewohnte fiebrige Anfall in den Abendstunden zurück. Da sie Brechmittel verabscheute, wurde ihr schon am Vortag ein langsam einzunehmendes Abführmittel zu trinken gegeben; dies führte den Stuhlgang gut ab und setzte etliche Male ein Erbrechen in Gang. Am 21. Tag besuchte ich die Kranke, sie klagte vor allem über einen heftigen Schmerz im Hinterkopf, der Schmerz in den Gelenken der Arme hielt noch an, der Puls war klein und ein wenig rascher. Auf Brust, Hals und Armen zeigten sich hier und da rote punktförmige Blutungen, ganz ähnlich den bekannten infolge von Flohstichen entstandenen Flecken. Beklemmungen um die Herzgegend hingen fest, und der Bauch war von vielen Blähungen geschwollen. Als aber die Kranke an diesem Tag, ohne von Medikamenten beeinflußt zu sein, Galliges erbrach, bat ich sie immer wieder, sie möge endlich besser für ihr gefährdetes Leben sorgen und ihre bis jetzt unversöhnliche Abneigung gegen Brechmittel ablegen. Widerwillig gehorchte sie und schluckte endlich ein Brechmittel, das eine Menge von galligem Ballast herausbeförderte. Die Nacht brachte zu wenig Schlaf; am 22. Tag traten gegen Mittag und später wiederholt Schauder ein, auf die eine Hitze folgte, die wiederum Kopfschmerz hervorrief. Nun wimmelte der Körper von punktförmigen Blutungen, und die Unterschenkel beherrschte eine gewisse Gefühllosigkeit. Am 23. Tag wurde mir berichtet, ihre Nacht sei fast jedes Schlafes beraubt gewesen; daraufhin sei an diesem Morgen ein wenig dickes Blut aus den Nasenlöchern getropft. Nachmittags fand ich die Frau, entgegen ihrer Gewohnheit, gesprächig vor, das Gesicht war intensiv gerötet, der Puls war klein und schnell, den Kopf befiel erneut ein plötzlicher Schmerz, und der ganze Körper wurde einige Male von unvermuteten Krämpfen geschüttelt. Am Abend wurde auf beide Füße ein blasenziehendes Pflaster aufgelegt. Die Nacht war gut und wurde nicht völlig schlaflos verbracht. Am 24. fand ich mäßige Hitze und einen kleinen, etwas beschleunigten Puls vor, die Augen waren trübe und leicht entzündet, das Sprechen ruhig, der Kopfschmerz gering, und das Hörvermögen teilweise durch einen Summton in den Ohren beeinträchtigt. Den Schlund belegte ein zäher Schleim, der ein häufiges Räuspern notwendig machte. Mit Hilfe eines Rohrs erfolgten daher Einspritzungen in den Schlund, wodurch viel Schleim herausgeholt worden ist. Mittels Klistier wurde der verschlossene Darm abgeführt. Nach Entleerung des Unterleibs ging es der Kranken etwas besser, trotzdem war sie die Nacht hindurch ohne Schlaf. Am 25. Tag ließen sowohl Hitze als auch Blähungen nach, und die Geschwüre, die von den aus Spanischen Fliegen gewonnenen Substanzen hervorgerufen waren, eiterten ein wenig. Am 26. Tag war die Zunge reiner, der Husten selten, und aus den Nasenlöchern floß Blut hervor. Auch stellten sich beim Wasserlassen leichtere Beschwerden ein, die in Leinöl geröstete und auf die Schamgegend gelegte Zwiebeln sehr milderten. Der den Schlund reizende Schleim störte die Nachtruhe und erforderte häufige Mundspülungen. Am 27. war die Hitze recht mild, die Rachenbeschwerden noch nicht behoben, das

molestiæ nondum discussæ, mictio difficilis, nox insomnis, alvus magis soluta, fæces liquidæ, et aliquoties cum tenesmo elisæ; Mane diei $28^{\underline{vi}}$ novum apparebat symptoma, siquidem ægrota de ingenti frigore in Ventriculo et intestinis querebatur. Post meridiem ipse adfui, supererat teste ægra, solo in ventriculo sensus istius frigoris. Cataplasmata emollientia superdata abdomini imminuebant frigus illud, sed excitabant sanguinis ad Caput impetum, fluxumque cruoris e naribus, quocirca omitti debuerunt. Tum vero et abdominales[1] spasmi præsto erant, et anxietates præcordiorum suspiria inducentes. Deglutita cum sono in ventriculum descendebant, perinde ac in vacuum quoddam Vas delaberentur. Loquela balbutiens[2], pulsus pomeridianis horis parvus, et minus celer quam vesperi, mictio primo difficilis postea minus impedita; nox una ex optimis. Die $29^{no}$ et nocte insequente morbus mitiorem indolem retinebat. At die $30^{\underline{mo}}$ omnia in pejus ruebant, namque ægrota balbutire et ingesta moleste deglutire coepit, brachia sæpe tremebant faucesque importuna titillatione lacessitæ a devorato quasi pipere urebantur. Subinde foemina in breves incidebat somnos, ac interdum a frigida aura sese afflari existimabat. Post meridiem sudor erupit primo exiguus dein vesperascente jam die largior. Querimoniæ de magni frigoris sensu in ventriculo iterum movebantur. Simul flatus in Ventriculo obmurmurarunt. Alvus tarda fuit. Mane diei 1mi Decembr. uti de frigore in Ventriculo sic etiam de frigoris sensu in sinistro brachio sinistroque pede querelæ erant, neque tamen pes aut brachium ad tactum frigebant, corpus tepido sudore irrorabatur, artusque crebra formicatio levesque convulsivi motus infestabant. Ipse ego hodie in collo & circa Claviculas ægrotæ albas miliares papulas conspexi. Nunc sonus in deglutiendo imminutus somnolenta ægra continue in dorso jacuit, palpebris per somnum haut penitus coeuntibus. Die 2do Dec. bonam noctem æque bonus dies insequebatur, cutis assiduo sudore, pedumque ulcera bono pure madebant, nox satis commoda. Die $3^{\underline{io}}$ ipse vidi ægrotam; sudor tepidus et foetens, alvus facilis, sermo minus impeditus. Cum hoc vesperi tum etiam hac nocte sensus istius frigoris molestias fecit. Die IVto foetidi sudores ubertim profluebant: Vespere ad ægrotam veni, auditus facilior videbatur, pulsus sub initio parvus et tardus erat, postea cum parvo celer fiebat. Nocturna quies ob incidentem tussim aliquoties turbata. Die $5^{\underline{to}}$ demum vera sensus frigoris caussa in conspectum prodiit, siquidem hoc mane magna copia glutinosæ pituitæ per iteratos vomitus ejiciebatur. Erat ea foetens, ex virore flava, gelatinæ instar tremulæ, et frigida ad tactum. Nunc præcordiis multum levaminis accidit, neque unquam internum rediit abdominis frigus. Die $6^{to}$ sudor modicus, tussis mitior, somnus parcus, appetitus exiguus, petechiæ fere nullæ. Die 7mo tussis tantum non desiit, viribus ita auctis ut ægrota per dimidiam horam extra lectum esse posset: nox placida. Die 8vo

---

[1]an**b**dominales [2]balbuties *(Schreibversehen)*

Harnlassen schwierig, die Nacht schlaflos, der Stuhlgang löste sich leichter, der Kot war flüssig und wurde einige Male, einhergehend mit Stuhldrang, entleert. Am Morgen des 28. trat ein neues Symptom auf, da die Kranke über gewaltige Kälte im Bauch und in den Gedärmen klagte. Am Nachmittag war ich selbst anwesend, nach Aussage der Kranken blieb allein noch im Magen das Gefühl besagter Kälte übrig. Aufweichende Breiumschläge, auf den Bauch gelegt, verringerten jene Kälte, erregten aber einen Drang des Blutes zum Kopf hin und reißendes Nasenbluten, deswegen mußten sie weggelassen werden. Daraufhin traten jedoch sowohl Bauchkrämpfe auf als auch Beklemmungen in der Herzgegend, die zu Keuchen führten. Hinuntergeschlucktes sank mit einem Geräusch in den Magen hinab, wie wenn es in ein leeres Gefäß hinabglitte. Die Sprechweise war ein Stammeln, der Puls in den Nachmittagsstunden klein und weniger schnell als am Abend, das Harnlassen zunächst schwierig, später weniger gehemmt; die Nacht eine der besten. Am 29. Tag und in der folgenden Nacht behielt die Krankheit ihre mildere Form bei. Aber am 30. Tag begann alles zum Schlimmeren abzustürzen, denn die Kranke fing an zu stammeln und die zugeführte Nahrung nur mit Mühe hinunterzuschlucken, die Arme zitterten oft, und der Schlund, gereizt durch einen lästigen Kitzel, brannte wie von verschlungenem Pfeffer. Ab und zu fiel die Frau in einen kurzen Schlaf und glaubte manchmal, ein kalter Luftstoß wehe sie an. Am Nachmittag brach Schweiß aus, zunächst gering, dann, als der Tag sich schon zum Abend neigte, recht ergiebig. Klagen über ein Gefühl großer Kälte im Magen wurden wiederum vorgebracht. Gleichzeitig brummelten Blähungen im Magen. Der Stuhlgang war träge. Am Morgen des 1. Dezembertages gab es Klagen wie über Kälte im Magen, so auch über ein Kältegefühl im linken Arm und im linken Fuß, aber dennoch waren Fuß oder Arm beim Berühren nicht kalt, der Körper war feucht von lauwarmem Schweiß, und häufiges Ameisenkribbeln und leichte krampfartige Bewegungen plagten die Gliedmaßen. Ich selbst habe an diesem Tag am Hals und um die Schlüsselbeine der Kranken herum weiße hirseartige Hautknötchen erblickt. Nun war das Geräusch beim Hinunterschlucken vermindert, die Kranke lag schläfrig dauernd auf dem Rücken, wobei sich die Augenlider während des Schlafes nicht ganz schlossen. Am 2. Dezember folgte auf eine gute Nacht ein gleich guter Tag, die Haut war von ständigem Schweiß, die Geschwüre an den Füßen von gutartigem Eiter feucht, die Nacht war recht angenehm. Am 3. Tag sah ich selbst die Kranke; der Schweiß war lauwarm und übelriechend, der Stuhlgang leicht, das Sprechen weniger gehemmt. Sowohl an diesem Tag als auch besonders in dieser Nacht verursachte das Gefühl besagter Kälte Beschwerden. Am 4. ergossen sich stinkende Schweißabsonderungen reichlich. Am Abend kam ich zu der Kranken, das Hörvermögen schien leichter zu sein, der Puls war zu Anfang klein und langsam, später wurde er schnell, blieb aber klein. Die Nachtruhe war wegen eines auftretenden Hustens einige Male gestört. Am 5. Tag schließlich kam die wahre Ursache des Kältegefühls zum Vorschein, da an diesem Morgen eine große Menge klebrigen Schleims durch wiederholtes Erbrechen ausgeworfen wurde. Diese war übelriechend, grünlich-gelb, wie zittrige Gelatine, und beim Berühren kalt. Nun trat in der Herzgegend eine erhebliche Erleichterung auf, und die innere Kälte des Bauches kehrte nicht mehr zurück. Am 6. Tag war der Schweißausbruch mäßig, der Husten milder, der Schlaf spärlich, der Appetit gering, punktförmige Blutungen gab es fast keine mehr. Am 7. Tag hörte der Husten fast auf, während die Kräfte so gestärkt waren, daß die Kranke sich eine halbe Stunde lang außerhalb des Bettes aufhalten konnte: Die Nacht war ruhig. Am

ipse vidi ægrotam pulsus fuit moderatus, sudor tepidus tussis rara, miliares pustulæ evanidæ. Febris magnas remissiones præstans, et in ipsa sua exacerbatione mitis, fauces doluere, et ingesta difficulter per gulam descenderunt. Decoctum Salviæ per Syringam in fauces injici jubebam, ob Febris quoque mitiorem indolem aliquid Vini multa aqua diluti permiseram. Cum alvus impedita esset, Clysma ex floribus Chamomillæ vulgaris, in aqua coctis additis sale communi et melle adhibendum erat. Die IX^mo ob frequentes ructus et foetentem oris halitum[1] laxans remedium porrigebatur; quoniam vero medicamenti effectus justo tardior erat, alvus clysmate ducebatur. Die X^mo soluta satis alvo Calor deferbuit; Discusso per dei gratiam tam ancipitis aleæ morbo, viribusque inter multum somnum, et magnam ad varias epulas cupiditatem[2] succrescentibus lætus demum ad valetudinem factus fuit recursus. Decoctum Chinatum cum Rheo et salibus basin curationis constituit.«

## § 31.

Quum itaque bina morbi genera, quorum nonnisi extremos caracteres delineandos mihi sumsi, fugaci oculo pervagamur, quoad essentiam discrepare invenimus. Summa subest caussarum efficientium, summa primordiorum, decursus, Symptomatum, exitusque diversitas, summum obtinet in Methodo medendi discrimen. Quæ enim adversus primum efficacissimum[3] præstat antidoton Venæsectio, virus[4] nocentissimi vices gerit in secundo; qui Phlogosin summo gradu exacuerent Vitrioli spiritus et cortex peruvianus, adversus Putredinem prodigia edunt.

Sed tantum abest ut Morbus alter alteri adversetur, ut potius in perniciem generis humani amicissime componantur, ex quo damnoso connubio tertium prosilit Morbi Monstrum, Febrem biliosam inflammatoriam appellant.

## § 32.

Febris[5] biliosa inflammatoria, dum[6] Sedes pectus potissimum habeat Pleuritidis biliosæ nomen vulgo gerere consuevit; medium quoddam tenet inter binos antecedentes ita ut inflammatorium principium putridum cohibeat, putridum contra inflammatorium infringat. Præterea anni tempora, tempestatesque sequitur. Quo propius ab Hyeme distat, eo luculentius Phlogosis prævalet, quo propius æstati accedit, eo latius Putredo dominium protendit, ut sub medio Cane in veram putridam degeneret, ut sub frigore[7] hyberno putridum genium plane exuat, et cum Rigore Ardentis simplicis invadat. Id quidem jam

---

[1] *evtl.* habitum [2] cupiditatem ~~sus~~ [3] effacissimum *(Schreibversehen)* [4] ~~Virxus~~ [virus] nocentissimi
[5] § Febris [6] inflammatoria, ~~ausus~~ dum [7] sub ~~rigidissima~~ frigore

8. Tag habe ich selbst die Kranke gesehen, der Puls war gemäßigt, der Schweiß lauwarm, der Husten selten, die hirseartigen Pusteln fast verschwunden. Das Fieber, das lange Phasen des Nachlassens aufwies, war selbst bei seiner Verschärfung noch milde, der Schlund schmerzte, und die zugeführte Nahrung wanderte nur schwer durch die Kehle hinab. Ich ließ einen Sud von Salbei durch ein Rohr in den Rachen injizieren, wegen der milderen Form des Fiebers hatte ich auch etwas Wein, verdünnt mit viel Wasser, erlaubt. Da der Stuhlgang gehemmt war, mußte ein Einlauf von den Blüten der gemeinen Kamille, die unter Zugabe von gewöhnlichem Salz und Honig in Wasser gekocht waren, angewendet werden. Am 9. Tag wurde wegen häufigen Aufstoßens und stinkendem Atem des Mundes ein abführendes Heilmittel gereicht; weil aber die Wirkung des Medikaments langsamer war als angemessen, wurde der Stuhlgang durch einen Einlauf herbeigeführt. Am 10. Tag gärte nach genügend lockerem Stuhlgang die Fieberhitze aus. Nachdem durch Gottes Gnade die Krankheit, deren Würfelspiel so schwankend ist, vertrieben worden war und die Kräfte bei viel Schlaf und großem Verlangen nach verschiedenen Speisen wieder gewachsen waren, erfolgte schließlich die glückliche Rückkehr zur Gesundheit. Abgekochte Chinarinde mit Rhabarber und Salzen schuf die Basis der Heilung."

§ 31.

Wenn wir daher die beiden Krankheitsarten, deren ausschließlich hervorstechendsten Eigenschaften zu skizzieren ich mir vorgenommen habe, mit flüchtigem Auge durchstreifen, finden wir, daß sie wesentlich voneinander abweichen. Zugrunde liegt ihnen eine sehr große Verschiedenheit der Wirkursachen, ebenso der Anfänge, des Verlaufs, der Symptome und des Ausgangs, ein sehr großer Unterschied besteht auch in der Heilmethode. Der Venenschnitt nämlich, der gegen die erste Fieberart das wirkungsvollste Gegenmittel bietet, spielt bei der zweiten Fieberart die Rolle eines äußerst schädlichen Giftes; Vitriolgeist und Chinarinde, die eine Entzündung in höchstem Maße verschärfen würden, wirken gegen Fäulnis Wunder.

Aber die eine Krankheit ist weit entfernt, der anderen entgegenzuwirken, vielmehr verbinden sie sich zum Verderben des Menschengeschlechts auf freundschaftlichste Weise miteinander, eine verhängnisvolle Vermählung, aus dem ein drittes Krankheitsungeheuer entspringt, man nennt es das gallig-entzündliche Fieber.

§ 32.

Da das gallig-entzündliche Fieber seinen Sitz hauptsächlich die Brust hat, pflegt es gewöhnlich den Namen gallige Brustfellentzündung zu führen; es nimmt eine gewisse Mittelstellung ein unter den beiden vorhergehenden Fieberarten in der Weise, daß das entzündliche Prinzip das faulige in Schranken hält, das faulige dagegen das entzündliche schwächt. Außerdem folgt es den Jahreszeiten und den Witterungsverhältnissen. Je geringer es vom Winter entfernt ist, desto stärker herrscht die Entzündung vor, je näher es an den Sommer heranrückt, desto weiter dehnt die Fäulnis ihren Herrschaftsbereich aus, so daß es mitten während der Hundstage zu einem echten fauligen Fieber ausartet und während der Winterkälte seinen fauligen Charakter ganz ablegt und mit der Kältestarre eines einfachen hitzigen Fiebers hereinbricht. Dies hat jedenfalls bereits der gött-

Divinus annuit Senex quum[1] pronunciasset, æstivos morbos hyemem succedentem solvere, hyemales æstatem succedaneam transmutare. (s) Idem mihi[2] fusissima experientia Archiatri D. Consbruch, quæ tanta est, ut universum genium morbi[3] complectatur, et pro mensura Epidemiæ regnantis accipi possit, abunde testatur.

§. 33.

Tantum quidem Febrium Inflammatoriobiliosarum est[4] dominium, ut vix nec nisi sub horridis Zonis ac inter rusticam gentem, cui præ omni mortalium genere firmioris Organismi, ac illæsæ sanitatis prærogativa concessa esse videtur, Simplicis ardentis vestigium se tibi offerat, vel Veteres ipsi (t) Hippocrates, Aretæeus, Alexander et Aurelianus nonnisi Pleuritides biliosas nobis tradiderint, ac symptomata gastrica ad Essentiam Inflammationis censuerint, ut ne ullum ipsius exemplum in urbe Stutgardtia se ostendisse, Medicus toties deprædicatus in Prælectionibus suis publicis sæpe numero fateri coactus fuerit. Mollities quidem atque Luxuria quæ Urbes populosas jam dudum suo subjecere imperio, et jam jam in ipsa Rura, pestilentialis instar contagii, proserpere incipiunt, fracto robore primarum viarum[5] Biliosos[6] morbos in corpora labefactata invitant, quo efficitur, ut qualescunque Morbi biliosum quid induant, et ipsa Inflammatio simplicissima in putridarum systema luxuriet.

§ 34.

Est quidem Pleuritis bilioso Inflammatoria Febris ardens continua, quæ prævio Algore, succedente Æstu consimili invadit cum præcordiorum angustiis, nausea, Vomituritionibus, lingua flavopituitosa, siti, tussi, respiratione difficili, dolore lateris pungitivo, inflato Ventre, alvi fluxu, pulsu duro, citatoque, capitis et membrorum dolore, et aliis; ac intra quatuordecim dies ad statum pertingit. Præcurrerat Lassitudo spontanea phlegmonoso-gravativa[7], dolores vagi per caput, pectus, abdomen et membra, appetitus dejectus, oris amarities, urinæ biliosæ, fæces liquidæ, flatulentia. Caussæ præcedentes in combinatione[8] singulari Bilis acrioris et superfluæ cum Plethora Vasorum consistunt, quæ Cholerica est temperies. Occasionales a Delictis circa Sex res non naturales epidemice commissis

(s) Vid. Hipp. de. Morbis popular. Lib. III. Ægr. XVI.
(t) Hippocr. d. Morbis. L. I. cap. XI. II. et locis innumeris.
Aretæus de Caus. et. Sign. T. acut. L. I. De Pleuritide.
Alexander Trall. L. VI. C. I. De Pleuritide.
Cælius Aurelianus. L. II. C. XIII. De passione pleuritica.

---

[1]qum *(Schreibversehen)* [2]Idem ⌈mihi⌉ fusissima [3]morbi ~~regnantis~~ complectatur [4]Inflamma-torio\biliosarum ⌈est⌉ dominium [5]viarum~~,~~ *(Komma gestr.)* [6]~~ad~~ Biliosos [7]phlegmonoso gravativa *(Bindestrich fehlt; vgl. korrekte Schreibung in § 3)* [8]præcedentes ~~consistant~~ in combinatione

liche Greis bestätigt, als er verkündete, daß die sommerlichen Krankheiten der folgende Winter behebe, die winterlichen der nachfolgende Sommer ändere. (s) Dasselbe bezeugt mir vollauf die überaus weitreichende Erfahrung des Leibarztes Dr. Consbruch, die so groß ist, daß sie das gesamte Wesen der Krankheit umfaßt und als Maßstab <für die Beurteilung> der herrschenden Volkskrankheit genommen werden kann.

§. 33.

So groß ist jedenfalls der Herrschaftsbereich der entzündlich-galligen Fieber, daß kaum und nur in schaurig kalten Klimazonen sowie in der Landbevölkerung, der anscheinend im Vergleich mit dem ganzen Menschengeschlecht das Privileg eines stärkeren Organismus und einer unversehrten Gesundheit zugestanden worden ist, sich die Spur eines einfachen hitzigen Fiebers darbietet, daß sogar selbst alte Autoren (t) – Hippokrates, Aretaeus, Alexander und Aurelian – uns lediglich gallige Brustfellentzündungen überliefert haben und die Ansicht vertraten, daß Symptome, die den Magen betreffen, zum Wesen der Entzündung gehören, so daß der schon so oft gerühmte Arzt in seinen öffentlichen Vorlesungen sich oftmals gezwungen sah zu gestehen, daß sich kein einziges Beispiel eben dieser <einfachen Entzündung> in der Stadt Stuttgart gezeigt habe. Verweichlichung jedenfalls und luxuriöse Lebensweise, die die bevölkerungsreichen Städte schon seit langem ihrer Herrschaft unterworfen haben und sich im Augenblick selbst in ländlichen Gegenden wie eine Pestansteckung vorwärts zu schleichen beginnen, laden infolge der gebrochenen Kraft der Hauptwege die galligen Krankheiten in die geschwächten Körper ein, wodurch bewirkt wird, daß alle möglichen Krankheiten sich etwas Galliges aneignen und daß selbst die einfachste Entzündung in die Gattung der fauligen Fieber ausartet.

§ 34.

Die gallig-entzündliche Brustfellerkrankung ist jedenfalls ein anhaltendes hitziges Fieber, das nach vorausgehendem Frostgefühl mit nachfolgender ganz ähnlicher Hitze hereinbricht, einhergehend mit Beklemmungen in der Herzgegend, Übelkeit, Brechreizen, gelblich-schleimiger Zunge, Durst, Husten, Atembeschwerden, schmerzhaftem Seitenstechen, Blähbauch, flüssigem Stuhlgang, hartem und beschleunigtem Puls, Kopf- und Gliederschmerz sowie mit anderem; und innerhalb von 14 Tagen erreicht es seinen Höhepunkt. Vorausgegangen war eine plötzlich aufgetretene, entzündlich-beschwerende Ermattung, die auf einer Entzündung beruhte, durch Kopf, Brust, Magen und Glieder umherziehende Schmerzen, Appetitlosigkeit, bitterer Geschmack im Mund, gallige Harnausscheidungen, flüssiger Stuhl, Neigung zu Blähungen. Die vorausgehenden Ursachen bestehen in einer einzigartigen Kombination von ziemlich scharfer und überfließender Galle mit einer Blutüberfülle der Gefäße, was dem cholerischen Temperament entspricht. Die auf Gelegenheiten beruhenden Ursachen sind

(s) Siehe Hippokrates, Über die weit verbreiteten Krankheiten. Buch 3, Kranker 16.

(t) Hippokrates, Über die Krankheiten, Buch 1, Kapitel 11, 12 und an unzähligen weiteren Stellen. Aretaeus, Über Ursachen und Symptome <der akuten und chronischen Krankheiten>, Bd. <Über die> akuten <Krankheiten>, Buch 1, Über die Brustfellentzündung. Alexander von Tralles, Buch 6, Kapitel 1, Über die Brustfellentzündung. Caelius Aurelianus, Buch 2, Kapitel 13, Über das Brustfellentzündungsleiden.

repetendæ. Quæri posset, an morbus biliosus Inflammationem demum tanquam Symptoma adsciscat, aut potius Inflammatorius Bilem ex consensu tandem concieat. Priori sententiæ complura favere videntur. Docet scilicet observatio, Bilis turgidæ symptomata agmen ducere in quæ inflammatoriæ demum incurrant. Eadem docet gastrica Symptomata, jam dudum suppressa Phlogosi, superesse, ut inflammatio non nisi Intercalare Symptoma[1] videatur. Quidquid sit, ad Pleuritidem inflammatorio- biliosam[2] hæc tria potissimum concurrunt. I$^{\underline{mo}}$ Bilis commotio. II$^{\underline{do}}$ Plethora. III$^{\underline{tio}}$ Sanguis phlogisticus. Quum enim acre Bilis irritamentum ad sanguinem delatum vasa sanguine turgida ultra modum exagitet, sanguis vero spissus jam per se ad Stases proclivis visciditatem adhuc ob immistam bilem mucosam contraxerit, non potest non ipsi exæstuato in ultimis arteriolis impedimentum obnasci, quod eodem lege, qua inflammationes[3] simplices progenuit, et biliosis ansam præbet. (u)

§ 35.

Pleuritidis bilioso inflammatoriæ decursus ad bina quibus constat principia compositus observatur. Falluntur, qui regularem inflammatorium Rhythmum in morbo expectant quem gastricæ turbæ confundunt; siquidem hic non stati Criseos termini servantur quales admirabamur in simplici phlogosi. Alvus plerumque fluxa, urina bile mucoque imprægnata,

(u) Egregie id Cous sua loquendi ratione: „Pleuritis oritur, quum cumulatæ et validæ potiones admodum occupaverint, a vino enim percalescit totum corpus, ac humectatur: potissimum vero bilis et pituita percalescit ac humectatur. Quum igitur his commotis ac humectatis temulentum sive sobrium Rigore corripi contingit, quippe quod latus corporis præcipue natura carne nudum sit, neque sit quicquam intus quod ipsi renitatur sed cavum sit, maxime rigorem sentit. Quumque riguerit tum caro quæ est in latere, tum venulæ contrahuntur et convelluntur, et quantum in ipsa carne aut in ejus venulis bilis inest ac pituitæ id magna ex parte, aut totum intro ad caliditatem propulsum carne extra condensata secernitur et ad latus impingitur, doloremque vehementem excitat et percalescit, propterque calorem ad se ex proximis venis et carnibus pituitam & bilem trahit.“ Hipp. de Morbis Libr. I. C. 11.

---

[1]Symptomat ~~t~~ [2]inlammtoriam**o**biliosam [3]inflamationes *(Schreibversehen)*

auf Verstöße gegen die ‚Sechs nicht natürlichen Dinge' zurückzuführen, die ‚epidemisch' begangen wurden. Man könnte fragen, ob die gallige Krankheit erst die Entzündung sich gleichsam als Symptom aneignet oder eher die entzündliche Krankheit die Galle schließlich konsensual anregt. Für die erstere Ansicht scheint mehreres zu sprechen. Es lehrt nämlich die Beobachtung, daß die Symptome einer anschwellenden Galle die Schlachtreihe anführen, zu denen die der entzündlichen Galle schließlich hinzukommen. Dieselbe Beobachtung lehrt, daß die den Magen betreffenden Symptome bestehen bleiben, wenn die Entzündung schon längst unterdrückt ist, so daß eine Entzündung lediglich ein dazwischen eingeschaltetes Symptom zu sein scheint. Was auch immer es sein mag, bei einer entzündlich-galligen Brustfellerkrankung kommen hauptsächlich drei Faktoren zusammen. 1. Erregung der Galle. 2. Blutüberfülle. 3. Entzündetes Blut. Wenn nämlich das ins Blut übertragene scharfe Reizmittel der Galle die vom Blut geschwollenen Gefäße übermäßig aufwühlt, das eingedickte Blut jedoch, das schon an sich zu Stockungen neigt, wegen der beigemischten schleimigen Galle mittlerweile eine klebrige Form angenommen hat, so muß zwangsläufig für dieses erhitzte Blut in den äußersten Arterien ein Hindernis entstehen, das nach derselben Gesetzmäßigkeit, nach der es einfache Entzündungen hervorgerufen hat, auch den galligen Krankheiten einen Ansatzpunkt bietet. (u)

## § 35.

Der Verlauf der gallig-entzündlichen Brustfellerkrankung richtet sich, so beobachtet man, nach den beiden Prinzipien, aus denen die Krankheit besteht. Es täuschen sich diejenigen, die eine regelmäßige Abfolge von Entzündungen bei der Krankheit erwarten, die Magenstörungen durcheinanderbringen; insofern werden hier nicht die für Krisen bestimmten Grenzen eingehalten, wie wir sie bei der einfachen Entzündung bestaunt haben. Der Stuhlgang ist meistens flüssig, der Harn mit Galle und Schleim durchsetzt,

(u) Dies <verdeutlicht> in der ihm eigenen Art der Formulierung hervorragend der Koer: „Eine Brustfellentzündung entsteht, wenn reichliche und starke Getränke ganz die Macht ergriffen haben, vom Wein nämlich erhitzt sich der ganze Körper und wird feucht; hauptsächlich aber erhitzt sich Galle und Schleim und wird feucht. Wenn es also, nachdem diese in Unruhe versetzt und durchfeuchtet sind, geschieht, daß ein Betrunkener oder ein Nüchterner von Kältestarre ergriffen wird, da ja die Seite des Körpers von Natur aus besonders fleischlos ist und nichts in ihr ist, was sich eben jener widersetzt, sondern sie gehaltlos ist, empfindet sie die Kälte sehr stark. Wenn sie von der Kältestarre befallen ist, so wird einerseits das Fleisch, das auf der Seite des Körpers ist, <zusammengezogen>, andererseits werden die kleinen Venen zusammengezogen und zusammengerissen, und was an Galle und Schleim im Fleisch selbst oder in den kleinen Venen ist, das wird zum großen Teil oder völlig, nachdem es nach innen zur Wärme hin getrieben wurde, abgesondert von dem Fleisch, das außen fest ist, und zur Seite des Körpers gedrängt, und es erregt starken Schmerz und erhitzt sich, und wegen der Wärme zieht es aus den nächstliegenden Venen und dem Fleisch Schleim und Galle auf sich." Hippokrates, Über die Krankheiten, Buch 1, Kapitel 11.

immaturi sudores, Tussis noctu præsertim excrucians sputa exscreat cruenta principio, bilioso mucosa, quæ successu temporis purulenta evadunt, pessimo præsagio dum sistantur. Insimul vagi spasmi per Corpus vagantur ut membra distendantur et mens commoveatur. Pulsus exacerbationibus adstrictus contractus „tangitur et durus, plenus nonnunquam, interdum gracilis; Interim Angustiæ præcordiorum ac pectoris magis urgere, homo jactari, pervigiliæ, somnus deliris turbulentus insomniis, Caput tussis ac Vomituum insultibus“ dolorose concussum, noctes gravissimæ. Generatim vero notandum, omnes Febres quæ biliosum quid in consortio habent luculentiores exhibere remissiones, ac Ardentes simpliciores quæ continenter fere infestantur.

## § 36.

Morbo ad Statum provoluto aut mors incidit aut Crises succedunt. Mors quidem insequitur, quum evanido dolore discruciante Spiratio gravior fiat, et quietior, et imus pulmo strepat, et membra rigeant, et pulsus minimus repat, et facies Hippocratica conspiciendam se præbeat. Sin vero remittentibus spasmis atque dolore, mente sibi constante, alvus cocta dejiciat, Urina sedimentum quoddam præcipitet, sudores critici emanent, si sputa cocta succedant, spiritus facilius ducatur, Venter mollescat, Præcordia laxentur, pulsus liberius fluctuet, somnus reficiat, facies clarescat, uno verbo si jam supra memoratorum signorum salubrium unum alterumve appareat[1], in vado rem esse præsagiemus.

Nonnunquam Critica ad cutem efflorescunt, nonnunquam spontaneis natura abscessibus sese exonerat. Sed nonnunquam in Organa nobiliora labes decumbit, hecticam febrem[2] accersens. Interdum Metastases ad Nervos contingunt, longo Syrmate materialium Suppuratione demum exhauriendæ.

## § 37.

Jam fugitivus Morbi adspectus sufficienter nos edocet, duplicem morbum duplicibus armis esse debellandum, methodo scilicet antiphlogistica cum Purgante et antiseptica combinata. Hinc Sanguinis missiones (v), Emetica, Catharrtica, refrigerantia, resolventia, et revulsoria. Cavendum vero ne violentiores Vomitus Hæmoptoen trahant, cum pulmo

(v) Sanguis, sub hoc morbo missus, Crustam refert flavam biliosam quin interdum viridiusculam, quam ipse observari. Cruor dissolutus.

[1] appareant, v in t vado [2] febrem adsciscens accersens

die Schweißausbrüche kommen zur Unzeit, ein vor allem nachts quälender Husten erzeugt am Anfang blutige Auswürfe, während gallig-schleimige, die sich im Laufe der Zeit zu eitrigen entwickeln, bei sehr schlechtem Vorzeichen zum Stillstand kommen. Gleichzeitig ziehen unbestimmte Krämpfe durch den Körper, so daß die Gliedmaßen auseinandergezogen werden und das Denkvermögen beeinträchtigt wird. Der durch die Verschärfungen angespannte Puls fühlt sich starr und hart an, manchmal voll, zwischenzeitlich dürftig. Unterdessen bedrängen zunehmend Beklemmungen im Bereich des Herzens und der Brust, der Mensch wälzt sich hin und her, hat durchwachte Nächte, der Schlaf wird durch wahnsinnige Träume beunruhigt, der Kopf durch Husten- und Brechanfälle schmerzhaft erschüttert, die Nächte sind sehr schlimm. Allgemein ist jedoch anzumerken, daß alle Fieber, die mit etwas Galligem in Gemeinschaft stehen, bedeutendere Phasen des Nachlassens aufweisen, genauso wie diejenigen einfacheren hitzigen Fieber, die fast andauernd bekämpft werden.

## § 36.

Wenn die Krankheit zu ihrem Höhepunkt vorgedrungen ist, tritt entweder der Tod ein oder Krisen schließen sich an. Der Tod jedenfalls folgt, wenn nach Verschwinden des peinigenden Schmerzes die Atmung schwerer wird und ruhiger, die Lunge in der Tiefe rasselt, die Gliedmaßen steif sind, der sehr kleine Puls schleicht und das ‚Hippokratische Gesicht' sich wahrnehmbar macht. Wenn aber, sobald die Krämpfe und der Schmerz nachlassen sowie das Denkvermögen bewahrt bleibt, der Stuhlgang Gekochtes hinauswirft, der Harn einen gewissen Bodensatz ablagert, zur Krise gehörende Schweißausbrüche austreten, wenn gekochte Auswürfe folgen, der Atem leichter geht, der Bauch weich wird, die Herzgegend sich lockert, der Puls freier schlägt, der Schlaf erholsam ist, das Gesicht sich aufhellt, mit einem Wort, wenn das eine oder andere der bereits oben erwähnten Anzeichen von Heilung in Erscheinung tritt, dann werden wir vorhersagen, daß die Lage in Sicherheit ist.

Manchmal erblühen auf der Haut Zeichen einer Krise, manchmal entlastet sich die Natur durch spontan auftretende Abszesse. Aber manchmal befällt das Unheil edlere Organe und ruft hektisches Fieber herbei. Bisweilen treten Verlagerungen hin zu den Nerven auf, die in einem sich lange hinschleppenden Prozeß durch Auseiterung von Stoffen sich schließlich erschöpfen.

## § 37.

Schon eine flüchtige Betrachtung der Krankheit belehrt uns zur Genüge, daß diese doppelte Krankheit mit doppelten Waffen niederzukämpfen ist, das heißt mit einer entzündungshemmenden Methode, kombiniert mit einem reinigenden und antiseptischen Verfahren. Daher sind Aderlässe (v), Brechmittel, reinigende, kühlende, auflösende und ableitende Mittel anzuwenden. Hüten muß man sich jedoch davor, daß allzu gewalttätige Brechanfälle das Aushusten von Blut nach sich ziehen, da gerade die Lunge von einer

(v) Das bei dieser Krankheit abgeleitete Blut bringt eine gelblich-gallige, ja manchmal sogar grünlichere Kruste hervor, die ich selbst beobachtet habe. Das Blut <unter der Kruste> ist aufgelöst.

adeo magna vi sanguinis obsessus sit, nec nisi tyrannus hominem sine urgente caussa per Vomitus hujusmodi discruciabit. Prudentis certe est medici cavere ne occidisse videatur quem servare non poterat. Vesicantia dum in binis præcedentibus morbis indicatissima fuerint, quidni in hoc, qui ex istis confluit? Sane ex Præceptoris mei testimonio mira et in hoc morbo præstiterunt. Diæta abhorreat a Carne et vino, vegetabilibus acquiescat.

§ 38.

Nolo præterire Inflammationes putridas gangrænosas aut epidemice grassantes, aut contagiose insidiantes, raro sporadice invadentes, jam sub Pleuritidis, jam Anginæ, Hepatitidis, (w) Gastritidisve specie sævientes, pessimi moris, acutissimique decursus, quarum larga messis est in Annalibus Observatorum. Ipsa ut plurimum, Dira Pestis, siquidem Priscis fides et Sydenhamo (x) harum censui annumeranda, qua etiam de caussa in tot devia duxit Diemerbroekium aliosque qui funesto errore Venæsectione aggressi sunt. Quin Variolæ, Morbilli, Febris Scarlatina, urticata, purpura rubra[1], Petechiæ etc, nil certe aliud sunt, quam Febres inflammatorio-miasmaticæ, aut inflammatorio-putridæ; Docuerunt enim Cadaverum inspectiones, non solam Cutem, sed totum tractum intestinorum, Hepar, Lien, Omentum, Mesenterium, quin Pulmones, pericardium, et Musculorum Interstitia maculas gangrænosas concepisse, ut ex innumeris inflammatiunculis Inflammatoria febris accensa fuerit, quæ vero ob citam inflammati sanguinis computrescentiam cito in gangrænam abscesserat. Id ipsum fatale inflammationis cum putredine connubium Malignitatem harum febrium præcipue constituit, dum Indicationes quasi collidant, et quæ uni malo infringendo conducerent, in pejus alterum vertant. Quid quæso artium Saluberrimæ in Morbis relinquitur in quibus non agendo negligit, agendo depravat?

⌉2)⌉ (x) Sydenh. De Peste Londinensi.
⌉1)⌉ (w) Brendel. De Hemitritæo.

---

[1] rubræ (*Schreibversehen?*)

großen Blutmenge besetzt ist, und nur ein Tyrann wird einen Menschen ohne dringenden Grund durch derartiges Erbrechen martern. Aufgabe eines klugen Arztes ist es sicherlich, sich zu hüten, den Anschein zu erwecken, er habe jemanden getötet, den er nicht retten konnte. Da bei den beiden vorhergehenden Krankheiten jeweils blasenziehende Mittel sehr angezeigt waren, warum nicht bei dieser Krankheit, die sich aus den besagten Krankheiten zusammensetzt? Tatsächlich haben sie nach dem Zeugnis meines Lehrmeisters auch bei dieser Krankheit Wunderbares geleistet. Die Ernährung soll vor Fleisch und Wein zurückschrecken, sie soll sich mit pflanzlichen Nahrungsmitteln begnügen.

§ 38.

Nicht übergehen will ich faulige Entzündungen brandiger Art, die entweder epidemisch grassieren oder durch Ansteckung auflauern, selten sporadisch auftreten, bald in der Erscheinungsform einer Brustfellentzündung, bald einer Angina,
Hepatitis (w) oder Gastritis wüten, die von der schlimmsten Art sind und den akutesten Verlauf haben, deren Ernte in den Geschichtsbüchern von Beobachtern reichhaltig ist. Selbst die grausame Pest ist, sofern man den altehrwürdigen Autoren und Sydenham (x) Glauben schenkt, zumeist der Gruppe dieser Entzündungen zuzurechnen, weswegen sie auch Diemerbroeck und andere, die infolge eines tödlichen Irrtums die Krankheit durch Venenschnitt angingen, auf so viele Abwege führte. Ja sogar Pocken, Masern, Scharlachfieber, Nesselfieber, roter Friesel, Fieber mit Neigung zu punktförmigen Blutungen usw. sind sicherlich nichts anderes als entzündlich-miasmatische oder entzündlich-faulige Fieber; Leichenuntersuchungen nämlich haben gelehrt, daß nicht nur die Haut, sondern der gesamte Trakt der Eingeweide, Leber, Milz, Netz, Dünndarmgekröse, sogar Lungenflügel, Herzbeutel und Muskelzwischengewebe von brandigen Flecken befallen worden sind, so daß aus zahllosen geringfügigen Entzündungen ein entzündliches Fieber entfacht worden ist, das aber wegen des raschen Fäulnisprozesses des entzündeten Blutes schnell in Brand übergegangen war. Eben diese verhängnisvolle Vermählung von Entzündung und Fäulnis macht vor allem die Bösartigkeit dieser Fieberarten aus, während die Heilanzeigen gewissermaßen aufeinanderprallen und diejenigen, die zur Schwächung des einen Übels führen würden, ein anderes verschlimmern würden. Was bleibt, so frage ich, der heilbringendsten der Künste im Fall von Krankheiten übrig, bei denen sie sich durch Nichteingreifen der Nachlässigkeit schuldig macht, durch Eingreifen aber den Zustand verschlechtert?

(w) Brendel, Über das halbdreitägige Fieber.
(x) Sydenham, Über die Londoner Seuche.

# FIEBERSCHRIFT

# ANMERKUNGEN

## *Überlieferung*

*H: Biblioteka Jagiellońska Kraków (Krakau), bis 1945 Preußische Staatsbibliothek Berlin (26 Blätter, 19 × 22,6 cm). Sign.:* Ms. germ. qrt. 1017. *1) Schuber 23 × 26,5 cm, braun memorierte Pappe mit grauem Lederrücken und Aufschrift von fremder Hand:* SCHILLER / de / discrimine / febrium / 1780 / nebst 2 bezügl. / Schriftstücke // 2 Briefe / Schillers über seine / Flucht / 1782. *2) In dem Schuber ein fadengebundenes Heft, beschriftet:* Schiller. De discrimine febrium. 1780. *16 Blätter gefaltet und gebunden zu 32 Heftblättern, also zu 64 Seiten 19 × 22,6 cm, gerипptes Papier. Wasserzeichen: Posthorn in gekröntem Schild mit angehängter Glockenmarke, darunter C & I Honig. S. 1–2 nicht beschrieben; S. 3 Titel und Verfasser:* De / Discrimine / Febrium inflammatoriarum et putridarum // Tractatio // Auctore Joh. Christ. Frid. Schiller M. C°. / 1780.*; S. 4 nicht beschrieben; S. 5–57: Text der Dissertation; S. 58–64 nicht beschrieben; Bl. 2–29 von fremder Hand oben rechts mit Bleistift numeriert* 1–28.

## *Lesarten/Fußnoten*

*Die in den – die Lesarten wiedergebenden – Fußnoten verwendeten Schriftarten und Zeichen:*

| | |
|---|---|
| kursiv | *Editortext* |
| \|abc\| | *in der Zeile ergänzt* |
| ⌈abc⌉ | *über der Zeile ergänzt* |
| ⌉abc⌉ | *am linken Rand ergänzt* |
| ~~abc~~ | *gestrichen* |
| a**o** | *a in o verbessert* |
| abc ~~efg~~ | *Streichung vor Niederschrift des nächsten Wortes* |

*Die mit Buchstaben (a), (b) etc. gekennzeichneten Anmerkungen hat Schiller fast stets mit durchgehenden waagrechten Strichen vom Haupttext und von einzelnen Anmerkungen getrennt. Die Wiedergabe dieser Striche ist in der vorliegenden Transkription nicht vorgenommen worden.*

## *Erläuterungen*

*Vorbemerkung: Bereits 2004 erschien in der fünfbändigen Schillerausgabe des Hanser-Verlags eine von Irmgard Müller und Christian Schulze besorgte neue Textausgabe der lateinischen* Tractatio de discrimine febrium inflammatoriarum et putridarum *mit deutscher Übertragung.*[1] *Ein von Norbert Oellers vorgenommener genauer Vergleich dieses gegenüber älteren Ausgaben (u. a. der Schiller-Nationalausgabe [NA] Bd 22, 31–62) deutlich verbesserten lateinischen Textes mit der Krakauer Handschrift, der einzig erhaltenen Textgrundlage (von*

---

[1] *Schiller 2004, Bd 5, 1055–1147. Der 2005 erschienene Bd 10 der Berliner Schiller-Ausgabe (Sämtliche Werke, bearbeitet von Barthold Pelzer; Aufbau Verlag) bietet demgegenüber (S. 34–65) nur einen Nachdruck des bereits 1958 erschienenen Textes der Natonalausgabe, Bd 22, S. 31–62.*

*Schillers Hand, vermutlich eine Abschrift der Reinschrift oder deren Vorlage), führte nochmals zu einigen Korrekturen.*[1] *Außerdem wurde für den vorliegenden Band eine aus philologischer und medizinhistorischer Sicht exaktere Übersetzung geplant, die der Bonner Neulatinist Karl August Neuhausen (1939–2017) in Angriff nahm, aber leider nicht mehr vollenden konnte. Der hier vorgelegte deutsche Text basiert auf einer vorläufigen Fassung Neuhausens von 2017, die von der Neulatinistin Astrid Steiner-Weber und dem Medizinhistoriker Daniel Schäfer durchgesehen wurde. Die erwähnte Ausgabe des Hanser-Verlags bietet außerdem in ihrem Anhang eine ausführliche Kommentierung der Fieberschrift*[2] *sowie Hinweise zu Schillers medizinischen Quellen, zur Forschungsliteratur, zur sprachlichen Gestaltung der Schrift und zur lateinischen Textkonstitution, auf die ausdrücklich verwiesen wird. Die hier folgende medizinhistorische Einleitung sowie Kommentierung einzelner Textpassagen durch Daniel Schäfer sollen demgegenüber das Textverständnis vertiefen und die Arbeit von Müller und Schulze bezüglich des Forschungsstandes aktualisieren. Das abschließende Glossar von Astrid Steiner-Weber schlüsselt den besonderen neulateinischen Wortschatz der Fieberschrift auf.*

*Entstehung im historischen Kontext: Nach Ablehnung einer ersten Prüfschrift „Philosophie der Physiologie“*[3] *im Jahr 1779 mußte der 20jährige Schiller als Kandidat der Medizin ein weiteres Jahr an der Stuttgarter Karlsakademie verbringen.*[4] *Dieses nutzte er zur Abfassung zweier weiterer Abschlußarbeiten, von denen die letzte (*Versuch über den Zusammenhang der thierischen Natur des Menschen mit seiner geistigen[5]*) angenommen wurde und Ende*

---

[1] *§ 5* admodum *statt* ad modum; *§ 8* principilem *(Schreibversehen für* principialem*) statt* principitem*; § 15* suppuratione *und* suppuraverit *statt* soppuratione *und* soppuraverit*; § 16* oxymelle *statt* oxymele*; § 18* gangraenosa *statt* grangraenosa; quin *statt* qui*; § 19* anomaliam *statt* anomliam*; § 22* foetis *statt* foeti, computrescit *statt* cum putrescit*; § 27:* Adjungantur *statt* Subjungantur*;* antiputridinosa *statt* antiputredinosa*; § 28:* oppressæ *statt* opressae; propullulante *statt* propullante*;* crasin *statt* erosin*; § 30:* suppurabant *statt* soppurabant*;* halitum *statt* habitum*; § 33 (Fußnote t):* XII *statt* XV*;* Caelius *statt* Coelius*; § 36 (wie § 15):* suppuratione *statt* soppuratione*; ferner kleinere Änderungen bei den Satzzeichen und der Groß- und Kleinschreibung; außerdem werden die von Schiller auf verschiedene Weise hervorgehobenen Wörter auch unterschiedlich markiert.*

[2] *Schiller 2004, Bd 5, 1314–1341; vgl. auch die knappen Hinweise in NA 22, 353–358.*

[3] *Nur fragmentarisch erhalten, s. NA 20, 10–29.*

[4] *Nach Alt 2000 (S. 138f., 165, ohne Beleg) betraf diese Maßnahme nicht nur Schiller, sondern (zunächst) auch alle anderen (also auch die erfolgreichen) Absolventen der Medizinischen Abteilung, da deren nachfolgende „praktische Weiterqualifikation“ an Stuttgarter Spitälern noch nicht geklärt war. Auch der erste Versuch des Mitschülers Friedrich von Hoven (s. S. 68, Anm. 3) wurde 1779 nicht angenommen. Als einziger des Jahrgangs konnte Immanuel Gottlieb Elwert (ebd.) die Militärakademie bereits im März 1780 verlassen. Möglicherweise steht die Verlängerung um ein Jahr auch in Zusammenhang mit der Ende 1779 noch nicht geklärten Frage, ob die examinierten Kandidaten mit ihrer Prüfschrift auch zum Doctor medicinae promoviert werden könnten; vgl. NA 41 II B, 203f. (zu Nr 179).*

[5] *NA 20, 37–75; NA 41 II B, 233f. (zu Nr 150).*

*1780 im Druck erschien; die mutmaßlich vorher*[1] *eingereichte lateinische* Tractatio *über die Unterscheidung der Fieberarten wurde hingegen am 13. und letztlich am 17. 11. 1780 von Schillers Lehrern Christian Gottlieb Reuß, Johann Friedrich Consbruch und Christian Konrad Klein aus sachlich nachvollziehbaren Gründen abgelehnt.*[2] *Neben Ergänzungsbedarf bei der Darstellung der zwei Hauptarten (entzündliches und galliges Fieber) monierten die Prüfer vor allem die zu kurz gekommene Untersuchung zweier weiterer, erst gegen Ende angesprochener Unterarten (gallig-entzündliches Fieber, §§ 32–37, und gallig-brandiges Fieber, § 38). Aus heutiger Sicht fällt in der Tat auf, daß die* Tractatio *abrupt mit der aporetischen Frage endet, wie Medizin in einer aussichtslosen Lage agieren könne, ohne dem Patienten zu schaden. Dies erweckt den Anschein, als hätte der Kandidat in der Tat nicht genügend Zeit*[3] *oder Motivation gehabt, die Frage der Therapie gallig-brandiger Fieber noch auszuführen, wirkt aber darüber hinaus aus Sicht der damaligen ärztlichen Pflichtenlehre wie eine Mißachtung der Heilkunst. Passend zu dieser Deutung erlaubte sich Schiller auch an anderen Stellen auffallend kritische Töne gegenüber sonst hochgeschätzten Autoritäten, insbesondere gegenüber dem englischen Epidemie-Experten und Neohippokratiker Thomas Sydenham (§§ 2, 27).*[4] *Ausdrücklich rügten die Prüfer in diesem Zusammenhang (§ 2) Schillers „Verteidigung" der Krankheitsmaterie (*per se hostilis non est*), die der Eleve mit einer Kritik an der „heilenden Natur" verband: Eigentliche Ursache für den Ausbruch der Entzündung sei nicht der pathogene Stoff, sondern die darauf blind reagierende Natur. Mit diesem zu seiner Zeit (und noch in der heutigen Immunologie) hochaktuellen Ansatz, daß Natur auch fehlerhaft sein oder Krankheit erzeugen kann und deshalb korrigiert werden muß*[5]*, widerspricht Schiller nicht nur Sydenham, sondern indirekt auch Hippokrates, dem gerade im 18. Jahrhundert die Lehre von der Heilkraft der Natur*[6] *häufig in den Mund gelegt wurde.*

*Einordnung in das zeitgenössische Schrifttum: Vergleicht man Schillers Fieberschrift mit vielen anderen, oft dürftigen medizinischen Abschlußarbeiten des späten 18. Jahrhunderts, so wirkt sie eher überdurchschnittlich, nicht nur im Blick auf Umfang und sprachliche Gestaltung*

---

[1]*Nach Alt 2000 (S. 177) am 1. 11. 1780; vgl. auch NA 41 II B, 233 (zu Nr 149). Die Gutachten zu beiden Prüfschriften wurden nahezu gleichzeitig erstellt, für De discrimine am 13. 11. 1780 (NA 41 II A, 176f.; Nr 149.1), für den Zusammenhang am 16. 11. 1780 (NA 41 II A, 178–80; Nr 150.2).*

[2]*Abdruck der Gutachten vom 13. 11. und 17. 11. 1780 in NA 41 II A, 176f. (Nr 149.1) und NA 41 II A, 177f. (Nr 149.4). Schillers Fieberschrift wurde am 17. 11. 1780 endgültig für einen Druck verworfen, nachdem einen Tag zuvor seine dritte Arbeit* Versuch über den Zusammenhang […] *angenommen worden war (s. NA 41 II A, 178–80; Nr 150.2).*

[3]*Vgl. Gutachten vom 17. 11. 1780: „[…] da der Verfasser, wie man überall bemerken kann, wenig Zeit auf die Verfertigung dieser Schrifft verwant […]"; NA 41 II A, 177f. (Nr 149.4).*

[4]*Entsprechend distanziert sich Schiller in § 19 von typischen epidemischen Einflußfaktoren, die Sydenham in den Mittelpunkt stellt. – Bereits in dem Gutachten seines Lehrers Consbruch vom 27. 10. 1779 zur ersten Prüfschrift* Philosophie der Physiologie *wurde Schiller hinsichtlich seiner Autoritäten-Kritik aufgefordert: „doch muss ein junger Arzt gegen den verdienstvollen Haller eine gelindere Sprache führen"; NA 41 II A, 141 (Nr 129.1).*

[5]*Vgl. Schäfer 2012.*

[6]*Vgl. Neuburger (1926), 59–126; zu Schiller ebd., 117.*

*(s. u.), sondern durchaus auch inhaltlich und hinsichtlich der selbständigen Gestaltung und des Einbezugs wissenschaftlicher Literatur.*[1] *Aber im Vergleich mit anderen „Prüfschriften" der Hohen Karlsschule, die mit einem neuen Ausbildungsprogramm im Geist der Aufklärung vielen traditionellen, vor allem süddeutschen Universitäten den Rang ablief*[2], *ragt Schillers Arbeit keineswegs heraus. Der Kandidat gehörte zum ersten Jahrgang der 1775/76 eingerichteten medizinischen Abteilung der Militärakademie, doch im Gegensatz zu ihm konnten seine Mitschüler Theodor Plieninger und Emanuel Gottlieb Elwert 1779 als erste (von bis 1794 insgesamt 182) Absolventen der Medizinischen Abteilung oder Fakultät die Ausbildung mit umfangreichen lateinischen Dissertationen, an die zumindest quantitativ keine von Schillers Arbeiten heranreicht, formal beenden.*[3] *Inhaltlich bot das nosologisch ausgesprochen anspruchsvolle Fieberthema allerdings auch – angesichts der damals schon überbordenden Fachliteratur – mehr Fallstricke, da niemals alle Aspekte dargestellt werden konnten und bestimmte Konzepte zugunsten anderer mißachtet werden mußten.*[4] *Durch dieses Dickicht kämpfte sich der*

---

[1] *Immer noch wurden viele pro-gradu-Dissertationen an Universitäten von den prüfenden Professoren (mit-)verfaßt. Es überrascht daher nicht, daß Schiller mehrere Kasuistiken aus den Aufzeichnungen seines Lehrers Consbruch umfänglich zitiert (vgl. seinen Hinweis im Vorwort sowie §§ 17 und 30). Ferner ist zu vermuten, daß von Consbruchs Seite auch die Themenstellung erfolgte oder zumindest angeraten wurde, denn dieser wurde selbst mit einer Fieberschrift unter Philipp Friedrich Gmelin promoviert (De febribus malignis, Tübingen: [Erhard], 1759), und ein weiterer Lehrer Consbruchs, Johann Gottfried Brendel, verfaßte verschiedene, von Schiller in der* Tractatio *zitierte Fieberschriften.*

[2] *Vgl. Quarthal 1988.*

[3] *Emanuel Gottlieb Elvert [!]: Dissertatio medico-diaetetica de vitae ratione hominis naturae convenientissima generalia quaedam exhibens. Stuttgardiae: Cotta, 3. 12. 1779 (86 S.); Theodor Plieninger: Dissertatio medica de praecipuis delirorum causis eorumque medela generalia quaedam exhibens. Stuttgardiae: Cotta, 6. 12. 1779 (69 S.). Schiller trat bei den mündlichen Verteidigungen der beiden Mitstudenten als Opponent auf; vgl. NA 41 II A, 145 (Nr 130.2) und NA 41 II A, 149 (Nr 130.4). Trotz der erfolgreichen Verteidigungen ihrer Arbeiten mußten beide ein weiteres Jahr an der Militärakademie verbringen. – Alle drei lateinischen Texte (Plieningers, Elwerts und Schillers) behandeln damals konventionelle Themen der Medizin, die* deutschsprachigen *dagegen Themen aus dem in der Karlsschule favorisierten Grenzgebiet zwischen Medizin und Philosophie, so auch die zweite Prüfschrift von Schillers Freund Friederich Wilhelm von Hoven: Versuch über die Wichtigkeit der dunklen Vorstellungen in der Theorie von den Empfindungen. Stuttgart: Mäntler, 1780 (66 S.). Schillers zeitgleich erschienene Abschlußarbeit (Versuch über den Zusammenhang […]) umfaßt demgegenüber im Druck nur 44 Seiten.*

[4] *Nach Herman Boerhaave ist die Natur des Fiebers außerordentlich schwer zu bestimmen. „Würde man zwanzig Ärzte fragen, so erführe man zwanzig verschiedene Meinungen über das Fieber." (Praxis medica sive commentarium in aphorismos Hermani Boerhaave de cognoscendis et curandis morbis. Utrecht: Petrus Muntenda, $^{4}$1745, Bd III, 6, §§ 559f.; zitiert nach Probst 1972, 30). – Ein Vergleich mit der sieben Jahre früher entstandenen, im Titel fast identischen Studie von William Fordyce (1777), die Schiller gekannt haben könnte (die deutsche Übertragung war 1774 in Leipzig erschienen), zeigt exemplarisch, wie verschieden das Thema behandelt werden konnte.*

*Kandidat mit einer verhältnismäßig klaren Gliederung (jeweils Ätiologie/Pathogenese, Krankheitszeichen, klinischer Verlauf, Therapie der angesprochenen Arten sowie deren Unterschiede; vgl. § 31) fleißig, doch eben nicht gründlich genug hindurch.*

*Inhaltliche Bezüge zur medizinischen Ausbildung: Bei sorgfältiger Lektüre wird deutlich, daß Schiller trotz seiner kritischen Töne in vielen Punkten unmittelbar an das Programm der Militärakademie anknüpfte:*

- *Fokus auf die Praxis: Schiller betont mehrfach ihre Bedeutung für den ärztlichen Beruf; schon im Vorwort wertet er demgegenüber die Theorie als leer* (inanis) *ab, polemisiert gegen „Labyrinthe der Irrtümer" in den Lehrbüchern (§ 2) und ergänzt seine Fieberlehre regelmäßig mit Kasuistiken aus der Praxis. Medizinischen Unterricht unmittelbar am Krankenbett, wie er im 18. Jahrhundert ausgehend von Herman Boerhaave in Leiden in Europa allmählich Fuß faßte, gab es an der Militärakademie – wie an den meisten deutschen Universitäten um 1780 – regulär anscheinend noch nicht, wohl aber eine hausinterne Krankenstation, wo Eleven der Medizin sich als Wärter in der Krankenbeobachtung üben konnten.*[1] *Ferner zog der häufig erwähnte* praeceptor *Johann Friedrich Consbruch als Spiritus Rector der Medizinischen Abteilung regelmäßig im Unterricht*[2] *Beispiele aus seiner Praxis heran. Schiller entnahm dessen Aufzeichnungen zwei Fälle von Fieberkrankheit (§§ 17, 30), darunter auch den sehr umfangreichen einer vierzigjährigen Frau aus dem Jahr 1773.*[3]
- *Relevanz der Medizingeschichte für die gegenwärtige Medizin: Schiller zitiert für einen Medizinkandidaten des späten 18. Jahrhunderts überdurchschnittlich häufig historische Quellen, insbesondere aus der Antike. Während er Texte der letzten 150 Jahre teilweise kritisch kommentiert (s. o.), zieht er ausgewählte Passagen aus dem* Corpus Hippocraticum *(darunter sogar eine Kasuistik, § 17) sowie römischer und byzantinischer Autoren als aktuell gültige Belege heran, was an die Autoritätengläubigkeit früherer Epochen erinnert. Hinter dieser erstaunlichen Präferenz verbirgt sich weniger Schillers Neigung zu Geschichte als vielmehr der umfangreiche medizinhistorische Unterricht*

---

[1] cognitio ad lectos ægrorum*; Vorwort der* Tractatio. *– Neben dem Leiden und Sterben seines Freundes August von Hoven im Juni 1779, das Schiller als Besucher miterlebte und in der Fieberschrift skizzierte (§ 23), sind die Krankenberichte über den Kommilitonen Joseph Friedrich Grammont (NA 22), die fünf fortgeschrittene Schüler der Medizinischen Abteilungen als Wärter in der Krankenstube im Juni und Juli 1780 verfaßten, ein eindrückliches Zeugnis für den Versuch, auch praktische Akzente in der medizinischen Ausbildung zu etablieren – zumindest in dem Jahr 1780, das für Schillers Jahrgang eine Wartezeit bis zum endgültigen Abschluß der Ausbildung bedeutete (vgl. S. 66, Anm. 4).*

[2] *Consbruch las den überlieferten Unterrichtslisten und Lehrankündigungen der Jahre 1776 bis 1778 zufolge Medizingeschichte, Arzneigeschichte (NA 41 II A, 89–93, Nr 87), Physiologie, Pathologie (NA 41 II A, 104f.; Nr 96), Semiotik, Therapie und Spezielle Pathologie (NA 41 II A, 118f.; Nr 109).*

[3] *Müller und Schulze vermuteten hinter dieser Patientin Schillers Mutter (Schiller 2004, Bd 5, 1318). Dagegen spricht, daß in der gedruckten Quelle (Consbruch 1778, S. 55–59) die Frau näher als „Wirtenbergici pagi Enzwayhingen incola" gekennzeichnet wird; Schillers Mutter lebte jedoch 1766–1775 in Ludwigsburg.*

*an der Medizinakademie: Medizinhistorische Thesen des Lehrers Consbruch mußten schon 1776 von den Schülern der Abteilung, darunter auch Schiller, verteidigt werden; der Umfang des vorangegangenen Unterrichts (ca 150 Stunden) war beträchtlich.*[1] *Mit Schillers Lust am antiken Zitat*[2] *verbindet sich in der* Tractatio *aber auch eine inhaltliche Nähe zur antiken Medizin, nicht nur zur (neo-)hippokratischen Semiotik und Praxis der Krankenbeobachtung in Epidemien (s. o. zu Sydenham), sondern auch zur hippokratisch-galenistischen Humoralpathologie als pathographischem Fundament.*[3] *Blut und Galle als die zentralen Substrate der skizzierten Fieberpathologie sind zwei der vier Hauptsäfte, deren (Fehl-)Mischung (*krasis/temperies, *beeinflußt von Konstitution, Umwelt und Lebensweise einschließlich der Emotionen) über Gesundheit und Krankheit entscheidet. Schiller tradiert unkritisch wichtige Grundzüge der hippokratischen Krankheitslehre. Demnach wird rohe Krankheitsmaterie (z. B.* Contagium, Miasma*) von der Natur durch einen Gärungs- oder Kochprozeß (*pepsis/coctio*), der zur Wärmeentwicklung bei Fieber paßt, so modifiziert, daß sie im Prozeß der „Entscheidung" (*krisis/iudicatio*) z. B. als Eiter konzentriert und über Hautekzeme, Sputum, Urin, Kot etc. ausgeschieden oder „entschäumt" („*despumatus*") werden kann; diese natürlichen Prozesse sollen von der Medizin durch Aderlaß, Purgierung und künstliche Anregung der Eiterung unterstützt werden, um Ablagerungen der Materie an anderem Ort („*metastasis*") und deren chronische Folgen („*cancer, scirrhus*") möglichst zu verhindern.*

- *Eklektizistische Auswahl aktueller Theorien: Daß dieser Hippokratismus von mechanischen und chemischen Konzepten zur Fieberpathologie teilweise überlagert wird, paßt sehr gut zum Eklektizismus, der an der Stuttgarter Einrichtung gelehrt wurde.*[4] *Der Einfluß von Herman Boerhaaves empirischem iatrochemisch-mechanischen Ansatz wird besonders beim im 18. Jahrhundert boomenden Plethora-Konzept (§ 7) deutlich, also der Annahme, daß durch lokale oder generelle Blutfülle das Gleichgewicht zwischen Blutfluß/-druck und Widerstand der Blutgefäße gestört sei und dieser Vorgang eine wichtige Reizursache (*stimulus*) für die Entzündungsreaktion bilde.*[5] *Hingegen wird der einseitige Psychodynamismus Georg Ernst Stahls zumindest in der* Tractatio *deutlich abgelehnt (§§ 2, 8) und dessen Hallenser Kollege Friedrich Hoffmann gar nicht erst erwähnt – alles korrespondie-*

---

[1] *NA 41 II A, 98–101 (Nr 90.3); Kommentar in NA 41 II B, 167–169, sowie bei Schäfer/Neuhausen 2014. In den* Theses ex historia medicinae *kommen neben Hippokrates auch Aretaeus und Caelius Aurelianus, die Schiller in seiner Fieberschrift zitiert, zur Sprache.*

[2] *Neben den Zitationen medizinischer Autoren der Antike, die vermutlich weitgehend der elfbändigen Ausgabe Albrecht von Hallers (1769–1774) entnommen wurden, und einem modifizierten Vergil-Zitat (§ 22; vgl. Aeneis VI 625–627) macht Schiller an mehreren Stellen stilistische Anleihen bei römischen Dichtern (s. Kommentar).*

[3] *Vgl. Dewhurst/Reeves 1978, 245.*

[4] *Consbruch kritisiert in den medizinhistorischen* Theses *(wie Anm. 1) zahlreiche Irrtümer der Medizin (Nr IV) sowie die „verfälschten Systeme" der Gegenwart (Nr V) und rät daher zu einem vorsichtigen* Eclecticum agere *(Nr VII). – Vgl. entsprechende Deutungen der Fieberschrift bei Dewhurst/Reeves 1978, 242–49 und Schiller 2004, Bd 5, 1319–22.*

[5] *Herman Boerhaave, Aphorismi de cognoscendis et curandis morbis. Paris: Cavelier, 1745, S. 25f. (§ 106).*

*rend zu Consbruchs Thesen.*[1] *Auffällig ist lediglich, daß Schiller den von Consbruch verehrten Albrecht von Haller übergeht.*[2] *Gleichwohl wird das von Haller und Consbruchs Lehrer Brendel vertretene System der frühen neuropathischen (oder neuralpathologischen) Schule in die Fieberlehre integriert (z. B. in §§ 20, 24) und damit der wechselseitigen Beziehung zwischen Psychologie und Physiologie, die an der Militärakademie häufig thematisiert wurde, Rechnung getragen.*

- *Therapeutischer Konsens: Wenig verwunderlich übernimmt der in der Krankenbehandlung unerfahrene Schiller auch weitestgehend die Vorstellungen seiner Lehrer zur Therapie: Abgestimmt auf Fiebertyp (§ 1), Konstitution und wechselnde Symptomatik der Patienten sollten die von der Krankheitsmaterie verunreinigten Säfte durch ableitende Therapien (Erbrechen, Abführen, Schwitzen, Eiterprovokation, Aderlaß) entlastet und letztlich in der Krisis gereinigt werden. Besonderer Wert wurde anscheinend in Stuttgart auf die Fortsetzung dieser ableitenden Therapie bei protrahierten Verläufen gelegt; beim galligen Fieber beschreibt Schiller diese Option (§ 26); beim entzündlichen bleibt sie (wohl versehentlich) unerwähnt, was die Prüfer ihm in ihrem ersten Gutachten anlasteten.*[3]

*Eigenständiges: Angesichts dieser zahlreichen Bezüge der Tractatio zur zeitgenössischen Medizin und zur an der Militärakademie vertretenen Lehre, die vor allem dem im medizinischen Kanon fest verankerten Thema zuzuschreiben sind, stellt sich die Frage nach einem eigenständigen Beitrag Schillers, der für eine wissenschaftliche Abschlußarbeit aus heutiger Sicht unabdingbar ist. In der Frühen Neuzeit war jedoch Originalität über weite Strecken, jedenfalls bis zum Ende der Ausbildung, kein Gütezeichen. Selbst am Ende des 18. Jahrhunderts, als unter dem Einfluß der Aufklärung und der sich entwickelnden naturwissenschaftlichen Forschung neue Ergebnisse begierig aufgegriffen wurden,*[4] *blieb in der Medizin die Darstellung des Bewährten die Regel. Bei aller Fortschrittlichkeit galt dies auch für die immer noch im Aufbau begriffene Stuttgarter Militärakademie, deren medizinische Lehrer wissenschaftlich nicht sonderlich produktiv waren.*[5]

*Trotzdem hebt sich Schillers Prüfschrift von vielen anderen medizinischen Texten durchaus ab; zunächst an einzelnen Stellen durch kritische Bemerkungen über Personen und Lehren (s. o.) oder durch eine Bemerkung über die Natur der Dinge („deren Ordnung nicht so ist, wie wir sie uns in unseren Büchern zurechtlegen"; § 2), die – trotz aller Natur-Kritik – auf den Natur-Kult des „Sturm und Drang" verweisen; das nachfolgende Zitat aus dem „Hamlet" erinnert deutlich an die Shakespeare-Verehrung dieser literarischen Epoche. Vor allem unterscheidet sich aber die* Tractatio *in Sprache und Stil von der meist nüchternen, sprachlich einfacher verfaßten medizinischen Fachprosa der Zeit. Statt hippokratisch-apho-*

---

[1] *Zu Boerhaave s. Consbruch (wie S. 70, Anm. 1), S. 126, Th. XXXIII („seltenes Beispiel analytischer, theoretischer und praktischer Beobachtungskraft"); zu Stahl ebd., Th. XXXI f.*

[2] *Vgl. S. 67, Anm. 3, und Consbruch (wie S. 70, Anm. 1), Th. XXXV, XXXVII.*

[3] *Vgl. S. 67, Anm. 1.*

[4] *Vgl. unter diesem Aspekt Schillers Exkurs zur Blutgerinnung in § 13, der neueste Literatur von Moscati und Hewson referiert.*

[5] *Quarthal 1984, 51. – Auf die breiten Pfade akademischer Publizistik weisen beispielsweise auch die Titel der Prüfschriften von Schillers Kommilitonen hin (s. S. 68, Anm. 3), die sich auf Allgemeindarstellungen beschränkten.*

*ristischer Kürze und Klarheit, wie sie sein Lehrer Consbruch beispielsweise in der zitierten Kasuistik (§ 30) pflegt, nutzt Schiller seinen exquisiten neulateinischen Wortschatz, seine syntaktischen Fähigkeiten und seine Kenntnis in antiker Dichtung aus, um Krankheit und Tod auf vielfältige Weise zu personifizieren und zu dramatisieren.*[1] *Der Patient wird zum militärischen Schlachtfeld und die Krankheit zum heimtückischen Gegner oder Monstrum (§ 31), ihr Ausgang sogar zur Tragödie (*larva, *§ 19;* syrma, *§§ 30, 36) stilisiert. Auch unabhängig von den in der Forschung beschriebenen Bezügen zu dem poetischen Frühwerk*[2] *entwirft der dichtende und philosophierende Arzt Schiller mitten im fachlichen Diskurs Bilder von Mensch und Natur, die beide unvollkommen sind, leiden und der Hilfe bedürfen.*

## *Zitierte und weiterführende Literatur*


*Alt, Peter-André: Schiller. Leben – Werk – Zeit. Eine Biographie. Bd 1, 1759–1791. München: Beck, 2000, bes. S. 172–177.*

*Consbruch, Johann Friedrich: De foemina quadam ex febre putrida petechiali laborante, atque in ea singulari sensu frigoris in ventriculo et intestinis afflicta, in: Nova acta physico-medica Academiae Caesareae Leopoldino-Carolinae, Bd 6 (1778), S. 55–62 (Observatio XII, missa 14. 5. 1774).*

*Dewhurst, Kenneth/Reeves, Nigel: Friedrich Schiller. Medicine, Psychology and Literature. Oxford: Sandford 1978, bes. S. 203–251.*

*Fordyce, William: A new inquiry into the causes, symptoms, and cure of putrid and inflammatory fevers; with an appendix on the hectic fewer, and on the ulceratic and malignant sore throat. 4London: Cadall, Murray, Davenhill, 1777.*

*Gebhardt, Werner: Die Schüler der Hohen Karlsschule. Ein biographisches Lexikon. Stuttgart: Kohlhammer, 2011.*

*Haller, Albrecht von: Artis medicae principes: Hippocrates, Aretaeus, Alexander, Aurelianus, Celsus, Rhazis [sic]. 11 Bde, Lausanne: F. Grasset et socios, 1769–1774 (Bde 1–4: Hippocrates; Bd 5: Aretaeus; Bde 6–7: Alexander Trallianus; Rhazes; Bde 8–9: Celsus; Bde 10–11: Caelius Aurelianus).*

*Külken, Thomas: Fieberkonzepte in der Geschichte der Medizin. Heidelberg: Ewald Fischer, 1985.*

*Neuburger, Max: Die Lehre von der Heilkraft der Natur im Wandel der Zeiten. Stuttgart: Ferdinand Enke, 1926.*

*Probst, Christian: Der Weg des ärztlichen Erkennens am Krankenbett. Herman Boerhaave und die ältere medizinische Schule. Wiesbaden: Franz Steiner, 1972.*

*Quarthal, Franz: Die „Hohe Carlsschule“, in: Christoph Jamme (Hrsg.): „O Fürstin der Heimath! Glükliches Stutgard“: Politik, Kultur und Gesellschaft im deutschen Südwesten um 1800. Stuttgart: Klett-Cotta, 1988 (Deutscher Idealismus 15), S. 35–54.*

*Robert, Jörg: Vor der Klassik: Die Ästhetik Schillers zwischen Karlsschule und Kant-Rezeption. Berlin/Boston: De Gruyter, 2011, bes. S. 55–80.*


[1] *Ausführlich von Müller und Schulze dargestellt (Schiller 2004, 1322–1324).*

[2] *Robert 2011, 80–88; Robert 2013; Schuller 1994.*

*Robert, Jörg: Der Arzt als Detektiv. Fieberwissen und Intrige im Geisterseher, in: Robert, Jörg (Hrsg.): „Ein Aggregat von Bruchstücken". Fragment und Fragmentarismus im Werk Friedrich Schillers. Würzburg: Könighausen & Neumann, 2013, S. 113–134.*

*Schäfer, Daniel: Krankheit und Natur. Historische Anmerkungen zu einem aktuellen Thema, in: Markus Rothhaar, Andreas Frewer (Hrsg.): Das Gesunde, das Kranke und die Medizinethik. Moralische Implikationen des Krankheitsbegriffs. Stuttgart: Franz Steiner, 2012, S. 15–31 (Geschichte und Philosophie der Medizin, Bd 12).*

*Schäfer, Daniel/Neuhausen, Karl August: Schiller und die Medizingeschichte. Sudhoffs Archiv 98 (2014), S. 76–90.*

*Schuller, Marianne: Körper. Fieber. Räuber. Medizinischer Diskurs und literarische Figur beim jungen Schiller, in: Wolfgang Groddeck, Ulrich Stadler (Hrsg.): Physiognomie und Pathognomie. Zur literarischen Darstellung von Individualität. Festschrift für Karl Pestalozzi zum 65. Geburtstag. Berlin: De Gruyter, 1994, S. 153–168.*

*Theopold, Wilhelm: Der Herzog und die Heilkunst. Die Medizin an der Hohen Carlsschule zu Stuttgart. Köln: Deutscher Ärzte-Verlag, 1967.*

*Sutermeister, Hans Martin: Schiller als Arzt. Ein Beitrag zur Geschichte der psychosomatischen Forschung. Bern: Paul Haupt, 1955 (Berner Beiträge zur Geschichte der Medizin und der Naturwissenschaften, Bd 13).*

*Wagner, Heinrich: Geschichte der Hohen Carlsschule. 2 Bde, Würzburg: Etlinger, 1856/57.*

*Werner, Bernd: Der Arzt Friedrich Schiller oder Wie die Medizin den Dichter formte. Würzburg: Könighausen&Neumann, 2012, bes. S. 109–138.*

## *Erläuterungen*

**61,4** Meister] antistes: *Leiter einer Kultgemeinschaft, antikisierender Ehrentitel („Oberpriester"); in der Medizin des 18. Jahrhunderts ungebräuchlich.*

**61,7** Ökonomie der Krankheiten] *„oeconomia corporis" benutzt der Arzt François Ranchin bereits 1627 im Sinne von „Wohlgeordnetsein des Körpers", so auch bei Schiller* Oeconomiam Coctionum *(§ 8);* oeconomia morborum *oder* febris *(§ 8) erinnert – neben der natürlichen Ordnung der (Patho-)Physiologie – vor allem an die nosologisch-taxonomische Unterteilung der Fieber, die Schiller im Anschluß an Sydenham u. a. vertritt (vgl. Robert 2011, 65–70).*

**61,11** Geschichtsbüchern] annalibus *(wörtl.: Jahrbücher; vgl. auch § 38) ist Terminus technicus der Historiographie, nicht der Medizin; die intendierte Bedeutung ‚Fachliteratur aus vergangenen Jahren' verweist auf Schillers medizinhistorischen Zugang zu dem Thema (s. o.); vgl. auch Robert (2013), 119.*

**61,19–20** akademischen Krankenhaus] *Krankenstation der Militärakademie zur Versorgung kranker Schüler, im Unterschied zu den herkömmlichen Hospitälern in Stuttgart und anderswo, die vor allem chronisch Kranke und Hilfsbedürftige aller Art beherbergten.*

**61,20–22** dank der *bis* Krankheiten] *Hinter dem pietätvollen Hinweis auf die göttliche Vorsehung könnte sich auch subtil-ironische Kritik an der Order des Herzogs verbergen, die Schiller und seinen Kollegen ein weiteres Jahr des Studiums auf der Krankenstation aufgebürdet hatte: Wenn dort* nur sehr selten auftretende[n] und sehr milde verlaufende[n] Krankheiten *zu beobachten waren, war dieses Jahr aus pädagogischer Sicht sinnlos.*

**61,26** Schultern] *Seit dem Hochmittelalter beliebter Demutstopos der Wissenschaft (Bernard de Chartres, überliefert von John of Salisbury, Metalogicon 3, 4, 46: „nos esse quasi nanos gigantum umeris insidentes"), der neben dem Respekt für die Tradition, auf der sie fußt, die zwar geringen, aber das bisherige Wissen übersteigenden Erkenntnisse hervorhebt.*
**61,27** Grundriß beider Krankheiten] ichnographia *ist seit Vitruv in der Fachsprache der Architektur beheimatet, wird in Medizin und Naturwissenschaften des 18. Jahrhunderts selten verwendet (z. B. Johann Samuel Carl: Ichnographia praxeos clinicae. Büdingen: Regelein, 1722). Verweist wie* oeconomia *auf die zeitgenössische nosologisch-taxonomische Unterteilung der Fieber.*
**61,29** Lehrling] *Marcus Tullius* Tiro *war – als Sklave und später Freigelassener – Sekretär Ciceros; sein hier adjektivisch eingesetztes Cognomen bedeutete ursprünglich Rekrut (z. B. in einer Gladiatorenschule oder beim Militär), ein (versteckt kritischer?) Hinweis auf Schillers Stellung an der Militärakademie.*
**63,13–14** gegensätzliches Heilverfahren] *Bei akuten Krankheiten war es üblich, den nach dem Schema der Humoralpathologie krankhaft vermehrten Saft bzw. die zugehörigen Qualitäten (z. B. ‚warm-feuchtes' Blut) durch Entzug des Überflüssigen oder durch Stärkung des Entgegengesetzten (‚kalt-trockene' schwarze Galle) auszugleichen und so eine Balance (Eukrasie) der vier Säfte wiederherzustellen. Das im 19. Jahrhundert gebräuchliche ‚Contraria contrariis' ist in diesem Prinzip schon fest verankert.*
**63,18** gemäß dem Gesetz der Natur] *Zentraler Begriff der Jurisprudenz (‚Naturrecht'), in der Schiller 1774/75 zunächst ausgebildet wurde. Betont zusammen mit* caracteres *den ontologischen Status der Fieberkrankheiten und deren nosologische Abgrenzung untereinander.*
**63,35** Seelenkräfte] *Die* Vires animales *werden im 18. Jahrhundert* überwiegend mit den nachfolgend erwähnten *Seelen-/Nervengeistern* (Spiritus animales) *gleichgesetzt oder sind deren Wirkungen (*actiones; *vgl. §§ 9, 18). Grundsätzlich werden im neuzeitlichen Galenismus ‚Spiritus naturales', ‚vitales' und ‚animales' unterschieden und den Kardinalorganen Leber/Darm (Ernährung), Lunge/Herz/Blut (Atmung, Kreislauf) und Gehirn/Nerven (Sensibilität, Bewegung) zugeordnet.*
**63,36** widernatürlichen Reizes] *Schiller benutzt mit* praeternaturalis *den traditionellen galenistischen Begriff, der Krankheit oder einen krankhaften Affekt als ‚gegen die Natur gerichtet' beschreibt (vgl. § 23; auch wenn der Autor sich nachfolgend von diesem Konzept löst und die Reaktion der Natur als das eigentlich Pathologische bezeichnet).* Stimulus *greift dagegen ein verhältnismäßig neues Konzept Herman Boerhaaves auf (vgl. S. 70, Anm. 5), das physiologische und pathologische Reaktionen des Organismus generell auf Reize (‚stimuli') unterschiedlichster Art zurückführt. Nach der neuralpathologischen Schule (Brendel, Cullen, Haller), die an der Stuttgarter Militärakademie rezipiert wurde, werden solche Reiz-Reaktions-Ketten regelmäßig über Nerven (in Schillers Terminologie: Seelengeister) vermittelt.*
**63,39** reizbaren Fasern] irritabiles *zitiert das Irritabilitäts-Konzept Francis Glissons und Albrecht von Hallers, demzufolge lebende Gewebe, insbesondere Muskeln, die Eigenschaft haben, auf Reize zu reagieren, z. B. indem sie sich zusammenziehen.*
**63,41** *FN (a)* Sydenham] *Thomas Sydenham: Opera medica. Genf: De Tournes, 1769, Bd 1, sect. 1, cap. 1 (De morbis acutis in genere), S. 19f.: „Morbum […] nihil esse aliud quàm Naturæ comamen, materiæ morbificæ exterminationem, in aegri salute omni ope molientis. […] verum tamen cùm sibi relicta vel nimio opera satagendo, vel etiam sibi deficiendo hominem letho dat."*

**65,3** Körpermaschine] *Verweist auf das von René Descartes und der von ihm abhängigen iatromechanischen Schule entwickelte Maschinenmodell des menschlichen Organismus.*
**65,5** Miasma] *Insbesondere Thomas Sydenham griff den Miasma-Begriff (‚krankheitsverbreitender Schmutz'; bei Schiller auch zu* myasma *pseudogräzisiert) der hippokratischen Medizin auf, demzufolge eingeatmete ‚verschmutzte' Luft Ursache für Volkskrankheiten ist. Miasmata stammen nach neuzeitlichen Vorstellungen häufig von Sümpfen, Kadavern oder verdorbenen Lebensmitteln, sind jedoch von Kontagien und der zugehörigen Ansteckung von Mensch zu Mensch (s. u.) zu unterscheiden. Beide sind jedoch Krankheitsmaterie (materia morbosa) oder können zu ihrer Bildung beitragen.*
**65,12** Abschäumen] *Vorgang nach der Krise am Ende des Kochungsprozesses, korrespondierend zu ‚Aufwallen' (ebullitio/ebullare; §§ 8, 20): Durch Erhitzen oder Fermentation werden Produkte dieser Prozesse frei, die die Flüssigkeit zum Schäumen bringen; beim Abkühlen oder nach Abschluß der Gärung werden vom Körper mit dem Schaum Krankheitsstoffe (‚Unreinigkeiten') vom Körper entfernt (de-spumatio); vgl. Johann Jacob Wojt: Gazophylacium medico-physicum [...]. Leipzig: Lankisch, 1709, S. 271.*
**65,15** verbannt *bis* Verbannung des Stoffes] proscripta materia *wird gelegentlich in medizinischen Schriften (z. B. bei Philipp Grülingen: Florilegii hippocrateo-galeno-chymici novi [...] editio tertia. Leipzig: Frommann, 1665, S. 67) als Ausdruck für von Natur oder ärztlicher Kunst beseitigte Krankheitsmaterie verwendet, vielleicht metaphorisch im Anschluß an den Begriff des Römischen Rechts für einen öffentlich bekanntgegebenen ‚Einzug' von Gütern (Proskription).*
**65,25** natürlichen Rhythmus] *In der frühneuzeitlichen Medizin meist nur für Atmung und Herztätigkeit/Puls benutzt, hier dagegen für alle Lebensvorgänge; ebenso bei Ludolphus Stenhuys: Dissertatio medico-chirurgico-practica inauguralis, de hæmorrhagiis in genere. Groningen: Hajo Spandaw, 1753, S. 33.*
**65,29** über die natürlichen Wege] *Übliche Bezeichnung für Ausscheidung durch Harn und Stuhl, evtl. auch durch Schweiß, Auswurf und Erbrechen.*
**65,38** Labyrinthe der Irrtümer] *In der Frühen Neuzeit meist im theologischen Kontext benutzt (vgl. auch Petrarca, Epistolae familiares VIII, 8); vielleicht dezenter Verweis auf Theophrastus von Hohenheim (Paracelsus), Labyrinthus medicorum errantium. Hannover: Antonius, 1599.*
**65,41–42** Da gibt es *bis* Philosophie.] *Leicht verändertes Zitat aus William Shakespeare, Hamlet I, 5 („There are more things in heaven and earth, Horatio, Than are dreamt of in your philosophy"). Die deutsche Übertragung von Wieland, die Schiller kannte, verzichtet auf den Komparativ („Es giebt Sachen im Himmel und auf Erden, wovon sich unsre Philosophie nichts träumen läßt").*
**67,6–7** verletzten Funktionen] *Die Einschränkung einer normalen Eigenschaft oder Fähigkeit des Körpers (‚functio laesa') gilt seit Anfang des 19. Jahrhunderts als fünftes ‚klassisches' Kennzeichen der lokalen Entzündung (neben den von Celsus genannten vier: Schmerz, Schwellung, Wärme, Rötung; vgl. Heinrich Callisen: System der neueren Chirurgie: zum öffentlichen und Privatgebrauche. Bd 1, $^{4}$Kopenhagen: Callisen, 1822, S. 498). ‚Functiones laesae' sind in der frühneuzeitlichen allgemeinen Pathologie (z. B. bei Felix Platter oder Herman Boerhaave) geläufige Begriffe. Doch erst 1785 gibt William Cullen in seiner Nosologie unter „Pyrexiae" („Morbi febriles acutorum") als generelle Symptomatik von Fiebern an: „Post horrorem pulsus frequens, calor major, plures functiones laesae, viribus praesertim*

*artuum imminutis" (The works of William Cullen. Bd I, Edinburgh: Blackwood, 1827, S. 245).*

**67,16** Ursachen] *In der Ätiologie des 18. Jahrhunderts wurden (prä-)disponierende – langfristig* vorausgehende *im Sinne von ‚ursprünglichen' (*primitivae, *§ 8),* entfernten *(*remotae, *§ 12), obligat vorliegenden – Krankheitsursachen deutlich von zufällig dazutretenden, variablen* Gelegenheitsursachen *im Sinne von spontanen Krankheitsauslösern (vgl. § 6) unterschieden.*

**67,20** Blutüberfülle] *plenitudo ist nach Zedler, Bd 28 (1741), 803, das lateinische Synonym zu griech. plethora (s. §§ 4f.).*

**67,22** Körperverrichtungen] *Entsprechend der Unterteilung der Kräfte (*vires*) und Geister (*spiritus*; s. o.* ***63,35*** Seelenkräfte*) unterscheidet die Medizin des 18. Jahrhunderts auch natürliche, vitale und nervenbedingte ‚Handlungen' des Körpers (actiones/functiones naturales, vitales, animales; vgl. § 9).*

**67,35** durch Kochung verdauen] *Mit coctio (im Verb* concoquunt *enthalten) wird nicht nur der Vorgang der Aufbereitung von Krankheitsmaterie, sondern auch der normale, aus galenistischer Sicht wärmebedürftige Prozeß der Verdauung aufgenommener Nahrung bezeichnet.*

**67,35** schlaffen Körper] *Schiller greift mit* laxum *die (vor allem von Herman Boerhaave und der iatromechanischen Schule aufgegriffene) Unterscheidung der antiken Methodiker zwischen einem ‚Status strictus' (angespannter Zustand des Körpers) und einem ‚Status laxus' auf – beide Zustände prädisponieren zu Krankheiten; die Plethora setzt ein angespanntes Gewebe voraus (s. u. § 5), die Fettsucht ein schlaffes.*

**69,30** Rückgang der Milch] *Bezieht sich auf die Laktation bei stillenden Frauen.*

**69,30–31** ‚idiopathische' *bis* ‚konsensuale'] *Wie auch sonst in der Medizin des 18. Jahrhunderts vertreten, unterscheidet die Fieberschrift zwischen Krankheiten bzw. Symptomen, die nur innerhalb eines bestimmten Organs* (idiopathicus), *und solchen, die infolge des Einflusses benachbarter oder auch weit entfernter Organe entstehen oder sich auswirken* (consensualis/consensus *oder die Gräzismen* sympathicus/sympathia; *vgl. §§ 9, 23, 25, 34*).

**69,32** lokale Blutüberfülle] *Im zeitgenössischen Plethorakonzept werden partielle/lokale Stauungen in einzelnen Organen von universalen, den ganzen Körper erfassenden unterschieden; vgl. §§ 11f.*

**69,34–35** ‚Genius epidemicus'] *Begriff aus der Fieberlehre Thomas Sydenhams; dient der Charakterisierung bestimmter Fieberepidemien, die durch Miasmen lokal und temporär verschieden ausgelöst und beeinflußt werden und sich dadurch voneinander unterscheiden (vgl. § 32).*

**69,39–40** Symptomatische Entzündungen] *Entzündungsvorgänge, die nur Symptom eines den gesamten Körper betreffenden Grundleidens sind. Ansonsten ist ‚Entzündung' (genauso wie ‚Fieber') im Sprachgebrauch des 18. Jahrhunderts eine Krankheit sui generis.*

**69,41** Zündstoffe] *Aus Natur oder Technik (fomes: Zunder) abgeleitetes Metonym, das zum einen eine direkte Entzündungsursache (Krankheitsmaterie; vgl. §§ 17, 25, 28), zum anderen einen verstärkenden und beschleunigenden Faktor im Körperinneren für von außen eindringende Kontagien oder Miasmen umschreibt.*

**71,14** Boerhaave] *Zur Person s. Personenregister. Zum Stimulus-Konzept vgl. auch* ***63,36*** widernatürlichen Reizes.

**71,17** den größeren Teil der Kräfte] *Nerval vermittelte Seelenkräfte (s. o.* ***63,35****), die für den Antrieb der Herzfunktion verantwortlich sind.*
**73,9** Mischung] temperies *(s. a. § 34) oder griech.* crasis *(§ 28) sind Leitbegriffe aus der galenistischen Säftelehre, geben häufig eine individuelle angeborene Konstitution (Temperament) an, gelegentlich aber auch die konkret bei einer Krankheit vorliegende (Fehl-)Mischung (eigentlich Intemperies/Dyskrasie).*
**73,15–16** Lebenskraft *bis* erhöht ist] *Die* vis vitalis *repräsentiert die von den Spiritus vitales (s.* ***63,35*** Seelenkräfte) *vermittelte Herz-Kreislauf-Funktion.*
**73,17–18** entzündlichen Fiebers] *Der Gräzismus* phlogistica *ist primär ein Synonym zu* inflammatoria, *weist aber zugleich auf eien spezielle Phlogiston-Theorie des unmittelbar nachfolgend erwähnten Georg Ernst Stahl hin (vgl. Schiller 2004, 1335f.); ihr zufolge müßte sich der entzündliche Stoff in einer chemischen Reaktion verbrauchen und nicht vermehren. Allerdings erwähnt Schiller im folgenden unkritisch selbst das Phlogiston als* inflammabili principio *(§ 8) und* ignem fixum/fluidum *(§ 13).*
**73,22** *FN (c)* Sydenham] *Thomas Sydenham, Opera medica. Genf: De Tournes, 1769, Bd 1, sect. 1, cap. 5 (Febres Intermittentes Annorum 1661, 62, 63, 64), S. 46: „Et quidem ad exhorrescentiam quod attinet [...] ego illam exinde oriundam arbitror, quòd materia Febrilis, quæ nondum turgescens à massa sanguinea utcunque assimilate fuerat, jam tandem non solùm inutilis, verùm & inimica naturæ facta, illam exagitat quodammodo atque lacessit, ex quo fit, ut naturali quodam sensu irritate & quasi fugam molita, rigorem in corpore excitet atque horrorem, aversationis suæ teftem & indicem. Eodem plane modo, quo potions purgantes à delicatulis assumptæ, aut etiam toxica incautè deglutita, horrores statim inferred solent, aliaque id genus symptomata."*
**73,24** *FN (c)* assimiliert] *Wörtlich* ‚ähnlich macht'*; im medizinischen Kontext geht es meist um einen Vorgang der Verdauung, bei der Nahrung dem Körperzustand angeglichen wird, hier dagegen um die Aufnahme der Krankheitsmaterie in das Blut.*
**73,31** *FN (d)* Aretäus] *Aretaeus: De morborum acutorum curatione lib. 1, cap. 10 De curatione pleuritidis, in: Haller (1769–74, Bd 5, S. 171f. (wörtliche Wiedergabe des Zitats bei Schiller). Griech. Ausgabe: ed. Hude CMG II, S. 114, dort lib. V, 10, 2.*
**73,37–38** *FN (e)* Systole *bis* Diastole] *Phase, in der sich das Herz zusammenzieht, um Blut aus den Kammern in die Kreisläufe auszutreiben, bzw. wieder erweitert, um Blut aus den Kreisläufen aufzunehmen. Die im Folgenden erwähnte Unterscheidung von zwei Pulsarten findet sich in § 17 (vgl.* ***87,22*** und dennoch unterdrückten Puls*).*
**75,2** ‚Stahlsche Selbstherrschaft'] *In der ‚Dissertatio Medica Practica De Autokratia Naturæ, Sive Spontanea Morborum Excussione, & Convalescentia' (Halle 1696) vertrat Georg Ernst Stahl zum einen die Lehre von der Heilkraft der Natur, die aus sich heraus (*Autocratia*) Krankheiten bekämpft; er setzte aber außerdem (im Gegensatz zu den meisten Neohippokratikern) Natur mit einer den Körper regierenden Seele gleich; Fieber war demnach ein Ausdruck ihres Bemühens, schädliche Stoffe zu entfernen, und sollte daher auf keinen Fall bekämpft werden. – Das Prädikat* hervorragend *ist daher ironisch zu verstehen; das im entzündlichen Fieber sich vermehrende Phlogiston spricht klar gegen die* Autocratia.
**75,13–14** entzündlichen Grundstoff *bis* entwickelt hatte] *Anscheinend beschreibt Schiller hier einen chemischen Prozeß der (De-)Phlogistierung: Unter dem Einfluß der Fieberhitze wird zunächst Brennbares (Phlogiston) in der Niere freigesetzt, das sich dann mit einem nicht näher gekennzeichneten salzigen Element zu einem Alkali verbindet.*

**75,15** die von Santorio beschriebene Ausdünstung] *Santorio bewies experimentell über die mit einer Körperwaage bestimmten Gewichtsdifferenzen (unter Einbezug konsumierter Lebensmittel und sichtbaren Ausscheidungen) die unsichtbare Ausdünstung (per- oder transpiratio insensibilis) durch Haut und Lunge.*

**75,43** primäre Heilanzeige] *Auf den Ursprung und Anfang der Krankheit bezogene Indikation, nach der sich die Therapie prinzipiell zu richten hat.*

**77,1–2** ‚natürlichen' und der ‚vitalen' Aktionen *bis* ‚seelischen'] *Siehe Kommentar zu* ***63,35*** Seelenkräfte.

**77,3** angestrengte Nachtwachen] *Vgl. Livius IX, 24, 5 („aufmerksame Nachtwachen").*

**77,6** Sehnenhüpfen] Subsultus tendium *gilt nach dem ‚Encyclopädischen Wörterbuch der Wissenschaften, Künste und Gewerbe' (hrsg. von H.A. Pierer, Bd 20, Altenburg: Literatur-Comptoir, 1833, S. 551) als „convulsivisches, schmerzloses, von Zeit und Zeit wiederkehrendes Zucken der Muskeln [...] in Verbindung mit andern üblen Zeichen deutet es aber eine große Niederlage der Lebenskräfte an, besonders in Fieberkrankheiten, und geht dann häufig dem Tode vorher" (vgl. auch § 22).*

**77,8–9** in Hinsicht auf den tiefsten Bereich des Bauchs ‚sympathisch' ist] *D.h. von Unterbauchleiden sich herleitet; s. Kommentar zu* ***69,30*** *(*‚idiopathische' *bis* ‚konsensuale'*).*

**77,22–23** Verschärfungen] *Wörtliche Übersetzung von* exacerbationes*; obwohl das einfache entzündliche Fieber zu den Febres continuae (vgl. § 3) und nicht zu den Febres intermittentes (Wechselfiebern) mit regelmäßigen Perioden rechnet, geht Schiller zunächst (und auch nach überstandener Krise; vgl. § 17) von einem wellenförmigen Verlauf der Fieberkurve aus, der auch zwischenzeitliche* remissiones *zuläßt (vgl.* ***89,29*** dauerhafte nachlassende Fieber*).*

**77,36–37** *FN* (f) *[recte* g*]* nach Beruhigung des Blutandrangs durch den Kopf] *Die Vena jugularis (*Drosselvene*) leitet Blut aus dem Kopf ab in Richtung Herz; nach zeitgenössischer medizinischer Vorstellung sollte ein an dieser Stelle vorgenommener Aderlaß zu einer (rückläufigen) Entlastung des gestauten Blutkreislaufs durch das Gehirn führen (vgl. Kommentar zu* ***83,7*** ‚von hinten'*) und damit zunächst zu einem* Andrang *des Blutes, also zu einer vermehrten Durchblutung des Gehirns, die wiederum als Auslöser der Krämpfe betrachtet wurde.*

**77,40** *FN* (g) *[recte* f*]* Hippokrates] *Aphorismen VII, 13 (ed. Littré IV, 580; im griech. Text entspricht ‚tétanos' der lat.* distensio*); lat. Text bei Haller (1769–1774), Bd 1, S. 492.*

**79,2** in einem sich leicht neigenden Flußbett fließt] *Schiller verknüpft hier zwei Passagen der klassischen lateinischen Prosaliteratur: Zum einen Quintilian inst. 9, 4, 7: „[...] quanto vehementius fluminum cursus est prono alveo [...], tanto [...] fluit [...] melior oratio" („[...] je heftiger der Lauf der Flüsse ist, wenn sich das Flußbett neigt [...], desto besser fließt die Rede [...]"); zum anderen Tacitus hist. 5, 19, 2: „[...] diruit molem a Druso Germanico factam Rhenumque prono alveo in Galliam ruentem, ... effudit" („[...] er zerstörte [...] den von Drusus Germanicus erbauten Damm und ließ den Rhein, der in leichtem Gefälle nach Gallien strömt, [...] abfließen"). Somit wird Quintilians Junktur „oratio fluit" von Schiller auf* ipsa medendi ratio *übertragen. Der Sinn ist: Das Heilverfahren befindet sich auf bestem Wege, wenn nachfolgende, aus der Pathologie abgeleitete Regeln eingehalten werden.*

**79,24** lebenserhaltenden Teile] *Galenistische Bezeichnung für das Herz-Kreislauf-System und die Atmung, s. Kommentar zu* ***63,35*** Seelenkräfte.

**79,33** pleuritische Kruste] *Durch Gerinnung entstehende und für Entzündungen charakteristische Verfestigung an der Oberfläche von entnommenem, stehendem Blut, von Pathologen auch ‚Speckhaut' genannt.* pleuritica *anstelle des sonst verwandten* inflammatoria *(§ 13) oder* phlogistica *(§ 17) bezieht sich auf die Grunderkrankung der Pleuresie, eine Entzündung des Brust-/Rippenfells, gegebenenfalls einschließlich der Lungen.*

**79,33** und bis heute liegt der Streit vor Gericht] *Vgl. Horaz: Ars poetica V. 78: „Grammatici certant et adhuc sub iudice lis est."* litigatum est *bei Schiller entspricht sinngemäß „grammatici certant" bei Horaz.*

**79,38** Hewson] *Zur Person s. Personenregister; vgl. William Hewson: Vom Blute, seinen Eigenschaften, und einigen Veränderungen desselben in Krankheiten [...]. Nürnberg: Lochner, 1780, insbes. S. 14.*

**79,38** Moscati] *Zur Person s. Personenregister; vgl. Peter Moscati: Neue Beobachtungen über das Blut, und über den Ursprung der thierischen Wärme. Aus dem Italiänischen übersezt von Carl Heinrich Köstlin. Stuttgart: Mezler [!], 1780, insbes. S. 7–10.*

**79,39** Blutflüssigkeit, Lymphe und Kügelchen] *Nach heutiger Terminologie bezeichnet* Serum Blutflüssigkeit *ohne Gerinnungsfaktoren und ohne Zellen (d. h. hauptsächlich ohne Erythrozyten =* Kügelchen*),* Blutflüssigkeit *mit Gerinnungsfaktoren dagegen Plasma (hier* lympha *genannt); der Begriff* Lymphe *ist aktuell für eine wässrig-gelbe Flüssigkeit reserviert, die aus den Geweben und dem Verdauungssystem (dort mit Nährstoffen aus dem Darm beladen) in eigenen Gefäßen (Lymphsystem) fließt, letztlich in den Blutkreislauf mündet und dort im Plasma aufgeht.*

**81,2** ‚festes Feuer'] *Unter dem italienischen Begriff* fuoco solido *(oder* liquido*) versteht Piero Moscati in Anschluß an Benjamin Franklins ‚solid' oder ‚liquid fire' einen in Körpern unsichtbar enthaltenen Teil, der als Feuer (mit allen dessen Eigenschaften) freigesetzt werden kann und (nach Moscatis Andeutung) dem ‚phlogiston' Georg Ernst Stahls (s. o.* **75,13** entzündlichen Grundstoff*) entspricht. Zugabe von festem Feuer meint also Vermengung mit Kohle, Schwefel oder (wie im folgenden angegeben) gebranntem (‚lebendigem', ungelöschtem) Kalk (Calciumoxid). Nach Moscatis Auffassung ist Gerinnung der Blutflüssigkeit also eine Form von Phlogistierung, ein Prozeß, der unter den Bedingungen des Entzündungsfiebers (Febris phlogistica mit Überschuß an Phlogiston) auch im Körper vonstatten geht und zu der in § 7 skizzierten Stockung des Bluts in den kleinen Lungengefäßen beiträgt.*

**81,7** Gaub] *Zur Person s. Personenregister; vgl. Hieronymus David Gaub: Institutiones pathologiae medicinalis. Leiden: Samuel und Johannes Luchtmans, 1758, S. 160 (§ 344). Gaub nennt dort allerdings serum, rubrum und fibra als die drei Bestandteile des Blutes; der Begriff* lympha *wird noch nicht verwendet.*

**81,37** ‚Leukophlegmatia'] *Wörtlich „Weißschleimkrankheit", bestimmte Form der Einlagerung von Wasser unter die Haut (‚Wassersucht', Ödeme), bei der die geschwollene Oberfläche kaum komprimierbar ist, was aus Sicht des 18. Jahrhunderts durch ein Festwerden der eingelagerten Flüssigkeit bedingt ist.*

**81,38–39** öliges Blut daher eine Entzündung begünstigt] *Öl enthält aus Sicht des 18. Jahrhunderts wie Kohle oder Schwefel viel ‚phlogiston';* öliges Blut *wiederum ist Folge einer reichlichen Ernährung, die bei bestimmten Menschen zur Plethora disponiert (vgl. § 5).*

**81,40** Neben- zum Hauptweg] diverticulum *ist seit dem frühen 18. Jahrhundert auch medizinischer Terminus technicus vor allem für eine Ausstülpung der Darmwand nach außen,* *vgl. Abraham Vater/Paul Gottlieb Berger: Dissertatio anatomica qua novum bilis diverticulum circa orificium ductus cholidochi [!] ut et valvulosam colli vesicae felleae constructionem. Wittenberg: Gerdes, 1720. Weitet man dieses Metonym im Sinne einer Metapher auf den Kontext aus, entspräche die* via *im lat. Text der via prima des Magen-Darm-Traktes (vgl. §§ 25, 33), an dessen Ende Kot [!] ausgestoßen wird.*

**81,41** erhoffte Wohlbefinden] *Der Gräzismus* cum euphoria *wird in der neulateinischen medizinischen Fachprosa häufig abschließend für den Erfolg einer durchgeführten Therapie benutzt, bezieht sich also nicht auf eine subjektive psychische Stimmung.*

**83,7** ‚von hinten'] *D. h. rückläufig, entgegen dem Blutstrom: Verursacht durch die entzündungsbedingte Stauung im kleinen Kreislauf, strömt zu wenig Blut in das Herz und den großen Kreislauf.*

**83,10** Stickfluß] *Die lateinische Bezeichnung* Catarrhus suffocativus *meint ursprünglich ein Ersticken durch (vom Gehirn) herabfließenden (griech. kata-rrhéo) Schleim in die Lunge. Wird im 19. Jahrhundert als Komplikation bei akuter Bronchitis genannt, in Abgrenzung zum kardial bedingten Lungenödem. Im geschilderten entzündlichen Fieber ist an beides zu denken.*

**83,10–11** „Hier ist Rhodos, hier springe"] *Seit Erasmus von Rotterdam (Adagia III, 3, 28) latinisierte Sentenz aus Äsop, Fabulae V. 33.*

**83,32** eine stellvertretende Krisis nachahmen] *Pleonasmus; die eigentliche Krisis, die ebenfalls u. a. durch Schweißausbrüche gekennzeichnet ist (s. u. § 17), steht gemäß dem natürlichen Ablauf der Krankheit noch bevor.*

**83,36** Sauerhonig der Alten] *Mit* veterum *sind die vorneuzeitlichen medizinischen Autoritäten angesprochen (ebenso in § 20; vgl.* ***109,42*** göttlicher Greis*).*

**83,38–39** *FN (i)* Lebenskraft *bis* geschwächt werden muß] *Die Kampfergabe zur Wiederanregung der* Lebenskraft, *die vorher durch den Aderlaß* geschwächt werden *mußte, verdeutlicht nochmals die therapeutische Gratwanderung, deren sich die Medizin des 18. Jahrhunderts bewußt war (vgl. § 12):* Geschwächt werden *durfte nur das den Prozeß der Entzündung fördernde Übermaß der* Lebenskraft, *nämlich die Plethora; danach konnte und sollte der Arzt die* Lebenskraft *wieder fördern.*

**85,39–40** Schrift des Hippokrates über die weit verbreiteten Krankheiten] De morbis popularibus, *nach heutiger Terminologie die Schriften ‚Epidemien' I–VI, hier lib. III., Nr 8; ed. Littré III, 124–127; Haller (1769–1774), Bd 1, S. 159.*

**87,22** und dennoch unterdrückten Puls] *Der* Pulsus suppressus *ist wie der Pulsus debilis durch eine wenig spürbare Ausdehnung der Arterie gekennzeichnet; dies ist aber Folge von deren übermäßiger Füllung, während beim Pulsus debilis die Pulsfähigkeit der Arterie prinzipiell ‚frei' ist (Pulsus liber) und die Ursache für die Schwäche im Herzen oder den zentralen Arterien zu suchen ist.*

**87,36–37** entzündungsartiges Fieber ohne Entzündung] *Die Feststellung* ohne Entzündung *leitet sich offensichtlich aus der fehlenden entzündlichen Kruste im Aderlaßblut (s.* ***79,33*** pleuritische Kruste*) her.*

**87,40** lebenserhaltenden Tätigkeiten] *Mit* actiones vitales *sind Herz-Kreislauf-Tätigkeit und Atmung angesprochen; s.* ***63,35*** Seelenkräfte.

**89,3** ‚Hippokratische Gesicht'] *Aus der hippokratischen Schrift ‚Prognostikon' (c. 2; ed. Littré II, 112–118; Haller [1769–1774], Bd 1, S. 169–171) abgeleitete Beschreibung des Gesichts eines Sterbenden.*

**89,4–5** ging die Entzündung *bis* Peripneumonie über] *Das lateinische Verb* abscessit *deutet einen Vorgang der Abszeßbildung an (ähnlich § 38).* Peripneumonie *(‚Lungensucht'; vgl. Caelius Aurelianus, De morbis acutis 2, 25 ff.; Haller [1769–1774], Bd 10, S. 154–164) meint hier (globale) Lungenentzündung; die Kurzform ‚Pneumonia' war zwar schon in der griechischen Antike bekannt, verbreitete sich aber erst um 1800 in Europa.*
**89,19** roher Urin] crudus *meint als Gegenbegriff zu* coctus *(‚gekocht', z. B. §§ 17, 28, 36) analog zu unbehandelten Lebensmitteln einen unverdauten Stoff, der selbst pathogen ist oder wenigstens Ausdruck eines pathologischen Vorgangs. Nach Karl August Wilhelm Berends (Vorlesungen über praktische Arzneiwissenschaft. Bd 1: Semiotik, Berlin: Enslin, 1827, S. 366f.) verstanden die ‚alten' Ärzte unter rohem Urin einen reichlich abgehenden, dünnen, wässrigen und wasserhellen (aus heutiger Sicht: unkonzentrierten) Harn.*
**89,24** ‚Sechs nicht natürlichen Dinge'] *Im Unterschied zu den ‚Res naturales' (von der Natur vorgegebene Umstände wie Alter oder Geschlecht) können nach dem Verständnis der mittelalterlichen und frühneuzeitlichen Medizin die* Res non naturales *vom Menschen selbst beeinflußt werden. Traditionell werden sechs Bereiche unterschieden: Luft; Speise und Trank; Bewegung und Ruhe; Schlafen und Wachen; Körperausscheidungen; Leidenschaften (*animi adfectus*; vgl. § 20).*
**89,29** dauerhafte nachlassende Fieber] *Schiller bietet keine Fiebersystematik, sondern setzt einzelne, schon zu seiner Zeit historische Begriffe als bekannt voraus. Remittierende Fieber wechseln periodisch in ihrer Stärke, unterscheiden sich aber von (intermittierenden) Wechselfiebern (Tertiana, Quartana etc.) grundsätzlich darin, daß sie keine komplett fieberfreien Episoden aufweisen – insofern gehören sie, genauso wie die entzündlichen, akuten (*§ 3*), die fauligen (§ 19) und die auszehrend-schleichenden Fieber (febres lentae; § 30), zur Hauptgruppe der febres continuae. Demgegenüber imponieren Wechselfieber als zweite Hauptgruppe aufgrund ihrer fieberfreien Phasen als ‚kalte' Fieber. Graphische Übersicht der erwähnten Fiebertypen bei Werner 2012, 110.*
**89,30** Maske katarrhalischer Erkrankungen] *Unter Katarrh verstand die vormoderne abendländische Medizin nicht nur akute Erkrankungen der oberen und unteren Luftwege mit Schleimbildung (z. B. banale ‚Erkältungen' oder lebensgefährlicher Stickfluß, s. o.* ***83,10*** Stickfluß*), sondern jede Form von krank machendem herabfließenden Schleim, insbesondere auch im Bereich des Magen-Darm-Traktes (‚Magenkatarrh').*
**89,31** Haarsträuben hier und da] *Wörtliche Übersetzung, im Sinne von Gänsehaut oder Schauder.*
**89,32** Herzgegend] *Die* praecordia *(„vor dem Herzen gelegen") werden in der frühneuzeitlichen Medizin unterschiedlichen topographischen Regionen zugeordnet (Zwerchfell, Hypochondrium, Epigastrium, Brustregion, Thoraxorgane). Da der Begriff bei Schiller fast immer mit Engegefühlen (*angustia, anxietates*) kombiniert wird, kommen dafür am ehesten herz- und/oder atmungsassoziierte Beschwerden in Frage, nach heutiger Terminologie z. B. Angina pectoris oder Asthmasymptome.*
**89,38–39** epidemieartig *bis* Ansteckung] *Das späte 18. Jahrhundert unterschied mit Sydenham noch einerseits zwischen Epidemien, die durch* Miasma *(„Schmutz", s. o.* ***65,5*** Miasma*) oder einen* Genius epidemicus *(s. o.* ***69,34****) viele Menschen gleichzeitig befielen, und andererseits der sukzessiven Krankheitsausbreitung durch unmittelbare „Berührungen" (contagia) von einem Kranken zum anderen (wobei der genaue Prozeß in der vorbakteriologischen Ära nicht erklärt werden konnte). Schillers nachfolgendes, seine Prüfer erzürnendes*

*Bekenntnis, die Herkunft und Entstehung der Krankheitsstoffe nicht zu kennen (vgl. S. 67, Anm. 3), drückt weniger persönliches Unwissen als seine Skepsis* (pererrasse!) *gegenüber dem überlieferten, offensichtlich lückenhaften Konzept aus.*

**91,3** Nahrungssaft] *Im oberen Magen-Darm-Trakt wird Speisebrei mit Hilfe von Magensäure, Galle und Fermenten verdaut und der entstehende Chylus über das Lymphsystem in den Blutstrom eingebracht.*

**91,11** Unordnung der Nerven] *Bei griech.* ἀταξια *könnten auch moralische Konnotationen (im Sinne von Zuchtlosigkeit, Insubordination) mitschwingen, die zur Entstehung des Faulfiebers beitragen.*

**91,14** sechshundert Beobachtungen] *600 oder auch die Halbierung 300 (vgl. Horaz: Ode III 4, V. 79f. trecentae [...] catenae) sowie die Steigerung 1000 sind in der lateinischen Literatur weitverbreitete topische Zahlangaben, um eine sehr große Anzahl und eigentlich eine unzählige Menge mit einem scheinbar präzisen Zahlwort zu umschreiben (ebenso am Ende von § 26).*

**91,14** Aufloderungen] *Wörtliche, bildhafte Übersetzung;* exaestuationibus *vermutlich synonym zu* exacerbationibus.

**91,15** Anspannungen] distentio *entspricht griech. tétanos; vgl.* **77,39** *FN (g).*

**91,28** Nostalgie] *Im späten 17. Jahrhundert (Johann Jakob Harder/Johann Hofer: De nostalgia oder Heimwehe, Basel: Bertsch, 1678) erstmals beschriebene Sonderform der Melancholie.*

**91,32** heißen Brand] *Gewebeabsterben als Spätfolge einer lokalen oder allgemeinen Infektion an inneren oder äußeren Organen, z. B. bei nicht heilenden Wunden oder fehlender Durchblutung von Geweben. Der Chirurg Wilhelm Fabry unterschied heißen Brand (gangraena) vom kalten (sphacelus), wobei ersterer sich durch eine Entzündungsreaktion im gesunden Gewebe angrenzend zur Nekrose auszeichnet, die bei letzterem fehlt (De Gangræna Et Sphacelo. Köln: Reschedt, 1593).*

**93,3** Hydrophobie] *„Wasserscheu", ein wichtiges Symptom des Nervenleidens Tollwut (ebenso in § 23).*

**93,3–4** Hypochondrie *bis* milzsüchtig bezeichnet] *Wörtlich „Bereich unter den (Rippen-) Knorpeln" (vgl. auch § 30), was der Position der Milz im linken Oberbauch entspricht. Modekrankheit des 18. Jahrhunderts, u. a. als männliches Pendant zur Hysterie und als Gelehrtenkrankheit verstanden im Sinne eines somatopsychischen Nervenleidens.*

**93,13** Koer] *Traditionelle Bezeichnung für Hippokrates, der auf der Insel Kos geboren sein soll.*

**93,15** Ohnmacht] *Diese in den Kontext passende Übersetzung setzt voraus, daß lipothymia zu* lypothymia *pseudogräzisiert wurde (in dieser Schreibweise bereits im ‚Arzneybuch' von Christopherus Wirsung [Heidelberg: Mayer, 1568, S. 227] als Bezeichnung für leichte Bewußtlosigkeit verwendet). Die heute noch im Angloamerikanischen verbreitete Krankheitsbezeichnung Lypothymia (Traurigkeit, endogene Depression) scheint demgegenüber erst im 19. Jahrhundert Verbreitung gefunden zu haben.*

**93,21–22** ‚Halmesammeln'] *In der frühneuzeitlichen Medizin synonym zum hippokratischen ‚Flockenlesen', eines der prognostisch ungünstigen Zeichen bei akutem Fieber (vgl. Kasuistik am Ende von § 23).*

**93,31–32** ‚fixierten' *bis* Luft] aëre fixo *meint in festen Körpern eingeschlossene* Luft *(Gas), die durch Gärungs- oder Verbrennungsvorgänge freigesetzt werden kann.*

**93,32** Atmung ist bald hoch] *(re-)spiratio sublimis ist ein zeitgenössischer Terminus technicus für eine Atmungsform, bei der Atembewegungen vor allem im oberen Teil des Brustkorbs und den Schulterblättern zu sehen sind, typischerweise bei eingeschränkter Zwerchfellatmung infolge Drucks aus dem Bauchraum.*

**93,34** Purpura] *Rötlich-livide Hautflecken, bei Fieber häufig Folge von Blutungsneigung infolge Gerinnungsstörung mit zunächst kleinsten Blutungsherden (Petechien), die zusammenfließen. Speziell Scharlach nannte man früher auch Purpurkrankheit.*

**93,39** *FN (l)* Hippokrates] *Vgl. Corpus Hippocraticum, Aphorismen IV, 22; ed. Littré IV, 510f.; Haller (1769–1774), Bd 1, S. 475 (ohne* aut sursum*).*

**93,40** *FN (m)* praktische Arzt Württembergs] *Erneut Anspielung auf Consbruch und dessen Schrift „Beschreibung des in der Würtembergischen Amts-Stadt Vayhingen, und dasiger Gegend graßierenden faulen Flekfiebers, und der dabei beobachteten Kurart" (in: Samlung von Beobachtungen aus der Arzneygelahrheit und Naturkunde. Bd 4, Nördlingen: Gottlob Becken, 1773, S. 67–86).*

**95,4–6** Hätte ich *bis* benennen.] *Abgewandeltes Zitat aus Vergil, Aeneis 6, V. 625–627* (Morbi *statt scelerum,* spasmorum *statt poenarum*).

**95,21** Phrenitis und Paraphrenitis] *Entzündung des Gehirns mit den Hirnhäuten (*Paraphrenitis *gilt als mildere Form); sowohl Schillers Lehrer Consbruch (De febribus malignis, Tübingen: [Erhard], 1759, S. 7, § 7) als auch dessen Lehrer Brendel haben sich ausführlich mit der Ätiologie befaßt und den von Schiller skizzierten Zusammenhang mit galligen Unterleibsübeln herausgearbeitet. – Demgegenüber paßt Boerhaaves Deutung von* (Para-)Phrenitis *als Entzündung des Zwerchfells (Diaphragmitis) hier eher nicht, obwohl auch dort das nachfolgend erwähnte sardonische Lachen als wichtiges Symptom gilt.*

**95,22** sardonisches Lachen] *Der* Risus sardoni*[c]*us *ist in der aktuellen Medizin pathognomonisch für Tetanus (Wundstarrkrampf); im 18. Jahrhundert galt er als Symptom von Gehirn- oder Zwerchfellleiden (s.* ***95,21*** Phrenitis*). Ein Bezug zu Sardinien (Giftpflanze ‚herba sardoni[c]a'; vgl. Vergil, Ecloga VII, V. 41) oder zu Homer (Odyssee 20, V. 302) ist möglich.*

**95,22** Veitstanz] *Volkstümliche Bezeichnung für Tanzwut; seit Sydenham Name einer Nervenerkrankung, die durch Muskelunruhe und Koordinationsstörung bei den willkürlichen Bewegungen gekennzeichnet ist und sich mit Störungen der Stimmung und des Intellekts, zuweilen bis zu Psychosen, verbindet (nach Otto Dornblüth: Klinisches Wörterbuch. Berlin: De Gruyter, [13]1927).*

**95,24** Starrsucht nach Aetius] Catochus Aetii, *wahrscheinlich aus der von Schillers Lehrer Consbruch verfaßten ‚Dissertatio De febribus malignis' (Tübingen: [Erhard], 1759, S. 16, § 18 und S. 19, § 20) übernommen, demnach synonym zu stupor (‚Betäubung' mit offenen Augen, in der Terminologie des Aetius zwischen Phrenitis und Lethargus angesiedelt).*

**95,24–25** bald ‚Coma vigil', bald ‚Coma somnolentum'] *Im Unterschied zur heutigen Definition meint (Wach-)Koma im 18. Jahrhundert keine tiefe Bewußtlosigkeit, sondern lediglich ein Zustand verminderter Wachheit;* Coma vigil *kann auch eine Übermüdung mit Unfähigkeit zu schlafen bedeuten.*

**95,37** *FN (n)* Hippokrates] *Vgl. Corpus Hippocraticum, Epidemien III, 3, 17 (Littré III, 134), Haller (1769–1774), Bd 1,S. 161f.*

**95,40** *FN (n)* Delirium] *Wörtlich „Erschütterung des Geistes"; der griechische Ursprungsbegriff parakopé meint Verrücktsein; vgl. Corpus Hippocraticum, Aphorismen VI, 26 (ed. Littré IV, 570f.); Haller (1769–1774), Bd 1, S. 488.*
**97,12** tyrannischer Mahner] *Bezeichnung für die Stimme des Gewissens, im 19. Jahrhundert als Metapher gebräuchlich; vgl. E. Anthony Rotundo, Boy Culture: Middle-Class Boyhood in Nineteenth-Century America. In: Mark C. Cames, Clyde Griffen (Hrsg.): Meanings for Manhood. Chicago: Chicago University Press, 1990, S. 15–36, hier 28.*
**97,12–13** aus Erde erzeugt wurde und zur Erde zerfallen wird] *Zitat Genesis 3, 19.*
**97,41** *FN (o)* Abhandlung] *Johann Gottfried Brendel: De abscessibus per materiam et ad nervos (Respondens: Georg August Heinrich).* Göttingen*: Elias Luzac, 1755.*
**99,1–2** Hauptwege] via prima*: Bezeichnung der Säftelehre für den Magen-Darm-Trakt als Ort der ersten Verdauung der aufgenommenen Nahrung zu Chylus (gefolgt von der digestio secunda in der Leber).*
**99,22** Peruvianische Rinde] *Rinde vom ‚Chinarindenbaum' (Gattung Chinchona), die chininhaltig ist und fiebersenkend wirkt; die Bäume wurden zunächst in Bergregionen des nördlichen Südamerikas (u. a. Peru) gefunden.*
**99,22** Vitriolsäure] *Aus Vitriolen (Metallsulfaten) hergestellte Schwefelsäure.*
**99,26** ‚Delphisches Schwert'*] Allzweckwaffe, Panazee; nach Erasmus von Rotterdam (Adagia 2, 3, 69) eine Waffe, die sowohl zum Schlachten von Opfertieren als auch für eine Hinrichtung Verwendung findet. Sydenham benutzt die Metapher in seinen ‚Observationes medicae' (IV, 3; ed. London: Walter Kettilby, 1676, S. 256) allerdings im Blick auf Dysenterien (Durchfallerkrankungen).*
**99,30–41** *FN (p)* Wenn es aber *bis* verhinderte.] *Das umfangreiche Sydenham-Zitat (Observationes medicae I, 4; ed. London: Walter Kettilby, 1676, S. 37f.) findet sich wörtlich bei Brendel (1754, 23) und Consbruch (1759, 35f.); s. Personenregister.*
**101,6** Pflanzenreich] *Im 18. Jahrhundert noch übliche Bezeichnung, die auf die Einteilung der Natur in drei ‚regna' (Tiere, Pflanzen, Mineralien) anspielt.*
**101,25** äußeren Geschwüren] *Abszeßbildung an der Haut, über die Krankheitsmaterie ausgestoßen wird (vgl. § 36) und die gegebenenfalls künstlich (s.* § 27 und ***105,39***, Spanischen Fliegen*) erzeugt oder unterhalten wurde.*
**101,34–35** Reiz *bis* hinstellt] *Unklare Stelle; evtl. muß* sistit *mit ‚festigt' übersetzt werden, dann würde der kontinuierliche Reiz der Galle im Magen-Darm-Trakt die Ausscheidung der Krankheitsstoffe über einen Hautausschlag (und damit die Krisis) verhindern.*
**101,41** *FN (q)* Aphorismen] *Vgl. Corpus Hippocraticum, Aphorismen IV, 56 (ed. Littré IV, 522f.); Haller (1769–1774), Bd 1, S. 478.*
**103,18** ein schleichendes] *Febris* lenta *durch Chronifizierung eines akuten Prozesses, häufig auch mit Phthisis (Schwindsucht) verbunden oder gleichgesetzt; vgl.* ***89,29*** dauerhafte nachlassende Fieber.
**103,18** Verlagerung] *Nach Vorstellung der Humoralpathologie ein Vorgang der Umsetzung von nicht (ausreichend) in einer Krise gekochter Krankheitsmaterie an einen anderen Ort des Körpers. Neu zu Schillers Zeit (Einfluß der neuropathischen Schule?) ist der Gedanke einer nicht materiellen* Metastase *über die Nerven im Sinne einer ‚nervösen' Folgeerkrankung. Der heute noch in der Onkologie gebräuchliche Begriff* „Metastase" *(Tochtergeschwulst infolge Verschleppung von Tumorzellen) hat damit nur noch entfernt zu tun.*

**103,22** ein langes sich Hinschleppen] *Der Gräzismus* syrma *(eigentlich: Schleppe eines Gewands; vgl. § 36) wird in der Antike selten auch als Bezeichnung für eine chronische Hautkrankheit (ohne Bezug zu Fieber) verwendet; viel wahrscheinlicher (und für Schiller charakteristischer) ist die metaphorische Bedeutung ‚Tragödie'.*

**103,29** Abartigkeit] *Wörtliche Übersetzung von ‚degeneratio', nach H.A. Pierer (Universal-Lexikon, Bd 4, [4]Altenburg: Pierer, 1858, S. 797) krankhafte Umwandlung verschiedener Gewebe des Körpers; hier (und ebenso § 20) im Sinne der Humoraltheorie auf eine Flüssigkeit bezogen.*

**103,32** Kränkungen] *Mit* injuriis *könnten auch körperliche Beschwerden gemeint sein; wahrscheinlicher sind im Kontext von* indignatio *und* ira *seelische Verletzungen; diese Interpretation paßt zur psychophysischen, ‚nervösen' Ätiologie des Faulfiebers* (vgl. § 20). – *Die Kasuistik findet sich mit wenigen Erweiterungen und einem nachfolgenden Kommentar abgedruckt in Consbruch 1778, 55–59; zur Deutung auf Schillers Mutter s. S. 69, Anm. 3.*

**103,42** *FN (r)* Hippokrates] *Vgl. Corpus Hippocraticum, Aphorismen VII, 74 [!] (ed. Littré IV, 604f.); Haller (1769–1774), Bd 1, S. 497. – Eine hippokratische Schrift ‚Prognostica et Prædictiones' ist nicht bekannt; gemeint sind mit der Angabe wahrscheinlich die in der Ausgabe von Haller (1769–1774, Bd 1) direkt aufeinander folgenden Schriften ‚Prognosticon' (S. 166–192) und ‚Praedictionum lib II.' (S. 193–227); alternativ ‚De Praedictionibus' in Bd 2 (S. 125–141).*

**105,39** Spanischen Fliegen] *Aus zerstoßenen Käfern (*Cantharides*; heutige Bezeichnung Lytta vesicatoria) gewonnenes Medikament zur künstlichen Reizung und Eiterbildung der Haut, um die Ausstoßung von Krankheitsstoffen über die Körperoberfläche zu befördern.*

**109,13** Würfelspiel] *In zeitgenössischen medizinischen Texten gelegentlich benutzter Ausdruck bei schweren Krankheiten mit offenem Ausgang.*

**109,42–111,1** göttliche Greis] *Im 18. Jahrhundert häufig benutzter Titel für Hippokrates, der 85 bis 105 Jahre alt geworden sein soll und zugleich im 18. Jahrhundert als einer der wichtigsten Vertreter der ‚Alten' galt (s.* ***83,36*** Sauerhonig der Alten*).*

**111,11–12** Hippokrates, Aretaeus, Alexander und Aurelian] *Die Reihenfolge der genannten Autoren weist unmittelbar auf Schillers Quelle für die ‚alten' Autoritäten, nämlich die Ausgabe Albrecht von Hallers (1769–1774).*

**111,14** so oft gerühmte Arzt] *Anspielung auf Schillers Lehrer Johann Friedrich Consbruch.*

**111,37** *FN (s)* weit verbreiteten Krankheiten] *Vgl. Corpus Hippocraticum, Epidemien III, 3, 15 (ed. Littré III, 100); Haller (1769–1774), Bd 1, S. 165 (die Textpassage steht in dieser vormodernen Ausgabe am Ende der Krankengeschichte 16, bei Littré dagegen in einem der mittleren Abschnitte des dritten Epidemienbuchs).*

**111,38–42** *FN (t)* Hippokrates *bis* Brustfellentzündungsleiden] *Vgl. Corpus Hippocraticum, De morbis I, 11 und 12 (ed. Littré VI, 158–60); Haller (1769–1774), Bd 3, S. 29–33. – Aretaeus, De pleuritide, ed. Hude, CMG 2, S. 12–14 (Lib. I, 10); Haller (1769–1774), Bd 5, S. 15–17. – Alexander von Tralleis VI, 1, ed. Puschmann 2, 228–43; Haller (1769–1774), Bd 6, S. 215–24. – Caelius Aurelianus, II, 13 De pleuritica passione; ed. Bendz, CML 6, 1 (T. 1), S. 186–88; Haller (1769–1774), Bd 10, S. 124–26.*

**113,1** ‚epidemisch'] *Hier im übertragenen Sinn auf die große Verbreitung von Fehlern in der Lebensweise (s.* ***89,24*** ‚Sechs nicht natürlichen Dinge') *bezogen.*

**113,4** konsensual] *s.* ***69,30*** ‚idiopathische' *bis* ‚konsensuale'.

**113,31** *FN (u)* Seite des Körpers] *Wörtliche Übersetzung; der zugrundeliegende Begriff* latus corporis *(‚Körperseite'; heute noch in der Bezeichnung ‚Seitenstechen' lebendig) aus der vormodernen lateinischen Übertragung von De morbis I, 26 (I, 11 bei Haller [1769–1774], Bd 3, S. 29; griech. ed. Littré VI, 192f.) ist allerdings mißverständlich: Im altgriechischen Original steht jeweils das Wort ‚pleurón' (‚Brust'-, oder ‚Rippenfell'). Das Verständnis des Zitats vor dem Hintergrund vormodernen anatomischen Wissens ist schwierig.*
**117,34** *FN (x)* Sydenham] *Ein separates Werk ‚De peste Londinensi' existiert nicht; allerdings enthielt die zweite Auflage des ‚Methodus curandi febres' von 1668 ein zusätzliches Kapitel über die Pest, das in Bd 1 der ‚Opera medica' Sydenhams (Genf 1769) in Sect. II, cap. 2 („Febris pestilentialis & Pestis annorum 1665 & 66"; S. 63–78) aufgenommen wurde.*

# *Personenregister*

Aetius: Aëtios aus Amida, griech. Arzt und Schriftsteller der 1. Hälfte des 6. Jahrhunderts, studierte in Alexandreia und wurde später Hofarzt in Konstantinopel, verfaßte 16 in Vierergruppen *(Tetrabiblioi)* gegliederte Bücher über Medizin nach dem Vorbild des Oreibasios. § 23

Alexander: Alexandros von Tralleis, griech. Arzt um 565 n. Chr. verfaßte eine in 12 Büchern gegliederte Therapeutik, die galenisches Wissen mit praktischer Erfahrung kombinierte. § 33

Aretaeus: Aretaios von Kappadokien, griechischer Arzt, als Hippokratiker von pneumatischen Lehren beeinflußt; lebte vermutlich Mitte des 1. Jahrhunderts n. Chr., schrieb über Fieber und Chirurgie. Erhalten sind je vier Bücher Über akute und chronische Krankheiten und über die Therapie derselben (in der Hallerschen Ausgabe (1769–1774) finden sich je zwei Bücher über akute, über chronische, über die Therapie akuter und die Therapie chronischer Krankheiten; vgl. Fußnoten (d) und (t). §§ 8, 33

Aurelianus: Caelius Aurelianus, vermutlich um 400 n. Chr. wirkender, hauptsächlich lateinisch schreibender Arzt aus Sicca Veneria (Nordafrika), orientierte sich an dem Methodiker Soranos von Ephesus (um 100 n. Chr.), auf dessen Vorlage offensichtlich auch eines seiner Hauptwerke, die acht Bücher *De morbis acutis et chronicis*, beruht. § 33

Boerhaave, Herman (1668–1738): Ab 1701 Hochschullehrer in Leiden (NL), zunächst für theoretische Medizin, Botanik und Chemie, später auch praktische Arzneiwissenschaft. Als „Lehrer von ganz Europa" (A. von Haller) und Reformator der medizinischen Ausbildung (Praxisbezug, Klinik als Lehr- und Forschungseinrichtung) etablierte er die „Medizin als neuzeitliche Erfahrungswissenschaft, die sich methodisch an der klassischen Mechanik Newtons etabliert." (R. Toellner) Eklektisch verband er Humorallehre mit Iatromechanik, -mathematik und -chemie. Seine Hauptwerke *Institutiones medicae* (1708) und *Aphorismi de cognoscendis et curandis morbis* (1709) wurden häufig kommentiert, u. a. durch Albrecht von Haller. §§ 7, 16

Brendel, Johann Gottfried (1712–1758): Aus Wittenberg stammend, dort Studium der Philosophie (insbesondere Mathematik) und Medizin; Schüler Albrechts von Haller; von 1738/39 bis zum Tod Professor in Göttingen (Vertreter der Iatrophysik und der neuropathischen Schule), einer der Lehrer Consbruchs und Autor von vier bei Schiller zitierten Quellen: *Observationum medicinalium fasciculum* [1. Teil: *Hemitritaeus*] (Respondens: Johann Heinrich Hofmeister). Göttingen: Vandenhoeck, 1740; *De lethargo* (Respondens: Benedikt Heinrich Loehr). Göttingen: Schultze, 1752; *De seriori usu evacuantium in quibusdam acutis* (Respondens: Friedrich August Schultze). Göttingen: Paul Christoph Hagen, 1754; *De abscessibus per materiam et ad nervos* (Respondens: Georg August Heinrich). Göttingen 1755. §§ 24, 26, 28, 38

Consbruch, Johann Friedrich (1736–1810): Studium der Medizin ab 1753 in Tübingen, Göttingen (bei Brendel) und Straßburg; Promotion zum Lizentiaten (*De febribus malignis*, Tübingen 1759); 1759–71 Stadt-Physikus in Vaihingen/Enz (vgl. Publikation über dort grassierende Epidemie in Kommentar zu ***93,40***, FN (m)). Seit 1771 Mitglied der Leopoldina. 1772 ff. Praxis in Tübingen nach der Promotion zum Doctor medicinae; 1775/76–1794 Professor an der Carls-Schule, später -Akademie in Stuttgart (unterrichtete dort Geschichte und Enzyklopädie der Heilkunde, Physiologie, allgemeine Pathologie, Semiotik, allgemeine Therapie und Arzneimittellehre); seit 1780 Leibarzt Herzog Carl Eugens. Neben anderen Kasuistiken publizierte Consbruch (1778) den Fall der 40jährigen Frau mit Faulfieber, den Schiller mit wenigen Kürzungen in seine Fieberschrift übernahm. Praepositio, §§ 9, 15, 16, 22, 25, 32

Diemerbroeck, Ysbrand van (1609–1674): Studium der Philosophie und Medizin in Leiden und Angers. Arzt in Nijmegen während der Pest von 1636/37, an der etwa 6.000 Menschen starben; später Professor in Utrecht. Seine Schrift *De peste* (Utrecht: Jacob, 1646) wurde bis 1722 mehrfach nachgedruckt und ins Holländische und Englische übersetzt. § 38

Gaub, Hieronymus David (1708–1780): Schulische Bildung in Heidelberg und Halle, Medizinstudium in Harderwijk und Leiden, u. a. bei Boerhaave, dessen Nachfolger er als Professor für Chemie, später auch medizinische Pathologie wurde. Sein Hauptwerk *Institutiones pathologiae medicinalis* (Leiden: Luchtmans, 1758) wurde bis Ende des 18. Jahrhunderts intensiv rezipiert. § 13

Haller, Albrecht von (1708–1777): Schweizer Arzt, Naturforscher und Dichter. Medizinstudium in Tübingen, Leiden (bei Herman Boerhaave) und Basel; ab 1736 Professor für Anatomie, Chirurgie und Botanik in Göttingen; ab 1750 Mitglied der Leopoldina; 1753 Rückkehr in die Schweiz. Publizierte etwa 50.000 Seiten vorwiegend wissenschaftlichen Inhalts (insbes. Anatomie, Physiologie, Botanik, Geschichte der Medizin). In der Fieberschrift (§ 17) wird lediglich einmal seine Ausgabe (1769–1774) der antiken Autoritäten erwähnt, die Schiller gleichwohl häufig als Quelle benutzte.

Hewson, William (1739–1774). Student, später Assistent von William Hunter. Als Chirurg seit 1770 Mitglied der Royal Academy of London; isolierte erstmals Fibrin im Blut. Aus heutiger Sicht wichtigste Publikation: *An experimental inquiry into the properties of the blood* (London: Cadell, 1771). § 13

Hippokrates (5./4. Jahrhundert v. Chr.): Von der Insel Kos stammender griechischer Wanderarzt, der lange Zeit als Verfasser von etwa 70 im Corpus Hippocraticum vereinigten Schriften aus dem 5. bis 1. Jahrhundert v. Chr. galt. Die darin vertretene ‚hippokratische Medizin' basiert zum Teil auf vernunftgemäßer Naturbeobachtung (z. B. in Form genauer Beobachtung von Patienten, etwa in den *Epidemien* oder im *Prognostikon*) und auf dem sich entwickelnden spekulativen Konzept der Säfte- und Temperamentenlehre. Bereits in der Spätantike (z. B. bei dem Arzt Galen) und bei den frühneuzeitlichen Neohippokratikern (z. B. Thomas Sydenham) genoß Hippokrates u. a. als Projektionsfläche ihrer eigenen Ansichten hohes Ansehen. §§ 9, 15, 17, 22, 23, 28, 29, 32, 33, 34

Moscati, Pietro Conte (1739–1824): Seit 1764 Professor der Anatomie und Chirurgie in Pavia, ab 1772 der Geburtshilfe in Mailand, zugleich Direktor der Entbindungsschule und des Spitals Santa Catarina. Verfaßte u. a. die von Carl Heinrich Köstlin (Stuttgart: Metzler [!], 1780) in Deutsche übersetzte Schrift *Nuove Osservazioni ed esperienze sul sangue e su l'origine del calore animale* (in: Scelta di opuscoli interessanti tradotti da varie lingue. Vol. 16, Milano: Giuseppe Marelli, 1776, S. 97–128). § 13

Reuß, Christian Gottlieb (1742–1815): Studium der Medizin in Tübingen und Straßburg; seit 1774 Hofmedicus und Anstaltsarzt der Stuttgarter Militärakademie, unterrichtete dort Chemie, Naturgeschichte, Arzneimittellehre; publizierte neben seiner Dissertation *De scabie ovium* (Tübingen: Sigmundus, 1763) lediglich *Theses ad materiam medicam spectantes* (Stuttgart: Cotta, 1779; s. NA 41 II B). Praepositio, § 25

Santorio, Santorio (1561–1636): Medizinstudium und Promotion in Padua, dort seit 1611 Professor der theoretischen Medizin, bekannt für seine insgesamt 30 Jahre währenden exakten Versuche zur Bestimmung des Körpergewichts, die zur Erstbeschreibung der Perspiratio insensibilis (unsichtbare Absonderung von Wasser über Haut und Lungen) führten, erstmals publiziert in der *Ars Sanctorii Sanctorii [...] De medicina statica aphorismi* (Venedig: Polus, 1614). § 8

Sarcone, Michele (1731–1797): Studium der Medizin und Philosophie in Neapel; dort und zwischenzeitlich auch in Rom Tätigkeit als Arzt; bekannt durch seine Beschreibung der Epidemien Neapels, u. a. die dreiteilige *Istoria ragionata de' mali osservati in Napoli, nell' intero corso dell' anno 1764* (Neapel: Simoniana, 1765), die bereits 1770/72 ins Deutsche übersetzt wurde. § 25

Schmucker, Johann Leberecht (1712–1786): Ausbildung zum Chirurgen am Berliner Collegium medico-chirurgicum, preußischer Militärarzt u. a. unter Friedrich II.; 1774 Mitglied der Leopoldina. Publizierte *Chirurgische Wahrnehmungen* (Berlin: Friedrich Nicolai, 1774) und *Vermischte chirurgische Schriften* (3 Teile, Berlin: Nicolai, 1776–82). § 15

Stahl, Georg Ernst (1659–1734): Medizinstudium und Promotion in Jena; seit 1694 Professor an der neu gegründeten Universität Halle; 1700 Aufnahme in die Leopoldina; seit 1715 Präsident des Berliner Collegium medicum. Vertrat die psychodynamistische Vorstellung einer den Körper regierenden Seele und entwickelte im Bereich der Chemie die Phlogiston-Theorie, derzufolge alles Brennbare einen entzündlichen Stoff enthält, welcher bei der Verbrennung abgegeben wird. §§ 2, 8

Stoll, Maximilian (1742–1788): Theologische Ausbildung an jesuitischen Einrichtungen, dann Medizinstudium an den Universitäten Straßburg und Wien. Seit 1776 Arzt am Wiener Dreifaltigkeitshospital (ab 1784 Allgemeines Krankenhaus), unterrichtete Medizinstudenten und Wundärzte, publizierte als Hauptwerk eine vielbändige *Ratio medendi in nosocomio practico Vindobonensi* (Wien: Augustin Bernardi, 1777–1780), in der die epidemische Situation in Wien breite Darstellung findet. § 25

Sydenham, Thomas (1624–1689): Medizinstudium in Oxford, anschließend freie (d. h. weitgehend vom College of Physicians unabhängige) Praxis in London. Als erfolgreicher Praktiker studierte er vor allem die in London grassierenden Fieber-Epidemien (Masern, Scharlach, Pocken, Pest etc.), über die er möglichst exakt in nach Jahren gegliederten Publikationen (ab 1666 *Methodus curandi febres*, ab 1676 *Observationes medicae*) berichtete. Therapeutisch forderte er häufig Kuren mit Laudanum (Opium-Alkohol-Tinktur) und Chinarinde. Erst posthum wurde er als „englischer Hippokrates" berühmt. §§ 2, 8, 26, 27, 38

# *Glossar*[1]

* Wort in klassischer Latinität nicht belegt (Lemmata ohne Markierung sind im Georges – s. u. – belegt)

° Wort hat andere Bedeutung als in klassischer Latinität

***Zitierte Lexika/Wortliste:***

Georges Georges, Karl Ernst: Ausführliches lateinisch-deutsches Handwörterbuch. Unveränd. Nachdr. der 8., verb. und verm. Aufl. von Heinrich Georges. 2 Bände, Darmstadt: Wissenschaftliche Buchgesellschaft, 2010.

Hoven Hoven, René: Lexique de la prose latine de la Renaissance / Dictionary of Renaissance Latin from prose sources. Deuxième édition revue et considérablement augmentée / Second, revised, and signifantly expanded edition. Avec la collaboration de / Assisted by L. Grailet. Traduction anglaise par / English translation by C. Maas. Revue par / Revised by K. Renard-Jadoul. Leiden/Boston: Brill, 2006.

NLW Ramminger, Johann: Neulateinische Wortliste. Ein Wörterbuch des Lateinischen von Petrarca bis 1700. URL: www.neulatein.de.

***accessorius, -a, -um** *hinzutretend, zusätzlich;* occasionales (sc. causae) -ae §§ 4, symptomata -ia 8
Adjektivbildung zu accessus/accedere (s. Georges). Vgl. accessorie Adv. NLW.

***alcalinus, -a, -um** *alkalisch, laugenhaft;* urinae alcalinae § 24
Adjektivbildung zu alcali s. Hoven: (indécl.) *alkali, soda* ← arab.

**anomalia, -ae f.** *Regelwidrigkeit, Abweichung;* § 19
< griech. ἀνωμαλία, ἡ.

***antiphlogisticus, -a, -um** *entzündungshemmend;* methodo antiphlogistica § 37
Vgl. phlogisticus.

***antisepticus, -a, -um** *antiseptisch, keimtötend;* antiseptica virtus §§ 20, 37
Kompositum aus anti- + griech. σῆψις, ἡ *Fäulnis.*

**aphthae, -arum f.** *Aphthen, Mundfäule;* § 24
< griech. ἄφθαι, αἱ.

**apostema, -atis n.** *Geschwür;* § 18
< griech. ἀπόστημα, ἡ.

***apyrexia, -ae f.** *Apyrexie, Fieberlosigkeit;* § 17
< griech. ἀπυρεξία, ἡ.

**archiater, -tri m.** *Leibarzt, Oberarzt;* Archiatri D. Consbruch; a. dominus D. Reuss Praepositio; peritissimus archiater D. D. Consbruch §§ 15, 25, 32, FN (k)
< griech. ἀρχίατρος, ὁ.

***associatio, -onis f.** *gedankliche Verbindung;* ordo -ionis et rationis § 23

---

[1] *In dieses Verzeichnis wurden medizinische Termini, in den Lexika selten belegte Wörter sowie Neubildungen aufgenommen. Ein Eintrag besteht aus dem Lemma, der deutschen Übersetzung, der Stellenangabe (teilweise mit Kontext), ggf. Hinweisen auf ein Vorkommen in den verwendeten Lexika und Angaben zur Wortbildung oder zur Etymologie.*

Nominalbildung zu associo, -are (s. Georges).

***belladonna, -ae f.** *Tollkirsche;* § 20
Wissenschaftlicher Name: Atropa belladonna.

***carotis, -idis f.** *Halsschlagader;* per carotides § 8
< griech. καρωτίδες, αἱ.

***carus, -i m.** *tiefer Schlaf, Bewußtlosigkeit;* § 23
< griech. κάρος, ὁ.

***catarrhus suffocativus** *Stickfluß;* § 15
Vgl. catarrhus (s. Georges). Vgl. suffocativus.

***catochus Aetii** *Starrsucht nach Aetius;* § 23
< griech. κάτοχος, ἡ.

**celeriusculus, -a, -um** *ein wenig rascher;* pulsus -us § 30
Diminutiv zu Komparativ von celer.

***cessabilis, -e** *träge;* -es cellulas § 5
Adjektivbildung zu cesso, cessare (s. Georges).

***chinatum, -i n.** *Chinarinde;* decocta chinata §§ 27, martialibus chinatis 28, decoctum ch. 30

***chor(a)ea St. Viti** *Veitstanz;* § 23
< St. Vitus, Schutzpatron der Tänzer.

***chylificus, -a, -um** *Nahrungssaft bildend;* officina -ica § 19
Adjektivbildung zu chylos/chylus *Saft* (< griech. χυλός, ὁ). Vgl. NLW chylificatio *Verdauung durch Verflüssigung.*

***chylopoësis, -eos f.** *Produktion von Nahrungssaft;* § 20
< griech. χυλοποίησις, ἡ.

***clysma, -atis f.** *Klistier, Einlauf;* clysmatibus §§ 16, 27, clysmate 30, c. 30
< griech. κλύσμα, τό. Vgl. clysmus (s. Georges).

***cogitatrix, -icis Adj. f.** *die denkt;* facultas c. § 23
Vgl. cogitator (s. Georges). Hoven: *which thinks, which imagines, which concerns the thought.*

***colatorium, -i n.** *Pore;* colatoria occlusa §§ 11, laxiora colatoria 17
Im Mittellat. andere Bedeutungen (liturgische Geräte): *Sieb, Sieblöffel.*

***colatorius, -a, -um** *Poren-;* ostiola colatoria § 8
Adjektivbildung zu colatorium.

***colliquamen, -inis n.** *Verflüssigung, Flüssigkeit;* ichorosum c. §§ 20, 29
Vgl. colliquesco, -ere *flüssig werden* (s. Georges). Vgl. Hoven colliquo, -are *to make melt, to liquify.*

***coma, -ae f.** *Koma;* coma tum vigil, tum somnolentum § 23
< griech. κῶμα, τό *tiefer Schlaf.*

***computrescentia, -ae f.** *Fäulnisprozeß;* ob citam -tiam § 38
Nominalbildung zu computresco *verfaulen* (s. Georges).

**convulsio, -ionis f.** *Krampf;* FN (f)

***cortex peruvianus** *peruvianische Rinde, Chinarinde;* §§ 27, 31

***defervescentia, -ae f.** *Abbrausen, Ausgären, Abklingen;* ad extremam usque -am § 1

Nominalbildung zu defervesco *verwallen*; *auskochen* (s. Georges). Vgl. defervescere § 17. Vgl. effervescentia.

***degeneratio, -ionis f.*** *Abartigkeit, Entartung;* §§ 20, 30
Nominalbildung zu degener/degenerare (s. Georges).

***delicatulus, -i m.*** *armseliger Schlemmer, Genießer;* FN (c)
Diminutiv zu delicatus (s. Georges), mit pejorativer Bedeutung. Vgl. NLW: *blasiert.* Hoven: 1. *quite voluptous,* 2. *quite delicate.*

**delirium, -i n.** *Delirium;* § 23

***depraedico, -are** *(lobend) verkünden, rühmen;* §§ 27, 27, medicus depraedicatus 33
Hoven: *to tell, to proclaim, to praise.* NLW: *(lobend) verkünden.* Kompositum aus de + praedicare (s. Georges).

**despumatio, -ionis f.** *Abschäumung;* in peragenda despumatione FN (p)
Nominalbildung zu despumare (s. Georges).

**diaphoresis, -is f.** *Schweißabsonderung;* § 27
< griech. διαφόρησις, ἡ.

°**diastole, -es f.** *Diastole;* FN (e)
Georges: *Trennung(szeichen).* Hoven: *diastole.*
< griech. διαστολή, ἡ. Vgl. systole.

***digestrix, -icis Adj. f.** *die verdaut;* facultas d. § 23
Vgl. digestor (s. Georges).

**distentio, -ionis f.** *Verzerrung, Krampf;* nervorum distentionibus § 20, convulsio aut d. FN (f)

***effervescentia, -ae f.** *Aufwallung;* sine omni effervescentia § 13
Nominalbildung zu effervesco, -ere *aufwallen* (s. Georges). Hoven: *seething, agitation.* Vgl. defervescentia.

***emesis, -is f.** *Erbrechen;* §§ 25, 26, 28
< griech. ἔμεσις, ἡ.

***euphoria, -ae f.** *Wohlbefinden;* e. exoptata § 14
< griech. εὐφορία, ἡ.

°**exacerbatio, -ionis f.** *Verschärfung, Verschlimmerung;* exacerbationes antevertentes ac diutius persistentes §§ 10, 17, 30, 35
Georges: *Erbitterung.*

***exacerbatiuncula, -ae f.** *kleine Verschärfung;* exacerbatiunculae § 17
Diminutiv zu exacerbatio. Vgl. inflammatiuncula.

***exaestuatio, -ionis f.** *Aufwallung, Aufloderung;* sub pathematum exaestuationibus § 20
Nominalbildung zu exaestuare (s. Georges).

***facies Hippocratica** *Hippokratisches Gesicht (Beschreibung des Gesichts eines Sterbenden);* § 18
Definition in der hippokratische Schrift Prognostikon, c. 2.

***festucarum lectio** *Halmesammeln, Flockenlesen;* § 22
Bezeichnet ein zitteriges und ruheloses Herumfingern in der Luft oder über der Bettdecke. Kann in der Zeitphase vor dem Tod (Agonie) auftreten.

***flatulentia, -ae f.** *Flatulenz, Blähsucht;* § 6. *Blähung;* §§ 8, 30, 34

NLW: *Blähung.*
Weiterbildung zu flatus (s. Georges).
**°frigidiusculus, -a, -um** *etwas kühler;* atmosphaera frigidiuscula § 27
Hoven: frigidiuscule *in quite a cold way.* Georges: *ziemlich matt.*
Diminutiv von Komparativ zu frigidus (s. Georges). Vgl. viridiusculus.
**gangraena, -ae f.** *Brand, Knochenfraß;* §§ 20, 38
< griech. γάγγραινα, ἡ.
***gangraenosus, -a, -um** *ein fressendes Geschwür, Brand betreffend;* mors -osa § 18
Adjektivbildung zu gangraena.
**gonorrhoea, -ae f.** *Gonorrhoe, Samenfluß;* § 24
< griech. γονόῤῥοια, ἡ.
***gravativus, -a, -um** *beschwerend; Druck-;* lassitudo phlegmonoso-gravativa §§ 3, 34, sensus -vus 18
NLW: *erschwerend.*
Weiterbildung des Partizips gravatus (zu gravo, -are s. Georges).
***haemoptois, -is f.** *Blutspucken;* haemoptoen § 37
Vgl. haemoptois, -idis (s. Georges).
< griech. αἱμο- + πτύω. Vgl. griech. αἱμοπτοϊκός *Blut spuckend (s. Lexikon zur byzantinischen Gräzität, besonders des 9.–12. Jahrhunderts. Erstellt von Erich Trapp et al. Wien: Verlag der Österreichischen Akademie der Wissenschaften, 1994ff.).*
**haemorrhagia, -ae f.** *Blutung;* haemorrhagiae profusae § 24
< griech. αἱμοῤῥαγία, ἡ.
**haemorrhois, -idis f.** *Hämorrhoide;* § 22
< griech. αἱμοῤῥοΐς, ἡ.
***halituosus, -a, -um** *ausdünstend;* halituosus sudor § 17
Adjektivbildung zu halitus *Ausdünstung* (s. Georges).
**horripilatio, -onis f.** *Haarsträuben;* -ones vagae § 19
Nominalbildung zu horripilare (s. Georges).
**hydrophobia, -ae f.** *Hydrophobie, Wasserscheu;* § 23
< griech. ὑδροφοβία, ἡ.
**hypochondria, -iorum n.** *Bereich unter den (Rippen)Knorpeln, Bezeichnung für eine somatopsychische Erkrankung;* §§ 21, 30
< griech. ὑποχόνδρια, τά.
**ichnographia, -ae f.** *Grundriß, Entwurf;* utriusque morbi I. Praepositio
< griech. ἰχνογραφία, ἡ (s. Georges, NLW).
***ichorosus, -a, -um** *eitrig;* ichorosum colliquamen § 20
Adjektivableitung < griech. ἰχώρ, τό *Eiter.*
***icterodis, -is** *mit der Gelbsucht behaftet, gelbsüchtig;* oculi icterodes § 22
< griech. ἰκτερώδης. Vgl. ictericus, -a, -um (s. Georges).
***inflammatiuncula, -ae f.** *geringfügige Entzündung;* ex innumeris inflammatiunculis § 38
Diminutiv zu inflammatio. Vgl. dolorculus *geringer Schmerz* NLW.
Vgl. exacerbatiuncula.

***inflammatorius, -a, -um** *entzündlich;* febres inflammatoriae Titel; inflammatorium

<genus> §§ 1, rhythmus 35
Terminus seit dem 16. Jh. gebräuchlich.
Adjektivbildung zu inflammo, -are *entzünden*, inflammatio *Entzündung* (s. Georges).

***insultus, -us m.** *plötzlicher (Krankheits)Anfall;* primo insultu Praepositio; sub insultu maniae §§ 20, 21, 35
Hoven: A) *assault, attack.* NLW: *Angriff.*
Nominalbildung zu insilio, -ire *auf etwas springen, anfallen* (s. Georges).

***internecinus, -a, -um** *tödlich;* morbos internecinos §§ 2, lypothymia -ina 15
Hoven: which leads to a massacre, very bloody.
Variante zu internecivus (s. Georges).

**°iudicatio, -ionis f.** *Krise;* post judicationem § 17
Georges: *Untersuchung; Urteil.* Vgl. iudico.

**°iudico, -are** *Krise überstehen;* a febre liber, judicatus est § 17
Georges: *untersuchen; urteilen.* Vgl. iudicatio.

***iugularis, -is, -e** *Hals-;* venae iugulari sectae FN (g)
Hoven: iugularia, -ae *jugular (vein).*
Adjektivbildung zu iugulum (s. Georges). Vgl. vena iugularis.

***larynx, -yngis f.** *Kehle;* § 22
< griech. λάρυγξ, -υγγος, ὁ/ἡ.

**lethargus, -i m.** *Lethargie, Schlafsucht;* § 23
< griech. λήθαργος, ὁ.

**leucophlegmatia, -ae f.** *Weißschleimkrankheit;* § 13
< griech. λευκοφλεγματία, ἡ.

***lochium, -i n.** *Wochenfluß (nach einer Geburt);* lochia putrida § 20
< griech. λόχιος, -α, -ον zum *Gebären gehörend.*

***lypothymia, -ae f.** *Lipothymie, Bewußtlosigkeit, Ohnmacht;* l. internecina §§ 15, 22
Vgl. lipothymia NLW, Hoven.
< griech. λιποθυμία, ἡ.

**melancholia, -ae f.** *Melancholie, Schwermut;* § 23
< griech. μελαγχολία, ἡ.

***mesenterium, -i n.** *Dünndarmgekröse;* § 38
Hoven: *mesentery.*
< griech. μεσεντέριον, τό.

**°metastasis, -is f.** *Verlagerung;* §§ 30, 36
Vgl. Charlton T. Lewis/Charles Short (ed.): A Latin Dictionary, founded on Andrews Edition of Freunds Latin Dictionary. Oxford/New York 1879: a rhet. fig. I. A refusing … II. a passing over, transition.
< griech. μετάστασις, ἡ.

***meteorismus, -i m.** *Blähsucht;* § 22
< griech. μετεωρισμός, ὁ *Erhebung.*

***miasma, -atos n.** *Verunreinigung, Schmutz;* myasma §§ 2, miasmata 20
< griech. μίασμα, τό.

***miasmaticus, -a, -um** *schmutzig, miasmatisch;* miasmatica pituita § 29
Adjektivbildung zu miasma.

***miliaris, -e** *hirseartig;* miliares papulae; miliares pustulae § 30.

Variante zu miliarius (s. Georges).

**nosocomium, -ii n.** *Krankenhaus;* in nosocomio academico Praepositio, §§ 23, 25
< griech. νοσοκομεῖον, τό.

***nostalgia, -ae f.** *Heimweh;* § 20
Kompositum < griech. νόστος, ὁ *Heimkehr* + ἄλγος, τό *Schmerz.*

***obfarcio, -ire** *vollstopfen;* vasa sanguine obfarciendo §§ 12, arteriae obfarctae FN (e)
Kompositum aus ob + farcio, -ire *(voll)stopfen* (s. Georges). Vgl. offarcinatus *vollgestopft* (s. Georges).

***occasionalis, -is, -e** *gelegentlich;* -es (sc. causae) §§ 4, 6, 34
Adjektivbildung zu occasio, -ionis *Gelegenheit.*

**oeconomia, -ae f.** Ökonomie; morborum oe. Praepositio.
< griech. οἰκονομία, ἡ *Verwaltung, Haushaltung.*

***oppletio, -ionis f.** *Anfüllung;* cum summa vasorum oppletione FN (e)
NLW: *Vollsein.*
Nominalbildung zu oppleo, -ere (s. Georges).

***paraphrenitis, -idis f.** *Paraphrenitis, abgemilderte Phrenitis;* § 23
< griech. παρά + φρενῖτις, ἡ. Vgl. phrenitis.

***pathema, -atis** *Leiden;* sub pathematum exaestuationibus § 20
Hoven: pain.
< griech. πάθημα, τό.

**peripneumonia, -ae f.** *Peripneumonie, Lungenentzündung;* p. lethalis § 18
< griech. περιπνευμονία, ἡ.

**pertango, -ere** *ganz berühren, ganz ergreifen;* ad statum pertigisse § 10

***pharynx, -yngis f.** *Rachen;* § 22
< griech. φάρυγξ, -υγγος, ἡ.

***phlogisticus, -a, -um** *entzündlich;* febrium phlogisticarum §§ 4, 8, 10, 13, 17, 18, 21, 22, 34
Adjektivbildung zu phlogosis.
Vgl. auch antiphlogisticus.

***phlogosis, -is m.** *Entzündung;* §§ 6, 13, 31, 32, 34, 35
< griech. φλόγωσις, ἡ.

**phrenitis, -idis f.** *Phrenitis, Gehirn- oder Zwerchfellentzündung;* §§ 20, 23
< griech. φρενῖτις, ἡ. Vgl. paraphrenitis.

***plethoricus, -a, -um** *blutüberfüllt;* corporis plethorici § 17
Hoven: *plethoric.*
< griech. πληθωρικός.

***pleuresia, -ae f.** *Pleuritis; Brustfellentzündung bzw. Rippen- oder Lungenfellentzündung;* § 15
Lat. Bildung < griech. πλευρά, ἡ *(Rippe).*

**pleuriticus, -a, -um** *die Pleuritis betreffend, pleuritisch;* crustam pleuriticam §§ 13, 14
< griech. πλευριτικός.

***punctorie Adv.** *stechend;* § 8
Vgl. punctorium, -ii n. *Stecher* (s. Georges).

***pungitivus, -a, -um** *stechend;* dolor § 34

NLW: *stechend.*
Adjektivableitung von pungo, -ere *stechen* (s. Georges).
°**purpura, -ae f.** *Blutfleckenkrankheit;* § 22. *Roter Friesel* p. rubra § 38
Georges: *Purpurfarbe.*
***reanimo, -are** *wieder anregen;* quae vim vitae … reanimet FN (i)
= redanimo, -are (s. Georges).
***regurgito, -are** *zurückströmen;* lochia regurgitantia § 20
Hoven: *to reject, to drive back (a liquid) to the place from whence it came.*
Vgl. regurgitatio *Zurückfließen* (s. NLW). Vgl. gurges, -itis *reißende Strömung* (s. Georges).
***rheum, -i n.** *Rhabarber;* § 30
Wissenschaftlicher Name: Rheum rhabarbarum.
***risus Sardonius** *sardonisches Lachen, Gesichtskrampf;* § 23
Hoven s. v. Sardonius, -a, -um: risus Sardonius *sardonic laughter.*
***Sanctorianus, -a, -um** *von Santorio;* transpiratio Sanctoriana § 8
Adjektivbildung zu Santorio (s. *Personenregister*).
**scirrhus, -i m.** *harte Geschwulst;* § 18
= scirros (s. Georges).
< griech. σκίρρος, ἡ.
***solutio critica** *Lösung des Krankheitsfalls durch Krisis;* § 18
***soporosus, -a, -um** *schläfrig;* soporose § 23
Weiterbildung von soporus (s. Georges).
***sporadice** Adv. *sporadisch, verstreut;* § 19
***sporadicus, -a, -um** *sporadisch, verstreut;* -i natales § 19
< griech. σποραδικός.
***Stahlianus, -a, -um** *zu Stahl gehörend, von Stahl; Stahliana Autocratia* § 8
Adjektivbildung zu Stahl (s. *Personenregister*).
***stasis, -is f.** *Stockung;* stases §§ 2, 34, FN (i)
< griech. στάσις, ἡ.
***stertor, -oris m.** *Schnarchgeräusch, Schnarchen;* profundus §§ 18, moribundus 29
Nominalbildung zu sterto, -ere *schnarchen* (s. Georges).
***subsultus, -us f.** *Hüpfen;* tendinum subsultus § 8
Hoven: hopping about.
Nominalbildung zu subsulto, -are (s. Georges).
***succeler, -is, -e** *etwas beschleunigt;* pulsum parvum et succelerem § 30
Kompositum aus sub + celer (s. Georges).
***suffocativus, -a, -um** *Erstickung verursachend;* catarrhus s. § 15
NLW: *der zum Ersticken bringt*: catarrhus suffocatiuus, *Asthma.*
Adjektivbildung zu suffoco, -are (s. Georges). Vgl. catarrhus suffocativus.
***suspirus, -a, -um** *keuchend;* spiratio § 22
Vgl. suspiriosus (s. Georges).
**syncope, -es f.** *Ohnmacht;* § 29
< griech. συγκοπή, ἡ.

**syringa, -ae f.** *Rohr;* syringae ope; per Syringam § 30

Nebenform zu syrinx, -ingis (s. Georges); < griech. σῦριγξ, ἡ.

°**syrma, -atis n.** *das sich Hinschleppen;* per longum febrium acutarum syrma §§ 30, longo syrmate 36
Georges: *Schleppkleid, Talar, Tragödie.*
< griech. σύρμα, τό *Schleppkleid; Ziehen, Schleifen.*

°**systole, -es f.** *Systole;* FN (e)
Georges: *Verkürzung einer langen Silbe.* Hoven: *movement of the heart.*
< griech. συστολή, ἡ. Vgl. diastole.

***tendo, -inis** *Sehne;* tendinum subsultus §§ 8, 22
Hoven: *tendon.*
Nominalbildung zu tendo, -ere *spannen* (s. Georges).

**tenesmodes, -es** *dem Stuhlzwang ähnlich, schmerzhaften Stuhlgang betreffend;* diarrhoea t. § 22
< griech. τεινεσμώδης.

**tenesmos, -i m.** *Stuhlzwang, schmerzhafter Stuhlgang;* § 30
< griech. τεινεσμός, ὁ.

***thrombus, -i m.** *Blutpfropf;* thrombi venarum § 13
< griech. θρόμβος, ὁ.

***timidulus, -a, -um** *etwas furchtsam;* Praepositio
(Georges: Adv. timidule *etwas furchtsam*). NLW: *etwas ängstlich.* Hoven: *quite shy, quite timorous.*
Diminutiv zu timidus.

***transsudo, -are** *hindurchschwitzen, ausschwitzen;* humores per laxiora colatoria transsudant § 17
Kompositum aus trans + sudare *schwitzen* (s. Georges).

***tympanitis, -itidis f.** *Trommelwassersucht;* § 22
= tympanites, -ae m. (s. Georges).
< griech. τυμπανίτης, ὁ.

***urticatus, -a, -um** *Nessel-;* febris urticata § 38
Adjektivbildung zu urtica, -ae *(Brenn)nessel* (s. Georges).

***valdopere Adv.** *erheblich, sehr;* § 5
NLW: *sehr.*
Kompositum aus valde + opere; Analogiebildung zu magnopere (s. Georges).

**valvula, -ae f.** *Klappe, Ventil;* valvula coli § 25
= valvolae, -arum *Scheiden, Schoten der Hülsenfrüchte (gleichs. die Doppelklappen)* (s. Georges). Hoven: *a valve.*
Diminutiv zu valvae, -arum *Türflügel, Klapptür* (s. Georges).

***vappesco, -ere** *schimmelig, säuerlich werden;* § 20
Hoven: uapesco, -ere *to be passing its best (in reference to wine).*
Verbalbildung zu vappa *umgeschlagener, schimmeliger Wein* (s. Georges).

***vena iugularis** *Halsader, Drosselvene;* FN (g)
Hoven: iugularia, -ae *jugular (vein).*
Vgl. iugularis.

°**ventilator, -oris m.** *Lüftungsvorrichtung;* ope ventilatorum § 27

Georges: *Schwinger, Umstecher, Worfler; Taschenspieler; Beunruhiger; Antreiber.*
Nominalbildung zu ventilo, -are *lüften* (s. Georges).

***vesicatorium, -i n.** *Blasenpflaster;* v. pectori impositum § 15
Weiterbildung zu vesica *Harnblase* (s. Georges).

***viridiusculus, -a, -um** *grünlicher;* crustam viridiusculam FN (v)
Diminutiv von Komparativ zu viridis (s. Georges).

***vomituritio, -onis f.** *Brechreiz;* § 19
NLW: *Brechreiz.*
Nominalbildung zu *vomiturio, -ire (s. Hoven: *to feel like vomiting*).

# AVANTUREN DES NEUEN TELEMACHS

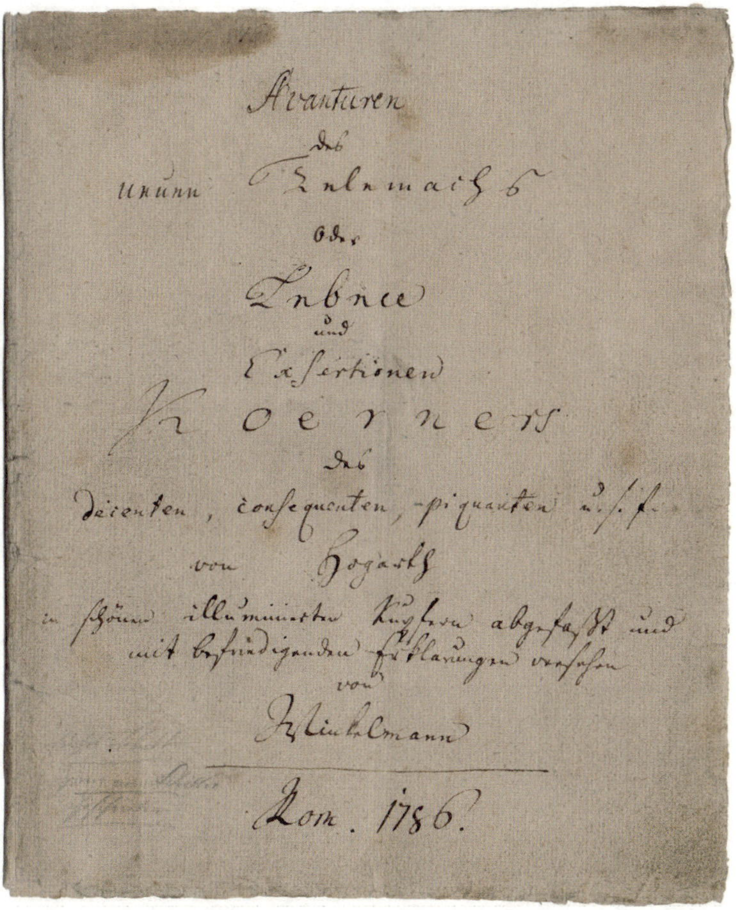

Avanturen
des
neuen Telemachs
oder
Leben
und
Exsertionen
Koerners
des
decenten, consequenten, piquanten u.s.f.
von Hogarth
in schönen illuminirten Kupfern abgefaßt und
mit befriedigenden Erklärungen versehen
von
Winkelmann

Rom. 1786.

Die Mittel.

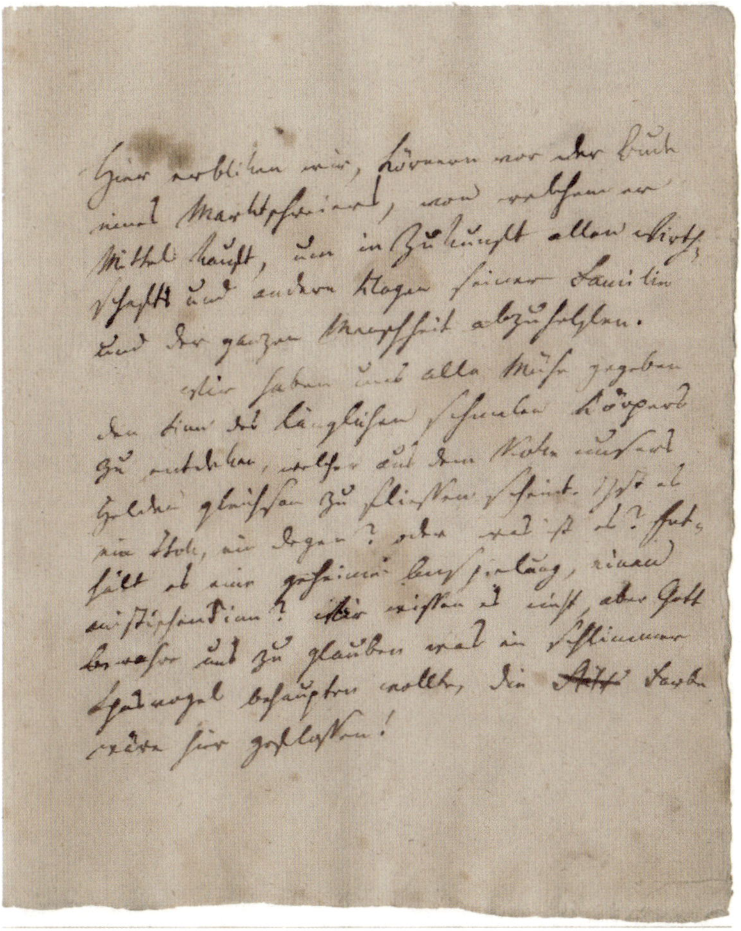

Hier verblieben wir, können vor der Hand
einen Marktschreier, von welchem er
Mittel kauft, um in Zukunft allen Wirthschafts und andern Klagen seiner Familie
und der ganzen Menschheit abzuhelfen.
Wir haben uns alle Mühe gegeben
den Sinn des länglichen schmalen Körpers
zu entdecken, welcher auf dem Rücken unsers
Helden gleichsam zu flicken scheint. Ist es
ein Stock, ein Degen? oder was ist es? Hat,
hält er eine geheime Empfehlung, einen
ein Stipendium? Wir wissen es nicht, aber Gott
bewahre uns zu glauben was ein schlimmer
Spaßvogel behaupten wollte, die ~~Att~~ Farbe
wäre hier zerplatzt!

1.
2.
3.
4.
5.

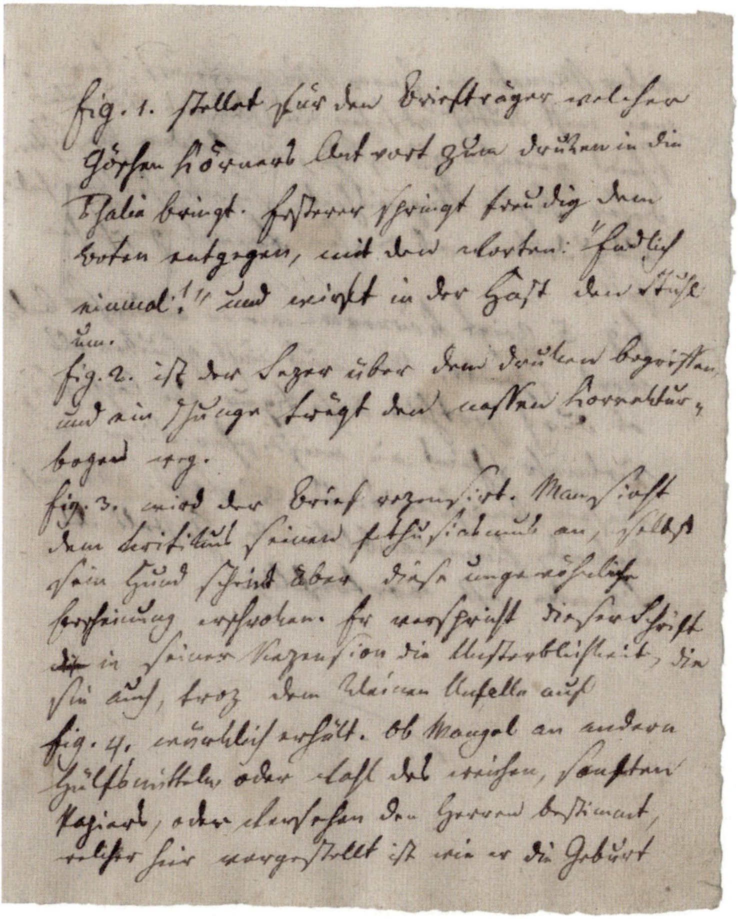

fig. 1. stellet für den Briefträger welcher
Göschen Körners Antwort zum drucken in die
Thalia bringt. Schiller springt freudig dem
Boten entgegen, mit den Worten: „Endlich
einmal!" und reißt in der Hast den Stuhl
um.
fig. 2. ist der Sezer über dem drucken begriffen,
und ein Junge trägt den ersten Korrekturbogen weg.
fig. 3. wird der Brief rezensirt. Man sieht
dem Kritikus seinen Enthusiasmus an, selbst
sein Hund scheint über diese ungewöhnliche
Erscheinung erschroken. Er verspricht dieser Schrift
~~di~~ in seiner Rezension die Unsterblichkeit, die
sie auch, troz dem kleinen Unfalle auf
fig. 4. wirklich erhält. Ob Mangel an andern
Hülfsmitteln oder Lust des weichen, sanften
Papiers, oder überhaupt den Genius bestimmt,
welcher hier vorgestellt ist wie er die Geburt

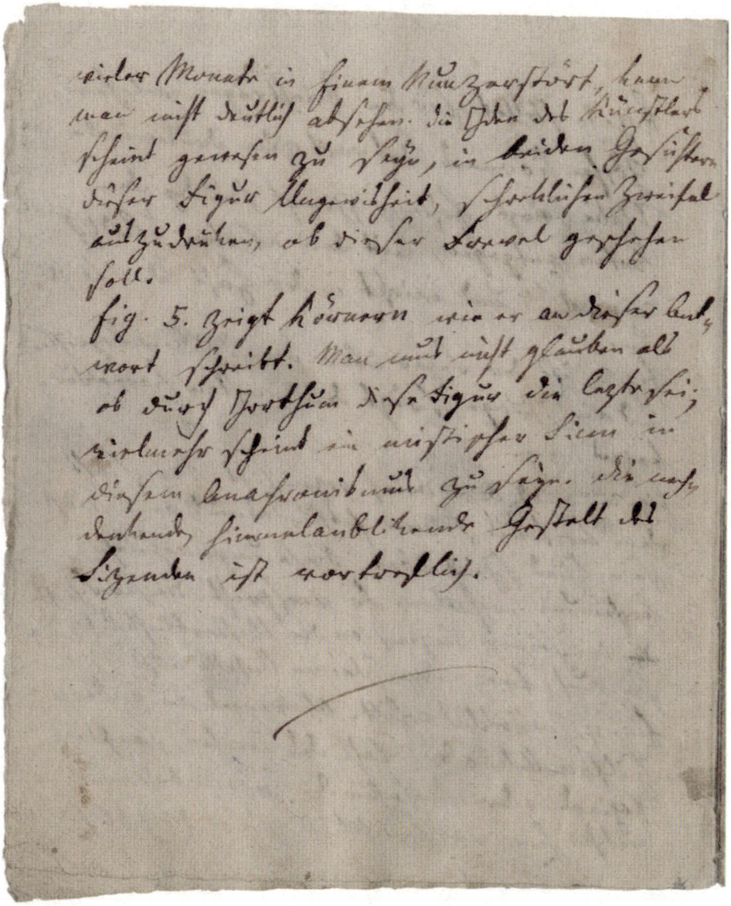
vieler Monate in seinem [illegible] zerstört, kann
man nicht deutlich absehen. die Idee des Künstlers
scheint gewesen zu seyn, in beiden Gesichtern
dieser Figur Ungewißheit, schrecklichen Zweifel
auszudrücken, ob dieser [illegible] geschehen
soll.
fig. 5. zeigt [illegible] wie er an dieser [illegible]
wort schreibt. Man muß nicht glauben als
ob durch Irrthum dieser Figur die Lage sei;
vielmehr scheint ein mystischer Sinn in
diesem Unterschiede zu liegen. die nach
derselben himmelaufblickende Gestalt des
Schreibers ist vortrefflich.

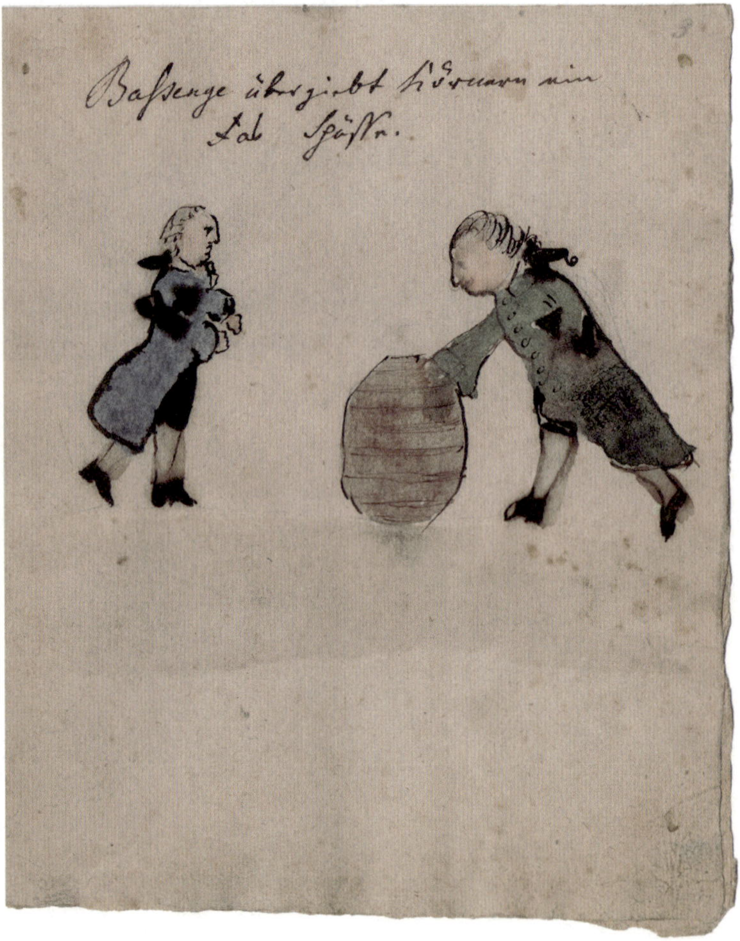
Baßenge übergiebt Lüdemann ein
Faß

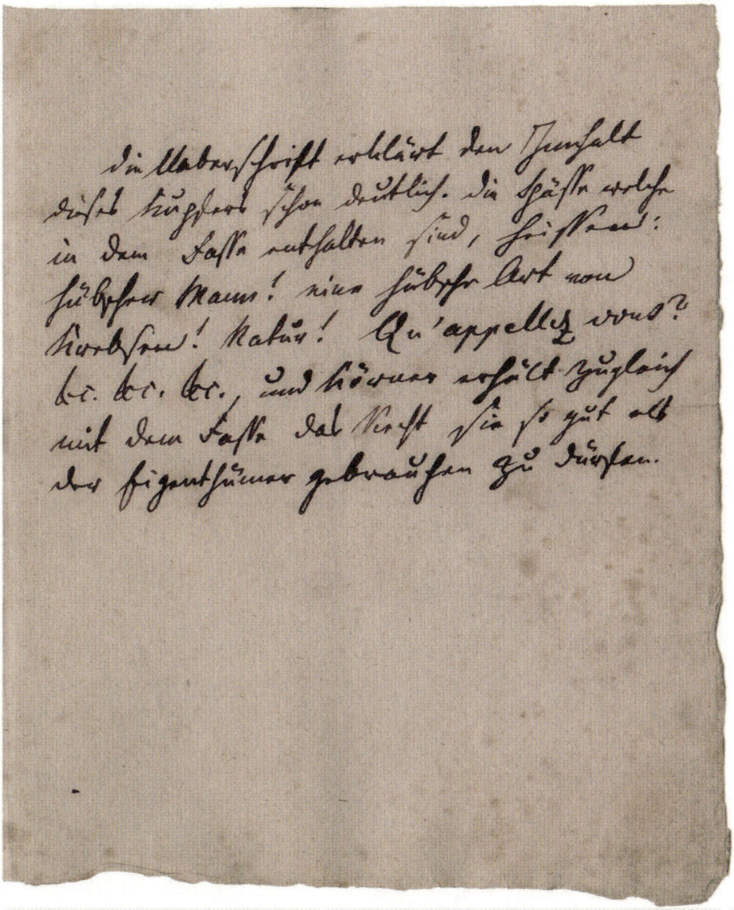
Die Ueberschrift erklärt den Inhalt
dieses Kupfers schon deutlich. Die Späße welche
in dem Kasten enthalten sind, heißen:
hübscher Mann! eine hübsche Art von
Kerlchen! Natur! Qu'appellez vous?
&c. &c. &c., und Körner erhält zugleich
mit dem Kasten das Recht sie so gut als
der Eigenthümer gebrauchen zu dürfen.

Der Stuhlschab.

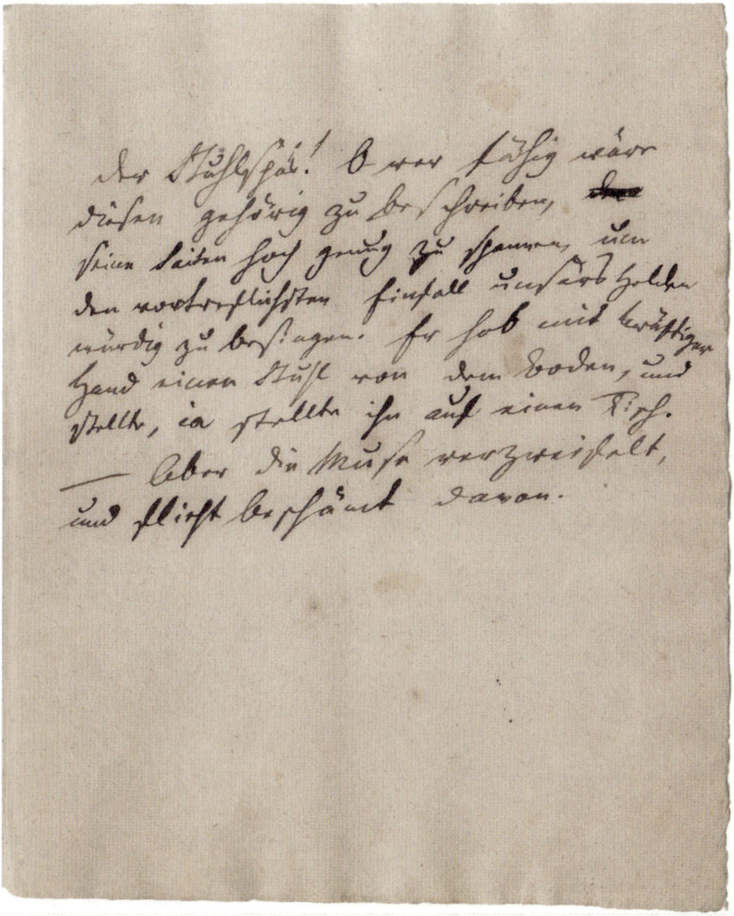
der Stuhlschau! O wer fähig wäre
diesen gehörig zu beschreiben, ~~der~~
seine Saiten hoch genug zu spannen, um
den vortrefflichsten Einfall unsers Helden
würdig zu besingen. Er hob mit kräftiger
Hand einen Stuhl von dem Boden, und
stellte, ja stellte ihn auf einen Tisch.
— Ueber die Muse verzweifelt,
und flieht bestürzt davon.

4.
5.
2.
Körners Familienleben.
fig. 1.

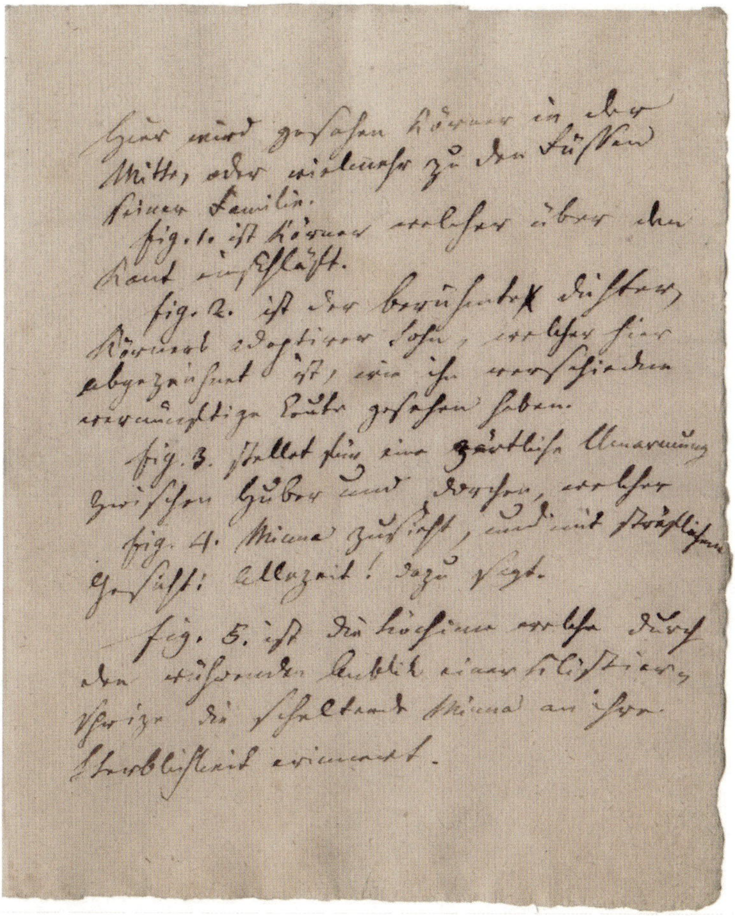
hier wird gesehen Körner in der
Mitte, oder vielmehr zu den Füssen
seiner Familie.
fig. 1. ist Körner welcher über den
Laut einschläft.
fig. 2. ist der berühmteste Dichter,
Körners adoptirter Sohn, welcher hier
abgezeichnet ist, wie ihn verschiedene
vernünftige Leute gesehen haben.
fig. 3. stellet für eine zärtliche Umarmung
zwischen Huber und Dorchen, welcher
fig. 4. Minna zusieht, und mit sträflichem
Gesicht: allezeit! dazu sagt.
fig. 5. ist die Köchinn welche durch
den rührenden Anblick einer solchen Scene,
über ihr die scheltende Minna an ihre
Sterblichkeit erinnert.

fig. 1.
Ich zahle für alle.
2.
3.
Stockholm
4.

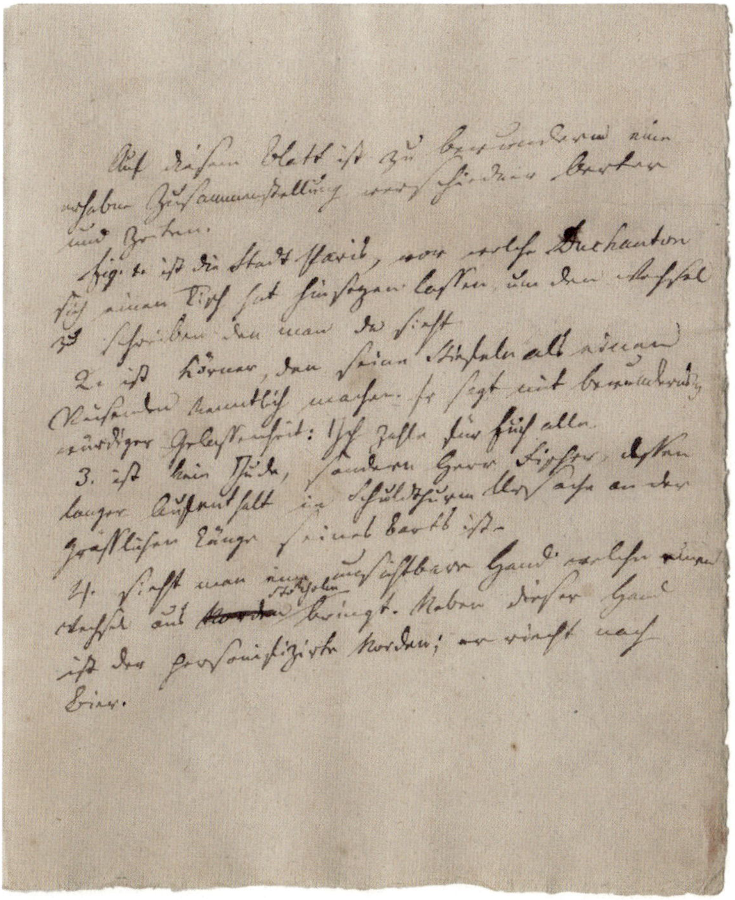

Auf diesem Blatt ist zu bewundern eine
erhabne Zusammenstellung verschiedner Oerter
und Zeiten.
Hier ist die Stadt Paris, wo welche Dechanten
sich einen Tisch hat hinsetzen lassen, um den Wechsel
zu schreiben den man da sieht
2. ist Körner, den seine Wechsel als einen
Reisenden kenntlich machen. Er sagt mit bewundernswürdiger Gelassenheit: Ich zahle für Euch alle.
3. ist kein Jude, sondern Herr Fischer, dessen
langer Aufenthalt in Schuldthürmen Ursache an der
gräßlichen Länge seines Barts ist.
4. sieht man eine unsichtbare Hand welche einen
Wechsel aus ~~Norden~~ Stockholm bringt. Neben dieser Hand
ist der personifizirte Norden; er riecht nach
Eier.

fig. 1.
fig. 2.
und
der Postillon.

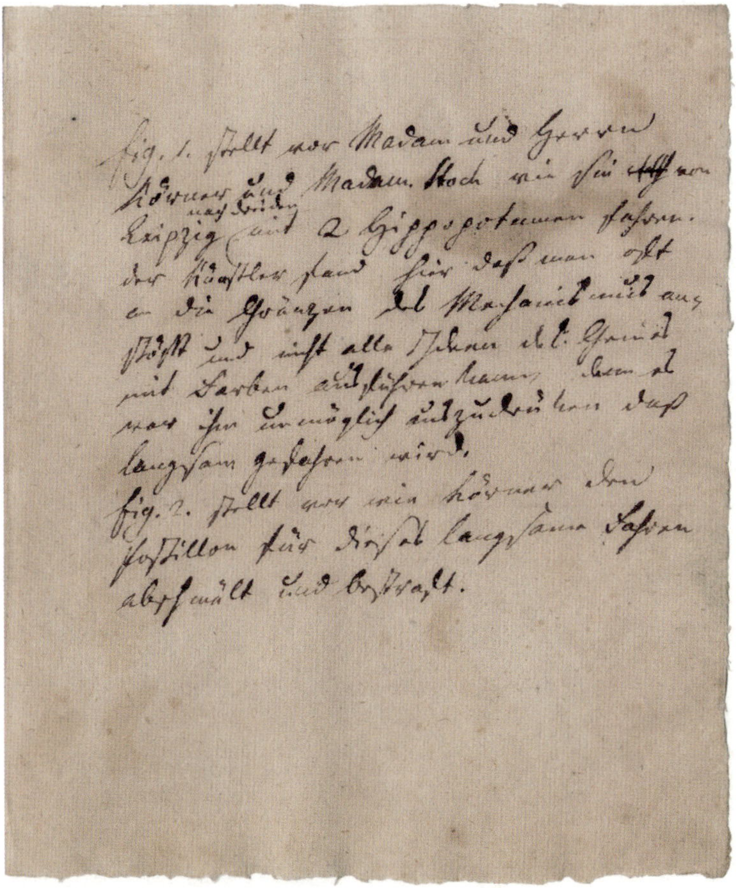

fig. 1. stellt vor Madam und Herren
Körner und Madam Stock wie sie ~~[illegible]~~ von
Leipzig nach Dreßden mit 2 Hippopotamen fahren.
der Künstler fand hier daß man oft
an die Gränzen der Mahlerei mit anstößt und nicht alle Ideen des Genies
mit Farben ausführen kann; denn es
war ihm unmöglich auszudrücken daß
langsam gefahren wird.
fig. 2. stellt vor wie Körner den
Postillon für dieses langsame fahren
abschmält und bezahlt.

Kaiser nach Egypten.

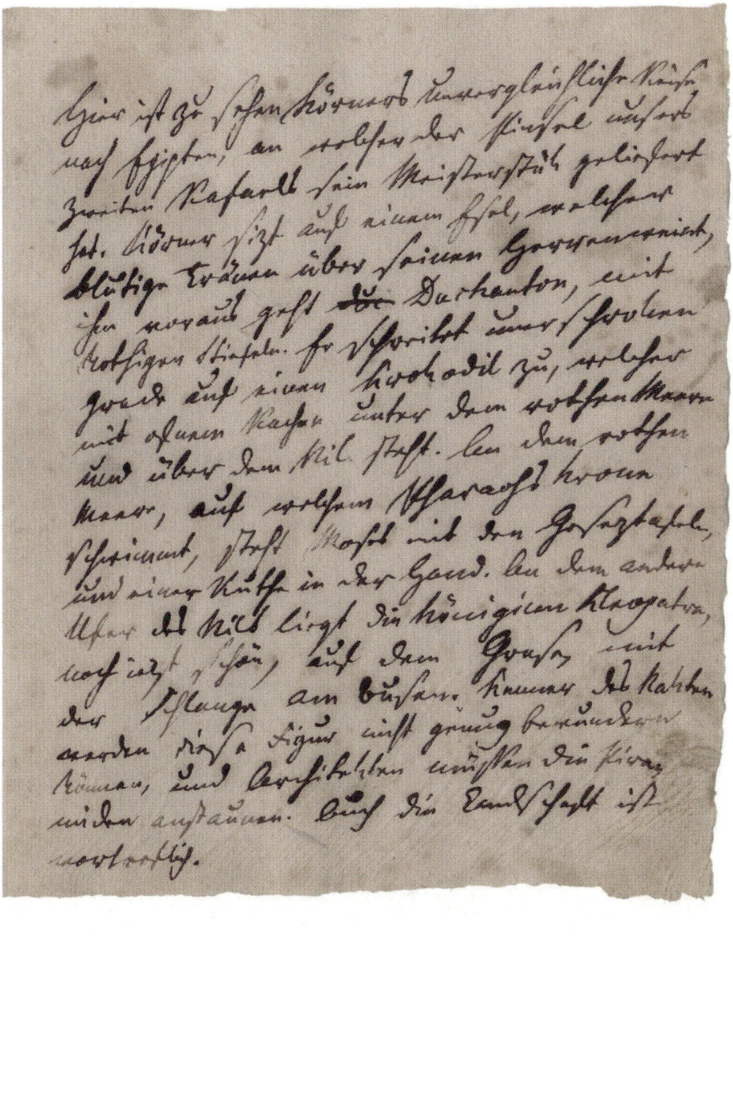
Hier ist zu sehen Körners unvergleichliche Reise
nach Egypten, an welcher der Pinsel unsers
zweiten Rafaels sein Meisterstück geliefert
hat. Körner sizt auf einem Esel, welcher
blutige Thränen über seinen Herrn weint,
ihm voraus geht ~~der~~ Dechanten, mit
rothigen Stiefeln. Er schreitet unerschrocken
grade auf einen Krokodil zu, welcher
mit offenem Rachen unter dem rothen Meere
und über dem Nil steht. An dem rothen
Meer, auf welchem Pharaos Krone
schwimmt, steht Moses mit der Gesezestafel,
und einer Ruthe in der Hand. An dem andern
Ufer des Nils liegt die Königinn Kleopatra,
nackend schön, auf dem Grase mit
der Schlange am Busen. Kenner des Mahlens
werden diese Figur nicht genug bewundern
können, und Architekten müssen die Piramiden
wieder anstaunen. Auch die Landschaft ist
vortreflich.

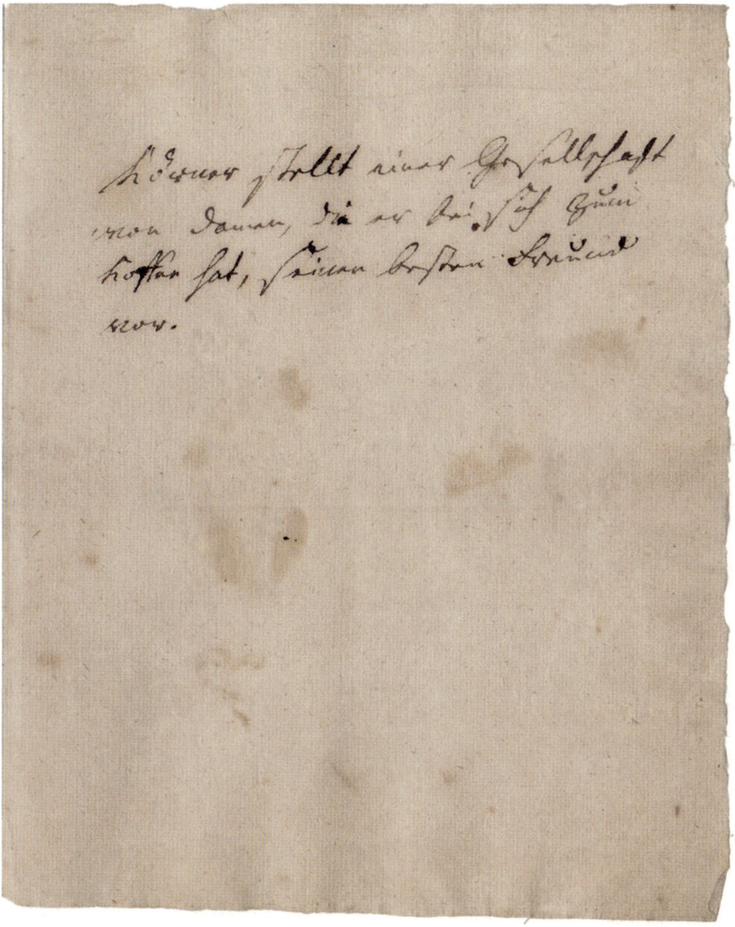
Lörner stellt einer Gesellschaft
von Damen, die er bei sich ge-
hoffet hat, seinen besten Freund
vor.

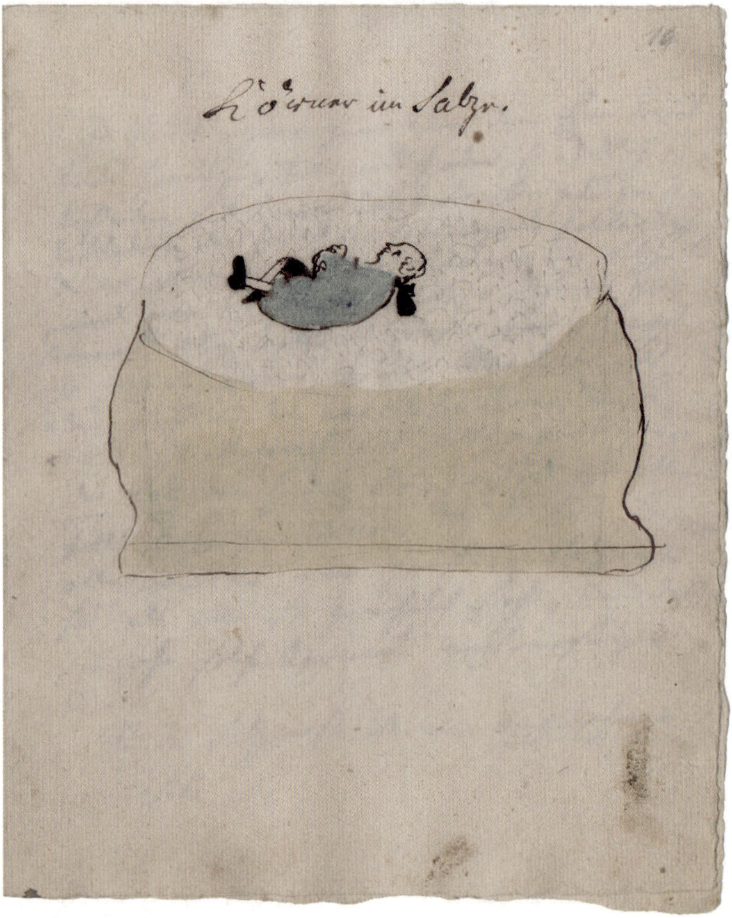

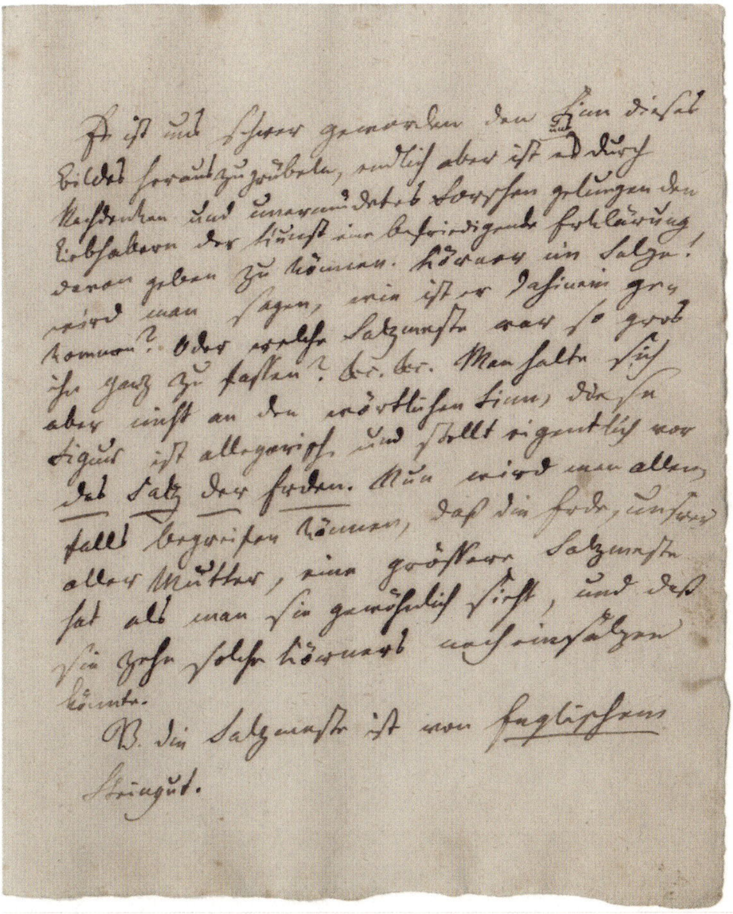

Es ist mir schwer geworden den Sinn dieses Bildes herauszugrübeln, endlich aber ist es durch Nachdenken und unverwandtes Forschen gelungen den Liebhabern der Kunst eine befriedigende Erklärung davon geben zu können. Kerner im Salze! wird man sagen, wie ist er dahinein gekommen? Oder welche Salzmeste war so groß ihn ganz zu fassen? &c. &c. Man halte sich aber nicht an den wörtlichen Sinn, diese Figur ist allegorisch und stellt eigentlich vor das Salz der Erden. Nun wird man allenfalls begreifen können, daß die Erde, unser aller Mutter, eine größere Salzmeste hat als man sie gewöhnlich sieht, und daß sie sehr solche Kerners wohl einsalzen könnte.

NB. die Salzmeste ist von Englischem Steingut.

11.

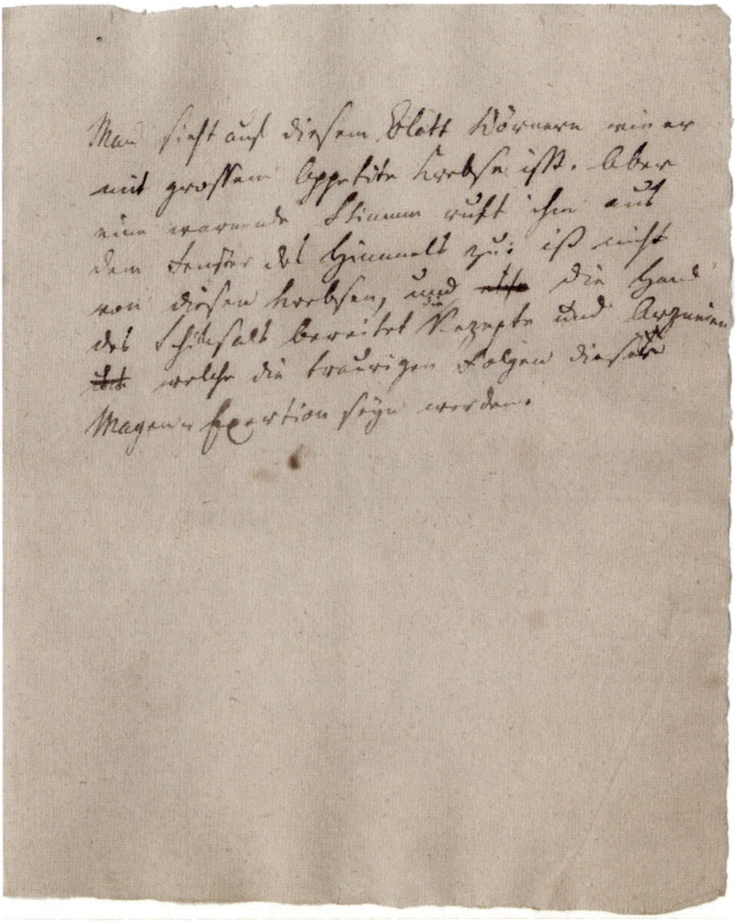
Man sieht auf diesem Blatt Wörmern einer
mit grossem Appetite herbsen isst. aber
eine warnende Stimme ruft ihm aus
dem Fenster des Himmels zu: iß nicht
von diesen herbsen, und die Hand
des Schicksals bereitet Rezepte und Arzneien
welche die traurigen Folgen dieser
Magen-Secretion seyn werden.

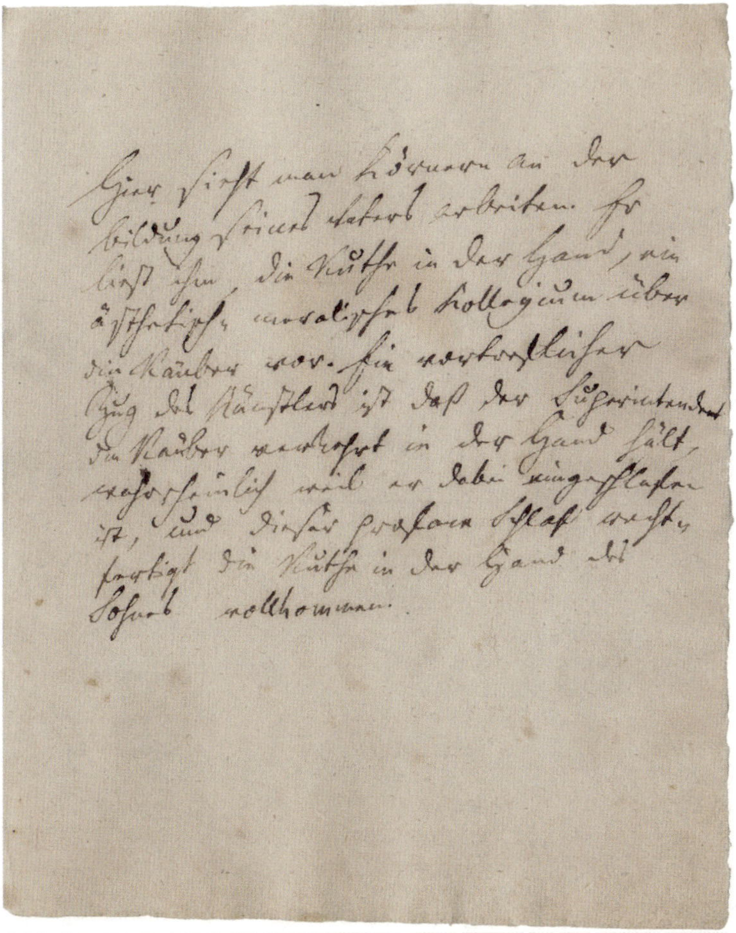
Hier sieht man Lörmern an der
Bildung seines Lehrers arbeiten. Er
liest ihm, die Ruthe in der Hand, ein
ästhetisch-moralisches Kollegium über
die Räuber vor. Ein vortrefflicher
Zug des Künstlers ist daß der Superintendent
die Räuber verkehrt in der Hand hält,
wahrscheinlich weil er dabei eingeschlafen
ist, und dieser gerechte Schlaf rechtfertigt die Ruthe in der Hand des
Lehrers vollkommen.

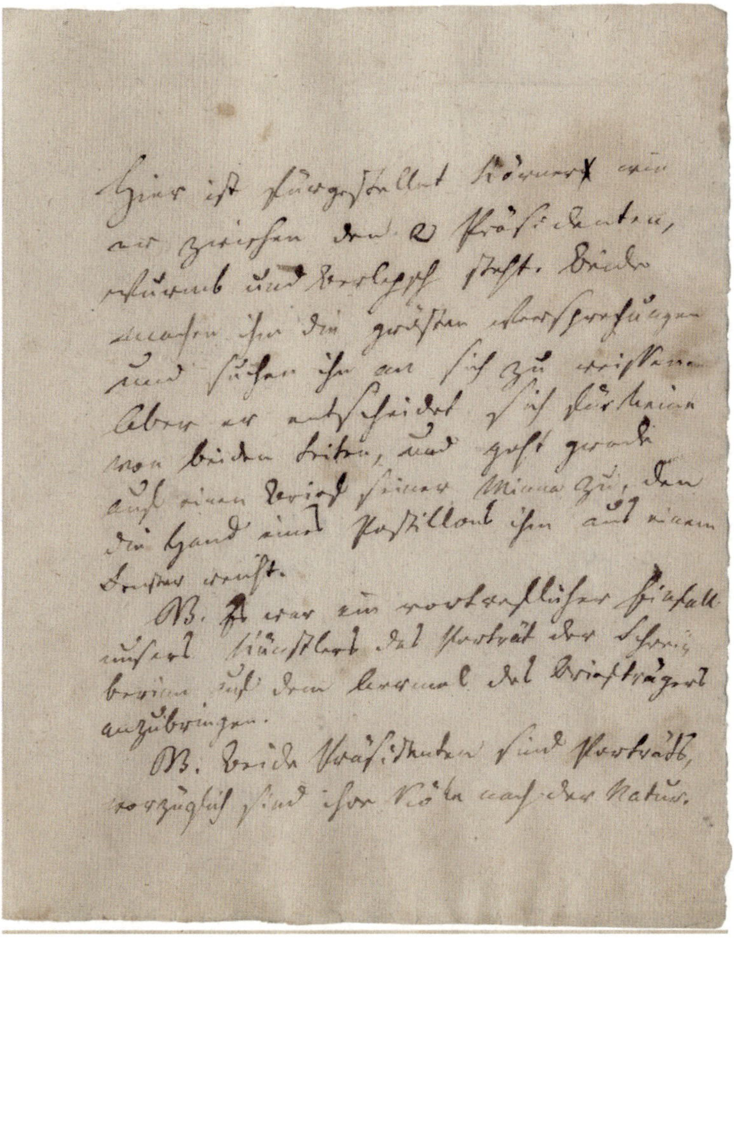

Hier ist hingestellt Körnert x wie
er zwischen den 2 Präsidenten,
schwankend und verlegen steht. Beide
machen ihm die größten Ehrenbezeugungen
und suchen ihn an sich zu reißen.
Aber er entscheidet sich für keinen
von beiden Seiten, und geht gerade
auf einen Brief seiner Mama zu, den
die Hand eines Postillons ihm auf einem
Degen reicht.

NB. Es wär ein vortrefflicher Einfall
unsers Künstlers das Portrait der Schwei-
zerin auf dem Wappen des Briefträgers
anzubringen.

NB. Beide Präsidenten sind Portraits,
vorzüglich sind ihre Köpfe nach der Natur.

Thalias vergebliches
Hoffen.

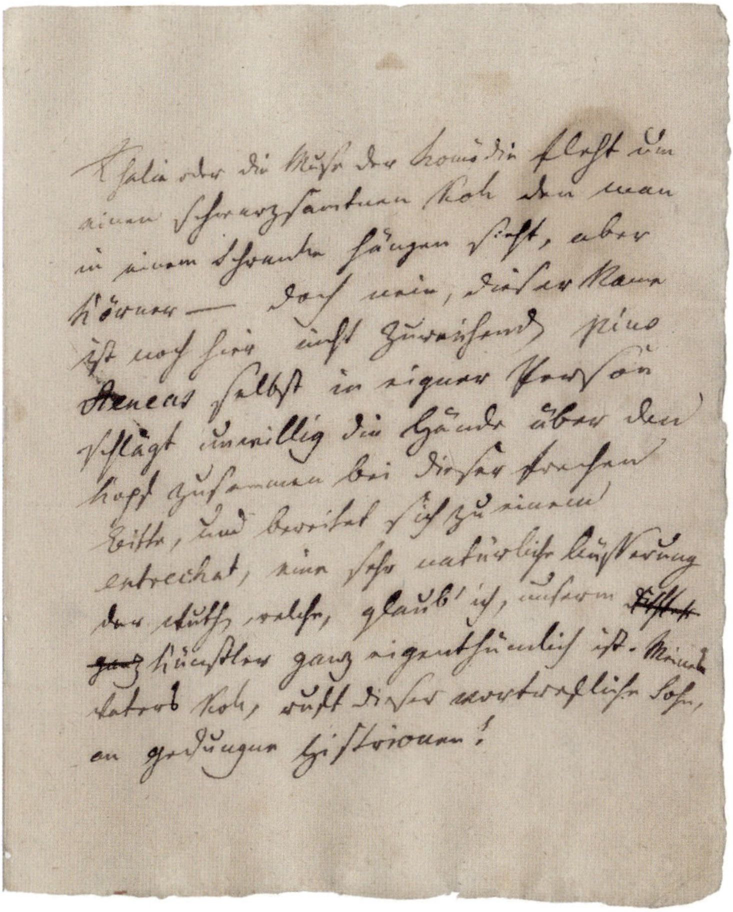

Thalia oder die Muse der Komödie flicht ein
einen Scherzhaften Kolb den man
in einem Schranke hängen sieht, aber
können — doch nein, dieser Mann
ist noch hier nicht zureichend pius
Aeneas selbst in eigner Person
schlägt unwillig die Hände über den
Kopf zusammen bei dieser frechen
Bitte, und bereitet sich zu einem
entrechat, eine sehr natürliche Äusserung
der Wuth, welche, glaub' ich, unserm ~~[illegible]~~
~~ganz~~ Künstler ganz eigenthümlich ist. ~~Mein~~
Patroc Kolb, wüst dieser vortreflicher Sohn,
an gedungen Historien!

# ANMERKUNGEN

## *Überlieferung*

*H: Beinecke Rare Book & Manuscript Library at Yale University, William A. Speck Collection of Goetheana, Box 15, Folder 604. 15 gerippte Doppelblätter 17,5 × 21 cm. Einhorn-Wasserzeichen auf den dem Titelblatt folgenden numerierten Doppelblättern 1, 4, 6, 7, 10–14;* AS-*Wasserzeichen auf dem Titelblatt sowie auf den Blättern 2, 5 und 9. Kein Wasserzeichen auf den Doppelblättern 3 und 8. Die 14 Blätter mit Schillers Bildern sind auf der jeweils 1. Seite rechts oben mit Bleistift fortlaufend numeriert, vermutlich nach dem Tod des langjährigen Besitzers Carl Künzel (1806–1877). Fast alle Texte Hubers befinden sich auf dem jeweils 3. Blatt, nur für den Text zum 2. Bild („Körners Schriftstellerei") hat Huber für seinen langen Text noch die 4. Seite benutzt.– E: Der lachende Tragiker. Humoristische Bilder von Friedrich Schiller. Hrsg. Von Carl Künzel. Leipzig (A. H. Payne [1862]). Nachdruck (hrsg. und erläutert von Hermann Seyboth). Stuttgart 1955.*

## *Entstehung, Geschichte*

*Anfang Juni 1784, wenige Tage, nachdem Schiller in Mannheim als Mitglied des dortigen Theaterausschusses ausgeschieden war, bekam er einen anonymen Brief von Christian Gottfried Körner, einem Konsistorial- und Appelationsgerichtsrat in Dresden, der seine Hochachtung für den Dichter versicherte und auf die Beilage hinwies: Porträts von vier Bewunderern Schillers, eingefügt in eine gestickte Brieftasche; außer Körner hatten sich an der Sendung beteiligt: Körners Verlobte Minna Stock, deren Schwester Dora Stock sowie der gemeinsame Freund Ludwig Ferdinand Huber, seines Zeichens Schriftsteller. Den Wunsch nach einer Begegnung hatte Körner andeutend formuliert: er möchte „gern seinem Wohlthäter die Hand drücken". Vgl. NA 33 I, 31f. und 33 II, 83f. Es dauerte fast ein Jahr, bis der erste Händedruck der Beiden, die schon brieflich – auch durch das „Du" – freundschaftlich verbunden waren, möglich wurde. Das folgende Jahr, in dem Schiller, meist beschäftigt mit „Dom Karlos", zunächst in Leipzig, ab Mai 1785 in dem nahegelegenen Ort Gohlis, ab September 1785 in Dresden und dem nahegelegenen Loschwitz lebte, intensivierte sich die Freundschaft zu Körner, der den Dichter auch gelegentlich finanziell unterstützte, derart, daß wie von selbst Eigenarten des einen und des anderen zur wechselseitigen Kritik führen konnten.*

*Die „Avanturen" entstanden vermutlich im Juni 1786. Sie waren ein Geburtstagsgeschenk für Körner, der am 2. Juli 1786 30 Jahre alt wurde. Schiller und der gemeinsame Freund Ludwig Ferdinand Huber hatten in Dresden (am Kohl-Markt 6) eine gemeinsame Wohnung, in die Huber nach einem längeren Aufenthalt in Leipzig am 20. Mai 1786 zurückgekehrt war. Dort entstanden die Bilder und Texte, die Körner Freude bereiten sollten. Es kann nicht bezweifelt werden, daß Schillers Geschenk, an dem Huber Anteil hatte, dem Beschenkten gefiel, so daß er im folgenden Jahr ein weiteres Geschenk, dessen literarischer Inhalt mit scherzhafter Kritik gespickt war, bekam: „Körners Vormittag". Vgl. NA 5 N, [279–] 297 und [588–] 618.*

Über die Aufnahme der *„Avanturen des neuen Telemachs" im Kreis der an der Geburtstagsfeier beteiligten Personen ist nichts bekannt. Körner verwahrte die 15 Doppelblätter; nach seinem Tod (1831) blieben sie zunächst im Besitz seiner Ehefrau Minna, die sie aber schon 1837 dem Heilbronner Papierfabrikanten und Autographensammler Carl Künzel (1808 bis 1877) überließ, der ihre Forderung, die Bildgeschichte nicht zu veröffentlichen, annahm. Doch nach Minna Körners Tod (1843) zeigte er seine Schätze vielen Freunden Schillers, von denen die Forderung immer lauter wurde, die „Avanturen" zu veröffentlichen. Und als auch die Schillerschen Nachkommen einverstanden waren, publizierte Künzel Ende 1862 das Werk. Die Handschriften, so schien es ein ganzes Jahrhundert, habe Künzel vor seinem Tod vernichtet. (Vgl. Emil Michelmann: Carl Künzel. Ein Sammler-Genie aus dem Schwabenland. Stuttgart 1938. S. 36–56.)*

*Es gab im 20. Jahrhundert einige Veröffentlichungen der „Avanturen", stets nach dem Erstdruck. Auch in die historisch-kritische Ausgabe von Schillers sämtlichen Werken, hrsg. von Otto Güntter und Georg Witkowski (20 Bde, Leipzig [1910/11]) wurde im letzten Textband (Band 19; S. 116–129) das Werk aufgenommen, allerdings in sehr ‚gedrängter' (und unkommentierter) Fassung.*

*1982 erschien im ersten Band von „Goethe Yearbook. Publications of the Goethe Society of North America" (Columbia [Camden House]. S. [173–]176) ein Artikel „Lost Schiller Sketches Rediscovered" der Yale-Professorin Christa Sammons, in dem mitgeteilt wurde, dass die „Avanturen"-Handschriften in der Yale-Bibliothek gefunden worden seien. Es ist zu vermuten, daß sie Curt von Faber du Faur (1890–1966), dem Mitbegründer des 1923 gegründeten Münchner Auktionshauses Karl & Faber, der 1931 Deutschland verlassen hatte und von 1944 bis 1959 Professor an der Yale University gewesen war, gehörten. Näheres ist einstweilen nicht bekannt. Eine erste Veröffentlichung der „Avanturen" nach dem Fund in Yale ist 2018 in Berlin erschienen (hrsg. und mit einer Einführung versehen von Dietrich Grünewald).*

## *Erläuterungen**

*Wenn sich Schiller entschied, zusammen mit Ludwig Ferdinand Huber dem gemeinsamen Freund Körner eine Bildgeschichte zum 30. Geburtstag zu kreieren, so zeigt dies zum einen, daß diese spezielle Kunstform zu Schillers Zeiten durchaus im Bewußtsein des lesenden Publikums war, zum anderen, daß sie wohl in besonderem Maße dazu diente, die erwünschte Wirkung zu realisieren. Einen Hinweis gibt das von Zeichner Schiller gewählte Pseudonym* Hogarth. *Der englische Künstler William Hogarth (1697–1764) hatte mit seinen „modern moral subjects" satirische Bildgeschichten entwickelt, die im Geiste der Aufklärung Fehlverhalten und Laster aufzeigen und der moralischen Erziehung der Menschen aller Stände*

---

**) Die zusammenfassenden Erläuterungen am Anfang und zu den 14 Bildern Schillers stammen von Dietrich Grünewald (Reiskirchen).*

*dienen sollten. Die Gemäldezyklen wurden als preisgünstige Radierzyklen aufgelegt und erreichten so ein breites Publikum. Bereits „zu Hogarths Lebzeiten [gab es] eine erstaunlich breite deutsche Rezeption, sowohl seiner Theorie, als auch seiner graphischen Praxis". (Werner Busch: Hogarths Marriage A-la-Mode. In: Martina Dillmann / Claude Keisch [Hrsg.]: Hogarth und seine deutschen Bewunderer. Frankfurt a.M. 1999. S. 71.) Offensichtlich gehörte auch Schiller zum Kreis der Hogarth-Kenner, denn mit dem Pseudonym* Hogarth *signalisiert er: Wenn eine Bildgeschichte für Körner, dann nur vom Besten, vom Meister dieser Kunst! Das gilt auch für das Pseudonym* Winkelmann, *unter dem Huber die Kommentare zu den Schillerschen Blättern schrieb. Johann Joachim Winckelmann (1717–1768) galt im 18. Jahrhundert unter den Gebildeten als der bedeutendste Kunstsachverständige. 1763 berief ihn Papst Clemens XIII. zum Aufseher der Altertümer im Kirchenstaat sowie zum Scrittore an der Bibliothek des Vatikans. Die Benennung* Rom *als Verlagsort der Bildgeschichte findet hier ihre Begründung. Hubers* befriedigende Erklärungen *folgen einer vertrauten Praxis, die auch der Göttinger Gelehrte Georg Christoph Lichtenberg heranzog. Der Kenner und Liebhaber des Hogarthschen Werkes verfaßte in dem von ihm herausgegebenen „Göttinger Taschen Calender" (1784–1796) Erklärungen zu Hogarths Radierungen. Sie erzielten in der deutschen Geisteswelt großes Aufsehen, ernteten viel Lob, und man kann davon ausgehen, daß sie den Freunden bekannt waren. „Dieses Blatt stellt vor…" – so werden in der Regel die Texte, kontext-erweiternde Bildbeschreibungen, eingeleitet.* Hier erblicken wir… *schreibt denn auch ähnlich Winkelmann alias Huber, anzeigend, daß hier der größte unter den Kunstwissenschaftlern Bildverstehenshilfen gibt.*

*Der Titel der Bildgeschichte,* Avanturen des neuen Telemachs, *bezieht sich auf den 1694–1696 geschriebenen und 1699 erschienenen Reise- und Bildungsroman „Les Aventures de Télémaque, fils d'Ulysse" von François de Salignac de La Mothe-Fénelon (1651– 1715), Erzbischof von Cabrai und Erzieher des Enkels des französischen Königs Ludwig XIV. Die Zeitgenossen verstanden diesen Roman als (satirischen) Schlüsselroman, der Herrschaftsstil und Politik des Königs kritisierte, indem er ein utopisches Gegenmodell der Staatsführung vorstellte, das sich als zeitloses Ideal gegen despotische Tyrannei und für ein Zusammenleben in brüderlicher Eintracht aussprach. Als 1699 der Roman anonym publiziert wurde, kostete das Fénelon die Stellung; er wurde vom Hof verbannt. Der Roman aber avancierte zu einem der meistgelesenen in Frankreich und gilt europaweit (1733 erschien er auf Deutsch) als wichtiger Anstoß der Aufklärung. (Vgl. Richard Saage: Utopie als „Fürstenspiegel". Zu Fénelons „Die Abenteuer des Telemach". In: Utopie kreativ H. 95. 1998. S. 66–77.) Entsprechend weckt der Titel die Erwartungshaltung, daß es sich hier um eine übertragen-aktuelle satirisch-aufklärerische Bildgeschichte handelt, erzieherisch-bildend, der als Folie Fénelons Utopie der brüderlichen Gemeinschaft zugrunde liegt.*

*Der Bezug zu Hogarth bestärkt diese Einschätzung. Doch während dieser seine Bilder sehr detailliert gestaltet, die Figuren realistisch (auch ‚pathetisch') anlegt, sie stets an narrativ bedeutsamen Handlungsorten agieren und die satirische Intention vornehmlich aus dem Inhalt ersichtlich werden läßt, offenbart Schiller bereits durch den Zeichenstil den humorvollen, parodierenden Charakter seiner Geschichte. Ernsthaftigkeit und Pathos spiegeln sich oft im Zeichenstil einer Bildgeschichte, wie z. B. im „Leben eines Lüderlichen" (1773) des „deutschen Hogarth" Daniel Chodowiecki (1726–1801) oder in den 1783 erschienenen „160 leidenschaftlichen Entwürfen" von Joseph Franz von Goez (1754–1815), einer melodramatischen Bildgeschichte nach Gottfried August Bürgers Gedicht „Leonardo und Blandine"*

*(1776). Schillers Zeichnungen wirken im Vergleich dazu unbeholfen komisch, signalisieren, daß diese* Avanturen *nicht so ganz ernst zu nehmen, sondern als Spiel gedacht sind. Der Verweis auf Winckelmann erinnert an dessen Buch „Gedanken über die Nachahmung der Griechischen Werke in der Malerei und Bildhauerkunst" (1755) und sein Credo vom „Idealschönen" der Kunst, wie es dann der englische Bildhauer John Flaxman (1755–1826) in den Illustrationen zu Homers „Ilias" (1793) in klassizistischer Manier zur Anschauung brachte. Demgegenüber sind Schillers Zeichnungen bewußte Parodie. Doch auch wenn die Figuren leicht verzerrt und eher schabloniert zeichenhaft sind, läßt gerade dieser skizzenhafte Charakter sie so lebendig wirken. Schiller hat nach blasser Vorzeichnung mit Bleistift (sie ist in einigen Blättern noch sichtbar, z. B. in Blatt 3, 5, 8, 9, 11 und 13) die Wasserfarbe mit einem Pinsel aufgetragen, um dann mit der Feder die Kontur in Sepia zu ziehen. Das läßt sich ablesen, weil die Kontur auf den Farbflächen liegt und auch teilweise nicht ausgeführt ist (z. B. in Bl. 11, 13). Vom Stil her stehen die Zeichnungen in der Traditionslinie der selektiv verkürzenden und verzerrenden Karikatur, wie sie – zunächst als eine Art Erholungsspaß vom „ernsthaften" künstlerischen Arbeiten – in der Werkstatt der Caraccis im 16. Jahrhundert entstanden und Ende des 18. Jahrhunderts insbesondere von englischen Karikaturisten wie James Gillray (1757–1815) und Thomas Rowlandson (1757–1827) zur politischen und gesellschaftlichen visuellen Satire genutzt wurden.*

*In dieser Zeit gehörte die Förderung des Zeichnens zum Bildungskanon nicht nur junger Adliger, sondern zunehmend auch bürgerlicher Kreise (vgl. Wolfgang Kemp: „... einen wahrhaft bildenden Zeichenunterricht überall einzuführen". Frankfurt a. M. 1979. S. 81–93). Im Unterschied zu Goethe, der zunächst unsicher war, ob er sich mehr der Bildenden Kunst oder der Sprachkunst zuwenden sollte, blendete Schillers Ausbildung auf der Militärschule diese Alternative aus. Doch hatte er Spaß am Zeichnen. Ob er, wie gelegentlich vermutet wird, ein wenig Zeichenunterricht beim Dresdner Kunstmaler Anton Graff, dem er im Mai 1786 für ein Porträt Modell saß (vgl. NA 42, 105), bekommen hat, ist nicht ausgeschlossen. Wahrscheinlich ist aber, daß er sich Anregungen der Kunstmalerin Dora Stock, der Schwester Minna Körners, zunutze machte, die ihm Motivation und Ansporn für die Bildgeschichte waren. Da es sich um ein privates Werk, um einen unverbindlichen Spaß handelte, ging er wohl unbekümmert ans Werk. Dafür zeugen die skizzenhafte Ausführung, kleine Verzeichnungen, tastend suchende Striche, wie auch die belassene versehentlich ausgelaufene blaue Farbe im ersten Blatt. Vergleicht man die Originale mit der Bearbeitung, die der in Leipzig ansässige englische Stahlstecher Albert Henry Payne (1812–1902) für die Publikation der Bildgeschichte in seiner Kunst-Anstalt (Leipzig 1862) vorgenommen hat, indem er den z. T. wolkigen Farbauftrag glättete, die Konturen nachzog, erscheinen sie frischer und lebendiger. Während Chodowieckis Zeichnungen zwar großes Können demonstrieren, aber meist recht steif wirken, gelingt es Schiller, höchst ausdruckstarke narrative Szenen zu entwerfen. Sein naiver Stil ist vergleichbar dem des jungen Christian August Vulpius (1762–1827), der 1777 als fünfzehnjähriger Weimarer Gymnasiast eine umfangreiche Bildgeschichte zeichnete, „Geschichte der auf der Insel Brolingsbrogh errichteten Kolonie" (Goethe- und Schiller-Archiv, Weimar, Sign. 114/88). Das Beispiel läßt vermuten, daß Bildgeschichten in dieser Zeit durchaus vertraut waren, nicht nur durch den Konsum von Bilderbögen und Zyklen in Mappen, sondern auch in eigener Produktion. Die von Goethe hochgelobten Bildgeschichten des Genfers Rodolphe Töpffer (1799–1846), die auf des Dichters Anregung ab 1833, also nach seinem Tod publiziert wurden, sind ebenfalls in diesem naiv-dynamischen Stil gezeichnet.*

*Die Dramaturgie der Schillerschen Bildgeschichte orientiert sich insoweit an Hogarth, als sie, wie dessen Zyklen, Lebensstationen zeigt. Doch während Hogarth kontinuierend von Bild zu Bild einen Lebenslauf als Prozeß erzählt, zeigen Schillers vierzehn Blätter additiv exemplarische Stationen aus Körners Leben. Mal präsentiert Schiller eine einzelne narrative Szene, mal eine chronologische Folge von Bildern, mal ein Tableau. Jedes Blatt trägt einen Titel, unter, über oder in das Bild geschrieben; gelegentlich bezieht Schiller Texte als wörtliche Rede oder als Insert ins Bild ein. Die Erklärungen Hubers geben Sehhilfe, verweisen auf den Kontext, um so Körners Erinnerung zu aktivieren und ihm die Anspielungen verständlich zu machen. In der Einheit von Bild und Wort zu rezipieren, bietet die Geschichte humorvolle Szenen, die Körner, an Beobachtungen und gemeinsamen Erlebnissen orientiert, beispielhaft charakterisieren und zugleich würdigen.*

Avanturen

des

neuen Telemachs

oder

Leben

und

Exsertionen

K o e r n e rs

des

decenten, consequenten, piquanten u. s. f.

von Hogarth

in schönen illuminierten Kupfern abgefaßt und

mit befriedigenden Erklarungen versehen

von

Winkelmann

---

Rom. 1786.

1–3 Avanturen des neuen Telemachs] *Franz. aventure: Abenteuer. – Hinweis auf die Schrift „Les Aventures de Télémaque" (Paris 1699) des französischen Schriftstellers François de Pons de Salignac de la Mothe-Fénelon (1651–1715). Vgl. die einleitende Erläuterung.*
7 Exsertionen] *Lat. exsertio: Hervorgehobenes, Besonderheit, Offenbartes.*
8 K o e r n e rs] *Das Genitiv-s ist bewußt dem Namen unmittelbar angefügt.*
11 Hogarth] *William Hogarth (1697–1764), sozialkritischer englischer Maler. Vgl. die einleitende Erläuterung.*
15 Winkelmann] *Johann Joachim Winckelmann (1717–1768), der bekannteste und wirkungsvollste deutsche Archäologe des 18. Jahrhunderts. Vgl. die einleitende Erläuterung.*
17 Rom.] *Hinweis auf die Stadt, in der Winckelmann lebte und wirkte.*

*Blatt 1:* Die Mittel
*Schillers Texte („Inserts"):*

*[im größeren Päckchen links]*
Mittel
gegen
Leibschm*erzen*

*[im 2. Päckchen links]*
Krebs
augen

Krebs augen] *Vgl. die einleitende Erläuterung des Bildes.*

*Hubers Text:*
Hier erbliken wir, Körnern vor der Bude eines Marktschreiers, von welchem er Mittel kauft, um in Zukunft allen Wirthschafts und andern Klagen seiner Familie und der ganzen Menschheit abzuhelfen.

Wir haben uns alle Mühe gegeben den Sinn des länglichen schmalen Körpers zu entdeken, welcher aus dem Roke unsers Helden gleichsam zu fliessen scheint. Ist es ein Stok, ein Degen? oder was ist es? Enthält es eine geheime Anspielung, einen mistischen Sinn? Wir wissen es nicht, aber Gott bewahre uns zu glauben was ein schlimmer Spasvogel behaupten wollte, die Farbe wäre hier geflossen!

ein schlimmer Spasvogel] *Da es sich nur um einen Teilnehmer an Körners Geburtstagsfeier hätte handeln können, dessen Irrtum schnell berichtigt worden wäre, ist zu vermuten, daß Huber den* Spasvogel *erfunden hat, um die besondere Aufmerksamkeit des Betrachters auf das Besondere* des länglichen schmalen Körpers *zu lenken. Es handelt sich wahrscheinlich tatsächlich um ein Versehen des Malers, das keiner Interpretation bedarf. Vgl. die folgende zusammenfassende Erläuterung.*

*Während der englische, in Leipzig lebende und arbeitende Illustrator und Stahlstecher Albert Henry Payne (geb. 1812 in London, gest. 1902 in Leipzig), der in seiner Englischen Kunst-Anstalt 1862 für den Autographensammler Carl Künzel die Publikation der* Avanturen *besorgte, dabei die Farben glättete und Umrisse betonte, ist in den Originalblättern erkennbar, daß Schiller wohl zunächst mit Bleistift vorzeichnete, dann mit Wasserfarben kolorierte und partiell mit der Feder Konturen zog. Beim blauen Rock Körners ist die Farbe verlaufen, worauf Huber im Text ironisch anspielt Ein bräunlicher Farbton markiert den Stand; das darin aufgehellte Rechteck ist als Verkaufs- und Auslagefläche zu deuten. Zu sehen sind drei kleine Kästchen, zwei weitere, die nur durch Farbe (braun, hellblau) gestaltet sind, zwei Dosen direkt vor dem Verkäufer (eine nur durch den Umriß präsentiert, die andere braun gefärbt), dazu kommen zwei Flaschen und fünf Krüge, von denen zwei (oben rechts) auch als Phiolen angesehen werden können. Die zwei kleinen Kistchen links sind beschriftet. Ein Eintrag (Insert) Schillers lautet:* Krebs augen. *Krebsaugen (Lapides cancrorum) sind Kalkkonkremente, die sich im Magen von Krebsen bilden und früher gegen Sodbrennen eingesetzt wurden, aber auch als Zahnpulver oder zur Entfernung kleiner Fremdkörper aus dem Auge dienten. Die Aufschrift der anderen Packung gibt an, daß sie ein* Mittel gegen Leibschm*erzen enthält. Die Phiolen sind mit alchemistischen Zeichen versehen, hier mit dem Zeichen für das universelle Schwefel-Prinzip der hermetischen Philosophie, wobei das Kreuz das Symbol für die materielle Welt ist, das Dreieck die Hieroglyphe für das Element Feuer; das Merkur-Zeichen verweist auf die Möglichkeit des verstandesmäßigen, wissenschaftlichen Erkennens der Welt. Im Verkäufer, der ausladend die Ware anpreist, ist Schiller selbst zu vermuten, wie der Vergleich mit dem Schiller-Porträt von Anton Graff (entstanden im Mai 1786) zeigt und auch zeitgenössische Beschreibungen nahelegen, etwa: „Er*

*[Schiller] ist groß und gut gewachsen, rot von Teint und Haar, und kleine Augen und eine wahre Künstlernase." (Schillers Gespräche. Berichte seiner Zeitgenossen über ihn. Hrsg. von Julius Petersen. Leipzig 1911. S. 127.) Der Kunde ist gewiß Körner, der ja in allen Blättern auftritt. Zumeist trägt er (zum Wiedererkennen) einen blauen Rock wie hier. (Vgl. die Blätter 1–4, 7, 9, 10, 14.) Doch auch da, wo die Rockfarbe hell- oder dunkelgrün (vgl. 5, 6) oder rot ist (vgl. 9, 12, 13), bleibt Körner nicht nur durch Hubers Beitext, die Überschriften (z. B. Blatt 2, 3, 5) und den narrativen Kontext, sondern auch durch visuelle Attribute identifizierbar. Vergleicht man Schillers Zeichnungen mit einem Körner-Porträt, so sind signifikante Merkmale wie die Nase und die zeitgemäße Frisur erkennbar aufgegriffen.*

*Das Thema des ersten Blattes spielt metaphorisch darauf an, daß Körner bereit war, auf Anregungen und Impulse Schillers einzugehen und sie in sein Denken, Handeln und Schreiben einzubeziehen. Wie Huber ironisch kommentiert, kauft er die Mittel,* um in Zukunft allen Wirthschafts und andern Klagen seiner Familie und der ganzen Menschheit abzuhelfen. *Körners Gutmütigkeit, seine Hilfsbereitschaft – auch in finanziellen Fragen – und sein soziales Engagement werden hier angesprochen, aber auch die enge (geistig-intellektuelle) Beziehung zwischen ihm und Schiller.*

*Blatt 2:* Körners Schriftstellerei.

*Hubers Text:*
Fig. 1. stellet für den Briefträger welcher Göschen Körners Antwort zum Druken in die Thalia bringt. Ersterer springt freudig dem Boten entgegen, mit den Worten: „Endlich einmal!" und wirft in der Hast den Stuhl um.
Fig. 2. ist der Sezer über dem Druken begriffen und ein Junge trägt den nassen Korrekturbogen weg.
Fig. 3. wird der Brief rezensirt. Man sieht dem Kritikus seinen Enthusiasmus an, selbst sein Hund scheint über diese ungewöhnliche Erscheinung erschroken. Er verspricht dieser Schrift in seiner Rezension die Unsterblichkeit, die sie auch, troz dem kleinen Unfalle auf Fig. 4. würklich erhält. Ob Mangel an andern Hülfsmitteln, oder wohl des weichen, sanften Papiers, oder Versehen den Herren bestimmt, welcher hier vorgestellt ist wie er die Geburt vieler Monate in Einem Nun zerstört, kann man nicht deutlich absehen. Die Idee des Künstlers scheint gewesen zu seyn, in beiden Gesichtern dieser Figur Ungewisheit, schreklichen Zweifel auszudrücken, ob dieser Frevel geschehen soll.
Fig. 5. zeigt Körnern wie er an dieser Antwort schreibt. Man mus nicht glauben als ob durch Irrthum diese Figur die lezte sei; vielmehr scheint ein mistischer Sinn in diesem Anachronismus zu seyn. Die nachdenkende, himmelanblikende Gestalt des Sizenden ist vortreflich.

Körners Antwort] *Vgl. zu diesem Plan wie zu Körners nicht eingehaltenen Versprechen, sich intensiv an Schillers Zeitschrift „Thalia" zu beteiligen, den folgenden zusammenfassenden Text.*

*In fünf numerierten Szenen erzählt Schiller eine kleine Geschichte, die in Leserichtung zu verfolgen ist. Die Überschrift weist aus, um was es geht. Auf Vermittlung Körners hatte der Leipziger Buchhändler Georg Joachim Göschen (1752–1828) 1786 die organisatorischen*

*Arbeiten für Schillers Zeitschrift „Thalia" übernommen, für die auch Körner Beiträge zu liefern versprochen hatte (zu Göschen vgl. NA 24, 212f.). Bis Mitte 1786 war er allerdings nur mit seiner „An die Freude"-Vertonung im 2. Heft der Zeitschrift, die im Februar 1786 erschienen war, als Beiträger hervorgetreten. Hubers Text beschreibt die einzelnen Bilder und die dargestellten Personen. So erhält in Bild 1 Göschen von einem Postboten ein Paket, in dem das lange erwartete Manuskript Körners vermutet wird. Göschen wie auch die Person in der vierten Szene tragen gelbe Schuhe (wie auch Körners Vater in Blatt 12). Sie waren wohl modern und im Körner-Kreis beliebt (vgl. NA 5 N, 593). Göschen hatte ungeduldig auf die Sendung gewartet und springt nun so freudig erregt auf, daß sein Sessel umfällt. Freilich: Dieser erwartete Beitrag Körners für die „Thalia" ist hier nur fiktiv. Die von Huber und Schiller erhoffte schriftstellerische Produktivität Körners stellte sich nicht recht ein, so daß die „Philosophischen Briefe", gedacht als Gemeinschaftsprojekt von Schiller und Körner, für die „Thalia" 1786 von Schiller allein verfaßt werden mußten (vgl. NA 5 N, 601). Erst im 6. Heft, das im März 1789 erscheint, kommt es noch einmal zu einer Veröffentlichung eines Körnerschen Beitrags: „Ueber die Freiheit des Dichters bei der Wahl seines Stoffs." Es folgte dann im 7. Heft, das im Mai 1789 erschien, der nächste Beitrag Körners: „Raphael an Julius. Fortsetzung der philosophischen Briefe." Die Arbeit des Setzers wird durch die Abbildung eines Setzkastens veranschaulicht. Bild 2 umfaßt zwei aufeinanderfolgende zeitliche Momente, denn nach Huber ist die kleine Figur ein Junge, der den Korrekturbogen überbringt – und zwar an einen Kritiker (Bild 3), der voller* Enthusiasmus *eine begeisterte Rezension schreibt. Der Hund ganz rechts hat sich auf den Hinterpfoten aufgerichtet und scheint – so können die Schlangenlinien über ihm gedeutet werden – zu jaulen. Das vierte Bild schildert ein unverhofftes Malheur, das Hubers Text genauer erklärt. Offensichtlich wurde der Text,* die Geburt vieler Monate, *wohl unabsichtlich auf einer Latrine als Klopapier mißbraucht. Diese Szene und auch Hubers Kommentar sind in der Erstveröffentlichung von 1862 (und in den auf ihr basierenden weiteren Publikationen) entfernt worden. Wahrscheinlich dachte Künzel, sie seien dem Andenken Schillers wie Körners nicht angemessen. Im letzten Bild sehen wir Körner, wie er ein Manuskript verfaßt. Während Huber die Plazierung als Irrtum ansieht (nach ihm müßte es Körners schriftstellerisches Tun als 1. Bild zeigen), kann man aber auch folgern, daß Körner das verlorene Manuskript nun neu verfassen möchte. Das Blatt spielt darauf an, daß Körner Schillers Geduld auf eine harte Probe stellte, wenn er ihm einen Beitrag für die „Thalia" zu liefern versprach. Körner muß die witzig vorgebrachte Kritik mit Humor aufgenommen haben, greift doch die Posse „Körners Vormittag" (vgl. NA 5 N, [279]–297), die ihm die Freunde zum nächsten Geburtstag vorspielten, das Thema erneut auf.*

*Blatt 3:* Bassenge übergiebt Körnern ein Fas Spässe.

*Hubers Text:*

Die Ueberschrift erklärt den Innhalt dieses Kupfers schon deutlich. Die Spässe welche in dem Fasse enthalten sind, heissen: hübscher Mann! eine hübsche Art von Krebsen! Natur! Qu' appellez vous? etc. etc. etc., und Körner erhält zugleich mit dem Fasse das Recht sie so gut als der Eigenthümer gebrauchen zu dürfen.

Bassenge] *Der Dresdner Bankier Heinrich Wilhelm Bassenge (1751–1822) gehörte zum Körnerschen Freundeskreis (vgl. NA 41 II B, 353). Die* Spässe, *die er – aus seinem eigenen*

*Späßeschatz – gesammelt hat, können als Zinsen des ihm von Körner überlassenen Kapitals verstanden werden.*

Die Spässe] *Gemeint sind die gesprochenen Lieblingswendungen, die Körner zu gebrauchen pflegte.*

Qu' appellez vous?] *Was meint Ihr? (Was sagt Ihr da?)*

*Neben Körner (links) tritt in dieser Szene der Bankier Bassenge auf. Schiller zeichnet ihn, wie er devot mit leichter Verbeugung ein Faß dem nahenden Körner zuschiebt. Es enthält, wie es in Schillers Titel heißt und von Huber kommentiert wird,* Spässe, *gemeint als Sprachfloskeln und Redensarten, für die Bassenge wohl bekannt war. Der Witz der Szene mag darin bestehen, daß das Präsent Körner (der sich gern stehender Redensarten bediente) zur Anreicherung eigener Aussagen dienen könnte, aber auch, daß hier der nicht selten triviale Sprachmarotten verwendende Körner in Gegensatz zu sich selbst, nämlich zu seiner intellektuellen Qualität, gesehen wird. (Vgl. auch die Erläuterung der Szene in NA 5 N, 600 zu 283,18.)*

*Blatt 4:* Der Stuhlspas.

*Hubers Text:*

Der Stuhlspas! O wer fähig wäre diesen gehörig zu beschreiben, ~~der~~ seine Saiten hoch genug zu spannen, um den vortreflichsten Einfall unsers Helden würdig zu besingen. Er hob mit kräftiger Hand einen Stuhl von dem Boden, und stellte, ia stellte ihn auf einen Tisch. —— Aber die Muse verzweifelt, und flieht beschämt davon.

die Muse] *Thalia, die Muse der komischen Dichtung? Vgl. die folgende Erläuterung und Blatt 14.*

*Die Szene bezieht sich möglicherweise auf ein Gespräch in Körners Haus über dessen oft versprochene Mitarbeit an Schillers Zeitschrift „Thalia". Der anwesenden Muse entzieht sich Körner, indem er ihr einen erhöhten Sitzplatz anbietet. Körners Entfernung von ihr nimmt die Muse zum Anlaß, sich nicht nur als Gegenstand des Gesprächs zu empfehlen, sondern sich aus dem Kreis der Freunde ganz zu entfernen. Der komische Kontrast zwischen der Aktion und ihrer Wertung in Hubers Text korrespondiert mit der Zeichnung. Die heroische Haltung, in der Schiller Körner darstellt (sie entspricht auffallend der pathetischen Pose des Vaters im Bild „Der Schwur der Horatier" des Klassizisten Jacques-Louis David, das 1785 im Salon de Paris vorgestellt wurde), wirkt angesichts des Gegenstandes, des kleinen, sichtlich leichten Stuhls, der hier hochgestemmt wird, sehr ironisch.*

*Blatt 5:* Körners Familienleben.

*Schillers Text in seinem Bild:*

*[Sprechblase]*
allezeit!

allezeit!] *Das Wort ‚allezeit' (in der Bedeutung von ‚immer' oder als Füllwort) war offenbar ein Lieblingswort Minna Körners. Vgl. NA 5 N, 603.*

*Hubers Text:*
Hier wird gesehen Körner in der Mitte, oder vielmehr zu den Füssen seiner Familie.
Fig. 1. ist Körner welcher über den Kant einschläft.
Fig. 2. ist der berühmte Dichter, Körners adoptiver Sohn, welcher hier abgezeichnet ist, wie ihn verschiedne vernünftige Leute gesehen haben.
Fig. 3. stellet für eine zärtliche Umarmung zwischen Huber und Dorchen, welcher
Fig. 4. Minna zusieht, und mit sträflichem Gesicht: Allezeit! dazu sagt.
Fig. 5. ist die Köchinn welche durch den rührenden Anblik einer Klistiersprize die scheltende Minna an ihre Sterblichkeit erinnert.

über den Kant einschläft] *Vgl. dazu Hubers Brief an Schiller vom 11. Mai 1786, in dem er Körners Beschäftigung mit Kant mißbilligt: „Das Beste wäre freilich, ich kaufte die ganze Auflage der neuen Kantischen Schriften an mich, aber das ist etwas zu kostbar." (NA 33 I, 100.)*
Der berühmte Dichter] *Schiller.*

*Das 5. Blatt versammelt als Tableau fünf Szenen, die inhaltlich verbunden sind. Gewissermaßen als Fundament der Familie wird Körner am unteren Bildrand liegend gezeigt, wie er bei der Lektüre Kants, den er durchaus schätzte, eingeschlafen ist. Fig. 2 zeigt eine auf dem Kopf stehende Person. Nicht nur Hubers ironischer Text, sondern auch ihr Aussehen (vgl. Blatt 1) weisen sie als Schiller selbst aus, in Szene gesetzt als Hofnarr, eine Rolle, die er ja auch mit dieser Bildgeschichte spielt. (Schiller stellt so, auch in der Titulierung als* Hanswurst *in „Körners Vormittag", selbstironisch sein Verhältnis zu Körner dar; s. NA 5 N, 603.) Zugleich läßt die Szene daran denken, daß er nur dank der finanziellen Hilfe Körners wieder auf die Beine gestellt wurde. Fig. 3 zeigt das Brautpaar Huber und Dora Stock, in neckischer Anspielung auf Hubers besonders großes und Doras besonders kleines Körpermaß. Dora muß sich, um Huber küssen zu können, auf eine Kiste stellen. Fig. 4 zeigt die Hausherrin, Minna, hervorgehoben durch die vornehme Kleidung. Diskret wird angezeigt, daß sie schwanger ist. (Der am 24. Juli geborene Sohn Johann Eduard, zu dessen Paten Schiller und Bassenge [vgl. Bild 3] gehören, starb schon am 10. Dezember 1786.) Minna schaut auf das küssende Paar und ruft:* allezeit! *(Vgl. auch NA 5 N, 603.) Den Ausruf hat Schiller, wie es bei Hogarth zu finden ist und auch in Karikaturen der Zeit genutzt wird, in eine Sprechblase geschrieben. Neben anderen Interjektionen wie* Schicke! Natur! *(vgl. „Körners Vormittag"; NA 5 N, [279]–297 und 306–318) gehört der Ausspruch zu einer Art Privatsprache; er wurde vor allem von Minna Körner gern gebraucht. Die von der Köchin gereichte Klistierspritze (Fig. 5) dürfte eine Anspielung aus dem Erlebnisbereich sein. Am 24. April schrieb Schiller an Körner:* Ich hatte Lust, der Minna die Klystiermaschine nach Meissen entgegenzuschiken, weil ich sie nach der Zerbsterreise für ein nothwendiges Moeuble halte *(NA 24, 50f.). Schon in der „Commedia dell' arte" dient die Klistierspritze als Mittel derber Komik; sie unterstreicht auch hier den witzigen Charakter des Blattes.*

*Blatt 6:* Körners Schuldner.

*Schillers Texte in seinem Bild:*

*[zu Figur 1]*
[M]an Ueberbringe
dieses D. Koerner
Zahlt Geist
an Hanael die
Summe

*[zu Figur 2]*
Ich zahle
für alle.

*[zu Figur 4]*
Gegen diesen
meinen Sola
Wechßel zahle ich
an die ordre des
Herrn D. Körner
a dato dieses am
jüngsten Gerichte
die Summa
Stokholm

*Hubers Text:*

Auf diesem Blatt ist zu bewundern eine erhabne Zusammenstellung verschiedner Oerter und Zeiten.

Fig. 1. ist die Stadt Paris, vor welcher Duchanton sich einen Tisch hat hinsezen lassen um den Wechsel zu schreiben den man da sieht.

2. ist Körner, den seine Stiefeln als einen Reisenden kenntlich machen. Er sagt mit bewundernswürdiger Gelassenheit: Ich zahle für Euch alle.

3. ist kein Jude, sondern Herr Fischer, dessen langer Aufenthalt im Schuldthurm Ursache an der grässlichen Länge seines Barts ist.

4. sieht man eine unsichtbare Hand welche einen Wechsel aus ~~Norden~~ Stokholm bringt. Neben dieser Hand ist der personifizirte Norden; er riecht nach Bier.

Duchanton] *Gemeint ist Touzai Duchanteau (auch Touzet; auch Duchenteau, auch du Chanteau; gest. 1786 in Paris), ein getaufter Jude, ein Alchimist mit großer Wirkung. – Vgl. Joseph P. Bauke: Der Heiland aus Paris. Ein unveröffentlichter Briefwechsel zwischen C. G. Körner, Karl Graf Schönburg-Glauchau und J. C. Lavater. In: JbDSG 10 (1966). S. 11–57, Christiane Krautscheid: Gesetze der Kunst und der Menschheit. Christian Gottfried Körners Beitrag zur Ästhetik der Goethe-Zeit. (Diss. TU Berlin.) Berlin 1998. S. 21–42.*

Hanael] *Die Erwähnung des Engels der jüdischen Überlieferung könnte damit in Verbindung stehen, daß der jüdische Schuldner sich hatte taufen lassen.*
Sola] *Gutschein, Überweisung.*
Herr Fischer] *Die Erwähnung „kein Jude" bezieht sich vermutlich auf den Pariser Schuldner, der in Geldangelenheiten auch nach seiner Konversion zum Christentum ‚jüdisch' handelte. – Über die Identität von Herrn Fischer konnte vom Dresdner Stadtarchiv keine Vermutung, geschweige die Gewißheit mitgeteilt werden.*
Stokholm] *Die schwedische Hauptstadt war wegen ihrer blühenden Industrie, zu der die Bierbrauereien gehörten, weithin geschätzt.*

*Blatt 6 stellt* verschiedene Oerter und Zeiten *zusammen. Das große Gebäude in Fig. 1 führt uns in* die Stadt Paris. *Der Ortsbezug spielt darauf an, daß Körner nach seinem Jura-Studium den Grafen Schönburg-Glauchau auf dessen Kavaliersreise begleitete und in Paris dem Alchemisten Touzai Duchanteau begegnete, dem er „geradezu verfiel und glaubte, in ihm einen ‚neuen Heiland' gefunden zu haben" (Christiane Krautscheid: Gesetze der Kunst und der Menschheit. Christian Gottfried Körners Beitrag zur Ästhetik der Goethe-Zeit. [Diss. TU Berlin.] Berlin 1998. S. 22). Der vermeintliche Wunderheiler und Betrüger erbettelte von Körner 100 Taler für eine gemeinsame Forschungsreise nach Ägypten, „ohne die Reise jemals anzutreten noch den Zahlungsvorschuß zu retournieren" (Krautscheid, S. 24, Anm. 29; vgl. Fritz Jonas: Christian Gottfried Körner. Biographische Nachrichten über ihn und sein Haus. Berlin 1882. S. 50). Körners Großzügigkeit (*Ich zahle für alle*) ist Thema des Blattes (vgl. auch NA 5 N, 614). Die ironische Kritik, daß er dabei gar zu sorglos und treuherzig war, ist zugleich ein verdeckter Dank Schillers an seinen Gönner. Er ist – so dürfte Körner es sicher gedeutet haben – des Geldes, das Körner in ihn investierte, wert. Andere dagegen haben ihn betrogen, wie der* Herr Fischer *im* Schuldthurm *(Fig. 6), und auch der* Wechsel aus Stokholm *(Fig. 4), den eine Figur mit ausgestreckter Hand (in Hubers Kommentar der* personifizirte Norden*) aus der Ecke unten rechts Körner zureicht, brauchte nicht gedeckt zu sein, wie der Zahltermin:* am jüngsten Gerichte *verrät. Die blaue Fahne, die dem Mund des Herrn entweicht, deutet Huber aus gutem Grund als Bierfahne; es kann aber auch symbolisch der blaue Dunst sein, der Körner entgegenweht.*

*Blatt 7:* Körner und der Postillon.

*Hubers Text:*
Fig. 1. stellt vor Madam und Herrn Körner und Madam Stock wie sie von Leipzig nach Dresden mit 2 Hippopotamen fahren. Der Künstler fand hier daß man oft an die Gränzen des Mechanismus anstößt und nicht alle Ideen des Genies mit Farben ausführen kann, denn es war ihm unmöglich auszudrüken daß langsam gefahren wird.
Fig. 2. stellt vor wie Körner den Postillon für dieses langsame Fahren abschmält und bestraft.

von Leipzig nach Dresden] *Körner war bis 1787 als Mitarbeiter am Oberkonsistorium in Leipzig und gleichzeitig als Appellationsgerichtsrat in Dresden tätig. Seine Frau Minna und*

*deren Schwester Dora waren Töchter des Leipziger Kupferstechers Johann Michael Stock (1737–1773), in dessen Haus sie nach dessen Tod häufig lebten.*
Hippopotamen] *Nilpferde (Flußpferde), ungeeignet für den Transport auf der Straße.*

*Thema des Blattes ist, wie Hubers Text erklärt, eine Fahrt Körners mit Minna und Dora* von Leipzig nach Dresden. *Zum Unwillen der Reisenden fuhr der Postillon wohl sehr langsam (als seien die Pferde* Hippopotamen), *was, wie Huber beschreibt, zeichnerisch nicht recht darstellbar ist, also des Kommentars bedarf. So zeigt das Blatt auch nicht die Fahrt. Schiller hat zwei Szenen gewählt. In Fig. 1 sehen wir die stehende Kutsche, in der die beiden Damen sich gegenübersitzen. Der Kutschbock ist verwaist, die Peitsche aufgesteckt. Die Pferde bewegen sich langsam, eines hat den Kopf gesenkt. Die Kutsche, die Schiller zeichnete, ist eine Form der für den Personenverkehr benutzten Postkutsche vom Typ Berline, die gegen Ende des 18. Jahrhunderts beliebte Stadtberline mit beweglichem Verdeck. Fig. 2 zeigt Körner, wie er mit leichter Verbeugung dem Kutscher eine Geldbörse reicht. Der Kutscher wird durch die gelbe Uniform, die Schaftstiefel und das Posthorn als sächsischer Postillon ausgewiesen. Zeitlich bilden beide Szenen eine Einheit: Während die Damen langsam fortbewegt werden, hat Körner die Kutsche verlassen und entlohnt den Postillon. Daß Schiller hier zwei Szenen und mit dem braunen Bodenstrich wie dem blauen Himmelsstreifen auch eine deutliche räumliche Trennung zwischen Fig. 1 und Fig. 2 markiert, kann darauf hinweisen, daß Körner sehr bewußt in Distanz zu den Damen die Entlohnung vornimmt. Möglicherweise hätten sie von ihm erwartet, daß er* den Postillon für dieses langsame Fahren abschmält und bestraft, *wie Huber ironisch kommentiert, doch er bleibt freundlich und höflich, was ganz seinem großzügigen Wesen entspricht.*

*Blatt 8:* Reise nach Egipten.

*Schillers Eintrag:*

*[zu Moses mit den Gesetzestafeln]*
I. II. III
IV. V. VI
VII. VIII
IX X
XI
XII

I. *bis* XII] *Es ist bemerkenswert, daß Schiller aus dem Dekalog, den 10 Geboten, die Moses von Gott erhalten hat, 12 macht – nicht aus Unwissenheit, sondern als deutliches Zeichen seines spielerischen Tuns.*

*Hubers Text:*
Hier ist zu sehen Körners unvergleichliche Reise nach Egipten, an welcher der Pinsel unsers zweiten Rafaels sein Meisterstük geliefert hat. Körner sizt auf einem Esel, welcher blutige Tränen über seinen Herren weint, ihm voraus geht ~~Düe~~ Duchanto, mit kothigen Stiefeln. Er schreitet unerschroken grade auf einen Krokodil zu, welcher mit ofnem Rachen unter dem rothen Meere und über dem Nil steht. An dem rothen Meere, auf

welchem Pharaohs Krone schwimmt, steht Moses mit den Geseztafeln, und einer Ruthe in der Hand. An dem andern Ufer des Nils liegt die Königinn Kleopatra, noch iezt schön, auf dem Grase, mit der Schlange am Busen. Kenner des Nakten werden diese Figur nicht genug bewundern können, und Architekten müssen die Piramiden anstaunen. Auch die Landschaft ist vortreflich.

zweiten Rafaels] *Gemeint ist Schiller.*
Duchanton] *Vgl. die Einzelstellenerläuterung zu Blatt 6.*
Pharaohs Krone] *Als den Juden gegen Ende des 13. Jahrhunderts v. Chr. die Flucht aus Ägypten gelang, war Ramses II. der dortige König.*
Kleopatra] *Als Tochter des Königs Ptolemäus XII. 69 v. Chr. geboren, war sie 51–30 v. Chr. ägyptische Königin. Sie ließ sich der Sage nach durch eine Schlange töten, um einer Entführung nach Rom durch Octavian zu entgehen.*

*Das Thema des Blattes knüpft an Blatt 6 an, wie Hubers Text zu entnehmen ist, der die Figur im roten Gewand als* Duchanton, mit kothigen Stiefeln *identifiziert. Die Szene, deren Aussage besonders von den Ortshinweisen (mit übersichtlichem Blick aus der Vogelperspektive) lebt, greift die geplante Ägyptenreise auf. Doch im Unterschied zum Namensvetter, Fénelons Télémaque, der im Roman tatsächlich das Land der Pharaonen bereist, fiel die Reise Körners, des neuen Telemachs, dem Betrug zum Opfer. Schiller schenkt dem Freund mit diesem Blatt einen fiktiven Ersatz. Der Text von Huber gibt prägnante Erklärungen, wobei die Bilddarstellung selbst schon sehr anschaulich ist. Da sehen wir Körner auf einem Esel reiten und den (vorgesehenen) Führer Duchanteau voranschreiten. Ägypten wird vorgestellt als Land der Gefahren (ein Krokodil stellt sich den Ankommenden entgegen), der Geschichte und deren Mythen. Hubers ironische Preisung des Zeichners Schiller als* zweiten Rafael *bezieht sich auf die Darstellung „Moses empfängt die Gesetzestafeln", die sich im Freskenzyklus Raffeals findet (Gewölbe des IX. Abschnittes der Loggien, Rom, im Vatikan, 1515/18). Als Zeichen für den untergegangenen Pharao schwimmt eine Krone auf dem roten (!) Meer. Unten links, auf der anderen Seite des Nils, liegt eine nackte Frau, die Huber in schelmischer Anspielung auf die skizzenhafte und verzeichnete Darstellung lobpreisend als Kleopatra ausweist,* noch ietzt schön, auf dem Grase, mit der Schlange am Busen. *Es mag sein, daß Hubers ironisches Lob im Kontrast zu einer Reihe von Gemälden, die den Tod Kleopatras darstellen (z. B. Guercino, d. i. Giovanni Francesco Barbieri: Tod der Kleopatra, 1648. Genua, Musei di Strada Nuova), zu werten ist. Auf der ihr gegenüberliegenden Nilseite sieht man eine Art Pyramide, auf der eine Schlangenlinie erkennbar ist. Man könnte sie als „Line of Beauty" von William Hogarth (Analysis of Beauty, 1753) deuten, die Schillers Überlegungen zur Ästhetik auch später noch beschäftigen wird. (Vgl. die Beilage „Freiheit in der Erscheinung ist eins mit der Freiheit" zu Schillers Brief an Körner vom 23. Februar 1793; NA 26, 200–217, bes. 214–216.)*

*Blatt 9:* Der Anblik bei'm Koffeetisch.

*Hubers Text:*
Körner stellt einer Gesellschaft von Damen, die er bei sich zum Koffee hat, seinen besten Freund vor.

*Die Szene, die Schiller hier zeichnete, spielt wohl auf eine Begebenheit an, die der Hausgemeinschaft in fester Erinnerung blieb, weil sie ebenso peinlich wie witzig ist. Hubers Text klärt auch nicht wirklich auf, aber mit seiner Beschreibung,* Körner stellt [...] seinen besten Freund vor, *charakterisiert er treffend, was im Bild zu sehen ist, und spornt die deutende Phantasie an. Wir sehen Körner stehend nach links gewandt. Sein betretener Gesichtsausdruck, seine starre Haltung, die Arme, die nach hinten führen, als müßten die Hände etwas verdecken, wie auch das graphisch überbetonte Hinterteil lassen mit Hubers Andeutung vermuten, daß der Hausherr möglicherweise einen Riß in der Hose hatte, der – sehr unpassend für die Situation – sein Hinterteil aufblitzen ließ. Die sichtbar erstarrten Damen am gedeckten Kaffeetisch reagieren entsprechend; man kann das ungläubige Staunen in ihren Gesichtern ablesen. In ihnen darf man Freundinnen von Körners Frau Minna vermuten, die sie zum Kaffee eingeladen hatte. Minna ist in der mittleren Dame zu erkennen, wie der Vergleich mit Blatt 5 nahelegt; und sie reagiert heftig mit erhobenem Arm und wird die für nötig gehaltenen Worte gefunden haben.*

*Blatt 10:* Körner im Salze.

*Hubers Text:*
Es ist uns schwer geworden den Sinn dieses Bildes herauszugrübeln, endlich aber ist es durch Nachdenken und unermüdetes Forschen gelungen den Liebhabern der Kunst eine befriedigende Erklärung davon geben zu können. Körner im Salze! wird man sagen, wie ist er dahinein gekommen? Oder welche Salzmeste war so gros ihn ganz zu fassen? Etc. Etc. Man halte sich aber nicht an den wörtlichen Sinn, diese Figur ist allegorisch und stellt eigentlich vor das Salz der Erden. Nun wird man allenfalls begreifen können, daß die Erde, unsrer aller Mutter, eine grössere Salzmeste hat als man sie gewöhlich sieht, und daß sie zehn solche Körners noch einsalzen könnte.
NB. Die Salzmeste ist von Englischem Steingut.

Salzmeste] *‚Meste': mundartlich für ‚Gefäß'. Vgl. auch die folgende Darstellung.*

*Das Bild zeigt Körner, der nicht nur im Titel genannt ist, sondern dem Betrachter auch durch markante Merkmale seiner Person kenntlich wird. Die kleine Figur liegt auf dem Rücken, nahezu in einer Embryostellung auf Salz in einem Gefäß. Hubers ausführlicher ironischer Kommentar, seine* befriedigende Erklärung, *deutet an, daß das Blatt als Metapher zu lesen ist. Sein Verweis,* diese Figur ist allegorisch und stellt eigentlich vor das Salz der Erden, *bezieht sich auf das bekannte Bibelzitat, in dem Jesus seine Jünger als „das Salz der Erde" bezeichnet (Matthäus 5, 13). Kostbarkeit und geradezu lebenswichtige Bedeutung des Salzes werden den Jüngern in der Bergpredig zugesprochen. Die Metapher erinnert auch an den ersten (anonymen) Brief Körners an Schiller von Anfang Juni 1784, in dem er ihm geschrieben hatte: „Wenn ich [...] werde gezeigt haben, daß auch ich zum Salz der Erde gehöre, dann sollen Sie meinen Namen wissen." (NA 33 I, 32.) Die gezeichnete Szene ist die freundlich ironische Antwort Schillers, die zeigt, daß er Körners Qualitäten wohl erkannt hat und zu schätzen weiß. Huber betont noch ausdrücklich:* Die Salzmeste ist von Englischem Steingut. *Um 1760 wurde in England mit der industriellen Fertigung von Keramik begonnen, einer Steingutware, die kostengünstiger als Porzellan war und die nun auch der aufsteigenden bürgerlichen Schicht ermöglichte, an einer höheren Eßkultur, die bisher dem Adel vorbehalten war, teilzunehmen. Diese Creamware, die über niederländische und deutsche Häfen auch auf den Kontinent geliefert wurde, umfaßte neben Schalen und Schüsseln auch Gewürzmenagen wie die gezeigte Salzmeste. Der Hinweis Hubers kann verstanden werden als Anspielung auf den sozialen Rang Körners oder zumindest auf seinen Anspruch darauf.*

*Blatt 11:* Das fatale Krebsgericht.

*Schillers Texte in seinem Bild:*
*[Zettel auf der Arzneiflasche unleserlich, evtl. Hinweis auf den Inhalt der Flasche; vielleicht Name einer Medizin; daneben:]*

Iß nicht von
diesen Krebsen

*Hubers Text:*
Man sieht auf diesem Blatt Körnern wie er mit grossem Appetite Krebse ißt. Aber eine warnende Stimme ruft ihm aus dem Fenster des Himmels zu: iß nicht von diesen Krebsen, und ~~eine~~ die Hand des Schiksals bereitet die Rezepte und Arzneien ~~vor~~ welche die traurigen Folgen dieser Magen-Exertion seyn werden.
Magen-Exertion] *Lat. exsertare (exertare): herausstrecken, speien.*

*Die in Blatt 10 indirekt angesprochene gehobene Eßkultur findet in diesem Blatt ihre Bestätigung: Körner sitzt an einer gedeckten runden Tafel, vor ihm neben Glas und Krug ein großer Teller mit drei Krebsen. Obwohl eine Krebsgabel bereit liegt, greift Körner mit beiden Händen zu, und man kann mitempfinden, wie er dieses Mahl zu genießen denkt. Mit raschem Pinselstrich angelegt, markiert eine Art Fliesenboden den Raumabschnitt, in dem Körner plaziert ist. Links über ihm sieht man ein konturiertes Rechteck, von Huber poetisch* Fenster des Himmels *beschrieben, in dem von links eine Hand eine Arzneiflasche reicht, rechts ein Gesicht im Profil zu sehen ist, dem die Worte* iß nicht von diesen Krebsen *als Warnruf zugeschrieben sind. Auch hier wird es sich um die Anspielung an ein Körner bekanntes Erlebnis handeln, bei dem er sich vielleicht mit einem Krebsgericht den Magen verdorben hatte.*

*Blatt 12:* Die verkehrte Welt.

*Schillers Eintrag in seinem Bild:*

*[im Schoß des Vaters von Körner]*
Die
Räuber

*Hubers Text:*
Hier sieht man Körnern an der Bildung seines Vaters arbeiten. Er liest ihm, die Ruthe in der Hand, ein ästhetisch-moralisches Kollegium über die Räuber vor. Ein vortreflicher Zug des Künstlers ist daß der Superintendent die Räuber verkehrt in der Hand hält, wahrscheinlich weil er dabei eingeschlafen ist, und dieser profane Schlaf rechtfertigt die Ruthe in der Hand des Sohnes vollkommen.

*Der Titel des Blattes,* Die verkehrte Welt, *spielt auf Hans Jacob Christoff Grimmelshausens „Des Abenteuerlichen Simplicii Verkehrte Welt" (Nürnberg 1672) sowie auf zahlreiche Bilderbogen an, in denen in Umkehrung des Vertrauten, in ironischer Darstellung des Gegenteils satirische Kritik am Verkehrten initiiert wird. In Schillers Zeichnung werden die Rolle des erziehenden Vaters und des erzogenen Sohnes vertauscht. Groß und würdig sehen wir Johann Gottfried Körner (1726–1785) im Lehnstuhl an einem Tisch sitzen. Er ist identifizierbar durch die Kleidung, Talar mit Halskrause, Amtstracht von Professoren und Senatoren sowie (bis heute in den Hansestädten üblich) von evangelischen Pastoren, welche die Position und Rolle des Theologieprofessors und Leipziger Superintendenten ausweisen. Der ein Jahr zuvor gestorbene Vater hatte seinem Sohn eine strenge Erziehung angedeihen lassen. Hier werden die Rollen vertauscht. Auch wenn Christian Gottfried als Sohn kleiner von Statur gezeigt wird und auf einem kleinen Stuhl sitzt, so wird ihm doch die Rolle des Erziehers zugewiesen. Wie Huber kommentiert, sieht man ihn* an der Bildung seines Vaters arbeiten. *Daß es wohl nicht einfach war, den konservativen Vater von Qualität und Bedeutung des Schillerschen Sturm- und Drangdramas „Die Räuber" (1781) zu überzeugen, spiegelt zum einen, daß Vater Körner das Buch verkehrt herum hält, weil er, nach Huber,* dabei eingeschlafen ist, *zum anderen, daß Sohn Körner die Erziehungsabsicht durch das Schwingen einer Rute unterstreicht. Sie war über lange Zeit Züchtigungsmittel christlicher Kindererziehung in Elternhaus und Schule, wie es zahlreiche der Zeichnung ähnliche populäre Illustrationen zeigen.*

*Blatt 13:* Herkules-Körner.

*Hubers Text:*
Hier ist fürgestellet Körners wie er zwischen den 2 Präsidenten, Wurmb und Berlepsch steht. Beide machen ihm die grösten Versprechungen und suchen ihn an sich zu reissen. Aber er entscheidet sich für keine von beiden Seiten, und geht grade auf einen Brief seiner Minna zu, den die Hand eines Postillons ihm aus einem Fenster reicht.

NB. Es war ein vortreflicher Einfall unsers Künstlers das Porträt der Schreiberinn auf dem Aermel des Briefträgers anzubringen.

NB. Beide Präsidenten sind Porträts, vorzüglich sind ihre Röke nach der Natur.

Wurmb] Friedrich Ludwig von Wurmb (1723–1800), kursächsischer Kabinettsminister, Mitglied des Geheimen Consiliums in Dresden; er war Präsident der kursächsischen Landesökonomiedeputation, deren Assistent Körner seit 1784 war.
Berlepsch] *Friedrich Gottlob von Berlepsch (1721–1792),* Oberkonsistorialpräsident in Dresden.

*Gewissermaßen als Basis Körnerschen Mutes und Handelns steht der Titel des Blattes als Fundament am unteren Blattrand. Die Symbolik umfaßt auch dessen Inhalt,* Herakles-Körner, *setzt sein hier gezeigtes Handeln mit den Heldentaten des Heroen der griechischen Mythologie gleich, erhebt Körner zum Halbgott. Wiederum symbolisch setzt Schiller die Bedeutungsgröße ein, wenn er die Figuren links und rechts groß und mächtig erscheinend darstellt, Körner dagegen als kleine Rücken-Figur, der man kaum eine Heldentat zutraut, zwischen ihnen plaziert. Körner reckt den rechten Arm nach oben, da ihm ein Brief zugereicht wird. Hubers Kommentar, der die Hand mit dem Briefumschlag als* die Hand eines Postillons *identifiziert, wird durch die gelbe Farbe des Ärmels, die Farbe auch der sächsischen Postillons, visuell bestätigt. Der Begriff* Postillon *hatte sich seit dem Dreißigjährigen Krieg für den bis dahin so benannten „Postreiter" durchgesetzt. Den Postillon selbst muß sich die Phantasie des Betrachters vorstellen, steht er doch vor der Hauswand und reicht das Schreiben durch ein Fenster von außen herein. Auf dem Arm, in blasser Bleistiftkontur gezeichnet, erkennt man einen Frauenkopf, der auf Körner schaut. Es ist* das Porträt der Schreiberinn, *so Huber, und gemeint ist Körners Frau Minna. Offensichtlich ist sie verreist, denkt aber an ihren Mann und schickt ihm einen Brief. Das Fenster und der blaue Himmel, auf den man schaut, symbolisieren die große räumliche Trennung von Absenderin und Adressaten. Was rechtfertigt nun die Entgegennahme eines Briefes als Herkules-Tat? Die beiden Männer, die links und rechts die Körner-Figur rahmen, sind der Präsident der kursächsischen Landesökonomiedeputation, Friedrich Ludwig von Wurmb, und der Präsident des kursächsischen Oberkonsistoriums, Friedrich Gottlob von Berlepsch, zeichnerisch gut getroffen, wie Huber anmerkt. Neben der Bedeutungsgröße zeigt auch ihre Körpersprache – beide gehen auf Körner zu, beide haben weisend oder sogar drohend einen Arm erhoben –, daß die* 2 Präsidenten *dem im übertragenen Sinn kleinen Körner überlegen sind, daß sie ihn bedrängen,* suchen ihn an sich zu reissen. *Zur Heldentat wird Körners Verhalten, wenn er, der stets korrekt und pflichtbewußt agiert, hier die Anweisungen seiner Vorgesetzten (als Jurist und Oberkonsistorialrat gehört er beiden Behörden an) ignoriert und sich stattdessen ganz dem Brief von Minna zuwendet. Wenn auch leicht ironisch, würdigt Schiller anerkennend das tiefe Liebesverhältnis Körners zu seiner Frau. – Wurmb und Berlepsch mußten 1787 über einen Antrag Körners auf Beförderung entscheiden. Sie lehnten den Antrag ab.*

*Blatt 14:* Thalias vergebliches Flehen.

*Hubers Text:*
Thalia oder die Muse der Komödie fleht um einen schwarzsamtnen Rok den man in einem Schranke hängen sieht, aber Körner — doch nein, dieser Name ist noch hier nicht zureichend, pius Aeneas selbst in eigner Person schlägt unwillig die Hände über den Kopf zusammen bei dieser frechen Bitte, und bereitet sich zu einem entrechat, eine sehr natürliche Aüsserung der Wuth, welche, glaub' ich, unserm ~~Dichter ganz~~ Künstler ganz eigenthümlich ist. Meines Vaters Rok, ruft dieser vortrefliche Sohn, an gedungne Histrionen!

pius Aeneas] *In seinem Hauptwerk, dem Epos „Aeneas", nennt Vergil seinen Helden pius (fromm). Vgl. dazu die zusammenfassende Erläuterung.*
entrechat] *Franz.: Luftsprung.*
Histrionen] *Bei den Römern Bezeichnung der Schauspieler, die meist Freigelassene oder Sklaven waren.*

*Das Blatt zeigt einen Innenraum, der durch ein geschlossenes Fenster sowie einen geöffneten Kleiderschrank ausgewiesen ist. Im Raum befinden sich zwei Personen. Links sehen wir, seitlich dargestellt und nach rechts gewandt, eine Frauengestalt. Der Titel und Hubers Kommentar identifizieren sie mit einer allegorischen Figur:* Thalia oder die Muse der Komödie.

*In der Rechten hält sie eine Maske, gemäß der griechischen Tradition ein rollenbeschreibendes Symbol. Sie schaut streng, ja, verärgert, was auch der hochgereckte linke Arm mit dem weisenden Zeigefinger unterstreicht. Thalia wendet sich an eine Figur, die zwar deutlich kleiner als sie ist, aber, anschaulich gekennzeichnet durch die hochgereckten Arme mit zu Fäusten geballten Händen, das Aufstampfen des rechten Beines, die abstehenden Haare und den abweisend-grimmigen Gesichtsausdruck, eine widersprechende Trotzhaltung eingenommen hat. Der Anlaß des Streites ist im Hintergrund zu sehen. Deutlich sichtbar, weil die Türe weit geöffnet ist, sieht man im Kleiderschrank einen schwarzen Rock hängen. Gemäß Hubers Kommentar handelt es sich um den Rock von Körners Vater; der Vergleich mit dem Talar in Blatt 12 liegt nahe. Offenbar sollte der Rock als Kostüm in einer Theateraufführung benutzt werden, (Zur damaligen Zeit war das Theaterspielen im privaten Kreis bürgerliche Mode; vgl. NA 5 N, 592.) Körner, den man in der wütenden Figur zu sehen hat, lehnte das wohl entrüstet ab. Huber nennt Körner in dieser Szene* pius Aeneas, *übernommen von Vergils Charakterisierung des trojanischen Helden Aeneas, für den Pflichtbewußtsein gegenüber göttlichem Gesetz höchste Maxime war. Hier geht es nicht um Götter oder ein Fatum, aber die tiefe Achtung, die Körner seinem verstorbenen Vater entgegenbringt, macht es ihm zur Pflicht, sich einer* frechen Bitte, *einem nicht angemessenen Ansinnen vehement zu widersetzen. Der übergroße Riegel an der Schranktür scheint nur darauf zu warten, diese wieder fest zu verschließen und den Vater-Rock schützend zu bewahren. Natürlich ist der durch die Übertreibung und die Übertragung des Alltäglich-Profanen ins Theatralische sichtbare ironische Unterton nicht zu verkennen, dennoch schwingt auch hier eine letztlich positive Charakterisierung Körners mit, der bei allen Problemen, die er mit seinem strengen standesbewußten Vater hatte, ihm doch Respekt und Achtung entgegenbrachte, was sich hier beispielhaft äußert.*

# BRIEFE VON UND AN SCHILLER (NA 23–40): NACHTRÄGE, KORREKTUREN UND ERGÄNZUNGEN, VERZEICHNISSE

## *Vorbemerkungen*

*Die folgenden Nachträge, Korrekturen und Ergänzungen zu den Bänden 23–40 der Schiller-Nationalausgabe, welche die von Schiller abgesandten und empfangenen Briefe von 1772 bis 1805 enthalten, sind in zwei Abschnitte aufgeteilt. Der 1. Abschnitt bringt „Nachträge“, das heißt in der Nationalausgabe bisher nicht gedruckte oder, im Einzelfall, nicht vollständig gedruckte Briefe. Der 2. Abschnitt enthält „Korrekturen und Ergänzungen“. Dabei handelt es sich in den meisten Fällen um den Abdruck von Briefen, deren Handschrift (H) bisher nicht bekannt war, so daß sie nach einem anderen Textzeugen wiedergegeben werden mußten. Auf diesen Textzeugen wird in einer einführenden Bemerkung zu jedem einzelnen Brief hingewiesen. In vielen anderen Fällen bestehen Korrekturen und Ergänzungen in aktualisierenden Hinweisen zur Überlieferung eines Briefes, wenn sich etwa zum Verbleib von H neue Erkenntnisse ergeben haben. Hier und da wurden Einzelkorrekturen vorgenommen, etwa bei der Datierung von Briefen. Nicht berücksichtigt wurden vereinzelte autographische Fundstücke, deren Kontext nicht zu ermitteln war, wie z. B. die Adresse zu einem Brief an Goethe:* Herrn GehRathvGoethe / Hochwohlg *(versteigert in der Stargardt-Auktion vom 1. und 2. April 2008). Zu beachten ist: Nachträge, Korrekturen und Ergänzungen betreffen die Texte der Briefe und deren Überlieferung, nicht aber deren Erläuterungen. Deren Einbeziehung hätte den Rahmen des vorliegenden Bandes gesprengt.*

*Die für die Briefabteilung der Schiller-Nationalausgabe notwendigen systematischen Recherchen wurden Ende 2021 abgeschlossen. Dabei wurden weltweit Archive und Bibliotheken, aber auch Privatsammler angeschrieben sowie analoge und digitale Kataloge, Repertorien, Bestandsverzeichnisse und Autographenversteigerungs-Kataloge ausgewertet. Handschriften, die sich seither einfanden, und Erkenntnisse zu deren Verbleib, die sich hier und da ergaben, wurden eingearbeitet. Die im folgenden dargebotenen Ergebnisse erheben nicht den Anspruch der Vollständigkeit.*

*Die Herausgeber sind einer Vielzahl von Mitarbeitern und Mitarbeiterinnen verschiedener Institutionen zu Dank verpflichtet, aber auch Privatpersonen, denen die nachfolgend abgedruckte Danksagung gilt.*

*Im vorliegenden Band wird – wie in allen anderen Bänden der Schiller-Nationalausgabe – die alte Rechtschreibung beobachtet. Was die Grundsätze für die Herstellung der Brieftexte angeht, so gilt das in Band 28 (S. 331–333), Band 35 (S. 417–418) und Band 36 II (S. 3–4) Gesagte.*

*Konnte die Handschrift zu einem bisher nach einem anderen Textzeugen wiedergegebenen Brief zugrunde gelegt werden, so wurden die Angaben zu dessen Überlieferung modifiziert. Das heißt, es werden Angaben zur Handschrift und zum Erstdruck gemacht, nicht aber zu textkritisch nicht (mehr) relevanten Textzeugen (Abschriften, Drucke). In einer einleitenden Vorbemerkung wird lediglich auf die bisherige Textgrundlage hingewiesen.*

*Die im vorliegenden Band abgedruckten Brieftexte erhalten einen jeweils eigenen Zeilenzähler, auf den in Lesarten und Erläuterungen Bezug genommen wird. Halbfette Zahlen in Geradschrift wie z. B.* **19** *geben die Zeilenzahl von Brieftexten in Band 43 an. Dagegen verweisen Seiten- und Zeilenzahlen wie z. B.* **125,15** *auf die früher erschienenen Bände der Nationalausgabe.*

*Danksagung*

*Wir haben vielen Institutionen und Personen zu danken, die uns bei der Recherche und durch die freundliche Bereitstellung von Kopien und Scans von Briefmanuskripten unterstützt haben, darunter (in alphabetischer Reihenfolge der Orte):*

*Hermann Weiss (University of Michigan, Ann Arbor/USA)*
*James Stimpert (Senior Reference Archivist, Special Collections, Sheridan Libraries, Johns Hopkins University, Baltimore/USA)*
*Benedicta Erny (Universitätsbibliothek Basel)*
*Christine Rolland (Universitätsbibliothek Basel)*
*Gabriele Kaiser (Staatsbibliothek zu Berlin, Preußischer Kulturbesitz)*
*Maurice-Michel Denk (Staatsbibliothek zu Berlin, Preußischer Kulturbesitz)*
*Birte Dinkla (Staats- und Universitätsbibliothek Bremen)*
*Birgit Buth (Sächsische Landesbibliothek, Staats- und Universitätsbibliothek Dresden)*
*Thomas Stern (Sächsische Landesbibliothek, Staats- und Universitätsbibliothek Dresden)*
*Heike Spies (Goethe-Museum, Anton-und-Katharina-Kippenberg-Stiftung Düsseldorf)*
*Regine Zeller (Goethe-Museum, Anton-und-Katharina-Kippenberg-Stiftung Düsseldorf)*
*Konrad Heumann (Freies Deutsches Hochstift Frankfurt a. M.)*
*Raschida Mansour (Universitätsbibliothek Johann Christian Senckenberg Frankfurt a. M.)*
*Volker Reißmann (Staatsarchiv Hamburg)*
*Andrea Diekert (Staats- und Universitätsbibliothek Carl von Ossietzky Hamburg)*
*Christine Peters (Stadtarchiv Hannover)*
*Ute Brieger-Naseri (Universitätsbibliothek Kiel)*
*Klára Erdei (Universitätsbibliothek Kiel)*
*Thomas Hvid Kromann (Det Kongelige Bibliotek Kopenhagen)*
*Signe Pagh Milling (Det Kongelige Bibliotek Kopenhagen)*
*Sebastian Krötzsch (Stadtgeschichtliches Museum Leipzig)*
*Susanne Dietel (Universitätsbibliothek Leipzig)*
*Stephanie Herrmann (Reiss-Engelhorn-Museen Mannheim)*
*Gudrun Bernhardt (Deutsches Litearturarchiv Marbach)*
*Helmuth Mojem (Deutsches Literaturarchiv Marbach)*
*Jens Tremmel (Deutsches Literaturarchiv Marbach)*
*Sven Kuttner (Universitätsbibliothek München)*
*Kathrin Fischeidl (Germanisches Nationalmuseum Nürnberg)*
*Matthias Nuding (Germanisches Nationalmuseum Nürnberg)*
*Helena Mrkvanová (Tchechische Nationalbibliothek Prag)*
*Christian Heitzmann (Herzog August Bibliothek Wolfenbüttel)*
*Monica Seidler-Hux (Zentralbibliothek Zürich)*

*Besonderer Dank gilt Bernhard Fischer von der Credit Suisse in Basel, der uns die bisher unzugänglichen Schiller-Autographen aus der Sammlung Wilhelm zur Verfügung stellte, und Ralf Simon vom Deutschen Seminar der Universität Basel, der freundlicherweise die Vermittlung übernahm. Auch Stefan Ormanns (Bonn), dem früheren Mitarbeiter der Schiller-Nationalausgabe, gebührt großer Dank für die Bereitstellung alten Aktenmaterials.*

# I. NACHTRÄGE

# 1. SCHILLERS BRIEFE

(NA 23–32)

## *NA 23, Nr 5a*

*5a. An Christoph Dionysius von Seeger*

*Stuttgart, den 23. Juli 1780. Sonntag.*

Hochwohlgebohrener Herr

Hochgebietender Herr Obrist,

Gewiße Vorfälle bei der Krankengeschichte des Eleven Grammont, welche mich etwas näher, als ich wünschte, anzugehen scheinten, haben mich so dreust gemacht, Euer Hochwohlgebohren mit einer schrifftlichen Erklärung zu beschweren, welche Kühnheit nichts als meine vollkommenste Überzeugung von Euer Hochwohlgebohren billiger Gesinnung entschuldigen kann.

Ich bemerkte seit einigen Wochen, daß mein Umgang mit dem Patienten, mehr als vorhin eingeschränkt, und sorgfältig dahingesehen wurde, daß ich ihn nicht leicht allein sprechen konnte. Es ist mir diß um so befremdender aufgefallen, da ich den von Euer Hochwohlgebohren mir selbst ertheilten gnädigen Befehl, beständig um ihn zu seyn, noch nicht vergeßen hatte und es führte mich auf die Besorgniß irgend eines zu Grunde liegenden Verdachts auf meine Handlungs Arten, der mir nichts weniger als gleichgültig seyn konnte. Es würde mir unendlich gefehlt seyn, wenn ich dazu schweigen müßte, da es für mich von Folgen seyn könnte, und meinem Karakter gänzlich zuwiderläufft, ich nehme mir daher die Freyheit, zur Rechtfertigung meines bisherigen Betragens einige noch geheimgehaltene Fakta Denenselben zu entdeken, welche über die Reinheit meiner Absicht einigen Aufschluss geben können.

Am XI$^{\underline{\text{ten}}}$ Juni, zwei Tage vorher, ehe die Krankheit unsers Hypochondristen zuerst bekannt wurde, kam er zu mir, und wollte, daß ich ihm einen Schlaftrunck verschaffen sollte. Mich schröckten seine fürchterlich-ruhige Mine, seine veränderte Stimme seine ungewohnten Gebehrden, daß ich Unrath merkte. Ich fragte ihn lächelnd: Wozu? Danach hätte ich nicht zu fragen, war die Antwort, ich soll es ihm nur anschaffen, falls ich jemals sein Freund gewesen. Endlich forschte ich das unglükliche Geheimniß aus ihm heraus, und er gestand mir, daß er nach reifer Überlegung nunmehr entschlossen sey, diese Welt zu verlaßen wo er nicht glüklich seyn könnte. Mit Gründen einer vernünfftigen Philosophie war nun nichts mehr auszurichten, denn ich hatte schon in seinen gesunden Tagen über diesen Punkt offtmals vergebens mit ihm gestritten ich bat ihn a*l*so, doch wenigstens nur so lang ruhig zu seyn, bis er mit H*errn* Prof. Abel gesprochen hätte. Zugleich drang ich in ihn, daß er auf das Krankenzimmer gehen möchte, weil ich diese schrökliche Melancholie einem verschlimmerten Zustand seines Unterleibs zuschrieb, und mir dort seine Gründe schrifftlich entwikelte, weil ich hoffte, daß er dardurch Zeit gewinnen würde, seinen paradoxen Entschluss mit desto mehr Kälte zu prüfen. Er ließ sich bereden, nur bat er mich auf das inständigste, bei unserer Freundschafft, von dem allen niemand kein Wort zu sagen, welches ich um so gerner halten konnte, da ich ihn privatim zurecht zu bringen hoffte, und kein Aufsehen in der Academie machen wollte, welches vielleicht hätte von Folgen seyn können. Das aber that ich, wie Euer Hochwohlgebohren sich zu erinnern gnädig belieben werden, daß ich Denenselben durch den Lieutenant Walter einen Wink davon geben ließ, worauf ich auch die gnädige Antwort erhielt, ein wachsames Aug fortan auf ihn zu haben, und besonders auf seinen Unterleib Rüksicht zu nehmen, weil ich ohnehin viel daraus herzuleiten gewohnt wäre. Euer Hochwohlgebohren hatten auch die Gnade mich öffters über sein Befinden zu befragen, und empfahlen mir ihn auf das nachdrücklichste zu verschiedenen mahlen, und verordneten, daß die medicinischen Veteranen Tag vor Tag seine Ordonancen seyn sollten. Meine Bemühungen waren anfangs nicht ohne guten Erfolg – ich berufe mich auf meinen ersten Rapport – allein das Übel nahm im Ganzen zu, und spottete unserer Kräffte.

Bis dahin war ich der vollkommenen Meynung, daß ich mich vielleicht einiges Verdiensts um das Wohl des Patienten rühmen könnte, wenn es Verdienst ist, einen Menschen vom Abgrund zurükzuziehen, und einen Selbstmord zu verhindern, der nach einem eignen Geständniß noch denselbigen Abend auch ohne Schlaftrunk geschehen wäre, bis dahin war ich der Meinung die Vortheile der Academie nach allen meinen Kräfften betrieben zu haben, aber ich war es bald nicht mehr, und die nachfolgenden Aüßerungen Euer Hochwohlgebohren brachten mich beinahe dahin, daß es mich hätte reuen können, jemals meinen redlichen Eifer in dieser Sache bewiesen zu haben, wenn mich nicht das belohnende Bewußtseyn, die Pflichten eines Academisten, und die Pflichten eines Freunds ohne Anstos erfüllt zu haben, wegen aller unverdienten Begegnung schadlos halten könnte.

Euer Hochwohlgebohren hatten vorigen Sonntag die Gnade mir den Unterfeldscheer Mauchardt als Zeugen nachzuschiken, welcher auch nachher durch den Eleven Plieninger abgelößt wurde. Diß machte mich freilich nicht wenig stuzen, da ich immer, wie auch der Eleve von Hoven, zum besondern Gesellschaffter des Kranken ausersehen worden war. Dazu kam noch daß Euer Hochwohlgebohren Montag Abends, in den Verweis, den Dieselbe dem Kranken zu geben gnädig beliebten, die Worte einflochten „er traue vielen, denen er gar nicht trauen sollte“. Er klagte dieses nachher dem Eleven Plieninger, und supplirte die ver*sch*wiegenen Nahmen mit dem des Prof. Abels, des Chirurgie-Majors Klein, des Eleven von Hovens, und dem meinigen, denn nur diesen, sagte er, könne er trauen, diese also müßten nothwendig verstanden seyn. Was für eine Wirkung dieser Seitenblik auf den Patienten gemacht hat, indem ihm dardurch seine Freunde, das einzige was ihn noch manchmal erheiterte, verdächtig gemacht wurden, das zu sagen ist Verwegenheit, aber von da an traute er niemanden, und sagte selbst, er sey mit lauter Creaturen eines höhern Winks umgeben. Wir hatten viel Noth damit, unsere Niedergeschlagenheit unter die Maske der Heiterkeit zu versteken.

Sollten Euer Hochwohlgebohren vielleicht vermuthen, daß ich neulich den Eleven Plieninger bei dem Patienten verrathen und verdächtig gemacht hätte? Dieser Vorwurff ist mir so empfindlich, daß ich wider Willen gezwungen bin dem wahren Urheber dieser Verleumdung nachzuforschen. Aber nein, ich will es nicht thun, ich will Euer Hochwohlgebohren nur die Gnade haben zu versichern, daß ich bald acht Jahre in der Academie zu leben das Glük habe, und in dieser Zeit noch keinem Menschen unter dem schändlichen Karakter eines Ohrenbläsers bekannt worden bin.

Oder sollte wohl die besondere Anhänglichkeit des Eleven Grammonts an den Eleven von Hoven und mich Euer Hochwohlgebohren den Argwohn eingeflößt haben, daß wir den Absichten Seiner Herzoglichen Durchlaucht entgegengearbeitet, und den Grillen des Patienten geschmeichelt hätten. Ganz befremdet mich dieser Argwohn nicht, denn ich muss selbst gestehen, daß er fast nothwendig aufsteigen muss, wenn man bedenkt wie sehr der Patient sonst jeden Umgang floh; ich habe es ihm auch vorhergesagt und ihn um alles Gebeten, mich nicht zu seiner Gesellschafft nach Hohenheim auszubitten; allein ich habe doch vielmehr gehofft, daß dieses Vertrauen des Patienten zu uns beiden vielmehr ein vortreffliches Mittel seyn werde, jene gnädigste und weiseste Absichten unsers Durchlauchtigsten Vaters um so leichter erreichen *zu* können, da wir beide nur allzuwohl einsahen wie sehr die Wünsche des Kranken von seinem wahren besten abwichen.

Endlich rechtfertigt uns die jezige Zufriedenheit, und wahrhafftige Beßerung des Patienten ganz. Freilich ging der Weeg den wir einschlugen in etwas von dem gewöhnlichen ab, wir durfften es ihn am wenigsten merken laßen, daß wir auf Befehl reden, nur die Künste der Freundschaft waren uns erlaubt, die mehr nachgibt als forçirt, und jener Tolle, der sich einbildete er habe zwei Köpffe, war nicht durch ein dictatorisches Nein überwiesen, sondern man sezte ihm einen künstlichen auf, und diesen schlug man ihm ab. Das Vertrauen eines Kranken kann nur dardurch erschlichen werden, wenn man seine eigene Sprache gebraucht, und dise General-Regel war auch die Richtschnur unserer Behandlung. Widerspruch und Gewalt kann vielleicht dergleichen Kranke darniederschlagen, aber sie wird sie gewiß niemals kuriren. Aus diesem Grunde hatte die Gelindigkeit und nachgebende Methode Seiner Herzoglichen Durchlaucht einen so heilsamen Einfluss auf den Kranken, sobald ihm seine Krankheit ruhe ließ darüber zu denken; er hatte es uns nachher öffters gestanden.

So hoff ich, und kann es von Euer Hochwohlgebohren edler Gesinnung mit Recht hoffen, daß Dieselbe in diesem Stük günstiger von mir urtheilen werden, und habe die Ehre in unterthänigem Respekt zu verharren

Hochwohlgebohrener Herr
Stutgardt. d. 23. Julÿ 1780. Hochgebietender Herr Obrist

Dero unterthaniger Diener
Schiller Eleve

*ÜBERLIEFERUNG. H: SNM. Doppelblatt 23,6×37,3(–37,7) cm, vergilbtes geripptes Papier, Wz. 1. Blatt: C & I HONIG, 2. Blatt: Posthorn in gekröntem Schild mit angehängter Bienenkorbmarke, Bruchstellen an Seitenrändern und früherer Faltung, Seitenränder an einigen Stellen restauriert, Text am Rand von S. 1 und S. 3 in einigen Fällen schwer oder nicht mehr lesbar. – E: Geschichte der Hohen Carls-Schule [...]. Bd 1. Würzburg 1856. S. 588–591 (Heinrich Wagner). – Textwiedergabe nach H. – Der Brief findet sich bereits, mit unzuverlässigem Text, in NA 22, 26–30.*

*LESARTEN.* **6** Hochwohlgebohren] Hochwoh *verb. aus* Woh *H* **10** den] *ü. d. Z. erg. H* **19** Juni] *verb. aus* July *H* **35** ihn] *i. d. Z. erg. H* **37** können] *verb. aus* könnten *H* **77** noch] *danach* bey *gestr. H* **84** ich] *davor* allein *gestr. H* **99** hatte] hatter *(?) H*

*ERLÄUTERUNGEN. Der Brief beantwortet keinen Brief Seegers. – Eine Gegenantwort ist nicht bekannt.*

*Vgl. die Erläuterungen in NA 22, 352–353.*

***NA 23, Nr 6a***

*6a. An Immanuel Gottlieb Elwert*

*Stuttgart, vermutlich Dezember 1780/Januar 1781.*

*[...]* meine Knochen haben mir im Vertrauen gesagt, daß sie in Schwaben nicht verfaulen wollen. *[...]*

*DATIERUNG. Nach Johann Wilhelm Petersen schrieb Schiller den Brief, dem der zitierte Satz entstammt, „bald nach" seiner Entlassung aus der Carlsschule am 15. Dezember 1780 (Schillers Jugendgeschichte, III. 47 Bll. diverse Aufzeichnungen in fol., Bl. 22; H: SNM), also vermutlich im Dezember 1780 oder Januar 1781. An einer anderen Stelle seiner Aufzeichnungen sagt Petersen, jener Brief sei „1 ½ Jahre" vor Schillers Flucht aus Stuttgart am 22. September 1782 geschrieben worden (ebd., Bl. 25), was auf etwa März 1781 deuten würde. In der endgültigen Fassung von „Schillers Jugendgeschichte" heißt es hingegen wieder, Schiller habe den Brief „damals", d. h. in der Zeit nach seiner Anstellung als Regimentsarzt, geschrieben (vgl. Erläuterungen).*

*ÜBERLIEFERUNG. h: DLA/SNM. Zitat in den Aufzeichnungen „Schillers Jugendgeschichte. Umrisse von J. H. Petersen" (gedruckt in: Hartmann, 192–206): I. Schillers Jugendgeschichte von J. W. Petersen 25 S. [korrekt: 25 Blatt], Bl. 23. Das Zitat findet sich in Petersens Entwürfen in gleichem Wortlaut an zwei weiteren Stellen: III. 47 Bll. diverse Aufzeichnungen in fol., Bl. 22 und 25. – E: Hartmann (1904), 205–206. – Textwiedergabe nach h.*

*ERLÄUTERUNGEN. Ein Bezugsbrief und eine Gegenantwort sind nicht bekannt.*

*Wilhelm Petersen berichtet in „Schillers Jugendgeschichte", daß Schiller nach seiner Entlassung aus der Carlsschule mit der geringen Versorgung durch den Herzog unzufrieden war. Als Regimentsmedikus erhielt er bloß das Gehalt eines Regimentswundarztes (23 Gulden monatlich); er – schreibt Petersen weiter –* durfte auch nicht die Offizierskleidung, sondern mußte den Feldscherersrock tragen. Diese Kleinigkeit, die er, freilich nur dann und wann, als eine beschämende Hintansetzung betrachtete, wurmte stärker in ihm, als man glauben sollte. In einer Anwandlung von Unmut darüber und über gewisse andere Dinge schrieb er damals einem Freunde: *[...]. (Hartmann, 205.) Es folgt das Zitat. Bei dem Freund handelte es sich einer Anmerkung Petersens zufolge um den früheren Carlsschüler Immanuel Gottlieb Elwert (vgl. Hartmann, 205), der sich seit Herbst 1780 zum Medizinstudium in Straßburg aufhielt (vgl. über ihn die Erläuterungen zu seinem Brief an Schiller vom 9. November 1792 [NA 34 II, 340] sowie zu Schillers Stammbucheintragung „[Für Immanuel Elwert]" [NA 2 II A, 35]). – In der Nacht vom 22. auf den 23. September 1782 floh Schiller aus Stuttgart und Schwaben nach Mannheim. In der Nacht vom 11. auf den 12. Mai 1805 wurde er in Weimar beerdigt.*

***NA 23, Nr 25a***

*25a. An Unbekannt*

*Stuttgart, Januar 1773–September 1783?*

Lieber Bruder.

Uebergieb beyde Brief sobald du kannst. Gehe aber mit jedem in das Quartier des Herrn Majors, und zu Hpt. Lohbauer

S[ch.]

*ÜBERLIEFERUNG. H: ? „Eigenhändiger Brief mit Unterschrift ‚Sch.' […] 8,5 × 11,5 cm […]. Leicht fleckig. Fest unter Passepartout montiert und alt aufgezogen." (Angaben nach E). Facsimile ebd. (durch das Passepartout ist von der Unterschrift nur der Aufstrich von ‚S' erkennbar). – Zuletzt 2018 versteigert (vgl. Ketterer Kunst. 464. Auktion. Wertvolle Bücher. Manuskripte – Autographen – Dekorative Graphik. 28. Mai 2018. Nr 386. – E: Ebd. – Textwiedergabe nach dem Facsimile.*

*DATIERUNG UND ERLÄUTERUNGEN. In E wird als Adressat des Billetts Schillers Schwager Wilhelm Friedrich Hermann Reinwald, Bibliothekar in Meiningen, angegeben, als Datum „Weimar, um 1790–1800", beides ohne Begründung. Als Adressat kommt Reinwald kaum in Frage, denn das Billett scheint in Stuttgart geschrieben worden zu sein. Darauf könnte u. a. die Provenienz des Blattes hindeuten: „Passepartout und Rahmen mit Provenienzvermerk von Adolf Wechsler, datiert Stuttgart 1887, der das Autograph von Bernhard von Alberti, einem entfernten Nachkommen der Familie Schillers, geschenkt bekommen hat." (E.) Bernhard von Alberti (1868–1914) war der Urenkel von Franz Carl (seit 1807) von Alberti (1742–1820), der von 1773 an im Rang eines Obristwachtmeisters (Majors) Oberaufseher an der Militärakademie auf der Solitude, der späteren Carlsschule in Stuttgart, war. Denkbar wäre, daß er der im Billett genannte* Major *war. Dies würde das Billett in Schillers Zeit auf der Carlsschule von Januar 1773 bis Dezember 1780 und die sich anschließende Zeit als Regimentsmedikus in Stuttgart bis zu seiner Flucht im September 1782 verweisen. Mit der Anrede* Lieber Bruder *könnte einer von Schillers Schulkameraden gemeint sein. – Um wen es sich bei* Hpt. Lohbauer *handelt, konnte nicht sicher ermittelt werden. Möglicherweise ist ein Mitglied der Familie Philipp Gottfried Lohbauers (1745–1816) gemeint, der 1772 als Schreiber auf die Solitude gekommen war und als Regierungssekretär in Stuttgart lebte. Die Familien Lohbauers und Johann Caspar Schillers waren befreundet (vgl. Werner Gebhardt [Hrsg.]: Die Schüler der Hohen Karlsschule. Ein biographisches Lexikon. Stuttgart 2011. S. 360–361).*

***NA 23, Nr 25b***

*25b. An Luise Andreä*

*Stuttgart, zwischen dem 25. Juli 1781*
*und dem 22. September 1782.*

Madam

Zumsteeg war hier, und da er Sie nicht antraf, so beschloß er, damit er in Zukunft nicht fehlgehe hübsch weg zu bleiben, welches in aller unterthänigkeit bescheine

D*octor*Schiller

*DATIERUNG. Der Besuch Zumsteegs und Schillers im Hause der Familie Andreä in Stuttgart, auf den sich das Billett bezieht, fand statt, während Schiller, der als ‚Doktor' unterschreibt, als Regimentsmedikus Dienst tat, und zwar nach Zumsteegs Entlassung aus der Carlsschule am 25. Juli 1781 und vor Schillers Flucht aus Stuttgart in der Nacht vom 22. auf den 23. September 1782.*

*ÜBERLIEFERUNG. H: GSA. 1 Doppelblatt 17,5 × 21 cm, 4 S. beschrieben, 1. S. Billett, 2. S. Noten und Text der ersten Strophe von Gottfried August Bürgers Gedicht „Zechlied. Im September 1777" (Ich will einst bei Ja und Nein / Vor dem Zapfen sterben), 3. S. vollständiger Text des Gedichts, 4. S. Noten und Text der ersten Strophe von Christian Friedrich Daniel Schubarts Gedicht „Der Lebenssatte" (Ach was hat man auf der Welt / Ehre, Güter, Schmaus und Geld) sowie der Text der übrigen Strophen des Gedichts (Komponist und Schreiber konnten nicht ermittelt werden; um Zumsteeg handelt es sich offenbar nicht); das Doppelblatt war mit dem linken Rand des 2. Blattes auf eine Pappe geklebt. Facsimile in $D^2$ (S. 24). – E: Ludwig Landshoff: Johann Rudolph Zumsteeg. Ein Beitrag zur Geschichte des Liedes und der Ballade. Berlin 1902. S. 48. $D^1$: Studien zur vergleichenden Literaturgeschichte hrsg. von Max Koch. Berlin 1905. S. 332 (Ernst Müller). $D^2$: Georg Kurscheidt: Ein Brief Schillers an Luise Andreä. In: JbDSG 54 (2010), 21–29; hier S. 23. – Textwiedergabe nach H.*

*ERLÄUTERUNGEN. Eine Gegenantwort auf das Billett ist nicht bekannt.*

*Luise Andreä (1760–1837) war die älteste von sieben Töchtern des Stuttgarter Arztes Jacob Eberhard Andreä und eine Nichte von Luise Vischer, Schillers Stuttgarter Hauswirtin. Luise und ihre Schwester Wilhelmine (Minna) wurden von Schillers Freunden umschwärmt. Außer Zumsteeg gehörten Gotthold Friedrich Stäudlin, Karl Friedrich Reinhard und Karl Philipp Conz zum Kreis der Verehrer. Luise Andreä wurde am 29. November 1783, drei Monate vor der Geburt eines Sohnes, Zumsteegs Frau. – Das Billett zeigt die gleiche launige Sprache, deren sich Schiller z. B. auch in seinem Billett an die Freunde Wilhelm Petersen und Karl Ludwig Reichenbach bedient (NA 23, 29).*

## *NA 23, Nr 49*

*Der Brief an Wilhelm Friedrich Hermann Reinwald von Ende Februar 1783 ist unvollständig wiedergegeben; die Nachschrift lautet:*

### Zugabe

H*err*n Hofprediger läßt sich Weygand auch empfehlen, und wünscht in Connexion mit ihm zu kommen.

Lieber Freund suchen Sie es doch menschenmöglich zu machen, daß ich die Robertsohnische Geschichte der Maria oder überhaubt nur eine teutsche erhalte. Ich will Ihnen sagen warum: Im lateinischen und französischen Text kommen soviele statistische Termini und Titel von Personen vor die nicht immer nach dem Wort übersezt werden dörfen. Z e. Procamerarius. Decanus. Capitalis justitiarius u s. f. – Darauf sind viele Englische Zunamen hier im lateinisch*en* gänzlich unkenntlich.

*ÜBERLIEFERUNG. H: Privatbesitz. Zuletzt versteigert bei Bassenge am 19. April 2023; laut E: „1 S. 8vo." Facsimile im Bassenge-Katalog „Literatur und Buchillustration des 17.–19. Jahrhunderts. Autographen. Auktion 121. 19. April 2023". S. 118. – E: Ebd. S. 118. Nr 2419.*

*LESARTEN.* **2** Weygand] *verb. aus* Weigand *H*

*ERLÄUTERUNGEN. Daß der Text die bisher unbekannte Nachschrift von Schillers Brief an Reinwald von Ende Februar 1783 ist, legt nicht nur das Schriftbild nahe, sondern ergibt sich auch aus dem Inhalt des Briefes: Schiller berichtet von seinen Verhandlungen mit dem Leipziger Verleger Johann Friedrich Weygand über ein geplantes „Maria Stuart"-Drama und bittet den Adressaten um Zusendung von Literatur zu dessen Vorbereitung, u. a. um William Camdens „Annales Rervm Anglicarvm, et Hibernicarvm, Regnante Elizabetha, Ad Annvm Salvtis M.D.LXXXIX" (London 1615). Robertsons „History of Scotland" (vgl. die Einzelerläuterungen), von der in der vorliegenden Nachschrift die Rede ist, hatte Schiller schon in seinem Brief an Reinwald vom 9. Dezember 1782 erbeten (vgl. NA 23, 56). Der Dramenplan wurde (vorerst) nicht ausgeführt. Am 27. März 1783 teilte Schiller Reinwald mit, er habe die „Maria Stuart" zugunsten des „Dom Karlos" zurückgestellt (vgl. NA 23, 74).*

**2** Hofprediger] *Johann Georg Pfranger (1745–1790), Hofprediger in Meiningen.*

**2** Weygand] *Johann Friedrich Weygand (1743–1806), Verlagsbuchhändler in Leipzig.*

**4–5** die Robertsohnische Geschichte der Maria] *William Robertson: History of Scotland. During the Reigns of Queen Mary and of King James VI. London 1759.*

**6–7** statistische] *‚Statistisch': zur Staatenbeschreibung gehörig, staatskundlich.*

**8** Procamerarius] *lat.: Kammerherr.*

**8** Capitalis justitiarius] *Richter für Kapitalverbrechen, die mit der Todesstrafe geahndet werden können.*

***NA 23, Nr 81a***

*81a. An Friedrich Wilhelm von Hoven*

Speier d. 10. 8br. 83. *Freitag.*

Endlich, mein Bester, wirst Du durch unsern Christmann, der mich z*[u]* Mannheim auf die angenehmste Art überrascht hat, etwas Gewises von mir erfahren. Du kennst meine Art schon, und weist, daß meine Freundschaft sich niemals durch viele Briefe zu äusern pflegt, und wirst mir also mein bisheriges Stillschweigen um so bereitwilliger vergeben, da ich ohnehin in die lästigste Correspondenzen nach beinahe allen Gegenden von Teutschland versunken bin. Glaube unterdeßen, daß ich unter allen Lagen und Himmelstrichen der Deinige bin, und bleibe.

PS. F. Schiller.

Deinen würdigen Eltern wirst Du mich auf das wärmste empfehlen

*ÜBERLIEFERUNG. H: DLA/SNM. 1 Blatt 20,8(–21) × 17 cm, 1 S. beschrieben, vergilbtes geripptes Papier, Kuvertfaltung, Teile eines Wz. (Buchstabe? römische Ziffer?), am oberen Rand, auf der Rückseite Adresse:* Herrn Dr. Hoven / Ludwigsburg*; oben rechts Ausriß mit geringem Textverlust, Ausriß durch angeklebten Papierstreifen restauriert. – E: Stargardt/ Moirandat-Katalog 678, Auktion vom 11. Oktober 2003 in Basel. S. 146. Nr 222. – Textwiedergabe nach H.*

*LESARTEN.* **10** wärmste] *danach* E *gestr. H*

*ERLÄUTERUNGEN. Ein Bezugsbrief und eine Gegenantwort sind nicht bekannt.*

*Über Friedrich Wilhelm von Hoven (1759–1838), Mitschüler und Freund Schillers, Arzt in Ludwigsburg, vgl. des näheren die Erläuterungen zu Schillers Brief an ihn vom 4. Februar 1781 (NA 23, 249–250).*

**1** Speier] *Schiller hielt sich zu einem Besuch Sophie von La Roches zum zweiten Mal in Speyer auf. Anfang Oktober hatte er sie schon einmal besucht.*

**2** Christmann] *Über Johann Friedrich Christmann (1752–1817), Pfarrer, Komponist und Schriftsteller aus Ludwigsburg, vgl. im einzelnen die Erläuterungen zu seinem Brief an Schiller vom 27. Oktober 1783 (NA 33 II, 43–44). Über den gemeinsamen Besuch in Speyer berichtet Schiller in seinem Brief an Henriette von Wolzogen vom 13. November 1783 (NA 23, 120).*

**5** bisheriges Stillschweigen] *Der letzte überlieferte Brief Schillers an Hoven stammt vom 25. Mai 1782 (NA 23, 34–35).*

**10** Deinen würdigen Eltern] *Christian Daniel von Hoven (1732–1823) und seine Frau Klara (1734–1813). Schiller war der Familie von Hoven freundschaftlich verbunden; sie hatte in Ludwigsburg im selben Haus gewohnt wie Schillers Familie.*

### *NA 25, Nr 119a*

*119a. An Christoph Martin Wieland?*

*Weimar, den 10. Dezember 1788. Mittwoch.*

Hätten Sie, mein Verehrtester, wohl die Güte, mir Wiggers vermischte Aufsätze auf einige Tage zu leihen?

Freundlichst grüßend

Ihr ergebenster

Weimar,
d. 10. Dec. 1788.

Schiller

*ÜBERLIEFERUNG. H: DLA/ SNM. 1 Blatt 14,8 × 9,4 cm, 1 S. beschrieben; feingeripptes, stark vergilbtes und stockfleckiges Papier; obere rechte Ecke abgerissen; S. 2 kalligraphierter Vermerk von fremder Hand in hellblauer Tinte:* M e ÿ e r*; das Blatt ist auf Karton aufgezogen und mit rotem Buntstift umrandet. – E: JbDSG 34 (1990), 15 (Norbert Oellers). – Textwiedergabe nach H.*

*ERLÄUTERUNGEN. Ein Bezugsbrief und eine Gegenantwort sind nicht bekannt.*

*Für die Annahme, daß Wieland der Adressat des vorliegenden Billetts ist, sprechen folgende Überlegungen (vgl. die Erläuterungen in E): Aus dem Inhalt des Billetts ist zu schließen, daß es innerhalb Weimars befördert wurde. Schiller hatte mit Wieland gerade um die Jahreswende 1788/89 besonders intensiven Kontakt, weil er unter dessen Anteilnahme sein Gedicht „Die Künstler" für den „Teutschen Merkur" überarbeitete. Ferner geht aus Schillers Brief an Wieland vom 4. oder 5. Februar 1789 (NA 25, 194–195) hervor, daß Schiller aus Wielands Bibliothek gelegentlich Bücher auslieh. Bei dem von Schiller erbetenen Werk handelt es sich um die „Vermischten Aufsätze" (Leipzig 1784) von Johann Georg Wiggers. Schiller, der im Sommersemester 1789 sein Amt als Professor der Geschichte in Jena antreten sollte, interessierte sich vermutlich für zwei der Beiträge des Sammelbandes: „Versuch die verschiedenen Pflichten eines Geschichtschreibers aus Einem Grundsatze herzuleiten" (S. 1–73) und „Brittische Geschichtschreibung" (S. 240–320). Ob Schiller das Buch von Johann Georg Wiggers erhielt, ist nicht bekannt; ob Wieland es überhaupt besaß, konnte nicht ermittelt werden. Jedenfalls wird Wiggers in Wielands Briefwechsel nirgendwo erwähnt (vgl. Wielands Briefwechsel. Bd 10 II. Bearbeitet von Uta Motschmann. Berlin 1993. S. 125). Da Schiller in seinem Billett aber zu wissen scheint, daß der Adressat über das Buch verfügte, werden neben Wieland andere Personen als Adressaten in Weimar oder vielleicht auch in Jena vermutet: Friedrich Justin Bertuch als Herausgeber der ALZ, in welcher eine Rezension von Wiggers' „Vermischten Aufsätzen" erschienen war (Nr 19 vom 24. Januar 1785. S. 87), ferner die beiden Redakteure der ALZ, Christian Gottfried Schütz und Gottlieb Hufeland, schließlich der Jenaer Philosophieprofessor Karl Leonhard Reinhold und der Weimarer Bibliothekar Christian Joseph Jagemann (vgl. Wielands Briefwechsel. Bd 10 II. S. 125).*

**1** Wiggers] *Johann Georg Wiggers (1749–1820), von 1782 bis 1787 außerordentlicher Professor der Philosophie in Kiel, danach Agent der Hansestädte in St. Petersburg.*

***NA 25, Nr 199a***

*199a. An Thomas Berling*

*Jena, zwischen Juni und August 1789.*

Ich habe gestern in der Zerstreuung vergessen, Ihnen die Stelle im Ersten Buch anzumerken, wo ich zu übersetzen aufgehört habe. Sie ist ohngefehr auf dem 6ten oder 7ten Blatt, linker Seite. Der Inhalt ist daß Alexius den Titel S e b a s t o s empfangen. Mit Dem gleich darauf folgenden frischen Absatz wäre also fort zu übersetzen. S.

*DATIERUNG. Im Mai 1789 hatte Schiller die Absicht, die Memoiren der Anna Komnena selbst zu übersetzen (vgl. seinen Brief an Körner vom 13. Mai 1789; NA 25, 256). In seinem Brief vom 7. September 1789 teilte er Caroline von Beulwitz und Charlotte von Lengefeld mit, daß er* nur einige Bogen *(NA 25, 290) ausgearbeitet habe, weil ihm Inhalt und Stil der Vorlage nicht gefielen. Den größeren Teil der Übersetzung übernahm vermutlich der Jenaer Student Thomas Berling. Der vorliegende Brief wurde offenbar geschrieben, nachdem Schiller tags zuvor die Zusammenarbeit mit Berling verabredet hatte. Mitte Oktober 1789 befand sich der 1. Band der „Allgemeinen Sammlung Historischer Memoires“ im Druck; das Manuskript dazu wird Schiller im September in Händen gehabt haben (vgl. NA 19 I, 248–249). Demnach nahm Berling seine Mitarbeit vermutlich in der Zeit von etwa Juni bis August 1789 auf. Aus diesem Zeitraum stammt der vorliegende Brief, mit Ausnahme der Zeit von Ende Juli bis zum 10. August, als Schiller sich in Lauchstädt und Leipzig aufhielt.*

*ÜBERLIEFERUNG. H: Staats- und Universitätsbibliothek Bremen. 1 Blatt 11,4 × 16,4 cm, 1 S. beschrieben – E: Unbekannte Briefe und Urkunden aus dem Goethekreis. Aus dem Nachlaß Johann Michael Färbers hrsg. von Hinrich Knittermeyer (Abhandlungen und Vorträge hrsg. von der Bremer Wissenschaftlichen Gesellschaft 7. H. 3/4). Bremen 1935. S. 1. – Textwiedergabe nach H.*

*LESARTEN.* **1** gestern] *über gestr.* neulich *H* **3** Mit] *v. d. Z. erg. H* **3** Dem] m *verb. aus* r *H* **4** folgenden] *verb. aus* folgende *H* **4** frischen] *verb. aus* frische *H*

*ERLÄUTERUNGEN. Der Brief beantwortet keinen Brief Berlings. – Eine Gegenantwort ist nicht bekannt.*

*Der nicht datierte und nicht adressierte Brief ist mit großer Wahrscheinlichkeit an Thomas Berling (geb. 1773) gerichtet. Berling stammte aus Malmö und studierte in Jena. Da er mittellos war, unterstützte ihn Schiller, indem er ihm Honorararbeiten verschaffte, u. a. durch die Übersetzung der „Alexias“ (vgl. dazu im Einzelnen NA 19 I, 248). Es handelt sich dabei um die Memoiren der Anna Komnena (1083–um 1150), der Tochter des byzantinischen Kaisers Alexios (1048–1118) aus dem Geschlecht der Komnener. Die Übersetzung wurde unter dem Titel „Denkwürdigkeiten aus dem Leben des griechischen Kaisers Alexius Komnenes, beschrieben durch seine Tochter Anna Komnena“, die (samt Anmerkungen) in den drei Bänden der 1. Abteilung der von Schiller herausgegebenen „Allgemeinen Sammlung Histo-*

*rischer Memoires" veröffentlicht. Der 1. Band der 1. Abteilung erschien Anfang Dezember 1789, der 2. Band zur Ostermesse 1790 und der 3. Band im Herbst desselben Jahres.*
**3** daß Alexius den Titel Sebastos empfangen] *Im 1. Band der Memoirensammlung erschienen die ersten elf Bücher der Übersetzung (S. 1–286). Die von Schiller erwähnte Stelle im 1. Buch (S. 1–47) findet sich auf Seite 32. Welche Vorlage für die Übersetzung benutzt wurde, konnte nicht ermittelt werden.*

### *NA 25, Nr 210a*

*210a. An Friederike Juliane Griesbach*

Volksstädt den 10. Octob 89 *Freitag.*

Ich sehe ein, daß ich Ihnen, meine wertheste Freundinn, ein kleines Lebenszeichen geben muß, wenn Sie nicht glauben sollen, daß ich in den hiesigen Gegenden verloren gegangen sey. Ich bin noch glücklich bey Leib und Leben, und habe auch meine Freunde in Jena nicht vergeßen, die übrigens nicht so zahlreich sind, daß sie mein Gedächtniß beschwerten.

Sie sind jezt ohne Zweifel in der Stadt wieder eingewohnt, und wenn ich zu Ende dieser Woche wieder eintreffe, so suche ich Sie nicht mehr im Garten. Ich habe lange hin und her erwogen, ob ich das große Auditorium auch für den Winter behalten soll, indem es in der That etwas viel Holz kosten dürfte, Ich rechne nicht darauf, daß nur der dritte Theil davon angefüllt werden wird, und ausserdem kommt mir, das Feuer welches Vormittags darinn gemacht wird, in meinen Abendstunden nicht zu gut. Alles dieß habe ich überlegt, ich werde es aber doch behalten, weil das Reinholdische für mich nicht zu haben ist, und ich auch kein anderes, das mir convenient wäre, zu bekommen weiß. Umbringen wird mich die Feurung in den 5 Stunden nicht, denn mein Publicum lese ich unmittelbar die Stunde nachher, und ungerne, gestehe ich, gebe ich das Vergnügen auf, Ihnen nahe zu seyn, und zuweilen ein Stündchen bey Ihnen zu verleben. Dieß leztere kommt bey mir mehr in Anschlag, als die kleine Ersparniß an Holz, die ich bey einem andern machen könnte. Darf ich Sie also bitten, liebste Freundinn, mir einstweilen einige Klafter kaufen zu lassen, oder glauben Sie, es wird beßer seyn, wenn wir miteinander ordentlich für den ganzen Winter accordieren?

Zugleich ersuche ich Ihren jüngeren Herrn Bruder, die Güte für mich zu haben, und meinen Ankündigungszettel sowohl an die Thüre Ihres Auditoriums als auch an das schwarze Brett zu besorgen. Allgem*eine* Weltgeschichte 5 mal die Woche, Abends von 5–6. und Geschichte der Römer 1mal, Freitags von 6–7. nebst Anzeige des Auditoriums, den 26 October anzufangen.

Ich freue mich von Herzen, Sie mit Ihrem ganzen Hause wieder zu sehen, und nun auch die Erfahrung zu machen, wie es sich am warmen Ofen mit Ihnen lebt. Ob ich hier gleich nicht müßig gewesen bin, so habe ich doch auch eine Sehnsucht nach ordentlicher Beschäftigung, die ich in Jena reichlich vorfinden werde. Vermuthlich ist Knebel in Jena, und Sie sehen ihn öfters. Wollen Sie ihn recht schön von mir grüssen?

Ihrem Herrn Gemahl bitte ich mich recht sehr zu empfehlen. Möchte er mit einem gütigen Herzen die herzliche Verehrung und Liebe aufnehmen, die in dem meinigen für ihn lebt! Ich mache nicht gern viele Worte, aber ich glaube und hoffe, daß dieser Artikel unter uns berichtigt seyn wird.

Leben Sie recht vergnügt, biß ich mich selbst wieder davon überzeugen kann. Fr*au* von Beulwitz und Fr*äulein* v. Lengefeld empfehlen sich Ihrem Andenken aufs Beste. Mit aufrichtigem Herzen der Ihrige Schiller.

*ÜBERLIEFERUNG. H: Privatbesitz. 1 Doppelblatt 11,5 × 18,9 cm, 4 S. beschrieben; leicht vergilbtes geripptes Papier; Wz.: Hälfte einer Krone. – E: JbDSG 45 (2001), 28–29 (Norbert Oellers). – Textwiedergabe nach H.*

*LESARTEN.* **4** sey] se *verb. aus* bi *H* **8** auch] *verb. aus* noch *H* **9** Ich] *verb. aus* ich *(ohne Korrektur des vorangehenden Kommas in einen Punkt am Schluß der 1. S. der Handschrift) H* **21** Bruder,] *danach* daß *gestr. H* **28** Sehnsucht] *davor* ordentliche *gestr. H*

*ERLÄUTERUNGEN. Der Brief beantwortet keinen Brief Friederike Juliane Griesbachs. – Eine Gegenantwort ist nicht bekannt.*

*Friederike Juliane Griesbach (1755–1831) und deren Mann, den Jenaer Theologieprofessor Johann Jakob Griesbach, hatte Schiller kurz nach seiner Übersiedlung von Dresden nach Weimar 1787 kennengelernt; in seinem Brief an Körner vom 29. August 1787 schreibt er, habe (am 26. August) bei Griesbach einen Abend* überaus angenehm zugebracht. Er wohnt des Sommers in einem großen neuerbauten Gartenhause an der Stadt *[...].* Seine Frau ist eine sehr gescheide, wahre und natürliche Person die viel Lebhaftigkeit hat. Er selbst scheint beim ersten Anblick verschloßen und kostbar, bald aber erwarmt er und man findet einen sehr geselligen verständigen Mann. *(NA 24, 147.) Das Ehepaar Griesbach war mit Louise von Lengefeld und deren Töchtern bekannt; in einem Brief von Charlotte von Lengefeld an Schiller vom 25. März 1789 heißt es:* Die Griesbach ist mir nur in so fern intereßant, wenn ich ihre häuslichen Verhältniße ansehe, und ihre Munterkeit dabei, und ihre thätigkeit, es ist unglaublich was sie alles besorgt. In einem andern Zirkel denke ich wohl daß sie wenig geben kann. *(NA 33 I, 324.) Dieser Versuch, Friederike Juliane Griesbach bloß als gute ‚Hausfrau' gelten zu lassen, hinderte Schiller nicht, nach seinem Umzug von Weimar nach Jena im Mai 1789 in ein vertrautes Verhältnis zu Griesbachs zu treten:* Mit dem Grießbachischen Hause bin ich jezt sehr in Verbindung, *schreibt Schiller am 30. Mai an Caroline von Beulwitz und Charlotte von Lengefeld (NA 25, 262). Schiller und Friederike Juliane Griesbach scheinen sich sogar auf eine Weise geschätzt zu haben, daß die Schwestern Lengefeld sich veranlaßt fühlten, ihn zu Distanz zu mahnen:* Ihre Verbindung mit Griesbachs freut mich auch *[...]*; an sich sinds auch gutartige Menschen, ganz in ihre Gewalt zu gerathen, davor können wir uns doch hüten. *(Brief von Caroline von Beulwitz vom 3. Juni 1789; NA 33 I, 356.) Daß Friederike Juliane Griesbach nichts von Schillers Liebesbeziehung zu den beiden Schwestern wußte, machte diese diskrete Warnung vor ihrem vereinnahmenden Wesen in den Augen Carolines und Charlottes wohl um so nötiger. Noch im Juni 1789 erhielt sie in den Briefen Schillers und der Schwestern den Spitznamen ‚der Lorbeerkranz' (vgl. Schillers Brief vom 22. Juni; NA 25, 265), dessen Ursprung nicht ganz klar ist. Möglicherweise hatte sie Schiller mit einem Lorbeerkranz auszeichnen wollen. – Aus dem vorliegenden Brief geht nicht hervor, daß Schiller den Umgang mit Griesbachs zu meiden gesucht hätte. Er blieb ihnen bis zu seinem Tod freundschaftlich verbunden. – Vgl. auch*

*die einleitenden Erläuterungen zu Friederike Juliane Griesbachs Brief an Schiller vom 5. Dezember 1799 (NA 38 II, 335).*
**3** hiesigen Gegenden] *Schiller hielt sich seit dem 18. September in Volkstädt bei Rudolstadt auf, um Charlotte von Lengefeld, mit der er sich im August verlobt hatte, und deren Schwester zu besuchen. Er kehrte am 22. Oktober nach Jena zurück.*
**8** das große Auditorium] *Griesbachs Hörsaal, der über 300 Zuhörer faßte. Dort hatte Schiller im Sommersemester seine vielbesuchte Antrittsvorlesung gehalten; vgl. seinen Brief an Körner vom 28. Mai 1789 (NA 25, 256–257).*
**9–10** nur der dritte Theil] *Schiller hatte nur 30 Hörer, weil die Ankündigung der Vorlesung zu spät erfolgte; vgl. seinen Brief an Körner vom 10. November 1789 (NA 25, 323).*
**12** das Reinholdische] *Der Hörsaal des Philosophieprofessors Karl Leonhard Reinhold, in welchem 80 Hörer Platz fanden; vgl. Schillers Brief an Körner vom 28. Mai 1789 (NA 25, 256).*
**14** Publicum] *Öffentliche Vorlesung (über die römische Geschichte).*
**15–16** Ihnen nahe zu seyn] *Griesbachs Auditorium befand sich in einem Vorbau seines Hauses am Löbdergraben. Die Nähe zur Wohnung ermöglichte es Friederike Juliane Griesbach, während der Vorlesungen für Schiller Tee zu kochen, damit dieser seinen Hals schone (vgl. Schillers Brief an Charlotte von Lengefeld vom 29. Oktober 1789 [NA 25, 309–310], ebenso seinen Brief vom 5. November [NA 25, 319]).*
**18** Klafter] *Knapp 3 Kubikmeter (vgl. NA 41 I, 274).*
**20** accordieren] *Eine Vereinbarung abschließen (franz. accord: Übereinstimmung).*
**21** Ihren jüngeren Herrn Bruder] *Johann Gottfried Schütz (1769–1848), Student der Theologie in Jena, 1796 Gymnasiallehrer, 1801 Prediger in Bückeburg, 1817 Pfarrer in Frille.*
**22** Ankündigungszettel] *Wegen formaler Mängel wurde die Ankündigung zu spät ausgehängt, so daß nur wenige Studenten Schillers Vorlesungen besuchten; vgl. Schillers Brief an Körner vom 10. November 1789; NA 25, 323). Besonders daß Schillers nichtöffentliche Vorlesung über* Allgem. Weltgeschichte *(***23***) schlechten Besuch hatte, war schmerzhaft, denn nur für solche ‚privatim' stattfindenden Lehrveranstaltungen gab es Kolleggelder.*
**23** 5 mal die Woche] *Von Montag bis Freitag.*
**24** Freitags] *Die öffentliche Vorlesung Schillers fand donnerstags statt.*
**30** Knebel in Jena] *Karl Ludwig Knebel hielt sich vom 17. September bis zum 19. Oktober in Jena auf und hatte in dieser Zeit laut seinem Tagebuch (H: GSA) fünfmal Griesbachs besucht.*

### *NA 25, Nr 211a*

*211a. An Georg Joachim Göschen*

*Rudolstadt, zwischen 9. und 12. Oktober 1789.*

Hier liebster Freund einstweilen der Schluss des Ersten bandes vom Geisterseher. Die Post drängt mich, sonst folgte sogleich auch das Stück für die Thalia mit, welches aus dem zweiten Bande genommen ist.

In Eile. Ihr S.

*DATIERUNG. Göschen erhielt den Brief am 14. Oktober 1789 (vgl. Überlieferung). Die Beförderungsdauer zwischen Weimar und Leipzig betrug in der Regel zwischen zwei und fünf Tagen. Das geht aus den Empfangsvermerken auf datierten Briefen Schillers hervor (vgl. NA 25, 479, 486, 606, 608, 622). Für Briefe aus Rudolstadt liegen solche Angaben nicht vor. Doch dürfte die Beförderungszeit ähnlich gewesen sein. Demnach könnte der vorliegende Brief zwischen dem 9. und dem 12. Oktober 1789 geschrieben worden sein.*

*ÜBERLIEFERUNG. H: DLA/SNM. 1 Blatt (ausgeschnitten aus einem größeren) 17,3 × 8,3(–8,5) cm, vergilbtes geripptes Papier, Wz.: untere Hälfte einer stehenden Männergestalt, darunter Teil eines Wortes (Namens?): ENA, Klebespuren auf beiden Seiten, 1 S. beschrieben; auf der Rückseite Empfangsvermerk Göschens:* 89. / Schiller / empf. d. 14. 8br. *– E: Stargardt-Katalog 675. Auktion vom 13./14. November 2001. S. 174, Nr 371*. – Textwiedergabe nach H.*

*ERLÄUTERUNGEN. Der Brief beantwortet keinen Brief Göschens. – Eine Gegenantwort ist nicht bekannt.*

*Am 29. September 1789 hatte Schiller seinem Verleger Georg Joachim Göschen* Manuscript zur Thalia und zum Geisterseher *angekündigt (NA 25, 301), d. h. Manuskript zur Fortsetzung des „Geistersehers" in der „Thalia" sowie zur Buchausgabe des Romans, die noch 1789 bei Göschen erschien: Der Geisterseher / Eine Geschichte aus den Memoires des Grafen von O** von Friedrich Schiller. Leipzig bey Georg Joachim Göschen 1789. Mit dem vorliegenden Brief schickte Schiller zunächst das Manuskript zum* Schluß des Ersten bandes *für die Buchausgabe; es könnte sich um den 9. Brief des Barons von F*** an den Grafen von O*** handeln (*Der Prinz ist mit seinem Hofe zerfallen *bis* Ende des ersten Bandes. *[Erstdruck, S. 319–338; vgl. NA 16, 153–159; ferner FA/Schiller 7, 1001–1007.]) Am 13. Oktober folgte das Manuskript für die „Thalia", und zwar die letzte Fortsetzung des Romans im 8. Heft, das Ende Oktober/Anfang November 1789 erschien: „Der Abschied. Ein Fragment aus dem zweiten Bande des Geistersehers" (S. 84–96; vgl. NA 16, 141–148). Ein 2. Band des Romans ist nicht zustande gekommen.*

### ***NA 26, Nr 27a***

*27a. An Karl Leonhard Reinhold*

*Jena, zwischen dem 9. und 11. August 1790.*

Hier liebster Freund schicke ich Ihnen das Blatt für H*err*n Baggesen – nebst meinem freundlichen Gruß an ihn und seine liebenswürdige Gattinn, wenn Sie ihm schreiben. Es hätte mir Freude gemacht, ihn länger zu genießen. An Körner braucht er keine weitere Empfehlung als sich selbst, und wenn er sonst will, Ihren oder meinen Nahmen.

Wißen Sie etwa, lieber, wie es mit der Trauer unsers guten Herzogs wegen hier gehalten wird? Ich hoffte immer, es sollte sich widerlegen, aber es soll nun doch nicht anders seyn. Ewig Ihr S.

*DATIERUNG. Jens Baggesen hatte sich vom 21. Juli bis zum 7. August 1790 in Weimar und Jena aufgehalten (vgl. Jens Baggesens Biographie. Udarbeidet fornemmeligen efter hans egne Haandskrifter og efterladte litteraire Arbeider ved August Baggesen. Bd 1. Kopenhagen 1843. S. 301 u. 307). Er reiste anschließend nach Leipzig und von dort,* Efter et Par Dages Ophold *(ebd. S. 308; dän.: nach einem Aufenthalt von ein paar Tagen), nach Dresden und Berlin, wo er am 19. August eintraf. In Dresden verbrachte er* sex til syv herlige Dage *(ebd. S. 309; dän.: sechs bis sieben herrliche Tage). Das vorliegende Billett begleitete Schillers Stammbuchblatt für Baggesen vom 9. August 1790 (NA 1, 217) und könnte demnach ebenfalls von diesem Datum stammen, auf jeden Fall aber von einem der beiden folgenden Tage. Denn Baggesen erhielt das Blatt mit einem nicht überlieferten Brief Reinholds am 13. August 1790 in Dresden (vgl. Baggesens Tagebuch; zitiert nach: Andreas Berger [vgl. E]. S. 217), und Briefe zwischen Jena und Dresden liefen in der Regel zwei oder drei Tage (vgl. die Empfangsdaten von Körners Briefen in Schillers Kalender; NA 41 I).*

*ÜBERLIEFERUNG. H: Universitätsbibliothek Kiel. 1 Blatt 18,6 × 8,8 cm, geripptes, vergilbtes Papier mit Stockflecken, 1 S. beschr. Am linken Rand von fremder Hand:* Von Schiller an Reinhold. *– E: Andreas Berger: „Wir sind fast zu seelig –". Jens Baggesens Tagebuch zu seinem Besuch in Weimar und Jena im Sommer 1790. In: Athenäum. Jahrbuch der Friedrich Schlegel-Gesellschaft 16 (2006). S. 217. – Textwiedergabe nach H.*

*ERLÄUTERUNGEN. Das Billett bezieht sich vermutlich auf eine von Jens Baggesen oder Karl Leonhard Reinhold (persönlich oder schriftlich vorgebrachte) Bitte. – Eine Gegenantwort ist nicht bekannt.*

*Karl Leonhard Reinhold (1757–1823), Professor der Philosophie in Jena (vgl. über ihn die Erläuterungen zu Schillers Brief an ihn vom 29. August 1787; NA 24, 386), war eng befreundet mit Jens Baggesen (1764–1826), dem dänisch-deutscher Schriftsteller (vgl. über ihn die Erläuterungen zu seinem Brief an Schiller vom 16. Dezember 1791 [NA 26, 569–570] sowie zu Xenion Nr 275, „B**" [NA 2 II A, 552–553]). Baggesen hatte die Schweiz besucht, die Heimat seiner Frau Sophie, einer Enkelin Albrecht von Hallers. Auf der Rückreise von Bern nach Dänemark machte Baggesen vom 21. Juli bis zum 19. August 1790 in Weimar und Jena Station, um Reinhold zu besuchen und weitere Bekanntschaften zu machen. Am 5. August hatten Reinhold und Baggesen Schiller einen Besuch abgestattet (vgl. Baggesens Bericht darüber; NA 42, 129–130).*

**1** das Blatt] *Gemeint ist Schillers Stammbuchblatt „[Für Jens Baggesen]":* In frischem Duft, in ew'gem Lenze *[...] (NA 1, 217).*

**2** Gattinn] *Sophie Baggesen, geb. von Haller (1767–1797).*

**3–4** An Körner *bis* Empfehlung] *Mit Körner traf Baggesen auf dessen Weinberg in Loschwitz an der Elbe zusammen (vgl. Jens Baggesens Biographie. Bd 1. S. 309).*

**5** Trauer unsers guten Herzogs wegen] *Herzog Carl August von Sachsen-Weimar-Eisenach befand sich mit seinem Regiment im Gefolge des preußischen Königs Friedrich Wilhelm II. in Schlesien. Der bevorstehende Krieg gegen Österreich wurde durch die Konvention von Reichenbach (Niederschlesien) vom 27. Juli 1790 verhindert; Preußen verzichtete auf Expansion zu Lasten Polens, Österreich auf Gebietserwerbungen von der Türkei. Das in Weimar verbreitete Gerücht, Herzog Carl August sei tot, erwies sich wenige Tage nach Niederschrift des vorliegenden Billetts als falsch (vgl. Wielands Brief an Reinhold vom 14. August 1790;*

*WB 10 I, 387, Nr 474). Goethe, der sich seit Anfang August in Schlesien aufhielt, schrieb dazu in seinem Brief an Christian Gottlob Voigt vom 21. August 1790:* Der Herzog ist sehr wohl, er hat das Unglück daß die Welt gern alberne Mährchen auf seine Rechnung erzählt. *(GB 8 I, 216.)*

### *NA 26, Nr 191*

*Der fehlende Text des Briefes an Charlotte von Kalb vom 29. Juli 1793, der sich auf einem abgeschnittenen Streifen des 2. Blatts der Handschrift befindet, lautet:*

finden, wenn Sie es mit der äußern Form und Manier nicht so genau nehmen wollen. Ich erwarte weitere Nachricht von Ihnen in Heilbronn, wo ich

Meine Frau trägt mir auf, Sie ihres freundschaftlichen Andenkens zu versichern und für Ihre gütige Theilnahme Ihnen besstens zu danken. Leben Sie recht wohl.

Schiller

*ÜBERLIEFERUNG. $H^1$: DLA/SNM. 1 Doppelblatt 11,8 × 18,5 cm, 4 S. beschrieben. Stark vergilbtes geripptes Papier mit Knitterspuren. Wz. fehlt. – $H^2$ (vom 2. Blatt der Handschrift abgeschnittener Streifen): Biblioteca Estense Modena.*

### *NA 26, Nr 192a*

*192a. An Christian Ludwig Schübler*

*Heilbronn, den 20. August 1793. Dienstag.*

PP.

Auf Ihre gütige Aeusserung, daß mir als einem Freunde gestattet sey, an dem Leseinstitut, das unter Ihrer Aufsicht steht, Theil zu nehmen, bin ich so frey, Sie um künftige Mittheilung der gangbaren periodischen Schriften, und auch derjenigen Werke aus dem Fache der Litteratur, welche hier im Umlauf sind, gehorsamst zu ersuchen. Außer gelehrten Zeitungen und Journalen (besonders humanistischen und philosophischen Innhalts) wünschte ich vorzüglich gute Reisebeschreibungen, kritische und historische Schriften, wie auch das Beßere aus dem belletristischen Fach. Zugleich ersuche ich Ew. Wohlgeb. ergebenst mich wißen zu laßen, welchen Bedingungen sich die Interessenten des Leseinstituts zu unterwerfen haben.

Ich bin so frey ein kleines Verzeichniß von Schriften beyzulegen, an denen mir vor der Hand am meisten gelegen ist. Sollten sich einige darunter in Ihrer Büchersammlung befinden, so würde mir durch Mittheilung derselben eine große Gefälligkeit geschehen.

Ich verharre hochachtungsvoll

Ew. Wohlgebohren
gehorsamster D*iene*r
Schiller.

Heilbronn d 20. Aug.
1793.

*ÜBERLIEFERUNG. H: Privatbesitz. Doppelblatt, 18,7(–19,1) × 23,1 cm, geripptes Schreibpapier, Wz.: „D & CBLAUW", S. 1–2 beschrieben, S. 4 Adresse:* Des / Herrn Senator Schübler / Wohlgeb.*; rechts unter der Adresse Siegel; Blatt 2 am Seitenrand Ausriß durch Öffnen des Siegels. – Ungedruckt.*

*ERLÄUTERUNGEN. Ob Schiller auf ein schriftliches oder ein mündliches Angebot Schüblers Bezug nimmt, ist nicht bekannt. – Eine Gegenantwort ist ebenfalls nicht bekannt.*

*Christian Ludwig Schübler (1754–1820) war Senator in Heilbronn, wo sich Schiller vom 8. August bis zum 8. September auf seiner Reise nach Württemberg aufhielt. Während dieser Zeit kümmerte er sich um die Belange Schillers. Vgl. dazu auch die Erläuterungen zu Schillers Brief an Schübler vom 19. September 1793 (NA 26, 762–763) sowie zu Schüblers Antwort vom 29. September (NA 34 II, 502–503).*

**1** PP.] *lat. praemissis praemittendis: unter Vorausschickung des Vorauszuschickenden (gemeint sind Anrede, Titel und dergleichen).*

**2–3** Leseinstitut] *Zur Einrichtung von Lesebibliotheken und Lesegesellschaften in Heilbronn vgl. die Erläuterungen zu Schillers Brief an Körner vom 27. August 1793 (NA 26, 758).*

**11** Verzeichniß] *Es ist nicht überliefert.*

## *NA 27, Nr 15a*

*15a. An Wilhelm Friedrich Hermann Reinwald*

*Jena, Juni? 1794.*

Von den versprochenen Büchern sende ich Dir einstweilen, was ich bey Händen habe, und lege noch einige andere bey, die Dir vielleicht lieb sind. Gelegentlich sollen die übrigen nachfolgen. Das Exemplar von Anmuth und Würde, das ich Dir ehemals schickte kannst Du immer auch behalten. Ich habe zu Hause noch einige Exemplare davon vorgefunden.

Herzlich grüße ich Euch beide. Euer

treuer Bruder

Fr. Sch.

*DATIERUNG. Am 30. Mai 1794 hatte Schiller Reinwald angekündigt:* In einigen Wochen hoffe ich Dir einige Schriften schicken zu können *(NA 27, 7). In Reinwalds Brief an Schiller vom 22. Juli 1794 heißt es:* Für die Bücher danke ich Dir sehr. *(NA 35, 33.) Zu Anfang des Briefes entschuldigt er sich mit der herrschenden Hitze dafür, daß* wir Dir nicht längst geschrieben und uns für so angenehme und wichtige Geschenke bedankt *haben (NA 35, 32). Da diese Geschenksendung vermutlich von einem Brief Schillers begleitet wurde, läßt sich annehmen, daß es sich dabei um den vorliegenden Brief handelt. Daß Reinwald* längst *hätte schreiben sollen, verweist auf einen längeren Zeitraum, der seit Eintreffen von Schillers Sendung vergangen war. Der Brief könnte demnach aus dem Juni 1794 stammen.*

*ÜBERLIEFERUNG. H: DLA/SNM. 1 Blatt 17,2 × 18,5 cm, ¾ S. beschrieben, leicht vergilbtes geripptes Papier, ⅔ S. beschrieben, Spuren eines Wz.; S. 1 am oberen Rand von fremder Hand drei Zahlen:* 161*;* 21*;* № I. – *Ungedruckt.*

*ERLÄUTERUNGEN. Der Brief nimmt Bezug auf Schillers Brief vom 30. Mai 1794 (vgl. Datierung). – Reinwald antwortete auf beide Briefe am 22. Juli 1794 (vgl. Datierung).*
**1** den versprochenen Büchern] *Vgl. Datierung.*
**3** Das Exemplar von Anmuth und Würde] *Schillers Abhandlung „Ueber Anmuth und Würde" war im Juni 1793 in der „Neuen Thalia" erschienen (3. Band. 2. Stück. S. 115–230), zugleich als Separatdruck bei Georg Joachim Göschen: Über Anmuth und Würde. An Carl von Dalberg in Erfurth. Leipzig 1793 (vgl. NA 21, 214).*
**3–4** das ich Dir ehemals schickte] *Wann dies geschah, geht aus Schillers Briefwechsel mit Reinwald und seiner Schwester Christophine nicht hervor.*
**6** Euch beide] *Reinwald und dessen Frau Christophine, Schillers Schwester.*

## *NA 27, Nr 19a*

*19a. An Christian Gottfried Körner*

*Jena, den 16. Juli 1794. Sonntag.*

Herrn Erhard aus Chur Sachsen, ehmals Lehrer an der hohen Carls Schule in Stuttgardt empfiehlt als einen würdigen und geschickten Mann zu weiterer Unterstützung und Beförderung

Jena den 16. Jul. Fr. Schiller
1794. Hofrath

*ÜBERLIEFERUNG. H: DLA/SNM. 1 Blatt 18,4(–18,7) × 23,8(–24) cm, vergilbtes geripptes Papier, einige Stockflecken, auf der Rückseite am rechten Rand oben und unten Klebespuren, ½ S. beschrieben, S. 1 am unteren Rand Adresse:* an Herrn Apellationsrath Körner / in Dresden.*; S. 2 oben unleserlich gemachte Notiz von fremder Hand. – E: Stargardt-Katalog 675, Auktion vom 13. und 14. November 2001. S. 176. – Textwiedergabe nach H.*

*ERLÄUTERUNGEN. Der Brief beantwortet keinen Brief Körners. – Eine Gegenantwort ist nicht bekannt.*

*Der vorliegende Empfehlungsbrief bezieht sich nicht, wie in E mitgeteilt, auf den Nürnberger Arzt und Schriftsteller Johann Benjamin Erhard, den Körner schon 1791 kennengelernt hatte (vgl. die Erläuterungen zu Schillers Brief an Körner vom 10. April 1791; NA 26, 501–502). Der Brief wurde vielmehr für Johann Gottlieb Erhard (geb. 1754/55) geschrieben. Über ihn geht aus den Akten der Carlsschule (Hauptstaatsarchiv Stuttgart, Bestand A 272 Bü 142) etwa Folgendes hervor: Erhard stammte aus Wolkenstein in der Mark Meißen (Kur-*

*sachsen), hatte vermutlich Theologie in Leipzig studiert und 1783 eine Stelle als Lehrmeister an der Hohen Carlsschule in Stuttgart erhalten, die er von 1784 bis 1791 ausgeübt hatte. Bei Antritt seines Amtes wird er als Mann von guten Gesinnungen beschrieben, aber auch von wenig Lebenserfahrung; er lebe mehr in einer idealischen als in der wirklichen Welt. In den folgenden Jahren kam es wiederholt zu unrühmlichen Affären um Erhard. Im Zusammenhang mit einem Kindesmord im Jahr 1787 wurde Erhard angeschuldigt, seine Aufwärterin Maria Catharina Bentlerin geschwängert zu haben; er räumte ein, diese sei ihm und anderen zu Diensten gewesen, er habe sie jedoch wegen Diebstahls entlassen, woraufhin sie ihm gedroht habe, ihn als Kindesvater anzuzeigen. Ebenfalls des Diebstahls bei Erhard wurde 1790 eine Prostituierte namens Charlotte Anklerin beschuldigt; diese erklärte, sie sei fünf Wochen Erhards Aufwärterin gewesen und habe ihm sexuelle Dienste geleistet; sie habe nicht gestohlen, sondern sich selbst bezahlt gemacht. Ein Jahr später reichte Erhard sein Entlassungsgesuch ein mit der Begründung, er habe bei den Schülern Vertrauen und Achtung verloren; dies erschwere ihm seinen Unterricht so sehr, daß er um seine Gesundheit fürchte. Das Gesuch wurde am 28. Mai 1791 bewilligt. (Nach freundlichen Mitteilungen von Martin Schalhorn, Esslingen.)*

*Der vorliegende Brief ist das einzige Zeugnis einer Bekanntschaft zwischen Schiller und Erhard. Auf welche Weise und zu welchem Zeitpunkt diese zustande kam, konnte nicht ermittelt werden. Ebenso ist nicht bekannt, auch nicht wahrscheinlich, daß Schiller von den Ereignissen während Erhards Zeit in der Carlsschule wußte.*

## *NA 27, Nr 31a*

*31a. An Christian Ludwig Neuffer (?)*

*Jena, den 8. September 1794. Montag.*

Die wenigen Augenblicke, die ich voriges Frühjahr zu Stuttgardt in Ihrer Gesellschaft zubrachte, haben mir keine Gelegenheit verschafft, Ihnen das Verlangen zu bezeugen, das ich habe, mit Ihnen in Verbindungen zu seyn, und Beyträge von Ihnen für die Thalia zu erhalten. Die Thalia wird zwar mit diesem Jahr aufhören, ich werde aber künftig (und vielleicht schon zu nächsten Weyhnachten) einen Musen Almanach herausgeben, an welchem ich Sie einen Antheil zu nehmen bitte. Es wird Ihnen nicht unangenehm seyn, zu wißen, daß Sie in der Gesellschaft sehr achtungswürdigen Schriftsteller, eines Göthe, Herder, Matthison und mehren andern von entschiedenem Verdienst darinn auftreten werden. Ihnen und meinem Freunde Petersen meine bessten Empfehlungen. Jena den 8. Sept. 94.

FrSchiller.

*ÜBERLIEFERUNG. H: DLA/SNM (Leihgabe aus Privatbesitz). 1 Blatt (eines ursprünglichen Doppelblatts) 18,4 × 23,3 cm, vergilbtes geripptes Papier mit einigen Stockflecken, Wz.: C & I* Honig*, 1 S. beschrieben. – E: Neue Zürcher Zeitung. Nr 54 vom 6. März 2006. S. 23 (Helmuth Mojem). – Textwiedergabe nach H.*

*ERLÄUTERUNGEN. Einen Bezugsbrief gibt es nicht. – Eine Gegenantwort ist nicht bekannt.*

*Die Frage, wer der Adressat des vorliegenden Briefes ist, läßt sich nicht mit völliger Sicherheit beantworten. Helmuth Mojem vertritt im Erstdruck die Ansicht, der Brief sei an Karl Philipp Conz (1762–1827) gerichtet, Schillers Freund aus Kindertagen, der seit 1793 Diakon in Vaihingen war. Zur Begründung führt er an, Conz' Brief vom 8. Oktober 1794 (NA 35, 69) könne als Gegenantwort gedeutet werden: Conz bedanke sich für die Einladung zur Mitarbeit am geplanten „Musen-Almanach" und übersende die gewünschten Beiträge. In der Tat erschienen im „Musen-Almanach für das Jahr 1796" zwei Gedichte von Conz: „Abendphantasie nach einem schwülen Sommertage" (S. 25–28) und „Der Hain der Eumeniden" (S. 183–185). Doch Mojem weist mit Recht zugleich auf einige Schwierigkeiten hin, die seine Annahme mit sich führt. Aus Conz' Brief vom 8. Oktober gehe hervor, daß Schiller ihm das 4. Stück der „Neuen Thalia" des Jahrgangs 1793 (erschienen Ende August 1794) geschickt hatte, welches die Fortsetzung eines größeren Gedichts von Conz enthält: „Die Seele, ein philosophisches Gedicht in drey Gesängen. Beschluß des ersten Gesangs" (S. 34–51). Es sei befremdlich, daß davon im vorliegenden Brief mit keinem Wort die Rede sei. Ebenso sei befremdlich, daß Schiller Conz ein weiteres Mal zur Mitarbeit an seiner Zeitschrift aufgefordert haben sollte, obwohl dieser bereits Beiträger der „Neuen Thalia" war. Schließlich lasse sich Schillers Formulierung, er habe den Adressaten im Frühjahr nur* wenige Augenblicke *(***1***) gesehen, nicht mit Conz in Verbindung bringen, mit dem sich Schiller nicht nur während seines Aufenthalts in Stuttgart, sondern schon in Ludwigsburg häufiger getroffen hatte. Hinzufügen ließe sich, daß auch die Wendung am Schluß des Briefes –* Ihnen und meinem Freunde Petersen *(***9***) – nicht recht mit Conz zusammenzupassen scheint; denn es entsteht der Eindruck, als treffe die Bezeichnung ‚Freund' auf den Adressaten nicht zu, wie denn der gesamte Brieftext überhaupt einen eher unpersönlichen als freundschaftlichen Ton aufweist. Alle diese Überlegungen sprechen gegen die Vermutung, Karl Philipp Conz sei der unbekannte Adressat; es ist anzunehmen, daß dieser am 8. Oktober auf einen anderen, nicht überlieferten Brief Schillers antwortete.*

*Was aus dem vorliegenden Brief über dessen Empfänger hervorgeht, ist dies: Schiller hat ihn in Stuttgart im Frühjahr 1794 kurz kennengelernt und erbittet von ihm Beiträge für seinen „Musen-Almanach", weniger für die „Neue Thalia". Interessanterweise ist von den in Vorbereitung befindlichen „Horen" gar keine Rede, für die Schiller damals gerade Mitarbeiter suchte wie z. B. in seinem Brief an Johann Benjamin Erhard vom 8. September 1794, also vom selben Tag (NA 27, 40–41). Schiller erwartete demnach in erster Linie lyrische Beiträge, und zwar solche, die sich für den im Vergleich zu den gewichtigen „Horen" populäreren Almanach schickten. Ein Mann, auf den all dies zutrifft, könnte der Lyriker Christian Ludwig Neuffer (1769–1839) sein, Prediger am Herzoglichen Waisenhaus in Stuttgart. Schiller hatte ihn dort im April oder März 1794 kennengelernt (vgl. NA 34 II, 543), auf Empfehlung von Johann Christoph Friedrich Haug (vgl. dessen Brief vom 8. März 1794; NA 34 I, 351). Daß es sich dabei um mehr als eine Begegnung von* wenigen Augenblicken *gehandelt hatte, ist nicht bekannt. Der Name Neuffers dürfte Schiller zum ersten Mal begegnet sein, als er mit dessen Freund Friedrich Hölderlin im September 1793 in Ludwigsburg zusammentraf, auf der Suche nach einem Kandidaten für die Hauslehrerstelle bei Charlotte von Kalb. In einem Brief an Neuffer vom 19. Januar 1795 erinnerte sich Hölderlin:* Willst Du mir Gedichte schiken für den künftigen Schillerischen Allmanach? Ich begreife nicht, wo er die, die ich ihm noch in Schwaben in Deinem Nahmen gab, hingebracht haben könnte, u. vermuthe, daß er sie für den Allmanach spart. Er hat mir aufgegeben, Dich zu grüßen. *(Hölderlin: Sämtliche Werke [Stuttgarter Ausgabe]. Bd 6 I: Briefe. Text. Hrsg. von Adolf Beck. Stuttgart 1954. S. 152–153.) Später hatte sich Schiller in einem Brief an Haug vom 9. Dezember 1793 nach Neuffer erkundigt, offenbar in der Absicht, nach einem weiteren Hauslehrer-Kandidaten Ausschau zu halten (vgl. NA 26, 334). Die Stelle übernahm Ende Dezember 1793 Hölderlin. Neuffers von Hölderlin überbrachte Gedichte wird Schiller verlegt oder auf der Heimreise von Württemberg nach Jena verloren und sich deshalb mit dem vorliegenden Brief an den Verfasser gewandt haben. Offenbar erfüllte Neuffer Schillers Bitte die „Thalia" betreffend recht bald, indem er ihm seine Vergil-Übersetzung schickte. Denn Anfang Februar 1795 erschien im letzten Heft der „Neuen Thalia" (6. Stück des Jahrgangs 1793) Neuffers Beitrag „Aeneis. Siebenter Gesang. V. 1–285" (S. 227–253). Was den Almanach angeht, so ließ Schiller ihn durch Hölderlin an seinen Wunsch erinnern, nicht nur in dem zitierten Brief, sondern erneut in Hölderlins Brief vom 28. April 1795 (vgl. Hölderlin: Sämtliche Werke [Stuttgarter Ausgabe]. Bd 6 I: Briefe. Text. Hrsg. von Adolf Beck. Stuttgart 1954. S. 169). Am 18. September 1795 schließlich erhielt Schiller laut seinem Kalender Briefe von Hölderlin und Neuffer, jeweils mit Gedichten (vgl. NA 41 I, 12). Im „Musen-Almanach für das Jahr 1796" erschien Neuffers Gedicht „Mondscheingemählde" (S. 84–87) und im darauffolgenden sein Gedicht Sonnenuntergang im Walde" (S. 108–109).*

*Von einer Korrespondenz zwischen Schiller und Neuffer ist nichts weiter bekannt; ebensowenig sind Briefe Schillers an Conz überliefert, so daß der vorliegende Brief in jedem Fall der einzig erhaltene an den einen oder den anderen Adressaten wäre. – Vgl. zur Frage des Adressaten auch Georg Kurscheidt: Ein Brief Schillers an einen unbekannten Adressaten aus dem Jahr 1794. In: JbDSG 51 (2007), 17–23.*

**1** voriges Frühjahr in Stuttgardt] *Während seiner Reise in die Heimat 1793/94 hielt sich Schiller von Mitte März bis Anfang Mai 1794 in Stuttgart auf.*

**5** zu nächsten Weyhnachten] *Schillers erster Almanach, der „Musen-Almanach für das Jahr 1796", erschien im Dezember 1795.*

**8** Matthison] *Von Friedrich Matthisson brachte erst der „Musen-Almanach für das Jahr 1797" Gedichte: „Der Bund" (S. 92–93) und „Die höchste Weihe" (S. 102–104).*

**9** Petersen] *Johann Wilhelm Petersen (1758–1815), Bibliothekar in Stuttgart, Schulfreund Schillers.*

### *NA 27, Nr 59a*

*59a. An Christian Friedrich von Blankenburg*

Jena den 7. Nov. 94. *Freitag.*

Ich erfreue mich der Gelegenheit, welche beyliegendes Blatt mir darbietet, Ew. Hochwohlgeb. meine aufrichtige Hochachtung zu erkennen zu geben, und eine Bekanntschaft, die ich mir solange gewünscht, mit Ihnen zu eröfnen. Eine Unternehmung, welche Verbreitung des guten Geschmackes zu ihrer vornehmsten Absicht hat, kann Ihnen nicht gleichgültig seyn, und ich weiß, daß ich auf Ihre Mitwirkung zählen darf, sobald unser neues Institut so glücklich ist, Ihr Zutrauen zu erhalten. Es sind demselben bereits 23 Mitarbeiter beygetreten, unter denen sehr geachtete Nahmen sind; denn, neben vielen andern, die bey dieser Gelegenheit sich dem Publikum zum erstenmal zeigen wollen, werden Göthe, Herder, Engel, Garve, Gentz, Frid. Jacobi, Frid. Schulz, Matthison, Pfeffel, v. Archenholz u. a. einen thätigen Antheil daran nehmen. Laßen Sie mich hoffen, daß Sie Sich von einer solchen Gesellschaft nicht ausschließen werden.

Die gedruckte Beylage überhebt mich, über die innere Einrichtung des Journals ein mehreres zu sagen. Philosophie (soweit sie popular werden kann) Geschichte, schöne Künste, auch Naturwißenschaften werden den HauptInnhalt ausmachen Ein sehr wünschenswürdiger Beytrag würde eine Characteristik merkwürdiger Schriftsteller seyn, und vielleicht könnte eine Materie Reiz für Sie haben, die unter Ihrer Feder so entschieden gewinnen muß. Doch bitte ich sehr diese Idee, die ich hier nur zufällig hinwerfe, für keinen Eingriff in Ihre Wahl zu halten, welche, sie mag entscheiden wofür sie will, unsre Litteratur gewiß mit etwas vortreflichem bereichern wird.

Hochachtungsvoll verharre ich

Ew. Hochwohlgeb.
gehorsamster Diener
FrSchiller.

*ÜBERLIEFERUNG. H: DLA/SNM. Doppelblatt 18,3(–18,7) × 23,5 cm, 2 S. beschrieben, vergilbtes geripptes Papier, etwas stockfleckig, Wz.: H; S. 4 Spuren von Klebefalzen. Beilage: DLA/SNM. Einladung zur Mitarbeit an den „Horen“ vom 13. Juni 1794 (zum Text vgl. NA 22, 103–105), Druckblatt 22(–22,4) × 34,9 cm, S. 1 von Schillers Hand als Überschrift:* Die Horen*; S. 1 (im 6. Absatz) zwischen* hat sich bereits *und* gefunden *(NA 22, 104. Z. 26–27) ein Spatium, darin und am rechten Seitenrand von Schillers Hand:* in dem Buchh. Cotta in Tübingen*; S. 2 (im 7. Absatz) zwischen* wird mit *und* Ldor's in Golde bezahlt *(NA 22, 105. Z. 4–5) von Schillers Hand:* vier*; S. 2 am unteren Rand rechts von Schillers Hand:* H. Hauptm. v. Blankenburg / Leipzig. *– E: Untersuchungen zur Literatur als Geschichte. Festschrift für Benno von Wiese hrsg. von Vincent J. Günther, Helmut Koopmann, Peter Pütz, Hans Joachim Schrimpf. Berlin 1973. S. 80 (Bernhard Zeller). – Textwiedergabe nach H.*

*ERLÄUTERUNGEN. Der Brief beantwortet keinen Brief Blankenburgs. – Gegenantwort vom 2. Januar 1795 (NA 35, 121–122).*

*Christian Friedrich von Blan(c)kenburg (1744–1796), in Pommern geboren, war ursprünglich für eine wissenschaftliche Laufbahn bestimmt, wandte sich aber nach dem Tod seines Vaters dem Militärdienst zu. Nach dem Besuch der Berliner Militärschule trat er schon 1759 in das Krokowsche Dragonerregiment ein, nahm am Siebenjährigen Krieg teil und brachte es zum preußischen Premierlieutenant. Aus gesundheitlichen Gründen nahm er 1776 als Hauptmann seinen Abschied. Bereits während seiner Dienstzeit an Sprachen, Literatur und Wissenschaften interessiert, hatte er sich, dem Vorbild seines Oheims Ewald von Kleist nacheifernd, literarisch betätigt und war mit Christian Fürchtegott Gellert und Christian Felix Weiße bekannt geworden, der (von 1765 bis 1783/84) die Leipziger „Neue Bibliothek der schönen Wissenschaften und der freyen Künste“ herausgab, deren Mitarbeiter Blankenburg wurde. Eine Bibliothek von 6000 Bänden war die Grundlage vielseitiger Bildung und breitester Belesenheit. Nach seiner Demission lebte Blankenburg in Leipzig und war in vielfältiger Weise als Herausgeber, Rezensent, Übersetzer und Verfasser von literaturtheoretischen, populärphilosophischen und militärgeschichtlichen Werken tätig. Zu seinen bedeutendsten Arbeiten gehören der „Versuch über den Roman" (Leipzig und Liegnitz 1774) und die „Litterarischen Zusätze zu Johann George Sulzers allgemeiner Theorie der schönen Künste, in einzelnen, nach alphabetischer Ordnung der Kunstwörter auf einander folgenden, Artikeln abgehandelt" (3 Bde. [Dritte Auflage.] Leipzig 1796–1798; die „Zusätze" waren zuerst in der „Neuen vermehrten Auflage" von Sulzers „Theorie", Leipzig 1786–1787, erschienen). Ganz im Geist seiner Romantheorie verfaßt, legte Blankenburg auch eine der wichtigen Rezensionen von Goethes „Werther" vor (Neue Bibliothek der schönen Wissenschaften und der freyen Künste 18 [1775]. 1. Stück. S. 46–95).*

*Der vorliegende Brief ist nicht adressiert; auch dem Text ist kein unmittelbarer Hinweis auf den Adressaten zu entnehmen. Doch geht aus Schillers Vermerk auf der* gedruckten Beylage *(***14***), die mit überliefert ist, hervor, daß der Brief an Blankenburg gerichtet ist (vgl. Überlieferung). Außer diesem Brief und der Gegenantwort ist von einer Korrespondenz zwischen Schiller und Blankenburg nichts überliefert.*

*Seit Frühsommer 1794 war Schiller damit beschäftigt, Mitarbeiter für seine Zeitschrift „Die Horen" zu gewinnen, die im Januar 1795 zu erscheinen begann (vgl. die Liste der Angeschriebenen in NA 27, 385–386). Im Brief an Körner vom 12. Juni hatte Schiller eine Liste mit Namen potentieller Beiträger zusammengestellt, in welcher auch Blankenburg bereits auftaucht (vgl. NA 27, 10). Daß sich Schiller erst so spät an ihn wandte und ihm überdies mit vier Louisdor ein vergleichsweise geringes Bogenhonorar anbot (vgl. die Angaben zur Beilage in der Überlieferung), das laut „Horen"-Kontrakt zwischen drei und acht Louisdor betragen konnte (vgl. NA 22, 208; NA 41 II A, 351), spricht nicht dafür, daß ihm Blankenburgs Teilnahme ein besonders drängender Wunsch war. Das gleiche dürfte für Johann Wilhelm von Archenholtz und Johann Ludwig Gleim gelten, an die Schiller unter demselben Datum ähnliche Einladungsbriefe schrieb (vgl. NA 27, 78–79). Während diese beiden unverzüglich und zustimmend antworteten – beide am 14. November (vgl. NA 35, 89–90) –, ließ sich Blankenburg bis zum 2. Januar 1795 mit seinem Antwortbrief Zeit (vgl. NA 35, 121–122). Dieser enthält eine diplomatisch formulierte Absage, was vermutlich u. a. mit dem damals schon angegriffenen Gesundheitszustand des Absenders zusammenhing. Blankenburg starb nach langer Krankheit Anfang Mai 1796.*

**2** beyliegendes Blatt] *Die gedruckte Einladung zur Mitarbeit an den „Horen" (NA 22, 103–105); vgl. auch zur Überlieferung.*

**4** solange gewünscht] *Daß Schiller an Blankenburg oder seinem Werk besonderes Interesse gehabt hätte, geht aus seinen Schriften und Briefen nicht hervor.*

**7** Institut] *Im 18. Jahrhundert oft noch im Sinn von lat. institutum: Einrichtung. Hier ist das Unternehmen der „Horen" gemeint.*

**8** sehr geachtete Nahmen] *Auch die anderen Einladungsbriefe Schillers enthalten eine Aufzählung der gewonnenen Mitarbeiter, allen voran Goethe. Deren Renommee sollte den Adressaten zur Anteilnahme an der Zeitschrift bewegen und deren Bedeutung zum Ausdruck bringen.*

**10** Göthe] *Schillers Einladungsbrief an Goethe stammt vom 13. Juni 1794 (NA 27, 13–14), dessen Antwort vom 24. Juni (NA 35, 21–22). Die Briefe machen den Anfang des umfangreichen Briefwechsels zwischen beiden und boten den Anlaß ihrer Annäherung.*

**10** Herder] *Herder wurde am 4. Juli eingeladen (vgl. NA 27, 18–19) und antwortete am 9. Juli (vgl. NA 35, 28).*
**10** Engel] *Der Brief an Johann Jakob Engel, Gymnasialprofessor und Direktor des Berliner Nationaltheaters, ist nicht überliefert, wohl aber dessen Antwort vom 25. Juni (NA 35, 22–23).*
**10** Garve] *Der Brief an den populärphilosophischen Schriftsteller Christian Garve in Breslau ist nicht überliefert; dieser antwortete am 28. Juni (vgl. NA 35, 23–24). Er lieferte keinen Beitrag.*
**10** Gentz] *Die Einladung an den preußischen Staatsmann Friedrich Gentz, Herausgeber der „Berlinischen Monatsschrift" und (1795) Begründer der „Neuen Deutschen Monatsschrift", ist nicht überliefert. Sein Antwortbrief stammt vom 15. Juli (NA 35, 30–31). Er lieferte keinen Beitrag.*
**10** Frid. Jacobi] *Der Einladungsbrief an Friedrich Heinrich Jacobi ging am 24. August ab (NA 27, 29); Jacobi antwortete am 10. September (vgl. NA 35, 52–53).*
**11** Frid. Schulz] *Wann Schiller Joachim Christoph Friedrich Schulz, Gymnasialprofessor für Geschichte in Mitau, zu den „Horen" eingeladen hat, ist nicht bekannt; Schulz antwortete am 23. September (vgl. NA 35, 64). Er lieferte keinen Beitrag.*
**11** Matthison] *Schiller schrieb am 25. August an den Dichter Friedrich Matthisson (vgl. NA 27, 29–31); dieser antwortete am 6. September (vgl. NA 35, 48–49).*
**11** Pfeffel] *Der Colmarer Militärschuldirektor und Pädagoge Gottlieb Konrad Pfeffel wurde erst später eingeladen, und zwar durch Cotta am 29. November (vgl. NA 35, 96). Schiller hatte den Tübinger Verleger in seinem Brief vom 16. November darum gebeten (vgl. NA 27, 88). Ein Antwortbrief Pfeffels ist nicht bekannt. Am 15. Januar 1795 aber teilte Cotta mit, Pfeffel werde demnächst einen Beitrag liefern (vgl. NA 35, 130).*
**11** v. Archenholz] *Den Hamburger Historiker Johann Wilhelm von Archenholtz schrieb Schiller am selben Tag an wie Blankenburg (vgl. NA 27, 78). Er stand also ebensowenig als Mitarbeiter fest wie Pfeffel. Archenholtz antwortete am 14. November (vgl. NA 35, 89–90).*
**14** gedruckte Beylage] *Vgl. zur Überlieferung.*
**16** Naturwißenschaften] *Davon, daß sich „Die Horen" den Naturwissenschaften widmen würden, ist weder in der gedruckten Einladung vom 13. Juni 1794 noch in der Ankündigung der Zeitschrift vom 10. Dezember 1794 (vgl. NA 22, 106–109) die Rede. Allerdings beweist Alexander von Humboldts Antwortbrief auf Schiller nicht überlieferte Einladung, daß Schiller früher schon die Absicht hatte, naturwissenschaftliche Themen aufzugreifen; in Humboldts Brief vom 6. August 1794 heißt es:* Es freut mich unendlich, daß Sie die Naturkunde aus Ihrem Plane nicht ausschliessen. *(NA 35, 36–37.) Dieser Plan wurde allerdings nicht verwirklicht. Daß er überhaupt gefaßt wurde, könnte auf Goethes Vorschlag zurückgehen.*
**17** Characteristik merkwürdiger Schriftsteller] *Beiträge dieser Art hatte sich Schiller von Anfang an gewünscht. In seinem Brief an Körner vom 4. Juli 1794 hatte er diesen angeregt, eine* Biographie, besonders solcher Männer *zu liefern,* die durch ihren Geist merkwürdig waren *(NA 27, 20). Im Brief vom 19. Dezember 1794 kommt Schiller darauf noch einmal zurück:* Intereßanter fändest Du vielleicht eine Characteristick von großen Genies, besonders dichterischen. *(NA 27, 105–106.) Blankenburg mochte u. a. durch seine lexi-*

*kographische Arbeit für die Bearbeitung des gewünschten Themas prädestiniert erscheinen. – ‚Merkwürdig': im 18. Jahrhundert im Sinn von ‚der Aufmerksamkeit würdig, bemerkenswert'.*

## *NA 27, Nr 78a*

*78a. An Johann Friedrich Cotta*

d 12 Dec. *1794* abgeg*angen Freitag.*

Ich schicke daßelbe, was ich im Einschluß an das Stuttg*arter* Postamt schickte durch den geraden Weg an Sie, damit Sie das Avertissement desto gewißer und früh*[er er]*halten.

Beyliegendes A*[vert.]* ist für die Frankfur*[ter]* politische Zeitung, *[u]*nd wozu Sie sie sonst noch bestimmen.

Sch.

*DATIERUNG. Das fehlende Jahr ergibt sich aus dem Inhalt des Briefes.*

*ÜBERLIEFERUNG. H: Stiftsbibliothek der Benediktinerabtei Maria Einsiedeln (Schweiz), Autographensammlung. 1 Blatt 11,7 × 18 cm, 1 S. beschrieben, weißes Papier mit Spuren eines blaßgrünen Schnitts am rechten und unteren Rand, Wz.: unterer Teil einer heraldischen Lilie mit angehängter 4-Marke, darunter WUNNERLICH; auf der rechten unteren Seitenhälfte ein etwa 2,5 × 5 cm großes ovales Loch, vermutlich durch Öffnen des Siegels entstanden, mit Textverlust. Facsimile: St. Meinradsraben. Zeitschrift der Stiftsschule Maria Einsiedeln. 55. Jahrgang. Nr 2. Februar 1966. S. 57. – E: Heinrich Suso Braun: Unveröffentlichte Dichterbriefe. In: Ebd. S. 56–72, hier S. 56.*

*LESARTEN.* **5** sie] s *verb. aus* S *H*

*ERLÄUTERUNGEN. Der Brief beantwortet keinen Brief Cottas. Er bezieht sich auf Schillers Brief an Cotta vom selben Tag (NA 27, 104). – Gegenantworten vom 22. und vom 23. Dezember 1794 (NA 35, 116 und 117–118).*

*Der Brief begleitete die Ankündigung von Schillers Zeitschrift „Die Horen", deren 1. Stück Mitte Januar 1795 erschien. Schiller hatte in seinem ersten Brief an Cotta vom selben Tag angekündigt, das für die Frankfurter Zeitung bestimmte Exemplar des Avertissements bald folgen zu lassen. Er schickte es bereits am gleichen Tag.*

**2** Einschluß an das Stuttg. Postamt] *Schiller hatte in seinem ersten Brief an Cotta vom selben Tag, dem auch bereits ein Avertissment beilag, beklagt, daß die Briefe zwischen Jena und Tübingen* 9 Tage unterwegs *(NA 27, 104) seien. Daher schickte er den vorliegenden Brief nicht über Stuttgart, sondern* durch den geraden Weg *an Cotta. Auf welche Weise der Brief befördert wurde, ist nicht bekannt.*

**5** Frankfur*[ter]* politische Zeitung] *Die Anzeige der „Horen" erschien in der „Frankfurter Kaiserl. Reichs-Ober-Post-Amts-Zeitung" vom 31. Januar 1795 (der Text ist abgedruckt in NA 27, 313).*

***NA 27, Nr 95a***

*95a. An Rudolf Zacharias Becker*

Jena den 23. Jan. 95. *Freitag.*

Für die gütige Erfüllung meiner Bitte nehmen Sie, verehrter Freund, meinen beßten Dank an.

Ihrem Verlangen gemäß übersende ich Ihnen hier Ein Exemplar der Horen, welches künftig regelmäßig und zeitig an Sie geschickt werden wird.
Hochachtungsvoll der

Ihrige
Schiller

*ÜBERLIEFERUNG. H: ? Zuletzt 1988 versteigert; vgl. Sotheby's Katalog „Music, Continental Manuscripts an Printed Books, Science and Medicine", Auktion vom 5./6. Mai 1988. S. 114. Nr 267. Facsimile: Ebd. Einzelblatt 11,5 × 18,6 cm, 1 S. beschrieben, leicht vergilbtes, geripptes Papier, Wz.: Teil eines Buchstabens; auf der Rückseite Reste einer Verschlußoblate sowie eine Notiz von fremder Hand:* Schiller, Jena, 23 Jan. 95. – *E: Probleme des Erzählens in der Weltliteratur. (Festschrift für Käte Hamburger.) Hrsg. von Fritz Martini. Stuttgart 1971. S. 89 (Liselotte Blumenthal). – Textwiedergabe nach dem Facsimile.*

*ERLÄUTERUNGEN. Vermutlich Antwort auf einen nicht überlieferten Brief Beckers (vgl. die Erläuterungen). – Eine Gegenantwort ist nicht bekannt.*

*In seinem Brief vom 21. Dezember 1794 hatte Schiller den Gothaer Schriftsteller und Journalisten Rudolf Zacharias Becker (1752–1822) gebeten, eine Anzeige seiner mit Beginn des Jahres 1795 erscheinenden Zeitschrift „Die Horen" zu veröffentlichen (vgl. NA 27, 106–107). Becker war Herausgeber der „Deutschen Zeitung oder Moralischen Schilderungen der Menschen, Sitten und Staaten unsrer Zeit" (1788–1795; ab 1796: „Nationalzeitung der Deutschen") und des „Reichs-Anzeigers oder Allgemeinen Intelligenz-Blattes zum Behuf der Justiz, der Polizey und der bürgerlichen Gewerbe im Deutschen Reiche" (vgl. darüber im Einzelnen die Erläuterungen zu Schillers Brief an Becker von Ende Dezember 1792 [NA 26, 657] sowie zu den „Xenien" Nr 71, 252, 283 und 319 [NA 2 II A, 480–481, 542, 554–555 und 567–568]). Diesem Wunsch war Becker nachgekommen: Die Ankündigung erschien im „Reichs-Anzeiger" Nr 3 vom 5. Januar 1795 (Bd 1. Sp. 25–28), gefolgt von einer Mitteilung Johann Friedrich Cottas über Erscheinungsweise, Preis und Bezugsmöglichkeiten (Sp. 28). – Eine Anzeige der „Horen" erschien auch in anderen Zeitschriften; der Text, der in der „Frankfurter Kaiserl. Reichs-Ober-Post-Amts-Zeitung" vom 31. Januar 1795 erschien, ist abgedruckt in NA 27, 313.*

**4** Ihrem Verlangen gemäß *bis* Exemplar der Horen] *Schiller hatte Becker angeboten, sich die Veröffentlichung der „Horen"-Ankündigung von Cotta bezahlen zu lassen oder ein Gratis-Exemplar der jeweils erscheinenden „Horen"-Stücke zu akzeptieren (vgl. NA 27, 107). In einem nicht überlieferten Brief hatte Becker offenbar mitgeteilt, er wünsche Letzteres. Jedenfalls berichtete Schiller dies in seinem Brief vom 27. Januar 1795 an Cotta, dem er auch mitteilte, daß er bereits ein Exemplar des 1. Stücks an Becker geschickt habe (vgl. NA 27, 133). Schiller schickte Becker die folgenden „Horen"-Stücke monatlich zu. Wiederholt notierte Schiller diese Sendungen in seinem Kalender (z. B. unter dem 30. August und 4. Oktober 1795, unter dem*

*10. Januar und 8. Februar 1796 [NA 41 I, 10, 13, 23 u. 26] u. ö.). Beckers Name findet sich auch in den Listen der „Horen"-Empfänger auf dem Titelblatt von Schillers Kalender von 1796 (vgl. NA 41 I, 22).*

### *NA 28, Nr 8a*

*8a. An Johann Friedrich Cotta*

Jena d 10. Jul 95 *Freitag.*

Hier Mscrpt zum achten Stücke. Die Zufällige Ergießungen etc sind vom Geh*eim*rath Jacobi und enthalten sehr viel trefliches. Fangen Sie das 8 Stück damit an und laßen dann erst den Dante folgen unter dem Titel:

Ugolino und Ruggieri
Fortsetzung von Dante's Hölle.

Sollte zufälliger Weise das Siebente Stück noch nicht expediert seyn, wenn dieses Paquet anlangt, und die zur höchsten Noth erfoderliche Größe von 5 und ¼ Bogen nicht haben, so könnten Sie den Jacobi'schen Aufsatz noch in jenes Stück aufnehmen.

Haben Sie die 2 überschickten Gedichte nicht nöthig gehabt, so senden Sie mir solche mit nächster Post zurück.

Wird die Sammlung von Reisen doch fortgesetzt? Ich freue mich sehr darauf.

Für das Achte Stück wird noch ein Aufsatz vermuthlich von Herdern folgen.

Werden Sie mir bald das Verzeichniß unserer Subscribenten schicken können?

Leben Sie wohl und laßen mich immer recht gute Nachrichten hören

Ihr
Schiller.

*ÜBERLIEFERUNG. H: DLA/SNM. Doppelblatt 11,5 × 18,4 cm, 3 S. beschrieben, geripptes Papier, Wz.: Teil des Buchtstabens H (?); der Brief ist schnell geschrieben; 4. S. Empfangs- und Beantwortungsvermerk Cottas:*

Schiller 10 Jul 1795
19 —
22 —

*Facsimile der 1. Seite: JbDSG 34 (1990), 13. – E: JbDSG 34 (1990), 12 (Werner Volke). – Textwiedergabe nach H.*

*LESARTEN.* **3** 8 Stück] S *verb. aus* s *H*

*ERLÄUTERUNGEN. Der Brief beantwortet keinen Brief Cottas. – Gegenantwort vom 22. Juli 1795 (NA 35, 257). – Der Brief kreuzte sich mit Cottas Brief vom 6. Juli 1795.*
**2** Die Zufällige Ergießungen] *Friedrich Heinrich Jacobi hatte seinen „Horen"-Beitrag „Zufällige Ergießungen eines einsamen Denkers in Briefen an vertraute Freunde" am 3. Juli 1795 an Schiller geschickt. Dies geht aus seinem Brief an Schiller vom 7. Juli hervor. Der Beitrag erschien im August 1795 im 8. Stück der „Horen", wie von Schiller gewünscht zu Beginn des Stückes (S. 1–34). Am 9. Juli hatte Schiller den Empfang des Manuskripts bestätigt (vgl. NA 28, 7). An Goethe schrieb er über die Abhandlung:* Sie enthält viel Vortrefli-

ches, besonders über die Billigkeit in Beurtheilung fremder VorstellungsArten, und athmet durchaus eine liberale Philosophie. Den Gegenstand kann ich Ihnen nicht wohl bestimmen. Unter der Aufschrift: Zufällige Ergießungen *[...]* wird von mancherley Dingen gehandelt. *(Brief vom 20. Juli 1795; NA 28, 11–12.) Goethe nannte Jacobis Aufsatz nach der Lektüre* wunderlich genug *(Brief an Schiller vom 7. September 1795; NA 35, 326). Schillers und Goethes Äußerungen beziehen sich auf die bunte Thematik und assoziative Gedankenführung von Jacobis Aufsatz, dem gegenüber selbst der Verfasser Vorbehalte hatte (vgl. Jacobis Brief an Schiller vom 7. Juli 1795; NA 35, 236).*
**4** den Dante] *August Wilhelm Schlegels Übersetzung „Ugolino und Ruggieri. Fortsetzung von Dante's Hölle" (Horen 1795. 8. Stück. S. 35–74). Es ist die letzte Fortsetzung von Übersetzungen aus Dantes „Divina Commedia", von der Teile zuvor im 3., 4. und 7. Stück erschienen waren. Die von Schlegel geplante Gesamtübersetzung kam nicht zustande.*
**7** das Siebente Stück] *Cotta schickte das 7. „Horen"-Stück mit seinem Brief vom 22. Juli (vgl. NA 35, 257).*
**8** 5 und ¼ Bogen] *Das 7. Stück umfaßt 85 Seiten, also – bei 16 Seiten pro Bogen im Oktavformat – ziemlich genau 5 ¼ Bogen.*
**10** die 2 überschickten Gedichte] *Am 6. Juli hatte Schiller* ein paar kleine Gedichte aus meinem Almanach *(NA 28, 6) an Cotta geschickt, um wenn nötig das 7. „Horen"-Stück zu füllen. Offenbar handelte es sich nur um zwei Gedichte, eines davon Schillers „Der Tanz" (vgl. Schillers Briefe an Cotta vom 27. Juli und vom 9. August 1795; NA 28, 15 und 24). Cotta sandte sie schon vor Empfang des vorliegenden Briefes am 17. Juli zurück (vgl. NA 35, 252).*
**12** Sammlung von Reisen] *In der Gegenantwort kündigte Cotta* gegen den October *den 4. Band der von seinem Teilhaber Christian Jacob Zahn herausgegebenen „Neue Sammlung interessanter und zweckmäßig abgefasster Reisebeschreibungen für die Jugend" an. Am 11. Dezember 1795 bedankte sich Schiller bei seinem Verleger für die Zusendung des Bandes: Ansons Reise um die Welt, gedrängt ausgezogen, und da, wo es nöthig war, mit Erläuterungen aus der neuern Geographie und Statistik vermehrt. Tübingen 1795 (vgl. Schillers Bibliothek; NA 41 I, Nr 643).*
**13** Aufsatz *bis* von Herdern] *Das 8. Stück enthält keinen Beitrag Herders. Erst im 9. Stück erschien sein Aufsatz „Homer, ein Günstling der Zeit".*
**14** Verzeichniß unserer Subscribenten] *Schiller erhielt es laut Kalender am 31. August (vgl. NA 41 I, 10) mit Cottas Brief vom 17. August 1795 (NA 35, 287). Einen Auszug aus der Liste schickte er noch am gleichen Tag an Goethe (vgl. NA 28, 37). Als er Cotta antwortete, schrieb Schiller am 3. [4.?] September:* Die auf der Liste befindliche Anzahl der Subscribenten für die Horen wäre noch immer aufmunternd genug, wenn sie uns bleibt. *(NA 28, 40.)*

## ***NA 28, Nr 70***

*70. An Johann Wolfgang von Goethe*

*Jena, den 24. Oktober 1795. Sonnabend.*

*Folgender Brieftext, der als separates Billett überliefert ist, dürfte als Nachschrift zu Schillers Brief an Goethe vom 24. Oktober 1795 gehören:*

Einige Worte bitte ich mir durch d*en* Boten aus ob wir Sie morgen erwarten dürfen. J. den 24. 8br.

*DATIERUNG. Das fehlende Jahr ist aus dem Brief zu erschließen, zu dem der vorliegende Text wahrscheinlich gehört.*

*ÜBERLIEFERUNG. H: Biblioteca Nazionale di Napoli „Vittorio Emmanuele III". – 1 Blatt, 3 Zeilen beschrieben; unter dem Text von der Hd Friedrich Müllers: „Daß obiges die Handschrift Friederich von S c h i l l e r s sey, bezeugt / vonMüller, Grosherz[oglicher] Sächsi[scher] Geheimrath u. Canzler zu Weimar." (Angaben nach einer Photographie.) – Textwiedergabe nach H.*

*ERLÄUTERUNGEN. Es spricht einiges dafür, daß es sich bei dem vorliegenden kurzen Text um die (möglicherweise separat beigelegte) Nachschrift zu Schillers Brief an Goethe vom 24. Oktober 1795 handelt, der in der Handschrift genau am unteren Rand der Rückseite des Einzelblatts endet. In diesem Brief äußert Schiller den dringenden Wunsch, mit Goethe morgen (NA 28, 83, Z. 12) zu sprechen, vor allem über die Kritik von Friedrich August Wolf in der ALZ an Herders „Horen"-Aufsatz „Homer, ein Günstling der Zeit". Er hofft sehr, Goethe* morgen oder übermorgen *(NA 28, 83, Z. 15) zu sehen. Wie in der Nachschrift gewünscht, antwortete Goethe postwendend, mit seinem Brief vom 25. Oktober 1795 (NA 35, 402) auf die Frage nach seiner Ankunft in Jena. Auch der Umstand, daß im Hauptbrief ein Datum fehlt, im vorliegenden Text aber angegeben wird, könnte darauf hindeuten, daß beide zusammengehören. Schließlich: Wenn Schiller fragt, ob wir Sie morgen erwarten dürfen, dann könnte sich der Plural auf ihn, seine* Frau und SchwiegerMutter *(NA 28, 83, Z. 17) beziehen, von denen im Hauptbrief die Rede ist.*

## ***NA 28, Nr 207a***

*207a. An Johann Friedrich Bolt*

*Jena, den 22. Juli 1796. Freitag.*

Recht sehr bin ich Ihnen für Ihre Gütige Entschließung verbunden, mir ohngeachtet Ihrer vielen Geschäfte in meiner Bitte zu willfahren: da aber keine gute Zeichnung von Göthe in der kurzen Zeit zu bekommen ist, und das Gemählde, auf das ich gerechnet von dem Prof. Meier bey seiner letzten Reise nach Italien unvollendet zurückgelassen worden, so muss ich Sie bitten einen andern Gegenstand zu wählen.

Meine Idee ist eine T e r p s i c h o r e in ganzer Figur und in einer graziösen Bewegung vorgestellt. Vielleicht finden Sie diese Figur schon auf einer Gemme so wie Sie sie wünschen. Im übrigen aber, so wie in den Beywerken überlasse ich mich ganz Ihrer eignen Wahl und Erfindung. Da Sie vor nicht langer Zeit Madame Vigano in Berlin gehabt, so ist Ihnen die tanzende Göttinn vermuthlich noch in schätzbarem Andenken geblieben.

H*err* von Humboldt, der überhaupt in diesem Punkt meine Wünsche und Gedanken weiß, wird Sie wenn er sich noch solange in Berlin aufhält, besuchen, und das weitere, wenn es irgend noch einer Anfrage bedürfte, in meinem Nahmen hinzufügen. Derselbe wird auch sogleich meine Schuld, nach Ihrer sehr bescheidenen Angabe, entrichten. Das nöthige Schweitzerpapier sende ich, sobald ich durch Sie oder H*err*n v. Humboldt das weitere gehört haben werde.

Hochachtungsvoll verharre ich
Ihr

Jena 22. Jul. ergebenster Diener
1796 FSchiller

N. S. Ich überlege eben, daß der veränderte Gegenstand auch in dem Preise nothwendig eine Veränderung machen muß, und ersuche Sie H*err*n von Humboldt, ohne weitere Anfrage bey mir gütigst zu bestimmen, was er zu bezahlen hat.

*ÜBERLIEFERUNG. H: Autographensammlung Wilhelm, Basel. Doppelblatt mit Kuvertfaltung 18,5 × 23,4 cm, 3 S. beschrieben, vergilbtes, geripptes Papier, Wz.: Heraldische Lilie in gekröntem Schild, darunter IA WUNNERLICH, S. 4 Adresse:* An Herrn / Friderich Bolt / berühmten Kupferstecher / in / Berlin / d. E. *[durch Expressen], darunter rotes Siegel, S. 3 unten links von Bolts Hand Antwortvermerk:* den 18ᵗ. Aug. 96 beantwort: 8 Fried d'or begehrt, *S. 4 oben rechts Empfangsvermerk (?):* Jena d 22ᵗ. July 96 / H*err* Hofrath Schiller, *2. Blatt in der Mitte beidseits Papierausrisse durch Öffnen des Siegels, teilweise durch einen Papierstreifen überklebt. – Ungedruckt.*

*LESARTEN.* **9** langer] *verb. aus* la××× *H*

*ERLÄUTERUNGEN. Der Brief ist in Schillers Kalender unter dem 22. Juli 1796 verzeichnet; an diesem Tag hatte er auch den Bezugsbrief von Bolt erhalten (vgl. NA 41 I, 38). – Antwort auf Bolts Brief vom 16. Juli 1796. – Gegenantwort vom 18. August 1796.*
**2** meiner Bitte zu willfahren] *Schiller hatte in seinem Brief an Bolt vom 8. Juli 1796 gebeten, ihm als Titelkupfer für den „Musen-Almanach für das Jahr 1797"* den Kopf vom Geh*eim*erath Göthe *zu stechen (NA 28, 250). In einem Brief vom 16. Juli hatte der Kupferstecher zugesagt, diese Arbeit trotz Auslastung durch andere Aufträge übernehmen zu wollen (vgl. NA 36 I, 273).*
**3** das Gemählde, auf das ich gerechnet] *Im Brief vom 8. Juli hatte Schiller erklärt, Bolt Goethes Porträt* vielleicht nach einem neuen Gemählde verschaffen *zu können (NA 28, 250). Dabei dachte er an Johann Heinrich Meyers zwischen 1792 und 1795 entstandenes Aquarellbild von Goethe:* Goethe erscheint hier im kräftigen mittleren Mannesalter, sehr braun und etwas stark. Der Ausdruck des wenig belebten Gesichtes ist sehr ernst; man glaubt einen Mann zusehen, dem die Last künftiger Thaten auf der Seele liegt. *(Johann Peter Eckermann: Gespräche mit Goethe in den letzten Jahren seines Lebens. 1823–1832. T. 1. Leipzig 1836. S. 136–137; vgl. die Abbildung in: Goethe. Seine äußere Erscheinung. Literarische und künstlerische Dokumente seiner Zeitgenossen. Hrsg. von Emil Schaeffer und Jörn Göres. Frankfurt a. M. und Leipzig 1999. S. 104. Abb. 35). Eckermann sah das Bild in Goethes Gartenhaus. Dort hatte dieser es untergebracht, weil er nicht völlig zufrieden damit war. Dies war wohl auch der eigentliche Grund, warum er Schillers Vorhaben nicht unterstützte, wenn er auch diesem gegenüber in seinem Brief vom 9. Juli 1796 Bedenken*

*äußerte, in kurzer Zeit eine Kopie des Bildes herstellen lassen zu können (vgl. NA 36 I, 261–262).*

**6** eine Terpsichore] *In der griechischen Mythologie die Muse des Tanzes und des Chorgesangs.*

**6** in einer graziösen Bewegung] *Der von Bolt hergestellte Kupferstich machte auf den einen oder anderen Leser einen völlig anderen Eindruck. August Hennings, der Rezensent des „Musen-Almanachs für das Jahr 1797" im „Genius der Zeit" schrieb:* Das Titelkupfer dieses Almanachs ist eine üppiche, halbtrunkene Mänade, die unter Baumgerippen auf gepflastertem Boden in elfenbeinerner Figur, martialisch einherschreitet. Der gelösete Gürtel fliegt rauh im Sturmwinde hinter ihr her. *(9. Bd. 12. Stück. Dezember 1796. S. 432; vgl. Fambach 2, 316–317.)*

**7** auf einer Gemme] *Wie aus Bolts Brief vom 18. August 1796 hervorgeht, nahm er für seine Zeichnung der Terpsichore eine* attitudo *[Attitüde, Körperhaltung]* der Vigano *zur Vorlage (NA 36 I, 307). Auf die österreichische Tänzerin Josefa Maria Viganò, geb. Mayer (Künstlername: Maria Medina) (1756–1833), hatte Schiller im vorliegenden Brief im Folgenden selbst aufmerksam gemacht. Vermutlich benutzte Bolt eine der Radierungen Johann Gottfried Schadows, der beim Gastspiel Viganòs in Berlin eine Serie von Bewegungsskizzen der Tänzerin angefertigt hatte. Vgl. Gottfried Schadow: [Verschiedene Attitüden der Mme Vigano]. [ca. 1797], etwa Abbildung 8 (vorhanden in der Bibliothek der Kunstsammlungen Weimar Herzogin Anna Amalia Bibliothek). Johann Friedrich Unger schickte Goethe mit seinem Brief vom 8. März 1797* diese kleine Sammlung Attitüden *(Johann Friedrich Unger im Verkehr mit Goethe und Schiller. Briefe und Nachrichten. […] von Flodoard von Biedermann. Berlin 1927. S. 77; vgl. RA 2, Nr 646). Goethe äußerte sich im Antwortbrief an Unger vom 28. März 1797 begeistert und dankte* für den seltenen Genuß *(WA IV 12, 78).*

**11** H. von Humboldt] *Wilhelm von Humboldt hatte sich seiner erkrankten Mutter wegen seit 1795 in Tegel aufgehalten. Er kehrte am 1. November 1795 nach Jena zurück.*

**13–14** Derselbe wird auch *bis* entrichten.] *Wie aus Bolts Quittung vom 9. Oktober 1796 hervorgeht, erhielt er sein Honorar von Wilhelm von Humboldt (vgl. NA 36 I, 339).*

**21–22** auch in dem Preise nothwendig eine Veränderung machen muß] *Zunächst war ein Honorar von sechs Friedrichsdor vereinbart gewesen (vgl. Bolts Brief vom 16. Juli 1796; NA 36 I, 273). Da er nun die Zeichnung für seinen Kupferstich selbst zu machen hatte, verlangte er acht Friedrichsdor (vgl. seinen Brief vom 18. August 1796 [NA 36 I, 308] sowie die Angaben zur Überlieferung des vorliegenden Briefes). Am 9. Oktober quittierte er den Empfang dieser Summe (vgl. NA 36 I, 339).*

## ***NA 28, Nr 216a***

*216a. An Karl Ludwig Methusalem Müller*

*Jena, den 1. August 1796. Montag.*

Ich habe es lange anstehn lassen, Ihnen mein hochgeschätzter Freund, für Ihre gütige Zuschrift zu danken; ein Zudrang von Geschäften, die mir bey meiner schwachen Gesundheit leicht über den Kopf wachsen, hat mich immer davon abgehalten, obgleich ich

Ihres Wohlwollens für mich immer eingedenk geblieben bin. Ich hoffe, diese Zeilen kommen nicht zu spät, um Sie von meiner Dankbarkeit zu überzeugen.

Ihren prosaischen Aufsatz würden Sie schon in den Horen abgedruckt gefunden haben, wenn ich nicht einige zu wichtige kritische Einwendungen dagegen zu machen hätte. Ins Detail davon zu gehen, wäre zu weitläuftig für einen Brief, und ich muß es hier auf Ihr gutes Zutrauen zu meinem Urtheil ankommen lassen. Vielleicht würde dieses gegen einen andern / weniger streng seyn, aber ich bin es Ihrem Talente schuldig, eine gewisse Nachsicht nicht zu beweisen.

Sehr angenehm würde mir Ihre persönliche Bekanntschaft seyn; in Briefen kommt man sich nicht näher. Können Sie einmal Jena besuchen, so wird es mich sehr freuen, Sie kennen zu lernen.

Haben Sie einige Gedichte vorräthig, so kann ich in meinem MusenAlmanach, woran jetzt gedrukt wird, vielleicht noch Platz dazu finden.

Erhalten sie mir Ihre gütigen Gesinnungen, und seyen Sie versichert, daß ich sie zu schätzen weiß.

Jena 1. Aug. 1796.

FSchiller.

*ÜBERLIEFERUNG. H: Privatbesitz (Carola Fuhrmann, Neureichenau). Doppelblatt 18,7 × 23,5 cm, 2 S. beschrieben, S. 4 Adresse:* an Herrn ××× / K. L. M. Müller / privatisierenden Gelehrten / in / Leipzig / fr.*; fein geripptes, leicht vergilbtes Papier, kleine Stockflecken, Wz.: IAWUNDERLICH (Angaben nach Autopsie durch Jochen Meyer, DLA/SNM). Facsimile der 1. Seite (***1–10** Ich habe es *bis* gegen einen andern*) in: Stargardt-Katalog 681, Auktion vom 28./29. Juni 2005, S. 115. – E: Ebd. S. 114, Nr 284 (Teildruck* **1–16** Ich habe es *bis* Platz dazu finden*). – Vollständig bisher ungedruckt. – Textwiedergabe nach dem Facsimile (***1–10** Ich habe es lange *bis* gegen einen andern*) sowie nach E (***10–16** weniger streng *bis* Platz dazu finden.*) und Kollation durch Jochen Meyer (***17–20** Erhalten Sie *bis* FSchiller.*).*

*ERLÄUTERUNGEN. Antwort auf einen nicht überlieferten Brief Müllers, den Schiller am 23. Januar 1796 erhalten hatte (vgl. Schillers Kalender; NA 41 I, 25). – Die Gegenantwort erhielt Schiller am 8. August 1796 (vgl. Schillers Kalender; NA 41 I, 39); der Brief ist nicht überliefert.*

*Über den Leipziger Schriftsteller Karl Ludwig Methusalem Müller (1771–1837) vgl. die Erläuterungen zu dessen Briefen an Schiller vom 30. November 1797 (NA 37 II, 238–239) und vom 25. Juli 1799 (NA 38 II, 236–237). – Mit dem Bezugsbrief hatte Müller einen* Aufsatz *an Schiller geschickt, über den nichts Näheres bekannt ist. Möglicherweise befindet sich der Beitrag unter den Schiller zugesandten Manuskripten unbekannter Herkunft, die im GSA aufbewahrt werden (Signaturen: 83/128, 83/140–156, 83/166–175).*

**4** Ihres Wohlwollens] *Dies bezieht sich wohl nicht nur auf das angebotene Manuskript, sondern auch noch auf Müllers begeistertes Gedicht „An den Verfasser der ‚Briefe über ästhetische Erziehung des Menschen' in den Horen", welches Schiller im Juli 1795 erhalten hatte (vgl. Schillers Kalender; NA 41 I, 8 und 281) und im November-Heft des „Neuen Teutschen Merkurs" 1795 (S. 281–282) erschienen war.*

**12** persönliche Bekanntschaft] *Daß Schiller Müller persönlich kennenlernte, ist nicht bekannt.*
**15** einige Gedichte] *Im „Musen-Almanach für das Jahr 1797" erschien kein Gedicht Müllers (vgl. Wolfgang Seyffert: Schillers Musenalmanache. Diss. Berlin 1912. S. 18–19). In den Almanach des folgenden Jahres nahm Schiller Müllers Ode „An Julius" auf (S. 259 bis 262). Ein weiteres Gedicht Müllers, „Stanzen an Amalien bei Uebersendung des Damenkalenders von Lafontaine pp. auf 1798", erschien im 10. Stück der „Horen" 1797 (S. 92 bis 94). Von anderen Gedichten, die Müller am 25. Juli 1799 einsandte (vgl. NA 38 I, 128–129), machte Schiller keinen Gebrauch.*

## *NA 29, Nr 148a*

*148a. An Karl August Böttiger*

Jena 10. 8br. 97. *Dienstag.*

Da der H*err* Ge*heime* Rath Göthe jetzo nicht da ist, der Ihnen sonst unser Werk überreicht haben würde, so laßen Sie es Sich gefallen, mein werther Freund, diese Gabe aus meiner Hand anzunehmen.

Fänden Sie uns dieses Jahr weniger unterhaltend als im vorigen, so erinnern Sie Sich, daß man auf fremde Unkosten immer witziger ist. Leben Sie recht wohl und behalten Sie mich in freundschaftliche*m* Andenken.

Ihr
aufrichtig ergebener
FSchiller.

*ÜBERLIEFERUNG. H: (1993) Ursula Meir-Limberg, Herford. Doppelblatt 11,6 × 18,9 cm, 1 S. beschrieben; leicht vergilbtes Velinpapier, rechter und oberer Rand beschnitten, im Falz kleinere Löcher durch frühere Heftung. Auf der 1. S. links oben von Böttigers Hand:* Bey Ueber-/schickung des / Musenalmanachs. *In der Mitte von fremder Hand mit roter Tinte:* 40. *Auf der 2. S. oben von fremder Hand:* Friedrich v. Schiller an den Hofrat Böttiger. *Darunter von fremder Hand mit Blei:* übersendet ihm den neuen Jahrgang des Musen-/almanachs und bezieht sich dabei auf die „Xenien"). *– E: JbDSG 37 (1993), 72 (Norbert Oellers). – Textwiedergabe nach H.*

*ERLÄUTERUNGEN. Der Brief beantwortet keinen Brief Böttigers. – Gegenantwort vom 11. Oktober 1791 (vgl. NA 37 I, 154–155).*
**2** Göthe] *Goethe befand sich auf seiner dritten Schweizer Reise (30. Juli–20. November 1797).*
**2** unser Werk] *Gemeint ist der „Musen-Almanach für das Jahr 1798", der sogenannte ‚Balladen-Almanach', den Schiller wie den vorhergehenden „Xenien"-Almanach für das Jahr 1797 als ein mit Goethe gemeinschaftlich produziertes Werk betrachtete. Der Anfang Oktober 1797 erschienene Almanach enthielt u. a. Schillers Balladen „Der Ring des Polykrates", „Der Handschuh", „Ritter Toggenburg", „Der Taucher", „Die Kraniche des Ibycus" und „Der Gang nach dem Eisenhammer" sowie von Goethe die Balladen „Der Zauberlehrling", „Der Schatzgräber", „Die Braut von Corinth" und „Der Gott und die Bajadere".*

*Für die Arbeit an „Die Kraniche des Ibycus" hatte Schillers Böttiger gebeten, den Text daraufhin zu prüfen,* ob darin nirgends gegen altgriechische Gebräuche verstoßen *sei (Brief vom 6. September 1797; NA 29, 124).*

### *NA 29, Nr 151*

*151. An Johann Wolfgang von Goethe*

*Jena, den 20. Oktober 1797. Freitag.*

*Der Schluß des im GSA unvollständig überlieferten und in der NA unvollständig gedruckten Briefes lautet:*

Sie werden bei Ihrer Zurückkunft aus den Gebirgen ein Paquet Briefe von mir, nebst dem Almanach, vorgefunden haben. Von dem Schicksal des letztern im Publicum habe ich noch nichts in Erfahrung bringen können. Aber gottlob ich hab ihn auch schon vergeßen und lebe nun wieder im Wallenstein.

Seit einigen Tagen sind wir wieder in die Stadt gezogen, wo der weite Raum meiner hohen Zimmer einen recht angenehmen Eindruck auf mich macht. Mein kleiner Ernst, der sehr kränklich gewesen, erhohlt sich wieder, und sonst geht es ganz leidlich gut mit uns allen. Von Humboldt habe ich seit Monaten keine Nachricht, und kann ihm, da ich seine Adresse nicht weiß, auch nicht schreiben. Sollten Sie ihn sehen oder ihm schreiben, so bitte ich ihm das zu sagen. Wir erwarten Sie mit Maier in wenigen Wochen hier, und mit welcher Sehnsucht brauche ich Ihnen nicht zu sagen.

Leben Sie recht wohl, grüßen Sie Meiern, meine Frau grüßt Sie beide aufs besste, und dankt recht schön für das Taschenbuch

S.

*ÜBERLIEFERUNG. H (Schluß des Briefes): Russische Staatsbibliothek, Moskau. 1 Blatt 18,5 × 23,5 cm, 1 S. beschrieben. Graugrünliches gerippptes Papier, vergilbt und stockfleckig, restauriert. – E: JbDSG 27 (1983), 7–8 (Stefan Ormanns). – Textwiedergabe nach H.*

*ERLÄUTERUNGEN.*
**1** aus den Gebirgen] *Goethe war am 28. September von Stäfa am Zürichsee zum Sankt Gotthard aufgebrochen. Seit dem 8. Oktober war er wieder zurück in Stäfa.*
**1** ein Paquet Briefe] *Schiller meinte seine Briefe vom 14. und 15. September und vom 22. September sowie vom 2. Oktober 1797 (vgl. NA 29, 130–133, 134–135 und 140–142). Der letztere erreichte seinen Adressaten nicht; Goethe erhielt ihn erst Mitte Dezember 1797 (vgl. Goethes Brief an Schiller vom 20. Dezember 1797; NA 37 I, 203–204).*
**2** Almanach] *Musen-Almanach für das Jahr 1798. – Schiller hatte ein Exemplar seinem Brief vom 2. Oktober beigelegt, welches Goethe gleichfalls erst im Dezember erhielt.*
**2** Schicksal des letztern im Publicum] *Der ‚Balladen-Almanach' fand guten Absatz. Anders als beim „Xenien"-Almanach des vorangegangenen Jahres wurde eine zweite Auflage jedoch nicht erreicht.*

**4** Wallenstein] *Nach Absendung des Manuskripts von „Wallensteins Lager“ am 21. Juli an Cotta hatte sich Schiller mit den Balladen für den „Musen-Almanach“ beschäftigt. Unter dem 3. Oktober 1797 notierte er in seinem Kalender:* An den Wallenstein gegangen. *(NA 41 I, 73.)*
**5** in die Stadt gezogen] *Seit Anfang Mai 1797 hatte Schiller mit seiner Familie im Jenaer Gartenhaus gewohnt. Am 17. Oktober war er zurück in seine Stadtwohnung gezogen.*
**7** sehr kränklich] *Schillers fünfzehn Monate alter Sohn Ernst hatte Zähne bekommen.*
**8** Von Humboldt *bis* keine Nachricht] *Wilhelm von Humboldt hatte zuletzt am 4. September 1797 aus Wien geschrieben (vgl. NA 37 I, 124–129).*
**9–10** Sollten Sie ihn sehen oder ihm schreiben] *Goethe traf während seiner Schweizer Reise nicht mit Humboldt zusammen. Einen Brief schrieb Goethe erst wieder am 7. Februar 1798 (vgl. WA IV 13, 55–58).*
**10** Maier] *Heinrich Meyer; Goethe kehrte am 20. November 1797 mit ihm aus der Schweiz zurück.*
**13** Taschenbuch] *Taschenbuch für 1798. Herrmann und Dorothea von J. W. von Goethe.*

## *NA 30, Nr 96a*

*96a. An Christian August Vulpius*

*Weimar, Juli oder August 1799.*

Wenn dieses Stück um einige überflüßige Personen vermindert wird – wenn die Hauptbegebenheiten die jetzt zu weit auseinander geworfen sind und deßwegen flacher wirken in wenigere Haupt Massen zusammengedrängt werden – wenn zugleich noch etwas mehr für die historische Exposition geschieht, weil der Leser nicht gleich gehörig in die Situation gerückt wird, so zweifle ich an der theatralischen Wirkung nicht. Im Character Carls XII. wünschte ich mehr That und weniger Worte; Er darf nie unbedeutend seyn, denn dieser Character ists, der die Suppe fett machen muß.

*DATIERUNG. Schiller antwortet auf Vulpius' Brief vom 30. Juli 1799. Einige Zeit für die Lektüre von Vulpius' Stück vorausgesetzt, stammt Schillers Brief aus dem August 1799. Nicht auszuschließen ist freilich, daß er noch im Juli 1799 geschrieben wurde.*

*ÜBERLIEFERUNG. H: Kunstsammlungen der Veste Coburg. 1 Blatt eines ursprünglichen Doppelblatts, 17,5 × 21,6 cm, 1 S. beschrieben, vergilbtes, stockfleckiges Papier, verblaßte Tinte, in der Mitte waagrecht durchtrennt, am unteren Rand beschnitten (möglicherweise, um die Unterschrift auszuschneiden), beide Teile des Blattes auf einem Untersatzbogen aufgeklebt; rechts oben von fremder Hand mit roter Tinte:* 58; *rechts über dem Text von fremder Hand:* Schiller.; *rechts unter dem Text von fremder Hand:* Schiller. *– E: JbDSG 21 (1977), 1–2 (Lieselotte Blumenthal). – Textwiedergabe nach H.*

*ERLÄUTERUNGEN. Antwort auf Vulpius' Brief vom 30. Juli 1799 (NA 38 I, 131). – Eine Gegenantwort ist nicht bekannt.*

*Adressat des Briefes ist der Bruder von Goethes Lebensgefährtin Christiane Vulpius, Christian August Vulpius (1762–1827), Registrator an der Herzoglichen Bibliothek in Weimar, Schriftsteller, Verfasser des Romans „Rinaldo Rinaldini, der Räuberhauptmann" (3 Bde. Leipzig 1798). Er hatte Schiller, vermutlich während dessen Aufenthalts in Weimar vom 30. Juni bis zum 3. Juli 1799, gebeten, sich das Manuskript seines Dramas „Carl XII. bey Bender" anzusehen. Es war im Jahr 1796 entstanden und am 29. August 1797 in Wien unter dem Titel „Sitah Mani, oder: Karl der Zwölfte bey Bender" uraufgeführt worden. Mit seinem Brief vom 30. Juli hatte Vulpius Schiller das Manuskript des Schauspiels übersandt und ihn um eine Stellungnahme gebeten, weil er es veröffentlichen lassen wollte. Es erschien 1800 in Rudolstadt. Der Vergleich der Wiener Bühnenhandschrift mit dem Druck zeigt, daß Vulpius den Text nicht nach Schillers Vorschlägen überarbeitet hat. Er fügte dem Druck jedoch eine „Nachricht für Schauspieler und Leser" hinzu; darin erklärte er, das Stück und insbesondere die* Reden, Ausdrücke und Erklärungen *der Personen hielten sich* auf das das getreueste *an die benutzten Quellen. Dieser Hinweis auf die historische Wahrheit sollte den Verfasser offenbar in einigen Punkten vor der Kritik Schillers im vorliegenden Brief rechtfertigen und ihm eine Neubearbeitung ersparen. – Vgl. im einzelnen die Kommentierung des Briefes von Lieselotte Blumenthal: Schillers Urteil über ein unbekanntes Theaterstück. In: JbDSG 21 (1977), 1–20.*

*Zum Inhalt des Schauspiels über den schwedische König Karl XII. (1682–1718) im Großen Nordischen Krieg (1697–1718) vgl. die Erläuterungen zum Bezugsbrief (NA 38 II, 243).*

## *NA 30, Nr 116a*

*116a. An Wilhelm Heinrich Karl von Gleichen-Rußwurm*

*Jena, zweite Hälfte Oktober 1799.*

*[...]* Ist doch der Drang nach Freiheit der ewige Gedanke des Menschen! *[...]*

*DATIERUNG. Das Fragment gehört zu einem Brief, der die „Übersendung des Musenalmanachs von 1800" begleitete (E). Schillers „Musen-Almanach für das Jahr 1800" erschien Mitte Oktober 1799 (vgl. Goethes Brief an Schiller vom 19. Oktober 1799; NA 38 I, 166). Danach versandte Schiller einige Exemplare an Freunde und Bekannte, u. a. am 20. Oktober an Herzogin Louise von Sachsen-Weimar und Eisenach (vgl. seinen Kalender; NA 41 I, 125).*
*ÜBERLIEFERUNG. H: ? Nach Alexander von Gleichen-Rußwurm „verloren gegangen" (E). h: Abschrift von Wilhelm Heinrich Karl von Gleichen-Rußwurm in seinem Tagebuch (vgl. E); Fragment. – E: Alexander von Gleichen-Rußwurm: Ein Brief aus dem Greifensteiner Schillermuseum. In: Marbacher Schillerbuch II. Hrsg. von Otto Güntter. Stuttgart und Berlin 1907. S. 84.*

*ERLÄUTERUNGEN. Ein Bezugs- und ein Antwortbrief sind nicht bekannt.*

## ***NA 30, Nr 131a***

*131a. An Friederike Juliane Griesbach*

Weimar 6. *[5.]* Dec 99 *Donnerstag.*

Eben als Ihr Bote ankam, meine theure Freundin, wollte ich mich niedersetzen und Ihnen durch die Post einige Zeilen schreiben. Die Reise ist recht gut abgelaufen und bis auf den gegenwärtigen Augenblick hat sich die gute Lolo aufs beste gehalten, so daß Frau v. Stein und meine Schwägerin auch nicht die geringste Spur des alten Uebels bei ihr bemerken. Sie ist heiter und sich gleich und zeigt nicht die mindeste Anspannung mehr. Wir haben jezt die beste Hofnung und meine Schwiegermutter, die morgen früh abreisen wird scheidet mit sehr erleichtertem Herzen.

Sie trägt mir auf, Ihnen zu sagen, daß Sie Ihnen mit nächstem von Rudolstadt schreiben werde. Das Kleid wage sie nicht unter 15 rth. zu taxieren, und diese Summe habe sie dem Kaufmann dafür in Rechnung gebracht. Ich laße also in Ihrem Nahmen die 43 rth. 3 gr. in Leipzig ausbezahlen und wir wollen uns alsdann darüber berechnen.

Zugleich sende ich die Stücke für Niemeyer; Sie werden so gütig seyn, ihm die größte Discretion damit anzuempfehlen und ihn zu bitten, daß er sie nicht über 8 Tage behalten möge.

Darf ich Sie, nach sovielen Bemühungen, die Sie, liebe Freundin um unsertwillen übernommen, nochmals beschweren? Ich wünschte, da das Steingut hier schlecht und in einem enormen Preiße ist, daß wir unser bischen Steingut hier hätten, und ersuche Sie daher inständigst, wenn es Sie nicht zu sehr beschwert, uns solches wohl eingepackt hieher zu schicken. Könnte der selbe Bote zugleich den Ofenschirm mitbringen, so wäre es schon einen expressen werth. Wo nicht, so könnte es der Kammerwagen mitbringen.

Sie können denken, daß ich hier noch nicht viel zu Athem gekommen bin. Gesehen habe ich noch niemand als den Herzog, schuldigermaaßen.

Noch einmal sage ich Ihnen und Ihrem verehrten Gemahl meinen innigen und herzlichen Dank für alles was Sie beide uns waren; die Erinnerung an alles was wir Ihnen schuldig sind, und meine lebendigste Theilnahme an allem was Sie beide betrifft soll nur mit meinem Leben aufhören.

Lolo grüsst Sie aufs herzlichste

Ewig der Ihrige
Schiller

*DATIERUNG. Schiller irrte sich im Datum. Aus dem Inhalt geht hervor, daß der Brief am Tag vor der Abreise Louise von Lengefelds aus Weimar geschrieben wurde (vgl.* **7–8***); sie reiste am 6. Dezember nach Rudolstadt zurück. Schiller verzeichnete den Brief in seinem Kalender dementsprechend auch unter dem 5. Dezember (vgl. NA 41 I, 128).*

*ÜBERLIEFERUNG. H: Privatbesitz. 1 Doppelblatt 19 × 23 cm, 4 S. beschrieben; festes, leicht vergilbtes Velinpapier. Der Brief ist schnell geschrieben. – E: JbDSG 45 (2001), 31 bis 32 (Norbert Oellers). – Textwiedergabe nach H.*

*ERLÄUTERUNGEN. Der Brief beantwortet Friederike Juliane Griesbachs Brief vom 5. Dezember 1799 (NA 38 I, 190–191), den Schiller am selben Tag erhielt (vgl. Schillers Kalender; NA 41 I, 128). – Eine Gegenantwort ist nicht bekannt.*

**3** Die Reise] *Am 3. Dezember war Schiller von Jena nach Weimar umgezogen. Er bewohnte die ehemalige Wohnung von Charlotte von Kalb im Haus des Perückenmachers Friedrich Wilhelm Gottfried Müller in der Großen Windischengasse.*

**4** die gute Lolo] *Charlotte Schiller hatte am 11. Oktober ihre Tochter Caroline geboren. Unter dem 23. Oktober notierte Schiller in seinem Kalender:* An diesem Tag ist Lolo sehr krank geworden. *(NA 41 I, 125.) Die lebensbedrohlich erscheinende Erkrankung dauerte einige Wochen an; erst unter dem 21. November konnte Schiller in seinen Kalender schreiben:* An diesem Tag ist Lolo um vieles beßer gewesen und hat einen Brief geschrieben. *(NA 41 I, 127.) – Über Charlottes Krankheit vgl. Schillers Schilderungen in seinen Briefen an Johann Christian Stark vom 23. Oktober, an Goethe vom 25. Oktober, 1. November und 4. November sowie an Reinwald vom 8. [6.] Dezember 1799 (NA 30, 110–111, 113–116 und 124–125).*

**5** v. Stein] *Charlotte von Stein beherbergte die noch geschwächte Charlotte Schiller mit deren Kindern Karl und Caroline für die Zeit des Umzugs. Letztere zogen erst am 16. Dezember in die neue Wohnung.*

**5** meine Schwägerin] *Caroline von Wolzogen.*

**7** meine Schwiegermutter] *Louise von Lengefeld; sie war am 14. Oktober nach Jena gekommen, um ihrer Tochter beizustehen.*

**9–10** von Rudolstadt schreiben] *Ein entsprechender Brief Louise von Lengefelds ist nicht bekannt.*

**10** Das Kleid] *Aus dem Bezugsbrief geht hervor, daß Friederike Juliane Griesbach, vermutlich auf Vermittlung Schillers, von dessen Freund, dem Kaufmann Johann Friedrich Kunze, aus Leipzig Kleider erhalten hatte, von denen sie eines kaufen wollte.*

**13** die Stücke für Niemeyer] *Gemeint sind Abschriften der drei Teile des „Wallenstein" für den Direktor der Franckeschen Stiftungen in Halle, August Hermann Niemeyer (1754 bis 1828), der vermutlich in Jena zu Besuch war. Niemeyer hatte Griesbach, der bis 1775 Professor der Theologie in Halle gewesen war, dort während seines Studiums kennengelernt. Im Winter 1799/1800 wurde „Wallenstein" im Halleschen Pädagogium von Schülern aufgeführt, im Frühjahr 1801 auch „Maria Stuart". Auch dafür stellte Schiller Manuskripte zur Verfügung (vgl. Niemeyers Brief vom 8. Januar 1801 und die Erläuterungen dazu).*

**16** nach sovielen Bemühungen] *Vor allem Friederike Juliane Griesbach war es gewesen, die – neben Schiller und Louise von Lengefeld – Charlotte Schiller während deren Erkrankung beigestanden hatte:* Nur die Grießbachin wurde noch von ihr gelitten, und diese hat uns in diesem großen Elend erstaunliche Dienste gethan, *schrieb Schiller am 6. Dezember an Reinwald (NA 30, 124).*

**20** Ofenschirm] *Ein Ofenschirm, gewöhnlich ein rechteckiger Holzrahmen auf vier Füßen, der mit Leinwand oder anderen Textilien bespannt war, diente zur Regulierung der Wärmeabstrahlung von Öfen und Kaminen.*

**23** den Herzog] *In Schillers Brief an Goethe vom 9. [7.] Dezember heißt es:* Nur dem Herzog habe ich mich vorgestern präsentiert und eine Stunde dort zugebracht. *(NA 30, 126.)*

### *NA 30, Nr 141*

*Der Brief an Friederike Juliane Griesbach vom 8. Dezember 1799 ist unvollständig wiedergegeben; der Anfang des Briefes lautet:*

Weimar 8. Dec. 99. *Sonntag.*

Meine Frau trägt mir auf, Sie aufs schönste zu grüßen. Sie wollte Ihnen selbst schreiben, aber ich bat sie es am nächsten Botentag zu thun, Sie würden es heute entschuldigen. Sie befindet sich noch immer recht gut und ihre alte Weise stellt sich mit jedem Tage mehr ein. Sie kann es nicht laßen, sich an ihren vorigen Zustand und an ihre wunderlichen Phantasien zu erinnern, und bei dieser Gelegenheit zeigt es sich, daß unter jenen seltsamen Vorstellungen doch eine gewiße Verbindung gewesen ist.

Haarbauern läßt sie vielmals grüßen und wegen ihres seltsamen Betragens, an dem sie jedoch ganz unschuldig war, recht sehr um Verzeihung bitten. Sie hofft und wünscht, ihn bald zu sehen, doch ist es m i r lieber, wenn es nicht eher als in 8 Tagen geschieht, wo sie wieder in ihrem eigenen Hause ist. Grüßen Sie Haarbauern aufs beßte, auch von mir.

*ÜBERLIEFERUNG. H: Privatbesitz. 1 Blatt 11,5 × 18,9 cm, am linken Rand beschnitten, 2 S. beschrieben, leicht vergilbtes Velinpapier, Wz.:* $\frac{W \cdot E}{795}$. *Der Brief ist schnell geschrieben. – E: JbDSG 45 (2001), 33–34 (Norbert Oellers). – Textwiedergabe nach H.*

*LESARTEN.* **7** unter] *verb. aus* mit *H* **10** wenn es] es *verb. aus* er *H*

*ERLÄUTERUNGEN. Der Brief, eingetragen in Schillers Kalender unter dem 8. Dezember 1799 (vgl. NA 41 I, 128), beantwortet keinen Brief Friederike Juliane Griesbachs. – Die Gegenantwort, eingetragen in Schillers Kalender unter dem 11. Dezember 1799 (vgl. ebd.), ist nicht überliefert.*

**3** am nächsten Botentag] *Mittwoch, 11. Dezember 1799. Botenfrauen beförderten samstags und mittwochs Post von Weimar nach Jena. Aus Schillers Brief an Friederike Juliane Griesbach vom 15. Dezember 1799 (NA 30, Nr 146 a im vorliegenden Band), geht hervor, daß Charlotte Schiller ihr geschrieben hat. Der Brief ist nicht überliefert.*

**5** ihren vorigen Zustand] *Am 11. Oktober 1799 hatte Charlotte Schiller ihre Tochter Caroline geboren. Am 23. Oktober erkrankte sie für mehrere Wochen lebensgefährlich (vgl. Schillers Briefe an Johann Christian Stark vom 23. Oktober und an Goethe vom 25. Oktober 1799; NA 30, 110–111).*

**6** wunderlichen Phantasien] *Schiller beschrieb die Krankheit seiner Frau als eine* Art von Delirium *(Brief an Johann Christian Stark vom 23. Oktober 1799; NA 30, 110) und als ein* Nervenfieber mit heftigem Phantasieren und Beängstigungen *(Brief an Körner vom 1. November 1799; NA 30, 114).*

**8** Haarbauern] *Der aus dem Elsaß stammende Franz Joseph Harbaur (1776–1824) hatte in Jena Medizin studiert und war dort als Arzt tätig. Der frühere Assistent von Johann Christian Stark hatte mit diesem gemeinsam Charlotte Schiller behandelt. – Über Harbaur vgl. weiter die Erläuterungen zu seinem Brief an Schiller vom 4. Februar 1803 (NA 40 II, 34–35).*

**10** ihn bald zu sehen] *Wann Harbaur Schillers in Weimar besuchte, ist nicht bekannt.*
**11** wieder in ihrem eigenen Hause] *Am 3. Dezember 1799 war Schiller von Jena nach Weimar gezogen. Charlotte Schiller blieb in der ersten Zeit mit den Kindern bei Charlotte von Stein. Sie bezog die neue Wohnung erst am 16. Dezember.*

*Vgl. den Schluß des Briefes in NA 30, 130 und die Erläuterungen dazu (NA 30, 340).*

### *NA 30, Nr 146a*

*146a. An Friederike Juliane Griesbach*

Weimar 15. Dec. 99 *Sonntag.*

Daß unsre Lolo sich bißher recht wohl befunden, werden Sie nun von ihr selbst erfahren haben, liebe Freundin. Morgen wird sie ihren Einzug bei mir halten, und nun hoffen wir Sie recht bald bei uns zu sehen.

Meine Frau bittet Sie, die großen Vorhänge, nebst den Blechen zum Zurückschlagen, hieher zu senden. Die unsrigen die wir hier haben reichen nicht zu den vielen Fenstern und wir möchten jezt nicht gern eine neue Ausgabe machen. Meine Frau will sie aber nicht zerschneiden, nur einschlagen, daß sie immer noch zu verkaufen sind.

Von den zurückgebliebenen Bildern möchte ich die drey Landschaften in braunem und die eine in schwarzem Rahmen; das Portrait meiner Frau haben Sie die Güte einstweilen bei sich zu beherbergen, bis ich einen Rahmen darum machen laße. Das Portrait von dem K i n d e und die L a n d s c h a f t i n g o l d n e m R a h m e n bitte, auch mit hieher zu schicken.

Der Tischler wird mit 9 R*eichs*th*a*l*er*n zufrieden seyn,

*ÜBERLIEFERUNG. H: Privatbesitz. 1 Blatt 11,5 × 19 cm (Hälfte eines geteilten Doppelblatts), 2 S. beschrieben; leicht vergilbtes Velinpapier; der Schluß des Briefes fehlt. Der Brief ist ziemlich schnell geschrieben. – E: JbDSG 45 (2001), 34–35 (Norbert Oellers). – Textwiedergabe nach H.*

*ERLÄUTERUNGEN. Der Brief beantwortet Friederike Juliane Griesbachs nicht überlieferten Brief, den Schiller laut Kalender am 11. Dezember erhielt (vgl. NA 41 I, 128). – Eine Gegenantwort ist nicht bekannt.*
**2–3** von ihr selbst erfahren haben] *Ein entsprechender Brief Charlotte Schillers an Friederike Juliane Griesbach ist nicht bekannt.*
**3** Morgen wird sie ihren Einzug bei mir halten] *Schiller war am 3. Dezember von Jena nach Weimar umgezogen und wohnte in der Großen Windischengasse in der ehemaligen Wohnung von Charlotte von Kalb. Charlotte Schiller und die Kinder hielten sich zunächst bei Charlotte von Stein auf.*
**9–10** die drey Landschaften *bis* in schwarzem Rahmen] *Nicht ermittelt.*

**11–12** Portrait von dem Kinde] *Ausschnitt des Gemäldes „Christ Showing a Little Child as the Emblem of Heaven" von Benjamin West (vgl. Helmut von Erffa and Allan Staley: The Paintings of Benjamin West. New Haven an London 1986. S. 339–340 [Nr 323]). Die Kopie befindet sich heute im DLA/SNM Marbach a. N. (vgl. die Abbildung in JbDSG 45 [2001], 36).*
**12** Landschaft in goldnem Rahmen] *Vielleicht handelt es sich um das Gemälde einer arkadischen Landschaft, das heute im DLA/SNM aufbewahrt wird. Auf der Rückseite des mit einem vergoldeten Rahmen versehenen Bildes findet sich eine Bemerkung von Emilie von Schiller (?): „Gemalt von Angelika Kaufmann. Sie schenkte dieses Bild Schiller, in deßen Zimmer es bis zu seinem Tode hing." Vermutlich stammt das Gemälde jedoch von Johann Christian Reinhart, der es Schiller Ende 1787/Anfang 1788 schenkte. In seinem Brief an Körner vom 8. Dezember 1787 berichtet Schiller, Reinhart habe ein Landschaftsgemälde zu dem Motto „Et in Arcadia ego" in Arbeit:* Mir wird er die kleinere Anlage, auch in Öl, zum Geschenk machen. *(NA 24, 181.)*
**14** Der Tischler] *Johann Wilhelm Schreiber (1751–1801), Tischlermeister in Jena; er hatte mit Schiller eine* Rechnung von 9 rth. und einigen Gr*oschen offen (Brief von Friederike Juliane Griesbach vom 5. Dezember 1799; NA 38 I, 190).*

## *NA 31, Nr 94a*

*94a. An Friederike Juliane Griesbach*

Weimar 19. Xbr. 1801. *Montag.*

Ich schreibe Ihnen nur einige Zeilen und im Flug, meine theure Freundin, um Ihnen für Ihren lieben Brief und das Ueberschickte herzlich zu danken und Sie zu benachrichtigen, daß es mit unsern lieben Kranken jezt wieder recht gut geht, und alle Noth vorüber ist. Unter diesen Umständen haben Ihre schönen süßen Trauben eine sehr große Ehre eingelegt. Die Kinder bedanken sich aufs allerschönste und meine Frau wird es ihr erstes Geschäft seyn laßen, wenn sie wieder schreiben kann, Ihnen zu sagen wie sehr sie von Ihrer Liebe und Freundschaft gerührt ist und wie herzlich sie sie erwiedert.

Was mich betrift, so kennen Sie mich nun schon seit vielen Jahren und wißen, daß ich zwar wenig Worte über meine Gefühle mache, aber daß ich meinen Freunden ein treuer Freund zu seyn weiß, und mir selbst gleich bleibe. Es wird also zwischen uns beim Alten bleiben und darüber kein Wort mehr. Wir hoffen, Sie bald selbst hier zu sehen, wie Sie versprechen.

Grießbach meine besten Grüße.

S.

*ÜBERLIEFERUNG. H: Privatbesitz. 1 Doppelblatt 11,8 × 19,2 cm, 1 ½ S. beschrieben; leicht vergilbtes, etwas stockfleckiges geripptes Papier. Wz.: & / ZOONEN. Der Brief ist ziemlich schnell geschrieben. – E: JbDSG 45 (2001), 36–37 (Norbert Oellers).*

*LESARTEN.* **4** geht,] *Komma verb. aus Punkt H* **5** eine] *erg. aus* ein *H* **7** laßen] l *verb. aus* s *H*

*ERLÄUTERUNGEN. Schiller hat den Brief nicht in seinem Kalender verzeichnet. Der Brief beantwortet einen nicht bekannten Brief Friederike Juliane Griesbachs, der ebenfalls nicht in Schillers Kalender vermerkt ist. – Eine Gegenantwort ist nicht bekannt.*

*Friederike Juliane Griesbach (1755–1831), Frau des Jenaer Theologieprofessors Johann Jakob Griesbach und von 1795 bis 1799 Schillers Hauswirtin, hatte sich im Bezugsbrief – wie zuvor schon einmal (vgl. Schillers Brief an Friederike Juliane Griesbach vom 17. Dezember; NA 31, 80–81) – vermutlich nach dem Gesundheitszustand von Schillers Familie erkundigt. Schillers Sohn Ernst war Anfang Dezember an Masern erkrankt; Charlotte Schiller und die beiden anderen Kinder, Karl und Caroline, waren wenig später ebenfalls erkrankt. Vgl. darüber im Einzelnen Schillers Briefe an den Arzt Johann Christian Stark d. Ä. vom 12., 13. und 15. Dezember, an Goethe vom 17. Dezember und an Körner vom 28. Dezember 1801 (NA 21, 77–82) und die Erläuterungen dazu (NA 31, 363–372).*

**7** Ihnen zu sagen] *Ein entsprechender Brief Charlotte Schillers an Friederike Juliane Griesbach ist nicht bekannt.*

**12** hoffen, Sie bald selbst hier zu sehen] *Wann Griesbachs das nächste Mal nach Weimar kamen, ist nicht bekannt.*

### *NA 31, Nr 118a*

*118a. An Siegfried Lebrecht Crusius*

Weimar 11. Febr. 1802. *Donnerstag.*

Ich habe dieser Tage ein Haus hier in Weimar gekauft, und da ich zu diesem Ende alles was ich an GeldEinnahmen zu hoffen habe, zusammen kratzen muß, so bin ich so frei meine Zuflucht zu Ihrer Gefälligkeit zu nehmen und Sie zu bitten, mir, außer dem Honorar für d*en* IVten Band meiner prosaischen Schriften, auch einen Vorschuß von 50 Carolin auf den Zweiten Theil meiner Gedichte, in zwey Terminen nehmlich Ostern und Johannis gütigst zu bezahlen. Die Gedichte selbst wünsche ich erst auf Ostern des nächsten Jahrs herauszugeben, weil sie alsdann mit einigen bedeutenden neuen vermehrt werden können; der Druck aber kann nach Ihrer eigenen Convenienz angefangen werden.

Ich ersuche Sie, mich nur in zwey Zeilen zu benachrichtigen, ob ich, in oben benannten Terminen, auf jene

*ÜBERLIEFERUNG. H: ? – Zuletzt 1988 versteigert; vgl. Stargardt-Katalog 641, Auktion vom 9./10. März 1988. S. 108. Nr 292: „E. Br. m. U. ‚Schiller'. Weimar 11. II. 1802. 1 ½ S. 4°. Rückseitig Montagespuren." Facsimile der 1. S.: Ebd. S. 109. – E (Teildruck der 1. Seite): Ebd. S. 108. – Textwiedergabe nach dem Facsimile.*
*LESART.* **7** Ostern] *davor* nächste *gestr.*

*ERLÄUTERUNGEN. Der Brief ist im Kalender unter dem 11. Februar 1802 verzeichnet (vgl. NA 41 I, 168); er beantwortet keinen Brief von Crusius. – Gegenantwort vom 16. Februar 1802.*

**2** ein Haus hier in Weimar gekauft] *Der Kaufvertrag für das Haus an der Esplanade, das Schiller von dem englischen Diplomaten Joseph Charles Mellish of Blythe erwarb, datiert vom 15. Februar 1802. Der Kaufpreis betrug 4200 Reichstaler (vgl. NA 41 II A, 531–533). Am 19. März 1802 zog Schiller in das neue Haus ein. – Über Schillers Hauskauf und dessen Finanzierung vgl. weiter die Dokumente Nr 573–603 in NA 41 II A, 533–557 sowie die Erläuterungen dazu (NA 41 II B, 744–769); ferner: Karl-Heinz Hucke: Jene „Scheu vor allem Mercantilischen". Schillers „Arbeits- und Finanzplan" (Studien und Texte zur Sozialgeschichte der Literatur 12). Tübingen 1984.*

**5** Honorar für *bis* prosaischen Schriften] *Kleinere prosaische Schriften von Schiller. Aus mehrern Zeitschriften vom Verfasser selbst gesammelt und verbessert. Vierter Theil. Leipzig 1802. bey Siegfried Lebrecht Crusius. – Der Band erschien Anfang Mai 1802. Das Honorar betrug 24 Carolin, etwa 144 Reichstaler (vgl. die folgende Erläuterung).*

**6** 50 Carolin] *Etwa 300 Reichstaler. – Mit seinem Brief vom 22. Mai 1802 übersandte Crusius wie gewünscht insgesamt 74 Carolin (vgl. NA 39 I, 266), 50 Carolin Vorschuß und 24 Carolin Honorar für den 4. Teil der „Kleineren prosaischen Schriften".*

**6** Zweiten Theil meiner Gedichte] *Gedichte von Friederich Schiller. Zweyter Theil. Leipzig bey Siegfried Lebrecht Crusius 1803. – Der Band erschien nach Schillers Wunsch erst im folgenden Jahr, im Mai 1803. Der 1. Teil der „Gedichte" Schillers war 1800, ebenfalls bei Crusius, erschienen.*

**6** Ostern] *1802 am 18. April.*

**7** Johannis] *Der Tag Johannes' des Täufers ist der 24. Juni.*

**11** mich nur in zwey Zeilen zu benachrichtigen] *In seinem Brief vom 16. Februar 1802 sagte Crusius die erbetenen Vorschußzahlungen zu (vgl. NA 39 I, 198).*

## *NA 31, Nr 202a*

*202a. An Johann Wolfgang von Goethe*

*Weimar den 26. Dezember 1802. Sonntag.*

Ich bin gerade in einer leidlichen Stimmung zum Arbeiten, die ich nicht gern unterbrechen mag drum will ich mich lieber ruhig zu Hause halten. Ich hoffe Sie diesen Abend in der Comödie zu sehen, oder meld ich mich vielleicht nach Tische bei Ihnen.

Sch.

*DATIERUNG. Das Billett ist die unmittelbare Antwort auf Goethes Einladung zum Mittagessen in seinem Billett vom 26. Dezember 1802 (WA IV 16, 160).*

*ÜBERLIEFERUNG. H: GSA. 16,3 × 19,7 cm, ⅔ S. beschrieben, vergilbtes geripptes Papier, Wz.: oberer Teil eines gekrönten Schilds; auf der Rückseite Reste der Verschlußoblate und Adresse:* H Geh. Rath / v Goethe / Hochwohlg. *– E: GJb 103 (1986), 387 (Stefan Ormanns). – Textwiedergabe nach H.*

*ERLÄUTERUNGEN.*
**1** Stimmung zum Arbeiten] *Schiller arbeitete an der „Braut von Messina", die am 1. Februar 1803 vollendet war.*
**3** in der Comödie] *Im Sprachgebrauch des 18. Jahrhunderts: ‚im Theater'. Am Abend wurde das „romantisch-komische Volksmährchen" mit Gesang „Die Saalnixe" nach dem Singspiel „Das Donauweibchen" von Ferdinand Kauer gegeben (1. Teil 1798) gegeben. Ob Schiller oder Goethe die Aufführung besuchten, ist nicht belegt.*

### *NA 32, Nr 8a*

*8a. An Carl Friedrich Bertuch*

*Weimar, den 4. Februar 1803. Freitag.*

H*err* LandKammerrath Bertuch ist heute Abend um 5 Uhr auf ein Glas Punsch und eine Tragödie freundschaftlichst eingeladen von

Schiller

*DATIERUNG. Mit dem innerhalb Weimars beförderten Billett lud Schiller zur Vorlesung einer Tragödie ein, und zwar zu winterlicher Zeit, wie aus der Ankündigung eines Glases Punsch zu schließen ist. Bei der Tragödie kann es sich nur um „Die Braut von Messina" handeln. Denn nur sie beendete Schiller zur Winterzeit. In seinem Kalender notierte er unter dem 1. Februar 1803:* Heute habe die Braut vollendet. *(NA 41 I, 206.) Und unter dem 4. Februar heißt es:* Die Braut bei mir vorgelesen *(ebd.). Am selben Tag schrieb Schiller an Goethe, Herzog Georg Friedrich Karl von Sachsen-Meiningen habe gewünscht, das Stück zu hören,* und so werde ich es heute Abend um 5. Uhr in einer Gesellschaft von Freunden und Bekannten und Feinden vorlesen. *(NA 32, 7.) – Vgl. des weiteren die Hinweise zur Datierung in E (S. 18–19).*

*ÜBERLIEFERUNG. H: Privatbesitz. 1 Blatt 12,1 × 7,5 cm, 1 S. beschrieben; festes, glattes gelbliches Papier, bis auf den oberen Rand alle drei übrigen Blattränder beschnitten, Klebereste (Blatt offenbar früher aufgezogen). Facsimile: Stargardt-Katalog 524, Auktion vom 28. Oktober 1955. S. 41. – E: JbDSG 34 (1990), 18 (Norbert Oellers). – Textwiedergabe nach H.*

*ERLÄUTERUNGEN. Der Brief beantwortet keinen Brief Bertuchs. – Eine Gegenantwort ist nicht bekannt.*

**1** LandKammerrath] *Carl Friedrich Bertuch (1777–1815), Sohn von Friedrich Justin Bertuch, war am 19. Juli 1802 zum schwarzburg-rudolstädtischen Landkammerrat ernannt worden (vgl. Walter Steiner/Uta Kühn-Stillmark: Friedrich Justin Bertuch. Ein Leben im klassischen Weimar zwischen Kultur und Kommerz. Köln, Weimar, Wien 2001, S. 179).*

### *NA 32, Nr 43a*

*43a. An Johann Friedrich Cotta*

Weimar 12 May 1803. *Donnerstag.*

Je mehr der Zeitpunkt heran naht, lieber Freund, daß ich mich zu der Reise bestimmt entschließen soll, desto stärker regt sich auch meine alte ReiseScheu, und die Hinderniße häufen sich von allen Seiten, so daß wohl nichts daraus werden kann. Machen Sie also Ihre Arrangement wegen der Rückreise ohne auf mich zu rechnen; selbst wenn ich diesen Sommer eine Reise nach jenen Gegenden wirklich noch antreten sollte, würde es mir jezt zu frühe seyn, und dann wollte ich auch gern meine Frau daran Theil nehmen lassen. Ich schreibe Ihnen weiter nichts mehr, da ich darauf rechne, Sie Ende der nächsten Woche wieder hier zu sehen. Herzlich empfehlen wir uns Ihnen, und wünschen Ihnen glückliche Geschäfte

Ganz der Ihrige

Schiller

*ÜBERLIEFERUNG. H: Pedro Corrêa do Lago (Brasilien). Doppelblatt ca. 23 × 19 cm (nach Scan), hellbeige-bräunliches Papier, stark stockfleckig, 1 S. beschrieben; auf der 1. S. links über dem Brieftext von fremder Hand mit Blei:* 56; *auf der 4. S. oben Empfangs- und Beantwortungsvermerk Cottas:* Schiller 12 May 803 / 18 ——— *Ungedruckt. – Textwiedergabe nach Scan von H.*

*LESARTEN.* **6** es] *ü. d. Z. erg. H*

*ERLÄUTERUNGEN. Der Brief beantwortet entweder einen nicht überlieferten, auch nicht im Kalender verzeichneten Brief Cottas oder bezieht sich auf mündliche Absprachen, die getroffen wurden, als Cotta auf der Hinreise zur Leipziger Buchmesse am 26. April 1803 in Weimar Station machte. – Eine Gegenantwort erübrigte sich, weil Cotta bei Empfang des Briefes kurz vor der Abreise aus Leipzig stand und am 21. Mai 1803 Schiller erneut in Weimar besuchte. – Der Brief kreuzte sich mit Cottas Brief vom 13. Mai 1803, den Schiller laut Kalender am 17. Mai empfing.*

*Schiller hatte die Absicht, Cotta auf dessen Rückreise von der Leipziger Messe nach Württemberg zu begleiten, womöglich sogar eine Reise in die Schweiz zu unternehmen. Dies geht aus Wilhelm von Wolzogens Brief an seine Frau Caroline vom 5. Mai 1803 (H: GSA) hervor. Vom Plan einer* Reise nach Schwaben und der Schweitz *ist bereits in Schillers Brief an Heinrich Beck vom 17. Januar 1802 die Rede (NA 31, 86).*

**5** Ihre Arrangement] *Möglicherweise pluralisch gemeint.*

***NA 32, Nr 68a***

*68a. An Unbekannt*

*1801 oder Juni/Juli 1803 (?).*

Elisabeth v Toggenburg oder die edlen Frauen von Sargans
ist, dünkt mir vor 12 Jahren in Weigands Verlag z. Leipzig herausgekommen.
Schiller

*DATIERUNG. Der Roman „Elisabeth, Erbin von Toggenburg. Oder Geschichte der Frauen von Sargans in der Schweiz“ ist erstmals 1789 im Verlag von Christian Friedrich Weygand in Leipzig (anonym) erschienen. Wenn Schillers Angabe* vor 12 Jahren *korrekt ist, wurde das vorliegende Billett im Jahr 1801 geschrieben. Denn alles spricht dafür, daß sich Schillers Billett auf den Erstdruck bezieht. (Die Ausgabe Frankfurt und Leipzig 1791 trägt keine Verlagsangabe.) Wenn die Zeitangabe nicht so genau zu nehmen ist, käme auch eine spätere Entstehungszeit für das Billett in Frage. Aus den Geschäftsbüchern der Hoffmannschen Buchhandlung in Weimar geht hervor, daß Schiller zwei Exemplare des Werkes am 5. Juli und am 15. November 1803 dort gekauft hat (vgl. das Verzeichnis der von Schiller in Jahren 1800 bis 1805 bei Hoffmann erworbenen Bücher; in: Euphorion 6 [1899], 145). Die Angaben lassen nicht erkennen, um was für eine Ausgabe es sich handelte. Vielleicht ist das vorliegende Billett ein Bestellzettel oder etwas dergleichen gewesen; dann stammte es aus dem Jahr 1803, wohl aus der Zeit vor dem Kauf des ersten Exemplars, also vielleicht aus dem Juni oder Juni 1803.*

*ÜBERLIEFERUNG. H: GSA. 1 Blatt 17 × 0,6 cm, bräunliches, geripptes Papier, stockfleckig, Wz. (abgeschnitten): I H[ONIG] (?); auf der Rückseite (von Schillers Hand?):* 3 5*; in allen vier Ecken der Rückseite Reste von Oblaten. – Ungedruckt. – Textwiedergabe nach H.*

*ERLÄUTERUNGEN. Ob das Billett auf eine entsprechende (mündliche oder schriftliche) Anfrage antwortet, ist nicht bekannt, ebensowenig eine Gegenantwort.*

*Wer der Adressat des Billetts ist, konnte nicht ermittelt werden. Wenn es mit dem Erwerb des Romans durch Schiller in Zusammenhang steht, könnte es für den Buchhändler oder für jemanden bestimmt gewesen sein, der den Kauf für Schiller tätigte. Inhaber der Hoffmannschen Buchhandlung war seit 1802 Johann Wilhelm Hoffmann (1777–1859). Schiller, der möglicherweise durch den Roman von Christiane Naubert zu seiner Ballade „Ritter Toggenburg“ angeregt worden war (vgl. NA 2 II A, 607), die am 31. Juli 1797 vollendet war (vgl. Schillers Kalender; NA 41 I, 68), scheint sich mit dem Werk auch während der Arbeit am (Fragment gebliebenen) Drama „Die Gräfin von Flandern“ in der Zeit von 1801 bis 1803 sowie bei der Vorbereitung des „Wilhelm Tell“ etwa im selben Zeitraum beschäftigt zu haben (vgl. NA 12, 554). In Schillers Bibliothek ist der Titel nicht überliefert (vgl. NA 41 I); vielleicht hat Schiller die Exemplare bei Hoffmann als Geschenk gekauft.*

*Zweifelhaftes*

**NA 26, Nr 228a**

*Als Facsimile ist folgendes Fragment eines Briefes Schillers überliefert:*

*228a. An Christian Gottfried Körner?*

*Anfang August 1793–Mitte Mai 1794 (?).*

Lebewohl. Von meiner Frau an euch alle die herzlichsten Grüße.
Dein Sch.

*DATIERUNG. Was die Datierung des Fragments angeht, so läßt sich kaum mehr sagen, als daß der zugehörige Brief nach Schillers Heirat am 22. Februar 1790 geschrieben worden sein muß, möglicherweise während Schillers Schwabenreise von Anfang August 1793 bis Mitte Mai 1794.*

*ÜBERLIEFERUNG. H: ? Facsimile: Hermann Jung: Ullstein Autographenbuch. Vom Sammeln handschriftlicher Kostbarkeiten. Frankfurt/M., Berlin, Wien 1971. S. 108.*

*ERLÄUTERUNGEN. Die Anmerkung zum Facsimile lautet ohne weiteren Nachweis: „aus einem Brief an Christian Gottfried Körner". Ein solcher möglicherweise bisher unbekannter Brief konnte nicht ermittelt werden. Auch Briefe an andere Duz-Freunde wie Karl Philipp Conz, Johann Heinrich Dannecker, Friedrich Wilhelm von Hoven, Ludwig Ferdinand Huber, Wilhelm Friedrich Hermann Reinwald und Wilhelm von Wolzogen konnten nicht zugeordnet werden.*

**NA 30, Nr 239a**

*239a. An Johann Heinrich Meyer?*

*Weimar, den 27. September 1800. Sonnabend.*

*[...]* Ich richte an Sie, mein lieber Freund, gleich zum frühen Morgen eine Bitte von so merkwürdiger Art, als sie Ihnen wohl noch nie vorgetragen worden seyn wird. Ich brauche nämlich für heute nothwendig – – ein Halstuch! Meine Frau hat gestern aus Versehen alle meine Halstücher mit in die Wäsche thun lassen und mich somit in die lächerlichste Verlegenheit versetzt *[...]*

*DATIERUNG. Die Datierung des Brieffragments richtet sich nach den Angaben in E. – Da der Brief am* frühen Morgen *geschrieben wurde, ist er vor Schillers Brief an Goethe vom selben Tag einzuordnen.*

*ÜBERLIEFERUNG. H: ? Zuletzt 1929 versteigert; vgl. Stargardt-Katalog Autographen. Literatur und Wissenschaft, Geschichte, Kunst. Auktion vom 7./8. September 1929. S. 43. Nr 342: „E. Br. m. U. ‚Ihr Schiller'. W(eimar) 27. IX. 1800. 1 S. quer-4°. [...] Mit gleichzeitigem, passendem Briefumschlag." – E: Ebd. (Teildruck); die Hervorhebung der Textpassagen geht vermutlich nicht auf die Handschrift zurück, sondern entspricht, wie andere Zitate aus angebotenen Briefen mit eben solchen Hervorhebungen zeigen, dem Gebrauch des Katalogs.*

*ERLÄUTERUNGEN. Der Brief beantwortet keinen Brief Meyers. – Eine Gegenantwort ist nicht bekannt.*

*Daß Johann Heinrich Meyer (1760–1832) der Adressat des vorliegenden Briefes sei, ist eine in E geäußerte Vermutung, die nicht weiter begründet wird. Es gibt keinen Anhaltspunkt dafür, warum sich Schiller mit seiner Bitte um ein Halstuch an Meyer gewandt haben sollte. Es fällt auf, daß keiner der überlieferten Briefe, die seit ihrer Bekanntschaft im November 1794 zwischen Schiller und Meyer gewechselt wurden, einen so privaten Ton aufweist, daß Schillers Bitte um ein Halstuch Meyers nicht befremdlich erschiene. Davon abgesehen scheint die Katalog-Bemerkung „Mit Echtheitsbestätigung der Preuss. Staatsbibliothek" anzudeuten, daß das Auktionshaus Stargardt selbst sich nicht sicher war, ob der Brief wirklich von Schiller stammt. Immerhin galt es der Gefahr zu begegnen, es mit einer Gerstenbergkschen Fälschung zu tun zu haben. Ohne Autopsie der Handschrift läßt sich darüber nichts Zuverlässiges sagen. Auch die Frage, wozu Schiller am 27. September 1800* nothwendig *(***3***) ein Halstuch gebraucht haben könnte, muß offenbleiben; denn an diesem Tag machten sich durch* die böse Wetterveränderung *seine* alten Krämpfe wieder *bemerkbar, wie er am selben Tag Goethe mitteilte (NA 30, 201), und in solchen Fällen pflegte Schiller das Haus gar nicht zu verlassen. – In dem französischen Journal „L'Action Française" (19. Jg. 1926. Nr 243 vom 31. August. S. 3) findet sich unter dem Titel „Une lettre inédite de Schiller va être mise en vente" ein Artikel, in dem auf die Versteigerung des vorliegenden Briefes bei Stargardt am 7. und 8. September 1926 aufmerksam gemacht wird. Als Adressat wird Heinrich Meyer angegeben. Die beigefügte französische Übersetzung bietet etwas mehr Text als E: „Je m'adresse à vous, cher ami, dès le grand matin, pour que vous vous chargiez pour moi d'une affaire telle qu'on ne vous en a probablement jamais confiée. J'ai, en effet, un urgent besoin aujourd'hui d'une cravate! Hier, ma femme a envoyé par mégarde toutes mes cravates à la lessive et m'a mis ainsi dans la situation ridicule dont je vous prie de me sortir en me procurant dans votre bienveillance ce qui me manque."*

# 2. BRIEFE AN SCHILLER

(NA 33–40)

*73a, 74a oder 75a. Von Georg Joachim Göschen*

*Dezember 1785/Januar 1786 (?).*

*[...]* Ich überlasse dies Ihnen, doch werden Sie hierin machen was Ihnen möglich ist der Vorteil ist ja in der Folge auch auf Ihrer Seite *[...]* Wolten Sie in der Ankündigung auch gefälligst bemerken, daß man auch Exemplare auf holländisch Postpapier haben kann. *[...]*

*DATIERUNG. Mit seinem Brief vom 29. November 1785 schickte Schiller zum ersten Mal Manuskript zur „Thalia" an Georg Joachim Göschen (vgl. NA 24, 28–29), der Schillers Zeitschrift vom 2. Heft an verlegte, das Mitte Februar 1786 erschien. Göschen antwortete am 1. Dezember 1785 (vgl. NA 33 I, 82–83), ohne bereits auf die Frage des Papiers einzugehen. Es folgen bis zum 13. Februar 1786 sechs weitere Briefe Schillers, welche die Herausgabe der „Thalia" und die des „Dom Karlos" betreffen. Von Göschen ist aus dem Zeitraum bis Mitte Februar kein weiterer Brief überliefert. Die von Schiller verfaßte Anzeige der „Thalia" erschien auf dem Umschlag des 2. Heftes. Sie trägt das Datum* D r e s d e n, im Jenner 1786. *(NA 22, 99.) Sie enthält keinen Hinweis auf das Papier. Dennoch dürfte Göschens Brief aus der Zeit der Vorbereitungen für die „Thalia" stammen, also vermutlich aus den Monaten Dezember 1785/Januar 1786.*

*ÜBERLIEFERUNG. H: ? – $E^1$: Auktionskatalog 154 von Karl Ernst Henrici, Auktion vom 14./15. Juni 1929, S. 102, Nr 527 (Teildruck* **2–3** Wolten Sie *bis* haben kann.*). $E^2$: Lagerkatalog Meyer und Ernst, 1930, S. 66, Nr 602 (Teildruck* **1–3** Ich überlasse *bis* haben kann.*) D: Auktionskatalog Meyer und Ernst Nr 17, Auktion vom 20. Juni 1931, S. 104, Nr 499). – Textwiedergabe nach $E^2$, weil dieser Druck mehr Text bietet als $E^1$; D ist identisch mit $E^2$. Vollständig gedruckt liegt der Brief nicht vor.*

*ERLÄUTERUNGEN. Ein Bezugsbrief und eine Gegenantwort sind nicht bekannt.*

*In $E^2$ wird das Zitat aus dem nicht überlieferten Brief von Georg Joachim Göschen folgendermaßen erläutert: „Goeschen äussert sich über den Vertrieb und Ausstattung von Schillers T h a l i a: [...]. Schiller macht auf der Rückseite Angaben verschiedener Papiersorten. Darunter eigh. Beglaubigung der Handschrift Schillers von seinem ältesten Sohne: ‚C. F. Fr. von Schiller'."*

***NA 35, Nr 147a***

*147a. Von Karl Gottlieb Hofmann*

Chemnitz d. 13. Fbr. 95. *Freitag.*

Wohlgeborner Herr,
Hochgeehrtester Herr Hofrath!

Ew. Wohlgeboren gütige Verzeihung hoffe ich gewiß zu erhalten, daß ich mir anjezt die Freiheit wieder nehme, Ihnen gegenwärtigen ersten Theil meines Pantheons der Deutschen in Ihre Bibliothek zu übersenden. Denn gewiß werden Sie Sich über die Errichtung eines solchen deutschen Nationaldenkmals erfreuen und mit vielen deutschen Patrioten wünschen, daß dieses Werk zur Ehre Deutschlands noch vollkommener und auch ununterbrochen fortgesezt werden möge. Letzteres geschieht gewiß. Denn ich bin durch den ausserordentlichen Beifall, dessen man es allenthalben würdigt und durch einen schon ergiebigen Absatz gänzlich in Standt gesezt, ungehindert daran arbeiten zu können. – Und um mir nun die Fortsetzung davon nicht nur völlig zu sichern, sondern auch vorzüglich dem ganzen Unternehmen die bestmöglichste Vollkommenheit zu verschaffen, muß ich schlechterdings darauf sehen, daß alle aufzunehmende Charakterschilderungen von unsern besten deutschen Schriftstellern bearbeitet werden. Unter dieser Anzahl stehen Sie ja schon längst mit dem größten Rechte und also hoffe ich Ihre Einwilligung mit zu erhalten, an einem Werk Mitarbeiter werden zu wollen, welches durch Ihren Eintritt gewiß neuen Reiz, neue Vollkommenheit erhalten wird. Und da schon mehrere dieser bekannten Schriftsteller dazu getreten sind, so hoffe ich's auch von Ihnen, daß Sie Sich nicht ausschliessen werden, wofür Ihnen gewiß unser Zeitalter und die Nachwelt den wärmsten Dank entrichten wird.

Es bleibt Ihnen eine ganz freie Wahl überlassen, welche und wie viele große Deutsche Sie für dieses Pantheon bearbeiten wollen. Allein wünschte ich doch, daß Sie die besondere Gewogenheit für mich haben mögten, die Schilderung eines Deutschen b a l d vorzunehmen.

Innere und äussere Einrichtung bleibt bei den folgenden Theilen ganz so, wie bei dem ersten Theile, nur aber mit der Abänderung, daß die besondern Lebensumstände nebst den Kupfererklärungen schon vom 2ten Theile an nicht mehr apart geliefert, sondern Alles in Eines gebracht wird, so daß jeder Deutsche für sich selbst nur E i n G a n z e s ausmacht. Jede Schilderung erhält wenigstens 3 bis 4 Kupfer, nach Befinden auch mehrere. An eine bestimmte Bogenzahl sind Sie gar nicht gebunden, doch aber wünsche ich, daß jede Schilderung nicht über 16 Bogen betrage. Als Honorar offerire ich für jeden gedruckten Bogen 3 Louisd'ors. – Jeder Mitarbeiter erhält von dem ganzen Werke ein Freiexpl. wovon ich Ihnen hier den ersten Theil einhändige; von der Schilderung aber, die er selbst verfertigt hat, eine beliebige Anzahl. – Sollten Sie auch noch andere Bedingungen mir vorzuschlagen haben, werde ich gewiß selbigen allen jederzeit nach Befehl aufs pünktlichste nachzukommen trachten. – Uebrigens bitte um baldige erwünschte Nachricht und um geneigte Willfahrung meiner Bitte, mit der ich mit der vollkommensten Hochachtung verharre

Ew. Wohlgeboren

ganz ergebenster Diener
Karl Gottlieb Hofmann
Buchhändler.

*ÜBERLIEFERUNG. H: Staats- und Universitätsbibliothek Hamburg. – Ungedruckt. – Textwiedergabe nach H.*

*ERLÄUTERUNGEN.*
*Der Brief beantwortet keinen Brief Schillers. – Eine Gegenantwort ist nicht bekannt.*
*Karl Gottlieb Hofmann (1762–1799), Magister der Philosophie und Buchhändler in Chemnitz, war Herausgeber des biographischen Sammelwerks „Pantheon der Deutschen" (2 Tle. Chemnitz 1794– 1795). Ein 3. Band erschien 1800 in Leipzig bei Friedrich Gotthold Jacobäer. Das Werk hatte schlechte Kritiken und blieb erfolglos. Auch Schiller hielt nichts von dem Unternehmen; die Lektüre des 1. Teils veranlaßte ihn zu seinem kritischen Xenion Nr 267 „Pantheon der Deutschen I. Band" (vgl. NA 1, 342 sowie die Erläuterungen dazu NA 2 II A, 549). Er nahm Hofmanns Angebot einer Mitarbeit nicht an.*
**15** Charakterschilderungen] *Über Inhalt und Mitarbeiter der erschienenen Bände des „Pantheons" vgl. die Erläuterungen zu Xenion Nr 267 (NA 2 II A, 549).*

### *NA 35, Nr 156a*

*156a. Von Alexander von Humboldt*

*Bayreuth, den 24. Februar 1795. Dienstag.*

Der Professor Lange aus München, der viele Jahre lang junge Engländer auf Reisen führte, Lessings und Jakobis Freund und ein Mann von sehr viel Kopf ist, bittet mich um eine Introduktion bei Ihnen. Da Sie, lieber Schiller, so unendlich nachsichtig mit meinen geringeren Bekannten waren, so darf ich auch Toleranz für einen Freund erbitten. H*err* Lange wird gern an den Horen arbeiten und daß er etwas vorzügliches liefern kann, auch aus seiner großen Weltkenntniß etwas menschliches zu geben weiß, glaube ich Ihnen zusichern zu können.

Ihr
Humboldt
Bayreuth d 24 Febr 95.

*ÜBERLIEFERUNG. H: Bis 1945 Preußische Staatsbibliothek Berlin (Sammlung Radowitz), danach Biblioteka Jagiellońska Kraków (Krakau). Der Brief war Karl Julius Langes Brief vom 25. Februar 1795 (NA 35, 160) beigeschlossen. – E: JbDSG 27 (1983), 9–10 (Norbert Oellers). – Textwiedergabe nach H.*

*ERLÄUTERUNGEN. Der Brief beantwortet keinen Brief Schillers. – Eine Gegenantwort ist nicht bekannt.*

*Alexander von Humboldt (1769–1859), der Bruder von Schillers Freund Wilhelm von Humboldt, lebte seit 1792 als Oberbergmeister in Bayreuth. Über Schillers Beziehung zu ihm vgl. die Erläuterungen zu Humboldts Brief an Schiller vom 6. August 1794 (NA 35, 441–443) sowie zu Schillers Brief an Körner vom 6. August 1797 (NA 29, 450).*

**1** Professor Lange] *Über Karl Julius Lange (1755–1813) vgl. die Erläuterungen in NA 35, 520–521. Ergänzend ist darauf hinzuweisen, daß sich Lange über seine schriftstellerischen und publizistischen Arbeiten hinaus als Kunsthändler betätigte. Als solcher war er 1780 mit dem Braunschweiger Hof in Konflikt geraten und wegen angeblich betrügerischer Forderungen in Haft genommen worden. Lessing setzte sich für seine Freilassung ein und beherbergte ihn in Wolfenbüttel. Nach Lessings Tod ging Lange 1781 nach England, kehrte 1790 nach Deutschland zurück und führte ein Jahrzehnt lang ein Wanderleben mit verschiedenen schriftstellerischen, pädagogischen und unternehmerischen Aktivitäten in Norddeutschland und – ab Mitte der neunziger Jahre – im Fränkischen. Vgl. im Einzelnen die Erläuterungen im Erstdruck.*

**4** meinen geringeren Bekannten] *Nicht ermittelt.*

**5** an den Horen arbeiten] *Lange lieferte keinen Beitrag zu den „Horen".*

## *NA 35, Nr 312a*

*312a. Von Johann Gottfried Herder*

*Weimar, den 9. oder 10. September 1795.*
*Mittwoch oder Donnerstag.*

Hier kommt der Hymnus wieder. Ohne Anmerkungen. Nur diese Eine ist erweitert.

Darf ich bitten, so stehe er nicht mit dem Homerischen in Einem Stück der Horen. Der Genius beider ist zu sehr verschieden; und Proclus leidet dabei.

Meine Abhandlung „Homer und Oßian" ist bis auf Eine Note fertig, die Arthur Youngs neuaufgefundne Gedichte Ossians betreffen soll. Diese sind in der A. L. Z. als sehr merkwürdig angezeigt worden; ich habe sie verschrieben, und sie bleiben immer noch zurück. Ich stehe mit diesen H*erren* Ober Appellations-Tribunal- auch geheimen Räthen der allg*emeinen* Lit*eratur-Zeitung* in keiner Verbindung; sonst würde ich anfragen, ob da vielleicht ein eingeschicktes Ex*emplar* zu finden? Vielleicht fällts Ihnen nicht schwer, mir die Gefälligkeit zu erweisen und durch einen Spirit*us* familar*is* anfragen zu lassen. Ich gehe jetzt mit einer andern Abhandl*ung* zu den Horen um, zu der mich die schöne Zeit einladet. Geniessen Sie auch diese schönen Tage, l*ieber* Schiller, und verlassen Ihr

Museum zuweilen. Auf den Jenischen Bergen muß es jetzt schön seyn. Leben Sie aufs schönste wohl. Viele Grüße von meiner Frauen an Ihr liebes Mütterchen. addio

H.

In Eil

*DATIERUNG. Die im vorliegenden Brief angekündigte Abhandlung „Homer und Ossian" schickte Herder mit seinem Brief vom 25. September 1795 an Schiller (vgl. NA 35, 353), der den Empfang des Briefes unter demselben Datum in seinen Kalender eintrug (vgl. NA 41 I, 12). In der Zeit davor ist zuletzt unter dem 10. September 1795 ein Brief Herders eingetragen (vgl. NA 41 I, 11). Dieser Eintrag bezieht sich auf den vorliegenden Brief. Er stammt demnach vom 10. September 1795 oder – je nach der Beförderungsdauer zwischen Weimar und Jena – vom Tag zuvor.*

*ÜBERLIEFERUNG. H: DLA/SNM. Facsimile: Stargardt-Katalog 622, Auktion vom 24./25. Februar 1981. S. 47. Nr 131. – E: Studien zur Goethezeit. Festschrift für Lieselotte Blumenthal. Hrsg. von Helmut Holtzhauer und Bernhard Zeller unter Mitwirkung von Hans Henning. Weimar 1968. S. 439–440 (Werner Volke). – Textwiedergabe nach H.*

*ERLÄUTERUNGEN. Der Brief beantwortet vermutlich Schillers nicht überlieferte Briefe vom 30. August und vom 2. September 1795 (vgl. Schillers Kalender; NA 41 I, 10 und 11). – Gegenantwort in nicht überlieferten Briefen Schillers vom 13. und vom 14. September (vgl. ebd.; NA 41 I, 11 und 12).*

**1** Hymnus] *Gemeint ist Herders Übersetzung „Pallas Athene von Proklus", die im 10. Stück der „Horen" 1795 erschien, das Ende Oktober/Anfang November 1795 ausgeliefert wurde. Erstmals hatte Herder seinen Beitrag zusammen mit anderen Gedichten für den „Musen-Almanach" am 5. August 1795 an Schiller geschickt (vgl. NA 35, 274); das geht aus seinem Brief vom 12. August hervor (vgl. NA 35, 278). Schiller hatte das Manuskript zum Almanach an Humboldt nach Berlin weiterbefördern lassen, der in seinem Brief vom 18. August einige kritische Anmerkungen zu Herders Übersetzung machte (vgl. NA 35, 291–292). Daraufhin hatte Schiller – vermutlich mit einem der nicht überlieferten Briefe vom 30. August oder 2. September (vgl. Schillers Kalender; NA 41 I, 10 und 11) – den Hymnus Herder noch einmal zukommen lassen, vielleicht unter Hinweis auf Humboldts Einwände. Mit dem vorliegenden Brief übersandte Herder seinen Beitrag zum zweiten Mal (und offenbar unverändert) an Schiller nach Jena. Nach Herders Wunsch, den er in seinem Brief vom 12. August zum Ausdruck gebracht hatte (vgl. NA 35, 278), wurde der Beitrag nicht im „Musen-Almanach", sondern in den „Horen" veröffentlicht.*

**2** Darf ich bitten *bis* in Einem Stück der Horen.] *Schon in seinem Brief vom 22. August 1795 hatte Herder darum gebeten, die Proclus-Übersetzung nicht wie ursprünglich vorgesehen auf seine Abhandlung „Homer, ein Günstling der Zeit" folgen zu lassen, weil beide Dichter zu verschieden seien (vgl. NA 35, 299). Herders Abhandlung wurde im 9. Stück der „Horen" (S. 53–88) gedruckt, das in der letzten September-Woche erschien, der Hymnus des Proclus im 10. Stück.*

**3** Proclus] *Proklos (Proclus) (411–485 n. Chr.), griechischer Philosoph des Neuplatonismus und Dichter von Hymnen an verschiedene Gottheiten.*

**4** „Homer und Oßian"] *Herder schickte seine Abhandlung mit seinem Brief vom 25. September 1795 an Schiller (vgl. NA 35, 353); sie erschien wie der Hymnus des Proclus im 10. Stück der „Horen" (S. 86–107).*
**4** Eine Note] *Vgl. die Anmerkung im 10. Stück der „Horen":* Im Jahr 1784 hat ein Irländer Arthur Young Galische Gedichte, die sich auf die Geschichte der Fians beziehen, in Nordschottland gesammlet; *[...]* sie sind mir noch nicht zu Händen gekommen. *(S. 92.)*
**4–5** Arthur Youngs neuaufgefundne Gedichte Ossians] *Gemeint sind die von Matthew (nicht: Arthur) Young herausgegebenen „Ancient Galic Poems, respecting the Race of the Fians, collected in the Highlands of Scotland in the Year 1784" (In: The Transactions of the Royal Irish Academy. Dublin 1787. S. 43–119).*
**5–6** in der A. L. Z. als sehr merkwürdig angezeigt] *ALZ 1795. Nr 139 vom 19. Mai. Sp. 345 bis 349.*
**10** Spirit. familiar.] *lat. spiritus familiaris: Schutzgeist, Hausgeist.*
**10** anfragen zu lassen] *Ob Schiller Herders Bitte entsprach, ist nicht bekannt. Vgl. jedenfalls die Erläuterung zu* Eine Note.
**11** andern Abhandl.] *„Das Fest der Grazien" (Die Horen 1795. 11. Stück. S. 1–26).*
**14** meiner Frauen] *Caroline Herder.*
**14** Ihr liebes Mütterchen] *Charlotte Schiller.*

### *NA 35, Nr 357a*

*357a. Von Salomo Michaelis*

Leipzig den 20ten Oct: 1795. *Dienstag.*

Meinen Brief durch Hrn. Prof. Niethammer werden Sie erhalten haben, sonst hätte ich Ihnen beikommenden Almanach ehender geschickt. Der Reinhardsche ist noch nicht hier; dieser wird noch in Göttingen fein ausstaffirt, um seinen Lauf mit allem möglichen Prunk zu beginnen. Mir ist nicht bange. ich bin überzeugt Sie werden mit dem was von meiner Seite hinzukommt vollkommen zufrieden sein. – Die Musik zum Tanz, macht mir nun noch viel zu schaffen. Auf Anrathen des H*errn* von Humbold. habe ich 3 angefangene Kupferstiche der Musik, unvollendet bei Seite legen lassen, und alle, der Gleichförmigkeit halber, zum Druck gegeben. Dieser ist schön, und wird mit dem Tanze wohl übereinstimmen. – Ohne daß ich's erwarten konnte erhalte ich den Tanz auch von dem Drucker zurück weil er ihn nicht zur Zeit liefern kann. Vielleicht erhalte ich das Stück noch hier bei Breitkopf schnell gedruckt, worüber ich in einigen Stunden Antwort haben soll. Widrigenfalls könnte ichs zum Almanach unmöglich liefern. Die äußere Form würde dadurch gewinnen. Denn die Buchbinder können bei so vieler Musik, die unmittelbar aufeinander folgt – es würden über 2 Bogen – unmöglich ein schönen Einband herausbringen welcher das häufige ineinanderschlagen der großen Musikbogen unmöglich macht. Würden Sie es billigen, so möchte ich wohl dieses Gedicht mit der Musik besonders ausgeben.

Der Herr Prof. Niethammer wird Ihnen eine etwas weitläufige Anzeige des philosophischen Journals zeigen, und Sie um die Erlaubniß bitten diese mit noch einigen raisonnirenden Anzeigen meiner Verlagsartikel – nach Beispiel des Historischen Almanachs bei Göschen – dem Musenalmanach anhängen zu dürfen. Vielleicht bekommt das Journal dadurch eine größere Publicität, die ihm noch gar sehr mangelt. Denn ich versichere Sie daß ich nicht ein Mal einen gewissen Absatz von 100 Exempl. habe. Die critische Tribunale schweigen trotz ich's allen bedeutenden zugeschickt habe. Wenn die Anzeige Ihren Beifall hat, so bitte ich solche auch dem I*ntelligenz* B*latt* der Horen aber wo möglich dem nächsten Stück zu geben; damit ich doch noch vor Ablauf des Jahres die Stimme des Publicums erfahre. Von meiner Seite kann ich mir keinen Vorwurf machen. ich thue alles, was Liebe zur Wissenschaft mir zu thun befiehlt. – Da ich nicht weiß, ob mir meine Zeit erlauben wird nach Jena zu kommen, so bitte ich mir hierüber eine Antwort hieher zu senden. –

Beikommende Anzeige des Almanachs, bitte ich ins Intelligenz Blatt der *Literatur-*Zeitung so schnell wie möglich besorgen und Hrn. Prof. Hufeland bitten zu lassen, ihr eine Stelle an Anfang eines Bogens zu geben. Solche anscheinende Kleinigkeiten sind wirklich nicht unwichtig.

Da der Almanach bei weiten am schönsten gedruckt ist und in dieser Rücksicht sowohl als des schönen Papiers, sauberes Titelkupfers, und ganz vorzüglichen feinen Umschlags, seinen Brüdern den Vorzug abgewinnen wird, so wird selbst derjenige Theil des Publicums, der nur das kauft, mit dem etwas hohen Preiß nicht unzufrieden sein. – So weit mit den Geschäften. –

Und nun nehmen Sie meinen innigsten herzlichsten Dank, für Ihre Theilnahme an mein erlittenen Unfall. Was für schlimme Folgen er auch für mich gehabt hat; ich bin beruhigt, wenn ich in dem Urtheil der Männer nichts verloren habe, in deren Freundschaft ich den einzigen und schönsten Lohn des mühseligen Geschäfts sehe, dem ich mich gewidmet habe. – Es thut mir weh, sehr weh, von meinem ungünstigen Geschick, so aus Ihrem Dienst gedrängt worden zu sein, dessen ich mich in so vielen Rücksichten zu erfreuen Ursache hatte. Selbst daß Ihr Brief so spät beantwortet ist, ist nicht meine Schuld. Er traf mich in Rostock, wo ich den Buben der mich so schändlich betrog aufsuchte, in einer Zeit, wo ich mich gänzlich gestürzt glaubte, der Verzweifelung nah' in eine Unthätigkeit für alles versunken, das aus dem Kreise des nächsten Ziels meines damaligen Strebens lag. Und dies konnte und durfte kein andres sein, als den Bösewicht aufzufinden, um von ihm selbst meine Rechtfertigung herbeigeführt zu erhalten – wodurch allein ich mir damals Rettung versprechen konnte. – ich gebe mich zufrieden, nun mir die Möglichkeit gegeben ist, auf einem andern Weg vielleicht wieder zu Ihnen zu kommen. Haben Sie nochmals mein aufrichtigsten Dank. Befehlen Sie in allen Fällen über mich, den*n* ich bin Ihnen, so wie es der Mensch dem Menschen nur sein kann, von ganzem Herzen ergeben.

(Eilend) Michaelis

In diesem Augenblick erhalte ich Reinhards Almanachs *[sic]*, der mich nun überzeugt daß ich nicht zu viel versprochen habe. Ohne in Kupfer gestochene Musik und ohne 6 Monatskupfer ist unserem doch bei weitem mehr äußere Schönheit gegeben. Der innere Gehalt läßt sich im Voraus beurtheilen.

*ÜBERLIEFERUNG. H: GSA. – E: Stargardt-Katalog 675, Auktion vom 13./14. November 2001. S. 178–179. Nr 381 (Teildruck* **3–16** Der Reinhardsche *bis* herausbringen, **17–27** Würden Sie es billigen *bis* zu geben, **41–45** Und nun nehmen Sie *bis* worden zu sein, **47–50** Selbst daß Ihr Brief *bis* alles versunken, **59–60** In diesem Augenblick *bis* versprochen habe*). – Vollständig bisher ungedruckt. – Textwiedergabe nach H.*

*ERLÄUTERUNGEN. Schiller erhielt den Brief zusammen mit Michaelis' Brief vom 18. Oktober 1795 am 21. Oktober (vgl. Schillers Kalender; NA 41 I, 15). – Gegenantwort vom 22. Oktober (vgl. Schillers Kalender; NA 41 I, 15); der Brief ist nicht überliefert.*

*Salomo Michaelis (1768–1844), Verlagsbuchhändler in Neustrelitz (vgl. über ihn NA 27, 376), hatte mit Schiller einen vom 15. August 1794 datierten Kontrakt über die Herausgabe eines Musenalmanachs geschlossen (vgl. NA 27, 210–211). Im folgenden Jahr verzögerte sich jedoch die Produktion des „Musen-Almanachs für das Jahr 1796" so sehr, daß dieser nicht wie geplant zur Herbstmesse erscheinen konnte, sondern erst Mitte Dezember 1795. Es stellte sich heraus, daß die Schuld an der Verzögerung nicht Michaelis traf, sondern seinen Geschäftsführer Nathan Meyer, der nicht nur 1000 Reichstaler veruntreut, sondern auch alle Briefe an und von Michaelis unterschlagen hatte. Trotz dieser Umstände wandte sich Schiller von Michaelis ab und ließ die folgenden „Musen-Almanache" von dem Tübinger Verleger Johann Friedrich Cotta verlegen.*

**2** Meinen Brief] *Michaelis' Brief vom 18. Oktober 1795 (NA 35, 389).*

**2** Niethammer] *Friedrich Immanuel Niethammer (1766–1848), Professor der Philosophie in Jena; er stand als Herausgeber des „Philosophischen Journals" mit Michaelis in Verbindung und hatte – wegen ausstehender Honorarzahlungen – ebenfalls Schwierigkeit mit ihm. Offenbar hatte Michaelis den vorliegenden Brief an Schiller einem (nicht überlieferten) Brief an Niethammer beigeschlossen.*

**3** beikommenden Almanach] *Vielleicht der „Musen-Almanach fürs Jahr 1796" von Johann Heinrich Voß; über diesen und den im Folgenden erwähnten Göttinger Musenalmanach von Carl Reinhard äußerte sich Schiller wenige Tage später wiederholt kritisch in Briefen an Wilhelm von Humboldt vom 26. Oktober, an Goethe vom selben Tag, an August Wilhelm Schlegel vom 29. Oktober und an Körner vom 2. November 1795 (vgl. NA 28, 86, 87, 88–89 und 96). Beide Almanache befanden sich in Schillers Bibliothek (vgl. NA 41 I, Nr 332 und Nr 338).*

**3** Der Reinhardsche] *Zu ergänzen ist: ‚Almanach'. – Gemeint ist der Göttinger „Musen-Almanach 1796" („Poetische Blumenlese für das Jahr 1796") von Carl Reinhard (1769 bis 1840), der bei Johann Christian Dieterich in Göttingen erschien. Schiller befand ihn für* schlechter, als man sich eine Vorstellung davon machen kann. *(Brief an Humboldt vom 26. Oktober 1795; NA 28, 86.)*

**4** fein ausstaffirt] *Der Göttinger „Musen-Almanach 1796" (Format: ca 7 × 10 cm) umfaßt außer dem Kalendarium 268 Seiten mit Gedichten. Er bietet neben einem Titelkupfer (Porträt von Johann Arnold Ebert) sechs Kupferstiche, die sich jeweils auf ein Gedicht beziehen, sowie drei (gefaltete) Notenbeilagen mit Vertonungen jeweils eines Gedichtes.*

**4–5** seinen Lauf *bis* zu beginnen] *Die „Poetische Blumenlese für das Jahr 1796" war der erste von Reinhard allein besorgte Almanach. Zuvor hatte Gottfried August Bürger den Göttinger Musenalmanach herausgegeben; nach Bürgers Tod im Jahr 1794 hatte Reinhard*

*die Herausgabe übernommen und den von Bürger begonnenen Almanach für 1795 zu Ende geführt (vgl. die Nachschrift dieses Almanachs, o. S.). Reinhard war bis 1802 Herausgeber.*
**6** was von meiner Seite hinzukommt] *Der „Musen-Almanach für das Jahr 1796" (Format: ca 10 × 16 cm) erschien in Antiqua-Druck mit einem von Johann Friedrich Bolt gestochenen Apollo-Kopf als Titelkupfer, Kalendarium und acht (gefalteten) Musikbeilagen. Die Auflage betrug 3000 Exemplare in unterschiedlicher Ausstattung: mit einem einfachen* geschmackvollen *Umschlag und mit* atlaßnem Umschlag, *auf gewöhnlichem Schreibpapier und auf geglättetem Velinpapier (zweite Ankündigung [Intelligenzblatt der ALZ. Nr 14 vom 30. Januar 1796. Sp. 109–110; abgedruckt in NA 36 II, 71]; eine erste Ankündigung war bereits im November 1795 erschienen [vgl. unten]).*
**6–7** Die Musik zum Tanz *bis* viel zu schaffen.] *Körners Vertonung von Schillers Gedicht „Der Tanz" konnte dem „Musen-Almanach für das Jahr 1796" nicht mehr beigegeben werden. Michaelis ließ einen Separatdruck herstellen, den Schiller erst am 27. Juli 1796 erhielt (vgl. Schillers Kalender [NA 41 I, 38] sowie den Brief an Schiller im Auftrag von Salomo Michaelis vom 16. Juli 1796 [NA 36 I, 273–274]). Von dem Druck hat sich kein Exemplar erhalten.*
**7** H. von Humbold] *Wilhelm von Humboldt; er kümmerte sich von Berlin aus um die Drucklegung des „Musen-Almanachs für das Jahr 1796". Er hatte Michaelis als Verleger vermittelt und fühlte sich Schiller gegenüber verantwortlich, als durch Michaelis' Schwierigkeiten die Publikation des neuen Almanachs zu scheitern drohte.*
**11** Drucker] *Der Almanach wurde bei Johann Friedrich Unger in Berlin gedruckt.*
**12** Breitkopf] *Johann Gottlob Immanuel Breitkopf, Verlagsbuchhändler, Typograph und Drucker in Leipzig.*
**14–15** bei so vieler Musik] *Die Musikbeilage zum „Musen-Almanach für das Jahr 1796" enthält acht Faltblätter mit Kompositionen von Johann Friedrich Reichardt: „Die Macht des Gesanges" (vor S. 1; von Schiller), „Nähe des Geliebten" (zwischen S. 4 und 5; von Goethe), „Minnelied" (zwischen S. 22 und 23; von Johann Christoph Friedrich Haug), „Frühling" (zwischen S. 54 und 55; von Sophie Mereau), „Meeresstille" und „Glückliche Fahrt" (zwischen S. 82 und 83; von Goethe), „Kophtisches Lied" (zwischen S. 88 und 89; von Goethe), „Würde der Frauen" (zwischen S. 186 und 187; von Schiller).*
**19-20** Der Herr Prof. Niethammer *bis* zeigen] *Friedrich Immanuel Niethammer gab bei Michaelis das „Philosophische Journal einer Gesellschaft Teutscher Gelehrten" (1795–1796) heraus. Vom Jahrgang 1797 an wechselte Niethammer wegen Michaelis' Unzuverlässigkeit zu Christian Ernst Gabler in Jena und Leipzig. In Schillers „Musen-Almanach" erschien keine Anzeige des Journals.*
**21–22** Historischen Almanachs bei Göschen] *In Göschens „Historischem Calender für Damen für das Jahr 1793", der den dritten und letzten Teil von Schillers „Geschichte des Dreyßigjährigen Kriegs" enthält, werden z. B. nach S. 860 Bücher angezeigt, die in Göschens Verlag erschienen waren.*
**26–27** I. B. der Horen] *Ein solches ‚Intelligenzblatt' der „Horen" existiert nicht. Auch in der Zeitschrift selbst findet sich keine Anzeige von Niethammers „Journal".*
**32** Anzeige des Almanachs] *Sie erschien im „Intelligenzblatt" der ALZ Nr 131 vom 14. November 1795 (Sp. 1049).*
**33** Prof. Hufeland] *Gottlieb Hufeland (1760–1817), Professor der Rechte in Jena, Mitherausgeber der ALZ.*

**34** Anfang eines Bogens] *Die Spalten 1049/50 bilden die erste Seite des Bogens Q.*
**46** aus Ihrem Dienst gedrängt] *In seinem Brief vom 18. September 1795 teilte Schiller seinem Verleger Cotta mit, daß er ihm den Verlag der künftigen Almanache überlassen werde.*
**47** daß Ihr Brief so spät beantwortet ist] *Im Brief an Humboldt vom 5. Oktober 1795 hatte sich Schiller darüber beklagt, es sei von Michaelis* noch keine Zeile und kein Geld angelangt *(NA 28, 71), obwohl es nach dessen Bekunden bereits zwei Wochen zuvor abgeschickt worden sein sollte. Erst am 14. Oktober erhielt Schiller laut Kalender zwei Briefe von Michaelis, vermutlich die vom 9. und vom 27. September 1795.*

### *NA 36, Nr 33a*

*33a. Von Johann Gottfried Herder*

*Weimar, 15. Dezember 1795. Dienstag.*

Hier die Quittung für Michaelis.

Ich danke aufs beste für die Horen; Sie haben mich abermals mit Ihrem Aufsatz sehr erfreuet. Was die grossen Critici in L*eipzig* sagen werden wollen wir erwarten.
Viel Grüße. Leben Sie aufs beste wohl.

H.

In Eil

*DATIERUNG. Die dem Brief beigelegte Quittung bezieht sich auf Herders Honorar für die Beiträge zum „Musen-Almanach für das Jahr 1796“, das Schiller laut Kalender am 13. Dezember 1795 überschickt hatte:* 10 Ldors an Herder. *(NA 41 I, 19.) Vermutlich aber wurde das Geld ebenso wie das Honorar für Goethe erst am 14. Dezember befördert, denn in Schillers Brief an Goethe vom 8. Dezember 1795 heißt es:* Die reitende Post sendet mir mein Paquet zurück, und will es, des Geldes wegen, nicht nehmen. Weil die fahrende Post erst Montags abgeht, so sende ich einstweilen die Horen. *(NA 28, 127.) Wenn das Geld also am Montag, dem 14. Dezember 1795, abging, dürfte Herder es am Tag darauf erhalten und die* Quittung *(***1***) ausgestellt haben.*

*ÜBERLIEFERUNG. H: Stadtarchiv Braunschweig. – E: Johann Gottfried Herder. Briefe. Bd 14. Kommentar zu Band 7. Bearbeitet von Günter Arnold. Weimar 2009. S. 251. – Textwiedergabe nach H.*

*ERLÄUTERUNGEN. Der Brief bezieht sich auf die Übersendung des 11. „Horen“-Stücks 1795 am 9. Dezember 1795 (vgl. Schillers Kalender; NA 41 I, 19) durch Schiller sowie auf dessen Geldsendung vom 14. Dezember 1795 (vgl. Datierung). Begleitbriefe zu diesen Sendungen sind nicht überliefert. Schiller erhielt den Brief am 16. Dezember (vgl. Schillers Kalender; NA 41 I, 19). – Gegenantwort im nicht überlieferten Brief Schillers vom 21. Dezember 1794 (vgl. Schillers Kalender; NA 41 I, 20).*

**1** Quittung für Michaelis] *Sie ist nicht überliefert. – Schiller hatte Herder das Honorar für dessen Beiträge zu seinem Almanach übersandt (vgl. Datierung), das er von Salomo Michaelis, dem Verleger des Almanachs, erhalten hatte: Amor / auf einem Wagen von Schmetterlingen gezogen; Apollo; Das Gesetz der Welten im Menschen, Das innere Olympia, Das Orakel; Das Roß aus dem Berge. Eine Bohmische Sage; Der Herzenswechsel, Der Schmetterling auf einem Grabmahl; Der Schmetterling und die Rose; Die Entfernte. Aus dem Spanischen; Die Farbengebung: Ein Gemählde der Angelika Kaufmann; Die Flöte; Die flüchtige Freude, nach Sarbievius; Die Gegenwart. Ein Persisches Lied; Die Harmonie der Welt; Die Luft; Ein Kind setzt den Schmetterling auf den Altar; England und Deutschland; Lied eines Gefangenen. Eine Spanische Romanze; Madera; Nacht und Tag; Parthenope. Ein Seegemählde bei Neapel; Psyche / schiffend mit Delphinen; Uneigennützige Freundschaft; Venus, die dem Amor die Flügel nimmt.*

**2** Horen] *Am 9. Dezember 1795 hatte Schiller laut Kalender das 11. Stück der „Horen" 1795 überschickt (vgl. NA 41 I, 19), das er selbst am Tag zuvor erhalten hatte (vgl. ebd.).*

**2** Ihrem Aufsatz] *Schillers Abhandlung „Ueber naive und sentimentalische Dichtung", dessen 1. Teil unter dem Titel „Ueber das Naive" im 11. „Horen"-Stück 1795 erschienen war (S. 43–76). Herder kannte sie bereits aus dem Manuskript (vgl. seinen Brief an Schiller vom 21. Oktober 1795; NA 35, 390–391).*

**3** Critici in Lpz.] *lat. criticus: Kritiker. – Mit den ‚Kritikern in Leipzig' dürften vor allem die Mitarbeiter der von Johann Gottfried Dyk herausgegebenen „Neuen Bibliothek der schönen Wissenschaften und der freyen Künste" gemeint sein. In dieser Zeitschrift war im September 1795 eine umfängliche kritische Rezension der ersten vier Stücke der „Horen" (55. Bd. 2. Stück. S. 283–330) erschienen (vgl. Fambach 2, 126–145). Der Verfasser, Johann Kaspar Friedrich Manso, hatte besonders an Schillers Abhandlung „Ueber die ästhetische Erziehung des Menschen in einer Reyhe von Briefen" Kritik geübt.*

### *NA 36, Nr 305a*

*305a. Von Wilhelm von Humboldt*

Berlin, 18. 8br. 1796. *Dienstag.*

Ihr Brief, lieber theurer Freund, hat mich über alle Maaßen gefreut. Ich hatte so lange nichts von Ihnen bekommen, und nichts hätte mir zu unsrer nun so nah bevorstehenden Zusammenkunft eine schönere Vorbereitung seyn können, als dieser Brief. Die Li hat zwar heute zur Ader lassen müssen, indeß fürchten wir dadurch dennoch nicht verhindert zu werden, am $24^{\text{stn}}$ huj. von hier abzureisen. Daß ich Ihnen, wenn ja eine Verzögerung vorfallen sollte, noch künftigen Posttag schriebe, versteht sich von selbst. Auch werde ich dieß auf alle Fälle thun, damit ich Ihnen dann auch den Tag unsrer Ankunft in Jena bestimmter sagen kann.

Alles Uebrige verspare ich auf unsre Zusammenkunft. Zwar wollte ich Ihnen heute noch etwas über die Xenien und über unsre Reise nachholen. Aber ein Paar Leute, die zu Mittag bei mir aßen, sind mir so lang über den Hals geblieben, und dann redet es sich auch soviel besser, vorzüglich über die Xenien mit dem Buch in der Hand. Die ganze

Erfindung ist äußerst schön, der Zodiakus treflich und die Unterwelt himmlisch. Ueber die Aufnahme, die sie hier erhalten, ist wenig zu sagen. Spaßhafte Anekdoten sind mir gar nicht zu Ohren gekommen. Interesse wecken sie natürlich überall, und mein Exemplar ist leider schon ganz zerlesen. Aber die wenigen Geschmackvollen ausgenommen, belachen entweder einige indistincte alles, oder, und diese Zahl ist größer sehen beständig sauer und debitiren moralische Gemeinplätze. Das Beste ist, daß alles Göthe in die Schuhe geschoben wird, und Hufeland der hier war, hat dazu noch mehr beigetragen, da er versichert hat, alle von G's Hand gelesen zu haben.

Ueber die Reise wird sich noch mündlich manches nachholen lassen. Aber den Leopold Stollberg sah ich gar nicht, er war eben in Copenhagen, und Claudius war nichts weniger als lustig und amusant, sondern durchaus – Null.

Ueber die Besserung mit dem kleinen Ernst freuen wir uns herzlich und ebenso sehr über die Ihrige. Es ist göttlich, daß Sie den Wallenstein im Sinn haben. Der wird Sie nicht so anhaltend, als eine philosophische Arbeit, an Ihr Pult fesseln, und Sie werden gern dem freien Gespräch ein Paar Stunden mehr schenken. Wie unendlich freue ich mich auf diesen so lang entbehrten Genuß. Von Herzen Lebewohl!

Humboldt.

*ÜBERLIEFERUNG. H: DLA/SNM. – $E^1$: Auktionskatalog Bassenge 39 (26.–29. April 1982). T. 1. S. 263. Nr 1859 (Teildruck* **2–6** Ich hatte so lange *[...]* abzureisen., **13–21** Die ganze Erfindung *[...]* gelesen zu haben., **22–24** Aber den Leopold Stolberg *[...]* Null.*; ebd. S. 262 Facsimile der letzten beschriebenen Seite* **23–30** dius war *[...]* Humboldt.*). $E^2$: JbDSG 40 (1996), 15–16 (Philip Mattson). – Textwiedergabe nach H.*

*ERLÄUTERUNGEN. Schiller erhielt den Brief am 22. Oktober 1796 (vgl. Schillers Kalender; NA 41 I, 47). Der vorliegende Brief beantwortet Schillers nicht überlieferten Brief vom 7. Oktober 1796 (vgl. Schillers Kalender; NA 41 I, 43), der sich offenbar mit Humboldts nicht überliefertem Brief kreuzte, den Schiller am 15. Oktober erhielt (vgl. Kalender; NA 41 I, 44). – Schiller antwortete vermutlich nicht.*

*Wilhelm von Humboldt hatte seit Februar 1794 in Jena gewohnt. Am 1. Juli 1795 war er zu seiner erkrankten Mutter nach Berlin und Tegel aufgebrochen. Jetzt stand er kurz vor der Rückkehr nach Jena. Unter dem 1. November 1796 notierte Schiller in seinen Kalender:* Humboldt hier angekommen. *(NA 41 I, 48.) In Humboldts Tagebuch heißt es dagegen erst unter dem 2. November:* nach Jena zurück. *(Wilhelm von Humboldts Gesammelte Schriften. Bd 14. Hrsg. von Albert Leitzmann. Berlin 1916. S. 353.) – Schiller zitiert aus dem vorliegenden Brief (und vermutlich aus Humboldts nicht überliefertem Brief, den Schiller am 15. Oktober erhalten hatte) ausführlich in seinem Brief an Goethe vom 23. Oktober 1796 (vgl. NA 28, 316).*

**2–3** lange nichts von Ihnen bekommen] *Laut Kalender hatte Schiller zuletzt am 15. August 1796 an Humboldt geschrieben (vgl. NA 41 I, 39). Der Brief ist nicht überliefert. Danach sind eine Geld- und eine Buchsendung an Humboldt verzeichnet (unter dem 24. und 30. September; vgl. NA 41 I, 42).*

**4** Li] *Humboldts Frau Caroline. Sie litt wiederholt an Brustkrämpfen.*

**6** am 24$^{stn}$ huj. von hier abzureisen] *Humboldts brachen wie geplant am 24. Oktober von Berlin auf und nahmen den Weg über Wittenberg, Leipzig, Halle und Merseburg nach Jena* *(vgl. Humboldts Tagebuch in: Wilhelm von Humboldts Gesammelte Schriften. Bd 14 [s. o.]. S. 353).*

**6** huj.] *Abkürzung von lat. huius (mensis): dieses (Monats).*

**7** künftigen Posttag] *Samstag, 22. Oktober 1796. Humboldt hielt Wort. Schiller erhielt den Brief, in dem Humboldt ihm wohl das Datum seiner Ankunft in Jena mitteilte, am 26. Oktober 1796 (vgl. Schillers Kalender; NA 41 I, 47).*

**11** Xenien] *Schillers und Goethes „Xenien", ein Werk* genialischer Impudenz und *Gottlosigkeit, wie Schiller am 1. Februar 1796 an Humboldt geschrieben hatte (NA 28, 181), umfassen 414 kritisch-satirische Distichen vor allem über den zeitgenössischen Literaturbetrieb. Sie waren im „Musen-Almanach für das Jahr 1797" erschienen, den Schiller am 30. September an Humboldt geschickt hatte (vgl. Kalender; NA 41 I, 42).*

**11** unsre Reise] *Am 17. September 1796 war Humboldt von einer sechswöchigen Reise nach Norddeutschland (Stettin, Stralsund, Rügen, Rostock, Lübeck, Hamburg) zurückgekehrt; vgl. Humboldts Reisetagebuch in: Wilhelm von Humboldts Gesammelte Schriften. Bd 14 [s. o.]. S. 258–352.*

**11** ein Paar Leute] *Nicht ermittelt.*

**14** Zodiakus] *Tierkreis in der Astronomie mit 12 Tierkreissternbildern. – Hier ist der Xenien-Zyklus gemeint, der mit dem Distichon „Litterarischer Zodiacus" beginnt; er umfaßt die Xenien Nr 68–90 (vgl. NA 1, 317–320).*

**14** Unterwelt] *Gemeint ist der Xenien-Zyklus, der mit dem Distichon „Xenien" (Muse, wo führst du uns hin?) beginnt; er umfaßt die Xenien Nr 332–413 (vgl. NA 1, 350–360).*

**18** indistincte] *Lat.: ohne Unterschied.*

**19** debitiren] *Franz. débiter: hersagen, verbreiten.*

**19–20** alles Göthe in die Schuhe geschoben] *Andere Leser sahen in Schiller den Initiator der „Xenien", u. a. Wieland; vgl. dessen Rezension „Die Musen-Almanache für das Jahr 1797" im Januar- und Februar-Heft des „Teutschen Merkur" 1797 (abgedruckt in: Fambach 2, 353–382, hier: S. 379–381).*

**20** Hufeland] *Christoph Wilhelm Hufeland, Professor der Medizin in Jena.*

**22–23** Leopold Stollberg] *Friedrich Leopold Graf zu Stolberg-Stolberg, Kammerpräsident in Eutin. Vermutlich hatte sich Schiller im nicht überlieferten Bezugsbrief nach Stolbergs Reaktion auf die gegen ihn gerichteten „Xenien" erkundigt.*

**23** Claudius] *Matthias Claudius, Schriftsteller und Übersetzer in Wandsbek bei Hamburg. Laut Tagebuch war Humboldt vom 3. bis zum 5. und vom 8. bis zum 11. September in Wandsbek (vgl. Wilhelm von Humboldts Gesammelte Schriften [s. o.]. Bd 14. S. 341–342). Auf Claudius als Herausgeber des „Wandsbecker Bothen" war Xenion Nr 18 gemünzt: „Erreurs et Verité" (NA 1, 311).*

**25** Ernst] *Schillers Sohn Ernst, der 11. Juli 1796 geboren worden war. Er hatte an* Krämpfen *und* Ausschlag *gelitten, wie Schiller im Brief an Körner vom 29. September berichtete (NA 28, 298).*

**26–27** Der wird Sie nicht so anhaltend *bis* fesseln] *Mit dieser Prognose irrte Humboldt. In Schillers Kalender ist unter dem 22. Oktober 1796, also unter dem Tag, als Schiller den vorliegenden Brief empfing, vermerkt:* an den Wallenstein gegangen, denselben am 17 März 1799 geendigt fürs Theater und in allem 20 Monate voll mit sämmtlichen drei Stücken zugebracht. *(NA 41 I, 47.)*

***NA 36, Nr 333a***

*333a. Von Karl Friedrich Zelter*

*Berlin, den 27. November 1796. Sonntag.*

Wohlgebohrner Herr!

Nach Ihrer Anweisung, zufolge Briefes vom 18 Aug d. J. hatte ich dem Buchdrucker Starke die Bezalung seiner Rechnung auf den H*errn* Legations Rath v. Humboldt assignirt, dieser war aber schon wieder von Berlin abgereiset. In Ihrem letzten Briefe vom 16 8br schrieben Sie mir, daß H*err* Spener in H*errn* Cotta's Namen den Buchdrucker bezalen würde. Ich ging deshalb selbst zu H*errn* Spener, der sich zu dieser Bezalung verstand, die Rechnung von mir annahm und behielt. Ich schickte also den Buchdrucker zu H*errn* Spener um sein Geld daselbst in Empfang zu nehmen und daraus ist beyliegende kleine Correspondenz entstanden woraus Sie sehn werden, daß Spener das Geld nicht bezalt hat und auf H*errn* Cotta's ordre wartet. Da ich nun die Musik bey H*errn* Starke bestellt habe und nicht verlangen kann, daß derselbe der Bezalung wegen Laufens und Umstände haben solle; so habe ich ihm den Betrag seiner Rechnung am gestrigen Dato mit 39 rth. 20 gr. in courant bezalt und ersuch nun Sie oder unbekannter weise H*errn* Cotta diese 39 rth. 20. gr. courant durch irgend jemand an mich aus zalen zu laßen, weil mir H*err* Starke den Empfang derselben quittiert hat. Sp*ener* der mein alter Bekannter und Verwandter ist, schien meinen Frevel, die Märkischen Grazien mit Musik zugerichtet zu haben mit einigen leichten Worten rügen zu wollen die ich nicht einmal gleich verstand weil ich bey dem Spas so unwißend und unschuldig bin wie ein Kind. Indeßen mögen Sie wißen daß unsre Musen ein dünnes Fell haben wenn uns gleich die Rüben beßer gerathen.

Ich empfehle mich Ihnen und H*errn* Geh*eim* R*ath* Göthe bestens und habe die Ehre hochachtungs voll zu verharren

Ew. Wohlgebohren

Berlin d*en* 27.$^{\underline{ten}}$ Novbr
1796.

ergebenster
Zelter.

*ÜBERLIEFERUNG. H: Archiv des Wiener Männergesang-Vereins, Wien. – E: JbDSG 34 (1990), 20 (Friedhelm Brusniak). – Textwiedergabe nach H.*

*ERLÄUTERUNGEN. Schiller erhielt den Brief am 3. Dezember 1796 (vgl. Schillers Kalender; NA 41 I, 50). Der Brief beantwortet Schillers Briefe vom 18. August und vom 16. Oktober 1796. – Eine Gegenantwort ist nicht bekannt.*

*Karl Friedrich Zelter (1758–1832), Komponist in Berlin, hatte auf Schillers Wunsch einige Gedichte des „Musen-Almanachs für das Jahr 1797“ vertont (vgl. dazu im einzelnen die Erläuterungen zu Schillers Brief an Goethe vom 10. Juni 1796; NA 28, 564–565) und den Druck der Musikbeilage, ebenfalls auf Schillers Wunsch (vgl. den Bezugsbrief vom 18. August), selbst in Berlin besorgen lassen.*

**3** Starke] *Georg Friedrich Star(c)ke (1752–1798), Buchdrucker in Berlin.*

**3** Humboldt] *Wilhelm von Humboldt; er hatte seit Februar 1794 in Jena gewohnt und sich seit Juli 1795 wieder in Berlin bei seiner erkrankten Mutter aufgehalten. Anfang November war er nach Jena zurückgekehrt.*

**4** assignirt] *Assignieren: anweisen.*

**4** von Berlin abgereiset] *Humboldt war am 24. Oktober 1796 von Berlin nach Jena aufgebrochen.*

**5** Spener] *Johann Karl Philipp Spener (1749–1827), Buchhändler und Verleger in Berlin; er war im Sommer 1796 mit Schiller in Kontakt getreten und hatte um ein Gedicht für seinen „Guckkastenmann für Neujahr 1797" gebeten (vgl. Speners Brief an Schiller vom 20. August 1796; NA 36 I, 308–309).*

**5** Cotta's] *Johann Friedrich Cotta, der Tübinger Verleger von Schillers „Musen-Almanach".*

**8–9** beyliegende kleine Correspondenz] *Nicht überliefert. Es fand sich hingegen ein Manuskript von Goethes Gedicht „Rechenschaft" (WA I 1, 140–145). Vgl. des näheren die Erläuterungen zu E.*

**13** courant] *Franz.: laufend, gangbar. – In Courant rechnete der bürgerliche Handel (vgl. Münze und Geldrechnung in Schillers Umfeld 1786–1805; NA 41 I, 270–271).*

**14–15** an mich aus zalen zu laßen] *In Schillers Kalender heißt es unter dem 13. Dezember 1796:* (40 rth. durch Humb. an Zelter) *(NA 41 I, 51). Er ließ Zelter also die Summe (vielleicht samt der* kleinen Correspondenz *als Beilage) als Einschluß zu einem Brief oder zu einer Sendung Wilhelm von Humboldts nach Berlin zukommen.*

**16** Verwandter] *Speners Schwester Johanna Eleonora war mit Hans Balthasar Pappritz, dem ältesten Bruder von Zelters zweiter Frau Juliane, geb. Pappritz, verheiratet. Spener war also der Schwager von Zelters Schwager.*

**16** die Märkischen Grazien] *Zelter hatte Goethes Gedicht „Musen und Grazien in der Mark" (Musen-Almanach für das Jahr 1797. S. 68–71; vgl. auch WA I 1, 146–148) vertont. Es setzt sich in parodistischer Weise mit der Literatur der Berliner Spätaufklärung, insbesondere mit dem „Neuen Berlinischen Musen-Almanach" von Friedrich Wilhelm August Schmidt, auseinander, welcher den Untertitel „Kalender der Musen und Grazien 1796" trägt.*

**20** Rüben] *Als Delikatesse bekannt waren die ‚Teltower Rübchen'. Zelter lieferte sie später wiederholt nach Weimar (vgl. Goethes Briefe an Zelter vom 16. Dezember 1804 [WA IV 17, 357], vom 18. November 1805 [WA IV 19, 196] u. v. a.).*

## *NA 37, Nr 13a*

*13a. Von Johann Heinrich Voß*

Eutin, 24 Apr. 1797. *Montag.*

Das lezte Blatt, mein lieber Schiller, schrieb ich Ihnen in einer lange gefühlten Schwächlichkeit, die in immer verstärkten Rückfällen mich nahe ans Grab führte. Seit der Genesung spiele ich mit Ovid, und denke die besten der Verwandlungen deutsch zu machen. Deutsch! was auch die Schwäzer darüber schwazen mögen. Ihnen, mein Bester, habe ich den Phaethon schon lange für die Horen zugedacht; wenn er sich nur selbst hätte abschicken mögen. Sie nehmen ihn als ein Pfand meines innigen Wunsches, Sie zu sehn und zu umarmen: der aber auch diesmal nicht erfüllt werden sollte. Im Junius reise ich über Berlin, durch Halle, nach Halberstadt. Warum ich Jena und Weimar, wovon mich voriges Jahr Hindernisse zurückhielten, diesmal vermeide, brauche ich Ihnen nicht zu sagen. Bei dem Ph*aethon* kann und soll vom Honorar die Rede nicht sein; nur bitte ich Sie, dem Verleger es gleich anzuzeigen, daß die Sammlung, wozu er gehört, im nächsten Winter gedruckt werden soll. Ist H*err* v. Humbold noch da, so empfehlen Sie mich. Ich werde ihn in Berlin sehen. Von Herzen

der Ihrige
Voß.

Die beiden Ex*emplare* der Welttafel sind für Göthe; ich wollte sie nicht falzen.

*ÜBERLIEFERUNG. H: Stadtarchiv Bad Kissingen. – Ungedruckt.*

*ERLÄUTERUNGEN. Schiller erhielt den Brief am 5. Mai 1797:* Voß. (Phaethon) *(Schillers Kalender; NA 41 I, 61). – Der Brief beantwortet keinen Brief Schillers. – Eine Gegenantwort ist nicht bekannt.*

*Über Johann Heinrich Voß (1751–1826) vgl. NA 35, 527. Er stand seit 1795 mit Schiller in Beziehung:* Voß hat sich selbst zum Mitarbeiter *[an den „Horen"]* angetragen und einige Gedichte *[...]* geschickt. *(Schillers Brief an Körner vom 5. April 1795; NA 27, 170.) Im vorliegenden Brief schickte er seine Übersetzung „Phäthon" aus Ovids „Metamorphosen", die im 5. Stück der „Horen" 1797 erschien (S. 31–54).*

**2** Das lezte Blatt] *Der letzte überlieferte Brief von Voß an Schiller stammt vom 8. April 1796 (NA 36 I, 177). Die letzte Post von Voß erhielt Schiller laut seinem Kalender am 7. Dezember 1796; Voß schickte seinen „Musenalmanach für das Jahr 1797" (vgl. Schillers Kalender; NA 41 I, 51). Ob die Sendung von einem Brief begleitet wurde, ist nicht bekannt.*

**3** Schwächlichkeit] *Voß' Schwager Heinrich Christian Boie berichtete in seinem Brief an Schiller vom 12. Dezember 1796, Voß habe ein* Nervenfieber *überstanden,* das gefährlich zu werden drohte. *(NA 36 I, 402.) Es handelte sich um eine Hirnhautentzündung, an der er Anfang Dezember 1796 erkrankt war (vgl. die Erläuterungen zu Boies Brief; NA 36 II, 420).*

**4** spiele ich mit Ovid] *Voß übersetzte Ovids „Metamorphosen". Die vollständige Übersetzung erschien unter dem Titel: Verwandlungen nach Publius Ovidius Naso. Von Johann Heinrich Voss. In zwei Theilen. Berlin bei Friedrich Vieweg dem Aelteren 1798.*

**5** die Schwäzer] *Voß' Übersetzungen, besonders diejenigen Homers und Vergils, standen in der Kritik, weil sie, wie auch von Schiller, als ‚rigoristisch' empfunden wurden (vgl. Schillers Brief an Goethe vom 13. Dezember 1795; NA 28, 132). Damit war gemeint, daß Voß den antiken Hexameter möglichst genau nachzuahmen versuche und dabei nach*

*Meinung der Rezensenten zu wenig Rücksicht auf die deutsche Sprache nehme. Einer der Kritiker war August Wilhelm Schlegel in Jena; vgl. seine Rezension von Voß' Homer-Übersetzung in der ALZ (Nr 262–267 vom 22.–26. August 1796; gedruckt in Fambach 4, 1–34). Vgl. des weiteren die Erläuterungen zum erwähnten Brief Schillers an Goethe (NA 28, 475) sowie Xenion Nr 75 (NA 1, 318) und die Erläuterungen dazu (NA 2 II A, 482).*

**6** Phaethon] *Voß' Übersetzung der Geschichte von Phaëthon, dem Sohn des Sonnengottes, der mit dem ihm vom Vater überlassenen Sonnenwagen abstürzte; vgl. Ovids „Metamorphosen" (2,1–328). Vgl. auch die einleitende Erläuterung.*

**10** wovon mich voriges Jahr Hindernisse zurückhielten] *Ein Besuch von Voß in Jena im Sommer 1796 war nicht zustande gekommen, weil seine Frau unpäßlich war, vermutlich aber auch, weil Johann Friedrich Reichardt, bei dem sich Voß damals aufgehalten hatte, dessen Begegnung mit Schiller und Goethe nicht wünschte. Beide hatten sich mit Reichardt überworfen; vgl. des näheren die Erläuterungen zu Schillers Brief an Goethe vom 17. Juni 1796 (NA 28, 569–570) sowie zu Goethes Brief an Schiller vom 21. Juni 1796 (NA 36 II, 263–264).*

**10** diesmal vermeide] *Von Ende Mai bis Ende August 1797 unternahm Voß eine Reise von Eutin aus nach Neubrandenburg, Berlin, Giebichenstein bei Halle und Halberstadt. Jena und Weimar besuchte er nicht, nachdem es zwischen ihm und Wieland zu Verstimmungen gekommen war. Wieland hatte im Januar- und Februar-Heft des „Neuen Teutschen Merkur" Voß' Übersetzungen aus Homer, Ovid und Theokrit kritisiert (vgl. Fambach 2, 353–382). In seinem Brief an Wieland vom 5. März 1797 schrieb Voß daraufhin:* Mein Besuch, worauf ich mich lange gefreut hatte, erwarten Sie jetzt wohl nicht. *(WB 13 I, 524.) Auch die Angriffe, die in den „Xenien" auf Bekannte von Voß wie Reichardt, Nicolai, Ramler, Gleim, mit denen er auf seiner Reise zusammentraf, geführt worden waren, werden ihn von einem Besuch in Weimar und Jena abgehalten haben.*

**11** Honorar] *Im Kalender verzeichnete Schiller unter dem 9. Juni 1797 die Überweisung eines Honorars für Voß' „Horen"-Beiträge in Höhe von 14 Louisdors (vgl. NA 41 I, 64).*

**12** Verleger] *Damit ist hier offenbar Johann Friedrich Cotta in Tübingen gemeint. Mit dem Berliner Verleger Johann Friedrich Vieweg, bei dem Voß' Ovid-Übersetzung 1798 erschien, stand Schiller, soweit bekannt ist, nicht in Beziehung (vgl. die Erläuterungen zu Schillers Brief an Körner vom 15. Oktober 1792; NA 26, 633).*

**13** Humbold] *Wilhelm von Humboldt brach am 25. April von Jena auf, um zunächst nach Berlin und von dort im Juni nach Dresden zu reisen. Von Anfang August bis Anfang Oktober hielt er sich in Wien auf und ging dann nach Paris.*

**14** Ich werde ihn in Berlin sehen.] *Das gelang nicht. In Humboldts Brief an Friedrich August Wolf vom 18. Juni 1797 aus Dresden heißt es: „Was mir am meisten leid that, war, daß ich den braven Voß <in Berlin> verfehlte." (Wilhelm von Humboldt: Briefe an Friedrich August Wolf textkritisch hrsg. und kommentiert von Philip Mattson. Berlin, New York 1990, S. 183.)*

**17** Welttafel] *Karte der homerischen Welt; Goethe hatte in seinem Brief an Voß vom 6. Dezember 1796 darum gebeten (vgl. WA IV 11, 277–279). Die von Voß erwähnten Exemplare trafen nicht bei Schiller ein (vgl. dessen Brief an Goethe vom 10. Mai 1797; NA 29, 75).*

**_NA 38, Nr 113a_**

*113a. Von August von Kotzebue*

*Jena, zwischen dem 22. und dem 31. Mai 1799.*
*Mittwoch und Freitag.*

Werden Sie mir verzeihen, wenn ich den kühnen Wunsch wage, das Manuscript Ihrer vortrefflichen Piccolomini und Wallenstein auf 24 Stunden zu besitzen? – Es ist, wie man mir sagt, bey der Aufführung so manches gestrichen worden, und wir haben überdieß durch die undeutliche Sprache der H*erren* Graf und Spitzeder so vieles verlohren, daß wir es als eine ausserordentliche Gewogenheit ansehn werden, wenn Sie uns den Genuß der Lectüre nicht versagen.

Mit unbegrenzter Hochachtung

Ihr

gehorsamster Kotzebue.

*DATIERUNG. Terminus ante quem ist der 31. Mai 1799. An diesem Tag bat Schiller in Jena Goethe in Weimar um Zusendung des Manuskripts der „Piccolomini" und des „Wallenstein", um es Kotzebue auszuleihen (vgl. NA 30, 52). Da anzunehmen ist, daß sich Kotzebue auf die Weimarer Aufführungen vom 20. und 22. Mai 1799 bezieht, kann letzteres Datum als Terminus post quem betrachtet werden.*

*ÜBERLIEFERUNG. H: Gottfried Wilhelm Leibniz Bibliothek/Niedersächsische Landesbibliothek. – Ungedruckt.*

*ERLÄUTERUNGEN. Nach seinem Brief an Goethe vom 31. Mai 1799 versprach Schiller Kotzebue, ihm das gewünschte Manuskript zukommen zu lassen (vgl. NA 30, 52). Ob dies mündlich oder durch einen Brief oder ein Billett geschah, ist nicht bekannt. Schillers Kalender verzeichnet weder den vorliegenden Brief Kotzebues noch eine Antwort darauf.*

*August Friedrich Ferdinand von Kotzebue (1761–1819) war seit Herbst 1797 „Hoftheatral-Sekretär" in Wien und Direktor des Burgtheaters. In einem Brief vom 3. November 1798 hatte er Schiller bereits um das Manuskript des „Wallenstein" gebeten, um das Stück in Wien aufzuführen. Dazu war es aus Gründen der Zensur nicht gekommen; Kotzebue berichtete Schiller darüber in seinem Brief vom 1. Januar 1799 (NA 38 I, 26–27). Im übrigen war Kotzebue nach nur einjähriger Tätigkeit Ende 1798 in Wien entlassen worden (vgl. darüber die Erläuterungen zu Kotzebues Brief [NA 38 II, 65]). Im Mai 1799 war er für ein halbes Jahr nach Jena gekommen; im Herbst ging er nach Weimar.*

**2** Piccolomini und Wallenstein] *Die Uraufführung der „Piccolomini" hatte am 30. Januar 1799 in Weimar stattgefunden. Der dritte Teil der Trilogie, damals noch mit dem Titel „Wallenstein" (unter Einschluß der beiden ersten Akte des später „Wallensteins Tod" genannten Dramas), war erstmals am 20. April aufgeführt worden, ebenfalls in Weimar (vgl. Schillers Kalender; NA 41 I, 111 und 115). Am 20. und 22. Mai 1799 fanden Wiederholungen der „Piccolomini" bzw. „Wallenstein" statt.*

**4** Graf und Spitzeder] *Johann Jakob Graff spielte die Titelrolle, Johann Baptist Spitzeder den Illo. – Graffs Artikulation hatte schon die Kritik des Herzogs Carl August hervorgerufen (vgl. NA 30, 255–256), während sich Schiller nach den ersten beiden Vorstellungen der „Piccolomini" (am 30. Januar und am 2. Februar) ausdrücklich für Graffs* trefliche Recitation sowohl des Monologs als auch der übrigen schweren Stellen *bedankte (Brief vom 3. Februar 1799; NA 30, 27).*
**5–6** wenn Sie uns *bis* nicht versagen] *Goethe schickte Manuskripte der gesamten Trilogie mit seinem Brief an Schiller vom 1. Juni (vgl. NA 38 I, 95). Wann Schiller sie Kotzebue zu lesen gab, ist nicht bekannt.*

## *NA 39, Nr 366a*

*366a. Von Joseph von Cloßmann (?)*

*Spätsommer/Herbst 1802 (?)*

Der Vor Mehreren Jahren in Mannheim Ihre bekantschafft gemacht und sich Ihrem andencken Empfehlende Obristlieutenant

von Cloßmann

*DATIERUNG. Der Adresse des Billetts ist zu entnehmen, daß Schiller seinerzeit in Weimar lebte. Dies war von Dezember 1799 an der Fall. Aus dem Text des Billetts geht hervor, das der Absender Obristlieutenant war. Wenn es sich um Joseph von Cloßmann handelt (vgl. Erläuterungen), so bekleidete dieser in den 1800 bis 1802 diesen Rang. Dem Text auf der Rückseite des Billetts zufolge wurde dieses in Schweinfurt geschrieben. Dort hielt sich Cloßmann im September 1802 auf. Als Befehlshaber kurpfalz-bayerischer Infanterietruppen befehligte er am 6. September 1802 die Besetzung der freien Reichsstadt Schweinfurt (vgl. Uwe Müller: Schweinfurt – Von der kaiserlich freien Reichsstadt zur königlich bayerischen Stadt zweiter Klasse. In: Das Ende der kleinen Reichsstädte 1803 im süddeutschen Raum. Hrsg. Rainer A. Müller, Helmut Flachenecker und Reiner Kammerl. München 2007. S. 148). Im Jahr 1803 wurde Cloßmann Oberst, wann genau, konnte nicht ermittelt werden. Nach all dem kann die (vorsichtige) Vermutung angestellt werden, das vorliegende Billett könne aus dem Spätsommer oder Herbst 1802 stammen.*

*ÜBERLIEFERUNG. H: GSA. 1 Blatt 18,5 × 9,8(–10,3) cm, vergilbtes geripptes Papier, 1 S. beschrieben; S. 2 Adresse und Bemerkung von anderer Hand:* Herrn / Hofrath Schiller / in / Weimar / zu behändigen, *in Schweinfurth*, dem / übergeben, der sich bey dieser Gelegenheit / dem Andenken des Herrn Hofraths selbst / wieder empfiehlt / HThon*(?).*

*ERLÄUTERUNGEN. Das Billett beantwortet keinen Brief Schillers. – Eine Gegenantwort ist nicht bekannt.*

*Als Absender des vorliegenden Billetts kommt Joseph (seit 1790) von Cloßmann (1755 bis 1826) in Frage (vgl. Datierung). Er wurde in Mannheim geboren als Sohn des kurpfälzischen*

*Hofkammerrats Georg Cloßmann (1731–1787), war seit seinem 11. Lebensjahr in der Armee und machte als kurpfälzischer, später kurpfalz-bayerischer und schließlich großherzoglich badischer Offizier Karriere. Als Befehlshaber des kurpfälzischen Feldjäger-Bataillons nahm er am Ersten Koalitionskrieg gegen Frankreich teil, u. a. an der Schlacht bei Kaiserslautern im November 1794. Von 1803 an diente Cloßmann in der großherzoglich badischen Armee und brachte es zum General und Militärgouverneur in Karlsruhe. – Die Zeitangabe* Vor Mehreren Jahren *im vorliegenden Billett kann sich nur auf Schillers Zeit in Mannheim von Juli 1783 bis April 1785 beziehen. Über eine Bekanntschaft Schillers mit Cloßmann ist jedoch nichts weiter bekannt.*

*Um wen es sich bei* HThon*(?) handelt, der sich Schiller auf der Rückseite des Billetts empfiehlt, konnte nicht mit Sicherheit ermittelt werden, wenn überhaupt die Lesung der Unterschrift als sicher gelten kann. Es scheint, daß Cloßmann ihm sein Billett in Schweinfurt übergab, damit er es Schiller in Weimar aushändigte. Nach freundlicher Auskunft von Heinz-Jürgen Thon, Verfasser der „Geschichte der Familie Thon in Sachsen-Eisenach bis zum Neubeginn in Bayern (1535–2005)" (Hausen 2006), ist an Hartwig Johann Wilhelm Thon (1759–1834) zu denken, 1780 Hofadvokat in Schweinfurt, 1789 in Nürnberg, 1793 durch den Herzog von Sachsen-Weimar und Eisenach zum fürstlich sächsischen Legationsrat beim Fränkischen Kreis in Nürnberg ernannt, dem er bis 1806 angehörte. Daß Schiller mit ihm bekannt war, ist nicht belegt. Ein anderes Mitglied der weit verzweigten Familie, Christian August Thon (1755–1829), war Geheimer Assistenzrat in Weimar (vgl. NA 41 II B, 765). Als er von Eisenach nach Weimar kam, vermittelte ihm Christian Gottlob Voigt im Frühjahr 1802 Schillers frühere Wohnung als Quartier, nachdem dieser in sein neu erworbenes Haus an der Esplanade gezogen war. Christian August Thon pflegte als „CAThon" zu unterschreiben, so daß er als Überbringer des vorliegenden Billetts wohl nicht in Frage kommt (nach freundlicher Auskunft von Martin Schalhorn, Esslingen).*

# II. KORREKTUREN UND ERGÄNZUNGEN

# 1. SCHILLERS BRIEFE

(NA 23–32)

## *NA 23, Nr 26*

*Der Brief an Christoph Dionysius von Seeger vom 24. September 1782 ist nach E wiedergegeben; nach H lautet der Text:*

*26. An Christoph Dionysius von Seeger*

*Mannheim, 24. September 1782. Dienstag.*

Hochwohlgebohrener Herr,
Hochgebietender Herr Obrist,

Die Überzeugung, daß ich mit einem Manne rede, der Gefühl für mein Unglük, und Weißheit genug für meine Lage hat, einem Mann, der in Verbindungen eines Vaters gegen mich steht, läßt mir jezt die Dreustigkeit zu Hochdenenselben mein Herz aufzudeken, und, wenn mich alle Ressourcen in der Welt verlaßen, meine Zuflucht zur Großmuth und Edeln Denkungsart meines ehmaligen Freundes zu nehmen. Seine Herzogliche Durchlaucht haben mir vor 4 Wochen das Herausgeben litterarischer Schriften verboten. Da ich mir schmeichelte durch eben dergleichen Schriften den Plan der Erziehung der in der Karlsacademie zu Grunde ligt auf eine auffallende Art gerechtfertigt, und geehrt zu haben; da es überdiß die Gerechtigkeit gegen mein eigenes Talent erfoderte, es zu meinem Ruhm und Glük anzubauen; da die wenige Schriften, die ich biß jezt der Welt mitgetheilt habe, meine jährliche Gage um fünfhundert Gulden jährlich vermehrt haben, so war es mir ganz unmöglich, ein Verbot, das alle diese Vortheile und Aussichten zu Grunde richtet, ganz mit Stillschweigender Gleichgültigkeit anzunehmen. Ich habe es gewagt Seine Herzogl*iche* Durchlaucht unterthänigst um die gnädigste Erlaubniss anzusuchen, Höchstdenenselben meine Lage in einem Schreiben vor Augen zu stellen. Diese Bitte wurde mir abgeschlagen und meinem General der Befehl gegeben mich so bald ich mich wieder um die Erlaubniss eines Briefs melden würde in Arrest nehmen zu laßen. Da ich aber nun schlechterdings gezwungen bin, dieses Verbot entweder aufgehoben oder gemildert zu sehen, so bin ich hieher geflohen, um meinem gnädigsten Landesherrn meine Noth, ohne Gefahr, vortragen zu können. Von Eurer Hochwohlgebohren aufgeklärtem Geist, und edelm Herzen hoffe ich großmütigste Unterstüzung in meiner höchst bedrängten Situation, denn ich bin der unglüklichste Flüchtling, wenn mich Serenissimus nicht zurükkommen laßen. Ich kenne die fremde Welt nicht, bin losgerissen von Freunden, Familie und Vaterland, und meine wenigen Talente wägen zu wenig in der Schaale der grosen Welt, als daß ich mich auf sie verlaßen könnte. Darf ich meine Zuflucht zu Ihnen nehmen verehrungswürdigster Herr. Darf ich Sie, der Sie schon sovielen Antheil an meinem Glük und meiner Bildung hatten auch izt noch auffordern Ihre Hand nicht von einem hilflosen zu wenden, der in einem unbekannten Land alles Schuzes beraubt Glük und Unglük von den Diensten seiner Freunde erwartet?

Ich schließe mit dieser frohen Hofnung, und habe die Gnade Euer Hochwohlgebohren in tiefstem Respekt zu versichern, daß ich nicht aufhören werde mich zu nennen

Hochwohlgebohrener Herr
Hochgebietender Herr Obrist

Hochderoselben unterthänig ergebenster
Frid. Schiller
Regimentsmedicus.

*ÜBERLIEFERUNG. H: Bis 1945 Preußische Staatsbibliothek Berlin, danach Biblioteka Jagiellońska Kraków (Krakau). 1 Doppelblatt 19,3 × 23,5 cm, 4 S. beschrieben. Leicht vergilbtes geripptes Papier, etwas stockfleckig. Wz.: C & I* Honig. *Der ein wenig beschädigte Brief ist in den Falzen mit Klebestreifen ausgebessert. – E: Würtembergische Jahrbücher für vaterländische Geschichte, Geographie, Statistik und Topographie. Jg. 1829. 1. Heft. Stuttgart und Tübingen 1831. S. 452–454. – Textwiedergabe nach H.*

### *NA 23, Nr 27*

*Der Brief an Herzog Carl Eugen von Württemberg vom 24. September 1782 ist nach E wiedergegeben; nach H lautet der Text:*

*27. An Herzog Carl Eugen von Württemberg*

Mannheim den 24. Sept. 1782. *Dienstag.*

Durchlauchtigster Herzog
Gnädigster Herzog und Herr,

Das Unglük eines Unterthanen und eines Sohns kann dem gnädigsten Fürsten und Vater niemals gleichgültig seyn. Ich habe einen schröklichen Weeg gefunden, das Herz meines gnädigsten Herrn zu rühren, da mir die natürlichen bei schwerer ahndung untersagt worden sind. Höchstdieselbe haben mir auf das strengste verboten litterarische Schriften herauszugeben, noch weniger mich mit Ausländern einzulaßen. Ich habe gehoft Eurer Herzoglichen Durchlaucht Gründe von Gewicht unterthänigst dagegen vorstellen zu können, und mir daher die gnädigste Erlaubniss ausgebeten, Höchstdenenselben meine unterthänigste Bitte in einem Schreiben vortragen zu dörfen; da mir diese Bitte mit Androhung des Arrests verwaigert ward, meine Lage aber eine gnädigste Milderung dieses Verbots höchst nothwendig machte, so habe ich, von Verzweiflung gedrungen, den izigen Weeg ergriffen, Eure Herzogliche Durchlaucht mit der Stimme eines Unglüklichen um gnädigstes Gehör für meine Vorstellungen anzuflehen, die meinem Fürsten und Vater gewiss nicht gleichgültig sind.

Meine bisherige Schriften haben mich in den Stand gesezt den Jahrgehalt, den ich von Höchstdero hoher Gnade empfing, jährlich mit 500 Gulden zu verstärken welcher ansehnliche Zuschuss für meine Gelehrtenbedürfniße nothwendig war. Das Verbot, das mir das Herausgeben meiner Arbeiten legte, würde mich in meinen oeconomischen Umständen äuserst zurüksezen, und gänzlich außer Stand sezen mir ferner die Bedürfniße eines Studierenden zu verschaffen.

Zu gleicher Zeit glaubte ich es meinen Talenten, dem Fürsten der sie wekte und bildete, und der Welt die sie schäzte schuldig zu seyn, eine Laufbahn fortzusezen, auf welcher ich mir Ehre zu erwerben, und die Mühe meines gnädigsten Erziehers in etwas belohnen könnte. Da ich mich bisher als den ersten und einzigen Zögling Eurer Herzog*lichen* Durchl*aucht* kannte der die Achtung der großen Welt sich erworben hat, so habe ich mich niemals gefürchtet meine Gaben für diesen Endzwek zu üben, und habe allen Stolz und alle Kraft darauf gerichtet mich hervorzuthun, und dasjenige Werk zu werden, das seinen fürstlichen Meister lobte. Ich bitte Eure Herzog*liche* Durchl*aucht* in tiefster Unterthänigkeit, mir zu befehlen daß ich das beweisen soll.

Ich mußte befürchten gestraft zu werden wenn ich Höchstdenenselben gegen das Verbot meine Anliegenheit in einem Schreiben entdekte. Dieser Gefahr auszuweichen bin ich hieher geflüchtet, fest überzeugt, daß nur die unterthänigste Vorstellung meiner Gründe dazu gehört, das Herz meines Fürsten gegen mich zu mildern. Ich weiss daß ich in der grosen Welt nichts gewinnen kann, daß ich in mein grösestes Unglük stürze; ich habe keine Aussichten mehr wenn Eure Herzog*liche* Durchlaucht mir die Gnade verwaigern sollte, mit der Erlaubniß Schriftsteller seyn zu dörfen, einigemahl mit dem Zuschuß den mir das Schreiben verschaft Reisen zu thun, die mich grose Gelehrte und Welt kennen lernen, und mich civil zu tragen welches mir die Ausübung meiner Medicin mehr erleichtert, zurükzukommen. Diese einzige Hoffnung hält mich noch in meiner schröklichen Lage. Sollte sie mir fehlschlagen so wäre ich der ärmste Mensch, der verwiesen vom Herzen seines Fürsten, verbannt von den Seinigen wie ein Flüchtling umherirren muss. Aber die erhabene Großmut meines Fürsten läßt mich das Gegentheil hoffen. Würde sich Karls Gnade herablaßen mir jene Punkte zu bewilligen, welcher Unterthan wäre glüklicher als ich, wie brennend sollte mein Eifer seyn Karls Erziehung vor der ganzen Welt Ehre zu machen. Ich erwarte die gnädigste Antwort mit zitternder Hoffnung, ungedultig aus einem fremden Lande zu meinem Fürsten zu meinem Vaterland zu eilen, der ich in tiefster Submission und aller Empfindung eines Sohns gegen den zürnenden Vater ersterbe

Eurer Herzoglichen Durchlaucht
unterthänigsttreugehorsamster
Schiller.

*ÜBERLIEFERUNG. H: Bis 1945 Preußische Staatsbibliothek Berlin, danach Biblioteka Jagiellońska Kraków (Krakau). 1 Doppelblatt 19,3 × 23,8 cm, 4 S. beschrieben. Leicht vergilbtes geripptes Papier, leicht stockfleckig. Wz.: Posthorn in gekröntem Schild mit angehängter Glockenmarke, darunter C & I* Honig. *Der leicht beschädigte Brief ist in den Falzen mit Klebestreifen ausgebessert; an den waagrechten Faltungen mehrere kleine Löcher. – E: Würtembergische Jahrbücher für vaterländische Geschichte, Geographie, Statistik und Topographie. Jg. 1829. 1. Heft. Stuttgart und Tübingen 1831. S. 449–452. – Textwiedergabe nach H.*

### *NA 23, Nr 31*

*Die Angaben zur Handschriftenbeschreibung in der Überlieferung zum Brief an Christophine Schiller vom 6. November 1782 sind zu korrigieren:*

*ÜBERLIEFERUNG. H: GSA. Doppelblatt 17 × 21(–21,3) cm, 4 S. beschrieben, bräunliches gerippptes Papier mit großflächigen verbleichten Flecken, Wz.: C HF (?), Bl. 2 am unteren Rand ausgerissen; S. 1 unten links in der Ecke von fremder Hand mit Blei:* 3., *unten am Seitenrand nicht ganz in der Mitte von fremder Hand mit (dunklerem) Blei:* 4. *Von dem Brief gibt es zahlreiche Facsimilia (darunter eines im GSA Weimar [Sign.: 83/563,3a], fünf im DLA/SNM). In Schiller-Reinwald, 6, Anm. 3 heißt es dazu: „Auf der uns vorliegenden Abschrift steht von der Hand der Freifrau Emilie von Gleichen-Rußwurm die Bemerkung: Diesen Brief* **mußte** *ich im Original nach der Bestimmung von Schwester Caroline, in deren Händen er war, dem Schiller-Museum [d. i. Schillerhaus] in Weimar geben. In dem Schillerhause wird von diesem Briefe ein gutangefertigtes Facsimile verkauft." – E: Morgenblatt für gebildete Leser 1851. Nr 134 vom 5. Juni. S. 533–534.*

### *NA 23, Nr 34*

*Der Brief an Sophia Stein vom 22. November 1782 ist nach E wiedergegeben; nach H lautet der Text:*

*34. An Sophia Stein*

*Oggersheim, den 22. November 1782. Freitag.*

Wenn er das Vergnügen nicht haben sollte Sie noch persönlich zu sehen, so soll Ihnen dieses Buch, das unter uns gesagt, einem beßern in Sophias Stein Büchersammlung Plaz machen könnte Ihnen die Empfehlung bringen von einem entfernten Freund, dem Verfaßer der Räuber

Frid. Schiller

Oggersheim im Viehof d. 22 Nov 1782

*ÜBERLIEFERUNG. H: Stadtbibliothek Ludwigshafen. 1 Blatt 9,5 × 15,5 cm, ½ S. beschrieben. – E: Marbacher Schillerbuch III. Hrsg. von Otto Güntter. Stuttgart und Berlin 1909. S. 1 (Otto Güntter). – Textwiedergabe nach H.*

*ERLÄUTERUNGEN. Ein Bezugsbrief und eine Gegenantwort sind nicht bekannt.*

*Sophia Henrica Stein (Lebensdaten konnten nicht ermittelt werden) war die Tochter des Mannheimer Kaufmanns Johann Heinrich Stein (1730/31–1783). Andreas Streicher, Schillers Gefährte auf der Flucht von Stuttgart, berichtet über die Begegnung mit Vater und Tochter in Mannheim:* S. *[Streicher]* war von Stuttgart aus Herrn Stein empfohlen. Die Blätter seines Reisegefährten *[Schiller]* wurden ihm vorgezeigt, und dasjenige, was mit der größten Standhaftigkeit jedem Manne verläugnet worden wäre, wußte das schmeichelnde Mädchen allmählich herauszulocken. *(Schiller's Flucht von Stuttgart und Aufenthalt in Mannheim von 1782 bis 1785. Stuttgart und Augsburg 1836. S. 144.) Gemeint ist die Identität Schillers, der unter dem Pseudonym Dr. Ritter unterwegs war. Streicher beschreibt Sophia weiter als eine* sehr reizende und in allen neueren Werken der Dichtkunst ganz einheimische Tochter *(ebd.). Dies erklärt die Buchsendung, die der vorliegende Brief begleitete. Der Brief wurde in Oggersheim geschrieben; dort hielten sich Schiller und sein Freund Andreas Streicher im Oktober/November 1782 nach der Flucht aus Stuttgart auf. In Oggersheim verkehrte Schiller mit dem Kaufmann Jacob Derain (1743–1813), der ein Verwandter von Stein war und durch diesen von der Identität Schillers erfahren hatte. Derain seinerseits, der ein aufgeklärter und literaturbeflissener Mann war, schickte ein von Schiller weggeworfenes Manuskript mit Szenen des „Fiesko" an Stein nach Mannheim (vgl. ebd. S. 143–144).*

**1** Sie noch persönlich zu sehen] *Am 30. November 1782 verließ Schiller Oggersheim und trat den Weg nach Bauerbach in Thüringen an, wo seine mütterliche Freundin Henriette von Wolzogen ein Gut besaß.*

**2** dieses Buch] *Nicht ermittelt.*

## *NA 23, Nr 37*

*Die Angaben zur Überlieferung des Briefes an Christian Friedrich Schwan vom 8. Dezember 1782 sind zu ergänzen:*

*ÜBERLIEFERUNG. […] Facsimile: Geliebte Schatten. Bildnisse und Autographen von Klopstock, Wieland, Herder, Lessing, Schiller, Göthe. […] hrsg. von Friedrich Götz. Mannheim 1858. Nr 3. […]*

## *NA 23, Nr 59*

*Der Brief an Wilhelm Friedrich Hermann Reinwald von Mitte April 1783 ist nach E wiedergegeben; nach H lautet der Text:*

*59. An Wilhelm Friedrich Hermann Reinwald*

*Bauerbach, Mitte April 1783.*

Bester Freund.

Ich weiss nicht ob Sie damit vorlieb nehmen können, Sie glauben nicht wie wunderlich es mir vorkömmt aus 2 Schauspielen grosen Inhalts heraus zu treten und Prologen für Kinderstüke zu machen. Nicht anders, als wenn einer aus der Schlacht kommt und Flöhe fangen mus.

Epilogen müssen auf das Stük das gespielt wird, Beziehung haben, oder sie sind ganz überlei. Da ich und Sie das Stük nicht wißen, so mus es unterbleiben.

Dalberg schreibt mir ich möcht ihm mein Stük ohne Verzug schiken. Ich hab ihm viele Fehler davon geschrieben, damit er sehen solte wie wenig ich mich ihm aufdringen will. Er schreibt daß es Tugenden für die Bühne wären. Karlos bleibt also liegen biß L*ouise* M*illerin* fertig ist.

Für den Seneka meinen Dank. Die Frau eilt.

Ihr Ritter

*ÜBERLIEFERUNG. H: GSA. 1 Doppelblatt 17,7 × 20,7 cm, 3 ¾ S. beschrieben (S. 1–3: „Prolog“ [NA 1, 147], S. 3–4: Brief); gerippptes Papier, vergilbt und stockfleckig, Wz.: Harfe. – E: Schiller-Reinwald (1875), 14 (Wendelin von Maltzahn). – Textwiedergabe nach H.*

## *NA 23, Nr 87*

*Der Brief an Anton von Klein vom 8. Januar 1784 ist nach D (Heinrich Mr. Malten: Bibliothek der Neuesten Weltkunde. Bd 2. Aarau 1840. S. 288) wiedergegeben; nach H lautet der Text:*

*87. An Anton von Klein*

*Mannheim, den 8. Januar 1784. Donnerstag.*

**PP**

Sehr angenehm war mir die Nachricht von meiner Aufnahme in die t*eutsche* Gesellschaft, welche ein so schöner Beweis Ihrer Thätigen Freundschaft für mich ist, und es wäre meine erste Pflicht gewesen, Ihnen persönlich deßwegen zu danken – doch verzeihen Sie es einer gewisen kranken Erschöpfung, welche mir die bisherigen vielen Proben meines F i e s k o zugezogen haben, und einer Überhäuffung von den unangenehmsten Geschäften, die durch meine bisherige Zerstreuung liegen geblieben sind. Solten Sie nur noch heute in Mannheim verweilen, so habe ich vielleicht doch noch die Freude Sie zu sehen – Wie Ihnen der Fiesko gefallen hat, wär ich sehr zu wißen begierig.

Sie kommen doch bald wieder zurük – und erlauben mir Ihnen nach München zu schreiben?

Ihr ganz ergebenster
Schiller

*ÜBERLIEFERUNG. H: DLA/SNM (Depositum des Familienarchivs Herzog von Urach, Graf von Württemberg). 1 Blatt (von einem Doppelblatt abgetrennt) 18,3(–18,5) × 22 cm, 1 S. beschrieben, Wz.: obere Hälfte von C & I* H*ONIG; S. 1 oben am Rand in der Mitte von fremder Hand mit schwarzer Tinte:* 37. V o n  S c h i l l e r.*; oben rechts über dem Text von derselben Hand mit schwarzer Tinte:* (Ohne Ortsbezeichnung und Datum, aber von Mannheim u vom 8. Juni 1784.) *(unter diesen Angaben abgedruckt in der „Bibliothek der Neues-*

*ten Weltkunde" [Bd 2. Aarau 1840. S. 288]); S. 2 oben links in der Ecke von fremder Hand mit schwarzer Tinte das falsche Datum:* Manheim F Schiller / d 8t Juny – 84. – *E: Zeitung für die elegante Welt. Nr 40 vom 24. Februar 1821. Sp. 315. – Textwiedergabe nach H.*

*LESARTEN.* **5** die] *verb. aus* in *(?) H*

### *NA 23, Nr 92*

*Die Angaben zum Verbleib der Handschrift in der Überlieferung zum Brief an Adolph von Knigge vom 14. April 1784 sind zu korrigieren:*

*ÜBERLIEFERUNG. H: (bis 2006) Privatbesitz Prof. Henn, Braunschweig. 1 Doppelblatt 19 × 22,8 cm, vergilbtes geripptes Papier. Facsimile: Stargardt-Katalog 567, Auktion vom 26./27. Mai 1964. Nr 343. Tafel 15. – E: Aus einer alten Kiste. Originalbriefe, Handschriften und Documente aus dem Nachlasse eines bekannten Mannes. (Wiederaufgefundene Ergänzungen zur Würdigung vergangener Zeiten und Personen.) [Hrsg. von Hermann Klencke.] Leipzig 1853. S. 37.*

### *NA 23, Nr 95*

*Die Angaben zur Überlieferung von Schillers Brief an Wilhelm Friedrich Hermann Reinwald vom 5. Mai 1784 sind zu korrigieren:*

*ÜBERLIEFERUNG. H: Österreichische Nationalbibliothek Wien. […] – E: [Andreas Streicher:] Schiller's Flucht von Stuttgart und Aufenthalt in Mannheim von 1782 bis 1785. Stuttgart und Augsburg 1836. S. 179–186.*

### *NA 23, Nr 97*

*Der Brief an Anton von Klein vom 5. Juni 1784 ist nach $D^2$ (Jonas 1 [1892], 188–189) wiedergegeben; nach H lautet der Text:*

*97. An Anton von Klein*

*Mannheim, den 5. Juni 1784. Sonnabend.*

*Salvo* T*itulo*

Eben erhalte ich von H*errn* von Dalberg folgenden Einschluß an Sie, und weil ich jetzt gerade zur Unzeit zum Mittageßen wohin engagiert bin, und nicht gleich selbst zu Ihnen kommen kann, so *[bricht ab]*

Der Inhalt des Briefs wird eine Bitte des Barons seyn, ein Mscrpt von mir zurükzuschiken, das durch seine Ubereilung unter andre Papiere kam. Sie werden, wenn sie es gelesen haben, finden, daß Sie Selbst es zwar ohne Anstand lesen, aber nicht mittheilen dürften. Dalbergs und meine Ideen, die wir kürzlich der T*eutschen* Gesellschaft vortrugen oder vortragen ließen, sind sehr unter unsern Wunsch aufgenommen worden, und mit Mißvergnügen habe ich von Seiten einiger Mitglieder die Bemerkung gemacht, daß alle Institute zur Beförderung der Schönen Litteratur und Kunst wenig Eingang bei Männern finden, die es unter der Würde eines Mannes halten, sich laut für etwas in diesem Fach zu erklären. Diese Empfindung konnte ich wol einem Freunde der Litteratur gestehen, aber es ist natürlich, daß die Art wie ich sie vortrage, für diejenige, die sich allenfalls getroffen glauben könnten, zu ekigt ist. Sie werden also die Güte haben, und das Manuscript entweder mir selbst, oder Dalbergen durch Rennschüb zurükgeben. Meine Idee zu einem Journal der Gesellschaft wird nie nach meinem Wunsch in Erfüllung gehn; Ich wollte einen grosen Schritt zur Beförderung des Theaters Thun, und behalte mir vor, Sie bei einem Plan zu einer Mannheimer Dramaturgie als Freund und quasi Verleger um das Nähere zu fragen. Wenn ich allenfalls heute nicht in die T*eutsche* Gesellschaft kommen könnte, so treffe ich Sie doch Morgen, und Wann? Frid. Schiller.

*ÜBERLIEFERUNG. H: Johns Hopkins University, Baltimore (Maryland), USA. 1 Blatt 23,3 × 19 cm, 1 S. beschrieben; auf der Rückseite von fremder Hand:* Manheim F Shiller / d $9^t$. Juny 84 *(vgl. zur Datierung NA 23, 329). – E: Zeitung für die elegante Welt 1821. Nr 40 vom 24. Februar. Sp. 315–316. – Textwiedergabe nach H.*

*LESARTEN.* **17** zurükgeben *verb. aus* zurükzugeben *H*

## *NA 23, Nr 103*

*Der Brief an Leopold Friedrich Goeckingk vom 23. August 1784 ist nach D (Schiller und Goethe. Reliquien, Characterzüge und Anecdoten. Gesammelt und hrsg. von Heinrich Döring. Leipzig 1852. S. 49–50) wiedergegeben; nach H lautet der Text:*

*103. An Leopold Friedrich Goeckingk*

Mannheim d. 23. August. 84. *Montag.*

Längst schon war es mein Wunsch, mit einem Manne, den ich so vorzüglich schäze und liebe, in einige Verbindung zu kommen, und auch die geringste Veranlaßung dazu ist mir wichtig genug. Zwar ist es ungewiß, ob ich Ihnen mit meiner Freundschaft etwas bedeutendes anbiete, aber ich wünschte, daß Sie Gebrauch davon machen, und mich in den Fall sezen möchten, Ihnen Dienste zu thun. Ihr fürtrefliches Unternehmen, das Journal für Deutschland hatte schon bei der ersten Ankündigung meinen ganzen Beifall, und eben darum möchte ich mir, wenn es möglich ist, ein kleines Verdienst um daßelbe erwerben. Laßen Sie mich also, wenn Sie meynen, daß diß der Fall werden könnte, mit Gelegenheit wissen, wo und wie ich Ihnen am brauchbarsten seyn kann, und verlaßen Sie Sich auf meinen thätigsten Antheil. Wahrscheinlich haben Sie in Mannheim Ihren Correspondenten schon, doch könnte es leicht seyn, daß dieser oder jener Artikel von einem andern vollständiger und richtiger angegeben würde.

Ich habe einige Kleinigkeiten beigeschloßen, die ich in dem nächsten Hefte abgedrukt wünschte. Da sie wenig Plaz weg nehmen, so schadet es meiner Meinung nach nichts, wenn sie auch für das ganze Deutschland nicht intereßant sind. Für die Lage einiger meiner Freunde sind sie es desto mehr.

Wollen Sie die Güte haben, mich Ihrem würdigen Freunde dem Herrn v. W u r m b zu empfehlen.

Mit vorzüglicher Achtung Ihr ergebenster

F. Schiller.

pp

Der bequemste Weeg mir zu antworten ist durch die Schwanische Buchhandlung.

*ÜBERLIEFERUNG. H: DLA/SNM. 1 Doppelblatt 11,5 × 19 cm, vergilbtes geripptes Papier, Wz.: Oberlängen von C & I* HONIG, *2 3/5 S. beschrieben (S. 1: Brief; S. 2–3: [Über die Mannheimer Preismedaille], [Über Iffland als Lear]; vgl. NA 22, 314–315 sowie NA 22 N). – E: Blätter für literarische Unterhaltung 1851. Nr 62 vom 13. März. S. 247 (ohne die Nachschrift). – Textwiedergabe nach H.*

*LESARTEN.* **9** der] d *verb. aus* F *H*

**NA 23, Nr 109**

*Die Angaben zur Überlieferung von Schillers Brief an Friedrich Justin Bertuch vom 12. November 1784 sind zu ergänzen:*

*ÜBERLIEFERUNG. H: DLA/SNM. […] – E[1]: C. G. Boerner: Lager-Katalog X. Autographen (1908). S. 19. Nr 178. E[2]: Marbacher Schillerbuch III. Hrsg. von Otto Güntter. Stuttgart und Berlin 1909. S. 2. […]*

**NA 23, Nr 110**

*Der Brief an Leopold Friedrich Goeckingk vom 16. November 1784 ist nach D (Schiller und Goethe. Reliquien, Characterzüge und Anecdoten. Gesammelt und hrsg. von Heinrich Döring. Leipzig 1852. S. 51–53) wiedergegeben; nach H lautet der Text:*

*110. An Leopold Friedrich Goeckingk*

Mannheim d. 16 November. 1784. *Dienstag.*

Schütteln Sie den Kopf nicht, mein Werthester, wenn Sie mich unversehends als Journalisten erbliken, und mir auf einer Straße begegnen, wo Sie selbst so vollkommen zu Hauße sind, und alle Gänge und Schliche kennen. Laßen Sie mich armen Wandersmann immer in Frieden dahinziehen, ich trage ja nur die Pakete nach, die Ihr reichbeladner

Frachtwagen fallen ließ. Stören Sie mein Bischen Verdienst nicht. Es wird mir schon ohnehin sauer genug werden.

Im Ernst, bester Freund, meine gegenwärtige müßige und unabhängige Situation, verbunden mit den Aufmunterungen einheimischer und fremder, welche noch immer ein Theaterjournal vermißen haben mich in Versuchung geführt mit einem Avertissement beim Publikum anzupochen, ob es m i c h für den Mann hält, ihm eins zu liefern. Es kann möglich seyn, daß ich meine Verheißungen halte, sobald das Publikum mein Gesuch unterstüzen will, und das muss jezo die Unterzeichnung entscheiden. Ich will offenherzig gegen Sie seyn. Ich glaube, daß mein Journal in dem Fache worinn es eigentlich besteht, Aufmerksamkeit verdienen wird. Sie können Sich vielleicht den besten Begriff davon machen, wenn ich Ihnen sage, daß es nach dem Muster des P h i l o s o p h e n für d i e W e l t (ohngefehr, nicht ganz) wird zugeschnitten werden. Die Welt mahlt sich in jedem Gehirne anders. Auch in dem meinigen, und so werden meine Zeichnungen neu seyn.

Da Sie ohnehin die Theaterrubrick in dem Ihrigen leer laßen, da die berliner theaterzeitung sinkt, und andere Broschüren dieser Art nichts taugen, so sind wenigstens von d i e s e r Seite meine Aspekten gut. Uebrigens wird der eigentliche Werth meines Museums auf etwas wichtigerem beruhen, und der Fall kann kommen, daß ich Wirkungen erreiche, die über den Kizel der Neugierde, oder eines flatternden Wizes erhaben sind. Die ersteren Hefte, solang biß ich mich mit guten Mitarbeitern vereinigt habe, enthalten mehrentheils m e i n e Arbeiten, die Empfindungen eines vollen Herzens, und einige wichtige Bemerkungen aus meinen bisherigen Zirkeln.

Ja werthester Freund und da wollte ich Sie denn bitten, zur Ausbreitung dieser Blätter, und Aufnahme des Journals Ihr Scherflein mit bei zu tragen. Laßen Sie mir einige Erfahrungen in der Sache zukommen, die Sie vielleicht mit Schaden gemacht haben, und, warum ich Sie vorzüglich ersuchen wollte, rüken Sie die Ankündigung (nach Ihrem Gutdünken abgekürzt) in Ihrem Journal ein, aber wenn es möglich ist, schon im nächsten Hefte. Übrigens weiss ich gewiss, daß Ihre Empfehlungen die Unterzeichnung befördern werden.

Ich unterschreibe mich mit unveränderlicher Freundschaft

Ihren ergebensten

F. Schiller.

P. S.

Aus hiesigen Gegenden kann ich Ihnen nichts von Erheblichkeit mittheilen. Eine erbärmliche Theaterbalgerei, die jedoch das ganze hiesige Publikum in Allarm brachte, ist das Merkwürdigste. Madame Wallenstein (vielleicht kennen Sie sie) mußte schnell vom Theater weichen. Wir verloren eine Hexe, um einer Mäze Plaz zu machen.

*ÜBERLIEFERUNG. H: DLA/SNM. 1 Blatt, 18,4 × 23 cm, vergilbtes geripptes Papier, Wz.: oberer Teil eines Posthorns in gekröntem Schild. – E: Blätter für literarische Unterhaltung 1851. Nr 62 vom 13. März. S. 247–248. – Textwiedergabe nach H.*

*LESARTEN.* **39** Theaterbalgerei] *danach* ist *gestr. H*

### *NA 23, Nr 112*

*Die Angaben zur Überlieferung von Schillers Brief an Johann Kaspar Lavater vom 16. November 1784 sind zu ergänzen:*

*ÜBERLIEFERUNG. H: Zentralbibliothek Zürich [...]. – E: Beilage zur Allgemeinen Zeitung. Nr 164 vom 20. Juli 1901. S. 5.*

### *NA 23, Nr 119*

*Die Beilage zum Brief an Antón Klein vom 7. Januar 1785, ein Wechsel über 132 Gulden, ist nach E wiedergegeben; nach H lautet der Text:*

Valor **132** fl.

Gegen diesen meinen Solabrief zahle ich a dato auf sechs Monate an die kurpfälzische deutsche Gesellschaft die Summe von hundert dreißig und zwei Gulden. Valuta habe baar erhalten, leiste zur Verfallzeit punctuelle Bezahlung

Mannheim
den 7. Jenner. 1785.

F. Schiller
Rath.

*ÜBERLIEFERUNG. H: Hessische Hausstiftung. Archiv und Bibliothek, Eichenzell. 1 Doppelblatt 19 × 22,8 cm, 1 S. quer beschrieben, leicht vergilbtes geripptes Papier, Wz.: C & I* HONIG. *S. 1 unter dem Datum von Wolfgang Heribert von Dalbergs Hand:* Alß Vorschus hiermit / angewiesen. / Frv: *(?)* Dalberg / Obervorsteher, *rechts daneben Siegel, unten in der Mitte:* ϴ *(Zeichen für lat. non/nihil: nicht/nichts). – E: Jonas 1 (1892), 224–225. – Textwiedergabe nach H (vgl. auch den Abdruck NA 41 II A, 253 und NA 41 II B, 307).*

*ERLÄUTERUNGEN. Schiller, seit der Nichtverlängerung seines Vertrages als Mannheimer Theaterdichter im September 1784 ohne feste Einkünfte, hatte bei Anton Klein, dem ‚Geschäftverweser' der Kurpfälzischen Deutschen Gesellschaft in Mannheim, in einem Brief vom 31. Dezember 1784 um einen Kredit gebeten, weil er eine* Ausgabe von Louisdors *zu machen habe (vgl. NA 23, 170–171). Nähere Angaben zum Verwendungszweck machte er nicht. Klein gewährte Schiller auf Grundlage des vorliegenden Wechsels 12 Louisdor aus der Kasse der Deutschen Gesellschaft* zum Behuf seiner Thalia, *wie es im Protokoll der Vorstandssitzung der deutschen Gesellschaft vom 8. Januar 1785 heißt (NA 41 II A, 253, Dok. 206). Die im Wechselbrief genannten 132 Gulden entsprechen einer Summe von nicht ganz 14 Louisdor. Der zu Grunde gelegte Wechselkurs ist freilich nicht bekannt. Weitere Erläuterungen vgl. in NA 41 II B, 307–308.*

## *NA 23, Nr 124*

*Der Brief an Christian Gottfried Körner von Mitte März 1785 ist nach E wiedergegeben; nach H lautet der Text:*

*124. An Christian Gottfried Körner*

*Mannheim, Mitte März 1785.*

Nur mit 2 Worten Dank, mein Bester, für Ihre Freundschaft, für die edle Aufnahme der Meinigen. Mein Herz ist voll. Ich mag meine Empfindung nicht durch Redseligkeit erkälten.

Tausendmal küßen Sie unsre lieben Mädchen, und lieben Sie biss zu seiner Ankunft Ihren

herzlichen Freund

Schiller.

*ÜBERLIEFERUNG. H: Det Kongelige Bibliotek København (Kopenhagen). 1 Blatt 18,5 × 25 cm, 1 S. beschrieben; auf der Rückseite unten links von fremder Hand:* v Schiller an seinen Freund *[...]* / in Stuttgard.*, über* Freund *ist ergänzt:* Koerner*, unten rechts in der Ecke:* Jonas 127. *– E: Westermann's Illustrirte Deutsche Monatshefte. Nr 32 der dritten Folge. Mai 1875. S. 224 (Robert Boxberger). – Textwiedergabe nach H.*

## *NA 24, Nr 2*

*Der Brief an Christian Friedrich Schwan vom 24. April 1785 ist nach $D^2$ (Jonas 1 [1892], 241–244) wiedergegeben; nach H lautet der Brief:*

*2. An Christian Friedrich Schwan*

Leipzig d. 24. April. 1785. *Sonntag.*

Sie haben das vollkommenste Recht, bester Freund, meines langen Stillschweigens wegen auf mich böse zu seyn, und doch kenne ich Ihre Güte schon zu gut, und rechne auf Ihre Vergebung. Wenn einer, in der größeren Welt noch so sehr Neuling wie ich, um die Meßzeit zum erstenmal nach Leipzig kommt, so ist es, wo nicht verzeihlich, doch wenigstens sehr begreiflich, daß er in den ersten Tagen über den Mannichfaltigkeiten, die durch seinen Kopf gehn, seiner selbst vergißt. Diß, theurester Freund, ist beinahe biß heute mein Fall gewesen, und ich stehle den angenehmen Augenblik, den ich, im Geiste, bei Ihnen zubringen darf.

Unsre Hieherreise, wovon Ihnen H*err* Göz eine umständliche Beschreibung machen wird, war die fatalste die man sich denken kann. Morast, Schnee und Gewäßer waren die drei schlimme Feinde die uns wechselsweise peinigten, und ob wir gleich von Vach an immer 2 Vorspanpferde gebrauchen mußten, so wurde doch unsre Reise, die freitags beschloßen seyn solte, biß auf den Sontag verzögert. Man behauptet auch durchgängig, daß die Meße durch die abscheulichen Weege merklich gelitten habe; wenigstens ist, selbst in meinen Augen, das Gedränge von Verkäufern und Käuffern weit unter der Beschreibung, die man mir im Reich davon gemacht hat.

Ich habe in der ersten Woche meines Hierseyns schon unzälige Bekanntschaften gemacht, worunter mir Weiße, Oeser, Hiller, Zollikofer, der Profeßor Huber, Jünger, der berühmte Schauspieler Reinike, einige hiesige Kaufmannshäußer, und einige Berliner die intereßantesten sind. Man kann, wie Sie selbst wißen, zu Meßzeiten eigentlich niemand ganz genießen, und die Aufmerksamkeit auf Einzelne verliert sich in dem Getümmel. Meine angenehmste Erhohlung ist bisher gewesen, Richters Kaffehauß zu besuchen, wo ich immer die halbe Welt Leipzigs beisammen finde, und meine Bekanntschaften mit Einheimischen und Fremden erweitere. Man hat mir von zerschiednen Orten her sehr verführerische Einladungen nach Berlin und Dresden gethan, denen ich schwerlich wol widerstehen werde. Es ist so eine eigene Sache mit einem schriftstellerischen Nahmen, bester Freund. Die wenigen Menschen von Werth und Bedeutung, die sich einem auf diese Veranlaßung darbieten, und deren Achtung einem Freude gewährt, werden nur allzu sehr durch den fatalen Schwarm derjenigen aufgewogen, die wie Geschmeißfliegen um Schriftsteller herumsumsen, einen wie ein Wunderthier angaffen, und sich obendrein gar, einiger vollgekleksten Bogen wegen, zu Kollegen aufwerfen. Vielen wollte es gar nicht zu Kopfe, daß ein Mensch, der die Räuber gemacht hat, wie andre Muttersöhne aussehen soll. Wenigstens rundgeschnittne Haare, Kourierstiefel und eine Hezpeitsche hätte man erwartet.

Man pflegt hier in vielen Familien den Sommer über auf den benachbarten Dörfern zu kampieren, und das Land zu genießen. Ich werde auch einige Monate in dem Orte Goliz zubringen, der nur eine Viertelmeile von Leipzig entlegen ist, und wohin ein sehr angenehmer Spaziergang durch das Rosenthal führt. Hier bin ich willens, sehr fleißig zu seyn, an dem Karlos und der Thalia zu arbeiten, und, was Ihnen vielleicht das angenehmste zu hören seyn wird, unvermerkt mich wieder zu meiner Medicin zu bekehren. Ich sehne mich ungeduldig nach dieser Epoche meines Lebens, wo meine Aussichten gegründet und entschieden seyn werden, und wo ich meiner Lieblingsneigung bloß zum Vergnügen nachhängen kann. Ueberdem habe ich ja die Medizin ehmals con amore studiert – Solte ich das jezt nicht um so mehr können?

Sehen Sie bester Freund, das könnte Sie allenfalls von der Wahrheit und Festigkeit meines Vorsazes überzeugen; dasjenige aber, was Ihnen die vollkommenste Bürgschaft darüber leisten dürfte, was alle Ihre Zweifel in meine Standhaftigkeit verbannen muß, habe ich noch biß auf diese Minute verschwiegen. Jetzt oder nie muß Vorsatzes es gesagt seyn. Nur meine Entfernung von Ihnen gibt mir den Mut, den Wunsch meines Herzens zu gestehen. Oft genug, da ich noch so glüklich war um Sie zu seyn, oft genug trat diß Geständniß auf meine Zunge, aber immer verließ mich meine Herzhaftigkeit, es heraus zu sagen. Bester Freund, Ihre Güte, Ihre Theilnahme, Ihr vortrefliches Herz haben eine Hoffnung in mir begünstigt, die ich durch nichts, als Ihre Nachsicht und Freundschaft zu rechtfertigen weiß. Mein freier zwangloser Zutritt in Ihr Hauß gab mir

Gelegenheit Ihre liebenswürdige Tochter ganz kennen zu lernen, und die freimütige gütige Behandlung, deren Sie beide mich würdigten, verführte mein Herz zu dem kühnen Wunsch, ihr Sohn seyn zu dörfen. Meine Aussichten sind biß jezt unbestimmt und dunkel geblieben, nunmehr fangen sie an, sich zu meinem Vortheile zu verändern. Ich werde mit jeder Anstrengung meines Geistes dem gewißen Ziele entgegengehn, urtheilen Sie selbst ob ich es erreichen kann, wenn der angenehmste Wunsch meines Herzens meinen Eifer unterstüzen wird. Noch zwei kleine Jahre, und mein ganzes Glük wird entschieden seyn. Ich fühle es, mein theurester Freund, wie v i e l ich begehre, wie kühn und mit wie wenigem Recht ich es begehre. Ein Jahr schon ist es, daß dieser Gedanke meine Seele beschäftigte, aber meine Hochachtung für Sie und ihre vortrefliche Tochter war zu groß, als daß ich einem Wunsche hätte Raum geben können, den ich damals durch n i c h t s unterstüzen konnte. Ich legte mir die Pflicht auf, Ihr Hauß seltener zu besuchen, und in der Entfernung Zerstreuung zu finden, aber dieser armselige Kunstgriff gelang meinem Herzen nicht. Der Herzog von Weimar war der erste Mensch, dem ich mich öfnete. Seine zuvorkommende Güte und die Erklärung, daß er an meinem Glük Antheil nähme, brachten mich dahin ihm zu gestehen, daß dieses Glük auf einer Verbindung mit Ihrer edlen Tochter beruhe, und er freute sich meiner Wahl. Ich darf hoffen, daß er mehr für mich handeln wird, wenn es darauf ankömmt, durch diese Verbindung mein Glük zu vollenden. Ich seze nichts mehr hinzu, bester Freund, als die Versicherung, daß vielleicht hundert andre Ihrer guten Tochter ein glänzenderes Schiksal verschaffen können, als ich in diesem Augenblik ihr versprechen kann, aber ich läugne daß eines andern H e r z Ihrer würdiger seyn wird. Von Ihrer Entscheidung, der ich mit Ungeduld und furchtsamer Erwartung entgegensehe hängt es ab, ob ich es wagen darf selbst an Ihre Tochter zu schreiben.

Leben Sie wohl, ewig geliebt von Ihrem

Frid. Schiller.

*ÜBERLIEFERUNG. H: Autographensammlung Wilhelm, Basel. 1 Doppelblatt 18,7 × 22,7 cm, leicht vergilbtes, geripptes Papier, in der Mitte waagrecht gefaltet, Bl. 2. am unteren Rand mehrfach leicht eingerissen, vereinzelte kleine Stockflecken, S. 1 verschiedene Bemerkungen von fremder Hand mit Bleistift, u. a. oben rechts:* 1255 / An Schwan, *S. 4. am unteren Rand Bemerkung von Schwans Hand mit Tinte:* L a u r a in Schillers R e s i g n a t i o n ist niemand anders als meine älteste Tochter. Ich gab derselben diesen Brief zu lesen und sagte Schillern, er möchte sich gerade an meine Tochter wenden. Warum aus der Sache nichts geworden, ist mir ein Räthsel geblieben*; am linken Rand heißt es:* Glücklich wäre Schiller mit meiner Tochter nicht geworden.*; S. 4 ebenfalls am linken Rand von fremder Hand mit Tinte:* S c h i l l e r, Sohn [?], *S. 4 unten rechts von fremder Hand mit Bleistift:* MPT. *Facsimile: Geliebte Schatten. Bildnisse und Autographen von Klopstock, Wieland, Herder, Lessing, Schiller, Göthe. […] Hrsg. von Friedrich Götz. Mannheim 1858. Nr 4. Tafel 1–4. Das Facsimile zeigt Schwans Bemerkung – anders als H – am linken Rand von S. 4; am unteren Rand nur die Worte* ein Räthsel geblieben *sowie die Unterschrift* C F Schwan, *die in H fehlt. Im Facsimile hingegen fehlt Schwans Bemerkung* Glücklich wäre Schiller *[…]* nicht geworden. *Nach Rudolf Brockhaus, der 1891 im Besitz der Handschrift war, handelt es sich bei dem von Götz herausgegebenen Facsimile um eine „Art von literarischer Fälschung" (Theodor Körner. Zum 23. September 1891. [Hrsg. von Rudolf Brockhaus.]*

*Leipzig 1891. S. 177). – E: Abend-Zeitung (Dresden). Nr 304 vom 20. Dezember 1821. – Textwiedergabe nach H.*

*LESARTEN.* **27** so eine] eine *ü. d. Z. erg. H* **44** ehmals] *danach* zum *gestr. H* **46** könnte Sie] Sie *ü. d. Z. erg. H* **54** begünstigt] *zweites* t *verb. aus* e *(?) H* **58** ihr Sohn] ihr *verb. aus* in *H* **66** geben können] können *verb. aus* könnte *H* **66** damals] *ü. d. Z. erg. H* **67** mir die] *danach* Gewalt *gestr. H*

## *NA 24, Nr 12*

*Die Angaben zur Überlieferung des Briefes an Johann Friedrich Kunze vom 13. September 1785 sind zu ergänzen:*

*ÜBERLIEFERUNG. H: GSA. […] Facsimile der beiden Unterschriftszeilen (***22,15–16***): Stargardt-Katalog 650, Auktion vom 10./11. Mai 1991. S. 105, Nr 204. […]*

## *NA 24, Nr 17*

*Die Angaben zur Überlieferung des Briefes an Johann Friedrich und Wilhelmina Kunze vom 7. Dezember 1785 sind zu ergänzen:*

*ÜBERLIEFERUNG. H: Sächsische Landesbibliothek – Staats- und Universitätsbibliothek Dresden. 1 Blatt 11,5 × 19 cm, 1. S. beschrieben, vergilbtes geripptes Papier, S. 2 in der linken Hälfte rotes Siegel; eingelegt in eine grüne Kladde. Facsimile: Stargardt-Katalog 663. Auktion vom 21./22. März 1996. S. 127 (zuvor bereits im Stargardt-Katalog 583. Auktion vom 28./29. November 1967. S. 73). – E: Weimarisches Jahrbuch für deutsche Sprache, Litteratur und Kunst 5 (1856). S. 179–180 (Carl Rahlenbeck).*

## *NA 24, Nr 18*

*Die Angaben zur Überlieferung des Briefes an Georg Joachim Göschen vom 16. [15.?] Dezember 1785 sind zu korrigieren:*

*ÜBERLIEFERUNG. H: Privatbesitz. – 1989 im Besitz von Prof. Dr. Walter Henn, Braunschweig. Zuletzt 2017 versteigert; vgl. Stargardt-Katalog 704. Auktion vom 14./15. März 2017. S. 100. Nr 213. Facsimile ebd. S. 101 (zuvor bereits im Stargardt-Katalog 691. Auktion vom 23./24. Juni 2009. S. 104. Facsimile: S. 103). […]*

## *NA 24, Nr 20*

*Der Brief an Georg Joachim Göschen vom 23. Dezember 1785 ist nach E wiedergegeben; nach H lautet die 1. Seite des Briefes:*

*20. An Georg Joachim Göschen*

Dresden d*en* 23. Dec. 85. *Freitag.*

Ich habe Ihren und meines Herrn Censors Wunsch erfüllt, liebster Freund, und sende Ihnen die verlangte Note. Diese hoffe ich wird den intoleranten Theil des Publicums zum Stillschweigen bringen.

Haben Sie die Güte, und versichern meinen Herrn Censor (deßen Nahmen ich mir in ihrem <*sic*> nächsten Brief ausbitte) dass ich mich glüklich schäze meine Thalia in solcher Kennerhand zu wißen. Er hat den Gesichtspunkt aus welchem meine 2 Gedichte betrachtet werden müssen schnell und ganz verstanden, und wie wenige werden das!

In Ansehung des Druks mein Lieber bitte ich Sie, diese neuen Gedichte nur um etwas weniges weiter auseinander sezen zu laßen, weil sie so beßer

*ÜBERLIEFERUNG. H: Privatbesitz. Zuletzt versteigert bei Kotte autographs (https://www.kotte-autographs.com/de/autograph/schiller-friedrich/ #89955). Facsimile der 1. Seite ebd. (https://www.kotte-autographs.com/documents/Buchnummern/59/BN59365.jpg); über die Handschrift wird mitgeteilt: „Eigenh. Brief mit U. Dresden. 2 SS. auf Doppelblatt. 8vo. Montiert auf das Vorsatzblatt von: Ders. Don Karlos Infant von Spanien. Leipzig, Georg Joachim Göschen, 1802. 432 SS. Mit gest. Frontispiz und 5 gest. Tafeln. Marmorierter Lederband der Zeit, Marmorvorsätze. 8vo.“ […]*

## *NA 24, Nr 24*

*Die Angaben zur Überlieferung des Briefes an Georg Joachim Göschen vom 13. Februar 1786 sind zu korrigieren:*

*ÜBERLIEFERUNG. H: Privatbesitz (Carola Fuhrmann, Neureichenau). 1 Blatt 23,2 × 18,6 cm, feingeripptes Papier (Angaben von Joachim Meyer, DLA/SNM). Zuletzt versteigert 2004; vgl. Stargardt-Katalog 680, Auktion vom 23./24. November 2004. S. 124. Nr 282. Facsimile der 1. S. ebd. S. 125. Facsimile der 2. S.: Nachrichten des Dorotheums Versteigerungsamt-Wien, 1. Autographen-Auktion vom 22. bis 25. Februar 1922. S. 53. Nr 826. […]*

## *NA 24, Nr 27*

*Die Angaben zum Verbleib der Handschrift in der Überlieferung des Briefes an Georg Joachim Göschen vom 4. April 1786 sind zu korrigieren:*

*ÜBERLIEFERUNG. H: ? – Zuletzt 2016 versteigert; vgl. Stargardt-Katalog 703. Auktion vom 5./6. April 2016. S. 126. Nr 264; zur Handschrift ist angegeben: ½ S. 4°; die untere Blatthälfte ist – unterhalb der Unterschrift – abgeschnitten und von alter Hand ergänzt. Fast nur im ergänzten Teil etwas stockfleckig.“ (Ebd.) […]*

## *NA 24, Nr 30*

*Der Brief an Wilhelm Friedrich Hermann Reinwald vom 15. April 1786 ist nach D (Jonas 1 [1892], 286–289) wiedergegeben; nach H lautet der Brief:*

*30. An Wilhelm Friedrich Hermann Reinwald*

Dresden d. 15. April. 1786. *Sonnabend.*

Liebster Freund,

Dißmal so unverzeihlich faul und nicht wieder, davor stehe ich Ihnen. Freilich hätten Sie ganz recht wenn Sie Sich eines Freundes schämten der so lange wartet wie ich, es Ihnen zu beweißen aber so ernsthafte Schlüße hätten Sie doch aus meinem Stillschweigen nicht ziehen sollen. Warum haben Sie keine schlechtere Meinung von meiner Schreibseligkeit in Briefen und keine beßre von meinem guten Willen? Wahrhaftig liebster Freund meine Faulheit hätten Sie verachten, verdammen, verfluchen, aber sie meiner Freundschaft nicht zur Last legen sollen, denn das versichere ich Ihnen, wenn man durch eine Correspondenz mit dem Apostel Petrus ins Himmelreich kommen müßte, so wärs um meine Seligkeit geschehen.

Doch liebster Freund ganz Faulheit war es nicht, was meine Antwort um einige Monate länger verzögerte. Sie haben mir einige Gedichte geschikt welche zu einer Sammlung gehören und wozu Sie einen Verleger wünschten. Ich habe Ihrem Auftrag gemäß durch einige Canäle die ich in Leipzig offen habe sondieren laßen, aber das eigennüzige Volk von Buchhändlern macht Schwierigkeiten die ich freilich in etwas voraussehen konnte. Sie liebster Freund verlieren nichts dabei wenn ich Ihnen sage, daß diese einzelne Stüke die Sie als eine Probe müssen ansehen laßen zu wenig S c h e i n für einen Kaufmann besizen. Freilich wären Gedichte dieses Inhalts desto schlimmer je mehr Glanz sie hätten, aber ich tadle es daß Sie gerade solche auswählten die ihrem Inhalte nach nicht auffallen können. Ganz zu verdenken ist es dem Kaufmann nicht, wenn er, da er selbst doch hierinn als Selbstkenner nicht urtheilen kann, sich nach etwas umsieht das in die Augen springt. Ein anderes wäre es, wenn Sie Sich vorhero hätten entschließen können mehrere einzelne Stükke in Journalen und andern Sammlungen zerstreut dem Publikum vorzulegen, so würde der Buchhändler Sie kennen und eine Speculation darauf wagen. In einem fränkischen Allmanach stehen einige Gedichte von Ihnen worunter eines ganz vortrefliche Gedanken hat. Wir haben es vor nicht gar langer Zeit in einer Gesellschaft bewundert, würde dieses allein so bekannt als es verdiente, so sollte es Ihnen ō schwer werden überal einen Verleger zu der ganzen Sammlung zu finden. Könnten Sie mir einige dieses Inhalts schiken so ließen wir sie in einigen Journalen herumfliegen, und kündigten darauf die Samlung an. Wollen Sie sich aber mit einem schlechteren Vorschlag begnügen mein lieber so schiken Sie mir nach und nach die einzelne Stükke für meine Thalia. Ich sehe Sie als meinen Associé an und laße Ihnen für den Bogen soviel bezahlen als mir bezahlt wird 2 Louisdors. Langsamer geht es so freilich, aber Sie haben den Vortheil in einiger Zeit die ganze Samlung aufs neue zu Geld zu machen, welches ich Ihnen rathe, denn wir arme Gelehrte müssen uns bezahlt machen wie wir können. Beherzigen Sie diese Idee und laßen Sie mich dann Ihre Entschließung hören.

Aber wird mein Freund sagen mit Nathan dem Weisen, wo vom Gelde die Rede ist. „Warum zuerst
von dieser Kleinigkeit?

Ich habe nur damit angefangen, um Ihren Vorwürfen eine Diversion zu machen, und den Artikel des Briefschreibens abzubrechen. Nachdem das geschehen ist, fahre ich weiter fort. Sie haben mir – oder Du hast mir (denn warum das entfernende Sie noch unter uns? Ich wundre mich daß es keinem von uns noch eingefallen ist es abzuschaffen, sind wir ō Brüder? Sapperment und sind wir nicht oder werden wir nicht Schwäger? also) Du hast mir in Deinem lezten Briefe kein Wort von einer Reise nach Stuttgardt geschrieben welche meines Wißens doch auf dem Tapet war, auch kein Wort von der Hochzeit, daß ich mich mit einem Carmine gratulatorio hymenæo thalassio darauf richten könnte. Im Ernst liebster Freund ich weiss gar nicht was vorgegangen sein muss, denn von Hauße habe ich nun schon über 2 Monate keine Antwort erhalten, meine Schwester hat mir keine Zeile Antwort geschrieben, und Du bist in Deinem Briefe auch von meiner Familie stumm. Was ist denn das? Wahrhaftig das ist der erste Fall in meinem Leben wo man mir Briefe schuldig bleibt, mein Vater glaube ich und meine Schwester wollen alle meine Correspondenten an mir rächen. Ubrigens ist mir diese Ungewißheit so gar angenehm nicht. Ich höre kein Wort von meiner Familie, und muss mir allerlei Sorgen darüber machen. Wenn Du etwas mehr weißt als ich, so lass mich es wißen.

Mir ist es übrigens hier wohl. Ich bin gesund, arbeitsam, im ganzen genommen heiter und lebe unter vortreflichen Menschen. Ich hoffe Du solst sie alle noch kennen und lieben lernen. Pfaffenrath war freilich hier, hat mich auch besucht, weil ich aber diesen Besuch nur dem bloßen Umstand zu danken habe daß er an meinem Hauße vorbeigieng und ich gerade über die Gaße lief, so habe ich auch warten wollen biss mich ein ähnlicher Umstand an seinem Logis vorbei und ihn über die Gaße führte, um ihm die Visite heimzugeben, welcher Umstand sich aber nicht vorgefunden hat, und inzwischen ist er wieder abgereißt. Das ist alles! Uebrigens Du verstehst mich.

Was Deine Bestellung der Thalia betrift so sollst Du Dich und sollen sich Deine Intreßenten nur noch 14 Tage gedulden. Dann wird das 3te Heft zugleich mit dem 2ten verschikt und die Sache ist wieder in Ordnung. Die Post zu Mannheim hat nichts mehr damit zu thun, und vollends nicht weil ich um alles Geld betrogen bin das sie mir für die versendeten Exemplare der Thalia schuldig ist. Mein Buchhändler wird es von jezt an an alle Liebhaber aufs beste und schleunigste besorgen. Jedes Heft wird einzeln bezahlt; doch das geht mich nichts mehr an.

Ich bin sehr begierig liebster Freund wir Du diese 2 neue Stüke der Thalia aufnehmen wirst, vorzüglich die Fortsezung des Carlos (von deßen erstem Akte Du mir nicht ein Wort gesagt hast) einige Gedichte, Philosophische Briefe und eine Erzählung. Doch das wirst Du dann schon finden. Den Einschluss besorge an Fr*au* v. Wolzogen der D*emoise*lle Doebnern empfihl mich, wie auch dem Herrn Hofprediger und Fleischmann. Antworte mir bald und versöhnt!!

Von ganzem Herzen der Deinige

Fridrich Schiller.

*ÜBERLIEFERUNG. H: Autographensammlung Wilhelm, Basel. 1 Doppelblatt 18,4 × 22,9 cm, 4 S. beschrieben, leicht vergilbtes, geripptes Papier, Kuvertfaltung, an den Falten leichte Papierschäden, an einigen Stellen verlaufene Tinte, S. 3* Pfaffenrath *(***59***) mit Tinte (von Schiller?) unleserlich gemacht, am unteren Rand von fremder Hand mit Einweisungszeichen und Bleistift:* Pfaffenrath*; Kuvert: 12,2 × 7,4 cm, Ränder eingerissen, stark stockfleckig, Vorderseite Adresse:* An / Herrn Rheinwald / herzogl. Meiningischen Rath und Bib- / liothekair / zu / Meinungen / frei Erfurt., *Rückseite rotes Siegel, auf ausgeklappter rechter Lasche Notiz von fremder Hand, Anfang unleserlich, Schluß:* geschickt im / Maÿ 86 *(Lesung unsicher). – E: Schiller-Reinwald (1875), 80–84. – Textwiedergabe nach H.*

*LESARTEN.* **20** ihrem] m *verb. aus* n *H* **30** wir] w *verb. H* **41** habe] *verb. aus* hätte *H* **41** nur] *über gestr.* nicht *H* **41** um] *über gestr.* wenn ich *H* **41** eine Diversion] *davor* nicht *gestr. H* **51** Zeile] ei *unklar verb. H* **63** welcher Umstand] *verb. aus* welches aber *H* **67** Die Post] D *verb. aus Ansatz zu anderem Buchstaben H* **75** Den Einschluss] D *verb. aus Ansatz zu anderem Buchstaben H*

*ERLÄUTERUNGEN.*
**45** ō] *Abkürzung für lat. non: nicht (Paul Arnold Grun: Schlüssel zu alten und neuen Abkürzungen. […] Limburg/Lahn 1966. S. 7).*

## *NA 24, Nr 41*

*Die Angaben zum Verbleib der Handschrift in der Überlieferung des Briefes an Georg Joachim Göschen vom 2. Juni 1786 sind zu korrigieren:*

*ÜBERLIEFERUNG. H: DLA/SNM. 1 Doppelblatt 11,4 × 18,8 cm […]*

## *NA 24, Nr 42*

*Die Angaben zur Überlieferung des Briefes an Johann Friedrich Kunze vom 24. Juli 1786 können ergänzt werden:*

*ÜBERLIEFERUNG. H: Bis 1944/45 Schillerhaus Leipzig-Gohlis, seitdem verschollen. Oktavformat, 1 S. beschrieben. Auf der 1. S. unter der Datumszeile Beantwortungsvermerk:* beantw. u. 50 rth. gesandt den / 25. July. *Facsimile: Universitätsbibliothek Johann Christian Senckenberg, Frankfurt a. M. […]*

*LESARTEN. […]* **59,17** Wienerischen] W *verb. aus nicht mehr lesbarem Buchstaben H*

## *NA 24, Nr 45*

*Der Brief an Georg Joachim Göschen vom 9. Oktober 1786 ist nach E wiedergegeben; nach H lautet der Text:*

*45. An Georg Joachim Göschen*

Dresden d. 9. Octob. 86. *Montag.*

Mit Ungeduld liebster Freund haben wir hier auf Nachricht von Ihnen gewartet. Wir wußten schon seit 8 Tagen daß Sie in Leipzig wieder angekommen wären und keine Zeile von Ihnen und Ihrer Reise. Laßen Sie es uns doch bald hören. Sie wißen welchen Antheil wir an allem nehmen was auf Ihr Schiksal Einfluß haben kann.

Hier folgt der Rest für das 4te Heft der Thalie. Sie werden gestuzt haben daß Räuber Moors leztes Schiksal noch nicht unter der Presse ist aber das hat einen nothwendigen Aufschub gelitten. Davor ist von einem andern großen Stük schon ein ziemlicher Theil fertig, welches zugleich mit dem Karlos auf die nächsten Ostern erscheinen soll.

Ich habe mir wol einbilden können daß die Wiener nicht gerne versifizierte Stükke spielen, obschon der Kaiser es meh*r*mal gefodert hat. Den Karlos gebe ich ohnehin nicht in Versen auf das Theater und schwerlich nach Wien.

Adieu liebster Freund. Geben Sie bald mehrere Nachricht von Ihrer Reise

Ihrem aufrichtigsten Freund
Schiller

*ÜBERLIEFERUNG. H: Privatbesitz, Frankfurt a.M. 1 Blatt 18,5 × 22,9 cm, 1 S. beschrieben, leicht gebräuntes Papier, Wz.: VANDER LEY, linker Rand minimal beschnitten. Facsimile: Katalog Bodin / Meaudre: Autographes, Documents Historiques, Livres Anciens, Auktion vom 12. Oktober 1999. S. 327. – E: Geschäftsbriefe (1875), 21–22 (Karl Goedeke). – Textwiedergabe nach H.*

## *NA 24, Nr 54*

*Die Angaben zum Verbleib der Handschrift in der Überlieferung des Briefes an Wilhelmina Friederica Schneider vom 11. Dezember 1786 sind zu korrigieren:*

*ÜBERLIEFERUNG. H: DLA/SNM. [...]*

## *NA 24, Nr 55*

*Der Brief an Friedrich Ludwig Schröder vom 18. Dezember 1786 ist nach* $D^2$ *und* $D^3$ *wiedergegeben (vgl. unten die Angaben zur Überlieferung); nach H lautet der Anfang des Briefes* **72,24–73,17**, *hier:* **1–21** Dresden *bis* der erste, *der Rest nach* $D^2$*:*

*55. An Friedrich Ludwig Schröder*

Dresden den 18. Dec. 86. *Montag.*

Ich habe die Antwort auf Ihren ersten Brief biß jetzt aufschieben müssen, weil ich mich über eine Reise nach Hamburg nicht entscheiden konnte, ohne mit gewissen

Personen darüber zu conferieren welche den nächsten Antheil an meinen Entschlüßen haben. Ich lebe hier im Schoose einer Familie der ich nothwendig geworden bin – einige andre Verhältnisse denen ich jedes Opfer bringen muß wollen mich lieber in Dresden als sonst irgendwo haben, ausserdem müßte ich doch, der Form wegen, mit dem Herzog von Weimar darüber übereingekommen seyn, weil mein Auffenthalt in Hamburg ein Engagement ist. Sonst muss ich Ihnen offenherzig gestehen, wäre es mehr meine Ungeduld Sie zu sehen, als jede andere Ursache warum ich gerne nach Hamburg reiste. Bei g u t e n Bühnen dünkt es mich hat man auf das Locale nicht soviel Rüksicht zu nehmen. Eine gewiße Fertigkeit oder Fühlbarkeit für das was in Schauspielen wirkt, die ich in Mannheim und auch hier zu erlangen Gelegenheit hatte wird bei mir diesen Mangel an Local Kenntniß ziemlich ersezen. Ausserdem glaube ich überzeugt zu seyn, daß ein Dichter, dem die Bühne, für die er schreibt immer gegenwärtig ist sehr leicht versucht werden kann, der augenbliklichen Wirkung den daurenden Gehalt aufzuopfern, Classicität dem Glanze – vollends wenn er in meinem Fall ist und noch über gewisse Manieren und Regeln sich nicht bestimmt hat. Und dann glauben Sie mir auch gewinnt mein Enthousiasmus für die Schauspielkunst dadurch sehr, wenn ich mir die glükliche Illusion bewahren kann, welche wegfällt sobald Coulissen und papierne Wände mich unter der Arbeit an meine Gränzen erinnern. Beßer ist es immer wenn der erste Wurf ganz frei und kühn geschehen kann und erst beim Ordnen und Revidiren die theatralische Beschränkung und Convenienz in Anschlag gebracht wird. Auf diese Art glaube ich lassen sich Kühnheit und Wahrheit mit Schiklichkeit und Brauchbarkeit vereinigen.

Das sind ohngefähr die Gründe welche ich dem herzlichen Verlangen entgegenseze, in Jhrem nähern Umgang zu leben. Eine Reise nach Hamburg überhaupt will ich gar nicht verschwören – vielleicht sehen Sie mich künftiges Jahr – unterdessen aber muß ich mich mit ihrem andern Vorschlag begnügen Ihnen meine Stükke zu s e n d e n.

Der Carlos wird auf den Jänner fertig, so daß Sie ihn spätestens in 6 Wochen erhalten können. Der Menschenfeind kann nicht viel früher als in der Mitte Aprils geendigt seyn. Nun muß ich mir vor allen Dingen Nachricht von ihnen ausbitten 1) ob ich den Carlos in Prosa für Ihre Bühne verwandeln muß, weil doch immer zu besorgen ist, daß die untergeordneten Schauspieler Jamben schief declamieren, und unter 12–15 Personen können nicht alle Meister seyn. Mir macht es eine Mühe mehr, aber eine angenehme Mühe, weil sie mir den Erfolg versichert.

2) Wünschte ich zu wissen welche Größe ich dem Stük geben, ob es 3 gute Stunden spielen darf? 3) ob ich mir im Punkte des Catholicismus, der Geistlichkeit und der Jnquisition einige Freiheiten erlauben darf oder ob es nothwendig ist, daß ich den Dominikaner weltlich mache und die verfänglichen Stellen streiche? 4) Ob die Schauspielerin der Sie die Prinzeßin Eboli zutheilen eine leidliche Arie singen kann? Es ist im Stükke darauf gerechnet und wenn es also nicht wäre so müßte ich damit eine Änderung treffen. 5) Ob es bei ihnen widrig auffallen möchte, wenn das Stük mehr als 5 Akte hätte – die gedrukte Ausgabe wird 24 Bogen und 9 Akte betragen, die Theateredition könnte 12 Bogen und 7 Akte haben. Sollten Sie meinen, daß man sich an dieser Regelverlezung stoßen werde so könnte ich jetzt noch eine Auskunft treffen. Ueber diese Fragen bitte ich mir bald eine Antwort aus.

Der Himmel bewahre mich übrigens, daß ich mich in kaufmännische Bedingungen über meine Stükke mit Ihnen einlasse. Sie gründen sie auf ihre Berechnung, die ich nicht weiß und also überlasse ich alles Ihnen. Nur bitte ich, daß ich die Freiheit behalte, die Stükke, wenn sie erst ihre Bühne betreten haben, auch auf ein anderes Theater bringen kann – und daß mein Manuscript das ich Ihnen schicke, nicht gedrukt wird.

Ich habe meinem ersten Briefe an Sie einen Einschluß an Bek beigelegt worauf ich noch keine Antwort habe. Er hat ihn doch erhalten?

Ich empfehle mich Ihrem Andenken bester Schröder und unterschreibe mich mit der vorzüglichsten Achtung

Ihr ergebenster

Schiller.

*ÜBERLIEFERUNG. H: ? Zuletzt 1998 versteigert; vgl. Stargardt-Katalog 670, Auktion vom 7./8. Juli 1998. S. 116. Nr 296; zur Handschrift ist angegeben: „2¾ S. gr.-8°, eng beschrieben." Facsimile der 1. S. ebd. S. 117. – E: Der Hausfreund, ein gemeinnütziges Wochenblatt für alle Stände. Hamburg 1829 (nicht mehr nachzuweisen). D¹: Jahreszeiten, Hamburger Neue Mode-Zeitung 12, 2 (1853). Sp. 2266–2268 (Ernst Willkomm). D²: Jonas 1 (1892), 320–322 (nach Berthold Litzmanns Kollation von H). D³: Stargardt-Katalog 510, Auktion vom 17. November 1953. S. 20. Nr 64 (Teildruck). D⁴: NA 24 (1989), 72–74 (nach D² und D³). D⁵: FA/Schiller 11 (2002), 188–190 (nach dem Facsimile und D²). – Textwiedergabe nach dem Facsimile und D² als dem zuverlässigsten Textzeugen, wie ein Vergleich mit dem Facsimile ergibt.*

*LESARTEN.* **14** Local] *verb. aus* local *H* **20** unter] *verb. aus* an, ter *u. d. Z. erg. H*

## *NA 24, Nr 58*

*Der Brief an Christian Gottfried Körner vom 26. Dezember 1786 ist nach $E^{a}$ (DLA/SNM. Von der Verlagsbuchhandlung Veit & Comp. nach H korrigiertes und ergänztes Exemplar von E) wiedergegeben; nach H lautet der Brief:*

*58. An Christian Gottfried Körner*

Dresden d. 26. Dec. 86. *Dienstag.*

Der Stollen samt seinen magern Collegen ist richtig angelangt und wir danken schön, freuen uns herzlich der Gewißheit daß die liebe Minna sich beßert und Ihr alle wohlauf seid. Wir sinds auch so ziemlich biß auf eine erschrökliche Langeweile. Ich weiß nicht warum ich den Feiertagen soviel nachfrage aber ich möchte mich gern auf einige Tage vergeßen, und hier ist niemand der mir das erleichterte. Vor einigen Tagen besucht ich die M*ademoise*lle Wagnern von welcher und ihrem Vater und Bruder ich euch ganz erstaunlich viel Schönes schreiben soll. Neumanns haben wir beide auch besucht und werden wahrscheinlich dieser Tage ein Whist dort spielen. Gestern Abend blieben wir zusammen zu Hauße und machten Punsch. Heute früh ist Haase bei uns gewesen, der euch sehr grüßen läßt.

Den Säugling v. Stollb*erg* hab ich gelesen, und wirklich einige sehr schöne Züge darin gefunden, ganz griechische Simplizität. Wenn das Jagen nach dieser nicht überal so sichtbar wäre so könnten die Stollbergischen Schriften mir gefallen. So aber muß ich gestehen, daß ich keinen Geschmak daran finde. Darin hast Du recht, daß Phantasie und dichterische Mahlerei sehr oft die Natur und Empfindung bei ihm verdrängen.

Meine Arbeiten gehen erträglich, nicht so rasch wie ich wünschte. Ich habe nicht frohe Laune genug mit Wärme meinem Vorhaben getreu zu seyn. Doch geht es vor sich und Du könntest immer ein Stük Arbeit gethan finden, wenn Du zurükkömmst.

Warum mir Göschen die Thalia noch nicht geschikt hat kann ich nicht recht begreifen. Erinnre ihn doch daran.

Tausend Grüße an alles was uns lieb ist. Es ist mir doch sehr lieb daß 10 Tage seit eurer Abreise verstrichen sind. Vielleicht schon die Hälfte der ganzen Zeit. Lebe wol lieber. Schreibe mir bald wieder.

Schiller.

P.S.

Deinen Brief hat Huber eben erhalten und wird ihn morgen beantworten. Ich vermuthe daß er Dir auch die 2 ersten Akte von Jaffier schikken wird. Er läßt herzlich grüssen.

Du bist ja seit Deinem Leipziger Aufenthalt ganz erstaunlich gelehrt worden, sogar Stellen aus dem Horaz!

Kömmst Du zu Schreitern und wie? Von litterarischen Fremden ist wol jezt nichts piquantes in Leipzig? Kömmt vielleicht Jünger mit euch hieher?

*ÜBERLIEFERUNG. H: Autographensammlung Wilhelm, Basel. 1 Blatt 18,6 × 22,8 cm, 1 ⅓ S. beschrieben, leicht vergilbtes, geripptes Papier, mittig längs und quer gefaltet, S. 1 am oberen Rand linke Hälfte von fremder Hand mit roter Tinte:* 7., *rechts oben von fremder Hand mit roter Tinte:* 40, *Text* Den Säugling *[...]* griechische Simplizität. *(***12–13***) von fremder Hand mit Rötel markiert. – E: Schiller-Körner 1 (1847), 68–70. – Textwiedergabe nach H.*

*LESARTEN.* **9** dort] t *verb. aus* d *H* **12** Stollb*erg*] S *unklar verb. H* **14** könnten] *Schluß-n später hinzugefügt H* **16** sehr oft] *danach* an die Stelle *gestr. H*

## *NA 24, Nr 77*

*Der Brief an Dorothea Elisabeth Reim vom 14. Mai 1787 ist nach E wiedergegeben; nach H lautet der Text:*

*77. An Dorothea Elisabeth Reim*

Dresden d. 14. May 87. *Montag.*

Herzlichen Dank liebste Freundin für Ihre gütige Besorgung. Ich habe das Geld richtig durch H*errn* Bassenge empfangen.

Die Hoffnung die Sie uns geben, uns diesen Sommer zu besuchen gibt mir schon im Voraus eine recht fröhliche Aussicht. Kommen Sie ja; wenden Sie alles an, Ihren Mann zu disponieren, wir wollen auf dem Weinberg recht vergnügte Tage haben. Und wenn S i e unsre Gesellschaft vermehren, so wird unsre Freude vollkommen seyn. Richten Sie es ein, daß Sie auf Koerners Geburtstage bei uns sind. Es ist zu Anfang des Julius.

Leben Sie wol liebste Freundin. Empfehlen Sie mich Herrn Schneidern. Viele viele Grüße von Koerners Dorchen und Hubern. Leben Sie recht wol und behalten Sie mich in gutem Andenken.

F. Schiller.

*ÜBERLIEFERUNG. H: Privatbesitz. (1995) Dr. Otfried Weickert, Augsburg. 1 Doppelblatt 18,9 × 11,6 cm, 1 S. beschrieben, Wz.: VAN DER LEY; S. 1 oben links in der Ecke von fremder Hand:* An Frau Feind / früher Reim. *– E: Euphorion 27 (1926). S. 356–357 (Eduard Berend). – Textwiedergabe nach H.*

***NA 24, Nr 80***

*Der Brief an Friedrich Ludwig Schröder vom 13. Juni 1787 ist nach D² (Jonas 1 [1892], 344–348) wiedergegeben; nach H lautet der Text der 1. Seite der Handschrift:*

*80. An Friedrich Ludwig Schröder*

Dresden 13. Juny. 87. *Mittwoch.*

Endlich erhalten Sie in Junius was Ihnen auf den Januar zugedacht war. Diese erste Probe meines Worthaltens liebster Schröder, wird Sie für alle folgende Fälle witzigen – aber thun Sie mir nicht zuviel. Die Umstände welche dißmal den Carlos verzögerten kommen zum Glück nicht so gar oft wieder und wenn sie kommen, so kommen sie doch nicht zugleich. E i n e Abhaltung und die stärkste könnt ich Ihnen nennen, weil sie sehr menschlich ist, aber ich brauche mein Papier jetzt zu nothwendigern Dingen.

Acht und zwanzig gedruckte Bogen auf soviel als Sie hier erhalten zu reduzieren war so leicht nicht. Vollends, wenn ich gewißen Rollen wenig abschneiden wollte, wie z. B. beim Philipp geschehen ist. Ich habe mich bei den andern Theatereditionen die zum Theil schon verschickt sind, so ungeschickt als möglich aus der Schlinge gezogen, aber was ich für **Sie** machte sollte reif und gedacht seyn, darum verschob ich Ihren Carlos biß zulezt. Halten Sie das nicht für einen Krämerkniff Ihnen meine Waare anzupreisen. Es ist mein Ernst und ich will Sie dadurch von nichts als meiner herzlich guten Meinung versichern.

Über das Stück selbst will ich Ihr Urtheil nicht prevenieren. Sie werden selbst sehen und mich entbehren. Aber über eine Hauptsache muß ich mich mit Ihnen berichtigen. Ich weiß

*ÜBERLIEFERUNG. H: Zuletzt versteigert 2020; vgl. Stargardt-Katalog Nr 708, Auktion vom 10./11. März 2020. S. 93–94, Nr 186; zur Handschrift ist angegeben: „5 S. 4°. Mini-*

*mal fleckig, winzige Faltenrisse." Facsimile der 1. Seite ebd. S. 93. – E: Der Hausfreund, ein gemeinnütziges Wochenblatt für alle Stände. Hamburg 1829 (nicht mehr nachweisbar). – Textwiedergabe (der 1. Seite) nach dem Facsimile.*

*LESARTEN.* **12** machte] *verb. aus* machen *(?) H*

### *NA 24, Nr 86*

*Der Brief an Christian Gottfried Körner vom 23. bis 25. Juli 1787 ist nach* $D^3$ *(Jonas 1 [1892], 352–360) wiedergegeben; nach H lautet der Brief:*

*86. An Christian Gottfried Körner*

Weimar d. 23*[–25.]* Jul. 87. *Montag–Mittwoch.*

Vorgestern Abend kam ich hier an. Was uns auf der Reise nach Leipzig begegnete wird euch die Schneidern geschrieben haben. In Naumburg hatte ich das Unglück den Herzog von Weimar um eine Stunde im Posthauße zu verfehlen, wo er mir beinah die Pferde weggenommen hat. Was hätte ich nicht um diesen glücklichen Zufall gegeben! Jezt ist er in Potsdam, und man weiß noch nicht, wie bald er zurückkommen wird.

Am nehmlichen Abend sah ich Charlotten. Unser erstes Wiedersehen hatte soviel gepreßtes, betäubendes daß mirs unmöglich fällt, es euch zu beschreiben. Charlotte ist sich ganz gleich geblieben, biss auf wenige Spuren von Kränklichkeit, die der Paroxysmus der Erwartung und des Wiedersehens für diesen Abend aber verlöschte und die ich erst heute bemerken kann. Sonderbar war es, daß ich mich schon in der ersten Stunde unsers Beisammenseins nicht anders fühlte als hätt' ich sie erst gestern verlaßen. So einheimisch war mir alles an ihr, schnell knüpfte sich jeder zerrissene Faden unsers Umgangs wieder an.

Eh ich euch über sie und auch über mich etwas mehr sage laßt mich zu mir selbst kommen. Die Erwartung der macherley Dinge die sich mir hier in den Weg werfen werden, hat meine ganze Besinnungskraft eingenommen. Ueberhaupt wißt ihr, daß ich bald von den Dingen die mich umgeben und nahe angehen, betäubt werde. Das ist jezt mein Fall, mehr und mit größerem Rechte als jemals. Ich habe mit keinen Kleinigkeiten zu thun und die vielerlei Verhältniße in die ich mich hier zertheilen muß, in deren jedem ich doch ganz gegenwärtig seyn muß erschröckt meinen Muth und läßt mich die Einschränkung meines Wesens fühlen.

Gestern, als am Sontag, habe ich keinen Besuch gemacht, weil ich den ganzen Tag bei Charlotten zubringen sollte. Diesen Morgen habe ich Wieland in einem Billet begrüßt und erhalte eben die Antwort, daß er mich diesen Nachmittag bei sich erwarten wird. Auch er scheint nicht von aller Unruhe frey zu seyn, denn er schreibt mir, meine Erwartungen so tief als möglich herab zu stimmen. Er scheint sehr ungeduldig mit mir bekannt zu werden, ich brenne vor Ungeduld in seine Seele zu sehen.

Einige Bekanntschaften habe ich indeß schon bei Charlotten gemacht eines Grafen von Solms und Fr*au* v. Imhof, der Schwester der Fr*au* v. Stein, die Körnern aus meiner

Beschreibung bekannt ist. Meine Bekanntschaft mit dem ersten ist sehr lebhaft geworden und bei der leztern habe ich wie ich glaube einen ziemlich erträglichen Eindruck gemacht, was mir lieb ist, weil sie noch denselben Abend in einer großen Assemblee den ersten Laut von mir wird haben erschallen lassen. Die übrigen Weimarischen Götter und Götzendiener werde ich in dieser Woche schon expedieren. Wieland soll mir hierinn einige politische Maaßregeln vorzeichnen. Göthe ist noch in Italien, Bode in Paris, Bertuch ist auch abwesend, Rheinhold ist schon in Jena. M*ademoise*lle Schröder sehe ich wahrscheinlich bei Charlotten, M*ademoise*lle Schmidt soll ein redseliges affektiertes und kaltes Geschöpf seyn. Also aus der Parthie wird nichts. Schlagt mir eine beßere vor.

Ich wohne biß jezt noch im Gasthof zum Erbprinzen, Fr*au* v. Imhof will sich um ein Logis für mich bemühen. Solang ich nicht in m e i n e n vier Wänden bin, erwartet nichts ordentliches von mir. Ort und Gegenden habe ich noch nicht Zeit gehabt in Augenschein zu nehmen. Doch gewann ein niedliches Wäldchen, das zum Spaziergang angelegt ist, schon im Hereinfahren mein Herz. Hier meine lieben werde ich oft unter euren Schatten herumwandeln.

Charlotte ist eine große sonderbare weibliche Seele, ein wirkliches Studium für mich, die einem größeren Geist als der meinige ist, zu schaffen geben kann. Mit jedem Fortschritt unsers Umgangs entdecke ich neue Erscheinungen in ihr, die mich, wie schöne Parthien in einer weiten Landschaft überraschen, und entzücken. Mehr als jemals bin ich jetzo begierig wie dieser Geist auf den eurigen wirken wird. H*err* von Kalb und sein Bruder werden im September eintreffen und Charlotte hat alle Hofnung daß unsre Vereinigung im October zu Stand kommen wird. Aus einer kleinen Bosheit vermeidet sie deßwegen auch, in Weimar die geringste Einrichtung für Häußliche Bequemlichkeit zu machen, daß ihn die Armseligkeit weg nach Dresden treiben soll. Sind wir einmal da, so läßt man euch für das weitere sorgen. Die Situation des H*errn* v. Kalb am Zweibrückischen Hofe, wo er eine Carrière machen dürfte, wenn der Curfürst v. d Pfalz sterben sollte, läßt sie wirklich 10 biß 15 Jahre über ihren Auffenthalt frey gebieten.

Von dem kleinen Fritz habe ich euch noch nichts gesagt. Es ist ein liebes Kind aus ihm geworden, das mir viele Freude macht. Er wird recht gut behandelt und hat schon sehr viele Züge von Güte und Gehorsam gezeigt. Charlotte geht wenig in Gesellschaft, wird aber nunmehr in diesem Punkt eine Veränderung treffen. Zu Ende dieser Woche oder Anfang der folgenden wahrscheinlich laße ich mich der Herzogin vorstellen.

Jezt adieu meine lieben. Ich muß diesen Brief abbrechen weil er gleich auf die Post muß. Meine ganze Seele ist bei euch – denn sollte Freundschaft ein so armseliges Feuer seyn, daß es durch Theilung verlöre. Kein Geschöpf in der Welt kann euch die Liebe, kan euch nur den kleinsten Theil der Liebe entziehen, womit ich auf ewig an euch gebunden bin. Adieu. Kunzens meine herzlichen Empfehlungen. Frid. Schiller

Dienstag frühe) Der Brief wäre hier auf der Post unnütz liegen geblieben, weil ich zu späte gekommen bin und erst Donnerstags eine Post abgeht. Ich erbreche ihn und erzähle euch wie es mir gestern ergangen ist.

Ich besuchte also W i e l a n d, zu dem ich durch ein Gedränge kleiner und immer kleinerer Kreaturen von lieben Kinderchen gelangte. Unser erstes Zusammentreffen war wie eine vorausgesezte Bekanntschaft. Ein Augenblick machte alles. Wir wollen langsam anfangen, sagte Wieland, wir wollen uns Zeit nehmen einander etwas zu werden. Er zeichnete mir gleich bei dieser ersten Zusammenkunft den Gang unsers künftigen Verhältnißes vor und was mich freute, war, daß er es als keine vorübergehende Bekanntschaft behandelte sondern als ein Verhältniß, das für die Zukunft fortdauren und reifen sollte. Er fand es glücklich, daß wir uns jezt erst gefunden hätten. Wir wollen dahin kommen sagte er mir, daß einer zu dem andern wahr und vertraulich rede, wie man mit seinem Genius redet.

Unsre Unterhaltung verbreitete sich über sehr mancherlei Dinge, wobei er viel Geist zeigte und auch mir dazu Gelegenheit gab. Einige Materien, religionsgespräche z. beispiel, legte er besonders auf künftige Tage zurück, hierbei schien er sich sehr wol zu haben und über diesen Stoff ahnde ich werden wir warm werden. Auch über politische Philosophie wurde viel gesprochen, etwas über Litteratur, Göthe, die Berliner, und Wien. Von Klingern sprach er sehr witzig, Stollberg ist seine Renonce wie die unsrige; Er ist jezt ganz in den Lucian versunken, den er wie den Horatz übersetzen und commentieren wird.

Sein Äuseres hat mich überrascht. Was er ist hätte ich nicht in diesem Gesichte gesucht – doch gewinnt er sehr durch den Augenblicklichen Ausdruck seiner Seele, wenn er mit Wärme spricht. Er war sehr bald aufgeweckt, lebhaft, warm. Ich fühlte, daß er sich bei mir gefiel und wußte daß ich ihm nicht misfallen hatte, eh ichs nachher erfuhr. Sehr gerne hört er sich sprechen, seine Unterhaltung ist weitläuftig und manchmal fast biß zur Pedanterei vollständig, wie seine Schriften, sein Vortrag nicht fließend aber seine Ausdrücke bestimmt. Er sagte übrigens viel alltägliches, hätte mir nicht seine Person, die ich beobachtete, zu thun gegeben, ich hätte oft Langeweile fühlen können. Im Ganzen aber bin ich sehr angenehm bei ihm beschäftigt worden, und was unser Verhältniß betrift kann ich sehr mit ihm zufrieden seyn. Man sagte mir nachher, daß er es nicht gewohnt wäre sobald in d e n Ton mit einem andern zu entrieren, und unverkennbare Theilnahme, Wohlwollen und Achtung sprach aus ihm. Er wird sich näher an mich anschließen, er verweilte mit Wärme bei meinem Alter und bei der Idee, wie viel Spielraum mir noch übrig wäre. Wir wollen aufeinander wirken sagte er und ob er gleich für Umänderung zu alt wäre, so wäre er doch nicht unverbeßerlich.

Über meine Erwartungen und meine Absichten habe ich aus guten Gründen, in der ersten Unterredung kein Wort mit ihm verloren. Uberhaupt kann ich, da der Herzog doch noch nicht sobald kommt, abwarten biss er selbst davon anfangen wird. Es sollte mich wundern, wenn er nichts hierüber etwas im Schilde führte. Ich blieb 2 Stunden bei ihm, nach deren Verfluss er in den Clubb mußte. Er wollte mich dort gleich einführen aber ich hatte Charlotten zugesagt, mit ihr spazieren zu gehen. Unterwegs wollte er wegen der Schwan bei mir auf den Busch klopfen, ich war aber kalt wie Eis und höchst einsilbig. Es machte mir Spass, wie er sich dabei nahm.

Wieland ist hier ziemlich isoliert, wie er mir auch gesagt hat. Er lebt fast nur seinen Schriften und seiner Familie. Diese hab ich noch nicht gesehen, er will mich das nächstemal darin einführen. Mit ihm werde ich vermutlich auch nach Jena gehen.

Ich weiss nicht was ich euch über ihn gesagt und was ich vergeßen habe. Ist es etwas wichtiges so wird es mir ein andermal einfallen.   Morgen besuche ich Herdern. Was ich dort sehe und höre, sollt ihr noch in diesem Briefe erfahren.

Hier ist wie es scheint schon ziemlich über mich, und mich und Charlotten gesprochen worden. Wir haben uns vorgesetzt kein Geheimniss aus unserm Verhältniß zu machen. Einige mal hatte man schon die Discretion – uns nicht zu stören wenn man vermuthete daß wir fremde Gesellschaft los seyn wollten. Charlotte steht bei Wieland und Herdern in großer Achtung. Mit dem ersten hab ich selbst über sie gesprochen.

Sie ist jezt biss zum Muthwillen munter, ihre Lebhaftigkeit hat auch mich schon angesteckt und sie ist nicht unbemerkt geblieben. Heute schickt der Kammerherr Einsiedel, den ich weder besucht noch gesehen habe zu mir, und läßt sich entschuldigen daß ich ihn nicht zu Hause getroffen habe. Er wolte mir aufwarten – ich verstand anfangs nicht was das bedeutete, Charlotte aber glaubt daß es ein Pfiff wäre, mich zu ihm zu bringen, weil er mich der Herzogin vorstellen sollte. Diese lebt auf dem Lande, eine halbe Stunde von hier. Nun kann ich nicht umhin mich nächster Tage præsentieren zu laßen.

Ein Logis habe ich im Hause der Fr*au* v. Imhof erhalten. Ich weiss aber noch nicht wie mirs gefallen, und was es mir kosten wird. Heute soll ichs erst sehen. Es ist auf der Esplanade, eine Allee vor dem Hause, welche mich oft an das Fleischmannische und den Japonischen Garten erinnern wird

Ich komme von Herdern. Wenn ihr sein Bild bei Graff gesehen habt so könnt ihr ihn euch recht gut vorstellen, nur daß in dem Gemählde zuviel leichte Freundlichkeit, in seinem Gesicht mehr Ernst ist. Er hat mir sehr behagt. Seine Unterhaltung ist voll Geist, voll Stärke, und Feuer. Aber seine Empfindungen bestehen in Hass oder Liebe. Göthen liebt er mit Leidenschaft mit einer Art von Vergötterung. Wir haben erstaunlich viel über diesen gesprochen, was ich euch ein andermal erzählen will. Auch über politische und philosophische Materien einiges, über Weimar und seine Menschen, über Schubart und den Herzog v. Wirt*em*b*e*rg, über meine Geschichte mit diesem. Er haßt ihn mit Tirannenhass. Ich muss ihm erstaunlich fremd seyn, denn er fragte mich ob ich verheurathet wäre. Uberhaupt gieng er mit mir um, wie mit einem Menschen, von dem er nichts weiter weiß, als daß er für etwas gehalten wird. Ich glaube er hat selbst nichts von mir gelesen. Herder ist erstaunlich höflich, man hat sich wohl in seiner Gegenwart. Ich glaube, ich hab ihm gefallen denn er äuserte mehrmals, daß ich ihn öfters wiedersehen möchte.

Über sein Bild von Graff ist er nicht sehr zufrieden. Er hohlte mirs her und liess michs mit ihm vergleichen. Er sagt daß es einem italienischen Abbe gleich sehe.

Göthe, gesteht er, habe viel auf seine Bildung gewirkt.

Er lebt äuserst eingezogen, auch seine Frau die ich aber noch nicht gesehen habe. In den Clubb geht er nicht, weil dort nur gespielt oder gegeßen oder Tobak geraucht würde. Das wäre seine Sache nicht. Wielands Freund scheint er nicht sehr zu seyn. Musäus hat er mir gerühmt. Er klagt sehr über viele Geschäfte und daß er zu Schriftstellerei wenig Zeit übrig behielte. Unter allen Weimar*ischen* Gelehrten sei Wieland der einzige, der seinem Geschmack und seiner Feder leben könnte.

Von Herdern ist mir hier eine Schrift in die Hand gekommen: Gott, ist der Titel. Der Anfang, der von Spinoza handelt, hat mir gefallen. Das übrige hat keine Klarheit für mich. Herder haßt Kanten, wie Du wißen wirst.

Eben hatte ich eine gar liebliche Unterbrechung, welche so kurz war, daß ich sie Euch ganz hersetzen kann.

Es wird an meine Thür geklopft.

„Herein"

Und hereintritt eine kleine dürre Figur in Weißem Frack und grüngelber Weste, krumm und sehr gebückt.

„Habe ich nicht das Glück, sagt die Figur, den Herrn Rath Schiller vor mir zu sehen?"

„Der bin ich. Ja.

„Ich habe gehört, daß Sie hier wären und konnte nicht umhin den Mann zu sehen, von deßen Dom Carlos ich eben komme."

Gehorsamer Diener. Mit wem hab ich die Ehre?

„Ich werde nicht das Glück haben Ihnen bekannt zu seyn. Mein Nahme ist Vulpius."

Ich bin Ihnen für diese Höflichkeit sehr verbunden – bedaure nur daß ich mich in diesem Augenblick versagt habe, und eben (zum Glück war ich angezogen) im Begriff war auszugehen."

Ich bitte sehr um Verzeihung. Ich bin zufrieden, daß ich Sie gesehen habe."

Damit empfahl sich die Figur – und ich schreibe fort.

Ich muß hier einen Bedienten annehmen, weil ich zum Verschicken die Leute nicht habe und alle Tage etwas dergl*eichen* vorfällt. Charlotte hat mir einen ausgemacht und ich erwart ihn in einer Stunde. Gefällt er mir und ist er nur mit 5 Thal*ern* des Monats zufrieden, so bring ich ihn mit nach Dresden.

Das schwarze Kleid hätt ich ganz entbehren können. Ich kann im Frack zum Herzog und zur Herzogin. Annonciert werde ich heute. Ich habe den Kammerherrn Einsiedel besucht, der ein herzlich gutes Geschöpf ist mit dem ich eine Stunde vom deutschen Fürstenbund gesprochen habe. In diesem Hauße kann ich Musik hören, ein gewißer Schlick geht dort aus und ein.

Nun will ich doch schließen. Gott weiss wann ihr diesen Brief erhalten werdet. Charlotte hat euch schon geschrieben. Lebt tausendmal wol und behaltet mich lieb. Ewig der eurige

Schiller.

*ÜBERLIEFERUNG. H: Autographensammlung Wilhelm, Basel. 1) Doppelblatt 18,7 × 22,5 cm, leicht vergilbtes, geripptes Papier, 4 S. beschrieben, S. 1 oben links von fremder Hand mit roter Tinte:* $11.^{\underline{a}}$, *oben rechts von fremder Hand mit roter Tinte, verblaßt:* 65, *unter dem Wort* nehmlichen *(***7***) von fremder Hand:* + ×××, *zwischen den Worten* wenige Spuren *(***9***) von fremder Hand:* + ×××, *über dem Wort* jemals *(***19***) von fremder Hand:* + d, *S. 3 oben rechts von fremder Hand mit roter Tinte, verblaßt:* 66, *unter dem ersten Teil des Wortes* Hereinfahren *(***44***) von fremder Hand:* × vorbei. *2) Doppelblatt 11,6 × 8,8 cm, leicht vergilbtes, geripptes Papier, Wz.: Teil eines Schilds mit angehängter Glockenmarke, darunter:* HONIG, *4 S. beschrieben, S. 1 oben links von fremder Hand mit Rötel:* $11^{\underline{b}}$, *oben rechts von fremder Hand mit roter Tinte, verblaßt:* 67, *S. 3 oben rechts ebenso:* 68. *3) Doppelblatt 11,6 × 8,8 cm, leicht vergilbtes, geripptes Papier, Wz. wie zuvor, 4 S. beschrieben, S. 1 oben rechts von fremder Hand mit Rötel:* $11^{\underline{c}}$ *sowie mit roter Tinte, verblaßt:* 69, *S. 3 oben rechts ebenso:* 70; *S. 4 der Name* Schiller *(***165***) von fremder Hand mit Bleistift markiert. 4) 1 Blatt 11,6 × 8,8 cm, leicht vergilbtes, geripptes Papier, dem linken Blattrand zufolge von einem ursprünglichen Doppelblatt abgerissen, Wz. wie zuvor, 1 S. beschrieben, S. 1 oben rechts von fremder Hand mit Rötel:* $H^{\underline{d}}$ *sowie mit roter Tinte, verblaßt:* 71, *unter den Worten* die Leute nicht *(***176***) mit Einweisungszeichen von fremder Hand mit Tinte:* niemand. – *E: Schiller-Körner 1 (1847), 96–107.* – *Textwiedergabe nach H.*

*LESARTEN.* **29** Einige] *verb. aus* Eine *H* **33** weil sie] sie *verb. aus* Sie *H* **34** haben] *ü. d. Z. erg. H* **37** Bertuch ist] st *unklar verb. H* **38** redseliges] *davor* kaltes *gestr. H* **45** herumwandeln] *verb. aus* herumgewandeln *(vermutlich sollte es ursprünglich* herumgehen *heißen)* **47** meinige] *verb. aus* meinige× *H* **77** Verhältniß, das] *danach* er *(?) gestr. H* **107** nach] *danach* welc *gestr. H* **109** bei] *verb. aus* ××× *H* **165** Figur, den] *danach* Rath *gestr. H* **170** bekannt] e *unklar verb. H* **172** versagt] *verb. aus* versagte *H* **176** nicht] t *verb. aus* × *H*

## *NA 24, Nr 87*

*Der Brief an Christian Gottfried Körner vom 28.[–29. und 31.] Juli 1787 ist nach einer Autopsie von H wiedergegeben; nach H lautet der Brief:*

*87. An Christian Gottfried Körner*

Weimar d. 28 *[–29. und 31.]* Jul. 87. *Sonnabend bis Sonntag und Dienstag.*

Unsern Briefwechßel mein lieber lege ich mir vorjezt noch als einen künftigen Genuß zurück. Mein Geist ist nicht gesammelt und meine Zeit nicht in meiner Gewalt. Er sollte Dich mit meinen Empfindungen bekannt machen und ich habe biß jezt noch nicht an mich gedacht. Erst in einigen Tagen beziehe ich meine Wohnung. Biß dahin nimm vorlieb mit einem Zeitungston.

Gestern habe ich einen vergnügten Tag gehabt. Ich bekam eine Einladung von der Herzogin und Wieland sollte mit mir nach Tiefurth fahren. Dieses geschah. Unterwegs hatt' ich Gelegenheit verschiednes von ihm herauszubringen, das mir am Herzen lag. Es wird Dich freuen wenn ich Dir sage, daß sich ein Verständniß unter uns bildet, wie ich es mir lange gewünscht habe. Der Ton, auf den er sich schnell mit mir gestimmt hat verräth mir Zutrauen, Liebe und Achtung. Soviel seh ich offenbar, daß er mich vor den meisten schriftstellerischen Menschen unsers Deutschlands auszeichnet und hohe Erwartungen von mir hegt. Mit meinen bisherigen Produkten (den Carlos soll er erst lesen) ist er übel zufrieden wie er mir aufrichtig gesteht, aber er versichert mir daß er nie daran gezweifelt habe, ich könnte und würde ein großer Schriftsteller werden. Sein Urtheil über mich ist so ziemlich das unsrige. Ich habe, sagte er, eine starke Zeichnung, große und weitläuftige Compositionen, ein lebhaftes Colorit, aber nicht Correction, Reinheit, Geschmack. Delikateße und Feinheit vermißt er auch in meinen Produkten. Es kommt nun darauf an, ob der Carlos ihm beweisen wird, daß ich diesen mangelnden Attributen näher gekommen bin. Ich mußte ihm gleich den Abend als wir nach Hause kamen ein Exemplar davon schicken, weil Reinhold das seinige nach Jena genommen hat. Er will den Carlos mit mir lesen und mir im Detail davon seine Meinung sagen. Alle diese Freiheiten, hat er mir oft wiederhohlt, würde er sich nicht gegen mich erlauben, wenn ich ihn nicht sehr intereßierte.

Unterwegs bereitete er mich auf die Herzogin vor. Er suchte mich zur Toleranz für sie zu stimmen, weil er wiße, daß sie verlegen seyn würde. Es gieng alles nach Wunsch. Ich traf sie mit dem Kamerherrn von Einsiedel und einer Hofdame im Gartensaal.

In einer kleinen halben Viertelstunde war die ganze Bekanntschaft in Ordnung. Wir waren zwei Stunden dort, es wurde Thee gegeben und von allem möglichen viel schaales Zeug geschwazt. Ich gieng dann mit der Herzogin im Garten spazieren, wo ich sie schönstens, aber beinahe mit sovieler Arbeit wie Mlle Charpentier unterhielt. Sie zeigte mir alles merkwürdige, Wielands Büste die dort aufgestellt ist, Ihres Bruders des Herzog Leopolds v*on* Braunschweig Monument und andres. Nachher giengen wir in ihr Wohnhaus, das überaus einfach und in gutem ländlichen Geschmack mœubliert ist. Hier wurde mir einige schöne Landschaften von Kobell gezeigt. Gegend Abend empfahlen wir uns und wurden mit Herrschafts Pferden nach Hause gefahren. Wieland, der keine Gelegenheit vorbeiläßt mir etwas angenehmes anzukündigen, sagte mir daß ich sie erobert hätte. Und wirklich fand ich dieses in der Art wie sie mich behandelt hatte, ihre Hofdame, ein verwachsenes und mocquantes Geschöpf der ich einige Aufmerksamkeit bewies war so galant, mich mit einer Rose zu regalieren, die sie im Garten für mich suchte. Diesen morgen empfange ich wieder eine Einladung zum Thee, Conzert und Soupee bei der Herzogin.

Sie selbst hat m i c h nicht erobert. Ihre Physiognomie will mit nicht gefallen. Ihr Geist ist äuserst borniert, nichts interessiert sie als was mit Sinnlichkeit zusammenhängt, diese gibt ihr den Geschmack den sie für Musik und Mahlerei und dgl. hat oder haben will. Sie ist selbst Componistin, Göthens Erwin und Elmire ist von ihr gesetzt. Sie spricht wenig, doch hat sie das Gute, keine Steifigkeit des Ceremoniells zu verlangen, welches ich mir auch treflich zu nutze machte. Ich weiss nicht, wie ich zu der Sicherheit meines Wesens zu dem Anstand kam, den ich hier behauptete. Charlotte versichert mir auch, daß ich es hier überal mit meinen Manieren wagen dürfe. Biß jetzt habe ich, wo ich mich zeigte, nirgends verloren. Charlottens Idee von mir hat mir Zuversicht gegeben, und die nähere Bekanntschaft mit diesen Weimarischen Riesen – ich gestehe Dirs – hat meine Meinung von mir selbst – verbeßert.

Nunmehr freue ich mich auf die junge Herzogin, von der mir allerwärts viel Vortrefliches gesagt wird. Bei der Alten hatte ich zu überwinden, weil sie meine Schriften nicht liebt und ich ihr fremd war. Die junge ist meine eifrige Patronin, und meinen Arbeiten ganz vorzüglich gut. Charlotte hat mehrmals mit ihr von mir gesprochen und sagt mir daß ich bei ihr seyn dürfte was ich bin, daß ich sie für alles schöne und edle empfänglich finden würde. In 14 Tagen wird sie hier seyn. Der Herzog aber kommt erst im September. Eine unangenehme Neuigkeit für mich.

Mein Verhältniß mit Charlotten fängt an, hier ziemlich laut zu werden und wird mit sehr viel Achtung für uns beide behandelt. Selbst die Herzogin hat die Galanterie, uns heute zusammen zu bitten und daß es darum geschah, habe ich von Wieland erfahren. Man ist in diesen Kleinigkeiten hier sehr fein und die Herzoginnen selbst lassen es an solchen kleinen Attentionen nicht fehlen.

Nunmehr habe ich das Logis in Beschlag genommen, das Charlotte vorher gehabt hat. Es kostet mir das Vierteljahr mit den Moeubles 17 und ½ Thaler. Viel Geld für 2 Zimmer und eine Kammer. Einen Bedienten der zur Noth schreiben kann, habe ich für 6 Thaler angenommen.

d. 29. Jul.) Gestern Abend also war ich mit Charlotten in Tiefurth. Unsre dortige Geselschaft war Wieland, Graf Solmes der hier durch seine ausgezeichnete Verstandes Gaben und Kenntniße sehr viel Aufsehen macht, und ein preußischer Offizier. Schlick und seine Frau, die Du vermuthlich dem Rufe nach kennst, spielten meisterhaft, er das Violonzello und Sie die Violine. Charlotte fuhr nach dem Concert nach Hause, weil sie sich nicht wohl fühlte, ich musste aber auf ihr Verlangen zurückbleiben. Das Soupee war im Geschmack des ganzen, einfach und ländlich aber auch ganz ohne Zwang. Charlotte will behaupten, daß ich mich diesen Abend zu frey betragen habe, sie zog mich auch auf die Seite und gab mir einen Wink. Ich habe, sagte sie, auf einige Fragen die die Herzogin an mich gethan, nicht dieser sondern ihr geantwortet und die Herzogin stehen laßen. Es kann mir begegnet seyn, denn ich besann mich niemals, daß ich Rücksichten zu beobachten hätte. Vielleicht habe ich der H*erzogin* dadurch mißfallen.

Als wir nach Weimar zurückkamen fanden wir Gotter mit Ettingern und seiner Frau eben aus Gotha angelangt. Es formierte sich noch eine Punschparthie zwischen Solmes, Einsiedel, Gottern und mir.

Gotter ist ein zerrissener Karakter, dem ich mich nie hingeben könnte. Er hat viele, aber französische, Bildung, viel Geist und Witz, aber dabei eine Nüchternheit, die mich abschröckt. Hier ist er sehr anerkannt. Seine Gedichte mußt Du kaufen. Sie verdienens. Das lezte, das er gemacht hat ist ganz vortreflich, es heißt die Flucht der Jugend. Gotter und die Ettingern sind auch von Charlottens Bekanntschaft.

Als ich Gottern über den Carlos hörte, erfuhr ich zu meinem Erstaunen etwas ganz neues – daß die Scene des Königs mit Carlos nach dem Tode des Marquis die beste wäre, und nach dieser Carlos Gefangennehmung bei der Eboli. Die Scene Philipps mit dem Marquis würde er vielleicht gar nicht berührt haben, wenn er sie nicht getadelt hätte, sie wäre in Ph*ilipps* Karakter unmöglich. Die Scene des Marquis mit der Königin erwähnte er auch nur in so fern, als er sagte, es verdrieße ihn daß die Königin den Marquis um seines Opfers willen tadle. Als ich ihn auf die wahre Ursache aufmerksam machen wollte zeigte sichs daß er nichts davon geahndet hatte. Er verwarf es aber ganz, was ich damit wollte.

Die Wirkung die der Carlos auf Charlotte gemacht hatte war mir angenehm, doch fehlte es ihr weil sie krank und schwach war) oft an Sammlung des Geists, selbst an Sinn. Des Königs sogenannter Monolog hat auf sie erstaunlich viel Wirkung gethan. Die Stellen im Stück, die ich auf sie gleichsam berechnet habe, wovon ich Dir gesagt, erreichten ihre Wirkung ganz. Des Marquis Scene mit dem König that viel auf sie, aber alles faßte sie nicht beim ersten Lesen. Auf sie wirkte die Schönburgische Scene recht sehr aber auch sie verstand nicht gleich, was ich mit dem Ausgang derselben wollte.

d. 31. July.) Gestern Abend war ich von 4 biß ½ Zehn Uhr in Wielands Gesellschaft. Es war verabredet daß er mich um 6 Uhr in den Clubb führen sollte. Der Tag war schwühl und ich fand ihn von der Hitze fast gelähmt. Wieland ist hypochondrisch-besorgt für seine Gesundheit daß er Mitten im heißen Sommer nach Zehn Uhr Abends nicht ohne Mantel geht. Heute aber litt er durch die Hitze, und eine körperliche Apathie sprach aus allem was er sagte. Wir sprachen von Thätigkeit, und das Gefühl seiner Ermattung glaube ich war es, was ihm seine heutige Philosophie eingab, denn er declamierte gegen alle Wirksamkeit als etwas äuserst undankbares. Von der politischen erklärte er, daß kein ganz rechtschaffener Mann einen großen Posten darin bekleiden oder erhalten könne, das bewies er mit Turgots Beispiel, den er äuserst verehrt. Ich nahm mich mit Wärme der schriftstellerischen an, und zwang ihm doch endlich ab, daß er diese als etwas positives betrachtete. Doch auch hier verrieth sich der Unmuth seines

Hertzens. Er führte mir an, daß er jetzt mehrmalen Briefe von jungen Leuten erhielte, die ihm deutlich zeigten, daß man ihn nur für einen Professor halte, der ein Journal herausgebe. Bei lebendigem Leibe fange er an, vergessen zu werden und nach seinem Tode werde es ganz vorbei seyn. Ich sagte ihm, daß diese junge Leute, wenn sie zehen Jahre älter worden, anders an ihn schreiben würden. Er konnte sich aber nicht zufrieden geben. Man sieht daß er ungern ins Dunkle tritt. Er brach das Gespräch ab, und erinnerte mich daß ich ihm meine Geschichte versprochen hätte. Diese erzählte ich ihm also biß dahin, wo sich die Idee zu den Räubern bei mir entwickelte. Hier wurden wir abgebrochen, er liess sich zum Clubb frisieren, und schloss mir solange seine Bibliothec auf. Meine Geschichte hat ihn sehr aufmerksam erhalten, er fand Ähnlichkeiten darinn mir seiner eigenen.

In seiner Bibliothec (die ich aber kaum anfangen konnte zu durchlaufen) wimmelt es von französischen Feenmährchen, Romanen, und dergleichen Schriften, von englischen Romanen und italienischen Dichtern, an welchen seine Bildung und Schriftstellerei hängen mag. Ich fand Gotters Gedichte die mir neu waren, und untersuchte die übrige Fächer für heute nicht weiter. Wir giengen in den Clubb, wo wir nur einige wenige fanden. Da das Wetter ganz vortreflich war schlug er einen Spaziergang im Stern vor. Hier bezahlte er mir meine Geschichte mit der seinigen, die ich Dir aber ein andermal erzählen will. Sie war auch nicht zum dritten Theil geendigt als wir zum Abendessen im Clubb anlangten. Er hat mir einen großen Beweis seines Vertrauens an diesem Tage gegeben, weil ich auch sehr aufrichtig gegen ihn gewesen war. Er entdeckte mir die Entstehung einiger Gedichte, der Comischen Erzählungen und der Musarion. Er würde mir vielleicht einmal ein Buch schicken, sagte er, woraus er die erste Idee zu dem lezten genommen habe. Ich bat ihn angelegentlich darum. Eigentlich wär es nicht in der Ordnung, sagte er mir bei dieser Gelegenheit, daß er mir meine Offenherzigkeit mit der seinigen bezahlte, denn ich wäre ein junger Mann und er ein alter – doch wolle er mich an Geist zehen Jahre älter und sich um eben soviel jünger annehmen, und es auf diese Art gleich machen. Das Buch sollte ich einmal haben. Da ich ihn soweit kenne, und durch andre Menschen über ihn unterrichtet war, so erstaunte ich wirklich über diese Redlichkeit gegen mich, mir eine Blöße zu verrathen. Bei Tische mußte ich sein Gast seyn. Das Abendmal war der Conversation nach heute sehr prosaisch, in allem waren heut neun Menschen, einige seichte hiesige Cavaliers und Rath Kraus, dessen Bekanntschaft ich schon gestern gemacht, der ein übrigens guter Mensch ist und sehr zuvorkommend und höflich gegen mich gewesen war. Er hat auf einen Besuch den ich ihm machen wollte, wo ich ihn nicht traf, drei eben so fruchtlose Gegenbesuche gemacht, biss ich ihn endlich in seinem Hause traf. Er hat sich zu allen Diensten bei mir erboten.

Durch mein Engagement zum Clubb hatte ich mir eine Parthie verschlagen, wozu ich mit Gottern gebeten war. Sie war im Belvedere, die Schrödern war dabei, Einsiedel und Schlicks. Auf dem Spaziergang mit Wieland im Stern hatte ich durch Wieland einige Weimarische Menschen kennen lernen, die an uns vorbei passierten. Ein Spaß begegnete mir. Wir stießen auf drei Frauenzimmer, worunter die mittlere und größte sehr hübsch war. Eine andre junge und eine alte waren dabei, die sich sehr vertraut mit Wieland unterhielt. Ich blieb in einiger Entfernung gleichgültig zurück, unterließ aber nicht meine Augen an der schönen zu weiden. Als sie weg waren frug ich Wieland ziemlich hastig, wer diese Schöne gewesen. „Ein Fräulein von – (ich weiß den Namen nicht mehr) war die Antwort. – Und die andern? – „Meine Frau und Tochter“ Ich wurde roth biss über die Ohren, weil ich erstaunlich gleichgültig nach den leztern gefragt hatte, denn Wieland hatte mich seiner Familie noch nicht vorgestellt gehabt und also kannte ich sie nicht. Er half mir aber aus dieser Verlegenheit, indem er sich selbst über die Schönheit der andern verbreitete. Frau Hofrat Wieland und ihre Tochter aber möchten mich für einen Grobian halten.

Stellt euch mein Herzeleid vor. Charlotte kündigt mir an, daß ich, als Weimarischer Rath sobald ich in der Stadt selbst mich dem Hof präsentieren wolle, beim hiesigen Adel und den ersten bürgerlichen Ceremonien Besuche machen müsse. Ob das gleich nun durch bloße Carten ausgerichtet zu werden pflegt und ich meinen Bedienten habe, so stehe ich doch in Gefahr, bei einigen angenommen zu werden, und wenn auch nicht, so ist eine halbe Woche schändlich verloren. Ich kann mich, ohne einen großen Fehler gegen die Lebensart zu begehen, nicht davon ausschließen.

Nun lebet wol, tausend tausend Grüße. Deinen Brief, lieber Körner, habe ich erhalten und danke Dir daß Du den meinigen nicht erst hast abwarten wollen. Ich freue mich Deiner Hofnungen. Möchtest Du Dich auch bald der meinigen freuen können! – In meinem ersten Brief vergaß ich Dir zu schreiben daß mir Göschen 30 Thaler gleich bezahlt hat. Mit dem gebundenen Carlos habt ihr recht gethan, aber den in Englischem Band, der durch die Mine bei demselben Buchbinder bestellt ist und nun fertig seyn wird laß abhohlen und bezahl ihn indessen. Diesen schicke mir auch sobald möglich zu. Ich schließe diesen Brief in meinem neuen Logis, wo ich nun eingerichtet bin.

Noch einmal adieu. Euch allen einzeln zu schreiben ist mir biß heute nicht wohl möglich gewesen, aber es geschieht bald. Behaltet mich lieb. Ich bin ewig

der eurige

Schiller.

Grüßt Kunzens.

*ÜBERLIEFERUNG. H: GSA. 2 ineinandergelegte Doppelblätter und 1 Einzelblatt 11,6 × 8,8 cm, 8 S. beschrieben. Leicht vergilbtes geripptes Papier. Wz. des 2. Doppelblatts: Obere Hälfte eines gekrönten Schilds mit Posthorn. Wz. des Einzelblatts: Teil eines Schilds mit Posthorn, darunter [C & I] HONIG. – E: Schiller-Körner 1 (1847. S. 107–117. – Textwiedergabe nach H.*

*LESARTEN.* **36** wurde] *Schreibfehler H* **36** Gegend] *Schreibfehler H* **73** Offizier.] *Punkt erg. nach Streichung von* verstärkten unsern Zirkel *H* **93** Die Scene] Die *verb. aus* Der *H* **101** war)] *öffnende Klammer fehlt H* **103** im Stück] *ü. d. Z. erg. H* **123** aber nicht] nicht *ü. d. Z. erg. H* **168** die Schönheit] die *verb. aus* diese *H* **175** bei einigen] *ü. d. Z. erg. H* **176** mich] *ü. d. Z. erg. H*

### *NA 24, Nr 92*

*Der Brief an Christian Gottfried Körner vom 12. und 13. August 1787 ist nach $D^3$ (Jonas 1 [1892], 379–384) wiedergegeben; nach H lautet der Brief:*

*92. An Christian Gottfried Körner*

Weimar d. 12. *[und 13.]* Aug. 1787. *Sonntag und Montag.*

Ich weiß mich nicht genau mehr zu erinnern, wo ich in meinem lezten Brief stehen geblieben bin, indeß will ich fortfahren. – Am vorigen Sontag hört ich Herdern zum erstenmal predigen. Der Text war der ungerechte Haushalter den er mit sehr viel Verstand und Feinheit auseinander sezte, Du kennst das Equivoque in diesem Evangelium. Die ganze Predigt glich einem Discours den ein Mensch allein führt, äuserst plan, volksmäßig, natürlich. Es war weniger eine Rede als ein vernünftiges Gespräch. Ein Satz aus der praktischen Philosophie angewandt auf gewiße Details des bürgerlichen Lebens – Lehren, die man eben so gut in einer Moschee als in einer christlichen Kirche erwarten könnte. Einfach wie sein Inhalt ist auch der Vortrag, keine Gebehrdensprache, kein Spiel mit der Stimme, ein ernster und nüchterner Ausdruck. Es ist nicht zu verkennen daß er sich seiner Würde bewußt ist. Die Voraussetzung dieses allgemeinen Ansehens gibt ihm Sicherheit und gleichsam Bequemlichkeit, das ist augenscheinlich. Er fühlt sich als einen überlegenen Kopf, von lauter untergeordneten Geschöpfen umgeben. Herders Predigt hat mir beßer als jede andre die ich in meinem Leben zu hören bekommen habe, gefallen – aber ich muß Dir aufrichtig gestehen, daß mir überhaupt keine Predigt gefällt. Das Publikum zu welchem ein Prediger spricht, ist viel zu bunt und zu ungleich, als daß seine Manier eine allgemein befriedigende Einheit haben könnte und er darf den schwächlichen Theil nicht ignorieren wie der Schriftsteller. Was kommt also heraus? Entweder er gibt dem Menschen von Sinn alltagswahrheiten oder Mystik zu hören, weil er dem blödsinnigen opfern muß – oder er muß diesen skandalisieren und verwirren, um den ersten zu unterhalten. Eine Predigt ist für den Gemeinen Mann – der Mann von Geist, der ihr das Wort spricht ist ein beschränkter Kopf, ein Phantast oder ein Heuchler. Diese Stelle kannst Du übrigens beim Vorlesen meines Briefs überschlagen. Die Kirche war gedrängt voll und die Predigt hatte das große Verdienst, nicht lange zu dauren.

Dieser Tage hatte ich auch Gelegenheit M*ademoise*lle Schröder kennen zu lernen. Ich traf sie von ohngefehr beim Kammerherrn von Einsiedel. Ihre Figur und die Trümmer ihres Gesichts rechtfertigen Deine Verplemperung. Sie muß in der That schön gewesen seyn denn 40 Jahre haben sie noch nicht ganz verwüsten können. Uebrigens dünkt sie mir ein höchst gewöhnliches Geistesprodukt zu seyn, die übertreibende Bewunderung guter Köpfe hat ihr eine beßere Meinung von sich selbst aufgedrungen, als sie sich angemaßt haben würde als sie gegen ihr Selbstgefühl vielleicht behaupten kann. Ihr richtiges Verdienst glaube ich wäre, einer Haushaltung vorzustehen, von der Kunst scheint sie mir sehr genügsame nüchterne Begriffe zu haben. Man hat sich übrigens ganz gut und bequem in ihrem Umgang, aber man geht ruhig und leer von ihr hin weg. M*ademoise*lle Schmidt hätte ich vorgestern bei Charlotten finden können, wenn ich neugierig genug gewesen wäre, ihr zu lieb etwas zu versäumen.

Dieser Tage bin ich auch in Göthens Garten gewesen beim Major v. Knebel seinem intimen Freund. Göthens Geist hat alle Menschen, die sich zu seinem Zirkel zählen gemodelt. Eine stolze philosophische Verachtung aller Speculation und Untersuchung, mit einem biß zur Affectation getriebenen Attachement an die Natur und einer Resignation in seine fünf Sinne, kurz eine gewiße kindliche Einfalt der Vernunft bezeichnet ihn und seine ganze hiesige Sekte. Da sucht man lieber Kräuter oder treibt Mineralogie als daß man sich in leeren Demonstrationen verfienge. Die Idee kann ganz gesund und gut seyn, aber man kann auch viel übertreiben.

Aus diesem Knebel wird hier erstaunlich viel gemacht und unstreitig ist er auch ein Mann von Sinn und Carakter. Er hat viel Kenntniße und einen planen hellen Verstand – Wie gesagt er kann recht haben, aber es ist soviel gelebtes, sovieles Sattes und grämlich hypochondrisches in dieser Vernünftigkeit, daß es einen beinahe mehr reitzen könnte, nach der entgegengesetzten Weise ein Thor zu seyn. Es wurde mir als eine nothwendige Rücksicht anempfohlen, die Bekanntschaft dieses Menschen zu machen, theils weil er hier für einen der gescheidesten Köpfe gilt und zwar mit Recht, theils weil er nach Göthe den meisten Einfluss auf den Herzog hat. In beiden Fällen also wärs auffallend gewesen, ihn zu ignorieren. Daß wir nicht füreinander taugen können wirst Du aus dieser Schilderung schließen – übrigens hab ich mich in ihn zu fügen gesucht. Er beredete mich zu einem Spaziergang nach Tieffurth, wo er Geschäfte bei der Herzogin hatte. Da ich seit jenem Concert nicht zu ihr gebeten worden war, so wars handgreiflich, daß sie mir wenig nachfragte. Ich machte also Schwierigkeit mit ihm biß vor ihr Lusthauß zu gehen. Weil er mir aber versicherte, daß das nichts zu bedeuten hätte so erwartete ich ihn vor dem Haus und biss er mich bei ihr angekündigt hätte. Er kam also wieder und führte mich hinein. Hier that man nun (auf Hofmanier) sehr gnädig gegen mich, ich mußte Caffe trinken und zwei Stück Kirchkuchen *[sic]* eßen (der nebenher gesagt ganz vortreflich schmeckte und keinen Stein hatte) und durch meine vorausgesezte Reise nach Erfurt schien man mir einen Schlüßel dazu geben zu wollen, warum ich die Woche über nicht gebeten worden war. Die Herzogin sagte mir, daß ich am Sonnabend eine Operette sehen würde, die in einem geschloßnen Zirkel bei ihr gegeben werden sollte. Man wollte uns zum Mittageßen behalten aber Knebel mußte nach der Stadt zurück und ich begleitete ihn wieder zurück. Diese Operette wurde den Sonnabend gegeben und weil ich keine eigentliche Invitation mehr bekam so blieb ich, nach dem Rath von Charlotte, weg. Sie zwar hatte eine erhalten, worin gesagt wurde, daß sie sich eine Gesellschaft dazu wählen könnte, wobei ich gemeint war. Aber da man mich nur als ein Pendant von ihr behandelte, so thaten wir beide als verstünden wirs nicht. Wie sie ankam und mich nicht mitbrachte gieng ihr Wieland entgegen und fragte wo ich wäre? Auch die Herzogin verwunderte sich, daß ich nicht gekommen war. Charlotte abgeredtermaßen fragte ganz einfältig: Ob ich denn gebeten worden wäre? Heute frühe kam nun Gotter (der die Operette corrigiert und einen Prolog gemacht hatte) und wollte mir beweisen, daß ich schrecklich unrecht gehabt hätte, nicht zu kommen. Du siehst wie krumm und schief auch hier die Gänge sind. Doch ist das auch eigentlich nur bei der alten. Jezt hab ich sie vollends satt, und ich freue mich ihr Beweise davon zu insinuieren. Auf den Dienstag kommt die Herzogin Louise. Gotter ist heute wieder fort.

Bertuch ist endlich angekommen und gleich heute Vormittag traf ich ihn bei Charlotten. Ihr könnt denken daß viel von euch gesprochen worden. „Körner ist ein lieber vortreflicher Mann. Madame Körner eine liebenswürdige lebhafte Person von vielem Verstande, einem sprechenden Auge, vieler Grazie und Empfindung, reizender Contour des Gesichts, charmanter Figur. Dorchen eine sehr geistvolle Person, vor welcher er eine ganz vorzügliche Achtung hat.“ – Damit ihr mir aber nicht zu stolz werdet, so fahr ich fort – „ – Der Fi*nanz*rath ist ein schäzbarer liebenswürdiger Mann, seine Schwester zwar verwachsen aber voll Seele und Gefühl. Neumanns sind vortrefliche Menschen." Kurz Bertuch war ganz Bewunderung, ganz Entzücken über seinen Dresdner Auffenthalt.

Dieser Tage habe ich in großer adlicher Gesellschaft einen höchst langweilig *[sic]* Spaziergang machen müssen. Das ist ein nothwendiges Übel, in das mich mein Verhältniß mit Charlotten gestürzt hat – und wieviel flache Creaturen kommen einem da vor. Die beste unter allen war Frau von Stein, eine wahrhaftig eigene intereßante Person, und von der ich begreife daß Göthe sich so ganz an sie attachiert hat. Schön kann sie nie gewesen seyn aber ihr Gesicht hat einen sanften Ernst und eine ganz eigene Offenheit. Ein gesunder Verstand, Gefühl und Wahrheit ligen *[sic]* in ihrem Wesen. Diese Frau besizt vielleicht über tausend Briefe von Göthe und aus Italien hat er ihr noch jede Woche geschrieben. Man sagt daß ihr Umgang ganz rein und untadelhaft seyn soll.

Göthe (weil ich Dir doch Herders Schilderung versprochen habe) Göthe wird von sehr vielen Menschen (auch außer Herdern) mit einer Art von Anbetung genannt, und mehr noch als Mensch denn als Schriftsteller geliebt und bewundert. Herder gibt ihm einen k l a r e n universalischen Verstand, das wahrste und innigste Gefühl, die größte Reinheit des Herzens. Alles was er ist ist er ganz und er kann, wie Julius Cesar, vieles zugleich seyn. Nach Herders Behauptung ist er rein von allem Intrigue-geist, er hat wißentlich noch niemand verfolgt, noch keines andern Glück untergraben. Er liebt in allen Dingen Helle und Klarheit, selbst im kleinen seiner politischen Geschäfte, und mit eben diesem Eifer haßt er Mystick, Geschraubtheit, Verworrenheit. Herder will ihn eben so und noch mehr als Geschäftsmann denn als Dichter, bewundert wißen. Ihm ist er ein allumfaßender Geist.

Seine Reise nach Italien hat er von Kindheit an schon im Herzen herumgetragen. Sein Vater war da. Seine zerrüttete Gesundheit hat sie nöthig gemacht. Er soll dort im Zeichnen große Schritte gethan haben. Man sagt, daß er sich sehr erhohlt habe, aber schwerlich vor Ende des Jahrs zurückkommen würde.

Gestern besuchte mich Voigt. Ich glaube Du kennst ihn dem Namen nach schon. Es ist ein ganz treflicher Mann und, was Dich erfreuen kann, ich glaube daß wir Freunde zusammen werden. Er hatte mir eine Visite heim zu geben, wo ich ihn verfehlt hatte und wollte nur eine Viertelstunde bleiben. Aus dieser aber wurden 2 Stunden und wir giengen sehr warm und vergnügt auseinander Ich hatte solang ich hier bin, ein heftiges Bedürfniß eines Vertrauten Freunds: Voigt kann dieser Freund für mich werden. Ausserdem ist er einer angesehensten Geschäftsmänner, von großen und kleinen Geistern geschäzt, mit den besten liiert und ein Orakel für den Herzog. Ich besuche ihn heute wieder und werde Dir mehr von ihm zu schreiben haben.

Wieland habe ich noch nicht gesehen. Neulich verfehlte ich ihn – also ist *er* schuldig, mich aufzusuchen. Ich höre daß er heute oder morgen nach Eisenach reißt. Es kann also kommen, daß wir uns nicht mehr sehen – Durch Voigt, Reinholdt, Herder und andre soll er aber von mir hören und ich gebe Dir mein Wort, daß er vor mir erröthen soll.

Herder hat sich laut für mich erklärt, an der Tafel bei der Herzogin meine Parthie genommen. Vorigen Sonnabend versicherte er Charlotten daß ich ihn sehr intereßiere, er sagte ihr daß er ehmals gegen mich gesprochen hätte, aber er hätte mich nur aus dem Hörensagen beurtheilt. Er bat sie um meine Schriften. Was er biss jezt im Carlos gelesen, habe ihm diese beßere Meinung von mir bestätigt. Ich hatte mit ihm von ihr gesprochen.

Er erzählte ihr davon und drückte ihr dabei die Hand. Dieser lezte Zug hat sie und mich sehr intereßiert.

Diese Woche geh ich nach Jena Schütz und Reinhold zu besuchen. Jezt lebewol. Ich muss eilen den Brief auf die Post zu bringen. Hubern und Dorchen schreibe ich nächstens. Mache Kunzens meine Empfehlungen. Adieu.

S.

*ÜBERLIEFERUNG. H: Autographensammlung Wilhelm, Basel. 1 Doppelblatt, angeklebt ein weiteres Einzelblatt, 19,1 × 23,4 cm, vergilbtes geripptes Papier, quer gefaltet, 5 ½ Seiten beschrieben, S. 6 untere Hälfte Adresse:* An Koerner*; S. 1 oben links von fremder Hand mit Blei:* 25*, mit roter Tinte:* 15.[a]*, oben rechts mit roter Tinte:* 82*, S. 2 unter den Worten* als sie*, über dem Wort* richtiges *(***31–33***) von fremder Hand:* (+ +)*, S. 3 oben rechts mit roter Tinte:* 83*, unter dem Wort* Weise *(***50***) von fremder Hand:* + Seite *[?], unter dem Wort* zurück *(***68***):* + dorthin*, S. 4 über dem Wort* Operette *(***68***) von fremder Hand:* (+)*, unter den Worten* und wollte mir *(***76–77***):* + um ××× zu*, S. 5 oben rechts mit roter Tinte:* 84, 15[b], 84*, vor den Worten* Sein Vater *(***112***) von fremder Hand:* //*, vor den Worten* Man sagt *(***113***):* [*, nach den Worten* zurückkommen würde. *(***114***) am Ende des Absatzes:* /*, vor und hinter den Worten* heute wieder und *(***122–123***) jeweils:* +*. – E: Schiller-Körner 1 (1847), 131–138. – Textwiedergabe nach H.*

*LESARTEN.* **7** weniger eine] eine *verb. aus* al *H* **26** Tage] T *unklar verb. H* **43** ihn und] *danach* alle *gestr. H* **49** daß es] *danach* ihn *gestr. H* **72** Pendant] P *unklar verb. H* **74** wäre?] *danach* und *gestr. H* **75** Heute] H *verb. aus* D *H* **77** schrecklich] *danach* unger *und* ung *gestr. H* **80** Herzogin] *danach* zu *gestr. H* **96** Wahrheit] W *verb. aus* S *H* **130** ehmals] *ü. d. Z. erg. H* **132** habe ihm] ihm *verb. aus* ihn *H* **133** drückte] *verb. aus* druckte *H*

### *NA 24, Nr 94*

*Der Brief an Christian Gottfried Körner vom 18. und 19. August 1787 ist nach $D^3$ (Jonas 1 [1892], 385–391) wiedergegeben; nach H lautet der Brief:*

*94. An Christian Gottfried Körner*

Weimar den 18. *[und 19.]* Aug. 1787. *Sonnabend und Sonntag.*

Seit meinem lezten Briefe habe ich hier wenig merkwürdiges erlebt. Ich brachte diese Zeit sehr eingezogen zu, und wenn ich sagte: angenehm, so müßte ich euch belügen. Wieland ist noch in Eisenach bei dem bekannten Herzog Ludwig von B*raunschweig*, der dort krank ligt. Diese ganze Reise macht ihm in meinen und noch andern Augen wenig Ehre. Einem höchst unwichtigen Fürsten damit zu gefallen, kann er acht heillose Tage leben. Seine Tochter, die Prof: Rheinhold, ist diese Woche hier, und ich habe bei Charlotten ihre Bekanntschaft gemacht. Ein gutmüthiges und ziemlich redseliges Geschöpf, das sehr natürlich seyn kann und mir nicht mißfällt. Es ist noch neu in Jena und da hat es ganz erstaunlich viel Weiberchronick zu erzählen. Es liebt seinen Mann und freut sich, ihm Werth zu geben. Charlotten ist die Rheinhold äuserst zugethan, und würde vielleicht, wenn es sonst auf sie ankäme, ihre meiste Zeit bei ihr zubringen. Kommenden Dienstag bringen wir sie, Charlotte und ich nach Jena zurück, wo ich vielleicht 2 oder 3 Tage bleibe und bei Rheinholds wohne. Ich möchte gerne seine Bekanntschaft machen und er die meinige. Auch Schütz wünscht es – oder hat es vielmehr gewünscht, denn gegenwärtig ligt er gefährlich krank, daß man schon für sein Leben fürchtete. Auch ein gewißer Hufland wird mir dort sehr gerühmt. Diese 3 Menschen will ich kennen lernen und Dir also in acht Tagen das weitere davon schreiben.

Herder ist auch bedeutend krank. Ein Vomitiv, zur Unzeit vermuthlich genommen, soll ihm heftige Zufälle gegeben haben. Ich habe mich nur bei ihm aufgeschrieben, ihn aber nicht selbst gesehen, welches vielleicht morgen geschieht. Wie wenig ist Weimar da der Herzog, Göthe Wieland und Herder ihm fehlen! Dieser Tage habe ich mir von Krausen die hiesige Zeichnungsacademie zeigen laßen, wo ich gegen 30 junge Frauenzimmer, viele von Stande und alle wenigstens von den beßern Bürgerlichen, beschäftigt fand. Einige, selbst von den kleinsten, zeichnen schon recht – drollig. Viele nach Antiken, davon einige gute Abgüße hier aufgestellt sind. Ich fand hier auch einen Herrn Clauer der hier durch seine Büsten merkwürdig ist, denn von ihm sind Göthens, Herders Wielands Büsten geformt. Die hiesige Bibliothec ist ansehnlich und in musterhafter Ordnung erhalten. Hier ist ein Realcataloge, daß jedes Buch in seinem Fache in wenigen Minuten zu finden ist. Die Geschichte und die Classischen Autoren sind vortreflich besetzt. In Jena existieren drei andre Weimarsche Bibliothecen, aus welchen der Herzog beschloßen hat ein allgemeines Register machen und vielleicht herausgeben zu laßen. Die Humaniora würden dann aus allen 4 hieher und die Facultätsbücher nach Jena verlegt. Man ist sehr gefällig einem Bücher nach Hause verabfolgen zu laßen. Ich habe gegenwärtig ein Buch daraus genommen, das Du in 100 Jahren nicht errathen würdest – Locken. Ich habe eine französische Uebersetzung die von Locke selbst durchgesehen und empfohlen ist. Von der Bibliothec werde ich wenig Gebrauch machen können, denn in 10 oder 12 Tagen reise ich zu meiner Schwester nach Meinungen. Mein Herz zieht mich dahin und ich muß Ihren Wunsch erfüllen. Von dieser Reise erwarte ich neue kostbare Empfindungen – Gefühle meiner Kindheit und frühen Jugend – auch heilige Pilgrims Gefühle durch die Ideen, die diesem Orte von meinem ehmaligen stillen Auffenthalt angeheftet sind. Ich werde Dir gewiß etwas intereßantes für mein Herz davon zu erzählen haben.

Herr von Kalb hat mir geschrieben. Er kommt zu Ende Septembers, seine Ankunft wird das weitere mit mir bestimmen. Seine Freundschaft für mich ist unverändert, welches zu bewundern ist, da er seine Frau liebt und mein Verhältniß mit ihr nothwendig durchsehen muß. Aber seine Billigkeit und seine Stärke dürfte vielleicht durch Einmischung fremder Menschen und eine dienstfertige Ohrenbläserei auf eine große Probe gestellt werden wenn er kommt. Ich verstehe nämlich nur in Beziehung auf die Meinung der Welt, denn der Glaube an seine Frau wird nie bei ihm wanken. Herr v Kalb kann nach dem Tod des Kurfürsten von der Pfalz, der Zweite in der Armee und eine sehr wichtige Person werden, ohne daß er seine französischen Dienste dabei aufzugeben hat, wo er in 8 biß 10 Jahren Brigadier seyn muß. Er ist Liebling des Herzogs von Zweibrücken, bei den Damen äuserst empfohlen und der Königin in Frankreich bekannt, welche sich gewundert hat, daß er sich nicht schon in Paris gemeldet. Aber das wundert mich nicht – aber es freut mich, daß er alles diß erreicht hat, und doch der wahre herzlich gute Mensch bleiben durfte, der er ist.

Bei dieser Gelegenheit fällt mir eine Anecdote ein, die mir neulich vom Grafen v Schall in Dresden erzählt worden. Sein Vater war ein reicher Geitzhals, der ihn sehr hart und kurz gehalten, wie er noch ein Junge war. Auf der Universität sollte er mit 500 Thalern ausreichen, der Vater schickte ihm seine abgetragenen Röcke, worauf man noch die Fußtapfen des Sterns sah, der darauf gestickt gewesen. Der kleine Schall hielt das nicht länger aus, sondern gieng nach Holland, wo er sich als ein gemeiner Matrose bei einem Levantefahrer verdingte. Er machte einige große Seereisen und ist selbst nach Egypten gekommen. Alsdann erschien er wieder in Mannheim, nahm 120000 Gulden nach und nach bei Wucherern auf, wovor er 300000 verschreiben mußte. In der Woche worin sein Vater starb wurden diese auf einem Brette bezahlt. Sein Vater hatte 900000 im Vermögen, und wie man sagt, kann der Sohn noch zu 2 Millionen reich werden. Tausend Sackerment! Bücke Dich tief vor ihm, wenn Du ihm begegnest! Er war in Egypten!

Bertuchen habe ich kürzlich besucht. Er wohnt vor dem Thore und hat ohnstreitig in ganz Weimar das schönste Haus. Es ist mit Geschmack gebaut und recht vortreflich moeubliert, hat zugleich weil es doch eigentlich nur ein Landhaus seyn soll, einen recht geschmackvollen Anstrich von Ländlichkeit. Nebenan ist ein Garten, nicht viel größer als der Japanische, der unter 75 Pächter vertheilt ist, welche 1–2 Thaler jährlich, für ihr Pläzchen, erlegen. Die Idee ist recht artig, und das ökonomische ist auch dabei nicht vergeßen. Auf diese Art ist ein ewiges Gewimmel arbeitender Menschen zu sehen, welches einen fröhlichen Anblick gibt. Besäße es einer, so wäre der Garten oft leer. An dem Ende des Gartens ist eine Anlage zum Vergnügen, die Bertuchs Geschmack wirklich Ehre macht. Durch ein wildes buschreiches Wäldchen, das vielleicht nicht größer als der Raum ist, den das Japanische Palais einnimmt, ist ein Spazierweg angelegt, der 8 biß 10 Minuten dauert, weil er sich in Labyrinthen um sich herumschlingt. Man wird wirklich getäuscht als ob man in einer weitläuftigeren Parthie wäre und einige gut gewählte Anlagen und Abwechslungen machen diesen Schattengang äuserst angenehm. Eine Grotte, die ihm zufälligerweise das Gewölb einer Brücke über einem jezt vertrocknetem Bache dargeboten hat, ist sehr benutzt. Hier hat er einen großen Theil seines D*on* Quixote dictiert. Die Bertuchs müssen in der Welt doch überal Glück haben. Dieser Garten, gestand er mir selbst, verintereßiert sich ihm zu 6. pro Cent, und dabei hat er das reine Vergnügen umsonst! Wie hoch mußt Du dieses anschlagen!

Vor einigen Tagen ward ich mit Charlotten zu einem Concert bei der Herzogin eingeladen. Die Musik war den Widerwillen aber werth, den ich hatte, hinzugehen. Der Clavierspieler Häsler aus Erfurt, von dem ich Dir, glaube ich, schrieb, spielte meisterhaft. Er componiert selbst sehr gut. Der Mensch hat viel originelles und überaus viel Feuer. Heute war er bei mir. Ich hab ihm durch einige Anschläge die ich ihm gab, den Kopf heiss gemacht. Bei der Herzogin lernt ich den Geheimen Assistenzrath Schmidt, den Vater der so berühmten Mamsell, kennen; Ein wohlwißender, gezierter und doch dabei altfränkischer Patron in Geschmack und Urtheil. Weil ich erfahren hatte, daß sein Fürwiz sich sehr um mich bekümmert hatte, so habe ich mich mit Absicht an ihn gemacht, und ihm gesagt, was ich wollte, daß er glauben und nachsagen sollte. Den Capellmeister Wolf bewunderte ich auf dem Clavier, er spielte mit Häslern eine Fuge wie sies nennen zu 4 Händen, beide machten es vortreflich. Wie krumm doch die Menschen gehen! Die Herzogin rief mich zu sich, und bedauerte daß ich neulich nicht wohl gewesen wäre, da die Operette gegeben worden. Ich sollte sie das nächstemal (diß wäre übermorgen) nachholen. Charlotte, um mein neuliches Wegbleiben zu entschuldigen, hatte ohne meinen Willen diese Ursache angegeben. Da ich aber übermorgen nach Jena gehe, und der Tag zur Operette mir nicht bestimmt genannt worden ist, so bin ich damit verschont. Die Herzogin macht sich hier durch Attachement lächerlich, das sie für einen jämmerlichen Hund, einen Sänger hat, der bei Bellomo gewesen und nun in ihren Diensten ist. Er soll nach Italien reisen, und man sagt ihr nach, daß sie ihn begleiten werde. Die regierende Herzogin ist hier, ich habe mich aber noch nicht vorstellen laßen weil es mit erstaunlichen Ceremonien verbunden ist und weil ich mich auch nicht mehr lange hier aufhalte. Es geschieht also vielleicht gar nicht, es sei denn, daß sie nach mir fragte. Ich hatte mich anfangs darauf gefreut, aber nun erfahre ich genauer, daß ich sie gar nicht allein sondern nur in einem steifen großen Zirkel sprechen dürfte, wohin ich schlechterdings nicht tauge. Charlotte hat mir schon oft falsche Nachrichten gegeben.

Angenehm wird es Dir seyn zu hören, daß ich arbeite. Ja endlich hab ichs über mich gewonnen, aber nicht den Geisterseher, sondern die Niederländische Rebellion. Ich bin voll von meiner Materie und arbeite mit Lust. Es ist gleichsam mein Debut in der Geschichte und ich habe Hoffnung etwas recht lesbares zu Stande zu bringen. Doch darüber ein andermal.

Morgen erwarte ich ein Paquet Briefe von euch und gelegentlich auch Geld oder Nachricht von Geld. Hat Koch geschickt? Wenn das nicht ist so muß ich Dich bitten mir zu verschaffen. Das meinige ist auf 5 Laubthaler herabgeschmolzen. Von Theatern erwarte ich imer noch Nachrichten. Schicke mir wenn Du kannst von dem Deinigen weil ich nicht Zinsen auf Zinsen bezahlen mag, schikt Koch so kannst Du es gleich davon abziehen und den Rest biß auf die Meße in Verwahrung behalten. Ich brauche zwischen 6 und 8 Louidors. Schickt Koch im September nicht, so laße ich mir von Crusius avancieren, sobald ich ihm Manuscript senden kann. Aber sei so gut und besorge daß ich das Geld vor Morgen (das ist Montag) über 8 Tag haben kann. Von hier gehen die Woche nur 2 Posten nach Leipzig, Montag und Donnerstag. An diesen Tagen kommen auch die Leipziger an. Die Montagsbriefe bringt eine fahrende also müßte kommenden Freitag das Geld in Dresden auf die Post kommen.

Vor einigen Tagen erhalte ich auch einen Brief von einem Buchhändler oder was er ist aus Göttingen, der mir den Vorschlag thut, daß ich ihm, in Compagnie mit Meissnern ein Journal schreiben möchte. Er bietet uns für den Bogen 15 Thaler, alle Monate müßte jeder 3 Bogen liefern. Vor jedes Heft solten 2 Kupfer von Meil und was weiß ich wem noch mehr? kommen. Was hältst Du davon. 45 Thaler monatlich wäre nicht zu verachten wenn – Der Mann nennt sich Siedentopf. Kennst Du ihn etwa? A propos. Ich will Dich und Rheinhold zusammen bekannt machen.

Jezt adieu. Grüße und küße die Weiber recht herzlich von mir. Wahrlich! Es ist mir doch in der Welt niemand so lieb so theuer so gegenwärtig meinem Herzen als ihr! Habe ich noch Zeit so schreibe ich Hubern und auch Dorchen. Wird mir Dorchen ihr Versprechen halten und einen Kopf mahlen? Meine Schwester muß ihn copieren. Adieu tausendmal. Ich bin ewig der Eurige

F. Schiller.

Vergiß nicht, Kunzens von mir recht schön zu grüßen. Adieu.

NB. Ich schreibe euch so lange Briefe und ihr – überhäufte beschäftigte Leute – mir so kurze. Euch Männer meine ich – denn die Minna hat mir einen großen Brief geschrieben. Ich werd ihn nächstens beantworten. Er hat mir erstaunlich viel Freude gemacht. Sag das der Minna.

*ÜBERLIEFERUNG. H: Autographensammlung Wilhelm, Basel. 2 Doppelblätter, 19 × 23,5 cm, leicht vergilbtes, geripptes Papier, Längs- und Querfaltung, 6 ¾ S. beschrieben (S. 1–7), Nachschrift auf S. 8 untere linke Seitenhälfte; S. 1 oben links von fremder Hand mit roter Tinte:* 18ª, *daneben mit Bleistift: „an Körner", oben rechts mit roter Tinte:* 94, *S. 3 oben rechts von fremder Hand mit roter Tinte:* 95, *über der Zahl* 500 *(***59***) von fremder Hand:* + ×××, *S. 5 oben rechts von fremder Hand mit Rötel:* 18ᵇ, *mit roter Tinte:* 96, *über dem Wort* habe *(***96***):* (+), *S. 7 oben rechts von fremder Hand mit roter Tinte:* 97. *– E: Schiller-Körner 1 (1847), 150–157. – Textwiedergabe nach H.*

*LESARTEN.* **24** Bürgerlichen] *danach* mit *gestr. H* **32** ein] *verb. aus* einen *H* **33** Facultätsbücher] *verb. aus* facultätsbücher *H* **40** auch] *ü. d. Z. erg. H* **46** vielleicht] *danach* von *gestr. H* **51** seine] *danach* Dienste *gestr. H* **52** Brigadier] *verb. aus* brigadier *H* **58** hart] *verb. aus* hielt *H* **78** Durch ein wildes buschreiches] *verb. aus* Aus einem wilden buschreichen *H* **81** einer] *verb. aus* einen *H* **90** ich] *danach* s *gestr. H* **128** das Geld] *danach* von heut *gestr. H*

## *NA 24, Nr 100*

*Die Angaben zur Überlieferung des Briefes an Christian Gottfried Körner vom 10. September 1787 sind zu ergänzen:*

*ÜBERLIEFERUNG. H: GSA. 2 ineinandergelegte Doppelblätter 11,8 19 cm, 8 S. beschrieben. Leicht vergilbtes gerripptes Papier. Wz. des 1. und 2. Doppelblattes: Unteres Drittel von HR. Facsimile: Friedrich Schiller. Brief vom 10. September 1787 an Gottfried Körner. Faksimile (Veröffentlichung der Nationalen Forschungs- und Gedenkstätten der klassischen deutschen Literatur in Weimar. [Helmut Holtzhauer]. Weimar [1968. 2. Aufl. 1982]). […]*

## *NA 25, Nr 1*

*Der Brief an Christian Gottfried Körner vom 7. Januar 1788 ist nach $D^3$ (Jonas 2 [1893], 1–6) wiedergegeben; nach H lautet der Text:*

*1. An Christian Gottfried Körner*

Weimar d. 7. Jan. 1788. *Montag.*

Ohngeachtet ich lange Zeit eines Freundes nicht so bedürftig gewesen bin, kann ich es doch immer noch nicht erlangen, Dir mein Lieber, etwas vollständiges und klares über mich selbst und meine gegenwärtigen Empfindungen zu schreiben. Fürs erste gehe ich wirklich seltener mit mir selbst um, ich bin mir ein fremdes Wesen geworden, weil mir meine Arbeiten wenig Zeit lassen, meinem inneren Ideengang zu folgen. Und dann bin ich meiner Gedanken und der Erfahrungen über mich selbst noch nicht so Meister, um sie darstellen zu können. Kannst Du wohl aus einer Folge meiner Briefe an Dich die gegenwärtige Stellung meines Gemüths errathen? Ich glaube, kaum.

Du hast Charlotten geschrieben; aus einigem wenigen, was mir ihr Mann daraus gesagt hat, mit dem sie darüber scheint gesprochen zu haben, sah ich, daß Dich mein Verhältniß mit Wieland beunruhigt. Du schließest vielleicht aus meinen Briefen ein Abattement meines Geists, aber Du irrst Dich, wie mir scheint, in den Gründen, denen Du es zuschreibst. Das Abarbeiten meiner Seele macht mich müde, ich bin entkräftet durch den immerwährenden Streit meiner Empfindungen, nicht durch Regeln oder Autoritäten gelähmt wie Du glaubst. Wieland ist sich nicht gleich, nicht consequent nicht selbst fest genug, daß seine Ueberzeugungen je die meinigen werden könnten, oder ich die Form seines Geists auf Treu und Glauben annehmen möchte. Im Dramatischen vollends gestehe ich ihm gar wenig Competenz zu. Aber freilich – und darinn magst Du recht haben – freilich wäre mirs besser, meine Kräfte an einem minder *ausgebildeten* Geschmack zu prüfen, weil mich dasjenige, was andre vor mir voraus haben, immer niederschlägt, ohne daß mir dasjenige, worinn sie mir nachstehen, in gleichem Lichte gegenwärtig wäre.

Meine jetzige Arbeiten mögen mitunter auch an dieser Ermattung schuld seyn. Ich ringe mit einem mir heterogenen fremden und oft undankbaren Stoff, dem ich Leben und Blüthe geben soll, ohne die nöthige Begeisterung von ihm zu erhalten. Die Zwecke, die ich mit dieser Arbeit finde, halten meinen Eifer noch so hin und verbieten mir, auf halbem Wege zu erlahmen.

Dein*e* Geringschätzung der *Geschichte* kommt mir unbillig vor. Allerdings ist sie willkührlich, voll Lücken und sehr oft unfruchtbar, aber eben das willkührliche in ihr könnte einen philosophischen Geist reitzen, sie zu *beherrschen*; das leere und unfruchtbare einen schöpferischen Kopf herausfodern, sie zu befruchten und auf dieses Gerippe Nerven und Muskeln zu tragen. Glaube nicht daß es viel leichter sey, einen Stoff auszuführen, den man sich selbst gegeben hat, als einen, davon gewisse Bedingungen vorgeschrieben sind. Im Gegentheil habe ich aus eigenen Erfahrungen, daß die uneingeschränkteste Freiheit, in Ansehung des Stoffs, die Wahl schwerer und verwickelter macht, daß die Erfindungen unserer Imagination bei weitem nicht die Autorität und den Credit bei uns gewinnen, um einen dauerhaften Grundstein zu einem solchen Gebäude abzugeben, welche uns Fakta geben, die eine höhere Hand uns gleichsam ehrwürdig gemacht hat d h. an denen sich unser Eigenwille nicht vergreifen kann. Die philosophische innre Nothwendigkeit ist bei beiden gleich; wenn eine Geschichte, wäre sie auch auf die glaubwürdigsten Chroniken gegründet nicht geschehen seyn *kann*, d. h. wenn der Verstand den Zusammenhang nicht einsehen kann, so ist sie ein Unding; wenn eine Tragödie nicht geschehen seyn *muß*, sobald ihre Voraussetzungen Realität enthalten, so ist sie wieder ein Unding.

Ueber die Vortheile beider Arten von Geistesthätigkeit ist nun vollends keine Frage. Mit der Hälfte des Werths den ich einer historischen Arbeit zu geben weiß, erreiche ich mehr Anerkennung in der sogenannten gelehrten und in der bürgerlichen Welt als mit dem größten Aufwand meines Geists für die Frivolität einer Tragödie. Glaube nicht, daß dieses mein Ernst nicht sey, noch weniger, daß ich Dir hier einen *fremden* Gedanken verkaufe. Ist nicht das Gründliche der Maaßstab nach welchem Verdienste gemessen werden? Das Unterrichtende, nehmlich das, welches sich dafür ausgibt, von weit höherem Range, als das bloß Schöne oder Unterhaltende? So urtheilt der Pöbel – und so urtheilen die Weisen. Bewundert man einen großen Dichter, so verehrt man einen Robertsohn – und wenn dieser Robertsohn mit dichterischem Geiste geschrieben hätte so würde man ihn verehren und bewundern. Wer ist mir Bürge, daß ich das nicht einmal können werde – oder vielmehr – daß ich es den Leuten werde glauben machen können? Für meinen Carlos – das Werk dreijähriger Anstrengung bin ich mit Unlust belohnt worden. Meine Nieder*ländische* Geschichte, das Werk von 5 höchstens 6 Monaten wird mich vielleicht zum angesehenen Mann machen. Du selbst, mein Lieber, sei aufrichtig und sage, ob Du es einem Manne, der Dir das was Du lernen must, durch Schönheit und Gefälligkeit reitzend machte nicht mehr Dank wissen würdest, als einem andern, der Dir etwas noch so schönes auftischt, das Du entbehren kannst. Ich selbst, der ich jezt genöthigt bin seichte, trockene und geistlose Bücher zu lesen, was gäbe ich drum, wenn mir einer die Nieder*ländische* Geschichte nur so in die Hände lieferte, wie ich sie dem Publikum vielleicht liefern werde.

Auf der Straße, die man gehen muß, dankt man für eine wohlthätige Bank, die ein Menschenfreund dem müden Wanderer hingesetzt hat, oder für eine liebliche Allee weit mehr, als wenn man sie in einem Lustgarten findet, denn man hätte vorüber gehen können. Wenn es Nothdurft ist, die Geschichte zu lernen, so hat derjenige nicht für den Undank gearbeitet, der sie aus einer trockenen Wissenschaft in eine reitzende verwandelt, und da Genüsse hinstreut, wo man sich hätte gefallen lassen müssen, nur Mühe zu finden. Ich weiss nicht ob ich Dir meine Ideen klar gemacht habe, aber ich fühle, daß ich die Materie mit überzeugtem Verstande verlasse.

Nun auch zu andern Artickeln. Daß ich jezt so vielen Werth auf Gründlichkeit lege führt Dich vielleicht auf die Vermuthung, daß ich für ein Etablissement arbeite. Das ist dennoch der Fall nicht, aber mein Schicksal muß ich innerhalb eines Jahrs ganz in der Gewalt haben und also für eine Versorgung qualifiziert seyn. Dahin habe ich seit dem vorigen September ohne Unterbrechung gearbeitet, und ich denke noch gleich über diesen Punkt. Damit hängt alles was ich Dir unterdessen auch geschrieben haben mag, zusammen. Vielleicht – und das ist das höchste wornach ich strebe – vielleicht habe ich nie nöthig, von dieser Nothhilfe Gebrauch zu machen, aber sie muß bereit seyn, wenn ich sie brauche. Es ist wahrscheinlich, daß ich einen Ruf nach Jena bekommen werde, vielleicht innerhalb eines halben Jahrs, aber ich werde die schlechte Bedingungen, die man mir machen muß, dazu benutzen, ihn nicht anzunehmen, und auch nicht ganz abzuschlagen. Ich werde mir einige Jahre wenigstens retten, biß ich gesehen habe, ob ich durch den Merkur existieren kann. Ist dieses, so bedarf ich keiner Versorgung.

Aber ich muß eine Frau dabei ernähren können, denn noch einmal, mein Lieber, dabei bleibt es, daß ich heurathe. Könntest Du in meiner Seele so lesen, wie ich selbst, Du würdest keine Minute darüber unentschieden seyn. Alle meine Triebe zu Leben und Thätigkeit sind in mir abgenützt; diesen einzigen habe ich noch nicht versucht. Ich führe eine elende Existenz, elend durch den innern Zustand meines Wesens. Ich muß ein Geschöpf um mich haben, das mir gehört, das ich glücklich machen kann und muß, an dessen Daseyn mein eigenes sich erfrischen kann. Du weißt nicht, wie verwüstet mein Gemüth, wie verfinstert mein Kopf ist – und alles dieses nicht durch äusseres Schicksal, denn ich befinde mich hier von der Seite wirklich gut, sondern durch innres Abarbeiten meiner Empfindungen. Wenn ich nicht Hofnung in mein Daseyn verflechte, Hofnung, die fast ganz aus mir verschwunden ist, wenn ich die abgelaufenen Räder meines Denkens und Empfindens nicht von neuem aufwinden kann, so ist es um mich geschehen. Eine philosophische Hypochondrie verzehrt meine Seele, alle ihre Blüthen drohen abzufallen. Glaube nicht, daß ich Dir hier die Laune eines Augenblicks gebe. So war ich noch bei euch, ohne es mir selbst klar zu machen, so bin ich fast die ganze Zeit meines Hierseyns gewesen, so kennt mich Charlotte, seit langer Zeit. Mein Wesen leidet durch diese Armuth und ich fürchte für die Kräfte meines Geists.

Ich bedarf eines Mediums, durch das ich die andren Freuden genieße. Freundschaft, Geschmack, Wahrheit und Schönheit werden mehr auf mich wirken, wenn eine ununterbrochene Reihe feiner wohlthätiger häuslicher Empfindungen mich für die Freude stimmt und mein erstarrtes Wesen wieder durchwärmt. Ich bin bis jezt, ein isolierter fremder Mensch, in der Natur herumgeirrt, und habe nichts als Eigenthum besessen. Alle Wesen, an die ich mich fesselte, haben etwas gehabt, das ihnen theurer war als ich, und damit kann sich mein Herz nicht behelfen. Ich sehne mich nach einer bürgerlichen und häußlichen Existenz und das ist das einzige, was ich jezt noch hoffe.

Glaube nicht, daß ich gewählt habe. Was ich Dir von der Wieland geschrieben, war, wie gesagt, nicht mehr als hingeworfener Gedanke. Ich glaube, daß ich nicht unglücklich wählen würde, aber niemand als ich, kann für mich wählen. Hier ist ein Fall, wo ich sehr viel anders bin als andre Menschen und keiner meiner Freunde würde sich einen Fehlgriff in meine Glückseligkeit vorwerfen wollen. Uebrigens bin ich noch ganz frei und das ganze Weibergeschlecht steht mir offen; aber ich wünschte, bestimmt zu seyn. – Schreibe mir bald mein Bester und schreibe mir weitläuftig. Ich muß abbrechen, ob ich Dir gleich noch gerne mehr sagen wollte. Uebrigens wiederhohle ich Dir noch einmal. Halte mich nicht im geringsten für gefesselt, aber fest entschlossen es zu werden.

Unsre Lieben Weiber und Hubern grüße ich von Herzen. Kann ich es über mich gewinnen, so schreibe ich Deiner Frau und Dorchen über die Sache und meine Empfindungen dabei. Für jezt aber möchte ich eigentlich nur Dein und Hubers Gedanken darüber, das heißt, männliche. Adieu. Charlotte läßt Dir für Deinen Brief recht schön danken. Den nächsten freien schönen Nachmittag, der ihr gehört, welches freilich jezt selten ist, wird sie anwenden, Dir zu antworten. Adieu mein Lieber.

Schiller.

*ÜBERLIEFERUNG. H: GSA. 2 ineinandergelegte Doppelblätter 19 × 23,1 cm, 8 S. beschrieben; geripptes, leicht angegilbtes Papier. 1. Doppelblatt: Wz.: Gekröntes Schild mit Posthorn und angehängter Lilie (oder Traube [keine Glocke]), darunter D & C BLAUW; S. 1 am oberen Rand links von fremder Hand mit roter Tinte:* 1; *in der rechten oberen Ecke von fremder Hand mit roter Tinte, aber dünnerem Strich:* 150; *am unteren rechts von fremder Hand mit Bleistift:* an Körner (Wieland S. 7) 1260; *S. 3 in der rechten oberen Ecke von fremder Hand mit roter Tinte und dem gleichen dünneren Strich:* 153; *S. 4 in der rechten unteren Ecke von fremder Hand mit Bleistift:* MLT. *2. Doppelblatt: Wz.: D & C BLAUW; S. 5 am oberen rechten Rand von fremder Hand mit roter Tinte:* $1^{\underline{b}}$; *in der rechten oberen Ecke von fremder Hand mit roter Tinte, aber dünnerem Strich:* 151; *S. 7 in der rechten oberen Ecke von fremder Hand mit roter Tinte und dem gleichen dünnen Strich:* 152. –

*E: Schiller-Körner 1 (1847), 235–242 (zuvor vier Sätze in Körners „Nachrichten von Schillers Leben“ in: Friedrich von Schillers sämmtliche Werke. Stuttgart und Tübingen 1812. Bd 1. S. XVIII, ferner in: Wolzogen, Schillers Leben 1, 241–242). – Textwiedergabe H.*

*LESARTEN.* **8** Du] *danach* mich *gestr. H* **9** Stellung] St *verb. aus* ×× *H* **17** daß] *davor* als *gestr. H* **31** befruchten] *zweites* e *verb. aus* × *H* **31** Gerippe] *danach* ××× und *gestr. H* **32** leichter] *danach* ist *gestr. H* **45** des] s *verb. aus* r *(?) H* **45** den] n *verb. aus* m *H* **55** können werde] werde *ü. d. Z. erg. H* **57** 5] *danach gestr.* 6 *H* **58** wird] *verb. aus* werde ich *H* **65** für] *am linken Rand ü. d. Z. erg. H* **65** eine wohlthätige] *verb. aus* einem wohlthätigen *H* **71** fühle] *verb. aus* f×××× *H* **92** an] *über gestr.* mit *H* **103** genieße] *verb. aus* genießen *H* **106** erstarrtes] *verb. aus* erstarrter *H* **124** Den] *verb. aus* Die *H*

## *NA 25, Nr 7*

*Der Brief an Christian Gottfried Körner vom 7. Februar 1788 ist nach $D^2$ (Schiller-Körner$^3$ 1 [1892 (korrekt: 1895)], 191) wiedergegeben; nach H lautet der Brief:*

*7. An Christian Gottfried Körner*

Weimar d. 7. Febr. 1788. *Donnerstag.*

Es ist Nachts um halb 4 Uhr, eben habe ich ein Paquet an Crusius fertig gemacht und eh ich mich schlafen lege will ich Euch noch eine gute Nacht wünschen. Die hiesige Redouten und einige Geselschaften bei denen ich herumgezogen worden bin haben mich diese Woche ein wenig zerstreut; da hab ich nun das Versäumte wieder einbringen müssen. Du hast mir lange nicht geschrieben. Ihr seid doch wohl? Ich finde mich ganz behaglich, biß auf das bischen Ueberhäuffung, das mich nicht recht zu Athem kommen läßt.

Die hiesigen Redouten sind recht artig und durch die große Anzahl der Noblesse und den Hof nicht so gemein wie die Dresdner. Ich habe mich recht gut darauf befunden, woran wohl auch die größere Anzahl meiner hiesigen Bekannten Schuld seyn mag. Göschen wird übermorgen hier erwartet.

Aber ich wollte nur gute Nacht von Euch nehmen. Mein Kopf ist ganz wirblicht und die Augen fallen mir zu. Nächsten Montag erhältst Du einen Brief. Ich sehne mich nach Nachrichten von Euch. Charlotte wird Dir auch wieder schreiben. Lass mich doch bald hören, daß Huber kommt.

Tausend herzliche Grüße. Dein

Schiller.

*ÜBERLIEFERUNG. H: Privatbesitz. „1 S. auf Doppelblatt 4°. Mit e. Adresse (Faltbrief).“ (Katalog Kotte Autographs 390. O. J. [2010]. S. 76–78. Nr 257.) Facsimile: Ebd. S. 79. – E: Schiller-Körner 1 (1847), 253. – Textwiedergabe nach dem Facsimile.*

*LESARTEN.* **3** ich Euch] Euch *verb. aus* euch *H* **9** Redouten sind] *danach* s *gestr. H*

## *NA 25, Nr 13*

*Der Brief an Siegfried Lebrecht Crusius von Ende Februar 1788 ist nach h (GSA. Abschrift von Gustav von Loeper) wiedergegeben; nach H lautet der Text:*

*13. An Siegfried Lebrecht Crusius*

*Weimar, Ende Februar 1788.*

Nur in aller Eile, um Sie nicht aufzuhalten (und die Post geht den Augenblick) sage ich Ihnen, daß ich recht sehr damit zufrieden bin, wenn Sie meinen Nahmen dem Buch vorsetzen. Der Titel heißt

Der Abfall der Vereinigten Niederlande von der spanischen Regierung. von F. Schiller

Des ersten Theiles erster Band.

Mit Hochachtung Ihr ergebenster

Schiller.

*DATIERUNG. Der Brief wurde zunächst auf Oktober 1788 datiert (vgl. Geschäftsbriefe, 50; Jonas 2, 127), zuletzt auf Mai 1788 (vgl. Stargardt-Katalog 679. S. 124 [vgl. zur Überlieferung]). Zur Datierung auf Ende Februar 1788 vgl. die Hinweise in NA 25, 447.*

*ÜBERLIEFERUNG. H: ? 1 Blatt 18,4(–19) × 22,8 cm, fein geripptes Papier (Angaben nach Autopsie durch Jochen Meyer, DLA/SNM). Zuletzt 2004 versteigert; vgl. Stargardt-Katalog 679, Auktion vom 23./24. März 2004. S. 124. Nr 293; zur Handschrift ist angegeben: „E. Br. m. U. (Weimar, Mai 1788.) ½ S. 4°. Mit Empfangsvermerk auf der Rückseite. Etwas braunfleckig; rückseitig Montagespuren. [...] Aus der Sammlung Künzel. Unten angeheftet eine üppige H a a r l o c k e Schillers." – E: Westermann's Jahrbuch der Illustrirten Deutschen Monatshefte. Bd 33. October 1872–März 1873. Braunschweig 1873. S. 446 (Robert Boxberger). – Textwiedergabe nach Kollation von H durch Jochen Meyer.*

## *NA 25, Nr 14*

*Die Angaben zur Überlieferung des Briefes an Siegfried Lebrecht Crusius vom 4. März 1788 sind zu korrigieren:*

*ÜBERLIEFERUNG. H: Privatbesitz. Zuletzt 2010 versteigert; vgl. Katalog Kotte Autographs 41. O.J. [2010]. S. 39. Nr 102. [...] Facsimile: Katalog Kotte Autographs 30. O.J. [ca. 2008/09]. S. 51. [...]*

## *NA 25, Nr 16*

*Der Brief an Körner vom 6. März 1788 ist nach $E^{\alpha}$ (DLA/SNM. Von der Verlagsbuchhandlung Veit & Comp. nach H korrigiertes und ergänztes Exemplar von E) wiedergegeben; nach H lautet der Text:*

*16. An Christian Gottfried Körner*

Weimar d. 6. März. 1788. *Donnerstag.*

Gleich anfangs muß ich Dich aus einer irrigen Vermuthung reissen, die mir Dein vorlezter Brief zu erkennen gegeben hat. Du thust als ob Du wüßtest, ich habe hier eine ernsthafte Geschichte, zu der ich Euch nach und nach vorbereiten wolle, und Du sagst, Du hättest es aus einer guten Quelle. Glaube mir, Deine Quelle ist schlecht und ich bin von etwas wirklichem dieser Art so weit entfernt, als nur jemals in Dresden. Wenn ein Mensch so etwas von mir wüßte, so würdest Du es seyn, und die Leute unter denen ich bin, sollten in diesem Stück vor Dir, wenn wir auch noch so entfernt von einander wären, kein Vorrecht haben. Bei dem, was ich Dir geschrieben, hat mich nichts, als eigene und kalte Ueberlegung geleitet, ohne positiven Gegenstand. Neuerdings ließ ich zwar ein Wort gegen Dich fallen, das Dich auf irgend eine Vermuthung führen könnte – aber dieses schläft tief in meiner Seele, und Charlotte selbst, die mich fein durchsieht und bewacht, hat noch gar nichts davon geahndet. Wenn dieses mich weiter führt, so sei gewiß daß Du, wie in allen ernsthaften Angelegenheiten meines Lebens, der Erste seyn wirst, gegen den ich mich öffne.

Es freut mich was Du mir über den Aufsatz im Merkur geschrieben hast, und Dein Tadel scheint mir nur zu gegründet; aber Du mußt und wirst mir auf der andern Seite auch wieder einräumen, daß es keine solche Leichte Sache für mich war, mich in der Historie so schnell von der poetischen Diction zu entwöhnen. Und darinn hast Du es getroffen, daß die Geschichte selbst weniger von diesem Fehler hat; mit dem meisten wirst Du zufrieden seyn. Gleich die Fortsetzung im 2ten Heft des Merkur ist beinahe ganz rein davon.

Lass mir nur Zeit und es wird werden. Wenn ich meinen Stoff mehr in der Gewalt, meine Ideen überhaupt einen weiteren Kreis haben, so werde ich auch der Einkleidung und dem Schmuck weniger nachfragen. Simplicztät ist das Resultat der Reife und ich fühle, daß ich ihr schon sehr viel näher gerückt bin als in vorigen Jahren.

Aber Du glaubst kaum, wie zufrieden ich mit meinem neuen Fach bin. Ahndung großer unbebauter Felder hat für mich soviel reitzendes. Mit jedem Schritt gewinne ich an Ideen und meine Seele wird weiter mit ihrer Welt. Ich habe mir den Montesquieu, Pütters Staatsverf: im Deutsch*en* Reich und Schmidts G*eschichte* d*er* T*eutschen* gekauft. Diese Bücher brauche ich zu oft, um sie von der Discretion andrer zu besitzen.

Göschen hat mir ein Heft der Thalia abgebangt und ich habs ihm zugesagt, weil er mir versicherte, daß Crusius kein Papir habe, die Revolution d*er* N*iederlande* noch vor der Meße anzufangen; jezt aber schreibt mir Crusius daß er scharf darauf los druckt, die Thalia ist auch angefangen, Wieland will einen Aufsatz in das 3ten *[sic]* Merkurstück, und ich sitze in Todesschweiß. Dem verfluchten Geisterseher kann ich biß diese Stunde kein Intereße abgewinnen, welcher Dämon hat mir ihn eingegeben! Bitte Hubern, daß er mir den Brief schicke, den Du beantworten wolltest. Ich setz ihn in die Thalia.

Ich schriebe Dir gern mehr, aber ich bin diesen Mittag bei einem Diner, wo ich Herdern finden werde; und es ist schon spät. Herders 4ter Theil der Ideen soll scharf über das Christenthum hergehen; man sagt hier, daß ers zu bunt gemacht habe. Lebe wohl und grüße mir alle herzlich.

Dein

Schiller.

*ÜBERLIEFERUNG. H: Privatbesitz, Japan. 1 Doppelblatt (Format nicht zu ermitteln), 2 S. beschrieben, S. 4 Adresse:* An / Herrn Oberconsistorialrath / D. Körner / in / Dresden / frey., *S. 4 oben in der Mitte rotes Siegel (Frau, auf eine Harfe gestützt?), unten in der Mitte Siegelrest und Ausriß durch Öffnen des Siegels. S. 1 oben links mit Rötel von fremder Hand:* 10., *rechts oben in der Ecke von fremder Hand:* 171; *S. 1 der Text* es freut mich *bis* rein davon. *durch einen Rötelstrich am linken Rand markiert; S. 2 der Text* Lass mir nur Zeit *bis* in vorigen Jahren. *(***21–24***) mit einem senkrechten Rötelstrich am linken Rand und einem waagrechten zwischen den Zeilen markiert, der Text* Du glaubst kaum *bis* mit ihrer Welt. *(***25–27***) mit einem Rahmen aus Bleistiftstrichen markiert. – E: Schiller-Körner 1 (1847), 265–267. – Textwiedergabe nach einer Photokopie von H.*

*LESARTEN.* **5** es aus] *zweites* s *verb. aus* × *H* **24** daß ich ihr] ich *ü. d. Z. erg. H* **24** in] *ü. d. Z. erg. H* **34** Dem verfluchten] *erstes* e *verb. aus* × *H*

*ERLÄUTERUNGEN.*
**30** abgebangt] *Abbangen: „durch bange machen abnöthigen" (Deutsches Wörterbuch 1, 11).*
**33** in das 3ten] *Schreibversehen.*

### *NA 25, Nr 20*

*Die Angaben zu Verbleib und Beschreibung der Handschrift in der Überlieferung zum Brief an Christian Gottfried Körner vom 17. März 1788 sind zu ergänzen und korrigieren:*

*ÜBERLIEFERUNG. H: DLA/SNM. 1 Doppelblatt 18,6(–18,8) × 22,7(–23) cm, vergilbtes geripptes Papier, Kuvertfaltung, Wz.: D & C BLAUW, 2 S. beschrieben, S. 4 Adresse:* an / Herrn OberconsistorialRath / D. Körner / in / Dresden / frey., *unten am Seitenrand rotes Siegel (stehende Frauengestalt auf Anker gestützt), Bl. 2 am oberen Rand in der Mitte Siegelrest sowie Ausriß durch Öffnen des Siegels. Dem Schriftduktus nach zu urteilen, wurde die Niederschrift nach* zufrieden bist. *(***29,32***) unterbrochen. Facsimile der zweiten Briefhälfte: Katalog Dr. Ernst Hauswedell Nr 148, Auktion vom 17./18. November 1966, Nr 1038, Tafel XV. – E: Schiller-Körner 1 (1847), 269–271.*

### *NA 25, Nr 41*

*Der Brief an Charlotte von Lengefeld vom 21. bis 24. Mai (?) 1788 ist nach $D^1$ (Schiller-Lotte [1856], 43) wiedergegeben; nach H lautet der Text:*

*41. An Charlotte von Lengefeld*

*Volkstedt, 21.–24. Mai (?) 1788. Mittwoch–Sonnabend.*

Eben erst bin ich mit gegenwärtigem Briefe fertig, den ich Sie recht schön bitte dem Weimarischen Boten zustellen zu laßen. Jezt ist es auch zu spät, sie noch zu besuchen.

Recht schönen Dank für Ihr liebes Andenken. Haben Sie Geduld mit diesem trüben Tag. Die schönen werden uns desto werther seyn. Möchten Sie doch einen recht vergnügten Abend haben! Ich weiss noch nicht, wie ich den meinigen werde los werden. Schlafen Sie recht wohl!

S.

*ÜBERLIEFERUNG. H: ? Zuletzt 2011 versteigert; vgl. Stargardt-Katalog 695. Auktion vom 19./20. April 2011. S. 105. Nr 197; zur Handschrift ist angegeben: „⅔ S. quer-gr.-8°". Vorderseite in der Mitte am oberen Seitenrand von fremder Hand:* (An Charlotte von Lengefeld), *unten links unter dem Text:* (Volkstädt bei Rudolstadt / im Juni 1788.), *rechts neben der Paraphe:* (Schiller). *Facsimile ebd. – E: Wolzogen, Literarischer Nachlaß 1 (1848), 172. – Textwiedergabe nach dem Facsimile.*

## *NA 25, Nr 43*

*Der Brief an Christian Gottfried Körner vom 26. Mai 1788 ist nach* $E^{\alpha}$ *(DLA/SNM. Von der Verlagsbuchhandlung Veit & Comp. nach H korrigiertes und ergänztes Exemplar von E) wiedergegeben; nach H lautet der Text:*

*43. An Christian Gottfried Körner*

Volkstedt bei Rudel*stadt* 26. May. 1788 *Montag.*

Seit 8 Tagen bin ich nun hier in einer sehr angenehmen Gegend, eine kleine halbe Stunde von der Stadt, und in einer sehr bequemen heitern und reinlichen Wohnung. Das Glück hat es gefügt, daß ich ein neues Haus, das besser, als auf dem Lande sonst geschieht, gebaut ist, finden mußte. Es gehört einem wohlhabenden Manne, dem Cantor des Orts. Das Dorf ligt in einem schmalen aber lieblichen Thale, das die Saale durchfließt, zwischen sanft ansteigenden Bergen. Von diesen habe ich eine sehr reitzende Aussicht auf die Stadt, die sich am Fuß eines Berges herumschlingt, von weitem schon durch das fürstliche Schloß, das auf die Spitze des Felsen gepflanzt ist, sehr vortheilhaft angekündigt wird und zu der mich ein sehr angenehmer Fusspfad, längs des Flußes, an Gärten und Kornfeldern vorüber, führt. In dem Dorfe selbst ist die Porcellainfabrick, die Du vielleicht kennst. Ich habe 2 kleine Stunden nach Saalfeld, eben soweit nach dem Schloße Schwarzburg und zu verschiednen zerstörten Schlößern, die ich alle mit einander nach und nach besuchen will. In der Stadt selbst habe ich an der Lengefeldischen und Beulwitzischen Familie eine sehr angenehme Bekanntschaft und biß jezt noch die einzige, wie sie es vielleicht auch bleiben wird. Doch werde ich eine sehr nahe Anhänglichkeit an dieses Haus, und eine ausschließende an irgend eine einzelne Person aus demselben, sehr ernstlich zu vermeiden suchen. Es hätte mir etwas der Art begegnen können, wenn ich mich mir selbst ganz hätte überlaßen wollen. Aber jezt wäre es gerade der schlimmste Zeitpunkt, wenn ich das bischen Ordnung, das ich mit Mühe in meinen Kopf, mein Herz und in meine Geschäfte gebracht habe, durch eine solche Distraction wieder über den Haufen werfen wollte.

Ich habe vieles zum Lesen mit hiehergebracht. Es kommt nun darauf an, was zu Ausgang meines Termins wird geschehen seyn. Täglich stoße ich noch auf meinen Mangel an Lecture, und beynahe fürchte ich, daß ich die lezten 10 Jahre nie ganz werde ersetzen können. Daran hindert mich, wie immer, das leidige Bedürfniß, daß ich viel schreiben muss, und der unglückliche Umstand daß ich langsam arbeite. Nach der gewißenhaftesten Zeitberechnung, wie sie sich nehmlich bey solchen willkührlichen Fällen anstellen läßt, bleiben mir des Tags höchstens 3 Stunden zur Lecture und wie wenig ist das bey einer solchen Anzahl nur der unentbehrlichsten Schriften, die ich nachhohlen muß.

Die Arbeiten mit denen ich diesen Sommer gern zu Stande kommen möchte sind der Geisterseher, der leicht auf 25–30 Bogen anlaufen dürfte; der zweyte Theil meiner Nieder*ländischen* Rebellion und der Rest des ersten; ein Theaterstück (noch stehts dahin ob dieses der Menschenfeind oder ein andres seyn werde, das ich, wie der Schwabe sagt, an der Kunkel habe) und hie und da ein Aufsatz in den Merkur. Aus dem bisherigen Lauf meiner Schreiberey zu schliessen, dürfte dieses Unternehmen wohl fast übertrieben seyn. Indeßen wollen wir sehen. Geschieht auch nicht alles, so ist doch immer das gewonnen, was geschieht. Ganz bin ich hier doch noch nicht zu Hause; auch meine Arbeiten strömen noch nicht. Bin ich aber einmal darinne so weiss ich aus der Erfahrung, daß es rasch geht; und weil alsdann die Unregelmäßigkeiten und Zerstreuungen wegfallen, die den Lauf meines Fleißes in der Stadt gehemmt haben, so gelingt es mir vielleicht, alsdann desto länger in dieser Thätigkeit zu verharren.

Ich freue mich daß Du wieder gesund bist. Dein Zufall scheint mir von gallichter Art. Du hattest Dich noch nicht geärgert? Deinen lezten Brief, worinn Du mir davon schreibst habe ich sehr spät bekommen, weil er mich nicht mehr in W*eimar* fand. Laß Deine Briefe künftig unter der gewöhnlichen Adresse unmittelbar nach Rudolstatt laufen. Grüße mir die beiden herzlich. Lebe wohl. Schiller.

*ÜBERLIEFERUNG. H: DLA/SNM. 1 Doppelblatt 11,3 × 8,9 cm, vergilbtes geripptes Papier, Wz.: I* H*ONIG*, *4 S. beschrieben. – E: Schiller-Körner 1 (1847), 298–300. – Textwiedergabe nach H.*

*LESARTEN.* **4** sonst] *über gestr.* schon *H* **21** in] *ü. d. Z. erg. H* **43** alsdann] *ü. d. Z. erg. H* **45** Deinen] D *verb. aus* I *(?) H*

### *NA 25, Nr 47*

*Die Angaben zum Verbleib der Handschrift in der Überlieferung des Briefes an Caroline von Beulwitz und Charlotte von Lengefeld vom 1. Juni (?) 1788 sind zu korrigieren:*

*ÜBERLIEFERUNG. H: Aargauische Kantonsbibliothek, Aarau (Schweiz). 1 Doppelblatt 11,7 × 8,9 cm, 1 S. beschrieben, bräunliches, stockfleckiges Papier, Wz.: Krone (?), S. 1 oben rechts von Caroline von Wolzogens Hand:* 88., *S. 4 rotes Siegel, 2. Blatt unten rechts an der Ecke ausgerissen durch Öffnen des Siegels. [...]*

***NA 25, Nr 63***

*Der Brief an Siegfried Lebrecht Crusius vom 26. Juli 1788 ist nach E wiedergegeben; nach H lautet der Text:*

*63. An Siegfried Lebrecht Crusius*

Volksstädt. d. 26. Jul. 1788.

Sie erhalten kommenden Sonnabend noch 3 Bogen zu dem Ersten Theil der Rebellion; ich finde es nothwendig sie sowohl wegen des Inhalts als auch deßwegen, weil sonst der II Theil gegen den 1sten viel zu lang ausfallen würde, dem Ersten noch beyzufügen. Aber aufgehalten sollen Sie nicht werden. Ich habe sie nur noch abzuschreiben, und haben sie solche mit Ende dieser Woche nicht, so gebe ich Ihnen Freiheit den Band zu schließen.

Es fehlen mir noch die Aushängebogen X. Y. Z. schicken Sie mir sie doch mit dem bäldisten. Heute erwarte ich einen Brief von Ihnen, nebst dem Geld um das ich Sie gebeten habe.

In Eile. Ihr ergebenster

Schiller.

*ÜBERLIEFERUNG. H: ? – Zuletzt 2011 versteigert; vgl. Stargardt-Katalog 695. Auktion vom 19./20. April 2011. S. 106. Nr 198; zur Handschrift ist angegeben: „1 S. kl.-4°. Schwach gebräunt, leicht fleckig." (Ebd.) Facsimile: Ebd. S. 107 (ebenso in Stargardt-Katalog 659. Auktion vom 16./17. März 1995. S. 99). – E: Geschäftsbriefe (1875), 46 (Karl Goedeke). – Textwiedergabe nach dem Facsimile.*

*LESARTEN.* **6** solche] *danach* auf den *gestr.*

***NA 25, Nr 67***

*Die Angaben zum Verbleib der Handschrift in der Überlieferung des Briefes an Siegfried Lebrecht Crusius vom 2. August 1788 sind zu korrigieren:*

*ÜBERLIEFERUNG. H: ? – Zuletzt 2003 versteigert; vgl. Stargardt/Moirandat-Katalog 678, Auktion vom 11. Oktober 2003 in Basel. S. 154. Nr 224.*

***NA 25, Nr 69***

*Die Angaben zum Verbleib der Handschrift in der Überlieferung zum Brief an Caroline von Beulwitz und Charlotte von Lengefeld vom 6. August 1788 sind zu korrigieren:*

*ÜBERLIEFERUNG. H: DLA/SNM. […]*

### *NA 25, Nr 74*

*Die Angaben zum Verbleib der Handschrift in der Überlieferung von Schillers Brief an Gottlieb Hufeland vom 20. August 1788 sind zu korrigieren:*

*ÜBERLIEFERUNG. H: GSA. [...]*

### *NA 25, Nr 80*

*Der Brief an Charlotte von Lengefeld vom 2. September 1788 ist nach $D^{1/2}$ (Schiller-Lotte$^{2/3}$ 1 [1879], 78–79) wiedergegeben; nach H lautet der Text:*

*80. An Charlotte von Lengefeld*

*Rudolstadt, den 2. September 1788. Dienstag.*

Sie sind nicht einmal 2 Tage von uns und wie lange däucht es mir schon! Dieses kleine Pröbchen von Trennung gibt mir gar schlechte Erwartungen von der größern Trennung, die mir bevorsteht. Alles vermisst Sie, aber ich gewiß nicht am wenigsten. Möchten Sie indeßen nur recht angenehm leben, und sich manchmal unter uns sehnen!

Gestern Nachmittag haben wir, Ihre Mutter ihre Schwester und ich, gar still und herzlich beisammen geseßen und da sind denn alte Projekte aufgewärmt und neue geschmidet worden. Aber steht das Schicksal in unsern Händen? Ich freue mich mir die Zukunft so schön zu mahlen, als ich kann, aber ich kann keinen Glauben dazu faßen.

Leben Sie recht wohl! Die Botenfrau steht vor der Thüre und pressirt. Wollen Sie mich der Frau von Stein empfehlen und Sie bitten daß sie barmherzig seyn und – Sie nicht zulange behalten soll.

adieu. Schiller.

*ÜBERLIEFERUNG. H: Biblioteka Jagiellońska Kraków (Krakau). 1 Doppelblatt 9,8(–10,1) × 4,7 cm, 1 S. beschrieben; leicht vergilbtes geripptes Papier, Wz.: C & I HONIG; S. 4 rotes Siegel (Teil eines Ankers?) und Adresse:* an Fräulein / Charlotte von Lengefeld / in / Kochberg.; *Blatt 2 am unteren Rand durch Aufbrechen des Siegels beschädigt. – E: Schiller-Lotte (1856), 95 (Emilie von Gleichen-Rußwurm). – Textwiedergabe nach H.*

*LESARTEN.* **1** Dieses] D *verb. aus Anstrich zu einem anderen Buchstaben H*

### *NA 25, Nr 90*

*Der Brief an Christian Gottfried Körner vom 1. Oktober 1788 ist nach $D^3$ (Jonas 2 [1893], 121–123) wiedergegeben; nach H lautet der Text:*

*90. An Christian Gottfried Körner*

Rudolstadt d. 1. Octob. 1788. *Mittwoch.*

Eben fange ich an, mich von einem rhevmatischen Fieber zu erhohlen, das sich in ein Zahngeschwür aufgelöst und mich einige Wochen mit allen Plagen, besonders mit wüthenden Zahnschmerzen gemartert hat. Ich weiss nicht, was ich lieber ausstehen möchte, als das leztere – es hat mir alle Freude und Lust zum Leben gestohlen und meinen ganzen Kopf verwüstet. Jezt ist der Schmerz vorbei, das Gesicht aber noch geschwollen, und ich fange allmählig an, mich wieder in meinen Geschäften umzusehen.

Schon einige Posttage habe ich einen Brief von Dir erwartet; hoffentlich ist es kein Rückfall in Deine Krankheit, was Dich davon abgehalten hat, mir zu antworten; Dein lezter Brief machte mir so gute Hoffnungen wegen Deiner Genesung, und der Aufheiterung Deines Geists. Du hast angefangen Dich zu beschäftigen; gewiß ist diß das souveraine Mittel Deine Gesundheit zu verbeßern. Möchten Dich Deine alte Ideen recht anziehen, möchtest Du Dich mit ihnen wie mit alten vernachläßigten Freunden und Bekannten wieder aussöhnen. Mir wird nie beßer, als wenn meine Seele in den Gebieten herumschweift, die sie sich früher zum Tummelplatz gemacht hat. Indeßen komme ich auf meinen alten Wunsch zurück, daß Du Dich nehmlich an eine Hauptarbeit machtest, Dich derselben ganz widmetest, ohne Dich auf Deinem Wege durch Furcht vor Unvermögen oder auch durch den Reiz anderer ablocken zu lassen. Eigentlich ist es ein Unglück für Dich, daß Dich der Hunger nicht zum Schreiben zwingt, wie unser einen. Diß würde Dich nöthigen, alle diesen Betrachtungen zum Trotze, zum Ziel zu eilen und am Ende würdest Du doch finden, daß Du etwas geleistet hast, was Arbeit und Zeit lohnt; der leidige M u ß würde ersetzen, was Dir an Selbstvertrauen und Beharrlichkeit fehlt. Wie oft ist es mir so ergangen!

Zwar was diesen Sommer betrift kann ich mich nicht sehr mit meiner Arbeitsamkeit glorieren. Aber ich weiß die Ursache und weiss auch, wodurch ihr abgeholfen werden kann. Ich fühle doch wirklich daß ich mit den Fortschritten der Zeit manches gewinne, und manches abstoße was nicht gut ist. Es ist diesen Sommer allerlei in meinem Wesen vorgegangen, was nicht übel ist; besonders merke ich mir mehr und mehr an, daß ich mich von kleinen Leidenschaften erhebe. Freilich ist es schwer, daß sich mein Geist unter dieser drückenden Last von Sorgen und äußerlichen Umständen aufrichte, aber seine Elasticität hat er doch glücklich zu erhalten gewußt. Ich werde mich immer mehr und mehr auf mich selbst einschränken, und kleinen Verhältnissen absterben, daß ich die ganze Kraft meines Wesens so wie meine ganze Zeit rette und genieße. Ich sehe diesem Winter mit Heiterkeit entgegen, bringe einen ruhigen Geist und einen männlichen Vorsatz nach Weimar mit, davon Du bald die Früchte sehen wirst.

Die Niederl*ändische* Geschichte kannst Du vor Ende dieser Messe nicht erhalten, weil jezt eben erst der Titelbogen gedruckt wird. An die Thalia gehe ich dieser Tage wieder, dann aber setze ich sie ununterbrochen fort. Der Geisterseher muss mir noch 4–5 Hefte durch bringen, und dann behalte ich ohngefehr die lezte 4 Bogen, in denen die Catastrophe enthalten ist, zurück, welche erst in der vollständigen Ausgabe, die ich davon mache erscheinen. Diese Ausgabe welche schwerlich unter 25 Bogen betragen wird (denn zu soviel habe i c h reichlichen Stoff und das Publikum hoffe ich reichliche Neugierde) ist dann bestimmt, die Beitische Schuld und noch einige andre Posten zu tilgen, welche in Dresden ausstehen. Biß dahin also sei so gut und laß Beiten prolongieren, mache aber aus, daß ich jeden Monat und von funfzig zu funfzig rth. wenn ich will abzahlen kann. Vielleicht schießt mir Göschen die Summe früher vor, wenn nur erst einige Hefte von der Thalia mehr heraus sind.

Lebewohl und gib mir ja bald Nachricht von Dir. In der A*llgemeinen* L*iteratur* Z*eitung* steht meine Recension von Göthens Egmont, wenn Du Lust darnach hast; und im September des t*eutschen* Merkurs werden auch Aufsätze von mir erscheinen, doch von wenigem Belang.

Grüße mir die Weiber herzlich und lass mich ja bald hören, daß Du gesund und heiter bist.

S.

*ÜBERLIEFERUNG. H: DLA/SNM. 1 Doppelblatt 18,9 × 22,7 cm, 4 S. beschrieben, gelbliches Papier, Wz.: IV (querstehend); auf der 1. S. über dem Brieftext mehrere Zahlen (Numerierungen) von fremder Hand:* 30, 42 *(rote Tinte),* 1113 *(Blei), „229“ (Foliierung in roter Tinte“; auf der 3. S. oben Foliierung* 230 *(rote Tinte). Facsimile der 1. S. ebd. (***1–14** Rudolstadt *bis* beßer, als*). – E: Schiller-Körner 1 (1847), 345–348. – Textwiedergabe nach H.*

*LESARTEN.* **2** rhevmatischen] r *unklar verb. H* **15** die sie sich] sie *ü. d. Z. erg. H* **31** seine Elasticität] seine *verb. aus* meine *H* **45** daß ich] *danach* alle *gestr. H*

## *NA 25, Nr 100*

*Der Brief an Siegfried Lebrecht Crusius vom 16. Oktober 1788 ist nach E wiedergegeben; nach H lautet der Text:*

*100. An Siegfried Lebrecht Crusius*

Rudolstadt d. 16 Octob. 1788 *Donnerstag.*

Den lezten Transport werden Sie hoffe ich nun in Händen haben.

Aus diesem Ll Bogen sehe ich, daß das was noch zurück ist **über** ein Blatt betragen wird, und daß also in der Ausrechnung die ich gemacht, eine Veränderung entsteht. Laßen Sie aber lieber das noch rückständige enger drucken und mit kleinerer Schrift, als daß Sie das umzudruckende Blatt aus Mangel des Platzes aufopferten; denn einmal für allemal, dieses Blatt muß nothwendig umgedruckt werden. Vielleicht können Sie Sich damit helfen, daß Sie für die Errata auf irgend einem andern Bogen Ihrer Verlags Bücher noch ein übriges Blatt finden. Ist auch dieses nicht, so müßte es noch besonders gedruckt werden.

Wenn es seyn könnte, so bäte ich mir auch noch die Correctur des Rests und der Errata aus, wegen Anordnung des Titels besonders. Sie erhalten es mit rückgehender Post, wie heute und sollen sicher nicht aufgehalten werden.

Schicken Sie mir doch neu oder vom Antiquar, wie Sie es am schnellsten erhalten können,

Euripides und

Sophocles Tragödiæ. griechisch mit einer lateinischen Uebersetzung und auch Steinbrüchels aus Zürch deutsche Uebersetzung des Sophocles und Euripides.

Ich wünschte diese Bücher sobald als möglich zu haben.

Ihr ergebenster

Schiller.

*ÜBERLIEFERUNG. H: GSA. 1 Doppelblatt 11,5 × 8,7 cm, leicht vergilbtes geripptes Papier, 3 S. beschrieben; S. 1 oben rechts von fremder Hand mit Bleistift:* 1788., *S. 4 oben Crusius' Empfangsvermerk:* Herr Schiller. / Rudolstadt d. 16 Octbr / 1788. – *E: Geschäftsbriefe (1875), 51–52. – Textwiedergabe nach H.*

*LESARTEN.* **5** drucken] *verb. aus* drücken *H* **8** daß Sie für] für *ü. d. Z. erg. H*

## *NA 25, Nr 101*

*Die Angabe zum Verbleib der Handschrift in der Überlieferung von Schillers Brief an Christian Gottfried Körner vom 20. Oktober 1788 ist zu korrigieren:*

*ÜBERLIEFERUNG. H: Autographensammlung Wilhelm, Basel. [...]*

## *NA 25, Nr 103*

*Der Brief an Siegfried Lebrecht Crusius vom 26. Oktober 1788 ist nach E wiedergegeben; nach H lautet der Text:*

*103. An Siegfried Lebrecht Crusius*

Rudolstadt d. 26. 8br. 88. *Sonntag.*

Eben erhalte ich die Bücher und sende Ihnen hier gleich zwey von den beigelegten Philologischen Schriften zurück. An dem Deutschen und an der Musgravischen Edition I. II. III Tomen in 4. ist mir für jezt genug.

Ich danke Ihnen für die richtige Besorgung meines Wunsches und die baldige Uebersendung. Das übrige nächstens. Die Post geht den Augenblick. Ihr ganz ergebenster

Schiller.

*ÜBERLIEFERUNG. H: ? Zuletzt versteigert 2015; vgl. Koller-Katalog A 172, Auktion vom 28. März 2015. S. 170. Nr 589; zur Handschrift ist angegeben: „Eigenh. Brief [...]. 4°. ¾ S. auf Doppelblatt (Adresse verso, Siegelausrisse alt hinterlegt).“ (Ebd. S. 170.) Facsimile*

*ebd. S. 169 (zuvor in: Stargardt-Katalog 698, Auktion vom 5./6. Juni 2012. S. 135; zur Handschrift ist angegeben: „E. Br. m. U. […] ¾ S. 4°. Mit Siegelspur und Adresse. Leicht fleckig, kleine Randausschnitte durch Öffnen des Siegels alt repariert." [Ebd. S. 134.]) Später auch angeboten bei Kotte autographs (https://www.kotte-autographs.com/de/autograph/schiller-friedrich-von/#81802). – E: Geschäftsbriefe (1875), 52. – Textwiedergabe nach dem Facsimile.*

### *NA 25, Nr 112*

*Der Brief an Christian Gottfried Körner vom 14. November 1788 ist nach einer Kollation von H gedruckt; nach H lautet der Brief:*

*112. An Christian Gottfried Körner*

Weimar d. 14. Nov. 1788. *Freitag.*

Seit vorgestern bin ich wieder in meiner einstweiligen Heimat. Meine lezten Tage in Rudolstadt und meine Ersten hier waren so voll Zerstreuungen und Geschäften, daß ich nicht dazu kommen konnte, Dir zu schreiben. Auch habe ich noch auf einen Brief von Dir gewartet, der aber noch unterwegs seyn wird. Ich habe eben einen ruhigen Abend, und will ihn anwenden, allerlei Dinge mit Dir abzuthun.

Mein Abzug aus Rudolstadt ist mir in der That schwer geworden, ich habe dort viele schöne Tage gelebt und ein sehr werthes Band der Freundschaft gestiftet. Bei einem geistvollen Umgang, der nicht ganz frey ist von einer gewissen schwärmerischen Ansicht der Welt und des Lebens so wie ich sie liebe, fand ich dort Herzlichkeit, Feinheit und Delikateße, Freiheit von Vorurtheilen und sehr viel Sinn für das, was m i r theuer ist. Dabey genoß ich einer unumschränkten innren Freiheit meines Wesens und die höchste Zwanglosigkeit im äußerlichen Umgang und Du weißt, wie wohl einem bei Menschen ist, denen die Freiheit des andern heilig ist. Dazu kommt, daß ich wirklich fühle, g e g e b e n, und in gewissem Betrachte wohlthätig auf diese Menschen gewirkt zu haben.  Mein Herz ist ganz frey, Dir zum Troste. Ich hab es redlich gehalten, was ich mir zum Gesetz machte und Dir angelobte; ich habe meine Empfindungen durch Vertheilung geschwächt, und so ist denn das Verhältniß innerhalb der Grenzen einer herzlichen vernünftigen Freundschaft.  Uebrigens ist dieser Sommer nicht unwichtig für mich, wie ich Dir, glaube ich, schon geschrieben habe. Ich bin von mancherlei Dingen zurückgekommen, die mich auf dieser Lebensreise oft schwer gedrükt haben, und hoffe mich künftig mit mehr innrer Freiheit und Energie zu bewegen. Doch das wird sich in der Folge beßer merken, als jezt beschreiben lassen.

Bei meiner Zurückkunft habe ich den armen Merkur in Todesnöthen gefunden. Das Feuer brennt Wielanden auf den Nägeln, und er fängt an, mich sehr nöthig zu brauchen. Wenn ich mich nicht entscheidend für den Merkur mit ihm verbinde, so wird er wohl aufhören. Er hat mir über das Mercantilische ein offenherziges Geständniß abgelegt; ich will Dich selbst darüber urtheilen lassen. Der Merkur hat ohngefehr 1200 Käufer, welches auf 2000 rth. wie er sagt, hinausläuft (vermuthlich nach Abzug dessen was Göschen erhält. Die Druck und Papierkosten sagt er stehen zwischen 7 biß 800 rth.

Nun bleibt ihm nach Abzug der Honorarien wie er behauptet nicht viel über 200 rth. welches mir dadurch begreiflich wird weil er z. B. Reinhold 300 Thaler en gros bezahlt und wer weiß was seine 2 andern Schwiegersöhne ihm ausgepreßt haben. Die Autoren wollen frisch bezahlt seyn, und Er wird es freilich etwas langsam und in kleinen Sümmchen. Göthe ist jezt auch dazu getreten, und er hat mir im Vertrauen gesagt, daß Göthe nichts wegschenke. Wieland meint, daß er weit mehr Profit von seinen Arbeiten sich zu ziehen getraue, wenn er sie einzeln herausgäbe. Nun ist noch ein Ausweg, worüber er mir eben eine kategorische Antwort abfodert, nehmlich die alte schon voriges Jahr projectierte Entreprise, den Merkur ganz nach einem neuen und der Nation interessanten und anständigen Plan herauszugeben, wovon der Merkure de France der schon 140 Jahre subsistirt, das Modell seyn soll. Zu diesem Neuen Merkur nun fehlt uns eigentlich der dritte Mann, der sich diesem Werke ganz wie ich widmen könnte, einigen Nahmen hätte und, sobald er nicht nöthig hat ums Geld zu schreiben, etwas vortrefliches leisten könnte. Ich selbst habe eine solche Idee aus Rudolstadt mitgebracht, die mir erstaunlich einleuchtet, und sehr ausführbar däucht. Es kommt nehmlich darauf an, einen Weg auszudenken, wie sich wenig und gut arbeiten mit einer anständigen Einnahme vereinigen lasse. Wenn 3 vortrefliche Federn des Jahrs nicht mehr als eine jede ein Alphabet zu liefern habe, so sollte man denken, daß drei Alphabethe vortrefliche Arbeit heraus kämen. Vertheile diese 96 Bogen in 12 Hefte, so hast Du eine Monatschrift, an der jeder Aufsatz Werk des Genies, der abgewarteten Stimmung und der Feile seyn kann. Rechnet man, daß jeder der drei Mitarbeiter 100 Carolin reinen Profit erhalten soll, und der Entrepreneur die doppelte Sum*m*e oder der Buchhändler der sie übernimmt auch diese 100 Carolin, so sind 2500 rth, welches mit den Druckkosten, die sich wie Wieland sagt jezt auf 750 rth. und alsdann ohngefehr auf 1000 belaufen könnten 3500 rth. beträgt. Ist diese Summe zusammenzubringen so hat 1.) Deutschland ein vortrefliches Journal und 2) drei gute Köpfe Brod. Da nun der Merkur 2000 rth. bereits einträgt und also nur 1500 fehlen, so sollte es doch mit dem Teufel zugehen, wenn man diese 1500 rth. nicht durch Vortreflichkeit der Arbeit erzwingen könnte. Ein betriebsamer Buchhändler würde sie in 2 biß 3 Jahren bloß allein ausserhalb Deutschlands zusammentreiben. Dieß war meine Idee, und da Wieland nun gleich auf diese Materie kam so haben wir denn die Töpfe zusammengetragen und uns in dem festen Vorsatz vereinigt, mit 1790 diesen Neuen teutschen Merkur herauszugeben. Wieland will mir, es mag nun auch werden wie es will, für ein Alphabeth meiner besten Arbeiten 100 Louisdors bezahlen, wenn ich mich dem Unternehmen widmen will. Ich dachte Göthe könnte der dritte Mann werden, Wieland sezt aber kein großes Vertrauen in seine Beharrlichkeit. Wenn Wieland an der Spitze des Journals bleibt, wie er hartnäckig gesonnen ist, so ist nichts rnit Herdern, welcher mir sonst sehr einleuchtete. Auf jeden Fall wirst Du mir einräumen, daß ich bei diesem Plan nicht anders als zu gewinnen habe, wenn er zu Stande kommt. Zwey Bogen kann ich des Monats mit Lust und Muße fertig bringen, und diese sichern meine ganze Existenz. Aber auch Wieland kann zufrieden seyn und das Journal muß Vortheile genug dann haben, wenn ich jedes Heft mit 2 Bogen guter Arbeit versehe. Meine Fächer würden seyn 1) Dramen 2) Erzählungen wie z. B. Verbrecher aus Infamie, Geisterseher u sf. 3) Historische Tableaux, Caracteristiken, Biographien 4) Gedichte 5) auch philosophische Materie wie Julius und Raphael und 6) Critische Briefe wie die über Don Carlos, nach welchen Wieland sehr verlangt, und die viel Sensation gemacht haben sollen. Solltest Du es glauben, daß wir nach langem Herumsuchen in Deutschland doch noch keinen gefunden haben, der nur soviel dazu taugte wie ich? d. h. der bei dieser Proportion der Fähigkeit dazu just soviel innern Willen und äußre Muße hätte, und der gerade in solchen allgemein intereßanten Fächern arbeitete? Einstweilen verlangt Wieland, daß ich ihm den Plan zu dem neuen Merkur d. h. meine Gedanken aufschreibe. Ich erwarte noch vorher die Deinigen darüber. Auch will er, daß ich mich wegen 1789 mit ihm auf einen bestimmteren Fuß setze als in diesem Jahr geschehen ist, und daß ich ihm bestimme, wieviel ich dieses 1789ste Jahr arbeiten und wie ich bezahlt seyn will. Es wäre mir gar zu lieb, dieses Project mit dem Merkur auszuführen, und ihn nicht ganz sterben oder in andre Hände gerathen zu sehen. Jezt scheint Wieland in seine Schwiegersöhne gar wenig Vertrauen zu setzen, und Reinhold hat ihm offenbar auch mehr geschadet als genutzt. Sein Hauptverdienst war das Recensiren, welche Last er Wieland fast ganz abgenommen hat. Aber der kritische Anzeiger hört mit diesem Jahre auf, dafür sollen künftig über Ausgezeichnete Produkte zuweilen ausgeführtere Critiken kommen, die selber musterhafte Aufsätze sind.

Göthe ist iezt auf einige Tage verreist. Es ist nun so ziemlich entschieden daß er hier bleibt, aber privatisirt. In dem Conseil steht nur noch sein Stuhl, er ist so gut als ausgetreten, die Cammer hat er ganz an Schmidt abgetreten, er ist jezt nur noch bei der Bergwerkscommission als einer bloßen Liebhaberey. Herder ist durch Dalberg häßlich circumvenirt worden; ohne daß man ihn darum gefragt oder prevenirt hätte, hat sich eine Dame eine Frau von Seckendorf, die Schwester des H*errn* von Kalb bei der Parthie gefunden, die die Reise nach Italien mitmachte und mit der Dalberg in Herzensangelegenheiten stehen mag. Herder fand erstaunlich viel unschickliches darinn, mit einer schönen Wittwe und einem Domherrn in der Welt herum zu ziehen, und in Rom hat er sich ganz von der Gesellschaft getrennt und man sagt, daß er auf Ostern die Confirmation wieder in Weimar verrichten wolle. Er wird in Rom sehr gesucht und geschäzt, der Secretair der Propaganda, Borgia hat ihn bei einem Souper einigen Kardinälen als den Erzbischoff von Sachsen Weimar præsentirt.

Ich habe Dir aber noch einige Punkte aus Deinem Briefe zu beantworten.

Erstlich wegen Julius und Raphael. Ich bin weit davon entfernt ihn ganz liegen zu lassen, weil ich wirklich oft Augenblicke habe, wo mir diese Gegenstände wichtig sind; aber wenn Du überlegst, wie wenig ich über diese Materien gelesen habe wie viel vortrefliche Schriften darüber vorhanden sind, die man sich ohne Schaamröthe nicht anmerken lassen kann, nicht gelesen zu haben, so wirst Du mir gerne glauben, daß es mir immer eine schwerere Arbeit ist, einen Brief des Julius zu schreiben, als die beste Scene zu machen. Das Gefühl meiner Armseligkeit – und Du mußt gestehen, daß dieß ein dummes Gefühl ist – kommt nirgends so sehr über mich als bei Arbeiten dieser Gattung. Indeß will ich mich zusammennehmen, und Dir eine Materie anspinnen; nur verlange sie so sehr bald nicht von mir, vor allen Dingen muß ich mich wieder in den Geisterseher hineingearbeitet haben.

Mein Gedicht sollst Du lesen und beurtheilen, eh ich es drucken lasse. Jezt hat es seine Rundung noch nicht.

Deine Beantwortung meiner Deduction von dem Auffenthalt und der Lebensart die Du wählen sollst, bringt mich (wärs auch nur Deines Ersten Grundes wegen) vor der

Hand zum Stillschweigen. Weniger bin ich, was das Vorliebnehmen mit mittelmäßigen Menschen betrift, Deiner Meinung. Mittelmäßiger Umgang schadet mehr, als die schönste Gegend und die geschmackvollste Bildergallerie wieder gut machen können; auch mittelmäßige Menschen wirken; ein andermal mehr davon.

Ueber Hubers dramatischen Beruf bin ich nicht mit Dir einig. Ich komme darauf zurück, was ich Dir, glaube ich, und auch ihm schon gesagt habe; er hat keinen dramatischen Styl, im Plan ist er glücklicher. Sein Fehler ist, daß er sich über einen Gedanken ganz ausschüttet, und das soll man nie. Die Scenen aus dem heimlichen Gericht gefallen mir weniger ie mehr ich sie lese, weil sie keinen Gedanken im Rückhalt haben, den sie nicht aus sagen, kurz, weil sie erstaunlich wortreich sind. Ich glaube nicht daß Huber viel im Dramatischen leisten wird und es sollte mir leid thun, wenn er dieses zu spät bemerkte, und seine Fähigkeiten von einem dankbarern Fache ablenkte. Freilich ist mir diese Beschäftigung bei ihm lieber als keine, aber muß denn just diese Alternatife seyn?

Ich erwarte mit Ungeduld Deine Composition der Hymne. Deine Gesundheit, Deine Lust und Liebe zur Thätigkeit freut mich.

Einen Roman wüßt ich Dir nicht zu nennen. Aber willst Du mit mir das nächste Jahr zusammentreten, und mir den Plan ausführen helfen, eine Sammlung ausgezogener Memoires herauszugeben. Dieß ist just eine Arbeit, um keinen Tag ganz ungenutzt zu verlieren, ich habe sie schon vor einem Jahr ausgedacht und bin fest dazu entschlossen. Die Sache ist bloß ein langsameres Lesen, das einem bezahlt wird. Einen Verleger will ich schon dazu schaffen

Ich werde diesen Winter gar einsam hier leben, weil ich alle meine Kraft und Zeit zusammen nehmen will. Es ist viel stilles Vergnügen in dieser Existenz. Besonders die Abende sind mir lieb, die ich sonst sündlich in Gesellschaft verloren habe. Jezt sitze ich beim Thee und einer Pfeife und da denkt und arbeitet sichs herrlich.

Lebe wohl. Deinen nächsten Brief erwarte ich mit Ungeduld. Er wird mir von Rudolstadt nachgeschickt; hast Du das Stück der *Allgemeinen* Literatur *Zeitung* nicht beigelegt, so schick es nach. Lebewohl. Grüße alle herzlich.

Schiller.

*ÜBERLIEFERUNG. H: GSA. 2 Doppelblätter. 1) 18,9 × 23,1 cm, 4 S. beschrieben, geripptes, leicht vergilbtes Papier, Wz.: C & I Honig. S. 1 oben links am Rand mit roter Tinte von fremder Hand:* 49.[a], *oben rechts in der Ecke von fremder Hand mit roter Tinte, aber dünnerem Strich:* 244; *S. 4 oben rechts in der Ecke von fremder Hand und dem gleichen dünneren Strich:* 245. *2) 18,9 × 23,1 cm, 3 ½ S. beschrieben, geripptes, leicht vergilbtes Papier, Wz: gekröntes Schild mit Posthorn und angehängter Glockenmarke, darunter C & I Honig. S. 1 oben rechts am Rand von fremder Hand mit roter Tinte:* 49[b], *daneben oben rechts in der Ecke von fremder Hand, aber mit dünnerem Strich:* 246; *S. 3 oben rechts in der Ecke von fremder Hand mit roter Tinte und dem gleichen dünneren Strich:* 247; *S. 4 unten rechts in der Ecke von fremder Hand mit Bleistift:* MHNT. *Facsimile der 1. S.: Stargardt/Moirandat-Katalog 678, Auktion vom 11. Oktober 2003 in Basel. S. 147 – E: Schiller-Körner 1 (1847), 363–371 (ohne die Schlußgrüße; zuvor zwei Sätze in Körners „Nachrichten von Schillers Leben" in: Friedrich von Schillers sämmtliche Werke. Bd 1. Stuttgart und Tübingen 1812. S. XVIII f.). – Textwiedergabe nach H.*

*LESARTEN.* **8** Bei] *verb. aus* nach *(?) H* **13** einem] *danach* ist *gestr. H* **14–15** g e g e b e n] *danach von* zu haben, *nur* haben *gestr. H* **27** über das] *danach* werth *(?) gestr. H* **29–30** (vermuthlich *bis* erhält] *ü. d. Z. erg. H* **36** Wieland] *über gestr.* Er *H* **41** Jahre] *ü. d. Z. erg. H* **41** soll.] *danach* Wir *gestr. H* **42** der] *danach* ohne *gestr. H* **45** däucht.] *danach* Nehmlich *gestr. H* **50** des Genies, der] *danach* Laune *gestr. H* **53** diese] die *verb. aus* ein *H* **54** wie] *danach* gesagt *gestr. H* **54** 750] *verb. aus* 700 *H* **57** also] o *verb. aus* u *H* **82** will] *über gestr.* sagt *(?) H* **93** In dem] *verb. aus* Aus der *H* **108** ich] *ü. d. Z. erg. H* **109** sich] *ü. d. Z. erg. H* **119** meiner] r *verb. aus* s *H* **120** wegen] *danach* zum Still *gestr. H* **137** zusammentreten] treten *nach gestr.* treffen *H*

## *NA 25, Nr 113*

*Die Angaben zum Verbleib der Handschrift in der Überlieferung des Briefes an Gottlieb Hufeland vom 15. oder 19. (?) November 1788 sind zu korrigieren:*

*ÜBERLIEFERUNG. H: Privatbesitz. Zuletzt 2011 versteigert; vgl. Katalog Kotte Autographs 43. O. J. [2011]. S. 60. Nr 125. Facsimile: Ebd. S. 63. […]*

## *NA 25, Nr 122*

*Die Angaben zum Verbleib der Handschrift in der Überlieferung des Briefes an Christian Gottfried Körner vom 12. [11.] Dezember 1788 sind zu korrigieren:*

*ÜBERLIEFERUNG. H: Autographensammlung Wilhelm, Basel. […]*

## *NA 25, Nr 135*

*Der Brief an Christian Gottfried Körner vom 12. Januar 1789 ist nach $E^{\alpha}$ (DLA/SNM. Von der Verlagsbuchhandlung Veit & Comp. nach H korrigiertes und ergänztes Exemplar von E) wiedergegeben; nach H lautet der Text:*

*135. An Christian Gottfried Körner*

Weimar d 12. Ja*n*uar 89 *Montag.*

Dieser Tage habe ich Deine Sache mit Wieland berichtigt. Er kennt Dich durch Göthen und Bertuch von einer gewissen Seite längst, und hat allen Respekt vor Dir. Gewöhnlich werden jezt Aufsätze die bloß eingeschickt werden und unter dem Prädikate g u t laufen, ohne durch sich selbst dem Merkur einen größern Kreis zu verschaffen mit einem Carolin par Bogen bezahlt; da der Merkur noch nicht so tief herabgekommen war, warens 3 Dukaten. Du kannst auf diese 3 Dukaten allerwenigstens rechnen, und da es überhaupt jezt nur auf die W a h l die du mit den G e g e n s t ä n d e n trifst, ankommen wird, ob Deine Aufsätze Leckerbißen für Wieland seyn sollen, so kannst Du in den folgenden Jahren wenn der Merkur sich erhohlt hat noch weit anständiger mit ihm contrahieren. Für Uebersetzungen erhalte ich auch nicht mehr als einen Carolin, und im Grunde lässt sich auch nicht mehr dafür fodern. Sorge Du indeßen nur für zwey Dinge, für gangbare und allgemein interessante Gegenstände nehmlich, die nicht *allein* den denkenden Kopf interessiren, und suche sie eher in *kleinere* Aufsätze zu vertheilen, als in große Abhandlungen auszudehnen, die man abbrechen muß. Du glaubst nicht, wie abschreckend es für den größten Theil der JournalLeser ist, einen etwas gründlichen Aufsatz vorzunehmen, der nicht vollendet ist. Wenn dieser kurz ist, entschließen sie sich allenfalls noch dazu.

Ich wollte Dir rathen, Dich, wenns auch nur mit einem einzigen Briefe abgethan wird, mit Wieland bekannt zu machen, und geradezu mit ihm zu thun zu haben. Es ist in jedem Fall anständiger für Dich und dann wünscht ich auch, daß ihr Bekannte würdet. Nur einen exacten Correspondenten kann ich Dir nicht in ihm versprechen, das ist eine Blöße, die man übereingekommen ist, ihm zu gut zu halten.

Der Gibbon, meynt er, sollte billig mit Anmerkungen begleitet werden; er würde sie selbst dazu machen, wenn er jezt nicht mit andern Dingen zu überhäufft wäre. Alsdann meynt er auch, daß Gibbon schon übersetzt sey. Soviel ich weiß ist ers aber noch nicht ganz, und gut wärs, wenn das was Du gewählt hast, zu dem unübersetzten gehörte. Schicke nur, was Du fertig hast, sobald möglich.

Hier folgt mein Gedicht. Die dritte Strophe fehlt nur, weil ich zwischen der 2ten und 4ten zwey ganze Blätter ausgestrichen habe, da mir das Gedicht zu sehr anschwoll. Der Inhalt dieser fehlenden Strophe ist der, „daß die Kunst zwischen der *Sinnlichkeit* und *Geistigkeit* des Menschen das Bindungsglied ausmache, und den gewaltigen Hang des Menschen zu seinem Planeten contraponderiere, daß sie die Sinnenwelt durch geistige Täuschung veredle und den Geist rückwärts zu der Sinnenwelt einlade und dgl.“

Ich wünschte gar sehr, daß Du Zeit und Lust fändest, mir recht viel, im allgemeinen und einzelnen über dieses Gedicht zu sagen; es wird mich dann zu der lezten Hand die ich ihm noch zu geben habe begeistern, und überhaupt bedarf ich jezt zu meiner innern Existenz einer solchen Friction von aussen gar sehr.

Ich bin vergnügt, da ich Dich thätig und durch Deine thätigkeit fröhlich weiß. Es verspricht mir für Dich und mich schöne Tage; hoffentlich sollen sich auch die meinigen in demjenigen aufhellen, was die äusserlichen Umstände dazu beyzutragen haben.

NB. Mein Gedicht muß heut über 8 Tage wieder in meinen Händen seyn! Richte Dich also darnach. Lebe wohl. Grüße mir die Weiber herzlich

Schiller

*ÜBERLIEFERUNG. H: DLA/SNM. 1 Doppelblatt 11,3 × 9,2 cm, leicht vergilbtes Papier, 4 S. beschrieben, S. 1 oben links von fremder Hand mit roter Tinte: 3.; die Worte* mein Gedicht *(***29***) von fremder Hand mit Bleistift unterstrichen. – E: Schiller-Körner 2 (1847), 6–8. – Textwiedergabe nach H.*

*LESARTEN.* **2** habe] *verb. aus* hat *H* **4** werden jezt] *danach* für *gestr. H* **8** trifst] s *unklar verb. H* **20** thun zu haben] zu *ü. d. Z. erg. H* **31** der *Sinnlichkeit*] der *verb. aus* dem *H* **32** ausmache] *verb. aus* ausmacht *H* **33** Planeten] *danach* ××× *gestr. H*

## *NA 25, Nr 155*

*Der Brief an Christian Gottfried Körner vom 5. März 1789 ist nach $E^{\alpha}$ (DLA/SNM. Von der Verlagsbuchhandlung Veit & Comp. nach H korrigiertes und ergänztes Exemplar von E) wiedergegeben; nach H lautet der Text:*

*155. An Christian Gottfried Körner*

Weimar d 5. März. 89. *Donnerstag.*

Göschen hat ordre von mir bekommen, Dir mit erster Post die Thalia zuzuschicken, die nun fertig ist. Mit väterlicher Freude wirst Du Dein wohlerzogenes Kind darinn erblicken, das mir beim wiederhohlten Lesen immer mehr gefällt, und ohne alle Complimente in ganzem Ernst, diesem Hefte sehr bey den Kennern aufhelfen wird. Wielands Urtheile haben nicht sehr viel zu sagen, aber als ein Künstler ist er über die Kunstschriften immer ein competenter Richter. Er ist äuserst erbaut von Deinem Aufsatz und erklärte mir gleich, wie wir uns wieder sahen, daß Du sein Mann seyst. Die philosophische Ansicht der Sache, den männlichen gesetzten Ton und die angenehme Sprache kann er nicht genug loben. Ich werde noch mehrere Urtheile darüber hören, nicht um den Werth Deines Aufsatzes damit zu beweisen, sondern um Dir es immer klarer zu machen, daß Deine eigene Ansicht der Dinge diejenige Allgemeinheit nicht ausschließt, die sie dem Publikum zu genießen gibt, und daß Du also Beruf und Fug hast, Schriftsteller zu werden.

Deine Uebersetzung des Gibbon hat mir eine vorläufige Idee von diesem Schriftsteller gegeben. Er hat einen Blick des Genies mit dem er die Facta auffaßt, daß sie sich unter ihm verneuen, er stellt sie mit Beurtheilung *dar* und erzählt sie geistvoll und kräftig; aber ich stimme Dir bey, daß sein Stil nicht vollkommen ist, daß man ihm eine Künstlichkeit anmerkt, eine Bestrebung, eigen, concis und geistreich zu schreiben, die ihn öfters hart und dunkel macht. Im Erzählen lobe ich mir doch immer die Franzosen, oder ist es bloß ihre Sprache, die ihnen vor andern erlaubt, sich mit Leichtigkeit und Anmuth darinn zu bewegen? – Glaubst Du nicht, daß ich in meinem historischen Stil in Gibbons Fehler zu fallen, in Gefahr sey? Ich möchte mich in der That auf seiner blinden Seite nicht gerne mit ihm berühren.

Die Künstler werde ich Dir über 8 Tage schicken können; gedruckt sind sie und der Merkur wird diese Woche fertig. Ich erwarte nun eine fernere Weisung von Dir, ob ich Wielanden Deine Uebersetzung sogleich zustellen soll um das Aprilstück des Merkur damit anzufangen oder ob Du mit etwas anderm bey ihm anfangen willst. Doch hielt ich dafür, (da einige Monatstücke mit der Gibbonischen Uebersetzung angefüllt werden) doch nicht zu lange damit zu warten, weil sonst andere darauf speculiren möchten.

Nächstens mehr. Grüße Minna und Dorchen. Lebewohl.

Schiller.

Suche Dir eine Histoire secrette vom Berlinerhofe zu verschaffen, die erst kürzlich heraus ist. Sie wird Dich sehr amusieren und aufklären. Es ist eine Sammlung von Briefen die Mirabeau, als französischer Emissair in Berlin, an den Pariserhof geschrieben, und die man illegaliter publiciert hat.

*ÜBERLIEFERUNG. H: ? Facsimile: Lettres Autographes composant la collection de M. Alfred Bovet décrites par Étienne Charavay [...]. Paris 1887. Nach S. 374. Nr 1041 (ohne Adresse); zur Handschrift ist angegeben: „2 p. pl. in-4, cachet camée.“ [Ebd. S. 382.]) – E: Schiller-Körner 2 (1847), 48–49 (Moritz Veit). – Textwiedergabe nach dem Facsimile.*

*LESARTEN.* **4** gefällt] *Komma verb. aus Punkt H* **9** Sache] s *verb. H* **12** eigene] *ü. d. Z. erg. H* **21** oder] *danach* es *gestr. H* **23** mich] *ü. d. Z. erg. H* **24** nicht gerne] *über gestr.* ××× *H* **26** Ich] *danach* warte *(?) gestr. H* **29** dafür,] *danach* mit *gestr. H* **29** einige] *danach* Woche z *gestr. H*

### *NA 25, Nr 158*

*Der Brief an Christian Gottfried Körner vom 9. März 1789 ist nach* $D^3$ *(Jonas 2, 246–251) wiedergegeben; nach H lautet der Text:*

*158. An Christian Gottfried Körner*

Weimar 9. März. 89. *Montag.*

Eben erhalte ich Deine 2 Briefe und weiß nichts beßres zu thun, als sie gleich zu beantworten. Die Streitfrage wegen der Künstler ist in Rücksicht Deiner und meiner ihrer Entscheidung ehr nahe, denn entweder erhalte ich das Merkurstück noch, um es in diesen Brief einzuschließen, oder folgt es auf den nächsten Freitag. Ich fürchte nicht, meinen Prozeß zu verlieren

Es ist ein Gedicht und keine Philosophie in Versen, und es ist dadurch kein schlechteres Gedicht, wodurch es mehr als ein Gedicht ist. Ich wünschte, daß wir uns recht darüber miteinander ausschütten könnten. Das Gedicht ist übrigens zu ausgezeichnet, um daß nicht öffentliche Urtheile darüber gefällt werden sollten. Wir wollen sie erwarten.

Ich wundre mich, daß Du Dir die Beantwortung auf Deine Einwürfe gegen das philosophische Gespräch im Geisterseher nicht selbst beygeschrieben hast. Hätte mich der Geisterseher biß jezt für sich selbst als ein Ganzes intereßirt, oder vielmehr, hätte ich die Theile nicht früher expediren müssen, als dieses Interesse am Ganzen in mir reif geworden ist, so würde dieses Gespräch gewiß diesem Ganzen mehr untergeordnet worden seyn. Da jenes aber nicht war, was konnte ich andres, als das Detail meinem Herzen und meinem Kopfe wichtig machen, und was kann der Leser unter diesen Umständen mehr von mir verlangen, als daß ich ihn mit einer interessanten Materie auf eine nicht geistlose Art unterhalte. Aber darinn hast Du glaube ich den Gesichtspunkt verfehlt, daß Du glaubst die Handlungsart des Prinzen solle aus seiner Philosophie bewiesen werden: Sie soll nicht aus seiner Philosophie, sondern aus seiner unsichern Lage zwischen dieser Philosophie und zwischen seinen ehmaligen Lieblingsgefühlen, aus der Unzulänglichkeit dieses Vernunftgebäudes und aus einer daraus entstehenden Verlaßenheit seines Wesens herfließen. Dein Irrthum besteht darinn, daß Du meynst, diese angegebne Philosophie solle die Motive zu seiner Lebensart hergeben. Nichts weniger, seine Unzufriedenheit mit dieser Philosophie gibt diese Motive her. Diese Philosophie ist, wie Du gefunden hast, kein Ganzes, es fehlt ihr an Consequenz – und das macht ihn unglücklich, und diesem Unglück will er dadurch entfliehen, daß er den gewöhnlichen Menschen näher tritt. Uebrigens freut mich, daß über gewisse Stellen darinn Dein Geschmack mit dem meinigen zusammentrift, aber das Durchgeführte und beschloßene in einigen neuen Vorstellungsarten scheint Dich eine geringere Wirkung gethan zu haben, als ich erwartete. Es mag aber daher kommen, daß es Dir nicht mehr neu war – ich selbst aber, der nichts von der Art liest oder gelesen hat, habe alles aus mir selbst spinnen müssen. Der Beweis z. B. daß Moralität bloß in dem Mehr oder Weniger der Thätigkeit liege, scheint mir von sehr vielen Seiten beleuchtet und sogar mit Gründlichkeit ausgeführt zu seyn. Ich habe überhaupt an dieser Arbeit gelernt – und das ist mehr als 10 rth für den Bogen. Halte diese Philosophie (versteht sich, diejenige abgerechnet die ich dem Prinzen als einer poetischen Person leyhen mußte) gegen die philosophie des Julius, Du wirst sie gewiß reifer und gründlicher finden.

Dein Urtheil über die Iphigenie unterschreibe ich im Grunde ganz; und die Gründe, aus denen Du mich rechtfertigst, daß ich mich damit beschäftigte, sind auch die meinigen: Mehr Simplizität in Plan und Stil daraus zu lernen. Setze noch hinzu, daß ich mir bey mehrerer Bekanntschaft mit griechischen Stücken endlich das Wahre, Schöne und Wirkende daraus abstrahiere und mir mit Weglaßung des Mangelhaften eine gewisses Ideal daraus bilde, wodurch mein jetziges corrigiert und vollends gegründet wird – so wirst Du mich nicht tadeln, wenn ich zuweilen darauf verfalle, mich damit zu beschäftigen. Zeit und Mühe hat es mir allerdings gekostet, und das, was im Euripides schlecht war, bei weitem am meisten. Die Chöre haben durch mich gewonnen d. h. was sie bey manchem andern übersetzer nicht gewonnen hätten, denn vielleicht sind sie im Original durch die Diction vortreflich. Wenn Du nun die 2 lezten Akte vollends hast (die Deine Idee sowohl vom Original als von der Uebersetzung vielleicht noch verbeßern) so mache Dir den Spaß meine Uebersetzung mit der lateinischen des Josua Barnes zusammenzuhalten; denn diese lateinische war, als die treueste, mein eigentliches Original. Dann wirst Du mir vielleicht eingestehen, daß ich einen großen Grad eigener Begeisterung nöthig hatte, und daß ich sehr von dem meinigen habe zusetzen müssen, um sie so leidlich zu liefern. Ich fodre viele unserer Dichter auf, die sich soviel auf ihr griechisch und latein zu gute thun, ob sie bey so wenig Erwärmendem Text nur soviel geleistet hätten, als ich leistete, ich konnte nicht wie sie mit den Feinheiten des Griechischen mir helfen – ich mußte mein Original errathen, oder vielmehr, ich mußte mir eines erschaffen.

Ich muß lachen, wenn ich nachdenke, was ich Dir von und über Göthen geschrieben haben mag. Du wirst mich wohl recht in meiner Schwäche gesehen und im Herzen über mich gelacht haben, aber mag es immer. Ich will mich gerne von Dir kennen lassen wie ich bin. Dieser Mensch, dieser Göthe ist mir einmal im Wege, und er erinnert mich so oft, daß das Schicksal mich hart behandelt hat. Wie leicht ward sein Genie von seinem Schicksal getragen, und wie muß ich biss auf diese Minute noch kämpfen! Einhohlen läßt sich alles Verlorene für mich nun nicht mehr – nach dem 30gsten bildet man sich nicht mehr um – und ich könnte ja selbst diese Umbildung vor den nächsten 3 oder 4 Jahren nicht mit mir anfangen, weil ich 4 Jahre wenigstens meinem Schicksal noch opfern muß. Aber ich habe noch guten Muth und glaube an eine glückliche Revolution für die Zukunft. Könntest Du mir innerhalb eines Jahrs eine Frau von 12000 Thl. verschaffen, mit der ich leben, an die ich mich attachieren könnte, so wollte ich Dir in 5 Jahren – eine Fridericiade, eine klassische Tragödie und weil Du doch so darauf versessen bist, ein halb Duzend schöner Oden liefern – und die Academie in Jena möchte mich dann im Asch lecken.

Du willst wissen, wie ich hier lebe. Du hast es errathen. Ich habe sehr wenig Umgang. Die Leute wunderten sich anfangs, wie ich von R*udolstadt* zurückkam über meine Unsichtbarkeit, endlich gewöhnte man sich darann und jezt wundert man sich nicht mehr. Wie es eben geht. Ich habe einige Diners und Soupers ausgeschlagen und dann sind die Invitationen unterblieben. Bertuch, Hofrath Voigt und einige andere besuchen mich manchmal und ich sie; zu Wieland komme ich oft in 4 Wochen nicht, und lasse nur zuweilen in einem Billetwechsel, wenn wir Geschäfte zusammen haben, diese Bekanntschaft fortvegetiren, die sich jede Minute wenn ich will, verstärken und wieder dämpfen läßt. Charlotten besuche ich noch am meisten; sie ist diesen Winter gesünder und im ganzen auch heiterer als im vorigen, wir stehen recht gut zusammen, aber ich habe, seitdem ich wieder hier bin, einige Principien von Freiheit und Unabhängigkeit im Handeln und Wandeln in mir aufkommen lassen, denen sich mein Verhältniß zu ihr wie zu allen übrigen Menschen blindlings unterwerfen muß. Alle romantische Luftschlösser fallen ein, und nur was wahr und natürlich ist bleibt stehen. Wie werther wird mir alle Tage Deine und meine Freundschaft, und wie wohlthätig ist sie mir schon gewesen. Ich würde keine dieser Art mehr knüpfen können, denn Du glaubst nicht, wie viel Misanthropie sich in meine Denkart gemischt hat. Leiden, Fehlschlüsse über Menschen, hintergangene Erwartungen haben mich in ihrem Umgang schüchtern und mistrauisch gemacht. Ich habe den leichtsinnigen frohen Glauben an sie verloren, darum braucht es sehr wenig, um meine Zuversicht zu eines Menschen Freundschaft für mich wankend zu machen; besonders, wenn ich Ursache habe zu glauben, daß sein eigenes Gedankensystem, seine Neigungen noch nicht fest sind.

Warum müssen wir getrennt von einander leben. Hätte ich nicht die Degradation meines Geistes so tief gefühlt, eh ich von euch gieng, ich hätte euch nie verlassen, oder hätte mich bald wieder zu euch gefunden. Aber es ist traurig, daß die Glückseligkeit die unser ruhiges Zusammenleben mir verschaffte mit der einzigen Angelegenheit, die ich der Freundschaft selbst nicht zum Opfer bringen kann, mit dem innern Leben meines Geists, unverträglich war. Dieser Schritt wir mich nie gereuen, weil er gut und nothwendig war, aber es ist doch eine harte Beraubung ein hartes Opfer für ein ungewisses Gut.

Du wirst glauben, ich sey heute hypochondrisch oder unzufrieden gestimmt; aber dieß ist der Fall nicht. Ich fühle ruhig und bin nicht verstimmt. Die nähere Ansicht meiner Lage drang mir diese Empfindungen auf.

In Jena erwartet mich eine leidliche gesellige Existenz, von der ich auch mehrere Vortheile zu ziehen gedenke als bisher. Mein isolirtes Daseyn könnte dort auch nicht gut fortdauern, weil ich dort bin was ich noch nie war, ein Glied eines Ganzen, das mehr oder weniger zusammenhält. Ich bin in Jena zum erstenmale eigentlicher bürgerlicher Mensch, der gewisse Verhältnisse außer sich zu beobachten hat; und da diese doch nicht drückend sind, da ich dort niemand über mir habe, so hoffe ich mich darein finden zu können. Ich werde Dir allerley zu schreiben finden, wenn ich erst auf diesem Terrain eingewohnt bin. Es freuen sich schon einige auf mich; das schützische Haus ist mir sehr freundschaftlich ergeben. Dafür stehe ich Dir nicht, daß ich mich nicht bald irgendwo engagierte, wenn die Umstände sehr günstig sind. Ich habe auf dieser Welt keine wichtigere Angelegenheit, als die Beruhigung meines Geists – aus der alle meine edleren

Freuden fließen. Kann ich zu sehr eilen, dieses höchste Interesse zu befördern? Ich muß ganz Künstler seyn können, oder ich will nicht mehr seyn.

Schreibe mir bald wieder, wenn Du Zeit hast. Du hast neulich vergessen mir zu schreiben, an welchem Tage Du meinen Brief empfangen hast. Thu es dießmal. Ich gebrauche jezt einen neuen Posttag, darum möchte ich es wissen. Deinen Brief vom 3 Merz habe ich auch erst am 9ten erhalten, also bleibe lieber bey dem alten Posttag. Minna und Dorchen grüße. Dein

Schiller.

Deine Gibb*on*Uebersetzung habe ich heute an Wieland geschickt.

*ÜBERLIEFERUNG. H: GSA. 2 Doppelblätter und 1 Einzelblatt 11,9(–12,2) × 9,1 (–19,4) cm, 10 S. beschrieben. Vergilbtes geripptes Papier, Wz.: untere Teile von gekröntem Schild mit Posthorn und angehängter Glockenmarke, darunter C & I HONIG. – E: Schiller-Körner 2 (1847). S. 50–56. – Textwiedergabe nach H.*

*LESARTEN.* **16** als] *danach* mich für *gestr. H* **16** Detail] *danach* , das *gestr. H* **17** Herzen] *danach* sogar wichtig *gestr. H* **23** Unzulänglichkeit] *danach* und *gestr. H* **28** dadurch] *ü. d. Z. erg. H* **28** den] *ü. d. Z. erg. H* **29** tritt] *verb. aus* treten *H* **31** Vorstellungsarten] *danach* , die *gestr. H* **31** scheint] *verb. aus* z×××× *H* **38** Prinzen] *danach* qua *gestr. H* **43** Schöne] *S verb. aus* s *H* **47** das] *verb. aus* ××× *H* **55** zusetzen] *verb. aus* hinzusetzen *H* **62** mich] *danach* , ich wünschte mich einmal *gestr. H* **73** weil] *verb. aus* wenn *(?) H* **73–74** und *bis* lecken] *von fremder Hand unleserlich gemacht H* **85** seitdem] *danach* wir *gestr. H* **94** eines] *verb. aus* einem *H* **108** Mein isolirtes] M *verb. aus* × *H*

## *NA 25, Nr 165*

*Der Brief an Georg Joachim Göschen vom 29. März 1789 ist nach E wiedergegeben; nach H lautet der Text:*

*165. An Georg Joachim Göschen*

Weimar d. 29. März 89. *Sonntag.*

Sie erweisen mir eine große Gefälligkeit liebster Fr*eund* wenn sie *[sic]* die Assignation auf Sechs und Neunzig Stück Laubthaler, die der Ueberbringer Ihnen vorzeigen wird, acceptiren wollen. Ich wollte Sie nicht so oft mit Vorschüßen behelligen, und brauche doch zu meiner Einrichtung in Jena gerade jezt soviel baares Geld, darum habe ich mich dieses Mittels bedient, das, wie ich hoffe, Sie am wenigsten geniren wird. Mit der heutigen Post erhalten Sie auch ein Pack mit Büchern und Mscrpt, nebst einem Brief, worinn das Mehrere. Leben Sie recht wohl. Der Ihrige Friedrich Schiller.

*ÜBERLIEFERUNG. H: Scottish Record Office, Edinburgh. 1 (?) Blatt, Kuvertfaltung, 1 S. beschrieben; Rs. (?) Adresse: an / Herrn Georg Joachim Göschen / berühmten Buchhändler / in / Leipzig., ferner Empfangsvermerk der Göschenschen Buchhandlung: „Weimar d. 29.*

*Merz 89. / Schiller / empf. d. 2. Apr.", Reste eines Siegels (alle Angaben nach einer Photokopie von H). – E: Die Grenzboten. Zeitschrift für Politik und Literatur. 29. Jg. Leipzig 1870. 1. Semester. II. Bd. Nr 23. S. 375. – Textwiedergabe nach H.*

### *NA 25, Nr 168*

*Der Brief an Georg Joachim Göschen vom 2. April 1789 ist nach D (Jonas 2 [1893], 271) wiedergegeben; nach H lautet der Text:*

*168. An Georg Joachim Göschen*

Weimar d. 2. April. 89. *Donnerstag.*

Einige Minuten nachdem die Post mit meinem Brief und Paquet an Sie fort war kam der Ihrige mit dem Gelde an. Für Ihre Gefälligkeit liebster Freund danke ich Ihnen auf das allerverbindlichste. Ihre Freundschaft gegen mich ist unbegränzt und ich bin ordentlich beschämt, sie nicht durch ähnliche Dienste erwiedern zu können!

Nun bin ich in Ungewißheit, wie Sie es mit dem Assigno gehalten haben, das Ihnen unterdessen præsentirt worden ist. Ich wünschte, daß Sie es acceptirt haben möchten, und mich die schon übersandten 100 rth. entweder Ihnen selbst oder an jemand von hier auszahlen ließen. Sie liegen zu Ihren Diensten bereit. Wenn ich alles zusammenrechne, was Sie an Mscrpt von mir bisher erhalten haben und biss zur Ostermesse noch von mir erhalten werden und alles davon abziehe, was Sie mir bisher ausgezahlt haben, so beträgt das, was Sie zur Messe noch an mich auszuzahlen hätten, nicht soviel als das Assigno ausmacht. Wenn es Ihnen aber nicht entgegen ist, so will ich es so einrichten, daß Ihnen Crusius das heraus bezahlt, was ich zu Ende der Messe von Ihnen zuviel empfangen habe, wenn Sie nehmlich das Assigno acceptirt haben. Folgt dieses mit Protest zurück, so ist mein bischen Credit hier in Gefahr und macht mir noch Protestunkosten. Hätten Sie also nicht acceptirt, so wäre es vielleicht noch Zeit, wenn Sie gleich nach Empfang dieses Briefs in das Reichenbachische Haus schickten und sagen liessen, Sie acceptirten den Wechsel. Machen können wir es alsdann immer.

Diß in der Eile und nächstens mehr. Ewig

der Ihrige Schiller.

*ÜBERLIEFERUNG. H: Gardner Museum, Boston (Massachusetts), USA. 1 Blatt mit Kuvertfaltung 19,1 × 23,6 cm, 2 S. beschrieben, in Eile; S. 1 unten links in der Ecke von fremder Hand:* Schiller, *rechts in der Ecke:* v. Freytag publizirt; *S. 2 in der Mitte über dem Text Empfangsvermerk:* Weimar d. 2. April 89. / Schiller / empf. d. 6.do. – *E: Die Grenzboten. Zeitschrift für Politik und Literatur 29. Jg. Leipzig 1870. 1. Semester. 2. Bd. Nr 23. S. 375. – Textwiedergabe nach H.*

*LESARTEN.* **1** 2.] *verb. aus* 1. *H* **6** Nun] N *verb. aus* I *(?) H* **11** werden] *ü. d. Z. erg. H* **12** zur Messe] *ü. d. Z. erg. H* **12** noch] *danach* ××× *gestr. H* **14** was] *danach* Sie *gestr. H*

## *NA 25, Nr 170*

*In den Angaben zu Verbleib und Beschreibung der Handschrift in der Überlieferung zum Brief an Siegfried Lebrecht Crusius vom 16. April 1789 ist zu ergänzen:*

*ÜBERLIEFERUNG. H: ? 1899 in Privatbesitz; vgl. Johann Wolfgang von Goethe im Mittelpunkte seiner Zeit. Verzeichniß der Goethe-Sammlung H. Lempertz sen. †. Köln 1899. S. 79. Nr 1192; zur Handschrift ist angegeben: „Eigenh. Brief. m. U. [...] 3 S." [...]*

## *NA 25, Nr 188*

*Der Brief an Christian Gottfried Körner vom 24. Juni 1789 ist nach $D^3$ (Jonas 2 [1893], 301–302) wiedergegeben; nach H lautet der Text:*

*188. An Christian Gottfried Körner*

Jena d. 24 Juny 89 *Mittwoch.*

Nur ein paar Worte für diesen Posttag. Hufeland ist eben bey mir gewesen und hat eine Schrift zum Recensiren für Dich ausfindig gemacht, wodurch Du die *LiteraturZeitung* aus einer langen und großen Verlegenheit reissen, Deine eigene Recensentenrolle aber auf eine sehr glänzende Art eröfnen kannst. Es ist die letzten 3thalb Jahrgänge des Deutschen Merkurs von 1787 biß jezt. Da man nothwendig einen vielseitigen Kopf zur Recension eines so vermischten Werks braucht, so ist man schon seit einem und mehrern Jahren verlegen gewesen einen dafür ausfindig zu machen, weil alle die am Merkur arbeiten, vom Recensiren deßelben ausgeschlossen werden müssen. Vorzüglich muß es ein Kantisch denkender Philosoph seyn, weil auch in der Recension auf die Reinholdischen Briefe über Kant besonders viel Gewicht muss gelegt werden. Im ganzen Gebiet unsrer jetzigen Litteratur wüßte ich wirklich kein Buch, das ich Dir lieber zum Recensiren anrathen möchte als den deutschen Merkur, weil Dir dabey die Mannichfaltigkeit Deines Geschmacks, Deine Lecture und Deine Bekanntschaft mit vielerlei Dingen sehr zu Hilfe kommt, und Du gerade bey diesem Werk nicht an Systematische Form gebunden bist. Zugleich kannst Du gleich mit der Ersten Recension allgemeine Aufmerksamkeit erregen, da man zu einem Recensenten Wielands schon viele Erwartung mitbringt, da das Werk in allen Händen ist, und der Recensent gewißermaßen doch das Verdienst erhält, es aus der Vergeßenheit zu reissen. Reinholden wirst Du Dir sehr verbinden, wenn Du die Briefe über die *Kantische* Philosophie wieder emporhebst und sie würdigst. Bey Wieland wirst Du Dich in Respekt setzen, und einigen armen Sündern kannst Du die Wahrheit treflich sagen. Auch über die Künstler kannst Du ein Wort fallen lassen, dieß müsste aber mit dem wenigsten Aufwand von Lob geschehen. Daß der Auftrag dieser Recension ein ausgezeichneter Beweis von Achtung ist, den Schütz und Hufland Dir dadurch geben, brauche ich Dir wohl nicht zu sagen.

Weil aber die Sache eilt, so erwartet man mit dem ersten Posttag Dein decisives Ja oder Nein. Die Beilage hat mir Hufland da gelassen. Mit nächster Post schicke ich Dir auch die Generalia oder die gedrukte Norm nach denen die Recensenten sich zu richten haben. Antworte also mit der Ersten Post.

Nächstens mehr.

Schiller

Grüße Minna und D*orchen*.

*ÜBERLIEFERUNG. H: DLA/SNM. 1 Doppelblatt 18,5 × 23,7 cm, vergilbtes geripptes Papier, Wz.: Posthorn in gekröntem Schild mit angehängter Bienenkorbmarke, darunter I & C* H*ONIG*, *3 S. beschrieben, S. 4 Notiz von fremder Hand. – E: Schiller-Körner 2 (1847), 115–116. – Textwiedergabe nach H.*

*LESARTEN.* **15** Systematische Form] *davor* zu viel *gestr. H* **27** Die Beilage] D *verb. aus halb ausgeschriebenem* B *H*

*ERLÄUTERUNGEN.*

**5** Es ist die letzten 3thalb Jahrgänge] *Schiller schrieb am Zeilenende versehentlich ‚ist' statt ‚sind'.*

## *NA 25, Nr 191*

*Der Brief an Georg Joachim Göschen vom 30. Juli 1789 ist nach E wiedergegeben; nach H lautet der Brief:*

*191. An Georg Joachim Göschen*

Jena d 30. Jul. 789 *Donnerstag.*

Glauben Sie mir, liebster Freund, daß ich mir selbst darum feind bin, daß ich Ihnen nicht habe Wort halten können, aber die Schwierigkeiten waren über meinen Muth und über meine Kräfte. Ich denke schon lange auf eine Reparation des Schadens, den mein Zögern Ihnen verursacht haben kann, und eher werde ich mit mir selbst nicht ausgesöhnt seyn, biss ich alles wieder gut gemacht habe.

Ein kleines Fragment aus dem Geisterseher bringe ich mit mir nach Leipzig, damit das VIII^te^ Heft der Thalia doch fertig wird.

Ich freue mich von Herzen liebster Freund Sie einmal wieder zu sehen, und Ihre liebe Frau endlich kennen zu lernen. Aber Ihr freundschaftliches Anerbieten bey Ihnen zu logiren, kann ich warlich jezt, wo ich mich so sehr vor Ihnen zu schämen habe, nicht annehmen. Sie würden durch Ihre Güte nur feurige Kohlen auf mein schuldiges Haupt sammeln, und ihre Tische und Stühle, Schränke und Pantoffel und das Bette, worinn ich schliefe, würde mir die Pflichten eines Autors gegen seinen Verleger mit schrecklicher Stimme predigen – mir, dem Mißethäter, der sie so freventlich verlezt hat!

Ich lade mich also nur auf eine Tasse Kaffe, oder eine Suppe bey Ihnen zu Gaste – mit der ausdrücklichen Bitte, daß Sie mir ja nicht gegenüber sitzen, und ihre Augen, wie Shakepear sagt, ihre stummen Mäuler gegen mich aufthun, mich an meine Sünden zu erinnern.

Seyen Sie mir herzlich gegrüsst Liebster Fr*eund* und bestellen Sie mir ein freundliches Angesicht bey Ihrer Henriette. Ewig

der Ihrige

Wollen Sie so gütig seyn und diesen Entschluß bald möglichst an Körnern besorgen?

Schiller

*ÜBERLIEFERUNG. H: DLA/SNM. 1 Doppelblatt 11,7 × 9,1 cm, vergilbtes geripptes Papier, Wz.: untere Hälfte von I & C* HONIG, *2 S. beschrieben.; S. 4 oben Empfangsvermerk Göschens:* Jena d. 1. Aug. 1789. / Schiller / empf. d. 1. Aug.; *in der Mitte der Seite Rest eines roten Siegels – E: Die Grenzboten. Zeitschrift für Politik und Literatur. 29. Jg. Leipzig 1870. 1. Semester. 2. Band. Nr 23. S. 376. – Textwiedergabe nach H.*

*LESARTEN.* **18** Shakespear] Sh *verb. aus* ×× *H*

### *NA 25, Nr 193*

*Die Angaben zum Verbleib der Handschrift in der Überlieferung des Briefes an Caroline von Beulwitz und Charlotte von Lengefeld vom 3. August 1788 sind zu korrigieren:*

*ÜBERLIEFERUNG. H: Privatbesitz. Zuletzt versteigert bei Kotte autographs (https://www.kotte-autographs.com/de/autograph/schiller-friedrich-von); dort heißt es zur Handschrift: „188:229 mm. 4 pp. Doppelblatt. Geripptes Papier, untere Hälfte eines gekrönten Schilds mit Posthorn an Schleife und angehängter Glockenmarke", kein Facsimile. […]*

### *NA 25, Nr 199*

*Die Angaben zum Verbleib der Handschrift in der Überlieferung des Briefes an Christian Gottfried Körner vom 31. August 1789 sind zu korrigieren:*

*ÜBERLIEFERUNG. H: DLA/SNM. […]*

### *NA 25, Nr 207*

*Der Brief an Gottlieb Hufeland vom 16. September 1789 muß auf den 9. Oktober 1790 umdatiert werden (vgl. NA 26, 450–451 [Datierung von NA 26, Nr 41]).*

### *NA 25, Nr 209*

*Der Brief an Georg Joachim Göschen vom 29. September 1789 ist nach E wiedergegeben; nach $D^2$ lautet der Brieftext:*

*209. An Georg Joachim Göschen*

*Rudolstadt, den 29. September 1789. Dienstag.*

Nur zwey Worte liebster Freund, Ihnen zu versichern, daß das Mscrpt zur Thalia und zum Geisterseher innerhalb 8 Tagen gewiß nachfolgen wird. Es beträgt so wenig, daß der Druck in 5 biß 6 Tagen zu Stande seyn wird, daß Sie also gar nicht aufgehalten werden. Leben Sie recht wohl und recht viel schöne Grüße an Ihre liebe Frau.

Ewig der Ihrige
Schiller.

*ÜBERLIEFERUNG. H: ? Zuletzt 2021 versteigert; vgl. Stargardt-Katalog, Auktion vom 15./16. April 2021. S. 53, Nr 139; zur Handschrift ist angegeben: „E. Br. m. U. […] 1 S. $4^o$. Verso Siegelspur und minimale Falzreste", ferner Empfangs- und Antwortvermerk Göschens (vgl. $D^2$). – E: Die Grenzboten. Zeitschrift für Politik und Literatur. 29. Jg. Leipzig 1870. 1. Semester. II. Bd. Nr 23. S. 376. $D^1$: Jonas 2 (1893), 341 (nach E). $D^2$: Stargardt-Katalog, Auktion vom 15./16. April 2021. S. 53, Nr 139 (nach H). – Textwiedergabe nach $D^2$. Die in E angegebene Datumszeile wurde, wie die übrigen dort abgedruckten Briefe zeigen, offensichtlich normalisiert und ergänzt.*

## ***NA 25, Nr 221***

*Die Angaben zum Verbleib der Handschrift in der Überlieferung des Briefes an Caroline von Beulwitz vom 4. November 1789 sind zu korrigieren:*

*ÜBERLIEFERUNG. H: DLA/SNM. […]*

## ***NA 25, Nr 243***

*Die Angaben zum Verbleib der Handschrift des Briefes an Christian Gottfried Körner vom 12. [13.] Dezember 1789 sind zu korrigieren:*

*ÜBERLIEFERUNG. H: Autographensammlung Wilhelm, Basel. […]*

## ***NA 25, Nr 287***

*Der Brief an Louise von Lengefeld vom 17. Februar 1790 ist nach D (Schiller-Album der Allgemeinen deutschen National-Lotterie zum Besten der Schiller- und Tiedge-Stiftungen. Dresden 1861. S. 44–45) wiedergegeben; nach H lautet der Text:*

*287. An Louise von Lengefeld*

Jena d 17. Febr. 90 *Mittwoch.*

Haben Sie Dank, beste Mama, daß Sie meinen Wunsch sobald erfüllt und mir die Zeugniße zugeschickt haben. Das Aufgebot ist am letzten Sontag vor sich gegangen, und von dem hiesigen Superintendent mit vielen Glückwünschen begleitet worden. Vor der Welt bin ich also jetzt schon Ihr Sohn, und noch wenige Tage, so bin ich es in der schönsten Bedeutung des Wortes. Umsonst, theuerste Mama, würde ich versuchen Ihnen die Freude zu beschreiben, wovon meine Seele jetzt durchdrungen ist. Ich sehe mich dem Ziel meiner Wünsche nahe, ein schönes heitres Leben erwartet mich in den Armen meiner Lotte. Mit der glückseligsten Ruhe sehe ich in die Zukunft, nichts soll unsre Glückseligkeit zerstören, selbst Schicksale werden es nicht können. Ja ich hoffe mit Zuversicht, daß Sie sich freuen sollen, Lottchens Glück meiner Liebe anvertraut zu haben, daß Sie in jedem künftigen Augenblick eben so davon denken sollen, als heute, und eben so bereit seyn sollen, wenn es bey Ihnen stünde, Ihre Wahl zu wiederhohlen. Nicht Selbstzufriedenheit sondern meine herzliche Liebe für Lotten legt mir dieses Geständniß in den Mund.

Wir erwarten Sie, beste Mama, mit Sehnsucht. Wie viel ist geschehen, seitdem wir Sie zum letztenmal sahen, und wie verlangt mich die Bestätigung Ihrer mütterlichen Liebe in Ihren Augen zu lesen, und die Dankbarkeit, die herzliche Liebe, die Freude, welche meine Seele füllen und die ich mit Worten nicht aussprechen kann, in unserm stillen und fröhlichen Zirkel offenbaren zu können. Der Himmel führe Sie nur gesund zu uns; alles übrige haben Sie in Geständnisse unsre Hand gegeben.

Morgen, als den Donnerstag, gehe ich von hier ab nach Erfurt, um meine Braut abzuhohlen, und dem Coadjutor zugleich einen Besuch abzutragen, den ich den ganzen Winter aufschob, und den meine Verhältnisse zu ihm nothwendig machen. Montags zwischen 10 und 11, denke ich, werden wir in Kala eintreffen und Sie bald dort finden.

Ewig mit unwandelbarer Ehrfurcht und Liebe

Ihr dankbarster Sohn
Schiller.

*ÜBERLIEFERUNG. H: DLA/SNM. 1 Blatt 18,2 × 22,7 cm, 2 S. beschrieben, gebräuntes geripptes Papier, Blatt gerissen, leichter Papierverlust, auf Träger aufgeklebt. Der Brief wurde von Emilie von Gleichen-Rußwurm der National-Lotterie zum Geschenk gemacht (vgl. D. S. 44). Der vermutlich zugehörige Briefumschlag mit Siegelspur und der Adresse:* An Frau Hofmeisterin von Lengefeld geb. von Wurmb in Rudolstadt. frey. *1973 versteigert; vgl. Stargardt-Katalog 601. Auktion vom 20./21. Februar 1973. Nr 263. – E: Charlotte 1 (1860), 205–206. – Textwiedergabe nach H.*

*LESARTEN.* **4** begleitet] *Schluß-t verb. aus* d? *H* **12** denken] *danach* werden *gestr. H* **16–17** mütterlichen Liebe] *danach* und *gestr. H* **23** ihm] *verb. aus* ihn *H*

***NA 26, Nr 3***

*Der Brief an Wilhelm von Wolzogen vom 8. März 1790 ist nach E und ohne die Nachschrift wiedergegeben; nach H lautet der Brief:*

*3. An Wilhelm von Wolzogen*

Jena, d 8. März 90 *Montag.*

Liebster Freund,

Du hättest auf Deinen letzten Brief früher Antwort erhalten sollen, aber die Ursache der Verzögerung erfährst Du aus Lottchens Brief, und di*ese* wird mich bei Dir entschuldigen. Die Zerstreuungen meiner Heurath und die, welche ihr vorhergingen, ließen mich meiner Freunde nicht mit der gehörigen Unbefangenheit und Muße gedenken. Wie gern hätte ich Dir noch im vorigen Jahr geschrieben und über Deine Lage mich mit Dir besprochen, aber Du gabst uns so ungewiße Adressen, und da einer unsrer Briefe nicht in Deine Hände kam, so wurde ich unsicher wegen aller übrigen. Dank Dir, Lieber, für die Nachrichten, die Du uns endlich von Dir gibst, ob ich gleich gestehe, daß ich freudigere gewünscht und erwartet hatte. Es bekümert mich, daß Du den Muth für Deine Lage zu verlieren scheinst, und daß Du an Erreichung Deines Zweckes zweifelst. Ich hoffe aber noch immer, es war *mehr* eine vorübergehende düstere Stimmung Deines Gemüths, als das Resultat Deiner Bemerkungen über Dich selbst, was Du uns in Deinem letzten Briefe meldetest. Vielleicht waren Deine Erwartungen von dem Nutzen, den Dir der Aufenthalt in Paris verschaffen würde, größer, als sie überhaupt erfüllt werden konnten, aber dann würde ich Dir doch imer rathen, das mit zu nehmen, was mitzunehmen ist wenn es auch beiweitem nicht Deinen Erwartungen gleichkommen sollte – und wenn die ganze erste Hälfte Deines Aufenthalts verloren gewesen wäre, doch die zweyte soviel möglich zu benutzen. Es wäre mir leid, wenn Du Deinen Plan aufgäbst, bloß die Standhaftigkeit und Beharrlichkeit besiegt Hindernisse und macht uns zu dem, was aus uns werden kann. Glaube mir, liebster Freund, in diesem Punkt, worüber ich nicht ganz ohne Erfahrung spreche. Wankst Du über Deinen ersten überlegten Lebensplan, so läufst Du Gefahr über alle übrigen unbestimmt zu bleiben. Neigung und Fähigkeit haben Dich einmal zu Deinen jetzigen Entwurf und Fach bestimmt, und Du gelangst gewiß zum Ziele, wenn Du von den ersten Schwierigkeiten Dich nicht zurückschröcken läßest.

Ich erwarte mit Ungeduld, was Du mir über Deinen neuen Plan zu schreiben versprachst, und wär er von der Art, daß ich Dir dabey etwas nützen könnte, so wäre Dir alles, was in meiner Gewalt steht, mit tausend Freuden angeboten. Nur wünschte ich und Caroline nicht, daß Du mit dem Herzog v. W*eimar* einen raschen Schritt thätest. Anderweitige Plane werden Dir nicht entgehen, auch wenn Du sie in Wirtemb*ergischen* Diensten ruhig heranreifen läßest. Im Gegentheil kannst Du überall leichter Dienste finden, wenn man weiß, daß Du sie allenfalls auch entbehren könntest. Ohne eines andern Etablissement fest versichert zu seyn, würde ich den Schwabenkönig nicht aufgeben. Soviel vorläufig; da ich Deine Plane noch nicht weiß, so wirst Du dem Freund seinen Rath nicht übel nehmen.

Du schreibst von einem Handel, den Du mit Bertuch abschließen willst aber nicht, worüber? Meyntest Du Modenartikel oder politische Nachrichten? Beide sind uns willkommen, aber über 10 Thaler wird nicht für den Bogen bezahlt. Für politische Artikel kann ich selbst, wenn Du willst, in der Thalia einen Platz finden, und Dir eben das was ich für den Bogen erhalte, nehml*ich* 10 Thaler bezahlen. Das nehmliche gibt auch mein Buchhändler Göschen für Aufsätze im Neuen Deutschen Museum, so daß Du für das Journal des Modes, für das Museum und meine Thalia arbeiten kannst, wenn Du Zeit und Lust hast. Die Aufsätze durchlaufe ich, wenn Du es so willst, noch einmal im Mscrpte. Könntest Du 3 biß 4 Bogen alle Monate schicken, so will ich in diesen 3 Journalen Platz dazu finden und es machte in einem halben Jahre doch schon gegen dritthalb 100 Thaler. Kannst Du mir etwa auch Pariser-Broschüren, die in Deutschl*and* noch Novitæten sind, gleich nach ihrer Erscheinung zuschicken, so will ich sie hier übersetzen lassen, und Du sollst von jeder Vortheile haben. Schreibe mir ja recht bald Deine ganze Meinung hierüber.

Ich halte nicht viel von Schulzens Pünktlichkeit, sonst hätte ich ihm Aufträge an Dich mitgegeben. Er ist ein leichter Passagier, und beweißt es nach seiner Zurükkunft aus Paris immer mehr. Indeßen weiß er seine Bemerkungen gut zu Geld zu machen, und die Buchhändler reissen sich um seine Broschüren, die er über die Pariser Unruhen herausgibt.

Ich hoffe theurer Freund, Du wirst Dich meiner Verbindung mit Lottchen Lengefeld erfreuen, sie nähert auch uns beide einander mehr, wenn es zwischen uns eines neuen Bandes bedürfte. Caroline ist gegenwärtig auch bey mir in Jena (Du weißt doch, daß ich hier Professor bin) und mein Leben ist beneidenswerth zwischen diesen beiden. Am 22 Februar war unsere Hochzeit.

Ich freue mich schon im voraus der Zeit, wo Du Zeuge meines Glückes seyn, und durch Deine Freundschaft es mir erhöhen wirst. Warum können wir nicht miteinander leben? Warum müssen uns fatale Verhältnisse in der Welt herumstreuen? Hin und her habe ich schon gedacht, ob nicht hier oder in Weimar ein Platz für Dich offen wäre, aber noch seh ich keinen. Indessen hoffe auch ich hier nicht zu sterben, und dann vereinigt uns vielleicht das Schicksal an einem Orte, den wir beide noch nicht wissen.

Schreibe uns ja recht bald liebster Freund. Wir denken Deiner oft, und unsre Seele ist bei Dir mit herzlicher Freundschaft. Meine hiesige Lage gefällt mir nicht übel, die Besoldung ist zwar klein, und in den ersten Jahren kann ich durch Collegienlesen nicht sehr viel erwerben, auch bleibt mir für schriftstellerische Arbeiten wenig Zeit übrig. Aber in 2 Jahren ist mir das Fach worüber ich lese geläufig, es kostet mir weniger Zeit und Mühe und trägt mir mehr ein. Ich stehe alsdann gut und vielleicht öfnen sich mir dann auch anderswo vortheilhaftere Aussichten. Lebe wohl, liebster Freund. Ich umarme Dich mit unveränderter herzlicher Freundschaft. Ewig der Deinige.

Schiller

Schreibe ja recht bald und beantworte mir die bewußten Punkte bestimmt.

*ÜBERLIEFERUNG. H: DLA/SNM. – 1 Doppelblatt 17,5 × 22,2 cm, 4 S. beschrieben, vergilbtes geripptes Papier, Wz.: BOSE, an Falz und Rändern leichte Beschädigungen. – E: Wolzogen, Literarischer Nachlaß 1 (1848), 401–405 (ohne die Nachschrift). – Textwiedergabe nach H.*

*LESARTEN.* **36** noch nicht] nicht *ü. d. Z. erg. H*

*ERLÄUTERUNGEN.*
**76** die bewußten Punkte] *Mit Bezug auf Wolzogens berufliche und schriftstellerische Pläne.*
**76** bestimmt] *Von ‚bestimmen' im Sinn von „die Merkmahle einer Sache genau anzeigen" (Adelung 1, 931).*

### *NA 26, Nr 18*

*Die Angaben zur Handschrift in der Überlieferung des Briefes an Carl Georg Curtius und Carl Rechlin vom 18. Juni 1790 sind zu korrigieren:*

*ÜBERLIEFERUNG. H: GMD. 1 Doppelblatt 12,1 × 9 cm, leicht vergilbtes Papier, 3 S. beschrieben (S. 2–4), S. 1 vor dem Datum von fremder Hand:* Schiller.

### *NA 26, Nr 48*

*Der Brief an Körner vom 26. November 1790 ist nach* $E^{\alpha}$ *(DLA/SNM. Von der Verlagsbuchhandlung Veit & Comp. nach H korrigiertes und ergänztes Exemplar von E) wiedergegeben; nach H lautet der Text:*

*48. An Christian Gottfried Körner*

Jena den 26 November 90 *Freitag.*

Das Eilfte Stück der Thalia wird nun wohl in Deinen Händen seyn, und die Bogen von dem Menschenfeind. Hätte ich irgend noch den Gedanken gehabt, ihn auszuarbeiten, so wäre er nie in die Thalia eingerückt worden, aber diesen Gedanken habe ich nach der reifsten kritischen Ueberlegung und nach wiederhohlten verunglückten Versuchen aufgeben müssen. Für die tragische Behandlung ist diese Art Menschenhaß viel zu allgemein und philosophisch. Ich würde einen äuserst mühseligen und fruchtlosen Kampf mit dem Stoffe zu kämpfen haben, und bey aller Anstrengung doch verunglücken. Komme ich je wieder in die tragische Laufbahn, so will ich mich nicht wieder aussetzen, das Opfer einer unglücklichen Wahl zu werden, und meine beste Kraft in einem vergeblichen und mir nie gedankten Streit mit unüberwindlichen Schwierigkeiten zu verschwenden.

Ueberhaupt, wenn ich mich mit einem alten oder neuen Tragiker jemals messen soll, so müssen die Umstände g l e i c h seyn, und nichts muß der tragischen Kunst entgegenarbeiten, wie es mir bisher immer begegnete.

Das Arbeiten im dramatischen Fach dürfte überhaupt noch auf eine ziemlich lange Zeit hinausgerückt werden. Ehe ich der griechischen Tragödie durchaus mächtig bin und meine dunkeln Ahndungen von Regel und Kunst in klare Begriffe verwandelt habe laße ich mich auf keine dramatische Ausarbeitung ein. Außerdem muss ich doch die historische Wirksamkeit soweit treiben als ich kann, wärs auch nur deßwegen, um meine

Existenz bestmöglichst zu verbeßern. Ich sehe nicht ein warum ich nicht, wenn ich ernstlich will, der erste Geschichtschreiber in Deutschl*and* werden kann und dem ersten müssen sich doch auf jeden Fall Aussichten öfnen.

Göschen wird in 8 oder 10 Tagen hir seyn, und da bin ich Willens mich auf ein Unternehmen mit ihm einzulaßen, das mit meiner ganzen Verfaßung sehr genau verbunden seyn wird. Ich trage mich schon seit anderthalb Jahren mit einem deutschen Plutarch. Es vereinigt sich fast alles in diesem Werke was das Glück eines Buchs machen kann, und was meinen individuellen Kräften entspricht. Kleine mir nicht schwer zu übersehende Ganze und Abwechslung, kunstmäßige Darstellung, philosophische und moralische Behandlung. Alle Fähigkeiten, die in mir vorzüglich und durch Uebung ausgebildet sind werden dabey beschäftigt, die Wirkung auf das Zeitalter ist nicht leicht zu verfehlen. Du kannst ergänzen, was ich nicht alles darüber sagen mag.

Dieses Werk möchte ich mit der gehörigen Musse ausarbeiten und da dürfte*n* denn jährlich nicht mehr als 2 kleine Bände, ohngefehr wie der Geisterseher gedrukt, von mir gefodert werden. Soviel aber gedächte ich mit aller Lust und Reife beendigen zu können. Göschen hat alle mögliche Hofnung auf einen ungewöhnlichen Abgang zu rechnen, weil das Werk für beide, den Gelehrten und die Lesewelt, für das Frauenzimmer und die Jugend wichtig wird. Ich fordre von ihm 3 Louisdors, daß ich etwa 700 rth. davon ziehe. Wenn er 2000 verkauft, so bleibt ihm immer ein Profit von 800 Th*alern.* Um einen wohlfeilern Preiß arbeite ich es nicht aus oder nehme einen andern Buchhändler. Dieß ist was ich bey der nächsten Zusammenkunft mit ihm abthun werde, und so erhält meine schriftstellerische Thätigkeit eine gewiße solide Bestimmung, Gleichförmigkeit und Ordnung. Ich hänge nicht mehr vom Zufall ab, und kann auch Ordnung in meine Recherchen und meinen ganzen Leseplan bringen. Das Collegienlesen ligt dann auch nicht außer meinem Wege, und ist als eine nicht unnützliche Zerstreuung zu betrachten.

Schreibe mir Deine Gedanken über diese Sache und bald. Meine Frau grüßt schönstens. Dein Sch.

PS. Was Du von Funk schriebst, habe ich mir grade so gedacht. Ich bezahle ihn von Meße zu Meße, wie ich es selbst werde.

*ÜBERLIEFERUNG. H: DLA/SNM. 1 Doppelblatt 11,6 × 8,5 cm, 4 S. beschrieben; vergilbtes geripptes Papier, leicht stockfleckig, Wz.: unterer Teil einer heraldischen Lilie mit angehängter 4-Marke, darunter I A WUNNERLICH; S. 1 oben links von fremder Hand: 29. – E: Schiller-Körner 2 (1847), 211–214. – Textwiedergabe nach H.*

*LESARTEN.* **1** November] No *verb. aus* De *(?) H* **3** den] de *verb.* aus ×× *H* **4** diesen] die *verb. aus* ×× *H* **9** aussetzen,] *danach* durch ein *gestr. H*

### *NA 26, Nr 62*

*Die Angaben zum Verbleib der Handschrift in der Überlieferung zum Brief an Georg Joachim Göschen vom 11. Februar 1791 sind zu korrigieren:*

*ÜBERLIEFERUNG. H: ? Zuletzt 2006 zum Verkauf angeboten; vgl. Antiquariat J. Voerster, Stuttgart. Katalog 28 (2006). S. 115. Nr 303; zuvor im Besitz von Walter Beck, München. Facsimile der 1. S. (*Jena *bis* so gefällig *[***73,1–21***]): Stargardt-Katalog 666, Auktion vom 18./19. März 1997. S. 139; Facsimile der 2. S.: Antiquariat J. Voerster, Stuttgart. Katalog 28 (2006). S. 116. [...]*

## *NA 26, Nr 63*

*Die Angaben zur Überlieferung des Briefes an Georg Joachim Göschen vom 19. Februar 1791 sind zu korrigieren:*

*ÜBERLIEFERUNG. H: SNM. [...] – Teildruck (***74,3–14** *mit Auslassungen) in: Stargardt-Katalog 555, Auktion vom 15. November 1961, S. 41, Nr 692.*

## *NA 26, Nr 80*

*Der Brief an Georg Joachim Göschen vom 1. Oktober 1791 ist nach E wiedergegeben; nach H lautet der Text:*

*80. An Georg Joachim Göschen*

Erfurt 1. Octob. 91. *Sonnabend.*

Liebster Freund,

Diesen Augenblick reise ich nach Jena ab, und werde Ihnen von da aus Uebermorgen 4 neue Blatt schicken, die nicht schnell genug fertig geworden sind. Biß Mittwoch denke ich das mir gesteckte Ziel erreicht, und unsern Gustav an den Lech gebracht zu haben. Alles wird, den heutigen Transport ausgenommen, nicht über 9 Blatt betragen, also in allem etwa 47–48 geschriebene, woraus Sie schwerlich mehr als 6 gedruckte Bogen machen können. Schicken Sie mir doch die ersten Bogen, ich bin neugierig, wie Sie es eingerichtet haben.

Leben Sie wohl lieber Göschen. Ich reise gesünder von hier als ich hergekommen bin, und hoffe das Beßte von der Zukunft. Ewig der Ihrige

Schiller.

*ÜBERLIEFERUNG. H: ? Zuletzt versteigert bei Christie's, Auktion vom 21. Mai 2014, Lot 38 (online: https://www.christies.com/en/lot/lot-5791601). Zur Handschrift ist angegeben: „one page, 4to (252 × 202 mm), docket (pencil annotations), with a transcription, tipped onto an album leaf. Provenance: from the autograph collection of Sir Francis Clare Ford (1828–1899)." Facsimile: Ebd. – E: Grenzboten (1870). S. 382. – Textwiedergabe nach dem Facsimile.*

*LESARTEN.* **5** erreicht,] *danach gestr.* ×× *H* **8** Schicken Sie] Sie *unklar korr. H*

***NA 26, Nr 161***

*Der Brief an Christian Gottfried Körner vom 15. März 1793 ist nach* $D^2$ *(Jonas 3 [1894], 303–305) wiedergegeben; nach H lautet der Text:*

*161. An Christian Gottfried Körner*

Jena den 15. März. 93. *Freitag.*

Ich hatte wieder eine Zeitlang Anfälle meines Uebels und bin jetzt noch gar nicht recht im Stande; der Frühling bringt wieder alles bey mir in Bewegung. Erwarte deßwegen heute nichts ausführliches von mir. Huber war 2 Tage hier und hat bey Schütz logirt. Ich hab ihn wenige Zeit allein sprechen können. Seiner Aeußerung nach ist der Schritt, seine Entlassung betreffend, eine geschehene Sache die sich nicht ändern läßt und die er für Uebereilung erkennt. Nimmt man ihn beym Wort, so wird er in der Schweitz seinen Sitz aufschlagen, und von einer politischen Zeitschrift die französischen Angelegenheiten betreffend, leben, worüber er eben jetzt mit Voss in Berlin unterhandelt. Sein Vater, sagt er, könne das Geschehene zwar noch nicht recht verschmerzen, er ergebe sich aber darein, und spreche schon davon, auch seine Mutter dazu zu vermögen. Er will, nachdem er sich in Dresden gezeigt hat, sechs Wochen im väterlichen Hause noch zubringen und sich dann auf die Reise machen. Ueber seine Verbindung mit der F*orstern* ist sein Entschluß gefaßt. Forster selbst ist der einzige der bey dieser Sache noch etwas gewinnt. In seinen jetzigen Umständen, wo er alles auf das Spiel setzen muß, kommt es ihm sehr zu statten, daß er für keine Frau zu sorgen hat. Die Kinder werden getheilt, und eins behält der Vater, das andre die Mutter.

Du hast keinen Besuch von ihm zu fürchten. Er hat es begriffen, daß er Dich nicht sehen kann. Aber nach Dresden m u ß er, wie er sagt; der Graf Görz hat ihm in Frankfurt einen Brief gebracht, worin ihm angedeutet wurde, dem Grafen das Archiv zu übergeben, und sich in Dresden zu stellen. Auf diese Andeutung, die von mehrern Winken über seine verdächtigen Grundsätze begleitet war, hat er eben jenen Brief geschrieben, worinn er um seine Entlassung bittet. Mehrere Monate vorher schon soll ihn Lucchesini aus Frankfurt haben entfernen wollen, welches er nach Hof berichtete. Man ließ ihn viele Wochen ohne Antwort, biß endlich Graf Görz mit jenem Auftrag an ihn geschikt wurde.

Wie tief er sich eigentlich eingelaßen, weiß ich nicht; mir versichert er, er habe keine Ursache zum Verdacht gegeben, aber da der Verdacht doch da sey, so habe er es für unmöglich gehalten, länger in seinem Posten zu bleiben.

Graf Redern hat ihn in Weimar gesprochen und ihm seine Uebereilung vorgestellt. Er hat aber weiter nichts ausgerichtet, als daß er jezt zwar einsieht zu rasch gehandelt zu haben, aber den Schritt nicht mehr zurük thun kann.

Ueber D*orchen* hat er kein Wort verloren, und ich auch nicht. Weil ich in der kurzen Zeit, wo ich ihn allein hatte, den Auftrag wegen d*en* Briefen anzubringen vergaß, und ihn nachher nicht mehr zu sehen kriegte, so habe ich es ihm geschrieben, und zugleich dafür gesorgt, daß ihm der Brief eigenhändig zugestellt wird.

Ich denke, Du solltest und konntest ihn jezt vergeßen. Dir selbst hast Du darüber, daß Du ihn beßer beurtheiltest, als er verdiente, keine Vorwürfe zu machen. Der Irrthum war sehr verzeylich, und seine Folgen sollen, wie ich hoffe, nicht so schlimm seyn, als Deine jetzige leidenschaftliche Stimmung Dich fürchten läßt. Sie weiß jezt genug, um sich zu seinem Verlust Glück zu wünschen. Sie wird ihn vergeßen und Du wirst dazu beytragen ihr dieses zu erleichtern. Von der Ankunft der Herzogin von Kurl*and* bey euch verspreche ich mir viel Gutes für D*orchen*. Hörtest Du nichts mehr von Kunzen, und ob er Absichten hat? Es wäre gar schön, wenn die Herzoginn diese Verbindung zu Stande brächte.

Deine 2 Briefe will ich über 14 Tage beantworten, weil ich diese und die nächste Woche damit zu thun habe, meine Vorlesung zu schließen. Deine Einwürfe habe ich schon angefangen zu beantworten, aber ich brauche einige ganz freie Tage dazu, diese Materie ins Klare zu setzen. Dein lezter Brief enthält herrliche Ideen aber auch davon werde ich noch ausführlich schreiben. Laß mich bald wieder von Dir und den Deinigen hören, und besonders daß Du heiterer bist. Es wäre herrlich wen*n* wir diesen Sommer eine Zeitlang hier beysammen seyn könten.

Tausend Grüße an alle

D*ein* S.

*ÜBERLIEFERUNG. H: Prof. h. c. Dr. phil. et med. habil. Christian Andree, Kiel. 1 Doppelblatt 19,3 × 23,3 cm, geripptes Papier, Wz.: gekröntes Schild mit Posthorn, darunter I HONIG & ZONEN, 4 S. beschrieben. Facsimile der 1. S.: Stargardt-Katalog 666, Auktion vom 18./19. März 1997. S. 141 (***1–13** Jena *bis* auf die*). – E: Schiller-Körner 3 (1847), 90–93. – Textwiedergabe nach dem Facsimile und nach einer Kollation von H.*

*LESARTEN.* **4** ausführliches] äusführliches *H* **8** französischen] *über gestr.* politischen *H* **10** zwar] *ü. d. Z. erg. H*

## *NA 26, Nr 166*

*Die Angaben zum Verbleib der Handschrift in der Überlieferung zum Brief an Johann Gottfried Voigt vom 14. April 1793 sind zu korrigieren. Zum Text, der nach E wiedergegeben ist, gibt es keine Abweichungen nach H.*

*ÜBERLIEFERUNG. H: ? Zuletzt 2006 zum Verkauf angeboten; vgl. Antiquariat J. Voerster, Stuttgart. Katalog 28 (2006). S. 112. Nr 299. Facsimile ebd.; zuvor im Besitz von Walter Beck, München; später angeboten auch bei Kotte autographs (https://www.kotte-autographs.com/de/autograph/schiller-friedrich-von).*

## *NA 26, Nr 197*

*Der Brief an Christian Ludwig Schübler vom 19. September 1793 ist nach* $D^2$ *(Jonas 3 [1894], 355–356) wiedergegeben; nach H lautet der Text:*

*197. An Christian Ludwig Schübler*

Ludwigsburg d. 19. Sept. 93. *Donnerstag.*

Nur ein einziges Wort des Andenkens, mein verehrtester Freund, um Ihnen für die uns bewiesene Güte noch einmal den verbindlichsten Dank zu sagen, und Sie zu benachrichtigen, daß meine Frau am 14ten dieses von einem gesunden und muntern Knaben glücklich entbunden worden ist. Kaum daß wir Zeit gewonnen hatten, uns häußlich einzurichten, so überfiel uns schon die Niederkunft. Doch ging alles aufs glücklichste ab.

Der Herzog ist erst seit gestern von seiner Reise zurükgekehrt. Ich kann daher noch nichts davon sagen, wie er meine Hieherkunft aufgenommen hat.

Meine Frau und Schwägerinnen empfehlen sich Ihnen und Ihrer Frau Gemahlinn aufs beßte und ich bin hochachtungsvoll

der Ihrige Schiller.

*ÜBERLIEFERUNG. H: Privatbesitz. 1 Doppelblatt 11,7(–11,9) × 8,5 cm, 1 S. beschrieben; leicht vergilbtes geripptes Papier, etwas stockfleckig, Wz.: D & C BLAUW, 4. S. Siegel, beim Öffnen beschädigt. – E: Morgenblatt für gebildete Leser (Stuttgart und Tübingen). Nr 45 vom 5. November 1854. S. 1062 (Eduard Schübler). – Textwiedergabe nach H.*

*ERLÄUTERUNGEN. In NA 26, 762 wird ein „nicht überliefertes Billett Schillers an Schübler vom 19. August" erwähnt. Es handelt sich dabei um Schillers Brief vom 20. August 1793, abgedruckt im vorliegenden Band in den „Nachträgen" unter NA 26, Nr 192a.*
**10** Schwägerinnen] *Vermutlich Schreibversehen für ‚Schwägerin'; gemeint ist Caroline von Beulwitz (vgl. NA 26, 763).*

### *NA 26, Nr 198*

*Die Angaben zum Verbleib der Handschrift in der Überlieferung des Briefes an Gottlieb Hufeland vom 19. September 1793 sind zu korrigieren:*

*ÜBERLIEFERUNG. H: GSA. […]*

### *NA 26, Nr 199*

*Der Brief an Christian Gottfried Schütz vom 19. September 1793 ist nach $D^4$ (Jonas 3 [1894], 356–357) wiedergegeben; nach H lautet der Text:*

*199. An Christian Gottfried Schütz*

Ludwigsburg in Schwaben den 19. Sept. 93. *Donnerstag.*

Ich zeige Ihnen mein neuestes Produkt an liebster Freund – nicht damit Sie es im Intelligenzblatt bekannt machen, sondern daß Sie Sich mit mir freuen sollen. Ich bin seit 5 Tagen Vater zu einem gesunden und muntern Sohn, der mir als der Erstling meiner Autorschaft in diesem Fache unendlich willkommen ist. Soviel an mir ligt, soll er ein Federheld werden, damit er den zweiten Theil zu den Werken schreiben kann, die sein Vater anfieng, und, wenn Gott will, noch anfangen wird.

Das Lauchstädter Bad ist Ihnen hoffentlich gut bekommen, und Sie sind mit gestärkter Gesundheit zurükgekehrt. Ich habe Ihnen noch nicht für Uebersendung der übersezten Fragmente aus meinem Aufsatz gedankt, die mich sehr erfreut haben. Aber die Zerstreuungen in denen ich seitdem gelebt habe, ließen mich noch nicht daran denken, diesen Aufsatz zu revidiren.

Ich habe Hufelanden von einem hiesigen Arzt, Hofmedicus v. Hoven, geschrieben, der Lust bezeugt, an der *Litteratur Zeitung* mit zu arbeiten. Er ist durch eine Schrift über die Wechselfieber rühmlich bekannt, besitzt viele medicinische Einsichten, und schreibt einen guten Stil. Ich zweifle nicht, daß Sie eine sehr gute Eroberung an ihm machen werden.

Leben Sie wohl theurer Freund und empfehlen Sie mich Ihrer Frau Gemahlin aufs beßte. Mit unveränderlicher Freundschaft denkt Ihrer

Ihr

ganz eigener
Schiller.

*ÜBERLIEFERUNG. H: Biblioteca del Museo Correr, Venezia. 1 Blatt 11,7 × 8,8 cm, 2 S. beschrieben, leicht vergilbtes geripptes Papier, Wz.: oberes Drittel eines gekrönten Schilds; von fremder Hand: vor* 93. *ü. d. Z. erg.:* 17 *(***1***), vor* soll *ü. d. Z. erg.* wird *(?) (***5***), über* der übersezten *(***9–10***) mit Einweisungszeichen* ins Lateinische, *schließlich* Hufelanden *(***13***) und* Hoven *(***13***) unterstrichen. – E: Schütz 2 (1835), 418 –419 (Friedrich Karl Julius Schütz). – Textwiedergabe nach H.*

*LESARTEN.* **2** liebster] l *verb. aus* b *H* **9–10** übersezten] z *verb. aus* t *H*

## *NA 26, Nr 206*

*Die Angaben zur Überlieferung des Briefes an Ludovike Simanowiz vom 8. November 1793 sind zu korrigieren:*

*ÜBERLIEFERUNG. H: Staatsarchiv Graubünden, Chur (Schweiz). 1 Blatt 20,3 × 28 cm, 1 S. beschrieben, teilweise gebräuntes Papier mit Kuvertfaltung, an den Rändern leichte Beschädigungen, auf der Rückseite mit zwei Klebestreifen restauriert. [...]*

### *NA 26, Nr 219*

*Der Brief an Christian Gottfried Körner vom 17. März 1794 ist nach $D^2$ (Jonas 3 [1894], 426–427) wiedergegeben; nach H lautet der Brief:*

*219. An Christian Gottfried Körner*

Stuttgardt den 17. März. 94. *Montag.*

Ich habe jetzt meinen Auffenthalt verändert, und zwar in Rücksicht des gesellschaftlichen Umgangs sehr vortheilhaft, weil hier in Stuttgardt gute Köpfe aller Art und Handthierung sich zusammenfinden. Ich kann es mir nicht verzeyhen, daß ich diesen Entschluß nicht früher gefaßt habe, denn selbst in Rücksicht der Finanzen hätte ich nicht viel dabey verloren. Nun werde ich einige Monate angenehm hier zubringen, denn vor Ende Mays werde ich wohl nicht abreisen. Ich hoffe, meinem Vater hier nicht ganz unnützlich zu seyn, ob ich gleich von den Verbindungen, in denen ich bin, für mich selbst nichts erwarten kann.

Die Militairacademie ist jetzt aufgehoben, und di*eß* wird mit Recht beklagt, obgleich sie nicht mehr in ihrer Blüthe war. Außer den beträchtlichen Revenuen, welche Stuttgardt daraus zog, hat di*es*es Institut ungemein viel Kenntniße, artistisches und wißenschaftliches Interesse unter den hiesigen Einwohnern verbreitet, da nicht nur die Lehrer der Academie eine sehr beträchtliche Zahl unter denselben ausmachen, sondern auch die mehresten Subalternen und Mittleren Stellen durch academische Zöglinge besetzt sind. Die Künste blühen hier in einem für das südliche Deutschland nicht gewöhnlichen Grade, und die Zahl der Künstler, darunter einige keinem der Eurigen etwas nachgeben, hat den Geschmack an Mahlerey, Bildhauerey und Musik sehr verfeinert. Eine Lesegesellschaft ist hier, welche des Jahrs 1300 fl. aufwendet, um das Neueste aus der Litteratur und Politik zu haben. Auch ist hier ein paßables Theater mit einem vortreflichen Orchester und sehr gutem Ballet.

Unter den Künstlern ist Danecker, ein Bildhauer, bei weitem der beßte. Ein wahres Kunstgenie, den ein 4jähriger Auffenthalt in Rom vortreflich gebildet hat. Sein Umgang thut mir gar wohl, und ich lerne viel von ihm. Er modelliert jetzt meine Büste, die ganz vortreflich wird. Miller wird vielleicht auf Ostern mit meinem Kupferstich fertig seyn.

H e t s c h ist Dir schon bekannt. Di*es*er aber ist was das Genie betrifft, mit Danneckern nicht zu vergleichen. Ein andrer sehr geschickter Bildhauer, der mit Dan*necker* zugleich in Rom war, ist S c h e f f a u e r. Unter den Tonkünstlern ist Z u m s t e e g der geschickteste, der aber mehr Genie als Ausbildung besizt. Unter den Gelehrten ist ein katholischer Caplan des vorigen Herzogs, Nahmens W e r k m e i s t e r vorzüglich, und mir ist er es durch sein Interesse für die Kantische Philosophie noch mehr. Uebrigens gibt es unter der gelehrten Klaße mehr Mittelköpfe, als vorzügliche Genies, wobey man sich aber nicht immer schlimmer befindet.

Mein Fleiß wird diese 8 Wochen durch nicht sehr groß seyn, aber es wird mir nach einer 8 Monat langen Dürre wohl thun, mich wieder unter denkenden Menschen zu befinden. Ich habe Dir noch immer nichts geschickt, weil es an der Abschrift meiner

Correspondenz fehlt, welche nicht ohne vorhergegangene Revision des Mscrpts von meiner Seite geschehen kann. Ich habe aber schon 8 Wochen ganz in dieser Materie pausirt, um den Plan zu – meinem Wallenstein weiter auszuarbeiten. Nach und nach reift dieser doch zu seiner Vollendung heran, und ist nur der Plan fertig, so ist mir nicht bange, daß er in 3 Wochen ausgeführt seyn wird. Mit meiner Gesundheit gieng es biß jetzt leidlich, und sonst ist alles wohl, und der kleine macht uns mit jedem Tag mehr Freude. Alles grüßt euch herzlich und ich sehne mich nach Nachrichten von euch. Dein

S.

*ÜBERLIEFERUNG. H: ? Zuletzt 2018 in Stuttgart versteigert. 1 Doppelblatt, 4 S. beschrieben, leicht vergilbtes geripptes Papier (Angaben nach einer Photographie von H), Wz.: ähnlich wie Blauw (Posthorn mit Schleife in gekröntem Wappen) ohne Fortsatz im unteren Teil des Wappens, darunter G R (oder auch G P) (Angaben nach Auskunft von Helmuth Mojem, DLA/SNM). – E: Schiller-Körner 3 (1847), 165–167 (ohne den Text* **44–45** Alles *bis* Dein*; diese Stelle zuerst in D*[2]*). – Textwiedergabe nach Photographie von H.*

*LESARTEN.* **6** einige] *danach* angen *gestr. H* **32** sein Interesse] sein *verb. aus* seine *H* **32** Kantische] *verb. aus* kantische *(?) H* **36** 8 Monat] 8 *verb. aus* 6 *(?) H*

### *NA 26, Nr 223*

*Der Brief an Johann Friedrich Frauenholz vom 13. April 1794 ist nach E wiedergegeben; nach H lautet der Text:*

*223. An Johann Friedrich Frauenholz*

Stuttgardt den 13. April 94. *Sonntag.*

Ein Rückfall in meine alte Unpäßlichkeit hat meine Antwort auf Dero werthes Schreiben verzögert, weßwegen ich mich zu entschuldigen bitte.

Daß Sie Ihre Entschließung, wegen Dedication des Kupferstichs an irgend einen Großen, geändert haben, ist mir lieb. Gewöhnlich setzt man dadurch diese Herren nur in Verlegenheit einer Gegenerkenntlichkeit, und verderbt es noch oben drein bei denen, welche man übergeht, und die darauf gerechnet hatten.

Der bloße Nahme S c h i l l e r mit lateinischer Schrift wird wohl unter dem Bilde genug seyn. Man liebt bey solchen Gelegenheiten die Simplicität und es bedarf weder der Vornahmen, noch viel weniger der Titel.

In Ihrem Urtheil über Lips Arbeiten bin ich größtentheils Ihrer Meinung. Sein Fleiß ist zwar bewundernswürdig, und es fehlt seinen Werken weder an Kraft noch Korrektheit, aber desto mehr an Grazie und Freiheit.

Nach den Kupfern zu Göschens Ausgabe von Wiel*ands* Schriften bin ich gar sehr begierig. Von den Zeichnungen, die H*err* Ramberg dazu gemacht hat, habe ich die meisten gesehen, die vortreflich sind. Aber unter einem harten Grabstichel können sie freilich verlieren.

Führen Sie Ihre Idee nur ja aus, sobald es Ihnen möglich ist. Sie werden dadurch alle Freunde der Kunst sich höchlich verpflichten. Den Deutschen fehlt es gar sehr an solchen Unternehmungen, aber es fehlt freilich auch an Bezahlern.

Einigen Abdrücken von meinem Bilde, die Sie mir so gütig waren, zu versprechen, sehe ich mit großem Verlangen entgegen, und wünschte, wo möglich, daß ich solche noch vor meiner Abreise von hier zu Gesicht bekommen könnte, welche am 25 sten dieses Monats vor sich gehen wird. Doch führt mich dißmal der Weg über Würzburg zurük.

An H*errn* Prof. Müller habe ich, Ihrer Anweisung gemäß 2 französische Thaler bezahlt.

Mit aller Werthschätzung verharre ich

Ew Hochedelgeb.
ergebensterDiener
FSchiller.

*ÜBERLIEFERUNG. H: Privatbesitz. 1 Doppelblatt 23 36,5 cm, 3 S. beschrieben, vergilbtes geripptes Papier, stockfleckig; Wz.: „H". S. 4 Adresse:* An / Herrn J. F. Frauenholz / berühmten Kunsthändler / in / Nürnberg / frey.*; von fremder Hand:* Stuttgardt 1794 / den 13 Apr. datirt / von / Schiller.*; am oberen und unteren Rand in der Mitte Reste eines schwarzen Siegels. – E: Die Gegenwart. Wochenschrift für Literatur, Kunst und öffentliches Leben. Bd 10 (2. Halbjahr 1876). Nr 41 (7. Oktober 1876). S. 238–239 (Levié). – Textwiedergabe nach H.*

*LESARTEN.* **4** an] *verb. aus* in *H* **5** nur] *verb. aus* einer *H* **6** in] *in der Zeile erg. H* **19** verpflichten] *verb. aus* verpflichtet *H*

## *NA 27, Nr 4*

*Der Brief an Johann Benjamin Erhard vom 26. Mai 1794 ist nach Hk (Jonas 3 [1894], 446) wiedergegeben; nach H lautet der Text:*

*4. An Johann Benjamin Erhard*

Jena den 26. May 94. *Montag.*

Innliegender Brief, lieber Freund, ist bey mir an Sie abgegeben worden. Möchte er Sie noch in Nürnberg treffen! Wir sind hier glücklich angekommen, und ich sehe nun einer ruhigen Existenz, im Schooß einer philosophischen Muße entgegen. Fichte hat bereits seine academische Laufbahn angefangen, und man drängt sich zu seinen Vorlesungen. Ohne Zweifel hat er Ihnen schon selbst sein Programm zugeschickt, sonst würde ich es beygelegt haben.

Möchte nun auch I h r Schicksal Sie glücklich führen, geliebter Freund, daß Ihre Geisteskräfte sich nicht im Kampf mit den Umständen zu verzehren brauchen. Vor allem folgen Sie meinem Rath, und laßen Sie vor der Hand die arme, unwürdige und unreife Menschheit für sich selber sorgen. Bleiben Sie in der heitern und stille Region der I d e e n, und überlaßen es der Zeit, sie ins praktische Leben einzuführen. Und wenn es Sie ja kizelt, außer sich zu wirken, so machen Sie den Anfang mit dem physischen, und kuriren die Körper derer von der Gicht und vom Fieber, deren Seelen inkurabel sind.

Bey mir ist ein Plan zu einem großen litterarischen Journal im Werke, und wird auch schon mit einem Verleger deßwegen traktiert, zu welchem die beßten Köpfe der Nation vereinigt mitwirken sollen. Weil einer dem andern Kredit verschafft, so wird man im Stande seyn jedem Mitarbeiter größere Anerbietungen zu machen, als bey irgend einem andern Werk möglich ist, und unter 4 L*ouis*dors für den Bogen wird das Honorar nicht betragen. Ich zähle dabey sehr auf Ihre Beyträge lieber Freund. Den Plan zum Ganzen will ich Ihnen, sobald er ausgegeben wird, übersenden. Laßen Sie mich Ihre adresse wißen, ehe Sie Nürnberg verlassen. Meine Frau grüßt Sie freundlich und wünscht, daß Sie sie in gutem Andenken behalten mögen. Ganz der Ihrige

Schiller.

*ÜBERLIEFERUNG. H: Bis 1945 Preußische Staatsbibliothek Berlin, danach Biblioteka Jagiellońska Kraków (Krakau). 1 Blatt 11,6(–11,8) × 8,5 cm, 2 S. beschrieben, leicht vergilbtes geripptes Papier, Wz.: Teile von Randornamenten. – E: Denkwürdigkeiten des Philosophen und Arztes Johann Benjamin Erhard. Hrsg. von Karl August Varnhagen von Ense. Stuttgart und Tübingen 1830. S. 397–398. – Textwiedergabe nach H.*

*LESARTEN.* **17** dem andern] *darüber gestr.* ××××

## *NA 27, Nr 5*

*Der Brief an Johann Friedrich Frauenholz vom 26. Mai 1794 ist nach E wiedergegeben; nach H lautet der Text:*

*5. An Johann Friedrich Frauenholz*

Jena den 26. May. 94. *Montag.*

Für gütige Uebersendung der 6 Abdrücke meines Portraits sage ich Ihnen den verbindlichsten Dank. Die Arbeit ist vortreflich ausgefallen, der Stil voll Kraft und doch dabey voll Anmuth und Flüßigkeit. Auch finden es alle, die es bey mir sahen, ähnlich, und mehr, als sich unter diesen Umständen erwarten ließ, getreu. Nun wünsche ich von ganzem Herzen, daß die Aufnahme di*es*es so gut gelungenen Produkts Ihren gerechten Erwartungen entsprechen möge.

Zu einer Zeichnung oder einem Gemählde von Herrn Coadjutor wird sich vielleicht in einigen Monaten Rath finden, und wie ich hoffe, ohne Ihnen Unkosten zu machen. Die Zeichnung allein könnte ich Ihnen vielleicht bald verschaffen, aber es wird sich wahrscheinlich arrangieren laßen, daß der Herr Coadjutor sich in einigen Monaten mahlen läßt, und dann würde es für den Kupferstecher vortheilhafter seyn, wenn er Gemählde und Zeichnung beysammen haben könnte.

Zum Nachfolger Herzbergs wüßte ich Ihnen vor der Hand keinen beßern, als Herrn Profeßor Garve aus Breslau, und vorzüglich H*err*n Professor Kant aus Königsberg, den zwar H*err* Lips schon für die Litteratur Zeitung ausgeführt hat, aber nicht so, daß ein neuer Stich dadurch überflüßig würde. Ich glaube daß Herr Profeßor Hufeland von hier ein sehr wohl getroffenes Bildniß von Kant besitzt, welches vielleicht zu bekommen seyn würde. Außer diesen ist Herr Geheime-Rath von Thümmel, Herr Profeßor Fichte aus Jena, Herr Hofrath Voß aus Eutin, Herr Geheime Hofrath Schloßer aus Karlsruhe, Herr Leg. Rath Klopstock aus Hamburg, Herr Geheime Rath Jacobi aus Düßeldorf, welche mir alle der Aufnahme in Ihre Sammlung würdig scheinen.

Ihre Idee wegen einer splendiden Ausgabe des Don Karlos mit Kupfern ist mir sehr schmeichelhaft, und es sollte mich unendlich freuen, wenn sie zu Stande käme. Da würde ich Ihnen aber doch rathen, die Zeichnungen, so weit es angeht, durch Herrn Ramberg ausführen zu laßen, der zu einer englischen Edition Shakepears und noch neuerlich zu Wielands Schriften vortrefliche Zeichnungen geliefert hat. Unter allen neuen Zeichnern kenne ich keinen, der mehr Genie, Geist und Grazie besitzt, und mehr Anmuth mit Kraft vereinigt.

Einstweilen empfehle ich mich Ihrer Gewogenheit, und verharre mit Achtung

N.S. Ihr gehorsamer D*iene*r

Wollten Sie die Güte haben, FSchiller.
und die Einlage baldmöglichst
an H*errn* D*octor* Erhard besorgen?

*ÜBERLIEFERUNG. H: GSA. 1 Doppelblatt 18,7×23,3 cm, 4 S. beschrieben (oberes Viertel von S. 2–4 nicht beschrieben), geripptes bräunliches Papier, Wz.: „II“, S. 1 unten links in der Ecke von fremder Hand mit Blei:* 1 U H. *(?); Kuvert 12,3×8,1(–8,4) cm, auf der Vorderseite Adresse:* an / Herrn J.F. Frauenholz / berühmten Kunsthändler / in / Nürnberg. / frey, *zwei rote Postvermerke; auf der Rückseite rotes Siegel: „S“ (?), darüber Berechnung von fremder Hand mit Tinte:* 3 3/6, *auf einer der Laschen des Kuverts Empfangs- und Beantwortungsvermerk:* 1794 / Jena / den 26. May datirt / den 22t July beant / F. Schiller *– E: Archiv für die zeichnenden Künste mit besonderer Beziehung auf Kupferstecher- und Holzschneidekunst und ihre Geschichte. [...] hrsg. von Robert Naumann unter Mitwirkung von Rudolph Weigel. Jg. 7/8. Leipzig 1862. S. 264 f. (ohne Unterschrift; ohne die Nachschrift). – Textwiedergabe nach H.*

*ERLÄUTERUNGEN.*
*Zur Nachschrift:*
**33** Einlage] *Schillers Brief an Johann Benjamin Erhard vom 26. Mai 1794, dem seinerseits ein weiterer Brief an Erhard von einem unbekannten Verfasser beilag (vgl. NA 27, 4–5).*

### *NA 27, Nr 9*

*Der Brief an Johann Moriz Becht vom 12. Juni 1794 ist nach Hk (Jonas 3 [1894], 451) wiedergegeben; nach H lautet der Brief:*

*9. An Johann Moriz Becht*

Jena den 12. Jun. 94. *Donnerstag.*

Ich hatte mir bey meiner Rückreise aus Schwaben vorbehalten, Ew. Wohlgebohren in Heilbronn meine Hochachtung in Person zu bezeugen, aber die Eilfertigkeit mit der ich reis'te, hat dieses rückgängig gemacht. Empfangen Sie also hier schriftlich meine gehorsame Dankbezeugung für die mir erwiesene Höflichkeit, und erlauben Sie zugleich, daß ich eine alte Schuld für den Wein an Sie abtrage, die nur deßwegen so lange aufgeschoben wurde, weil ich anfangs gehofft hatte, solche bey einem Besuch in Heilbronn persönlich zu entrichten, und nachher über den Zerstreuungen meiner Reise und Ankunft allhier sie aus dem Sinne verlor.

Nebst meiner und meiner Frau gehorsamsten Empfehlung an Dero Herrn Bruder und Frau Schwägerinn habe ich die Ehre hochachtungsvoll zu verharren Ew. Wohlgebohren

verbundenster Diener
Fr. Schiller.

*ÜBERLIEFERUNG. H: ? 1891 im Besitz von Wilhelm Künzel. Nach einer Photographie unbekannter Herkunft: 1 Blatt mit Kuvertfaltung, 1 S. beschrieben, S. 1 oben links Empfangsvermerk:* pst *[praesentatum]* 25. Jun. 1794.*; S. 2 Adresse:* An / Herr Syndicus Becht / Wohlgeb*ohren* in / Heilbronn in / Schwaben / innliegend / 20 fl. in Golde. / frey., *Berechnungen (?) von fremder Hand, Siegel- oder Oblatenreste; Blatt am unteren Rand der Rückseite mit einem Papierstreifen (?) restauriert. – E: Westermann's Jahrbuch der Illustrirten Deutschen Monatshefte. 42. Bd. 1877. S. 328–329 (Robert Boxberger). – Textwiedergabe nach H.*

***NA 27, Nr 10***

*Der Brief an Christian Gottfried Körner vom 12. Juni 1794 ist nach Hk (Jonas 3 [1894], 452–454) wiedergegeben; nach H lautet der Brief:*

*10. An Christian Gottfried Körner*

Jena den 12. Jun. 94. *Donnerstag.*

Ich bin seit meiner Zurückkunft zwar an wirklichen Ausarbeitungen ziemlich unfruchtbar, aber an Projekten desto ergiebiger gewesen. Das bleibende und solidere unter diesen wird Dir die Beilage zeigen. Es ist ein Entwurf, mit dem ich mich schon ins dritte Jahr trage und der endlich einen unternehmenden Buchhändler zur Ausführung gefunden hat. Humbold ist sehr dafür eingenommen, und auf Dich ist sehr gerechnet. Wenn es uns gelingt, wie ich mir gewiße Hofnung mache, daß wir eine Auswahl der beßten humanistischen Schriftsteller zu diesem Journal vereinigen, so kann es an einem glücklichen Erfolg bey dem Publikum gar nicht fehlen. Hier in loco sind unser 4: Fichte, Humboldt, Woltmann und ich. An Göthe, Kant, Garve, Engel, Jacobi,

Gotter, Herder, Klopstock, Voß, Maimon, Baggesen, Reinhold, Blankenburg, v Thümmel, Lichtenberg, Matthison, Salis und einige andere ist theils schon geschrieben worden, theils wird es noch geschehen. Dich haben wir zu einem beurtheilenden Mitglied bestimmt, wobey zwar einige Mühe, dabey aber der Vortheil ist, daß Dir eigene Arbeiten beßer bezahlt werden. Ein beurtheilendes Mitglied erhält für d*en* Bogen 6 L*ouis*dors Honorar, und um den Fleiß aufzumuntern, wird jeder siebente Bogen doppelt bezahlt. Mir als Redacteur ist von dem Verleger, außer dem Honorar, noch eine fixe Summe bestimmt.

Unser Journal soll ein Epoche machendes Werk seyn, und alles was Geschmack haben will muß uns kaufen und lesen. Ich bin vor der Hand mit Stoff für die nächsten 2 Jahre herrlich versehen, Fichte ist sehr fruchtbar und Woltmann ein sehr brauchbares Subjekt für die Geschichte. Wozu wir D i c h anstellen wollen, darüber ist zwischen Humboldt und mir schon manche Stunde deliberiert worden. Noch sind wir aber nicht einig darüber, und es wird wohl biß zu Deiner Ankunft müssen ausgesetzt bleiben.

Ich hoffe jetzt um so mehr, daß ihr euch zu der Hieherreise entschliessen werdet, da Humboldts noch hier anzutreffen sind. Humbol*dt* ist ein vortreflicher dritter Mann in unserem Zirkel, wie Du selbst aus Erfahrung wißen wirst, und er liebt und schätzt Dich unbegrenzt. Fichte ist eine äuserst interessante Bekanntschaft, aber mehr durch seinen Gehalt als durch seine Form. Von ihm hat die Philosophie noch große Dinge zu erwarten.

Reineke Fuchs von Göthe hast Du ohne Zweifel schon in Händen. Mir behagt er ungemein, besonders um des homerischen Tons willen, der ohne Affektation darinn beobachtet ist. Sonst ist mir aus dieser ganzen Messe noch kein Produkt bekannt, das Aufmerksamkeit verdient. Alle meine an den Prinzen von Augustenburg abgeschickten Briefe sind in Feuer aufgegangen, bei dem großen Brand, der in Coppenhagen das Palais verzehrt hat. Ein Glück für mich, daß ich Copieen davon habe.

Meine Gesundheit ist seit meiner Zurükkunft ziemlich erträglich gewesen. Ueberhaupt bin ich noch nie solange von heftigen Anfällen frey gewesen, als jetzt. Ich gehe auch öfters aus, weil mich die Engbrüstigkeit nicht mehr so arg incommodiert, und an meinen übrigen Kräften spüre ich keine Verminderung. Auch Lottchen ist größtentheils wohl, und der Kleine der nun schon 4 Zähne hat befindet sich vortreflich. Schon fängt er an, Versuche zum Plaudern zu machen, und er hat schon soviele Gewandtheit in seinen Bewegungen, daß mich alles versichert, er werde in 2 Monaten im Korb gehen können; für sein Alter ist das viel, da er erst 9 Monate alt wird.

Der Millerische Kupferstich von mir ist fertig, und mit nächster fahrender Post will ich Dir einen Abdruck übersenden. Zur völligen Aehnlichkeit fehlt freilich noch viel, doch ist ziemlich viel davon erreicht, und der Stich ist sehr schön.

Herzliche Grüße von uns beiden an Dich und die beiden.

Dein

Sch.

Den Kupferstich lege ich gleich heute bey.

*ÜBERLIEFERUNG. H: Universitätsbibliothek Basel, Autogr Geigy-Hagenbach. 1 Doppelblatt 18,5 × 23,3 cm, bräunliches geripptes Papier, 4 S. beschrieben. – E: Schiller-Körner 3 (1847), 175–177. – Textwiedergabe nach H.*

*LESARTEN.* **26** werdet] *verb. aus* werde *H* **38** bin] *über gestr.* habe *H* **38** solange] *davor gestr.* eine *H* **38** von heftigen Anfällen] *davor gestr.* Pause *H*

### *NA 27, Nr 11*

*Die Angaben zum Verbleib der Handschrift in der Überlieferung des Briefes an Immanuel Kant vom 13. Juni 1794 sind zu korrigieren:*

*ÜBERLIEFERUNG. H: Universitätsbibliothek Tartu (Estland). [...]*

### *NA 27, Nr 27*

*Der Brief an Christian Gottfried Körner vom 1. September 1794 ist nach E, die Schlußformel nach M (Marbacher Druckmanuskript des Briefwechsels zwischen Schiller und Körner, das die Ergänzungen der Erstausgabe enthält und von Jonas nur teilweise benutzt wurde) wiedergegeben; nach H lautet der Brief:*

*27. An Christian Gottfried Körner*

Jena den 1. Sept. 94. *Montag.*

Wir sind glücklich und bey ziemlich guter Zeit hier eingetroffen, und ich hoffe, daß auch Dir das schlimme Wetter nicht geschadet haben soll. Nimm noch einmal meinen herzlichen Dank an für das Opfer, das Du mir gebracht hast, und der Minna versichere, daß ich ihr die Gefälligkeit sehr hoch anrechne, Dich auf einige Tage mir überlaßen zu haben. Es ist doch eine wohlthuende Empfindung, sich, wenn man getrennt lebt, und auch gleich wie wir beide sich im Geist nahe bleibt, zuweilen wieder in das fleischliche Aug zu sehen. Ich wußte es vorher und zweifelte keinen Augenblik, daß ich Dich ganz als Denselben wieder finden würde, aber es that mir doch herzlich wohl, mich mit meinen Augen davon zu überzeugen, und die Wirklichkeit meiner Erwartung gleichsam mit Händen zu greifen.

Auf Deine Zusage wegen der musikalischen Abhandlung baue ich, denn Du bist hier ganz in Deinem Elemente, und das Geschäft ist nicht so verwickelt, daß Du bey Deinen übrigen Arbeiten Dich nicht recht gut dabey sammeln könntest. Gelegentlich denkst Du dann auch auf einen andern Stoff, und vielleicht führen künftige Veranlassungen einen herbey. Deine Idee zu einer Darstellung des philos*ophischen* Egoisten und seines Gegentheils würde ein herrlicher Stoff für ein Drama oder einen Roman seyn, aber bloß philosophisch behandelt dürfte die Ausführung ins Trockene verfallen, wie z. B. alle Mendelsohnische Dialogen. Bey dem Versuche Metaphysick zu popularisieren, wie Du in Briefen an ein Frauenzimmer vorhast, wirst Du, fürchte ich auf unübersteigliche Schwierigkeiten stoßen, und der Gewinn würde die ungeheure Arbeit schwerlich belohnen.

Eine sehr schöne Materie würde die Aufstellung eines Ideals der Schriftstellerey und Ihres Zusammenhangs mit der ganzen Cultur seyn, und ich wüßte keine, die in so hohem Grade für Dich taugte. SchriftstellerEinfluß spielt in der neuen Welt eine so entscheidende Rolle, und es wäre zugleich so allgemein interessant und so allgemein nöthig, darüber etwas bestimmtes und aus der reinen Menschheit Hergeleitetes fest zu setzen. Diese Materie stünde mit der Einwirkung auf die Geister in dem nächsten Zusammenhang, und die reichhaltigsten Resultate der ganzen philosophie würden darinn zusammenfließen.

Bey meiner Zurükkunft fand ich einen sehr herzlichen Brief von Göthe, der mir nun endlich mit Vertrauen entgegen kommt. Wir hatten vor 6 Wochen über Kunst und Kunsttheorie ein langes und Breites gesprochen, und uns die Hauptideen mitgetheilt, zu denen wir auf ganz verschiedenen Wegen gekommen waren. Zwischen diesen Ideen fand sich eine unerwartete Uebereinstimmung, die um so interessanter war, weil sie wirklich aus der größten Verschiedenheit der Gesichtspunkte hervorgieng. Ein jeder konnte dem andern etwas geben was ihm fehlte, und etwas dafür empfangen. Seit dieser Zeit haben diese ausgestreuten Ideen bey Göthen Wurzel gefasst, und er fühlt jetzt ein Bedürfniß, sich an mich anzuschließen, und den Weg, den er bißher allein und ohne Aufmunterung betrat, in Gemeinschaft mit mir fortzusetzen. Ich freue mich sehr auf einen für mich so fruchtbaren Ideenwechsel, und was sich davon in Briefen mittheilen lässt, soll Dir getreulich berichtet werden. Gestern erhielt ich schon einen Aufsatz von ihm, worinn er die Erklärung der Schönheit: daß sie Vollkommenheit mit Freiheit sey, auf organische Naturen anwendet.

Ein großer Verlust für unsre Horen ist es, daß er seinen Roman schon an Ungern verkauft hatte, ehe wir ihn zu den Horen einluden. Er beklagt es selbst, und hätte ihn uns mit Freuden überlaßen. Doch verspricht er soviele Beyträge zu liefern, als in seinen Kräften steht.

Hier die versprochene Anthologie für Minna und für Dich die Thalia, worinn Du Deinen Aufsatz über Declamation finden wirst. Mehrere solche Aufsätze würden uns für die Horen sehr vortheilhaft seyn. Du wirst Dir selbst gestehen müssen, wenn Du ihn wieder liesest, daß diese simple und nachläßige Form dieser Materie sehr gut ansteht, und gewiß ist sie in kleinern Aufsätzen die allerpaßendste.

Bey meiner Nachhausekunft fand ich alles wohl. Auch ich hatte mich zum erstenmal von meinem Kinde getrennt, wie Du von Deiner Familie, und es war mir eine ganz eigene Freude, mich wieder in meinen kleinen häußlichen Kreis zu finden. Jetzt bin ich auf 3 Wochen hier allein, denn meine Frau ist mit dem Kleinen nach Rudolstadt geflüchtet, weil die Pocken hier inoculiert werden und er jetzt im Zahngeschäft ist. Lebe recht wohl und grüße Minna und Dorchen herzlich von uns. Dein

Sch.

*ÜBERLIEFERUNG. H: Bibliotheca Bodmeriana, Cologny-Genève (Schweiz). 1 Doppelblatt 18,7 × 23,9(–24,1) cm, 3 ¾ S. beschrieben, kaum vergilbtes Papier, kein Wz.; S. 4 Klebespuren längs des Falzes. – E: Schiller-Körner 3 (1847), 189–192 (nach E; ohne die Schlußformel). – Textwiedergabe nach H.*

*LESARTEN.* **25** spielt] *über gestr.* ist *H*

### *NA 27, Nr 31*

*Der Brief an Johann Benjamin Erhard vom 8. September 1794 ist nach Hk (Jonas 4 [1894], 9–10) wiedergegeben; nach H lautet der Text:*

*31. An Johann Benjamin Erhard*

*Jena, den 8. September 1794. Montag.*

Ich kann den Prof. Paulus nicht durch Nürnberg reisen laßen, ohne Sie, mein theurer Freund, mit ein paar Zeilen zu begrüßen. Man sagte mir kürzlich, daß Sie noch da wären, und ich wünsche es von Herzen, weil die gegenwärtigen Aspecten im Oesterreichischen nicht sehr günstig sind. Ich fürchte selbst für Herbert, denn ein Mensch wie er muß den Freunden der Finsterniß natürlicher weise ein Dorn im Auge seyn.

In unserm Musensitze ist alles ruhig und Fichte ist noch in voller Arbeit, seine Elementarphilosophie zu vollenden. Ich bin überzeugt, daß es nur bey ihm stehen wird, in der philosophie eine Gesetzgebende Rolle zu spielen, und sie um einen ziemlich großen Schritt vorwärts zu bringen. Aber der Weg geht an einem Abgrund hin, und alle Wachsamkeit wird nötig seyn, um nicht in diesen zu stürzen. Die reinste Speculation grenzt so nahe an eine leere Speculation, und der Scharfsinn an Spitzfindigkeit. Was ich biß jetzt an seinem System begreife hat meinen ganzen Beyfall, aber noch ist mir sehr vieles dunkel, und es geht nicht bloß mir, sondern jedem so, den ich darüber frage.

In einem Publicum, das Fichte zu gleicher Zeit ließt, hat er sehr herrliche Ideen ausgestreut, die eine Anwendung seiner höchsten Grundsätze auf den Menschen in der Gesellschaft enthalten.

Das Journal, von dem ich Ihnen schon geschrieben habe, kommt nun ganz gewiß zu Stande, und schon sind außer Fichte noch Garve, Engel, Göthe, Herder, Jacobi und mehrere andere als Mitarbeiter beygetreten. Das Honorar ist 4 L*ouis*dors. Aber alle politische und Religion betreffende Aufsätze sind durch unsere Statuten ausgeschloßen. Ich hoffe mein lieber Freund, bald einmal etwas von Ihnen zu erhalten. Nur richten Sie es so ein, daß es für ein Publikum paßt, welches wenig scientifische Kenntniße mitbringt und nichts als einen natürlichen Verstand und einen guten Geschmack besitzt.

Mit meiner Gesundheit geht es weder besser noch schlechter, aber an Thätigkeit fehlt es mir nicht, und der Geist ist heiter. Meine Frau und Schwägerinn sagen Ihnen einen freundschaftlichen Gruß. Von ganzem Herzen der Ihrige.

Jena den 8 Sept. 94.

Schiller.

*ÜBERLIEFERUNG. H: Bis 1945 Preußische Staatsbibliothek Berlin, danach Biblioteka Jagiellońska Kraków (Krakau). 1 Doppelblatt 18,3(–18,5) × 23,3 cm, 2 ¾ S. beschrieben, leicht vergilbtes geripptes Papier, Wz.: Posthorn in gekröntem Schild mit angehängter Glockenmarke, darunter C & I* HONIG. *– E: Denkwürdigkeiten des Philosophen und Arztes*

*Johann Benjamin Erhard. Hrsg. von Karl August Varnhagen von Ense. Stuttgart und Tübingen 1830. S. 399–400. – Textwiedergabe nach H.*

*LESARTEN.* **11** um] *ü. d. Z. erg. H*

## *NA 27, Nr 49*

*Der Brief an Christian Gottfried Körner vom 9. Oktober 1794 ist nach Hk (Jonas 4 [1894], 38–39) und dem Autographenkatalog 40 von August Klipstein, Auktion vom 20. November 1946, Nr 128 gedruckt; nach H lautet der Text:*

*49. An Christian Gottfried Körner*

Jena den 9. 8br. 94. *Donnerstag.*

Meine Büste ist glücklich von S*tuttgardt* angelangt, und ein rechtes Meisterstück geworden. Wer sie sieht, erstaunt über die Wahrheit und große Kunst der Ausführung. Dannecker will sie in Marmor ausarbeiten, und hat schon carrarischen Marmor aus Italien bestellt. Dieß macht ihn etwas difficile in Ansehung der Abgüße, doch hoffe ich daß er mir noch einen liefern soll. Ich habe ihm schon darum geschrieben, und daß er ihn gerade an Dich abschicken möchte.

Mir machen jetzt meine Briefe nach *Dänemark* erstaunlich viel Arbeit, die nicht einmal die einzige ist. Ich habe deßwegen noch nicht dazu kommen können, Dir recht ausführlich zu schreiben, und bitte, noch eine Zeit lang Geduld zu haben. Einstweilen sende ich Dir einen Aufsatz von Göthe, der aber bloß flüchtig hingeworffen, und bloß zum Privatgebrauch bestimmt ist. Was er sonst von Sachen schickt und schreibt, sollst Du communiciert erhalten.

Wir haben eine Correspondenz miteinander über gemischte Materien beschloßen, die eine Quelle von Aufsätzen für die Horen werden soll. Auf diese Art, meynt *Göthe*, bekäme der Fleiß eine bestimmte Richtung, und ohne zu merken, daß man arbeite bekäme man Materialien zusammen; da wir in wichtigen Sachen einstimmig, und doch so ganz verschiedene Individualitäten sind, so kann diese Correspondenz wirklich intereßant werden.

Seinen Roman will er mir Bandweise mittheilen, und dann soll ich ihm allemal schreiben, was in dem künftigen stehen müße, und wie es sich verwickeln und entwickeln werde. Er will dann von dieser anticipirenden Critik Gebrauch machen, ehe er den neuen Band in den Druck giebt. Unsere Unterredungen über die Composition haben ihn auf diese Idee geführt, die, wenn sie gut und mit Sorgfalt ausgeführt werden sollte, die Gesetze der poetischen Composition sehr gut ins Licht setzen könnte.

Seine Untersuchungen über Naturgeschichte, von denen ich Dir einmal mehr sagen will, haben mich so sehr, als sein poetischer Character intereßiert, und ich bin überzeugt, daß er sich auch hier auf einem vortreflichen Weg befindet. Auch, was er gegen die Newtonische Farbentheorie einwendet, scheint mir sehr befriedigend zu seyn.

Von Fichten sind in dieser Messe 5 seiner öffentlichen Vorlesungen abgedruckt erschienen, die ich Dir sehr zum Lesen empfohlen haben will.

Was macht die Schriftstellerey und die Musik? In 14 Tagen wird schon zu dem 1sten Horen Stück gesammelt. Mache daß ich Dich in dem zweyten auftreten laßen kann.

Lebewohl. M*inna* und D*ora* grüße herzlich von mir und meiner Frau, die einen Brief an D*ora* beilegen wollte, aber eben verhindert wird.

Dein Sch.

*ÜBERLIEFERUNG. H: DLA/SNM. 1 Doppelblatt 18,1(–18,4) × 23,3 cm, vergilbtes geripptes Papier, Wz.: Posthorn in gekröntem Schild mit angehängter Bienenkorbmarke, darunter: C & I* HONIG, *3 S. beschrieben. – E: Schiller-Körner 3 (1847), 205–205. – Textwiedergabe nach H.*

*LESARTEN.* **5** in] *verb. aus* ×× *H* **8** nach D.] *ü. d. Z. erg. H* **11** aber] *ü. d. Z. erg. H*

### *NA 27, Nr 55*

*Der Brief Johann Benjamin Erhard vom 26. Oktober 1794 ist nach Hk (Jonas 4 [1894], 46–47) wiedergegeben; nach H lautet der Text:*

*55. An Johann Benjamin Erhard*

Jena den 26. 8br. 94. *Sonntag.*

Mit der Nachricht, daß Sie in Nürnberg zu bleiben entschloßen sind, haben Sie mir, mein lieber und theurer Freund, eine recht große Freude gemacht. und eine nicht geringere durch die vielen Winke, die Sie mir von Ihrer Activität gegeben haben. Auf die Ausführung Ihrer Ideen bin ich äuserst begierig, und das wenige, was Sie mir davon schreiben, spannt meine Erwartung sehr.

Die Ableitung des Eigentumsrechts ist jetzt ein Punkt, der sehr viele denkende Köpfe beschäftigt, und von Kanten selbst, höre ich, sollen wir in seiner Metaphysick der Sitten etwas darüber zu erwarten haben. Zugleich höre ich aber, daß er mit seinen Ideen darüber nicht mehr recht zufrieden sey und deßwegen die Herausgabe vor der Hand unterlassen habe.

Gegen Ihre Postulation der Gottheit bey Ableitung des Rechts der ersten possession habe ich dieses einzuwenden, daß Sie einen Zirkel begehen, und die Gottheit bloß darum herbeyrufen müssen, weil sie sie schon vorausgesetzt haben. Sie sagen: was berechtiget mich eine rem nullius zu der meinigen zu machen? Ich frage, was hindert Sie daran? Wie können Sie überhaupt hier nach einem Rechte fragen, wenn sie nicht schon vorausgesetzt haben, daß Gott der Eigenthümer und gleichsam der Lehensherr des Bodens ist, den sie sich zueignen wollen. Recht ist ein Begriff, der nur auf das Verhältniß eines moralischen Wesens zum andern anwendbar ist, und um also bey einer res nullius an ein Recht zu denken, müssen sie schon eine Gottheit gesetzt haben.

Fichte scheint hier in Jena bald einen harten Stand zu bekommen. Er hat einen alten guten Freund von Leipzig her, Weisshuhn, hieher nach Jena zu ziehen veranlaßt, der ein sehr philosophischer Kopf seyn soll. Dieser Weißhuhn ist aber sehr hart hinter dem Fichtischen Systeme her, erklärt es rund heraus für einen subjectiven Spinozism, und wird dagegen schreiben. Ich selbst habe ihn noch nicht kennen lernen, aber alle Urtheile stimmen überein, daß er einen entschiedenen Beruf zum philosophieren habe.

Ich bin gegenwärtig noch sehr mit der Analytik des Schönen und einer Art von Elementarphilosophie für die schönen Künste beschäftigt, welche den Hauptgegenstand meiner Beyträge zu den Horen ausmachen wird. Zugleich hat sich zwischen mir und Göthen eine wißenschaftliche Correspondenz darüber angefangen, welche die Sache ziemlich in Bewegung bringt, und wovon wir auch einmal in den Horen Gebrauch machen werden.

Im ersten Stücke dieses Journals werden Sie einen Aufsatz von mir über die aesthetische Erziehung des Menschen finden, wo neben verschiedenen kleinen Ausfällen auf die Herren Politiker (auf der PhilosophenBank) auch einiges ist, was ich meinem Freund Erhard ans Herz lege.

Auf Ihre Ideen über Plato freue ich mich. Können Sie sie auf eine schickliche Art in mehrere kleine Aufsätze theilen, so ist es mir lieber, als wenn sie einen einzigen, unter dem nehmlichen Titel ausmachen. Ihren Freund Grundherr bin ich sehr neugierig, näher kennen zu lernen.

Meine Schwägerin ist nicht mehr hier, sondern in Stuttgardt und zwar verheirathet mit dem wirt*tembergischen* Leg*ations*Rath von Wolzogen. Meine Frau empfiehlt sich Ihnen und Ihrer Frau beßtens. Ihr Sch.

*ÜBERLIEFERUNG. H: Bis 1945 Preußische Staatsbibliothek Berlin, danach Biblioteka Jagiellońska Kraków (Krakau). 1 Doppelblatt 11,3 × 9,4 cm, 4 S. beschrieben, leicht vergilbtes geripptes Papier, Wz.: VI. – E: Denkwürdigkeiten des Philosophen und Arztes Johann Benjamin Erhard. Hrsg. von Karl August Varnhagen von Ense. Stuttgart und Tübingen 1830. S. 401–402. – Textwiedergabe nach H.*

*LESARTEN.* **4** Activität] c *verb. aus* k *(?) H* **15** rem nullius] *danach* für me *gestr. H* **15** Wie] i *verb. aus* e *(?) H* **18** das] as *verb. aus* ie *H* **28** Künste] ü *verb. aus* u *H* **42–43** empfiehlt *bis* Sch.] *am unteren Rand von S. 1 H*

## *NA 27, Nr 61*

*Der Brief an Christian Gottfried Körner vom 7. November 1794 ist nach Hk (Jonas 4 [1894], 54–55) wiedergegeben; nach H lautet der Brief:*

*61. An Christian Gottfried Körner*

Jena den 7. Nov. 94. *Freitag.*

Ich habe mit dem heutigen Posttag auf die Retour meines Mscrpts das ich am 29sten 8br. an Dich abschickte gerechnet und muss Dich dringend bitten, wenn Du es noch nicht auf die Post gegeben hast, es sogleich zu thun. Cotta besteht darauf, daß wir die Herausgabe mit dem Neuen Jahr beginnen, und so ist denn die höchste Zeit, weil ich es hier noch im Ausschuß muß circulieren laßen, und der Weg von hier nach Tübingen auch 10 Tage wegnimmt.

Humboldt hat mich Deinen Brief an ihn lesen laßen, der mich sehr freute, weil Du ihm über seinen Styl sehr viel Wahres sagst. Ich fürchte wirklich, er hat zum Schriftsteller kein rechtes Talent, und er wird diesen Mangel durch Kunst nicht viel verbeßern. Bey Dir ist die Größe der Foderung die Du an Dich machst, Schuld, daß Du sie weniger erreichst; bey ihm ist die Qualitæt des Ideals, das er sich vorsetzt, fehlerhaft. Daher kann Dir, aber nicht leicht ihm geholfen werden.

Göthe war wieder eine Zeitlang mit Meyern hier, wodurch unsere schriftliche Unterhaltung unterbrochen worden ist. Er ist jetzt beschäftigt, eine zusammenhängende Suite von Erzählungen im Geschmack des Decameron des Boccaz auszuarbeiten, welche für die Horen bestimmt ist. Sein Mscrpt über das Schöne sende mir doch mit Gelegenheit zurük.

Ich bin sehr begierig zu hören, was Du von dem ersten Transport meiner Briefe urtheilst. Göthen haben sie sehr gefaßt, und ergriffen. Herder abhorriert sie als Kantische Sünden und schmollt ordentlich deßwegen mit mir. Ich lege Dir ein paar von Göthens Briefen und auch ein Billet von Herder bey, woraus Du das weitere ersehen kannst.

Daß es mit Deinen Arbeiten für die Horen so langsam geht, ist mir sehr leid, nicht sowohl wegen der Horen (weil die 2 ersten Stücke schon besetzt werden können) sondern wegen Dir selbst. Hoffentlich aber bescheerst Du mir zu Weyhnachten etwas. Aus einem Brief von Garve, den ich beylege siehst Du, daß Du seine Concurrenz in dem Aufsatz über Schriftstellerey (auch wenn er über diese Materie schreiben sollte, nicht zu fürchten hast. Adieu

Sch.

Schlegels Aufsatz wird in dem letzten Stück der Thalia noch Platz finden

*ÜBERLIEFERUNG. H: Autographensammlung Wilhelm, Basel. 1 Doppelblatt 11,3 × 7,5(–18,1) cm, vergilbtes, geripptes Papier, 4 S. beschrieben; S. 1 oben links von fremder Hand mit roter Tinte:* 24., *S. 2 Worte* Göthe *(***14***) und* Zeitlang mit Meyern hier *(***14***) von fremder Hand mit Bleistift unterstrichen, S. 3 ebenso die Worte* Göthen haben sie sehr gefaßt *(***20***). – E: Schiller-Körner 3 (1847), 216–217. – Textwiedergabe nach H.*

*LESARTEN.* **1** 7.] 7 *verb. aus anderer Ziffer H*

## *NA 27, Nr 69*

*Die Angaben zur Überlieferung des Briefes an Friedrich Wilhelm von Hoven vom 22. [recte: 21.] November 1794 und das Datum sind zu ändern:*

*ÜBERLIEFERUNG. H: Zentralbibliothek Zürich. Adresse:* An / den Herrn Hofmedicus / von Hoven / Ludwigsburg. *– E: Biographie des Doctor Friedrich Wilhelm von Hoven […] hrsg. von einem seiner Freunde und Verehrer. Nürnberg 1840. S. 380–382. – Textwiedergabe nach H.*

*Nach H lautet die Datumszeile des Briefes:* Jena den 21. Nov. 94.

### *NA 27, Nr 73*

*Der Brief an Körner vom 5. Dezember 1794 ist nach Hk und einem Auktionskatalog (Jonas 4 [1894], 75–76, mit Verbesserungen nach dem Versteigerungskatalog August Klipstein, vormals Gutekunst und Klipstein, Bern, am 20. November 1946, Nr 130) wiedergegeben; nach H lautet der Text:*

*73. An Christian Gottfried Körner*

Jena den 5. Dec. 94. *Freitag.*

Ich gebe Dir nur ein kleines Lebens-Zeichen, weil ich über Redacteurs Arbeiten kaum zu Athem kommen kann. Meine aesthetischen Briefe für das 2te Stück der Horen haben mich sehr viel Anstrengung gekostet, und weil ich alles andre darüber vergaß, so wurde die Ankündigung der Horen dadurch verzögert, welche jetzt über Hals und Kopf fertig gemacht werden muß. In 8 Tagen wirst Du sie im Intellig*enz*blatt der Litt*eratur Zeitung* lesen. Ich führe Dich auch, aber unter einem andern Nahmen, den Du künftig in den Horen führen musst, darinn auf; denn es liegt daran, auch durch die große Anzahl der Mitarbeiter dem Publicum Respekt einzuflößen. Die Zahl ist mit Dir 26.

Humboldt ist über Deinen Brief sehr erfreut gewesen. Aber eine Reise, die er in dieser Zeit nach Erfurth hat machen müssen, hinderte ihn, Dir zu schreiben.

Nun bitte ich Dich recht inständig, laß die Arbeit für die Horen ja nicht liegen, und widerlege mir nicht die tröstliche Hofnung die ich hatte, daß die Horen eine Gelegenheit seyn würden, Dich in eine zweckmäßige und belohnende Thätigkeit zu setzen.

Göthens Epistel ist längst abgegangen, daß ich Dir sie also nicht anders als gedruckt schicken kann. Von ihm findest Du in dem 1sten Stück noch den Anfang einer Reyhe von Erzählungen; aber dieser Anfang, der zur Einleitung dienen soll, hat meine Erwartung keineswegs befriedigt. Leider trifft diese Unglück schon das Erste Stück; aber es war nicht mehr zu ändern.

Alles grüßt Dich und die Deinigen herzlich. Dein

Sch.

*ÜBERLIEFERUNG. H: DLA/SNM. 1 Blatt 18,4 × 23,4 cm, 2 S. beschrieben, in Eile, geripptes Papier; S. 1 oben links von fremder Hand mit roter Tinte:* 27. *(?); über* Meine aesthetischen *von fremder Hand mit Bleistift:* aestethische, *von derselben (?) Hand mit Bleistift unterstrichen:* aesthetischen Briefe für. *– E: Schiller-Körner 3 (1847), 221–222. – Textwiedergabe nach H.*

### *NA 27, Nr 90*

*Die Angaben zum Erstdruck in der Überlieferung des Briefes an Christian Gottfried Körner vom 7. Januar 1795 sind zu korrigieren:*

*ÜBERLIEFERUNG. […] E: Schiller-Körner 3 (1847), 236.*

***NA 27, Nr 94***

*Der Brief an Christian Gottfried Körner vom 19. Januar 1795 ist nach Hk (Jonas 4 [1894], 103–104) wiedergegeben. Nach H lautet der Text der 1. Seite:*

*94. An Christian Gottfried Körner*

Jena d 19. Janr. 95. *Montag*

So eben hab ich meine Briefe an Cotta abgesendet, und nicht ohne Rücksicht auf Deine Bemerkungen genommen zu haben. Was Du von einer gewißen Hastigkeit des Fortschritts sagst, mochte wohl gegründet seyn, aber diesem, so wie auch der allzu großen Trockenheit des Eilften und Zwölften Briefs glaube ich größ*t*entheils abgeholfen zu haben; besonders durch öftere Rückkehr zur Anschauung und Erfahrung. Wie viel Deutlichkeit der Aufsatz in seiner jetzigen Gestalt auch für nicht Kantische Leser habe, davon machte ich gestern Abend eine sehr interessante Erfahrung. Ich las ihn Göthen und Meyern die seit 8 Tagen hier sind, vor und beyde wurden von Anfang an biß hinaus davon fortgerissen, und zwar

*ÜBERLIEFERUNG. H: ? – Zuletzt 2009 versteigert; vgl. Stargardt-Katalog 691. Auktion vom 23./24. Juni 2009. S. 106. Nr 246; zur Handschrift ist angegeben: „4 S. 4°. Etwas braunfleckig." Facsimile der 1. S. ebd. S. 105. – E: Schiller-Körner 3 (1847), 240–241. – Textwiedergabe der 1. Seite nach dem Facsimile.*

***NA 27, Nr 105***

*Der Brief an Johann Heinrich Ramberg vom 4. Februar 1795 ist nach Hk (Jonas 4 [1894], 118–119) wiedergegeben; nach H lautet der Brief:*

*105. An Johann Heinrich Ramberg*

Jena d 4. Febr. 95, *Mittwoch.*

Ihr Brief, den ich erst vor wenigen Tagen erhalten, vielleicht weil er mich noch in Schwaben gesucht hat, hat mir sehr großes Vergnügen gemacht, und die angenehme Nachricht, die Sie mir darin von Verfertigung einiger Zeichnungen zu Carlos geben erregt meine höchste Erwartung. Wo möglich will ich H*err*n Frauenholz dahin zu bringen suchen, mich diese Arbeiten sehen zu laßen, ehe sie gestochen werden. Es ist mir nicht wenig schmeichelhaft zu denken, daß ich durch irgend eines meiner poetischen Producte Ihrem herrlichen Genius Gelegenheit gab, sich zu zeigen, und ich bin zum voraus überzeugt, daß die Phantasie des Künstlers es der Phantasie des Dichters darinn zuvorgethan haben wird. Was ich von Ihren Zeichnungen zu Wieland gesehen habe, welches etwa 12 Stücke seyn mögen, hat mich entzückt.

Daß ich Ihre Vorschläge zu einer Vignette (die Allegorie der Schönheit betreffend) noch nicht beantwortet habe, rührt bloß davon her, daß diese Schrift, zu der jene Vignette bestimmt war, vor jetzt noch unterblieben ist. Kommt sie zu Stande, so werden Sie mir erlauben, mich Ihres gütigen Versprechens zu erinnern, und Sie um eine Zeichnung dafür zu bitten.

Mit der aufrichtigsten Hochschätzung
der Ihrige

Schiller.

*ÜBERLIEFERUNG. H: Universitätsbibliothek Basel, Autogr Geigy-Hagenbach. 1 Doppelblatt 18,5 23,5 cm, bräunliches geripptes Papier, 2 S. beschrieben, in Eile, auf der 4. S. Adresse:* an Herrn Ramberg / Königl. Britt. Hofmahler / in Hannover / fr.*; S. 2 unten links rotes Siegel, S. 3/4 Siegelausrisse und Einrisse am Rand. – E: Preußische Jahrbücher 26 (1870). S. 101 (Alexander Conze). – Textwiedergabe nach H.*

## *NA 27, Nr 106*

*Der Brief an Christian Gottfried Körner vom 5. Februar 1795 ist nach Hk (Jonas 4 [1894], 119–121) wiedergegeben; nach H lautet der Text:*

*106. An Christian Gottfried Körner*

Jena d 5. Febr. 95. *Donnerstag.*

Nur ein paar Worte für heute, um Dir zu sagen, daß Dein Aufsatz mir große Freude gemacht hat. Er enthält herrliche Ideen, die so fruchtbar als neu sind, und mich doppelt freuen, da sie dem, was ich über die Kunst überhaupt bey mir festgesetzt habe, so unerwartet begegnen.

Ich bin eben daran, Dir einige Ideen mitzutheilen, die dieser Aufsatz in mir rege machte, und zugleich einige Bedenken, die ich dagegen habe, vorzutragen. Sie betreffen den mittlern Theil des Aufsatzes, der mehrere Dunkelheiten für mich und auch für Humboldt hat, und denen vielleicht noch könnte abgeholfen werden. Zeit und Frist kann ich Dir geben, denn zu dem 2ten Stücke wäre es ohnehin zu spät, und wenn ich ihn erst in 18 Tagen von hier absende, kann ich ihn noch in das dritte bringen. Nächsten Posttag erhältst Du ihn mit meinen Bemerkungen.

Er ist sehr gut geschrieben, in einem so männlichen, ruhigen und gehaltenen Ton; nur, wie gesagt, fehlt es der Mitte an einiger Klarheit, deren Mangel nicht bloß am Ausdrucke sondern auch an Auslassung nothwendiger Sätze liegen mag. Ich möchte gern, daß Dein erster Aufsatz in den Horen gleich den Meister ankündigte, und dieser Aufsatz hat alle Erfodernisse dazu, sobald Du ihn von jenen Dunkelheiten befreyen willst. Es würde gar nichts schaden, wenn Du hier und da mehr ins Detail gehen, und einige Anschauungen unterlegen könntest. Auch däucht mir und Humboldt, daß Du über gewiße allgemeine Begriffe leichter hinweggehen könntest, da doch weder der Ort noch die Gelegenheit erlaubt, soviel zur Deduction derselben zu sagen, daß sie dem weniger kundigen Leser genug einleuchten – doch davon in meinem nächsten.

Mit meinem Carl ist es recht nach Wunsch gegangen. Er bekam ziemlich viel Blattern, aber mit wenig Fieber und ohne alle üble Zufälle, obgleich in der Fieber Zeit ein

Spitz Zahn sich einstellte. Ich kam ungern an die Inoculation, besonders der Zahnperiode wegen, aber Stark ließ mir keine Ruhe und nun danke ich ihm sehr dafür. Schon seit 8 Tagen ist der Kleine wieder voll Leben und Munterkeit, als wenn nichts begegnet wäre. Auch mit Humboldts Kind ist alles gut gegangen.

Noch etwas von den Horen. Herder giebt auch einen Beytrag zu dem dritten Stück und Engel hat schon einen geschickt, im Geschmack der Aufsätze, die im Philosophen für die Welt vorkommen. Beyde werden nebst Schlegeln und Göthe im 3ten Stück Dir Gesellschaft leisten. Ich bleibe aus diesem Stücke weg. Innliegender Brief von Herdern kann Schlegeln gezeigt werden; lass ihn aber wieder retour gehen, wenn Schlegel ihn gelesen hat. Cotta ist mit dem Absatz der Horen sehr zufrieden. Seit dem 25 Januar schrieb er mir, daß bald 1000 Exempl. bestellt seyen. Ueber das 1ste Stück, das jetzt in Deinen Händen seyn wird, hast Du mir noch nichts geschrieben.

Alles grüsst herzlich Dein S.

*ÜBERLIEFERUNG. H: Privatbesitz, Schweiz. 1 Doppelblatt 23,6 × 8,7 cm, 4 S. beschrieben, in Eile; S. 1 oben links in der Ecke von fremder Hand:* Gedruckt: / Schillers Briefe herausg v Jonas / Bd. IV S. 119.*, außerdem dort von anderer Hand:* 10.*, oben rechts in der Ecke:* R*; unten am Seitenrand links in der Ecke von fremder Hand:* Schiller *und unten am Seitenrand in der Mitte* an Körner. *– E: Schiller-Körner 3 (1847), 243–245. – Textwiedergabe nach H.*

**_NA 27, Nr 107_**

*Der Brief an Johann Heinrich Meyer vom 5. Februar 1795 ist nach Hk (Jonas 4 [1894], 121–122) wiedergegeben; nach H lautet der Brief:*

*107. An Johann Heinrich Meyer*

Jena den 5. Febr 95. *Donnerstag.*

Für die überschickten Folianten danke ich Ihnen besstens. Noch habe ich über Geschäften nicht dazu kommen können, mich darüber zu machen.

Durch Ihre Beantwortung meiner Anfrage die Künstler Critik betreffend haben Sie mir eine recht angenehme Hofnung erweckt. Die Anzahl von Meistern mit denen Sie bekannt sind ist schon so beträchtlich groß, daß sich etwas darauf unternehmen läßt. Viel Kunst in der Einkleidung erfodert eine solche Arbeit gerade nicht. Es ist genug, bestimmt und kurz zu seyn. Auch bin ich zufrieden, wenn nach gemachtem Anfang monathlich nur 2 oder 3 gedruckte Blätter geliefert werden. Wollen Sie, biß wir uns mündlich unterreden können, einstweilen nur auf Ihren Vorrath und auf die etwa dabey zu treffende Ordnung denken?

Von der Thalia, die Sie durchblättern wollen übersende ich Ihnen, was ich gerade bey der Hand habe. Auch lege ich ein Avertissement von einem neuen Journal Institut bey, welches sich zunächst mit Kunst Critik abgiebt, von dem ich mir aber noch nicht sonderlich viel versprechen kann. Sehen Sie doch, ob Sie unter Ihrer Bekanntschaft keinen Liebhaber dazu finden. Wir müssen dieses Journal wohl lesen, damit wir wißen, was andere über einen Artikel sagen, von dem wir auch handeln wollen. Fragen Sie doch den H*err*n Geh*eimen*rath, welche Journale er auf seinen Antheil nehmen will, daß ich mich in Vertheilung der übrigen darnach richte. Ich will dann dafür sorgen, daß keines uns unbekannt bleibe.

Mit dem Siegel der Horen mag es ganz so gehalten werden, wie Sie schreiben.

H*err* Coadjutor v Dalberg schreibt mir, daß er uns bald einen Aufsatz über Kunst-Schulen zu den Horen einsenden werde. Das ist etwas, was Sie angeht.

Jetzt weiss ich endlich, was die Kunst ist. „Die Kunst ist diejenige mechanische Handgeschicklichkeit, durch welche vermittelst gewißer Werkzeuge ein natürlicher Körper zur Waare gemacht wird“ Ich bitte Sie, sich dieses gesagt seyn zu lassen, und sich ja künftig immer zu erinnern, daß Sie einen natürlichen Körper zur Waare machen, wenn Sie einen Genius von Carrache oder dergl*eichen* ausführen. Machen Sie ja den Geh*eimen*rath mit diesem Funde bekannt. Wo ich ihn aufgetrieben habe, sollen Sie einmal hören.

Ich wünsche, daß bey Ihnen in Weimar die Geschäfte beßer gehen mögen als bey mir. Seit 8 Tagen und länger fehlte es mir sowohl an Lust und Laune als an Gesundheit zu meinen Geschäften, und was das schlimmste ist, so habe ich mich so gewöhnt, daß ich, wenn ich nicht ganz bey meiner Arbeit bin, gar nicht dabey seyn kann.

Leben Sie recht wohl, und empfehlen mich dem H*err*n Geh*eimen*rath aufs besste.

Von ganzem Herzen der Ihrige

NS. Das 8te Heft der Thalia,
worinn der Abschied steht, theilen
Sie dem H*err*n Geh*eimen*rath mit. Schiller.

*ÜBERLIEFERUNG. H: Autographensammlung Wilhelm, Basel. 1 Doppelblatt 18,6 × 23,3(–23,6) cm, leicht vergilbtes, geripptes Papier, Längs- und Querfaltung, 4 S. beschrieben, in Eile; Doppelblatt auf der Rückseite am Falz mit schmalen Papierstreifen restauriert. – E: Schiller-Goethe[1] 4 (1829), 77–81 (unter dem Datum des 5. Februar 1798). – Textwiedergabe nach H.*

### *NA 27, Nr 124*

*Die Angaben zur Überlieferung des Briefes an Johann Friedrich Cotta vom 9. März 1795 sind zu ergänzen:*

*ÜBERLIEFERUNG. H: DLA/SNM. 1 Doppelblatt 11,7 × 8,5 cm, 4 S. beschrieben. Wz.: Längsstreifen, untere Hälfte der Lilie, darunter IA WUNNERLICH. Facsimile: Schiller-Nationalmuseum Marbach am Neckar. Faksimiledruck Nr 27. 1984. […]*

### *NA 27, Nr 125*

*Der Brief an Christian Gottfried Körner vom 10. März 1795 ist nach $E^{\alpha}$ (DLA/SNM. Von der Verlagsbuchhandlung Veit & Comp. nach H korrigiertes und ergänztes Exemplar von E) wiedergegeben; nach H lautet der Text:*

*125. An Christian Gottfried Körner*

d 10. Merz. *1795. Dienstag.*

Hier hast Du ein paar Worte über Deinen Aufsatz. Gerne hätte ich mich weitlauftiger eingelassen, aber es war unmöglich, ohne tief ins Detail zu gehen, welches mir in einer Materie von dieser fremden Natur nicht leicht gewesen wäre. Sieh nun, ob Du unter meinen Bemerkungen etwas findest, was Du brauchen kannst. Vor allem empfehle ich Dir meine letzte Anmerkung, und dann auch dieses, daß Du von S. 30 biß 40 mehr Klarheit und Anschaulichkeit in Deinen Vortrag bringen mögest.

Den Rest von Schlegeln sende mir mit rückgehender Post, sonst kann ich ihn nicht mehr brauchen. Vergiß es ja nicht. Je früher Du mir Deinen Aufsatz zurückschicken kannst, desto mehr wirst Du mich beglücken, denn das Mscrpt zum 4ten Horenstück muß in wenigen Wochen abgehn. Herzliche Grüße an alle Dein Sch.

*ÜBERLIEFERUNG. H: DLA/SNM. 1 Blatt 18,6 × 22,9 cm, 1 S. beschrieben, stark vergilbtes geripptes Papier, Wz.: oberer Teil eines gekrönten Lilienwappens; oben links über dem Text von fremder Hand mit roter Tinte:* 15. *Facsimile: Katalog 107 des Antiquariats Fritz Eggert, Oktober 1974. S. 13. – E: Schiller-Körner 3 (1847), 251. – Textwiedergabe nach H.*

*LESARTEN.* **8** sonst] st *verb. aus* de *H*

## *NA 27, Nr 138*

*Der Brief an Christian Gottfried Körner vom 10. April 1795 ist nach Hk (Jonas 4 [1894], 162–163), die Grußformel und der Schlußsatz nach M (Marbacher Druckmanuskript des Briefwechsels zwischen Schiller und Körner, das die Ergänzungen der Erstausgabe enthält und von Jonas nur teilweise benutzt wurde) wiedergegeben; nach H lautet der Text:*

*138. An Christian Gottfried Körner*

Jena den 10. April. 95. *Freitag.*

Es freut mich, daß die Büste glücklich angekommen ist, und Dir gefällt. Du wirst den Prof. Dannecker recht erfreuen, wenn Du ihm einige Worte darüber schreibst.

Deinem Aufsatze sehe ich mit Verlangen entgegen. Uebereilen darfst Du Dich aber nicht, denn glücklicherweise habe ich das Mscrpt für den Anfang des Stücks in Händen; wenn ich also Deinen Aufsatz nur vor dem 21 sten April habe, so ist es noch Zeit damit.

Das Stück, worinn er erscheint wird sehr reichhaltig. Es wird 8 verschiedene Aufsätze enthalten.

Kant hat mir einen recht freundschaftlichen Brief geschrieben, bittet aber in Ansehung der Horen um Aufschub. Ueber meine aesthetische Briefe, die er sehr rühmt, will er mir mehr schreiben, wenn er sie erst studiert hat. Mich freut indessen nur, daß wir den Alten doch in unsrer Societät haben.

Göthe ist schon seit 14 Tagen hier, und erscheint jeden Abend pünktlich, wo denn allerley durchgesprochen wird. Er ist jetzt mit einem Trauerspiel im altgriechischen Geschmacke beschäftigt; der Innhalt ist die Befreyung des Prometheus.

Der 2te Theil Meisters erscheint gewiß auf der Messe.

Hast Du ein Gedicht von Wieland: Die Waßerkufe in einem der letzten Stücke des d*eutschen* Merkurs gelesen? Es ist recht artig.

Was denkst Du zu einer Charakteristik des Götheschen Genies aus allen *seinen* Schriften? Wäre dieß nicht eine interessante Arbeit für Dich? – Denn jetzt mußt Du doch ernstlich auf einen neuen Aufsatz denken?

In 3 Tagen beziehe ich ein neues Logis, worauf ich mich sehr freue, weil ich dort eine viel angenehmere Existenz haben werde.

Lebe wohl. Herzliche Grüße an alle Dein
Innliegender Brief
ist an Dorchen Sch.

*ÜBERLIEFERUNG. H: DLA/SNM (Depositum des Landes Baden-Württemberg). 1 Doppelblatt 11,8 × 8,4 cm, vergilbtes geripptes Papier, 4 S. beschrieben; Unterstreichungen von fremder Hd. – E: Schiller-Körner 3 (1847), 256–257. – Textwiedergabe nach H.*

*LESARTEN.* **5** das] *verb. aus* ××× *H* **17** einem] einem *ü. d. Z. erg. H* **21** ernstlich auf] auf *verb. aus* üb *H*

## *NA 27, Nr 139*

*Die Angaben zur Überlieferung des Briefes an Cotta vom 1. Mai 1795 sind zu ergänzen:*

*ÜBERLIEFERUNG. H: DLA/SNM. […] Teilfacsimile: Katalog Gilhofer & Ranschburg, Sammlung Franz Trau. 1. Teil. Versteigerung vom 7. bis 10. November 1934. S. 71 (***176,1–7** Seyen Sie so gut *bis* Schiller.*).*

## *NA 27, Nr 156*

*Der Brief an Johann Gottfried Herder vom 12. Juni 1795 ist nach Hk (Jonas 4 [1894], 181–182) wiedergegeben; nach H lautet der Text:*

*156. An Johann Gottfried Herder*

Jena den 12. Jun 95. *Freitag.*

Kaum als ich neulich Ihr schönes Geschenk erhalten, wurde ich von einem häßlichen Catarrhfieber befallen, welches mich nicht nur hinderte Ihnen meinen herzlichen Dank dafür zu sagen, sondern auch das Buch selbst, wie ichs wünschte zu genießen. Nachdem ich wieder anfieng mich zu erhohlen, fiel die Last der Horen mit solchem Druk auf mich, daß ich kaum Athem schöpfen konnte. Meinen ersten freyen Moment widme ich Ihnen um Ihnen meine Freude über den reichhaltigen Stoff und das schöne Leben in dieser Schrift mitzutheilen, welches mich in eine sehr angenehme Bewegung versetzt hat. Das eben ist das so sehr auszeichnende darinn (und was auch das Prädicat der Humanität eigentlich ausdrückt) daß Sie Ihren Gegenstand nicht mit isolirten Gemüthskräften anfassen, nicht bloß denken, nicht bloß anschauen, nicht bloß fühlen, sondern zugleich fühlen, denken und anschauen d. h. mit der ganzen Menschheit aufnehmen und ergreifen.

Beynahe möchte ich mich darüber ärgern, daß alle diese interessanten Aufsätze für unsre Horen verloren gehen mußten. Möchten Sie doch veranlasst werden, alles, was Ihnen von jetzt an in die Feder kommt unserm Journale zu bestimmen. Machen Sie H*err*n Cotta Ihre Bedingungen, er wird alles was Sie wünschen mit Freuden eingehen, und ich bitte Sie darum so inständig als man nur bitten kann, Ihren Antheil an unserm Journal soweit als möglich auszudehnen.

Darf ich zugleich meine Bitte wegen des Allmanachs bey Ihnen erneuern. In 6 Wochen soll mit dem Druk der Anfang gemacht werden.

Mit der herzlichsten Hochachtung und Liebe der Ihrige

Schiller.

*ÜBERLIEFERUNG. H: Bis 1945 Preußische Staatsbibliothek Berlin, danach Biblioteka Jagiellońska Kraków (Krakau). 1 Doppelblatt 18,3 × 23,6 cm, 3 S. beschrieben, leicht vergilbtes geripptes Papier, etwas stockfleckig, Wz.: Posthorn in gekröntem Schild mit angehängter Glockenmarke, darunter C & I Honig. – E: Aus Herders Nachlaß 1(1856), 187–188. – Textwiedergabe nach H.*

*LESARTEN.* **17** kann] k *verb. aus* d *H*

## *NA 27, Nr 163*

*Der Brief an Friedrich Matthisson vom 18. Juni 1795 ist nach Hk (Jonas 4 [1894], 188–189) wiedergegeben; nach H lautet der Text:*

*163. An Friedrich Matthisson*

Jena den 18. Jun. 95. *Donnerstag.*

Schon viele Monate habe ich Sie, mein lieber Freund, wie einen verlorenen Tropfen im Ocean, in der ganzen bewohnbaren Welt aufsuchen lassen, aber meine Kundschafter haben mich so schlecht bedient, daß ich erst vor wenig Tagen Ihren gegenwärtigen Aufenthalt habe erfahren können. Was ich Ihnen zu sagen habe, überlasse ich Ihrem eigenen Gewißen. Sie haben ein doppeltes Versprechen zu erfüllen und ich schenke es Ihnen nicht. Die Horen sind schon sechs Monate in der Welt und Sie thun noch gar nicht, als wenn Sie mit zu unsrer Societät gehörten. In 6 Wochen muss ich den MusenAlmanach in Druck geben, zu dem ich mit Schmerzen Beyträge von Ihnen erwarte. Diese letztern als das pressanteste lege ich Ihnen jetzt dringend ans Herz. Senden Sie mir um der der Neun Musen willen binnen 5 Wochen einige frische Blumen in den Kranz, den ich flechte.

Für die Horen hoffe ich wenigstens noch in diesem laufenden Jahr etwas von Ihrer Hand zu erhalten. Ich nehme keine Entschuldigung an. Ihr langes Stillschweigen lässt mich hoffen, daß Sie recht fleißig gewesen sind – vielleicht an einem größeren Ganzen gearbeitet haben. Darf ich wissen, was Sie beschäftigt hat?

Für jetzt und für immer

Ihr

aufrichtiger Freund
FSchiller.

*ÜBERLIEFERUNG. H: GSA. 1 Doppelblatt 18,5 × 24 cm, 2 S. beschrieben, bräunliches geripptes Papier mit einigen Stockflecken, Wz.: unterer Teil eines Posthorns in gekröntem Schild mit angehängter Bienenkorbmarke (?), darunter C & I* HONIG, *entlang dem Falz zu beiden Seiten jeweils gegenüberliegend kleine Löcher (Spuren einer früheren Fadenheftung), das 2. Blatt bis auf einen 2,6–2,9 cm breiten Streifen parallel zum Falz abgeschnitten, auf S. 4 (auf dem verbliebenen Streifen) rechts in der Mitte am Seitenrand Hälfte eines roten Siegels: [H]OREN; S. 1 oben rechts in der Ecke von fremder Hand mit roter (verblichener) Tinte:* Suppl. zu nr. 4002. *(*Suppl. zu *gestr.), S. 2 Text* 5 Wochen einige frische Blumen *(***11***) mit einem Doppelstrich am linken Rand markiert (zeitgenössische Tinte), S. 3 unten links in der Ecke von fremder Hand mit Blei:* 2. *– E: Friedrich v. Matthisson's Literarischer Nachlaß nebst einer Auswahl von Briefen seiner Freunde. Ein Supplement zu allen Ausgaben seiner Schriften. Bd 3. Berlin 1832. S. 114–115 (F. R. Schoch). – Textwiedergabe nach H.*

## *NA 27, Nr 166*

*Die Ausfertigung des Briefes an Johann Gottlieb Fichte ist nicht überliefert. Es gibt lediglich vier Konzepte ($K^{1-4}$). Der Brief wurde in einer aus diesen Entwürfen als Reinschrift „erschlossene[n] Fassung" (NA 27, 265) wiedergegeben. Im Folgenden werden statt eines Mischtextes die vier Konzepte abgedruckt. In eckigen Klammern erscheinen Passagen, die in K gestrichen, aber ohne alternativen Text geblieben, für den Sinnzusammenhang jedoch wichtig sind. Schrägstriche (/) markieren Seitenwechsel. Zu Schillers Korrekturen im einzelnen vgl. NA 27, 365–373 sowie die J. G. Fichte-Gesamtausgabe. Folge 3. Bd 2. S. 329–335. Zur verlorenen Reinschrift vgl. die anschließenden Erläuterungen.*

*166. An Johann Gottlieb Fichte*

*Jena, den 23. und 24. Juni 1795. Dienstag und Mittwoch.*

*1. Konzept ($K^1$)*

Jena den 23. Jun. 95.

So sehr mich der Anblick Ihres Mscrpts erfreute, lieber Freund, und so ungern ich einen Beytrag misse, auf den schon ganz sicher gerechnet war, so sehe ich mich doch genöthigt, ihn zurück zu schicken. Ich müßte dieses, wenn der Innhalt auch noch so sehr meinen Beyfall hätte, denn sowohl seine unförmliche Größe, die der Anfang erwarten läßt, als die (wenigstens was diese erste Proben betrifft) trockene, schwerfällige und

– verzeyhen sie es mir – nicht selten verwirrte Darstellung schließen ihn schon an sich von den Horen aus; ich muss es aber um so mehr, da mich der Innhalt desselben nicht viel beßer als die Form befriedigt.

Ueber Geist und Buchstaben in der Philosophie überschreiben Sie diese Briefe, und die ersten Bogen handeln fast von nichts als von dem Geist in den schönen Künsten, ohne daß man den Gegenstand, von welchem gehandelt werden soll auch nur von weitem zu Gesichte bekommt. Ich sollte meynen, Geist im Gegensatz gegen den Buchstaben, und Geist, als aesthetische Eigenschaft, wären so himmelweit verschiedene Begriffe, daß man nicht ohne eine schreckliche Digression von dem einen zu dem andern gelangen / könnte. In einem Aufsatz für ein Journal, wo es bloß auf eine simple und zweckmäßige Ausführung des Gegenstandes ankommt, ist eine so diffuse Behandlung und ein so weiter Anlauf vollends nicht zu entschuldigen.

Noch zweckwidriger wird der Aufsatz durch diesen Eingang für das gegenwärtige Bedürfniß meines Journals. Ein großer Theil meiner Briefe behandelt den nehmlichen Gegenstand, und bey aller Mühe die ich mir gegeben, den abstrakten Innhalt durch die Darstellung zu beleben, so findet man doch allgemein eine Unschicklichkeit darinn, das Publikum in einem Journal mit so abstrakten Untersuchungen zu behelligen. Durch Ihre Beyträge hoffte ich, den philosophischen Kreis des Journals zu erweitern, der Gegenstand Ihres Aufsatzes ließ mich eine allgemein verständliche und allgemein intereßierende Entwicklung hoffen. Was erhalte ich nun und was muthen Sie mir zu dem Publikum zu geben? Die alte Materie, sogar in der schon da gewesenen unbequemen Briefform, und[, um den Leser ja recht zu verwirren, *danach* ohne die geringste Beziehung *gestr.* nicht in der geringsten Verbindung mit der meinigen. Wäre Ihre Ausführung nur wenigstens eine] Widerlegung meiner Theorie, so möchte es noch hingehen, der Leser hätte doch das Interesse der Vergleichung – aber verzeyhen Sie, daß es sage, sie widerlegt und erbaut / dabey entblößt von allem, was den Leser bey gutem Muth erhalten könnte. Es thut mir leid es zu sagen, aber es liege nun woran es wolle, so befriedigt mich weder der Innhalt noch die Behandlung, und ich vermisse in dieser Arbeit die Bestimmtheit, und Klarheit, welche Ihnen sonst eigen ist. Ihre Eintheilung der Triebe däucht mir schwankend und unrein. Es fehlt an einem Eintheilungsgrund, man sieht nicht, welche Sphäre dadurch erschöpft wird: der Trieb zu empfinden (der Trieb nach Existenz, nach Materie) hat gar keine Stelle darinn, denn es gehörte eine sehr gewaltsame Operation dazu, ihn aus dem praktischen Trieb, so wie Sie diesen definieren, herauszubringen. Da die zwey ersten Triebe nicht rein unterschieden sind, so konnte der dritte, daraus abgeleitete aesthetische Trieb nicht anders als schielend ausfallen. In der Bestimmung dieses aesthetischen Triebs herrscht noch große Verwirrung, obgleich manches einzelne, was sie darüber sagen, vortreflich ist – Aber

*2. Konzept ($K^2$)*

Jena den 24. Jun. 95.

So sehr mich der Anblick Ihres Mscrpts erfreute, lieber Freund, und so ungern ich einen Beytrag misse in den nächsten Lieferungen der Horen, so bleibt mir doch nichts andres übrig als ihn zurück zu schicken. Ich müßte dieses schon seiner unförmlichen

Länge wegen, die sich aus dem Anlauf, welchen Sie nehmen, nun wohl errathen läßt: ich muss es aber um so mehr, da ich mit dem Inhalt desselben so wenig als mit der Behandlung zufrieden bin.

Ueber Geist und Buchstaben i n  d e r  P h i l o s o p h i e überschreiben Sie diese Briefe, und die ersten 3 Bogen handeln von nichts als von dem Geist in den schönen Künsten, ohne daß man den Gegenstand, welchen der Titel angiebt, auch nur von weitem zu Gesicht bekommt. Ich sollte meynen, Geist im Gegensatz gegen den Buchstaben und Geist, als aesthetisches Vermögen, / [wären so himmelweit verschiedene Begriffe, daß man nur durch einen Salto mortale von dem einen zum andern übergehen könnte] Aus dieser zweyten Lieferung Ihres Mscrpts sehe ich indeßen wohl daß Sie keinen so großen Umweg gemacht zu haben glauben, nachdem sie vorher dem aesthetischen Geist Geistlosigkeit entgegensetzten, setzen Sie ihm auf einmal, durch eine unbegreifliche Operation, den Buchstaben entgegen und nennen Buchstæbler die, denen die Fähigkeit dazu gebricht. Wie sie von dem Geist in den Göthischen Werken, den man unter der Aufschrift Ihres Aufsatzes schwerlich erwartet hätte, zu dem Geist der Kantischen oder leibnitzischen Philosophie einen Weg finden werden, [soll mich in der That wundern.]

Noch zweckwidriger wird diese Einleitung Ihres Aufsatzes für das gegenwärtige Bedürfniß der Horen. Ein großer Theil meiner Briefe über aesthetische Erziehung behandelt schon den nehmlichen Gegenstand, behandelt den nehmlichen Gegenstand, / [*am oberen Rand der Seite später hinzugefügt:* behandelt den nehmlichen Gegenstand,] und bey aller Mühe die ich mir gegeben, den abstrakten Innhalt durch die Darstellung zu beleben, so findet man doch allgemein eine Unschicklichkeit darinn, dergleichen abstrakte Untersuchungen in einem Journal zu placieren. Durch Ihren Aufsatz über G*eist* und B*uchstab* hoffte ich den philosophischen Theil des Journals zu bereichern, und der Gegenstand, den Sie wählten, liess mich eine allgemein verständliche und allgemein interessierende Untersuchung erwarten. Was erhalte ich nun, und was muthen Sie mir zu, dem Publikum vorzulegen? Die alte, von mir noch nicht einmal ganz geendigte Materie, sogar in der alten schon von mit gewählten Briefform, und dieß alles nach einem so eccentrischen Plan, daß es unmöglich wird, die Parthien / Ihres Aufsatzes in ein Ganzes zusammen zu halten. Es thut mir leid es zu sagen, aber es liege nun woran es wolle, so befriedigt mich weder die Einkleidung noch der Innhalt, und ich vermisse in diesem Aufsatz die Bestimmtheit und Klarheit, die ihnen sonst eigen zu seyn pflegt. Ihre Eintheilung der Triebe kommt mir schwankend willkührlich und unrein vor. Es fehlt an einem Eintheilungsgrund, man sieht nicht, welche Sphäre erschöpft ist. Der Trieb nach Existenz oder Stoff (der sinnliche Trieb) hat gar keine Stelle darinn, denn es ist unmöglich den Trieb nach Mannichfaltigkeit mit dem nach Einheit in Eine Classe zu b*ringen.* Aus dem practischen Triebe, so wie Sie diesen definieren, läßt er sich ohne die gewaltsamste Operation nicht herausbringen. Da die zwey ersten Triebe nicht rein unterschieden sind, so konnte auch der dritte daraus abzuleitende aesthetische Trieb nicht anders als schielend und unsicher ausfallen. Kurz in der Bestimmung dieses aesthetischen *Anschluß fehlt* / hier vergrößert wiederkehrt. Wie endlich zu einem guten Vortrage H ä r t e n  n o t h w e n d i g seyn können, begreife ich vollends nicht.

Sie untersagen mir eigenmächtige Aenderungen in Ihrem Mscrpt zu machen, als wenn ich es gewohnt wäre, dergleichen ohne Einwilligung der Verfasser vorzunehmen. Habe ich an Ihrem ersten Aufsatz geändert, so haben Sie selbst mich dazu autorisiert, auch war es ein dringendes Bedürfniß. Das nehmliche würde auch hier der Fall seyn, wenn der Fehler nicht tiefer läge.

Vergeben Sie die Freymüthigkeit, mit der ich Ihnen meine Meynung eröfnete. Ich mußte, um nicht der Willkührlichkeit beschuldigt zu werden, Gründe von meinem Entschluß angeben, der bey dem großen Bedürfniße der Horen nicht wohl begreiflich seyn möchte. Habe ich mich / in einigen Stellen zu lebhaft ausgedrückt, so mag der sehr natürliche Unmuth über eine fehlgeschlagene Erwartung mich entschuldigen.

[In Ihrer Abrechnung mit Cotta kann übrigens dieser Umstand keine Veränderung machen. Er wird, wenn Sie die Schrift einzeln drucken lassen, gerne Verleger dazu seyn. Ich lege deßhalb den Brief, den Sie mir an Ihn zugeschickt mit bey. Nur müßen Sie mir erlauben, im Fall Cotta mich darüber zu Rath zieht, ihm als sein Freund zu rathen, worauf er sich ein Recht erworben hat.]

Der Ihrige
Sch.

Leben Sie wohl, und lassen den Freund ō entgelten, was d*er* Red*acteur* nicht wohl verschweigen konnte.

### *3. Konzept ($K^3$)*

[Wie sollte ich es nun wagen, die nehmliche Materie und noch dazu in der nehmlichen unbequemen Briefform dem Publikum zum zweytenmal vorzulegen. Indeßen, es möchte seyn, wenn durch Ihre Ausführung die meinige nur entweder widerlegt oder bestätigt würde, und der Leser zu einem Resultate gelangte, aber – verzeyhen Sie daß ich es sage – keines von beydem ist der Fall, und es liege nun woran es wolle, so ist es Ihnen nicht gelungen, Ihre Meynung einem Andern verständlich, viel weniger annehmlich zu machen. Ihre Eintheilung der Triebe kommt mir höchst schwankend und unbestimmt vor. Ich vermiße daran den Eintheilungsgrund, und sehe nicht ab, welche Sphäre dadurch erschöpft wird. Der Trieb nach Daseyn (nach Stoff oder Leiden) findet darinn gar keine Stelle; und da schon die zwey ersten Triebe nicht richtig unterschieden sind, so konnte der dritte, daraus abgeleitete aesthetische nur so schielend ausfallen, wie er in dieser Deduction erscheint] In der / Bestimmung dieses dritten, aesthetischen Triebs herrscht noch eine nicht zu hebende Verwirrung, obgleich manche einzelne Bestimmungen daran mich vollkommen befriedigen – Doch ich kann nicht hoffen, in einem kurzen Brief nur das Allernöthigste über diese Materie zu sagen. Sie werden das Urtheil anderer darüber hören; dieses und die Zeit wird mich rechtfertigen.

Nur noch ein Wort über Ihren Vortrag. Sie schreiben, daß Sie Fleiß darauf verwendet hätten. Wir müssen aber ganz verschiedene Begriffe von einer zweckmäßigen Darstellung haben, denn ich gestehe, daß ich mit der Ihrigen in diesen Briefen gar nicht zufrieden bin. Von einer guten Darstellung fordre ich vor allen Dingen Gleichheit des Tons, und, wenn sie aesthetischen Werth haben soll, eine W e c h s e l w i r k u n g zwischen Bild und Begriff, keine A b w e c h s l u n g zwischen beyden, wie in Ihren Briefen häufig der Fall ist. Daher das unschickliche, daß man unmittelbar von den abstrusesten Abstraktionen unmittelbar auf Tiraden stößt, ein Fehler woran man schon in ihren früheren Schriften Anstoß genommen, und der

*4. Konzept ($K^4$)*

*Jena, den* 24. Jun. *1795.*

So sehr mich der Anblick Ihres Mscrpts erfreute l*ieber* Fr*eund* und so ungern ich einen Beytrag misse, auf den in den nächsten Lieferungen der Horen schon ganz sicher gerechnet war, so sehe ich mich doch genöthigt, ihn zurück zu schicken. Ich müßte dieses schon *seiner* unförmlichen Länge wegen, die sich aus dem Anlauf, welchen Sie nehmen nun wohl errathen läßt; ich muss es aber um so mehr, da mich der Innhalt desselben so wenig als die Behandl*ung* befriedigt.

Ueber G*eist* und B*uchstab* in der Philosophie überschreiben Sie den Aufsatz, und die ersten 3 Bogen handeln von nichts als von dem Geist in den schönen Künsten, der soviel ich weiß etwas ganz andres als d*as* Gegentheil des Buchstabens ist. Geist als Gegensatz des B*uchstabens* und Geist als aesthet*ische* Eigenschaft dünken mir so himmelweit verschiedene Begriffe zu seyn, daß es einem phil*osophischen* Werk ganz / und gar an dem letztern gebrechen kann, ohne daß es sich darum weniger qualifizierte, als ein Muster einer reinen Darstell*ung* des Geistes aufgestellt zu werden. Ich sehe also in der That nicht ab, wie Sie ohne einen Salto mortale von dem einen zu dem andern übergehen können, und noch weniger begreife ich, wie Sie von dem Geist in den Göth*ischen* Werken, den man unter der Aufschrift Ihrer Abhandl*ung* schwerlich erwartet hätte, zu dem Geist in der Kant*ischen* oder Leibniz*ischen* Philosophie einen Weg finden werden. Aus der zweyten Lieferung Ihres Mscrpts sehe ich zwar wohl, daß Sie keinen so großen Umweg gemacht zu haben glauben, denn nachd*em* Sie vorher dem aesthet*ischen* Geist Geistlosigkeit entgegensetzten, setzen Sie ihm durch eine mir unbegreifliche Operation den Buchstaben entgegen, und nennen Buchstäbler die, denen die Fähigkeit dazu gebricht.

Für so zweckwidrig ich diese Einleitung in Rücksicht auf den abzuhandelnden Gegenstand halte, so zweckwidrig ist sie noch ins besondre für das gegenwärtige Bedürfniß der H*oren*. Ein großer Theil meiner Briefe über pp

*ÜBERLIEFERUNG. H: ? $K^{1-4}$ (vier Fragmente von Briefkonzepten): GSA. $K^1$: 1 Doppelblatt 18,6 × 23,6 cm, 2 ¾ S. beschrieben, vergilbtes geripptes Papier, Wz.: H. – $K^2$: 2 Blätter eines ursprünglichen Doppelblatts, 18,4 23,6 cm, jeweils 2 S. beschrieben, leicht vergilbtes geripptes Papier, Wz.: heraldische Lilie in gekröntem Schild, angehängte 4, darunter: I A WUNNERLICH ; 1 Blatt, von einem Doppelblatt abgeschnitten, 18,6 × 23,4 cm, 2 S. beschrieben, leicht vergilbtes geripptes Papier, Wz.: unterer Teil einer heraldischen Lilie mit angehängter 4, darunter I A WUNNERLICH. – $K^3$: 1 Blatt, 18,2(–18,5) × 23,3 cm, 2 S. beschrieben, vergilbtes geripptes Papier. $K^4$: Doppelblatt 18,6 × 23,6 cm, 2 S. beschrieben, vergilbtes geripptes Papier, Wz.: heraldische Lilie in gekröntem Schild, angehängte 4, darunter: I A WUNNERLICH. –*

*E: Schiller's und Fichte's Briefwechsel, aus dem Nachlasse des Erstern mit einem einleitenden Vorworte. Hrsg. von I. H. Fichte. Berlin 1847. S. 28–33 (unvollständiger Mischtext aus $K^{1-4}$). $D^1$: Adelbert von Keller: Beiträge zur Schillerlitteratur. Tübingen 1859. S. 57 ($K^3$). $D^2$: Jonas 4 (1894), 191–198. ($K^1$; $K^{2-4}$ in von der Überlieferung abweichender Zusammenstellung).*

*$D^3$: NA 27 (1958). S. 200–203 (aus $K^{2-4}$ erschlossene letzte Fassung eines Konzepts, drei „Entwürfe in den Erläuterungen, S. 365–371). $D^4$: Johann Gottlieb Fichte: Briefwechsel 1793–1795. Hrsg. von Reinhard Lauth und Hans Jacob unter Mitwirkung von Hans Gliwitzky und Manfred Zahn) (J. G. Fichte-Gesamtausgabe der Bayerischen Akademie der Wissenschaften. Folge 3. Bd 2). Stuttgart-Bad Cannstatt 1970. S. 329–335 (drei aus $K^{1-4}$ zusammengestellte „Briefentwürfe"). – Textwiedergabe nach $K^{1-4}$.*

*ERLÄUTERUNGEN. Die vier bruchstückhaften Konzepte dienten Schiller vermutlich dazu, aus ihnen die Reinschrift des Briefes herzustellen. Die Beziehung der einzelnen Bruchstücke ist vermutlich folgende:*

*Das erste Bruchstück ($K^1$) ist das früheste; es trägt das Datum des 23. Jumi. Unter den drei übrigen Fragmenten kommt dem zweiten Bruchstück ($K^2$) eine zentrale Bedeutung zu, und zwar insofern als die beiden anderen auf dieses zu beziehen sind: Das vierte Bruchstück ($K^4$) enthält den später neu und ins Reine geschriebenen Anfang des zweiten Bruchstücks, welches diesem nachträglich angepaßt wurde: das vierte Bruchstück endet mit den Worten* Ein großer Theil meiner Briefe über pp *(***25***); im zweiten Bruchstück wurde am oberen Rand der 3. Seite eingefügt:* behandelt den nehmlichen Gegenstand *(***25***). Vom dritten Bruchstück ist die erste Hälfte (nahezu die ganze erste Seite) gestrichen, und zwar so, daß der Rest ins zweite Bruchstück hineinpaßt: Die 4. Seite desselben schließt mit den Worten* Kurz in der Bestimmung dieses aesthetischen *(***45–46***); eine Fortsetzung des Satzes gibt es nicht. Der nicht gestrichene Text des dritten Bruchstücks beginnt mit den Worten* In der Bestimmung dieses dritten, aesthetischen Triebs *(***12***) und schließt mit den Worten* ein Fehler woran man schon in ihren früheren Schriften Anstoß genommen, und der *(***24–25***); das zweite Bruchstück setzt auf der 5. Seite bruchlos fort:* hier vergrößert wiederkehrt. *(***46***)*

*Um den Zusammenhang der Bruchstücke zu veranschaulichen, folgt hier der erschlossene Gesamtentwurf, der Grundlage für H gewesen sein könnte:*

*[$K^4$]* 24. Jun.

So sehr mich der Anblick Ihres Mscrpts erfreute l. Fr. und so ungern ich einen Beytrag misse, auf den in den nächsten Lieferungen der Horen schon ganz sicher gerechnet war, so sehe ich mich doch genöthigt, ihn zurück zu schicken. Ich müßte dieses schon s. unförmlichen Länge wegen, die sich aus dem Anlauf, welchen Sie nehmen nun wohl errathen läßt; ich muss es aber um so mehr, da mich der Innhalt desselben so wenig als die Behandl. befriedigt.

Ueber G. und B. in der Philosophie überschreiben Sie den Aufsatz, und die ersten 3 Bogen handeln von nichts als von dem Geist in den schönen Künsten, der soviel ich weiß etwas ganz andres als d Gegentheil des Buchstabens ist. Geist als Gegensatz des B. und Geist als aesthet. Eigenschaft dünken mir so himmelweit verschiedene Begriffe zu seyn, daß es einem phil: Werk ganz / und gar an dem letztern gebrechen kann, ohne daß es sich darum weniger qualifizierte, als ein Muster einer reinen Darstell. des Geistes aufgestellt zu werden. Ich sehe also in der That nicht ab, wie Sie ohne einen Salto mortale von dem einen zu dem andern übergehen können, und noch weniger begreife ich, wie Sie von dem Geist in den Göth. Werken, den man unter der Aufschrift Ihrer Abhandl. schwerlich erwartet hätte, zu dem Geist in der Kant. oder Leibniz. Philosophie einen Weg finden werden. Aus der zweyten Lieferung Ihres Mscrpts sehe ich zwar wohl, daß Sie keinen so großen Umweg gemacht zu haben glauben, denn nachd Sie vorher dem aesthet. Geist Geistlosigkeit entgegensetzten, setzen Sie ihm durch eine mir unbegreifliche Operation den Buchstaben entgegen, und nennen Buchstäbler die, denen die Fähigkeit dazu gebricht.

Für so zweckwidrig ich diese Einleitung in Rücksicht auf den abzuhandelnden Gegenstand halte, so zweckwidrig ist sie noch ins besondre für das gegenwärtige Bedürfniß der H. Ein großer Theil meiner Briefe über pp / *[$K^{2}$]* / behandelt den nehmlichen Gegenstand, und bey aller Mühe die ich mir gegeben, den abstrakten Innhalt durch die Darstellung zu beleben, so findet man doch allgemein eine Unschicklichkeit darinn, dergleichen abstrakte Untersuchungen in einem Journal zu placieren. Durch Ihren Aufsatz über G. und B. hoffte ich den philosophischen Theil des Journals zu bereichern, und der Gegenstand, den Sie wählten, liess mich eine allgemein verständliche und allgemein interessierende Untersuchung erwarten. Was erhalte ich nun, und was muthen Sie mir zu, dem Publikum vorzulegen? Die alte, von mir noch nicht einmal ganz geendigte Materie, sogar in der alten schon von mir gewählten Briefform, und dieß alles nach einem so eccentrischen Plan, daß es unmöglich wird, die Parthien / Ihres Aufsatzes in ein Ganzes zusammen zu halten. Es thut mir leid es zu sagen, aber es liege nun woran es wolle, so befriedigt mich weder die Einkleidung noch der Innhalt, und ich vermisse in diesem Aufsatz die Bestimmtheit und Klarheit, die ihnen sonst eigen zu seyn pflegt. Ihre Eintheilung der Triebe kommt mir schwankend willkührlich und unrein vor. Es fehlt an einem Eintheilungsgrund, man sieht nicht, welche Sphäre erschöpft ist. Der Trieb nach Existenz oder Stoff (der sinnliche Trieb) hat gar keine Stelle darinn, denn es ist unmöglich den Trieb nach Mannichfaltigkeit mit dem nach Einheit in Eine Classe zu b Aus dem practischen Triebe, so wie Sie diesen definieren, läßt er sich ohne die gewaltsamste Operation nicht herausbringen. Da die zwey ersten Triebe nicht rein unterschieden sind, so konnte auch der dritte daraus abzuleitende aesthetische Trieb nicht anders als schielend und unsicher ausfallen. Kurz in der Bestimmung dieses aesthetischen / *[$K^{3}$]* / In der / Bestimmung dieses dritten, aesthetischen Triebs herrscht noch eine nicht zu hebende Verwirrung, obgleich manche einzelne Bestimmungen daran mich vollkommen befriedigen – Doch ich kann nicht hoffen, in einem kurzen Brief nur das Allernöthigste über diese Materie zu sagen. Sie werden das Urtheil anderer darüber hören; dieses und die Zeit wird mich rechtfertigen.

Nur noch ein Wort über Ihren Vortrag. Sie schreiben, daß Sie Fleiß darauf verwendet hätten. Wir müssen aber ganz verschiedene Begriffe von einer zweckmäßigen Darstellung haben, denn ich gestehe, daß ich mit der Ihrigen in diesen Briefen gar nicht zufrieden bin. Von einer guten Darstellung fordre ich vor allen Dingen Gleichheit des Tons, und, wenn sie aesthetischen Werth haben soll, eine Wechselwirkung zwischen Bild und Begriff, keine Abwechslung zwischen beyden, wie in Ihren Briefen häufig der Fall ist. Daher das unschickliche, daß man unmittelbar von den abstrusesten Abstraktionen unmittelbar auf Tiraden stößt, ein Fehler woran man schon in ihren früheren Schriften Anstoß genommen, und der / *[$K^{2}$]* / hier vergrößert wiederkehrt. Wie endlich zu einem guten Vortrage Härten nothwendig seyn können, begreife ich vollends nicht.

Sie untersagen mir eigenmächtige Aenderungen in Ihrem Mscrpt zu machen, als wenn ich es gewohnt wäre, dergleichen ohne Einwilligung der Verfasser vorzunehmen. Habe ich an Ihrem ersten Aufsatz geändert, so haben Sie selbst mich dazu autorisiert, auch war es ein dringendes Bedürfniß. Das nehmliche würde auch hier der Fall seyn, wenn der Fehler nicht tiefer läge.

Vergeben Sie die Freymüthigkeit, mit der ich Ihnen meine Meynung eröfnete. Ich mußte, um nicht der Willkührlichkeit beschuldigt zu werden, Gründe von meinem Entschluß angeben, der bey dem großen Bedürfniße der Horen nicht wohl begreiflich seyn möchte. Habe ich mich / in einigen Stellen zu lebhaft ausgedrückt, so mag der sehr natürliche Unmuth über eine fehlgeschlagene Erwartung mich entschuldigen.

[In Ihrer Abrechnung mit Cotta kann übrigens dieser Umstand keine Veränderung machen. Er wird, wenn Sie die Schrift einzeln drucken lassen, gerne Verleger dazu seyn. Ich lege deßhalb den Brief, den Sie mir an Ihn zugeschickt mit bey. Nur müßen Sie mir erlauben, im Fall Cotta mich darüber zu Rath zieht, ihm als sein Freund zu rathen, worauf er sich ein Recht erworben hat.]

Der Ihrige
Sch.

Leben Sie wohl, und lassen den Freund ō entgelten, was d Red. nicht wohl verschweigen konnte.

***NA 28, Nr 2***

*Die Angaben zum Verbleib der Handschrift in der Überlieferung des Briefes an Christian Gottfried Körner vom 4. Juli 1795 sind zu korrigieren:*

*ÜBERLIEFERUNG. H: Privatbesitz. Zuletzt versteigert 2023; vgl. Stargardt-Katalog 711, Auktion vom 28. März 2023, S. 88, Nr 151. Facsimile: Ebd. S. 89. […]*

***NA 28, Nr 8***

*Der Brief an Johann Wilhelm Archenholtz vom 10. Juli 1795 ist nach E, der Schlußsatz nach einer Notiz Julius Petersens wiedergegeben; nach H lautet der Text:*

*8. An Johann Wilhelm Archenholtz*

Jena den 10. Jul. 1795. *Freitag.*

Schon mehrere Wochen, mein vortreflicher Freund, habe ich mit jedem Posttage auf einen Aufsatz von Ihrer Hand geharrt, wozu Ihr letzter Brief mir eine sehr nahe Hofnung machte, und habe deßwegen immer verschoben Ihnen zu antworten. Beynahe aber fürchte ich, daß Sie mich vergeßen haben, und will also meine Antwort nicht länger verschieben.

Ihre Darstellung von der Räumung Toulons ist ein trefliches Stück, und wer es weiß, was dazu gehört, für eine so verwirrte und wilde Masse den rechten Standpunkt zu finden, und die Parthien zu ordnen, der muss den Verstand bewundern, womit es angelegt und entwickelt ist. Auch der Geschichtschreiber muss wie der Dichter und Historienmahler genetisch und dramatisch zu werk gehen: er muß die produktive Einbildungskraft des Lesers ins Spiel zu setzen wißen, und bey der strengsten Wahrheit ihr den Genuß einer ganz freyen Dichtung verschaffen. Dieses haben Sie hier, und wahrhaftig nicht hier allein, in hohem Grad erreicht, und es müßte ein schlechter Mahler seyn, der nach Ihrer Darstellung nicht in Stand gesetzt wäre, ein ausdrucksvolles Gemählde jener fürchterlichen Begebenheit hinzuwerfen. Ich bin ein zu schlecht belesener Historiker, als daß ich über Ihre historische Treue urtheilen, oder wenn ich es auch thäte, daß mein Urtheil darüber für Sie einen Werth haben könnte; aber daß Sie die historische Kunst mehr als irgend einer in Ihrer Gewalt haben, dieß ist ein Zeugniß, das ich Ihnen, öffentlich und im Stillen, zu geben bereit und begierig bin.

Auf das, was Sie über Pohlen sagen werden, bin ich sehr neugierig. Auch in der Wahl Ihrer Stoffe habe ich Sie öfters beneidet: aber vielleicht ist es nicht der Stoff, sondern der Geist womit sie ihn beleben, was ihn fruchtbar macht.

Ist Ihnen noch nicht die Idee gekommen, ein kurzes gedrängtes Tableau von dem Amerikanischen Freyheitskrieg aufzustellen? Ich kenne nichts in der neuern Geschichte, was unter der Hand eines guten Meisters so allgemein anziehend werden könnte; denn die französische Revolution ist wenigstens vor der Hand noch nicht reif für die historische Kunst.

Leben Sie recht wohl und lassen mich recht bald etwas von Ihnen hören?

Ganz der Ihrige

Schiller.

*ÜBERLIEFERUNG. H: The Beinecke Rare Books and Manuscript Library (Speck Collection), Yale University, New Haven (Connecticut), USA. 1 Doppelblatt 18,7 × 23 cm, 3 S. beschrieben, leicht vergilbtes, geripptes Papier, Wz.: Posthorn in gekröntem Schild mit angehängter Glockenmarke, darunter C & I* HONIG. *– E: Morgenblatt für gebildete Stände. Nr 128 vom 28. Mai 1828. S. 512 (ohne den Schlußsatz; Johann Gottlieb Herold). – Textwiedergabe nach H.*

## *NA 28, Nr 9*

*Die Angaben zum Verbleib der Handschrift in der Überlieferung des Briefes an Johann Friedrich Reichardt vom 10. Juli 1795 sind zu korrigieren:*

*ÜBERLIEFERUNG. H: GMD. Facsimile: Stargardt-Katalog 630, Auktion vom 29./30. November 1983. S. 112. Nr 339. S. 113. […]*

## *NA 28, Nr 11*

*Der Brief an Johann Benjamin Erhard vom 17. Juli 1795 ist nach D² (Jonas 4 [1894], 210) wiedergegeben; nach H lautet der Text:*

*11. An Johann Benjamin Erhard*

Jena den 17. Jul. 95 *Freitag.*

Nur 2 Worte lieber Freund zur Begleitung dieses paquet. Ich leide schon mehrere Wochen fast anhaltend an meinen Krämpfen, und habe die Feder ganz weglegen müssen. Sie erhalten hier die bissher herausgekommenen Horenstücke. (Jedes Stück worinn etwas von Ihnen enthalten ist, erhalten Sie gratis, und sobald wir Sie unter die fleißigen Mitarbeiter zählen dürfen, bekommen Sie den ganzen Jahrgang ohnehin frey.) Diese sechs Stücke hatte ich noch übrig, sie werden Ihnen also nicht verrechnet.

Ihr Aufsatz wird in 8 Tagen, denk ich, gedruckt seyn. Er fängt das Siebente Stück an. Ich wünsche daß Sie mit meiner Redaction deßelben, auf die ich freilich nicht viel Zeit wenden konnte, zufrieden seyn möchten.

Melden Sie mir, ob ich Ihnen das Honorar für diesen Aufsatz gleich baar soll bezahlen lassen. Nach unserer Einrichtung wird von einer Oster Meße zur andern Abrechnung vorgenommen. An diese Uebereinkunft brauchen Sie Sich aber nicht zu binden.

Recht verlangend bin ich auf etwas neues von Ihrer Hand. Laßen Sie mich nicht allzulang darauf warten. Ganz der Ihrige

Schiller

*ÜBERLIEFERUNG. H: Bis 1945 Preußische Staatsbibliothek Berlin, danach Biblioteka Jagiellońska Kraków (Krakau). 1 Doppelblatt 11,6 × 8,3 cm, 3 S. beschrieben, grünliches leicht vergilbtes geripptes Papier. – E: Denkwürdigkeiten des Philosophen und Arztes Johann Benjamin Erhard. Hrsg. von Karl August Varnhagen von Ense. Stuttgart und Tübingen 1830. S. 408. – Textwiedergabe nach H.*

*LESARTEN.* **6** ohnehin] *ü. d. Z. erg. H*

## ***NA 28, Nr 17***

*Der Brief an Johann Benjamin Erhard vom 3. August 1795 ist nach $D^2$ (Jonas 4 [1894], 220) wiedergegeben; nach H lautet der Text:*

*17. An Johann Benjamin Erhard*

Jena d 3. Aug. 95. *Montag.*

Hier lieber Freund das 7te Stück. Möchten Sie mit Ihrem Aufsatz zufrieden seyn, so wie ich ihn herausstaffiert habe.

Beyliegende Anweisung senden Sie an die Cottaische Buchhandlung in Tübingen und die Bezahlung wird immediat erfolgen.

Ein andermal mehr. Heute habe ich eine schreckliche Brief Expedition.

Ganz d. Ihrige

Schiller

*ÜBERLIEFERUNG. H (Brief): Bis 1945 Preußische Staatsbibliothek Berlin, danach Biblioteka Jagiellońska Kraków (Krakau). 1 Blatt 11,7 × 8,3 cm, 1 S. beschrieben, leicht vergilbtes geripptes Papier, Wz.: [C &] I* Honig. *– E: Denkwürdigkeiten des Philosophen und Arztes Johann Benjamin Erhard. Hrsg. von Karl August Varnhagen von Ense. Stuttgart und Tübingen 1830. S. 409. – Textwiedergabe nach H.*

### *Nr 28, Nr 24*

*Der Brief an Christian Gottfried Körner vom 17. August 1795 ist nach* $E^{\alpha}$ *(DLA/SNM. Von der Verlagsbuchhandlung Veit & Comp. nach H korrigiertes und ergänztes Exemplar von E) wiedergegeben; nach H lautet der Brief:*

*24. An Christian Gottfried Körner*

*Jena,* d 17. Aug. *1795. Montag.*

Dein langes Stillschweigen schon seit einem Monat fängt an mich zu beunruhigen, da ich es mir aus keiner natürlichen Ursache zu erklären weiß. Zwey Briefe von mir an Dich sind noch unbeantwortet, ich erwarte schon seit 14 Tagen Langbeins Gedichte, und hoffte auch von Dir selbst Mscrpt zu erhalten. Von allen nichts, und ich muss nun beynahe fürchten, daß Du krank seyst. Schreib oder lass in dem letzten Fall mir doch gleich schreiben, was Du machst. Sobald ich Nachricht von Dir habe, kann ich Dir auch etwas zu lesen schicken.

Ich selbst habe mich diesen Sommer nie recht wohl befunden, und ob ich gleich Lust und Kräfte zum Arbeiten hatte, so erlaubten mir doch meine Krämpfe kaum, das Haus zu verlassen. Zum Glück wohne ich jetzt angenehm und frey, und kann also das Ausgehen eher missen.

Göthe ist seit 8 Tagen wieder zurück, und diß bringt wieder einige Veränderung in meine Einsamkeit.

Lebe wohl für heute. Mit Ungeduld warte ich auf ein Lebenszeichen von Dir, und werde alsdann auch mehr zu schreiben haben.

Mein MusenAlmanach ist was das Mscrpt betrifft, in wenig Tagen ganz fertig, und ich denke, daß er unter seinen Brüdern keine schlechte Figur machen soll. Von Göthe allein sind über 150 zusammengehörender Epigramme darin, von Herdern auch über 20 Stücke, und von mir etwa 15 kleine und große Gedichte. Die Göthischen Epigramme kann ich Dir vorher noch senden, so wie meine eigenen Gedichte, weil von beyden Abschriften genommen werden. Auch in dem 9ten Stück der Horen erscheinen 2 größere Gedichte von mir. Du kannst daraus auf meine poetische Fruchtbarkeit in diesen letzten 7 Wochen den Schluss machen.

Lebe recht wohl. Bey mir ist alles gesund, wie ich auch bey Dir hoffe. An Minna und Dora herzliche Grüße von uns Dein

Sch.

*ÜBERLIEFERUNG. H: Pfälzische Landesbibliothek Speyer. – 1 Doppelblatt, 12,1 × 18,7 cm, vergilbtes geripptes Papier, kein Wz., 4 S. beschrieben; S. 1 oben links von fremder Hd: „33.“, unten links: „Schiller an Körner“. – E: Schiller-Körner 3 (1847). S. 278–279. – Textwiedergabe nach H.*

**NA 28, Nr 30**

*Der Brief an Johann Friedrich Reichardt vom 28. August 1795 ist nach E wiedergegeben; nach h lautet der Text:*

*30. An Johann Friedrich Reichardt*

Jena den 28. Aug. 95 *Freitag.*

Beykommendes Gedicht sende ich noch ganz warm, wie es aus der Feder und aus dem Herzen kommt. Ich denke, daß es sich zur Composition nicht übel qualifizieren wird. Nur müsste ich Sie ein wenig damit pressieren, weil die Erscheinungszeit des Almanach bald heranrückt, und damit kein unnöthiger Auffenthalt entsteht, so bitte ich Sie, von den Noten eine Copie sogleich wenn sie fertig sind an H*errn* Legationsrath von Humboldt in Berlin zu schicken, der die Besorgung meines Almanachs übernommen hat; damit aber meine Ungeduld nicht zu lange unbefriedigt bleibe, so sind Sie ja so gütig, mir zugleich eine Copie nach Jena zu senden.

In meinem Tanz bin ich genöthigt worden, einige kleine Veranderungen vorzunehmen, von denen Sie aber in der Composition nicht mehr Notiz zu nehmen brauchen, wenn es Sie genierte.

Diese Veränderungen sind folgende:
Gleich nach dem dritten Vers:
Seh ich flüchtige Schatten u: s. f.
Ist es Elisiums Hayn, der den
    Erstaunten umfängt?
Wie, vom Zephyr gewiegt, der leichte
    Rauch durch die Luft schwimmt,
Wie sich leise der Kahn schaukelt auf
    silberner Fluth u s. f.
Weiter unten: Anstatt
Sprich, was machts, daß in rastlosen etc
heißt es jetzt:
Sprich, wie geschiehts, daß rastlos bewegt die
    Bildungen schwanken etc.

Die Beyträge Ihres Freundes habe ich vergeblich erwartet. Wenn solche nicht bereits unterwegs sind, so wird es nicht mehr Zeit seyn, weil der Almanach nun geschlossen werden muss.

Leben Sie wohl mein vortreflicher Freund und erfreuen Sie mich bald mit einer musikalischen Erscheinung.

Von ganzen Herzen der Ihrige

Schiller.

*ÜBERLIEFERUNG. H:? Zuletzt versteigert bei G. Hess & Cie; vgl. Auktionskatalog 10. München o. J. S. 14. Nr 255. Quartformat, 3 S. beschrieben. h: DLA/SNM (Cotta). Abschrift von H durch Joachim Meyer vom 15. Juli 1864. Unter dem Brieftext von Meyers Hand:*

*Das Original vorstehenden Briefes ist im Besitz des Herrn Kaufmann Georg Arnold dahier. Für die Genauigkeit der Abschrift stehe ich ein.*
*Nürnberg d. 15 Juli 1864.*

*Dr Joachim Meyer*

*– E: Schillers sämmtliche Schriften [...]. Hrsg. von Karl Goedeke. T. 11. Stuttgart 1871. S. 433–434 (nach h). D: Jonas 4 (1894), 245–246 (nach einer Abschrift von h). – Textwiedergabe nach h, weil die Abschrift vermutlich H nähersteht als E und D.*

## ***NA 28, Nr 45***

*Der Brief an Johann Benjamin Erhard vom 14. September 1795 ist nach D (Jonas 4 [1894], 267–268) wiedergegeben; nach H lautet der Text:*

*45. An Johann Benjamin Erhard*

Jena den 14. Sept. 95. *Montag.*

Hoffentlich lieber Freund ist das Geld aus Tübingen jetzt längst in Ihren Händen, denn Cotta schrieb mir vor 4 Wochen, daß er bloß Ihren Schein erwarte, um es Ihnen zu senden. Sollten Sie es nicht haben, so schreiben Sie mirs ja mit Erster Post, und ich will es Ihnen dann unmittelbar aus bezahlen.

Von Michaelis werden Sie mit nächstem befriediget seyn. Ich weiß nun die Geschichte der retardierten Bezahlung ausführlich. Michaelis ist unschuldig und die ganze Sache hat sich zu seiner völligen Rechtfertigung aufgeklärt. Er mußte von Strelitz abreisen, und gab an dem Tage 1000 rth. auf die Post an David Friedlænder in Berlin, der davon die nöthigen Zahlungen besorgen sollte. Aber der Mensch, dem er die Führung seiner Geschäfte während seiner Abwesenheit übergab, liess sich die 1000 rth. gegen den Postschein den er in Händen hatte, auf der Post zurückgeben und verschwendete sie. Eben dieser Mensch hielt alle Briefe zurück, welche von Michaelis hieher geschrieben und an ihn eingeschloßen waren, so wie die, welche an Michaelis einliefen. Die Sache ist juridisch verifiziert, und mir von einer ganz sichern Hand notifiziert worden. Sie können sich also, was diesen Posten betrifft, vollkommen beruhigen.

Ich bin auf den Aufsatz den Sie für die Horen versprochen, begierig. Sorgen Sie nur dafür, daß er sich, ohne Voraussetzung vieler abstrakten Kenntnisse lesen läßt, denn man wirft den Horen von allen Orten her vor, daß sie zuviel trockene Methaphysik enthielten. Dieser Vorwurf trift auch meine aesthet*ischen* Briefe, daher ich von dieser Materie nichts mehr einrücken werde. Ich wünschte etwas im Geschmack Ihrer Gespräche Mimers von Ihnen.

Ihre Verhältnisse in Nürnberg so wie überhaupt Ihre ganze dortige Existenz ist mir ordentlich drückend. Sie setzt sie in die Nothwendigkeit von der Schriftstellerey zu leben, und entfernt Sie viel zu sehr von der Medicin, die doch in jedem Betracht vorzuziehen wäre. Wäre denn keine Aenderung möglich?

Von Ihrem Journal der Künste habe ich noch immer nichts zu Gesicht bekommen können. Ich fürchte aber, Sie werden wenig Unterstützung dabey finden, denn in diesem Fache sind sowohl Mitarbeiter als Leser und Liebhaber dünne gesät, und etwas vorzügliches könnte, da man nothwendig Zeichnungen damit verbinden müsste, ohne große Kosten nicht ausgeführt werden.

Leben Sie recht wohl und behalten Sie bey allem guten Muth.

Ihr

Sch.

*ÜBERLIEFERUNG. H: DLA/SNM. 1 Doppelblatt 18,4 × 23,4 cm, vergilbtes geripptes Papier, Wz.: H, 4 S. beschrieben, auf S. 4 am rechten Rand mehrere Klebespuren. – E: Denkwürdigkeiten des Philosophen und Arztes Johann Benjamin Erhard. Hrsg. von Karl August Varnhagen von Ense. Stuttgart und Tübingen 1830. S. 409–410. – Textwiedergabe nach H.*

*LESARTEN.* **13** hieher] hie *verb. aus* an *H*

### *NA 28, Nr 49*

*Der Brief an Christian Gottfried Körner vom 21. September 1795 ist nach D[2] (Jonas 4 [1894], 273–274) wiedergegeben; nach H lautet der Brief:*

*49. An Christian Gottfried Körner*

Jena den 21. Sept. 95. *Montag.*

Hier das lezte Paquet. Möge es gute Aufnahme finden. Die Elegie machte mir viel Freude. Unter allen meinen Sachen halte ich sie für diejenige, welche die meiste poetische Bewegung hat, und dabey dennoch nach strenger Zweckmäßigkeit fortschreitet.

Es freut mich daß die Schatten Dich befriedigt haben. Darinn bin ich aber nicht Deiner Meinung, daß mein System über das Schöne der nothwendige Schlüßel dazu ist. Es harmoniert natürlicherweise ganz damit, aber im übrigen ruht es auf den currenten Begriffen, nur nicht auf den Sulzerischen, davon es freilich und zu seinem Glücke der Antipode ist. Der Begriff des uninteressierten Interesse am reinen Schein ohne alle Rücksicht auf physische oder moralische Resultate, der Begriff einer völligen Abwesenheit einschränkender Bestimmungen und des Unendlichen Vermögens im Subjekte des Schönen und d*ergleichen* leiten und herrschen durch das Ganze. Ich möchte aber einmal Deine Zweifel gegen mein System genau wissen, denn ich kann mir noch keinen Begriff davon machen, was an meinem System noch unbestimmt oder willkührlich seyn könnte. Hast Du Zeit, so durchlaufe es in einem Briefe an mich von dem – sehr wichtigen – achtzehnten Briefe an biß zum 22 oder 23sten, so können wir miteinander darüber ins reine kommen.

Ich arbeite jetzt an einem Aufsatze übers Naive, der mir viel Freude macht. Diese Materie hat mich zu verschiedenen Betrachtungen über die Dichter alter und neuer Zeit veranlaßt, auch eine neue Eintheilung derselben mir an die Hand gegeben, die fruchtbar zu werden scheint. Sobald die erste Lieferung, die eigentlich nur Einleitung ist, fertig geworden, sende ich sie Dir noch vor dem Abdrucke zu. Zwischen ein werde ich aber noch fortfahren zu dichten, da es doch einmal so frisch von statten geht. Nach allem was Du jetzt von mir gelesen, stelle mir nur die Nativität, an was ich mich in der Poesie nun vorzüglich hängen soll; denn Deine philosophische Ode, wie Du sie nennst, halte ich für keine Grenze, bloß für eine Branche meines Fachs. Vergleiche die neuern Arbeiten mit den Alten und urtheile, ob sie mehr oder weniger wahrhaft dichterisch sind.

Von Dir selbst erwarte ich in etlichen Wochen doch auch etwas zu lesen.

Deinen Tanz habe ich nach Berlin gesandt, wenn es etwa noch Zeit wäre, ihn zu stechen. Es machte mir viel Freude, und Du könntest in anonymer Stille über Deinen musicalischen Beruf urtheilen hören.

Lebe wohl. Herzliche Grüße an die Frauen von uns beyden

Dein

Sch.

*ÜBERLIEFERUNG. H: Autographensammlung Wilhelm, Basel. 1 Doppelblatt 18,7 × 23,4 cm, 4 S. beschrieben, leicht vergilbtes, geripptes Papier, Wz.: Teil eines Schilds mit heraldischer Lilie, darunter IA WUNNERLICH; der Brief ist in Eile geschrieben; S. 3 Worte* übers Naive *von fremder Hand mit Bleistift unterstrichen. – E: Schiller-Körner 3 (1847), 291–292. – Textwiedergabe nach H.*

*LESARTEN.* **11** und des] und *über gestr.* oder *H* **25** Branche] *danach Ansatz zu* F *gestr. H* **30** Deinen] *verb. aus* deine *H*

## *NA 28, Nr 56*

*Der Brief an Herder vom 3. Oktober 1795 ist nach $E^1$, den Korrekturen Sterns, einer Abschrift von Hans Schauer, Göttingen, und H wiedergegeben; vollständig nach H lautet der Text:*

*56. An Johann Gottfried Herder*

Jena den 3. Octobr. 95. *Sonnabend.*

Für die schönen Stücke zu den Horen küße Ihnen die Hand. Meine Lieblinge darunter sind Amor und Psyche, Gesang des Lebens, Epigramme, Leukotheas Binde, Homer. Wie dank ich es Ihnen, mein innig verehrter Freund, daß Sie Sich unsrer Sache so gütig annehmen.

Wenn Sie Körnern bloß einiges Dilettanten Verdienst um den Tanz zugestehen, so wird er zufrieden seyn. Den Gedanken in diesem Stück musikalisch auszudrücken, erfodert, da die Macht der Musik gewißermaaßen der Gegenstand deßelben ist, den ganzen Tonkünstler. Meine Instigationen, hoffe ich, sollen wenig Einfluss darauf gehabt haben, da mich Körner als einen vollkommenen Layen im Musikfache kennt. Auch habe ich bloss den Wunsch gegen ihn geäusert, daß die Idee eines Tanzes in der Composition möchte beybehalten werden, was ich auch noch jetzt für nothwendig halte.

Hier folgt das 9te Stück. Hoffentlich werden wir mit demselben Ehre bey dem Publikum einlegen. Ich bin ungeduldig zu erfahren, wie Sie mit Natur und Schule zufrieden seyn werden.

Schwarzburg ist von Frau Mereau. Die 8 kleinen Stücke sind von mir.

Knebels Elegien sollen mir sehr Willkommen seyn. Seine Proben einer Uebersetzung des Lucrez, im Merkur, haben mir eine sehr günstige Meinung von seinem Berufe zu dergleichen Arbeiten beigebracht.

Noch hoffe ich Ihnen ein größers Gedicht von mir, nebst noch etlichen Kleinigkeiten mit überschicken zu können. Möchte die Elegie Ihren Beyfall haben.

Meine Frau so wie ich empfiehlt sich Ihnen beyden aufs beßte.

Sch.

Den ersten Bogen des
Almanachs lege ich auch
bey. Das Papier wird
geglättet, und soll sich
nach Ungers Versicherung
beßer als Velinpapier ausnehmen.

*ÜBERLIEFERUNG. H: 1) Biblioteka Jagiellońska Kraków (Krakau). 1 Blatt eines ursprünglichen Doppelblatts, 18,4(–18,6) × 23,6(–23,9) cm, 2 S. beschrieben (***1–18** Jena *bis* Merkur*), leicht vergilbtes geripptes Papier, Wz.: Posthorn in gekröntem Schild mit angehängter Glockenmarke (abgeschnitten); angeklebt ein Zettel, darauf von fremder Hand die Fortsetzung des Brieftextes (***18–21** haben *bis* Beyfall haben.*); 2) Freies Deutsches Hochstift Frankfurt a. M. 1 Blatt (2. Blatt des ursprünglichen Doppelblatts) 18 × 11,4 cm, am oberen und unteren Rand beschnitten, 1 S. beschrieben, vergilbtes, geripptes Papier, Wz.: C & [I HONIG] (***18–21** haben *bis* Beyfall haben.*), 3) unbekannter Privatbesitz, 1971 im Besitz von Rosa Keldorfer, Wien. 1 Blatt 18 × 11,9 cm, abgeschnittener Teil des im Freien Deutschen Hochstift Frankfurt a. M. aufbewahrten 2. Blatts des ursprünglichen Doppelblatts (***22–28** Meine Frau *bis* ausnehmen.*) – $E^1$: Aus Herders Nachlaß 1 (1856), 189–190 (Teildruck* **1–21** Jena *bis* Beyfall haben.*). Korrekturen von L. Chr. Stern in: Zentralblatt für Bibliothekswesen. 22. Jg. Juni 1905. S. 270. $E^2$: Katalog „Liste 91. Interessante Autographen", Antiquariat V. A. Heck, Wien [ca 1935]. S. 10. Nr 50 (Teildruck* **22–28** Meine Frau *bis* ausnehmen.*) $E^3$: FA/Schiller 12 (2002). S. 61–62 (erster vollständiger Druck). – Textwiedergabe nach H.*

*LESARTEN.* **20** nebst] *danach* ××× *gestr. H*

*ERLÄUTERUNGEN.*
**23–28** Den ersten Bogen *bis* ausnehmen.] *Bezieht sich auf Wilhelm von Humboldts Brief vom 28. September 1795, den Schiller laut seinem Kalender am 3. Oktober erhalten hatte (vgl. NA 41 I, 13); darin heißt es:* Noch vergaß ich Ihnen neulich zu sagen, daß das Papier des Ihnen überschickten Bogens noch geglättet, und dann, nach Ungers Versicherung, noch schöner, als gewöhnliches Velin Papier seyn wird. *(NA 35, 359.) Herder war mit dem Druck des „Musen-Almanachs" zufrieden (vgl. die Nachschrift zu seinem Antwortbrief vom 10. Oktober 1795; NA 35, 376).*

**NA 28, Nr 75**

*Der Brief an Johann Gottfried Herder vom 30. Oktober 1795 ist nach E, einer Teilabschrift von Hans Schauer, Göttingen, und einer Korrektur von L. Chr. Stern (in: Zentralblatt für Bibliothekswesen. 22. Jg. Juni 1905. S. 270) wiedergegeben; nach H lautet der Text:*

*75. An Johann Gottfried Herder*

Jena den 30. 8br. 95. *Freitag.*

Der Geh*eime*rath Göthe ist der Meinung, daß es wohl am beßten gethan seyn würde, die Replique auf den Wolfischen Ausfall in das XII Horenstück zu verweisen, wo dann auf alle Critiken, die im einzelnen und allgemeinen über unser Journal öffentlich gefällt worden sind, auf einmal und für immer geantwortet werden könnte. Daß wir nicht so nöthig haben mit der Antwort auf die Wolfische Grobheit zu eilen, wird mir immer überzeugender, und es verträgt sich auch mit der Achtung die man sich selbst schuldig ist, in solchen Sachen nicht einer fremden Herausfoderung sondern sein eigener Convenienz zu folgen. Wenn ich zugleich bedenke daß meine Antwort nicht so schnell erscheinen könnte, als der Augenblick vielleicht erfodert (denn, brauche ich gleich auf die Wolf*ischen* Prolegomenen keine eigentliche Rücksicht zu nehmen, so möchte ich doch gern, der Sicherheit meines Tons wegen, wißen, was er geleistet hat, und da ist ein großer 8band zu durchlesen) so däucht es mir für jeden Fall beßer, auch die wenigen Wochen noch zu warten, und die Sache alsdann mit desto mehr Anstand abzuthun. Ich könnte allenfalls, wenn Ihnen dieses recht ist, in ein paar Zeilen im Intellig*enz* Blatt der L*iteraturZeitung* sagen, daß man im letzten Horenstück eine Antwort auf jene Erklärung finden werde. Doch werde ich das letztere nicht eher thun, als biss ich von Ihnen gehört habe, ob Sie damit zufrieden sind. Uebrigens bitte ich Sie, die ganze heillose Materie sobald möglich zu vergeßen. Es versteht sich, daß Sie meine Erklärung lesen, ehe sie abgeschickt wird.

Das Xte Stück der Horen ist gedruckt und mir bereits ein Exemplar durch die reitende Post zugekommen. Ohngeachtet es beynahe 10 Bogen enthält, haben doch zehen Gedichte noch zurückbleiben müssen.

Auf Ihre Abhandlung bin ich sehr begierig. Noch habe ich sie nicht durchsehen können, da ich unmittelbar auf Ihren Brief antworte.

Hier zwey neue Bogen des Almanachs, worinn Parthenope. Sie sind so gütig, mir solche nebst den Uebrigen Montags zurück zu senden.

Meine Frau, und meine SchwiegerMutter die morgen abreißt empfehlen Sich aufs beßte. Leben Sie recht wohl.

Sch.

*ÜBERLIEFERUNG. H: Bis 1945 Preußische Staatsbibliothek Berlin, danach Biblioteka Jagiellońska Kraków (Krakau). 1 Doppelblatt 18,5 × 23,7 cm, 3 S. beschrieben, festes geripptes Papier, leicht vergilbt, Wz.: Posthorn in gekröntem Schild mit angehängter Glockenmarke, darunter C & I* Honig. *– E: Aus Herders Nachlaß 1 (1856), 190–192. – Textwiedergabe nach H.*

***NA 28, Nr 81***

*In den Erläuterungen zu Schillers Brief an Goethe vom 4. November 1795 wird Karl Heinrich von Gros erwähnt (vgl. zu* **97,6***). Schiller hatte seinem Brief einen Brief von Gros an Wilhelm von Humboldt beigeschlossen (vgl.* **96,5***). Dabei handelt es sich um folgenden Brief:*

Urach d. 12. Oct. 95. *Montag.*

Ich kann Ihnen nicht beschreiben, theurester, Verehrtester Freund! wie viel Vergnügen mir Ihr Brief gemacht hat. Er war als Beweis Ihres fortdauernden Andenkens an mich und Ihrer freundschafftlichen Theilnahme an meinem Schiksal von hohem Werth für mich. Ich habe inzwischen von Stuttgardt aus noch einmal an den Minister auf eine dringende Art geschrieben, so, daß ich gewiß glaubte, ihm ein Wort abzupassen, aber schon sind bald drey Wochen verflossen, ohne daß ich Antwort von ihm habe. In jenem Briefe sagte ich ihm „daß ich von den Augenblik an, da er mir zuerst seine Absichten mit mir eröfnet, mich als ihm bereits angehörend betrachtet, und, ohne auf irgend einen andern Plan für die Zukunfft zu denken, blos seinen Befehl, in die mir bestimmte Laufbahn einzutreten erwartet habe: daß ich auch jezt nicht glaube, besorgen zu müssen, er möchte seine Entschliessung in Rüksicht auf meine Anstellung geändert haben; da es ihn aber nur ein Wort koste, um einen Zustand der Ungewißheit zu endigen, der in meinem Alter, und wegen der äussern Verhältnisse, worin ich mich befinde, nicht ohne Nachtheil für mich seyn würde, so schmeichle ich mir, daß er es nicht als eine Unbescheidenheit ansehen werde, wenn ich es wage, ihn jezt um eine Entscheidung hierüber zu bitten." Sie sehn, Theurester Freund, der Brief war peremtorisch genug abgefaßt; hilfft auch dieser nicht, so weiß ich nicht mehr, was ich noch für ein Beschwörungsmittel gegen diesen widerspänstigen Geist anwenden kann. Das Beste wäre, wenn ich einen guten Freund hätte, der den Minister persönlich mahnen könnte. Ich dachte immer, Ihr Herr Bruder werde etwa auf seiner Rükreise aus der Schweiz über Basel kommen, und vertraute zum voraus auf seine freundschafftliche Verwendung für mich. Meine Lage ist mir nun theils wegen ihrer Unbestimmtheit überhaupt theils besonders an hiesigem Orte wegen gänzlicher Entfernung von litterarischen Hülfsmitteln und wegen Mangels an Umgang höchst fatal: auch würde ich unter andern Umständen schwerlich in mein Vaterland zurükgekehrt seyn, wo vielleicht (um Ihnen auch dieses noch anzuvertrauen) meine – ich weiß nicht, ob Ihnen bekannte? – Verhältnisse mit unserm Erbprinzen meiner Anstellung Schwierigkeiten in den Weg legen könnten. Ich habe schon gedacht, ob ich nicht etwa im Nothfall durch Ihre und Schillers Verwendung bey Göthe auf ein extraord. jurist. Professorat in Jena hoffen dürffte. Ich hätte dabey den Vortheil, den ich über alles schäzen würde, mit Ihnen und Schillern zusammenzuleben.

Verzeihen Sie, daß ich Ihnen immer so viel von meinen Angelegenheiten vorschwaze; nur die mannichfaltige Erfahrung von Ihren gütigen Gesinnungen gegen mich kann mich hierüber beruhigen. Ich bin übrigens versichert, daß Sie meiner Denkungsart Gerechtigkeit genug widerfahren lassen, um zu glauben, daß meine lebenslängliche Dankbarkeit für Ihre und Ihres Herrn Bruders freundschafftliche Bemühungen von dem glüklichen oder unglüklichen Erfolg derselben völlig unabhängig ist.

Was Sie über meinen Aufsaz in den Horen sagen, hat mich sehr gefreut. Je widersinnischer gewisse Vorstellungen dem ersten Anblik nach erscheinen, desto natürlicher ist es meines Erachtens, ihre Erklärung tiefer zu suchen, und die räthselartige Aussprüche der Vernunfft durch Absonderung von den Dichtungen der Wortführenden Phantasie aufzulösen. Das Beyspiel vom Oedipus hat freylich für mich selbst noch immer etwas Anstössiges, und ich befürchte gar, daß Manche das, was ich darüber sage, für eine Art von allegorischer Deutung halten werden. Es war mir lieb, von Ihnen zu erfahren, daß die Elegien im 6. Horenstück, die schönsten, welche ich in teutscher Sprache je gelesen habe (Heyne nennt sie in dem neusten Programm delicias, quae ritum spirant Propertium) wirklich von Göthe sind. Ich habe dieselbe gleich Anfangs Göthen zugeschrieben; es wollte mich aber nachher Jemand versichern daß sie einen andern Verfasser haben.

Versichern Sie Ihre würdige Frau Gemahlin meines ehrerbietigsten Andenkens. Der Tag da ich Sie beyde einmal wiedersehe, wird unter die glüklichsten meines Lebens gehören. Leben sie recht wohl! und erfreuen Sie mich bald mit einem Briefe.

Ihr

Gros.

*H: DLA/SNM. Vor dem Brieftext von Schillers Hand:* an Hℓ. v. Humboldt – *E: RA, Ergänzungsband zu den Bänden 1–5 (1995). S. 586 (Regest mit Zitaten aus dem Brieftext:* Ich habe schon gedacht *bis* hoffen dürffte *[***28–30***],* daß die Elegien *bis* von Göthe sind. *[***45–48***]). – Vollständig bisher ungedruckt.*

## *NA 28, Nr 82*

*Der Brief an Johann Gottfried Herder vom 4. November 1795 ist nach E und einer Abschrift der beiden ersten Zeilen von Hans Schauer, Göttingen, wiedergegeben; nach H lautet der Text:*

*82. An Johann Gottfried Herder*

Jena den 4. Nov. 95. *Mittwoch.*

Es ist eine sehr interessante Frage, die Sie in Ihrem Gespräche aufwerfen, aber auf großen Widerspruch dürften Sie Sich wohl gefaßt machen. Ich selbst möchte ein paar Worte darauf sagen, um die Frage nach meiner Weise zu lösen. Giebt man Ihnen die Voraussetzung zu, daß die Poesie aus dem Leben, aus der Zeit, aus dem Wirklichen hervorgehen, damit Eins ausmachen und darein zurückfließen muss und (in unsern Umständen) k a n n, so haben Sie gewonnen, denn da ist alsdann nicht zu läugnen, daß die Verwandschaft dieser Nordischen Gebilde mit unserm germanischen Geiste für jene entscheiden muß. Aber gerade jene Voraussetzung läugne ich. Es läßt sich, wie ich denke, beweisen, daß unser Denken und Treiben, unser bürgerliches, politisches, religiöses, wißenschaftliches Leben und Wirken wie die Prosa, der Poesie entgegengesetzt ist. Diese Uebermacht der Prosa in dem Ganzen unsers Zustandes ist, meines Bedünkens, so gross und so entschieden, daß der poetische Geist, anstatt darüber Meister zu werden, nothwendig davon angesteckt und also zu Grund gerichtet werden müßte. Daher weiss ich für den poetischen Genius kein Heil, als daß er sich aus dem Gebiet der wirklichen Welt zurückzieht, und anstatt jener Coalition die ihm gefährlich seyn würde, auf die strengste Separation sein Bestreben richtet. Daher scheint es mir gerade ein Gewinn für ihn zu seyn, daß er seine eigene Welt formiret, und durch die griechischen Mythen der Verwandte eines fernen, fremden und idealischen Zeitalters bleibt, da ihn die Wirklichkeit nur beschmutzen würde. Vielleicht gelingt es mir, in dem Aufsatze den ich jetzt schreibe, über die sentimentalischen Dichter Ihnen meine Vorstellungsweise klarer und annehmlicher zu machen. Denn gerade in diesem Aufsatze suche ich die Frage zu erörtern, „was der Dichtergeist in einem Zeitalter und unter den Umständen, wie die unsrigen, für einen Weg zu nehmen habe.“

Man dürfte Ihnen auch noch die Erfahrung Klopstocks und einiger andern entgegensetzen, die den Gebrauch jener nordischen Mythen mit sehr wenig Gewinn für die Dichtkunst schon versucht haben, und bey Klopstock ist doch die Ungeschicklichkeit nicht wohl anzuklagen, wenn es mißlungen ist.

Ich wünschte übrigens, daß die Ideen die Sie in Ihrem Aufsatze ausstreuen, Anlaß zum Nachdenken und weiteren Fortbilden bey den Kunstverständigen geben möchte*n*. Die Materie ist so interessant, und es müßten bey Discussion derselben so manche wichtige Dinge zur Sprache kommen.

Das Zehente Stück der Horen wird Ihnen wie ich hoffe Montags überliefert worden seyn. Ich bin neugierig, was Sie zu dem Innhalt desselben sagen. Hier lege ich noch ein Exemplar bey; ich bitte das üble Aussehen zu entschuldigen; die übrigen Exemplare auf Postpapier sehen noch schlimmer aus, denn wie mir Cotta schreibt, so hat der Krieg in dortigen Gegenden die PapierLieferung gestört. Ich negotiire jetzt mit ihm wegen einer Regeneration der Horen auch im Aeussern.

Ihren abgeschriebenen Aufsatz lege ich bey, damit Sie, wenn Sie ihn noch einmal durchlesen wollen, die etwanigen Schreibfehler bemerken, weil er soviele fremde Nahmen enthält. Ich erbitte mir ihn auf nächsten Montag zurück, wo er abgeht. Von den Meinigen die bessten Grüße.

Sch.

*ÜBERLIEFERUNG. H: Bis 1945 Preußische Staatsbibliothek Berlin, danach Biblioteka Jagiellońska Kraków (Krakau). 1 Doppelblatt 18,6 × 22,2 cm, 4 S. beschrieben, festes geripptes Papier, leicht vergilbt, Wz.: Posthorn in gekröntem Schild mit angehängter Glockenmarke, darunter C & I Honig. – E: Aus Herders Nachlaß 1 (1856), 192–195. – Textwiedergabe nach H.*

*LESARTEN.* **6** muss und] *danach* kann *gestr. H* **15** als daß] daß *über gestr.* insofern *H* **35–36** auf Postpapier] *ü. d. Z. erg. H*

### *NA 28, Nr 83*

*Der Brief an Charlotte von Schimmelmann vom 4. November 1795 ist nach E wiedergegeben; nach H lautet der Text:*

*83. An Charlotte von Schimmelmann*

Jena den 4. Novemb. 95. *Mittwoch.*

Die gute Aufnahme meiner Gedichte gnädge Gräfinn, hat mich lebhaft erfreut, so sehr die Umstände, unter welchen sie von Ihnen gelesen wurden, mich betrübten. Der Verlust der theuren Person, den Sie damals befürchteten, fühle ich mit Ihnen, gewiß muss es eine würdige trefliche Mutter seyn, die ein so rührendes schönes Zeugniß des Herzens von Ihnen verdienen konnte. Aber ich hoffe, der Himmel hat sie Ihnen wieder geschenkt und ich darf Ihnen zu dieser Freude Glück wünschen.

Sie wünschten in Ihrem Briefe, daß ich auf dem poetischen Pfade den ich betreten fortfahren möchte. Warum sollte ich nicht, wenn Sie es der Mühe werth halten, mich dazu aufzumuntern. Ich gebe auch bloß dem freiwilligen Zug meines Herzens nach, indem ich Ihren Rath befolge. Von jeher war Poesie die höchste Angelegenheit meiner Seele, und ich trennte mich eine Zeitlang bloß von ihr, um reicher und würdiger zu ihr zurückzukehren. In der Poesie endigen alle Bahnen des menschlichen Geistes, und desto schlimmer für ihn, wenn er sie nicht biß zu diesem Ziele zu führen Muth hat. Die höchste Philosophie endigt in einer poetischen Idee, so die höchste Moralität, die höchste Politik. Der dichterische Geist ist es, der allen dreyen das Ideal vorzeichnet, welchem anzunähern ihre höchste Vollkommenheit ist.

Möchte Ihnen die Elegie, die in dem Zehenten Stück der Horen abgedruckt ist, die Gefühle zu überliefern im Stande seyn, die mich erfüllten, als ich sie niederschrieb. Ich fühlte mich glücklich in ihrer Verfertigung, aber der Buchstabe kann das Herz nie erreichen.

In wenigen Wochen habe ich die Freude, Ihnen meinen Musen Almanach zu übersenden, der die Früchte einiger fröhlichen Stunden enthält. Wie wünschte ich, daß er auch Ihnen einige gewähren möchte. Laßen Sie, vortrefliche Gräfinn, mein Andenken unter Ihnen leben. Das Ihrige begleitet mich wie ein schöner Genius und erheitert mein Leben.

Schiller.

*ÜBERLIEFERUNG. H: Maria Louise Pail, Steiermark (Österreich). – Doppelblatt 18,5 × 23,6 cm, leicht vergilbtes, stockfleckiges Papier, 3 S. beschrieben, Längs- und Querfaltung; auf der 4. S. oben rechts: „behalte nur diesen Brief – jusqu'a revoir – mais quand Vous v e r r é s Schil:, només [?] lui Charl: Schimelmann" (behalte nur diesen Brief – bis zum Wiedersehen – aber wenn Sie Schiller sehen werden, nennen Sie ihm Charlotte Schimelmann). – E: Sonntagsblätter (Wien). Redigirt von Dr. Ludwig August Frankl. 6. Jg. 1847. Nr 2. S. 17. – Textwiedergabe nach einem Scan von H.*

*LESARTEN.* **14** Ziele] *ü. d. Z. erg. H*

## ***NA 28, Nr 104***

*Der Brief an Christian Gottfried Körner vom 21. Dezember 1795 ist nach $D^3$ (Jonas 4 [1894], 357–358) wiedergegeben; nach H lautet der Text:*

*104. An Christian Gottfried Körner*

Jena den 21. Dec. 95 *Montag.*

Es macht mir Spaß Deiner Sagacität zuweilen in den Horen etwas aufzugeben, und Dein Takt leitet Dich selten falsch. Die Grazien, die Horen, der heilige Wahnsinn sind von Herdern. Alles übrige, Schlegels Briefe abgerechnet, von mir, auch die zwey Schnurren. Der Aufsatz über aesthetische Sitten ist schon ein alter, und ganz, wie er da ist, vor mehr als 2 Jahren in Schwaben gemacht. Der andere über das Naive leitet eine sehr wichtige Materie über naive und sentimentalische Poesie ein, welche in den zwey folgenden Stücken weitläuftig abgehandelt wird. Was ich darinn über den poetischen Geist und seine zwey einzig möglichen Aeuserungen sage, wirst Du Deiner Aufmerksamkeit werth finden; es öfnet wie ich hoffe einen neuen und viel versprechenden Weg in die Theorie der Dichtkunst, und kann in Rücksicht auf die poetische Critik nicht ohne Folgen bleiben. Doch Du magst selbst urtheilen. Vielleicht kann ich Dir die erste Hälfte noch ehe sie abgedruckt ist, in Mscrpt noch schicken. Ich werde durch diese Abhandlungen wenig Freunde bekommen, denn entweder habe ich unrecht oder man muß seine Urtheile über manche Dinge total reformieren. Das letztere will den Leuten schwer ein, besonders denen, die selbst eine Parthey sind; aber es möchte auf der andern Seite wieder nicht so leicht seyn, meine Gründe zu widerlegen. Ueber die deutschen Poeten habe ich meine Meinung zwar mit der Achtung die ihnen gebührt aber ohne Indulgenz herausgesagt; ist man ja auch sehr aufrichtig gegen mich gewesen.

Kants kleine Schrift habe ich noch nicht gelesen. Deine Bemerkungen darüber sende mir ja. Mein Buchbinder hat sie noch. Ich lese jezt überhaupt sehr wenig und leider! muß ich hinzusetzen hätte ich es bey meinem Mangel an Umgang und Zufluß aus dem lebendigen Gespräch jetzt am nöthigsten. Aber Du kannst Dir nicht einbilden, in welcher rastlosen Anspannung des Geistes ich leben muß, theils um den Planen, die ich einmal umfaßt habe, gewachsen zu bleiben, theils um das Monatliche Bedürfniß der Horen zu befriedigen, worinn die Mitarbeiter mich auf das erbärmlichste plantiert haben. Es ist ein unerwartetes Glück von Himmel, daß ich dieser Spannung physischer Weise gewachsen bin und überhaupt bey aller Fortdauer und öftern Erschwerung meiner alten Uebel von der Heiterkeit meines Gemüths und der Kraft meines Entschlußes nichts verloren habe, obgleich alle äusern Ermunterungen fehlen, die mir die Lust erhalten könnten. Hätte ich meine gesunden Tage nur zur Hälfte so genutzt, als ich meine kranken benutze, so möchte ich etwas weiter gekommen seyn.

Wenn Funk noch in Dresden ist, so empfiehl ihm ja, mich bald zu besuchen. Ich habe schon sehr auf seine Mitwirkung bey den Horen gerechnet, und freue mich nicht wenig darüber, daß er von dem nächsten Feldzuge dispensiert bleibt. Bücher soviel er etwa nöthig haben möchte, hoffe ich ihm schon verschaffen zu können. Wenn er bey historischen Arbeiten bleibt, die immer mehr Masse geben als andre und mir für die Horen die willkommensten sind, so kann er ohne Mühe des Jahrs 15 biß 20 Bogen liefern und so ein hundert *Louis*dors und darüber verdienen.

Dich will ich nicht dringen, denn hoffentlich mahnst Du Dich selbst und für die 2 ersten Monate ist wenigstens kein dringendes Bedürfniß. Aber Deiner eigenen Befriedigung und Ermunterung wegen wünschte ich doch, Du bildetest Dir ein, daß etwas schlechterdings fertig seyn müßte.

Der Almanach ist schon seit vielen Wochen immer auf den nächsten Posttag versprochen, und nun erwarte ich ihn im Ernst in diesem Jahre nicht mehr, denn ich bin dem elendsten Tropf von Buchhändler in die Hände gefallen. Indeßen schicke ich Dir hier die Aushängebogen, sende sie mir nur sobald Du kannst wieder. Tausend herzliche Grüße von uns an Euch alle S.

*ÜBERLIEFERUNG. H: Nationalbibliothek Prag. 1 Doppelblatt 18,5 23,7 cm, 4 S. beschrieben, leicht vergilbtes Papier mit Längs- und Querfaltung; S. 3 von fremder Hand mit Bleistift unterstrichen:* Hätte ich *bis* meine kranken benutze *(***31–32***). – E: Schiller-Körner 3 (1847), 311–313. – Textwiedergabe nach H.*

*LESARTEN.* **6** Naive] *verb. aus* naive *H* **9** sage] *verb. aus* sagen *H* **10** finden;] *danach* und *gestr. H* **16** besonders] *danach Komma gestr. H* **17** seyn] *ü. d. Z. erg. H* **19** man] *ü. d. Z. erg. H* **20–21** Deine Bemerkungen darüber sende mir ja.] *mit Einweisungszeichen am unteren Rand der Seite erg. H* **21** überhaupt] ü *verb. aus* u *H* **47** sobald] soba *verb. aus* ×× *H*

## *NA 28, Nr 165*

*Der Brief an Karl Ludwig von Knebel vom 16. April 1796 ist nach E wiedergegeben; nach H lautet der Text:*

*165. An Karl Ludwig von Knebel*

*Weimar, den 16. April 1796. Sonnabend.*

Es thut mir äuserst leid, daß Sie mit der Art, wie Ihre Uebersetzung der XIVten und XVten Elegie abgedruckt worden, unzufrieden sind. Wie dieses komme, weiß ich in diesem Augenblick selbst nicht. Ich habe Göthen noch nicht darüber gefragt, und von meiner Seite ist weder in diesen noch in den vorhergehenden Elegien ein Wort verändert worden. Die willkührliche Veränderung könnte also von niemand anderm als von *Göthe* herrühren, und ich begreife nicht, wie es damit zugegangen ist.

Die Empfindlichkeit, womit Sie dieselbe aufgenommen, würde im höchsten Grade gerecht seyn, wenn die Veränderung von mir oder von irgend einem andern, den Sie nicht selbst dazu privilegiert, herrührte; da sie aber von niemand sonst als *Göthe* herkommen kann, dem seine alte Freundschaft und vielleicht auch eine ausdrückliche Vollmacht von ihrer Seite einiges Recht zu diesen Freyheiten geben konnte, so werden Sie es nicht misbilligen, daß ich ihm von Ihrem Billet an mich, das ihm wehe thun könnte, noch nichts gesagt, und auch nicht eher etwas sagen werde, als biß Sie mir erklärt haben, daß Sie es wünschen.

Was den Wiederruf betrifft, so hängt dieses ganz von Ihnen ab; man kann denselben ja schon so einrichten, daß den Horen dadurch kein Vorwurf erwächßt. Doch sprechen wir darüber noch mündlich.

Nach dieser Erklärung, hoffe ich, werden Sie keinen Zweifel mehr darüber haben, daß ich Ihre Beyträge zu den Horen nicht zu schätzen wiße, und daß die fernere Fortsetzung derselben, so wie überhaupt Ihr ganzer fernerer Antheil an dem Journal mir von Herzen willkommen sey.

Ich erfahre eben von meiner Frau, daß Sie Sich gestern geäusert, noch kein eigenes Exemplar des III Horenstücks erhalten zu haben. Göthe muss dieses vergeßen haben, denn schon vor mehrern Tagen gab ich ihm eins für Sie. Sollte es von ihm noch nicht geschehen seyn, so lege ich hier eines bey.

Ich wünsche und hoffe, Sie bald selbst zu sehen und alles mündlich mit Ihnen zu besprechen.

Leben Sie recht wohl

16. april
96 Schiller

*ÜBERLIEFERUNG. H: DLA/SNM. 1 Doppelblatt 18,5 × 23,4 cm, leicht vergilbtes geripptes Papier, Wz.: H, 4 S. beschrieben. – E: Archiv für Litteraturgeschichte 8 (1879). S. 117–118 (Gustav von Loeper).*

*LESARTEN.* **12** noch] *verb. aus* nich *(?) H* **21** eigenes] *ü. d. Z. erg. H*

## *NA 28, Nr 177*

*Der Brief an Christian Gottfried Körner vom 6. Juni 1796 ist nach E*[α] *(DLA/SNM. Von der Verlagsbuchhandlung Veit & Comp. nach H korrigiertes und ergänztes Exemplar von E) wiedergegeben; nach H lautet der Text:*

*177. An Christian Gottfried Körner*

Jena, den 6. Jun 96 *Montag.*

Zu der Ankunft in Dresden wünschen wir euch herzlich Glück. Hoffentlich habt ihr die Reise auch so wohl geendigt, als sie euch bißher bekommen ist. Meine Frau wird einige Zeilen beylegen. Die Krämpfe setzen ihr doch öfters hart zu, und ich beunruhige mich oft wegen ihres Zustands. Wie herzlich froh will ich seyn, wenn alles gut vorbeygegangen ist.

Ich kann Dir heute nicht viel schreiben l*ieber* Körner, denn ich habe die Nacht nicht geschlafen und der Kopf ist mir sehr wüste. Göthe ist noch hier, und der Roman rückt zu seinem Ende. Auch giebt es wieder viel neue Xenien, fromme und gottlose.

Ich habe auch sonst ein kleines Gedicht angefangen, das nicht schlecht werden soll. Mein nächster Brief wird es euch wohl bringen.

Von Humboldt wirst Du einen Brief vorgefunden haben worinn er seine Reise nach dem Carlsbad und also auch nach Dresden abschreibt. Ich fürchte, er kommt dieses Jahr auch nicht mehr hieher, und in dem nächsten hilft er mir hier nichts.

Von Schwaben aus habe ich Briefe, daß meine zweyte Schwester außer Gefahr sey.

Karl ist wohl auf und grüßt den andern Karl und die Emma.

Lebt herzlich wohl ihr Lieben.

Sch.

Die Bücher kommen nächstens verte

Du erhältst hier bloß ein Exempl. der Horen auf Druckpapier, das Du mir mit Gelegenheit zurückschicken kannst. Die ordentlichen 2 auf Postpapier folgen in 3 Wochen – Cotta hat sich versehen.

*ÜBERLIEFERUNG. H: GSA. 1 Doppelblatt 11,7 18,6 cm, 3⅔ S. beschrieben, in Eile, Text S. 4 quer zur Schreibrichtung, geripptes leicht vergilbtes Papier, Wz.: unter zwei Drittel eines Schilds mit heraldischer Lilie und angehängter 4-Marke, darunter IA WUNNERLICH; S. 1 oben links in der Ecke von fremder Hand mit Rötel:* 20., *rechts oben in der Ecke von fremder Hand mit Blei (fast verblaßt):* 1068 *sowie blauer Stempel:* S *– E: Schiller-Körner 3 (1847), 342–343. – Textwiedergabe nach H.*

### *NA 28, Nr 190*

*Der Brief an Johann Friedrich Cotta vom 29. Juni 1796 ist nach E wiedergegeben; nach H lautet der Text:*

*190. An Johann Friedrich Cotta*

Jena 29. Jul. *[Juni]* 96. *Freitag.*

Hier neues Mscrpt. Den Beschluß des Aufsatzes, so wie des ganzen 7$^{\text{ten}}$ Stücks bringt die nächste Post.

Ich erwarte die Postpapier-Exemplare des Vten Stücks mit Sehnsucht, weil ich die Schreibpapiernen nicht habe abschicken wollen; ebenso auch auf bestimmte Erklärung wegen Druck und Papier für den Almanach.

Adieu, lieber Freund
Sch.

*ÜBERLIEFERUNG. H: DLA/SNM. 1 Blatt 12 × 8,8 cm, 1 S. beschrieben, in Eile, leicht vergilbtes, geripptes Papier, Querfaltung; S. 2 oben Empfangs- und Antwortvermerk Cottas:* Schiller 29 Juny / 7 Jul – / ×××. *Facsimile: Stargardt-Katalog 710, Auktion vom 5. April 2022. S. 68. Nr 121. – E: Euphorion 12 (1905). S. 146 (J. E. Wackernell).*

*LESARTEN.* **2** 7$^{\text{ten}}$] *über gestr.* sechsten *H*

### *NA 28, Nr 193*

*Die Angaben zur Überlieferung des Briefes an Christian Gottfried Körner vom 3. Juli 1796 sind zu ändern:*

*ÜBERLIEFERUNG. H: GSA. [...] Facsimile der 1. Seite: Stargardt-Katalog 650, Auktion vom 10./11. Mai 1991. S. 107. Nr 208 (***244,1–13** Jena *bis* zu stümpern.*). [...]*

### *NA 28, Nr 244*

*Die Angaben zur Überlieferung des Briefes an Johann Karl Philipp Spener vom 10. Oktober 1796 sind zu ergänzen:*

*ÜBERLIEFERUNG. H: ? Zuletzt versteigert 1980; vgl. Stargardt-Katalog 620, Auktion vom 10./11. Juni 1980. S. 100. Nr 309: „E. Br. m. U. ‚Schiller'. […] 2 S. 4°." Teildruck (***303,3–14***) ebd. – E: Jonas 5 (1895), 77 (nach H). – Textwiedergabe nach E.*

### *NA 29, Nr 15*

*Der Brief an Christian Gottfried Körner vom 28. November 1796 ist nach einer Autopsie von H wiedergegeben; nach H lautet der Brief:*

*15. An Christian Gottfried Körner*

Jena 28. Nov. 96. *Montag.*

Ich brüte noch immer ernstlich über dem Wallenstein, aber noch immer liegt das unglückselige Werk formlos und endlos vor mir da. Du muß *[sic]* aber nicht denken, als ob ich meine dramatische Fähigkeit, soweit ich sie sonst mag beseßen haben, überlebt hätte; nein, ich bin bloß deßwegen unbefriedigt, weil meine Begriffe von der Sache und meine Anfoderungen an mich selbst jetzt bestimmter und klärer, und die letzteren strenger sind. Keins meiner alten Stücke hat soviel Zweck und Form, als der Wallenstein jetzt schon hat, aber ich weiß jetzt zu genau was ich will und was ich soll, als daß ich mir das Geschäft so leicht machen könnte.

Der Stoff ist, ich darf wohl sagen, im höchsten Grad ungeschmeidig für einen solchen Zweck, er hat beynahe alles, was ihn davon ausschließen sollte. Es ist im Grund eine Staatsaction und hat, in Rücksicht auf den poetischen Gebrauch, alle Unarten an sich, die eine politische Handlung nur haben kann, ein unsichtbares abstractes Object, k l e i n e und v i e l e Mittel, zerstreute Handlungen, einen furchtsamen Schritt, eine (für den Vortheil des Poeten) viel zu kalte trockene Zweckmäßigkeit ohne doch diese biß zur Vollendung und dadurch zu einer poetischen Größe zu treiben; denn am Ende mislingt der Entwurf doch nur Ungeschicklichkeit. Die Base, worauf Wallenstein seine Unternehmung gründet, ist die Armee, mithin für mich eine unendliche Fläche, die ich nicht vors Auge und nur mit unsäglicher Kunst vor die Phantasie bringen kann: ich kann also, das Object worauf er ruht, nicht zeigen, und eben so wenig das, wodurch er fällt; das ist ebenfalls die Stimmung der Armee, der Hof, der Kaiser. – Auch die Leidenschaften selbst wodurch er bewegt wird, Rachsucht und Ehrbegierde, sind von der kältesten Gattung. Sein Character endlich ist niemals edel und darf es nie seyn, und durchaus kann er nur furchtbar, nie eigentlich groß erscheinen. Um ihn nicht zu erdrücken, darf ich ihm nichts großes gegenüber stellen, er hält mich dadurch nothwendig nieder. Mit einem Wort, es ist mir fast alles abgeschnitten, wodurch ich diesem Stoffe nach meiner gewohnten Art beykommen könnte, von dem Innhalt habe ich fast nichts zu erwarten, alles muß durch eine glückliche Form bewerkstelligt werden, und nur durch eine kunstreiche Führung der Handlung kann ich ihn zu einer schönen Tragödie machen.

Du wirst, dieser Schilderung nach, fürchten, daß mir die Lust an dem Geschäfte vergangen sey, oder wenn ich dabey wider meine Neigung beharre, daß ich meine Zeit dabey verlieren werde. Sey aber unbesorgt, meine Lust ist nicht im geringsten geschwächt, und eben so wenig meine Hofnung eines treflichen Erfolges. Gerade so ein Stoff mußte es seyn, an dem ich mein neues dramatisches Leben eröfnen konnte. Hier, wo ich nur auf der Breite eines Scheermessers gehe, wo jeder Seitenschritt das Ganze zu Grund richtet kurz wo ich nur durch die einzige innere Wahrheit, Nothwendigkeit, Stätigkeit und Bestimmtheit meinen Zweck erreichen kann, muß die entscheidende Crise mit meinem poetischen Character erfolgen. Auch ist sie schon stark im Anzug, den *[sic]* ich tractiere mein Geschäft schon ganz anders, als ich ehmals pflegte. Der Stoff und Gegenstand ist so sehr ausser mir, daß ich ihm kaum eine Neigung abgewinnen kann; er läßt mich beynahe kalt und gleichgültig, und doch bin ich für die Arbeit begeistert. Zwey Figuren ausgenommen, an die mich Neigung fesselt, behandle ich alle übrigen, und vorzüglich den Hauptcharacter, bloß mit der reinen Liebe des Künstlers, und ich verspreche Dir, daß sie dadurch um nichts schlechter ausfallen sollen. Aber zu diesem bloß objectiven Verfahren war und ist mir das weitläuftige und freudlose Studium der Quellen so unentbehrlich; denn ich mußte die Handlung wie die Charactere aus ihrer Zeit, ihrem Lokal und dem ganzen Zusammenhang der Begebenheiten schöpfen, welches ich weit weniger nöthig hätte, wenn ich mich durch eigne Erfahrung mit Menschen und Unternehmungen aus diesen Klassen hätte bekannt machen können. Ich suche absichtlich in den Geschichtsquellen eine Begrenzung, um meine Ideen durch die Umgebung der Umstände streng zu bestimmen und zu verwirklichen; davor bin ich sicher, daß mich das Historische nicht herabziehen oder lähmen wird. Ich will dadurch meine Figuren und meine Handlung bloß beleben; beseelen muß sie diejenige Kraft, die ich allenfalls schon habe zeigen können, und ohne welche ja überhaupt kein Gedanke an dieses Geschäft von Anfang an möglich gewesen wäre.

Auf dem Weg den ich jetzt gehe kann es leicht geschehen, daß mein Wallenstein durch eine gewiße Trockenheit der Manier sich von meinen vorhergehenden Stücken gar seltsam unterscheiden wird. Wenigstens habe ich mich bloß vor dem Extrem der Nüchternheit, nicht wie ehmals vor dem der Trunkenheit zu fürchten.

Aus dem, was ich hier hingeworfen, kannst Du Dir nun wohl erklären, warum meine Vorarbeiten an dem Wallenstein für nicht viel zu rechnen sind, obgleich sie allein mich bestimmt hatten, dem Stoffe getreu zu bleiben. Sonst aber mußte ich die Arbeit als eine ganz neue tractieren und Du begreifst, warum ich keine schnellen Schritte machen kann. Dennoch hoffe ich in drey Monaten des Ganzen soweit mächtig zu seyn, daß mich nichts an der Ausführung hindert. Freilich verspreche ich mir den Trost der Vollendung vor dem August des künftigen Jahres nicht. Bey Euch also werde ich auch des vollendeten Wallensteins wie des Carlos zuerst mich freuen, und eh es dahin kommt, werde ich Dir noch manche Aufmunterung dabey zu danken haben.

Laß uns aber nun den Vertrag miteinander aufrichten, daß Du es nie annehmen willst, wenn ich Dich theilweise mit dem Stücke bekannt machen wollte. Leicht könnte mir einmal der Autorendrang kommen, und da hätte ich den wichtigsten Theil Deines

Urtheils mir geraubt, welches sich nur auf die klare Ansicht des Ganzen gründen kann. Ich werde es eben so mit Göthen und mit Humboldt halten, und mir auf diese Art in eurem dreyfachen Urtheil einen Schatz aufheben.

Sollte Dir etwa irgend ein Werk bekannt seyn, das mir jene Art von Welt, militairische und politische, in einer anschaulicheren Form näher bringen könnte, wie z. B. gewisse Memoires so mache mich doch darauf aufmerksam. Ich muß die Notizen dieser Art so mühsam zusammenlesen und finde beynahe doch nichts.

Humbold meynt, ich soll den Wallenstein in Prosa schreiben; mir ist es, in Rücksicht auf die Arbeit ziemlich einerley ob ich Jamben oder Prosa machen *[sic]*. Durch die ersten würde er mehr poetische Würde, durch die Prosa mehr Ungezwungenheit erhalten. Da ich ihn aber im strengen Sinn, für die theatralische Vorstellung bestimme, so wird es wohl beßer gethan seyn, Humboldten hierin zu folgen.

Lebe recht wohl. Bey uns ist alles wohl auf und grüßt euch alle herzlich.

Dein

S.

Hier eine neue Hore, die Dich doch vielleicht überraschen wird.

*ÜBERLIEFERUNG. H: GSA. 2 Doppelblätter 18,7 × 23,4 cm, 6 4/5 S. beschrieben. 1) Grünliches geripptes Papier, leicht vergilbt und etwas stockfleckig. Wz.: H. 2) Geripptes Papier, leicht vergilbt. Wz.: Heraldische Lilie in gekröntem Schild mit angehängter 4-Marke, darunter IA WUNNERLICH. – E: Schiller-Körner 3 (1847). S. 394–398 (ohne den Text von* Lebe *bis* Dein *[***85–86***]; dieser zuerst in: Jonas 5 [1895]. S. 124). – Textwiedergabe nach H.*

*LESARTEN.* **3** muß] *Schreibversehen H* **13** abstractes] *über gestr.* idealisches *H* **15** trockene] *danach unleserlich gemacht* Consequenz *H* **19** vor] *über gestr.* für *(?) H* **37** nur] *danach* auf die absolut *gestr. H* **39** den] *Schreibversehen H* **42** die] *über gestr.* meine *H* **43** an die mich Neigung fesselt,] *verb. aus* die ich mit Neigung umfasse, *H* **81** machen] *Schreibversehen H*

## *NA 29, Nr 57*

*Die Datierung des Briefes an Goethe von vielleicht März 1797 ist zu korrigieren:*

*57. An Johann Wolfgang von Goethe*

*(vielleicht März 1796).*

*DATIERUNG. Die in NA 29 vorgenommene Datierung beruht auf inhaltlichen Erwägungen. Beobachtungen zur Überlieferung des Briefes führen hingegen zu folgenden Überlegungen: Im GSA sind für die Jahrgänge 1794–1799 und 1803–1805 der bei Goethe eingegangenen Briefe foliierte Brieffaszikel vorhanden, die Goethe anlegen ließ. Die Handschrift des vorliegenden Briefes trägt Heftungsspuren, die Folioziffer* 99 *und eine Bleistiftnotiz (von Goethe?):* März 96. *Dies sowie der Umstand, daß der Brief nicht in der Erstausgabe des*

*Briefwechsels zwischen Goethe und Schiller 1828/29 enthalten ist, führen zu der Vermutung, daß der Brief, wie sich aus der Folioziffer 99 ergibt, in Faszikel 12 eingeheftet war, bei der Aussonderung der Briefe Schillers im Jahr 1823 übersehen und erst später herausgelöst worden ist. Der Faszikel 12 enthält Briefe aus dem 1. Quartal des Jahres 1796; dazu paßt die Bleistiftnotiz mit der Datierung auf März 1796, die vielleicht vorgenommen wurde, als der Brief aus dem Faszikel herausgelöst wurde. Zu der Datierung paßt weiterhin, daß sich Goethe von Mitte Februar bis Mitte März 1796 in Jena aufhielt, was der Inhalt des Briefes voraussetzt. Aus diesen Gründen wurde der Brief in RA 2, 47 (Nr 98) auf „? 1796 März Anfang (? 1797 März)" datiert, die spätere Datierung also nicht ausgeschlossen. – Vgl. des Näheren Sabine Schäfer: Zur Erschließung der Registratur der bei Goethe eingegangenen Briefe. In: Im Vorfeld der Literatur. Vom Wert archivalischer Überlieferung für das Verständnis von Literatur und ihrer Geschichte. Studien hrsg. von Karl-Heinz Hahn. Weimar 1991. S. 85–107, bes. S. 102–103.*

*ERLÄUTERUNGEN. Wenn der Brief aus dem März 1796 stammt, dann ist mit dem erwähnten Almanach der „Musen-Almanach für das Jahr 1796" gemeint, der Mitte Dezember 1795 erschienen war.*

### *NA 29, Nr 107*

*Der Brief an Charlotte von Stein vom 17. Juli 1797 ist nach E wiedergegeben; nach H lautet der Text:*

*107. An Charlotte von Stein*

*Weimar, den 17. Juli 1797. Montag.*

Wenn es mir möglich ist, meine liebe theure Freundin, so sehe ich Sie diesen Abend, so bald es kühl ist. Ich sehne mich darnach und ertrag es ungern, mich hier zu wißen und so wenig um Sie zu seyn. Meine Hofnung ist auf den Winter gerichtet, wo ich alles anwenden werde, mehrere Monate hier zu seyn, und wo Sie auch bei uns seyn können, wenn meine Gesundheit mich nicht ausgehen lässt.

Was mir Lolo von Ihretwegen über den Handschuh gesagt hat, ist gegründet, und schon der Umstand, daß ich dieses Gedicht neulich vorzulesen Bedenken trug beweißt daß Sie recht haben: denn was man in einer solchen Geselschaft nicht gut producieren kann, ist mit Recht verdächtig. Ich werde also die Stelle ändern, an der Sie Anstoß nahmen.

Daß ich Ihnen und der Herzogin meine Sachen neulich habe vorlesen dürfen und daß Sie mir mit einen so schönen Antheil zugehört, hat mir Freude und Muth gemacht, und eine solche Freude kommt mir selten. Kann ich in einer gewißen Fortdauer und Folge Sie und auch die Herzogin sehen, so wird es sehr glücklich auf mich wirken, und ich darf wohl sagen, recht viel Gutes bei mir veranlassen.

Leben Sie recht wohl. Von Fritz habe ich noch nichts gehört, er ist also wohl noch nicht angekommen.

Sch.

*ÜBERLIEFERUNG. H: Universitätsbibliothek Leipzig. 1 Blatt 19,3 × 23 cm, 2 S. beschrieben, geripptes Papier. – E: Briefe von Goethe und dessen Mutter an Friedrich Freiherrn von Stein. Nebst einigen Beilagen. Hrsg. von Johann Jacob Heinrich Ebers und August Kahlert. Leipzig 1846. S. 174–145. – Textwiedergabe nach H.*

### *NA 29, Nr 119*

*Der Brief an Christian Gottfried Körner vom 6. August 1797 ist nach einer Autopsie von H wiedergegeben; nach H lautet der Brief:*

*119. An Christian Gottfried Körner*

Jena 6. Aug. 97. *Sonntag.*

Die drückende Hitze in der vorigen Woche hat mich so sehr angegriffen und vielleicht hat auch eine Erkältung dazu beygetragen, daß ich mich in den letzten acht Tagen recht übel befand, Fieber spürte und eine ernstliche Krankheit befürchtete. Heute ist der erste Tag, wo ich mich wieder etwas leidlicher befinde, obgleich ich mich noch an Geist und Körper ermattet fühle.

Es hat mich erfreut zu hören, daß Du Dir im Umgang mit Humboldten so wohl gefallen hast. Zum Umgang ist er auch recht eigentlich qualifiziert, er hat ein seltenes reines Interesse an der Sache, weckt jede schlummernde Idee, nöthigt einen zur schärfsten Bestimtheit, verwahrt dabey vor der Einseitigkeit, und vergilt jede Mühe die man anwendet, um sich deutlich zu machen, durch die seltne Geschicklichkeit, die Gedanken des andern aufzufassen und zu prüfen. So wohlthätig er aber auch für jeden ist, der einen gewißen Gedankenreichthum mitzutheilen hat, so wohlthätig, ja so höchst nothwendig ist es auch für ihn, von aussen ins Spiel gesetzt zu werden, und zu der scharfen Schneide seiner intellektuellen Kräfte einen Stoff zu bekommen, denn er kann nie bilden, immer nur scheiden und combinieren. Ich fürchte, die Anstalten die er macht um sich der neuen Weltmasse, die ihn in Italien erwartet zu bemächtigen, werden ihn um die eigentlichste und höchste Wirkung bringen, die Italien auf ihn machen sollte. Er versieht sich jetzt schon im Voraus mit Zwecken, die er dort verfolgen, mit Sehorganen durch die er jene Welt betrachten will, und so wird er machen, daß er auch nur darinn findet, was er mitbringt, und über dem ängstlichen Bestreben, viele einzelne Resultate mit nach Hause zu bringen, wird er, fürchte ich, dem Ganzen nicht Zeit und Raum lassen, sich als ein Ganzes in seine Phantasie einzuprägen – Italien könnte ihm sehr nützlich werden, wenn es seiner Einbildungskraft, die von seinem Verstande wie gefangen gehalten wird, einen gewißen Schwung geben, eine gewiße Stärke verschaffen könnte. Dazu gehörte aber, daß er nicht hineinzöge wie ein Eroberer, mit sovielen Maschinen und Geräthschaften, um es für seinen Verstand in Besitz zu nehmen. Es fehlt ihm zu sehr an einer ruhigen und anspruchlosen Empfänglichkeit, die sich dem Gegenstande hingiebt, er ist gleich zu activ und dringt mir zu unruhig auf bestimmte Resultate. Doch Du kennst ihn genug, und wirst wahrscheinlich hierin meiner Meinung seyn.

Ueber Alexandern habe ich noch kein rechtes Urtheil, ich fürchte aber, trotz aller seiner Talente und seiner rastlosen Thätigkeit wird er in seiner Wißenschaft nie etwas Großes leisten. Eine zu kleine unruhige Eitelkeit beseelt noch sein ganzes Wirken, ich kann ihm keinen Funken eines reinen objectiven Interesse abmerken, und wie sonderbar es auch klingen mag, so finde ich in ihm, bei allem ungeheuren Reichthum des Stoffes, eine Dürftigkeit des Sinnes, die bei dem Gegenstande, den er behandelt, das schlimmste Uebel ist. Es ist der nakte, schneidende Verstand der die Natur, die immer unfaßlich und in allen ihren Punkten ehrwürdig und unergründlich ist, schaamlos ausgemessen haben will und mit einer Frechheit die ich nicht begreife, seine Formeln, die oft nur leere Worte, und immer nur enge Begriffe sind, zu ihrem Maaßstabe macht. Kurz mir scheint er für seinen Gegenstand ein viel zu grobes Organ und dabey ein viel zu beschränkter Verstandesmensch zu seyn. Er hat keine Einbildungskraft und so fehlt ihm nach meinem Urtheil das nothwendigste Vermögen zu seiner Wißenschaft – denn die Natur muß angeschaut und empfunden werden, in ihren einzelnsten Erscheinungen, wie in ihren höchsten Gesetzen.

Alexander imponiert sehr vielen, und gewinnt in Vergleichung mit seinem Bruder meistens, weil er ein Maul hat und sich geltend machen kann. Aber ich kann sie, dem absoluten Werth nach, gar nicht miteinander vergleichen, so viel achtungswürdiger ist mir Wilhelm.

Dein Urtheil über Burgsdorf möchte wohl sehr gegründet seyn. Ich hab ihn zu selten und mit zu wenig Interesse gesehen, als daß ich eine Foderung an ihn hätte machen können, indeßen fand ich ihn besonders in der letzten Zeit immer ohnmächtig, und wie die schwächlichen Naturen, eigensinnig.

Göthe ist seit 8 Tagen weg, ich habe noch keine Nachricht von ihm.

Meine Arbeiten sind in den letzten 14 Tagen wie Du leicht denken kannst liegen geblieben, was mir meinen Zustand doppelt unerträglich machte. Auch jetzt habe ich weder Stimmung noch Kraft zu irgend einer productiven Thätigkeit. Einige Lieder welche ich durch Zeltern habe setzen lassen, will ich Dir mit dem nächsten Posttage schicken. Auch das Reiterlied wird er setzen, es hat ihn sehr gerührt.

Lebe wohl, herzlich umarmen wir euch Dein

Sch.

*ÜBERLIEFERUNG. H: GSA. 1 Doppelblatt 18,7 × 22,5 cm, 4 S. beschrieben. Geripptes Papier. Wz.: J HONIG / & / ZOONEN. – E: Schiller-Körner 4 (1847). S. 45–48 (ohne die Grußformel; diese zuerst in: Jonas 5 [1895]. S. 235). – Textwiedergabe nach H.*

*LESARTEN.* **41** Gegenstand ein] ein *ü. d. Z. erg. H* **45** Bruder] *danach Komma gestr. H*

## *NA 29, Nr 120*

*Die Angaben zum Verbleib der Handschrift in der Überlieferung des Briefes an Carl Friedrich Zelter vom 7. August 1797 sind zu ergänzen:*

*ÜBERLIEFERUNG. H: Privatbesitz. 1933 versteigert; vgl. Stargardt-Katalog 337. Auktion vom 8. Februar 1933. S. 32. Nr 194; danach am 18. Juli 1933 bei Sotheby's. [...]*

### *NA 29, Nr 130*

*Die Angaben zum Verbleib der Handschrift in der Überlieferung zum Brief an Christoph Gottlob Breitkopf vom 1. September 1797 sind zu korrigieren:*

*ÜBERLIEFERUNG. H: Staatsbibliothek zu Berlin - Preußischer Kulturbesitz, Sammlung Härtel. [...]*

### *NA 29, Nr 131*

*Der Brief an Karl August Böttiger vom 6. September 1797 ist nach D (Jonas 5 [1895], 248–249) wiedergegeben; nach H lautet der Text:*

*131. An Karl August Böttiger*

Jena 6. Sept. 97. *Mittwoch.*

Meinen verbindlichsten Dank sag ich Ihnen werthester Freund für die neulich mitgetheilten Nachrichten, und wünsche zu Ihrer glücklichen Heimkehr Glück.

Die Erwartungen des Publicums von meinem Almanach werden uns um das Vergnügen der Ueberraschung und um den Dank der Leser bringen, denn man wird mehr gesucht haben, als man findet.

Sie haben mit dem Ibycus viele Mühe gehabt, es ist also nicht anders als billig, daß ich Ihnen vorlege, was zum Theil mit Ihrer Hülfe daraus entstanden ist. Zugleich aber habe ich noch das Anliegen auf dem Herzen, daß Sie so gefällig seyn möchten, mir zu sagen, ob darinn nirgends gegen altgriechische Gebräuche verstoßen ist? Auf so eine Art nehmlich, wie man auch dem Poeten nicht verzeyht. Haben Sie die Güte, das Gedicht auch in dieser Hinsicht zu durchlaufen, und mir solches alsdann mit erster Post zurück zu senden. Hochachtungsvoll

der Ihrige
Schiller

*ÜBERLIEFERUNG. H: Bodleian Library, University of Oxford (England). 1 Blatt 18,8 × 23,4 cm, leicht vergilbtes, rauhes Papier (nach Auskunft von Colin Harris, Oxford). – E: Zeitgenossen. Ein biographisches Magazin für die Geschichte unserer Zeit. Bd 6. H. 3/4. Leipzig 1837. S. 100 (Karl Wilhelm Böttiger). – Textwiedergabe nach H.*

### *NA 29, Nr 144*

*Die zweite Nachschrift von Schillers Brief an Christian Gottfried Körner vom 2. Oktober 1797 (***143,16–29***) ist nach einer Autopsie von H wiedergegeben; nach H lautet der Text:*

So eben erhalte ich Deinen Brief. Es überraschte mich, daß Du den Ibykus durch Rakenitz eher als durch mich erhalten mußtest. Es ist dieß eine Indiscretion von Bötticher, dem ich den Ibykus vor dem Abdruck communicierte, um gewiß zu wissen, daß ich nicht gegen altgriechisches Costüm verstoßen –

Die Trockenheit, die Du an dieser Ballade und auch am Polycrates bemerkst mag von dem Gegenstand wohl kaum zu trennen seyn, weil die Personen darinn nur um der Idee willen da sind, und sich als Individuen derselben subordinieren. Es fragte sich also bloß, ob es erlaubt ist, aus dergleichen Stoffen Balladen zu machen, denn ein größres Leben möchten sie schwerlich vertragen, wenn die Wirkung des Uebersinnlichen nicht verlieren soll.

Ich habe von der Ballade keinen so hohen Begriff, daß die Poesie nicht auch als bloßes Mittel dabei statt haben dürfte.

*ÜBERLIEFERUNG. H: Brief: Verbleib unbekannt. Nachschrift: GSA. 1 Blatt 18,9 × 23,4 cm, 1 S. beschrieben. Weißliches glattes Papier. – E: Schiller-Körner 4 (1847). S. 53 bis 54 (unvollständig). $E^{\alpha}$: DLA/SNM. Von der Verlagsbuchhandlung Veit & Comp. nach H korrigiertes und ergänztes Exemplar von E (Druckvorlage für $D^3$). $D^1$: Schiller-Körner[2] 2 (1874), 271–272. $D^2$: Jonas 5 (1895), 268–269. $D^3$: Schiller-Körner[3] 4 (1896), 42–43. – Textwiedergabe nach $E^{\alpha}$ (Brief und erste Nachschrift) und H (zweite Nachschrift).*

*LESARTEN.* **1** Ibykus] *unsterstrichen, aber wohl von fremder Hand H* **10** die Poesie] *über gestr.* ich *(?) H* **10** nicht] *danach unleserlich gemacht* denken *(?) H*

### *NA 29, Nr 152*

*Der Brief an Körner vom 20. Oktober 1797 ist nach $E^{\alpha}$ (DLA/SNM. Von der Verlagsbuchhandlung Veit & Comp. nach H korrigiertes und ergänztes Exemplar von E) wiedergegeben; nach H lautet der Text:*

*152. An Christian Gottfried Körner*

Jena 20. 8br. 97. *Freitag.*

Nur ein paar Worte zu Begleitung dieses Paquets.

Es freut mich sehr, daß Du mit meinen Sachen im Almanach soweit zufrieden bist. Der Gang *nach dem* Eisenhammer ist für mich ein neues Genre gewesen, an das ich mich nicht ohne Furcht wagte; ich bin nun neugierig, was die zwey andern, aus meinem kritischen Kleeblatt, Göthe und Humboldt dazu meinen werden.

Du thust Schlegeln, meines Bedünkens, doch zuviel, wenn du seine Gedichte im Almanach auf gleichen Fuß behandelst – In den Stanzen über Romeo und Julie hat er sich wirklich übertroffen, sie haben einen ächten Schwung und zeigen ein Gefühl, das ich ihm nimmer zugetraut hätte – wenn er sie nur nicht irgendwo gestohlen hat.

Auch die entführten Götter haben viel Gutes.

Seinen Prometheus und Arion gebe ich Dir Preiß.

Was sagst Du zu meinen neuen Leuten, Schmidt, K, A, und F? Es wäre mir gar angenehm, und auch G*oethe* dem ichs mittheilen würde, wenn Du den Almanach ohngefehr eben so wie voriges Jahr kritisch durchlaufen wolltest.

Unter den Melodien, die ich hier mitschicke, must Du das Reiterlied tiefer spielen, als es gesetzt ist, wie Du sehen wirst. Es war eine sonderbare Idee von Musicus die Cuiraßiere so hoch singen zu lassen, als kaum eine Weiberstimme hinaufreicht. Sonst aber hat die Melodie mir wohl gefallen. Wenn Du die Deinige ein wenig anders aufschreiben laßen und mir schicken wolltest wär mirs lieb. In der Abschrift, die Du mir geschickt, sind die Melodien zu den einzelnen Strophen ein wenig durcheinander geworfen, und der Spieler und Sänger verwirrt sich beim Suchen.

Auch Zelter hat das Reiterlied gesetzt und man sagt, es sei ihm besonders gut gerathen. Ich hab es aber noch nicht erhalten.

Lebewohl. Mein kleiner Ernst ist wieder auf dem Wege der Beßerung. Wir sind seit 3 Tagen wieder in der Stadt und ich sitze und schwitze am Wallenstein.

Herzlich grüßen wir euch alle

Dein S.

*ÜBERLIEFERUNG. H: Kulturstiftung des Hauses Hessen, Archiv Schloß Fasanerie, Eichenzell. 1 Doppelblatt 11,7 × 8,5 cm, 4 S. beschrieben; S. 1 oben links von fremder Hand:* 35. *– E: Schiller-Körner 4 (1847), 57–58. – Textwiedergabe nach H.*

*LESARTEN.* **10** ihm] *ü. d. Z. erg. H*

### *NA 29, Nr 155*

*Die Angaben zur Überlieferung des Briefes an Christoph Gottlob Breitkopf vom 23. Oktober 1797 sind zu korrigieren:*

*ÜBERLIEFERUNG. […] E: JWvGoethe. Sammlung Ernst und Theone Kellner Bremen. Geleitwort von Rudolf Alexander Schröder. Hrsg. von Hans Kasten. Bremen 1932. S. 54. – Textwiedergabe nach H.*

### *NA 29, Nr 160*

*Die Angaben zur Handschriftenbeschreibung in der Überlieferung des Briefes an Christian Gottfried Körner vom 20. November 1797 sind zu ergänzen:*

*ÜBERLIEFERUNG. H: The Houghton Library, Harvard University, Cambridge (Massachusetts), USA. 1 Doppelblatt 11,5 × 8,9 cm, 4 S. beschrieben, leicht vergilbtes Velinpapier. Bleistiftunterstreichungen S. 1:* Göthe *(***157,24***), S. 3:* Göthen hat seine Reise gut zuge *(***158,6***),* Wallenstein *(***158,9***). […]*

### *NA 29, Nr 193*

*Die Angaben zur Überlieferung des Briefes an Christian Gottfried Körner vom 25. Januar 1798 sind zu korrigieren:*

*ÜBERLIEFERUNG. H: ? 1977 Dr. Rudolf Schwabe, Basel. Zuletzt 1991 versteigert; vgl. Stargardt-Katalog 649, Auktion vom 4./5. April 1991. S. 148. Nr 391. 1 Doppelblatt 18,8 × 23 cm, 1 ⅔ S. beschrieben, leicht vergilbtes Velinpapier; S. 1 oben links in der Ecke von fremder Hand:* 4.; *S. 4 Adresse:* an Herrn / Appellationsrath D. Körner / in / Dresden / fr. *(Angaben nach Kollation von Lieselotte Blumenthal). Facsimile der 1. S.: Stargardt-Katalog 649 [s. o.]. S. 148 (***194,18–27** Ich bin *bis* Gesundheit, so*) [...]*

*LESARTEN.* **194,23** findet.] *danach unklare Korrektur (Streichung eines nicht vollendeten Buchstabens)?*

## *NA 29, Nr 194*

*Die Angaben zum Verbleib der Handschrift in der Überlieferung des Briefes an Carl Georg Wilhelm Rein vom 26. Januar 1798 sind zu korrigieren:*

*ÜBERLIEFERUNG. H: DLA/SNM. [...]*

## *NA 29, Nr 207*

*Der Brief an Karl Gustav von Brinckmann vom 20. Februar 1798 ist nach E wiedergegeben; nach H lautet der Text:*

*207. An Karl Gustav von Brinckmann*

Jena 20. Febr. 98 *Dienstag.*

Ihrer gütigen Erlaubniß gemäß sende ich Ihnen den Brief an unsern Freund, und wünsche Ihnen noch einmal, daß Sie glücklich bei ihm anlangen, und daß sie alle miteinander sich Ihres freundschaftlichen Kreises in P*aris* recht erfreuen, auch zuweilen unsrer gedenken mögen.

S.

*ÜBERLIEFERUNG. H: Universitätsbibliotek Uppsala (Schweden). 1 Blatt 19 × 23,5 cm, ½ S. beschrieben. – E: Jonas 5 (1895), 349. – Textwiedergabe nach H.*

*LESARTEN.* **4** Ihres] I *verb. aus* i *H*

## *NA 29, Nr 246*

*Der Brief an Louise Brachmann vom 5. Juli 1798 ist nach $D^2$ (Beilage zur Allgemeinen Zeitung 1900. Nr 101 [3. Mai]. S. 4) wiedergegeben; nach H lautet der Text:*

*246. An Louise Brachmann*

Jena 5. Jul. 98 *Donnerstag.*

Sie finden in beiliegendem XII ten Stücke der Horen einige Ihrer Gedichte abgedruckt und ich ergreife diese Gelegenheit, Ihnen für diese schönen Beiträge so wie für Ihre gütige Zuschrift Dank zu sagen. Unter dem Heer von Gedichten, welche dem Herausgeber eines Almanachs von allen Enden unsers versereichen prosaischen Deutschlands zufließen, ist die Erscheinung einer schönen und wahren poetischen Empfindung, so wie sie in mehrern Ihrer Gedichte lebt, eine desto angenehmere Ueberraschung und dieses Vergnügen haben mir vorzüglich Ihre Gaben der Götter gewährt. Besonders aber erregten sie mir den Wunsch Ihrer persönlichen Bekanntschaft, und wenn Sie mir dazu einige Hofnung geben können, so werden Sie mir viele Freude machen.

Zugleich bitte ich Sie, auch meinen neuen Almanach, für den jetzt gesammelt wird mit einigen Beiträgen zu beschenken, es versteht sich von selbst, daß ich Ihr Geheimniß ehren werde.

Mit vorzüglicher Achtung

Ihr

gehorsamster

Schiller

*ÜBERLIEFERUNG. H: GSA. 1 Blatt 18,9 × 23,3 cm, gelbbraunes glattes Papier, kein Wz., 2 S. beschrieben. – E: Louise Brachmann: Auserlesene Dichtungen. Hrsg. von [Friedrich Karl Julius] Schütz. Bd 1. Leipzig 1824. S. XXV–XXVI. – Textwiedergabe nach H.*

### *NA 29, Nr 257*

*Die Angaben zur Überlieferung des Briefes an Johann Friedrich Vieweg vom 13. August 1798 sind zu ergänzen:*

*ÜBERLIEFERUNG. […] Als vollständiger Brief ungedruckt (der letzte Satz* Ich brauche nicht *bis* gereichen würde. *[***261,28–30***] in: Henrici-Katalog, Auktion vom 9. Oktober 1920. S. 57. Nr 225).*

### *NA 29, Nr 260*

*Die Angaben zur Überlieferung des Briefes an Wilhelm Friedrich Hermann Reinwald vom 16. August 1798 sind zu ergänzen:*

*ÜBERLIEFERUNG. H: Freies Deutsches Hochstift Frankfurt a. M. 1 Blatt 12 × 9,1 cm, 1 S. beschrieben. Vergilbtes Velinpapier. Facsimile: Lagerkatalog Meyer und Ernst, 1930, S. 67. […]*

### *NA 30, Nr 5*

*Die Angaben zur Überlieferung des Briefes an August von Kotzebue vom 16. November 1798 sind zu ergänzen:*

*ÜBERLIEFERUNG. H: ? 1895 in Besitz von Carl Robert Lessing, Berlin (vgl. Carl Robert Lessings Bücher- und Handschriftensammlung hrsg. von [...] Gotthold Lessing, Bd 2. Handschriftensammlung Teil 2: Deutschland. Bearbeitet von Arend Buchholtz. Berlin 1915. S. 261. Nr 2869: „4 Seiten 4°. E." (nach Auskunft der SBPK seit 1945 verschollen). h: SBPK (Abschrift von unbekannter Hand; Sammlung Adam, K. 91). – E: Verzeichniß der zur hundertjährigen Geburtstagsfeier Schiller's im Saale der Königlichen Akademie vom 12. bis 22. November 1859 aufgestellten Bildnisse, Handschriften, Drucke, Musikalien und Erinnerungen. Berlin [1859]. S. 13–14. $D^1$: August von Kotzebue. Urtheile der Zeitgenossen und der Gegenwart. Zusammengestellt von W[ilhelm] von Kotzebue. Dresden 1881. S. 148 (unter dem falschen Datm des 10. Oktober 1798). $D^2$: Jonas 5 (1895), 461–462 (nach H). – Textwiedergabe nach $D^2$.*

### *NA 30, Nr 17*

*Der Brief an August Wilhelm Iffland vom 24. Dezember 1798 ist nach E wiedergegeben; nach H lautet der Text:*

*17. An August Wilhelm Iffland*

Jena 24 Dec. 98 *Montag.*

Hier erfolgen die Piccolomini. Ich habe gethan was ich konnte um mein Versprechen pünktlich zu erfüllen, aber der November und December sind schlechte Monate für einen Poeten, der noch dazu von jedem rauhen Lüftchen abhängt wie ich. Seien Sie versichert, daß ich alles was Sie mir in Ihrem letzten Briefe ans Herz legten, beherzigt habe und beherzigen werde und ich habe gewiß mehr Unruhe als Sie Selbst über diese kleine Verzögerung gehabt.

Noch muß ich bemerken, daß in diesem Mscrpt Eine Scene ganz und eine Stelle die sich auf jene bezieht noch in einer andern fehlt. Es ist die erste Scene des 4ten Akts worinn eine astrologische Operation vorgeht und Wallenstein der glückliche Tag bestimmt wird. Um Sie nicht aufzuhalten habe ich das Mscrpt lieber ohne diese Scene, die heut über 8 Tage gewiß folgt, abgeschickt. Ich brauche zu dieser astrologischen Fratze noch einige Bücher, die ich erst übermorgen erhalte, und zugleich muß ich wegen Decorierung und Architectur des astrologischen Thurmes mit Göthen noch Rücksprache nehmen, wegen der theatralischen Ausführbarkeit. Wie gesagt aber erhalten Sie diesen Rest in einer Woche. Sie haben bloß die Güte, zu verordnen, daß in der Rolle Wallensteins und Senis beim Anfang des vierten Akts ein paar Blätter, und in der Rolle der Gräfin und der Thekla in dem Vierten Auftritt des zweiten Akts ein paar Seiten leer gelassen werden.

Ferner frage ich noch an, wem Sie die Rolle des Octavio zugedacht haben, damit ich wiße, ob es bei diesem stummen Ende des Stücks bleiben kann. Man hat mir hier gesagt, daß Sie den Wallenstein selbst nicht spielen wollten, sondern ihn an Fleck geben. Da ich

Fleck nicht kenne, aber Sie, so muß mir dieses freilich leid thun und ich hoffe noch, daß es nicht dabey bleiben wird. Der Octavio, so bedeutend er ist und es durch Sie noch werden müßte, könnte doch nothdürftig auch durch ein subalternes Talent geleistet werden, aber Wallenstein fodert ein eminentes und der Schauspieler, der ihn treffen will, muß eben so als Herrscher unter seinen Mitschauspielern dastehn und anerkannt seyn, als Wallenstein der Chef unter seinen Obersten. Sollten Sie indeß den Umständen dieses Opfer bringen wollen, so hoffe ich Sie doch in Weimar noch gewiß als Wallenstein zu sehen – Um nun auf meine Frage zurückzukommen, so würde ich, wenn Sie meinen, am Schluß des Vten Akts noch ein paar Worte sagen laßen, die dem Stück zu einem bedeutenden Schlußsteine dienten, und den Zusammenhang mit dem dritten Stück noch ein wenig deutlicher machten. In Weimar werde ich es thun und auch in dem gedruckten.

Daß Sie das dritte Stück vor Ausgang Februars werden geben können, dafür stehe ich. Es ist um sehr vieles, wohl um ein gutes Drittheil, kleiner als die Piccolomini, welche anfangs am Ende des III Akts hatten endigen sollen, und alsdann das kleinere Stück gewesen wären. Aber eine reife Ueberlegung der Foderungen, welche das Publikum einmal an ein Trauerspiel macht, hat mich bewogen, die Handlung schon im IIten Stück weiter zu führen, denn das IIIte kann durch das tragische seines Innhalts sich auch, wenn es kleiner ist, in der gehörigen Würde behaupten.

In dem IIIten Stück, davon ich das Personal und die Decorationen auf beiliegendem Blatt angebe, hat Max Piccolomini nur noch Eine aber die Hauptscene, und Octavio Piccolomini erscheint erst am Ende des Stücks, nach Wall*ensteins* Tode, wieder und beschließt das Stück. Aber eine neue sehr bedeutende Rolle ist Gordon; ein gutherziger fühlender Mann von Jahren, der weit mehr Schwäche als Character hat, sich also für einen Schauspieler schickt, der im Besitz ist, schwache zärtliche Väter, alte Moors pp zu spielen. Er muß aber in guten Händen seyn, denn er nimmt an den wichtigsten Scenen theil, und spricht die Empfindung, ich möchte sagen, die Moral des Stücks aus. Wahrscheinlich werden Sie also einen guten Schauspieler aus den Piccolominis weg lassen und auf den Tod Wallensteins für Gordon aufheben müssen. Buttler, Wall*ensteins* Mörder, wird sehr bedeutend.

Der Bürgemeister von Eger ist ein Philister, der durch den Schauspieler, welcher den Kellermeister spielen wird, sehr gut wird besetzt werden können.

Was den Seni betrifft, so wird es nicht zu wagen seyn, ihn in gar zu carricaturistische Hände zu geben, weil er, im dritten Stück, bei einem sehr pathetischen Anlaß erscheint, und die Rührung von Wallensteins letzter Scene leicht verderben könnte.

Wie wichtig die Gräfin ist, brauche ich nicht zu sagen.

Möchten übrigens diese Piccolominis Ihre Wünsche erfüllen! Ich sehe Ihrem Urtheil darüber mit Verlangen entgegen.

Ganz der Ihrige

Schiller

Personen im dritten Stück.

Wallenstein.
Octavio.
Max.
Illo.

Terzky.
Gordon. Kommandant von Eger.
Neumann.
Buttler.
Ein Schwedischer Kourier.
Ein Gefreiter, als Sprecher bei einer Gesandtschaft von Kuirassieren.
Seni.
Adjutanten und Pagen
Herzogin.
Gräfin.
Thekla.
Fräulein von Neubrunn, Dame d'honneur bei ihr.
Wallensteinischer Kammerherr.
Buttlerische Dragoner.

Decorationen

1. Ein großer Saal bei Wallenstein. Er endigt auf einem Balkon, den Wallenstein nachher betritt, und sich den Regimentern zeigt.

2. Gothischer Saal in Eger.

3. Ein Zimmer.

4. Saal, an den eine Gallerie stößt, durch welche man in W*allensteins* Schlafzimmer kommt.

*ÜBERLIEFERUNG. H: bis 1941 Museum des Preußischen Staatstheaters Berlin, im Zweiten Weltkrieg vernichtet. Facsimile: Schillers Begleitbrief zur Übersendung des Manuskriptes an Iffland vom 24. Dezember 1798; Beilage zu: Schillers „Piccolomini" auf dem Königlichen National-Theater in Berlin. Ifflands Regiebuch zur Erstaufführung am 18. Februar 1799. Hrsg. von Julius Petersen. Mit einem Geleitwort von Staatsminister Professor Dr. Johannes Popitz (Schriften der Gesellschaft für Theatergeschichte. Bd 53 [Jahresgabe 1940]). Berlin 1941. – E: Johann Valentin Teichmanns Literarischer Nachlaß. Hrsg. von Franz Dingelstedt. Stuttgart 1863. S. 201–203. – Textwiedergabe nach dem Facsimile.*

*LESARTEN.* **9** noch] *ü. d. Z. erg. H* **9** erste] *ü. d. Z. erg. H* **9** des 4ten Akts] *ü. d. Z. erg. H* **10** der glückliche] *verb. aus* den glücklichen *H* **17** vierten] *über gestr.* ersten *H* **19** haben,] *Komma verb. aus Punkt H* **31** Stück] *ü. d. Z. erg. H* **49–50** Buttler *bis* bedeutend.] *später i. d. Z. hinzugefügt H* **85** an den] den *verb. aus* dem *H*

***NA 30, Nr 36***

*Der Brief an Karl August Böttiger vom 1. März 1799 ist nach $D^1$ (hier: $E^2$) wiedergegeben; nach H lautet der Text:*

*36. An Karl August Böttiger*

Jena 1 März 99 *Freitag.*

Die Anzeige, die Sie die Güte hatten, mir zu senden, ist das erste freundliche Wort, das ich über die Piccolomini gedruckt lese, und musste mir schon deßhalb doppelt schätzbar seyn. Sie sprechen darinn mehreres so treffend und glücklich aus, was ich in das Stück habe legen wollen und dem Takt des Zuschauers überlassen mußte heraus zu fühlen, daß mich diese Versicherung meiner gelungenen Absicht nothwendig erfreuen muß. Freilich konnte die Intention des Poeten nicht überal deutlich erscheinen, da zwischen ihm und dem Zuschauer der Schauspieler stand; nur meine Worte und das Ganze meines Gemähldes können gelten.

So lag es z. B. nicht in meiner Absicht, noch in den Worten meines Texts, daß sich Octavio Piccol*omini* als einen so gar schlimmen Mann, als einen Buben, darstellen sollte. In meinem Stück ist er das nie, er ist sogar ein ziemlich rechtlicher Mann, nach dem Weltbegriff, und die Schändlichkeit die er begeht sehen wir auf jedem Welttheater von Personen wiederhohlt, die so wie er, von Recht und Pflicht strenge Begriffe haben. Er wählt zwar ein schlechtes Mittel aber er verfolgt einen guten Zweck. Er will den Staat retten, er will seinem Kaiser dienen, den er nächst Gott als den höchsten Gegenstand aller Pflichten betrachtet. Er verräth einen Freund der ihm vertraut, aber dieser Freund ist ein Verräther seines Kaisers, und in seinen Augen zugleich ein Unsinniger.

Auch meiner Gräfin Terzky möchte etwas zuviel geschehen, wenn man Tücke und Schadenfreude zu Hauptzügen ihres Karakters machte. Sie strebt mit Geist, Kraft und einem bestimmten Willen nach einem großen Zweck, und ist freilich über die Mittel nicht verlegen. Ich nehme keine Frau aus, die auf dem politischen Theater, wenn sie Charakter und Ehrgeitz hat, moralischer handelte.

Indem ich diese beiden Personen in Ihrer Achtung zu restituieren suche muss ich den Wallenstein selbst, als historische Person, etwas in derselben herunter setzen. Der historische Wallenstein war nicht groß, der poetische sollte es nie seyn. Der Wallenstein in der Geschichte hatte die Presumtion für sich, ein großer Feldherr zu seyn, weil er glücklich, gewaltthätig und keck war, er war aber mehr ein Abgott der Soldateska gegen die er splendid und königlich freigebig war, und die er auf Unkosten der ganzen Welt in Ansehen erhielt. Aber in seinem Betragen war er schwankend und unentschloßen, in seinen Planen phantastisch und excentrisch und in der letzten Handlung seines Lebens, der Verschwörung gegen den Kaiser, schwach, unbestimmt ja sogar ungeschickt. Was an ihm groß erscheinen, aber nur scheinen konnte, war das rohe und ungeheure, also gerade das, was ihn zum tragischen Helden schlecht qualifizierte. Dieses musste ich ihm nehmen und durch den Ideenschwung den ich ihm dafür gab, hoffe ich ihn entschädigt zu haben.

Wenn die Wallensteinischen Stücke ein Jahr lang gedruckt durch die Welt gelaufen sind, kann ich vielleicht selbst ein paar Worte darüber sagen. Jetzt liegt mir das Produkt noch zu nah vor dem Gesicht, aber ich hoffe, jedes einzelne Bestandstück des Gemähldes durch die Idee des Ganzen begründen zu können.

In die allgemeine Zeitung ist soviel ich weiß schon vor mehreren Wochen eine Anzeige abgegangen, sie muß auch längst schon abgedruckt seyn.

Daß Sie unsern Schauspielern da, wo sies verdienten, soviel Lob ertheilten und das mangelhafte so fein und schonend bemerkten dafür muß ich Ihnen noch besonders danken.

Daß Humboldt irgend einen Plan mit meinen Stücken habe, davon weiß ich nichts. So etwas kann man sich auch nicht vorsetzen; der Eindruck des Werks muß die kritischen Kräfte reizen und aufwecken.

Empfangen Sie nochmals meinen Dank für Ihre freundschaftliche Aeuserung über mein Stück; der Rest dieses Cyclus wird wie ich hoffe in der Mitte Aprils auf den Brettern erscheinen können.

Hochachtungsvoll

Ihr
ganz ergebener
Schiller

*ÜBERLIEFERUNG. H: Johns Hopkins University, Baltimore (Maryland), USA. 1 Blatt 19,5 × 24 cm, montiert auf einem 28,5 × 21,5 cm großen Bogen, möglicherweise aus einem Sammelalbum herausgelöst (Angaben nach freundlicher Auskunft von Amy Kimball, Baltimore). Facsimile in: JbDSG 18 (1974), zwischen S. 8 und 9. – E: Taschenbuch für Damen auf das Jahr 1808. Hrsg. von Huber, Lafontaine, Pfeffel und andern. Tübingen. S. XIV–XV (Karl August Böttiger), Teildruck (***7–41** Freilich konnte *bis* begründen zu können.*), datiert auf den 1. März 1791. $E^2$: Minerva. Taschenbuch für das Jahr 1811. Leipzig. S. 34–36 (im Kapitel „Erklärung der Kupfer“ mit separater Paginierung; Karl August Böttiger), Teildruck (***4–41** Sie sprechen *bis* begründen zu können.*), datiert auf den 1. Mai 1799; da der erste Satz des Briefes fehlt, wurde der zweite umformuliert:* Sie sprechen in ihren Bemerkungen mehreres treffend und glücklich aus, *[...]). $E^3$: Friedrich von Schiller's auserlesene Briefe in den Jahren 1781–1805. Hrsg. von Heinrich Doering. Zeitz 1834. S. 319–321. Teildruck (***4–41** Sie sprechen *bis* begründen zu können.*), mit der Adresse* An *** *und unter dem falschen Datum* Jena im Mai 1799*). $E^4$: Schillers Briefe. Mit geschichtlichen Erläuterungen. Ein Beitrag zur Charakteristik Schillers als Mensch, Dichter und Denker und ein nothwendiges Supplement zu dessen Werken. 2. Bd. 1. Abt. Berlin [1853]. S. 807–808. Teildruck (***4–41** Sie sprechen *bis* begründen zu können.*), mit der Adresse* An *** *und unter dem falschen Datum* Jena, im Mai 1799*). $E^5$: Jonas 6 (1895), 13–14 (nach einer Abschrift von $E^2$). $E^6$: JbDSG 18 (1974), 12–13 (Harold Jantz; erster vollständiger Druck). – Textwiedergabe nach H.*

*LESARTEN.* **26** als] al *verb. aus* d *H* **30** die er auf] die er *ü. d. Z. erg. H* **45** dafür] *ü. d. Z. erg. H*

*ERLÄUTERUNGEN.*
**2** Anzeige] *Böttiger hatte mit seinem Brief vom 22. Februar 1799 (NA 38 I, 43–44) das Februar-Heft des „Journals des Luxus und der Moden“ übersandt, das seine Besprechung „Ueber die erste Aufführung der Piccolomini auf dem Weimarischen Hof-Theater“ am 30. Januar 1799 (S. 89–97) enthält (gedruckt in: Fambach 2, 434–438).*
**2** das erste freundliche Wort] *Als weitere öffentliche Stellungnahme zu den „Piccolomini“ folgte Goethes Bericht über die Uraufführung in Nr 84–90 der „Allgemeinen Zeitung“ vom*

*25. bis 31. März 1799 (Fambach 2, 441–456), der am Schluß eine Beurteilung der Schauspieler von Schiller selbst enthält (diese auch in NA 22, 324–326). Private Äußerungen in Briefen und Lebenserinnerungen sind gesammelt in FA/Schiller 4, 837–850. Die umfangreichste Sammlung von Dokumenten zu Entstehung und Rezeption der „Wallenstein"-Trilogie bietet NA 8 N III, 45–586.*

**42–43** In die allgemeine Zeitung *bis* abgedruckt seyn.] *Im Bezugsbrief vom 22. Februar hatte Böttiger gefragt, ob Cotta eine Nachricht über die „Piccolomini"-Uraufführung für die von ihm verlegte „Allgemeine Zeitung" erhalten habe (vgl. NA 38 I, 44). Am 23. Februar hatte Schiller Goethes Rezension mit einem nicht überlieferten Begleitbrief an Cotta geschickt (vgl. Schillers Kalender; NA 41 I, 112). Sie erschien erst Ende März in Cottas „Allgemeiner Zeitung" (vgl. die vorhergehende Erläuterung).*

**44–45** Daß Sie unsern Schauspielern *bis* schonend bemerkten] *Am stärksten hebt Böttiger Heinrich Vohs als Max Piccolomini und Caroline Jagemann als Thekla hervor. Kritik an anderen Schauspielern formuliert er indirekt: Sie würden künftig ihre Rolle noch mehr* auszumahlen wissen *und* gewiß noch tiefer in den Geist ihrer Rolle eindringen *(Fambach 2, 435 und 437).*

**47** Daß Humboldt *bis* mit meinen Stücken habe] *Böttiger hatte gehört,* daß Herr von Humboldt den zweiten Theil seiner ästhetischen Versuche diesen dramatischen Cyclus widmen *werde (NA 38 I, 44). Ein zweiter Teil von „Wilhelm v. Humboldt's Ästhetischen Versuchen" kam nicht zustande; der erste Teil (Braunschweig 1799) behandelt Goethes „Herrmann und Dorothea".*

**51** in der Mitte Aprils] *Die Uraufführung von „Wallensteins Tod" (damals noch unter dem Titel „Wallenstein") fand am 20. April 1799 statt.*

## *NA 30, Nr 47*

*Der Brief an Christian Gottfried Körner vom 8. April 1799 ist nach $E^{\alpha}$ wiedergegeben; nach H lautet der Schluß des Briefes:*

*[...]* herzlich. Gieb mir bald Nachricht, wie die Vorlesung des Wallensteins abgelaufen.

Dein

S.

*ÜBERLIEFERUNG. H: Körner-Museum, Dresden, 1945 verbrannt. Photographie des Briefschlusses: Sächsische Landesbibliothek – Staats- und Universitätsbibliothek Dresden. – E: Schiller-Körner 4 (1847), 135–136. $E^{\alpha}$: DLA/SNM. Durchschossenes Exemplar von E mit handschriftlichen Ergänzungen der in E fehlenden Stellen. $D^1$: Schiller-Körner$^2$ 2 (1874), 322. – Textwiedergabe nach $E^{\alpha}$; der Schluß des Briefes nach der Photographie.*

## *NA 30, Nr 49*

*Der Brief an Charlotte von Kalb vom 20. April 1799 ist nach D (Jonas 6 [1895], 25) wiedergegeben; nach H lautet der Text:*

*49. An Charlotte von Kalb*

*Weimar, 20. April 1799. Sonnabend.*

Charlottens Geist und Herz können sich nie verläugnen. Ein rein gefühltes Dichterwerk stellt jedes schöne Verhältniß wieder her, wenn auch die zufälligen Einflüße einer beschränkten Wirklichkeit es zuweilen entstellen konnten. Die edle Menschlichkeit spricht aus dem gefühlten Kunstwerk zu einer edlen Menschlichen Seele, und die glückliche Jugend des Geistes kehrt zurück

Ihr Andenken, theure Freundin, wird seinen vollen Werth für mich behalten. Es ist mir nicht bloß ein schönes Denkmal diese heutigen Tages, es ist mir ein theures Pfand Ihres Wohlwollens und ihrer treuen Freundschaft und bringt mir die ersten schönen Zeiten unsrer Bekanntschaft zurück. Damals trugen Sie das Schicksal meines Geistes an Ihrem freundschaftlichen Herzen, und ehrten in mir ein unentwickeltes, noch mit dem Stoffe unsicher kämpfendes Talent. Nicht durch das was ich war und was ich wirklich geleistet hatte, sondern durch das, was ich vielleicht noch werden und leisten konnte, war ich Ihnen werth. Ist es mir jetzt gelungen, Ihre damaligen Hofnungen von mir wirklich zu machen, und Ihren Antheil an mir zu rechtfertigen, so werde ich nie vergessen, wie viel ich davon jenem schönen und reinen Verhältnisse schuldig bin.

Sch.

*ÜBERLIEFERUNG. H: Bis 1945 Preußische Staatsbibliothek Berlin, danach Biblioteka Jagiellońska Kraków (Krakau). 1 Blatt 18,9 × 23,4 cm, 2 S. beschrieben, festes geripptes leicht vergilbtes Papier, Wz.: Randornamente rechts links und unten, in der Mitte ein „D" (?). – E: Ernst Köpke: Charlotte v. Kalb und ihre Beziehungen zu Schiller und Göthe. Berlin 1852. S. 124–125. – Textwiedergabe nach H.*

*LESARTEN.* **15** werde ich] *über gestr.* danke ich es *H*

## *NA 30, Nr 62*

*Die Angaben des Briefes an Georg Heinrich Nöhden vom 5. Juni 1799 ist nach einem (in verschiedenen Bibliotheken vorhandenen) Facsimile wiedergegeben (vgl. NA 30, 278); nach erneuter Kollation mit H lautet der Text:*

*62. An Georg Heinrich Nöhden*

Jena 5. Jun. 99. *Mittwoch.*

Ich muß mich schämen, daß ich Ihr gütiges Schreiben von vorigen September, nebst dem angenehmen Einschluß, so spät beantworte, aber ich ließ es anstehen, weil ich noch nichts bestimmtes über den Wallenstein sagen konnte. Empfangen Sie meinen verbindlichen Dank für Ihre Bemühungen um den Carlos. So weit ich das englische verstehe und den Werth ein*er* Uebersetzung beurtheilen kann, ist er sehr gut übertragen; aber wie die Poeten sind, auch den kleinsten Ausdruck mögen sie sich nicht gern nehmen lassen, und so kann ich nicht läugnen, daß es mir um verschiedene Stellen leid thut, wo die Kraft und Eigenthümlichkeit dem Genius der fremden Sprache hat aufgeopfert werden müssen. Dann kann ich auch nicht läugnen, daß ich das Silbenmaaß in dieser Uebersetzung ungern vermißte.

Nun ab*er* zum Wallenstein. Dieses Dramatische Werk ist nun fertig, aber in einer Suite von 3 Stücken ist es ausgeführt, einem Vorspiel von Einem Akt, Wallensteins Lager betitelt, einem Schauspiel in 5 Akten, welches von den 2 Hauptpersonen nach dem Wallenstein, die Piccolomini, den Nahmen führt, und endlich dem eigentlichen Trauerspiele Wallenstein, gleichfalls in 5 Akten. Das Vorspiel ist in kurzen gereimten Versen geschrieben, nach dem Geist des Jahrhunderts, in welchem die Geschichte spielt. Die zwey andern Stücke sind in Jamben.

Es sind durch meinen Buchhändler Cotta in Tübingen, aus England Anträge an mich geschehen, daß ich di*es*e Stücke in Mscrpt dahin senden möchte und man will 60 Pfund dafür bezahlen Auch hat vor etlichen Wochen ein H*err* Symonds in Paternoster Row wohnhaft, der, wie Ihnen bekannt seyn wird auch eine Uebersetzung des Carlos herausgab, an mich geschrieben und sich meine künftigen Stücke ausgebeten. Da ich nun, in meinen Verhältnißen gegen merkantilische Vortheile nicht ganz gleichgültig seyn darf, so werden Sie mir nicht übel deuten, wenn ich zu wißen wünsche, ob mir der Verleger Ihrer Uebersetzung ähnliche Vortheile bewilligen kann. Freilich wäre mirs angenehm, wenn die Uebersetzung meiner künftigen Stücke sowohl als des Wallenstein in Ihre und Ihres Freundes geschickte Hand fiele, und wenn ich auf diese Art den innern wesentlichen Vortheil einer guten Uebersetzung mit jenem äusern mercantilischen Vortheil vereinigen könnte.

Auch habe ich erfahren, daß Herr Sheridan, unter deßen Aufsicht des Theater zu Drurylane steht, deutsche Originalstücke dafür annimmt, und sie übersetzen läßt, um sie spielen zu lassen. Wenn es nicht zu unbescheiden von mir ist, Sie mit einem Auftrage zu bemühen, so wünschte ich wohl zu wißen, ob dem wirklich so ist, und ob ich ins künftige solche Stücke von mir, die auf den theatralischen Effekt berechnet sind, an ihn senden kann.

Auch die Wallensteinischen Schauspiele bin ich gesonnen, in ein einziges Theaterstück zusammen zu ziehen, weil die Trennung derselben tragischen Handlung in zwey verschiedene Repräsentationen auf dem Theater etwas ungewöhnliches hat und die erste Hälfte immer etwas unbefriedigendes behält. In Ein Stück vereinigt bilden beide aber ein sehr wirkungsreiches Theaterstück, wie mich die Repræsentation in Weimar belehrt hat. Auch dieses Stück möchte H*err*n Sheridan alsdann vielleicht brauchbar seyn.

Ich bitte mich H*err*n Stoddart beßtens zu empfehlen und schließe mit der Versicherung meiner vollkommensten Hochachtung

Schiller.

*ÜBERLIEFERUNG. H: DLA/SNM. 1 Doppelblatt 18,8 × 21,4 cm, 4 S. beschrieben, vergilbtes bräunliches Papier, Wz.: Heraldische Lilie in gekröntem Schild, darunter: I A WUNNERLICH. – E: Morgenblatt für gebildete Leser. 7. September 1850. Nr 215. S. 857–858. – Textwiedergabe nach H.*

*LESARTEN.* **8** thut] *verb. aus* thun *H* **10** auch] *ü. d. Z. erg. H* **13** ausgeführt] s *unklar verb. H* **16** Das Vorspiel] a *und* V *unklar verb. H* **16** in] *danach gestr.* einem *H* **28** auf diese Art] *ü. d. Z. erg. H* **35** von mir] *ü. d. Z. erg. H* **40** bilden] *über gestr.* kann ich *H*

### *NA 30, Nr 70*

*Der Brief an Christian Gottfried Körner vom 20. Juni 1799 ist nach* $E^{\alpha}$ *(DLA/SNM. Von der Verlagsbuchhandlung Veit & Comp. nach H korrigiertes und ergänztes Exemplar von E) wiedergegeben; nach H lautet der Text:*

*70. An Christian Gottfried Körner*

*Jena* 20. Jun 99 *Donnerstag.*

Ich habe die Piccolomini, die ich verschickte, mit jeden Posttage erwartet, um sie Dir zurück zu senden, denn von dem ersten Akte hab ich keine ostensible Abschrift sonst. Du must Dich also noch ein par Tage gedulden. Der Prolog folgt hier.

Für Deine Recension des III ten Stücks danke ich Dir herzlich. Es ist nur etwas, was mich dabey in Verlegenheit sezt, dieses nehmlich, daß Du immer mit den eignen Worten des Dichters referierst. Ich hatte Dir vergeßen zu schreiben, daß ich, solang die Stücke ungedruckt sind, sowenig Stellen als möglich, ausgezogen wünsche. Es schadet immer dem Werk, wenn das, was ins Ganze berechnet ist, zuerst als Stückwerk gelesen wird, und außerdem ist das Beßte von Stück schon verrathen, ehe diß wirklich erscheint. Ich muß also sehen, wie ich diesem Umstand abhelfe, aber es ist schwer, weil die ganze Anzeige auf diese Methode calculiert ist. Wäre das Stück gedruckt, so würde diese Methode allerdings die beßere seyn.

Sei so gut die Einlage an meine Schwiegermutter a u f s s c h l e u n i g s t e bestellen zu lassen, sie betrifft ihre Abreise. Meiner Schwägerin habe ich aufgetragen, das Geld an Dich zu bezahlen.

Nächstens weitläuftiger. Die Postzeit jagt mich. Herzliche Grüße von uns allen
Dein

S.

*ÜBERLIEFERUNG. H: DLA/SNM. 1 Blatt 18,6 × 23,5 cm, gebräuntes Papier, 2 S. beschrieben, in Eile, einige kleine Löcher durch Tintenfraß; S. 1 oben links von fremder Hand mit roter Tinte: „11." – E: Schiller-Körner 4 (1847), 145–146. – Textwiedergabe nach H.*

### *NA 30, Nr 90*

*Der Brief an Goethe vom 20. August 1799 ist nach* $D^3$ *(Jonas 6 [1895], 73–75) wiedergegeben; nach H lautet der Brief:*

*90. An Johann Wolfgang von Goethe*

Jena 20. Aug. 99. *Dienstag.*

Ich bin dieser Tage auf die Spur einer neuen möglichen Tragödie gerathen, die zwar erst noch ganz zu erfinden ist, aber wie mir dünkt aus diesem Stoff erfunden werden kann. Unter der Regierung Heinrichs VII in England stand ein Betrüger, Warbeck, auf, der sich für einen der Prinzen Eduards V ausgab, welche Richard III im Tower hatte ermorden lassen. Er wußte scheinbare Gründe anzuführen, wie er gerettet worden, fand eine Parthey die ihn anerkannte und auf dem Thron sezen wollte. Eine Prinzessin desselben Hauses York, aus dem Eduard abstammte und welche Heinrich dem VIIten Händel erregen wollte, wußte und unterstüzte den Betrug, sie war es vorzüglich welche den Warbeck auf die Bühne gestellt hatte. Nachdem er als Fürst an ihrem Hof in Burgund gelebt und seine Rolle eine Zeitlang gespielt hatte manquierte die Unternehmung, er wurde überwunden, entlarvt und hingerichtet.

Nun ist zwar von der Geschichte selbst so gut als gar nichts zu brauchen, aber die Situation im Ganzen ist sehr fruchtbar, und die beiden Figuren des Betrügers und der Herzogin von York können zur Grundlage einer tragischen Handlung dienen, welche mit völliger Freiheit erfunden werden müßte. Ueberhaupt glaube ich, daß man wohl thun würde, immer nur die allgemeine Situation, die Zeit und die Personen aus der Geschichte zu nehmen und alles übrige poetisch frey zu erfinden, wodurch eine mittlere Gattung von Stoffen entstünden welche Vortheile des historischen Dramas mit dem erdichteten vereinigte.

Was die Behandlung des erwähnten Stoffs betrift, so müßte man däucht mir das Gegentheil von dem thun, was der Comödiendichter daraus machen würde. Dieser würde durch den Contrast des Betrügers mit seiner großen Rolle und seine Incompetenz zu derselben das Lächerliche hervorbringen. In der Tragödie müßte er als zu seiner Rolle gebohren erscheinen und er müßte sie sich so sehr zu eigen machen, daß mit denen, die ihn zu ihrem Werkzeug gebrauchen und als ihr Geschöpf behandeln wollten, interessante Kämpfe entstünden. Es müßte ganz so aussehen, daß der Betrug ihm nur d e n Platz angewiesen, zu dem die Natur selbst ihn bestimmt hatte. Die Catastrophe müßte durch seine Anhänger und Beschützer, nicht durch seine Feinde, und durch Liebeshändel, durch Eifersucht und d*ergleichen* herbeigeführt werden.

Wenn Sie diesem Stoff im Ganzen etwas Gutes absehen und ihn zur Grundlage einer tragischen Fabel brauchbar glauben, so soll er mich zuweilen beschäftigen, denn wenn ich in der Mitte eines Stücks bin, so muß ich in gewissen Stunden an ein neues denken können.

Für den Almanach geben Sie mir keine tröstliche Aussichten. Was die Kupfer betrift so habe ich meine Hofnung nicht auf die Güte des Kupferstichs gebaut, man ist ja hierinn gar nicht verwöhnt und da diese Manier im Ganzen gefällt, die Zeichnung zugleich verständig entworfen ist, so werden wir uns doch damit sehen laßen dürfen. Die Bemerkung, die Sie über das Gedicht selbst machen ist mir bedenklicher, besonders da mir etwas ähnliches selbst dabey geschwant hat. Noch weiß ich nicht wie Rath geschafft werden soll, denn meine Gedanken wollen sich noch gar nicht auf etwas lyrisches wenden. Auch ist es ein schlimmer Umstand, daß wir zu den anzuhängenden kleinern Gedichten einen sehr kleinen Raum übrig behalten, der also nothwendig mit bedeutenden Sachen muß aufgefüllt werden. Sobald ich meinen zweiten Akt fertig habe, werde ich ernstlich an diese Sache denken.

Leben Sie wohl. Meine Frau grüßt Sie aufs beste.

Sch.

*ÜBERLIEFERUNG. H: Autographensammlung Wilhelm, Basel. 1 Doppelblatt, Längs- und Querfaltung, geripptes Papier, 4 S. beschr. – E: Friedrich Wilhelm Riemer: Mittheilungen über Goethe. Aus mündlichen und schriftlichen, gedruckten und ungedruckten Quellen. Berlin 1841. Bd 2. S. 462–463. – Textwiedergabe nach einer Photographie, da H nicht zugänglich.*

*LESARTEN.* **8** Heinrich dem VIIten] dem *ü. d. Z. erg. H* **13** von der Geschichte] von *unklar verb. H* **14–15** der Herzogin] der *verb. aus.* die *H* **15** einer tragischen] einer *verb. aus* eines *H* **39–40** da mir] mir *über gestr.* ich *H*

## *NA 30, Nr 109*

*Der Brief an Friederike von Gleichen vom 15. Oktober 1799 ist nach h (hier: $h^1$) wiedergegeben; eine weitere Abschrift befindet sich im Freien Deutschen Hochstift Frankfurt a. M. Die Angaben zur Überlieferung sind zu ergänzen und einige Lesarten mitzuteilen:*

*ÜBERLIEFERUNG. H: ? $h^1$: GSA. Abschrift von Adalbert von Gleichen-Rußwurm. Adresse:* An Ihre Hochwohlgebohren / Frau Kammerherrin von Gleichen / geb. von Holleben / in / Rudolstadt. *$h^2$: Freies Deutsches Hochstift Frankfurt a. M.. Abschrift von Johann Heinrich Hennes in einem Konvolut von 1851. Adresse:* An Ihro Hochwohlgebohren / Frau Kammerherrin von Gleichen / geb v. Holleben / in / Rudolstadt. *– E: Urlichs (1877), 331 (ohne Adresse). D: Jonas 6 (1895). S. 97 (ohne Adresse) (nach E). – Textwiedergabe nach $h^1$.*

*LESARTEN.* **105,21** 15.] den 15. *$h^2$* **21** 8br.] Oktober *$h^2$* **21** 99.] 1799. *$h^2$* **22** alle] Alle *$h^2$* **26** Gevatterin] Gevatterin, *$h^2$* **30** Tage] Tage, *$h^2$* **30** 6] sechs *$h^2$* **106,2** Chere Mère] Chère mère *$h^2$* **6** Schiller] Schiller. *$h^2$*

## *NA 30, Nr 133*

*Seinem Brief an Siegfried Lebrecht Crusius vom 6. Dezember 1799 legte Schiller eine* Assignation *(NA 30, 123, Z. 26) bei. Sie lautet:*

Herr S*iegfried* L*ebrecht* Crusius, Buchhändler in Leipzig, belieben gegen diese Anweisung an Herrn Schwägerchen die Summe von 84 Rthlr 23 gr., den Laubthaler zu 1 rth. 13 gr., auszubezahlen und mir in Rechnung zu bringen.

Weimar 6 Dec*em*bri 1799.

FSchiller
Hofrath

*ÜBERLIEFERUNG. H: ? Zuletzt versteigert 2020; vgl. Katalog ADER Nordmann & Dominique, Auktion vom 6. Februar 2020 in Paris, Nr 226 (Facsimile); zur Handschrift ist angegeben: „1 page oblong in-4, sceau de cire rouge rapporté (encadrée, petites traces d'adhésif)". – Textwiedergabe nach dem Facsimile.*

### ***NA 30, Nr 143***

*Der Brief an Charlotte Schiller vom 13. Dezember 1799 ist nach E wiedergegeben (zur Datierung vgl. NA 30, 341); nach H lautet der Text:*

*143. An Charlotte Schiller*

*Weimar, den 13. Dezember 1799. Freitag.*

Ich werde mich heute zu Hause halten, liebes, weil ich gestern die Krämpfe stärker gespürt, also nur diesen schriftlichen Gruss, den Dir der kleine Ernst bringen wird. Mein Trost ist, daß Du in ein paar Tagen selbst wieder da bist und es der Weitlauftigkeiten nicht bedarf uns zu sehen. Karl sagte mir, daß Du wohl seyst, das freut mich sehr. Lebe wohl liebes Herz, viele Grüße an Fr*au* vStein. Sch.

*ÜBERLIEFERUNG. H: Dr. Wolfgang P. Heberlein, Jona (Schweiz). 1 Blatt 19 × 11,5 cm, 1 S. beschrieben, ungeripptes Papier ohne Wz. (Angaben nach Autopsie von H durch Jochen Meyer, DLA/SNM). Facsimile: Stargardt/Moirandat-Katalog: Autographen aus allen Gebieten. Sammlung Wolfgang P. Heberlein, Rapperswil-Jona, und weiterer Besitz. Auktion in Basel vom 21./22. Oktober 2011. S. 202. Nr 412. – E: Charlotte 1 (1860), 249. – Textwiedergabe nach H.*

### ***NA 30, Nr 145***

*Der Brief an Charlotte Schiller vom 14. Dezember 1799 ist nach E wiedergegeben (zur Datierung vgl. NA 30, 342); nach H lautet der Text:*

*145. An Charlotte Schiller*

*Weimar, den 14. Dezember 1799. Sonnabend.*

Da das Wetter heut so schön ist, so wirst Du hoffentlich ausgehen und besuchst mich vielleicht einen Augenblick. Lass michs nur wißen, und um wieviel Uhr? Ich habe gut geschlafen, werde aber doch wohl noch zu Hause bleiben Adieu liebes – Grüße Fr*au* vStein Sch

*ÜBERLIEFERUNG. H: Wienbibliothek im Rathaus, Wien (Österreich), Handschriftensammlung. 1 Blatt 19 × 11,3 cm. ⅔ S. beschrieben, leicht vergilbtes Papier. Blatt auf einen Karton aufgeklebt, so daß eventuelle Rippung und ein Wz. nicht erkennbar sind. – E: Charlotte 1 (1860), 249. – Textwiedergabe nach H.*

## *NA 30, Nr 146*

*146. An Charlotte Schiller*

*Weimar, den 15. Dezember 1799. Sonntag.*

Du sollst das Zimmer morgen eingerichtet finden liebes. Ich halte es auch, des Badens wegen, einstweilen für das beste, darin zu schlafen.

Die Vorhänge habe ich bei der Griesbach bestellt und an die Chere Mere auch geschrieben. Gern hätte ich Dich heute Abend besucht, aber Göthe schickte schon diesen Vormittag zu mir, daß ich den Abend mit ihm zubringen möchte. Diesen Nachmittag wollte ich zu Dir kommen, aber da kamen mir Leute vom Theater über den Hals.

Das beste ist, daß Du morgen selbst einziehst.

Schlaf wohl liebes Herz. Viele Grüße der guten Fr*au* v Stein

Sch.

*ÜBERLIEFERUNG. H: GSA. Doppelblatt 10,1(–10,4) × 17 cm, gebräuntes geripptes Papier, Kuvertfaltung, 2 S. beschrieben; S. 4 erbrochenes rotes Siegel und Adresse:* an Frau / Hofräthin Schiller, *Bl. 2 Papierverlust durch Öffnen des Siegels; Facsimile der 1. S. (***1–4** Du sollst *bis* besucht, aber*): Stargardt-Katalog 712. Auktion vom 9. April 2024. S. 95. Nr 154; Facsimile der 1. und 4. S.: Katalog Fritz Nagel, Auktion 367 vom 20./21. März 1998. S. 124. Nr 754. – E: Charlotte 1 (1860), 249. – Textwiedergabe nach H.*

*LESARTEN.* **6** zu Dir] *ü. d. Z. erg. H*

## *NA 30, Nr 174*

*Die Angaben zur Überlieferung des Briefes an Christian Gottfried Körner vom 24. März 1800 sind zu korrigieren:*

*ÜBERLIEFERUNG. H: Autographensammlung Wilhelm, Basel. 1 Blatt 15,3(–15,5) cm × 9,4 cm, Längs- und Querfaltung, vergilbtes, glattes Papier, 2 S. beschrieben, S. 1 oben links von fremder Hand mit roter Tinte:* 5., *das Wort* Wallenstein *mit Bleistift unterstrichen. – E: Schiller-Körner 4 (1847), 168–170.*

## *NA 30, Nr 184*

*Der Brief an Friedrich Wilhelm Joseph Schelling vom 1. Mai 1800 ist nach E wiedergegeben; nach H lautet der Text:*

*184. An Friedrich Wilhelm Joseph Schelling*

Weimar 1 May 1800. *Donnerstag.*

Ich hätte Ihnen schon früher geantwortet lieber Freund, wenn ich Gelegenheit gehabt hätte, in der Sache quæstionis hier etwas zu erfahren. Aber Göthe ist seit mehrern Tagen abwesend und sonst habe ich niemand hier zu Gesichte bekommen, deßen Meinung wir zu wißen begierig wären. Soviel habe ich indeß gleich nach der ersten Erscheinung Ihrer Schrift vernommen, daß die Urtheile darüber sehr getheilt sind, und daß, wie Sie wohl denken können, die Sache von ihrer scandalösen Seite genommen wird. Doch habe ich nicht gehört, daß man das neulich gegebene Gesetz in Anregung gebracht hätte. Meine Privatmeinung ist, daß eine Allgemeine Recensier-Anstalt, welche sich als Richterin über alle Schriftsteller constituiert, jenes Gesetz wodurch Streit und Krieg zwischen academischen Collegen untersagt wird, nicht für sich anrufen kann, denn sie ist keine academische Corporation sondern ein schriftstellerischer Körper, und muß mithin die Publicität, deren sie sich anmaaßt, auch erleiden und zur freiesten Rechenschaft gezogen werden können.

Ich danke Ihnen aufs verbindlichste für Ihr Werk, das ich mit großem Interesse zu lesen und zu studieren angefangen.

Alles Gute begleite Sie auf Ihren Wegen, und alle Musen seien Ihren Vorsätzen hold. Da Sie selbst in Ihrem System ein so enges Band zwischen Poeten und Philosophen flechten, so laßen Sie dieß auch unsere Freundschaft unzertrennlich knüpfen.

Schiller

*ÜBERLIEFERUNG. H: DLA/SNM. 1 Doppelblatt 19×23 cm, leicht vergilbtes Papier, nicht gerippt, Kuvertfaltung, einige Bruchstellen in den Falten, 2 S. beschrieben, S. 4 rotes Siegel (u. a. mit Schild oder Wappen) und Adresse:* an Herrn / Profeßor Schelling / in / Jena / frey., *Bl. 2 am Seitenrand in der Mitte ausgeschnitten zum Öffnen des Siegels. – E: Aus Schellings Leben. In Briefen. (Hrsg. von G[ustav] L[eopold] Plitt.) Bd 1. Leipzig 1869. S. 298. – Textwiedergabe nach H.*

*LESARTEN.* **9** welche] c *später hinzugefügt,* h *verb. aus* × *H*

## *NA 30, Nr 198*

*Der Brief an Christian Gottfried Körner vom 16. Juni 1800, dessen Datierung korrigiert werden muß, ist nach $D^2$ (Jonas 6 [1895], 161–162 und 475 [Korrekturen]) wiedergegeben; nach H lautet der Text:*

*198. An Christian Gottfried Körner*

Weimar 16. *[und 19.?]* Jun. 1800. *Montag*

Ich darf mich dießmal meines langen Stillschweigens nicht schämen, meine Arbeit besaß mich so ganz, daß ich an nichts anders denken durfte, und erst jezt, nachdem ich sie geendigt darf ich mich meiner alten Schulden erinnern. Ich habe mich einige Wochen nach Ettersburg zurückgezogen, wo ich bloß mit meinem Bedienten in einem Weimarischen Schloße lebte und die Maria Stuart beendigte. Die vorige Woche kam ich zurück und dirigierte die Proben auf dem Theater, vorgestern ist sie gespielt worden und mit einem Succeß, wie ich ihn nur wünschen konnte. Ich fange endlich an, mich des dramatischen Organs zu bemächtigen, und mein Handwerk zu verstehen. Das Mscrpt sende ich Dir sobald die dringenden Bestellungen expediert sind, denn ich muß die zwey ersten Abschriften die gemacht werden, nach Berlin und Leipzig senden. Doch hoffe ich Dir das Stück, nebst dem Wallenstein, der bis auf die zwei lezten Bogen gedruckt ist, spätestens in 10 Tagen zusenden zu können. Einstweilen erhältst Du den Macbeth, daß Du bis dahin doch etwas von mir zu lesen hast. Vergleiche ihn genau mit dem Original und den bißherigen Uebersetzungen. Freilich macht er gegen das englische Original eine schlechte Figur, aber das ist wenigstens nicht meine Schuld sondern der Sprache, und der vielen Einschränkungen, welche das Theater nothwendig machte.

Mit meiner Gesundheit gieng es in den zwey lezten Monaten sehr gut, ich habe mir viele Bewegung gemacht, lebe jezt viel in der Luft, man sieht mich wieder auf der Straße und an öffentlichen Orten und ich komme mir selbst sehr verändert vor. Dieß ist zum Theil das Werk meiner Thätigkeit, denn ich befinde mich nie beßer als wenn mein Interesse an einer Arbeit recht lebendig ist. Ich habe auch deßwegen schon zu einer neuen Anstalt gemacht.

Meine Frau die euch herzlich grüßt, ist auch immer wohl gewesen, auch meine zwey Jungens sind recht wohl, und das Kleine leidet jezt nur an den Windblattern, wobey sie aber doch recht ruhig und ohne alle bösen Zufälle ist.

Grüße Minna und Dorchen aufs herzlichste von mir und laß mich bald etwas von euch hören. Dein Sch.

NS. Dieser Brief blieb einen Posttag liegen. Unterdeßen kam Dorchens Paquet an, Meine Frau dankt ihr schönstens für die Besorgung und schickt hier das Geld. Noch einmal unsre herzlichen Grüße.

*DATIERUNG. Aus der Nachschrift geht hervor, daß der Brief verspätet abgeschickt wurde. Laut Schillers Kalender ging er am 19. Juni ab (vgl. NA 41 I, 136). Vielleicht stammt die Nachschrift also von diesem Datum.*

*ÜBERLIEFERUNG. H: DLA/SNM. 1 Doppelblatt 19 × 23 cm, vergilbtes Papier, nicht gerippt,, 3 S. und drei Zeilen auf S. 4 beschrieben. – E: Schiller-Körner 4 (1847), 171–172. – Textwiedergabe nach H.*

### *NA 30, Nr 211*

*Der Brief an Christian Gottfried Körner vom 17. Juli 1800 ist nach $D^{1\alpha}$ (GSA. Handschriftliche Korrekturen Eduard von der Hellens nach Kollation mit H) wiedergegeben; nach H lautet der Text:*

*211. An Christian Gottfried Körner*

Weimar 17. Jul 1800. *Donnerstag.*

Die Bestimmung der Zeit, wann ich nach Lauchstädt kommen soll erwarte ich von Dir, weil ich durch keine Geschäfte eingeschränkt und von der Zeit nicht abhängig bin. Ich habe dem Regisseur des Weim*arischen* Theaters in Lauchstädt aufgetragen, Dir, um jeden Auffenthalt zu vermeiden von dort aus geradezu Nachricht zu geben, w a n n die Maria Stuart kann aufgeführt werden, übrigens ist unsre Zusammenkunft an diesen Umstand keineswegs gebunden, nur möchte ich euch nicht gern in Leipzig sehen, wo eure Verwandtschaft ist, und wo ich mir wenig Vergnügen verspreche. Auch wünschte Göthe, daß ich nach Lauchstädt gienge, einiger Arrangements mit dem Theater wegen. Ich rechne darauf daß wir doch 4 oder 5 Tage in Lauchstädt werden zusammen seyn können.

Antworte mir bald. Herzlich umarmen wir euch. Dein S.

*ÜBERLIEFERUNG. H: Privatbesitz. 1 Blatt ca 19,3 × 23 cm, 1 S. beschrieben, S. 2 Adresse:* An Herrn / Appellationsrath Körner / in / Dresden / fr., *rechts daneben Siegel, darunter quer zur Schreibrichtung der Adresse Berechnung von fremder Hand:*

| | | |
|---|---|---|
| | 500. | |
| 40 | | |
| 12 | | |
| 480 | 20. | 20. |
| | 3. | 8 |
| | 24 | 4 |
| | 48. | 8. |
| | 8. | — |
| | 12. | — |
| | 4 | — |
| | 72. | 8. |

*(Angaben nach einer Photokopie). – E: Schiller-Körner 4 (1847), 183–184. – Textwiedergabe nach einer Photokopie von H.*

**NA 30, Nr 218**

*Der Brief an Christian Gottfried Körner vom 28. Juli 1800 ist nach* $E^{\alpha}$ *(DLA/SNM. Von der Verlagsbuchhandlung Veit & Comp. nach H korrigiertes und ergänztes Exemplar von E) wiedergegeben; nach H lautet der Brief:*

*218. An Christian Gottfried Körner*

Weimar 28 Jul. 1800. *Montag.*

Wir beklagen es sehr, daß wir euch dieses Jahr nicht sehen sollen, zu einer größern Reise bis Dresden fehlt es mir zu sehr an Zeit und auch an Mitteln, doch nichts als die Unmöglichkeit soll mich im nächsten Jahr davon abhalten, wo ich es auch mit mehr Muße und Ruhe hoffe ausführen zu können, denn mich verfolgt ein böser Geist, bis ich die zwey nächsten Stücke, die ich im Kopf habe, ausgeführt sehe. Ich habe zur Maria Stuart, nach Abrechnung der Zeit, wo ich nicht daran arbeitete, 7 und ½ Monat gebraucht, von dem ersten Gedanken an diesen Stoff an gerechnet; ich kann also hoffen bei zunehmender Uebung und größerer Sicherheit in der Ausführung in einem halben Jahr ein Stück fertig zu bringen. So hoffe ich das versäumte herein zu bringen, und wenn ich das Fünfzigste Jahr erreichen kann, noch unter den fruchtbaren Theaterschriftstellern einen Platz zu verdienen.

Ich will Dir aus meinem neuen Plan kein Geheimniß machen, doch bitte ich gegen niemand etwas davon zu erwähnen, weil mir das öffentliche Sprechen von Arbeiten, die noch nicht fertig sind, die Neigung dazu benimmt. Das Mädchen von Orleans ist der Stoff den ich bearbeite, der Plan ist bald fertig, ich hoffe binnen 14 Tagen an die Ausführung gehen zu können. Poetisch ist der Stoff in vorzüglichem Grade, so nehmlich wie ich mir ihn ausgedacht habe, und in hohem Grade rührend. Mir ist aber angst vor der Ausführung, eben weil ich sehr viel darauf halte, und in Furcht bin, meine eigne Ideen nicht erreichen zu können. In 6 Wochen muß ich wißen, wie ich mit der Sache daran bin. Auf das Hexenwesen werde ich mich nur wenig einlaßen, und soweit ich es brauche hoffe ich mit meiner eignen Phantasie auszureichen. In Schriften findet man beinah gar nichts, was nur irgend poetisch wäre, auch Göthe sagt mir, daß er zu seinem Faust gar keinen Trost in Büchern gefunden hätte. Es ist derselbe Fall mit der Astrologie, man erstaunt, wie platt und gemein diese Fratzen sind, womit sich die Menschen solang beschäftigen konnten.

Das Mädchen von Orleans läßt sich in keinen so engen Schnürleib einzwängen als die Maria Stuart. Es wird zwar an Umfang der Bogen kleiner seyn, als dieses leztere Stück, aber die dramatische Handlung hat einen größern Umfang, und bewegt sich mit größerer Kühnheit und Freiheit. Jeder Stoff will seine eigene Form, und die Kunst besteht darin, die ihm anpaßende zu finden. Die Idee eines Trauerspiels muss immer beweglich und werdend seyn und nur virtualiter in hundert und tausend möglichen Formen sich darstellen.

Herzlich umarmen wir euch. Empfiehl mich Geßlern und laß bald wieder von Dir hören.

Dein

Sch.

*ÜBERLIEFERUNG. H: Autographensammlung Wilhelm, Basel. 1 Doppelblatt 19,1 × 22,9 cm, vergilbtes, geripptes Papier, Längs- und Querfaltung, Wz.: H R, 3. S. beschrieben, S. 4 oben rechts mit 3 cm langem, 1 cm breitem Papierstreifen senkrecht beklebt, S. 1 oben linke Seitenhälfte von fremder Hand mit roter Tinte:* 16., *daneben mit Bleistift:* 177, *vor dem Absatz* Ich will Dir *(***13***) mit Rötel:* ×, *S. 2 nach den Worten* mit der Sache daran bin. *(***20–21***) mit Rötel:* ), *S. 3 am Ende des Absatzes* Das Mädchen von Orleans *bis* sich darstellen. *(***27–33***) mit Rötel:* „⌋". *– E: Schiller-Körner 4 (1847), 187–189. – Textwiedergabe nach H.*

*LESARTEN.* **2** Wir] W *unklar verb. H* **14** öffentliche] *ü. d. Z. erg. H* **19** eben] *ü. d. Z. erg. H*

### *NA 30, Nr 231*

*Der Brief an Johann Friedrich Gottlieb Unger vom 29. August 1800 ist nach* $D^2$ *(Jonas 6 [1895], 192–193 und S. 480–481 [Korrekturen]) wiedergegeben, nach H lautet der Brief:*

*231. An Johann Friedrich Unger*

Weimar 29. Aug. 1800. *Freitag.*

Ich übersende Ihnen hier die versprochene Erzählung, und füge bloß die Bitte hinzu, solche noch einmal sorgfältig durchsehen zu lassen, weil sie von orthographischen Fehlern nicht frey seyn möchte. Mir selbst fehlt es in diesem Augenblick an Zeit zu diesem Geschäfte und ich wollte Sie nicht länger darauf warten lassen.

Es existiert ein Chinesischer Roman unter dem Nahmen Hao Kiöh Tschuen oder Haoh Kiöhs angenehme Geschichte, der anno 1766 von H*errn* v Murr in Nürnberg aus dem Englischen ins Deutsche übersezt worden. Die Uebersetzung ist, wie sie leicht denken können, veraltet und das Buch vergeßen. Es hat aber so viel Vortrefliches und ist ein so einziges Produkt in seiner Art, daß es verdient wieder aufzuleben und gewiß eine Zierde ihres Romanen-Journals werden wird. Wörtlich übersezt würde es zwar gegen 25 oder 26 Bogen des Rom*anen* Journals betragen; ich getraue mir aber den Geist des Werks auf 15 Bogen zusammen zu drängen und ihm durch diese zweckmäßige Abkürzungen ein höheres Interesse zu geben, weil die Erzählung zuweilen gedehnt ist. Ich selbst habe Lust zu dieser Arbeit, davon auch schon der Anfang gemacht ist und wenn Sie das Werk für das Journal der Romane glauben brauchen zu können, so steht es Ihnen zu Diensten. Wenn ich die Mühe die es mir etwa machen dürfte, überschlage, so glaube ich den gedruckten Bogen um 2 Carolin liefern zu können. Sobald ich von Ihnen Nachricht erhalte, kann der Anfang der Erzählung zum Druck abgeschickt werden und noch vor dem neuen Jahr soll das Ganze in Ihren Händen seyn.

Zu meiner Reise nach Berlin sehe ich leider noch keine Möglichkeit, da nun auch eins meiner Kinder kränkelt und wir nicht wißen, was daraus werden wird. Meine Frau dankt Ihnen und Ihrer Frau Gemahlin aufs verbindlichste für Ihre gütige Einladung und sie hofft, wenn die Reise auch dieses Jahr nicht statt finden sollte, desto gewißer im nächsten Jahr dieses Vergnügen zu haben.

Haben Sie die Güte mir in Ihrem nächsten Briefe Nachricht zu geben, ob Maria Stuart bei dem Berliner Theater angekommen ist, indem ich noch keine Nachricht davon habe. Wenn Sie nichts davon gehört haben sollten, und nur in diesem Falle, bitte ich bei

H*errn* Ifland anfragen zu lassen, denn der Postschein, den ich mir darüber geben ließ gilt nur ein Vierteljahr und dieses geht bald zu Ende.

Hochachtungsvoll verharre ich

Ew. Wohlgeb*ohren*
gehorsamster Diener
Schiller.

*ÜBERLIEFERUNG. H: H: DLA/SNM. 1 Doppelblatt 19 × 23 cm, geripptes Papier, 3 S. beschrieben; beide Blätter am Rand beschädigt; S. 3 unten großflächige Rasur, S. 4 oben von fremder Hand:* Weimar 1800. / Schiller*; die Datumszeile und die Unterschrift von fremder Hand mit Bleistift unterstrichen. – E: Ungedruckte Briefe von Schiller, Goethe und Wieland. Hrsg. vom Besitzer der Handschriften Justizrath [Heinrich] Bitkow. Breslau 1845. S. 19–22. – Textwiedergabe nach H.*

*LESARTEN.* **18** von Ihnen Nachricht] von *ü. d. Z. erg. H*

### *NA 30, Nr 233*

*Die Angaben zur Überlieferung des Briefes an Christian Gottfried Körner vom 3. [4.] September 1800 sind zu korrigieren:*

*ÜBERLIEFERUNG. H: ? Zuletzt 1989 versteigert; vgl. Stargardt-Katalog 645. Auktion vom 4./5. Oktober 1989. S. 124. Nr 344. Facsimile der 1. Seite: Ebd. S. 125 (***192,2–11** Weimar *bis* weiter hinausge-*). – E: Schiller-Körner 4 (1847), 191–192. – Textwiedergabe nach H.*

### *NA 30, Nr 253*

*Der Brief an Gottlieb Hufeland vom 3. Dezember 1800 ist nach E wiedergegeben; nach H lautet der Brief:*

*253. An Gottlieb Hufeland*

Weimar 3 Dec. 1800. *Mittwoch.*

Da ich so eben einige Zahlungen in Jena zu machen habe, so bin ich so frei, mein lieber Freund, Sie zu bitten, dieses in meinem Nahmen zu thun. An Paulsen bitte ich 45 rth. und an Göpferdt 5 zu bezahlen, wenn es Ihnen gefällig ist.

Wir haben die glückliche Entbindung Ihrer Frau Gemahlin mit großem Antheil vernommen, und hoffen Sie beide bald einmal wieder bei uns zu sehen.

Von Herzen der Ihrige

Schiller.

*ÜBERLIEFERUNG. H: DLA/SNM. 1 Doppelblatt 18,6 × 23,2 cm, 1 S. beschrieben, geripptes Papier. S. 4 Adresse:* Herrn Justizrath / Hufeland / Wohlgeb*ohren* / in / Jena / fr., *darüber rotes Siegel, 2. Blatt durch Siegelöffnung beschädigt. – E: Aus Weimars Glanzzeit. Ungedruckte Briefe von und über Goethe und Schiller. Hrsg. von August Diezmann. Leipzig 1855. S. 19. Nr 10. – Textwiedergabe nach H.*

## *NA 31, Nr 40*

*Die Angaben zum Verbleib der Handschrift des Briefes an Friedrich Wilhelm Joseph Schelling vom 12. [und 13.?] Mai 1801 sind zu korrigieren:*

*ÜBERLIEFERUNG. H: Privatbesitz. Zuletzt 2023 versteigert; vgl. Stargardt-Katalog 711. Auktion vom 28. März 2023. S. 90. Nr 153. Facsimile der 1. Seite (***34,6–19** Weimar *bis* seines Stoffes*) ebd. S. 91. […]*

## *NA 31, Nr 59*

*Der Brief an Jakob Herzfeld vom 16. Juli 1801 ist nach $D^3$ (Jonas 6 [1895], 293–294) wiedergegeben; nach H lautet der Text:*

*59. An Jakob Herzfeld*

Weimar 16 Jul. 1801. *Donnerstag.*

Ich habe nunmehr von meinem Verleger freie Hand bekommen, das Mädchen von Orleans an die Theater directionen zu verkaufen. Wenn Ihnen also die theatralische Bearbeitung dieses Stücks (denn die gedruckte Ausgabe hat bei der Repræsentation viele Schwierigkeiten) für 12 Fridrichs d'or ansteht, so haben Sie die Güte mit mit nächster Post Nachricht zu geben. Ich werde den 3 ten August mich auf eine Reise ins Bad begeben und bitte daher die Antwort zu beschleunigen, wenn sie mich hier noch antreffen soll

Das Mscrpt der Maria haben Sie, wie ich hoffe von Lauchstädt aus erhalten.

Mit aller Hochachtung verharrend

E. Hochedelgeb*ohren*
gehorsamer D*iene*r
Schiller

*ÜBERLIEFERUNG. H: Privatbesitz, Schweiz. 1 Doppelblatt 19  22,9 cm, 1 ½ S. beschrieben; S. 1 unten links in der Ecke von fremder Hand:* Schiller*; Unterstreichungen* – Mädchen von Orleans *und* Maria *(***2** *und* **9***) – von fremder Hand. – E: Das Neue Blatt. Ein illustrirtes Familien-Journal. Bremen, Leipzig 1873. Nr 25. S. 391 (Hermann Uhde). – Textwiedergabe nach H.*

*LESARTEN.* **4** Bearbeitung] *erstes* e *verb. aus* a *H*

### *NA 31, Nr 68*

*Die Angaben zum Verbleib der Handschrift in der Überlieferung des Briefes an Christian Gottfried Körner vom 23. September 1801 sind zu korrigieren:*

*ÜBERLIEFERUNG. H: Autographensammlung Wilhelm, Basel.*

### *NA 31, Nr 71*

*Der Brief an Christian Gottfried Körner vom 5. Oktober 1801 ist nach $E^{\alpha}$ (DLA/SNM. Von der Verlagsbuchhandlung Veit & Comp. nach H korrigiertes und ergänztes Exemplar von E) wiedergegeben; nach H lautet der Brief:*

*71. An Christian Gottfried Körner*

Weimar 5. Octobr. 1801. *Montag.*

Auch bei uns stellt sich nach und nach wieder die Ordnung ein und diese wird hoffentlich auch den Fleiß und den Succeß hervorbringen. Mad. Unzelmann hat uns vor 3 Tagen verlassen, weil sie nach Berlin zurückeilen mußte, und wir müssen uns wieder an unsre theatralische Hausmannskost halten. Die Theater, die ich in den lezten 3 Wochen gesehen, haben mich nun gerade nicht zur Arbeit begeistert und ich muss sie eine Weile vergeßen haben, um etwas ordentliches zu machen. Alles zieht zur Prosa hinab und ich habe mir wirklich im Ernst die Frage aufgeworfen, ob ich bei meinem gegenwärtigen Stück so wie bei allen, die auf dem Theater wirken sollen, nicht lieber gleich in Prosa schreiben soll, da die Declamation doch alles thut, um den Bau der Verse zu zerstören und das Publicum nur an die liebe bequeme Natur gewöhnt ist. Wenn ich anders dieselbe Liebe, welche ich für meine Arbeit nothwendig haben muß, mit einer Ausführung in Prosa vereinigen kann, so werde ich mich wohl noch dazu entschließen.

Es freut mich doch sehr, daß Ihr Wallensteins Lager auf der Bühne zu sehen Gelegenheit gehabt ha*bt* und daß es noch so leidlich gut ausgefallen ist. Maria Stuart ist freilich keine Aufgabe für eine solche Gesellschaft als die Secundaische, und wenn auch der Schauspieler alles dafür thäte, so kann sich das Publicum nicht darein finden, an einer reinen Handlung, ohne Interesse für einen Helden, ein freies Gefallen zu finden. Und eben dadurch werden wir dramatische Schriftsteller in der Wahl der Stoffe so sehr beengt; denn die reinsten Stoffe in Absicht auf die Kunst werden dadurch ausgeschloßen und sehr selten läßt sich eine reine und schöne Form mit dem affectionierten Interesse des Stoffs vereinigen.

Bei meinem W*arbeck* geht es mir hierinn noch ganz leidlich und ich werde es mit der Kunst nicht zu verderben brauchen, um die Neigung zu befriedigen. Aber je schärfer ich dieses Stück ins Gesicht faße, desto mehr häufen sich die Schwierigkeiten, obgleich auch das Interesse daran wächßt.

Deine Vorschläge wegen d e r  G l o c k e werde ich nächster Tage Zeltern mittheilen. Wir erwarten in einigen Wochen Reichardt aus Berlin der seine GeisterInsel hier einstudieren und spielen lassen wird. Die Jagemann wird wie ich höre vor dem Winter noch zurückkommen und vor der Hand da bleiben. Es müssen ihr also von Dresden aus keine Anträge gemacht worden seyn.

Es sind 13 Lustspiele eingegangen, um den von Göthe aufgeworfenen Preiß zu concurrieren und nicht eines ist davon zu brauchen, die meisten sind ganz unter der Critik. So steht es jezt um die dramatische Kunst in Deutschland.

Bei uns ist alles wohl, ich selbst habe mich seit meiner Zurükkunft leichter gefühlt, als während des ganzen Sommers und ich wünschte, daß ich zu Dresden dieselbe Gesundheit genoßen hätte. Vielleicht ist es aber eine Wirkung der Reise.

Tausend herzliche Grüße den lieben Frauen, den Kindern und den Freunden. Gar erfreulich ist es mir, daß ich euch mir jezt in eurem Hause und in eurem Gesellschaftlichen Kreise denken kann, ich glaube dann selbst noch unter euch zu leben, welches hoffe ich bald wieder geschehen wird.

Noch einmal lebewohl

Dein

Sch.

Meiner Schwägerin
die besten Grüße.

Die Memoires, die Floras und die übrigen Schriften werden mit dem nächsten Postwagen abgehen.

*ÜBERLIEFERUNG. H: Autographensammlung Wilhelm, Basel. 1 Doppelblatt 19,1 × 22,4 cm, leicht vergilbtes, geripptes Papier, 4 S. beschrieben, S. 1. oben linke Seitenhälfte von fremder Hand mit roter Tinte:* 21$^{c}$, *S. 2 Worte* Wallensteins *(***14***) und* Maria Stuart *(***15***) von fremder Hand mit Bleistift unterstrichen. – E: Schiller-Körner 4 (1847), 236–238. – Textwiedergabe nach H.*

*LESARTEN.* **31** aufgeworfenen] *erstes* f *verb. aus Schluß-s*

## *NA 31, Nr 75*

*Der Brief an Christian Gottfried Körner vom 19. Oktober 1801 ist nach* $D^2$ *(Jonas 6 [1895], 309–310; nach einer Abschrift von H durch C. Biltz) wiedergegeben; nach H lautet der Text:*

*75. An Christian Gottfried Körner*

Weimar 19. 8br. 1801. *Montag.*

Dießmal nur einen freundlichen Gruß zur Begleitung des Calenders, davon das schöne Exemplar für die Bibliothek der Minna bestimmt und das andre zum Gebrauch ist.

Ein leidiger Catharrh der mich schon seit 8 Tagen heftig angreift, erlaubt mir nichts vernünftiges zu schreiben.

Ueber den Alfred mit nächstem Posttag. Schreibe mir doch ob du etwas dagegen hättest, wenn ich das Sujet Kotzebuen vorschlüge, der jetzt hier ist. Zur Ausführung ist er gar nicht schlecht, weil ein lebhafter Dialog seine Stärke ist.

Daß Kotzebue so besonders gut für seine Arbeiten bezahlt werden soll, zweifle ich doch, da er als ein Pralhanß und Windbeutel es gewiß überal rühmen würde, und er mir doch vor einigen Tagen geklagt hat, er würde nicht gut genug bezahlt, um eine revidierte und verbeßerte Ausgabe seiner Stücke zu unternehmen, wozu er große Lust hätte.

Ich habe übrigens Deine Ermahnungen wegen beßerer Contracte mit den Buchhändlern nicht in den Wind gesprochen seyn laßen. Gleich schrieb ich Ungern, der mich um Text zu einem neuen Calender bat, daß ich mich nur für ein groß Honorar dazu verstehen würde und erhielt mit erster Post auch zur Antwort, daß er wohl ein 1000 Thaler daran wenden wolle. Auch an Cotta habe ich geschrieben und für meine künftigen Stücke 300 Ducaten verlangt. Du siehst daraus, daß ich ziemlich expeditif bin. Geld könnte ich jezt leicht erwerben, wenn ich nur noch die Kühnheit und den Leichtsinn der Jugend beim Arbeiten hätte. Aber was ich an größern Honoraren gewinnen könnte, das verliere ich wieder durch meine Bedenklichkeit und Langsamkeit im Arbeiten, und selbst in diesem Augenblick steht die Waage bei mir noch ein, was ich zuerst schreiben soll.

Tausend herzliche Grüße an euch alle und an die Freunde; auch an meine Schwägerinn, wenn sie noch in Dresden ist;

Ganz der Deinige
Sch.

*ÜBERLIEFERUNG. H: DLA/SNM. 1 Doppelblatt 11,3 × 9,2 cm, leicht vergilbtes Papier, 3¾ S. beschrieben; S. 1 oben links von fremder Hand mit roter Tinte:* 22.$^{\underline{st}}$ *(?). – E: Schiller-Körner 4 (1847), 241–242. – Textwiedergabe nach H.*

*LESARTEN.* **25** an meine] an *ü. d. Z. erg. H*

## *NA 31, Nr 85*

*Die Angaben zum Verbleib der Handschrift in der Überlieferung des Briefes an Georg Joachim Göschen vom 10. Dezember 1801 sind zu ergänzen:*

*ÜBERLIEFERUNG. H: Unbekannter Privatbesitz. 1 Blatt im Quartformat, 1 S. beschrieben (nach Stargardt-Katalog 606, Auktion vom 2./3. Dezember 1975. S. 104. Nr 324). Zuletzt versteigert 2013; vgl. Bassenge, Literatur und Buchillustration des 17.–19. Jahrhunderts. Autographen, Auktion 101 vom 19. April 2013. S. 251–252. Nr 2564. Facsimile: Ebd. S. 254; zuvor im Henrici-Auktionskatalog XXXI. 1916. Nr 496 (Tafel XXII). […]*

## *NA 31, Nr 100*

*Die Angaben zum Verbleib der Handschrift in der Überlieferung des Briefes an Johann Christian Gottfried Göpferdt vom 12. Januar 1802 sind zu ergänzen:*

*ÜBERLIEFERUNG. H:? – Zuletzt 2002 versteigert; vgl. Stargardt-Katalog 676. Auktion vom 11./12. Juni 2002. S. 152. Nr 322; zur Handschrift ist angegeben: „1 S. 4°. Verso Leim- und Montagespuren (leicht durchschlagend). In Eile geschriebener Brief" (ebd. S. 152). Facsimile ebd. S. 153. […]*

## *NA 31, Nr 119*

*Der Brief an Henriette von Egloffstein aus dem Zeitraum zwischen dem 15. und 17. Februar 1802 ist nach h (GSA. Abschrift Bernhard Suphans von H) wiedergegeben (zur Datierung vgl. NA 31, 413); nach H lautet der Text:*

*119. An Henriette von Egloffstein*

*Weimar, zwischen dem 15. und dem 17. Februar 1802.*

Ich habe zwey Lieder von meinem Freunde Körner in Dresden componieren lassen, die ich Ihnen, meine gnädige Gräfin, hier brühwarm, wie ich sie erhalte übersende. Die Lieder selbst, die er mir zurückzuschicken vergeßen hat, werde ich Ihnen heut Abend übersenden, so wie auch ein kleines Gedicht auf den Abschied des Erbprinzen. Wenn, wie ich hoffe, unser Kränzchen auf den Montag noch zu Stande kommt, so können wir alsdann diese kleinen Novitäten producieren, und ich werde das Vergnügen genießen, jene Melodien zum erstenmal aus Ihrem Munde zu hören.

Ich lege noch einige ältere Stücke bey, davon sich verschiedene werden brauchen laßen, wie z.B. Mignon als Engel, der Besuch, Musen und Grazien in der Mark, Bajadere, Freuden der Gegenwart, oder was Ihnen sonst davon ansteht. Alles, wie mich selbst, empfehle ich Ihren Händen.

Mit der aufrichtigsten Verehrung
der Ihrige Schiller

*ÜBERLIEFERUNG. H: DLA/SNM. 1 Blatt 18,8 × 23,2 cm, leicht vergilbtes, geripptes Papier, 1 S. beschrieben; auf der Rückseite Reste einer Verschlußoblate; S. 1 am oberen Rand von der Hand eines der Kinder der Adressatin (nach h der „Weimarische Kammerherr [Carl] von Beaulieu-Marconnay" [NA 31, 413], der allerdings der Neffe, nicht der Sohn von Henriette von Egloffstein, später verh. von Beaulieu-Marconnay, war) mit Bleistift:* Brief Schillers an meine selige Mutter. *– E: Emil Palleske: Schiller's Leben und Werke. Bd 2. Berlin 1859. S. 418. – Textwiedergabe nach H.*

## *NA 31, Nr 130*

*Der Brief an August von Kotzebue vom 2. März 1802 ist nach $D^2$ (Findlinge. Zur Geschichte deutscher Sprache und Dichtung von Hoffmann v. Fallersleben. Bd 1. Leipzig 1860. S. 55 [offenbar nach H]) wiedergegeben (zur Datierung vgl. NA 31, 436–437); nach H lautet der Text:*

*130. An August von Kotzebue*

*Weimar, den 2. März 1802. Dienstag.*

Ich habe mir schon vorgestern Abend die Kleinstädter vom Ge*heimenra*th Göthe zum Lesen ausgebeten da Sie mich dazu autorisiert hatten. Nach sorgfältigem Durchlesen des Stücks finde ich nichts willkührliches in seiner Verfahrungsart; er hat keine andre Stellen weggestrichen, also solche, die den Partheygeist reizen konnten, den er von dem Theater verbannen will; und das Stück hat dadurch von seinem theatralischen Werth nichts verloren, weil jene Stellen weder zur Handlung noch zur Charakterzeichnung nothwendig sind. Was mich betrift, so versichre ich Ihnen nochmals, daß **ich** aus dem Stücke nichts auf mich beziehe; wiewohl ich versichert bin, daß alle diejenigen welchen es darum zu thun seyn könnte, Streit zwischen uns zu erregen, nicht ermangeln werden, jene Stanze, womit Sie einen Act schließen, und und wobei Sie schwerlich nur an mich gedacht haben, als einen Ausfall auf mich vorzustellen. Und selbst, wenn dem wirklich so wäre, würde ich Ihnen keinen Krieg darüber machen, denn die Freiheit der Comödie ist groß, und die gute heitre Laune darf sich viel herausnehmen; nur die Leidenschaft muß ausgeschloßen seyn.

Di*e*ß ist mein aufrichtiges Bekenntniß sowohl über diesen besondren Casus als über alle ähnliche Fälle; und ich setze bloß noch hinzu, daß Sie, nach meiner Einsicht, das Stück ohne Bedenken so wie es jezt ist können spielen lassen, und daß Ihre Nachgiebigkeit Ihnen nicht anders als zu Ehre gereichen kann.

Hochachtungsvoll

d*er* Ihrige

Schiller

*ÜBERLIEFERUNG. H: Nationalbibliothek Prag. 1 Blatt mit Kuvertfaltung 18,8 × 23,2 cm, 2 S. beschrieben, leicht vergilbtes, geripptes Papier; Blatt an der oberen linken Ecke mit Papierstreifen restauriert. – E: Aus August von Kotzebue's hinterlassenen Papieren. (Hrsg. von Ludwig Johann von Knorring.) Leipzig 1821. S. 361–362. – Textwiedergabe nach H.*

*LESARTEN.* 7 Was] W *verb. aus* v *(?) H*

## *NA 31, Nr 138*

*Der Brief an Wilhelm Gottlieb Becker vom 18. März 1802 ist nach E und D*$^2$ *(Stargardt-Katalog zur Auktion vom 23. bis 25. November 1908 [Sammlung Zeune-Spitta]. S. 70. Nr 934) wiedergegeben; nach H lautet der Text:*

*138. An Wilhelm Gottlieb Becker*

Weimar 18 März 1802 *Donnerstag.*

Hier mein verehrter Freund übersende ich Ihnen einige Kleinigkeiten, die Ihnen bloß meinen guten Willen an den Tag legen sollen. Andre Beschäftigungen haben mich nicht dazu kommen lassen, mich auf dem lyrischen Felde zu ergehen, und das wenige, was diesen Winter entstand, habe ich noch zwischen Ihnen und Cotta theilen müssen.

Es wird gut seyn, wenn Sie diese Kleinigkeiten nicht in Einer Folge abdrucken laßen, sondern unter fremden Arbeiten zerstreuen.

Laßen Sie mich Ihrem freundschaftlichen Andenken bestens empfohlen seyn.

Schiller

*ÜBERLIEFERUNG. H: DLA/SNM. 1 Blatt 11,6 × 9 cm, 1 S. beschrieben, leicht vergilbtes, gerippptes Papier, Spuren eines Wz.; S. 1 am unteren Rand von fremder Hand:* Friedr. von Schiller *[von anderer Hand mit Bleistift:]* an G.W. Becker. *– E: Archiv für Litteraturgeschichte 15 (1887). S. 296 (Robert Boxberger). – Textwiedergabe nach H.*

### *NA 31, Nr 147*

*Der Brief an Siegfried Lebrecht Crusius vom 2. Mai 1802 ist nach E wiedergegeben; nach H lautet der Text:*

*147. An Siegfried Lebrecht Crusius*

Weimar 2 May. 1802. *Sonntag.*

Sie waren so gütig werthester Herr und Freund, mir, außer dem Honorar für den 4 ten Band meiner prosaischen Schriften noch einen Vorschuß von 50 Carolin auf den Zweiten Theil meiner Gedichte zu versprechen und zwar einen Theil der Summe auf Ostern, den Rest auf Himmelfahrt. Da ich nun dem Freunde, von dem ich mein Haus gekauft, gerne Termin halten möchte, so ersuche ich Sie um die Gefälligkeit, mir wo möglich noch zu Anfang der Messe den Einen Theil dieser Summe zu übermachen. Da der neue Theil der Pros*aischen* Schriften 24 Bogen enthält, so beträgt die ganze Summe 74 Carolin.

Entschuldigen Sie gütigst, daß ich Sie zu einer vielleicht unschicklichen Zeit belästige; ich dachte aber, diese Sache könnte Ihnen bei Ihren vielen Geschäften entfallen seyn und so wollte ich Sie nur in Erinnerung bringen.

Hochachtungsvoll verharre ich

Ihr ganz ergebener
Schiller

*ÜBERLIEFERUNG. H: GSA. 1 Blatt 18,7(–18,9) × 22,8(–23,1) cm, aufgezogen auf ein Trägerblatt 21 × 36 cm, am oberen Rand desselben von fremder Hand:* Lettre Autographe de Schiller. / (on présume que cette Lettre était adressé à son libraire *[…]* Cotta, à Stuttgard), *am unteren Rand eine Übersetzung des Brieftextes ins Französische; auf S. 1 der Handschrift ist* 74 Carolin *mit Rötel unterstrichen, vermutlich jedoch nicht von Schiller. Facsimile: Stargardt-Katalog 651. Auktion vom 26./27. März 1992. S. 156. Nr 443. S. 155. – E: Geschäftsbriefe (1875), 292 – Textwiedergabe nach H.*

### *NA 31, Nr 151*

*Der Brief an Gottlieb Hufeland vom 8. Mai 1802 ist nach E wiedergegeben; nach H lautet der Brief:*

*151. An Gottlieb Hufeland*

Weimar 8 May 1802 *Sonnabend.*

Elise Bürger bittet mich um eine Empfehlung nach Jena, wo sie sich in der Declamation gern öffentlich hören lassen möchte. Ich weiß ihr keine vollgültigere zu geben als an Sie, mein werthester Freund, ich weiß daß in Ihrem Hauße die musikalischen Künste geehrt und beschüzt werden. Verschaffen Sie ihr Gelegenheit sich öffentlich hören zu lassen, und nehmen die verlaßene Muse in Schutz.

Mit aufrichtiger Freundschaft

d*er* Ihrige

Schiller.

*ÜBERLIEFERUNG. H: ? Zuletzt versteigert 2014; vgl. Stargardt-Katalog 701 (2014): Autographen und Urkunden aus vier Jahrhunderten in chronologischer Ordnung. S. 28. Nr 24; zur Handschrift ist angegeben „1 S. 8°. Minimaler Randeinriß (geringe Leimspuren).“ Facsimile: Ebd. S. 29. – E: Nachlese zur Schillerlitteratur als Festgruß der Universität Tübingen zum hundertsten Jahrestag der Stiftung der Universität Basel hrsg. von Adelbert von Keller. Tübingen 1860. S. 24. – Textwiedergabe nach dem Facsimile.*

### *NA 32, Nr 17*

*Die Angaben zum Verbleib der Handschrift der Beilage zum Brief an Amalie von Imhoff vom 21. Februar 1803 sind zu korrigieren:*

*ÜBERLIEFERUNG: […] 2) Beilage. H: Autographensammlung Wilhelm, Basel. […]*

### *NA 32, Nr 31*

*Die Angaben zum Verbleib der Handschrift in der Überlieferung des Briefes an Amalie von Imhoff aus der Zeit vom 25. bis zum 31. März 1803 sind zu korrigieren und zu ergänzen:*

*ÜBERLIEFERUNG. H: ? Zuletzt 2005 versteigert; vgl. Erasmushaus-Autographen-Katalog 920 (2005). S. 92–93. Nr 167. Facsimlia: Erasmushaus-Musikalien-Katalog „Hector Berlioz (1803–1869). Hommage in Autographen zum 200. Geburtstag am 11. Dezember [2003]“. S. 50 (zur Handschrift ist angegeben: „Quart, ¾ Seite. Braune Tinte. Alte, geglättete Knitterspuren. Adresse auf der Rückseite“ [S. 51]); Erasmushaus-Autographen-Katalog*

*920 (2005). S. 93 (zur Handschrift ist angegeben: „¾ Seite 4to (23,1 × 8,8 cm). Alte, geglättete Knitterspuren. Adresse auf der Rückseite.“ [S. 92.]). […]*

### *NA 32, Nr 67*

*Der Brief an Jakob Herzfeld vom 17. Juli 1803 ist nach* $D^2$ *(Jonas 7 [1896], 59–60) wiedergegeben; nach H lautet der Briefes:*

*67. An Jakob Herzfeld*

Weimar 17. Jul 1803. *Sonntag.*

Die Nachricht welche Sie mir von dem guten Succeß der Braut v*on* M*essina* auf d*em* Hamb*urgischen* Theater gegeben, hat mir große Freude gemacht, und ich zweifle keinen Augenblick, daß Ihre glücklichen Bemühungen und Anstalten dabei entscheidend gewesen sind. Unterdeßen habe ich auch den guten Erfolg dieses Stücks zu Berlin erfahren, und ich habe Ursache mich zu freuen, daß dieses gewagte Unternehmen mit dem tragischen Chor auf den drey besten Bühnen Deutschlands so gut gelungen ist. Empfangen Sie, hochgeehrtester Herr, meinen aufrichtigen Dank wegen der Bemühungen, wodurch Sie Sich um dieses Stück verdient gemacht haben.

Daß Sie von dem Parasiten keinen Gebrauch machen können beklage ich, denn mir scheint dieses Stück zu einem theatralischen Effekte sehr geeignet zu seyn, da es zwey sehr bedeutende Rollen und einige gut berechnete Theatercoups enthält. Verschiedene Mängel des Originals, welche demselben vielleicht bei der Aufführung geschadet, habe ich in der Bearbeitung zu verbeßern gesucht.

Was den Neffen als Onkel betrifft so werden die zwey Menechmen hier zu Weimar durch zwey Schauspieler vorgestellt, die einander sehr unähnlich sind, und doch ist diesem Uebelstand durch die Kunst abgeholfen worden. Beide haben eine bloße Nasen-Maske, die nach Einem Modell gemacht ist, und der eine sucht die Größe und Taille des andern möglichst nachzumachen, daher es nöthig ist, daß der eine dem andern beim Anzug als Modell sizt. Außerdem haben die hiesigen Schauspieler noch für sich selbst den Einfall gehabt, eine gewiße auffallende Redensart als Angewohnheit, öfters in den Dialog einzuflechten, diese kann eine eigene Art zu schwören und zu fluchen oder etwas ähnliches seyn, welches dem Geschmack der Schauspieler überlassen wird.

Der ich hochachtungsvoll
verharre

Euer W*ohlgebohren*
gehors*amer* Diener
Schiller

*ÜBERLIEFERUNG. H: Privatbesitz. Zuletzt versteigert 2015; vgl. 1) 29. Katalog der Antiquaria. Antiquariatsmesse Ludwigsburg. 22.–24. Januar 2015. S. 56. Facsimile der 2. und 3. Seite (***10–28** beklage ich *bis* Schiller*): Ebd.; zur Handschrift ist angegeben: „3 SS.*

*aufgefalt. Doppelblatt. 8vo. […] Oben links numeriert ‚No. 2'; am Fuß der 3. Seite Adresse [nicht von Schiller]. Spuren zeitgenössischer zweifacher Querfaltung; das Gegenblatt im Rand minimal ausgefranst (ohne Textberührung)." (Ebd. S. 56.) Auf der 3. S. unter dem Brieftext von fremder Hand:* An den SchauspielDirector Jacob Herzfeld in Hamburg *(unterstrichen). 2) Katalog Kotte Autographs and Manuscripts 51 […]. O.J. [2015]. S. 225–226. Facsimile der 1. Seite (***1–10** Weimar 17. Jul 1803 *bis* machen können*): Ebd. S. 226; zur Handschrift ist angegeben: „8vo. 3 pp. on bifolium. […] Numbered ‚No. 2' at upper left; address at the end of p. 3 [nicht von Schiller]. Traces of contemp. horizontal folds; slight edge damage to counter-leaf (not touching text)." (Ebd. S. 225–226.) – E: Der Hamburger Beobachter. 22. Jg. Nr 38. 22. September 1838. S. 297. – Textwiedergabe nach den Facsimilia.*

*LESARTEN.* **18** Nasen-Maske] Maske *unklar verb. H*

## *NA 32, Nr 96*

*Die Angaben zum Verbleib der Handschrift in der Überlieferung des Briefes an Goethe vom 9. November 1803 sind zu ändern:*

*ÜBERLIEFERUNG. H: GMD. 1 Blatt 23 × 8,8 cm, 2 S. beschrieben, vergilbtes glattes und durchsichtiges Papier, möglicherweise als ursprünglich erstes Blatt eines Doppelblattes abgerissen . […]*

## *NA 32, Nr 121*

*Der Brief an Veit Hans Friedrich Schnorr von Carolsfeld vom 4. Februar 1804 ist nach h (Abschrift des Briefes durch Schnorr von Carolsfeld [Sächsische Landesbibliothek – Staats- und Universitätsbibliothek Dresden]) wiedergegeben; nach H lautet der Brief:*

*121. An Veit Hans Friedrich Schnorr von Carolsfeld*

Weimar 4. Febr. 1804. *Sonnabend.*

Recht verbindlich danke ich Ihnen, werthester Herr, für die liebliche Zeichnung, die Sie für mein Gedichte verfertigt haben. Sie ist ist beides s c h ö n und e r n s t und vereinigt auf eine treffende Art die zwey Eigenschaften, welche das F r e m d e M ä d c h e n charakterisieren sollen.

Bei dieser Gelegenheit erlauben Sie mir auch, Ihnen die große Freude, die Ihre Zeichnung zu der Glocke mir gemacht hat, zu erkennen zu geben. Sie haben dieses gar nicht leichte Problem auf eine sehr glückliche Art gelößt, der gewählte Moment ist der reichste, die Idee, die Glocke in die Höhe zu bringen ist treflich und das Ganze stellt sich zu einer recht erfreulichen Gruppe zusammen.

Goethe und Meier haben diese Zeichnung auch sehr schön gefunden, und solche auch bei der lezten Kunstausstellung in Weimar mit ausgestellt.

Laßen Sie mich, so wie meine Frau, die sich Ihrer mit großer Theilnahme erinnert, Ihrem freundschaftlichen Andenken empfohlen bleiben!

Schiller

*ÜBERLIEFERUNG. H: DLA/SNM. 1 Doppelblatt 12,1 × 9,4 cm, geripptes Papier, Wz.: untere Hälfte einer Krone; längs und quer gefaltet, außen an den Falten leicht ausgerissen, 2 S. beschrieben; S. 1 oben links von fremder Hand:* An Veit Hanns Schnorr v. C. / zu Leipzig., *unter der Notiz waagrechter Strich; S. 4 unten von fremder Hand:* Schiller / sent me by Madam Keil. – *E: Jonas 7 (1896), 119–120 (nach einer Abschrift von Julius Stettenheim).*

**NA 32, Nr 133**

*Der Brief an Christian Gottfried Körner vom 20. Februar 1804 ist nach $E^{\alpha}$ wiedergegeben; nach H lautet der Text der 1. Seite:*

*133. An Christian Gottfried Körner*

Weimar 20 Febr 1804 *Montag.*

Meine Schwägerin ist angekommen und hat uns mit den Nachrichten von euch große Freude gemacht. Unsre Zusammenkunft in diesem Jahr (der Ort würde mir keine Differenz machen) wird von einigen despotischen Umständen abhängen, worunter aber das Geld nicht ist. Erst in einiger Zeit kann ich etwas darüber entscheiden.

Den Tell bin ich nun los, ihr müsst euch aber noch einige Wochen gedulden, denn ich habe nur Einen Abschreiber, dem ich das Mscrpt vertrauen darf, und sowohl hier als in Berlin werde ich bis aufs Blut um eine Abschrift gemahnt, weil es für die Theater Cassen eine sehr große Differenz macht ob man es vor oder nach Ostern giebt.

*ÜBERLIEFERUNG. H: ? – Zuletzt 2016 versteigert; vgl. Stargardt-Katalog 703. Auktion vom 5./6. April 2016. S. 126. Nr 265. Facsimile: Ebd. S. 127; zur Handschrift ist angegeben: „2 S. 8°. Leicht gebräunt, winzige Faltenrisse." (Ebd. S. 126.) Über* Wochen **(6)** *von fremder Hand:* (Zeit) – *E: Schiller-Körner 4 (1847), 356–357. $E^{\alpha}$: DLA/SNM. Von der Verlagsbuchhandlung Veit & Comp. nach H korrigiertes und ergänztes Exemplar von E (Druckvorlage für Schiller-Körner²). – Textwiedergabe nach dem Facsimile und nach $E^{\alpha}$.*

*LESARTEN.* **9** ob man es] es *ü. d. Z. erg. H*

**NA 32, Nr 148**

*Die Angaben zum Verbleib der Handschrift in der Überlieferung zum Brief an Christian Gottfried Körner vom 12. April 1804 sind zu korrigieren:*

*ÜBERLIEFERUNG. H: Autographensammlung Wilhelm, Basel.*

### *NA 32, Nr 151*

*Die Angaben zum Verbleib der Handschrift in der Überlieferung zum Brief an Siegfried Lebrecht Crusius vom 23. April 1804 ist zu korrigieren:*

*ÜBERLIEFERUNG. H: Privatbesitz, Frankfurt a. M.*

### *NA 32, Nr 153*

*Die Angaben zum Verbleib des Briefes an Karl Gustav von Brinckmann vom 16. Mai 1804 sind zu korrigieren:*

*ÜBERLIEFERUNG. H: Trolle-Ljungby-Slott, Fjälkinge (Schweden). Nicht zugänglich.*

### *NA 32, Nr 176*

*Der Brief an Carl Friedrich Zelter vom 16. Juli 1804 ist nach $D^2$ wiedergegeben; nach H lautet die 3. Seite des Briefes:*

Es ist jezt eben der rechte Zeitmoment zu einer solchen Unternehmung in den Brandenburgischen Landen. Man will die Academie, man will die Universitäten in Aufnahme bringen, es soll etwas für das Geistige, für das Sittliche geschehen; ja der Geist der Zeit verlangt es, da sich der Catholizism in Frankreich neu constituiret, daß auch im protestantischen an die Religion gedacht werde, und selbst die Philosophie nahm diese Richtung. Alles dieses und ähnliche Argumente könnten den Stoff zu einer Deduction hergeben, durch welche man diese Sache dem Staat nahe legte. Nur, ich wiederhohle es noch einmal, müßte der Vortheil welcher der musicalischen Kunst dadurch zuwächßt nicht als Hauptsache, nur als ein Accessorium erscheinen.

Laßen Sie uns bald hören, theurer Freund, ob Sie die Sache von dieser Seite angreifen zu können glauben und weßen Sie Sich dabei bedienen mögen. Kann ich selbst auf irgend eine Art dabei zu brauchen seyn, so zählen Sie auf meine Bereitwilligkeit.

Meine Frau hat vor 8 Tagen an die Ihrige geschrieben. Wir gehen in 3 Tagen nach Jena und bleiben dort bis meine Frau die Wochen überstanden. Sagen Sie mir etwas über die Vorstellung der Tell in Berlin, von der ich aus Zeitungen höre, daß sie ziemlich gut gegangen Ihre Melodien zu den neuesten Liedern erwarten wir mit Verlangen, hier sende noch etwas aus der schweizerischen Welt.

Von ganzem Herzen umarmt Sie

Ihr treu ergebener
Schiller

*ÜBERLIEFERUNG. H: Privatbesitz. Zuletzt 1990 versteigert; vgl. Katalog „Continental an Russian Books an Manuscripts, Science an Medicine […]“. Sotheby-Auktion vom 20. November 1990. S. 287. Nr 513; zur Handschrift ist angegeben: „3 pages, 4to, some staining, some wear to margins, folds strengthened, Weimar, 16 July 1804". Facsimile ebd. S. 286. – E: Goethe-Zelter 1 (1833). S. 119–122.* $D^1$*: Verzeichniß der zur hundertjährigen Geburtstagsfeier Schiller's im Saale der Königlichen Akademie vom 12.–22. November 1859 aufgestellten Bildnisse, Handschriften, Drucke, Musikalien und Erinnerungen. Berlin [1859]. S. 17, Nr 109 (*Berlin hat *bis* bestimmt ist. *[***154,18–23***] und* der Geist *bis* gedacht werde *[***3–5***]).* $D^2$*: Archiv für Litteraturgeschichte 2 (1872). S. 440–442 (Gustav von Loeper).* $D^3$*: Jonas 7, 165–167 (nach* $D^2$*). – Textwiedergabe nach* $D^2$ *und dem Facsimile.*

## *NA 32, Nr 189*

*Der Brief an Christian Gottfried Körner vom 11. Oktober 1804 ist nach* $E^{\alpha}$ *wiedergegeben; nach H lautet die 1. Seite des Briefes:*

*189. An Christian Gottfried Körner*

Weim*ar* 11. Oct. 1804 *Donnerstag.*

Nach und nach fange ich an, mich wieder zu erhohlen und einen Glauben an meine Genesung zu bekommen, den ich seit 8 Wochen beinahe ganz verloren hatte. Auch zur Thätigkeit finden sich wieder Neigung und Kräfte, und diese, hoffe ich, wird das gute Werk vollenden, denn wenn ich mich beschäftigen kann, so ist mir wohl. Was ich eigentlich zunächst treiben werde, weiß ich selbst noch nicht, weil ich immer noch zwischen zwey Planen unschlüßig schwanke, und einen um den andern durch-

*ÜBERLIEFERUNG. H: ? – Zuletzt 2013 versteigert; vgl. Stargardt-Katalog 699. Auktion vom 16./17. April 2013. S. 158–160. Nr 347; zur Handschrift ist angegeben: „3 S. 8°". Facsimile der 1. S. ebd. S. 159. – E: Schiller-Körner 4 (1847), 372.* $E^{\alpha}$*: DLA/SNM. Von der Verlagsbuchhandlung Veit & Comp. nach H korrigiertes und ergänztes Exemplar von E. (Druckvorlage für Schiller-Körner*$^2$*). – Textwiedergabe nach dem Facsimile und* $E^{\alpha}$*.*

## *NA 32, Nr 193*

*Der Brief an Wilhelm von Wolzogen vom 12. November 1804 ist nach E wiedergegeben; nach H lautet der Text:*

*193. An Wilhelm von Wolzogen*

*Weimar,* 12 Nov. *1804. Montag.*

Ich schicke Dir hier meinen Prolog, um ihn, wenn Du es für gut findest, noch vor der Comödie der Fr*au* Großfürstin mitzutheilen. Wenn Sie glaubt, daß dieser Ausdruck unsrer Gefühle die Kaiserin Maria intereßieren könnte, so könnte diesem Mscrpte keine größere Ehre widerfahren, als wenn es von Ihren Händen an die Kaiserin geschickt würde.

Die Großfürstin hat Sich gestern, nachdem Du schon weg warst, mir genaht und mit mir unterredet. Ich konnte sie sehen, sie sprechen hören und alles was sie spricht ist Geist und Seele. Und welch ein Glück daß sie Deutsch versteht! Denn so erst kann man sich Ihr ganz zeigen wie man ist und mit Ihr möchte man so recht von Herzen wahr seyn.

Adieu lieber Alter. Ich hoffe Du hast Dich diese Nacht erhohlt. Die Großfürstin hat auch sehr viel Sorgfalt um Dich gezeigt und Dich dem Starke empfohlen.

S.

*ÜBERLIEFERUNG. H: GSA. 1 Doppelblatt 12,8 × 9,9 cm, leicht vergilbtes glattes Papier, 1 ½ S. beschrieben; S. 1 oben links von fremder Hand:* Schiller: *(unterstrichen). Facsimile des letzten Absatzes und der Paraphe: Stargardt-Katalog 663. Auktion vom 21./22. März 1996. S. 126. – E: Wolzogen, Literarischer Nachlaß 1 (1848), 423–424. – Textwiedergabe nach H.*

### *NA 32, Nr 197*

*Der Brief an Ludwig Wilhelm Wittich vom 23. (?) November 1804 ist nach D (Jonas 7 [1896], 188) wiedergegeben (zur Datierung vgl. NA 32, 528); nach H lautet der Text:*

*197. An Ludwig Wilhelm Wittich*

Weimar 23. *[?]* Nov. 1804. *Freitag.*

Bloß meine anhaltende Kränklichkeit ist schuld, daß ich Ihnen für Ihr gütiges Geschenk meinen Dank nicht früher abgestattet habe. Sie haben meinem Stück eine große Ehre erwiesen, daß Sie die Costümes aus demselben mit soviel Geschmack und Aufwand executiren ließen. Diese Unternehmung die mich gleich anfangs sehr interessiert hat, behauptet sich im Fortschreiten bei ihrem Werth, und es ist zu wünschen, daß sie immer mehr Unterstützung finden möge, um sich zu einem schönen Ganzen in ihrer Art zu vollenden.

Es soll nicht an meinem guten Willen fehlen, Ihnen auch ferner zu Fortsetzung und Erweitrung derselben Stoff zu geben und vielleicht möchte sich das, woran ich gegenwärtig arbeite, zu einem mahlerischen Gebrauch qualifiziren.

Ich verharre mit vollkommenster Hochachtung,

Ew. Wohlgebohren
ergebenster Diener
vSchiller.

*ÜBERLIEFERUNG. H: Privatbesitz; als Leihgabe im DLA/SNM. 1 Doppelblatt 12,7 × 9,9 cm, glattes Papier, einige braune Flecken, Kuvertfaltung, einige Bruchstellen in den Falten, Wz.: J. Whatman 1801; 2 S. beschrieben, S. 4 Empfangsvermerk:* vSchiller, Weimar / 23 Nov. 1804. *– E: Westermann's Illustrirte Deutsche Monatshefte. Bd 38 (1875). S. 224 (Robert Boxberger). – Textwiedergabe nach H.*

**_NA 32, Nr 212_**

*Der Brief an Goethe vom 15. Januar 1805 (?) ist unvollständig nach E wiedergegeben; nach H lautet der Text des Briefes, der darüber hinaus neu zu datieren ist (vgl. Friedrich Schiller. Johann Wolfgang Goethe: Der Briefwechsel. Historisch-kritische Ausgabe. Hrsg. und kommentiert von Norbert Oellers unter Mitarbeit von Georg Kurscheidt. Bd 2. Stuttgart 2009. S. 131):*

*171a. An Johann Wolfgang von Goethe*

*Weimar (?), vielleicht 23. März 1800. Sonntag.*

Ich hatte mich eben angezogen um zu Ihnen zu kommen, aber die Krämpfe regen sich und ich bin bang in die Luft zu gehen. Vermuthlich steigt der Barometer, denn in diesen vorigen Tagen habe ich nichts gespürt.

Laßen Sie mich nur mündlich durch Ueberbringer wißen, wie Sie Sich befinden, und beharren Sie übrigens bei Ihrem Vorsatz zu Hauß zu bleiben. Ich sende Ihnen zur Zerstreuung eine Novität, die ich mir aber morgen gegen 10 Uhr, da sie nicht mein gehört, wieder aus bitte.

S.

*ÜBERLIEFERUNG. H: GMD. 1 Doppelblatt 11,5 × 9 cm, leicht vergilbtes geripptes Papier, 1. S. beschrieben, S. 4 schwarzes Siegel und Adresse:* H*errn* Geh*eimen*Rath v Goethe / Hochwohl*gebohren; Wz.: Posthorn in gekröntem Schild. – E: Henrici-Auktionskatalog 96. Auktion vom 17./18. November 1924. S. 68 (ohne den Text* **4–7** Laßen Sie mich *bis* aus bitte.*). – Textwiedergabe nach H.*

*ERLÄUTERUNGEN.*
**6** Novität] *Nicht ermittelt.*

**_NA 32, Nr 233_**

*Die Angaben zum Verbleib des Briefes an Wilhelm und Christophine Reinwald vom 26. (25?) März 1805 sind zu korrigieren:*

*ÜBERLIEFERUNG. H: bisher Österreichische Nationalbibliothek, Wien. […]. Zuletzt 2024 angeboten durch Kotte Autographs (vgl. https://www.kotte-autographs.com/en/autograph/schiller-friedrich-von/#94459). Facsimile ebd. […]*

# 2. BRIEFE AN SCHILLER

(NA 33–40)

## *NA 33, Nr 41*

*Der Brief von Johann Kaspar Lavater von Anfang 1785 (?) ist nach h (hier: $h^1$) wiedergegeben; es existiert eine weitere Abschrift ($h^2$); danach lautet der Brief:*

*41. Von Johann Kaspar Lavater*

*Anfang 1785(?)*

von Schiller 1787.

Von Schiller erwartete ich, warum, weiß ich wahrlich ō, denn ich habe nichts von Ihren Schriften gelesen, das Zutrauen nicht, mit welchem Sie sich an mich wenden, und dem ich in m*einer* weltbekanten Lage auf irgend eine bedeutende Weise entsprechen zu können ō vorsehe. Ich für mich subskribir auf ein Exemplar Ihrer Thalia – will die Anzeigen vertheilen, das Werk, wenn es m*einen* ō geringen Erwartungen entspricht, rechts und links gelegentlich empfehlen, und übrigens froh seyn, wenn auch dies neüe Produkt zehn unbedeütendere verdrängt oder herabsezt, und Wahrheit mit Klarheit, Froheit mit Würde, Kraft mit Sanftheit, Freyheit mit Adel vereinigt – wenn es sich über den so allgemeinen als fatalen Ton der ungezogenheit unsrer deütschen Zeitschriften so hoch als die Sonne über Kaminfunken erheben und allen Lesern das Wort abnöthigen wird: „Das heißt geschrieben! So spricht Vernunft, Herz, Wahrheitsliebe, Geschmak.“ Empfehlen Sie mich H*err*n Lamezans Andenken.

*ÜBERLIEFERUNG. H: ? $h^1$: Zentralbibliothek Zürich (Abschrift von Lavaters Hand). $h^2$: Zentralbibliothek Zürich (Abschrift von fremder Hand). – E: Beilage zur Allgemeinen Zeitung. Berlin. Nr 164. 20. Juli 1901. S. 5 (Heinrich Funck; nach $h^1$). – Textwiedergabe nach $h^2$.*

## *NA 33, Nr 64*

*Der Brief von Anna Margaretha Schwan vom 13. (nicht: 18.) Juli 1785 ist nach E wiedergegeben; nach H lautet die 1. Seite des Briefes:*

*64. Von Anna Margaretha Schwan*

Mannheim den 13$^{\text{ten}}$ Juli
1785

Lieber Schiller

Es hilft nichts, Sie mögen sich noch so viel sträuben, so müßen Sie, wenn Sie mir auch nicht schreiben wollen, doch wenigstens ein Briefgen von mir lesen; beinahe hätte ich aber Lust wieder aufzuhören, wenn ich bedenke, daß ich nicht an ein Mädgen, sondern an einen Gelehrten, und waß noch ärger ist, gar an einen Dichter schreibe; Es ist sehr viel gewagt; daß ich hier, manches Stündgen mit Ihnen verplauderte, gieng noch an, da, waren Sie die Gesellschaft der Dichterinnen noch nicht so gewohnt, aber jezt . . . . Ich tröste mich einzig damit, daß dem, der haut gouts gewohnt, eine einfache, ungekünstelte Speise, manchmal, wo nicht angenehm, doch wenigstens leidlich ist.

Ihre Schwester habe ich hoffentlich wieder versöhnt, indem ich Sie in einem Brief, de- und wehmüthig um Verzeihung gebeten, und Ihr mein Unrecht grade heraus bekant habe selbst ohne die geringste Entschuldigung zu machen; gestraft bin ich aber immer, für meine Unart, denn hätte ich Ihr gleich geantwortet, so müßt ich vielleicht jezt nicht, um, etwas mehr als ein bloses Compliment von Ihnen zu hören, zu erst an Sie schreiben, wenn Sie mir aber hübsch antworten, so will ich mich nicht drüber beklagen. Ich glaube Ihnen nicht noch lange sagen zu müßen daß von diesem Briefgen niemand etwas weis, sollten Sie also einmal an

*ÜBERLIEFERUNG. H: Reiss-Engelhorn-Museen Mannheim. (Die Handschrift ist in einer fest an der Wand installierten, nur schwierig zu öffnenden Vitrine ausgestellt. Deshalb konnte nur S. 1 und 4 des Doppelblatts eingesehen werden.) – E: Herbert Stubenrauch: Schiller und die Schwanin. In: Goethe. Neue Folge des Jahrbuchs der Goethe-Gesellschaft 17 (1955). S. 108–109 (unter dem Datum des 18. Juli 1785). – Textwiedergabe nach H.*

### *NA 33, Nr 83*

*Der Brief von Christian Friedrich Schwan vom 26. Mai 1786 ist nach E wiedergegeben; nach H lautet der Brief:*

*83. Von Christian Friedrich Schwan*

Leipzig den 26t May 1786. *Freitag.*

Es klingt freilich sonderbar, wenn man sagt, daß man vor lauter Müßiggang nicht Zeit habe, ein Paar Zeilen zu schreiben; und doch ist es nicht anders. Wir sind hier in einem beständigen Wirbel herumgedrehet worden, so daß es Zeit kosten wird, uns zu besinnen, wo wir eigentlich waren und was oder wen wir gesehen haben. So viel kann ich Ihnen aber versichern, liebster Freund, daß uns der kurze Aufenthalt in Dreßden ewig unvergeßlich seyn wird. Die zuvorkommende, freundschaftliche Art, mit welcher uns Ihre dortigen Freunde, die wir so gern auch die unsrigen nennen möchten, aufgenommen haben, hat einen zu tiefen Eindruck auf uns gemacht, als daß wir es je vergessen könten. Wir bitten Sie inständig, uns diesen vortreflichen Leuten bestens zu empfehlen. Möchten wir nur einmal so glücklich seyn Ihnen die freundliche Aufnahme in Dreßden in unserer Pfalz gelegentlich erwiedern zu können.

Und nun leben Sie wohl, lieber Freund, und vergessen Sie nicht,

Ihren ergebensten CFSchwan

Vor ein Paar Tagen schrieb man uns von Manheim daß H*err* Iffland die Schwester des H*err*n Beck heirathe.

*ÜBERLIEFERUNG. H: Autographensammlung Wilhelm, Basel. – E: Urlichs (1877), 30. – Textwiedergabe nach H.*

### *NA 33, Nr 112*

*Der Brief von Christian Gottfried Körner vom 2. August 1787 ist nach* $E^{\alpha}$ *(DLA/SNM. Von der Verlagsbuchhandlung Veit & Comp. nach H korrigiertes und ergänztes Exemplar von E) wiedergegeben; nach H lautet der Brief:*

*112. Von Christian Gottfried Körner*

Dresden den 2. Aug. 87. *Donnerstag.*

Ich muß Dir gestehen, daß ich wirklich schon böse auf Dich war, als ich am Sonntage keinen Brief von Dir erhielt. Ich hatte ganz gewiß darauf gerechnet, und da Charlotte geschrieben hatte, so begriff ich nicht, was Dich hätte abhalten können nur ein Paar Zeilen beyzulegen. Doch es ist nun alles wieder gut, seit ich Deinen Brief habe. Ich bekam ihn gestern früh. –

Mich däucht Du hast Ursache mit Deinem Eintritt in W*eimar* zufrieden zu seyn. Wielands Wärme hat mich gefreut. Ich kann mich nicht überzeugen, daß es bloßes Comödienspiel gewesen sey. Mag ihn doch immer geschmeichelte Eitelkeit empfänglicher für Deinen Werth gemacht haben – wirken mußtest Du doch immer auf ihn, so wie ich mir ihn denke. Er bemerkt, daß Du ihn schätzest, daß Du nicht mit ihm collidirst; warum soll er sich da nicht dem vortheilhaften Eindruck überlassen, den Du auf ihn gemacht hast. Ich verspreche mir viel Annehmlichkeiten für Dich von seinem Umgange, wenn auch zuweilen kleine Armseligkeiten Dir augenblickliche widrige Empfindungen machen werden. Es muß interessant seyn zu beobachten, wie das Studium der alten Litteratur auf einen solchen Kopf gewürkt hat, ob es allein der ächte Geist der Klassicität war, was er auffaßte, oder ob er zu sehr bey unbedeutenden Nebensachen verweilte. Wäre das erste, so müßte es eine Freude seyn an seiner Seite dieß Gebiete theils noch einmal zu durchreisen, theils auf neue Entdeckungen auszugehen.

Herder wird als Mensch mehr Interesse für Dich haben, und ich zweifle nicht, daß Ihr naher zusammenkommen werdet. Seine Schilderung traf nicht so, wie bey Wiel*and* mit meiner Ahndung zusammen, aber sie widerspricht dem Begriffe nicht dem *[sic]* man sich aus seinen Schriften von ihm macht. Der Schriftsteller scheint bey ihm mehr dem Menschen untergeordnet zu seyn als bey Wiel*and*. Wenn Du und Göthe etwa weniger Verwandschaft hättet, als ich hoffe, so kann H*erder* vielleicht als – ich kann mir nicht helfen – als Menstruum dienen. Was Ihr über Göthen gesprochen habt, mußt Du mir bald schreiben.

Charlotten sage daß ich ihr zu ihrer heitern Laune von der Du schriebst, von Herzen Glück wünsche. Auf ihren Brief antworte ich nächstens. Laßt Euch ja durch kleinstädtisches Geschwätz nicht im Genuß Eurer Freuden stören. Daß Ihr aus Eurem Verhaltniß kein Geheimniß macht, ist der sicherste Weg die Lästerung zu entwaffnen. Welcher H*err* von Kalb will denn eine Carriere am Zweybrückischen Hofe machen? Der Gemahl der Charlotte, oder der andre? Wie steht's denn mit dem Proceße? Das wäre besser als jede

Hof-Carriere. – Ob Du durch eine so kurze Zusammenkunft mit dem Herzog viel gewonnen haben würdest, zweifle ich fast. Besser ists dächt ich, Du wirst durch vortheilhafte Gerüchte von Weimar aus bey ihm angekündigt. Die Herzoginn, der Du präsentirt worden bist ist doch die verwittwete? Mehr Pünktlichkeit im historischen Stil wenn ich bitten darf.

Die Huldigung des H*errn* Vulpius hat uns viel Spaß gemacht. Er ist mir dem Namen nach als Verfasser schlechter Schauspiele und Romane bekannt.

Vor ein Paar Tagen war der alte Wagner bey uns und kündigte Bertuchen an, der von Carlsbad nächstens hieherreisen, und den der Fi*nanz*rath – man denke! – bey uns einführen wird. Also darfst Du Dir nicht zuviel einbilden. Wir kriegen auch eine Weimarische Rarität zu sehen. Und keine unbedeutende – einen Geschmacks Minos. Er soll wegen des Architeckt Schurigs hieherkommen um

*ÜBERLIEFERUNG. H: Autographensammlung Wilhelm, Basel. 1 Doppelblatt überliefert; der Rest des Briefes fehlt. – E: Schiller-Körner 1 (1847), 118–120 (ohne* um *am Ende des Brieftextes). – Textwiedergabe nach H.*

## *NA 33, Nr 143*

*Der Brief von Körner vom 16. März 1788 ist nach $E^{a}$ (DLA/SNM. Von der Verlagsbuchhandlung Veit & Comp. nach H korrigiertes und ergänztes Exemplar von E) wiedergegeben; darüber hinaus wurden in einem Nachtrag Lesarten nach einer schlechten Kopie von H mitgeteilt. Nach H lautet der Brief:*

*143. Von Christian Gottfried Körner*

Dresden den 16. Marz. 88. *Sonntag.*

Du hast mich über gewisse Besorgniße beruhigt, und ich freue mich daß meine Vermuthungen ungegründet, und die Nachrichten falsch waren. Gedanken dieser Art konnten mir nicht gleichgültig seyn, und als ein Zuschauer des Spiels sah ich vielleicht weiter als Du.

Hubers Abreise ist nunmehr bestimmt. Er geht zu Anfang des Aprils von hier ab, und wird Dir schreiben wenn er Dich s*[e]*h*[e]*n wird. Vorgestern erfuhr Dorchen die Zeit seiner *[Ab]*reise. Der erste Anfall des Schmerzens war heftig, aber sie wurde doch eher wieder besanftigt, als ich geglaubt hätte. Noch einen solchen Paroxysm bey der Abreise und die Trennung wird vielleicht besser ertragen werden als wir gedacht haben. Glücklicher Weise bekamen wir gestern zuerst den Ardinghello. Er hat Hubern und mich äusserst interessirt, und wir haben alles, was dazu tauglich war vorgelesen Ich selbst bin noch nicht fertig damit. Mir scheint es ein Pendant zum Werther abgeben zu können. Geist und Kraft im Schwelgen wie jener im Leiden. Ueber Kunst enthält es sehr lichtvolle Ideen. Der Ausdruck im Einzelnen ist Leben und Fülle. Aber der PeriodenBau oft dunkel und verworren. Das dramatische gelingt ihm weniger, besonders sprechen seine Weiber zu dichterisch in den gespanntesten Situationen. Ueberhaupt wünscht' ich diesen auch Weiblichkeit, und weniger Italiänischen Charackter. Eine gewiße mä*[nnli]*che Größe und Consequenz die er ihnen zuweilen giebt, macht doch einen widrigen Eindruck, und schadet der Wirkung des Contrasts. Auch finde ich Nachläßigkeiten und Ungleichheiten im Stil, die leicht zu vermeiden gewesen wären. Den Freund des Ardinghello wünscht' ich interessanter pp Weißt Du denn etwas von Heinsen? Ist er noch in Italien?

Nach Deinem vorletzten Briefe muß der Herzog jetzt in Weimar seyn. Hast Du ihn gesprochen?

Den Februar vom Merkur habe ich noch nicht. Ist er denn heraus? Lebe wohl für heute. Nachstens mehr.

Körner.

Alles ist wohl und grüßt.

*ÜBERLIEFERUNG. H: Privatbesitz Japan. Textverlust durch Siegelöffnung (vgl.* **7** *und* **8***). – E: Schiller-Körner 1 (1847), 267–268 (ohne den Text* **21–26** Den Freund *bis* heraus?; *vollständig zuerst in: Schiller-Körner*$^2$ *1 [1874], 170–171). – Textwiedergabe nach einer Photographie von H.*

### *NA 33, Nr 239*

*Der Brief von Christian Gottfried Körner vom 9. oder 10.? November 1788 ist nach einer Autopsie von H wiedergegeben; nach H lautet der Brief:*

*239. Von Christian Gottfried Körner*

Dresden den *9. oder 10.(?)* Nov. 88. *Sonntag oder Montag.*

Daß ich Dir erst heute über Deine Geschichte schreibe, wird Dir begreiflich werden, wenn Du erfährst, daß am Montage als der Transport ankam, Professor Ernesti von Leipzig bey uns war, der mir bis zum Donnerstage beständig auf dem Halse, so daß ich nur Viertelstunden wegstehlen konnte um zu lesen. Du kannst denken wie gern ich ihn sah.

Ich widerrufe meine ehemaligen Aeusserungen nicht. Bey allem Verdienst, daß man dieser Arbeit nicht absprechen kann, ist es doch nicht das höhere Verdienst, dessen Du fahig bist. Der Gesichtspunkt den Du auf der 5$^{\underline{\text{ten}}}$ Seite angiebst, ist Deiner werth. und zeigt, was man von Dir zu erwarten gehabt hätte, wenn es Dir *in* Deinen jetzigen Verhaltnißen möglich gewesen wäre ein historisches Kunstwerk zu liefern. Daß Du aus diesem Gesichtspunkte nicht immer gearbeitet hast, scheinst Du in der Vorrede selbst zu fühlen. „Dieser Theil soll nur Einleitung seyn" sagst Du. Aber jene interessante Idee, von der das Ganze seine Einheit erhält, sollte doch auch in diesem Theile die herrschende seyn. Und mir däucht, daß Du Dich bey der Ausführung mehr für einzelne Characktere und Situationen, als für das Ganze begeistert hast. Auch begreife ich die Ursachen wohl. Die vorhandnen Materialien waren zum Theil im Widerspruche mit Deinem Ideale. Eine Zeitlang suchtest Du durch weitere Nachforschungen diese Widersprüche zu vereinigen. Aber endlich ermüdetest Du in dieser Arbeit, und gabst in Deiner jetzigen Lage die Hoffnung auf, Deine höhern Foderungen zu befriedigen. Du wolltest dem gesammleten Stoffe die beste mögliche Form geben, und jede Gelegenheit nutzen durch den Gehalt der Details, für den Verlust an Schönheit des Ganzen zu entschädigen. Ein andres Hinderniß war die Unpartheylichkeit, die Du Dir zum Gesetz gemacht hattest. Das Interesse für die Niederländer wird geschwächt, weil Du Dir nicht erlaubst das Thörigte und Niedrige in ihrem Betragen zu entschuldigen: Dieß ist besonders merklich in der Periode nach Granvellas Entfernung, wo überhaupt die ganze Handlung stillsteht, wo man aufhört für das Schicksal der Niederlander besorgt zu seyn, und wo ihre Großen (selbst Wilhelm nicht ausgenommen) so sehr unsern Unwillen erregen, daß man geneigt wird, für Philipp Parthei zu nehmen. In Wilhelms Art zu handeln ist ein Schein von Inconsequenz der vielleicht zu vermeiden war, wenn Du den Mangel an befriedigenden Nachrichten zuweilen durch Hypothesen ersetzt hättest. Er ist doch eigentlich der Held der Geschichte, und jemehr man sich für ihn interessirt destomehr wünscht man Aufschluß über sein ganzes Betragen. Hättest Du wie Gibbon zehn Jahre Deines Lebens in ungestörter Muße und mit allen Hülfsmitteln versehen dazu anwenden können, Materialien zu sammlen, zu verarbeiten, und darüber zu brüten, so würde Dein Werk freylich einen höhern Grad von Vollendung erreicht haben. Aber so wie es ist bleibt es immer eine schätzbare Probe Deiner historischen Talente. Du hast gezeigt daß Du Fleiß und Genauigkeit in Benutzung der Quellen mit lebhafter Darstellung vereinigen kannst. Dein Stil ist einfach und edel. Nur selten sind Dir kleine Nachläßigkeiten entwischt. Bildersprache habe ich im Gange der Erzählung selten gefunden und beynahe nur da, wo entweder der Stoff eine Aufwallung von Enthusiasmus erlaubte, oder wo er durch seine Trockenheit einen gewißen Schmuck nothwendig zu machen schien. Jemehr es Dir bey künftigen Arbeiten dieser Art gelingt, durch Anordnung des Ganzen das Interesse immer gleich lebhaft zu erhalten, desto weniger wirst Du in einzelnen Stellen, das Bedürfniß der Verschönerung fühlen. Die eingestreuten und nicht gehäuften Bemerkungen sind größtentheils von wahrem Gehalt. Weniger Aengstlichkeit in Befolgung Deiner Vorgänger, so wirst Du Dir eben so tiefe Blicke in die Bewegungsgründe der handelnden Personen erlauben, als diejenigen sind, wodurch uns Tacitus so schätzbar wird. In *[sic]* Ganzen genommen also wünsche ich Dir Glück zu diesem Produckte, wenn ich gleich überzeugt bin, daß Du unter andern Umständen noch mehr leisten konntest, als Du geleistet hast. Die Fortsetzung dieser Geschichte wird mich freuen, noch mehr aber künftig einmal die Bearbeitung eines andern historischen Gegenstands, der wegen seines kleinern Umfangs weniger Zeit und Mühe zu Aufsuchung der Materialien erfodert, und wo Du also auf einem kürzern Wege – mit weniger ermüdender Handwerksarbeit – als Schöpfer eines historischen Gemäldes zeigen kannst, was Du vermagst.

In der Recension des Egmont haben mich die vorausgeschickten Bemerkungen über die Einheit des Stücks sehr befriedigt. Auch ist es Dir gelungen, däucht mich, den rechten Ton der Kritik gegen einen verdienten Schriftsteller zu treffen – Strenge mit Achtung, ohne affecktirte Schmeicheley – Ueber Egmonts Liebe aber bin ich nicht mit Dir einverstanden Du glaubst daß das Heroische seines Charackters dadurch verliert, und das geb' ich zu. Aber es fragt sich, ob dieß ein Fehler ist. Muß es denn eben Bewunderung seyn, was der Held eines Trauerspiels einflößt? Unsre Liebe bleibt Egmont immer bey allen seinen Fehlern. Er ist ein Tom Jones im Trauerspiel. Und warum soll diese Gattung einen solchen Charackter ausschließen? Auch zweifle ich ob das Stück durch mehr Uebereinstimmung mit der Geschichte würde gewonnen haben. Ist es nicht schöner Egmonts Sorglosigkeit zur Ursache seines Unglücks zu machen, als eine gewisse Unentschlossenheit zwischen Bleiben und Gehen, wo die Vermeidung eigner Gefahr mit Familienverhältnißen collidirt? Hat die Sorge für Frau und Kinder, und die Furcht Vortheile des Ueberflußes zu entbehren, nicht etwas prosaisches, wogegen man die Rolle von Clärchen und die schöne Scene mit Wilhelm (die alsdann auch ganz anders seyn müßte) nicht gern vertauschen möchte?

Die Verschwörung der Pazzi ist nicht von Dir. Vielleicht von Jagemann? Du warst wohl sehr in Verlegenheit um sie aufzunehmen. Stoff und Behandlung sind äusserst trocken. Man begreift nicht einmal die Schwierigkeit des Unternehmens, und warum zu einem Meuchelmorde soviel Anstalten nöthig waren. Dazu hätte wenigstens die Rolle welche die Medici in der Republik spielten, deutlicher angegeben werden sollen.

Wo hast Du denn die Jesuitenanecdote im Merkur her? Hast Du eine noch nicht benutzte Quelle zur Geschichte dieses originellen Staats gefunden, so wäre es der Mühe werth sie zu bearbeiten. Soviel ich mich erinnere hat man bloß in Raynals Geschichte eine interessante Darstellung dieses Gegenstands, und diese wird den Stoff gewiß nicht erschöpft haben.

Daß Du die Anecdote von der Grafin Schwarzburg erhalten hast ist hübsch. Sie hat uns alle interessirt.

Mich däucht, Du wolltest neulich Deine medicinische Disputation von mir haben. Ich habe sie zufälliger Weise gefunden bis auf die – Dedication. Schreib mir ob ich sie Dir schicken soll.

Bist Du denn mit Schwans Handlung wegen Deiner Trauerspiele zum Ziele gekommen? Ich finde, daß sie wegen der neuen Auflage ein Privilegium ausgebracht haben. Dies würde Dich wenigstens nöthigen betrachtliche Aenderungen zu machen, wenn Du sie jetzt gleich einem andern Buchhändler geben wolltest. Schmidt, der Verfasser der deutschen Geschichte, war in demselben Falle, und die neue Auflage seines Buchs durfte auf der Leipziger Messe nicht verkauft werden, weil sie für einen Nachdruck galt.

Mit der Uebersetzung, die ich diesen Winter vorhatte ists nichts. Hilf mir doch eine ähnliche Beschaftigung ausdenken. Wie wärs wenn ich mich über die Fronde machte? – Du mußt nicht lachen – Es wäre doch vielleicht möglich, daß einmal etwas fertig würde. Das Sujet interessirt mich; auch wäre es nicht übel wenn der Abwechselung halber eine Verschwörung an die Reihe käme, die sich mehr durch interessante Characktere, als durch tragische Situationen auszeichnete. Und Huber kann doch jetzt nichts dergleichen machen. Die Quellen sind hier zu finden, und größthentheils an sich interessant. Dieß hindert übrigens nicht, daß ich nicht lieber noch Raphaels Correspondenz fortsetzte. Auch kann beydes beysammen bestehen, und es ist mein wirklicher Ernst diesen Winter etwas hervorzubringen. Das semper ego auditor tantum fängt an mich immer mehr zu drücken.

Uebrigens gehts bey uns nach alter Weise. Huber scheint Glück in seinem Posten zu machen. Stutterheim ist sehr mit ihm zufrieden. Auch hat ihn der Coadjutor und sein Sekretair gelobt. Mit dem Gesandten hat er sich auf den Fuß der möglichsten Unabhängigkeit gesetzt, und kommt gut mit ihm aus, so nachtheilig auch die Gerüchte sind, die man von diesem hört. Er hat wenigstens Verstand genug um die Nothwendigkeit eines guten Vernehmens mit H*uber* einzusehen. Und dieß wird ihm leicht, da H*uber* nicht mit ihm collidirt, äusserst wenig Pratensionen an ihn macht ohne sich doch von ihm eintreiben zu lassen (wie ich aus einzelnen Vorfällen weiß) und selbst sehr tolerant gegen ihn ist, ja sogar interessante Züge an ihm gefunden hat.

Lebe wohl. Grüße von M*inna* und D*ora.*

K.

Das bewußte Gedicht vergiß nicht mir zu schicken sobald es fertig ist.

*ÜBERLIEFERUNG. H: GSA. – E: Schiller-Körner 1 (1847). S. 372–378 (ohne den Text* Lebe wohl *bis* D. *[***115***]; vollständig zuerst in: Schiller-Körner*$^{2}$ *1 [1874]. S. 237–241). – Textwiedergabe nach H.*

## *NA 33, Nr 245*

*Der Brief von Christian Gottfried Körner vom 24. November 1788 ist nach einer Autopsie von H wiedergegeben; nach H lautet der Brief:*

*245. Von Christian Gottfried Körner*

Dresden den 24. Nov. 88. *Montag.*

Dießmal will Dir die lange Pause vergeben; aber nun Du wieder in Weimar eingerichtet bist, ists wirklich unrecht von Dir, wenn Du nicht öfter schreibst. Deine und Hubers Briefe geben mir noch manchmal den alten Schwung. Ohne euch erschlaffte ich vielleicht ganz. Ich habe schlechterdings niemand hier, an dem ich mich reiben kann. Alles muß ich aus mir selbst zehren. Mein Stolz hält mich zwar noch aufrecht, aber oft fällt mir der demüthigende Gedanke ein, daß ich noch nichts gethan habe, was mir für meinen Gehalt Bürge ist. Dann verfolgt mich die Furcht vor Stümperey, und in der Angst fange ich wieder an Holz und Steine zu meinem juristischen Gebäude zusammenzutragen. Freylich hätte ich mir dieß Geschäft gern für ein späteres Alter aufgehoben, wenn ich jetzt etwas tüchtiges von einer andren Art hervorzubringen hoffte. Aber oft gebe ich diesen Gedanken ganz auf. Es scheint mir an Fruchtbarkeit zu fehlen. Ich tauge vielleicht besser für Gegenstände, wobey Scharfsinn und ein gewisses Gefühl für Zweckmäßigkeit erfodert wird. Manchmal denke ich gar daß ich bloß zum Juristen bestimmt bin. In dieser Sphäre bin ich wenigstens des Erfolgs gewiß. Kunstgefühl ist bey weitem noch nicht Kunsttalent, und schon mancher hat durch diese Verwechselung seine wahre Bestimmung verfehlt.

Wider Deinen Plan wegen des Merkurs habe ich nichts einzuwenden. Der merkantilische Erfolg hängt bloß vom Zutrauen des Publikums zu denjenigen ab, die sich als Unternehmer ankündigen. Wieland hat freylich bisher schon gezeigt, daß er trotz der ehemaligen vielversprechenden Ankündigung des Merkurs in der Aufnahme von Beyträgen oft nichts weniger als streng war. Bey Dir ist wohl kein Zweifel über das was Du leisten kannst, sondern über die Pünktlichkeit in Erscheinung Deiner Produckte. Ich kann mich daher nicht überzeugen, daß eine bloße Ankündigung von Euch beyden große Wirkungen in Ansehung des Debits hervorbringen werde. Eine ähnliche Ankündigung zu Ende vorigen Jahres hat nicht gehindert, daß der Merkur, wie Du selbst sagst in den letzten Zügen liegt. Ein neuer Plan, der Aufmerksamkeit erregte (etwa wie der, welchen ich Dir neulich zuschickte) würde die Mitarbeiter ins künftige zu sehr binden. Und eigentlich hängt der innere Werth des Journals doch nur davon ab, daß ihm einige gute Köpfe ihre besseren Stunden widmen. Sollte daher ein neuer Plan und eine neue Ankündigung überhaupt nöthig seyn? Wäre es nicht besser die Stücke des $89^{\text{sten}}$ Jahres an innerm Gehalt merklich zu verbessern, und keinen unerheblichen Aufsatz aufzunehmen? Alsdann könnte man am Ende des Jahres das Publikum fragen, ob es ferner dergleichen Waare haben wollte, dazu gehörte mehr Unterstützung pp.

Mit Deiner Antwort wegen der philosophischen Briefe muß ich mich beruhigen, ob sie mich wohl nicht ganz befriedigt.

Ueber Hubers dramatische Manier magst Du wohl nicht ganz Unrecht haben. Indessen scheint mir doch immer so viel Gehalt in seiner Arbeit zu seyn, daß ich sie ihm nicht verleiden möchte, wenigstens so lange er sich für keine andre Thätigkeit interessirt. Schreibst Du ihm denn manchmal? Er klagte neulich über Dein Stillschweigen.

Die Idee wegen der Memoires leuchtet mir sehr ein. So eine Arbeit habe ich mir immer gewünscht. Schreib mir doch Deinen Plan ausführlicher, und sorge bald für einen Verleger, damit man immer anfangen kann. Alles kommt, däucht mich darauf an den Gesichtspunkt festzusetzen aus welchem die Memoires zu bearbeiten sind. Als Quellen der Geschichte sind sie keines Auszugs fähig. Will man das Unternehmen nicht zu weitläuftig machen und ein Werk liefern, das um sein selbst Willen lesbar ist, so wird man sich wohl auf einzelne charasteristische *[sic]* Züge einschränken müßen, die in der Nationalgeschichte, oder in der Biographie merkwürdiger Menschen keinen Platz finden können, und gleichwohl an sich selbst interessant sind, (nicht durch den Aufschluß den sie über andre interessante Personen und Vorfälle geben) Solche Züge sind häufig in den Memoires vorhanden, und eben diese, weil sie keine, als die allgemeinsten historische Kenntniße voraussetzen, sind dem größten Theil des lesenden Publikums am willkommensten. – Lebewohl. Alles ist gesund und grüßt Dich.

Körner

*ÜBERLIEFERUNG. H: GSA. – E: Schiller-Körner 1 (1847). S. 378–381 (ohne den Text* – Lebe wohl *bis* grüßt Dich. *[***54***]; vollständig zuerst in: Schiller-Körner$^2$ 1 [1874]. S. 241–242). – Textwiedergabe nach H.*

## *NA 33, Nr 264*

*Der Brief von Christian Gottfried Körner vom 16. Januar 1789 ist nach $E^{\alpha}$ (DLA/SNM. Von der Verlagsbuchhandlung Veit & Comp. nach H korrigiertes und ergänztes Exemplar von E) wiedergegeben; nach H lautet der Brief:*

*264. Von Christian Gottfried Körner*

Dresden den 16. Jan. 89. *Freitag.*

Fußfällig möchte ich Dich bitten, Dein neues Gedicht nicht zu übereilen. Es wäre unverantwortlich, wenn Du die Lust daran verlieren solltest, und es nicht den Grad von Vollendung erlangte dessen es werth ist. Daß der Innhalt ganz nach meinem Sinne ist, wirst Du mir ohne Versicherung glauben. Aber auch als Gedicht kann es Dein Meisterstück werden.

Wenn Dir das Gedicht zu lang scheint, so glaube ich nicht daß Du durch Ausstreichen gewinnst. Versuche nur erst die Strophen so zu versetzen, daß vom Bekannten zum Unbekannten fortgeschritten wird und das Interesse immer steigt. Solange die Erwartung gespannt wird kann man das Gedicht nicht zu lang finden. So thut z. B. die Strophe: Die ihr als Kind p nach dem Vorhergehenden keine Wirkung. Kaum wüßte ich ihr einen andern Platz anzuweisen, als unter den ersten Strophen, die von den anerkannten Verdiensten der Kunst handeln.

Von Seiten der Anordnung glaube ich kannst Du ihm noch mehr Vollkommenheit geben, wenn Du Dir die Mühe nicht verdrießen laßt den vorhandnen Stoff so lange durcheinander zu werfen bis das schönste Ganze herauskommt. Vielleicht wirst Du da einige von den ausgestrichenen Strophen wieder aufnehmen, wenn sie als Glied in die Kette passen Und ich zweifle ob es noch etwas auszustreichen geben wird. Höchstens der Anfang, der mir nicht zu dem Ton des Ganzen zu passen scheint. Es ist doch eigentlich ein verbrauchtes Bild und zwar nicht von der edleren Wirkung der Kunst, die Dein Stoff ist. Um die Verse ist *es* freylich Schade. Auch scheint mir der Sprung von der ersten zur zweyten Strophe zu auffallend.

Im Einzelnen habe ich nur bey folgenden Stellen etwas zu bemerken. „Eh von des Denkers Geist p: Kann man sagen: ewiger Raum für unendlicher R*aum*?
verzehrend über Sternen pp Ist dieser Gedanke richtig?
kindisch, ist dieß Wort edel genug?
Armen dieser Amme, macht einen Uebelklang.
So denkt in jugendlicher Schöne pp paßt dieß Bild?
stolzen Bogen der über Sternen pp ist dieß nicht Schwulst?
stelltet es in Glorie: warum nicht in Eine Glorie?
Hades pp ist dieß nicht gesucht?
Was ist des Menschen Leben? paßt dieß zum Vorhergehenden?
als er sie gegeben, wird dunkel, weil der Menschen das nächstvorhergehende ist.
Ionien ist man viersylbig zu lesen gewohnt.

Der Schluß hat mich entzückt. Denke Dir diesen als Ziel, Pointe Entwickelung wie Du willst. Alles Vorhergehende muß darauf stuffenweise vorbereiten. So dächte ich, müßte ein treffliches Ganze entstehen.

Uebrigens habe ich mir das Gedicht abgeschrieben, und werde noch darüber brüten.

Mit Deiner Negociation bin ich sehr zufrieden. In 14 Tagen denke ich Dir den Anfang schicken zu können. Zugleich werd ich bey dieser Gelegenheit an Wieland schreiben. Was W*ieland* von Noten sagt bezieht sich wohl auf Gibbons Ausfälle gegen das Christenthum. Bey dem Fragmente über Mahomet wüßte ich keine zu machen, ohne mich in Untersuchungen einzulassen die mich zu weit führen würden. Uebrigens ist von Gibbons zweytem Werke (aus welchem dieß Fragment ist) noch nichts übersetzt. Das erste Werk schließt nehmlich mit dem Untergang des occidentalischen Kayserthums, das zweyte mit der Eroberung von Constantinopel.

Ich bin diese Tage über sehr zerstreut gewesen. Vielleicht merkst Du es an meiner Kritik. Meine erste ruhige Stunde gehört Dir. Jetzt lebe wohl. M*inna* und D*ora* grüßen.

Körner.

*ÜBERLIEFERUNG. H: DLA/SNM. – E: Schiller-Körner 2 (1847), 8–10. – Textwiedergabe nach H.*

## *NA 33, Nr 330*

*Der Brief von Christian Gottfried Körner vom 8. September 1789 ist nach* $E^{a}$ *(DLA/SNM. Von der Verlagsbuchhandlung Veit & Comp. nach H korrigiertes und ergänztes Exemplar von E) wiedergegeben; nach H lautet der Text:*

*330. Von Christian Gottfried Körner*

Dresden den 8. Sept. 89. *Dienstag.*

Daß Du Dich unseres letzten Beysammenseyns mit Vergnügen erinnerst, war mir um desto lieber zu lesen, da ich wirklich schon auf die Gedanken gekommen war, als ob diese Zusammenkunft uns mehr entfernt, als genähert hätte. Du wirst mich verstehen und kannst mir glauben, daß ich auch Dich verstanden habe. Dieß hat mich manchmal verstimmt und gleichwohl konnte ich mich zu keiner Erklärung entschließen. Ich war mir keiner Schuld bewußt, glaubte keiner Rechtfertigung zu bedürfen, und eben deswegen ärgerte es mich, daß Du mich misverstehen konntest.

Meine Weimarischen Plane sind mir noch immer im Kopfe. Ich mag nur nicht anders als piano dabey zu Werke gehen, um mir bessere Bedingungen machen zu können. Kann ich bey einer entstehenden Vakanz eine ordentliche besoldete RathsStelle bekommen, so sind zugleich eine Menge Schwierigkeiten gehoben, die einer solchen Veränderung entgegenstehen. Bey Voigten kannst Du mich immer in gutem Andenken erhalten. Ich habe die Arbeit herausgesucht, die ich ihm gern mit guter Art in die Hände spielen möchte, weil er daraus sehen muß daß ich zu solchen Geschäften zu brauchen bin. Schreib mir doch darüber Deine Gedanken.

Daß Herder in Weimar bleibt, ist mir lieb. Ich habe vor kurzem an ihn geschrieben und ihm die versprochenen Lieder geschickt. Ich hatte mit ihm auch über meine Idee in Weimar zu bleiben gesprochen und er schien sich dafür zu interessiren. Ich habe diesen Punkt in meinem Briefe wieder erwähnt. Hat er denn Einfluß?

Den ehrlichen Professor Müller habe ich ohne meine Schuld beleidigt. Daß er mit meinem Vater bekannt und verwandt, habe ich entweder nie gewußt, oder gänzlich vergessen. Dieß kannst Du ihm freylich nicht sagen, also mache ihm meine Entschuldigungen so gut Du kannst, und hilf Dir, wo möglich mit einem Bonmot. Für die Bertuchischen Lampen ist gesorgt. Sie gehen mit nächster Kutsche ab. Mit den Zeichnungen wird er sich noch gedulden müssen, und über das dritte X wird er sich wohl erklären, wenn wir ihm die Lampen schicken.

Den Brief an Müller habe ich bestellen lassen. Zu einem andern Briefe nicht ganz desselben Innhalts gebe die philosophische Muse ihren Segen. Ich brüte wieder über meinen alten Ideen zur Philosophie der Jurisprudenz, und studire jetzt zu diesem Behuf den Plato.

Sonst ist hier nichts vorgefallen, als daß wir nunmehr seit 5 Wochen von Hubern keinen Brief haben. Das wahrscheinlichste ist, daß sein Gesandter sie auffängt, denn daß H*uber* gesund ist, wissen wir.

Lebe wohl M*inna* und D*ora* grüssen

K.

*ÜBERLIEFERUNG. H: DLA/SNM. – E: Schiller-Körner 2 (1847), 119–121 (ohne den Text* Für die Bertuchischen Lampen *bis* schicken. *(***24–27***) und* Lebe wohl *bis* grüßen. *(***34***); vollständig zuerst in: Schiller-Körner*$^2$ *1 (1874), 327–328. – Textwiedergabe nach H.*

### *NA 34, Nr 28*

*Die Angaben zum Verbleib der Handschrift in der Überlieferung des Briefes von Christian Gottfried Körner vom 14. September 1790 sind zu korrigieren:*

*ÜBERLIEFERUNG. H: GSA. […]*

### *NA 34, Nr 48*

*Die Angaben zum Verbleib der Handschrift in der Überlieferung des Briefes von Christian Gottfried Körner vom 24. Dezember 1790 sind zu korrigieren:*

*ÜBERLIEFERUNG. H: DLA/SNM. […]*

### *NA 34, Nr 87*

*Die Angaben zum Verbleib der Handschrift in der Überlieferung des Briefes von Christoph Martin Wieland vom 9. Oktober 1791 sind zu ergänzen:*

*ÜBERLIEFERUNG. H: DLA/SNM. Facsimile: Schiller-Nationalmuseum Marbach am Neckar. Faksimiledruck Nr 8. 1963. […]*

### *NA 34, Nr 235*

*Die Angaben zum Verbleib der Handschrift in der Überlieferung zum Brief von Christian Gottfried Körner vom 7. Juli 1793 sind zu ergänzen:*

*ÜBERLIEFERUNG. H: ? 1899 in Privatbesitz; vgl. Johann Wolfgang von Goethe im Mittelpunkte seiner Zeit. Verzeichniß der Goethe-Sammlung H. Lempertz sen. †. Köln 1899. S. 83. Nr 1250; zur Handschrift ist angegeben: „Eigenh. Brief m. U. [...] 4 S. 4°.“ [...]*

## *NA 35, Nr 13*

*Der Brief von Johann Christoph Friedrich Haug vom 28. Juni 1794 ist nach E wiedergegeben; nach H lautet der Text:*

*13. Von Johann Christoph Friedrich Haug*

Ludwigsburg, den 28.ᵗ Junii, 1794. *Sonnabend.*

Meinen wärmsten Dank, lieber vortreflicher Mann! für Ihr freundschaftliches Andenken im Brief' an Hoven. Ich *[bin nich]*t wenig stolz darauf, wenn Sie mir gut sin*[d. Wie]* ganz Sie meine Liebe, meine Verehrung *[   ]*, drückte selbst mein Schweigen, mein Weinen in der Scheidestunde nicht aus. Verzeihen Sie dem Freunde diesen Erguß! Er ist kein Schmeichler, und mußte sagen, was er fühlt. O wann sehen wir Sie wieder? –

Hier zu meinen Epigrammen, wenn sie das Schicksal des Jenisch'schen Fragments nicht traf, einen kleinen Nachtrag. Finden Sie das Machwerk der Aufnahme in Ihre Thalia nicht unwerth, so gönnen Sie ihm ein Plätzchen.

Ihre liebenswürdige Gattin versichern Sie meiner wahrsten Hochachtung, und lieben Sie ferner

Ihren Haug.

*ÜBERLIEFERUNG. H: GSA. Textverlust durch Siegellack und Siegelausriß (vgl.* **3** *und* **4***). – E: Besondere Beilage des Staatsanzeigers für Württemberg vom 9. Mai 1905. Nr 5 (Julius Hartmann). – Textwiedergabe nach H.*

## *NA 35, Nr 14*

*Der Brief von Wilhelm von Humboldt von Juni/Juli 1794 ist nach D (Schiller-Humboldt³, 56–57) wiedergegeben; nach H lautet der Text:*

*14. Von Wilhelm von Humboldt*

*Jena, Juni/Juli 1794.*

Canzone.
An Schiller.

Wenn einst an des Lebens schmalem Rande
Wir in zweifelhafte Zukunft blicken,

Wenn der Tod die blasse Lipp' umschwebt,
Und in diesen letzten Augenblicken
Nur ein dunkles Ahnden noch zum Unterpfande
Dessen, was das Schicksal fürder webt
In dem sorgenvollen Geiste lebt;
O! dann mögen alle liebliche Gestalten
Längst verschwundener Vergangenheit
Mit der Gegenwart lebendger Innigkeit
Sanft zurück den scheidenden noch halten!
Holder Kindheit liebliche Gefühle,
Du der Auserwählten Erstlingskuß,
Schnell verflogner Jugend Schwärmereien,
Schwebt herbei die Seele gaukelnd zu erfreuen,
Daß noch einmal dann des Lebens Vollgenuß
In der schönsten Bilder reizendem Gewühle
Um die sanfterhellten Sinne spiele.
Denn allein des vollen Lebens rege Kraft
Ists, die wieder aus sich neues Leben schaft.

———

Schweb', o Lied, zu Schillers Richter Ohren,
Sag' ihm, daß Petrarcas Liederbau
Besser doch mit Worten, als mit leeren
Todten Zeichen inhaltlos ihm zu erklären,
Du, so wie Du bist, gedankenarm und rauh,
Weder für den Almanach, noch für die Horen,
Gestern seyst in Fieberfrost geboren.
Mit dem Tode meyne man's so ernstlich nicht;
Sinn und Inhalt sey nicht mehr, als — ein Gedicht.

*ÜBERLIEFERUNG. H: Bis 1945 Preußische Staatsbibliothek Berlin (Sammlung Radowitz), danach Biblioteka Jagiellońska Kraków (Krakau). – E: Euphorion 3 (1896). S. 73 (Albert Leitzmann). – Textwiedergabe nach H.*

## *NA 35, Nr 15*

*Die Beilage zum Brief von Johann Moriz Becht vom 7. Juli 1794 ist nach E wiedergegeben; nach H lautet der Text:*

| | | |
|---|---|---|
| 1793. | 17. Aug. wird gefüllt | |
| | 2. Eim*er* 6. M*aa*s das Fuder à 176 fl. | |
| | die Maas 22 x. — — | 19 fl. 48 x. |
| | daran zurückempfangen 18. M*aa*s — | 6 — 36 – |
| | Rest — — — — — | 13 — 12 – |
| | An den gezahlten — — — | 20 fl. —— |
| | kommen zurück — — | 6 fl. 48 x. |

Heilbr. den 30. Jun.
1794. an H*errn* Hauptm*ann* Schiller überschickt
JMBecht.

*ÜBERLIEFERUNG. H (Beilage): ? 1891 im Besitz von Wilhelm Küntzel (vgl. Jonas 3, 554). – E: Jonas 3 (1894), 452. – Textwiedergabe nach einer Photographie von H unbekannter Provenienz.*

## *NA 35, Nr 42*

*Die Angaben zum Verbleib der Handschrift von Friedrich Heinrich Jacobis Brief vom 10. September 1794 sind zu korrigieren:*

*ÜBERLIEFERUNG. H: Heinrich-Heine Institut, Düsseldorf.*

## *NA 35, Nr 59*

*Der Brief von Goethe aus der Zeit zwischen dem 8. und dem 19. Oktober 1794 ist nach E wiedergegeben; dort ist der Brief unvollständig gedruckt. Nach dem Konzept lautet der Text vollständig:*

*59. Von Johann Wolfgang von Goethe*

*Weimar, zwischen dem 8. und dem 19. Oktober 1794*

Ihr Brief hat mich noch mehr an der Uberzeigung bestärckt, die mir unsere Unteredung hinterlassen hatten, daß benehmen an wichtigen Gegenständen ein gleiches Interesse haben und daß wir, indem wir von ganz verschiedenen Seiten auf die selben losgehen, doch bey denselben im Grad der Richtung zusammentreffen, und uns darüber zu unsrer Wechselseitigen Zufriedenheit darüber unterhalten können.

Der gröste Theil dieses Briefes, enthält nicht allein meine Gedancken und Gesinnungen sondern er entwickelt sie auch auf eine Weise wie ich es selbst kaum gethan hätte. Die bezeichnung der beyden Weege die unsre Untersuchung genommen, die Warnung vor der doppelten Gefahr, daß von einem Portrait genommene Beyspiel, und was zu nächst darauf folgt, ist von der Art daß sich auch selbst Wort und Ausdruck unterscheiden können, der Gedanke daß eine Idealische Gestallt an nichts erinnern müsse, scheint mir sehr fruchtbar und der Versuch aufzufinden, was sowohl am Gegenstand die Schönheit mindern oder aufheben, als was den Beobachter hindern könne, scheint mir sehr weislich angestellt, wenn Sie nun aber die anscheinende Ketzereyen vorlegen; daß bestimmtheit sich nicht mit der Schönheit vertrage, ferner daß Wahrheit und Bestimmtheit nicht nothwendige Bedingungen der Schönheit; sondern nothwendige Bedingungen unsers Wohlgefallens an der Schönheit sey, so muß ich erst abwarten, biß sie mir diese Rätsel auflösen ob ich gleich aus denen was zwischen beyde Sätzen inne steht, ohngefehr den Weg errathen kann, den sie nehmen möchten.

Lassen Sie mich dagegen auf meiner Seite in der Region bleibe die ich durch suche und durch forsche, lassen Sie mich wie ich immer gethan von Sculpturen und Mahlereyen besonders ausgehen, und zu fragen, waß denn der Künstler zu thun habe, damit nach seinen vielfältigen einzelnen Bemühungen, der Zuschauer endlich noch das Ganze sehe, und Ausrufe es ist Schon!

Da wir beyde bekennen daß wir dasjenige noch nicht wissen, wenigstens noch nicht deutlich und bestimt wissen, wovon wir uns so eben unterhalten; sondern viel mehr suchen, da wir einander nicht belehren wollen, sondern einer dem andern nachzuhelfen, und ihn zu warnen denckt, wenn er wie es nur leider gewöhnl*ich* geschieht zu einseitig werden sollte so lassen Sie mich vollkommene Kunstwercke gänzlich aus den Augen setzen, lassen Sie uns erst versuchen wie wir gute Künstler bilden, erwarten daß sich unter diesen ein Genie finde, daß sich selbst vollende, lassen Sie uns im Nachspüren, wie er sich selbst unbewust dabey zu Werke gehen, und wie das schönste Kunstproduct eben wie ein schönes Naturproduct, zulezt nur gleichsam durch ein unaussprechliches Wunder zu entstehen scheinen.

Lassen Sie mich bey meinen Erklärungen, das Wort Kunst brauchen wenn ich immer gleich nur bildente Kunst besonders Sculpture und Mahler*ey* hierunter verstehe, daß ma*n*ches auf andere Künste passe, daß manches gemein sein werde versteht sich von selbst. Noch eins lassen Sie mich erinnern: waß ich gewissermaßen von selbst verstehet; daß hier nicht die Rede sey neue und unbekannte und unerhörte Dinge zu sagen, sondern daß bekannte daß längst ausgeübte, so darzustellen wie es sich in unsrer Gemuthsart sammle.

Indem wir nur vorerst gute Künstl*er* bilden wollen setzen wir in unsern Schühlern ein mäsiges naturell voraus, ein Auge daß di*e* Gegenstände rein sieht, ein Gemüth daß geneigt sey sie zu lieben einen mechanischen trieb der Hand, dasjenige daß das Auge empfängt gleichsam unmittelbar in irgend eine Materie wieder hinzugeben, und so fragen wir denn: wie wir diese bilden wolten? damit sie im stand gesezt würden sich über unsre Erwartung in der Folge selbst auszubilden.

Leonhardi da vinzi fängt seine Schrift über di*e* bildente Kunst, mit denen sonderbaren Worten an: wenn ein Schühler in der perspecktiv und Annatomie, sich perfectionirt hat, so mag er einem Meister aufsuchen.

Lassen Sie mich auf gleiche weise annehmen, daß unsre Schüler was sie sehen schon das auf eine leidliche weise nach zu bilden wissen, lassen sie uns sodann unßre Schuhlen in verschiedene Klassen eintheilen, und sehen was wir sie darinnen zu lehren haben, lassen Sie uns streng verfahren, und keinen eine stufe weiter rücken biß er es verdient und sich diese Stuffe selbst er*o*bert hat. Künstler die zu schnell und ohne vorbereitung in das höhere der Kunst gerückt werden, gleichen den Menschen die vom Glücke zu schnell erheben werden sie wissen sich in ihren Zustand nicht zu finden können von dem was ihnen zugeeignet wird selten mehr als einen mehr als oberflächlichen Gebrauch machen.

*ÜBERLIEFERUNG. K: GSA. (Das Konzept stammt von der Hand Paul Götzes.) – E: GJb 16 (1895), 30–33 (Bernhard Suphan) (nach H; ohne den Text* Indem wir *bis* auszubilden. *[***41–46***] und mit zahlreichen Korrekturen). – Textwiedergabe nach K (Konzept).*

*ERLÄUTERUNGEN. Der vorliegende Brief ist nicht als selbständiger Brief zu betrachten. Es handelt sich vielmehr um das Konzept der* Blätter, *die Goethe seinem Brief an Schiller vom 19. Oktober 1794 (NA 35, 75) beilegte. Die Niederschrift nach Diktat weist zahlreiche nicht korrigierte Hörfehler auf. In E wurde der Versuch unternommen, diese Fehler zu korrigieren und einen in sich sinnvollen Text herzustellen.*

### *NA 35, Nr 78*

*Die Angaben zum Verbleib der Handschrift in der Überlieferung des Briefes von Christian Gottfried Körner vom 20. November 1794 sind zu korrigieren:*

*ÜBERLIEFERUNG. H: Autographensammlung Wilhelm, Basel*

### *NA 35, Nr 84*

*Der Brief von Goethe vom 2. Dezember 1794 ist nach H wiedergegeben; es existiert eine Entwurfsfassung (HK) vom 1. Dezember 1794; danach lautet der Text:*

*84. Von Johann Wolfgang von Goethe*

*Weimar, den 1. Dezember 1794. Montag.*

Mir ist sehr erfreulich daß Sie mit meinem Prologus im Ganzen und im Hauptpunckt nicht unzufrieden sind. Mehr als diesen kann ich aber fürs erste Stück nicht liefern. Ich will ihn noch einmal durchgehen, dem Geh*eimen* Rat und Louisen sordinen auflegen und Carlen vielleicht noch ein forte geben und so wirds ja ins gleiche kommen. Es ist mit den Arbeiten aus dem Stegreife so eine Sache. Da Ihr Aufsatz doch noch vorausgedruckt wird, so hab ich ja wohl noch einige Zeit. es wird dem andern Stück gewonnen was ihm sonst gefehlt hat. Ins zweyte Stück hoffe ich die Erzählung zu schreiben und überhaupt die Leser wie den Sultan in der tausend und Einen Nacht u. s. w. Ich freue mich darauf Ihre Anmerckungen sogleich zu nutzen und dadurch neues Leben in diese Compositionen zu bringen. Die gleiche Wohlthat hoffe ich für den Roman. In lebhaffter Begierde erwarte ich ihren

Von Faust kann ich jetzt nichts mittheilen, ich wage nicht das Packet aufzuschnüren, das ihn gefangen hält, ich könnte nicht abschreiben ohne auszuarbeiten, und dazu habe ich jetzt keinen Muth. Kann mich künftig was dazu vermögen, so ist es Ihre Theilnahme.

Wenn H*err* v. Humbold mit unsern Homerischen Unterhaltungen zufrieden ist, bin ich sehr getröstet. Durch die lebendige Stimme kann der Dichter allein gegen den leidigen Todten Buchstaben in integrum restituirt werden; was ich zu thun wünsche weiß ich, was ich thue weiß ich nicht. So viel ist gewiß daß ein solcher Gemeinsamer Genuß große Reize hat und ich empfinde dabey immer ganz neue Verhältnisse, es wäre schön wenn wir auch einmal einige Bücher dieses ersten und letzten Werckes zusammen genößen

Leben Sie recht wohl und lassen mich nicht fern von Sich und den Ihrigen seyn

W. d. 1 Dec. 1794.

Goethe

*ÜBERLIEFERUNG. HK: The Houghton Library of Harvard University, Cambridge (Massachusetts), USA. – E: GB 10 I, 211 und 218. – Textwiedergabe nach HK.*

*In NA 35 ist der Brief nach H gedruckt. Diese Handschrift trägt das Datum vom 2. Dezember. Die vorliegende Fassung des Briefes nach HK war bisher nur als Übersetzung ins Englische bekannt, die 1891 anläßlich einer Versteigerung durch die Buchhandlung Sotheby, Wilkinson & Hodge in London im „Catalogue of several important collections of autograph letters“ (S. 22) erschien; vgl. den Text der Übersetzung in WA IV 10, 403–404. Daß es sich bei HK um ein Konzept handelt, ist bezweifelt worden: Es sei unwahrscheinlich, daß Goethe zu einem Brief von solchem Inhalt überhaupt ein Konzept gemacht habe; außerdem habe Goethe für Konzepte meist Bogen oder Blätter in Folio-Format benutzt, nicht aber wie im vorliegenden Fall Papier im Quart-Format (vgl. WA IV 10, 404). Die Vermutung, HK sei eine kassierte Reinschrift (vgl. Der Briefwechsel zwischen Schiller und Goethe. Nach den Handschriften des Goethe- und Schiller-Archivs hrsg. von Hans Gerhard Gräf und Albert Leitzmann. Leipzig 1955. Bd. 3. S. 11), ist unzutreffend, denn die Handschrift weist etliche erhebliche, z. T. nicht zu Ende geführte Korrekturen auf. Dieser Befund läßt trotz der vorgebrachten Einwände annehmen, HK sei ein Konzept. Die Ausfertigung des Briefes jedenfalls, die Goethe an Schiller schickte, ist H (vgl. NA 35, 97).*

*ERLÄUTERUNGEN. Antwort auf Schillers Brief vom 29. November 1794 (vgl. NA 27, 93–95). – Gegenantwort vom 3. Dezember 1794 (vgl. NA 27, 97).*

**1** Prologus] *Gemeint ist die einleitende Rahmenhandlung zu Goethes Novellenzyklus „Unterhaltungen deutscher Ausgewanderten“, der 1795 in Schillers Zeitschrift „Die Horen“ erschien. Das Manuskript hatte Goethe mit Brief vom 27. November 1794 geschickt (vgl. NA 35, 96).*

**3** Geh. Rat] *Der Geheimrat vertritt in den politischen „Unterhaltungen“ einen konservativ-antirevolutionären Standpunkt.*

**3** Louisen] *[...]* die älteste Tochter der Baronesse, ein lebhaftes, heftiges und in guten Tagen herrisches Frauenzimmer *(Horen. 1. Stück 1795. S. 50), die darunter leidet, daß ihr Bräutigam in den alliierten Truppen kämpft.*

**3** sordinen] *Sordine: Vorrichtung zum Abschwächen des Tons bei Musikinstrumenten (ital. sordino: Dämpfer).*

**4** Carlen] *Vetter Karl, voller Sympathie für die Französische Revolution, setzt sich heftig mit dem Geheimrat auseinander.*

**4** forte] *Große Tonstärke in der Musik.*

**5** Ihr Aufsatz] *Gemeint ist die „Merkwürdige Belagerung von Antwerpen in den Jahren 1584 und 1585“; sie erschien erst im 4. und 5. Stück der Horen 1795. Um das 1. „Horen“-Stück zu füllen, nahm Schiller noch Fichtes Aufsatz „Ueber Belebung und Erhöhung des reinen Interesse für Wahrheit“ auf.*

**7** Erzählung] *Gemeint ist die von Schiller angeregte Bearbeitung der Geschichte vom ehrlichen Prokurator aus der (anonym erschienenen) Sammlung „Cent Nouvelles nouvelles“ (1482); sie erschien im 4. Stück der „Horen“ 1795 in der 2. Fortsetzung der „Unterhaltungen deutscher Ausgewanderten“.*

**8** tausend und Einen Nacht] *Die „Unterhaltungen deutscher Ausgewanderten“ bestehen – ähnlich wie die orientalische Märchensammlung „Tausendundeine Nacht“ – aus einer Rahmenhandlung und darin eingebetteten Erzählungen.*

**10** Roman] *Wilhelm Meisters Lehrjahre. – An der Entstehung von Goethes Roman nahm Schiller lebhaften Anteil; vgl. dazu Schillers Briefe an Goethe vom Sommer 1796 (vom 28. Juni, 2., 3., 5., 8. sowie vom 9. bis 11. Juli).*
**12** Faust] *Von Goethes Drama war damals lediglich „Faust. Ein Fragment" (Leipzig 1790) erschienen. Auf Drängen Schillers setzte Goethe die Arbeit in den nächsten Jahren fort. 1808 erschien der 1. Teil der Tragödie.*
**15** Homerischen Unterhaltungen] *Wilhelm von Humboldt notierte unter dem 21. November 1794 in sein Tagebuch: [...]* nach Weimar gefahren. *[...]* Abends in der Homers Gesellschaft bei Göthe *(Wilhelm von Humboldts Tagebücher. Hrsg. von Albert Leitzmann. Bd 1. Berlin 1916. S. 254). Gemeint ist die Freitagsgesellschaft, die sich zur damaligen Zeit mit der Vorlesung und Erklärung der „Ilias"-Übersetzung von Johann Heinrich Voß beschäftigte. An jenem Abend hatte Goethe den 4. Gesang vorgelesen.*
**17** in integrum] *lat.: zu einem unversehrten Ganzen.*
**20** dieses ersten und letzten Werckes] *Gemeint ist die „Ilias".*

## ***NA 35, Nr 148***

*Der Brief von Christian Gottfried Körner vom 16. Februar 1795 ist nach $E^{a}$ (DLA/SNM. Von der Verlagsbuchhandlung Veit & Comp. nach H korrigiertes und ergänztes Exemplar von E) wiedergegeben; nach H lautet der Text:*

*148. Von Christian Gottfried Körner*

Dresden den 16. Febr. 95 *Montag.*

Nach Deinem letzten Briefe vom 5$^{\underline{\text{ten}}}$ wolltest Du mir meinen Aufsatz nebst Deinen Bemerkungen mit nächster Post schicken. Heute am 16$^{\underline{\text{ten}}}$ habe ich noch nichts, und was ich von dem schlimmen Wege, dem großen Wasser und den verloren gegangenen Briefen höre, fängt an mich besorgt zu machen. Wie, wenn unsre schönen Sachen zwischen hier und Jena in irgend einer Pfütze lägen?

Ich habe ein Lied aus Göthens Meister für 2 Zithern componirt, ein Instrument das hier jetzt Mode ist und sich sehr gut zum Gesange ausnimmt. Sey so gut es Göthen gelegentlich zu schicken, und danke ihm dabey recht herzlich in meinem Namen für dieß Produkt, das mir einen Genuß von seltener Art gegeben hat. Ich lege zwey Exemplare für das Clavier bey, wovon eins für Deine Frau und eins ebenfalls für Göthen bestimmt ist.

Zugleich erhältst Du Herders Brief wieder. Schlegel glaubt die günstige Aufnahme des Dante werde seinem Bruder um so mehr Freude machen, da die erste Probe in Bürgers Journal wenig Aufmerksamkeit erregt hat.

Nun muß bald wieder ein Stück Horen erscheinen. Ich warte darauf, wie wenn das Geld fehlt, auf den 1$^{\underline{\text{sten}}}$ des Monats, da die Besoldung erhoben wird.

Mit Deinem Kleinen wird nun alles vorbey seyn. Ich möchte so gern in diesem Jahre uns alle beysammen sehen, und mache allerhand Projekte, wie es möglich zu machen ist. Was hast Du für Plane im nächsten Sommer?

Lebewohl und grüße Dein Weibchen, auch Humbolden. Herzliche Grüße von M*inna* und D*ora*. – M*inna* war von dem $9^{\underline{ten}}$ der aesthetischen Briefe so eingenommen, daß sie sich große Stellen daraus abschrieb, wie ich ihn zuerst im Manuscripte von Dir erhielt.

Dein K.

Funk hat geschrieben, fühlt sich beschämt, daß er als ein Neuling in einer solchen Gesellschaft auftritt, dankt Dir aber sehr für Dein Zutrauen, und wird liefern, sobald er wieder in Ruhe kommt. Er bleibt jetzt bey der Armee.

*ÜBERLIEFERUNG. H: Privatbesitz, Schweiz. – E: Schiller-Körner 3 (1847), 247–248. – Textwiedergabe nach H.*

*ERLÄUTERUNGEN.*
**7** ein Lied aus Göthens Meister] *Körners Vertonung von Goethes Gedicht „Was hör' ich draußen vor dem Thor" (WA I 1, 162–163), das in „Wilhelm Meisters Lehrjahre" erschienen war. Körner hatte den Roman gerade gelesen und in seinem vorhergehenden Brief an Schiller begeistert darüber berichtet. Körners Handexemplar der Komposition befindet sich im GSA (Sign.: 96/1632).*

### *NA 35, Nr 230*

*Die Angaben zum Verbleib der Handschrift in der Überlieferung des Briefes von Christian Gottfried Körner vom 21. Juni 1795 sind zu ändern:*

*ÜBERLIEFERUNG. H: Privatbesitz München (bis 2006: Walter Henn, Braunschweig).*

### *NA 35, Nr 243*

*Der Brief von Wilhelm von Humboldt etwa vom 10. Juli 1795 ist nach E wiedergegeben; nach H lautet der Text des Briefes, dessen Anfang fehlt und dessen Datierung zu präzisieren ist:*

*243. Von Wilhelm von Humboldt*

*Tegel, 6. oder 7. Juli 1795. Freitag.*

*[...]* Veranlassung hätte, auch in seine Versicherung Mistrauen zu setzen, so müssten Sie wohl beide verschiedene Begriffe mit einem bestimmten Versprechen verbinden, was auch bei der Verschiedenheit Ihrer Beschäftigungen nicht unmöglich sey. Zuletzt habe ich hinzugesetzt, daß Sie mir ausdrücklich aufgetragen, mit ihm, wenn es die Gelegenheit gäbe, über diese Sache zu sprechen. Nebenher bei gar zu albernen Aeußerungen seiner Arroganz, wohin z. B. gehört: „daß er von nun an nichts mehr für die Deutsche Literatur thun wolle" habe ich dann freilich nicht umhin gekonnt, einiges zu erwiedern, und ihn zu versichern, daß er sehr gut thun würde, seine Geschäfte, bloß als Geschäfte zu

nehmen, daß ich keinen Sinn für das Gefühl hätte, das Buch eines Freundes gerade zu drucken, daß ich es von Ihnen sogar eitel gefunden haben würde, wenn Sie geglaubt hätten, er lege auf den Besitz des Karlos einen so hohen Affectionspreis, und daß er mit Einem Wort eine bloße mercantilische Angelegenheit viel zu gravitätisch und feierlich aufnähme. Ein Paarmal, wo er in seinen Ausdrücken wirklich zu weit gieng, habe ich ihm gehörigen Nachdruck entgegengesetzt, und so sind wir denn ganz leidlich aus dem Gespräch geschieden. In Ansehung der Hauptsache, seiner Erklärung über den *Karlos* sagte er erst immer: er habe völlig darauf resignirt und dieß auch Cotta gesagt. Da ich aber äußerte, Cotta habe Ihnen das Gegentheil geschrieben, so gab er zu, daß er ihm eine unbestimmte Antwort gegeben. Indeß hat er mich förmlich authorisirt Ihnen zu sagen: „daß er auf den Don Carlos durchaus keine Ansprüche mehr mache, und Cotta ihn drucken könne.“ Wie diese Erklärung gemeint ist, können Sie daraus sehen, daß er versicherte: er erkläre dasselbe von allen übrigen Sachen, die er von Ihnen habe (er nannte dabei besonders den Geisterseher) und was er oft wiederholte „Sie hätten ihm schon den Karlos genommen, indem Sie ihn zurückforderten“ ein Ausdruck, dessen Auslegung ich Ihnen gern überlasse. An eine eigentliche Aussöhnung mit ihm ist nicht zu denken, seine Eitelkeit ist aufs empfindlichste gekränkt, ob auch wirkliches Gefühl für Freundschaft, was er vorschützt, mag ich nicht beurtheilen. Nach diesem Gespräch kehrten wir zur übrigen Gesellschaft, die indeß größer geworden war, zurück, aber *Göschen* war in sichtbarer Verlegenheit. Er mochte es doch fühlen, daß es unhöflich war, einen fremden Menschen über ein simples Compliment, das er bringt, eigentlich zu attakiren, und daß er sich bei dem ganzen Gespräch sehr unbesonnen genommen hatte. Zwar affectirte er sehr freundlich gegen mich zu seyn, und bat mich, ihn doch ja, bei einer künftigen Durchreise, zu besuchen; indeß habe ich ihn nun wenigstens auf lange Zeit genug gesehn. Gegen Cotta fing er ein Paarmal an zu reden, indeß konnte er doch nichts auf ihn bringen, als daß er ein bloßer Buchhändler sey, und nichts thue, als wobei er seine Rechnung finde. Feierlich prophezeihte er auch, daß er mit den Horen ganz gewiß nach zwei Jahren mismuthig seyn werde. Ueber die verzögerte Zweite Aufl. von Anmuth und Würde klagte er auch einmal nebenher, und sogar ließ er fallen, daß Sie ihm auch den Kallias versprochen. Dieß ist ungefähr das Wichtigste. Ich für meine Person hätte gewünscht, ich hätte dieß Gespräch nicht zu führen brauchen, und hätte ich seine Gesinnungen vorher gewusst, hätte ich gar kein Kompliment von Ihnen bestellt. Allein nach dem was Sie mir sagten, glaubte ich, es sey ein bloßes Misverständniß, und nach seiner Antwort auf mein Kompliment, konnte ich nicht mehr schweigen. Wenn ich durch das Gespräch etwas verdorben hätte, sollte es mir sehr leid thun. Aber ich weiß wenigstens jetzt noch nicht, wie ich mich anders hätte nehmen sollen, und um Sie selbst urtheilen zu lassen, habe ich so weitlaufig geschrieben.

Heydenreich fand ich nicht zu Hause, und Blankenburg war aufs Land gegangen. Sonst habe ich niemand besucht, einen einzigen M*agister* Herrmann ausgenommen, an den mich Ilgen adressirt hatte, der in der That sehr merkwürdig ist. Dieser Mann, unter dem Sie Sich einen recht eigentlichen Magister mit einem geflickten Rock, in einer engen schmutzigen Stube und unter Büchern vergraben denken müssen, hat den sonderbaren Einfall die Silbenmaaße der Alten aus den Kantischen Kategorien erklären zu wollen. Ein Stückchen muß ich Ihnen doch zur Probe mittheilen. Die Kategorien, die er zur Erklärung anwendet, sind die der Causalität und der Wechselwirkung.

Jede Silbe, sagt er, muß durch die vorhergehende bestimmt werden und aus ihr entstehen. Nicht genug aber, daß jede folgende Silbe muß in der vorhergehenden gegründet seyn, so muß auch jede folgende auf die vorhergehende zurückwirken, und alle müssen durch wechselseitige Causalität verbunden seyn. Nun äußern sich aber hiebei zwei Schwierigkeiten. 1., da jede Silbe entstanden seyn muß, kann keine die erste seyn. 2., da alle wechselseitig auf einander einwirken, so müssten entweder alle lang oder alle kurz seyn. Die Lösung beider Schwierigkeiten war er nicht im Stande mir in irgend einer Sprache zu sagen, sondern verwies mich lediglich auf sein Buch, das Michaelis erscheint.

Soviel für heute, lieber Schiller. Leben Sie wohl, und denken Sie manchmal an uns. Sie können nicht glauben, wie sehr es mich schmerzt, auf so lange von Ihnen getrennt zu seyn. Es war eine so schöne Gewohnheit, täglich ein Paar Stunden mit Ihnen zu verplaudern. Lolo grüßen Sie herzlich. Die Li schreibt mit nächster Post. Tausendmal Adieu!

Was macht Fichte?

Humboldt.

*DATIERUNG. Humboldt berichtet detailliert und mit paraphrasierenden Zitaten von seinem Gespräch mit Georg Joachim Göschen über den Konflikt mit Johann Friedrich Cotta wegen des Verlags von Schillers Schriften, ferner über seine vergeblichen Versuche, Karl Heinrich Heydenreich und Christian Friedrich von Blanckenburg zu treffen sowie seinen Besuch bei Johann Gottfried Jakob Hermann. Dies erweckt den Eindruck, der Brief sei aus unmittelbarem Erleben heraus geschrieben worden, also in Leipzig, wo Humboldt auf am 1. Juli 1795 angetretenen Reise von Jena nach Tegel Station machte. Nach Philip Mattson zeigt das Wasserzeichen der Handschrift jedoch, daß der Brief erst nach seiner Ankunft in Tegel geschrieben wurde (vgl. Humboldt, Briefe I 3, 396), die offensichtlich am 6. Juli 1795 stattfand (vgl. Humboldts Brief an Friedrich August Wolf von diesem Datum; Humboldt, Briefe I 3, 15). Da der Brief seines Inhalts wegen zu den ersten in Tegel geschriebenen gehören dürfte, könnte er vom 6. oder 7. Juli 1795 stammen.*

*ÜBERLIEFERUNG. H: Bis 1945 Preußische Staatsbibliothek Berlin (Sammlung Radowitz), danach Biblioteka Jagiellońska Kraków (Krakau). Wz.: Postreiter auf Sockel? Der Anfang des Briefes fehlt. – E: Preußische Jahrbücher 239 (1935). S. 207–209 (Albert Leitzmann). – Textwiedergabe nach H.*

## *NA 35, Nr 249*

*Der Brief von Wilhelm von Humboldt etwa von Mitte Juli 1795 ist nach E wiedergegeben; nach H lautet der (neu datierte) Text:*

*249. Von Wilhelm von Humboldt*

*Tegel, 8.? Juli 1795. Mittwoch.*

Es thut mir leid, liebster Freund, Ihnen den Centaur erst heute zurückzuschicken. Aber es war mir unmöglich ihn in den ersten anderthalb Tagen meines Aufenthalts hier durchzulesen, und ich konnte mich doch nicht entschließen, ihn ungelesen zurückgehn zu lassen. Ihre Briefe haben mir ein überaus großes Vergnügen gewährt. Bei keiner der beiden vorigen Lieferungen, dünkt mich, wird man eine solche Fülle des Geistes gewahr, die in einer so schwierigen Materie mit so großer Leichtigkeit fortströmt. Denn der nicht geringen Schwierigkeiten ungeachtet, welche die eigentliche Deduction vom 19. Br*iefe* an umgeben, kann doch niemand, der nur mit dem Inhalt der vorigen Br*iefe* gehörig vertraut ist, diese Leichtigkeit verkennen. Ueberall dringt sich das Gefühl auf, daß Sie Meister Ihres Gegenstandes waren, daß Sie ihn aus allen verschiedenen Gesichtspunkten ansahen, und gerade den schicklichsten für die Darstellung wählten. Vorzüglich ist es Ihnen gelungen, dasjenige, worauf freilich auch das Meiste ankam, auf das klarste darzustellen, wie die Schönheit jene beide verschiedenen Zustände rein entgegensetzt, und innig verbindet. So sehr auch alles Vorhergehende schon dieß vorbereitete, so fühlt man sich doch bei diesen Stellen Ihrer Briefe plötzlich auf eine Höhe versetzt, von welcher man das ganze Gebiet des menschlichen Geistes mit bewundernswürdiger Leichtigkeit übersieht, und mit wahrhaft erhabener Achtung bewundert. Es kann nicht fehlen, daß eine Theorie, die, außerdem daß sie ihren eignen Gegenstand schlechterdings erschöpft, über den Zusammenhang alles menschlichen Denkens und Empfindens überhaupt ein so helles Licht verbreitet, nicht auch außer ihrem Gebiete eine Revolution hervorbringen sollte, und da die jetzige Lieferung gerade sehr vieles enthält, was den Leser hierauf zu führen bestimmt ist, so bin ich sehr auf den Eindruck begierig, den sie machen wird. Von dieser Art ist z. B. die Note, in der Sie den Unterschied zwischen einem edeln und einem erhabnen Betragen unterscheiden *[sic]*, und die, so sehr sie auch mit dem Geiste der Kantischen Moral übereinstimmt, doch gegen ihren Buchstaben anzustoßen scheinen kann. Auf mich hat diese Stelle, so wie der Platz überhaupt, den Sie der Schönheit in Rücksicht auf die Vermehrung der Einsicht und die Verbesserung der Gesinnung anweisen, auch darum noch einen tiefern Eindruck gemacht, weil ich mir schon immer, wie Sie Sich wohl aus früheren Gesprächen erinnern, die Schönheit auf ähnliche Art als ein verbindendes Wesen dachte, aber das Einzelne, was sie verbindet, nicht rein genug zu scheiden vermochte. Dadurch daß Sie diese Scheidung in einer Vollkommenheit vornehmen, die zugleich mit jener Verbindung, nur Ihnen in dem Grade gelingen konnte, haben Sie mich mir selbst deutlicher gemacht, und wenn ich sagen sollte, worin ich überhaupt am meisten für mein Denken durch Ihren Umgang gewonnen habe, so ist es an der Fertigkeit keine Verbindung anders, als nach vollkommen reiner Entgegensetzung vorzunehmen.

Ich habe mir ausdrücklich Mühe gegeben, diese Lieferung Ihrer Briefe mit verdoppelter kritischer Aufmerksamkeit durchzulesen, es ist mir aber keine Stelle aufgestoßen, wo ich Sie gerade ausführlicher oder deutlicher gewünscht hätte, die einzige Anmerkung ausgenommen, worin Sie die doppelte Freiheit unterscheiden. Die Bestimmung „daß die eigentlich menschliche Freiheit als eine natürliche Möglichkeit jener andern erklärt werden könne" ist mir, gestehe ich dunkel gewesen. Denn wenn gleich die letztere (jeder Intelligenz eigenthümliche) in dem sinnlichen Menschen nicht ohne die erstere möglich wäre, so erschöpft die Eigenschaft, sie möglich zu machen, doch den Begriff dieser nicht, da sie vielmehr, wie Sie selbst sagen, auch Ursache seyn kann, unter Gesetzen der Vernunft materiell zu handeln.

Das Stück, in dem Sie den Fortschritt des sinnlichen Menschen zur Cultur (die Sie einmal von einer so überraschend neuen Seite, als die Würde mit der Glückseligkeit verbindend, darstellen) beschreiben, ist überaus schön, und reich an den wichtigsten psychologischen Bemerkungen. Sehr wahr und wenigstens in dieser Zusammenstellung und dieser philosophischen Herleitung neu ist dasjenige, was Sie von den Wirkungen der Vernunft in ihrer ersten Erscheinung im sinnlichen Menschen sagen. Sehr hätte ich gewünscht, daß Sie noch öfter auf die Erfahrung zurückgegangen wären, und noch mehr Beispiele beigebracht hätten, aber freilich hätte es Ihnen die Masse des Ganzen zu sehr vermehrt.

Um noch von der Darstellung ein Wort zu sagen, so ist es Ihnen, glaub' ich, noch nie so gut gelungen, das in der That äußerst Schwierige leicht und klar zu machen. Ich habe genau auf die Kunst Acht gegeben, mit welcher Sie die an sich sehr dunkle Deduction führen, und die beiden simpeln Expositionen im Anfange des 18. und 19. Br*iefes* auf welche die letzten Resultate wieder so gleichstimmig zurückgeführt werden, thun eine überaus gute Wirkung. Ueberhaupt weiß ich nicht, ob nicht diese Lieferung an Rapidität und einem gewissen fortströmenden Flusse des Stils noch die beiden vorigen, die einen mehr gehaltenen Gang haben, übertrift. Als vorzüglich meisterhaft gesagt aber sind mir besonders einige Stellen aufgefallen z. E. die über die näheren Affinitäten der Künste in ihren höheren Graden, die Beschreibung der Reflexion und ihres Einflusses, und die über die Empfindung des *[...]*

*DATIERUNG. Aus dem Anfang des Briefes geht hervor, daß Humboldt Schillers „Briefe über die ästhetische Erziehung des Menschen" im 6. Stück der „Horen" 1795* erst heute *kommentieren konnte, nachdem er* in den ersten anderthalb Tagen *seines* Aufenthalts *in Tegel (***2***) keine Zeit zur Lektüre gefunden hatte. Wenn diese Angabe nicht cum grano salis zu nehmen ist, könnte der Brief vom 8. Juli 1795 stammen, da Humboldt am 6. Juli in Tegel eingetroffen war.*

*ÜBERLIEFERUNG. H: Bis 1945 Preußische Staatsbibliothek Berlin (Sammlung Radowitz), danach Biblioteka Jagiellońska Kraków (Krakau). Wz.: Postreiter auf Sockel? Der Schluß des Briefes fehlt. – E: Preußische Jahrbücher 239 (1935). S. 210–212 (Albert Leitzmann). – Textwiedergabe nach H.*

**_NA 35, Nr 253_**

*Der Brief von Johann Christoph Friedrich Haug vom 17. Juli 1795 ist nach E wiedergegeben; nach H lautet der Text:*

*253. Von Johann Christoph Friedrich Haug*

Stuttgart, den 17. Julius, 1795. *Freitag.*

Ihr Schreiben, verehrungswürdigster Freund! war mir ein angenehmes Geschenk. Sie vergassen Ihren Haug nicht, der Ihnen mit ganzer Seele zugethan ist; Sie nehmen warmen Antheil an meiner gegenwärtigen Lage. Herzlichen Dank für Ihre freundschaftlichen

Gesinnungen. – Seit Ludwigs Tode bin ich im Geheimenrath, und freier, als je. Alle 9–10. Tage muß ich zu Protocolle sitzen. In zwei, höchstens drei Tagen bin ich immer mit der Arbeit für die Kanzlei fertig, und kann die übrige Zeit mir, meiner Familie, meinen Freunden, den Musen leben. Ich ziehe järlich gegen 1400 fl. Sold, und erwerbe nebenher incognito durch Scribeleien ein artiges Taschengeld. Niemand mag leicht zufried'ner mit seinem Loose seyn, als ich. Wenn Sie wieder nach Stuttgart kämen, und hier blieben, wären alle meine Wünsche erfüllt. Die Abendstunden von 6–9. verleb' ich gewöhnlich in unserem Kränzchen. Wie oft sind Sie unser Gespräch! – Petersen, von dem ich ehmals sagte:

„dem die Heraldik so gefällt,
daß er besucht, wer Schilde hält"

ist nun mäßig und fleissig, und hat zimlich Hofnung, wieder mit seinem ganzen Gehalt auf der Bibliothek angestellt zu werden. Jacobi hat sich durch die Visitation von 1500. Recrouten neue Lorbeern gesammelt. Seubert träumt schon, Herr von Beutal und Bretigny im Mömpelgardtischen zu seyn. Seine Vorältern besassen beide Orte, und er wendet sich allen Ernstes an die Behörde, um seine Ansprüche geltend zu machen. Azel, dessen Nase leider! abermals fugæ suspecta ist, soll nächstens hieherkommen, um eine 2te Kur zu versuchen. Reichenbach ist ganz Gärtner worden, und Reinhard immer noch des Todes Amtsverweser. – Morgen fängt das Schauspiel wieder an. Der Herzog ist gleichsam genesen; doch scheint es, als fürchteten die Aerzte bald neue bedenkliche Zufälle. Der Erbprinz unterschreibt alle Befehle, Resolutionen p. Das Kostgeld ist bei Hof eingeführt. Eine große Ersparniß! – Gegen 70. MarstallPferde werden verkauft. Nächstens zieht der Herzog auf 2. Monate nach Hohenheim. Würtemberg sieht dem Einschluss in die Neutralitätslinie entgegen. Hofrath Autenrieth kam aus America zurück, und ist bei der H*erzoglichen* Rentkammer als Vicedirector angestellt. Das Kabinets Personal besteht aus dem Geh*eimen* Legat*ions* Rath Lang, der das Ganze dirigirt, dem Hofrath Bär, dem Geh*eimen* Sekr*etär* Velnagel (beide Ihnen von der Academie bekannt) dem Geh*eimen* Sekr*etär* Boger, und 2. Kanzlisten. Der Geschäftsgang ist ganz nach dem Carl'schen Fuß eingerichtet. Man verspricht sich alles Gute von der neuen Regierung. Quod felix faustumque sit! –

Daß Sie einige meiner Kleinigkeiten der Aufnahme in Ihren Musenalmanach werth finden, freut mich sehr. Kargs Ende ist, wo ich nicht irre, schon in der Flora abgedrukt; von den übrigen aber, so wie von dem mitfolgenden Quodlibet, keines. Sie erhalten, was ich gerade vorräthig habe. Ich bin zufrieden, wenn nur das Motto paßt: Sunt bona mixta malis, und nicht alles schlecht ist. Da ich Ihren schätzbaren Brief vom 3ten d*es* M*onats* erst heute erhielt, so säumt' ich nicht, Ihnen wenigstens durch meinen armseligen Vorrath den Urtheilspruch abzudringen: tamen est laudanda voluntas. Desto grösser wird mein Vergnügen seyn, wenn Sie vielleicht Etwas darunter finden, das Ihres Beifalls nicht ganz unwürdig ist. Ich studiere seit einiger Zeit die Minnesinger, und bin so frei Ihnen drei modernisirtem *[sic]* Minnelieder beizulegen, die ich für Bragur mit Noten bestimmt hatte. Das angehängte Lied füllt das Blatt. Bring' ich, ehe der Terminus peremtorius vorüber ist, noch etwas Erträgliches zu Stande, so wird es Ihnen Cotta zusenden. Hätt' ich nicht an Voß, Reinhard, Becker p. schon Beiträge gesandt, so könnt' ich noch mehrers zur Wahl vorlegen. Kaum kan ich es erwarten, bis ich Ihre Gedichte (wir durften gar zu lange kein neues mehr von

Ihnen lesen) in Ihrer Blumenlese auswendig lernen kann. Verzeihen Sie mein langes Geschreibe, empfehlen Sie mich Ihrer vortreflichen Frau Gemahlin auf das Beste, und schenken Sie ferner Ihre Freundschaft

Ihrem wahrsten Verehrer und Freund
Haug.

*ÜBERLIEFERUNG. H: Staatsbibliothek zu Berlin - Preußischer Kulturbesitz. – E: Besondere Beilage zum Staats-Anzeiger für Württemberg Nr 5 vom 9. Mai 1905. S. 75–76 (Julius Hartmann).*

*Ob alle Hervorhebungen (in H Unterstreichungen) vom Absender stammen, kann nicht mit Sicherheit entschieden werden.*

## *NA 35, Nr 272*

*Der Brief von Johann Gottfried Herder vom 5. August 1795 ist nach E wiedergegeben; nach H lautet der Text:*

*272. Von Johann Gottfried Herder*

*Weimar, den 5. August 1795. Mittwoch.*

Tausendmal bitte ich um Verzeihung, daß ich so lange habe stumm seyn müßen, und selbst noch nicht auf den mir so lieben, erfreuenden Brief Ihrer Gemahlin geantwortet habe. Aber ich habe so harte Wochen gehabt, daß alle Musen und Grazien aus meinem Andenken haben verjagt werden müßen, um nur einigermaaßen frei zu werden. Ich behalte mir noch eigen an sie die Antwort vor, und wünsche daß in diesen beikommenden Gedichten ihr auch hin und wieder etwas gefiele.

Die Gedichte für den Mus*en* Alman*ach* kommen mit dem größesten Danke zurück. Es sind viel Vortrefliche und viel Gute unter ihnen. Das schönste unter allen ist der Tanz, ein in allem Betracht vortrefliches Stück; es wird bleiben, solange die Sprache dauert. Sodann die Macht des Gesanges. Mehrere Göthische, (unter denen ich doch, (die Wahrheit zu sagen) die Spinnerin wegwünschte.) So ist auch das kleine Gedicht der Berlepsch, der Spruch des Confucius u. *s.* f. schön. Die Epigramme von X. sind alle ausgesucht und treffend – wer ist der Verfaßer? Etwa Sie selbst.

Aber mit H*err*rn Woltmann kann ich nicht so fertig werden, und seinen Erlach wünschte ich ganz heraus – Das beste Stück von ihm ist die Verheißung. Ich weiß indeßen wohl, daß noch immer Leser, und viele Leser sind, die das gräßliche, das Hundegeheul der Romanze lieben, und für diese mag es denn seyn. Mir sind aber die Dinge schrecklich zuwider.

Auch mit den Minneliedern müßen wir uns hüten, daß ihrer nicht zu viel werden. Den Herrn Anger haben wir nun schon so oft gehört –

Von wem ist das Mondscheingemählde? Von Matthison so muß sein Name ja darunter. Es ist sehr schön.

Ueberhaupt sind noch manche Schreibfehler im Mscr. und es erfordert noch eine genaue Durchsicht.

Mit meinem Beitrage machen Sie völlig, was Ihnen beliebt. Nehmen Sie auf, so viel oder so wenig Sie rathsam finden und schicken Sie mir das andre gefällig wieder. Die Epigramme auf griechische Denkmahle sind hie und da zur Ausfüllung gut; überhaupt habe ich in der Auswahl auf Verschiedenheit des Tons gesehen; denn Monotonie ist bei solchen Sammlungen gewöhnlich ein schleichendes Fieber, für dem wir die unsre bewahren möchten. Vielleicht schicke ich noch ein Fragment in Stanzen – aber auch völlig zu Ihrer Disposition: denn Sie sind Herr und Meister. Legen Sie zurück, Alles, was Ihnen nicht tauglich ist. Es kann einmal für einen andern Ort taugen.

Mit dem Beitr*ag* zu den Horen denke ich auch bald zu erscheinen. Gönne mir die Muse nur zwei ungestörte Tage.

Das mir übersandte Stück habe ich noch nicht ansehen können. Ich danke schönstens.

Meinen Namen habe ich unter Keins meiner Stücke gesetzt. Er giebt den Sachen keinen Werth und ich bin kein Dichter.

Nochmals bitte ich wegen meines schrecklichen Säumens um Verzeihung.

Und nochmals bitte ich auch um strenge Unpartheilichkeit in dem was Sie auswerfen oder behalten.

Vale cum optima tua, vale.

H.

Für Ihren Tanz danke ich nochmals. Ich, und die ihn gehört haben, (der Frau v. Kalb, die eben bei uns war und meiner Frauen habe ich die schönsten und meisten der Sammlung vorgelesen) haben sich daran sehr erfreuet.

Vale

*ÜBERLIEFERUNG. H: Bis 1945 Preußische Staatsbibliothek Berlin, danach Biblioteka Jagiellońska Kraków (Krakau). – E: Schilleriana (1955), 58–59 (Eduard Castle). – Textwiedergabe nach H.*

## *NA 35, Nr 276*

*Der Brief von Johann Gottfried Herder vom 12. August 1795 ist nach h (Abschrift von H von Hans Schauer, Göttingen) wiedergegeben; nach H lautet der Text:*

*276. Von Johann Gottfried Herder*

*Weimar, den 12. August 1795. Mittwoch.*

Hochgeschätzter Freund,

Die gute Aufnahme, die mein MusenAlmanach-Beitrag bei Ihnen gefunden, freuet mich; hier sind die Stanzen, und was ich sonst erwischt habe. Ich unterwerfe es gleichfalls Ihrer diploë oder Ihrem obelisco.

Proclus Gesang ist, dünkt mich, für den Almanach zu schwer. In einigen Tagen schicke ich eine Abhandlung über Homer in die Horen; und ich glaube am Schluß derselben wird er eine beßere Stelle finden, als dort: denn die Abhandlung schließt damit, daß die Panathenäen uns den Homer gerettet und erhalten haben. Doch auch dieses bleibt Ihnen überlaßen.

Kommen in den M*usen* Alm*anach* auch Noten? Wäre dies, so würde ich eine Composition des Spanischen Liedes eines Gefangenen schicken, die die Herz*ogin* Mutter vor einigen Jahren componirt hat. Sie ist leicht und rührend.

Noch bäte ich um 2. Änderungen. In der M a d e r a einer der letzten Strophen steht, glaub' ich, „eine Thrän' und einen Tempel." Es muß heißen: „ein Gebet und einen Tempel." da die Romanze so christlich endigt.

Im Liede aus dem Spanischen „die Entfernte das die silbernen Wellen" anfängt, habe ich mich in der 3ten Strophe mit einem Concetto des Spanischen umhergeschlagen; ich dächte, man sagte ganz simpel:

„der Mond und die Sterne, sie schieden hinweg"

und gäbe die Pointe eines Compliments oder einer Vergleichung dabei auf.

Die Mittheilung Ihrer Gedichte wird mich sehr erfreuen; wie ich denn auch auf Ihr Urtheil über die Stanzen begierig bin, es falle aus, wie es wolle. Sie können diese Gattung nicht mehr lieben, als ich sie in Italien geliebt habe. Nichts als Sonnetti und ottave rime klangen in meinem Ohr; r e i n e ,  r e g e l m ä ß i g e Stanzen werden uns aber im Deutschen sehr schwer. Und mich dünkt sie müßen regelmäßig seyn; sonst geht der Zweck der Stanze, die wie eine Gloke forttönen soll, verlohren.

Leben Sie aufs schönste wohl. Mein Homer kommt bald zu Ihnen. Vale cum tua.

H.

12. Aug.

*ÜBERLIEFERUNG. H: Bis 1945 Preußische Staatsbibliothek Berlin, danach Biblioteka Jagiellońska Kraków (Krakau). – $E^1$: Wolzogen, Schillers Leben (1830) 2, 129–130 (Teildruck* Die Mittheilung *bis* 12. Aug. *[***21–29***]). $E^2$: NA 35 (1964). S. 278–279 (vollständig). – Textwiedergabe nach H.*

***NA 35, Nr 319***

*Die Angaben zum Verbleib der Handschrift in der Überlieferung des Briefes von Christian Gottfried Körner vom 14. September 1795 sind zu ändern:*

*ÜBERLIEFERUNG. H: Zentralbibliothek Zürich. […]*

*Statt* Die Antike auf der Wandrung *(***343,42***) heißt es in H* Die Antike an den Wandrer p

***NA 35, Nr 331***

*Der Brief von Wilhelm von Humboldt vom 26. September 1795 ist nach D (Schiller-Humboldt[3], 145–146) wiedergegeben; nach H lautet der Text:*

*331. Von Wilhelm von Humboldt*

Berlin, 26 7br. 1795. *Sonnabend.*

Ich wurde gestern d*urc*h Besuch gestört und wollte also erst mit nächster Post schreiben. Aber heute erhalte ich Ihren Brief, und antworte doch noch mit zwei Zeilen.

Ich schicke hier den ersten Bogen. Ich denke er soll Ihren Beifall haben. Von Druckfehlern habe ich nichts gefunden, als ein Paar leichte in der Interpuncktion. Indeß habe ich dem Corrector hierüber den Kopf gewaschen, und er verspricht noch genauere Aufmerksamkeit.

Der Setzer, den ich heut selbst gesprochen, meynt das Mscrpt. werde ohne Noten und Kalender mit dem heute Erhaltnen volle Zehn Bogen machen, und das scheint mir genug.

Der Tanz soll noch gestochen werden, wenns möglich ist. Unger zweifelt. Ich muß ihn der Egalität mit den andern Noten wegen, an Mich*aelis* schicken.

Der zweite und 3te Bogen werden eben abgedruckt, und an dem 4ten wird gesetzt.

Leben Sie herzlich wohl, theurer lieber Freund. Ich mag und kann nicht daran denken, daß ich Sie so lange entbehren soll, gerade jetzt, da ich die Hofnung so nah hatte, fühl' ichs am schmerzlichsten.

Ihr

Humboldt.

*ÜBERLIEFERUNG. H: Bis 1945 Preußische Staatsbibliothek Berlin (Sammlung Radowitz), danach Biblioteka Jagiellońska Kraków (Krakau). – E: Euphorion 3 (1896). S. 65–66 (Albert Leitzmann). – Textwiedergabe nach H.*

### *NA 35, Nr 358*

*Der Brief von Johann Gottfried Herder vom 21. Oktober 1795 ist nach h (Abschrift von H von Hans Schauer, Göttingen) wiedergegeben; nach H lautet der Text:*

*358. Von Johann Gottfried Herder*

*Weimar, den 21. Oktober 1795. Mittwoch.*

Dank Ihnen für Ihre schöne und reiche Abhandlung. Sie hat mir und den beiden Frauen, denen ich sie vorlas, (Fr*au* v. K*alb* und meiner Frau) unsägliches Vergnügen gemacht. Gedruckt, wollen wir sie noch einmal zusammen lesen. – Ihr Grundsatz ist so groß und so wahr; die Entwicklung führt so hoch und so tief; sie tröstet, und giebt Muth; sie belebt die Schöpfung umher und stralt ihr Bild in uns zu dem Zweck, der uns obliegt, so lieblich, daß Viele, Viele Ihnen danken werden. Dabei ist sie so schön und beredt geschrieben, daß wenige Worte (die verzwickten Zusammensetzungen der Kant*ischen* Philos*ophie*, Erinnerungs-Intereße und dgl.) ausgenommen, sie eine sehr edle Präcision und bei einer schneidenden Schärfe eine wohlthätige Gutmüthigkeit charakterisiret. –

Ich habe nur wenige Striche gemacht. Zuerst haben Sie unsre Theilnahme an der Kindh*eit* und Nat*ur*, auch als moralisch betrachtet, etwas zu wehmüthig, wie mich dünkt, angegeben. Diese Wehmuth mischt sich bei; ist aber nicht Hauptempfindung.
Zweitens. Die Antwort des Wilden war: warum schlägt **Gott** den Teufel nicht todt? – Dies ist der Hauptzug des Naiven Der Mißionar hatte ihm von der Allmacht Gottes, daß Er den Teufel geschaffen, daß dieser ihm jetzt so viel Possen mache, und unaufhörlich das Spiel, auch durch seinen Sohn gespielt, verderbe *gesprochen*; darauf frägt der Wilde ——
Drittens. Der Griechen minderes Gefühl an der Natur wäre in Ausdrücken auch ein wenig zu mildern. –
Doch davon wäre mehr zu sagen. Vollenden Sie nur hübsch Ihre Abhandl*ung*, und wenn Sie es erlauben, schreibe ich einen Br*ief* an Sie über diese Abhandlung. So kommt in die Horen doch auch einige Bewegung.
Sollte Lady Macbeth ins Naive gehören? Der schwerste Stein drückt sie – sie muß reden. Verzeihen Sie und brauchen die paar Anmerkungen nach Belieben. Am Ganzen habe ich so wenig auszusetzen daß ich vielmehr äußerst befriedigt bin und danke.

Leben Sie schönstens wohl. Meine Fr*au* empfielt sich Ihrer Fr*au* Gemahlin und der Fr*au* v. Lengefeld ergebenst. Nochmals mein gratias.

H

21. Oct 95.

*ÜBERLIEFERUNG. H: Bis 1945 Preußische Staatsbibliothek Berlin, danach Biblioteka Jagiellońska Kraków (Krakau). – E: Wolzogen, Schillers Leben (1830) 2, 136–138. – Textwiedergabe nach H.*

## *NA 35, Nr 369*

*Der Brief von Johann Gottfried Herder vom 30. Oktober 1795 (ohne die Beilage) ist nach E wiedergegeben; nach H lautet der Text:*

*369. Von Johann Gottfried Herder*

*Weimar, den 30. Oktober 1795. Sonnabend.*

Hier sind einige Materialien, die ich zu meiner Vertheidigung anführen kann, aber mit dem verdrießlichsten Eckel niedergeschrieben habe; daher es mir auch nicht möglich gewesen ist, über die Anzüglichkeiten des groben Flegels und Bengels ein Wort zu sagen. So auch nicht, daß er Ihr Epigramm und die Aufschrift des Aufsatzes für das Resultat der Untersuchung hält u. *s.* f. –

Wenn ich bitten darf, so lassen Sie sich auf das pro und contra des Inhalts so wenig als möglich ein; desto mehr aber auf die totale Verschiedenheit des Ganges und Zwecks beider Stücke, und auf die tummen Anmaaßungen, deren einige ich hier gezeigt habe. Einem Grobian dieser Art muß man mit vestem Tritt und leichtem Persiflage begegnen: Er selbst ist, wie die Ankündigung zeigt, auch ein Witzling.

Hier ist Wielands Ex*emplar* der Prolegomenen; ich selbst habe sie nicht; habe sie auch nicht einmal zur Hand gehabt, da ich die Proleg*omena* schrieb, um nichts von ihnen zu borgen, ob ich sie gleich vorher gelesen. – Nach gemachtem Gebrauch erbitte ich mir das Buch wieder.

Schlegels Abhandlung kommt mit zurück; auch mein Beitrag für den Decemb*er*. Ich bin begierig, was Sie davon halten.

Die Alm*anache* kommen nächstens wieder.

Wie bald verfloß die neuliche Abendstunde! Empfehlen Sie mich Ihrer Fr*au* Gemahlin und Schw*ieger*Mutter; meine Fr*au* deßgleichen. – Bei Gelegenheit bitte ich mich auch der Fr*au* Prof. Paulus zu entschuldigen, die ich meines kurzen Gesichts wegen nicht kannte, und ihr kein Compliment gemacht habe.

Ihr Wort gegen den Prolegomenisten lassen Sie mir wohl zuvor im Mscr. zukommen, ehe es gedruckt wird. Vale, vale

H.

*ÜBERLIEFERUNG. H (des Briefes ohne die Beilage): Bis 1945 Preußische Staatsbibliothek Berlin, danach Biblioteka Jagiellońska Kraków (Krakau). – E: Herders Briefe. Ausgewählt, eingeleitet und erläutert von Wilhelm Dobbek. Weimar 1959. S. 363. – Textwiedergabe nach H.*

## *NA 36, Nr 19*

*Der Brief von Johann Gottfried Herder vom 25. November 1795 ist nach $E^2$ wiedergegeben; nach H lautet der Brief:*

*19. Von Johann Gottfried Herder*

*Weimar, den 25. November 1795. Mittwoch.*

Aufs schönste danke ich Ihnen für die Ideen reiche Abhandlung. Daß wir in den Haupt-Grundsätzen einig sind, ist wohl keine Frage; vielmehr bekenne ichs gern, daß auch eine Menge feiner Bemerkungen mich sehr angenehm belehret haben. Ich lief zuerst die Abhandlung mit den Augen durch, und lies mir solche gestern Abend bis zur Mitternacht hinein von meiner Frauen, die sich aufs beste empfiehlt, vorlesen. Noch heut morgen schwebten alle Gedanken um mich, und sie gehen mir noch umher, wie eine Schaar reger Geister. Diese werden gewiß auch im Publicum ihre Wirkung thun; der Schlachtgesang ist angestimmt, oder die Olympische Tuba. Daß Stimmen dagegen sich erheben werden, ist zu erwarten

Was die Subsumtion einzelner Dichter unter die Regel betrift, freilich, da hätte ich für manchen, z.B. Leßing in seinem Nathan, meinen lieben Kleist, Klopstock und selbst Asmus ein Wort einzulegen; der letzte ist gewiß in so vielen, vielen Stücken ein wahr-naiver Dichter, und zwar aus der ersten Hand wie la Fontaine; seine Manier dabei unvertheidigt. Die Zusammenstellung seiner mit dem schmutzigen Blumauer hat mir, ich läugne es nicht, wehe gethan. Aber sei es! – Gegen eine gewisse andre Manier sind Sie weit milder gewesen, und haben Sie (verzeihen Sie mir) selbst etwas sophistisch vertheidigt. Der Römische Properz gehört nicht in die Claße, in die Sie ihn zu stellen scheinen; Knebels wirklich trefliche und in Properzens Geist gemachte Uebersetzung wird es zeigen. Zu dieser wünsche ich den Horen aufrichtig Glück; jede Elegie ist mir ein wahrer Ton aus der Römischen Welt gewesen. Nun bin ich auf die Idylle und den Schluß begierig; lassen Sie sich durch mein M e y n e n nicht stören. jacta est alea! und es ist gut, daß die Abhandlung fort ist.

Da sie aber noch nicht gedruckt ist, darf ich bitten, daß Sie m i c h aus der Zahl der Dichter weglaßen? Ich gehöre wirklich mit meinen Armseligkeiten nicht hinein; und es ist deßen Probe gnug, daß Sie durch Citation der zerstr*euten* Blätter wie durch ein Eingangsbillet mir dahin den Weg erst verschaffen mussten. Bei Balde bin ich blos Uebersetzer, nicht Dichter. – Also auch um der H o r e n selbst willen, bitte ich, lassen Sie meinen Namen weg. Ich bin kein Dichter.

Da Einmal die Autoren der Beiträge genannt werden sollen, so habe ich kein Bedenken, daß bei allen Stücken, Prosa und Poesie, mein Name genannt werde. Im Musen Almanach war dies Erforderniß nicht. Da gegen Homer Streit erhoben ist, so wäre es Feigheit, wenn ich mich nicht nennen wollte.

Die Abh*and*l*ung* habe ich schon an Göthe geschickt. Sie ist ein W e r k; und wird die Horen sehr fördern. Leben Sie aufs beste wohl. Ich sage Ihnen nochmals Dank und wünsche Ihnen und Ihrer Lieben heitere und süsse Stunden. 25 Nov. 95.

H.

*ÜBERLIEFERUNG. H: GSA. – E*[1]*: Hoffmeister 4 (1840). S. 212–213 (Teildruck:* Was die Subsumtion *bis* wehe gethan. *(***10–15***),* Gegen eine gewisse *bis* wird es zeigen. *(***15–19***),* Da sie aber *bis* kein Dichter. *(***23–28***) E*[2]*: Freundesgaben für Carl August Hugo Burkhardt zum siebenzigsten Geburtstag – 6. Juli 1900 – von P. von Bojanowski u. a. Weimar 1900. S. 112–114 (Carl Schüddekopf). – Textwiedergabe nach H.*

## *NA 36, Nr 49*

*Der Brief von Johann Jakob Engel vom 28. Dezember 1795 ist nach E wiedergegeben; nach H lautet der Text:*

*49. Von Johann Jakob Engel*

*Schwerin, 28. Dezember 1795. Montag.*

Was Sie hier erhalten, mein theuerster Herr Hofrath, ist freilich nur wenig; aber es hat mir nicht geringe Vorwürfe von meinem Arzte zugezogen, der mich darüber schreibend fand. Ich empfinde, daß er sehr Recht hat, und noch mehr: ich empfinde, daß ich verderbe, wenn ich mitten unter Gichtschmerzen und Krämpfen eine gute Laune erzwingen will, die ich nicht habe. So bald es mir immer möglich ist, fahre ich fort.

Mögte ich nur mit diesem Anfang einer Fortsetzung mich nicht schon um Ihren Beifall gebracht haben, der mir so außerordentlich werth ist!

Ich würde zufrieden seyn, blos um den Preis dieses Beifalls gearbeitet zu haben; indessen da Sie mich noch anders belohnen wollen, so wird des mir am angenehmsten seyn, wenn es durch den vorgeschlagnen Weg über Berlin geschieht.

Die Post drängt mich. Doch muß ich über Ihre schöne Elegie Ihnen noch sagen: daß ich ihr der Schwestern viele, recht viele wünsche. Ich liebte sonst diese Gattung nur wenig; aber so bearbeitet könnte sie meine Lieblingsgattung werden.

Mit der vorzüglichsten Hochachtung

Dero

Schwerin,
den 28$^{\text{sten}}$ Dec. 1795.

ganz ergebenster D*iene*r
Engel.

*ÜBERLIEFERUNG. H: DLA/SNM. – E: Schiller-Cotta (1876), 147–148. – Textwiedergabe nach H.*

***NA 36, Nr 69***

*Der Brief von Herder vom 20. Januar 1796 ist nach $E^3$ unter Berücksichtigung von Korrekturen nach $E^2$ wiedergegeben. Nach H lautet der Text:*

*69. Von Johann Gottfried Herder*

*Weimar, 20. Januar 1796. Mittwoch.*

Michaelis wird viel zu thun haben, um die viele Mühe gut zu machen, die er Ihnen veranlaßt hat; indeßen möchte ich ihn in Manchem auch entschuldigen. Das Zurückdatir*en* der Br*iefe* muß ihm entweder ganz zur Gewohnheit worden seyn, oder es liegt das späte Ankommen seiner Br*iefe* und Sendungen an etwas außer ihm. Auch an mich, an meinen Sohn p. sind ehemals und immer die Br*iefe* so spät angekommen.

Wie dem auch sei, so danke ich Ihnen, l*ieber* Fr*eund* aufs freundlichste für die Mühe, die Sie meinetwegen so viel und reichlich gehabt haben. Beigehendes Calend*er* Ex*emplar* kommt zurück; die andern mir zugesandten behalte ich, und erbitte mir darüber in Ansehung der gemachten Auslagen die Rechnung.

Ueber Ihren Aufsatz im Dec*ember* habe ich hier noch nichts gehört. Wiel*and* hat ihn noch nicht gelesen.

Ich bin in diesen Tagen für m e i n e n Verleger so beschäftigt gewesen, daß ich die Antwort und den Dank für Ihre freundschaftlichen Bemühungen so lange habe schuldig bleiben müssen. Da es mit meiner Arbeit nicht recht fortwill, so werde ich den Horen auf einige Zeit wohl entsagen müssen; ich fürchte fast schon, daß ich Ihnen mehr böses als Guts gebracht habe. Mein Name ist vielen H*er*rn Recensenten sehr widrig. Leben Sie aufs beste wohl, und alles gehe Ihnen im neuen Jahr glücklich.

20. Jan. 96.

Herder

*ÜBERLIEFERUNG. H: DLA/SNM. – E[1]: Hoffmeister 4 (1840), 213 (Teildruck* **14–16** werde ich *bis* widrig. *[nicht ganz korrekt]). E[2]: Albert Cohn. Auktionskatalog 216 (1898). S. 36–37 (Teildruck* **1–2** Michealis *bis* hat, **10–11** Ueber *bis* gelesen. *und* **14–16** Da es *bis* widrig.*). E[3]: Schilleriana (1955), 66 (vollständige Textwiedergabe nach einer Abschrift). D: Stargardt-Katalog 675, Auktion vom 13./14. November 2001. S. 86. Nr 185 (Teildruck* **1–16** Michealis *bis* widrig. *[nach H]). – Textwiedergabe nach H.*

### *NA 36, Nr 95*

*Der Brief von Wilhelm von Humboldt vom 20. Februar 1796 ist nach D (Schiller-Humboldt[3], 280–281) wiedergegeben; nach H lautet der Text:*

*95. Von Wilhelm von Humboldt*

*Berlin,* 20Febr. 96. *Sonnabend.*

Wenn mir nicht noch Ihr letzter Brief, liebster Freund, den ich mit den Horen vorgestern empfieng, gesagt hätte, daß es Ihnen lieb ist, meine Briefe immer in ungestörter Regelmäßigkeit zu empfangen; so hätte ich heute leicht in die Versuchung kommen können, diese Ordnung zu unterbrechen. Ich habe heute mit mehrerm ein Geldgeschäft abmachen müssen, das mir den ganzen Vormittag und die Stimmung für den Nachmittag geraubt hat. Sie empfangen also heute nur dieß bloße Zeichen des Lebens, dafür aber gewiß Dienstag einen recht ausführlichen Brief.

In diesem rede ich auch über Ihren Aufsatz im Januarstück, ob ich gleich zu sehr damit einverstanden bin, um eigentlich viel davon zu sagen. Nicolai ist, gewiß verdientermaaßen, aber übel weggekommen. Vorgestern sah ich die Räuber hier, im Ganzen äußerst schlecht, und zwar Plümickens Sudeleien. Dennoch hat es mir einen sehr interessanten Genuß gegeben. Ich hatte sie nie gesehen, und ich erinnerte mich an so vieles, was Sie mir hie und da, besonders in Weißenfels, über die Entstehung dieses Stücks erzählt haben. Noch muß ich Ihnen sagen, wie Meyer (der Prof.) das Schattenreich versteht. Hier seine Frage wörtlich. „Bloße materielle Sinnlichkeit und reine Geistigkeit sind in den Göttern vereint; nicht aber in den Menschen. Was verlangt nun Schiller? Will er, daß die Menschen, wie die Götter beides vereinigen, oder sich allein an dem Materiellen halten sollen?“ Daß in dem Stück von Schönheit auch nur die Rede sey, ahndete er nicht, warum es S c h a t t e n reich heisst, wusste er nicht. Auch, meynt er, müsse noch eine eigne Strophe da seyn, um zu zeigen daß die Schönheit gleichsam von Schattennatur sey. Denn eigentlich denke man sich unter Schönheit etwas ganz Körperliches. Dennoch war er über das Gedicht in Ekstase, so wie er überhaupt Sie jetzt unendlich preist. Der Präs*ident* Fink, der den Theokrit übersetzt, und den ich in andern Hinsichten viel und gern gesehen habe, zieht aus dem Schattenreich eine ganz eigne Moral, geradezu die, daß man sich todtschießen müsse, um recht s c h a t t i g zu werden. Doch von beidem machen Sie ja keinerlei Gebrauch. Die armen Narren sind doch noch gutherzig genug, zu fragen, und bewundern doch in so ungeheuchelter Einfalt.

Nun tausendmal Adieu! Ich werde mich freuen, wenn Sie die Posse wenigstens lachen macht. Von *[gan]*zem innigstem Herzen Ihr

H.

*ÜBERLIEFERUNG. H: Bis 1945 Preußische Staatsbibliothek Berlin (Sammlung Radowitz), danach Biblioteka Jagiellońska Kraków (Krakau). – $E^1$: Verzeichniss der von [...] J. von Radowitz hinterlassenen Autographen-Sammlung. Berlin 1864. S. 568 (Teildruck* **11–24** Vorgestern sah ich *bis* preist.*). $E^2$: Euphorion 3 (1896). S. 66–67 (Albert Leitzmann; vollständig). – Textwiedergabe nach H.*

### *NA 36, Nr 107*

*Der Brief von Wilhelm von Humboldt vom 2. März 1796 ist nach D (Schiller-Humboldt$^3$, 281–282) wiedergegeben; nach H lautet der Text:*

*107. Von Wilhelm von Humboldt*

Berlin, $2^{\text{tn}}$ März, 96. *Mittwoch.*

Herzlichen Dank, mein theurer Freund, für Ihren ausführlichen Brief über den Wallenstein. Er hat mir sehr viel Freude und nicht weniger Stoff zum Nachdenken gegeben. Nur thut es mir unendlich leid, daß es mir nicht möglich ist, heute mehr als ein Zeichen des Lebens zu erwiedern. Ja ich möchte hinzusetzen nur des Lebens. Denn außer der Zerstreuung und Geisteszerrüttung, in die mich die hiesige Lebensart besonders jetzt bei der Anwesenheit meines Bruders versetzt, bin ich seit gestern noch dazu an verdorbnem Magen und Schnupfen unpäßlich; auch die Li leidet gerade mehr als gewöhnlich, und der kleine Junge hat einen bösen Hals. Indeß denke ich gewiß doch nicht unsern sondern den allernächsten Posttag nur abwarten zu müssen, um Ihnen recht viel zu schreiben.

Alex*ander* bittet Sie die jetzt erfolgende Ankündigung baldmöglichst inseriren zu lassen. Er ist besser als je sonst für wichtige Arbeiten in seinem Fache gestimmt, und ob mich seine Anwesenheit gleich sehr in meiner assiette und meinen Studien gestört hat, so ist sie mir doch äußerst fruchtbar an mir noch fremden oder nur halb bekannten Ideen gewesen, was mir bei meinem Streben nach einem gewissen Umfang der Kenntnisse nicht gleichgültig ist. Auch unser freundschaftliches Verhältniß hat sich enger, als je bisher geschlossen.

Er und die Li grüßen Sie und Lolo herzlich. Leben Sie recht wohl und heiter in diesem schönen Frühlingswetter. Von Herzen

Ihr

Humboldt.

*ÜBERLIEFERUNG. H: Bis 1945 Preußische Staatsbibliothek Berlin (Sammlung Radowitz), danach Biblioteka Jagiellońska Kraków (Krakau). – E: Verzeichniss der von [...] J.*

*von Radowitz hinterlassenen Autographen-Sammlung. Berlin 1864. S. 568 (Teildruck* **2–3** Herzlichen Dank *bis* gegeben.*). E²: Euphorion 3 (1896). S. 67 (Albert Leitzmann; vollständig). – Textwiedergabe nach H.*

### *NA 36, Nr 118*

*Dem Brief von Salomo Michaelis an Schiller vom 11. März 1796 lag die (nicht von Michaelis stammende) Abschrift eines Plans seiner Zeitschrift „Flüchtlinge“ bei (vgl.* **152,26***). Der Text lautet:*

Die Flüchtlinge Ein Oppositions Journal.

Alle bedrängten und verfolgten Kinder der Wahrheit und Schönheit, des Rechts und der Tugend sollen hier eine sichere Freistädte finden, ihre gute Sache soll hier gegen ihre Widersacher geführt, und von der mächtigen Opposition zu welcher jeder freigesinnte und Wahrheit liebende Mann als solcher schon durch eine Ursprüngliche Vereinigung gehört, in Schutz genommen werden. Opposition umfaßt hier alle durch Vernunft und ihre Produkte – Wahrheit, Recht und Pflicht – gewissen möglichen und nothwendigen Gegensätzen. Alles also, was den Verletzungen der Wahrheit und Schönheit des Rechts und der Pflicht, in Reden und Thaten, in der Nähe und Ferne, durch freimüthige Rüge und strenges Urtheil entgegengesetzt wird, findet in diesem Journal seinen Platz – Wider alle Attentate auf die Wahrheit in ihrem weiten großen Gebiete, und in ihrem innern Bezirke auf die Schönheit, auf alles was die Cultur derselben und ihre Ausbreitung befördert, auf Entwickelung des Wahren, und Darstellung des Schönen, – wie wenn von wem, und wo sie auch gemacht sind, können sie nur als solche erwiesen werden, erhebt sich in diesem Journale die Oppositionsparthie, die ohne äußere Vereinigung in einem unsichtbaren unauflöslichen Bunde stehet, als strenge und eifrige Anhängerinn der Wahrheit. Gegen alle Beugungen des Rechts, auf was Art und von wem und wo sie auch geschehen, gegen alle Eingriffe in die unveräußerlichen Rechte der Menschheit, gegen alle offenbare und heimliche Kränkungen der Gerechtigkeit, gegen Bedrückungen und Unterdrückungen aller Art, gegen politische-religiöse und philosophische Verketzerungen und Verfolgungen, gegen schlechte Gesetze, und verderbliche Einrichtungen so wie gegen schlechte Regenten und elende Minister, gegen widerrechtliches Herkommen so wie gegen neuerfundene Formen der Ungerechtigkeit, gegen alte und junge RechtsVerdrehungen und Rechtsbeschränkungen, gegen große und kleine Kabbalen auf dem Schauplatze der Welt, u. s. w. treten hier die Männer des Rechts und der Gerechtigkeit mit edler Freimüthigkeit auf, und rufen allen ohne Ausnahme zu: Discite Justitiam moniti!!!.

Aber auch allen Höhnungen der Pflicht, allen Widersachern der Sittlichkeit, allen Schändungen der Tugend, allen Spöttern der einzigen ächten Religion allen Werken der Finsterniß und ihren Dienern, allen Antipoden, der wahren Aufklärung, und ihren Versuchen sie zu hindern und zu verschreien, allen Angriffen auf das heiligste der Menschheit und allen Feinden des Guten widersetzt sich hier die mächtige laute Stimme des Sittengesetzes und spricht das Annathema! über sie aus.

*ÜBERLIEFERUNG. H: GSA. – Ungedruckt.*

*ERLÄUTERUNGEN. Über Michaelis' Zeitschrift „Flüchtlinge" vgl. die Erläuterungen in NA 36 II, 177–178.*
**25** Kabbalen] *Kabale: Intrige, nach hebr. qabala (Geheimlehre).*
**27** Discite Justitiam moniti!!!.] *Der Vers aus Vergils „Aeneis" (6,620) lautet vollständig: „‚discite iustitiam moniti et non temnere divos.'" In metrischer Übersetzung: „‚Lernet Gerechtigkeit, laßt euch warnen, und achtet die Götter!'" (Vergil: Aeneis. Lateinisch-Deutsch. In Zusammenarbeit mit Maria Götte hrsg. und übersetzt von Johannes Götte. 6., vollständig durchgesehene und verbesserte Aufl. Darmstadt 1983. S. 256 und 257.)*
**33** Annathema!] *Anathema: (Kirchen-)Bann, nach griech. ἀνάθεμα: Verfluchung.*

### *NA 36, Nr 154*

*In den Anmerkungen zu Johann Gottfried Herders Brief vom 22. April 1796 ist die Erläuterung zu 189,6 zu korrigieren:*

**189,6** die noch schuldige Quittung] *Sie stammt vom 16. März 1796 (vgl. NA 41 II A, 358, Nr 358). – […]*

### *NA 36, Nr 177a*

*Der Brief von Humboldt vom 24. Mai 1796 ist nach h (Abschrift von Albert Leitzmann in der Universitätsbibliothek Jena) wiedergegeben; nach H lautet der Text:*

*177a. Von Wilhelm von Humboldt*

Berlin, 24. May, 96. *Dienstag.*

Ob ich gleich nur so eben aus dem Wagen steige, so will ich doch, um die Post nicht zu versäumen, Ihnen, liebster Freund, nur mit zwei Worten meine Rückkunft hieher melden, und Sie bitten, Körner, im Fall er noch bei Ihnen ist, zu sagen, daß ich herzlich bedauerte, ihn nun, da aus der Karlsbader Reise nichts wird, nicht in Dresden besuchen zu können. Ich habe ihm so eben auch einige Worte nach Dresden geschrieben, damit ihn die Nachricht auf keine Weise verfehlen soll.

Mit der Li geht es so ziemlich, obgleich der Rückenschmerz jetzt wieder beim Alten ist. Aber unser kleiner Junge ist noch nicht völlig fieberfrei, und dieß verzögert noch unsre Abreise. Schreiben Sie mir immer noch hieher. Für die nächste Zukunft gehn wir noch mit allerhand Planen schwanger, über die ich Ihnen, sobald Sie gewiß sind, schreibe. Heute über 8 Tage schreibe ich Ihnen einen recht ausführlichen Brief nach alter Weise. Solange muß ich Sie schon um Nachsicht ersuchen. Tausend Grüße von uns an Lolo.

Ihr
Humboldt.

Cotta berechnet mir in einem Brief, den ich so eben finde, 12 rth. Honorar. Diese sind doch für Alexander? Denn ich habe ja nicht zu fodern.

*ÜBERLIEFERUNG. H: Bis 1945 Preußische Staatsbibliothek Berlin (Sammlung Radowitz), danach Biblioteka Jagiellońska Kraków (Krakau). 1 Doppelblatt, S. 3–4 Berechnungen Schillers (abgedruckt in: NA 41 II A, 391–392, Nr 399; erläutert in: NA 41 II B, 553). – E: Deutsche Vierteljahrsschrift 49 (1975). S. 247 (Philip Mattson). – Textwiedergabe nach H.*

### *NA 36, Nr 195*

*Die Angaben zum Verbleib der Handschrift in der Überlieferung des Briefes von August Ernst von Steigentesch vom 18. Juni 1796 sind zu korrigieren:*

*ÜBERLIEFERUNG. H: Privatbesitz. Zuletzt versteigert 2010; vgl. Katalog Kotte Autographs 41. O.J. [2010]. S. 173. Nr 585. […]*

### *NA 36, Nr 215*

*Der Brief von Johann Gottfried Herder vom 5. oder 6. Juli 1796 ist nach h (Abschrift von Eduard Castle, Wien) wiedergegeben; nach H lautet der Text:*

*215. Von Johann Gottfried Herder*

*Weimar, den 5. oder 6. Juli 1796. Dienstag oder Mittwoch.*

Leider kann ich Ihnen, hochgeschätzter Freund, für Ihre schönen Geschenke noch nichts als den schönsten Dank senden. Amtsgeschäfte und eine durch die Witterung ganz zerrüttete Exsistenz haben es mir unmöglich gemacht, an Horen und Musen zu denken. Mit den letzten kommt überdem noch die 6te Saml*ung* zerstr*euter* Bl*ätter* (die letzte) die ich zu liefern habe in einige Collision. Doch will ich mich, sobald nur meine Maschiene in einigem Wohlstande ist, zusammen nehmen –

Hier ist der Probebogen zurück. Inhalt und Druck sind schön. Die Fabel ist von neuen Seiten, und zwar auf eine Weise, die ich in Behandlung der Mythologie am meisten liebe, bearbeitet. Die Verse sind wohlklingend und harmonisch.

Aber was trauen Sie mir über den Reim zu? Ich ein Feind desselben? Ich hätte Angriffe auf ihn getan? da ich mir einbilde, nicht etwa nur Ariost und alle Italienischen Dichter (Reimer) sondern auch jede Gattung Reimgedichte mit einer Liebe genannt und charakterisirt zu haben, in der mich niemand übertreffen sollte. Bis in die Mönchpoesie geht diese meine Liebe zum Reim, dem ich nachlaufe, der mir oft Tagelang nicht aus dem Ohr kommt! – Mein Thema gab mir nur auf, dem Unterschiede der alten und neuen Poesie und seinen Quellen nachzuforschen, und da suchte ich insonderheit einige Quellen schärfer zu bezeichnen, als man, schlendernd durch die Geschichte, gewöhnlich thut. In den 6. Th*eil* der zerstr*euten* Blätter sollen „Jugendreime“ nach Herzenslust kommen, in mehreren Gattungen und Arten; Proben, wie artig ich einst gereimt habe. – Also kündigen Sie mir keinen Krieg an. – I h r e Reime zumal! Bei Ihnen spinnen sich wie Seiden- und Goldfäden Reime und Gedanken, wie eben diese Klage der Ceres zeiget.

H*err*n Schlegel habe ich eigentlich noch nicht kennen lernen. Er kam zu einer Stunde, da ich den Kopf voll hatte, und müde und matt war. Daß er ein Mann von Känntnißen und Urtheil ist, ist wohl unläugbar. Er findet sich in Ihrem Umgange sehr glücklich. – Leider bin ich den Musen fast ganz abgestorben, und werde bald nur über die Evangelisten und über das geistliche Recht schreiben.

Ich wünsche Ihnen Gesundheit, Heiterkeit, Muse und Ihrer Lieben, wenn die Hora kommt, eine fröhliche Lucina. Valete.

H.

*ÜBERLIEFERUNG. H: 1988 Privatbesitz Calenberg. – $E^1$: Wolzogen, Schillers Leben (1830) 2, 130–131 (Teildruck* **10–22** Aber was *bis* zeiget.*). $E^2$: NA 36 I, 255–256. – Textwiedergabe nach H.*

**_NA 36, Nr 218_**

*Die Angaben zum Verbleib der Handschrift in der Überlieferung von Christian Gottfried Körners Brief vom 8. Juli 1796 sind zu korrigieren:*

*ÜBERLIEFERUNG. H: GSA. […]*

**_NA 36, Nr 223_**

*Die Angaben zur Überlieferung von Goethes Brief vom 12. Juli 1796 sind zu korrigieren:*

*ÜBERLIEFERUNG. […] E: Schiller-Goethe$^1$ 2, 42–43 (unter dem Datum des 12. Juni 1796). […]*

**_NA 36, Nr 235_**

*Der Brief von Wilhelm von Humboldt vom 19. Juli 1796 ist nach D (Schiller-Humboldt$^3$, 286–288) wiedergegeben; nach H lautet der Text:*

*235. Von Wilhelm von Humboldt*

Berlin, 19. Jul. 96. *Dienstag.*

Mit inniger Freude, liebster Freund habe ich am letzten Posttag die frohe Nachricht von Lolos glücklicher Niederkunft erhalten. Sie wissen wie warmen und herzlichen Antheil wir an allem nehmen, was Ihnen beiden wichtig ist, und die Nachricht dieser Entbindung war uns doppelt willkommen, da die arme Lolo jetzt die Unbequemlichkeiten der Schwangerschaft los ist. Sagen Sie ihr mit unsern innigsten Grüßen, wie sehr wir uns freuen, wenn wir nach Jena kommen, sie nun mit zwei lieben Kindern zu sehen, und wie herzlich wir wünschen, daß sie die Wochen, für die ja bei der Leichtigkeit der Niederkunft so günstige Hofnungen sind, recht glücklich überstehn mag. Die Li wird ihr nächstens selbst schreiben.

Wie es mit uns steht, sagte ich Ihnen, theurer Freund, in meinem letzten Briefe ausführlich. Es hat sich seitdem nichts verändert, als daß ich vorauszusehen glaube, daß unser Aufenthalt doch noch von längerer Dauer seyn dürfte, als ich vor einigen Wochen hofte. In der traurigen Lage, in der sich meine Mutter gegenwärtig befindet, ist ihr in der That nichts, als ein baldiges und leichtes Ende zu wünschen, und sie selbst sieht keiner andern Hofnung entgegen. Dennoch ist sehr zu besorgen, daß, ohne daß sich das Leiden vermindert, die Krankheit sich noch bis in den Herbst hinziehen kann. Der Körper gewöhnt sich nach und nach selbst an diesen leidenden Zustand, und das schleichende Fieber, welches das gefährlichste Uebel jetzt ist, scheint einen langsamen Gang zu nehmen.

Meiner Mutter Krankheit erinnert mich an Garve, der, wie Sie wohl wissen, an demselben Uebel am Auge leidet. Wie ich höre hat er das Auge schon so gut als ganz verloren. Er hat an Gentz hier die beiden Bände, die er diese Messe herausgegeben, geschickt, und auf eine sehr rührende Weise über seinen Zustand geschrieben. Die Gesellschaft der Menschen habe er schon lang entbehren müssen; jetzt sey ihm auch der Genuß der Natur genommen; er müsse seit vielen Jahren zum erstenmal den Sommer durchaus in der Stadt zubringen. Die Herausgabe dieser Werke mache ihm eine, wie er selbst gestehn müsse, beinah kindische Freude, weil sie doch ein so sinnlicher Beweis wären, daß er noch zu der Gesellschaft der Lebendigen gehöre. Es muß in der That eine eigne süße Empfindung seyn, indeß der Körper langsam hinstirbt, noch in Ideen fortleben zu können.

Reichardt besuchte mich gestern auf eine Stunde. Ich schrieb Ihnen ja wohl, daß ich ihn vor nunmehr sehr geraumer Zeit einmal in einer Gesellschaft länger gesehn hatte. Seitdem ist er sehr freundschaftlich gegen uns, und ladet uns zu sich ein. Ich für mein Theil kann ihm, wie Sie leicht denken können, kein sonderliches Interesse abgewinnen. Das meiste erweckt er noch in mir durch die Offenheit seines Gesichts und die Sonderbarkeit seines Benehmens. Er hat wenigstens von dem Ausdruck des Genies die ungebundene Freiheit, wenn gleich auch der der geregelten Stärke gar sehr fehlt. Doch ist auch der erstere wie mich dünkt, unter uns weit häufiger, als der letztere. Von Friedrich Schlegel, als einem Mitarbeiter an seinem Deutschland hat er mir sehr viel Gutes gesagt. Er sprach unter andern von einem gegen Kants ewigen Frieden gerichteten politischen Aufsatz mit großem Beifall. Ich gestehe daß mir in politischen Dingen Reichardts Lob doppelt verdächtig ist.

Haben Sie schon Kants Ausfall in der Berl*inischen* Monatsschrift gegen Stollberg und Schlosser gelesen? Meiner Empfindung nach ist es nicht viel werth. Der Gehalt ist gar unwichtig und der Stil wie gewöhnlich, schleppend und steif. Die einzige Freude, die man, dünkt mich, dabei empfindet, ist daß jene Herren, in ihrer aufgeblasenen Plattheit gezüchtigt werden.

Mit nächster Post mehr, liebster Freund. Leben Sie herzlich wohl, und geben Sie uns bald wieder recht gute Nachrichten von Ihnen und Lolo. Von Herzen der

Ihrige,
Humboldt.

*ÜBERLIEFERUNG. H: Bis 1945 Preußische Staatsbibliothek Berlin (Sammlung Radowitz), danach Biblioteka Jagiellońska Kraków (Krakau). – E: Verzeichniss der von [...] J. von Radowitz hinterlassenen Autographen-Sammlung. Berlin 1864. S. 568–569 (Teildruck* **22–29** Er hat an Gentz *bis* zu können., **32–37** Ich für mein Theil *bis* der letztere., **41–45** Haben Sie *bis* gezüchtigt werden.*). E²: Euphorion 3 (1896). S. 67–69 (Albert Leitzmann; vollständig). – Textwiedergabe nach H.*

### *NA 36, Nr 265*

*Der Brief von Wilhelm und Caroline von Humboldt vom 16. August 1796 ist nach D (Preußische Jahrbücher 239 [1935]. S. 212–215) und einem Facsimile wiedergegeben; nach H lautet der Text:*

*265. Von Wilhelm und Caroline von Humboldt*

Stralsund, 16. Aug. 96. *Dienstag.*

Vor den Franzosen, liebster Freund, bin ich freilich in dieser Entfernung sicher genug, aber übrigens thut es mir doch beinah leid, nicht jetzt wenigstens in Berlin zu seyn. Vielleicht entschlösse ich mich dann, für meine Person schnell nach Jena zu gehn, um Ihnen, theurer Schiller, im Fall eines feindlichen Besuchs Gesellschaft und Hülfe zu leisten, und zugleich auch für meine zurückgelassenen Sachen zu sorgen. Von hier muß ich schon alles dem Schicksal überlassen. Durch das Baireuthische werden die Franzosen, soviel ich weiß, wohl gehen dürfen. Indeß ist dennoch ein Besuch in Jena nichts unmögliches. Sie, glaube ich, haben bei demselben durch Ihre Gegenwart nicht mehr als bei Ihrer Abwesenheit zu befürchten. Werden Contributionen und requisitionen gemacht, und muß die Universität dazu beitragen, so würden Sie diesem Beitrag auch abwesend nicht entgehen. Für die Person ist sicherlich nichts zu besorgen, und auf alle Fälle kann es nur ein Durchzug seyn.

Wegen meiner Sachen würde ich freilich, wenn es zu einem Besuch käme etwas besorgt seyn, aber vorzüglich nur weil ich selbst nicht da bin, und also in meiner Wohnung durch Freund und Feind viel Misbräuche getrieben werden könnten. Indeß verlasse ich mich auf Ihre gütige Fürsorge, und sollten Sie durch Kränklichkeit oder eigne Abhaltungen gehindert werden, so gehn Ihnen wohl Ilgens, oder Schleußner oder Niethammer dabei zur Hand. Daß Sie Silber und Betten nach Halle (etwa an Wolf) schicken wollen, ist recht schön, nur müsste ich Ihnen hauptsächlich auch die Wäsche, die mit das vorzüglichste ist, empfehlen. Lolo hat die Schlüssel zu allen, außer dem Bureau. Da indeß auch in diesem noch Wäsche ist, so bitte ich Sie, es im Nothfall aufbrechen zu lassen. Ich verlasse mich ganz und gar auf Ihre Freundschaft, und Ihre gewiß weder zu voreilige, noch zu zögernde Sorgfalt. Käme es unglücklicher weise dazu, so sparen Sie kleine Kosten nicht, wenn ich meine Sachen verliere, wäre es sicherlich ein Verlust von 400–500 rth.

Die armen Horen! Wer hätte das gedacht? Es ist ein furchtbares Unwesen in Deutschland, dem ich von Herzen ein Ende wünsche.

Ich komme so eben von Rügen, wo ich 6 Tage lang mit vielem Vergnügen war. Es ist eine entzückend große Natur, von der ich Ihnen gern mehr sagte, wenn ich nicht, da ich morgen schon nach Rostock weiter reise, nur äußerst wenig Zeit hätte, und ich auch Sie freier voraussetzen könnte.

Daß Lolo und der Kleine gesund sind freut mich herzlich. Daß es mit dem Stillen nicht geht ist freilich insofern unangenehm, als die gute Lolo es gewünscht haben würde. Sonst hat es gewiß nichts auf sich. Mit der Li geht es aller Ermüdungen ungeachtet, erträglich. Ich schreibe Ihnen sicherlich von Eutin. Geben Sie mir doch so oft Sie können Nachricht. Leben Sie nun herzlich wohl. Gott gebe, daß Sie in der Unruhe dieses politischen Unfugs so wenig als möglich mögen gestört werden. Lolo grüßen wir beide herzlich. Bitten Sie sie ja, sich wegen der Franzosen nicht zu ängstigen. Sie betragen sich ja überall sehr gut. – Meiner Wohnung wegen könnte auch vielleicht geltend gemacht werden, daß ich in Preußischen Diensten bin. In Frankfurt ist dieß einigen ein Schutz gewesen. Doch ist außerdem das Wegschicken der Sachen doch nothwendig, wenn wirkliche Gefahr eintritt. Von Herzen adieu!

Ihr Humboldt.

Mit Hellfeld bin ich wegen meines Quartiers in Unterhandlungen gewesen. Wollten Sie ihm wohl mündlich sagen, daß es bei unsrer Verabredung in Absicht der neuen Vermiethung bliebe, und daß ich Ende Oktobers zurückzukommen gedächte?

*Nachschrift Caroline von Humboldts:*

Tischwäsche liegt so viel ich mich errinnere in dem hohen Koffer in der dunklen Kammer, Bettzeug und unangeschnittene Stükke Leinewand in dem grösten rauhen Koffer der im Saale hinter der Thüre nach Humboldts Stube steht. Humboldts Leibwäsche wird in der Kommode in seiner Stube und meine in dem untern Theile meines Bureaus liegen. Für Emiliens und der Winzern zurükgebliebene Sachen bitte ich Dich, liebe Lolo, doch auch Sorge tragen zu laßen. Solche Leute lamentiren immer am ärgsten wenn sie was verlieren und freilich nicht mit Unrecht da sie wenig haben.

Wo ist Caroline, liebe Lolo, ist sie nach Stuttgard zurükgegangen, oder wo ist sie. – Nächstens mehr bleibe mit den Kleinen gesund.

*Nachschrift Wilhelm von Humboldts:*

apropos! Kosegarten grüsst. Auf Wittow sollen Sie, wie er versichert, angebetet seyn. Mögen Sie Sich denn dieses Gottesdienstes, der wenigstens in dieser Form nicht lästig werden kann, erfreuen. Was werden Sie mit seiner Arkona machen? Der Platz ist himmlisch. Aber das Gedicht? – Es war mir ein schlimmes Zeichen für seinen Geschmak, das *[sic]* er soviel Werth darauf zu legen schien. Doch sage ich Ihnen ein andres mal mehr und etwas Besseres von ihm.

*ÜBERLIEFERUNG. Früher im Besitz von Iwan Bloch, Berlin-Charlottenburg; danach bis 1945 Preußische Staatsbibliothek Berlin (Sammlung Radowitz), danach Biblioteka Jagiellońska Kraków (Krakau). – E: Ein unveröffentlichter Brief Wilhelm von Humboldts* *an Schiller. Seinem lieben Dannie Heineman zum 50. Geburtstage [am] 23. November 1922 dargebracht von Iwan Bloch. Berlin 1922 (in 100 numerierten Exemplaren gedruckt, mit Facsimile der 3. Briefseite (***37–56** herzlich wohl. *bis* Kleinen gesund.*). – Textwiedergabe nach H.*

***NA 36, Nr 347***

*Der Brief von Christian Gottfried Körner vom 15. [14. (?)] Dezember 1796 ist nach einer Autopsie von H wiedergegeben; nach H lautet der Brief:*

*347. Von Christian Gottfried Körner*

Dresden den 15. *[14.?]* Dec. 96. *Donnerstag [Mittwoch].*

Deine Methode in Behandlung des Wallensteins ist mir aus Deiner jetzigen Denkart über die Kunst sehr begreiflich. Auch stehst Du jetzt auf einem solchen Punkte, daß Dich die Schwierigkeiten des Stoffs eher anziehen, als abschrecken werden. Mir ist daher vor der Vollendung nicht bange.

Ich habe lange herumgesonnen, ob ich Dir nicht Memoires aus den Zeiten des 30jährigen Kriegs angeben könnte, und mir ist nichts brauchbares eingefallen. BücherTitel findest Du wohl in Menge in Galettis Geschichte des 30*jährigen* Kriegs. Am Ende fragt sichs aber, ob Du in Solchen Qvellen gerade das finden würdest, was Du suchst. Auch Memoires von einem mittelmäßigen Kopfe geschrieben haften immer nur an der Oberfläche, und geben höchstens von dem Costum eine deutlichere Anschauung. Du brauchst lebendige Modelle zu Deinem Gemählde, und es kommt däucht mich nicht darauf an, ob sie gerade in dem Costum auftreten in dem Du Deine Gestalten darzustellen hast. In der wirklichen Welt hast Du nicht Gelegenheit Materialien für das Leben Deiner Figuren zu sammlen, also bleibt nichts übrig, als das Studium geistvoller Geschichtschreiber, die uns aus eigner Erfahrung in das Innre der menschlichen Natur einen Blick eröffnet haben. Von dieser Art kenne ich nur 2. Tacitus und Retz. In beyden findest Du schon einen reichen Schatz, der als ein Surrogat für die wirkliche Welt gebraucht werden kann. Bey allen Verschiedenheiten des Costums, bleibt doch vieles was mit Deinem Stoffe Analogie hat. Vielleicht ist auch Thuanus, den ich nicht genug kenne, zu brauchen. Bey Strada habe ich auch oft einen recht guten Blick gefunden.

Es wird mir schwer werden mein Versprechen zu halten keine einzelnen Theile des Wallenstein sehen zu wollen. Aber für gut halte ich es freylich, wenn Du die einzelnen Scenen niemanden sehen läßt. Beym Carlos hat es vielleicht dem Ganzen geschadet daß Du auf die Wirkung einzelner Scenen zuviel Gewicht legtest.

Ueber die Jamben bin ich noch nicht mit Humbold einverstanden. Ich würde sie ungern entbehren, und nur die Ueberzeugung, daß sie wirklich der lebendigen Darstellung schadeten, könnte mich davon zurückbringen. Es fragt sich ob solche Scenen im Wallenstein vorkommen die schlechterdings nicht in Jamben gesagt werden können. Und dann wäre noch zu entscheiden, ob man nicht wie Shakespear bloß in solchen Scenen die Jamben aufhören ließe. Doch will mir dieß nicht recht gefallen. Es giebt mir immer einen Ruck, wie der Gesang in einer deutschen Oper ohne Recitative. Für das

Lesen gewinnt jedes Drama sehr viel durch die Jamben. Der Vorleser wird schon durch den Rhythmus in die poetische Welt emporgehoben.

Es ist eine herrliche Idee, daß Du bey uns den Wallenstein zu vollenden denkst. Wie manches andre, worauf wir nicht denken, wird unsre Zusammenkunft vielleicht zur Reife bringen!

Theon und Theano scheint von Kosegarten zu seyn. Es hat treffliche Stellen, aber im Ganzen ist wieder eine gewisse Steifheit und Trockenheit. Man sieht den Knochenbau zu deutlich.

Agnes von Lilien ist gewiß das Produkt eines guten Kopfs. Es ist eine Zartheit darin, die mich fast auf eine weibliche Verfasserin rathen macht. Hier und da finde ich noch ein gewisses Streben nach Putz, der nachher angefügt zu seyn scheint, und woran man gewöhnlich den Anfänger erkennt. Nur der Meister wagt es, in einfacher Tracht zu erscheinen.

Göthe hat mir die Freude gemacht mir die Elegie zu schicken, die als Einleitung zum epischen Gedichte dienen soll. Es ist eine rührende Innigkeit und Wärme in diesen wenigen Zeilen, die bey dem leichten Tone des Vortrags eine desto schönere Wirkung macht. Wenn es doch möglich wäre, etwas von dem Gedichte selbst im Manuscripte zu sehen zu bekommen!

Bey uns ist alles wohl, und grüßt Dich und Lottchen herzlich. Lebe recht wohl.

Dein

Körner.

*ÜBERLIEFERUNG. H: GSA. – E: Schiller-Körner 3 (1847). S. 399–401 (ohne die beiden letzten Sätze; diese zuerst in: Schiller-Körner$^{3}$ 3 [1895]. S. 288). – Textwiedergabe nach H.*

## *NA 36, Nr 358*

*Der Brief von Sophie Mereau aus der Zeit vor dem 3. Januar 1797 ist nach E wiedergegeben; nach H lautet der Brief:*

*358. An Sophie Mereau*

*Jena, vor dem 3. Januar 1797.*

Ich schicke Ihnen hier die Uebersetzung einer zweiten Novelle, deren Gegenstand, meinem Bedüncken nach, leichter und gefälliger als der erste ist. Wollen Sie mir erlauben, Ihnen von Zeit zu Zeit aehnliche Uebersetzungen zuzuschicken, so werde ich es doch äußerst selten thun, weil ich sonst Ihre Gefälligkeit zu misbrauchen fürchten würde. – Ich habe noch ein kleines Gedicht beigelegt, das ich Sie jedoch, wenn Sie es nicht brauchen können, ohne Bedencken zurückzugeben bitte.

Noch ein Wort über meine innre Stimmung. Ich weis Sie nehmen Antheil daran, denn Sie haben es mir durch Wort und Blick gesagt. – Mein Gefühl hat mich nicht irre geführt; ich bin auf dem Wege ruhig, ohne Abspannung, zu werden. Stete Beschäftigung und

Nachdencken haben manche Träume zum schweigen gebracht, und meinen Sinn auf andere Gegenstände gelenckt. Ich fühle Kraft in mir, neuen Muth und neue Hofnung, und die Harmonie im Innern tröstet mich über manches unharmonische äußere Verhältnis. – Ich weis Sie freuen sich über diese Stimmung, und ich dancke Ihnen dafür. Leben Sie wohl!

Sophie M.

*ÜBERLIEFERUNG. H: GSA. – E: Neue Freie Presse (Wien), 1. April 1909 (ohne den Satz* **2–4** Wollen Sie mir erlauben *bis* fürchten würde. –*; Hugo Wittmann).*

### *NA 36, Nr 385*

*Der Brief von Elisabetha Dorothea Schiller vom 16. Februar 1797 ist nach $E^2$ (1. Hälfte [NA 36 I:* **439,8–440,39***]) und H (2 Hälfte:* **440,40–441,45***), wiedergegeben; nach H lautet der Text der 1. Hälfte des Briefes:*

*385. Von Elisabetha Dorothea Schiller*

Den 16 Febr<br>97. *Donnerstag*

Bester Sohn.

Heute ben ich wieder so glücklich wieder einen Brief von jhm zu erhalten, gott sei geprissen daß er ihrer aller wohl betrifft. von der l*ieben* lotte habe ich 2 erhalten, aber nichts wo vor ich jhn gebetten mir nachricht zu geben welches mich in euniche verLegenheit setzt.  jch antworde also auch gleich an diesem Tag wieder, und schicke morgen gleich einen Expr*ess* botten nach Rehms mit einn brif und dem reiße geld damit das Medichen nicht Länger aufgehalten wird, gott gebe den seegen daß sie sich zu allem gut schicken mechte, worzu sie gebraucht wird, freulich wird sie ihre gute Schwester schon abrichten, ich habe ein stikke Tuch beigelegt, weil emmer auf dem Postwagen 50 bis 60 ℔ mit genomen werden darf. aber vor meine l*ieben* Enkeln habe wirklich nichts weiders zu schicken welches mir sehr leid thut, Tuch ist emmer in eine Hausshaltung zu gebrauchen. und ich habe mir vorgenomen wann ichs leben habe alle jahr ein stick von 40 bis 50 Ehl zu schicken, ich habe Zeit zu spennen und daß mit mehrere wohlust als vor främde menschen zu einer auch kleinen erkendlichkeit, vor Seine liebe und vorsorg vor meinen künfftigen ausichten, nun will ich daß geld bei H*err*n Cotta angewißen dankbar an nehmen, bekome ich eine Penseon, so werde ich gewiss keinen missbrauch von dem guten willen meines bestens Sohns machen, gott wird jhn und die l*ieben* seinigen davor seegnen, holtz und so allerhand nehben sachen kost am meisten, da ich jezt meine magd abgeschafft kan ich viel erspahren, und die beschäfftigung im hauss ist mir gesünder als bestendich sizen, welches mir sehr übel bekomt, da ich es emmer gewohnt wahr, wänn ich nur ein gartlein bekomen welches mir sehr gesund da ich viele zerstreuung bei diesen geschäfften zu machen hette, auch meine gute Freunde geben sich alle Mühe mir eins zu erfragen, freulich muss ich dung und die gröste geschaffte dabei bezahlen, doch bekom ich auch etwas davor. an dem Schloss ist ein großer garten wo ich im Finster hinein sehe, es hat i*h*n aber ein gärtner im Bestand und der will nichts da von geben doch die Frau Räthen die im Schloss wohnt wird mir vom Zwenger den Sie im dass Schloss herum ettliche landlen, geben, da wir so gut mit einander auskomen, diese Frau hat auch ihren Theil zu leiden ihr Mann der Rath und Keller hier und erst 34 jahr alt ist von 2 Schlägen die ihn getroffen so untüchtig zu allem verrichtungen da Er alle senne verlohren und gantz lahm ist, aber dabei sehr viel lust zu Eßen und schlaffen hat, und hat 6 Taußend gulden vor den Denst bezahlt, und da ein amtverweßer ihm gesezt nur noch die hälfte von der besoltung doch ist die Frau reich eine PfarrersTochter welche noch mehr als 20 Taussend gulden erbt wann ihre Eldern sterben. sie ist erst 26 jahr alt und hat ein euziges Töchterchen vom 7 jahr.

ich ben sehr schön Logiert nur fehlt die küche doch wir kenen uns doch behelfen, den ganzen Tag habe wir Sonne und kenen ins Gröne sehen und viel Torfschafften, aber vom der Statt abgesondert es ist allerdeng wie auf der Solitude; gott lob meine gesundheit ist besser, die Pfarrers Fraun die nur halbstunde von hier ettliche ortschafften habe mich besucht, und ich ihne versprechen mißen auf den Somer fleißig einen spaziergang zu sie zu machen. die louiße haben sie sehr lieb, weil sie alles so machen kan, und fragen sie bei ihren butz um rath, da wir im verkauf den Sova verkaufft weil er so blöckisch, und wir den Seinigen schmehler machen laßen, so hat Louiß selbst Polster und Küßen da wir von den übriche Seßel die Küßen dazu genomen, wieder einen recht schönen Sova haben, mit neun überzieg und ehben so ein halb duzent Sessel. ein Türgen bett lade und 2 Canab und Tischle nebst Seiner Biste in unserer 2ten Stuben. der Magister Frankh besucht uns öffters, und ist wieder sehr geföllich, der H*err* Helfer hier sacht Längstens in 2 jahr werde er ein denst bekomen. nun habe mir vorgenomen bei seinem nächsten besuch H*errn* Helfer so wie vom ungefehr dazu bitte und als dann in deßen gegenwart, mit ihm von der sache sprechen und so seine gesinnungen als Zeige hören, mit seine Elldern ist nichts zu machen, es seind gemeine Leid, und sage sie habe nichts dagegen ihr Sohn habe freue wahl ich denke doch Er wird Wort halten, und Louiss hat in ihrm alter auch nicht zu wehlen, weil ein jeder reiche Medlens bekomen kan, mit *Göriez* ist es also nichts zu machen, der H*err* v Wellardt als Diretor hat sein Abschied mit 2 Taußen gulden Pension, die Er aber nicht angenomen soll haben, und H*err* Autenrieth soll geheimerRath werden, dieses wehre ehben der Mann der Sich am aller besten vor mich verwenden kente.

*ÜBERLIEFERUNG. H: DLA/SNM (1. Hälfte des insgesamt achtseitigen Briefes:* Den 16 Febr 97. Bester Sohn. *bis* kente. *[***1–56***]) und GSA (2. Hälfte:* **440,40–441,45** H*err* v Wohlzogen *bis* Mutter S:*). – E[1]: Beziehungen (1859). S. 184–185 (Alfred von Wolzogen; 2. Hälfte, unvollständig). E[2]: Schiller-Album der Allgemeinen deutschen National-Lotterie zum Besten der Schiller- und Tiedge-Stiftungen. Dresden 1861. S. 37–39 (F. W. Jähns; 1. Hälfte). – Textwiedergabe nach H.*

***NA 37, Nr 80***

*Der Brief von Christian Gottfried Körner vom 21. Juli 1797 ist nach einer Autopsie von H wiedergegeben; nach H lautet der Brief:*

*80. Von Christian Gottfried Körner*

Dresden den 21. Jul. 97. *Freitag.*

Das Nadoweßische Lied hat viel Charakteristisches und etwas Rührendes in einzelnen Stellen. Findest Du Geschmack am Stoffe, so ist nichts dawider zu sagen, wenn Du noch mehrere in dieser Art liefern willst. Aber eigentlich kannst Du doch Deine Zeit besser brauchen. Der Rhythmus ist mir noch zu Europäisch und dieß schwächt bey mir die Wirkung. Nur etwas F r e m d e s würde ich statt der gewöhnlichen trochäischen Strophe im Versbau wünschen.

Was Du von Deiner Reise schreibst, ist nicht sehr tröstlich Ich hatte gehofft ein Paar Monate mit Dir zu leben. Sorge indessen nur, daß ich wenigstens nicht die Wochen einbüße. Die Schwierigkeiten beym Wallenstein begreife ich recht wohl, aber ich hoffe, daß Du sie überwinden wirst. Es ist schon viel gewonnen, wenn man den Punkt recht ins Auge gefaßt hat, auf den man die meiste Sorgfalt zu verwenden hat.

Burgsdorff ist fort. Er hat mir in der letzten Zeit weniger gefallen. Es ist etwas weichliches in seiner Natur, das ich nicht liebe. An eigne Thätigkeit ist bey ihm gar nicht zu denken, und selbst in seinem Genuße ist zu wenig Energie. Er verhält sich bloß leidend, ist in eine gewiße Andacht bey Kunstwerken verloren, ohne sich nur einigermaßen von dem Eindrucke Rechenschaft geben zu wollen. Ein gewisser Instinkt leitet ihn zwar das Bessere zu unterscheiden, und dieß nimmt für ihn ein, aber man erwartet doch auch, daß seine eigne Kraft sich am Anschauen der fremden entzünde. Stein ist mir fast zu irdisch gesinnt. Die Amtsgeschäfte haben ihn überwältigt, und lassen den fremdartigen Ideen wenig Zugang.

Alexander Humbold ist mir ehrwürdig durch den Eifer und Geist, mit den*en* er sein Fach betreibt. Für den Umgang ist Wilhelm genießbarer, weil er mehr Ruhe und Gutmüthigkeit hat. Alexander hat etwas hastiges und bittres, das man bey Männern von großer Thätigkeit häufig findet. – Wilhelm ist mir sehr lieb geworden und ich habe mit ihm viele BerührungsPunkte. Warum kann ich mit Dir und ihm nicht einmal etliche Monate wenigstens zusammen leben? Seine Kinderzucht ist nicht nach meinem Geschmack. Meinen Kindern fehlts gewiß nicht an Freyheit und Heiterkeit aber ich erlaube ihnen doch nicht, andren Personen unangenehme Empfindungen zu machen – Den Lehrer meiner Kinder habe ich abgedankt und gebe ihnen jetzt selbst täglich eine Stunde Unterricht. Es gelingt mir besser als ich dachte, und hat für mich selbst manche Vortheile. Auch sind die Kinder gern in der Lehrstunde.

Viele Grüße von M*inna* und D*ora* an Dich und Lottchen. Lebe recht wohl.

Dein

Körner.

*ÜBERLIEFERUNG. H: GSA. – E: Schiller-Körner 4 (1847). S. 41–43 (unvollständig; vollständig zuerst in: Schiller-Körner³ 4 [1896]. S. 33–34). – Textwiedergabe nach H.*

**NA 37, Nr 87**

*Der Brief von Johann Gottfried Herder vom 28. Juli 1797 ist nach einem Facsimile wiedergegeben; nach H lautet der Text:*

*87. Von Johann Gottfried Herder*

*Weimar, den 28. Juli 1797. Freitag.*

Verzeihen Sie's Bester bestens, daß Ihre vier Stücke Legenden, Balladen p ohne Beilage zurückkehren. Ich bin wirklich arm, und was ich habe taugt zum Almanach nicht. Mein Sommer war so unpoetisch, als nie einer; ich lebe in andern Regionen —

Diese Armuth vermengen Sie aber ja nicht mit Mangel oder Abnahme der Freundschaft für Sie. Je dürftiger ich bin, desto mehr schätze und ehre ich anderer Reichthum.

Würde es Ihrem Taucher nicht wohlthun, wenn Sie die besten letzten Reihen der Strophe um 1. Fuß kürzten? Das weibliche Sylbenmaas am Ende der Strophe würde dadurch empfehlender und bezeichnender. Mich hat mein alter Nic*olaus* Pesce in dieser veredelnden Umarbeitung sehr erfreuet.

Leben Sie bestens wohl in Ihrem Musengarten, und denken von mir der armen Maus hinter der Kirche diesmal: qui nihil hat, nihil dat; künftiges Jahr bin ich vielleicht reicher. Vale cum tua suavissima et amare perge — Tuum

28. Jul. 97.

Herder.

*ÜBERLIEFERUNG. H: Stadtarchiv Bad Kissingen. Facsimile: Peter von Gebhardt und Hans Schauer: Johann Gottfried Herder, seine Vorfahren und seine Nachkommen. Leipzig 1930. T. 2. Tafel 5 (nach S. 335). – E: Herders Briefe. Ausgewählt, eingeleitet und erläutert von Wilhelm Dobbek. Weimar 1959. S. 378. – Textwiedergabe nach H.*

### *NA 37, Nr 107*

*Die Datierung des Briefes von Friedrich August Eschen vom 21. August 1797 ist zu korrigieren. Der Brief stammt vom 21. August 1796 (vgl. NA 37 II, 153). Er ist demnach unter NA 36, Nr 268a einzuordnen.*

### *NA 37, Nr 110*

*Der Brief von Christian Gottfried Körner vom 25. August 1797 ist nach einer Autopsie von H wiedergegeben; nach H lautet der Brief:*

*110. Von Christian Gottfried Körner*

Dresden den 25. Aug. 97. *Freitag.*

Es ist mir, als ob ich Dir sehr lange nicht geschrieben hätte. Wir haben ein Paar unruhige Wochen gehabt. D*ora* kam aus Teplitz zurück und mit ihr die Herzoginn die

Kinder hatten die Windpocken die aber nun überstanden sind, auch häufte sich die Actenarbeit, die während Humbolds Hierseyn etwas zurück gesetzt worden war.

Hoffentlich bist Du nun ganz wiederhergestellt und wirst Dich in den jetzigen Tagen vor Erkältungen hüten. Für den Almanach wirst Du nun wohl nichts mehr zu thun haben. Deine Lieder hätte ich so gern noch im Manuscript gehabt. Nunmehr gehts wohl wieder an den Wallenstein?

Für mich selbst ist dieser Sommer sehr unfruchtbar gewesen. Ich habe vielleicht in eigner Ausbildung etwas gewonnen, aber nichts hervorgebracht, ohngeachtet ich mir manches vorgenommen hatte. Die beständigen Unterbrechungen bey meiner Lebensart sind für gewisse Geistesarbeiten sehr ungünstig

Dein Urtheil über Alexander H*umbold* scheint mir doch fast zu streng. Sein Buch über die Nerven habe ich zwar nicht gelesen, und kenne ihn fast bloß aus dem Gespräch. Aber gesetzt, daß es ihm auch an Einbildungskraft fehlt um die Natur zu empfinden, so kann er doch, däucht mich, für die Wissenschaft vieles leisten. Sein Bestreben alles zu messen und zu anatomiren gehört zur scharfen Beobachtung und ohne diese giebt es keine brauchbaren Materialien für den Naturforscher. Als Mathematiker ist es ihm auch nicht zu verdenken, daß er Maas und Zahl auf alles anwendet, was in seinem Wirkungskreise liegt. Indessen sucht er doch die zerstreuten Materialien zu einem Ganzen zu ordnen, achtet die Hypothesen, die seinen Blick erweitern, und wird dadurch zu neuen Fragen an die Natur veranlaßt. Daß die Empfänglichkeit seiner Thätigkeit nicht das Gleichgewicht hält, will ich wohl glauben. Menschen dieser Art sind immer in ihrem Wirkungskreise zu beschäftigt, als daß sie von dem, was ausserhalb vorgeht, große Notiz nehmen sollten. Dieß giebt ihnen das Ansehen von Härte und Herzlosigkeit.

Wilhelm H*umbold* hat mir aus Wien geschrieben. Noch gefällts ihm ganz wohl, aber bald wird ihm doch gewiß die Leerheit zu lästig werden. Was sagst Du seinen Aufsätzen über Charakter? Ich habe sehr gute Ideen darin gefunden, aber noch will sich kein klares Resultat finden. Er kämpft wacker mit seinem Stoffe, aber Klarheit entsteht nur im Momente des Siegs, und zeither zeigte er sich immer noch während des Kampfs.

Ich lese jetzt den Euripides, der mir noch sehr fremd war. Gegen den Sophokles finde ich einen großen Abstand. Im Orest hat der Mordanschlag auf die Helena etwas empörendes. Die Reden sind weitläuftig und voll Wiederholungen. Im Hippolytus habe ich viel Feinheit und Kraft in der Darstellung von Phädra's Leidenschaft gefunden.

Voßens Bearbeitung von Virgils Eklogen ist ein interessantes Produkt. Im Commentar hatte er sich aber wohl noch kürzer fassen können. Er kramt zuweilen unnütze Gelehrsamkeit aus, fast wie Bötticher.

Herzliche Grüße von M*inna* und D*ora* an Dich und Lottchen. Lebe recht wohl

Dein

Körner.

*ÜBERLIEFERUNG. H: GSA. – E: Schiller-Körner 4 (1847). S. 48–49 (unvollständig; vollständig zuerst in: Schiller-Körner[3] 4 [1896]. S. 38–39). – Textwiedergabe nach H.*

***NA 37, Nr 139***

*Der Brief von Christian Gottfried Körner vom 8. Oktober 1797 ist nach $E^{a}$ (DLA/SNM. Von der Verlagsbuchhandlung Veit & Comp. nach H korrigiertes und ergänztes Exemplar von E) wiedergegeben; nach H lautet der Brief:*

*139. An Christian Gottfried Körner*

Dresden den 8. Oct 97. *Sonntag.*

Nur ein Paar Worte vorläufig über den ersten Eindruck des Almanachs. Unter Deinen Gedichten, die ich noch nicht kannte ist mein Liebling der Gang nach dem Eisenhammer. Unter den Göthischen finde ich am meisten Geschmack an dem neuen Pausias. Die Braut von Corinth ist von großem Werthe, hat aber eine gewisse Dunkelheit, die vielleicht absichtlich ist, aber bey mir die Wirkung stört. Unter Deinen kleinen Gedichten lieb' ich besonders das Geheimniß und die Worte des Glaubens.

Mich wundert, daß Du die Ballade geringzuschätzen scheinst, und daß um so mehr, da Dir meines Erachtens diese Gattung vorzüglich gelingt. Was sie von dem sogenannten epischen Gedicht unterscheidet, ist, däucht mich, bloß der kleinere Umfang. Ich muß etwas weiter ausholen um mich hierüber zu erklären.

Das Wesen eines selbstständigen Gedichts besteht, däucht mich, in der höhern Natur des Dichters, die sich an irgend einem Stoffe versinnlicht. Hier gilt nur subjektiver Werth; das Objekt soll nie um sein selbst willen dargestellt werden. Aber der subjektive Werth soll *erscheinen*, und dieß geschieht entweder in einem Zustande der Betrachtung oder Empfindung – lyrisches Gedicht – oder in einer Schöpfung (ποίησις) – episches und dramatisches Gedicht. Hier erkennt man den Schöpfer aus seinem Werke, wenn er die ganze Fülle seiner Kraft darin verherrlichte, es mag nun die Welt, in der er lebt und herrscht, von größerm oder kleinerm Umfange seyn. Auch eine einzelne Begebenheit kann einen Stoff enthalten, der die *Liebe* des Dichters entzündet. Daher das innige Band zwischen Subjekt und Objekt, das Eindringen in das Mark des Stoffs – kurz der *Geist* in der Behandlung.

Von ganz andrer Art ist die *Geschicklichkeit*, mit der die äussere Form der Poesie zu einem fremdartigen Zwecke gebraucht wird. Dahin gehört die Fabel, das Lehrgedicht, die Beschreibung, die Epistel, die Erzählung. Zu solchen Erzählungen würde ich den Handschuh nicht rechnen. Er ist ein selbstständiges poetisches Gemählde – theils Thierstück, theils Ritterstück. Dagegen giebt es Geschichten die an sich selbst durch einen überraschenden Ausgang, durch irgend eine seltne Erscheinung, durch rührende oder lächerliche Contraste die Aufmerksamkeit anziehen. Hier kommt es darauf an, den Stoff rein, klar und vollständig zu geben, und in der Erzählung einen passenden *Ton* zu wählen, und diesen durchaus fest zu halten.

*Licht und Wärme* – *Breite und Tiefe* – rechne ich mehr zu den Lehrgedichten – die *Worte des Glaubens* zu den lyrischen Gedichten der Betrachtung.

Daß Du den Schluß des Handschuhs geändert hast, ist däucht mich, ein Gewinn theils wegen des Rittercostums, theils weil dadurch die letzte Zeile mehr gehoben wird. – Der *Fröhner* statt des *Philisters* ist zwar edler und dem Sprachgebrauch angemessener. Aber das Wort Fröhner sagt nicht alles was man sich nach Lesung der Xenien bey Philister denkt. Es ist Schade, daß wir kein gleichbedeutendes Wort haben.

Von den andern Gedichten nächstens. – Schlegel scheint nicht weiter gekommen zu seyn. Von Humbold weiß ich nichts weiter, als daß sie mit Anfang des Octobers von Wien abreisen wollten. Eine andre Adresse hat er mir noch nicht gegeben. Im September schrieb er mir daß ich noch einen Brief nach Wien schicken sollte. Dieß habe ich gethan, und seit der Zeit keine Nachricht weiter erhalten.

Was Du von Deiner Gesundheit schreibst, ist wieder etwas beruhigend. Nur hüte Dich vor Erkältungen in den den *[sic]* kühlen Herbsttagen. – Mit dem Kleinen wird es schon besser gehen, wenn das Zahnen vorbey ist. – Meinen Glückwunsch zur Rückkehr zum Wallenstein. – Lebe recht wohl. M*inna* und D*ora* grüßen herzlich

Dein

Körner.

*ÜBERLIEFERUNG. H: Stadtgeschichtliches Museum Leipzig. – $E^1$: Schiller-Körner 4 (1847), 54–57 (Teildruck* **1–41** Dresden *bis* noch nicht gegeben.*). $E^2$: Schiller-Körner$^2$ 2 (1878), 272–273 (Teildruck* **1–43** Dresden *bis* Nachricht weiter erhalten.*). $E^3$: Schiller-Körner$^3$ 4 [1896], 43–45 (vollständig). – Textwiedergabe nach H.*

## *NA 37, Nr 305*

*Die Angaben zur Handschrift in der Überlieferung des Briefes von Friedrich von Hardenberg vom 23. Juli 1798 sind zu ergänzen:*

*ÜBERLIEFERUNG. H: DLA/SNM. Facsimile: Schiller-Nationalmuseum Marbach am Neckar. Faksimiledruck Nr 16. 1972. […]*

## *NA 38, Nr 32*

*Die Angaben zur Handschrift in der Überlieferung des Briefes von August Wilhelm Iffland vom 12. Januar 1799 sind zu ergänzen:*

*ÜBERLIEFERUNG. H: DLA/SNM. Teilfacsimile (***28,14** Soll ich Octavio sein *bis* Gordon sei?*) in: Stargardt-Katalog 497, Auktion vom 5./6. Oktober 1951. S. 181. Nr 1339. […]*

## *NA 38, Nr 70*

*Die Angaben zum Verbleib der Handschrift in der Überlieferung des Briefes von Anna Hölzel vom 22. März 1799 sind zu korrigieren:*

*ÜBERLIEFERUNG. H: Autographensammlung Wilhelm, Basel.*

### *NA 38, Nr 305*

*Die Angaben zum Verbleib der Handschrift in der Überlieferung des Briefes von Christian Gottfried Körner vom 10. April 1800 sind zu korrigieren:*

*ÜBERLIEFERUNG. H: Autographensammlung Wilhelm, Basel.*

### *NA 38, Nr 391*

*Die Angaben zum Verbleib der Handschrift in der Überlieferung des Briefes von Christian Gottfried Körner vom 6. August 1800 sind zu korrigieren:*

*ÜBERLIEFERUNG. H: Autographensammlung Wilhelm, Basel.*

### *NA 39, Nr 337a*

*Die Angaben zur Handschrift in der Überlieferung des Briefes von Wilhelm von Humboldt vom 15. [und 18.] Oktober 1802 sind zu ergänzen:*

*ÜBERLIEFERUNG. H: Prof. Henn. […] – $E^1$: Stargardt-Katalog 659, Auktion vom 16. und 17. März 1995. S. 156–158, Nr 421 (Teildruck* **792,2–9** Ich versprach Ihnen *[…]* freundliches Colorit.*;* **792,10–11** Seitdem wir Sie verließen*;* **792,13–793,46** ist es uns allen sehr erwünscht gegangen *[…]* ein ungeheurer Gedanke.*;* **793,48** So*;* **793,48–794,70** wäre ich also *[…]* auf mich machen werden.*;* **794,73–75** Von Florenz aus […] in Rom Ihnen.*;* **794,77** Meine Frau und ich umarmen Lolo. *$E^2$: JbDSG 40 (1996), 19–20 (Philip Mattson).*

### *NA 40, Nr 80*

*Der Brief von Johann Gottlieb Fichte vom 9. Juni 1803 ist nach H wiedergegeben. Zu diesem Brief sind zwei Konzepte überliefert, die in einer Art stenographischer Schrift geschrieben wurden, die schwer zu entziffern ist. Die meisten Wörter sind nur fragmentarisch ausgeführt. Außerdem wurden in vielen Fällen einzelne Wörter oder Wortfragmente nicht getrennt, sondern zusammen geschrieben. Ihrer Lesbarkeit wegen werden die Konzepte im Folgenden ohne Wiedergabe sowohl der Elisionen und Zusammenschreibungen als auch vereinzelter Korrekturen dargeboten. Die Lesung ist in vielen Fällen unsicher; auch dies wird nicht im einzelnen vermerkt. Nicht gelesene Wörter und Wortteile werden ohne Unterschied mit* ××× *markiert, weil sich der genaue Umfang eines Wortes oder Wortteils nicht angeben läßt. Die Handschrift enthält außer den beiden Briefkonzepten eine Reihe von Berechnungen, Notizen und Bemerkungen, die offenbar mit Fichtes im Brief an Schiller geschilderten finanziellen Problemen in Zusammenhang stehen; auch diese werden nicht wiedergegeben. Beim Abdruck der beiden Konzepte handelt es sich demnach lediglich um den Versuch einer Transkription des Fichteschen Brieftextes.*

*1. Konzept*

Ich muß im voraus um Verzeihung bitten wegen des Gegenstandes, womit ich Sie – V. F. den ich mit etwas ganz anderm zu unterhalten wünschte, für diesesmal zu unterhalten gedenke. Sie sind indessen der einzige dem ich Geneichtheit und Kraft zutraue, sich in meine Lage zu denken.

Die Sache ist die Sie zu bitten mir, eben so wie Sie es einst gethan haben, mir in einer reinen Geldangelegenheit Vermittelung und Hilfe zu leihen. Ich arbeite gegen 3. Jahr unablässig an der WL. und es ist begreiflich daß ich dadurch in Verfall liegen werde. Ich sehe den grösten Verlegenheiten, und Störungen entgegen wenn ich mir nicht aus dem Grunde helfe. Der Weg der mir dazu eingefallen ist dieser.

Ich habe auf meinem ehemaligen Hause in Jena noch 1100 Thlr. stehen. auf die Bedingung die die Auflage enthält.. Ich wünschte theils weil K*rieg* nicht zahlt, dieser ganzen Foderung los zu seyn. und wollte gern alles abtreten, wenn ich 1000 rth. bar Geld dafür erhielte. Könnten Sie nicht auf irgendeine Art, aus Freundschaft, und aus Theilnahme irgend wie: –. Es ist mir eingefallen, daß zuweilen die Weimarische Kammer. Der Geh*eime* Rath Schmid ist Onkel meiner Frau. (wäre in der That eine schöne Handlung noch will

*2. Konzept*

Ich muß mein V. Fr: gleich im Voraus um Verzeihung bitten wegen des Gegenstandes, mit dem ich Sie, den ich so gern mit etwas ganz anderm unterhielte diesmal zu unterhalten gedenke. Immer glaube ich, troz der Natur dieses Gegenstandes doch in Absicht der Person nicht ganz unrichtig mich zu addressiren, indem ich dermahlen keinen zweiten Mann in der Welt kenne, dem ich so die Geneigtheit und die Fähigkeit zutraue, sich in meine Lage zu versetzen, und dem ich Sie mit solchem Vertrauen sagen könnte.

Ich möchte Sie nemlich so wie Sie schon einst eine ähnliche Güte für mich gehabt, um Ihre Vermittelung in einer öconomischen Angelegenheit bitten. Drei Jahre unablässiger Arbeit an der W.L. fast ohne anderes lukratives Geschäft, und bei der gänzlichen Unmöglichkeit aus jener MeditationsReihe mich loszureissen, wenn die Arbeit nicht völlig aufgegeben werden sollte, haben die wenigen Ueberbleibsel, die wir noch hatten, vollends aufgezehrt; ich bin noch in diesen Meditationen begriffen, und sehe den unangenehmsten Störungen und Lagen entgegen, wenn ich mir nicht noch gegen ein Jahr lang Musse schaffen kann. Ich habe auf meinem ehemaligen Hause in Jena noch 1100. rth. auf die Weise, welche die Beilage enthält stehen. Ich wünsche dieser üblen Anfoderung für einen Entfernten überdies aus mehrern Gründen erledigt zu seyn, und es geschähe mir der gröste Dienst, wenn jemand, sey es selber aus Theilnahme an meiner Lage, meinen Studien, meiner Ruhe, mir dieselbe gegen 1000 rth. baar Geld abnähme. Krieg hat keinen Termin bezahlt, kaum habe ich die Interessen heraustreiben können; er verdient ausgeklagt zu werden, und ich habe schon ein Jahr, dem selben Salzmann, der in einer andern Angelegenheit, wovon vielleicht Herr Zelter sie unterhalten, den Auftrag dazu gegeben. Der Werth ist aber ohne Zweifel, ein weit höherer daran: Paulus wollte es für 1200 rth. kaufen, wie es nun komme.. und ich erfahre durch D*oktor* Niethammer daß von Zeit zu Zeit Liebhaber sich dazu gemeldet. – . Es ist mir aus einem ähnl*ichen [?]* Beispiele eingefallen, daß zuweilen die Fürstl*iche* Kammer auf sichre Hypotheken im Lande, zur Unterstützung Geld herzugeben pflegt. Könnten Sie etwa durch Cammerdirektor Geh.R. Schmid, der meiner Frauen Onkel ist, durch sich selbst, durch Göthe, Voigt dazu bewegen. Ich halte die Sache darum für impetrabler, weil ich versichere und nachweisen kann, daß von diesen 1100 rth. kein Heller aus der fürstl*ichen* Casse geflossen, oder im Lande verdient, sondern eitles Schweizer- ins Land gezognes Geld ist, daß ich der Regierung zutraue, daß sie mich nicht in Verlust bringen will, und daß ich dies für einen sehr grossen erwiesnen Dienst dankbar erkennen werde, und für den grösten Dienst für den ich ihrer immer gedenken will. Sollten Sie den Vorschlag nicht für ganz unthunlich finden, und bald etwas darin thun wollen, so bitte ich um einige Worte Nachricht. Die Zahlung braucht nicht in einer Summe, sondern sie kann in Theilen *[?]* geschehen. Nur würde ich bitten den ersten zu beschleunigen, und wenigstens auf 400 rth. zu setzen.

Daß ich, der schon längst den andern Leuten dasselbe leisten sollte, und der es gern nach seinen Kräften gethan, selber wieder andrer Hülfe bedarf ertrage ich wie ich soll, in Geduld.

Es ist gut für die Welt.

---

Ich bin, wie gesagt, noch gänzlich befangen in der W.L. Was ich in meinen Ankündigungen, die Ihre, und Göthe's gütige Aufmerksamkeit auf sich zogen, versprochen, wird geleistet, und mehr noch. Es wird sich sodann unter anderm zeigen, daß die angeblichen Verbesserer, und Weitergeher, die es seitdem gehabt hat, ganz Recht haben würden, wenn sie nur wüsten, wovon eigentlich die Rede sey. Der ganze Streit über Objektivismus und Subjektivismus liegt tief unter den Prinzipien der W.L. Neuerlich verfällt man allenthalben dem toden Materialism, um nur nicht der Objektivität verlohren zu gehen.

---

An der öffentlichen Ehrenbezeugung, die Ihnen erwiesen, habe ich, als einer Ehre, die die Erweiser sich selber erzeigt, den lebhaftesten Antheil genommen..

Haben Sie die Güte den G.R. Göthe meines hochachtungsvollen Andenkens zu versichern

Leben Sie recht wohl mit den Ihrigen. Die meinigen grüssen, und befinden sich wohl. Hochachtungsvoll.

*ÜBERLIEFERUNG. H: SBPK. – E: Fichte-Gesamtausgabe III 5 (1982). S. 163–166.*

## *NA 40, Nr 126*

*Die Angaben zum Verbleib der Handschrift in der Überlieferung des Briefes von Friedrich Gentz vom 21. September 1803 sind zu ergänzen:*

*ÜBERLIEFERUNG. H: ? Versteigert 1951; vgl. Stargardt-Katalog 497, Auktion vom 5./6. Oktober 1951. S. 14. Nr 63. […]*

### *NA 40, Nr 161*

*Die Angaben zur Überlieferung des Briefes von Wilhelm Gottlieb Becker vom 4. Dezember 1803 sind zu korrigieren:*

*ÜBERLIEFERUNG. H: DLA/SNM. [...]*

### *NA 40, Nr 195*

*Die Angaben zum Verbleib der Handschrift in der Überlieferung des Briefes von Anne-Germaine de Staël-Holstein vom 20. Februar 1804 sind zu ergänzen:*

*ÜBERLIEFERUNG. H: ? Versteigert 1951; vgl. Stargardt-Katalog 497, Auktion vom 5./6. Oktober 1951. S. 54. Nr 329. [...]*

### *NA 40, Nr 226*

*Die Angaben zur Überlieferung des Briefes von Karl August Buchholz von Ende April 1804 sind zu korrigieren:*

*ÜBERLIEFERUNG. H: GSA. [...]*

### *NA 40, Nr 301*

*Der (nur unvollständig überlieferte) Brief von Friedrich Rochlitz vom 18. November 1804 ist nach h (Bibliothek des Wiener Goethe-Vereins) wiedergegeben; nach H lautet der Brief:*

*301. Von Friedrich Rochlitz*

*Leipzig, den 18. November 1804. Sonntag.*

*[...]* An sich ganz unbedeutende Kleinigkeiten, deren, wie ich fürchte, ein Journal so wenig entbehren kann, als eine Sprache der Partikeln, müssen wenigstens so angenehm gesagt seyn, daß sie für den Moment, wie ein hübscher Einfall im Gespräch, interessiren können. –

Doch ich ermüde, zu rubriziren, wie Sie, meine Rubriken zu lesen. Lassen Sie mir nur noch zu, daß ich die Prozedur angebe, die mir, jenes zusammenzubringen, die beste scheint. Jeder der Herausgeber unterrichtet unter seinen weiblichen Bekannten die Deas majorum gentium von alle dem, was man will, hilft wählen und ermuntert zum Ausführen; die Deas minorum ersucht man nur bestimmt, im Einzelnen, um das, wovon man überzeugt ist, sie werden es am besten leisten. Öffentliche Aufforderungen aber finden gar nicht statt – ohne daß man darum vernachläßigte, was von Nichtaufgeforderten kömmt und Aufnahme verdient – Es wird dem, nach Möglichkeit, mit Sorgfalt und Schonung nachgeholfen, was Nachhülfe bedarf und verdient. Was gar keinen Werth hat und woraus sich auch nichts machen läßt, wird, ohne Ansehen der Person, und, um lästigen Erörterungen und Verdrüßlichkeiten vorzubeugen, im Namen „der Herausgeber“ zurükgegeben – –

Nehmen Sie nun dies alles ja für weiter nichts, als für meine Meynung, die ich nur so geradaus hinschreibe, um kürzer davon zu kommen; und erfüllen Sie meine Bitte, mir Ihr Urtheil, Ihre Berichtigungen, Ihre bessern Vorschläge, mizutheilen. Ich werde alles mit herzlichem Dank benutzen.

Was ich Ihnen jetzt geschrieben, schreibe ich auch an H*err*n Hofrath Wieland; denn auch er will, nach H*err*n Göschens Versicherung, das Journal durch Beyträge seiner Freundinnen unterstützen, und ihm, wie Sie, durch seinen Namen auf dem Titel Ansehen und Kredit gleich vom Anfang zu verschaffen suchen. Dafür, daß Sie beyde sich dieser Gefälligkeit nie zu schämen haben werden, glaube ich stehen zu können; denn ich habe Göschen vorhergesagt, daß ich von dem Monat aufhören werde, wo das Journal aufhörte, Werth zu behalten und vielleicht zu der Armseeligkeit anderer Blätter, die jetzt die Frauen immer in Händen führen, herabsänke. Ich pflege überall Wort zu halten und auf baare Vortheile nicht zu sehen. –

Übrigens freue ich mich sehr, daß mich diese Gelegenheit veranlaßt, Ihr Andenken an mich, das mir immer so überaus schätzbar gewesen ist, zu erneuern. Ich habe schon oft Briefe an Sie angefangen – wenigstens so oft, als ein neues Werk von Ihnen erschien: aber ich hätte Ihnen ja nur Dinge sagen müssen, die Ihnen von Jedermann gesagt werden, und nur das laudari a viro laudato kann Ihnen nicht widerlich seyn. jetzt aber, da ich einmal geschrieben habe, muß ich hinzusetzen: Sie haben freylich zahllose Verehrer, aber schwerlich Einen, der es mehr von ganzer Seele ist, als

Ihr

Leipzig,
d. 18ten Nov.
1804.

ergebenster Diener
Friedr. Rochlitz.

Ich schäme mich, indem ich diesen Brief überlese, daß ich ihn so in Ihre Hände geben soll. Es ist mir aber schlechterdings unmöglich, jetzt ihn einzukleiden, und gleichwohl müssen Sie Nachricht über jene Sache haben. Bleiben Sie diesmal bey der Materie stehen! –

Solten Sie nicht, zum Besten jenes Vorhabens und Göschens, sich entschließen können, irgend etwas zur Einleitung in das neue Journal unter Ihrem Namen zu sagen? Auch ich würde es Ihnen sehr verdanken.

*ÜBERLIEFERUNG. H: Universitätsbibliothek Leipzig (ohne den Anfang). – E: Schilleriana (1955), 109–110 (nach h).*

**NA 40, Nr 333**

*Der Brief von Friedrich Rochlitz vom 29. Januar 1805 ist nach h (Bibliothek des Wiener Goethe-Vereins) wiedergegeben; nach H lautet der Brief:*

*333. Von Friedrich Rochlitz*

Leipzig d. 29sten Jan. 5.

Ihr Brief hat mich sehr erfreuet. Ich danke Ihnen herzlich dafür. Was Sie über das erste Journalstück sagen, unterschreib' ich ohne Ausnahme; aber es mußte übereilt werden, etwas Erzähltes mußte darin vorkommen, etwas besseres hatt' ich nicht: so kam das Märchen zum Druck, nachdem ich es um ein beträchtliches zusammengerückt hatte. Und glauben Sie wol, daß es vielen Beyfall findet? Gewisse Männer und gewisse Schülerinnen finde ja darin die letzten Resultate aller Philosophie; finden eine schöne Ruhe in der Bewegung, ein keusches Zusammenhalten in der Breite pp Nun sey zwar Gott vor, daß ich mit jenen Damen liebäugeln solte: aber sie gehören wol auch zur ganzen Masse – wie Ihr Wachtmeister spricht, denen man gern lassen darf, was nicht um ihretwillen gegeben war. Wenn die Damen in Weimar sehr dagegen schmälen, so – fürcht' ich – hat Vater Wieland nicht geringen Antheil daran. Er siehet einen Tempel der Mystik, der Clique pp mich, als einen einen verkappten Priester derselben; und ist darüber so äußerst aufgebracht, daß er an Göschen eine Philippika losgelassen hat, die dieser, troz alles meines Drängens, mir noch gar nicht zeigen will. – Das Ganze wird so gut aufgenommen, als es vor der Hand zu wünschen war; und Göschen ist schon durch den jetzigen Absatz fast ganz wegen der Kosten gedeckt. Das ist weit mehr, als er je erwartet hat, und, nach allem, was man schreibt – auch weit mehr, als erreicht worden wäre, wenn man nur mit vortrefflichem angefangen hätte.

Die Noth hat wahrscheinlich auch hier das Beste gelehrt, denn ich bin über jenen Heft so bös gewesen, als *Wieland*. Allmählig höher gehen muß man aber, und es werden nun uns recht viele begleiten, die sonst schüchtern zurükgeblieben wären.

Die Intoleranz der Damen gegen Hetären kenne ich und werde (wie Ihnen das 2te Stck beweiset) hier sehr behutsam zu Werke gehen. Dadurch, daß ich hier fast lauter neue Rubriken geben wolte, (damit die ersten 3–4 Stücke als Plan dienen könnten) ist No 2. im Ganzen nicht viel mehr werth geworden, als No 1., aber mit Einigem bin ich sehr wohl zufrieden. Das 3te Heft wird mehr werth, als jene beyden zusammengenommen; ich stehe dafür! –

Haben Sie nicht eine Bekannte, welche etwas über den Unterschied von gelehrten Frauen (wie Sie sie in Ihrem Gedicht nehmen, und wie sie seitdem von Jedermann genommen werden) und gebildeten – sogar wissenschaftlich gebildeten; von Schriftstellerinnen, und solchen, die zuweilen schreiben, – und was aus diesem Unterschied resultirt, niederschrieb? Sie verdieneten Gottes Lohn, wenn Sie einen richtig gedachten und angenehm geschriebenen Aufsatz darüber herbeyleiteten. Ich habe zwey wackere Weiber – die Rudolphi und „die Wittwe", die Sie bald kennen lernen – dazu ermuntert; sie haben auch manches sehr hübsche in ihren Aufsätzen beygebracht: aber den Nagel haben sie gar nicht getroffen und ich muß die Bogen bey Seite legen.

Jene Wittwe (vormals Engels, jetzt meine Freundin, aber nicht in Leipzig) hat über Tiecks Okatvianus im zweyten Heft etwas sehr Treffende und Genügende gegeben, und fragt mich, ob sie nicht auch über Ihren Tell schreiben solle? Ich will nicht antworten, bis ich erfahre, ob Sie es wünschen. Sie würde wahrscheinlich in Ihr Werk weniger eindringen und das Ganze nicht so gut zusammenfassen; gewiß aber nichts Schlechte geben.

Ich behellige Sie mit vielen Kleinigkeiten: aber wer hätte nicht Stunden, wo er auch an dergleichen denken und einige Zeilen darüber schreiben mag?

Da ich das Kriegsspiel nicht kannte, fragte ich Göschen darum. Er sagt, es gebe ein großes (das erweiterte Schachspiel) und ein kleines. Da wir nun Ihre Liebe zu allem Großen kennen, vermuthen wir, Sie wünschen jenes, und *Göschen* besorgt es Ihnen mit Freude.

Der Himmel mache Sie und die Ihrigen bald wieder vollkommen gesund.

Lassen Sie mich und den braven Göschen Ihnen ferner bestens empfohlen seyn.

Friedr. Rochlitz.

*ÜBERLIEFERUNG. H: Universitätsbibliothek Leipzig. – E: Schilleriana (1955), 112–113 (nach h).*

# *VERZEICHNIS DER ADRESSATEN VON SCHILLERS BRIEFEN*

*Die jeweils ersten Zahlen geben den Band der Schiller-Nationalausgabe an; es folgt die Nummer des Briefes: „27 Nr 133". Briefnummern mit der Ergänzung „a" dienen der Einordnung eines Briefes in die bestehende Chronologie der einzelnen Briefbände. Die Angaben „43 N" (Nachträge) und „43 KuE" (Korrekturen und Ergänzungen) verweisen auf den vorliegenden Abschlußband der Schiller-Nationalausgabe. Im ersten Fall handelt es sich um bisher in der Ausgabe nicht gedruckte Briefe, im zweiten Fall in der Regel um den Abdruck von Briefen nach der Handschrift, wo bisher ein anderer Textzeuge zugrundelag, oder um um korrigierende oder ergänzende Angaben zur Überlieferung.*


Abel, Jakob Friedrich:
3. April 1795 . . . . . . . . . . . . . . . . . . . . . . . . . . . 27 Nr 133
Adlerskron: *s.* Behaghel von Adlerskron
Albrecht, Sophie:
17. April [1787] . . . . . . . . . . . . . . . . . . . . . . . . . 24 Nr 68
Andreä, Luise
[zwischen dem 25. Juli 1781 und dem 22. September 1782] . . 23 Nr 25b/43 N
Archenholtz, Johann Wilhelm von:
7. November 1794 . . . . . . . . . . . . . . . . . . . . . . . . 27 Nr 59
10. Juli 1795 . . . . . . . . . . . . . . . . . . . . . . . . . . . 28 Nr 8/43 KuE
2. Oktober [November] 1795 . . . . . . . . . . . . . . . . . 28 Nr 78
8. Januar 1796 . . . . . . . . . . . . . . . . . . . . . . . . . . 28 Nr 118
Augustenburg: *s.* Schleswig-Holstein-Augustenburg
Baggesen, Jens Immanuel:
16. Dezember 1791 . . . . . . . . . . . . . . . . . . . . . . . 26 Nr 100
9. Januar 1792 . . . . . . . . . . . . . . . . . . . . . . . . . . 26 Nr 103
Batsch, August Johann Georg Karl:
2. Februar 1794 . . . . . . . . . . . . . . . . . . . . . . . . . 26 Nr 215
Becht, Johann Moriz:
12. Juni 1794 . . . . . . . . . . . . . . . . . . . . . . . . . . 27 Nr 9/43 KuE
Beck, Heinrich:
17. Januar 1802 . . . . . . . . . . . . . . . . . . . . . . . . . 31 Nr 101

Becker (*eigentlich:* von Blumenthal), Heinrich:
15. Juni 1800 . . . . . . . . . . . . . . . . . . . . . . . . . 30 Nr 196
[Mitte April 1805] . . . . . . . . . . . . . . . . . . . . . . . 32 Nr 243
Becker, Rudolf Zacharias:
[Ende Dezember 1792] . . . . . . . . . . . . . . . . . . . . . 26 Nr 147
21. Dezember 1794 . . . . . . . . . . . . . . . . . . . . . . 27 Nr 81
23. Januar 1795 . . . . . . . . . . . . . . . . . . . . . . . . 27 Nr 95a/43 N
Becker, Wilhelm Gottlieb:
[17. Mai 1786] . . . . . . . . . . . . . . . . . . . . . . . . . 24 Nr 38
5. November 1801 . . . . . . . . . . . . . . . . . . . . . . . 31 Nr 79
18. März 1802 . . . . . . . . . . . . . . . . . . . . . . . . . 31 Nr 138/43 KuE
10. Oktober 1802 . . . . . . . . . . . . . . . . . . . . . . . 31 Nr 187
2. Mai 1803 . . . . . . . . . . . . . . . . . . . . . . . . . . 32 Nr 41
20. Februar 1804 . . . . . . . . . . . . . . . . . . . . . . . 32 Nr 132
4. Juli 1804 . . . . . . . . . . . . . . . . . . . . . . . . . . 32 Nr 172
Behaghel von Adlerskron, Gustav:
1. November 1791 . . . . . . . . . . . . . . . . . . . . . . . 26 Nr 87
Berling, Thomas
[zwischen Juni und August 1789] . . . . . . . . . . . . . . . 25 Nr 199a/43 N
Bertram, Christian August:
26. Januar 1786 . . . . . . . . . . . . . . . . . . . . . . . . 24 Nr 23
30. November 1790 . . . . . . . . . . . . . . . . . . . . . . 26 Nr 50
Bertuch, Friedrich Justin:
12. November 1784 . . . . . . . . . . . . . . . . . . . . . . 23 Nr 109/43 KuE
22. Oktober 1788 . . . . . . . . . . . . . . . . . . . . . . . 25 Nr 102
31. [Oktober] 1788 . . . . . . . . . . . . . . . . . . . . . . 25 Nr 105
5. Januar 1789 . . . . . . . . . . . . . . . . . . . . . . . . . 25 Nr 133
29. Juni 1790 . . . . . . . . . . . . . . . . . . . . . . . . . 26 Nr 21
[4. Februar 1803] . . . . . . . . . . . . . . . . . . . . . . . 32 Nr 8a/43 N
4. Juni 1804 . . . . . . . . . . . . . . . . . . . . . . . . . . 32 Nr 160
Beulwitz, Caroline von (*s. auch:* Lengefeld, Caroline von; Wolzogen, Caroline von):
[26. Mai 1788] . . . . . . . . . . . . . . . . . . . . . . . . . 25 Nr 42
[1. Juni (?) 1788] (und Charlotte von Lengefeld) . . . . . . . 25 Nr 47/43 KuE
[5. Juni (?) 1788] (und Charlotte von Lengefeld) . . . . . . . 25 Nr 49
[17. (?) Juli 1788] (oder Charlotte von Lengefeld) . . . . . . . 25 Nr 60
[6. August 1788] (und Charlotte von Lengefeld) . . . . . . . . 25 Nr 69/43 KuE
[zweite Hälfte September (?) 1788] . . . . . . . . . . . . . . 25 Nr 86
[zweite Hälfte September (?) 1788] . . . . . . . . . . . . . . 25 Nr 87
[29. oder 30. September 1788] (und Charlotte von Lengefeld) . . 25 Nr 89
[etwa Anfang November 1788] . . . . . . . . . . . . . . . . . 25 Nr 106
[10. November 1788] (und Charlotte von Lengefeld) . . . . . 25 Nr 108
[11. November 1788] (und Charlotte von Lengefeld) . . . . . 25 Nr 109
[12. November 1788] (und Charlotte von Lengefeld) . . . . . 25 Nr 110
14. [13.] November 1788 (und Charlotte von Lengefeld) . . . 25 Nr 111

19. [und 20.] November 1788 (und Charlotte von Lengefeld) . . 25 Nr 114
27. November 1788 . . . . . . . . . . . . . . . . . . . . . . 25 Nr 117
4. Dezember 1788 (und Charlotte von Lengefeld) . . . . . . . 25 Nr 119
10. [und 11.] Dezember 1788 . . . . . . . . . . . . . . . . . 25 Nr 120
[12. Dezember 1788] (und Charlotte von Lengefeld) . . . . . 25 Nr 123
23. Dezember 1788 (und Charlotte von Lengefeld) . . . . . . 25 Nr 126
2. Januar 1789 (und Charlotte von Lengefeld) . . . . . . . . . 25 Nr 129
3.[–6.] Januar 1789 . . . . . . . . . . . . . . . . . . . . . . 25 Nr 131
26. Januar 1789 (und Charlotte von Lengefeld) . . . . . . . . 25 Nr 139
5. Februar 1789 . . . . . . . . . . . . . . . . . . . . . . . . 25 Nr 142
12. Februar 1789 (und Charlotte von Lengefeld) . . . . . . . 25 Nr 147
25. Februar 1789 . . . . . . . . . . . . . . . . . . . . . . . 25 Nr 150
5. März 1789 (und Charlotte von Lengefeld) . . . . . . . . . 25 Nr 154
17. April 1789 (und Charlotte von Lengefeld) . . . . . . . . . 25 Nr 172
21. [23.] April 1789 (und Charlotte von Lengefeld) . . . . . . 25 Nr 175
30. April 1789 (und Charlotte von Lengefeld) . . . . . . . . . 25 Nr 178
30. Mai 1789 (und Charlotte von Lengefeld) . . . . . . . . . 25 Nr 184
15. [13.] Juni 1789 (und Charlotte von Lengefeld) . . . . . . 25 Nr 186
22. Juni 1789 (und Charlotte von Lengefeld) . . . . . . . . . 25 Nr 187
24. Juli 1789 . . . . . . . . . . . . . . . . . . . . . . . . . 25 Nr 189
[3. August 1789] (und Charlotte von Lengefeld) . . . . . . . . 25 Nr 193/43 KuE
25. August 1789 . . . . . . . . . . . . . . . . . . . . . . . . 25 Nr 197
29. August 1789 (und Charlotte von Lengefeld) . . . . . . . . 25 Nr 198
1. September 1789 (und Charlotte von Lengefeld) . . . . . . . 25 Nr 201
1. September [1789] (und Charlotte von Lengefeld) . . . . . . 25 Nr 202
7. [und 8.] September [1789] (und Charlotte von Lengefeld) . . 25 Nr 203
12. [10. und 11.] September [1789]
(und Charlotte von Lengefeld) . . . . . . . . . . . . . . . 25 Nr 204
[14. September 1789] (und Charlotte von Lengefeld) . . . . . 25 Nr 205
[16. September 1789] (und Charlotte von Lengefeld) . . . . . 25 Nr 206
[September/Oktober 1789] (und Charlotte von Lengefeld) . . 25 Nr 210
[23. Oktober 1789] (und Charlotte von Lengefeld) . . . . . . 25 Nr 214
26. Oktober 1789 (und Charlotte von Lengefeld) . . . . . . . 25 Nr 215
[29. Oktober 1789] . . . . . . . . . . . . . . . . . . . . . . 25 Nr 217
[30. Oktober 1789] (und Charlotte von Lengefeld) . . . . . . 25 Nr 218
3. November 1789 . . . . . . . . . . . . . . . . . . . . . . . 25 Nr 220
4. November 1789 . . . . . . . . . . . . . . . . . . . . . . . 25 Nr 221/43 KuE
5. November 1789 . . . . . . . . . . . . . . . . . . . . . . . 25 Nr 222
10. November 1789 (und Charlotte von Lengefeld) . . . . . . 25 Nr 224
[14. November 1789] (und Charlotte von Lengefeld) . . . . . 25 Nr 226
15. November [1789] (und Charlotte von Lengefeld) . . . . . 25 Nr 228
[16. und 17. November 1789] (und Charlotte von Lengefeld) . . 25 Nr 229
[21. November 1789] (und Charlotte von Lengefeld) . . . . . 25 Nr 230
[24. November 1789] (und Charlotte von Lengefeld) . . . . . 25 Nr 234
[27. November 1789] (und Charlotte von Lengefeld) . . . . . 25 Nr 235

[30. November 1789] (und Charlotte von Lengefeld) . . . . . 25 Nr 236
[3. Dezember 1789] (und Charlotte von Lengefeld) . . . . . . 25 Nr 237
[5. und 6. Dezember 1789] . . . . . . . . . . . . . . . . . . 25 Nr 239
[8. Dezember 1789] (und Charlotte von Lengefeld) . . . . . . 25 Nr 241
13. Dezember 1789 (und Charlotte von Lengefeld) . . . . . . 25 Nr 244
[14. und 15. Dezember 1789] (und Charlotte von Lengefeld) . . 25 Nr 245
[17. Dezember 1789] (und Charlotte von Lengefeld) . . . . . 25 Nr 247
[18. Dezember 1789] (und Charlotte von Lengefeld) . . . . . 25 Nr 248
[20. Dezember 1789] (und Charlotte von Lengefeld) . . . . . 25 Nr 250
[21. Dezember 1789] (und Charlotte von Lengefeld) . . . . . 25 Nr 251
[3. Januar 1790] (und Charlotte von Lengefeld) . . . . . . . . 25 Nr 256
[5. Januar 1790] (und Charlotte von Lengefeld) . . . . . . . . 25 Nr 257
[10. Januar 1790] (und Charlotte von Lengefeld) . . . . . . . 25 Nr 263
[12. Januar 1790] (und Charlotte von Lengefeld) . . . . . . . 25 Nr 265
[15. Januar 1790] (und Charlotte von Lengefeld) . . . . . . . 25 Nr 270
[18. Januar 1790] (und Charlotte von Lengefeld) . . . . . . . 25 Nr 271
[25. Januar 1790] (und Charlotte von Lengefeld) . . . . . . . 25 Nr 274
[26. Januar 1790] (und Charlotte von Lengefeld) . . . . . . . 25 Nr 275
31. Januar 1790 (und Charlotte von Lengefeld) . . . . . . . . 25 Nr 276
[5. Februar 1790] (und Charlotte von Lengefeld) . . . . . . . 25 Nr 280
[12. Februar 1790] (und Charlotte von Lengefeld) . . . . . . . 25 Nr 285
[14. Februar 1790] (und Charlotte von Lengefeld) . . . . . . . 25 Nr 286
24. März 1790 . . . . . . . . . . . . . . . . . . . . . . . . 26 Nr 6
[10. Mai 1790] . . . . . . . . . . . . . . . . . . . . . . . . 26 Nr 11
15. Mai [1790] . . . . . . . . . . . . . . . . . . . . . . . . 26 Nr 13
[27. und 28. Juli 1790] (und Charlotte Schiller) . . . . . . . . 26 Nr 25
[29. Juli 1790] (und Charlotte Schiller) . . . . . . . . . . . . 26 Nr 26
[31. Juli 1790] (und Charlotte Schiller) . . . . . . . . . . . . 26 Nr 27
11. September 1790 . . . . . . . . . . . . . . . . . . . . . 26 Nr 31
[5. Oktober 1790] (und Charlotte Schiller) . . . . . . . . . . 26 Nr 38
[8. Oktober 1790] (und Charlotte Schiller) . . . . . . . . . . 26 Nr 39
Beulwitz, Friedrich Wilhelm Ludwig von:
21. Januar 1794 . . . . . . . . . . . . . . . . . . . . . . . 26 Nr 214
Beyme, Karl Friedrich:
18. Juni 1804 . . . . . . . . . . . . . . . . . . . . . . . . 32 Nr 167
Blan(c)kenburg, Christian Friedrich von:
7. November 1794 . . . . . . . . . . . . . . . . . . . . . . 27 Nr 59a/43 N
Böttiger, Karl August:
23. Juli 1797 . . . . . . . . . . . . . . . . . . . . . . . . . 29 Nr 113
6. September 1797 . . . . . . . . . . . . . . . . . . . . . . 29 Nr 131/43 KuE
10. Oktober 1797 . . . . . . . . . . . . . . . . . . . . . . . 29 Nr 148a/43 N
18. Oktober 1797 . . . . . . . . . . . . . . . . . . . . . . . 29 Nr 149
25. Januar 1798 . . . . . . . . . . . . . . . . . . . . . . . 29 Nr 192
1. März 1799 . . . . . . . . . . . . . . . . . . . . . . . . . 30 Nr 36/43 KuE
[17. Mai 1801] . . . . . . . . . . . . . . . . . . . . . . . . 31 Nr 44

27. Januar 1803 . . . . . . . . . . . . . . . . . . . . . . . . 32 Nr 7/43 N
10. Februar 1804 . . . . . . . . . . . . . . . . . . . . . . . . 32 Nr 126
Boie, Heinrich Christian:
26. November 1784 . . . . . . . . . . . . . . . . . . . . . 23 Nr 114
23. November 1796 . . . . . . . . . . . . . . . . . . . . . 29 Nr 11
Boigeol, Georg Friedrich:
[1776] . . . . . . . . . . . . . . . . . . . . . . . . . . . . 23 Nr 3
Bolt, Johann Friedrich:
7. [8.] Juli 1796 . . . . . . . . . . . . . . . . . . . . . . . 28 Nr 198
22. Juli 1796 . . . . . . . . . . . . . . . . . . . . . . . . . 28 Nr 207a/43 N
18. [19.] September 1796 . . . . . . . . . . . . . . . . . . 28 Nr 237
Brachmann, Louise:
5. Juli 1798 . . . . . . . . . . . . . . . . . . . . . . . . . 29 Nr 246/43 KuE
28. August 1800 . . . . . . . . . . . . . . . . . . . . . . . 30 Nr 226
15. November 1802 . . . . . . . . . . . . . . . . . . . . . 31 Nr 197
12. September 1803 . . . . . . . . . . . . . . . . . . . . . 32 Nr 80
30. September 1803 *(abgedruckt in NA 40 II, 462)* . . . . . . 32 Nr 85a
Brannaschk, Christian Gotthold:
17. Februar 1802 . . . . . . . . . . . . . . . . . . . . . . . 31 Nr 121
Breitkopf, Christoph Gottlob:
1. September 1797 . . . . . . . . . . . . . . . . . . . . . . 29 Nr 130/43 KuE
21. September 1797 . . . . . . . . . . . . . . . . . . . . . 29 Nr 139
2. Oktober 1797 . . . . . . . . . . . . . . . . . . . . . . . 29 Nr 145
23. Oktober 1797 . . . . . . . . . . . . . . . . . . . . . . 29 Nr 155/43 KuE
Brinckmann, Karl Gustav von:
20. Februar 1798 . . . . . . . . . . . . . . . . . . . . . . . 29 Nr 207/43 KuE
16. Mai 1804 . . . . . . . . . . . . . . . . . . . . . . . . . 32 Nr 153/43 KuE
Büttner, Friedrich Carl:
9. Oktober 1800 . . . . . . . . . . . . . . . . . . . . . . . 30 Nr 243
Butler, George:
5. September 1801 . . . . . . . . . . . . . . . . . . . . . . 31 Nr 65
Campe, Joachim Heinrich:
2. März 1798 . . . . . . . . . . . . . . . . . . . . . . . . . 29 Nr 210
Cotta, Johann Friedrich:
18. März 1794 . . . . . . . . . . . . . . . . . . . . . . . . 26 Nr 220
29. März 1794 . . . . . . . . . . . . . . . . . . . . . . . . 26 Nr 221
14. April 1794 . . . . . . . . . . . . . . . . . . . . . . . . 26 Nr 224
19. Mai 1794 . . . . . . . . . . . . . . . . . . . . . . . . . 27 Nr 2
4. Juni 1794 . . . . . . . . . . . . . . . . . . . . . . . . . 27 Nr 7
14. Juni 1794 . . . . . . . . . . . . . . . . . . . . . . . . 27 Nr 13
10. Juli 1794 . . . . . . . . . . . . . . . . . . . . . . . . . 27 Nr 19
1. September 1794 . . . . . . . . . . . . . . . . . . . . . . 27 Nr 28
2. Oktober 1794 . . . . . . . . . . . . . . . . . . . . . . . 27 Nr 45
22. Oktober 1794 . . . . . . . . . . . . . . . . . . . . . . 27 Nr 52
14. November 1794 . . . . . . . . . . . . . . . . . . . . . 27 Nr 65

16. November 1794 . . . . . . . . . . . . . . . . . . . . . . . 27 Nr 66
5. Dezember 1794 . . . . . . . . . . . . . . . . . . . . . . . 27 Nr 74
9. Dezember [1794] . . . . . . . . . . . . . . . . . . . . . . 27 Nr 76
12. Dezember [1794] . . . . . . . . . . . . . . . . . . . . . 27 Nr 78
12. Dezember [1794] . . . . . . . . . . . . . . . . . . . . . 27 Nr 78a/43 N
[12. (?) Dezember 1794] . . . . . . . . . . . . . . . . . . . 27 Nr 79
22. Dezember 1794 . . . . . . . . . . . . . . . . . . . . . . 27 Nr 85
9. Januar 1795 . . . . . . . . . . . . . . . . . . . . . . . . 27 Nr 91
16. Januar 1795 . . . . . . . . . . . . . . . . . . . . . . . 27 Nr 92
19. Januar 1795 . . . . . . . . . . . . . . . . . . . . . . . 27 Nr 93
30. Januar 1795 . . . . . . . . . . . . . . . . . . . . . . . 27 Nr 103
13. Februar 1795 . . . . . . . . . . . . . . . . . . . . . . 27 Nr 108
20. Februar 1795 . . . . . . . . . . . . . . . . . . . . . . 27 Nr 112
2. März 1795 . . . . . . . . . . . . . . . . . . . . . . . . 27 Nr 118
4. März 1795 . . . . . . . . . . . . . . . . . . . . . . . . 27 Nr 122
9. März 1795 . . . . . . . . . . . . . . . . . . . . . . . . 27 Nr 124/43 KuE
16. März 1795 . . . . . . . . . . . . . . . . . . . . . . . 27 Nr 126
19. März 1795 . . . . . . . . . . . . . . . . . . . . . . . 27 Nr 127
29. März 1795 . . . . . . . . . . . . . . . . . . . . . . . 27 Nr 132
6. April 1795 . . . . . . . . . . . . . . . . . . . . . . . 27 Nr 137
1. Mai 1795 . . . . . . . . . . . . . . . . . . . . . . . . 27 Nr 139/43 KuE
11. Mai 1795 . . . . . . . . . . . . . . . . . . . . . . . . 27 Nr 147
18. Mai 1795 . . . . . . . . . . . . . . . . . . . . . . . . 27 Nr 151
8. Juni 1795 . . . . . . . . . . . . . . . . . . . . . . . . 27 Nr 154
12. Juni 1795 . . . . . . . . . . . . . . . . . . . . . . . 27 Nr 157
[15. Juni 1795] . . . . . . . . . . . . . . . . . . . . . . 27 Nr 161
26. Juni 1795 . . . . . . . . . . . . . . . . . . . . . . . 27 Nr 167
29. Juni 1795 . . . . . . . . . . . . . . . . . . . . . . . 27 Nr 168
6. Juli 1795 . . . . . . . . . . . . . . . . . . . . . . . . 28 Nr 5
10. Juli 1795 . . . . . . . . . . . . . . . . . . . . . . . 28 Nr 8a/43 N
20. Juli 1795 . . . . . . . . . . . . . . . . . . . . . . . 28 Nr 14
27. Juli 1795 . . . . . . . . . . . . . . . . . . . . . . . 28 Nr 15
2. August 1795 . . . . . . . . . . . . . . . . . . . . . . . 28 Nr 16
9. August 1795 . . . . . . . . . . . . . . . . . . . . . . . 28 Nr 22
[21. August 1795] . . . . . . . . . . . . . . . . . . . . . 28 Nr 27
3. [4. (?)] September 1795 . . . . . . . . . . . . . . . . . 28 Nr 35
7. September [1795] . . . . . . . . . . . . . . . . . . . . 28 Nr 37
18. September 1795 . . . . . . . . . . . . . . . . . . . . . 28 Nr 46
25. September 1795 . . . . . . . . . . . . . . . . . . . . . 28 Nr 50
28. September [1795] . . . . . . . . . . . . . . . . . . . 28 Nr 52
2. Oktober 1795 . . . . . . . . . . . . . . . . . . . . . . 28 Nr 53
5. Oktober 1795 . . . . . . . . . . . . . . . . . . . . . . 28 Nr 61
16. Oktober 1795 . . . . . . . . . . . . . . . . . . . . . . 28 Nr 67
30. Oktober 1795 . . . . . . . . . . . . . . . . . . . . . . 28 Nr 74
2. Oktober [November] 1795 . . . . . . . . . . . . . . . . 28 Nr 79

13. November [1795] . . . . . . . . . . . . . . . . . . . . . . 28 Nr 85
16. November 1795 . . . . . . . . . . . . . . . . . . . . . . . 28 Nr 86
20. November [1795] . . . . . . . . . . . . . . . . . . . . . . 28 Nr 88
23. November 1795 . . . . . . . . . . . . . . . . . . . . . . . 28 Nr 90
27. November 1795 . . . . . . . . . . . . . . . . . . . . . . . 28 Nr 92
11. Dezember 1795 . . . . . . . . . . . . . . . . . . . . . . . 28 Nr 99
21. Dezember 1795 . . . . . . . . . . . . . . . . . . . . . . . 28 Nr 103
28. Dezember 1795 . . . . . . . . . . . . . . . . . . . . . . . 28 Nr 110
4. Januar 1796 . . . . . . . . . . . . . . . . . . . . . . . . . 28 Nr 113
[8. Januar 1796] . . . . . . . . . . . . . . . . . . . . . . . . 28 Nr 117
18. Januar 1796 . . . . . . . . . . . . . . . . . . . . . . . . 28 Nr 126
20. Januar 1796 . . . . . . . . . . . . . . . . . . . . . . . . 28 Nr 128
5. Februar 1796 . . . . . . . . . . . . . . . . . . . . . . . . 28 Nr 139
[8. Februar 1796] . . . . . . . . . . . . . . . . . . . . . . . 28 Nr 144
12. Februar 1796 . . . . . . . . . . . . . . . . . . . . . . . 28 Nr 146
19. Februar 1796 . . . . . . . . . . . . . . . . . . . . . . . 28 Nr 148
26. Februar 1796 . . . . . . . . . . . . . . . . . . . . . . . 28 Nr 149
7. März [1796] . . . . . . . . . . . . . . . . . . . . . . . . . 28 Nr 152
13. März 1796 . . . . . . . . . . . . . . . . . . . . . . . . . 28 Nr 156
21. März [1796] . . . . . . . . . . . . . . . . . . . . . . . . 28 Nr 159
29. März [1796] . . . . . . . . . . . . . . . . . . . . . . . . 28 Nr 162
25. April 1796 . . . . . . . . . . . . . . . . . . . . . . . . . 28 Nr 169
[18. Mai 1796] . . . . . . . . . . . . . . . . . . . . . . . . . 28 Nr 173
6. Juni 1796 . . . . . . . . . . . . . . . . . . . . . . . . . . 28 Nr 176
10. Juni 1796 . . . . . . . . . . . . . . . . . . . . . . . . . 28 Nr 180
29. Juli [Juni] 1796 . . . . . . . . . . . . . . . . . . . . . . 28 Nr 190/43 KuE
[6. Juli 1796] . . . . . . . . . . . . . . . . . . . . . . . . . 28 Nr 195
8. Juli 1796 . . . . . . . . . . . . . . . . . . . . . . . . . . 28 Nr 197
13. Juli 1796 . . . . . . . . . . . . . . . . . . . . . . . . . 28 Nr 205
[22. Juli 1796] . . . . . . . . . . . . . . . . . . . . . . . . 28 Nr 208
1. [und 15.] August 1796 . . . . . . . . . . . . . . . . . . . 28 Nr 217
15. August 1796 . . . . . . . . . . . . . . . . . . . . . . . . 28 Nr 225
18. August 1796 . . . . . . . . . . . . . . . . . . . . . . . . 28 Nr 229
30. August 1796 . . . . . . . . . . . . . . . . . . . . . . . . 28 Nr 230
2. September 1796 . . . . . . . . . . . . . . . . . . . . . . . 28 Nr 231
[7. September 1796] . . . . . . . . . . . . . . . . . . . . . . 28 Nr 234
17. September [1796] . . . . . . . . . . . . . . . . . . . . . 28 Nr 236
5. Oktober 1796 . . . . . . . . . . . . . . . . . . . . . . . . 28 Nr 242
12. Oktober 1796 . . . . . . . . . . . . . . . . . . . . . . . 28 Nr 247
25. und 26. Oktober 1796 . . . . . . . . . . . . . . . . . . . 28 Nr 259
31. Oktober 1796 . . . . . . . . . . . . . . . . . . . . . . . 28 Nr 262
2. November 1796 . . . . . . . . . . . . . . . . . . . . . . . 29 Nr 1
9. November 1796 . . . . . . . . . . . . . . . . . . . . . . . 29 Nr 3
16. November [1796] . . . . . . . . . . . . . . . . . . . . . 29 Nr 5
23. November 1796 . . . . . . . . . . . . . . . . . . . . . . 29 Nr 10

30. November 1796 . . . . . . . . . . . . . . . . . . . . . . 29 Nr 16
16. Dezember 1796 . . . . . . . . . . . . . . . . . . . . . . 29 Nr 25
30. Dezember [1796] . . . . . . . . . . . . . . . . . . . . . 29 Nr 29
2. Januar 1797 . . . . . . . . . . . . . . . . . . . . . . . . 29 Nr 30
18. Januar 1797 . . . . . . . . . . . . . . . . . . . . . . . 29 Nr 34
1. Februar 1797 . . . . . . . . . . . . . . . . . . . . . . . 29 Nr 40
6. Februar 1797 . . . . . . . . . . . . . . . . . . . . . . . 29 Nr 43
24. Februar 1797 . . . . . . . . . . . . . . . . . . . . . . 29 Nr 51
4. [5. (?)] April 1797 . . . . . . . . . . . . . . . . . . . . 29 Nr 59
7. April 1797 . . . . . . . . . . . . . . . . . . . . . . . . 29 Nr 60
10. Mai 1797 . . . . . . . . . . . . . . . . . . . . . . . . 29 Nr 78
16. Juni 1797 . . . . . . . . . . . . . . . . . . . . . . . . 29 Nr 86
7. Juli 1797 . . . . . . . . . . . . . . . . . . . . . . . . . 29 Nr 103
21. Juli 1797 . . . . . . . . . . . . . . . . . . . . . . . . 29 Nr 109
[11. August 1797] . . . . . . . . . . . . . . . . . . . . . . 29 Nr 122
17. [18. (?)] August 1797 . . . . . . . . . . . . . . . . . . 29 Nr 125
30. August 1797 . . . . . . . . . . . . . . . . . . . . . . . 29 Nr 129
8. September 1797 . . . . . . . . . . . . . . . . . . . . . . 29 Nr 133
13. September 1797 . . . . . . . . . . . . . . . . . . . . . 29 Nr 134
15. September 1797 . . . . . . . . . . . . . . . . . . . . . 29 Nr 136
21. September 1797 . . . . . . . . . . . . . . . . . . . . . 29 Nr 138
27. September 1797 . . . . . . . . . . . . . . . . . . . . . 29 Nr 142
2. Oktober 1797 . . . . . . . . . . . . . . . . . . . . . . . 29 Nr 146
19. [und 20.] Oktober 1797 . . . . . . . . . . . . . . . . . . 29 Nr 150
30. Oktober 1797 . . . . . . . . . . . . . . . . . . . . . . . 29 Nr 157
14. November 1797 . . . . . . . . . . . . . . . . . . . . . . 29 Nr 159
22. November 1797 . . . . . . . . . . . . . . . . . . . . . . 29 Nr 162
15. Dezember 1797 . . . . . . . . . . . . . . . . . . . . . . 29 Nr 170
20. Dezember 1797 . . . . . . . . . . . . . . . . . . . . . . 29 Nr 172
22. Dezember 1797 . . . . . . . . . . . . . . . . . . . . . . 29 Nr 174
25. Dezember 1797 . . . . . . . . . . . . . . . . . . . . . . 29 Nr 178
5. Januar 1798 . . . . . . . . . . . . . . . . . . . . . . . . 29 Nr 183
8. [10. (?)] Januar 1798 . . . . . . . . . . . . . . . . . . . 29 Nr 187
11. Februar 1798 . . . . . . . . . . . . . . . . . . . . . . . 29 Nr 201
5. März 1798 . . . . . . . . . . . . . . . . . . . . . . . . . 29 Nr 212
28. März 1798 . . . . . . . . . . . . . . . . . . . . . . . . 29 Nr 221
13. April 1798 . . . . . . . . . . . . . . . . . . . . . . . . 29 Nr 224
30. April 1798 . . . . . . . . . . . . . . . . . . . . . . . . 29 Nr 228
29. Mai 1798 . . . . . . . . . . . . . . . . . . . . . . . . . 29 Nr 237
3. Juli 1798 . . . . . . . . . . . . . . . . . . . . . . . . . 29 Nr 245
17. Juli 1798 . . . . . . . . . . . . . . . . . . . . . . . . 29 Nr 250
15. August 1798 . . . . . . . . . . . . . . . . . . . . . . . 29 Nr 259
26. August 1798 . . . . . . . . . . . . . . . . . . . . . . . 29 Nr 263
5. September 1798 . . . . . . . . . . . . . . . . . . . . . . 29 Nr 270
21. September 1798 . . . . . . . . . . . . . . . . . . . . . 29 Nr 276

4. Oktober 1798 . . . . . . . . . . . . . . . . . . . . . . . . 29 Nr 282
19. Oktober 1798 . . . . . . . . . . . . . . . . . . . . . . . 29 Nr 289
26. und 27. Oktober 1798 . . . . . . . . . . . . . . . . . . . 29 Nr 291
28. Oktober 1798 . . . . . . . . . . . . . . . . . . . . . . . 29 Nr 293
21. November 1798 . . . . . . . . . . . . . . . . . . . . . . 30 Nr 7
16. Dezember 1798 . . . . . . . . . . . . . . . . . . . . . . 30 Nr 14
10. Februar 1799 . . . . . . . . . . . . . . . . . . . . . . . 30 Nr 31
19. Februar 1799 . . . . . . . . . . . . . . . . . . . . . . . 30 Nr 34
13. April 1799 . . . . . . . . . . . . . . . . . . . . . . . . 30 Nr 48
25. April 1799 . . . . . . . . . . . . . . . . . . . . . . . . 30 Nr 50
5. Juni 1799 . . . . . . . . . . . . . . . . . . . . . . . . . 30 Nr 61
14. Juni 1799 . . . . . . . . . . . . . . . . . . . . . . . . 30 Nr 66
5. Juli 1799 . . . . . . . . . . . . . . . . . . . . . . . . . 30 Nr 74
10. August 1799 . . . . . . . . . . . . . . . . . . . . . . . 30 Nr 87
12. Oktober 1799 . . . . . . . . . . . . . . . . . . . . . . . 30 Nr 107
1. November 1799 . . . . . . . . . . . . . . . . . . . . . . . 30 Nr 117
18. November 1799 . . . . . . . . . . . . . . . . . . . . . . 30 Nr 123
8. Dezember 1799 . . . . . . . . . . . . . . . . . . . . . . . 30 Nr 139
12. Januar 1800 . . . . . . . . . . . . . . . . . . . . . . . 30 Nr 161
5. Februar 1800 . . . . . . . . . . . . . . . . . . . . . . . 30 Nr 168
24. März 1800 . . . . . . . . . . . . . . . . . . . . . . . . 30 Nr 172
11. April 1800 . . . . . . . . . . . . . . . . . . . . . . . . 30 Nr 178
9. Mai 1800 . . . . . . . . . . . . . . . . . . . . . . . . . 30 Nr 186
10. Juli 1800 . . . . . . . . . . . . . . . . . . . . . . . . . 30 Nr 208
27. Juli 1800 . . . . . . . . . . . . . . . . . . . . . . . . . 30 Nr 217
29. August 1800 . . . . . . . . . . . . . . . . . . . . . . . 30 Nr 230
30. August 1800 . . . . . . . . . . . . . . . . . . . . . . . 30 Nr 232
4. September 1800 . . . . . . . . . . . . . . . . . . . . . . 30 Nr 234
25. September 1800 . . . . . . . . . . . . . . . . . . . . . 30 Nr 239
20. Oktober 1800 . . . . . . . . . . . . . . . . . . . . . . . 30 Nr 244
24. November 1800 . . . . . . . . . . . . . . . . . . . . . . 30 Nr 251
10. [8. (?)] Januar 1801 . . . . . . . . . . . . . . . . . . . 31 Nr 2
6. Februar 1801 . . . . . . . . . . . . . . . . . . . . . . . 31 Nr 8
11. Mai 1801 . . . . . . . . . . . . . . . . . . . . . . . . . 31 Nr 39
17. [bis 19.] Juni 1801 . . . . . . . . . . . . . . . . . . . 31 Nr 48
22. Juni 1801 . . . . . . . . . . . . . . . . . . . . . . . . 31 Nr 50
29. Juni 1801 . . . . . . . . . . . . . . . . . . . . . . . . 31 Nr 54
21. September 1801 . . . . . . . . . . . . . . . . . . . . . 31 Nr 67
13. Oktober 1801 . . . . . . . . . . . . . . . . . . . . . . . 31 Nr 72
10. Dezember 1801 . . . . . . . . . . . . . . . . . . . . . . 31 Nr 88
2. Januar 1802 . . . . . . . . . . . . . . . . . . . . . . . . 31 Nr 97
5. Februar 1802 . . . . . . . . . . . . . . . . . . . . . . . 31 Nr 115
23. Februar 1802 . . . . . . . . . . . . . . . . . . . . . . . 31 Nr 125
16. (?) März 1802 . . . . . . . . . . . . . . . . . . . . . . 31 Nr 135
18. Mai 1802 . . . . . . . . . . . . . . . . . . . . . . . . . 31 Nr 155

9. Juni 1802 . . . . . . . . . . 31 Nr 163
1. Juli 1802 . . . . . . . . . . 31 Nr 167
9. Juli 1802 . . . . . . . . . . 31 Nr 171
16. Juli 1802 . . . . . . . . . . 31 Nr 174
7. August 1802 . . . . . . . . . . 31 Nr 177
10. September 1802 . . . . . . . . . . 31 Nr 184
8. Oktober 1802 . . . . . . . . . . 31 Nr 186
24. [und 25. (?)] Oktober 1802 . . . . . . . . . . 31 Nr 193
29. Oktober 1802 . . . . . . . . . . 31 Nr 195
27. November 1802 . . . . . . . . . . 31 Nr 199
7. Januar 1803 . . . . . . . . . . 32 Nr 2
11. Februar 1803 . . . . . . . . . . 32 Nr 13
19. Februar 1803 . . . . . . . . . . 32 Nr 16
13. [14.] März 1803 . . . . . . . . . . 32 Nr 29
28. März 1803 . . . . . . . . . . 32 Nr 32
12. Mai 1803 . . . . . . . . . . 32 Nr 43a/43 N
7. Juni 1803 . . . . . . . . . . 32 Nr 53
10. Juni 1803 . . . . . . . . . . 32 Nr 55
20. Juni 1803 . . . . . . . . . . 32 Nr 57
9. August 1803 . . . . . . . . . . 32 Nr 70
11. September 1803 . . . . . . . . . . 32 Nr 76
14. Oktober 1803 . . . . . . . . . . 32 Nr 91
27. Oktober 1803 . . . . . . . . . . 32 Nr 94
3. Januar 1804 . . . . . . . . . . 32 Nr 108
29. März 1804 . . . . . . . . . . 32 Nr 144
22. Mai 1804 . . . . . . . . . . 32 Nr 154
28. Mai 1804 . . . . . . . . . . 32 Nr 155
1. Juni 1804 . . . . . . . . . . 32 Nr 159
8. Juni 1804 . . . . . . . . . . 32 Nr 164
15. Juni 1804 . . . . . . . . . . 32 Nr 165
27. Juni 1804 . . . . . . . . . . 32 Nr 169
16. Juli 1804 . . . . . . . . . . 32 Nr 174
27. Juli 1804 . . . . . . . . . . 32 Nr 177
10. August 1804 . . . . . . . . . . 32 Nr 179
17. August 1804 . . . . . . . . . . 32 Nr 181
31. August 1804 . . . . . . . . . . 32 Nr 185
6. September 1804 . . . . . . . . . . 32 Nr 187
16. [bis 19. (?)] Oktober 1804 . . . . . . . . . . 32 Nr 190
22. Oktober 1804 . . . . . . . . . . 32 Nr 191
21. November 1804 . . . . . . . . . . 32 Nr 194
13. Dezember 1804 . . . . . . . . . . 32 Nr 204
23. Dezember 1804 . . . . . . . . . . 32 Nr 206
6. Januar 1805 . . . . . . . . . . 32 Nr 210
18. Januar 1805 . . . . . . . . . . 32 Nr 214
3. Februar 1805 . . . . . . . . . . 32 Nr 220

10. Februar 1805 . . . . . . . . . 32 Nr 222
25. Februar 1805 . . . . . . . . . 32 Nr 226
1. März 1805 . . . . . . . . . 32 Nr 229
Cottasche Verlagsbuchhandlung:
22. April 1796 . . . . . . . . . 28 Nr 167
Crusius, Siegfried Lebrecht:
6. März 1787 . . . . . . . . . 24 Nr 63
6. Oktober 1787 . . . . . . . . . 24 Nr 105
5. November 1787 . . . . . . . . . 24 Nr 114
24. Januar 1788 . . . . . . . . . 25 Nr 5
[31. Januar 1788] . . . . . . . . . 25 Nr 6
[7. Februar 1788] . . . . . . . . . 25 Nr 8
24. Februar 1788 . . . . . . . . . 25 Nr 12
[Ende Februar 1788] . . . . . . . . . 25 Nr 13/43 KuE
4. März 1788 . . . . . . . . . 25 Nr 14/43 KuE
17. April 1788 . . . . . . . . . 25 Nr 30
[19.] Juli 1788 . . . . . . . . . 25 Nr 61
26. Juli 1788 . . . . . . . . . 25 Nr 63/43 KuE
[2. August 1788] . . . . . . . . . 25 Nr 67/43 KuE
10. Oktober 1788 . . . . . . . . . 25 Nr 96
[12. Oktober 1788] . . . . . . . . . 25 Nr 97
16. Oktober 1788 . . . . . . . . . 25 Nr 100/43 KuE
26. Oktober 1788 . . . . . . . . . 25 Nr 103/43 KuE
9. März 1789 . . . . . . . . . 25 Nr 157
16. April 1789 . . . . . . . . . 25 Nr 170/43 KuE
19. April 1789 . . . . . . . . . 25 Nr 174
6. Mai 1789 . . . . . . . . . 25 Nr 180
8. Oktober 1791 . . . . . . . . . 26 Nr 84
16. Dezember 1791 . . . . . . . . . 26 Nr 99
21. Februar 1792 . . . . . . . . . 26 Nr 109
3. September 1792 . . . . . . . . . 26 Nr 128
5. Oktober 1792 . . . . . . . . . 26 Nr 135
[Frühjahr/Sommer 1793 (?)] *(Adressat unsicher)* . . . . . . . . . 26 Nr 164
5. Oktober 1795 . . . . . . . . . 28 Nr 63
12. Oktober 1795 . . . . . . . . . 28 Nr 65
15. Oktober 1799 . . . . . . . . . 30 Nr 108
29. November 1799 . . . . . . . . . 30 Nr 127
6. Dezember 1799 . . . . . . . . . 30 Nr 133/43 KuE
22. Januar 1800 . . . . . . . . . 30 Nr 166
28. August 1800 . . . . . . . . . 30 Nr 227
4. Dezember 1800 . . . . . . . . . 30 Nr 254
18. Dezember 1800 . . . . . . . . . 30 Nr 258
25. Dezember 1800 . . . . . . . . . 30 Nr 262
15. Januar 1801 . . . . . . . . . 31 Nr 4
11. September 1801 . . . . . . . . . 31 Nr 66

11. Februar 1802 . . . . . . . . . . . . . . . . . . . . . . . 31 Nr 118a/43 N
2. Mai 1802 . . . . . . . . . . . . . . . . . . . . . . . . 31 Nr 147/43 KuE
24. Mai 1802 . . . . . . . . . . . . . . . . . . . . . . . 31 Nr 159
10. März 1803 . . . . . . . . . . . . . . . . . . . . . . . 32 Nr 27
3. April 1803 . . . . . . . . . . . . . . . . . . . . . . . 32 Nr 36
5. Juni 1803 . . . . . . . . . . . . . . . . . . . . . . . 32 Nr 52
3. Oktober 1803 . . . . . . . . . . . . . . . . . . . . . . 32 Nr 87
6. Februar 1804 . . . . . . . . . . . . . . . . . . . . . . 32 Nr 123
23. April 1804 . . . . . . . . . . . . . . . . . . . . . . 32 Nr 151/43 KuE
24. Juni 1804 . . . . . . . . . . . . . . . . . . . . . . . 32 Nr 168
21. November 1804 . . . . . . . . . . . . . . . . . . . . . 32 Nr 195
24. Januar 1805 . . . . . . . . . . . . . . . . . . . . . . 32 Nr 218
10. Februar 1805 . . . . . . . . . . . . . . . . . . . . . . 32 Nr 223
Curtius, Carl Georg:
18. Juni 1790 (und Carl Rechlin) . . . . . . . . . . . . . . 26 Nr 18/43 KuE
[etwa Anfang Februar 1792] (und Carl Rechlin) . . . . . . . . 26 Nr 106
20. August 1792 (und Carl Rechlin) . . . . . . . . . . . . . 26 Nr 126
Dacheröden, Caroline von (*s. auch:* Humboldt, Caroline von):
21. August 1789 . . . . . . . . . . . . . . . . . . . . . . 25 Nr 195
[etwa 5.–12. Oktober 1789] . . . . . . . . . . . . . . . . . 25 Nr 211
[17. Dezember 1789] . . . . . . . . . . . . . . . . . . . . 25 Nr 246
Dalberg, Carl Theodor von:
8. Februar 1803 . . . . . . . . . . . . . . . . . . . . . . 32 Nr 12
Dalberg, Wolfgang Heribert von:
[Juni 1781] . . . . . . . . . . . . . . . . . . . . . . . . 23 Nr 8
17. August 1781 . . . . . . . . . . . . . . . . . . . . . . 23 Nr 9
6. Oktober 1781 . . . . . . . . . . . . . . . . . . . . . . 23 Nr 11
3. November 1781 . . . . . . . . . . . . . . . . . . . . . 23 Nr 12
12. Dezember 1781 . . . . . . . . . . . . . . . . . . . . . 23 Nr 13
25. Dezember 1781 . . . . . . . . . . . . . . . . . . . . . 23 Nr 14
17. Januar 1782 . . . . . . . . . . . . . . . . . . . . . . 23 Nr 18
1. April 1782 . . . . . . . . . . . . . . . . . . . . . . . 23 Nr 20
24. Mai 1782 . . . . . . . . . . . . . . . . . . . . . . . 23 Nr 21
4. Juni 1782 . . . . . . . . . . . . . . . . . . . . . . . 23 Nr 23
15. Juli 1782 . . . . . . . . . . . . . . . . . . . . . . . 23 Nr 24
[6. oder 7. Oktober 1782] . . . . . . . . . . . . . . . . . 23 Nr 28
16. November 1782 . . . . . . . . . . . . . . . . . . . . . 23 Nr 32
3. April 1783 . . . . . . . . . . . . . . . . . . . . . . . 23 Nr 56
[7. September 1783] . . . . . . . . . . . . . . . . . . . . 23 Nr 79
29. September 1783 . . . . . . . . . . . . . . . . . . . . 23 Nr 81
1. Mai 1784 . . . . . . . . . . . . . . . . . . . . . . . . 23 Nr 93
4. Juni 1784 . . . . . . . . . . . . . . . . . . . . . . . 23 Nr 96
7. Juni 1784 . . . . . . . . . . . . . . . . . . . . . . . 23 Nr 98
[Ende Juni (?) 1784] . . . . . . . . . . . . . . . . . . . . 23 Nr 100
2. Juli 1784 . . . . . . . . . . . . . . . . . . . . . . . 23 Nr 102

24. August 1784 . . . . . . . . . . . . . . . . . . . . . . . . . 23 Nr 104
19. Januar 1785 . . . . . . . . . . . . . . . . . . . . . . . . . 23 Nr 120
19. März 1785 . . . . . . . . . . . . . . . . . . . . . . . . . 23 Nr 125
Dannecker, Johann Heinrich:
5. Oktober 1794 . . . . . . . . . . . . . . . . . . . . . . . . . 27 Nr 47
Dominikus, Johann Jakob:
21. Mai 1791 . . . . . . . . . . . . . . . . . . . . . . . . . 26 Nr 70
Ebert, Johann Arnold:
18. November 1784 . . . . . . . . . . . . . . . . . . . . . . . . . 23 Nr 113
Egloffstein, Henriette von:
[zwischen dem 15. und dem 17. Februar 1802] . . . . . . . . 31 Nr 119/43 KuE
[5. März 1802] . . . . . . . . . . . . . . . . . . . . . . . . . 31 Nr 131
Eichstädt, Heinrich Karl Abraham:
2. Juli 1800 . . . . . . . . . . . . . . . . . . . . . . . . . 30 Nr 203
Eltern: *s.* Schiller, Johann Kaspar *und* Schiller, Elisabetha Dorothea
Elwert, Immanuel Gottlieb:
[vermutlich Dezember 1780/Januar 1781] . . . . . . . . . . . 23 Nr 6a/43 N
Erhard, Johann Benjamin:
26. Mai 1794 . . . . . . . . . . . . . . . . . . . . . . . . . 27 Nr 4/43 KuE
8. September 1794 . . . . . . . . . . . . . . . . . . . . . . . . . 27 Nr 31/43 KuE
26. Oktober 1794 . . . . . . . . . . . . . . . . . . . . . . . . . 27 Nr 55/43 KuE
5. Mai 1795 . . . . . . . . . . . . . . . . . . . . . . . . . 27 Nr 145
17. Juli 1795 . . . . . . . . . . . . . . . . . . . . . . . . . 28 Nr 11/43 KuE
3. August 1795 . . . . . . . . . . . . . . . . . . . . . . . . . 28 Nr 17/43 KuE
14. September 1795 . . . . . . . . . . . . . . . . . . . . . . . . . 28 Nr 45/43 KuE
Fernow, Carl Ludwig:
18. [17. (?)] September 1803 . . . . . . . . . . . . . . . . . . . . . . . . . 32 Nr 83
Fichte, Johann Gottlieb:
24. Juni 1795 . . . . . . . . . . . . . . . . . . . . . . . . . 27 Nr 166/43 KuE
4. August 1795 . . . . . . . . . . . . . . . . . . . . . . . . . 28 Nr 20
26. Januar 1799 . . . . . . . . . . . . . . . . . . . . . . . . . 30 Nr 28
Fischenich, Bartholomäus:
24. Oktober 1792 . . . . . . . . . . . . . . . . . . . . . . . . . 26 Nr 139
11. Februar 1793 . . . . . . . . . . . . . . . . . . . . . . . . . 26 Nr 153
20. März 1793 . . . . . . . . . . . . . . . . . . . . . . . . . 26 Nr 162
25. Juli 1793 . . . . . . . . . . . . . . . . . . . . . . . . . 26 Nr 189
[8. November 1804] . . . . . . . . . . . . . . . . . . . . . . . . . 32 Nr 192
Franckh, Johann Gottlieb:
28. August 1800 . . . . . . . . . . . . . . . . . . . . . . . . . 30 Nr 228
23. [und 24.] Mai 1802 . . . . . . . . . . . . . . . . . . . . . . . . . 31 Nr 157
21. August 1802 (und Louise Franckh) . . . . . . . . . . . . 31 Nr 181
29. Oktober 1802 . . . . . . . . . . . . . . . . . . . . . . . . . 31 Nr 194
Franckh, Louise:
10. April 1802 . . . . . . . . . . . . . . . . . . . . . . . . . 31 Nr 143
8. Mai 1802 . . . . . . . . . . . . . . . . . . . . . . . . . 31 Nr 152

21. August 1802 (und Johann Gottlieb Franckh) . . . . . . . 31 Nr 181
11. Oktober 1802 . . . . . . . . . . . . . . . . . . . . . . . 31 Nr 189
7. Januar 1803 . . . . . . . . . . . . . . . . . . . . . . . . 32 Nr 3
27. [25. (?)] März 1805 . . . . . . . . . . . . . . . . . . . 32 Nr 234
Frauenholz, Johann Friedrich:
13. April 1794 . . . . . . . . . . . . . . . . . . . . . . . 26 Nr 223/43 KuE
26. Mai 1794 . . . . . . . . . . . . . . . . . . . . . . . . 27 Nr 5/43 KuE
Freunde: *s.* Petersen, Johann Wilhelm *und* Reichenbach, Karl Ludwig
Frommann, Carl Friedrich Ernst:
3. April 1805 . . . . . . . . . . . . . . . . . . . . . . . . 32 Nr 240
Funck, Karl Wilhelm Ferdinand von:
13. Februar 1797 . . . . . . . . . . . . . . . . . . . . . . 29 Nr 48
Gädicke, Johann Christian:
24. September 1799 . . . . . . . . . . . . . . . . . . . . 30 Nr 101
27. September 1799 . . . . . . . . . . . . . . . . . . . . 30 Nr 103
29. September 1799 . . . . . . . . . . . . . . . . . . . . 30 Nr 104
Garve, Christian:
1. Oktober 1794 . . . . . . . . . . . . . . . . . . . . . . 27 Nr 44
25. Januar 1795 . . . . . . . . . . . . . . . . . . . . . . 27 Nr 96
6. November 1797 . . . . . . . . . . . . . . . . . . . . . 29 Nr 158
Geheimes Consilium: *s.* Sachsen-Weimar-Eisenach
Genast (Kynast), Anton:
[7. oder 8. März 1803] . . . . . . . . . . . . . . . . . . 32 Nr 24
20. März 1803 . . . . . . . . . . . . . . . . . . . . . . . 32 Nr 30
Gleichen, Friederike von:
15. Oktober 1799 . . . . . . . . . . . . . . . . . . . . . 30 Nr 109/43 KuE
Gleichen (*gen.* Gleichen-Rußwurm), Heinrich von:
9. Mai 1793 . . . . . . . . . . . . . . . . . . . . . . . . 26 Nr 170
[zweite Hälfte Oktober 1799] . . . . . . . . . . . . . . . 30 Nr 116a/43 N
15. Dezember 1803 . . . . . . . . . . . . . . . . . . . . . 32 Nr 104
Gleim, Ludwig:
26. November 1784 . . . . . . . . . . . . . . . . . . . . 23 Nr 115
7. November 1794 . . . . . . . . . . . . . . . . . . . . . 27 Nr 60
Gmelin, Eberhard:
7. März 1794 . . . . . . . . . . . . . . . . . . . . . . . 26 Nr 218
Goeckingk, Leopold Friedrich Günther (von):
23. August 1784 . . . . . . . . . . . . . . . . . . . . . . 23 Nr 103/43 KuE
16. November 1784 . . . . . . . . . . . . . . . . . . . . 23 Nr 110/43 KuE
Göpferdt, Johann Christian Gottfried:
[11. (?) Dezember 1796] . . . . . . . . . . . . . . . . . . 29 Nr 21
20. Mai 1800 . . . . . . . . . . . . . . . . . . . . . . . . 30 Nr 191
12. Januar 1802 . . . . . . . . . . . . . . . . . . . . . . 31 Nr 100/43 KuE
Göschen, Georg Joachim:
[vielleicht Anfang August 1785] . . . . . . . . . . . . . . 24 Nr 6

29. November 1785 . . . . . . . . . . . . . . . . . . . . . . . 24 Nr 16
16. [15. (?)] Dezember 1785 . . . . . . . . . . . . . . . . . . . 24 Nr 18/43 KuE
[etwa 18.–21. Dezember 1785] . . . . . . . . . . . . . . . . . 24 Nr 19
23. Dezember 1785 . . . . . . . . . . . . . . . . . . . . . . . 24 Nr 20/43 KuE
[wahrscheinlich zwischen Ende Dezember 1785 und Mitte
Januar 1786] . . . . . . . . . . . . . . . . . . . . . . . . . 24 Nr 21
21. Januar 1786 . . . . . . . . . . . . . . . . . . . . . . . . 24 Nr 22
13. Februar 1786 . . . . . . . . . . . . . . . . . . . . . . . . 24 Nr 24/43 KuE
23. Februar 1786 . . . . . . . . . . . . . . . . . . . . . . . . 24 Nr 25
[etwa Ende Februar oder Anfang März 1786] . . . . . . . . . 24 Nr 26
4. April 1786 . . . . . . . . . . . . . . . . . . . . . . . . . . 24 Nr 27/43 KuE
7. April 1786 . . . . . . . . . . . . . . . . . . . . . . . . . . 24 Nr 28
5. Mai 1786 . . . . . . . . . . . . . . . . . . . . . . . . . . . 24 Nr 36
2. Juni 1786 . . . . . . . . . . . . . . . . . . . . . . . . . . 24 Nr 41/43 KuE
9. Oktober 1786 . . . . . . . . . . . . . . . . . . . . . . . . 24 Nr 45/43 KuE
19. Oktober 1786 . . . . . . . . . . . . . . . . . . . . . . . 24 Nr 49
5. November 1786 . . . . . . . . . . . . . . . . . . . . . . . 24 Nr 50
22. November 1786 . . . . . . . . . . . . . . . . . . . . . . 24 Nr 52
5. Dezember 1786 . . . . . . . . . . . . . . . . . . . . . . . 24 Nr 53
[etwa 25. oder 26. Februar 1787] . . . . . . . . . . . . . . . 24 Nr 61
3. [und 5.] März 1787 . . . . . . . . . . . . . . . . . . . . . 24 Nr 62
12. März 1787 . . . . . . . . . . . . . . . . . . . . . . . . . 24 Nr 64
[etwa 28. oder 29. März 1787] . . . . . . . . . . . . . . . . . 24 Nr 65
1. April 1787 . . . . . . . . . . . . . . . . . . . . . . . . . . 24 Nr 66
17. April 1787 . . . . . . . . . . . . . . . . . . . . . . . . . 24 Nr 69
21. Mai 1787 . . . . . . . . . . . . . . . . . . . . . . . . . . 24 Nr 78
[etwa 30. Juni oder 1. Juli 1787] . . . . . . . . . . . . . . . 24 Nr 81
23. Januar 1788 . . . . . . . . . . . . . . . . . . . . . . . . 25 Nr 4
4. März 1788 . . . . . . . . . . . . . . . . . . . . . . . . . . 25 Nr 15
31. März 1788 . . . . . . . . . . . . . . . . . . . . . . . . . 25 Nr 23
7. April 1788 . . . . . . . . . . . . . . . . . . . . . . . . . . 25 Nr 26
19. April 1788 . . . . . . . . . . . . . . . . . . . . . . . . . 25 Nr 31
1. Mai 1788 . . . . . . . . . . . . . . . . . . . . . . . . . . . 25 Nr 34
9. Mai 1788 . . . . . . . . . . . . . . . . . . . . . . . . . . . 25 Nr 38
19. Juni 1788 . . . . . . . . . . . . . . . . . . . . . . . . . . 25 Nr 51
21. Dezember 1788 . . . . . . . . . . . . . . . . . . . . . . . 25 Nr 125
8. Januar 1788 [1789] . . . . . . . . . . . . . . . . . . . . . 25 Nr 134
17. Januar 1789 . . . . . . . . . . . . . . . . . . . . . . . . 25 Nr 136
26. Januar 1789 . . . . . . . . . . . . . . . . . . . . . . . . 25 Nr 138
10. Februar 1789 . . . . . . . . . . . . . . . . . . . . . . . . 25 Nr 145
26. Februar 1789 . . . . . . . . . . . . . . . . . . . . . . . . 25 Nr 152
4. März 1789 . . . . . . . . . . . . . . . . . . . . . . . . . . 25 Nr 153
8. März 1789 . . . . . . . . . . . . . . . . . . . . . . . . . . 25 Nr 156
16. März 1789 . . . . . . . . . . . . . . . . . . . . . . . . . 25 Nr 160
29. März 1789 . . . . . . . . . . . . . . . . . . . . . . . . . 25 Nr 165/43 KuE

| | |
|---|---|
| 29. März 1789 | 25 Nr 166 |
| 2. April 1789 | 25 Nr 168/43 KuE |
| 29. Mai 1789 | 25 Nr 183 |
| 30. Juli 1789 | 25 Nr 191/43 KuE |
| 29. September 1789 | 25 Nr 209/43 KuE |
| [zwischen 9. und 12. Oktober 1789] | 25 Nr 211a/43 N |
| 13. Oktober 1789 | 25 Nr 213 |
| 6. Januar 1789 [1790] | 25 Nr 258 |
| 14. März 1790 | 26 Nr 5 |
| 15. April 1790 | 26 Nr 9 |
| 28. Mai 1790 | 26 Nr 17 |
| 12. Juli 1790 | 26 Nr 23 |
| 26. Juli 1790 | 26 Nr 24 |
| 5. September 1790 | 26 Nr 30 |
| 12. September 1790 | 26 Nr 32 |
| 28. September 1790 | 26 Nr 34 |
| 27. Oktober 1790 | 26 Nr 44 |
| 5. November 1790 | 26 Nr 46 |
| 16. November 1790 | 26 Nr 47 |
| 15. Dezember 1790 | 26 Nr 52 |
| 12. Januar 1791 | 26 Nr 58 |
| 28. Januar 1791 | 26 Nr 61 |
| 11. Februar 1791 | 26 Nr 62/43 KuE |
| 19. Februar 1791 | 26 Nr 63/43 KuE |
| 5. März 1791 | 26 Nr 67 |
| 21. Mai 1791 | 26 Nr 69 |
| 3. Juli 1791 | 26 Nr 74 |
| 27. August 1791 | 26 Nr 76 |
| 22. September 1791 | 26 Nr 78 |
| 29. September [1791] | 26 Nr 79 |
| 1. Oktober 1791 | 26 Nr 80/43 KuE |
| 24. Oktober 1791 | 26 Nr 85 |
| 3. November 1791 | 26 Nr 88 |
| 7. November 1791 | 26 Nr 90 |
| 28. November 1791 | 26 Nr 92 |
| 16. Dezember 1791 | 26 Nr 98 |
| 15. Januar 1792 | 26 Nr 104 |
| 10. Februar [1792] | 26 Nr 107 |
| 17. Februar 1792 | 26 Nr 108 |
| 27. Februar 1792 | 26 Nr 111 |
| 26. März 1792 | 26 Nr 114 |
| 4. Juni 1792 | 26 Nr 118 |
| 15. Juni 1792 | 26 Nr 120 |
| [um den 29. Juni 1792] | 26 Nr 122 |
| 20. Juli 1792 | 26 Nr 123 |

26. Juli 1792 . . . 26 Nr 124
5. Oktober 1792 . . . 26 Nr 134
14. Oktober 1792 . . . 26 Nr 137
16. November 1792 . . . 26 Nr 142
25. November 1792 . . . 26 Nr 144
11. Januar 1793 . . . 26 Nr 148
25. Februar 1793 . . . 26 Nr 156
15. März 1793 . . . 26 Nr 160
4. Mai 1793 . . . 26 Nr 167
6. Juni 1793 . . . 26 Nr 173
7. Juni 1793 . . . 26 Nr 174
[23. Juni 1793] . . . 26 Nr 177
5. Juli 1793 . . . 26 Nr 183
18. Juli 1793 . . . 26 Nr 187
26. Juli 1793 . . . 26 Nr 190
15. September 1793 . . . 26 Nr 194
24. Oktober 1793 . . . 26 Nr 203
4. Februar 1794 . . . 26 Nr 217
[1. Mai 1794] . . . 26 Nr 227
4. Mai 1794 . . . 26 Nr 228
16. Juni 1794 . . . 27 Nr 15
10. November 1794 . . . 27 Nr 63
10. Mai 1797 . . . 29 Nr 77
23. Oktober 1797 . . . 29 Nr 154
26. November 1797 . . . 29 Nr 164
26. April 1799 . . . 30 Nr 52
18. November 1799 . . . 30 Nr 124
20. April 1800 . . . 30 Nr 182
15. Januar 1801 . . . 31 Nr 5
21. Januar 1801 . . . 31 Nr 7
26. Februar 1801 . . . 31 Nr 12
5. März 1801 . . . 31 Nr 15
15. Oktober 1801 . . . 31 Nr 73
29. Oktober 1801 . . . 31 Nr 77
10. Dezember 1801 . . . 31 Nr 85/43 KuE
10. Februar 1802 . . . 31 Nr 117
1. März 1802 . . . 31 Nr 128
31. Mai 1802 . . . 31 Nr 160
4. Juli 1802 . . . 31 Nr 168
21. April 1804 . . . 32 Nr 150
31. Mai 1804 . . . 32 Nr 158
25. November 1804 . . . 32 Nr 199
10. Dezember 1804 . . . 32 Nr 203
23. Dezember 1804 . . . 32 Nr 207
[25. Februar 1805] . . . 32 Nr 227

27. [25. (?)] März 1805 . . . . . . . . . . . . . . . . . . . . 32 Nr 232
24. April 1805 . . . . . . . . . . . . . . . . . . . . . . . . . 32 Nr 247
Göschensche Verlagsbuchhandlung:
[um den 24. Juni 1792] . . . . . . . . . . . . . . . . . . . . 26 Nr 121
4. September 1792 . . . . . . . . . . . . . . . . . . . . . . 26 Nr 130
[um den 16. September 1792] . . . . . . . . . . . . . . . . . 26 Nr 131
5. Oktober 1801 . . . . . . . . . . . . . . . . . . . . . . . 31 Nr 70
[vermutlich Anfang Dezember 1801] *(Adressat unsicher)* . . . . 31 Nr 84
Goethe, Johann Wolfgang (von):
13. Juni 1794 . . . . . . . . . . . . . . . . . . . . . . . . 27 Nr 12
23. August 1794 . . . . . . . . . . . . . . . . . . . . . . . 27 Nr 22
31. August 1794 . . . . . . . . . . . . . . . . . . . . . . . 27 Nr 26
7. September 1794 . . . . . . . . . . . . . . . . . . . . . . 27 Nr 30
12. September 1794 . . . . . . . . . . . . . . . . . . . . . 27 Nr 34
29. September 1794 . . . . . . . . . . . . . . . . . . . . . 27 Nr 41
8. Oktober 1794 . . . . . . . . . . . . . . . . . . . . . . . 27 Nr 48
17. Oktober 1794 . . . . . . . . . . . . . . . . . . . . . . 27 Nr 50
20. Oktober 1794 . . . . . . . . . . . . . . . . . . . . . . 27 Nr 51
28. Oktober 1794 . . . . . . . . . . . . . . . . . . . . . . 27 Nr 56
16. November 1794 . . . . . . . . . . . . . . . . . . . . . . 27 Nr 67
29. November 1794 . . . . . . . . . . . . . . . . . . . . . . 27 Nr 70
3. Dezember 1794 . . . . . . . . . . . . . . . . . . . . . . 27 Nr 72
6. Dezember 1794 . . . . . . . . . . . . . . . . . . . . . . 27 Nr 75
9. Dezember 1794 . . . . . . . . . . . . . . . . . . . . . . 27 Nr 77
22. Dezember 1794 . . . . . . . . . . . . . . . . . . . . . . 27 Nr 84
2. Januar 1795 . . . . . . . . . . . . . . . . . . . . . . . 27 Nr 87
7. Januar 1795 . . . . . . . . . . . . . . . . . . . . . . . 27 Nr 89
25. Januar 1795 . . . . . . . . . . . . . . . . . . . . . . . 27 Nr 97
28. Januar 1795 . . . . . . . . . . . . . . . . . . . . . . . 27 Nr 102
19. Februar 1795 . . . . . . . . . . . . . . . . . . . . . . 27 Nr 111
22. Februar 1795 . . . . . . . . . . . . . . . . . . . . . . 27 Nr 113
27. Februar 1795 . . . . . . . . . . . . . . . . . . . . . . 27 Nr 115
1. März 1795 . . . . . . . . . . . . . . . . . . . . . . . . 27 Nr 117
8. März 1795 . . . . . . . . . . . . . . . . . . . . . . . . 27 Nr 123
19. März 1795 . . . . . . . . . . . . . . . . . . . . . . . . 27 Nr 128
25. März 1795 . . . . . . . . . . . . . . . . . . . . . . . . 27 Nr 130
4. Mai 1795 . . . . . . . . . . . . . . . . . . . . . . . . . 27 Nr 141
15. Mai 1795 . . . . . . . . . . . . . . . . . . . . . . . . 27 Nr 148
18. Mai 1795 . . . . . . . . . . . . . . . . . . . . . . . . 27 Nr 150
21. Mai 1795 . . . . . . . . . . . . . . . . . . . . . . . . 27 Nr 152
12. Juni 1795 . . . . . . . . . . . . . . . . . . . . . . . . 27 Nr 158
15. Juni 1795 . . . . . . . . . . . . . . . . . . . . . . . . 27 Nr 162
19. Juni 1795 . . . . . . . . . . . . . . . . . . . . . . . . 27 Nr 165
6. Juli 1795 . . . . . . . . . . . . . . . . . . . . . . . . . 28 Nr 4
20. Juli 1795 . . . . . . . . . . . . . . . . . . . . . . . . 28 Nr 12

[11. August 1795] . . . . . . . . . . . . . . . . . . . . . . . . 28 Nr 23
17. August 1795 . . . . . . . . . . . . . . . . . . . . . . . . . . 28 Nr 25
22. [21.] August [1795] . . . . . . . . . . . . . . . . . . . . . 28 Nr 26
29. August 1795 . . . . . . . . . . . . . . . . . . . . . . . . . . 28 Nr 32
31. August 1795 . . . . . . . . . . . . . . . . . . . . . . . . . . 28 Nr 33
9. September 1795 . . . . . . . . . . . . . . . . . . . . . . . . 28 Nr 39
13. September 1795 . . . . . . . . . . . . . . . . . . . . . . . 28 Nr 41
18. September 1795 . . . . . . . . . . . . . . . . . . . . . . . 28 Nr 47
2. Oktober 1795 . . . . . . . . . . . . . . . . . . . . . . . . . . 28 Nr 54
16. Oktober 1795 . . . . . . . . . . . . . . . . . . . . . . . . . 28 Nr 66
19. Oktober 1795 . . . . . . . . . . . . . . . . . . . . . . . . . 28 Nr 69
[24. Oktober 1795] . . . . . . . . . . . . . . . . . . . . . . . 28 Nr 70/43 N
26. Oktober 1795 . . . . . . . . . . . . . . . . . . . . . . . . . 28 Nr 72
[1. November 1795] . . . . . . . . . . . . . . . . . . . . . . . 28 Nr 77
4. November 1795 . . . . . . . . . . . . . . . . . . . . . . . . 28 Nr 81/43 KuE
20. November 1795 . . . . . . . . . . . . . . . . . . . . . . . 28 Nr 89
23. November 1795 . . . . . . . . . . . . . . . . . . . . . . . 28 Nr 91
29. November 1795 . . . . . . . . . . . . . . . . . . . . . . . 28 Nr 93
8. Dezember 1795 . . . . . . . . . . . . . . . . . . . . . . . . 28 Nr 96
13. Dezember 1795 . . . . . . . . . . . . . . . . . . . . . . . 28 Nr 100
17. Dezember 1795 . . . . . . . . . . . . . . . . . . . . . . . 28 Nr 101
23. Dezember 1795 . . . . . . . . . . . . . . . . . . . . . . . 28 Nr 106
25. Dezember 1795 . . . . . . . . . . . . . . . . . . . . . . . 28 Nr 107
29. Dezember 1795 . . . . . . . . . . . . . . . . . . . . . . . 28 Nr 111
[30. Dezember 1795] . . . . . . . . . . . . . . . . . . . . . 28 Nr 112
[17. Januar 1796] . . . . . . . . . . . . . . . . . . . . . . . . 28 Nr 123
18. Januar [1796] . . . . . . . . . . . . . . . . . . . . . . . . 28 Nr 125
22. Januar 1796 . . . . . . . . . . . . . . . . . . . . . . . . . 28 Nr 129
24. Januar 1796 . . . . . . . . . . . . . . . . . . . . . . . . . 28 Nr 130
[27. Januar 1796] . . . . . . . . . . . . . . . . . . . . . . . . 28 Nr 132
31. Januar 1796 . . . . . . . . . . . . . . . . . . . . . . . . . 28 Nr 133
5. Februar 1796 . . . . . . . . . . . . . . . . . . . . . . . . . 28 Nr 140
7. Februar [1796] . . . . . . . . . . . . . . . . . . . . . . . . 28 Nr 143
12. Februar 1796 . . . . . . . . . . . . . . . . . . . . . . . . . 28 Nr 147
[nach 6. (8. [?]) März 1796] . . . . . . . . . . . . . . . . 28 Nr 154
18. März 1796 . . . . . . . . . . . . . . . . . . . . . . . . . . 28 Nr 157
21. April 1796 . . . . . . . . . . . . . . . . . . . . . . . . . . 28 Nr 166
10. Juni 1796 . . . . . . . . . . . . . . . . . . . . . . . . . . 28 Nr 179
11. [12.] Juni 1796 . . . . . . . . . . . . . . . . . . . . . . 28 Nr 182
17. Juni 1796 . . . . . . . . . . . . . . . . . . . . . . . . . . 28 Nr 183
18. Juni 1796 . . . . . . . . . . . . . . . . . . . . . . . . . . 28 Nr 184
20. Juni 1796 . . . . . . . . . . . . . . . . . . . . . . . . . . 28 Nr 185
24. Juni [1796] . . . . . . . . . . . . . . . . . . . . . . . . . 28 Nr 186
27. Juni [1796] . . . . . . . . . . . . . . . . . . . . . . . . . 28 Nr 188
28. Juni 1796 . . . . . . . . . . . . . . . . . . . . . . . . . . 28 Nr 189

2. Juli 1796 . . . . . . . . . . . . . . . . . . . . . . . . . . 28 Nr 191
3. Juli 1796 . . . . . . . . . . . . . . . . . . . . . . . . . . 28 Nr 192
5. Juli 1796 . . . . . . . . . . . . . . . . . . . . . . . . . . 28 Nr 194
[6. Juli 1796] . . . . . . . . . . . . . . . . . . . . . . . . . 28 Nr 196
8. Juli 1796 . . . . . . . . . . . . . . . . . . . . . . . . . . 28 Nr 199
9. [–11.] Juli 1796 . . . . . . . . . . . . . . . . . . . . . . 28 Nr 200
[11. Juli 1796] . . . . . . . . . . . . . . . . . . . . . . . . 28 Nr 202
12. Juli [1796] . . . . . . . . . . . . . . . . . . . . . . . . 28 Nr 204
[22. Juli 1796] . . . . . . . . . . . . . . . . . . . . . . . . 28 Nr 209
23. [25. (?)] Juli 1796 . . . . . . . . . . . . . . . . . . . . 28 Nr 211
[28. Juli 1796] . . . . . . . . . . . . . . . . . . . . . . . . 28 Nr 214
31. Juli 1796 . . . . . . . . . . . . . . . . . . . . . . . . . 28 Nr 215
1. August 1796 . . . . . . . . . . . . . . . . . . . . . . . . 28 Nr 216
5. August 1796 . . . . . . . . . . . . . . . . . . . . . . . . 28 Nr 219
8. August 1796 . . . . . . . . . . . . . . . . . . . . . . . . 28 Nr 220
[10. August 1796] . . . . . . . . . . . . . . . . . . . . . . 28 Nr 222
[12. August 1796] . . . . . . . . . . . . . . . . . . . . . . 28 Nr 223
15. August 1796 . . . . . . . . . . . . . . . . . . . . . . . 28 Nr 226
5. Oktober 1796 . . . . . . . . . . . . . . . . . . . . . . . 28 Nr 241
9. Oktober 1796 . . . . . . . . . . . . . . . . . . . . . . . 28 Nr 243
10. Oktober 1796 . . . . . . . . . . . . . . . . . . . . . . 28 Nr 245
11. Oktober 1796 . . . . . . . . . . . . . . . . . . . . . . 28 Nr 246
12. Oktober 1796 . . . . . . . . . . . . . . . . . . . . . . 28 Nr 248
14. Oktober 1796 . . . . . . . . . . . . . . . . . . . . . . 28 Nr 249
16. [und 17.] Oktober 1796 . . . . . . . . . . . . . . . . 28 Nr 252
18. Oktober [1796] . . . . . . . . . . . . . . . . . . . . . 28 Nr 254
19. Oktober 1796 . . . . . . . . . . . . . . . . . . . . . . 28 Nr 255
[18. oder 19. Oktober 1796] . . . . . . . . . . . . . . . 28 Nr 256
23. Oktober 1796 . . . . . . . . . . . . . . . . . . . . . . 28 Nr 257
25. Oktober 1796 . . . . . . . . . . . . . . . . . . . . . . 28 Nr 258
28. Oktober 1796 . . . . . . . . . . . . . . . . . . . . . . 28 Nr 260
31. Oktober 1796 . . . . . . . . . . . . . . . . . . . . . . 28 Nr 263
2. November 1796 . . . . . . . . . . . . . . . . . . . . . 29 Nr 2
13. November 1796 . . . . . . . . . . . . . . . . . . . . 29 Nr 4
18. November 1796 . . . . . . . . . . . . . . . . . . . . 29 Nr 7
22. November 1796 . . . . . . . . . . . . . . . . . . . . 29 Nr 9
28. November 1796 . . . . . . . . . . . . . . . . . . . . 29 Nr 14
6. Dezember 1796 . . . . . . . . . . . . . . . . . . . . . 29 Nr 18
9. Dezember 1796 . . . . . . . . . . . . . . . . . . . . . 29 Nr 19
10. Dezember [1796] . . . . . . . . . . . . . . . . . . . 29 Nr 20
12. Dezember 1796 . . . . . . . . . . . . . . . . . . . . 29 Nr 22
14. Dezember 1796 . . . . . . . . . . . . . . . . . . . . 29 Nr 23
[16. Dezember 1796] . . . . . . . . . . . . . . . . . . . 29 Nr 24
18. [19.] Dezember 1796 . . . . . . . . . . . . . . . . . 29 Nr 26
25. Dezember 1796 . . . . . . . . . . . . . . . . . . . . 29 Nr 27

11. Januar 1797 . . . . . . . . . . . . . . . . . . . . . . . . 29 Nr 32
17. Januar 1797 . . . . . . . . . . . . . . . . . . . . . . . . 29 Nr 33
24. Januar 1797 . . . . . . . . . . . . . . . . . . . . . . . . 29 Nr 37
[27. Januar 1797] . . . . . . . . . . . . . . . . . . . . . . . 29 Nr 38
31. Januar 1797 . . . . . . . . . . . . . . . . . . . . . . . . 29 Nr 39
2. Februar 1797 . . . . . . . . . . . . . . . . . . . . . . . . 29 Nr 41
7. Februar 1797 . . . . . . . . . . . . . . . . . . . . . . . . 29 Nr 44
9. [10.] Februar 1797 . . . . . . . . . . . . . . . . . . . . . 29 Nr 46
17. Februar 1797 . . . . . . . . . . . . . . . . . . . . . . . 29 Nr 50
[27. Februar 1797] . . . . . . . . . . . . . . . . . . . . . . 29 Nr 53
[1. März 1797] . . . . . . . . . . . . . . . . . . . . . . . . 29 Nr 54
[4. März 1797] . . . . . . . . . . . . . . . . . . . . . . . . 29 Nr 55
[vielleicht März 1797] . . . . . . . . . . . . . . . . . . . . 29 Nr 57/43 KuE
4. April 1797 . . . . . . . . . . . . . . . . . . . . . . . . . 29 Nr 58
7. April 1797 . . . . . . . . . . . . . . . . . . . . . . . . . 29 Nr 61
12. [11. (?)] April 1797 . . . . . . . . . . . . . . . . . . . 29 Nr 63
14. April 1797 . . . . . . . . . . . . . . . . . . . . . . . . 29 Nr 65
18. April 1797 . . . . . . . . . . . . . . . . . . . . . . . . 29 Nr 67
21. April 1797 . . . . . . . . . . . . . . . . . . . . . . . . 29 Nr 69
25. April 1797 . . . . . . . . . . . . . . . . . . . . . . . . 29 Nr 70
28. April 1797 . . . . . . . . . . . . . . . . . . . . . . . . 29 Nr 72
2. Mai 1797 . . . . . . . . . . . . . . . . . . . . . . . . . . 29 Nr 74
5. Mai 1797 . . . . . . . . . . . . . . . . . . . . . . . . . . 29 Nr 75
10. Mai 1797 . . . . . . . . . . . . . . . . . . . . . . . . . 29 Nr 76
16. Mai 1797 . . . . . . . . . . . . . . . . . . . . . . . . . 29 Nr 79
23. Mai 1797 . . . . . . . . . . . . . . . . . . . . . . . . . 29 Nr 80
27. Mai 1797 . . . . . . . . . . . . . . . . . . . . . . . . . 29 Nr 81
[29. Mai 1797] . . . . . . . . . . . . . . . . . . . . . . . . 29 Nr 82
18. Juni 1797 . . . . . . . . . . . . . . . . . . . . . . . . . 29 Nr 89
23. Juni 1797 . . . . . . . . . . . . . . . . . . . . . . . . . 29 Nr 90
26. Juni 1797 . . . . . . . . . . . . . . . . . . . . . . . . . 29 Nr 91
27. Juni 1797 . . . . . . . . . . . . . . . . . . . . . . . . . 29 Nr 96
30. Juni 1797 . . . . . . . . . . . . . . . . . . . . . . . . . 29 Nr 97
4. Juli 1797 . . . . . . . . . . . . . . . . . . . . . . . . . . 29 Nr 100
7. Juli 1797 . . . . . . . . . . . . . . . . . . . . . . . . . . 29 Nr 104
10. Juli 1797 . . . . . . . . . . . . . . . . . . . . . . . . . 29 Nr 106
21. Juli 1797 . . . . . . . . . . . . . . . . . . . . . . . . . 29 Nr 111
23. Juli 1797 . . . . . . . . . . . . . . . . . . . . . . . . . 29 Nr 114
24. [25.] Juli 1797 . . . . . . . . . . . . . . . . . . . . . . 29 Nr 115
28. Juli 1797 . . . . . . . . . . . . . . . . . . . . . . . . . 29 Nr 118
7. August 1797 . . . . . . . . . . . . . . . . . . . . . . . . 29 Nr 121
17. August 1797 . . . . . . . . . . . . . . . . . . . . . . . . 29 Nr 124
30. August 1797 . . . . . . . . . . . . . . . . . . . . . . . . 29 Nr 128
7. [und 8.] September 1797 . . . . . . . . . . . . . . . . . . 29 Nr 132
14. und 15. September 1797 . . . . . . . . . . . . . . . . . . 29 Nr 135

22. September 1797 . . . . . . . . . . . . . . . . . . . . . . 29 Nr 140
2. Oktober 1797 . . . . . . . . . . . . . . . . . . . . . . . . 29 Nr 143
6. Oktober 1797 . . . . . . . . . . . . . . . . . . . . . . . . 29 Nr 148
20. Oktober 1797 *(unvollständig; Briefschluß: NA 43)* . . . . . 29 Nr 151/43 N
30. Oktober 1797 . . . . . . . . . . . . . . . . . . . . . . . 29 Nr 156
22. November 1797 . . . . . . . . . . . . . . . . . . . . . . 29 Nr 161
24. November 1797 . . . . . . . . . . . . . . . . . . . . . . 29 Nr 163
28. November 1797 . . . . . . . . . . . . . . . . . . . . . . 29 Nr 165
1. Dezember 1797 . . . . . . . . . . . . . . . . . . . . . . . 29 Nr 166
5. Dezember 1797 . . . . . . . . . . . . . . . . . . . . . . . 29 Nr 167
8. Dezember 1793 [1797] . . . . . . . . . . . . . . . . . . . . 29 Nr 168
12. Dezember 1797 . . . . . . . . . . . . . . . . . . . . . . 29 Nr 169
15. Dezember 1797 . . . . . . . . . . . . . . . . . . . . . . 29 Nr 171
22. Dezember 1797 . . . . . . . . . . . . . . . . . . . . . . 29 Nr 175
[26. Dezember 1797] . . . . . . . . . . . . . . . . . . . . . 29 Nr 180
29. Dezember 1797 . . . . . . . . . . . . . . . . . . . . . . 29 Nr 181
2. Januar 1798 . . . . . . . . . . . . . . . . . . . . . . . . 29 Nr 182
5. Januar 1798 . . . . . . . . . . . . . . . . . . . . . . . . 29 Nr 184
9. Januar 1798 . . . . . . . . . . . . . . . . . . . . . . . . 29 Nr 186
12. Januar 1798 . . . . . . . . . . . . . . . . . . . . . . . 29 Nr 188
15. Januar 1798 . . . . . . . . . . . . . . . . . . . . . . . 29 Nr 189
19. Januar 1798 . . . . . . . . . . . . . . . . . . . . . . . 29 Nr 190
23. Januar 1798 . . . . . . . . . . . . . . . . . . . . . . . 29 Nr 191
26. Januar 1798 . . . . . . . . . . . . . . . . . . . . . . . 29 Nr 196
30. Januar 1798 . . . . . . . . . . . . . . . . . . . . . . . 29 Nr 197
2. Februar 1798 . . . . . . . . . . . . . . . . . . . . . . . 29 Nr 198
6. Februar 1798 . . . . . . . . . . . . . . . . . . . . . . . 29 Nr 199
9. Februar 1798 . . . . . . . . . . . . . . . . . . . . . . . 29 Nr 200
13. Februar 1798 . . . . . . . . . . . . . . . . . . . . . . 29 Nr 203
16. Februar 1798 . . . . . . . . . . . . . . . . . . . . . . 29 Nr 205
20. Februar 1798 . . . . . . . . . . . . . . . . . . . . . . 29 Nr 206
23. Februar 1798 . . . . . . . . . . . . . . . . . . . . . . 29 Nr 208
27. Februar 1798 . . . . . . . . . . . . . . . . . . . . . . 29 Nr 209
2. März 1798 . . . . . . . . . . . . . . . . . . . . . . . . 29 Nr 211
6. März 1798 . . . . . . . . . . . . . . . . . . . . . . . . 29 Nr 213
9. März 1798 . . . . . . . . . . . . . . . . . . . . . . . . 29 Nr 214
13. März 1798 . . . . . . . . . . . . . . . . . . . . . . . 29 Nr 215
14. März 1798 . . . . . . . . . . . . . . . . . . . . . . . 29 Nr 216
16. März 1798 . . . . . . . . . . . . . . . . . . . . . . . 29 Nr 218
[21. März 1798] . . . . . . . . . . . . . . . . . . . . . . 29 Nr 220
6. April 1798 . . . . . . . . . . . . . . . . . . . . . . . 29 Nr 222
10. April 1798 . . . . . . . . . . . . . . . . . . . . . . 29 Nr 223
24. April 1798 . . . . . . . . . . . . . . . . . . . . . . 29 Nr 225
27. April 1798 . . . . . . . . . . . . . . . . . . . . . . 29 Nr 227
1. Mai 1798 . . . . . . . . . . . . . . . . . . . . . . . . 29 Nr 229

4. Mai 1798 . . . . . . . . . . . . . . . . . . . . . . . . . . 29 Nr 230
8. Mai 1798 . . . . . . . . . . . . . . . . . . . . . . . . . . 29 Nr 232
11. Mai 1798 . . . . . . . . . . . . . . . . . . . . . . . . . 29 Nr 233
15. Mai 1798 . . . . . . . . . . . . . . . . . . . . . . . . . 29 Nr 234
18. Mai 1798 . . . . . . . . . . . . . . . . . . . . . . . . . 29 Nr 235
[30. Mai 1798] . . . . . . . . . . . . . . . . . . . . . . . . 29 Nr 238
25. Juni 1798 . . . . . . . . . . . . . . . . . . . . . . . . . 29 Nr 242
28. Juni 1798 . . . . . . . . . . . . . . . . . . . . . . . . . 29 Nr 244
11. Juli 1798 . . . . . . . . . . . . . . . . . . . . . . . . . 29 Nr 247
13. Juli 1798 . . . . . . . . . . . . . . . . . . . . . . . . . 29 Nr 248
16. Juli 1798 . . . . . . . . . . . . . . . . . . . . . . . . . 29 Nr 249
20. Juli 1798 . . . . . . . . . . . . . . . . . . . . . . . . . 29 Nr 252
23. Juli 1798 . . . . . . . . . . . . . . . . . . . . . . . . . 29 Nr 253
27. Juli 1798 . . . . . . . . . . . . . . . . . . . . . . . . . 29 Nr 254
31. Juli 1798 . . . . . . . . . . . . . . . . . . . . . . . . . 29 Nr 256
21. August 1798 . . . . . . . . . . . . . . . . . . . . . . . 29 Nr 261
24. August 1798 . . . . . . . . . . . . . . . . . . . . . . . 29 Nr 262
27. August 1798 . . . . . . . . . . . . . . . . . . . . . . . 29 Nr 264
28. August 1798 . . . . . . . . . . . . . . . . . . . . . . . 29 Nr 265
31. August 1798 . . . . . . . . . . . . . . . . . . . . . . . 29 Nr 267
2. September 1798 . . . . . . . . . . . . . . . . . . . . . . 29 Nr 268
4. September 1798 . . . . . . . . . . . . . . . . . . . . . . 29 Nr 269
5. September 1798 . . . . . . . . . . . . . . . . . . . . . . 29 Nr 271
7. April [September] 1798 . . . . . . . . . . . . . . . . . . 29 Nr 272
9. September 1798 . . . . . . . . . . . . . . . . . . . . . . 29 Nr 273
18. September 1798 . . . . . . . . . . . . . . . . . . . . . 29 Nr 274
21. September 1798 . . . . . . . . . . . . . . . . . . . . . 29 Nr 275
[29. September 1798] . . . . . . . . . . . . . . . . . . . . 29 Nr 277
[Mitte August oder Ende September 1798] . . . . . . . . . . 29 Nr 279
2. Oktober 1798 . . . . . . . . . . . . . . . . . . . . . . . 29 Nr 280
4. Oktober 1798 . . . . . . . . . . . . . . . . . . . . . . . 29 Nr 281
5. Oktober 1798 . . . . . . . . . . . . . . . . . . . . . . . 29 Nr 283
6. Oktober 1798 . . . . . . . . . . . . . . . . . . . . . . . 29 Nr 284
[7. oder 8. Oktober 1798] . . . . . . . . . . . . . . . . . . 29 Nr 285
9. Oktober 1798 . . . . . . . . . . . . . . . . . . . . . . . 29 Nr 286
[18. Oktober 1798] . . . . . . . . . . . . . . . . . . . . . 29 Nr 288
23. Oktober 1798 . . . . . . . . . . . . . . . . . . . . . . 29 Nr 290
26. Oktober 1798 . . . . . . . . . . . . . . . . . . . . . . 29 Nr 292
30. Oktober 1798 . . . . . . . . . . . . . . . . . . . . . . 29 Nr 295
2. November 1798 . . . . . . . . . . . . . . . . . . . . . . 30 Nr 1
6. November 1798 . . . . . . . . . . . . . . . . . . . . . . 30 Nr 2
9. November 1798 . . . . . . . . . . . . . . . . . . . . . . 30 Nr 3
[zwischen 11. und 29. November 1798] . . . . . . . . . . . . 30 Nr 4
[21. November 1798] . . . . . . . . . . . . . . . . . . . . . 30 Nr 6
24. November 1798 . . . . . . . . . . . . . . . . . . . . . 30 Nr 8

30. November 1798 . . . . . . . . . . . . . . . . . . . . . . . 30 Nr 9
4. Dezember 1798 . . . . . . . . . . . . . . . . . . . . . . . . 30 Nr 10
7. Dezember 1798 . . . . . . . . . . . . . . . . . . . . . . . . 30 Nr 11
11. Dezember 1798 . . . . . . . . . . . . . . . . . . . . . . . 30 Nr 12
14. Dezember 1798 . . . . . . . . . . . . . . . . . . . . . . . 30 Nr 13
18. Dezember 1798 . . . . . . . . . . . . . . . . . . . . . . . 30 Nr 15
22. [21.] Dezember 1798 . . . . . . . . . . . . . . . . . . . . 30 Nr 16
24. Dezember 1798 . . . . . . . . . . . . . . . . . . . . . . . 30 Nr 18
31. Dezember 1798 . . . . . . . . . . . . . . . . . . . . . . . 30 Nr 22
1. Januar 1799 . . . . . . . . . . . . . . . . . . . . . . . . . 30 Nr 23
[5. Januar 1799] . . . . . . . . . . . . . . . . . . . . . . . . 30 Nr 24
10. Januar 1799 . . . . . . . . . . . . . . . . . . . . . . . . 30 Nr 25
[19. Januar 1799] . . . . . . . . . . . . . . . . . . . . . . . 30 Nr 26
1. März 1799 . . . . . . . . . . . . . . . . . . . . . . . . . 30 Nr 35
5. März 1799 . . . . . . . . . . . . . . . . . . . . . . . . . 30 Nr 37
7. März 1799 . . . . . . . . . . . . . . . . . . . . . . . . . 30 Nr 38
12. März 1799 . . . . . . . . . . . . . . . . . . . . . . . . . 30 Nr 39
15. März 1799 . . . . . . . . . . . . . . . . . . . . . . . . . 30 Nr 40
17. März 1799 . . . . . . . . . . . . . . . . . . . . . . . . . 30 Nr 41
19. März 1799 . . . . . . . . . . . . . . . . . . . . . . . . . 30 Nr 42
[2. April 1799] . . . . . . . . . . . . . . . . . . . . . . . . 30 Nr 46
26. April 1799 . . . . . . . . . . . . . . . . . . . . . . . . 30 Nr 51
[11. Mai 1799] . . . . . . . . . . . . . . . . . . . . . . . . 30 Nr 54
[12. Mai 1799] . . . . . . . . . . . . . . . . . . . . . . . . 30 Nr 55
29. Mai 1799 . . . . . . . . . . . . . . . . . . . . . . . . . 30 Nr 58
31. Mai 1799 . . . . . . . . . . . . . . . . . . . . . . . . . 30 Nr 59
4. Juni 1799 . . . . . . . . . . . . . . . . . . . . . . . . . 30 Nr 60
7. Juni 1799 . . . . . . . . . . . . . . . . . . . . . . . . . 30 Nr 64
11. Juni 1799 . . . . . . . . . . . . . . . . . . . . . . . . . 30 Nr 65
14. Juni 1799 . . . . . . . . . . . . . . . . . . . . . . . . . 30 Nr 67
18. Juni 1799 . . . . . . . . . . . . . . . . . . . . . . . . . 30 Nr 68
20. Juni 1799 . . . . . . . . . . . . . . . . . . . . . . . . . 30 Nr 69
25. Juni 1799 . . . . . . . . . . . . . . . . . . . . . . . . . 30 Nr 71
26. Juni 1799 . . . . . . . . . . . . . . . . . . . . . . . . . 30 Nr 72
28. Juni 1799 . . . . . . . . . . . . . . . . . . . . . . . . . 30 Nr 73
5. Juli 1799 . . . . . . . . . . . . . . . . . . . . . . . . . 30 Nr 75
9. Juli 1799 . . . . . . . . . . . . . . . . . . . . . . . . . 30 Nr 77
12. Juli 1799 . . . . . . . . . . . . . . . . . . . . . . . . . 30 Nr 78
15. Juli 1799 . . . . . . . . . . . . . . . . . . . . . . . . . 30 Nr 79
19. Juli 1799 . . . . . . . . . . . . . . . . . . . . . . . . . 30 Nr 80
24. [23.] Juli 1799 . . . . . . . . . . . . . . . . . . . . . . 30 Nr 81
30. Juli 1799 . . . . . . . . . . . . . . . . . . . . . . . . . 30 Nr 82
2. August 1799 . . . . . . . . . . . . . . . . . . . . . . . . 30 Nr 83
6. August 1799 . . . . . . . . . . . . . . . . . . . . . . . . 30 Nr 84
9. August 1799 . . . . . . . . . . . . . . . . . . . . . . . . 30 Nr 85

12. August 1799 . . . . . . . . . . . . . . . . . . . . . . . . 30 Nr 88
16. August 1799 . . . . . . . . . . . . . . . . . . . . . . . . 30 Nr 89
20. August 1799 . . . . . . . . . . . . . . . . . . . . . . . . 30 Nr 90/43 KuE
24. [23.] August 1799 . . . . . . . . . . . . . . . . . . . . . 30 Nr 91
27. August 1799 . . . . . . . . . . . . . . . . . . . . . . . . 30 Nr 94
28. August 1799 . . . . . . . . . . . . . . . . . . . . . . . . 30 Nr 96
3. September 1799 . . . . . . . . . . . . . . . . . . . . . . . 30 Nr 98
[21. September 1799] . . . . . . . . . . . . . . . . . . . . . 30 Nr 100
15. Oktober 1799 . . . . . . . . . . . . . . . . . . . . . . . 30 Nr 110
18. Oktober 1799 . . . . . . . . . . . . . . . . . . . . . . . 30 Nr 111
22. Oktober 1799 . . . . . . . . . . . . . . . . . . . . . . . 30 Nr 112
25. Oktober 1799 . . . . . . . . . . . . . . . . . . . . . . . 30 Nr 114
28. Oktober [1799] . . . . . . . . . . . . . . . . . . . . . . 30 Nr 115
30. Oktober 1799 . . . . . . . . . . . . . . . . . . . . . . . 30 Nr 116
1. November 1799 . . . . . . . . . . . . . . . . . . . . . . . 30 Nr 118
4. November 1799 . . . . . . . . . . . . . . . . . . . . . . . 30 Nr 120
5. November 1799 . . . . . . . . . . . . . . . . . . . . . . . 30 Nr 121
8. November 1799 . . . . . . . . . . . . . . . . . . . . . . . 30 Nr 122
18. [19.] November 1799 . . . . . . . . . . . . . . . . . . . 30 Nr 126
[2. Dezember 1799] . . . . . . . . . . . . . . . . . . . . . . 30 Nr 128
4. Dezember 1799 . . . . . . . . . . . . . . . . . . . . . . . 30 Nr 129
9. [7.] Dezember 1799 . . . . . . . . . . . . . . . . . . . . 30 Nr 136
10. Dezember 1799 . . . . . . . . . . . . . . . . . . . . . . 30 Nr 142
[23. Dezember 1799] . . . . . . . . . . . . . . . . . . . . . 30 Nr 147
30. Dezember 1799 . . . . . . . . . . . . . . . . . . . . . . 30 Nr 148
31. Dezember 1799 . . . . . . . . . . . . . . . . . . . . . . 30 Nr 149
[1. Januar 1800] . . . . . . . . . . . . . . . . . . . . . . . 30 Nr 150
2. Januar 1800 . . . . . . . . . . . . . . . . . . . . . . . . 30 Nr 151
[3. Januar 1800] . . . . . . . . . . . . . . . . . . . . . . . 30 Nr 153
5. Januar 1800 . . . . . . . . . . . . . . . . . . . . . . . . 30 Nr 154
6. Januar 1800 . . . . . . . . . . . . . . . . . . . . . . . . 30 Nr 156
[7. Januar 1800] . . . . . . . . . . . . . . . . . . . . . . . 30 Nr 157
8. Januar 1800 . . . . . . . . . . . . . . . . . . . . . . . . 30 Nr 158
9. Januar [1800] . . . . . . . . . . . . . . . . . . . . . . . 30 Nr 159
11. Januar 1800 . . . . . . . . . . . . . . . . . . . . . . . 30 Nr 160
[13. Januar 1800] . . . . . . . . . . . . . . . . . . . . . . 30 Nr 162
15. Januar 1800 . . . . . . . . . . . . . . . . . . . . . . . 30 Nr 163
19. Januar [1800] . . . . . . . . . . . . . . . . . . . . . . 30 Nr 164
[20. Januar 1800] . . . . . . . . . . . . . . . . . . . . . . 30 Nr 165
[2. Februar 1800] . . . . . . . . . . . . . . . . . . . . . . 30 Nr 167
[5. Februar 1800] . . . . . . . . . . . . . . . . . . . . . . 30 Nr 169
[22. März 1800] . . . . . . . . . . . . . . . . . . . . . . . 30 Nr 171
24. März [1800] . . . . . . . . . . . . . . . . . . . . . . . 30 Nr 173
[27. März 1800] . . . . . . . . . . . . . . . . . . . . . . . 30 Nr 175
[5. April 1800] . . . . . . . . . . . . . . . . . . . . . . . . 30 Nr 177

[11. April 1800] . . . . . 30 Nr 179
5. Mai 1800 . . . . . 30 Nr 185
9. Mai 1800 . . . . . 30 Nr 187
[23. Mai 1800] . . . . . 30 Nr 193
[15. Juni 1800] . . . . . 30 Nr 197
[gegen Ende Juni 1800 (?)] . . . . . 30 Nr 202
[22. Juli 1800] . . . . . 30 Nr 212
26. Juli 1800 . . . . . 30 Nr 214
30. Juli 1800 . . . . . 30 Nr 220
2. August 1800 . . . . . 30 Nr 221
15. August 1800 . . . . . 30 Nr 222
17. [19.] August 1800 . . . . . 30 Nr 225
5. September 1800 . . . . . 30 Nr 235
13. September 1800 . . . . . 30 Nr 236
17. September 1800 . . . . . 30 Nr 237
23. September 1800 . . . . . 30 Nr 238
26. [27.] September 1800 . . . . . 30 Nr 240
29. September 1800 . . . . . 30 Nr 241
1. Oktober 1800 . . . . . 30 Nr 242
19. November 1800 . . . . . 30 Nr 249
[11. Dezember 1800] . . . . . 30 Nr 255
[12. Dezember 1800] . . . . . 30 Nr 256
17. Dezember 1800 . . . . . 30 Nr 257
[18. Dezember 1800] . . . . . 30 Nr 259
24. Dezember 1800 . . . . . 30 Nr 261
[9. Februar 1801] . . . . . 31 Nr 9
[11. Februar 1801] . . . . . 31 Nr 10
[26. Februar 1801] . . . . . 31 Nr 11
10. März 1801 . . . . . 31 Nr 17
13. März 1801 . . . . . 31 Nr 19
16. März 1801 . . . . . 31 Nr 22
20. März 1801 . . . . . 31 Nr 24
24. März 1801 . . . . . 31 Nr 26
27. März 1801 . . . . . 31 Nr 29
3. April 1801 . . . . . 31 Nr 31
[15. April 1801] . . . . . 31 Nr 33
[18. April 1801] . . . . . 31 Nr 34
28. April 1801 . . . . . 31 Nr 37
28. [und 29.] Juni 1801 . . . . . 31 Nr 53
[10. November 1801] . . . . . 31 Nr 80
[17. Dezember 1801] . . . . . 31 Nr 92
[18. Dezember 1801] . . . . . 31 Nr 94
[1. Januar 1802] . . . . . 31 Nr 96
20. Januar 1802 . . . . . 31 Nr 103
22. Januar 1802 . . . . . 31 Nr 107

[2. Februar 1802] . . . . . . . . . . . . . . . . . . . . . . . 31 Nr 109
11. Februar 1802 . . . . . . . . . . . . . . . . . . . . . . . . 31 Nr 118
17. Februar 1802 . . . . . . . . . . . . . . . . . . . . . . . . 31 Nr 120
18. Februar 1802 . . . . . . . . . . . . . . . . . . . . . . . . 31 Nr 123
20. Februar 1802 . . . . . . . . . . . . . . . . . . . . . . . . 31 Nr 124
10. März 1802 . . . . . . . . . . . . . . . . . . . . . . . . . 31 Nr 134
17. März 1802 . . . . . . . . . . . . . . . . . . . . . . . . . 31 Nr 136
20. März 1802 . . . . . . . . . . . . . . . . . . . . . . . . . 31 Nr 139
[16. April 1802] . . . . . . . . . . . . . . . . . . . . . . . . 31 Nr 144
5. Mai 1802 . . . . . . . . . . . . . . . . . . . . . . . . . . 31 Nr 149
8. Mai 1802 . . . . . . . . . . . . . . . . . . . . . . . . . . 31 Nr 150
12. Mai 1802 . . . . . . . . . . . . . . . . . . . . . . . . . 31 Nr 154
9. Juni 1802 . . . . . . . . . . . . . . . . . . . . . . . . . . 31 Nr 162
12. Juni 1802 . . . . . . . . . . . . . . . . . . . . . . . . . 31 Nr 164
24. Juni 1802 . . . . . . . . . . . . . . . . . . . . . . . . . 31 Nr 166
6. Juli 1802 . . . . . . . . . . . . . . . . . . . . . . . . . . 31 Nr 170
[26. Juli 1802] . . . . . . . . . . . . . . . . . . . . . . . . 31 Nr 176
11. August 1802 . . . . . . . . . . . . . . . . . . . . . . . . 31 Nr 178
18. August 1802 . . . . . . . . . . . . . . . . . . . . . . . . 31 Nr 180
[vermutlich 17. oder 18. September 1802] *(Adressat unsicher)* . 31 Nr 185
[16. Dezember 1802] . . . . . . . . . . . . . . . . . . . . . . 31 Nr 202
[26. Dezember 1802] . . . . . . . . . . . . . . . . . . . . . . 31 Nr 202a/43 N
[26. Januar 1803] . . . . . . . . . . . . . . . . . . . . . . . 32 Nr 6
[4. Februar 1803] . . . . . . . . . . . . . . . . . . . . . . . 32 Nr 8
[5. Februar 1803] . . . . . . . . . . . . . . . . . . . . . . . 32 Nr 9
[8. Februar 1803] . . . . . . . . . . . . . . . . . . . . . . . 32 Nr 11
[27. (?) Februar 1803] . . . . . . . . . . . . . . . . . . . . . 32 Nr 19
[27./28. Februar 1803] . . . . . . . . . . . . . . . . . . . . . 32 Nr 20
[Anfang März 1803] . . . . . . . . . . . . . . . . . . . . . . . 32 Nr 22
[7. (?) März 1803] . . . . . . . . . . . . . . . . . . . . . . . 32 Nr 23
[8. März 1803] . . . . . . . . . . . . . . . . . . . . . . . . . 32 Nr 25
[26. April 1803] . . . . . . . . . . . . . . . . . . . . . . . . 32 Nr 39
20. Mai 1803 . . . . . . . . . . . . . . . . . . . . . . . . . 32 Nr 47
24. Mai 1803 . . . . . . . . . . . . . . . . . . . . . . . . . 32 Nr 51
6. Juli 1803 . . . . . . . . . . . . . . . . . . . . . . . . . . 32 Nr 61
9. August 1803 . . . . . . . . . . . . . . . . . . . . . . . . 32 Nr 71
[vielleicht Mitte August 1803] . . . . . . . . . . . . . . . . 32 Nr 72
[12. September 1803] . . . . . . . . . . . . . . . . . . . . . . 32 Nr 78
[14. (?) September 1803] . . . . . . . . . . . . . . . . . . . . 32 Nr 81
[17. September 1803] . . . . . . . . . . . . . . . . . . . . . . 32 Nr 82
[23. September 1803] . . . . . . . . . . . . . . . . . . . . . . 32 Nr 84
[2. Oktober 1803] . . . . . . . . . . . . . . . . . . . . . . . 32 Nr 86
9. November 1803 . . . . . . . . . . . . . . . . . . . . . . . 32 Nr 96/43 KuE
[14. November 1803] . . . . . . . . . . . . . . . . . . . . . . 32 Nr 98
30. November 1803 . . . . . . . . . . . . . . . . . . . . . . . 32 Nr 100

14. Dezember 1803 . . . . . 32 Nr 103
21. Dezember 1803 . . . . . 32 Nr 105
[31. Dezember 1803] . . . . . 32 Nr 107
[5. (?) Januar 1804] . . . . . 32 Nr 111
[13. (?) Januar 1804] . . . . . 32 Nr 112
[14. (?) Januar 1804] . . . . . 32 Nr 113
[17. Januar 1804] . . . . . 32 Nr 115
[17. Januar 1804] . . . . . 32 Nr 116
[24. (?) Januar 1804] . . . . . 32 Nr 118
26. Januar 1804 . . . . . 32 Nr 119
[28. Januar 1804] . . . . . 32 Nr 120
[8. Februar 1804] . . . . . 32 Nr 125
[16. Februar 1804] . . . . . 32 Nr 128
[19. Februar 1804] . . . . . 32 Nr 129
[24. (?) Februar 1804] . . . . . 32 Nr 134
[5. oder 6. (?) März 1804] . . . . . 32 Nr 136
[15. (?) März 1804] . . . . . 32 Nr 139
[3. April 1804] . . . . . 32 Nr 146
30. Mai 1804 . . . . . 32 Nr 157
[6. Juni 1804] . . . . . 32 Nr 162
[zwischen dem 7. und 12. Juli 1804] . . . . . 32 Nr 173
3. August 1804 . . . . . 32 Nr 178
14. Januar 1805 . . . . . 32 Nr 211
[15. Januar 1805 (?)] . . . . . 32 Nr 212/43 KuE
[17. Januar 1805] . . . . . 32 Nr 213
[nach dem 20. Januar 1805] . . . . . 32 Nr 216
[24. Januar 1805] . . . . . 32 Nr 219
22. Februar 1805 . . . . . 32 Nr 224
[28. (?) Februar 1805] . . . . . 32 Nr 228
27. [25. (?)] März 1805 . . . . . 32 Nr 231
24. April 1805 . . . . . 32 Nr 245
[zwischend dem 25. und 29. April 1805] . . . . . 32 Nr 249

Graff, Johann Jakob:
3. Februar 1799 . . . . . 30 Nr 30

Graß, Carl Gotthard:
2. April 1805 . . . . . 32 Nr 235

Gries, Johann Diederich:
[22. Dezember 1797] . . . . . 29 Nr 173

Griesbach, Friederike Juliane:
10. Oktober 1789 . . . . . 25 Nr 210a/43 N
6. [5.] Dezember 1799 . . . . . 30 Nr 131a/43 N
[8. Dezember 1799] . . . . . 30 Nr 141/43 N
15. Dezember 1799 . . . . . 30 Nr 146a/43 N
2. Juli 1800 . . . . . 30 Nr 204

17. Dezember 1801 . . . . . . . . . . . . . . . . . . . . . . 31 Nr 93
19. Dezember 1801 . . . . . . . . . . . . . . . . . . . . . . 31 Nr 94a/43 N
24. April 1805 . . . . . . . . . . . . . . . . . . . . . . . . 32 Nr 246
Griesbach, Johann Jakob:
[16. Juni 1802] . . . . . . . . . . . . . . . . . . . . . . . . 31 Nr 165
Griesinger, Christoph Maximilian:
16. Juli 1802 . . . . . . . . . . . . . . . . . . . . . . . . 31 Nr 173
Großmann, Gustav Friedrich Wilhelm:
8. Februar 1784 . . . . . . . . . . . . . . . . . . . . . . . 23 Nr 90
5. April 1787 . . . . . . . . . . . . . . . . . . . . . . . . 24 Nr 67
20. Juli 1787 . . . . . . . . . . . . . . . . . . . . . . . . 24 Nr 83
Hartung, Gottlieb Lebrecht:
2. März 1795 . . . . . . . . . . . . . . . . . . . . . . . . 27 Nr 120
Haug, Friedrich:
30. Oktober 1793 . . . . . . . . . . . . . . . . . . . . . . 26 Nr 204
9. Dezember 1793 . . . . . . . . . . . . . . . . . . . . . . 26 Nr 211
3. Juli 1795 . . . . . . . . . . . . . . . . . . . . . . . . 28 Nr 1
18. Januar 1796 . . . . . . . . . . . . . . . . . . . . . . 28 Nr 127
5. März 1802 . . . . . . . . . . . . . . . . . . . . . . . . 31 Nr 133
Herbert, Franz Paul von:
21. Dezember 1794 . . . . . . . . . . . . . . . . . . . . . . 27 Nr 83
Herder, Johann Gottfried:
[24. Juli 1787] . . . . . . . . . . . . . . . . . . . . . . . 24 Nr 85
4. Juli 1794 . . . . . . . . . . . . . . . . . . . . . . . . 27 Nr 17
25. Oktober 1794 . . . . . . . . . . . . . . . . . . . . . . 27 Nr 53
17. Mai 1795 . . . . . . . . . . . . . . . . . . . . . . . . 27 Nr 149
12. Juni 1795 . . . . . . . . . . . . . . . . . . . . . . . 27 Nr 156/43 KuE
3. Oktober 1795 . . . . . . . . . . . . . . . . . . . . . . 28 Nr 56/43 KuE
30. Oktober 1795 . . . . . . . . . . . . . . . . . . . . . . 28 Nr 75/43 KuE
4. November 1795 . . . . . . . . . . . . . . . . . . . . . . 28 Nr 82/43 KuE
5. August 1796 . . . . . . . . . . . . . . . . . . . . . . . 28 Nr 218
Herzfeld, Jakob:
28. Juni 1801 . . . . . . . . . . . . . . . . . . . . . . . . 31 Nr 52
16. Juli 1801 . . . . . . . . . . . . . . . . . . . . . . . . 31 Nr 59/43 KuE
21. März 1802 . . . . . . . . . . . . . . . . . . . . . . . . 31 Nr 141
22. Mai 1803 . . . . . . . . . . . . . . . . . . . . . . . . 32 Nr 49
17. Juli 1803 . . . . . . . . . . . . . . . . . . . . . . . . 32 Nr 67/43 KuE
29. September 1803 . . . . . . . . . . . . . . . . . . . . . 32 Nr 85
23. Dezember 1803 . . . . . . . . . . . . . . . . . . . . . . 32 Nr 106
24. März 1804 . . . . . . . . . . . . . . . . . . . . . . . . 32 Nr 142
2. April 1804 . . . . . . . . . . . . . . . . . . . . . . . . 32 Nr 145
Hölderlin, Friedrich:
[vor 26. Januar 1795] . . . . . . . . . . . . . . . . . . . . 27 Nr 100
24. [25. (?)] November 1796 . . . . . . . . . . . . . . . . . 29 Nr 12
24. [August] 1799 . . . . . . . . . . . . . . . . . . . . . . 30 Nr 92

Horner, Johann Jakob:
26. Juni 1797 . . . . . . . . . . 29 Nr 92
Hoven, Christian Daniel von:
15. Juni 1780 . . . . . . . . . . 23 Nr 4
Hoven, Friedrich Wilhelm von:
4. Februar 1781 . . . . . . . . . . 23 Nr 7
[Ende 1781] . . . . . . . . . . 23 Nr 16
25. Mai 1782 . . . . . . . . . . 23 Nr 22
10. Oktober 1783 . . . . . . . . . . 23 Nr 81a/43 N
10. Oktober 1792 . . . . . . . . . . 26 Nr 136
22. Mai 1794 . . . . . . . . . . 27 Nr 3
22. [21.] November 1794 . . . . . . . . . . 27 Nr 69/43 KuE
31. Januar 1795 . . . . . . . . . . 27 Nr 104
9. Januar 1796 . . . . . . . . . . 28 Nr 121
27. Oktober 1801 . . . . . . . . . . 31 Nr 76
4. Februar 1802 . . . . . . . . . . 31 Nr 114
5. März 1802 . . . . . . . . . . 31 Nr 132
28. [30.] März 1803 . . . . . . . . . . 32 Nr 34
21. April 1803 . . . . . . . . . . 32 Nr 37
26. April 1803 . . . . . . . . . . 32 Nr 40
18. Mai 1803 . . . . . . . . . . 32 Nr 46
10. Juni 1803 . . . . . . . . . . 32 Nr 54
14. August 1804 . . . . . . . . . . 32 Nr 180
Huber, Ludwig Ferdinand:
7. Dezember 1784 (und Christian Gottfried Körner, Minna Stock und Dora Stock) . . . . . . . . . . 23 Nr 116
28. Februar 1785 . . . . . . . . . . 23 Nr 123
25. März 1785 . . . . . . . . . . 23 Nr 126
[17. April 1785] . . . . . . . . . . 24 Nr 1
13. September 1785 . . . . . . . . . . 24 Nr 11
5. Oktober 1785 . . . . . . . . . . 24 Nr 15
18. April [1786] . . . . . . . . . . 24 Nr 32
1. Mai 1786 . . . . . . . . . . 24 Nr 35
17. Mai 1786 . . . . . . . . . . 24 Nr 37
9. August 1787 . . . . . . . . . . 24 Nr 91
28. August 1787 . . . . . . . . . . 24 Nr 96
14. September 1787 . . . . . . . . . . 24 Nr 101
6. Oktober 1787 . . . . . . . . . . 24 Nr 104
26. Oktober 1787 . . . . . . . . . . 24 Nr 110
1. November 1787 . . . . . . . . . . 24 Nr 112
3. November 1787 . . . . . . . . . . 24 Nr 113
14. November 1787 . . . . . . . . . . 24 Nr 116
25. Dezember 1785 [1787] . . . . . . . . . . 24 Nr 124
20. Januar 1788 . . . . . . . . . . 25 Nr 3
29. Juli 1788 . . . . . . . . . . 25 Nr 65

2. Januar 1788 [1789] . . . . . . . . . . . . . . . . . . . . . 25 Nr 128
24. November 1789 . . . . . . . . . . . . . . . . . . . . . 25 Nr 233
13. Januar 1790 . . . . . . . . . . . . . . . . . . . . . . . 25 Nr 267
23. August 1790 . . . . . . . . . . . . . . . . . . . . . . . 26 Nr 28
30. September 1790 . . . . . . . . . . . . . . . . . . . . . 26 Nr 36
29. November 1790 . . . . . . . . . . . . . . . . . . . . . 26 Nr 49
10. Dezember 1790 . . . . . . . . . . . . . . . . . . . . . 26 Nr 51
15. März 1793 . . . . . . . . . . . . . . . . . . . . . . . . 26 Nr 159
11. November 1793 . . . . . . . . . . . . . . . . . . . . . 26 Nr 207
1. November 1794 . . . . . . . . . . . . . . . . . . . . . . 27 Nr 58
19. Februar 1795 . . . . . . . . . . . . . . . . . . . . . . 27 Nr 110
10. Februar 1796 . . . . . . . . . . . . . . . . . . . . . . 28 Nr 145
Hufeland, Christoph Wilhelm:
16. Juli 1804 . . . . . . . . . . . . . . . . . . . . . . . . 32 Nr 175
Hufeland, Gottlieb:
20. August 1788 . . . . . . . . . . . . . . . . . . . . . . 25 Nr 74/43 KuE
[15. oder 19. (?) November 1788] . . . . . . . . . . . . . . 25 Nr 113/43 KuE
21. Februar 1788 [1789] . . . . . . . . . . . . . . . . . . . 25 Nr 148
21. März 1789 . . . . . . . . . . . . . . . . . . . . . . . 25 Nr 161
[16. September 1789] . . . . . . . . . . . . . . . . . . . . 25 Nr 207/43 KuE
[etwa 11. oder 12. Januar 1790] . . . . . . . . . . . . . . . 25 Nr 264
[Ende September/Anfang Oktober 1790] . . . . . . . . . . . 26 Nr 35
[9. Oktober 1790] . . . . . . . . . . . . . . . . . . . . . . 26 Nr 41
19. September 1793 . . . . . . . . . . . . . . . . . . . . . 26 Nr 198/43 KuE
2. Oktober 1794 . . . . . . . . . . . . . . . . . . . . . . . 27 Nr 46
5. Februar 1797 . . . . . . . . . . . . . . . . . . . . . . . 29 Nr 42
28. März 1800 . . . . . . . . . . . . . . . . . . . . . . . 30 Nr 176
22. Juni 1800 . . . . . . . . . . . . . . . . . . . . . . . . 30 Nr 200
3. Dezember 1800 . . . . . . . . . . . . . . . . . . . . . . 30 Nr 253/43 KuE
4. Februar 1802 . . . . . . . . . . . . . . . . . . . . . . . 31 Nr 113
10. Februar 1802 . . . . . . . . . . . . . . . . . . . . . . 31 Nr 116
1. April 1802 . . . . . . . . . . . . . . . . . . . . . . . . 31 Nr 142
8. Mai 1802 . . . . . . . . . . . . . . . . . . . . . . . . . 31 Nr 151/43 KuE
20. Mai 1802 . . . . . . . . . . . . . . . . . . . . . . . . 31 Nr 156
Humboldt, Wilhelm von:
9. August 1795 . . . . . . . . . . . . . . . . . . . . . . . 28 Nr 21
21. August 1795 . . . . . . . . . . . . . . . . . . . . . . 28 Nr 28
7. September 1795 . . . . . . . . . . . . . . . . . . . . . 28 Nr 36
5. Oktober 1795 . . . . . . . . . . . . . . . . . . . . . . . 28 Nr 60
26. Oktober 1795 . . . . . . . . . . . . . . . . . . . . . . 28 Nr 71
9. November 1795 . . . . . . . . . . . . . . . . . . . . . . 28 Nr 84
29. und 30. November 1795 . . . . . . . . . . . . . . . . . 28 Nr 94
7. Dezember 1795 . . . . . . . . . . . . . . . . . . . . . . 28 Nr 95
17. Dezember 1795 . . . . . . . . . . . . . . . . . . . . . 28 Nr 102
25. Dezember 1795 . . . . . . . . . . . . . . . . . . . . . 28 Nr 108

4. Januar 1796 . . . . . . . . . . . . . . . . . . . . . . . . . 28 Nr 114
9. und 11. Januar 1796 . . . . . . . . . . . . . . . . . . . . 28 Nr 122
25. Januar 1796 . . . . . . . . . . . . . . . . . . . . . . . . 28 Nr 131
1. Februar 1796 . . . . . . . . . . . . . . . . . . . . . . . . 28 Nr 137
21. März 1796 . . . . . . . . . . . . . . . . . . . . . . . . . 28 Nr 158
[22. Juli 1796] . . . . . . . . . . . . . . . . . . . . . . . . 28 Nr 210
27. Juni 1798 . . . . . . . . . . . . . . . . . . . . . . . . . 29 Nr 243
17. Februar [und 3. (bis 16.) März] 1803 . . . . . . . . . . . 32 Nr 15
18. August 1803 . . . . . . . . . . . . . . . . . . . . . . . . 32 Nr 73
12. September 1803 . . . . . . . . . . . . . . . . . . . . . . 32 Nr 79
2. April 1805 . . . . . . . . . . . . . . . . . . . . . . . . . 32 Nr 237
Iffland, August Wilhelm:
15. Oktober 1798 . . . . . . . . . . . . . . . . . . . . . . . 29 Nr 287
24. Dezember 1798 . . . . . . . . . . . . . . . . . . . . . . 30 Nr 17/43 KuE
28. Dezember 1798 . . . . . . . . . . . . . . . . . . . . . . 30 Nr 19
31. Dezember 1798 . . . . . . . . . . . . . . . . . . . . . . 30 Nr 21
25. Januar 1799 . . . . . . . . . . . . . . . . . . . . . . . . 30 Nr 27
18. Februar 1799 . . . . . . . . . . . . . . . . . . . . . . . 30 Nr 33
26. April 1800 . . . . . . . . . . . . . . . . . . . . . . . . 30 Nr 183
22. Juni 1800 . . . . . . . . . . . . . . . . . . . . . . . . . 30 Nr 199
19. November 1800 . . . . . . . . . . . . . . . . . . . . . . 30 Nr 248
18. Dezember 1800 . . . . . . . . . . . . . . . . . . . . . . 30 Nr 260
29. Juni 1801 . . . . . . . . . . . . . . . . . . . . . . . . . 31 Nr 55
2. [3. (?)] September 1801 . . . . . . . . . . . . . . . . . . 31 Nr 64
23. September 1801 . . . . . . . . . . . . . . . . . . . . . . 31 Nr 69
21. Januar 1802 . . . . . . . . . . . . . . . . . . . . . . . . 31 Nr 104
24. Februar 1803 . . . . . . . . . . . . . . . . . . . . . . . 32 Nr 18
22. April 1803 . . . . . . . . . . . . . . . . . . . . . . . . 32 Nr 38
3. [4. (?)] Mai 1803 . . . . . . . . . . . . . . . . . . . . . 32 Nr 43
13. Mai 1803 . . . . . . . . . . . . . . . . . . . . . . . . . 32 Nr 45
23. Mai 1803 . . . . . . . . . . . . . . . . . . . . . . . . . 32 Nr 50
12. Juli 1803 . . . . . . . . . . . . . . . . . . . . . . . . . 32 Nr 64
5. August 1803 . . . . . . . . . . . . . . . . . . . . . . . . 32 Nr 69
9. November 1803 . . . . . . . . . . . . . . . . . . . . . . . 32 Nr 97
5. Dezember 1803 . . . . . . . . . . . . . . . . . . . . . . . 32 Nr 101
23. Januar 1804 . . . . . . . . . . . . . . . . . . . . . . . . 32 Nr 117
5. Februar 1804 . . . . . . . . . . . . . . . . . . . . . . . . 32 Nr 122
11. [13. (?)] Februar 1804 . . . . . . . . . . . . . . . . . . 32 Nr 127
20. Februar 1804 . . . . . . . . . . . . . . . . . . . . . . . 32 Nr 130
29. Februar 1804 . . . . . . . . . . . . . . . . . . . . . . . 32 Nr 135
12. März 1804 . . . . . . . . . . . . . . . . . . . . . . . . . 32 Nr 137
16. März 1804 . . . . . . . . . . . . . . . . . . . . . . . . . 32 Nr 140
14. April 1804 . . . . . . . . . . . . . . . . . . . . . . . . 32 Nr 149
5. Januar 1805 . . . . . . . . . . . . . . . . . . . . . . . . 32 Nr 209

23. Februar 1805 . . . . . . . . . . . . . . . . . . . . . . . . 32 Nr 225
12. April 1805 . . . . . . . . . . . . . . . . . . . . . . . . . . 32 Nr 241
Imhoff, Amalie von:
[17. Juli 1797] . . . . . . . . . . . . . . . . . . . . . . . . . 29 Nr 108
22. September 1797 . . . . . . . . . . . . . . . . . . . . . . 29 Nr 141
3. Oktober 1797 . . . . . . . . . . . . . . . . . . . . . . . . 29 Nr 147
25. März 1799 . . . . . . . . . . . . . . . . . . . . . . . . . 30 Nr 43
[21. Februar 1803] . . . . . . . . . . . . . . . . . . . . . . 32 Nr 17/43 KuE
[zwischen dem 25. und 31. März 1803] . . . . . . . . . . . 32 Nr 31/43 KuE
Jacobi, Christian Friedrich (von):
6. November 1782 . . . . . . . . . . . . . . . . . . . . . . . 23 Nr 30
Jacobi, Friedrich (Fritz) Heinrich:
24. August 1794 . . . . . . . . . . . . . . . . . . . . . . . . 27 Nr 24
25. Januar 1795 . . . . . . . . . . . . . . . . . . . . . . . . 27 Nr 98
29. Juni 1795 . . . . . . . . . . . . . . . . . . . . . . . . . 27 Nr 169
9. Juli 1795 . . . . . . . . . . . . . . . . . . . . . . . . . . 28 Nr 7
28. [29. (?)] August 1795 . . . . . . . . . . . . . . . . . . 28 Nr 31
5. Oktober 1795 . . . . . . . . . . . . . . . . . . . . . . . . 28 Nr 58
Jacobi, Johann Georg:
16. November 1784 . . . . . . . . . . . . . . . . . . . . . . 23 Nr 111
Jena *s.* Universität Jena
Kalb, Charlotte von:
8. Mai 1793 . . . . . . . . . . . . . . . . . . . . . . . . . . 26 Nr 169
24. Juni 1793 . . . . . . . . . . . . . . . . . . . . . . . . . 26 Nr 180
29. Juli 1793 . . . . . . . . . . . . . . . . . . . . . . . . . . 26 Nr 191/43 N
1. Oktober 1793 . . . . . . . . . . . . . . . . . . . . . . . . 26 Nr 200
16. Februar 1795 . . . . . . . . . . . . . . . . . . . . . . . 27 Nr 109
31. Januar 1799 . . . . . . . . . . . . . . . . . . . . . . . . 30 Nr 29
[20. April 1799] . . . . . . . . . . . . . . . . . . . . . . . . 30 Nr 49/43 KuE
[4. September 1799] . . . . . . . . . . . . . . . . . . . . . 30 Nr 99
25. Juli 1800 . . . . . . . . . . . . . . . . . . . . . . . . . . 30 Nr 213
21. Januar 1802 . . . . . . . . . . . . . . . . . . . . . . . . 31 Nr 106
Kant, Immanuel:
13. Juni 1794 . . . . . . . . . . . . . . . . . . . . . . . . . 27 Nr 11/43 KuE
1. März 1795 . . . . . . . . . . . . . . . . . . . . . . . . . . 27 Nr 116
Kirms, Franz:
7. Juli 1799 . . . . . . . . . . . . . . . . . . . . . . . . . . 30 Nr 76
27. August 1799 . . . . . . . . . . . . . . . . . . . . . . . . 30 Nr 95
29. Juli 1800 . . . . . . . . . . . . . . . . . . . . . . . . . . 30 Nr 219
4. Mai 1802 . . . . . . . . . . . . . . . . . . . . . . . . . . 31 Nr 148
22. Mai 1803 . . . . . . . . . . . . . . . . . . . . . . . . . . 32 Nr 48
Kirstein, Ernst Philipp:
31. Januar 1796 . . . . . . . . . . . . . . . . . . . . . . . . 28 Nr 134
25. November 1796 . . . . . . . . . . . . . . . . . . . . . . 29 Nr 13

Klein, Anton:
[8. Januar 1784] . . . . . . . . . . . . . . . . . . . . . . . . . 23 Nr 87/43 KuE
[5. Juni 1784] . . . . . . . . . . . . . . . . . . . . . . . . . . 23 Nr 97/43 KuE
8. November 1784 . . . . . . . . . . . . . . . . . . . . . . . . 23 Nr 107
31. Dezember 1784 . . . . . . . . . . . . . . . . . . . . . . . 23 Nr 117
[Ende 1784] . . . . . . . . . . . . . . . . . . . . . . . . . . . 23 Nr 118
7. Januar 1785 *(Beilage in NA 43)* . . . . . . . . . . . . . . . 23 Nr 119/43 KuE
[Februar 1785] . . . . . . . . . . . . . . . . . . . . . . . . . 23 Nr 121
Klingemann, Ernst August Friedrich:
5. Juni 1798 . . . . . . . . . . . . . . . . . . . . . . . . . . 29 Nr 239
Knebel, Henriette von:
20. August 1804 . . . . . . . . . . . . . . . . . . . . . . . . . 32 Nr 183
Knebel, Karl Ludwig von:
[11. oder 12. Februar 1789] . . . . . . . . . . . . . . . . . . 25 Nr 146
16. April 1796 . . . . . . . . . . . . . . . . . . . . . . . . . 28 Nr 165/43 KuE
Knigge, Adolph von:
14. April 1784 . . . . . . . . . . . . . . . . . . . . . . . . . 23 Nr 92/43 KuE
Koch, Siegfried Gotthelf Eckardt, gen. Koch:
1. Juni 1787 . . . . . . . . . . . . . . . . . . . . . . . . . . 24 Nr 79
Körner, Anna Maria Jakobine (Minna):
[7. August 1785] (und Christian Gottfried Körner) . . . . . . 24 Nr 7
Körner, Christian Gottfried:
7. Dezember 1784 (und Ludwig Ferdinand Huber,
Minna Stock und Dora Stock) . . . . . . . . . . . . . . . . . 23 Nr 116
10. Februar–22. Februar 1785 . . . . . . . . . . . . . . . . . 23 Nr 122
[Mitte März 1785] . . . . . . . . . . . . . . . . . . . . . . . 23 Nr 124/43 KuE
7. Mai 1785 . . . . . . . . . . . . . . . . . . . . . . . . . . . 24 Nr 3
3. Juli 1785 . . . . . . . . . . . . . . . . . . . . . . . . . . 24 Nr 4
11. Juli 1785 . . . . . . . . . . . . . . . . . . . . . . . . . 24 Nr 5
[7. August1785] (und Minna Körner) . . . . . . . . . . . . . . 24 Nr 7
6. September 1785 . . . . . . . . . . . . . . . . . . . . . . . 24 Nr 8
10. September 1785 . . . . . . . . . . . . . . . . . . . . . . 24 Nr 9
[12. September 1785] . . . . . . . . . . . . . . . . . . . . . 24 Nr 10
15. [und 16.] April 1786 . . . . . . . . . . . . . . . . . . . 24 Nr 31
20. April 1786 . . . . . . . . . . . . . . . . . . . . . . . . . 24 Nr 33
24. April 1786 . . . . . . . . . . . . . . . . . . . . . . . . . 24 Nr 34
18. Dezember 1786 . . . . . . . . . . . . . . . . . . . . . . . 24 Nr 56
20. Dezember 1786 . . . . . . . . . . . . . . . . . . . . . . . 24 Nr 57
26. Dezember 1786 . . . . . . . . . . . . . . . . . . . . . . . 24 Nr 58/43 KuE
29. (?) [30. (?)] Dezember 1786 . . . . . . . . . . . . . . . . 24 Nr 59
5. Januar 1787 . . . . . . . . . . . . . . . . . . . . . . . . . 24 Nr 60
18. April 1787 . . . . . . . . . . . . . . . . . . . . . . . . . 24 Nr 70
[19. April 1787] . . . . . . . . . . . . . . . . . . . . . . . . 24 Nr 71
[21. April 1787] . . . . . . . . . . . . . . . . . . . . . . . . 24 Nr 72
22. April 1787 . . . . . . . . . . . . . . . . . . . . . . . . . 24 Nr 73

[24. April 1787] . . . 24 Nr 74
[25. April 1787] . . . 24 Nr 75
[26. oder 27. April 1787] . . . 24 Nr 76
23.[–25.] Juli 1787 . . . 24 Nr 86/43 KuE
28.[–29. und 31.] Juli 1787 . . . 24 Nr 87/43 KuE
8. [und 9.] August 1787 . . . 24 Nr 90
12. [und 13.] August 1787 . . . 24 Nr 92/43 KuE
18. [und 19.] August 1787 . . . 24 Nr 94/43 KuE
26. [27.] August 1787 . . . 24 Nr 95
29. August 1787 . . . 24 Nr 97
4. [3.] September 1787 . . . 24 Nr 99
10. September [1787] . . . 24 Nr 100/43 KuE
22. September 1787 . . . 24 Nr 102
6. Oktober 1787 . . . 24 Nr 106
14. Oktober 1787 . . . 24 Nr 107
19. Oktober 1787 . . . 24 Nr 108
11. November 1787 . . . 24 Nr 115
19. November 1787 . . . 24 Nr 117
8. Dezember 1787 . . . 24 Nr 118
19. Dezember 1787 . . . 24 Nr 121
7. Januar 1788 . . . 25 Nr 1/43 KuE
18. Januar 1788 . . . 25 Nr 2
7. Februar 1788 . . . 25 Nr 7/43 KuE
12. Februar 1788 . . . 25 Nr 9
23. Februar 1788 . . . 25 Nr 11
6. März 1788 . . . 25 Nr 16/43 KuE
17. März 1788 . . . 25 Nr 20/43 KuE
31. März 1788 . . . 25 Nr 24
15. [14. (?)] April 1788 . . . 25 Nr 28
16. April 1788 . . . 25 Nr 29
25. April 1788 . . . 25 Nr 33
7. Mai 1788 . . . 25 Nr 37
17. [15.] Mai 1788 . . . 25 Nr 39
26. Mai 1788 . . . 25 Nr 43/43 KuE
3. Juni 1788 . . . 25 Nr 48
12. Juni 1788 . . . 25 Nr 50
5. Juli 1788 . . . 25 Nr 55
27. Juli 1788 . . . 25 Nr 64
20. August 1788 . . . 25 Nr 73
1. September 1788 . . . 25 Nr 78
12. September 1788 . . . 25 Nr 84
1. Oktober 1788 . . . 25 Nr 90/43 KuE
20. Oktober 1788 . . . 25 Nr 101/43 KuE
29. Oktober 1788 . . . 25 Nr 104
14. November 1788 . . . 25 Nr 112/43 KuE

1. Dezember 1788 . . . . . . . . . . . . . . . . . . . . . . 25 Nr 118
12. [11.] Dezember 1788 . . . . . . . . . . . . . . . . . . . 25 Nr 122/43 KuE
15. Dezember 1788 . . . . . . . . . . . . . . . . . . . . . 25 Nr 124
25. Dezember 1788 . . . . . . . . . . . . . . . . . . . . . 25 Nr 127
[1. und 5. Januar] 1789 . . . . . . . . . . . . . . . . . . 25 Nr 132
12. Januar 1789 . . . . . . . . . . . . . . . . . . . . . . 25 Nr 135/43 KuE
17. [und 22.] Januar 1789 . . . . . . . . . . . . . . . . . 25 Nr 137
2. Februar 1789 . . . . . . . . . . . . . . . . . . . . . . 25 Nr 140
9. Februar 1789 . . . . . . . . . . . . . . . . . . . . . . 25 Nr 144
25. Februar 1789 . . . . . . . . . . . . . . . . . . . . . 25 Nr 151
5. März 1789 . . . . . . . . . . . . . . . . . . . . . . . 25 Nr 155/43 KuE
9. März 1789 . . . . . . . . . . . . . . . . . . . . . . . 25 Nr 158/43 KuE
10. [und 12.] März 1789 . . . . . . . . . . . . . . . . . . 25 Nr 159
26. März 1789 . . . . . . . . . . . . . . . . . . . . . . . 25 Nr 162
30. März 1789 . . . . . . . . . . . . . . . . . . . . . . . 25 Nr 167
[2. oder 6. April 1789] . . . . . . . . . . . . . . . . . . 25 Nr 169
16. April 1789 . . . . . . . . . . . . . . . . . . . . . . 25 Nr 171
30. April 1789 . . . . . . . . . . . . . . . . . . . . . . 25 Nr 179
13. Mai 1789 . . . . . . . . . . . . . . . . . . . . . . . 25 Nr 181
28. Mai 1789 . . . . . . . . . . . . . . . . . . . . . . . 25 Nr 182
11. Juni 1789 . . . . . . . . . . . . . . . . . . . . . . . 25 Nr 185
24. Juni 1789 . . . . . . . . . . . . . . . . . . . . . . . 25 Nr 188/43 KuE
31. August 1789 . . . . . . . . . . . . . . . . . . . . . . 25 Nr 199/43 KuE
28. September 1789 . . . . . . . . . . . . . . . . . . . . 25 Nr 208
13. Oktober 1789 . . . . . . . . . . . . . . . . . . . . . 25 Nr 212
10. November 1789 . . . . . . . . . . . . . . . . . . . . 25 Nr 225
23. November 1789 . . . . . . . . . . . . . . . . . . . . 25 Nr 231
10. Dezember [1789] . . . . . . . . . . . . . . . . . . . 25 Nr 242
12. [13.] Dezember 1789 . . . . . . . . . . . . . . . . . . 25 Nr 243/43 KuE
24. Dezember 1789 . . . . . . . . . . . . . . . . . . . . . 25 Nr 254
27. Dezember 1789 . . . . . . . . . . . . . . . . . . . . . 25 Nr 255
6. Januar 1790 . . . . . . . . . . . . . . . . . . . . . . 25 Nr 259
13. Januar 1790 . . . . . . . . . . . . . . . . . . . . . . 25 Nr 268
1. Februar 1790 . . . . . . . . . . . . . . . . . . . . . . 25 Nr 277
1. März 1790 . . . . . . . . . . . . . . . . . . . . . . . 26 Nr 1
26. März 1790 . . . . . . . . . . . . . . . . . . . . . . . 26 Nr 7
10. April 1790 . . . . . . . . . . . . . . . . . . . . . . 26 Nr 8
15. April 1790 . . . . . . . . . . . . . . . . . . . . . . 26 Nr 10
16. Mai 1790 . . . . . . . . . . . . . . . . . . . . . . . 26 Nr 15
18. Juni 1790 . . . . . . . . . . . . . . . . . . . . . . . 26 Nr 19
1. September 1790 . . . . . . . . . . . . . . . . . . . . . 26 Nr 29
12. September 1790 . . . . . . . . . . . . . . . . . . . . 26 Nr 33
18. Oktober [1790] . . . . . . . . . . . . . . . . . . . . 26 Nr 42
1. November 1790 . . . . . . . . . . . . . . . . . . . . . 26 Nr 45
26. November 1790 . . . . . . . . . . . . . . . . . . . . 26 Nr 48/43 KuE

17. Dezember 1790 . . . . . . . . . . . . . . . . . . . . . . 26 Nr 53
19. Dezember 1790 . . . . . . . . . . . . . . . . . . . . . . 26 Nr 54
12. Januar 1791 . . . . . . . . . . . . . . . . . . . . . . . . 26 Nr 59
22. Februar 1791 . . . . . . . . . . . . . . . . . . . . . . . 26 Nr 64
3. März 1791 . . . . . . . . . . . . . . . . . . . . . . . . . 26 Nr 65
10. April 1791 . . . . . . . . . . . . . . . . . . . . . . . . 26 Nr 68
24. Mai 1791 . . . . . . . . . . . . . . . . . . . . . . . . . 26 Nr 71
[Ende Juli 1791] . . . . . . . . . . . . . . . . . . . . . . . 26 Nr 75
6. September 1791 . . . . . . . . . . . . . . . . . . . . . . 26 Nr 77
3. Oktober 1791 . . . . . . . . . . . . . . . . . . . . . . . 26 Nr 82
24. Oktober 1791 . . . . . . . . . . . . . . . . . . . . . . 26 Nr 86
19. November 1791 . . . . . . . . . . . . . . . . . . . . . . 26 Nr 91
28. November 1791 . . . . . . . . . . . . . . . . . . . . . . 26 Nr 93
4. Dezember 1791 . . . . . . . . . . . . . . . . . . . . . . 26 Nr 96
13. Dezember 1791 . . . . . . . . . . . . . . . . . . . . . . 26 Nr 97
1. Januar 1792 . . . . . . . . . . . . . . . . . . . . . . . . 26 Nr 102
21. Februar 1792 . . . . . . . . . . . . . . . . . . . . . . . 26 Nr 110
27. Februar 1792 . . . . . . . . . . . . . . . . . . . . . . . 26 Nr 112
15. März 1792 . . . . . . . . . . . . . . . . . . . . . . . . 26 Nr 113
30. März 1792 . . . . . . . . . . . . . . . . . . . . . . . . 26 Nr 115
7. April 1792 . . . . . . . . . . . . . . . . . . . . . . . . 26 Nr 116
25. Mai 1792 . . . . . . . . . . . . . . . . . . . . . . . . . 26 Nr 117
10. Juni 1792 . . . . . . . . . . . . . . . . . . . . . . . . 26 Nr 119
30. Juli 1792 . . . . . . . . . . . . . . . . . . . . . . . . 26 Nr 125
3. September 1792 . . . . . . . . . . . . . . . . . . . . . . 26 Nr 129
21. September 1792 . . . . . . . . . . . . . . . . . . . . . 26 Nr 132
4. Oktober 1792 . . . . . . . . . . . . . . . . . . . . . . . 26 Nr 133
15. Oktober 1792 . . . . . . . . . . . . . . . . . . . . . . 26 Nr 138
6. November 1792 . . . . . . . . . . . . . . . . . . . . . . 26 Nr 140
17. November 1792 . . . . . . . . . . . . . . . . . . . . . . 26 Nr 143
26. November 1792 . . . . . . . . . . . . . . . . . . . . . . 26 Nr 145
21. Dezember 1792 . . . . . . . . . . . . . . . . . . . . . . 26 Nr 146
11. Januar 1793 . . . . . . . . . . . . . . . . . . . . . . . 26 Nr 149
25. Januar 1793 . . . . . . . . . . . . . . . . . . . . . . . 26 Nr 150
8. Februar 1793 . . . . . . . . . . . . . . . . . . . . . . . 26 Nr 151
18. [und 19.] Februar 1793 . . . . . . . . . . . . . . . . . 26 Nr 154
23. Februar 1793 . . . . . . . . . . . . . . . . . . . . . . . 26 Nr 155
28. Februar [und 1. März] 1793 . . . . . . . . . . . . . . . 26 Nr 157
15. März 1793 . . . . . . . . . . . . . . . . . . . . . . . . 26 Nr 161/43 KuE
22. März 1793 . . . . . . . . . . . . . . . . . . . . . . . . 26 Nr 163
7. April 1793 . . . . . . . . . . . . . . . . . . . . . . . . 26 Nr 165
5. Mai 1793 . . . . . . . . . . . . . . . . . . . . . . . . . 26 Nr 168
27. Mai 1793 . . . . . . . . . . . . . . . . . . . . . . . . . 26 Nr 171
20. Juni 1793 . . . . . . . . . . . . . . . . . . . . . . . . 26 Nr 175
1. Juli 1793 . . . . . . . . . . . . . . . . . . . . . . . . . 26 Nr 181

3. Juli 1793 . . . . . . . . . . . . . . . . . . . . . . . . . 26 Nr 182
17. Juli 1793 . . . . . . . . . . . . . . . . . . . . . . . . . 26 Nr 186
27. August 1793 . . . . . . . . . . . . . . . . . . . . . . . 26 Nr 193
15. September 1793 . . . . . . . . . . . . . . . . . . . . . 26 Nr 195
4. Oktober 1793 . . . . . . . . . . . . . . . . . . . . . . . 26 Nr 202
10. Dezember 1793 . . . . . . . . . . . . . . . . . . . . . 26 Nr 212
3. Februar 1794 . . . . . . . . . . . . . . . . . . . . . . 26 Nr 216
17. März 1794 . . . . . . . . . . . . . . . . . . . . . . . 26 Nr 219/43 KuE
23. April 1794 . . . . . . . . . . . . . . . . . . . . . . . 26 Nr 225
[Anfang August 1793–Mitte Mai 1794] *(Adressat unsicher)* . . 26 Nr 228a/43 E
18. Mai 1794 . . . . . . . . . . . . . . . . . . . . . . . . 27 Nr 1
12. Juni 1794 . . . . . . . . . . . . . . . . . . . . . . . . 27 Nr 10/43 KuE
4. Juli 1794 . . . . . . . . . . . . . . . . . . . . . . . . . 27 Nr 18
16. Juli 1794 . . . . . . . . . . . . . . . . . . . . . . . . 27 Nr 19a/43 N
20. Juli 1794 . . . . . . . . . . . . . . . . . . . . . . . . 27 Nr 20
21. August 1794 . . . . . . . . . . . . . . . . . . . . . . 27 Nr 21
1. September 1794 . . . . . . . . . . . . . . . . . . . . . 27 Nr 27/43 KuE
4. September 1794 . . . . . . . . . . . . . . . . . . . . . 27 Nr 29
12. September 1794 . . . . . . . . . . . . . . . . . . . . 27 Nr 35
29. September 1794 . . . . . . . . . . . . . . . . . . . . 27 Nr 42
9. Oktober 1794 . . . . . . . . . . . . . . . . . . . . . . 27 Nr 49/43 KuE
25. Oktober 1794 . . . . . . . . . . . . . . . . . . . . . 27 Nr 54
29. Oktober 1794 . . . . . . . . . . . . . . . . . . . . . 27 Nr 57
7. November 1794 . . . . . . . . . . . . . . . . . . . . . 27 Nr 61/43 KuE
10. November 1794 . . . . . . . . . . . . . . . . . . . . 27 Nr 62
5. Dezember 1794 . . . . . . . . . . . . . . . . . . . . . 27 Nr 73/43 KuE
19. Dezember 1794 . . . . . . . . . . . . . . . . . . . . 27 Nr 80
29. Dezember 1794 . . . . . . . . . . . . . . . . . . . . 27 Nr 86
5. Januar 1795 . . . . . . . . . . . . . . . . . . . . . . 27 Nr 88
7. Januar 1795 . . . . . . . . . . . . . . . . . . . . . . 27 Nr 90/43 KuE
19. Januar 1795 . . . . . . . . . . . . . . . . . . . . . 27 Nr 94/43 KuE
25. Januar 1795 . . . . . . . . . . . . . . . . . . . . . 27 Nr 99
5. Februar 1795 . . . . . . . . . . . . . . . . . . . . . 27 Nr 106/43 KuE
23. Februar 1795 . . . . . . . . . . . . . . . . . . . . 27 Nr 114
2. März 1795 . . . . . . . . . . . . . . . . . . . . . . . 27 Nr 119
10. März [1795] . . . . . . . . . . . . . . . . . . . . . 27 Nr 125/43 KuE
20. März 1795 . . . . . . . . . . . . . . . . . . . . . . 27 Nr 129
5. April 1795 . . . . . . . . . . . . . . . . . . . . . . . 27 Nr 134
10. April 1795 . . . . . . . . . . . . . . . . . . . . . . 27 Nr 138/43 KuE
1. Mai 1795 . . . . . . . . . . . . . . . . . . . . . . . . 27 Nr 140
4. Mai 1795 . . . . . . . . . . . . . . . . . . . . . . . . 27 Nr 142
2. Juni 1795 . . . . . . . . . . . . . . . . . . . . . . . . 27 Nr 153
12. Juni 1795 . . . . . . . . . . . . . . . . . . . . . . . 27 Nr 160
4. Juli 1795 . . . . . . . . . . . . . . . . . . . . . . . . 28 Nr 2/43 KuE
20. Juli 1795 . . . . . . . . . . . . . . . . . . . . . . . 28 Nr 13

3. August 1795 . . . . . . . . . . . . . . . . . . . . . . . . 28 Nr 19
17. August [1795] . . . . . . . . . . . . . . . . . . . . . . 28 Nr 24/43 KuE
27. August [1795] . . . . . . . . . . . . . . . . . . . . . . 28 Nr 29
[31. August 1795] . . . . . . . . . . . . . . . . . . . . . . 28 Nr 34
8. September 1795 . . . . . . . . . . . . . . . . . . . . . . 28 Nr 38
11. September [1795] . . . . . . . . . . . . . . . . . . . . 28 Nr 40
18. September [1795] . . . . . . . . . . . . . . . . . . . . 28 Nr 48
21. September 1795 . . . . . . . . . . . . . . . . . . . . . 28 Nr 49/43 KuE
25. September 1795 . . . . . . . . . . . . . . . . . . . . . 28 Nr 51
[3. Oktober 1795] . . . . . . . . . . . . . . . . . . . . . . 28 Nr 55
5. Oktober [1795] . . . . . . . . . . . . . . . . . . . . . . 28 Nr 62
19. Oktober 1795 . . . . . . . . . . . . . . . . . . . . . . 28 Nr 68
2. November [1795] . . . . . . . . . . . . . . . . . . . . . 28 Nr 80
16. November [1795] . . . . . . . . . . . . . . . . . . . . 28 Nr 87
[10. Dezember 1795] . . . . . . . . . . . . . . . . . . . . 28 Nr 97
21. Dezember 1795 . . . . . . . . . . . . . . . . . . . . . 28 Nr 104/43 KuE
7. Januar 1796 . . . . . . . . . . . . . . . . . . . . . . . 28 Nr 115
18. Januar 1796 . . . . . . . . . . . . . . . . . . . . . . 28 Nr 124
1. Februar 1796 . . . . . . . . . . . . . . . . . . . . . . 28 Nr 136
[29. Februar 1796] . . . . . . . . . . . . . . . . . . . . . 28 Nr 151
8. März 1796 . . . . . . . . . . . . . . . . . . . . . . . . 28 Nr 153
21. März 1796 . . . . . . . . . . . . . . . . . . . . . . . 28 Nr 161
[10.] April 1796 . . . . . . . . . . . . . . . . . . . . . . 28 Nr 163
11. April 1796 . . . . . . . . . . . . . . . . . . . . . . . 28 Nr 164
23. Mai 1796 . . . . . . . . . . . . . . . . . . . . . . . . 28 Nr 175
6. Juni 1796 . . . . . . . . . . . . . . . . . . . . . . . . 28 Nr 177/43 KuE
[10. Juni 1796] . . . . . . . . . . . . . . . . . . . . . . . 28 Nr 181
27. Juni [1796] . . . . . . . . . . . . . . . . . . . . . . . 28 Nr 187
3. Juli 1796 . . . . . . . . . . . . . . . . . . . . . . . . 28 Nr 193/43 KuE
11. Juli 1796 . . . . . . . . . . . . . . . . . . . . . . . . 28 Nr 201
23. [25. (?)] Juli [1796] . . . . . . . . . . . . . . . . . 28 Nr 212
15. August 1796 . . . . . . . . . . . . . . . . . . . . . . 28 Nr 224
29. September 1796 . . . . . . . . . . . . . . . . . . . . 28 Nr 240
17. Oktober 1796 . . . . . . . . . . . . . . . . . . . . . . 28 Nr 253
28. Oktober 1796 . . . . . . . . . . . . . . . . . . . . . . 28 Nr 261
21. November 1796 . . . . . . . . . . . . . . . . . . . . . 29 Nr 8
28. November 1796 . . . . . . . . . . . . . . . . . . . . . 29 Nr 15/43 KuE
27. Dezember 1796 . . . . . . . . . . . . . . . . . . . . . 29 Nr 28
23. Januar 1797 . . . . . . . . . . . . . . . . . . . . . . 29 Nr 36
7. Februar 1797 . . . . . . . . . . . . . . . . . . . . . . 29 Nr 45
13. Februar 1797 . . . . . . . . . . . . . . . . . . . . . . 29 Nr 47
24. Februar 1797 . . . . . . . . . . . . . . . . . . . . . . 29 Nr 52
9. März 1797 . . . . . . . . . . . . . . . . . . . . . . . . 29 Nr 56
7. April 1797 . . . . . . . . . . . . . . . . . . . . . . . . 29 Nr 62
21. April [1797] . . . . . . . . . . . . . . . . . . . . . . 29 Nr 68

1. Mai 1797 . . . . . . 29 Nr 73
3. Juni 1797 . . . . . . 29 Nr 85
18. Juni 1797 . . . . . . 29 Nr 88
10. Juli 1797 . . . . . . 29 Nr 105
21. Juli 1797 . . . . . . 29 Nr 110
6. August 1797 . . . . . . 29 Nr 119/43 Ku
15. September 1797 . . . . . . 29 Nr 137
2. Oktober 1797 . . . . . . 29 Nr 144/43 KuE
20. Oktober 1797 . . . . . . 29 Nr 152/43 KuE
20. November 1797 . . . . . . 29 Nr 160/43 KuE
25. Dezember 1797 . . . . . . 29 Nr 177
8. Januar 1798 . . . . . . 29 Nr 185
[25. Januar 1798] . . . . . . 29 Nr 193/43 KuE
12. Februar 1798 . . . . . . 29 Nr 202
16. März 1798 . . . . . . 29 Nr 217
27. April 1798 . . . . . . 29 Nr 226
25. Mai 1798 . . . . . . 29 Nr 236
15. Juni 1798 . . . . . . 29 Nr 241
15. August 1798 . . . . . . 29 Nr 258
31. August 1798 . . . . . . 29 Nr 266
30. September 1798 . . . . . . 29 Nr 278
29. Oktober 1798 . . . . . . 29 Nr 294
10. Februar 1799 . . . . . . 30 Nr 32
25. März 1799 . . . . . . 30 Nr 44
8. April 1799 . . . . . . 30 Nr 47/43 KuE
8. Mai 1799 . . . . . . 30 Nr 53
19. [20.] Mai 1799 . . . . . . 30 Nr 56
20. Juni 1799 . . . . . . 30 Nr 70/43 KuE
9. August 1799 . . . . . . 30 Nr 86
26. September 1799 . . . . . . 30 Nr 102
1. November 1799 . . . . . . 30 Nr 119
18. November 1799 . . . . . . 30 Nr 125
5. Januar 1800 . . . . . . 30 Nr 155
24. März 1800 . . . . . . 30 Nr 174/43 KuE
16. Juni 1800 . . . . . . 30 Nr 198/43 KuE
3. Juli 1800 . . . . . . 30 Nr 206
13. Juli 1800 . . . . . . 30 Nr 210
17. Juli 1800 . . . . . . 30 Nr 211/43 KuE
28. Juli 1800 . . . . . . 30 Nr 218/43 KuE
3. [4.] September 1800 . . . . . . 30 Nr 233/43 KuE
21. Oktober 1800 . . . . . . 30 Nr 245
16. November 1800 . . . . . . 30 Nr 247
5. Januar 1801 . . . . . . 31 Nr 1
13. Januar 1801 . . . . . . 31 Nr 3
5. März 1801 . . . . . . 31 Nr 14

27. April und 14. Mai 1801 . . . . . . . . . . . . . . . . . . 31 Nr 36
13. Mai 1801 . . . . . . . . . . . . . . . . . . . . . . . . . 31 Nr 41
21. Mai 1801 . . . . . . . . . . . . . . . . . . . . . . . . . 31 Nr 45
17. Juni 1801 . . . . . . . . . . . . . . . . . . . . . . . . 31 Nr 47
9. Juli 1801 . . . . . . . . . . . . . . . . . . . . . . . . . 31 Nr 57
20. Juli 1801 . . . . . . . . . . . . . . . . . . . . . . . . 31 Nr 60
31. Juli 1801 . . . . . . . . . . . . . . . . . . . . . . . . 31 Nr 62
23. September 1801 . . . . . . . . . . . . . . . . . . . . . 31 Nr 68/43 KuE
5. Oktober 1801 . . . . . . . . . . . . . . . . . . . . . . . 31 Nr 71/43 KuE
19. Oktober 1801 . . . . . . . . . . . . . . . . . . . . . . 31 Nr 75/43 KuE
2. November 1801 . . . . . . . . . . . . . . . . . . . . . . 31 Nr 78
16. November 1801 . . . . . . . . . . . . . . . . . . . . . 31 Nr 81
10. Dezember 1801 . . . . . . . . . . . . . . . . . . . . . 31 Nr 87
28. Dezember 1801 . . . . . . . . . . . . . . . . . . . . . 31 Nr 95
3. Januar 1802 . . . . . . . . . . . . . . . . . . . . . . . 31 Nr 99
21. Januar 1802 . . . . . . . . . . . . . . . . . . . . . . 31 Nr 105
4. Februar 1802 . . . . . . . . . . . . . . . . . . . . . . 31 Nr 111
18. Februar 1802 . . . . . . . . . . . . . . . . . . . . . . 31 Nr 122
26. [25.] Februar 1802 . . . . . . . . . . . . . . . . . . . 31 Nr 126
28. Februar 1802 . . . . . . . . . . . . . . . . . . . . . . 31 Nr 127
17. März 1802 . . . . . . . . . . . . . . . . . . . . . . . 31 Nr 137
20. April 1802 . . . . . . . . . . . . . . . . . . . . . . . 31 Nr 146
6. [7.] Juni 1802 . . . . . . . . . . . . . . . . . . . . . . 31 Nr 161
5. Juli 1802 . . . . . . . . . . . . . . . . . . . . . . . . 31 Nr 169
[4. September 1802] . . . . . . . . . . . . . . . . . . . . . 31 Nr 182
9. September 1802 . . . . . . . . . . . . . . . . . . . . . 31 Nr 183
11. Oktober 1802 . . . . . . . . . . . . . . . . . . . . . . 31 Nr 188
20. Oktober 1802 . . . . . . . . . . . . . . . . . . . . . . 31 Nr 191
15. November 1802 . . . . . . . . . . . . . . . . . . . . . 31 Nr 196
29. November 1802 . . . . . . . . . . . . . . . . . . . . . 31 Nr 200
7. Januar 1803 . . . . . . . . . . . . . . . . . . . . . . . 32 Nr 1
6. Februar 1803 . . . . . . . . . . . . . . . . . . . . . . 32 Nr 10
14. Februar 1803 . . . . . . . . . . . . . . . . . . . . . . 32 Nr 14
10. März 1803 . . . . . . . . . . . . . . . . . . . . . . . 32 Nr 26
28. März 1803 . . . . . . . . . . . . . . . . . . . . . . . 32 Nr 33
12. Mai 1803 . . . . . . . . . . . . . . . . . . . . . . . . 32 Nr 44
10. Juni 1803 . . . . . . . . . . . . . . . . . . . . . . . 32 Nr 56
16. Juli 1803 . . . . . . . . . . . . . . . . . . . . . . . . 32 Nr 66
12. September 1803 . . . . . . . . . . . . . . . . . . . . 32 Nr 77
10. Oktober 1803 . . . . . . . . . . . . . . . . . . . . . . 32 Nr 89
16. Oktober 1803 . . . . . . . . . . . . . . . . . . . . . . 32 Nr 92
7. November 1803 . . . . . . . . . . . . . . . . . . . . . . 32 Nr 95
4. Januar 1804 . . . . . . . . . . . . . . . . . . . . . . . 32 Nr 109
20. Februar 1804 . . . . . . . . . . . . . . . . . . . . . . 32 Nr 133/43 KuE
12. März 1804 . . . . . . . . . . . . . . . . . . . . . . . 32 Nr 138

12. April 1804 . . . . . . . . . . . . . . . . . . . . . . . . 32 Nr 148/43 KuE
28. Mai 1804 . . . . . . . . . . . . . . . . . . . . . . . . 32 Nr 156
3. Juli 1804 . . . . . . . . . . . . . . . . . . . . . . . . 32 Nr 171
4. September 1804 . . . . . . . . . . . . . . . . . . . . . . 32 Nr 186
11. Oktober 1804 . . . . . . . . . . . . . . . . . . . . . . 32 Nr 189/43 KuE
22. November 1804 . . . . . . . . . . . . . . . . . . . . . 32 Nr 196
10. Dezember 1804 . . . . . . . . . . . . . . . . . . . . . 32 Nr 201
20. Januar 1805 . . . . . . . . . . . . . . . . . . . . . . 32 Nr 215
5. März 1805 . . . . . . . . . . . . . . . . . . . . . . . . 32 Nr 230
22. April 1805 . . . . . . . . . . . . . . . . . . . . . . . 32 Nr 244
25. April 1805 . . . . . . . . . . . . . . . . . . . . . . . 32 Nr 248

Kotzebue, August von:
16. November 1798 . . . . . . . . . . . . . . . . . . . . . 30 Nr 5/43 KuE
[2. März 1802] . . . . . . . . . . . . . . . . . . . . . . . 31 Nr 130/43 KuE

Krüger, Christoph Heinrich:
6. Mai 1795 . . . . . . . . . . . . . . . . . . . . . . . . 27 Nr 146

Kunze, Johann Friedrich:
13. September 1784 [1785] . . . . . . . . . . . . . . . . . 24 Nr 12/43 KuE
7. Dezember 1785 (und Wilhelmina Sophia Kunze) . . . . . . 24 Nr 17/43 KuE
24. Juli 1786 . . . . . . . . . . . . . . . . . . . . . . . 24 Nr 42/43 KuE
30. Juli 1786 . . . . . . . . . . . . . . . . . . . . . . . 24 Nr 43
[etwa 10. oder 11. Oktober 1786] . . . . . . . . . . . . . 24 Nr 46
14. April 1797 . . . . . . . . . . . . . . . . . . . . . . . 29 Nr 66

Kunze, Wilhelmina Sophia:
7. Dezember 1785 (und Johann Friedrich Kunze) . . . . . . . 24 Nr 17/43 KuE
7. April 1786 . . . . . . . . . . . . . . . . . . . . . . . 24 Nr 29

Langer, Johann Peter:
12. April 1797 . . . . . . . . . . . . . . . . . . . . . . . 29 Nr 64

La Roche, Sophie von:
23. Januar 1797 . . . . . . . . . . . . . . . . . . . . . . 29 Nr 35

Lavater, Johann Kaspar:
16. November 1784 . . . . . . . . . . . . . . . . . . . . . 23 Nr 112/43 KuE

Lengefeld, Charlotte von (*s. auch:* Schiller, Charlotte):
[18. (?) Februar 1788] . . . . . . . . . . . . . . . . . . . 25 Nr 10
[etwa 16.–20. März 1788] . . . . . . . . . . . . . . . . . . 25 Nr 19
[Ende März 1788] . . . . . . . . . . . . . . . . . . . . . . 25 Nr 22
[5. April 1788] . . . . . . . . . . . . . . . . . . . . . . . 25 Nr 25
11. April 1788 . . . . . . . . . . . . . . . . . . . . . . . 25 Nr 27
2. Mai 1788 . . . . . . . . . . . . . . . . . . . . . . . . 25 Nr 35
[20. oder 21. Mai 1788] . . . . . . . . . . . . . . . . . . 25 Nr 40
[21.–24. Mai (?) 1788] . . . . . . . . . . . . . . . . . . . 25 Nr 41/43 KuE
[27. Mai 1788] . . . . . . . . . . . . . . . . . . . . . . . 25 Nr 44
[30. Mai 1788] . . . . . . . . . . . . . . . . . . . . . . . 25 Nr 45
[31. Mai 1788] . . . . . . . . . . . . . . . . . . . . . . . 25 Nr 46
[1. Juni (?) 1788] (und Caroline von Beulwitz) . . . . . . . 25 Nr 47/43 KuE

[5. Juni (?) 1788] (und Caroline von Beulwitz) . . . . . . . . 25 Nr 49
[gegen Ende Juni (?) 1788] . . . . . . . . . . . . . . . . . . . . 25 Nr 52
[30. Juni oder 1. Juli (?) 1788] . . . . . . . . . . . . . . . . . 25 Nr 53
[3. Juli (?) 1788] . . . . . . . . . . . . . . . . . . . . . . . . 25 Nr 54
[11. (?) Juli 1788] . . . . . . . . . . . . . . . . . . . . . . . 25 Nr 59
[17. (?) Juli 1788] (oder Caroline von Beulwitz) . . . . . . . . 25 Nr 60
[24. Juli 1788] . . . . . . . . . . . . . . . . . . . . . . . . . 25 Nr 62
[2. August 1788] . . . . . . . . . . . . . . . . . . . . . . . . 25 Nr 66
[4. August 1788] . . . . . . . . . . . . . . . . . . . . . . . . 25 Nr 68
[6. August 1788] (und Caroline von Beulwitz) . . . . . . . . . 25 Nr 69/43 KuE
[14. August (?) 1788] . . . . . . . . . . . . . . . . . . . . . 25 Nr 71
[19. August 1788] . . . . . . . . . . . . . . . . . . . . . . . 25 Nr 72
[21. August 1788] . . . . . . . . . . . . . . . . . . . . . . . 25 Nr 75
[gegen Ende August 1788] . . . . . . . . . . . . . . . . . . . 25 Nr 76
[gegen Ende August 1788] . . . . . . . . . . . . . . . . . . . 25 Nr 77
[2. September 1788] . . . . . . . . . . . . . . . . . . . . . . 25 Nr 80/43 KuE
[3. September 1788] . . . . . . . . . . . . . . . . . . . . . . 25 Nr 81
[6. September 1788] . . . . . . . . . . . . . . . . . . . . . . 25 Nr 82
[8. September (?) 1788] . . . . . . . . . . . . . . . . . . . . 25 Nr 83
[zweite Hälfte September (?) 1788] . . . . . . . . . . . . . . 25 Nr 85
[28. September 1788] . . . . . . . . . . . . . . . . . . . . . 25 Nr 88
[29. oder 30. September 1788] (und Caroline von Beulwitz) . 25 Nr 89
[1. (?) Oktober 1788] . . . . . . . . . . . . . . . . . . . . . 25 Nr 91
[2. (?) Oktober 1788] . . . . . . . . . . . . . . . . . . . . . 25 Nr 92
[2. (?) Oktober 1788] . . . . . . . . . . . . . . . . . . . . . 25 Nr 93
[3. (?) Oktober 1788] . . . . . . . . . . . . . . . . . . . . . 25 Nr 94
5. Oktober 1788 . . . . . . . . . . . . . . . . . . . . . . . . 25 Nr 95
[13. Oktober 1788] . . . . . . . . . . . . . . . . . . . . . . 25 Nr 98
[16. Oktober 1788] . . . . . . . . . . . . . . . . . . . . . . 25 Nr 99
[etwa 7.–9. November 1788] . . . . . . . . . . . . . . . . . . 25 Nr 107
[10. November 1788] (und Caroline von Beulwitz) . . . . . . 25 Nr 108
[11. November 1788] (und Caroline von Beulwitz) . . . . . . 25 Nr 109
[12. November 1788] (und Caroline von Beulwitz) . . . . . . 25 Nr 110
14. [13.] November 1788 (und Caroline von Beulwitz) . . . . 25 Nr 111
19. [und 20.] November 1788 (und Caroline von Beulwitz) . . 25 Nr 114
22. [und 26.] November 1788 . . . . . . . . . . . . . . . . . 25 Nr 115
[27. November 1788] . . . . . . . . . . . . . . . . . . . . . 25 Nr 116
4. Dezember 1788 (und Caroline von Beulwitz) . . . . . . . . 25 Nr 119
11. Dezember 1788 . . . . . . . . . . . . . . . . . . . . . . 25 Nr 121
[12. Dezember 1788] (und Caroline von Beulwitz) . . . . . . 25 Nr 123
23. Dezember 1788 (und Caroline von Beulwitz) . . . . . . . 25 Nr 126
2. Januar 1789 (und Caroline von Beulwitz) . . . . . . . . . . 25 Nr 129
3. [2.–6.] Januar 1789 . . . . . . . . . . . . . . . . . . . . 25 Nr 130
26. Januar 1789 (und Caroline von Beulwitz) . . . . . . . . . 25 Nr 139
5. Februar 1789 . . . . . . . . . . . . . . . . . . . . . . . 25 Nr 143

12. Februar 1789 (und Caroline von Beulwitz) . . . . . . . . 25 Nr 147
25. Februar 1789 . . . . . . . . . . . . . . . . . . . . . . . . 25 Nr 149
5. März 1789 (und Caroline von Beulwitz) . . . . . . . . . . 25 Nr 154
26. März [1789] . . . . . . . . . . . . . . . . . . . . . . . . 25 Nr 163
17. April 1789 (und Caroline von Beulwitz) . . . . . . . . . . 25 Nr 172
21. [23.] April 1789 (und Caroline von Beulwitz) . . . . . . . 25 Nr 175
30. April 1789 (und Caroline von Beulwitz) . . . . . . . . . . 25 Nr 178
30. Mai 1789 (und Caroline von Beulwitz) . . . . . . . . . . 25 Nr 184
15. [13.] Juni 1789 (und Caroline von Beulwitz) . . . . . . . 25 Nr 186
22. Juni 1789 (und Caroline von Beulwitz) . . . . . . . . . . 25 Nr 187
24. Juli 1789 . . . . . . . . . . . . . . . . . . . . . . . . . 25 Nr 190
[3. August 1789] . . . . . . . . . . . . . . . . . . . . . . . 25 Nr 192
[3. August 1789] (und Caroline von Beulwitz) . . . . . . . . . 25 Nr 193
25. August [1789] . . . . . . . . . . . . . . . . . . . . . . 25 Nr 196
29. August 1789 (und Caroline von Beulwitz) . . . . . . . . . 25 Nr 198
1. September 1789 (und Caroline von Beulwitz) . . . . . . . . 25 Nr 201
1. September [1789] (und Caroline von Beulwitz) . . . . . . . 25 Nr 202
7. [und 8.] September [1789] (und Caroline von Beulwitz) . . 25 Nr 203
12. [10. und 11.] September [1789]
(und Caroline von Beulwitz) . . . . . . . . . . . . . . . . 25 Nr 204
[14. September 1789] (und Caroline von Beulwitz) . . . . . . 25 Nr 205
[16. September 1789] (und Caroline von Beulwitz) . . . . . . 25 Nr 206
[September/Oktober 1789] (und Caroline von Beulwitz) . . . 25 Nr 210
[23. Oktober 1789] (und Caroline von Beulwitz) . . . . . . . 25 Nr 214
26. Oktober 1789 (und Caroline von Beulwitz) . . . . . . . . 25 Nr 215
[29. Oktober 1789] . . . . . . . . . . . . . . . . . . . . . . 25 Nr 216
[30. Oktober 1789] (und Caroline von Beulwitz) . . . . . . . 25 Nr 218
3. November 1789 . . . . . . . . . . . . . . . . . . . . . . . 25 Nr 219
[5. November 1789] . . . . . . . . . . . . . . . . . . . . . . 25 Nr 223
10. November 1789 (und Caroline von Beulwitz) . . . . . . . 25 Nr 224
14. November [1789] (und Caroline von Beulwitz) . . . . . . 25 Nr 226
15. November [1789] (und Caroline von Beulwitz) . . . . . . 25 Nr 228
[16. und 17. November 1789] (und Caroline von Beulwitz) . . 25 Nr 229
[21. November 1789] (und Caroline von Beulwitz) . . . . . . 25 Nr 230
19.[– 24.] November 1789 . . . . . . . . . . . . . . . . . . 25 Nr 232
[24. November 1789] (und Caroline von Beulwitz) . . . . . . 25 Nr 234
[27. November 1789] (und Caroline von Beulwitz) . . . . . . 25 Nr 235
[30. November 1789] (und Caroline von Beulwitz) . . . . . . 25 Nr 236
[3. Dezember 1789] (und Caroline von Beulwitz) . . . . . . . 25 Nr 237
[5. und 6. Dezember 1789] . . . . . . . . . . . . . . . . . . 25 Nr 238
[8. Dezember 1789] . . . . . . . . . . . . . . . . . . . . . . 25 Nr 240
[8. Dezember 1789] (und Caroline von Beulwitz) . . . . . . . 25 Nr 241
13. Dezember 1789 (und Caroline von Beulwitz) . . . . . . . 25 Nr 244
[14. und 15. Dezember 1789] (und Caroline von Beulwitz) . . 25 Nr 245
[17. Dezember 1789] (und Caroline von Beulwitz) . . . . . . 25 Nr 247

[18. Dezember 1789] (und Caroline von Beulwitz) . . . . . . 25 Nr 248
[20. Dezember 1789] (und Caroline von Beulwitz) . . . . . . 25 Nr 250
[21. Dezember 1789] (und Caroline von Beulwitz) . . . . . . 25 Nr 251
[3. Januar 1790] (und Caroline von Beulwitz) . . . . . . . . . 25 Nr 256
[5. Januar 1790] (und Caroline von Beulwitz) . . . . . . . . . 25 Nr 257
[8. Januar 1790] . . . . . . . . . . . . . . . . . . . . . . 25 Nr 261
[10. Januar 1790] (und Caroline von Beulwitz) . . . . . . . . 25 Nr 263
[12. Januar 1790] (und Caroline von Beulwitz) . . . . . . . . 25 Nr 265
[15. Januar 1790] (und Caroline von Beulwitz . . . . . . . . . 25 Nr 270
[18. Januar 1790] (und Caroline von Beulwitz) . . . . . . . . 25 Nr 271
[25. Januar 1790] (und Caroline von Beulwitz) . . . . . . . . 25 Nr 274
[26. Januar 1790] (und Caroline von Beulwitz) . . . . . . . . 25 Nr 275
31. Januar 1790 (und Caroline von Beulwitz) . . . . . . . . . 25 Nr 276
[2. Februar 1790] . . . . . . . . . . . . . . . . . . . . . 25 Nr 278
[5. Februar 1790] (und Caroline von Beulwitz) . . . . . . . . 25 Nr 280
[8. Februar 1790] . . . . . . . . . . . . . . . . . . . . . 25 Nr 282
[9. Februar 1790] . . . . . . . . . . . . . . . . . . . . . 25 Nr 283
[10. Februar 1790] . . . . . . . . . . . . . . . . . . . . 25 Nr 284
[12. Februar 1790] (und Caroline von Beulwitz) . . . . . . . . 25 Nr 285
[14. Februar 1790] (und Caroline von Beulwitz) . . . . . . . . 25 Nr 286
Lengefeld, Louise von:
18. Dezember 1789 . . . . . . . . . . . . . . . . . . . . 25 Nr 249
22. Dezember 1789 . . . . . . . . . . . . . . . . . . . . 25 Nr 252
7. [9.] Januar 1790 . . . . . . . . . . . . . . . . . . . . 25 Nr 262
15. Januar 1790 . . . . . . . . . . . . . . . . . . . . . 25 Nr 269
6. Februar 1790 . . . . . . . . . . . . . . . . . . . . . 25 Nr 281
17. Februar 1790 . . . . . . . . . . . . . . . . . . . . . 25 Nr 287/43 KuE
3. März 1790 . . . . . . . . . . . . . . . . . . . . . . 26 Nr 2
11. Juli 1796 . . . . . . . . . . . . . . . . . . . . . . 28 Nr 203
26. Juli 1796 . . . . . . . . . . . . . . . . . . . . . . 28 Nr 213
25. [26. (?)] Dezember 1797 . . . . . . . . . . . . . . . . 29 Nr 179
29. Dezember 1798 . . . . . . . . . . . . . . . . . . . . 30 Nr 20
11. Oktober 1799 . . . . . . . . . . . . . . . . . . . . . 30 Nr 106
8. Dezember 1799 . . . . . . . . . . . . . . . . . . . . . 30 Nr 140
2. Januar 1800 . . . . . . . . . . . . . . . . . . . . . . 30 Nr 152
20. Dezember 1804 . . . . . . . . . . . . . . . . . . . . 32 Nr 205
Le Pique, Johann Philipp:
18. Juni 1801 . . . . . . . . . . . . . . . . . . . . . . 31 Nr 49
Matthisson, Friedrich (von):
25. August 1794 . . . . . . . . . . . . . . . . . . . . . 27 Nr 25
18. Juni 1795 . . . . . . . . . . . . . . . . . . . . . . 27 Nr 163/43 KuE
28. Juli 1798 . . . . . . . . . . . . . . . . . . . . . . 29 Nr 255
Maucke, Johann Michael:
[9. Oktober 1790] . . . . . . . . . . . . . . . . . . . . 26 Nr 40
4. Juni 1791 . . . . . . . . . . . . . . . . . . . . . . . 26 Nr 73

Mecklenburg-Strelitz, Carl Ludwig Friedrich von:
16. Juli 1796 . . . . . . . . . . . . . . . . . . . . . . . . . 28 Nr 206
Meister, Leonhard:
12. November 1784 . . . . . . . . . . . . . . . . . . . . . 23 Nr 108
Mellish of Blith (Blithe, Blyth, Blythe), Joseph Charles:
16. März 1800 . . . . . . . . . . . . . . . . . . . . . . . . 30 Nr 170
Mereau, Sophie:
18. Juni 1795 . . . . . . . . . . . . . . . . . . . . . . . . 27 Nr 164
11. Juli 1795 . . . . . . . . . . . . . . . . . . . . . . . . . 28 Nr 10
23. Dezember 1795 . . . . . . . . . . . . . . . . . . . . . 28 Nr 105
[vielleicht Mitte Juli 1796] . . . . . . . . . . . . . . . . . . 28 Nr 207
[16. oder 17. Oktober 1796] . . . . . . . . . . . . . . . . . 28 Nr 251
[27. (?) Juni 1797] . . . . . . . . . . . . . . . . . . . . . . 29 Nr 93
[27. (?) Juni 1797] . . . . . . . . . . . . . . . . . . . . . . 29 Nr 95
[4. (?) Juli 1797] . . . . . . . . . . . . . . . . . . . . . . . 29 Nr 101
[um den 20. März 1802] . . . . . . . . . . . . . . . . . . . 31 Nr 140
Meyer, Friedrich Ludwig Wilhelm:
14. September 1795 . . . . . . . . . . . . . . . . . . . . . 28 Nr 44
Meyer, Johann Heinrich:
30. November 1794 . . . . . . . . . . . . . . . . . . . . . 27 Nr 71
27. Januar 1795 . . . . . . . . . . . . . . . . . . . . . . . 27 Nr 101
5. Februar 1795 . . . . . . . . . . . . . . . . . . . . . . . 27 Nr 107/43 KuE
21. Juli 1797 . . . . . . . . . . . . . . . . . . . . . . . . . 29 Nr 112
[27. September 1800] *(Adressat unsicher)* . . . . . . . . . . . . 30 Nr 239a/43 N
Meyer, Nicolaus:
1. März 1802 . . . . . . . . . . . . . . . . . . . . . . . . . 31 Nr 129
Morgenstern, Karl:
9. Juli 1795 . . . . . . . . . . . . . . . . . . . . . . . . . 28 Nr 6
Müller, Johann Gotthard:
3. Januar 1802 . . . . . . . . . . . . . . . . . . . . . . . . 31 Nr 98
Müller, Karl Ludwig Methusalem
1. August 1796 . . . . . . . . . . . . . . . . . . . . . . . . 28 Nr 216a/43 N
Murr, Christoph Gottlieb von:
6. November 1791 . . . . . . . . . . . . . . . . . . . . . . 26 Nr 89
16. Juni 1794 . . . . . . . . . . . . . . . . . . . . . . . . 27 Nr 14
5. Mai 1795 . . . . . . . . . . . . . . . . . . . . . . . . . 27 Nr 144
Neuffer, Christian Ludwig
8. September 1794 . . . . . . . . . . . . . . . . . . . . . . 27 Nr 31a/43 N
Niemeyer, Wilhelmine:
13. Juli 1803 . . . . . . . . . . . . . . . . . . . . . . . . . 32 Nr 65
Niethammer, Friedrich Immanuel:
5. Oktober 1791 . . . . . . . . . . . . . . . . . . . . . . . 26 Nr 83
28. November 1791 . . . . . . . . . . . . . . . . . . . . . 26 Nr 94
23. Juli 1803 . . . . . . . . . . . . . . . . . . . . . . . . . 32 Nr 68
2. April 1805 . . . . . . . . . . . . . . . . . . . . . . . . . 32 Nr 239

Nöhden, Georg Heinrich:
5. Juni 1799 . . . . . . . . . . . . . . . . . . . . . . . . . 30 Nr 62/43 KuE
24. August 1799 . . . . . . . . . . . . . . . . . . . . . . . 30 Nr 93
Nöhden, Heinrich Adolph:
26. Januar 1798 . . . . . . . . . . . . . . . . . . . . . . . 29 Nr 195
6. Juni 1799 . . . . . . . . . . . . . . . . . . . . . . . . . 30 Nr 63
Ochsenheimer, Ferdinand:
10. Dezember 1801 . . . . . . . . . . . . . . . . . . . . . . 31 Nr 86
Paulus, Heinrich Eberhard Gottlob:
2. [und 3.] September 1803 . . . . . . . . . . . . . . . . . 32 Nr 74
2. April 1805 . . . . . . . . . . . . . . . . . . . . . . . . 32 Nr 238
Petersen, Johann Wilhelm:
[Ende November/Anfang Dezember 1780] . . . . . . . . . . 23 Nr 6
[September 1781] . . . . . . . . . . . . . . . . . . . . . . 23 Nr 10
[Ende 1781] (und Karl Ludwig Reichenbach) . . . . . . . . . 23 Nr 17
1. Juli 1784 . . . . . . . . . . . . . . . . . . . . . . . . . 23 Nr 101
Ramann, Christian Heinrich:
1. Juli 1804 . . . . . . . . . . . . . . . . . . . . . . . . . 32 Nr 170
Ramberg, Johann Heinrich:
7. März 1793 . . . . . . . . . . . . . . . . . . . . . . . . 26 Nr 158
4. Februar 1795 . . . . . . . . . . . . . . . . . . . . . . . 27 Nr 105/43 KuE
Rechlin, Carl:
18. Juni 1790 (und Carl Georg Curtius) . . . . . . . . . . . 26 Nr 18/43 KuE
[etwa Anfang Februar 1792]
(und Carl Georg Curtius) . . . . . . . . . . . . . . . . . 26 Nr 106
20. August 1792 (und Carl Georg Curtius) . . . . . . . . . . 26 Nr 126
Reichardt, Johann Friedrich:
10. Juli 1795 . . . . . . . . . . . . . . . . . . . . . . . . 28 Nr 9/43 KuE
3. August 1795 . . . . . . . . . . . . . . . . . . . . . . . 28 Nr 18
28. August 1795 . . . . . . . . . . . . . . . . . . . . . . . 28 Nr 30/43 KuE
Reichenbach, Karl Ludwig:
[Ende 1781] (und Wilhelm Petersen) . . . . . . . . . . . . . 23 Nr 17
Reim, Dorothea Elisabeth:
14. Mai 1787 . . . . . . . . . . . . . . . . . . . . . . . . 24 Nr 77/43 KuE
Rein, Carl Georg Wilhelm:
26. Januar 1798 . . . . . . . . . . . . . . . . . . . . . . . 29 Nr 194/43 KuE
Reinhardt, Philipp Christian:
19. Dezember 1790 . . . . . . . . . . . . . . . . . . . . . . 26 Nr 55
4. Dezember 1791 . . . . . . . . . . . . . . . . . . . . . . 26 Nr 95
Reinhart, Johann Christian:
15. Juni 1801 . . . . . . . . . . . . . . . . . . . . . . . . 31 Nr 46
7. [14. (?)] März 1803 . . . . . . . . . . . . . . . . . . . 32 Nr 28
2. April 1805 . . . . . . . . . . . . . . . . . . . . . . . . 32 Nr 236
Reinhold, Karl Leonhard:
29. August 1787 . . . . . . . . . . . . . . . . . . . . . . . 24 Nr 98

[zwischen dem 9. und 11. August 1790] . . . . . . . . . . . . 26 Nr 27a/43 N
[vielleicht Mitte Januar 1792] *(Adressat unsicher)* . . . . . . . . 26 Nr 105
Reinwald, Christophine (*s. auch:* Schiller, Christophine):
[13. Oktober 1786]
(und Wilhelm Friedrich Hermann Reinwald) . . . . . . . . 24 Nr 48
1. August 1787 . . . . . . . . . . . . . . . . . . . . . . . . . 24 Nr 89
18. [19.] August 1789 . . . . . . . . . . . . . . . . . . . . . 25 Nr 194
19. Januar 1790 . . . . . . . . . . . . . . . . . . . . . . . . 25 Nr 273
16. Mai 1790 . . . . . . . . . . . . . . . . . . . . . . . . . . 26 Nr 14
15. November 1792 . . . . . . . . . . . . . . . . . . . . . . 26 Nr 141
[31. Mai 1793] (und Wilhelm Friedrich Hermann Reinwald) . 26 Nr 172
22. Juli 1793 (und Wilhelm Friedrich Hermann Reinwald) . . 26 Nr 188
16. September 1793
(und Wilhelm Friedrich Hermann Reinwald) . . . . . . . . 26 Nr 196
30. Mai 1794 (und Wilhelm Friedrich Hermann Reinwald) . . 27 Nr 6
24. August 1794 (und Wilhelm Friedrich Hermann Reinwald) . 27 Nr 23
25. April 1796 . . . . . . . . . . . . . . . . . . . . . . . . . 28 Nr 168
6. Mai 1796 . . . . . . . . . . . . . . . . . . . . . . . . . . 28 Nr 170
9. Mai 1796 . . . . . . . . . . . . . . . . . . . . . . . . . . 28 Nr 172
21. Mai 1796 . . . . . . . . . . . . . . . . . . . . . . . . . 28 Nr 174
[17. Februar 1797]
(und Wilhelm Friedrich Hermann Reinwald) . . . . . . . . 29 Nr 49
28. August 1800 (und Wilhelm Friedrich Hermann Reinwald) 30 Nr 229
20. Januar 1801(und Wilhelm Friedrich Hermann Reinwald) . 31 Nr 6
18. Januar 1802 (und Wilhelm Friedrich Hermann Reinwald) . 31 Nr 102
[zwischen dem 8. und dem 10. Mai 1802] . . . . . . . . . . . 31 Nr 153
24. Mai 1800 [1802] . . . . . . . . . . . . . . . . . . . . . . 31 Nr 158
7. Januar 1803 (und Wilhelm Friedrich Hermann Reinwald) . 32 Nr 4
5. Januar 1804 (und Wilhelm Friedrich Hermann Reinwald) . 32 Nr 110
26. [25. (?)] März 1805
(und Wilhelm Friedrich Hermann Reinwald) . . . . . . . . 32 Nr 233
Reinwald, Wilhelm Friedrich Hermann:
7. Dezember 1782 . . . . . . . . . . . . . . . . . . . . . . . 23 Nr 35
9. Dezember 1782 . . . . . . . . . . . . . . . . . . . . . . . 23 Nr 38
17. Dezember 1782 . . . . . . . . . . . . . . . . . . . . . . 23 Nr 39
23. Dezember 1782 . . . . . . . . . . . . . . . . . . . . . . 23 Nr 40
29. Januar 1783 . . . . . . . . . . . . . . . . . . . . . . . . 23 Nr 45
14. Februar 1783 . . . . . . . . . . . . . . . . . . . . . . . 23 Nr 47
21. Februar 1783 . . . . . . . . . . . . . . . . . . . . . . . 23 Nr 48
[Ende Februar 1783] . . . . . . . . . . . . . . . . . . . . . 23 Nr 49/43 N
[März 1783] . . . . . . . . . . . . . . . . . . . . . . . . . . 23 Nr 50
[März 1783] . . . . . . . . . . . . . . . . . . . . . . . . . . 23 Nr 51
[März 1783] . . . . . . . . . . . . . . . . . . . . . . . . . . 23 Nr 52
[März 1783] . . . . . . . . . . . . . . . . . . . . . . . . . . 23 Nr 53
27. März 1783 . . . . . . . . . . . . . . . . . . . . . . . . . 23 Nr 55

12. April 1783 . . . . . . . . . . . . . . . . . . . . . . . . 23 Nr 57
14. April 1783 . . . . . . . . . . . . . . . . . . . . . . . . 23 Nr 58
[Mitte April 1783] . . . . . . . . . . . . . . . . . . . . . . 23 Nr 59/43 KuE
24. April 1783 . . . . . . . . . . . . . . . . . . . . . . . . 23 Nr 61
3. Mai 1783 . . . . . . . . . . . . . . . . . . . . . . . . . 23 Nr 62
11. Mai 1783 . . . . . . . . . . . . . . . . . . . . . . . . 23 Nr 64
22. Mai 1783 . . . . . . . . . . . . . . . . . . . . . . . . 23 Nr 65
9. Juni–16. Juni 1783 . . . . . . . . . . . . . . . . . . . . 23 Nr 69
10. Juli 1783 . . . . . . . . . . . . . . . . . . . . . . . . 23 Nr 71
22. Juli 1783 . . . . . . . . . . . . . . . . . . . . . . . . 23 Nr 72
7. August 1783 . . . . . . . . . . . . . . . . . . . . . . . . 23 Nr 77
5. Mai 1784 . . . . . . . . . . . . . . . . . . . . . . . . . 23 Nr 95/43 KuE
15. April 1786 . . . . . . . . . . . . . . . . . . . . . . . . 24 Nr 30/43 KuE
17. Mai 1786 . . . . . . . . . . . . . . . . . . . . . . . . 24 Nr 39
[13. Oktober 1786] (und Christophine Reinwald) . . . . . . . 24 Nr 48
20. Dezember 1787 . . . . . . . . . . . . . . . . . . . . . . 24 Nr 123
7. März 1788 . . . . . . . . . . . . . . . . . . . . . . . . 25 Nr 18
24. April 1788 . . . . . . . . . . . . . . . . . . . . . . . . 25 Nr 32
9. Juli 1787 [1788] . . . . . . . . . . . . . . . . . . . . . 25 Nr 57
27. März 1789 . . . . . . . . . . . . . . . . . . . . . . . . 25 Nr 164
18. April 1789 . . . . . . . . . . . . . . . . . . . . . . . . 25 Nr 173
[31. Mai 1793] (und Christophine Reinwald) . . . . . . . . . 26 Nr 172
24. Juni 1793 . . . . . . . . . . . . . . . . . . . . . . . . 26 Nr 179
22. Juli 1793 (und Christophine Reinwald) . . . . . . . . . . 26 Nr 188
16. September 1793 (und Christophine Reinwald) . . . . . . 26 Nr 196
24. April 1794 . . . . . . . . . . . . . . . . . . . . . . . . 26 Nr 226
30. Mai 1794 (und Christophine Reinwald) . . . . . . . . . . 27 Nr 6
[Juni (?) 1794] . . . . . . . . . . . . . . . . . . . . . . . 27 Nr 15a/43 N
24. August 1794 (und Christophine Reinwald) . . . . . . . . 27 Nr 23
13. September 1794 . . . . . . . . . . . . . . . . . . . . . 27 Nr 36
21. Dezember 1794 . . . . . . . . . . . . . . . . . . . . . . 27 Nr 82
[1. Februar 1796] . . . . . . . . . . . . . . . . . . . . . . 28 Nr 138
6. Mai 1796 . . . . . . . . . . . . . . . . . . . . . . . . . 28 Nr 171
6. Juni 1796 . . . . . . . . . . . . . . . . . . . . . . . . 28 Nr 178
15. August 1796 . . . . . . . . . . . . . . . . . . . . . . . 28 Nr 227
7. September 1796 . . . . . . . . . . . . . . . . . . . . . . 28 Nr 235
19. September 1796 . . . . . . . . . . . . . . . . . . . . . 28 Nr 238
[17. Februar 1797] (und Christophine Reinwald) . . . . . . . 29 Nr 49
19. Juli 1798 . . . . . . . . . . . . . . . . . . . . . . . . 29 Nr 251
16. August 1798 . . . . . . . . . . . . . . . . . . . . . . . 29 Nr 260/43 KuE
8. [6.] Dezember 1799 . . . . . . . . . . . . . . . . . . . . 30 Nr 134
28. August 1800 (und Christophine Reinwald) . . . . . . . . 30 Nr 229
20. Januar 1801 (und Christophine Reinwald) . . . . . . . . . 31 Nr 6
18. Januar 1802 (und Christophine Reinwald) . . . . . . . . . 31 Nr 102
[6. Dezember 1802] . . . . . . . . . . . . . . . . . . . . . 31 Nr 201

7. Januar 1803 (und Christophine Reinwald) . . . . . . . . . 32 Nr 4
5. Januar 1804 (und Christophine Reinwald) . . . . . . . . . 32 Nr 110
26. [25. (?)] März 1805 (und Christophine Reinwald) . . . . . 32 Nr 233
Rennschüb, Georg:
1. Mai 1784 . . . . . . . . . . . . . . . . . . . . . . . . . 23 Nr 94
Ridel (Riedel), Cornelius Johann Rudolph:
[vielleicht Oktober 1787] . . . . . . . . . . . . . . . . . . . 24 Nr 111
7. Juli 1788 . . . . . . . . . . . . . . . . . . . . . . . . . 25 Nr 56
22. Mai 1790 . . . . . . . . . . . . . . . . . . . . . . . . 26 Nr 16
[15. Mai 1800] . . . . . . . . . . . . . . . . . . . . . . . 30 Nr 188
Rochlitz, Johann Friedrich:
8. Juli 1801 . . . . . . . . . . . . . . . . . . . . . . . . . 31 Nr 56
16. November 1801 . . . . . . . . . . . . . . . . . . . . . 31 Nr 82
10. Dezember 1804 . . . . . . . . . . . . . . . . . . . . . 32 Nr 202
24. Januar 1805 . . . . . . . . . . . . . . . . . . . . . . 32 Nr 217
Sachsen-Meiningen, Georg von:
22. Dezember 1789 . . . . . . . . . . . . . . . . . . . . . 25 Nr 253
Sachsen-Weimar-Eisenach, Carl August von:
1. September 1799 . . . . . . . . . . . . . . . . . . . . . 30 Nr 97
4. Juni 1804 . . . . . . . . . . . . . . . . . . . . . . . . 32 Nr 161
8. Juni 1804 . . . . . . . . . . . . . . . . . . . . . . . . 32 Nr 163
Sachsen-Weimar-Eisenach, Caroline von:
20. August 1804 . . . . . . . . . . . . . . . . . . . . . . 32 Nr 182
Sachsen-Weimar-Eisenach, Geheimes Consilium des Herzogtums:
31. März 1803 . . . . . . . . . . . . . . . . . . . . . . . 32 Nr 35
Scharffenstein, Friedrich von:
[1776] . . . . . . . . . . . . . . . . . . . . . . . . . . . 23 Nr 2
29. Oktober 1784 . . . . . . . . . . . . . . . . . . . . . 23 Nr 106
Schelling, Friedrich Wilhelm Joseph:
1. Mai 1800 . . . . . . . . . . . . . . . . . . . . . . . . 30 Nr 184/43 KuE
12. [und 13. (?)] Mai 1801 . . . . . . . . . . . . . . . . . 31 Nr 40/43 KuE
Schiller, Charlotte (Lolo) (*s. auch:* Lengefeld, Charlotte von):
[27. und 28. Juli 1790] (und Caroline von Beulwitz) . . . . . 26 Nr 25
[29. Juli 1790] (und Caroline von Beulwitz) . . . . . . . . . . 26 Nr 26
[31. Juli 1790] (und Caroline von Beulwitz) . . . . . . . . . . 26 Nr 27
[4. Oktober 1790] . . . . . . . . . . . . . . . . . . . . . . 26 Nr 37
[5. Oktober 1790] (und Caroline von Beulwitz) . . . . . . . . 26 Nr 38
[8. Oktober 1790] (und Caroline von Beulwitz) . . . . . . . . 26 Nr 39
11. Januar 1791 . . . . . . . . . . . . . . . . . . . . . . 26 Nr 57
15. [Januar 1791] . . . . . . . . . . . . . . . . . . . . . . 26 Nr 60
8. September 1794 . . . . . . . . . . . . . . . . . . . . . 27 Nr 32
12. September 1794 . . . . . . . . . . . . . . . . . . . . 27 Nr 33
16. September 1794 . . . . . . . . . . . . . . . . . . . . 27 Nr 37
20. September 1794 . . . . . . . . . . . . . . . . . . . . 27 Nr 38
24. September 1794 . . . . . . . . . . . . . . . . . . . . 27 Nr 39

26. September 1794 . . . . . . . . . . . . . . . . . . . . . . 27 Nr 40
[5. Juni 1798] . . . . . . . . . . . . . . . . . . . . . . . . . . 29 Nr 240
[4. Dezember 1799] . . . . . . . . . . . . . . . . . . . . . . 30 Nr 130
[5. Dezember 1799] . . . . . . . . . . . . . . . . . . . . . . 30 Nr 131
[6. Dezember 1799] . . . . . . . . . . . . . . . . . . . . . . 30 Nr 135
[7. Dezember 1799] . . . . . . . . . . . . . . . . . . . . . . 30 Nr 137
[8. Dezember 1799] . . . . . . . . . . . . . . . . . . . . . . 30 Nr 138
[13. Dezember 1799] . . . . . . . . . . . . . . . . . . . . . 30 Nr 143/43 KuE
[13. Dezember 1799] . . . . . . . . . . . . . . . . . . . . . 30 Nr 144
[14. Dezember 1799] . . . . . . . . . . . . . . . . . . . . . 30 Nr 145/43 KuE
[15. Dezember 1799] . . . . . . . . . . . . . . . . . . . . . 30 Nr 146/43 KuE
18. [17.] Mai 1800 . . . . . . . . . . . . . . . . . . . . . . 30 Nr 189
18. Mai [1800] . . . . . . . . . . . . . . . . . . . . . . . . 30 Nr 190
21. Mai [1800] . . . . . . . . . . . . . . . . . . . . . . . . 30 Nr 192
30. Mai 1800 . . . . . . . . . . . . . . . . . . . . . . . . . 30 Nr 194
1. Juni 1800 . . . . . . . . . . . . . . . . . . . . . . . . . 30 Nr 195
29. Juni 1800 . . . . . . . . . . . . . . . . . . . . . . . . 30 Nr 201
4. Juli 1800 . . . . . . . . . . . . . . . . . . . . . . . . . 30 Nr 207
10. Juli 1800 . . . . . . . . . . . . . . . . . . . . . . . . 30 Nr 209
[16. August 1800] . . . . . . . . . . . . . . . . . . . . . . 30 Nr 223
16. [19.] August 1800 . . . . . . . . . . . . . . . . . . . . 30 Nr 224
10. März 1801 . . . . . . . . . . . . . . . . . . . . . . . . 31 Nr 16
13. März 1801 . . . . . . . . . . . . . . . . . . . . . . . . 31 Nr 18
16. März 1801 . . . . . . . . . . . . . . . . . . . . . . . . 31 Nr 20
20. März 1801 . . . . . . . . . . . . . . . . . . . . . . . . 31 Nr 23
24. März 1801 . . . . . . . . . . . . . . . . . . . . . . . . 31 Nr 25
27. März 1801 . . . . . . . . . . . . . . . . . . . . . . . . 31 Nr 28
30. März 1801 . . . . . . . . . . . . . . . . . . . . . . . . 31 Nr 30
13. [12. (?)] August 1802 . . . . . . . . . . . . . . . . . . 31 Nr 179
4. Juli 1803 . . . . . . . . . . . . . . . . . . . . . . . . . 32 Nr 59
6. Juli 1803 . . . . . . . . . . . . . . . . . . . . . . . . . 32 Nr 60
8. Juli 1803 . . . . . . . . . . . . . . . . . . . . . . . . . 32 Nr 62
9. Juli 1803 . . . . . . . . . . . . . . . . . . . . . . . . . 32 Nr 63
10. Oktober 1803 . . . . . . . . . . . . . . . . . . . . . . . 32 Nr 88
13. Oktober 1803 . . . . . . . . . . . . . . . . . . . . . . . 32 Nr 90
21. August 1804 . . . . . . . . . . . . . . . . . . . . . . . 32 Nr 184
Schiller, Christophine (*s. auch:* Reinwald, Christophine):
19. Juni 1780 . . . . . . . . . . . . . . . . . . . . . . . . 23 Nr 5
18. Oktober 1782 . . . . . . . . . . . . . . . . . . . . . . . 23 Nr 29
6. November 1782 . . . . . . . . . . . . . . . . . . . . . . . 23 Nr 31/43 KuE
[Ende November 1783] . . . . . . . . . . . . . . . . . . . . 23 Nr 84
1. Januar 1784 . . . . . . . . . . . . . . . . . . . . . . . . 23 Nr 85
28. September 1785 . . . . . . . . . . . . . . . . . . . . . . 24 Nr 14
Schiller, Elisabetha Dorothea:
19. November 1782 (und Johann Kaspar Schiller) . . . . . . . 23 Nr 33

13. Mai 1790 (und Johann Kaspar Schiller) . . . . . . . . . . 26 Nr 12
[19. Juni 1790] (und Johann Kaspar Schiller) . . . . . . . . . 26 Nr 20
8. November 1793 (und Johann Kaspar Schiller) . . . . . . . 26 Nr 205
21. November 1794 (und Johann Kaspar Schiller) . . . . . . . 27 Nr 68
[8. Januar 1796] (und Johann Kaspar Schiller) . . . . . . . . . 28 Nr 116
[19. September 1796] . . . . . . . . . . . . . . . . . . . . . 28 Nr 239
8. Oktober 1799 . . . . . . . . . . . . . . . . . . . . . . . . 30 Nr 105

Schiller, Johann Kaspar:
19. November 1782 (und Elisabetha Dorothea Schiller) . . . . 23 Nr 33
7. Januar 1790 . . . . . . . . . . . . . . . . . . . . . . . . 25 Nr 260
13. Januar 1790 . . . . . . . . . . . . . . . . . . . . . . . 25 Nr 266
4. Februar 1790 . . . . . . . . . . . . . . . . . . . . . . . 25 Nr 279
10. März 1790 . . . . . . . . . . . . . . . . . . . . . . . . 26 Nr 4
13. Mai 1790 (und Elisabetha Dorothea Schiller) . . . . . . . 26 Nr 12
[19. Juni 1790] (und Elisabetha Dorothea Schiller) . . . . . . 26 Nr 20
26. [und 28.] Oktober 1790 . . . . . . . . . . . . . . . . . 26 Nr 43
29. [oder 30.] Dezember 1790 . . . . . . . . . . . . . . . . 26 Nr 56
8. November 1793 (und Elisabetha Dorothea Schiller ) . . . . 26 Nr 205
21. November 1794 (und Elisabetha Dorothea Schiller) . . . . 27 Nr 68
[8. Januar 1796] (und Elisabetha Dorothea Schiller) . . . . . . 28 Nr 116
21. März 1796 . . . . . . . . . . . . . . . . . . . . . . . . 28 Nr 160

Schimmelmann, Charlotte von:
4. November 1795 . . . . . . . . . . . . . . . . . . . . . . 28 Nr 83/43 KuE
23. November 1800 . . . . . . . . . . . . . . . . . . . . . 30 Nr 250

Schimmelmann, Ernst Heinrich von:
19. Dezember 1791 (und Friedrich Christian von Schleswig-Holstein-Augustenburg) . . . . . . . . . . . 26 Nr 101
13. Juli 1793 . . . . . . . . . . . . . . . . . . . . . . . . . 26 Nr 185
5. Februar 1796 . . . . . . . . . . . . . . . . . . . . . . . 28 Nr 142

Schlegel, August Wilhelm:
12. Juni 1795 . . . . . . . . . . . . . . . . . . . . . . . . 27 Nr 159
14. September 1795 . . . . . . . . . . . . . . . . . . . . . 28 Nr 43
5. Oktober 1795 . . . . . . . . . . . . . . . . . . . . . . . 28 Nr 59
29. Oktober 1795 . . . . . . . . . . . . . . . . . . . . . . 28 Nr 73
10. Dezember 1795 . . . . . . . . . . . . . . . . . . . . . 28 Nr 98
9. Januar 1796 . . . . . . . . . . . . . . . . . . . . . . . . 28 Nr 119
31. Januar 1796 . . . . . . . . . . . . . . . . . . . . . . . 28 Nr 135
29. Februar 1796 . . . . . . . . . . . . . . . . . . . . . . . 28 Nr 150
[11. März 1796] . . . . . . . . . . . . . . . . . . . . . . . 28 Nr 155
[17. (?) November 1796] . . . . . . . . . . . . . . . . . . 29 Nr 6
1. Dezember 1796 . . . . . . . . . . . . . . . . . . . . . . 29 Nr 17
31. Mai 1797 . . . . . . . . . . . . . . . . . . . . . . . . 29 Nr 83
[1. Juni 1797] . . . . . . . . . . . . . . . . . . . . . . . . 29 Nr 84
[Ende Juni 1797] . . . . . . . . . . . . . . . . . . . . . . . 29 Nr 98
3. Juli 1797 . . . . . . . . . . . . . . . . . . . . . . . . . 29 Nr 99

27. Juli 1797 . . . . . . . . . . . . . . . . . . . . . . . . . . 29 Nr 116
[Mitte August 1797] . . . . . . . . . . . . . . . . . . . . . . 29 Nr 123
[21. (?) August 1797] . . . . . . . . . . . . . . . . . . . . . 29 Nr 126
[24. (?) August 1797] . . . . . . . . . . . . . . . . . . . . . 29 Nr 127
7. Mai 1797 [1798] . . . . . . . . . . . . . . . . . . . . . . 29 Nr 231
14. Mai 1801 . . . . . . . . . . . . . . . . . . . . . . . . . 31 Nr 42
Schleswig-Holstein-Augustenburg, Friedrich Christian von:
19. Dezember 1791 (und Ernst Heinrich von Schimmelmann) . 26 Nr 101
9. Februar 1793 . . . . . . . . . . . . . . . . . . . . . . . . 26 Nr 152
13. Juli 1793 . . . . . . . . . . . . . . . . . . . . . . . . . 26 Nr 184
11. November 1793 . . . . . . . . . . . . . . . . . . . . . . 26 Nr 208
21. November 1793 . . . . . . . . . . . . . . . . . . . . . . 26 Nr 209
3. Dezember 1793 . . . . . . . . . . . . . . . . . . . . . . . 26 Nr 210
[Dezember 1793] . . . . . . . . . . . . . . . . . . . . . . . 26 Nr 213
10. Juni 1794 . . . . . . . . . . . . . . . . . . . . . . . . . 27 Nr 8
20. Januar 1795 . . . . . . . . . . . . . . . . . . . . . . . 27 Nr 95
4. März 1795 . . . . . . . . . . . . . . . . . . . . . . . . . 27 Nr 121
5. April 1795 . . . . . . . . . . . . . . . . . . . . . . . . . 27 Nr 135
9. Juni 1795 . . . . . . . . . . . . . . . . . . . . . . . . . 27 Nr 155
5. Juli 1795 . . . . . . . . . . . . . . . . . . . . . . . . . . 28 Nr 3
5. Oktober 1795 . . . . . . . . . . . . . . . . . . . . . . . 28 Nr 57
9. Januar 1796 . . . . . . . . . . . . . . . . . . . . . . . . 28 Nr 120
5. Februar 1796 . . . . . . . . . . . . . . . . . . . . . . . 28 Nr 141
Schmid, Siegfried:
[28. Juli 1797] . . . . . . . . . . . . . . . . . . . . . . . . 29 Nr 117
Schneider, Wilhelmina Friederica:
13. September 1785 . . . . . . . . . . . . . . . . . . . . . 24 Nr 13
[zwischen Mitte August und Mitte November 1786] . . . . . . 24 Nr 51
11. Dezember 1786 . . . . . . . . . . . . . . . . . . . . . . 24 Nr 54/43 KuE
Schnorr von Carolsfeld, Veit:
4. Februar 1804 . . . . . . . . . . . . . . . . . . . . . . . 32 Nr 121/43 KuE
7. Februar 18[05] . . . . . . . . . . . . . . . . . . . . . . 32 Nr 221
Schröder, Friedrich Ludwig:
12. Oktober 1786 . . . . . . . . . . . . . . . . . . . . . . 24 Nr 47
18. Dezember 1786 . . . . . . . . . . . . . . . . . . . . . . 24 Nr 55/43 KuE
13. Juni 1787 . . . . . . . . . . . . . . . . . . . . . . . . 24 Nr 80/43 KuE
4. Juli 1787 . . . . . . . . . . . . . . . . . . . . . . . . . 24 Nr 82
25. Oktober 1787 . . . . . . . . . . . . . . . . . . . . . . 24 Nr 109
25. März 1801 . . . . . . . . . . . . . . . . . . . . . . . . 31 Nr 27
31. Juli 1801 . . . . . . . . . . . . . . . . . . . . . . . . . 31 Nr 61
Schröter, Corona:
2. Oktober 1787 . . . . . . . . . . . . . . . . . . . . . . . 24 Nr 103
Schubart, Ludwig:
15. November 1789 . . . . . . . . . . . . . . . . . . . . . 25 Nr 227

Schübler, Christian Ludwig:
20. August 1793 . . . . . . . . . . . . . . . . . . . . . . . . 26 Nr 192a/43 N
19. September 1793 . . . . . . . . . . . . . . . . . . . . . . 26 Nr 197/43 KuE
Schütz, Christian Gottfried:
[20. Juni 1793] . . . . . . . . . . . . . . . . . . . . . . . . . 26 Nr 176
19. September 1793 . . . . . . . . . . . . . . . . . . . . . . 26 Nr 199/43 KuE
30. September 1794 . . . . . . . . . . . . . . . . . . . . . . 27 Nr 43
12. November 1794 . . . . . . . . . . . . . . . . . . . . . . 27 Nr 64
[28. Dezember 1795] . . . . . . . . . . . . . . . . . . . . . 28 Nr 109
22. Januar 1802 . . . . . . . . . . . . . . . . . . . . . . . . 31 Nr 108
Schwan, Christian Friedrich:
30. Dezember 1781 . . . . . . . . . . . . . . . . . . . . . . 23 Nr 15
2. Februar 1782 . . . . . . . . . . . . . . . . . . . . . . . . 23 Nr 19
8. Dezember 1782 . . . . . . . . . . . . . . . . . . . . . . . 23 Nr 37/43 KuE
24. April 1785 . . . . . . . . . . . . . . . . . . . . . . . . . 24 Nr 2/43 KuE
2. Mai 1788 . . . . . . . . . . . . . . . . . . . . . . . . . . 25 Nr 36
Schwarz, Karl:
20. Februar 1804 . . . . . . . . . . . . . . . . . . . . . . . 32 Nr 131
24. März 1804 . . . . . . . . . . . . . . . . . . . . . . . . . 32 Nr 143
Schwarze, Moritz Carl Dietrich Lobegott:
4. Februar 1802 . . . . . . . . . . . . . . . . . . . . . . . . 31 Nr 112
Seckendorff-Aberdar, Franz Karl Leopold (Leo) von:
16. März 1801 . . . . . . . . . . . . . . . . . . . . . . . . . 31 Nr 21
1. August 1801 . . . . . . . . . . . . . . . . . . . . . . . . 31 Nr 63
Seeger, Christoph Dionysius (von):
23. Juli 1780 . . . . . . . . . . . . . . . . . . . . . . . . . 23 Nr 5a/43 N
24. September 1782 . . . . . . . . . . . . . . . . . . . . . . 23 Nr 26/43 KuE
Simanowiz, Ludovike:
24. Juni 1793 . . . . . . . . . . . . . . . . . . . . . . . . . 26 Nr 178
8. November 1793 . . . . . . . . . . . . . . . . . . . . . . . 26 Nr 206/43 KuE
6. April 1794 . . . . . . . . . . . . . . . . . . . . . . . . . 26 Nr 222
[nach 22. Juni 1794] . . . . . . . . . . . . . . . . . . . . . 27 Nr 16
Spener, Karl:
4. September 1796 . . . . . . . . . . . . . . . . . . . . . . . 28 Nr 233
10. Oktober 1796 . . . . . . . . . . . . . . . . . . . . . . . 28 Nr 244/43 KuE
27. April 1797 . . . . . . . . . . . . . . . . . . . . . . . . 29 Nr 71
Spilcker, Johann Christian Ferdinand:
13. Februar 1798 . . . . . . . . . . . . . . . . . . . . . . . 29 Nr 204
Staël-Holstein, Germaine de:
26. April 1804 . . . . . . . . . . . . . . . . . . . . . . . . 32 Nr 152
Stark d. Ä. (Starke, Starck, Starcke), Johann Christian:
[um den 24. Mai 1791] . . . . . . . . . . . . . . . . . . . . 26 Nr 72
23. Oktober [1799] . . . . . . . . . . . . . . . . . . . . . . 30 Nr 113
6. Dezember 1799 . . . . . . . . . . . . . . . . . . . . . . . 30 Nr 132
12. Dezember 1801 . . . . . . . . . . . . . . . . . . . . . . 31 Nr 89

13. Dezember 1801 . . . . . . . . . . . . . . . . . . . . . . . 31 Nr 90
15. Dezember 1801 . . . . . . . . . . . . . . . . . . . . . . . 31 Nr 91
4. April 1804 . . . . . . . . . . . . . . . . . . . . . . . . . . 32 Nr 147
Steigentesch, August Ernst von:
9. Juli 1801 . . . . . . . . . . . . . . . . . . . . . . . . . . 31 Nr 58
Stein, Charlotte von:
2. Januar 1797 . . . . . . . . . . . . . . . . . . . . . . . . . 29 Nr 31
[17. Juli 1797] . . . . . . . . . . . . . . . . . . . . . . . . 29 Nr 107/43 KuE
2. Februar 1802 . . . . . . . . . . . . . . . . . . . . . . . . 31 Nr 110
Stein, Friedrich (Fritz) von:
13. April 1805 . . . . . . . . . . . . . . . . . . . . . . . . . 32 Nr 242
Stein, Sophia Henrica:
22. November 1782 . . . . . . . . . . . . . . . . . . . . . . 23 Nr 34/43 KuE
Steinhaus, Diedrich Christian August:
28. März 1799 . . . . . . . . . . . . . . . . . . . . . . . . . 30 Nr 45
Stock, Anna Maria Jakobine (Minna)
(*s. auch:* Körner, Anna Maria Jakobine):
7. Dezember 1784 (und Ludwig Ferdinand Huber,
Christian Gottfried Körner und Dora Stock) . . . . . . . . 23 Nr 116
Stock, Johanna Dorothea (Dora):
7. Dezember 1784 (und Ludwig Ferdinand Huber,
Christian Gottfried Körner und Minna Stock) . . . . . . . 23 Nr 116
Stoll, Elisabetha Margaretha:
21. April 1772 . . . . . . . . . . . . . . . . . . . . . . . . . 23 Nr 1
Streicher, Andreas:
8. Dezember 1782 . . . . . . . . . . . . . . . . . . . . . . . 23 Nr 36
14. Januar 1783 . . . . . . . . . . . . . . . . . . . . . . . . 23 Nr 44
9. Oktober 1795 . . . . . . . . . . . . . . . . . . . . . . . . 28 Nr 64
Succow, Lorenz Johann Daniel:
28. April 1789 . . . . . . . . . . . . . . . . . . . . . . . . . 25 Nr 177
Süvern, Johann Wilhelm:
26. Juli 1800 . . . . . . . . . . . . . . . . . . . . . . . . . . 30 Nr 215
Unbehaun, Johann Heinrich:
1. September 1789 . . . . . . . . . . . . . . . . . . . . . . . 25 Nr 200
Unbekannt:
[Januar 1773–September 1783?] . . . . . . . . . . . . . . . . 23 Nr 25a/43 N
[ohne Datum; 1793/94 (?)] . . . . . . . . . . . . . . . . . . 26 Nr 229
2. Juli 1800 . . . . . . . . . . . . . . . . . . . . . . . . . . 30 Nr 205
27. September 1800 *(Verfasserschaft unsicher; abgedruckt in NA 38 II, 706)* . . . . . . . . . . . . . . . . . . . . . 30 Nr 204a
[1801 oder Juni/Juli 1803 (?)] . . . . . . . . . . . . . . . . 32 Nr 68a/43 N
Unger, Johann Friedrich:
22. Dezember 1797 . . . . . . . . . . . . . . . . . . . . . . . 29 Nr 176
26. Januar 1798 *(abgedruckt in NA 37 II, 282)* . . . . . . . . . 29 Nr 196a
26. Mai 1799 . . . . . . . . . . . . . . . . . . . . . . . . . . 30 Nr 57

17. April 1800 . . . . . . . . . . . . . . . . . . . . . . . . 30 Nr 181
26. Juli 1800 . . . . . . . . . . . . . . . . . . . . . . . . . 30 Nr 216
29. August 1800 . . . . . . . . . . . . . . . . . . . . . . . 30 Nr 231/43 KuE
6. November 1800 . . . . . . . . . . . . . . . . . . . . . . 30 Nr 246
28. November 1800 . . . . . . . . . . . . . . . . . . . . . 30 Nr 252
5. März 1801 . . . . . . . . . . . . . . . . . . . . . . . . 31 Nr 13
7. April 1801 . . . . . . . . . . . . . . . . . . . . . . . . 31 Nr 32
26. April 1801 . . . . . . . . . . . . . . . . . . . . . . . 31 Nr 35
30. April 1801 . . . . . . . . . . . . . . . . . . . . . . . 31 Nr 38
Universität Jena, Prorektor und alle Professoren der:
19. März 1798 . . . . . . . . . . . . . . . . . . . . . . . 29 Nr 219
Unzelmann, Friederike:
17. November 1801 . . . . . . . . . . . . . . . . . . . . . 31 Nr 83
5. Dezember 1803 . . . . . . . . . . . . . . . . . . . . . 32 Nr 102
Vieweg, Johann Friedrich:
1. Oktober 1793 . . . . . . . . . . . . . . . . . . . . . . 26 Nr 201
13. August 1798 . . . . . . . . . . . . . . . . . . . . . . 29 Nr 257/43 KuE
Voigt d. Ä., Christian Gottlob (von):
[etwa 25.–27. April 1789] . . . . . . . . . . . . . . . . . 25 Nr 176
18. Januar 1790 . . . . . . . . . . . . . . . . . . . . . . 25 Nr 272
26. März 1795 . . . . . . . . . . . . . . . . . . . . . . . 27 Nr 131
6. April 1795 . . . . . . . . . . . . . . . . . . . . . . . . 27 Nr 136
13. September 1795 . . . . . . . . . . . . . . . . . . . . 28 Nr 42
1. November 1795 . . . . . . . . . . . . . . . . . . . . . 28 Nr 76
[16. Mai 1801] . . . . . . . . . . . . . . . . . . . . . . . 31 Nr 43
12. Juli 1802 . . . . . . . . . . . . . . . . . . . . . . . . 31 Nr 172
18. Juli 1802 . . . . . . . . . . . . . . . . . . . . . . . . 31 Nr 175
15. Oktober 1802 . . . . . . . . . . . . . . . . . . . . . . 31 Nr 190
17. November 1802 . . . . . . . . . . . . . . . . . . . . . 31 Nr 198
28. Juni 1803 . . . . . . . . . . . . . . . . . . . . . . . . 32 Nr 58
Voigt d. J., Christian Gottlob:
1. [16.] April 1802 . . . . . . . . . . . . . . . . . . . . 31 Nr 145
Voigt, Johann Gottfried:
14. April [1793] . . . . . . . . . . . . . . . . . . . . . . 26 Nr 166/43 KuE
Voß d. J., Johann Heinrich:
29. Dezember 1804 . . . . . . . . . . . . . . . . . . . . . 32 Nr 208
Vulpius, Christian August:
[Juli oder Anfang August 1799] . . . . . . . . . . . . . . 30 Nr 96a/43 N
22. Januar 180[3] *(Adressat unsicher)* . . . . . . . . . . . 32 Nr 5
[3. (?) Mai 1803] *(Adressat unsicher)* . . . . . . . . . . . 32 Nr 42
Wacks, Gottlieb Moriz Christian von:
16. August 1793 . . . . . . . . . . . . . . . . . . . . . . 26 Nr 192
Wieland, Christoph Martin:
24. Mai 1786 . . . . . . . . . . . . . . . . . . . . . . . . 24 Nr 40
[23. Juli 1787] . . . . . . . . . . . . . . . . . . . . . . . 24 Nr 84

10. Dezember 1788 *(Adressat unsicher)* . . . . . . . . . . . . . 25 Nr 119a/43 N
[etwa 4. oder 5. Februar 1789] . . . . . . . . . . . . . . . . . . 25 Nr 141
4. März 1791 . . . . . . . . . . . . . . . . . . . . . . . . . . 26 Nr 66
3. Oktober 1791 . . . . . . . . . . . . . . . . . . . . . . . . 26 Nr 81
1. September 1792 . . . . . . . . . . . . . . . . . . . . . . . 26 Nr 127
17. Oktober 1801 . . . . . . . . . . . . . . . . . . . . . . . 31 Nr 74

Wilmans, Gerhard Friedrich:
16. April 1800 . . . . . . . . . . . . . . . . . . . . . . . . 30 Nr 180

Wittich, Ludwig Wilhelm:
23. (?) November 1804 . . . . . . . . . . . . . . . . . . . 32 Nr 197/43 KuE

Wolzogen, Caroline von (*s. auch:* Beulwitz, Caroline von)
[zwischen dem 22. und dem 29. Juni 1801] . . . . . . . . . . . 31 Nr 51
20. Oktober 1802 . . . . . . . . . . . . . . . . . . . . . . . 31 Nr 192

Wolzogen, Henriette von:
4. Januar 1783 . . . . . . . . . . . . . . . . . . . . . . . . 23 Nr 41
8. Januar 1783 . . . . . . . . . . . . . . . . . . . . . . . . 23 Nr 42
10. Januar 1783 . . . . . . . . . . . . . . . . . . . . . . . 23 Nr 43
1. Februar 1783 . . . . . . . . . . . . . . . . . . . . . . . 23 Nr 46
27. März 1783 . . . . . . . . . . . . . . . . . . . . . . . . 23 Nr 54
23. April 1783 . . . . . . . . . . . . . . . . . . . . . . . . 23 Nr 60
8. Mai 1783 . . . . . . . . . . . . . . . . . . . . . . . . . 23 Nr 63
28. Mai 1783 . . . . . . . . . . . . . . . . . . . . . . . . 23 Nr 67
30. Mai 1783 . . . . . . . . . . . . . . . . . . . . . . . . 23 Nr 68
25. Juli 1783 . . . . . . . . . . . . . . . . . . . . . . . . 23 Nr 73
26. Juli 1783 . . . . . . . . . . . . . . . . . . . . . . . . 23 Nr 74
28. Juli 1783 . . . . . . . . . . . . . . . . . . . . . . . . 23 Nr 75
11. August 1783 . . . . . . . . . . . . . . . . . . . . . . . 23 Nr 78
11. September 1783 . . . . . . . . . . . . . . . . . . . . . 23 Nr 80
1. November 1783 . . . . . . . . . . . . . . . . . . . . . . 23 Nr 82
13. November 1783 . . . . . . . . . . . . . . . . . . . . . 23 Nr 83
1. Januar 1784 . . . . . . . . . . . . . . . . . . . . . . . . 23 Nr 86
11. Februar 1784 . . . . . . . . . . . . . . . . . . . . . . 23 Nr 91
26. Mai–15. Juni 1784 . . . . . . . . . . . . . . . . . . . 23 Nr 99
8. Oktober 1784 . . . . . . . . . . . . . . . . . . . . . . . 23 Nr 105
23. September 1786 . . . . . . . . . . . . . . . . . . . . . 24 Nr 44
1. August 1787 . . . . . . . . . . . . . . . . . . . . . . . . 24 Nr 88
[etwa 10.–14. August 1787] . . . . . . . . . . . . . . . . . 24 Nr 93
20. Dezember 1787 . . . . . . . . . . . . . . . . . . . . . 24 Nr 122
6. März 1788 . . . . . . . . . . . . . . . . . . . . . . . . 25 Nr 17
10. Juli 1788 . . . . . . . . . . . . . . . . . . . . . . . . 25 Nr 58

Wolzogen, Wilhelm von:
25. Mai 1783 . . . . . . . . . . . . . . . . . . . . . . . . 23 Nr 66
[Mitte Juni 1783] . . . . . . . . . . . . . . . . . . . . . . 23 Nr 70
28. Juli 1783 . . . . . . . . . . . . . . . . . . . . . . . . 23 Nr 76
18. Januar 1784 . . . . . . . . . . . . . . . . . . . . . . . 23 Nr 88

[etwa 12.–17. Dezember 1787] . . . . . . . . . . . . . . . . 24 Nr 119
19. Dezember 1787 . . . . . . . . . . . . . . . . . . . . . 24 Nr 120
23. März 1788 . . . . . . . . . . . . . . . . . . . . . . . . 25 Nr 21
10. August 1788 . . . . . . . . . . . . . . . . . . . . . . . 25 Nr 70
1. September 1788 . . . . . . . . . . . . . . . . . . . . . 25 Nr 79
8. März 1790 . . . . . . . . . . . . . . . . . . . . . . . . 26 Nr 3/43 KuE
29. Juni 1790 . . . . . . . . . . . . . . . . . . . . . . . 26 Nr 22
18. Juni 1797 . . . . . . . . . . . . . . . . . . . . . . . 29 Nr 87
27. Juni 1797 . . . . . . . . . . . . . . . . . . . . . . . 29 Nr 94
4. September 1803 . . . . . . . . . . . . . . . . . . . . . 32 Nr 75
27. Oktober 1803 . . . . . . . . . . . . . . . . . . . . . 32 Nr 93
24. November 1803 . . . . . . . . . . . . . . . . . . . . 32 Nr 99
7. Februar 1804 . . . . . . . . . . . . . . . . . . . . . . 32 Nr 124
20. März 1804 . . . . . . . . . . . . . . . . . . . . . . . 32 Nr 141
16. Juni 1804 . . . . . . . . . . . . . . . . . . . . . . . 32 Nr 166
6. September 1804 . . . . . . . . . . . . . . . . . . . . . 32 Nr 188
12. November [1804] . . . . . . . . . . . . . . . . . . . 32 Nr 193/43 KuE
[25. November 1804] . . . . . . . . . . . . . . . . . . . 32 Nr 198
[etwa Mitte November bis Mitte Dezember 1804] . . . . . . . 32 Nr 200
Württemberg, Carl Eugen von:
1. September 1782 . . . . . . . . . . . . . . . . . . . . . 23 Nr 25
24. September 1782 . . . . . . . . . . . . . . . . . . . . 23 Nr 27/43 KuE
Zahn, Christian Jakob:
4. Mai 1795 . . . . . . . . . . . . . . . . . . . . . . . . 27 Nr 143
Zelter, Carl Friedrich:
8. August 1796 . . . . . . . . . . . . . . . . . . . . . . 28 Nr 221
18. August 1796 . . . . . . . . . . . . . . . . . . . . . 28 Nr 228
4. September 1796 . . . . . . . . . . . . . . . . . . . . 28 Nr 232
16. Oktober 1796 . . . . . . . . . . . . . . . . . . . . . 28 Nr 250
6. Juli 1797 . . . . . . . . . . . . . . . . . . . . . . . . 29 Nr 102
7. August 1797 . . . . . . . . . . . . . . . . . . . . . . 29 Nr 120/43 KuE
20. Oktober 1797 . . . . . . . . . . . . . . . . . . . . . 29 Nr 153
28. Februar 1803 . . . . . . . . . . . . . . . . . . . . . 32 Nr 21
16. Januar 1804 . . . . . . . . . . . . . . . . . . . . . . 32 Nr 114
16. Juli 1804 . . . . . . . . . . . . . . . . . . . . . . . 32 Nr 176/43 KuE
Zumsteeg, Johann Rudolph:
19. Januar 1784 . . . . . . . . . . . . . . . . . . . . . . 23 Nr 89

## *VERZEICHNIS DER ABSENDER VON BRIEFEN AN SCHILLER*


A. O. S.:
28. Oktober 179 . . . . . . . . . . . . . . . . . . . . . . . . 35 Nr 365
A. Z.:
[vermutlich Ende Februar 1802] . . . . . . . . . . . . . . . . 39 Nr 218
Abel, Jakob Friedrich:
[vor 15. Juni 1794] . . . . . . . . . . . . . . . . . . . . . . 35 Nr 5
29. Januar 1795 . . . . . . . . . . . . . . . . . . . . . . . . 35 Nr 136
6. März 1795 . . . . . . . . . . . . . . . . . . . . . . . . . 35 Nr 164
1. Oktober 1797 . . . . . . . . . . . . . . . . . . . . . . . . 37 Nr 133
1. September [Oktober] 1799
*(abgedruckt in NA 38 II, 700–701)* . . . . . . . . . . . . . 38 Nr 190a
Adlerskron: *s.* Behaghel von Adlerskron
Alvensleben, Carl Ludwig von:
1. November 1790 . . . . . . . . . . . . . . . . . . . . . . . 34 Nr 36
Alxinger, Johann Baptist von:
11. (?) März 1796 . . . . . . . . . . . . . . . . . . . . . . . 36 Nr 117
Anderson, James William:
6. Mai 1790 . . . . . . . . . . . . . . . . . . . . . . . . . . 34 Nr 11
Archenholtz, Johann Wilhelm von:
14. November 1794 . . . . . . . . . . . . . . . . . . . . . . 35 Nr 76
30. Dezember 1794 . . . . . . . . . . . . . . . . . . . . . . 35 Nr 109
31. März 1795 . . . . . . . . . . . . . . . . . . . . . . . . . 35 Nr 183
28. Juli 1795 . . . . . . . . . . . . . . . . . . . . . . . . . 35 Nr 267
28. Oktober 1795 . . . . . . . . . . . . . . . . . . . . . . . 35 Nr 367
14. November 1795 . . . . . . . . . . . . . . . . . . . . . . 36 Nr 11
Arnim, Henriette von:
28. April [1787] . . . . . . . . . . . . . . . . . . . . . . . . 33 Nr 106
5. Mai 1787 . . . . . . . . . . . . . . . . . . . . . . . . . . 33 Nr 110
Arnold, Ignaz Ferdinand:
15. Oktober 1797 . . . . . . . . . . . . . . . . . . . . . . . 37 Nr 148
13. März 1799 . . . . . . . . . . . . . . . . . . . . . . . . . 38 Nr 64
„Aspasia“, Die Herausgeber der:
26. Mai 1802 . . . . . . . . . . . . . . . . . . . . . . . . . 39 Nr 275

Augustenburg: *s.* Schleswig-Holstein-Augustenburg
Aurnheimer, Georg Leonhard:
8. Januar 1802 . . . . . . . . . . . . . . . . . . . . . . . . . 39 Nr 169
17. Juli 1803 . . . . . . . . . . . . . . . . . . . . . . . . . . 40 Nr 97
Bagge, Lorenz Peter:
8. Mai 1804 . . . . . . . . . . . . . . . . . . . . . . . . . . 40 Nr 233
Baggesen, Jens Immanuel:
29. November 1791 . . . . . . . . . . . . . . . . . . . . . . 34 Nr 98
10. Januar 1792 . . . . . . . . . . . . . . . . . . . . . . . . 34 Nr 107
28. Januar 1792 . . . . . . . . . . . . . . . . . . . . . . . . 34 Nr 112
30. Januar 1792 . . . . . . . . . . . . . . . . . . . . . . . . 34 Nr 113
29. März 1792 . . . . . . . . . . . . . . . . . . . . . . . . . 34 Nr 126
9. Juni 1795 . . . . . . . . . . . . . . . . . . . . . . . . . . 35 Nr 219
Batsch, August Johann Georg Karl:
20. November 1793 . . . . . . . . . . . . . . . . . . . . . . 34 Nr 284
Bauer, Johann Friedrich (Jobst):
8. Juni 1799 . . . . . . . . . . . . . . . . . . . . . . . . . . 38 Nr 118
Baumann, Johann Friedrich:
16. September 1798 . . . . . . . . . . . . . . . . . . . . . . 37 Nr 332
Becht, Johann Moriz:
7. Juli 1794 . . . . . . . . . . . . . . . . . . . . . . . . . . 35 Nr 15/43 KuE
Bechtolsheim (von Mauchenheim, *gen.* Bechtolsheim),
Juliane (Julie) von:
27. März 1805 . . . . . . . . . . . . . . . . . . . . . . . . . 40 Nr 353
Beck, Heinrich:
[gegen Ende April 1786] . . . . . . . . . . . . . . . . . . . . 33 Nr 80
8. Juli 1790 . . . . . . . . . . . . . . . . . . . . . . . . . . 34 Nr 19
31. März 1801 . . . . . . . . . . . . . . . . . . . . . . . . . 39 Nr 51
27. Dezember 1801 . . . . . . . . . . . . . . . . . . . . . . 39 Nr 161
8. Februar 1802 . . . . . . . . . . . . . . . . . . . . . . . . 39 Nr 199
Becker (von Blumenthal), Heinrich:
29. Juni 1800 . . . . . . . . . . . . . . . . . . . . . . . . . 38 Nr 355
7. Juli 1800 . . . . . . . . . . . . . . . . . . . . . . . . . . 38 Nr 361
14. Juli 1800 . . . . . . . . . . . . . . . . . . . . . . . . . 38 Nr 369
21. Juli 1800 . . . . . . . . . . . . . . . . . . . . . . . . . 38 Nr 372
4. August 1800 . . . . . . . . . . . . . . . . . . . . . . . . . 38 Nr 388
26. August 1800 . . . . . . . . . . . . . . . . . . . . . . . . 38 Nr 397
23. März 1801 . . . . . . . . . . . . . . . . . . . . . . . . . 39 Nr 44
27. Juli 1801 . . . . . . . . . . . . . . . . . . . . . . . . . 39 Nr 102
3. August 1801 . . . . . . . . . . . . . . . . . . . . . . . . . 39 Nr 107
[20. Juni 1803] . . . . . . . . . . . . . . . . . . . . . . . . 40 Nr 86
Becker, Wilhelm Gottlieb:
28. Oktober 1801 . . . . . . . . . . . . . . . . . . . . . . . 39 Nr 132
9. November 1801 . . . . . . . . . . . . . . . . . . . . . . . 39 Nr 140
28. März 1802 . . . . . . . . . . . . . . . . . . . . . . . . . 39 Nr 233

24. September 1802 . . . . . . . . . . . . . . . . . . . . . . . 39 Nr 331
4. Oktober 1802 . . . . . . . . . . . . . . . . . . . . . . . . 39 Nr 334
25. Januar 1803 . . . . . . . . . . . . . . . . . . . . . . . . 40 Nr 13
21. April 1803 . . . . . . . . . . . . . . . . . . . . . . . . . 40 Nr 56
4. Dezember 1803 . . . . . . . . . . . . . . . . . . . . . . . 40 Nr 161/43 KuE
27. Januar 1804 . . . . . . . . . . . . . . . . . . . . . . . . 40 Nr 183
[6. oder 7.] April 1804 . . . . . . . . . . . . . . . . . . . . 40 Nr 217
25. Juni 1804 . . . . . . . . . . . . . . . . . . . . . . . . . 40 Nr 251
Behaghel von Adlerskron, Gustav:
14. Juni 1791 . . . . . . . . . . . . . . . . . . . . . . . . . 34 Nr 65
5. Oktober 1791 . . . . . . . . . . . . . . . . . . . . . . . . 34 Nr 85
29. Juli 1792 . . . . . . . . . . . . . . . . . . . . . . . . . 34 Nr 142
18. Juni 1793 . . . . . . . . . . . . . . . . . . . . . . . . . 34 Nr 228
14. Juli 1793 . . . . . . . . . . . . . . . . . . . . . . . . . 34 Nr 237
22. und 24. August 1793 . . . . . . . . . . . . . . . . . . . . 34 Nr 257
Beil, Johann David:
3. September [1786] . . . . . . . . . . . . . . . . . . . . . . 33 Nr 86
Benedixsohn, Johann Christian:
[etwa Mitte Januar] 1795 . . . . . . . . . . . . . . . . . . . 35 Nr 121
Berbert, Johann Christian:
24. Juli 1795 . . . . . . . . . . . . . . . . . . . . . . . . . 35 Nr 262
Bernard, Esther:
13. April 1799 . . . . . . . . . . . . . . . . . . . . . . . . . 38 Nr 86
9. Juni 1799 . . . . . . . . . . . . . . . . . . . . . . . . . . 38 Nr 119
Bertuch, Friedrich Justin:
22. Februar 1801 . . . . . . . . . . . . . . . . . . . . . . . . 39 Nr 25
Bethlen, Elek von:
12. März 1796 . . . . . . . . . . . . . . . . . . . . . . . . . 36 Nr 119
Bethmann, Heinrich:
25. Januar 1801 . . . . . . . . . . . . . . . . . . . . . . . . 39 Nr 12
30. Januar 1801 . . . . . . . . . . . . . . . . . . . . . . . . 39 Nr 16
Beulwitz, Caroline von (*s. auch:* Wolzogen, Caroline von):
[29. Mai 1788] . . . . . . . . . . . . . . . . . . . . . . . . . 33 Nr 161
[Juni (?) 1788] . . . . . . . . . . . . . . . . . . . . . . . . 33 Nr 167
[18. Juni 1788] . . . . . . . . . . . . . . . . . . . . . . . . 33 Nr 170
[25. Juli 1788] (und Charlotte von Lengefeld) . . . . . . . . . 33 Nr 185
[vor 14. August (?) 1788] . . . . . . . . . . . . . . . . . . . 33 Nr 195
[Ende August (?) 1788] . . . . . . . . . . . . . . . . . . . . . 33 Nr 200
[August – Oktober 1788] . . . . . . . . . . . . . . . . . . . . 33 Nr 201
[zweite Hälfte des Sommers 1788] . . . . . . . . . . . . . . . 33 Nr 202
[9. September (?) 1788] . . . . . . . . . . . . . . . . . . . . 33 Nr 214
[September (?) 1788] . . . . . . . . . . . . . . . . . . . . . . 33 Nr 218
[September (?) 1788] . . . . . . . . . . . . . . . . . . . . . . 33 Nr 219
[Ende September 1788] (und Charlotte von Lengefeld) . . . . 33 Nr 223
[Oktober (?) 1788] . . . . . . . . . . . . . . . . . . . . . . . 33 Nr 231

[Herbst 1788] . . . . . . . . . . . . . . . . . . . . . . . . . 33 Nr 235
[Herbst 1788] . . . . . . . . . . . . . . . . . . . . . . . . . 33 Nr 236
18. November 1788 . . . . . . . . . . . . . . . . . . . . . . 33 Nr 243
26. November [1788] . . . . . . . . . . . . . . . . . . . . . 33 Nr 246
[2. und] 3. [Dezember 1788] . . . . . . . . . . . . . . . . . 33 Nr 249
[10.] Dezember 1788 . . . . . . . . . . . . . . . . . . . . . 33 Nr 251
21. Dezember 1788 . . . . . . . . . . . . . . . . . . . . . . 33 Nr 256
29. Dezember 1788 . . . . . . . . . . . . . . . . . . . . . . 33 Nr 258
4. Februar 1789 . . . . . . . . . . . . . . . . . . . . . . . 33 Nr 267
10. Februar 1789 . . . . . . . . . . . . . . . . . . . . . . . 33 Nr 270
9. [3. oder 4.] März 1789 . . . . . . . . . . . . . . . . . . 33 Nr 276
[18. März 1789] . . . . . . . . . . . . . . . . . . . . . . . 33 Nr 280
25. März [1789] . . . . . . . . . . . . . . . . . . . . . . . 33 Nr 283
1. April 1789 . . . . . . . . . . . . . . . . . . . . . . . . 33 Nr 286
15. April 1789 . . . . . . . . . . . . . . . . . . . . . . . . 33 Nr 292
29. April 1789 . . . . . . . . . . . . . . . . . . . . . . . . 33 Nr 295
[14. oder 15. Mai 1789] . . . . . . . . . . . . . . . . . . . 33 Nr 300
28. [29. ?] Mai 1789 . . . . . . . . . . . . . . . . . . . . . 33 Nr 304
3. Juni 1789 . . . . . . . . . . . . . . . . . . . . . . . . . 33 Nr 306
[21.] Juni 1789 . . . . . . . . . . . . . . . . . . . . . . . . 33 Nr 310
[6. Juli 1789] . . . . . . . . . . . . . . . . . . . . . . . . 33 Nr 313
13. Juli 1789 . . . . . . . . . . . . . . . . . . . . . . . . . 33 Nr 315
[28. Juli 1789] . . . . . . . . . . . . . . . . . . . . . . . 33 Nr 319
[13. September 1789] . . . . . . . . . . . . . . . . . . . . 33 Nr 333
[24. (25.) Oktober 1789] . . . . . . . . . . . . . . . . . . 33 Nr 337
[28. Oktober 1789] . . . . . . . . . . . . . . . . . . . . . 33 Nr 338
[1. und 2. November 1789] . . . . . . . . . . . . . . . . . 33 Nr 341
[15. November 1789] . . . . . . . . . . . . . . . . . . . . 33 Nr 347
[3. Dezember 1789] . . . . . . . . . . . . . . . . . . . . . 33 Nr 355
[5. Dezember 1789] . . . . . . . . . . . . . . . . . . . . . 33 Nr 358
[7. Dezember 1789] . . . . . . . . . . . . . . . . . . . . . 33 Nr 360
[10. Dezember 1789] . . . . . . . . . . . . . . . . . . . . 33 Nr 362
[17. Dezember 1789] . . . . . . . . . . . . . . . . . . . . 33 Nr 367
[20. Dezember 1789] . . . . . . . . . . . . . . . . . . . . 33 Nr 369
[24. Januar 1790] . . . . . . . . . . . . . . . . . . . . . . 33 Nr 387
[4. Februar 1790] . . . . . . . . . . . . . . . . . . . . . . 33 Nr 396
[25. März 1790] . . . . . . . . . . . . . . . . . . . . . . . 34 Nr 5
[17. Mai 1790] . . . . . . . . . . . . . . . . . . . . . . . . 34 Nr 14
[20. Oktober (?) 1791] . . . . . . . . . . . . . . . . . . . 34 Nr 90
[9. (?) Dezember 1791] . . . . . . . . . . . . . . . . . . . 34 Nr 101
[wahrscheinlich 23. Januar 1792] . . . . . . . . . . . . . . 34 Nr 111
[Ende Februar 1792] . . . . . . . . . . . . . . . . . . . . . 34 Nr 118
[15. März 1792] . . . . . . . . . . . . . . . . . . . . . . . 34 Nr 121
[19. oder 26. März 1792] . . . . . . . . . . . . . . . . . . 34 Nr 123
25. April [1792] . . . . . . . . . . . . . . . . . . . . . . . 34 Nr 128

[um den 10. Oktober 1792] . . . . . . . . . . . . . . . . . . . 34 Nr 158
[Ende Oktober 1792] . . . . . . . . . . . . . . . . . . . . . 34 Nr 165
[vermutlich 1. und 2. Dezember 1792] . . . . . . . . . . . . 34 Nr 173
[Anfang Dezember 1792] . . . . . . . . . . . . . . . . . . . 34 Nr 174
[wahrscheinlich 1. Juni 1793] . . . . . . . . . . . . . . . . . 34 Nr 222
20. Juni [1793] . . . . . . . . . . . . . . . . . . . . . . . . 34 Nr 229
Beulwitz, Friedrich Wilhelm Ludwig von:
5. Mai 1790 . . . . . . . . . . . . . . . . . . . . . . . . . 34 Nr 10
28. Juli 1793 . . . . . . . . . . . . . . . . . . . . . . . . . 34 Nr 246
Blan(c)kenburg, Christian Friedrich:
2. Januar 1795 . . . . . . . . . . . . . . . . . . . . . . . . 35 Nr 111
Blaquiere, J.:
1. September 1799 . . . . . . . . . . . . . . . . . . . . . . 38 Nr 183
Bode, Theodor Heinrich August:
29. Februar [1. März (?)] 1803 . . . . . . . . . . . . . . . . 40 Nr 31
17. Januar 1804 . . . . . . . . . . . . . . . . . . . . . . . 40 Nr 176
Bodemann, Friedrich Ludwig Joseph:
8. Januar 1797 . . . . . . . . . . . . . . . . . . . . . . . . 36 Nr 359
Boehlendorff, Casimir Ulrich:
12. Juni 1799 . . . . . . . . . . . . . . . . . . . . . . . . 38 Nr 124
15. Juli 1799 . . . . . . . . . . . . . . . . . . . . . . . . . 38 Nr 153
16. Juni 1800 . . . . . . . . . . . . . . . . . . . . . . . . 38 Nr 344
Böninger, Johann:
20. März 1797 (und Johann Peter Langer) . . . . . . . . . . . 36 Nr 403
Böttiger, Karl August:
31. August 1797 . . . . . . . . . . . . . . . . . . . . . . . 37 Nr 116
8. September 1797 . . . . . . . . . . . . . . . . . . . . . . 37 Nr 121
11. Oktober 1797 . . . . . . . . . . . . . . . . . . . . . . 37 Nr 143
17. Oktober 1797 . . . . . . . . . . . . . . . . . . . . . . 37 Nr 150
12. November 1797 . . . . . . . . . . . . . . . . . . . . . 37 Nr 158
23. Dezember 1797 . . . . . . . . . . . . . . . . . . . . . 37 Nr 189
31. Januar 1798 . . . . . . . . . . . . . . . . . . . . . . . 37 Nr 213
22. Februar 1799 . . . . . . . . . . . . . . . . . . . . . . 38 Nr 51
3. März 1799 . . . . . . . . . . . . . . . . . . . . . . . . 38 Nr 56
[17. Mai 1801] . . . . . . . . . . . . . . . . . . . . . . . . 39 Nr 76
10. Februar 1804 . . . . . . . . . . . . . . . . . . . . . . 40 Nr 192
25. Februar 1804 . . . . . . . . . . . . . . . . . . . . . . 40 Nr 199
[vielleicht Februar oder März 1804] . . . . . . . . . . . . . 40 Nr 202
Boie, Heinrich Christian:
10. September 1796 . . . . . . . . . . . . . . . . . . . . . 36 Nr 283
12. Dezember 1796 . . . . . . . . . . . . . . . . . . . . . 36 Nr 344
5. Februar 1797 . . . . . . . . . . . . . . . . . . . . . . . 36 Nr 379
Boigeol, Georg Friedrich:
1. Oktober 1795 . . . . . . . . . . . . . . . . . . . . . . . 35 Nr 339

Bolt, Johann Friedrich:
16. Juli 1796 . . . . . 36 Nr 233
18. August 1796 . . . . . 36 Nr 267
20. September 1796 . . . . . 36 Nr 285
9. Oktober 1796 . . . . . 36 Nr 297
Borheck, August Christian:
24. Dezember 1796 . . . . . 36 Nr 353
Bornschein, Johann Ernst Daniel:
3. März 1793 . . . . . 34 Nr 201
Bosscha, Hermann:
23. August 1792 . . . . . 34 Nr 149
Bouginé, Karl Friedrich:
5. Juli 1804 . . . . . 40 Nr 255
Bouterwek, Friedrich:
3. Mai 1788 . . . . . 33 Nr 156
Brachmann, Louise:
29. Januar 1798 . . . . . 37 Nr 211
28. August 1798 . . . . . 37 Nr 321
29. Juli 1800 . . . . . 38 Nr 383
1. August 1800 . . . . . 38 Nr 386
9. April 1802 . . . . . 39 Nr 239
2. November 1802 . . . . . 39 Nr 346
20. Dezember 1802 . . . . . 39 Nr 362
20. August 1803 . . . . . 40 Nr 109
[29. oder 30. September 1803] . . . . . 40 Nr 134
8. Oktober 1803 . . . . . 40 Nr 140
20. Oktober [und 2. November] 1803 . . . . . 40 Nr 143
Breidenstein, Johann Georg:
[2. Januar 1803] . . . . . 40 Nr 2
16. Februar 1803 . . . . . 40 Nr 24
25. März 1803 . . . . . 40 Nr 47
Breyer, Carl Wilhelm Friedrich:
13. Oktober 1800 . . . . . 38 Nr 426
Brinckmann, Karl Gustav von:
[19. Februar 1798] . . . . . 37 Nr 223
4. Mai 1804 . . . . . 40 Nr 231
8. Mai 1804 . . . . . 40 Nr 232
7. Juni 1804 . . . . . 40 Nr 243
Broxtermann, Theobald Wilhelm:
7. Juni 1800 . . . . . 38 Nr 341
Bruck, Engelbert vom:
10. Juli 1795 . . . . . 35 Nr 244
Brühl, Hans Moritz von:
22. August 1792 . . . . . 34 Nr 148

Brun, Friederike:
[11. (?) August 1803] . . . . . . . . . . . . . . . . . . . . . . 40 Nr 105
Buch, Karl Ludwig:
30. Juli 1792 . . . . . . . . . . . . . . . . . . . . . . . . . . 34 Nr 143
Buchholz, Karl August:
[Ende (?)] April 1804 . . . . . . . . . . . . . . . . . . . . . . 40 Nr 226/43 KuE
Bürde, Samuel Gottlieb:
15. Dezember 1795 . . . . . . . . . . . . . . . . . . . . . . 36 Nr 32
6. Februar 1796 . . . . . . . . . . . . . . . . . . . . . . . 36 Nr 85
13. April 1796 . . . . . . . . . . . . . . . . . . . . . . . . 36 Nr 145
Bürger, Gottfried August:
[Ende April 1789] *(abgedruckt in NA 33 II, 667)* . . . . . . . 33 Nr 295a
Bürger, Marie Christiane Elisabeth (Elise):
8. Mai 1802 . . . . . . . . . . . . . . . . . . . . . . . . . . 39 Nr 258
Buri, Christian Carl Ernst Wilhelm:
15. Februar 1800 . . . . . . . . . . . . . . . . . . . . . . . 38 Nr 278
Butenschoen, Johann Friedrich:
22. Dezember 1792 . . . . . . . . . . . . . . . . . . . . . . 34 Nr 182
24. Mai 1796 . . . . . . . . . . . . . . . . . . . . . . . . . 36 Nr 178
Campe, Johann Heinrich:
21. Februar 1798 . . . . . . . . . . . . . . . . . . . . . . . 37 Nr 226
3. März 1798 . . . . . . . . . . . . . . . . . . . . . . . . . 37 Nr 234
9. März 1798 . . . . . . . . . . . . . . . . . . . . . . . . . 37 Nr 238
Christmann, Johann Friedrich:
27. Oktober 1783 . . . . . . . . . . . . . . . . . . . . . . . 33 Nr 8
Cleemann, Friedrich Johann Christoph:
18. April 1797 . . . . . . . . . . . . . . . . . . . . . . . . 37 Nr 10
Cloßmann, Joseph von
[Spätsommer/Herbst 1802 (?)] . . . . . . . . . . . . . . . . . 39 Nr 366a/43 N
Consbruch, Johann Friedrich:
29. Dezember 1788 . . . . . . . . . . . . . . . . . . . . . . 33 Nr 259
Conz, Karl Philipp:
19. Februar 1785 . . . . . . . . . . . . . . . . . . . . . . . 33 Nr 51
6. September 1793 . . . . . . . . . . . . . . . . . . . . . . 34 Nr 260
8. Oktober 1794 . . . . . . . . . . . . . . . . . . . . . . . 35 Nr 58
23. Juli 1795 . . . . . . . . . . . . . . . . . . . . . . . . . 35 Nr 260
20. Juni 1796 . . . . . . . . . . . . . . . . . . . . . . . . . 36 Nr 197
23. September 1797 . . . . . . . . . . . . . . . . . . . . . . 37 Nr 125
14. Juni 1798 . . . . . . . . . . . . . . . . . . . . . . . . . 37 Nr 287
18. Mai 1799 . . . . . . . . . . . . . . . . . . . . . . . . . 38 Nr 106
Coopmans, Gadso *s.* Francke, Georg Samuel
Cordemann d. Ä., Friedrich:
14. November 1804 . . . . . . . . . . . . . . . . . . . . . . 40 Nr 298
15. November 1804 . . . . . . . . . . . . . . . . . . . . . . 40 Nr 299

Cotta, Johann Friedrich:
20. März 1794 . . . . . . . . . . . . . . . . . . . . . . . . 34 Nr 296
11. April 1794 . . . . . . . . . . . . . . . . . . . . . . . . 34 Nr 301
16. Mai 1794 . . . . . . . . . . . . . . . . . . . . . . . . 34 Nr 303
3. Juni 1794 . . . . . . . . . . . . . . . . . . . . . . . . 35 Nr 3
24. Juni 1794 . . . . . . . . . . . . . . . . . . . . . . . . 35 Nr 9
15. September 1794 . . . . . . . . . . . . . . . . . . . . 35 Nr 43
23. September 1794 . . . . . . . . . . . . . . . . . . . . 35 Nr 53
21. Oktober 1794 . . . . . . . . . . . . . . . . . . . . . 35 Nr 63
27. Oktober 1794 . . . . . . . . . . . . . . . . . . . . . 35 Nr 66
5. November 1794 . . . . . . . . . . . . . . . . . . . . 35 Nr 73
24. November 1794 . . . . . . . . . . . . . . . . . . . . 35 Nr 81
28. November 1794 . . . . . . . . . . . . . . . . . . . . 35 Nr 83
11. Dezember 1794 . . . . . . . . . . . . . . . . . . . . 35 Nr 96
14. Dezember 1794 . . . . . . . . . . . . . . . . . . . . 35 Nr 100
18. Dezember 1794 . . . . . . . . . . . . . . . . . . . . 35 Nr 103
22. Dezember 1794 . . . . . . . . . . . . . . . . . . . . 35 Nr 104
23. Dezember 1794 . . . . . . . . . . . . . . . . . . . . 35 Nr 106
31. Dezember 1794 . . . . . . . . . . . . . . . . . . . . 35 Nr 110
5. Januar 1795 . . . . . . . . . . . . . . . . . . . . . . 35 Nr 115
15. Januar 1795 . . . . . . . . . . . . . . . . . . . . . . 35 Nr 122
19. Januar 1795 . . . . . . . . . . . . . . . . . . . . . . 35 Nr 125
20. und 22. Januar 1795 . . . . . . . . . . . . . . . . . 35 Nr 126
25. Januar 1795 . . . . . . . . . . . . . . . . . . . . . . 35 Nr 131
28. Januar 1795 . . . . . . . . . . . . . . . . . . . . . . 35 Nr 135
2. Februar 1795 . . . . . . . . . . . . . . . . . . . . . . 35 Nr 141
9. Februar 1795 . . . . . . . . . . . . . . . . . . . . . . 35 Nr 144
18. Februar 1795 . . . . . . . . . . . . . . . . . . . . . 35 Nr 150
20. Februar 1795 . . . . . . . . . . . . . . . . . . . . . 35 Nr 153
24. Februar 1795 . . . . . . . . . . . . . . . . . . . . . 35 Nr 156
1. März 1795 . . . . . . . . . . . . . . . . . . . . . . . 35 Nr 163
13. März 1795 . . . . . . . . . . . . . . . . . . . . . . . 35 Nr 167
20. März 1795 . . . . . . . . . . . . . . . . . . . . . . . 35 Nr 174
29. März 1795 . . . . . . . . . . . . . . . . . . . . . . . 35 Nr 180
6. Mai 1795 . . . . . . . . . . . . . . . . . . . . . . . . 35 Nr 196
8. Mai 1795 . . . . . . . . . . . . . . . . . . . . . . . . 35 Nr 197
11. Mai 1795 . . . . . . . . . . . . . . . . . . . . . . . 35 Nr 200
12. Mai 1795 . . . . . . . . . . . . . . . . . . . . . . . 35 Nr 201
21. Mai 1795 . . . . . . . . . . . . . . . . . . . . . . . 35 Nr 212
28. Mai 1795 . . . . . . . . . . . . . . . . . . . . . . . 35 Nr 216
19. Juni 1795 . . . . . . . . . . . . . . . . . . . . . . . 35 Nr 226
22. Juni 1795 . . . . . . . . . . . . . . . . . . . . . . . 35 Nr 233
26. Juni 1795 . . . . . . . . . . . . . . . . . . . . . . . 35 Nr 234
6. Juli 1795 . . . . . . . . . . . . . . . . . . . . . . . . 35 Nr 239
14. Juli 1795 . . . . . . . . . . . . . . . . . . . . . . . 35 Nr 248

17. Juli 1795 . . . . . . . . . . . . . . . . . . . . . . . . . . 35 Nr 254
22. Juli 1795 . . . . . . . . . . . . . . . . . . . . . . . . . . 35 Nr 259
29. Juli 1795 . . . . . . . . . . . . . . . . . . . . . . . . . . 35 Nr 269
7. August 1795 . . . . . . . . . . . . . . . . . . . . . . . . . 35 Nr 274
12. August 1795 . . . . . . . . . . . . . . . . . . . . . . . . 35 Nr 277
17. August 1795 . . . . . . . . . . . . . . . . . . . . . . . . 35 Nr 282
25. August 1795 . . . . . . . . . . . . . . . . . . . . . . . . 35 Nr 293
7. September 1795 . . . . . . . . . . . . . . . . . . . . . . 35 Nr 309
11. September 1795 . . . . . . . . . . . . . . . . . . . . . 35 Nr 315
16. September 1795 . . . . . . . . . . . . . . . . . . . . . 35 Nr 322
24. und 25. September 1795 . . . . . . . . . . . . . . . . 35 Nr 327
5. Oktober 1795 . . . . . . . . . . . . . . . . . . . . . . . . 35 Nr 343
12. Oktober 1795 . . . . . . . . . . . . . . . . . . . . . . . 35 Nr 348
20. Oktober 1795 . . . . . . . . . . . . . . . . . . . . . . . 35 Nr 357
23. Oktober 1795 . . . . . . . . . . . . . . . . . . . . . . . 35 Nr 361
26. Oktober 1795 . . . . . . . . . . . . . . . . . . . . . . . 35 Nr 364
9. November 1795 . . . . . . . . . . . . . . . . . . . . . . . 36 Nr 5
10. [11.] November 1795 . . . . . . . . . . . . . . . . . . 36 Nr 8
17. November 1795 . . . . . . . . . . . . . . . . . . . . . . 36 Nr 13
19. November 1795 . . . . . . . . . . . . . . . . . . . . . . 36 Nr 15
25. November 1795 . . . . . . . . . . . . . . . . . . . . . . 36 Nr 20
18. Dezember 1795 . . . . . . . . . . . . . . . . . . . . . . 36 Nr 38
22. Dezember 1795 . . . . . . . . . . . . . . . . . . . . . . 36 Nr 40
7. Januar 1796 . . . . . . . . . . . . . . . . . . . . . . . . . 36 Nr 57
14. Januar 1796 . . . . . . . . . . . . . . . . . . . . . . . . 36 Nr 62
25. Januar 1796 . . . . . . . . . . . . . . . . . . . . . . . . 36 Nr 72
1. Februar 1796 . . . . . . . . . . . . . . . . . . . . . . . . 36 Nr 79
21. Januar [Februar] 1796 . . . . . . . . . . . . . . . . . 36 Nr 97
24. Februar 1796 . . . . . . . . . . . . . . . . . . . . . . . 36 Nr 99
29. Februar 1796 . . . . . . . . . . . . . . . . . . . . . . . 36 Nr 105
6. März 1796 . . . . . . . . . . . . . . . . . . . . . . . . . . 36 Nr 113
13. März 1796 . . . . . . . . . . . . . . . . . . . . . . . . . 36 Nr 123
17. März 1796 . . . . . . . . . . . . . . . . . . . . . . . . . 36 Nr 126
25. März 1796 . . . . . . . . . . . . . . . . . . . . . . . . . 36 Nr 132
20. Mai 1796 . . . . . . . . . . . . . . . . . . . . . . . . . . 36 Nr 173
26. Mai 1796 . . . . . . . . . . . . . . . . . . . . . . . . . . 36 Nr 179
24. Juni 1796 . . . . . . . . . . . . . . . . . . . . . . . . . . 36 Nr 199
1. Juli 1796 . . . . . . . . . . . . . . . . . . . . . . . . . . . 36 Nr 211
4. Juli 1796 . . . . . . . . . . . . . . . . . . . . . . . . . . . 36 Nr 212
6. Juli 1796 . . . . . . . . . . . . . . . . . . . . . . . . . . . 36 Nr 216
5. August 1796 . . . . . . . . . . . . . . . . . . . . . . . . . 36 Nr 251
8. August 1796 . . . . . . . . . . . . . . . . . . . . . . . . . 36 Nr 256
11. August 1796 . . . . . . . . . . . . . . . . . . . . . . . . 36 Nr 259
21. August 1796 . . . . . . . . . . . . . . . . . . . . . . . . 36 Nr 269
31. August 1796 . . . . . . . . . . . . . . . . . . . . . . . . 36 Nr 276

16. September 1796 . . . 36 Nr 284
14. Oktober 1796 . . . 36 Nr 302
28. Oktober 1796 . . . 36 Nr 311
11. November 1796 . . . 36 Nr 319
18. November 1796 . . . 36 Nr 326
21. November 1796 . . . 36 Nr 329
28. November 1796 . . . 36 Nr 334
30. November 1796 . . . 36 Nr 336
13. Dezember 1796 . . . 36 Nr 345
22. Dezember 1796 . . . 36 Nr 352
11. Januar 1797 . . . 36 Nr 362
24. Januar 1797 . . . 36 Nr 371
27. Januar 1797 . . . 36 Nr 372
10. Februar 1797 . . . 36 Nr 382
15. Februar 1797 . . . 36 Nr 384
28. März 1797 . . . 36 Nr 404
13. April 1797 . . . 37 Nr 6
22. April 1797 . . . 37 Nr 13
17. April [Mai] 1797 . . . 37 Nr 28
21. Mai 1797 . . . 37 Nr 31
9. Juni 1797 . . . 37 Nr 40
1. August 1797 . . . 37 Nr 94
10. August 1797 . . . 37 Nr 99
1. September 1797 . . . 37 Nr 118
20. September 1797 . . . 37 Nr 124
25. September 1797 . . . 37 Nr 127
3. Oktober 1797 . . . 37 Nr 135
10. Oktober 1797 . . . 37 Nr 142
13. Oktober 1797 . . . 37 Nr 146
1. November 1798 [1797] . . . 37 Nr 155
13. November 1797 . . . 37 Nr 159
24. November 1797 . . . 37 Nr 165
24. November und 6. Dezember 1797 . . . 37 Nr 175
8. Dezember 1797 . . . 37 Nr 178
11. Dezember 1797 . . . 37 Nr 181
19. Dezember 1797 . . . 37 Nr 186
24. Dezember 1797 . . . 37 Nr 190
31. Dezember 1797 . . . 37 Nr 196
15. Januar 1798 . . . 37 Nr 202
20. Januar 1798 . . . 37 Nr 207
22. Februar 1798 . . . 37 Nr 227
16. März 1798 . . . 37 Nr 242
28. März 1798 . . . 37 Nr 246
10. April 1798 . . . 37 Nr 251
11. April 1798 . . . 37 Nr 253

20. Mai 1798 . . . . . . . . . . . . . . . . . . . . . . . . . 37 Nr 272
25. Mai 1798 . . . . . . . . . . . . . . . . . . . . . . . . . 37 Nr 276
9. Juni 1798 . . . . . . . . . . . . . . . . . . . . . . . . . 37 Nr 285
[30. (?) Juli 1798] . . . . . . . . . . . . . . . . . . . . . 37 Nr 310
11. September 1798 . . . . . . . . . . . . . . . . . . . . 37 Nr 330
5. Oktober 1798 . . . . . . . . . . . . . . . . . . . . . . 37 Nr 341
10. Oktober 1798 . . . . . . . . . . . . . . . . . . . . . 37 Nr 347
30. Oktober 1798 . . . . . . . . . . . . . . . . . . . . . 37 Nr 356
7. November 1798 . . . . . . . . . . . . . . . . . . . . . 38 Nr 3
6. Dezember 1798 . . . . . . . . . . . . . . . . . . . . . 38 Nr 15
26. Dezember 1798 . . . . . . . . . . . . . . . . . . . . 38 Nr 24
5. Februar 1799 . . . . . . . . . . . . . . . . . . . . . . 38 Nr 43
22. Februar 1799 . . . . . . . . . . . . . . . . . . . . . 38 Nr 52
11. März 1799 . . . . . . . . . . . . . . . . . . . . . . . 38 Nr 61
5. April 1799 . . . . . . . . . . . . . . . . . . . . . . . 38 Nr 78
17. Mai 1799 . . . . . . . . . . . . . . . . . . . . . . . . 38 Nr 105
16. [18.] Juni 1799 . . . . . . . . . . . . . . . . . . . . 38 Nr 128
25. Juni 1799 . . . . . . . . . . . . . . . . . . . . . . . 38 Nr 135
23. August 1799 . . . . . . . . . . . . . . . . . . . . . . 38 Nr 176
25. Oktober 1799 . . . . . . . . . . . . . . . . . . . . . 38 Nr 201
1. November 1799 . . . . . . . . . . . . . . . . . . . . . 38 Nr 208
9. Dezember 1799 . . . . . . . . . . . . . . . . . . . . . 38 Nr 230
[18. Dezember 1799] . . . . . . . . . . . . . . . . . . . 38 Nr 237
17. Januar 1800 . . . . . . . . . . . . . . . . . . . . . . 38 Nr 257
23. Januar 1800 . . . . . . . . . . . . . . . . . . . . . . 38 Nr 262
27. Januar 1800 . . . . . . . . . . . . . . . . . . . . . . 38 Nr 264
9. Februar 1800 . . . . . . . . . . . . . . . . . . . . . . 38 Nr 272
14. März 1800 . . . . . . . . . . . . . . . . . . . . . . . 38 Nr 288
4. April 1800 . . . . . . . . . . . . . . . . . . . . . . . 38 Nr 299
7. April 1800 . . . . . . . . . . . . . . . . . . . . . . . 38 Nr 302
18. April 1800 . . . . . . . . . . . . . . . . . . . . . . 38 Nr 312
3. Juni 1800 . . . . . . . . . . . . . . . . . . . . . . . . 38 Nr 340
16. Juni 1800 . . . . . . . . . . . . . . . . . . . . . . . 38 Nr 345
1. Juli 1800 . . . . . . . . . . . . . . . . . . . . . . . . 38 Nr 358
4. August 1800 . . . . . . . . . . . . . . . . . . . . . . 38 Nr 390
8. August 1800 . . . . . . . . . . . . . . . . . . . . . . 38 Nr 392
26. August 1800 . . . . . . . . . . . . . . . . . . . . . . 38 Nr 398
5. September 1800 . . . . . . . . . . . . . . . . . . . . 38 Nr 403
9. und 12. September 1800 . . . . . . . . . . . . . . . 38 Nr 409
19. September 1800 . . . . . . . . . . . . . . . . . . . 38 Nr 415
23. September 1800 . . . . . . . . . . . . . . . . . . . 38 Nr 417
10. Oktober 1800 . . . . . . . . . . . . . . . . . . . . . 38 Nr 423
[7. November 1800] . . . . . . . . . . . . . . . . . . . 38 Nr 431
13. November 1800 . . . . . . . . . . . . . . . . . . . 38 Nr 439
5. Dezember 1800 . . . . . . . . . . . . . . . . . . . . 38 Nr 452

26. Dezember 1800 . . . . . . . . . . . . . . . . . . . . . . . 38 Nr 465
26. Januar 1801 . . . . . . . . . . . . . . . . . . . . . . . . . 39 Nr 13
4. Februar 1801 . . . . . . . . . . . . . . . . . . . . . . . . . 39 Nr 17
16. Februar 1801 . . . . . . . . . . . . . . . . . . . . . . . . 39 Nr 23
5. Mai 1801 . . . . . . . . . . . . . . . . . . . . . . . . . . . 39 Nr 69
13. Mai 1801 . . . . . . . . . . . . . . . . . . . . . . . . . . 39 Nr 74
9. Juni 1801 . . . . . . . . . . . . . . . . . . . . . . . . . . 39 Nr 87
27. Oktober 1801 . . . . . . . . . . . . . . . . . . . . . . . . 39 Nr 131
29. Dezember 1801 . . . . . . . . . . . . . . . . . . . . . . . 39 Nr 162
26. Januar 1802 . . . . . . . . . . . . . . . . . . . . . . . . . 39 Nr 186
15. Februar 1802 . . . . . . . . . . . . . . . . . . . . . . . . 39 Nr 206
9. April 1802 . . . . . . . . . . . . . . . . . . . . . . . . . . 39 Nr 241
11. Juni 1802 . . . . . . . . . . . . . . . . . . . . . . . . . . 39 Nr 288
22. Juni 1802 . . . . . . . . . . . . . . . . . . . . . . . . . . 39 Nr 296
29. Juni 1802 . . . . . . . . . . . . . . . . . . . . . . . . . . 39 Nr 300
7. Juli 1802 . . . . . . . . . . . . . . . . . . . . . . . . . . . 39 Nr 304
5. August 1802 . . . . . . . . . . . . . . . . . . . . . . . . . 39 Nr 310
29. August 1802 . . . . . . . . . . . . . . . . . . . . . . . . . 39 Nr 319
9. September 1802 . . . . . . . . . . . . . . . . . . . . . . . 39 Nr 323
16. September 1802 . . . . . . . . . . . . . . . . . . . . . . 39 Nr 327
21. September 1802 . . . . . . . . . . . . . . . . . . . . . . 39 Nr 330
12. Oktober 1802 . . . . . . . . . . . . . . . . . . . . . . . . 39 Nr 337
29. Oktober [und 1. November] 1802 . . . . . . . . . . . . . 39 Nr 343
12. November 1802 . . . . . . . . . . . . . . . . . . . . . . . 39 Nr 348
9. Dezember 1802 . . . . . . . . . . . . . . . . . . . . . . . . 39 Nr 355
21. Januar 1803 . . . . . . . . . . . . . . . . . . . . . . . . . 40 Nr 11
21. Februar 1803 [*recte:* 1805] *(= NA 40 Nr 339a)* . . . . . . 40 Nr 27
25. Februar 1803 . . . . . . . . . . . . . . . . . . . . . . . . 40 Nr 28
3. März 1803 . . . . . . . . . . . . . . . . . . . . . . . . . . 40 Nr 34
29. März 1803 . . . . . . . . . . . . . . . . . . . . . . . . . . 40 Nr 50
13. Mai 1803 . . . . . . . . . . . . . . . . . . . . . . . . . . 40 Nr 67
3. Juni 1803 . . . . . . . . . . . . . . . . . . . . . . . . . . 40 Nr 79
18. Juni 1803 . . . . . . . . . . . . . . . . . . . . . . . . . . 40 Nr 84
19. Juli 1803 . . . . . . . . . . . . . . . . . . . . . . . . . . 40 Nr 99
7. September 1803 . . . . . . . . . . . . . . . . . . . . . . . 40 Nr 121
22. September 1803 . . . . . . . . . . . . . . . . . . . . . . 40 Nr 127
22. Oktober 1803 . . . . . . . . . . . . . . . . . . . . . . . . 40 Nr 144
11. November 1803 . . . . . . . . . . . . . . . . . . . . . . . 40 Nr 150
16. Januar 1804 . . . . . . . . . . . . . . . . . . . . . . . . . 40 Nr 174
1. Juni 1804 . . . . . . . . . . . . . . . . . . . . . . . . . . 40 Nr 239
12. Juni 1804 . . . . . . . . . . . . . . . . . . . . . . . . . . 40 Nr 245
15. Juni 1804 . . . . . . . . . . . . . . . . . . . . . . . . . . 40 Nr 247
19. Juni 1804 . . . . . . . . . . . . . . . . . . . . . . . . . . 40 Nr 250
26. Juni 1804 . . . . . . . . . . . . . . . . . . . . . . . . . . 40 Nr 253

6. Juli 1804 . . . . . . . . . . 40 Nr 257
7. [und 10.] August 1804 . . . . . . . . . . 40 Nr 272
31. August 1804 . . . . . . . . . . 40 Nr 280
[11. und] 17. September [1804] . . . . . . . . . . 40 Nr 282
5. Oktober 1804 . . . . . . . . . . 40 Nr 289
6. Oktober 1804 . . . . . . . . . . 40 Nr 290
12. Oktober 1804 . . . . . . . . . . 40 Nr 291
26. Oktober 1804 . . . . . . . . . . 40 Nr 293
29. Oktober 1804 . . . . . . . . . . 40 Nr 296
4. Dezember 1804 . . . . . . . . . . 40 Nr 306
23. Dezember 1804 . . . . . . . . . . 40 Nr 312
24. Dezember 1804 . . . . . . . . . . 40 Nr 313
28. Dezember 1804 . . . . . . . . . . 40 Nr 315
5. Februar 1805 . . . . . . . . . . 40 Nr 336
21. Februar 1805 *(unter falschem Datum abgedruckt als NA 40 Nr 27)* . . . . . . . . . . 40 Nr 339a
11. März 1805 . . . . . . . . . . 40 Nr 348
26. [April] 1805 . . . . . . . . . . 40 Nr 368
Crusius, Siegfried Lebrecht:
28. Februar 1787 . . . . . . . . . . 33 Nr 98
10. November 1792 . . . . . . . . . . 34 Nr 170
[vielleicht Juni 1794] . . . . . . . . . . 35 Nr 4
8. Oktober 1795 . . . . . . . . . . 35 Nr 344
[Anfang Oktober 1799] . . . . . . . . . . 38 Nr 191
30. Oktober 1799 . . . . . . . . . . 38 Nr 205
14. Dezember 1799 . . . . . . . . . . 38 Nr 234
28. Januar 1800 . . . . . . . . . . 38 Nr 265
26. Februar 1800 . . . . . . . . . . 38 Nr 282
6. Mai 1800 . . . . . . . . . . 38 Nr 322
14. Mai 1800 . . . . . . . . . . 38 Nr 325
3. September 1800 . . . . . . . . . . 38 Nr 402
13. Dezember 1800 . . . . . . . . . . 38 Nr 456
19. Dezember 1800 . . . . . . . . . . 38 Nr 461
7. Januar 1801 . . . . . . . . . . 39 Nr 1
21. April 1801 . . . . . . . . . . 39 Nr 61
18. Juli 1801 . . . . . . . . . . 39 Nr 97
16. Februar 1802 . . . . . . . . . . 39 Nr 208
22. Mai 1802 . . . . . . . . . . 39 Nr 271
8. Januar 1803 . . . . . . . . . . 40 Nr 4
2. März 1803 . . . . . . . . . . 40 Nr 32
15. März 1803 . . . . . . . . . . 40 Nr 39
28. März 1803 . . . . . . . . . . 40 Nr 48
26. September 1803 . . . . . . . . . . 40 Nr 131
26. Januar 1804 . . . . . . . . . . 40 Nr 182

14. Juni 1804 . . . . . . . . . . . . . . . . . . . . . . . . . 40 Nr 246
19. Januar 1805 . . . . . . . . . . . . . . . . . . . . . . . . 40 Nr 326
5. Februar 1805 . . . . . . . . . . . . . . . . . . . . . . . . 40 Nr 335
Curtius, Carl Georg:
16. Mai 1790 (und Carl Rechlin) . . . . . . . . . . . . . . . . 34 Nr 13
20. August 1792 (und Carl Rechlin) . . . . . . . . . . . . . . 34 Nr 147
Dacheröden, Caroline (Li) von (*s. auch:* Humboldt, Caroline von):
8. September 1789 . . . . . . . . . . . . . . . . . . . . . . . 33 Nr 329
[15. Dezember 1789] . . . . . . . . . . . . . . . . . . . . . 33 Nr 365
Dalberg, Friedrich Hugo von:
23. April 1799 . . . . . . . . . . . . . . . . . . . . . . . . 38 Nr 91
14. April 1801 . . . . . . . . . . . . . . . . . . . . . . . . 39 Nr 56
Dalberg, Carl Theodor von:
26. August 1787 . . . . . . . . . . . . . . . . . . . . . . . 33 Nr 117
29. November 1788 . . . . . . . . . . . . . . . . . . . . . 33 Nr 247
11. November 1789 . . . . . . . . . . . . . . . . . . . . . 33 Nr 344
12. September 1790 . . . . . . . . . . . . . . . . . . . . . 34 Nr 27
2. November 1790 . . . . . . . . . . . . . . . . . . . . . . 34 Nr 37
12. Februar 1791 . . . . . . . . . . . . . . . . . . . . . . 34 Nr 52
22. März 1791 . . . . . . . . . . . . . . . . . . . . . . . . 34 Nr 56
24. April 1791 . . . . . . . . . . . . . . . . . . . . . . . . 34 Nr 59
[25. oder 26. September 1791] . . . . . . . . . . . . . . . 34 Nr 84
27. November 1791 . . . . . . . . . . . . . . . . . . . . . 34 Nr 96
31. Januar 1792 . . . . . . . . . . . . . . . . . . . . . . . 34 Nr 114
13. März 1792 . . . . . . . . . . . . . . . . . . . . . . . . 34 Nr 120
3. April 1792 . . . . . . . . . . . . . . . . . . . . . . . . 34 Nr 127
7. September 1792 . . . . . . . . . . . . . . . . . . . . . . 34 Nr 152
4. Juli 1793 . . . . . . . . . . . . . . . . . . . . . . . . . 34 Nr 234
8. Oktober 1793 . . . . . . . . . . . . . . . . . . . . . . . 34 Nr 270
3. Dezember 1794 . . . . . . . . . . . . . . . . . . . . . . 35 Nr 86
2. Februar 1795 . . . . . . . . . . . . . . . . . . . . . . . 35 Nr 140
23. März 1795 . . . . . . . . . . . . . . . . . . . . . . . . 35 Nr 178
12. April 1795 . . . . . . . . . . . . . . . . . . . . . . . . 35 Nr 186
21. Juni 1795 . . . . . . . . . . . . . . . . . . . . . . . . 35 Nr 228
25. Juli 1795 . . . . . . . . . . . . . . . . . . . . . . . . 35 Nr 264
5. September 1795 . . . . . . . . . . . . . . . . . . . . . . 35 Nr 307
12. November 1795 . . . . . . . . . . . . . . . . . . . . . 36 Nr 9
16. [Januar] 1796 . . . . . . . . . . . . . . . . . . . . . . 36 Nr 64
27. Februar 1796 . . . . . . . . . . . . . . . . . . . . . . 36 Nr 101
11. Mai 1796 . . . . . . . . . . . . . . . . . . . . . . . . . 36 Nr 166
20. Juli 1796 . . . . . . . . . . . . . . . . . . . . . . . . 36 Nr 238
6. November 1796 . . . . . . . . . . . . . . . . . . . . . . 36 Nr 318
28. Januar 1797 . . . . . . . . . . . . . . . . . . . . . . . 36 Nr 373
[21. (?)] November 1797 . . . . . . . . . . . . . . . . . . 37 Nr 162
12. November 1798 . . . . . . . . . . . . . . . . . . . . . 38 Nr 6

15. September 1800 . . . . . . . . . . . . . . . . . . . . . . . 38 Nr 413
28. August 1802 . . . . . . . . . . . . . . . . . . . . . . . . . 39 Nr 318
3. März 1803 . . . . . . . . . . . . . . . . . . . . . . . . . 40 Nr 33
29. September 1803 . . . . . . . . . . . . . . . . . . . . . . . 40 Nr 133
2. Juni 1804 . . . . . . . . . . . . . . . . . . . . . . . . . 40 Nr 240
6. Juli 1804 . . . . . . . . . . . . . . . . . . . . . . . . . 40 Nr 256
17. Mai 1805 . . . . . . . . . . . . . . . . . . . . . . . . . 40 Nr 375
Dalberg, Wolfgang Heribert von:
27. März 1785 . . . . . . . . . . . . . . . . . . . . . . . . . 33 Nr 54
24. Januar 1795 . . . . . . . . . . . . . . . . . . . . . . . . 35 Nr 129
Dannecker, Johann Heinrich:
22. September 1794 . . . . . . . . . . . . . . . . . . . . . . . 35 Nr 50
3. Dezember 1794 . . . . . . . . . . . . . . . . . . . . . . . . 35 Nr 88
6. April 1796 . . . . . . . . . . . . . . . . . . . . . . . . . 36 Nr 139
26. Mai 1796 . . . . . . . . . . . . . . . . . . . . . . . . . 36 Nr 180
25. Juni 1796 . . . . . . . . . . . . . . . . . . . . . . . . . 36 Nr 202
8. Dezember 1796 . . . . . . . . . . . . . . . . . . . . . . . . 36 Nr 340
29. April 1804 [*recte:* von Jakob Dominikus]
(an Charlotte von Schiller [?]) . . . . . . . . . . . . . . . . 40 Nr 225
6. April 1805 . . . . . . . . . . . . . . . . . . . . . . . . . 40 Nr 357
Daub, Karl:
28. Oktober 1795 . . . . . . . . . . . . . . . . . . . . . . . . 35 Nr 368
Decker, Georg Jakob:
22. Juli 1797 . . . . . . . . . . . . . . . . . . . . . . . . . 37 Nr 82
Dieterich, Johann Christian:
1. August 1794 . . . . . . . . . . . . . . . . . . . . . . . . . 35 Nr 24
Dominikus, Jakob (*nicht:* Johann Heinrich Dannecker)
29. April 1804 (an Charlotte von Schiller [?]) . . . . . . . . . 40 Nr 225
Domaratius, Johann Friedrich Karl:
10. November 1798 . . . . . . . . . . . . . . . . . . . . . . . 38 Nr 5
Ebell, Heinrich Carl:
6. September 1800 . . . . . . . . . . . . . . . . . . . . . . . 38 Nr 407
Eberhard *(Pseudonym?)*, Ludwig August:
8. Juni 1798 . . . . . . . . . . . . . . . . . . . . . . . . . 37 Nr 284
Eberlein *(Vornamen unbekannt)*:
23. September 1794 . . . . . . . . . . . . . . . . . . . . . . . 35 Nr 52
Eccard, Erhard Christian:
26. April 1798 . . . . . . . . . . . . . . . . . . . . . . . . . 37 Nr 257
18. April 1799 . . . . . . . . . . . . . . . . . . . . . . . . . 38 Nr 87
Egberts, Detert:
20. Mai 1799 . . . . . . . . . . . . . . . . . . . . . . . . . 38 Nr 108
Egloffstein, Gottlob von:
28. Februar 1804 . . . . . . . . . . . . . . . . . . . . . . . . 40 Nr 200
Egloffstein, Henriette von:
[vielleicht 29. Oktober oder 12. November 1801] . . . . . . . 39 Nr 133

Eichstädt, Heinrich Karl Abraham:
19. Juni 1800 . . . . . . . . . . . . . . . . . . . . . . . . .38 Nr 347
Einsiedel, Friedrich Hildebrand von:
11. Oktober 1797 . . . . . . . . . . . . . . . . . . . . . .37 Nr 144
2. Juni 1801 . . . . . . . . . . . . . . . . . . . . . . . . .39 Nr 83
6. Dezember [1802] . . . . . . . . . . . . . . . . . . . .39 Nr 354
Elwert, Immanuel Gottlieb:
9. November 1792 . . . . . . . . . . . . . . . . . . . . .34 Nr 169
Engel, Johann Jakob:
25. Juni 1794 . . . . . . . . . . . . . . . . . . . . . . . .35 Nr 10
18. Januar 1795 . . . . . . . . . . . . . . . . . . . . . .35 Nr 124
31. August 1795 . . . . . . . . . . . . . . . . . . . . . .35 Nr 301
28. Dezember 1795 . . . . . . . . . . . . . . . . . . . .36 Nr 49/43 KuE
Erhard, Johann Benjamin:
9. Mai 1792 . . . . . . . . . . . . . . . . . . . . . . . . .34 Nr 130
31. Mai 1794 . . . . . . . . . . . . . . . . . . . . . . . .35 Nr 2
31. Oktober 1794 . . . . . . . . . . . . . . . . . . . . .35 Nr 69
25. Januar 1795 . . . . . . . . . . . . . . . . . . . . . .35 Nr 130
19. Februar 1795 . . . . . . . . . . . . . . . . . . . . .35 Nr 151
28. April 1795 . . . . . . . . . . . . . . . . . . . . . . .35 Nr 194
22. Juli 1795 . . . . . . . . . . . . . . . . . . . . . . . .35 Nr 258
11. September 1795 . . . . . . . . . . . . . . . . . . .35 Nr 314
25. September 1795 . . . . . . . . . . . . . . . . . . .35 Nr 329
22. Oktober 1795 . . . . . . . . . . . . . . . . . . . . .35 Nr 359
21. Februar 1796 . . . . . . . . . . . . . . . . . . . . .36 Nr 96
Eschen, Friedrich August:
21. August [1797] [*recte:* 1796]
*(abgedruckt als NA 37 Nr 107)* . . . . . . . . . . . . . .36 Nr [268a]/43 KuE
13. Juli 1798 . . . . . . . . . . . . . . . . . . . . . . . .37 Nr 300
9. August 1799 . . . . . . . . . . . . . . . . . . . . . . .38 Nr 167
30. Mai 1800 . . . . . . . . . . . . . . . . . . . . . . . .38 Nr 337
Eysert, Adolph:
20. November 1803 . . . . . . . . . . . . . . . . . . . .40 Nr 153
Falk, Johannes Daniel:
2. August 1793 . . . . . . . . . . . . . . . . . . . . . . .34 Nr 250
Falkenstein, Heinrich Joseph von:
10. Oktober 1798 . . . . . . . . . . . . . . . . . . . . .37 Nr 346
Faselius, Johann Adolph Leopold:
25. Januar 1803 . . . . . . . . . . . . . . . . . . . . . .40 Nr 12
Fernow, Carl Ludwig:
17. September 1803 . . . . . . . . . . . . . . . . . . .40 Nr 124
Fichte, Johann Gottlieb:
[10. Dezember 1794] . . . . . . . . . . . . . . . . . . .35 Nr 93
21. Juni 1795 . . . . . . . . . . . . . . . . . . . . . . . .35 Nr 229

22. Juni 1794 [1795] . . . . . . . . . . . . . . . . . . . . . . . . 35 Nr 231
27. Juni 1794 [1795] . . . . . . . . . . . . . . . . . . . . . . . . 35 Nr 236
18. Januar 1799 . . . . . . . . . . . . . . . . . . . . . . . . 38 Nr 34
2. Dezember 1800 . . . . . . . . . . . . . . . . . . . . . . . . 38 Nr 449
9. Juni 1803 . . . . . . . . . . . . . . . . . . . . . . . . 40 Nr 80/43 KuE
23. Juli 1803 . . . . . . . . . . . . . . . . . . . . . . . . 40 Nr 100
18. August 1803 . . . . . . . . . . . . . . . . . . . . . . . . 40 Nr 107
Fischenich, Bartholomäus:
30. Mai 1792 . . . . . . . . . . . . . . . . . . . . . . . . 34 Nr 135
13. Oktober [1792] . . . . . . . . . . . . . . . . . . . . . . . . 34 Nr 160
26. Januar 1793 . . . . . . . . . . . . . . . . . . . . . . . . 34 Nr 192
1. März 1793 . . . . . . . . . . . . . . . . . . . . . . . . 34 Nr 199
29. März 1793 . . . . . . . . . . . . . . . . . . . . . . . . 34 Nr 208
1. August 1793 . . . . . . . . . . . . . . . . . . . . . . . . 34 Nr 249
Fischer, Karl:
7. März 1798 . . . . . . . . . . . . . . . . . . . . . . . . 37 Nr 237
1. August 1798 . . . . . . . . . . . . . . . . . . . . . . . . 37 Nr 311
20. Mai 1803 . . . . . . . . . . . . . . . . . . . . . . . . 40 Nr 74
Floret, Caspar Joseph:
[nach 18. März 1796] . . . . . . . . . . . . . . . . . . . . . . . . 36 Nr 127
Forer, Anton von:
29. August 1803 . . . . . . . . . . . . . . . . . . . . . . . . 40 Nr 114
Forster, Johann Georg (George):
20. August 1790 . . . . . . . . . . . . . . . . . . . . . . . . 34 Nr 25
11. September 1790 . . . . . . . . . . . . . . . . . . . . . . . . 34 Nr 26
6. November 1790 . . . . . . . . . . . . . . . . . . . . . . . . 34 Nr 39
7. Dezember 1790 . . . . . . . . . . . . . . . . . . . . . . . . 34 Nr 45
Francke, Friedrich Daniel:
31. Juli 1800 . . . . . . . . . . . . . . . . . . . . . . . . 38 Nr 384
Francke, Georg Samuel (*nicht:* Gadso Coopmans):
[vielleicht zweite Hälfte November 1797] . . . . . . . . . . . 37 Nr 171
[vielleicht zweite Hälfte Februar 1798] . . . . . . . . . . . . . 37 Nr 232
Franckh, Johann Gottlieb:
20. November 1799 (und Louise Franckh) . . . . . . . . . . . 38 Nr 221
6. November 1800 . . . . . . . . . . . . . . . . . . . . . . . . 38 Nr 430
29. April 1802 . . . . . . . . . . . . . . . . . . . . . . . . 39 Nr 251
15. Mai 1802 . . . . . . . . . . . . . . . . . . . . . . . . 39 Nr 265
10. Juli 1802 . . . . . . . . . . . . . . . . . . . . . . . . 39 Nr 305
22. Oktober 1802 . . . . . . . . . . . . . . . . . . . . . . . . 39 Nr 340
Franckh, Louise:
20. November 1799 (und Johann Gottlieb Franckh) . . . . . . 38 Nr 221
21. April 1802 . . . . . . . . . . . . . . . . . . . . . . . . 39 Nr 249
19. Mai 1802 . . . . . . . . . . . . . . . . . . . . . . . . 39 Nr 269
7. September 1802 . . . . . . . . . . . . . . . . . . . . . . . . 39 Nr 322

[um den 18. Oktober 1802] . . . . . . . . . . . . . . . . . . 39 Nr 339
19. Januar 1803 . . . . . . . . . . . . . . . . . . . . . . . . . 40 Nr 10
8. März 1805 . . . . . . . . . . . . . . . . . . . . . . . . . . 40 Nr 346
Frauenholz, Johann Friedrich:
9. Mai 1791 . . . . . . . . . . . . . . . . . . . . . . . . . . . 34 Nr 62
4. November 1791 . . . . . . . . . . . . . . . . . . . . . . . 34 Nr 92
21. Juli 1794 . . . . . . . . . . . . . . . . . . . . . . . . . . 35 Nr 20
Friederich, Gerhard:
6. August 1799 . . . . . . . . . . . . . . . . . . . . . . . . . 38 Nr 165
Fritze, Georg Nathanael:
31. Oktober 1799 . . . . . . . . . . . . . . . . . . . . . . . 38 Nr 207
4. November 1799 . . . . . . . . . . . . . . . . . . . . . . . 38 Nr 211
28. November 1799 . . . . . . . . . . . . . . . . . . . . . . 38 Nr 223
Frommann, Carl Friedrich Ernst:
2. April 1805 . . . . . . . . . . . . . . . . . . . . . . . . . . 40 Nr 355
5. April 1805 . . . . . . . . . . . . . . . . . . . . . . . . . . 40 Nr 356
3. Mai 1805 . . . . . . . . . . . . . . . . . . . . . . . . . . . 40 Nr 371
Funck, Karl Wilhelm Ferdinand von:
[11. Januar 1796 (?)] . . . . . . . . . . . . . . . . . . . . . . 36 Nr 59
28. Juni 1796 . . . . . . . . . . . . . . . . . . . . . . . . . . 36 Nr 207
13. Oktober 1796 . . . . . . . . . . . . . . . . . . . . . . . 36 Nr 301
3. März 1797 . . . . . . . . . . . . . . . . . . . . . . . . . . 36 Nr 394
11. Juli 1797 . . . . . . . . . . . . . . . . . . . . . . . . . . 37 Nr 70
28. Juli 1797 . . . . . . . . . . . . . . . . . . . . . . . . . . 37 Nr 88
6. Oktober 1797 . . . . . . . . . . . . . . . . . . . . . . . . 37 Nr 136
Gädicke, Johann Christian:
28. September 1799 . . . . . . . . . . . . . . . . . . . . . . 38 Nr 190
Galitzin (Golicyn), Baris (Boris) de:
14. Dezember 1786 . . . . . . . . . . . . . . . . . . . . . . 33 Nr 92
Garve, Christian:
28. Juli [Juni] 1794 . . . . . . . . . . . . . . . . . . . . . . 35 Nr 11
17. Oktober 1794 . . . . . . . . . . . . . . . . . . . . . . . 35 Nr 61
18. April 1796 . . . . . . . . . . . . . . . . . . . . . . . . . 36 Nr 151
23. September 1797 . . . . . . . . . . . . . . . . . . . . . . 37 Nr 126
28. Oktober 1797 . . . . . . . . . . . . . . . . . . . . . . . 37 Nr 153
Gaupp, Johann Heinrich:
4. Februar 1800 . . . . . . . . . . . . . . . . . . . . . . . . 38 Nr 270
Gehra, Johann Ludwig:
7. Februar 1803 . . . . . . . . . . . . . . . . . . . . . . . . 40 Nr 20
Geisweiler, Constantin:
24. September 1800 . . . . . . . . . . . . . . . . . . . . . . 38 Nr 418
[vermutlich Ende Mai 1801] . . . . . . . . . . . . . . . . . 39 Nr 82
Gegel, Friedrich August Leopold:
12. August 1787 . . . . . . . . . . . . . . . . . . . . . . . . 33 Nr 113

Gemmingen, Luise von:
15. Januar 1797 . . . . . . . . . . . . . . . . . . . . . . . . 36 Nr 364
Gentz, Friedrich:
15. Juli 1794 . . . . . . . . . . . . . . . . . . . . . . . . . 35 Nr 19
9. Dezember 1797 . . . . . . . . . . . . . . . . . . . . . . . 37 Nr 180
1. Dezember 1801 . . . . . . . . . . . . . . . . . . . . . . . 39 Nr 150
3. Januar 1802 . . . . . . . . . . . . . . . . . . . . . . . . 39 Nr 167
14. März 1802 . . . . . . . . . . . . . . . . . . . . . . . . 39 Nr 223
21. September 1803 . . . . . . . . . . . . . . . . . . . . . 40 Nr 126/43 KuE
Gentz, Heinrich:
[vermutlich 21. oder 25. März 1802] . . . . . . . . . . . . 39 Nr 230
Geret, Samuel Luther von:
1. Juli 1795 . . . . . . . . . . . . . . . . . . . . . . . . . 35 Nr 237
Gerning, Johann Isaak (von):
10. November 1795 . . . . . . . . . . . . . . . . . . . . . . 36 Nr 7
27. Dezember 1795 . . . . . . . . . . . . . . . . . . . . . . 36 Nr 46
1. Oktober 1796 . . . . . . . . . . . . . . . . . . . . . . . 36 Nr 291
Giese, Christian Hermann:
27. April 1796 . . . . . . . . . . . . . . . . . . . . . . . . 36 Nr 157
16. Juli 1796 . . . . . . . . . . . . . . . . . . . . . . . . 36 Nr 230
26. Mai 1799 . . . . . . . . . . . . . . . . . . . . . . . . 38 Nr 110
Gleichen, Friederike von:
21. Oktober 1799 . . . . . . . . . . . . . . . . . . . . . . . 38 Nr 197
Gleichen (*gen.* Gleichen-Rußwurm), Heinrich von:
[etwa Mitte Juni 1794] . . . . . . . . . . . . . . . . . . . . 35 Nr 6
14. Dezember 1803 . . . . . . . . . . . . . . . . . . . . . . 40 Nr 166
Gleim, Ludwig:
26. Dezember 1784 . . . . . . . . . . . . . . . . . . . . . . 33 Nr 39
14. November 1794 . . . . . . . . . . . . . . . . . . . . . . 35 Nr 75
Gmelin, Eberhard:
28. September 1793 . . . . . . . . . . . . . . . . . . . . . 34 Nr 266
Göpferdt, Johann Christian Gottfried:
1. Dezember 1800 . . . . . . . . . . . . . . . . . . . . . . . 38 Nr 447
27. November 1801 . . . . . . . . . . . . . . . . . . . . . . 39 Nr 148
[vor dem 24. Dezember 1801] . . . . . . . . . . . . . . . . . 39 Nr 159
22. Januar 1802 . . . . . . . . . . . . . . . . . . . . . . . 39 Nr 182
28. Januar 1802 . . . . . . . . . . . . . . . . . . . . . . . 39 Nr 188
4. Februar 1802 . . . . . . . . . . . . . . . . . . . . . . . 39 Nr 196
14. April 1802 . . . . . . . . . . . . . . . . . . . . . . . . 39 Nr 244
10. Mai 1802 . . . . . . . . . . . . . . . . . . . . . . . . . 39 Nr 260
2. Juni 1802 . . . . . . . . . . . . . . . . . . . . . . . . . 39 Nr 280
17. September 1802 . . . . . . . . . . . . . . . . . . . . . 39 Nr 328
5. Oktober 1802 . . . . . . . . . . . . . . . . . . . . . . . 39 Nr 336
20. Dezember 1802 . . . . . . . . . . . . . . . . . . . . . . 39 Nr 363

9. Februar 1803 . . . . . . . . . . . . . . . . . . . . . . . . . 40 Nr 22
26. April 1803 . . . . . . . . . . . . . . . . . . . . . . . . . . 40 Nr 59
1. Dezember 1803 . . . . . . . . . . . . . . . . . . . . . . . 40 Nr 158
9. Dezember 1803 . . . . . . . . . . . . . . . . . . . . . . . 40 Nr 164
12. April 1804 . . . . . . . . . . . . . . . . . . . . . . . . . 40 Nr 219
8. Januar 1805 . . . . . . . . . . . . . . . . . . . . . . . . . 40 Nr 320
26. April 1805 . . . . . . . . . . . . . . . . . . . . . . . . . 40 Nr 367
Görner, Johann Gottlieb:
20. Januar 1805 . . . . . . . . . . . . . . . . . . . . . . . . 40 Nr 328
Göschen, Georg Joachim:
17. September 1785 . . . . . . . . . . . . . . . . . . . . . . 33 Nr 66
28. Oktober 1785 . . . . . . . . . . . . . . . . . . . . . . . 33 Nr 71
1. Dezember 1785 . . . . . . . . . . . . . . . . . . . . . . . 33 Nr 72
[Dezember 1785/Januar 1786 (?)] . . . . . . . . . . . . . . . 33 Nr 73a, 33 Nr 74a oder 33 Nr 75a/43 N
[25. oder 26. Februar 1786] . . . . . . . . . . . . . . . . . 33 Nr 76
[zwischen 6. und 11. März 1787] . . . . . . . . . . . . . . . 33 Nr 99
26. Juli 1793 . . . . . . . . . . . . . . . . . . . . . . . . . 34 Nr 245
1. November 1793 . . . . . . . . . . . . . . . . . . . . . . . 34 Nr 282
26. April 1797 . . . . . . . . . . . . . . . . . . . . . . . . 37 Nr 15
29. September 1797 . . . . . . . . . . . . . . . . . . . . . . 37 Nr 131
16. November 1797 . . . . . . . . . . . . . . . . . . . . . . 37 Nr 161
16. Juni 1798 . . . . . . . . . . . . . . . . . . . . . . . . 37 Nr 288
11. April 1799 . . . . . . . . . . . . . . . . . . . . . . . . 38 Nr 84
20. November 1799 . . . . . . . . . . . . . . . . . . . . . . 38 Nr 219
28. April 1800 . . . . . . . . . . . . . . . . . . . . . . . . 38 Nr 316
17. Januar 1801 . . . . . . . . . . . . . . . . . . . . . . . 39 Nr 7
16. Februar 1801 . . . . . . . . . . . . . . . . . . . . . . . 39 Nr 22
4. März 1801 . . . . . . . . . . . . . . . . . . . . . . . . . 39 Nr 28
[6. oder 7. Oktober 1801] . . . . . . . . . . . . . . . . . . 39 Nr 125
13. Januar 1802 . . . . . . . . . . . . . . . . . . . . . . . 39 Nr 173
[16. Februar 1802] . . . . . . . . . . . . . . . . . . . . . . 39 Nr 207
26. Mai 1802 . . . . . . . . . . . . . . . . . . . . . . . . . 39 Nr 274
18. April 1804 . . . . . . . . . . . . . . . . . . . . . . . . 40 Nr 222
26. Mai 1804 . . . . . . . . . . . . . . . . . . . . . . . . . 40 Nr 238
22. November 1804 . . . . . . . . . . . . . . . . . . . . . . 40 Nr 302
[3. Dezember 1804] . . . . . . . . . . . . . . . . . . . . . . 40 Nr 305
2. Januar 1805 . . . . . . . . . . . . . . . . . . . . . . . . 40 Nr 318
[9. (?) März 1805] . . . . . . . . . . . . . . . . . . . . . . 40 Nr 347
27. März 1805 . . . . . . . . . . . . . . . . . . . . . . . . 40 Nr 352
28. April 1805 . . . . . . . . . . . . . . . . . . . . . . . . 40 Nr 370
Goethe, Johann Wolfgang (von):
24. Juni 1794 . . . . . . . . . . . . . . . . . . . . . . . . 35 Nr 8
25. Juli 1794 . . . . . . . . . . . . . . . . . . . . . . . . . 35 Nr 22

27. August 1794 . . . . . . . . . . . . . . . . . . . . . . . . 35 Nr 29
30. August 1794 . . . . . . . . . . . . . . . . . . . . . . . . 35 Nr 30
4. September 1794 . . . . . . . . . . . . . . . . . . . . . . . 35 Nr 34
10. September 1794 . . . . . . . . . . . . . . . . . . . . . . 35 Nr 38
1. Oktober 1794 . . . . . . . . . . . . . . . . . . . . . . . . 35 Nr 56
8. Oktober 1794 . . . . . . . . . . . . . . . . . . . . . . . . 35 Nr 57
[zwischen 8. und 19. Oktober 1794] . . . . . . . . . . . . . . 35 Nr 59/43 KuE
16. [19.] Oktober 1794 . . . . . . . . . . . . . . . . . . . . 35 Nr 62
26. Oktober 1794 . . . . . . . . . . . . . . . . . . . . . . . 35 Nr 65
28. Oktober 1794 . . . . . . . . . . . . . . . . . . . . . . . 35 Nr 67
1. November 1794 . . . . . . . . . . . . . . . . . . . . . . . 35 Nr 71
27. November 1794 . . . . . . . . . . . . . . . . . . . . . . 35 Nr 82
2. Dezember 1794 . . . . . . . . . . . . . . . . . . . . . . . 35 Nr 84/43 KuE
5. Dezember 1794 . . . . . . . . . . . . . . . . . . . . . . . 35 Nr 89
6. Dezember 1794 . . . . . . . . . . . . . . . . . . . . . . . 35 Nr 90
10. Dezember 1794 . . . . . . . . . . . . . . . . . . . . . . 35 Nr 94
23. Dezember 1794 . . . . . . . . . . . . . . . . . . . . . . 35 Nr 105
25. Dezember 1794 . . . . . . . . . . . . . . . . . . . . . . 35 Nr 107
3. Januar 1795 . . . . . . . . . . . . . . . . . . . . . . . . 35 Nr 114
7. Januar 1795 . . . . . . . . . . . . . . . . . . . . . . . . 35 Nr 116
10. Januar 1795 . . . . . . . . . . . . . . . . . . . . . . . 35 Nr 117
27. Januar 1795 . . . . . . . . . . . . . . . . . . . . . . . 35 Nr 133
11. Februar 1795 . . . . . . . . . . . . . . . . . . . . . . . 35 Nr 147
18. Februar 1795 . . . . . . . . . . . . . . . . . . . . . . . 35 Nr 149
21. Februar 1795 . . . . . . . . . . . . . . . . . . . . . . . 35 Nr 154
25. Februar 1795 . . . . . . . . . . . . . . . . . . . . . . . 35 Nr 157
28. Februar 1795 . . . . . . . . . . . . . . . . . . . . . . . 35 Nr 161
11. März 1795 . . . . . . . . . . . . . . . . . . . . . . . . 35 Nr 165
18. März 1795 . . . . . . . . . . . . . . . . . . . . . . . . 35 Nr 169
19. März 1795 . . . . . . . . . . . . . . . . . . . . . . . . 35 Nr 171
21. März 1795 . . . . . . . . . . . . . . . . . . . . . . . . 35 Nr 175
3. Mai 1795 . . . . . . . . . . . . . . . . . . . . . . . . . 35 Nr 195
12. und 14. Mai 1795 . . . . . . . . . . . . . . . . . . . . 35 Nr 203
16. Mai 1795 . . . . . . . . . . . . . . . . . . . . . . . . . 35 Nr 206
16. Mai 1795 . . . . . . . . . . . . . . . . . . . . . . . . . 35 Nr 207
17. Mai 1795 . . . . . . . . . . . . . . . . . . . . . . . . . 35 Nr 209
18. Mai 1795 . . . . . . . . . . . . . . . . . . . . . . . . . 35 Nr 210
10. Juni 1795 . . . . . . . . . . . . . . . . . . . . . . . . 35 Nr 220
11. Juni 1795 . . . . . . . . . . . . . . . . . . . . . . . . 35 Nr 221
13. Juni 1795 . . . . . . . . . . . . . . . . . . . . . . . . 35 Nr 222
18. Juni 1795 . . . . . . . . . . . . . . . . . . . . . . . . 35 Nr 225
27. Juni 1795 . . . . . . . . . . . . . . . . . . . . . . . . 35 Nr 235
8. Juli 1795 . . . . . . . . . . . . . . . . . . . . . . . . . 35 Nr 241
19. Juli 1795 . . . . . . . . . . . . . . . . . . . . . . . . 35 Nr 255
29. Juli 1795 . . . . . . . . . . . . . . . . . . . . . . . . 35 Nr 268

17. August 1795 . . . . . . . . . . . . . . . . . . . . . . . . 35 Nr 280
17. August 1795 . . . . . . . . . . . . . . . . . . . . . . . . 35 Nr 281
18. August 1795 . . . . . . . . . . . . . . . . . . . . . . . . 35 Nr 283
21. August 1795 . . . . . . . . . . . . . . . . . . . . . . . . 35 Nr 286
22. August 1795 . . . . . . . . . . . . . . . . . . . . . . . . 35 Nr 288
24. [25.] August 1795 . . . . . . . . . . . . . . . . . . . . . 35 Nr 291
29. August 1795 . . . . . . . . . . . . . . . . . . . . . . . . 35 Nr 298
3. September 1795 . . . . . . . . . . . . . . . . . . . . . . . 35 Nr 303
7. September 1795 . . . . . . . . . . . . . . . . . . . . . . . 35 Nr 308
14. September 1795 . . . . . . . . . . . . . . . . . . . . . . 35 Nr 317
16. September 1795 . . . . . . . . . . . . . . . . . . . . . . 35 Nr 321
23. September 1795 . . . . . . . . . . . . . . . . . . . . . . 35 Nr 325
26. September 1795 . . . . . . . . . . . . . . . . . . . . . . 35 Nr 330
3. Oktober 1795 . . . . . . . . . . . . . . . . . . . . . . . . 35 Nr 341
[6. und] 10. Oktober 1795 . . . . . . . . . . . . . . . . . . 35 Nr 345
13. Oktober [1795] . . . . . . . . . . . . . . . . . . . . . . 35 Nr 349
16. Oktober 1795 . . . . . . . . . . . . . . . . . . . . . . . 35 Nr 353
17. Oktober 1795 . . . . . . . . . . . . . . . . . . . . . . . 35 Nr 355
25. Oktober 1795 . . . . . . . . . . . . . . . . . . . . . . . 35 Nr 363
28. Oktober 1795 . . . . . . . . . . . . . . . . . . . . . . . 35 Nr 366
1. November 1795 . . . . . . . . . . . . . . . . . . . . . . . 36 Nr 1
21. November 1795 . . . . . . . . . . . . . . . . . . . . . . 36 Nr 17
25. November 1795 . . . . . . . . . . . . . . . . . . . . . . 36 Nr 18
29. November 1795 . . . . . . . . . . . . . . . . . . . . . . 36 Nr 23
9. Dezember 1795 . . . . . . . . . . . . . . . . . . . . . . . 36 Nr 26
15. Dezember 1795 . . . . . . . . . . . . . . . . . . . . . . 36 Nr 30
17. Dezember 1795 . . . . . . . . . . . . . . . . . . . . . . 36 Nr 34
23. Dezember 1795 . . . . . . . . . . . . . . . . . . . . . . 36 Nr 42
26. Dezember 1795 . . . . . . . . . . . . . . . . . . . . . . 36 Nr 43
[30. Dezember 1795] . . . . . . . . . . . . . . . . . . . . . 36 Nr 52
2. Januar 1796 . . . . . . . . . . . . . . . . . . . . . . . . 36 Nr 54
20. Januar 1796 . . . . . . . . . . . . . . . . . . . . . . . 36 Nr 68
23. Januar 1796 . . . . . . . . . . . . . . . . . . . . . . . 36 Nr 71
27. Januar 1796 . . . . . . . . . . . . . . . . . . . . . . . 36 Nr 74
30. Januar 1796 . . . . . . . . . . . . . . . . . . . . . . . 36 Nr 76
4. Februar 1796 . . . . . . . . . . . . . . . . . . . . . . . 36 Nr 83
10. Februar 1796 . . . . . . . . . . . . . . . . . . . . . . 36 Nr 89
12. Februar 1796 . . . . . . . . . . . . . . . . . . . . . . 36 Nr 90
13. Februar 1796 . . . . . . . . . . . . . . . . . . . . . . 36 Nr 93
21. April 1796 . . . . . . . . . . . . . . . . . . . . . . . . 36 Nr 153
[Anfang Mai 1796] . . . . . . . . . . . . . . . . . . . . . . 36 Nr 165
[20. Mai 1796] . . . . . . . . . . . . . . . . . . . . . . . . 36 Nr 172
[Ende Mai oder Anfang Juni 1796] . . . . . . . . . . . . . . 36 Nr 183
10. Juni 1796 . . . . . . . . . . . . . . . . . . . . . . . . 36 Nr 185
14. Juni 1796 . . . . . . . . . . . . . . . . . . . . . . . . 36 Nr 191

18. Juni 1796 . . . . . . . . . . . . . . . . . . . . . . . . . 36 Nr 193
[21. Juni 1796] . . . . . . . . . . . . . . . . . . . . . . . . . 36 Nr 198
25. Juni 1796 . . . . . . . . . . . . . . . . . . . . . . . . . 36 Nr 200
26. Juni 1796 . . . . . . . . . . . . . . . . . . . . . . . . . 36 Nr 203
29. Juni 1796 . . . . . . . . . . . . . . . . . . . . . . . . . 36 Nr 208
1. Juli 1796 . . . . . . . . . . . . . . . . . . . . . . . . . 36 Nr 210
5. Juli 1796 . . . . . . . . . . . . . . . . . . . . . . . . . 36 Nr 213
[2. und 7. Juli 1796] . . . . . . . . . . . . . . . . . . . . . 36 Nr 217
9. Juli 1796 . . . . . . . . . . . . . . . . . . . . . . . . . 36 Nr 219
9. Juli 1796 . . . . . . . . . . . . . . . . . . . . . . . . . 36 Nr 220
12. Juli 1796 . . . . . . . . . . . . . . . . . . . . . . . . . 36 Nr 223/43 KuE
[13. Juli 1796] . . . . . . . . . . . . . . . . . . . . . . . . 36 Nr 225
20. Juli 1796 . . . . . . . . . . . . . . . . . . . . . . . . . 36 Nr 236
22. und 23. Juli 1796 . . . . . . . . . . . . . . . . . . . . 36 Nr 243
26. Juli 1796 . . . . . . . . . . . . . . . . . . . . . . . . . 36 Nr 245
28. Juli 1796 . . . . . . . . . . . . . . . . . . . . . . . . . 36 Nr 247
30. Juli 1796 . . . . . . . . . . . . . . . . . . . . . . . . . 36 Nr 248
2. August 1796 . . . . . . . . . . . . . . . . . . . . . . . . 36 Nr 249
6. August 1796 . . . . . . . . . . . . . . . . . . . . . . . . 36 Nr 252
10. August 1796 . . . . . . . . . . . . . . . . . . . . . . . 36 Nr 257
13. August 1796 . . . . . . . . . . . . . . . . . . . . . . . 36 Nr 260
16. August 1796 . . . . . . . . . . . . . . . . . . . . . . . 36 Nr 264
17. August 1796 . . . . . . . . . . . . . . . . . . . . . . . 36 Nr 266
8. Oktober 1796 . . . . . . . . . . . . . . . . . . . . . . . 36 Nr 295
9. Oktober 1796 . . . . . . . . . . . . . . . . . . . . . . . 36 Nr 296
10. Oktober 1796 . . . . . . . . . . . . . . . . . . . . . . 36 Nr 298
12. Oktober 1796 . . . . . . . . . . . . . . . . . . . . . . 36 Nr 300
15. Oktober 1796 . . . . . . . . . . . . . . . . . . . . . . 36 Nr 303
17. [18.] Oktober 1796 . . . . . . . . . . . . . . . . . . . 36 Nr 305
19. Oktober 1796 . . . . . . . . . . . . . . . . . . . . . . 36 Nr 306
22. Oktober 1796 . . . . . . . . . . . . . . . . . . . . . . 36 Nr 307
26. Oktober 1796 . . . . . . . . . . . . . . . . . . . . . . 36 Nr 309
29. Oktober 1796 . . . . . . . . . . . . . . . . . . . . . . 36 Nr 313
12. November 1796 . . . . . . . . . . . . . . . . . . . . . 36 Nr 322
13. [14.] November 1796 . . . . . . . . . . . . . . . . . . 36 Nr 323
15. November 1796 . . . . . . . . . . . . . . . . . . . . . 36 Nr 325
19. November 1796 . . . . . . . . . . . . . . . . . . . . . 36 Nr 327
26. November 1796 . . . . . . . . . . . . . . . . . . . . . 36 Nr 333
30. November 1796 . . . . . . . . . . . . . . . . . . . . . 36 Nr 335
5. Dezember 1796 . . . . . . . . . . . . . . . . . . . . . . 36 Nr 338
7. Dezember 1796 . . . . . . . . . . . . . . . . . . . . . . 36 Nr 339
9. Dezember 1796 . . . . . . . . . . . . . . . . . . . . . . 36 Nr 341
10. Dezember 1796 . . . . . . . . . . . . . . . . . . . . . 36 Nr 343
14. Dezember 1796 . . . . . . . . . . . . . . . . . . . . . 36 Nr 346
17. Dezember 1796 . . . . . . . . . . . . . . . . . . . . . 36 Nr 349

21. Dezember 1796 . . . . . . . . . . . . . . . . . . . . . . 36 Nr 351
[27. Dezember 1796] . . . . . . . . . . . . . . . . . . . . 36 Nr 355
1. Januar 1797 . . . . . . . . . . . . . . . . . . . . . . . 36 Nr 357
11. Januar 1797 . . . . . . . . . . . . . . . . . . . . . . 36 Nr 360
18. Januar 1797 . . . . . . . . . . . . . . . . . . . . . . 36 Nr 369
29. Januar 1797 . . . . . . . . . . . . . . . . . . . . . . 36 Nr 374
1. Februar 1797 . . . . . . . . . . . . . . . . . . . . . . 36 Nr 377
8. Februar 1797 . . . . . . . . . . . . . . . . . . . . . . 36 Nr 380
11. Februar 1797 . . . . . . . . . . . . . . . . . . . . . 36 Nr 383
18. Februar 1797 . . . . . . . . . . . . . . . . . . . . . 36 Nr 388
27. Februar 1797 . . . . . . . . . . . . . . . . . . . . . 36 Nr 390
1. März 1797 . . . . . . . . . . . . . . . . . . . . . . . 36 Nr 391
1. März 1797 . . . . . . . . . . . . . . . . . . . . . . . 36 Nr 392
3. März 1797 . . . . . . . . . . . . . . . . . . . . . . . 36 Nr 393
4. März 1797 . . . . . . . . . . . . . . . . . . . . . . . 36 Nr 395
5. April 1797 . . . . . . . . . . . . . . . . . . . . . . . 37 Nr 2
8. April 1797 . . . . . . . . . . . . . . . . . . . . . . . 37 Nr 3
12. April 1797 . . . . . . . . . . . . . . . . . . . . . . 37 Nr 5
15. April 1797 . . . . . . . . . . . . . . . . . . . . . . 37 Nr 7
19. April 1797 . . . . . . . . . . . . . . . . . . . . . . 37 Nr 11
22. April 1797 . . . . . . . . . . . . . . . . . . . . . . 37 Nr 12
26. April 1797 . . . . . . . . . . . . . . . . . . . . . . 37 Nr 14
28. April 1797 . . . . . . . . . . . . . . . . . . . . . . 37 Nr 16
3. Mai 1797 . . . . . . . . . . . . . . . . . . . . . . . . 37 Nr 21
6. Mai 1797 . . . . . . . . . . . . . . . . . . . . . . . . 37 Nr 23
13. Mai 1797 . . . . . . . . . . . . . . . . . . . . . . . 37 Nr 25
17. Mai 1797 . . . . . . . . . . . . . . . . . . . . . . . 37 Nr 27
23. Mai 1797 . . . . . . . . . . . . . . . . . . . . . . . 37 Nr 32
27. Mai 1797 . . . . . . . . . . . . . . . . . . . . . . . 37 Nr 33
28. Mai 1797 . . . . . . . . . . . . . . . . . . . . . . . 37 Nr 34
3. Juni 1797 . . . . . . . . . . . . . . . . . . . . . . . 37 Nr 39
10. Juni 1797 . . . . . . . . . . . . . . . . . . . . . . . 37 Nr 41
13. Juni 1797 . . . . . . . . . . . . . . . . . . . . . . . 37 Nr 44
13. Juni 1797 . . . . . . . . . . . . . . . . . . . . . . . 37 Nr 45
14. Juni 1797 . . . . . . . . . . . . . . . . . . . . . . . 37 Nr 47
16. Juni 1797 . . . . . . . . . . . . . . . . . . . . . . . 37 Nr 48
21. Juni 1797 . . . . . . . . . . . . . . . . . . . . . . . 37 Nr 52
22. Juni 1797 . . . . . . . . . . . . . . . . . . . . . . . 37 Nr 53
24. Juni 1797 . . . . . . . . . . . . . . . . . . . . . . . 37 Nr 55
27. Juni 1797 . . . . . . . . . . . . . . . . . . . . . . . 37 Nr 58
28. Juni 1797 . . . . . . . . . . . . . . . . . . . . . . . 37 Nr 59
1. Juli 1797 . . . . . . . . . . . . . . . . . . . . . . . . 37 Nr 61
5. Juli 1797 . . . . . . . . . . . . . . . . . . . . . . . . 37 Nr 65
7. Juli 1797 . . . . . . . . . . . . . . . . . . . . . . . . 37 Nr 66
8. Juli 1797 . . . . . . . . . . . . . . . . . . . . . . . . 37 Nr 67

19. Juli 1797 . . . . . 37 Nr 78
22. Juli 1797 . . . . . 37 Nr 81
26. Juli 1797 . . . . . 37 Nr 85
29. Juli 1797 . . . . . 37 Nr 90
9. August 1797 . . . . . 37 Nr 97
[12. und] 14. August 1797 . . . . . 37 Nr 100
16. und 17. August 1797 . . . . . 37 Nr 103
22.–24. August 1797 . . . . . 37 Nr 108
30. und 31. August und 4. September 1797 . . . . . 37 Nr 115
[12. September 1797] . . . . . 37 Nr 122
25. und 26. September 1797 . . . . . 37 Nr 129
14. und 17. Oktober 1797 . . . . . 37 Nr 147
25. Oktober 1797 . . . . . 37 Nr 152
30. Oktober 1797 . . . . . 37 Nr 154
10. November 1797 . . . . . 37 Nr 157
22. November 1797 . . . . . 37 Nr 163
24. und 25. November 1797 . . . . . 37 Nr 166
28. November 1797 . . . . . 37 Nr 168
29. November 1797 . . . . . 37 Nr 169
2. Dezember 1797 . . . . . 37 Nr 173
6. Dezember 1797 . . . . . 37 Nr 174
9. Dezember 1797 . . . . . 37 Nr 179
13. Dezember 1797 . . . . . 37 Nr 182
16. Dezember 1797 . . . . . 37 Nr 184
20. Dezember 1797 . . . . . 37 Nr 187
23. Dezember 1797 . . . . . 37 Nr 188
27. Dezember 1797 . . . . . 37 Nr 192
30. Dezember 1797 . . . . . 37 Nr 195
3. Januar 1798 . . . . . 37 Nr 197
6. Januar 1798 . . . . . 37 Nr 198
10. Januar 1798 . . . . . 37 Nr 199
13. Januar 1798 . . . . . 37 Nr 201
17. Januar 1798 . . . . . 37 Nr 203
20. Januar 1798 . . . . . 37 Nr 206
24. Januar 1798 . . . . . 37 Nr 209
26. und 27. Januar 1798 . . . . . 37 Nr 210
31. Januar 1798 . . . . . 37 Nr 212
3. Februar 1798 . . . . . 37 Nr 214
7. Februar 1798 . . . . . 37 Nr 216
10. Februar 1798 . . . . . 37 Nr 217
14. Februar 1798 . . . . . 37 Nr 218
[17. Februar 1798] . . . . . 37 Nr 221
18. Februar 1798 . . . . . 37 Nr 222
21. Februar 1798 . . . . . 37 Nr 225
24. Februar 1798 . . . . . 37 Nr 228

[21. und] 25. Februar 1798 . . . . . . . . . . . . . . . . . . . 37 Nr 229
28. Februar 1798 . . . . . . . . . . . . . . . . . . . . . . . 37 Nr 231
3. März 1798 . . . . . . . . . . . . . . . . . . . . . . . . . 37 Nr 233
7. März 1798 . . . . . . . . . . . . . . . . . . . . . . . . . 37 Nr 236
10. März 1798 . . . . . . . . . . . . . . . . . . . . . . . . 37 Nr 239
14. März 1798 . . . . . . . . . . . . . . . . . . . . . . . . 37 Nr 240
17. März 1798 . . . . . . . . . . . . . . . . . . . . . . . . 37 Nr 243
[4. April 1798] . . . . . . . . . . . . . . . . . . . . . . . 37 Nr 248
7. April 1798 . . . . . . . . . . . . . . . . . . . . . . . . 37 Nr 249
11. April 1798 . . . . . . . . . . . . . . . . . . . . . . . 37 Nr 252
25. April 1798 . . . . . . . . . . . . . . . . . . . . . . . 37 Nr 255
29. [28.] April 1798 . . . . . . . . . . . . . . . . . . . . 37 Nr 260
2. Mai 1798 . . . . . . . . . . . . . . . . . . . . . . . . . 37 Nr 261
5. Mai 1798 . . . . . . . . . . . . . . . . . . . . . . . . . 37 Nr 262
9. Mai 1798 . . . . . . . . . . . . . . . . . . . . . . . . . 37 Nr 264
12. Mai 1798 . . . . . . . . . . . . . . . . . . . . . . . . 37 Nr 265
16. Mai 1798 . . . . . . . . . . . . . . . . . . . . . . . . 37 Nr 268
18. Mai 1798 (und Christian Gottlob Voigt d. Ä.) . . . . . . . 37 Nr 269
19. Mai 1798 . . . . . . . . . . . . . . . . . . . . . . . . 37 Nr 271
24. Mai [1798] . . . . . . . . . . . . . . . . . . . . . . . 37 Nr 275
11. Juni 1798 . . . . . . . . . . . . . . . . . . . . . . . . 37 Nr 286
21. Juni 1798 . . . . . . . . . . . . . . . . . . . . . . . . 37 Nr 289
24. Juni 1798 . . . . . . . . . . . . . . . . . . . . . . . . 37 Nr 291
[28. Juni 1798] . . . . . . . . . . . . . . . . . . . . . . . 37 Nr 293
30. Juni 1798 . . . . . . . . . . . . . . . . . . . . . . . . 37 Nr 294
14. Juli 1798 . . . . . . . . . . . . . . . . . . . . . . . . 37 Nr 301
15. Juli 1798 . . . . . . . . . . . . . . . . . . . . . . . . 37 Nr 302
18. Juli 1798 . . . . . . . . . . . . . . . . . . . . . . . . 37 Nr 303
21. Juli 1798 . . . . . . . . . . . . . . . . . . . . . . . . 37 Nr 304
25. Juli 1798 . . . . . . . . . . . . . . . . . . . . . . . . 37 Nr 306
28. Juli 1798 . . . . . . . . . . . . . . . . . . . . . . . . 37 Nr 309
22. August 1798 . . . . . . . . . . . . . . . . . . . . . . . 37 Nr 315
25. August 1798 . . . . . . . . . . . . . . . . . . . . . . . 37 Nr 317
27. August 1798 . . . . . . . . . . . . . . . . . . . . . . . 37 Nr 319
27. August 1798 . . . . . . . . . . . . . . . . . . . . . . . 37 Nr 320
29. August 1798 . . . . . . . . . . . . . . . . . . . . . . . 37 Nr 322
1. September 1798 . . . . . . . . . . . . . . . . . . . . . . 37 Nr 324
5. September 1798 . . . . . . . . . . . . . . . . . . . . . . 37 Nr 326
6. September 1798 . . . . . . . . . . . . . . . . . . . . . . 37 Nr 328
21. September 1798 . . . . . . . . . . . . . . . . . . . . . 37 Nr 334
21. September 1798 . . . . . . . . . . . . . . . . . . . . . 37 Nr 335
29. September 1798 . . . . . . . . . . . . . . . . . . . . . 37 Nr 336
3. Oktober 1798 . . . . . . . . . . . . . . . . . . . . . . . 37 Nr 338
5. Oktober 1798 . . . . . . . . . . . . . . . . . . . . . . . 37 Nr 339
6. Oktober 1798 . . . . . . . . . . . . . . . . . . . . . . . 37 Nr 342

6. Oktober 1798 . . . . . . . . . . . . . . . . . . . . . . . . 37 Nr 343
7. Oktober 1798 . . . . . . . . . . . . . . . . . . . . . . . . 37 Nr 344
18. Oktober 1798 . . . . . . . . . . . . . . . . . . . . . . . 37 Nr 352
19. Oktober 1798 . . . . . . . . . . . . . . . . . . . . . . . 37 Nr 353
27. Oktober 1798 . . . . . . . . . . . . . . . . . . . . . . . 37 Nr 355
31. Oktober 1798 . . . . . . . . . . . . . . . . . . . . . . . 37 Nr 357
7. November 1798 . . . . . . . . . . . . . . . . . . . . . . . 38 Nr 2
10. November 1798 . . . . . . . . . . . . . . . . . . . . . . 38 Nr 4
16. November 1798 . . . . . . . . . . . . . . . . . . . . . . 38 Nr 7
[24. November 1798] . . . . . . . . . . . . . . . . . . . . . 38 Nr 10
1. Dezember 1798 . . . . . . . . . . . . . . . . . . . . . . . 38 Nr 12
5. Dezember 1798 . . . . . . . . . . . . . . . . . . . . . . . 38 Nr 14
8. Dezember 1798 . . . . . . . . . . . . . . . . . . . . . . . 38 Nr 16
12. Dezember 1798 . . . . . . . . . . . . . . . . . . . . . . 38 Nr 17
15. Dezember 1798 . . . . . . . . . . . . . . . . . . . . . . 38 Nr 18
19. Dezember 1798 . . . . . . . . . . . . . . . . . . . . . . 38 Nr 21
22. Dezember 1798 . . . . . . . . . . . . . . . . . . . . . . 38 Nr 22
25. Dezember 1798 . . . . . . . . . . . . . . . . . . . . . . 38 Nr 23
29. Dezember 1798 . . . . . . . . . . . . . . . . . . . . . . 38 Nr 26
[29. Dezember 1798] (und Franz Kirms) . . . . . . . . . . . 38 Nr 27
2. Januar 1799 . . . . . . . . . . . . . . . . . . . . . . . . . 38 Nr 29
5. Januar 1799 . . . . . . . . . . . . . . . . . . . . . . . . . 38 Nr 31
17. Januar 1799 . . . . . . . . . . . . . . . . . . . . . . . . 38 Nr 33
25. Januar 1799 . . . . . . . . . . . . . . . . . . . . . . . . 38 Nr 35
27. Januar 1799 . . . . . . . . . . . . . . . . . . . . . . . . 38 Nr 36
28. Januar 1799 . . . . . . . . . . . . . . . . . . . . . . . . 38 Nr 37
30. Januar 1799 . . . . . . . . . . . . . . . . . . . . . . . . 38 Nr 39
3. Februar 1799 . . . . . . . . . . . . . . . . . . . . . . . . 38 Nr 42
[16. Februar 1799] . . . . . . . . . . . . . . . . . . . . . . 38 Nr 47
17. Februar 1799 . . . . . . . . . . . . . . . . . . . . . . . 38 Nr 48
3. März 1799 . . . . . . . . . . . . . . . . . . . . . . . . . 38 Nr 55
6. März 1799 . . . . . . . . . . . . . . . . . . . . . . . . . 38 Nr 57
9. März 1799 . . . . . . . . . . . . . . . . . . . . . . . . . 38 Nr 58
10. März 1799 . . . . . . . . . . . . . . . . . . . . . . . . 38 Nr 60
13. März 1799 . . . . . . . . . . . . . . . . . . . . . . . . 38 Nr 63
16. März 1799 . . . . . . . . . . . . . . . . . . . . . . . . 38 Nr 67
[18. März 1799] . . . . . . . . . . . . . . . . . . . . . . . 38 Nr 68
20. März 1799 . . . . . . . . . . . . . . . . . . . . . . . . 38 Nr 69
26. März 1799 . . . . . . . . . . . . . . . . . . . . . . . . 38 Nr 72
2. April 1799 . . . . . . . . . . . . . . . . . . . . . . . . . 38 Nr 76
27. April 1799 . . . . . . . . . . . . . . . . . . . . . . . . 38 Nr 93
11. Mai 1799 . . . . . . . . . . . . . . . . . . . . . . . . . 38 Nr 98
12. Mai 1799 . . . . . . . . . . . . . . . . . . . . . . . . . 38 Nr 99
29. Mai 1799 . . . . . . . . . . . . . . . . . . . . . . . . . 38 Nr 112
1. Juni 1799 . . . . . . . . . . . . . . . . . . . . . . . . . . 38 Nr 114

5. Juni 1799 . . . 38 Nr 115
15. Juni 1799 . . . 38 Nr 127
19. Juni 1799 . . . 38 Nr 129
22. Juni 1799 . . . 38 Nr 132
26. Juni 1799 . . . 38 Nr 136
29. Juni 1799 . . . 38 Nr 138
6. Juli 1799 . . . 38 Nr 145
9. Juli 1799 . . . 38 Nr 147
10. Juli 1799 . . . 38 Nr 149
13. Juli 1799 . . . 38 Nr 152
17. Juli 1799 . . . 38 Nr 155
20. Juli 1799 . . . 38 Nr 156
24. Juli 1799 . . . 38 Nr 157
27. Juli 1799 . . . 38 Nr 160
31. Juli 1799 . . . 38 Nr 163
3. August 1799 . . . 38 Nr 164
7. August 1799 . . . 38 Nr 166
10. August 1799 . . . 38 Nr 168
14. August 1799 . . . 38 Nr 170
17. August 1799 . . . 38 Nr 173
21. August 1799 . . . 38 Nr 174
24. August 1799 . . . 38 Nr 177
27. August 1799 . . . 38 Nr 180
28. August 1799 . . . 38 Nr 181
4. September 1799 . . . 38 Nr 184
16. Oktober 1799 . . . 38 Nr 193
19. Oktober 1799 . . . 38 Nr 194
23. Oktober 1799 . . . 38 Nr 198
26. Oktober 1799 . . . 38 Nr 202
31. Oktober 1799 . . . 38 Nr 206
2. November 1799 . . . 38 Nr 209
8. November 1799 . . . 38 Nr 213
[Mitte November 1799] . . . 38 Nr 217
19. November 1799 . . . 38 Nr 218
6. Dezember 1799 . . . 38 Nr 227
9. Dezember 1799 . . . 38 Nr 228
11. Dezember 1799 . . . 38 Nr 231
15. Dezember 1799 . . . 38 Nr 235
17. Dezember 1799 . . . 38 Nr 236
20. Dezember 1799 . . . 38 Nr 239
23. Dezember 1799 . . . 38 Nr 241
23. Dezember 1799 . . . 38 Nr 242
27. Dezember 1799 . . . 38 Nr 243
29. Dezember 1799 . . . 38 Nr 244
31. Dezember 1799 . . . 38 Nr 245

1. Januar 1800 . . . . . . . . . . . . . . . . . . . . . . . . . 38 Nr 246
2. Januar 1800 . . . . . . . . . . . . . . . . . . . . . . . . . 38 Nr 247
3. Januar 1800 . . . . . . . . . . . . . . . . . . . . . . . . . 38 Nr 248
6. Januar 1800 . . . . . . . . . . . . . . . . . . . . . . . . . 38 Nr 249
8. Januar 1800 . . . . . . . . . . . . . . . . . . . . . . . . . 38 Nr 251
9. Januar 1800 . . . . . . . . . . . . . . . . . . . . . . . . . 38 Nr 252
13. Januar 1800 . . . . . . . . . . . . . . . . . . . . . . . . 38 Nr 254
19. Januar 1800 . . . . . . . . . . . . . . . . . . . . . . . . 38 Nr 259
20. Januar 1800 . . . . . . . . . . . . . . . . . . . . . . . . 38 Nr 261
2. Februar 1800 . . . . . . . . . . . . . . . . . . . . . . . . 38 Nr 268
3. Februar 1800 . . . . . . . . . . . . . . . . . . . . . . . . 38 Nr 269
5. Februar 1800 . . . . . . . . . . . . . . . . . . . . . . . . 38 Nr 271
11. Februar 1800 . . . . . . . . . . . . . . . . . . . . . . . . 38 Nr 273
12. Februar 1800 . . . . . . . . . . . . . . . . . . . . . . . . 38 Nr 274
12. Februar 1800 . . . . . . . . . . . . . . . . . . . . . . . . 38 Nr 275
14. Februar 1800 . . . . . . . . . . . . . . . . . . . . . . . . 38 Nr 277
16. Februar 1800 . . . . . . . . . . . . . . . . . . . . . . . . 38 Nr 279
22. März 1800 . . . . . . . . . . . . . . . . . . . . . . . . . 38 Nr 291
23. März 1800 . . . . . . . . . . . . . . . . . . . . . . . . . 38 Nr 293
24. März 1800 . . . . . . . . . . . . . . . . . . . . . . . . . 38 Nr 294
27. März 1800 . . . . . . . . . . . . . . . . . . . . . . . . . 38 Nr 296
3. April 1800 . . . . . . . . . . . . . . . . . . . . . . . . . 38 Nr 298
5. April 1800 . . . . . . . . . . . . . . . . . . . . . . . . . 38 Nr 300
10. April 1800 . . . . . . . . . . . . . . . . . . . . . . . . . 38 Nr 304
[11. April 1800] . . . . . . . . . . . . . . . . . . . . . . . . 38 Nr 307
16. April 1800 . . . . . . . . . . . . . . . . . . . . . . . . . 38 Nr 309
4. April [Mai] 1800 . . . . . . . . . . . . . . . . . . . . . . 38 Nr 321
[12. Juni 1800] . . . . . . . . . . . . . . . . . . . . . . . . 38 Nr 342
15. Juni 1800 . . . . . . . . . . . . . . . . . . . . . . . . . 38 Nr 343
24. Juni 1800 . . . . . . . . . . . . . . . . . . . . . . . . . 38 Nr 348
27. Juni 1800 . . . . . . . . . . . . . . . . . . . . . . . . . 38 Nr 351
22. Juli 1800 . . . . . . . . . . . . . . . . . . . . . . . . . 38 Nr 374
25. Juli 1800 . . . . . . . . . . . . . . . . . . . . . . . . . 38 Nr 376
29. Juli 1800 . . . . . . . . . . . . . . . . . . . . . . . . . 38 Nr 382
1. August 1800 . . . . . . . . . . . . . . . . . . . . . . . . 38 Nr 385
12. August 1800 . . . . . . . . . . . . . . . . . . . . . . . . 38 Nr 393
2. September 1800 . . . . . . . . . . . . . . . . . . . . . . . 38 Nr 401
12. September 1800 . . . . . . . . . . . . . . . . . . . . . . 38 Nr 412
16. September 1800 . . . . . . . . . . . . . . . . . . . . . . 38 Nr 414
23. September 1800 . . . . . . . . . . . . . . . . . . . . . . 38 Nr 416
28. September 1800 . . . . . . . . . . . . . . . . . . . . . . 38 Nr 419
30. September 1800 . . . . . . . . . . . . . . . . . . . . . . 38 Nr 420
3. Oktober 1800 . . . . . . . . . . . . . . . . . . . . . . . . 38 Nr 422
9. November 1800 . . . . . . . . . . . . . . . . . . . . . . . 38 Nr 434
18. November 1800 . . . . . . . . . . . . . . . . . . . . . . . 38 Nr 442

2. Dezember 1800 . . . . . . . . . . . . . . . . . . . . . . . . 38 Nr 448
[11. Dezember 1800] . . . . . . . . . . . . . . . . . . . . . . 38 Nr 454
16. Dezember 1800 . . . . . . . . . . . . . . . . . . . . . . . 38 Nr 459
22. Dezember 1800 . . . . . . . . . . . . . . . . . . . . . . . 38 Nr 462
30. Dezember 1800 . . . . . . . . . . . . . . . . . . . . . . . 38 Nr 467
29. Januar 1801 . . . . . . . . . . . . . . . . . . . . . . . . 39 Nr 15
6. Februar 1801 . . . . . . . . . . . . . . . . . . . . . . . . 39 Nr 18
9. Februar 1801 . . . . . . . . . . . . . . . . . . . . . . . . 39 Nr 19
11. Februar 1801 . . . . . . . . . . . . . . . . . . . . . . . 39 Nr 21
20. Februar 1801 . . . . . . . . . . . . . . . . . . . . . . . 39 Nr 24
28. Februar 1801 . . . . . . . . . . . . . . . . . . . . . . . 39 Nr 26
7. März 1801 . . . . . . . . . . . . . . . . . . . . . . . . . 39 Nr 30
11. März 1801 . . . . . . . . . . . . . . . . . . . . . . . . 39 Nr 33
14. März 1801 . . . . . . . . . . . . . . . . . . . . . . . . 39 Nr 35
18. März 1801 . . . . . . . . . . . . . . . . . . . . . . . . 39 Nr 39
21. März 1801 . . . . . . . . . . . . . . . . . . . . . . . . 39 Nr 43
25. März 1801 . . . . . . . . . . . . . . . . . . . . . . . . 39 Nr 46
6. März 1800 [3. oder 4. April 1801] . . . . . . . . . . . . . 39 Nr 53
15. April 1801 . . . . . . . . . . . . . . . . . . . . . . . . 39 Nr 57
20. April 1801 . . . . . . . . . . . . . . . . . . . . . . . . 39 Nr 60
27. April 1801 . . . . . . . . . . . . . . . . . . . . . . . . 39 Nr 65
28. April 1801 . . . . . . . . . . . . . . . . . . . . . . . . 39 Nr 66
12. Mai 1801 . . . . . . . . . . . . . . . . . . . . . . . . . 39 Nr 73
11. Juni 1801 . . . . . . . . . . . . . . . . . . . . . . . . 39 Nr 89
[7. oder 8. und] 12. Juli 1801 . . . . . . . . . . . . . . . . 39 Nr 93
18. Oktober 1801 . . . . . . . . . . . . . . . . . . . . . . . 39 Nr 128
10. November 1801 . . . . . . . . . . . . . . . . . . . . . . 39 Nr 141
27. November 1801 . . . . . . . . . . . . . . . . . . . . . . 39 Nr 147
15. Dezember 1801 . . . . . . . . . . . . . . . . . . . . . . 39 Nr 153
[wahrscheinlich 30. oder 31. Dezember 1801] . . . . . . . . . 39 Nr 163
1. Januar 1802 . . . . . . . . . . . . . . . . . . . . . . . . 39 Nr 165
16. Januar 1802 . . . . . . . . . . . . . . . . . . . . . . . 39 Nr 175
19. Januar 1802 . . . . . . . . . . . . . . . . . . . . . . . 39 Nr 180
22. Januar 1802 . . . . . . . . . . . . . . . . . . . . . . . 39 Nr 183
2. Februar 1802 . . . . . . . . . . . . . . . . . . . . . . . . 39 Nr 195
12. Februar 1802 . . . . . . . . . . . . . . . . . . . . . . . 39 Nr 202
19. Februar 1802 . . . . . . . . . . . . . . . . . . . . . . . 39 Nr 211
[20. Februar 1802] . . . . . . . . . . . . . . . . . . . . . . 39 Nr 214
9. März 1802 . . . . . . . . . . . . . . . . . . . . . . . . . 39 Nr 221
[16. März 1802] . . . . . . . . . . . . . . . . . . . . . . . 39 Nr 225
19. März 1802 . . . . . . . . . . . . . . . . . . . . . . . . 39 Nr 228
20. April 1802 . . . . . . . . . . . . . . . . . . . . . . . . 39 Nr 248
25. April 1802 . . . . . . . . . . . . . . . . . . . . . . . . 39 Nr 250
4. Mai 1802 . . . . . . . . . . . . . . . . . . . . . . . . . 39 Nr 253
7. Mai 1802 . . . . . . . . . . . . . . . . . . . . . . . . . 39 Nr 257

9. Mai 1802 . . . . . . . . . . . . . . . . . . . . . . . . . 39 Nr 259
11. Mai 1802 . . . . . . . . . . . . . . . . . . . . . . . . 39 Nr 261
17. Mai 1802 . . . . . . . . . . . . . . . . . . . . . . . . 39 Nr 268
8. Juni 1802 . . . . . . . . . . . . . . . . . . . . . . . . . 39 Nr 283
11. Juni 1802 . . . . . . . . . . . . . . . . . . . . . . . . 39 Nr 287
28. Juni 1802 . . . . . . . . . . . . . . . . . . . . . . . . 39 Nr 298
5. Juli 1802 . . . . . . . . . . . . . . . . . . . . . . . . . 39 Nr 303
29. Juli 1802 . . . . . . . . . . . . . . . . . . . . . . . . 39 Nr 308
10. August 1802 . . . . . . . . . . . . . . . . . . . . . . . 39 Nr 312
17. August 1802 . . . . . . . . . . . . . . . . . . . . . . . 39 Nr 314
15. September 1802 . . . . . . . . . . . . . . . . . . . . . 39 Nr 325
16. Oktober 1802 . . . . . . . . . . . . . . . . . . . . . . 39 Nr 338
[16. Dezember 1802] . . . . . . . . . . . . . . . . . . . . 39 Nr 359
19. Dezember 1802 . . . . . . . . . . . . . . . . . . . . . 39 Nr 361
26. Dezember 1802 . . . . . . . . . . . . . . . . . . . . . 39 Nr 364
6. Januar 1803 . . . . . . . . . . . . . . . . . . . . . . . 40 Nr 3
13. Januar 1803 . . . . . . . . . . . . . . . . . . . . . . 40 Nr 5
26. Januar 1803 . . . . . . . . . . . . . . . . . . . . . . 40 Nr 14
4. Februar 1803 . . . . . . . . . . . . . . . . . . . . . . 40 Nr 15
5. Februar 1803 . . . . . . . . . . . . . . . . . . . . . . 40 Nr 18
8. Februar 1803 . . . . . . . . . . . . . . . . . . . . . . 40 Nr 21
12. Februar 1803 . . . . . . . . . . . . . . . . . . . . . 40 Nr 23
28. Februar 1803 . . . . . . . . . . . . . . . . . . . . . 40 Nr 29
8. März 1803 . . . . . . . . . . . . . . . . . . . . . . . . 40 Nr 36
10. März 1803 . . . . . . . . . . . . . . . . . . . . . . . 40 Nr 37
15. März 1803 . . . . . . . . . . . . . . . . . . . . . . . 40 Nr 38
22. März 1803 . . . . . . . . . . . . . . . . . . . . . . . 40 Nr 45
13. Mai 1803 . . . . . . . . . . . . . . . . . . . . . . . . 40 Nr 66
15. Mai 1803 . . . . . . . . . . . . . . . . . . . . . . . . 40 Nr 68
18. Mai 1803 . . . . . . . . . . . . . . . . . . . . . . . . 40 Nr 71
20. Mai 1803 . . . . . . . . . . . . . . . . . . . . . . . . 40 Nr 75
22. Mai 1803 . . . . . . . . . . . . . . . . . . . . . . . . 40 Nr 77
15. Juni 1803 . . . . . . . . . . . . . . . . . . . . . . . . 40 Nr 81
23. Juni 1803 . . . . . . . . . . . . . . . . . . . . . . . . 40 Nr 87
5. Juli 1803 . . . . . . . . . . . . . . . . . . . . . . . . . 40 Nr 91
6. September 1803 . . . . . . . . . . . . . . . . . . . . . 40 Nr 119
17. September 1803 . . . . . . . . . . . . . . . . . . . . 40 Nr 123
23. September 1803 . . . . . . . . . . . . . . . . . . . . 40 Nr 128
30. September 1803 . . . . . . . . . . . . . . . . . . . . 40 Nr 135
2. Oktober 1803 . . . . . . . . . . . . . . . . . . . . . . 40 Nr 137
29. Oktober 1803 . . . . . . . . . . . . . . . . . . . . . 40 Nr 148
27. November 1803 . . . . . . . . . . . . . . . . . . . . 40 Nr 156
2. Dezember 1803 . . . . . . . . . . . . . . . . . . . . . 40 Nr 159
13. Dezember 1803 . . . . . . . . . . . . . . . . . . . . 40 Nr 165
31. Dezember 1803 . . . . . . . . . . . . . . . . . . . . 40 Nr 167

4. Januar 1804 . . . . . . . . . . . . . . . . . . . . . . . . . . . 40 Nr 168
13. Januar 1804 . . . . . . . . . . . . . . . . . . . . . . . . . . 40 Nr 170
[14. Januar 1804] . . . . . . . . . . . . . . . . . . . . . . . . . 40 Nr 171
[17. Januar 1804] . . . . . . . . . . . . . . . . . . . . . . . . . 40 Nr 175
18. Januar 1804 . . . . . . . . . . . . . . . . . . . . . . . . . . 40 Nr 177
23. Januar 1804 . . . . . . . . . . . . . . . . . . . . . . . . . . 40 Nr 178
[23. Januar 1804] . . . . . . . . . . . . . . . . . . . . . . . . . 40 Nr 179
[24. Januar 1804] . . . . . . . . . . . . . . . . . . . . . . . . . 40 Nr 180
26. Januar 1804 . . . . . . . . . . . . . . . . . . . . . . . . . . 40 Nr 181
25. [28.] Januar 1804 . . . . . . . . . . . . . . . . . . . . . . . 40 Nr 184
8. Februar 1804 . . . . . . . . . . . . . . . . . . . . . . . . . . 40 Nr 191
16. Februar 1804 . . . . . . . . . . . . . . . . . . . . . . . . . 40 Nr 193
19. Februar 1804 . . . . . . . . . . . . . . . . . . . . . . . . . 40 Nr 194
21. Februar 1804 . . . . . . . . . . . . . . . . . . . . . . . . . 40 Nr 196
12. März 1804 . . . . . . . . . . . . . . . . . . . . . . . . . . . 40 Nr 205
2. April 1804 . . . . . . . . . . . . . . . . . . . . . . . . . . . 40 Nr 213
16. April 1804 . . . . . . . . . . . . . . . . . . . . . . . . . . 40 Nr 220
19. Juni 1804 . . . . . . . . . . . . . . . . . . . . . . . . . . . 40 Nr 249
25. Juli 1804 . . . . . . . . . . . . . . . . . . . . . . . . . . . 40 Nr 265
5. August 1804 . . . . . . . . . . . . . . . . . . . . . . . . . . 40 Nr 269
10. September 1804 . . . . . . . . . . . . . . . . . . . . . . . . 40 Nr 281
2. Oktober 1804 . . . . . . . . . . . . . . . . . . . . . . . . . . 40 Nr 288
28. Oktober 1804 . . . . . . . . . . . . . . . . . . . . . . . . . 40 Nr 294
5. November 1804 . . . . . . . . . . . . . . . . . . . . . . . . . 40 Nr 297
20. Dezember 1804 . . . . . . . . . . . . . . . . . . . . . . . . 40 Nr 309
21. Dezember [1804] . . . . . . . . . . . . . . . . . . . . . . . 40 Nr 310
[23. Dezember 1804] . . . . . . . . . . . . . . . . . . . . . . . 40 Nr 311
[1. Januar 1805] . . . . . . . . . . . . . . . . . . . . . . . . . 40 Nr 317
9. Januar 1805 . . . . . . . . . . . . . . . . . . . . . . . . . . 40 Nr 321
[14. Januar 1805] . . . . . . . . . . . . . . . . . . . . . . . . 40 Nr 322
[17. Januar 1805] . . . . . . . . . . . . . . . . . . . . . . . . 40 Nr 324
[etwa 20. Januar 1805] . . . . . . . . . . . . . . . . . . . . . 40 Nr 327
24. Januar 1805 . . . . . . . . . . . . . . . . . . . . . . . . . . 40 Nr 330
22. Februar 1805 . . . . . . . . . . . . . . . . . . . . . . . . . 40 Nr 340
[24. Februar 1805] . . . . . . . . . . . . . . . . . . . . . . . . 40 Nr 341
26. Februar 1805 . . . . . . . . . . . . . . . . . . . . . . . . . 40 Nr 343
28. Februar 1805 . . . . . . . . . . . . . . . . . . . . . . . . . 40 Nr 345
19. April 1805 . . . . . . . . . . . . . . . . . . . . . . . . . . 40 Nr 362
20. April 1805 . . . . . . . . . . . . . . . . . . . . . . . . . . 40 Nr 363
23. April 1805 . . . . . . . . . . . . . . . . . . . . . . . . . . 40 Nr 364
[24. April 1805] . . . . . . . . . . . . . . . . . . . . . . . . . 40 Nr 365
[25. April 1805] . . . . . . . . . . . . . . . . . . . . . . . . . 40 Nr 366
[26. oder 27. April 1805] . . . . . . . . . . . . . . . . . . . 40 Nr 369
Gotter, Luise:
7. Juni 1798 . . . . . . . . . . . . . . . . . . . . . . . . . . . 37 Nr 283

Gräff, Heinrich:
13. März 1796 . . . . . . . . . . . . . . . . . . . . . . . . 36 Nr 122
29. Juni 1796 . . . . . . . . . . . . . . . . . . . . . . . . 36 Nr 209
Graff, Anton:
15. August 1796 . . . . . . . . . . . . . . . . . . . . . . . 36 Nr 263
Grambs, Johann Georg:
29. Januar 1802 . . . . . . . . . . . . . . . . . . . . . . . 39 Nr 191
18. März 1802 . . . . . . . . . . . . . . . . . . . . . . . . 39 Nr 227
Grasmann (Graßmann), Johann Christian:
12. März 1799 . . . . . . . . . . . . . . . . . . . . . . . . 38 Nr 62
Graß, Carl Gotthard:
3. Juli 1791 . . . . . . . . . . . . . . . . . . . . . . . . 34 Nr 70
[1790–1794?] *(Schiller als Adressat unsicher; gedruckt: NA 34 II, 150–151)*
[etwa 25. Januar 1796] . . . . . . . . . . . . . . . . . . . 36 Nr 73
15. Januar 1797 . . . . . . . . . . . . . . . . . . . . . . . 36 Nr 365
1. April 1804 . . . . . . . . . . . . . . . . . . . . . . . . 40 Nr 212
Greiling, Johann Christoph:
9. März 1796 . . . . . . . . . . . . . . . . . . . . . . . . 36 Nr 115
Gretsel, Johann Christian Gotthilf:
[vielleicht Ende Juli 1797] . . . . . . . . . . . . . . . . . 37 Nr 93
Griepenkerl, Friedrich Konrad:
9. August 1803 . . . . . . . . . . . . . . . . . . . . . . . 40 Nr 104
Gries, Johann Diederich:
10. August 1797 . . . . . . . . . . . . . . . . . . . . . . . 37 Nr 98
8. Juli 1798 . . . . . . . . . . . . . . . . . . . . . . . . 37 Nr 298
19. August 1798 . . . . . . . . . . . . . . . . . . . . . . . 37 Nr 314
9. September 1798 . . . . . . . . . . . . . . . . . . . . . . 37 Nr 329
27. September 1799 . . . . . . . . . . . . . . . . . . . . . 38 Nr 189
21. Juli 1800 . . . . . . . . . . . . . . . . . . . . . . . . 38 Nr 373
Griesbach, Friederike Juliane:
5. Dezember 1799 . . . . . . . . . . . . . . . . . . . . . . 38 Nr 226
[15. oder 16. April 1805] . . . . . . . . . . . . . . . . . . 40 Nr 360
Griesbach, Johann Jakob:
[27. Mai 1789] . . . . . . . . . . . . . . . . . . . . . . . 33 Nr 302
15. Juni 1802 . . . . . . . . . . . . . . . . . . . . . . . . 39 Nr 289
18. Juni 1802 . . . . . . . . . . . . . . . . . . . . . . . . 39 Nr 290
5. April 1803 . . . . . . . . . . . . . . . . . . . . . . . . 40 Nr 51
Griesinger, Christoph Maximilian:
28. Juni 1802 . . . . . . . . . . . . . . . . . . . . . . . . 39 Nr 299
Grimm, Albert Ludwig:
13. April 1805 . . . . . . . . . . . . . . . . . . . . . . . . 40 Nr 359
Gros, Karl Heinrich von:
3. Dezember 1793 . . . . . . . . . . . . . . . . . . . . . . 34 Nr 288
17. Juli 1795 . . . . . . . . . . . . . . . . . . . . . . . . 35 Nr 251

Grosheim, Georg Christoph:
6. November 1801 . . . . . . . . . . . . . . . . . . . . . . . . 39 Nr 137
12. November 1802 . . . . . . . . . . . . . . . . . . . . . . . 39 Nr 349
Großmann, Gustav Friedrich Wilhelm:
5. Januar 1793 . . . . . . . . . . . . . . . . . . . . . . . . . . 34 Nr 184
Grub, Ludwig (Louis) Friedrich Johann:
1. November 1784 . . . . . . . . . . . . . . . . . . . . . . . . 33 Nr 33
Gutjahr, Karl Theodor:
19. November 1800 *(abgedruckt in NA 38 II, 703–705)* . . . . 38 Nr 442a
Haas, Christian Arnold:
21. April 1799 (und Hermann Joseph Haas) . . . . . . . . . . 38 Nr 90
Haas, Hermann Joseph:
21. April 1799 (und Christian Arnold Haas) . . . . . . . . . . 38 Nr 90
Habel, Jakob Christian Friedrich:
20. April 1795 . . . . . . . . . . . . . . . . . . . . . . . . . . 35 Nr 190
Haffner, Heinrich:
17. April 1804 . . . . . . . . . . . . . . . . . . . . . . . . . . 40 Nr 221
Hagen (*gen.* Brislowitz), Carl Wilhelm vom:
13. Mai 1801 . . . . . . . . . . . . . . . . . . . . . . . . . . 39 Nr 75
Hahn, Bernhard Dietrich:
17. Dezember 1802 (und Heinrich Wilhelm Hahn) . . . . . . 39 Nr 360
Hahn, Heinrich Wilhelm:
17. Dezember 1802 (und Bernhard Dietrich Hahn) . . . . . . 39 Nr 360
Haide (Heyd, Heiden), Friedrich:
[13. Mai 1801] . . . . . . . . . . . . . . . . . . . . . . . . . . 39 Nr 73 a
Halem, Gerhard Anton von:
3. April 1804 . . . . . . . . . . . . . . . . . . . . . . . . . . 40 Nr 215
Harbaur, Franz Joseph:
13. August 1799 . . . . . . . . . . . . . . . . . . . . . . . . . 38 Nr 169
11. und 15. Oktober 1799 . . . . . . . . . . . . . . . . . . . 38 Nr 192
18. April 1800 . . . . . . . . . . . . . . . . . . . . . . . . . . 38 Nr 311
22. Januar 1801 . . . . . . . . . . . . . . . . . . . . . . . . . 39 Nr 11
10. Februar 1801 . . . . . . . . . . . . . . . . . . . . . . . . . 39 Nr 20
[zwischen Dezember 1800 und Dezember 1801;
vielleicht 10. Juli 1801] *(abgedruckt in NA 39 II, 789)* . . . 39 Nr 94a
8. Dezember 1801 . . . . . . . . . . . . . . . . . . . . . . . . 39 Nr 152
9. April 1802 . . . . . . . . . . . . . . . . . . . . . . . . . . . 39 Nr 242
4. Februar 1803 . . . . . . . . . . . . . . . . . . . . . . . . . 40 Nr 17
[25. Juni 1804] . . . . . . . . . . . . . . . . . . . . . . . . . . 40 Nr 252
Hardenberg (Novalis), Friedrich von:
22. September 1791 . . . . . . . . . . . . . . . . . . . . . . . 34 Nr 82
7. Oktober 1791 . . . . . . . . . . . . . . . . . . . . . . . . . 34 Nr 86
23. Juli 1798 . . . . . . . . . . . . . . . . . . . . . . . . . . . 37 Nr 305/43 KuE
Hardenberg, Sidonie von:
12. Juli 1797 . . . . . . . . . . . . . . . . . . . . . . . . . . . 37 Nr 71

Harrer, Hubertus von:
11. November 1800 . . . . . . . . . . . . . . . . . . . . . . . 38 Nr 437
Hartmann, Johann Friedrich Christoph:
9. September 1796 . . . . . . . . . . . . . . . . . . . . . . . 36 Nr 280
Haßloch, Theodor:
28. Januar 1802 . . . . . . . . . . . . . . . . . . . . . . . 39 Nr 189
13. Februar 1802 . . . . . . . . . . . . . . . . . . . . . . . 39 Nr 203
16. Februar 1802 . . . . . . . . . . . . . . . . . . . . . . . 39 Nr 210
23. Februar 1802 . . . . . . . . . . . . . . . . . . . . . . . 39 Nr 216
Haug, Friedrich:
22. Oktober 1793 . . . . . . . . . . . . . . . . . . . . . . . 34 Nr 275
8. März 1794 . . . . . . . . . . . . . . . . . . . . . . . 34 Nr 295
28. Juni 1794 . . . . . . . . . . . . . . . . . . . . . . . 35 Nr 13/43 KuE
17. Juli 1795 . . . . . . . . . . . . . . . . . . . . . . . 35 Nr 253/43 KuE
5. Januar [Februar] 1802 . . . . . . . . . . . . . . . . . . . . . . . 39 Nr 198
26. März 1802 . . . . . . . . . . . . . . . . . . . . . . . 39 Nr 232
7. September 1803 . . . . . . . . . . . . . . . . . . . . . . . 40 Nr 120
Heine, Daniel Philipp von
12. Januar 1797 . . . . . . . . . . . . . . . . . . . . . . . 36 Nr 363
Hennings, Wilhelm:
11. September 1800 . . . . . . . . . . . . . . . . . . . . . . . 38 Nr 411
Henrichs, Hermann:
9. Juli 1801 . . . . . . . . . . . . . . . . . . . . . . . 39 Nr 94
Herbert, Franz Paul von:
23. Januar 1795 . . . . . . . . . . . . . . . . . . . . . . . 35 Nr 128
Herder, Johann Gottfried:
9. Juli 1794 . . . . . . . . . . . . . . . . . . . . . . . 35 Nr 16
4. Februar 1795 . . . . . . . . . . . . . . . . . . . . . . . 35 Nr 142
[Ende Februar 1795] . . . . . . . . . . . . . . . . . . . . . . . 35 Nr 162
9. Mai 1795 . . . . . . . . . . . . . . . . . . . . . . . 35 Nr 199
14. Mai 1795 . . . . . . . . . . . . . . . . . . . . . . . 35 Nr 204
26. Mai 1795 . . . . . . . . . . . . . . . . . . . . . . . 35 Nr 215
[5. August 1795] . . . . . . . . . . . . . . . . . . . . . . . 35 Nr 272/43 KuE
12. August [1795] . . . . . . . . . . . . . . . . . . . . . . . 35 Nr 276/43 KuE
[22. August 1795] . . . . . . . . . . . . . . . . . . . . . . . 35 Nr 289
[9. oder 10. September 1795] . . . . . . . . . . . . . . . . . . . . . . . 35 Nr 312a/43 N
[25. September 1795] . . . . . . . . . . . . . . . . . . . . . . . 35 Nr 328
[30. September 1795] . . . . . . . . . . . . . . . . . . . . . . . 35 Nr 336
10. Oktober 1795 . . . . . . . . . . . . . . . . . . . . . . . 35 Nr 346
21. Oktober 1795 . . . . . . . . . . . . . . . . . . . . . . . 35 Nr 358/43 KuE
[30. Oktober 1795] . . . . . . . . . . . . . . . . . . . . . . . 35 Nr 369/43 KuE
[31. Oktober 1795] . . . . . . . . . . . . . . . . . . . . . . . 35 Nr 371
10. November 1795 . . . . . . . . . . . . . . . . . . . . . . . 36 Nr 6
25. November 1795 . . . . . . . . . . . . . . . . . . . . . . . 36 Nr 19/43 KuE
[15. Dezember 1795] . . . . . . . . . . . . . . . . . . . . . . . 36 Nr 33a/43 N

23. Dezember 1795 . . . . . . . . . . . . . . . . . . . . . . 36 Nr 41
8. Januar 1796 . . . . . . . . . . . . . . . . . . . . . . . . 36 Nr 58
20. Januar 1796 . . . . . . . . . . . . . . . . . . . . . . . 36 Nr 69/43 KuE
22. April 1796 . . . . . . . . . . . . . . . . . . . . . . . . 36 Nr 154/43 KuE
11. Juni 1796 . . . . . . . . . . . . . . . . . . . . . . . . 36 Nr 188
[5. oder 6. Juli 1796] . . . . . . . . . . . . . . . . . . . . 36 Nr 215/43 KuE
[13. oder 14.] Juli 1796 . . . . . . . . . . . . . . . . . . 36 Nr 228
[10. August 1796] . . . . . . . . . . . . . . . . . . . . . . 36 Nr 258
25. August [1796] . . . . . . . . . . . . . . . . . . . . . . 36 Nr 270
29. August [1796] . . . . . . . . . . . . . . . . . . . . . . 36 Nr 272
28. Juli 1797 . . . . . . . . . . . . . . . . . . . . . . . . 37 Nr 87/43 KuE
12. Mai 1798 . . . . . . . . . . . . . . . . . . . . . . . . 37 Nr 266
6. August 1798 . . . . . . . . . . . . . . . . . . . . . . . . 37 Nr 312
[11. April 1800] . . . . . . . . . . . . . . . . . . . . . . . 38 Nr 306
Hermann, David Friedrich:
19. Januar 1793 . . . . . . . . . . . . . . . . . . . . . . . 34 Nr 189
Herrmann, Friedrich Wilhelm:
7. Mai 1798 . . . . . . . . . . . . . . . . . . . . . . . . . 37 Nr 263
15. März 1803 . . . . . . . . . . . . . . . . . . . . . . . . 40 Nr 40
Herzfeld, Jakob:
19. Mai 1801 . . . . . . . . . . . . . . . . . . . . . . . . 39 Nr 78
25. Juli 1801 . . . . . . . . . . . . . . . . . . . . . . . . 39 Nr 100
18. August 1801 . . . . . . . . . . . . . . . . . . . . . . . 39 Nr 110
22. Dezember 1801 . . . . . . . . . . . . . . . . . . . . . . 39 Nr 158
26. März 1802 . . . . . . . . . . . . . . . . . . . . . . . . 39 Nr 231
4. Mai 1802 . . . . . . . . . . . . . . . . . . . . . . . . . 39 Nr 254
18. März 1803 . . . . . . . . . . . . . . . . . . . . . . . . 40 Nr 43
19. März 1803 . . . . . . . . . . . . . . . . . . . . . . . . 40 Nr 44
18. Mai 1803 . . . . . . . . . . . . . . . . . . . . . . . . 40 Nr 73
5. September 1803 . . . . . . . . . . . . . . . . . . . . . . 40 Nr 118
6. Dezember 1803 . . . . . . . . . . . . . . . . . . . . . . 40 Nr 162
24. Februar 1804 . . . . . . . . . . . . . . . . . . . . . . . 40 Nr 197
26. März 1804 . . . . . . . . . . . . . . . . . . . . . . . . 40 Nr 211
15. Mai 1804 . . . . . . . . . . . . . . . . . . . . . . . . 40 Nr 237
28. September 1804 . . . . . . . . . . . . . . . . . . . . . 40 Nr 286
Heubner, Carl Leonhardt:
27. Juli 1800 . . . . . . . . . . . . . . . . . . . . . . . . 38 Nr 380
Heydenreich, Karl Heinrich:
25. Oktober 1792 . . . . . . . . . . . . . . . . . . . . . . 34 Nr 163
12. Dezember 1792 . . . . . . . . . . . . . . . . . . . . . 34 Nr 177
28. Juli 1793 . . . . . . . . . . . . . . . . . . . . . . . . 34 Nr 247
Hinrichs, Johann Conrad:
12. April 1802 . . . . . . . . . . . . . . . . . . . . . . . 39 Nr 243
Hinze, Heimbert Paul Friedrich:
21. Juni 1792 . . . . . . . . . . . . . . . . . . . . . . . . 34 Nr 140

Hirsch, Christoph Friedrich:
11. Juli 1800 . . . . . . . . . . . . . . . . . . . . . . . . . . 38 Nr 366
Hirt, Karl Mathias:
[Anfang Juli 1798] . . . . . . . . . . . . . . . . . . . . . . . 37 Nr 297
Hobein, Theodor Ludwig August:
30. September 1796 . . . . . . . . . . . . . . . . . . . . . 36 Nr 289
Hölderlin, Friedrich:
[um den 20. März 1794] . . . . . . . . . . . . . . . . . . . 34 Nr 297
23. Juli 1795 . . . . . . . . . . . . . . . . . . . . . . . . . . 35 Nr 261
4. September 1795 . . . . . . . . . . . . . . . . . . . . . . 35 Nr 305
24. Juli 1796 . . . . . . . . . . . . . . . . . . . . . . . . . . 36 Nr 244
20. November 1796 . . . . . . . . . . . . . . . . . . . . . 36 Nr 328
20. Juni 1797 . . . . . . . . . . . . . . . . . . . . . . . . . 37 Nr 51
[zwischen dem 15. und dem 20. August 1797] . . . . . . . . . 37 Nr 106
30. Juni 1798 . . . . . . . . . . . . . . . . . . . . . . . . . 37 Nr 295
5. Juli 1799 . . . . . . . . . . . . . . . . . . . . . . . . . . 38 Nr 144
[vor dem 8. September 1799] . . . . . . . . . . . . . . . . . 38 Nr 185
2. Juni 1801 . . . . . . . . . . . . . . . . . . . . . . . . . . 39 Nr 85
Hölzel, Anna:
[10. Februar 1799] [*recte:* wahrscheinlich Anfang Januar 1803]
*(abgedruckt als NA 40 Nr 1)* . . . . . . . . . . . . . . . . . 38 Nr 45
22. März 1799 . . . . . . . . . . . . . . . . . . . . . . . . . 38 Nr 70/43 KuE
8. Februar [Januar] 1802 . . . . . . . . . . . . . . . . . . 39 Nr 170
29. Januar [1802] . . . . . . . . . . . . . . . . . . . . . . . 39 Nr 192
[wahrscheinlich Anfang Januar 1803] . . . . . . . . . . . . . 40 Nr 1
Hofmann, Karl Gottlieb:
13. Februar 1795 . . . . . . . . . . . . . . . . . . . . . . . 35 Nr 147a/43 N
Holleben, Friederike von:
[5. (?) Mai 1789] . . . . . . . . . . . . . . . . . . . . . . . 33 Nr 297
Holm, Andreas Johann Moritz Ludewig:
26. Februar 1799 . . . . . . . . . . . . . . . . . . . . . . . 38 Nr 53
Hoof (Hof, Hoff), Johann Christian von:
30. August 1799 . . . . . . . . . . . . . . . . . . . . . . . 38 Nr 182
Horn, Philipp:
30. Juni 1803 . . . . . . . . . . . . . . . . . . . . . . . . . 40 Nr 89
Horner, Johann Jakob:
[Ende (?)] März 1796 . . . . . . . . . . . . . . . . . . . . 36 Nr 136
22. Juli 1797 . . . . . . . . . . . . . . . . . . . . . . . . . . 37 Nr 83
Horst, Georg Konrad:
1. August 1792 . . . . . . . . . . . . . . . . . . . . . . . . 34 Nr 144
3. Juli 1797 . . . . . . . . . . . . . . . . . . . . . . . . . . 37 Nr 64
Hoven, Friedrich Wilhelm von:
10. Dezember 1792 . . . . . . . . . . . . . . . . . . . . . . 34 Nr 176
28. Juni 1794 . . . . . . . . . . . . . . . . . . . . . . . . . 35 Nr 12
6. Dezember 1794 . . . . . . . . . . . . . . . . . . . . . . 35 Nr 91

20. Februar 1795 . . . . . 35 Nr 152
30. Januar 1796 . . . . . 36 Nr 78
14. Mai 1796 . . . . . 36 Nr 170
5. September 1801 . . . . . 39 Nr 117
19. Februar 1802 . . . . . 39 Nr 213
8. April 1803 . . . . . 40 Nr 53
30. April 1803 . . . . . 40 Nr 60
27. Mai 1803 . . . . . 40 Nr 78
3. August 1804 . . . . . 40 Nr 268
Hoverbeck, [C. E. B. (?)] von:
7. September 1800 . . . . . 38 Nr 408
Huber, Ludwig Ferdinand:
7. Januar 1784 [1785] . . . . . 33 Nr 43
7. Januar 1785 (und Dora Stock) . . . . . 33 Nr 44
3. Oktober 1785 . . . . . 33 Nr 67
11. Oktober 1785 . . . . . 33 Nr 68
15. Oktober 1785 . . . . . 33 Nr 69
18. Oktober [1785] . . . . . 33 Nr 70
15. April 1786 . . . . . 33 Nr 77
23. April 1786 . . . . . 33 Nr 78
11. Mai 1786 . . . . . 33 Nr 82
[19. April 1787] . . . . . 33 Nr 101
22. [und 23.] April 1787 . . . . . 33 Nr 103
2. Mai 1787 . . . . . 33 Nr 108
4. November 1787 . . . . . 33 Nr 126
9. Juli 1788 . . . . . 33 Nr 180
24. Juli 1788 . . . . . 33 Nr 184
26. August 1788 . . . . . 33 Nr 204
20. Dezember 1788 . . . . . 33 Nr 255
24. September 1790 . . . . . 34 Nr 30
20. Juni 1791 . . . . . 34 Nr 67
20. März 1793 . . . . . 34 Nr 205
22. Oktober 1793 . . . . . 34 Nr 277
31. Januar 1795 . . . . . 35 Nr 138
20. April 1795 . . . . . 35 Nr 191
14. Januar 1796 . . . . . 36 Nr 63
9. März 1796 . . . . . 36 Nr 116
Hufeland, Christoph Wilhelm:
31. Januar 1795 . . . . . 35 Nr 137
4. Juni 1802 . . . . . 39 Nr 282
18. Oktober 1803 . . . . . 40 Nr 142
10. Juli 1804 . . . . . 40 Nr 261
Hufeland, Gottlieb:
29. April 1788 . . . . . 33 Nr 154
19. Oktober 1790 . . . . . 34 Nr 34

26. März 1800 . . . . . . . . . . . . . . . . . . . . . . . . . 38 Nr 295
1. April 1800 . . . . . . . . . . . . . . . . . . . . . . . . . 38 Nr 297
23. April 1800 . . . . . . . . . . . . . . . . . . . . . . . . 38 Nr 313
25. Juni 1800 . . . . . . . . . . . . . . . . . . . . . . . . 38 Nr 349
5. Dezember 1800 . . . . . . . . . . . . . . . . . . . . . . 38 Nr 451
2. Juni 1801 . . . . . . . . . . . . . . . . . . . . . . . . 39 Nr 84
5. Februar 1802 . . . . . . . . . . . . . . . . . . . . . . 39 Nr 197
2. April 1802 . . . . . . . . . . . . . . . . . . . . . . . . 39 Nr 235

Humboldt, Alexander von:
24. Februar 1795 . . . . . . . . . . . . . . . . . . . . . . 35 Nr 156a/43 N
6. August 1794 . . . . . . . . . . . . . . . . . . . . . . . 35 Nr 25

Humboldt, Caroline (Li) von
(*s. auch:* Dacheröden, Caroline von):
26. Oktober [1792] (und Wilhelm von Humboldt) . . . . . . 34 Nr 164
16. August 1796 (und Wilhelm von Humboldt) . . . . . . . . 36 Nr 265/43 KuE

Humboldt, Wilhelm von:
19. März 1789 [1790] . . . . . . . . . . . . . . . . . . . . 34 Nr 4
8. Mai 1792 . . . . . . . . . . . . . . . . . . . . . . . . 34 Nr 129
12. Oktober 1792 . . . . . . . . . . . . . . . . . . . . . . 34 Nr 159
26. Oktober [1792] (und Caroline von Humboldt) . . . . . . 34 Nr 164
9. November 1792 . . . . . . . . . . . . . . . . . . . . . . 34 Nr 168
7. Dezember 1792 . . . . . . . . . . . . . . . . . . . . . . 34 Nr 175
14. Januar 1793 . . . . . . . . . . . . . . . . . . . . . . 34 Nr 186
18. Januar 1793 . . . . . . . . . . . . . . . . . . . . . . 34 Nr 187
[Juni/Juli 1794] . . . . . . . . . . . . . . . . . . . . . . 35 Nr 14/43 KuE
22. September 1794 . . . . . . . . . . . . . . . . . . . . 35 Nr 49
[etwa 10. Juli 1795] . . . . . . . . . . . . . . . . . . . 35 Nr 243/43 KuE
[etwa Mitte Juli 1795] . . . . . . . . . . . . . . . . . . 35 Nr 249/43 KuE
17. Juli 1795 . . . . . . . . . . . . . . . . . . . . . . . 35 Nr 252
28. Juli 1795 . . . . . . . . . . . . . . . . . . . . . . . 35 Nr 265
4. August 1795 . . . . . . . . . . . . . . . . . . . . . . . 35 Nr 270
15. August 1795 . . . . . . . . . . . . . . . . . . . . . . 35 Nr 278
18. August 1795 . . . . . . . . . . . . . . . . . . . . . . 35 Nr 285
21. August 1795 . . . . . . . . . . . . . . . . . . . . . . 35 Nr 287
25. August 1795 . . . . . . . . . . . . . . . . . . . . . . 35 Nr 292
29. August 1795 . . . . . . . . . . . . . . . . . . . . . . 35 Nr 299
31. August 1795 . . . . . . . . . . . . . . . . . . . . . . 35 Nr 300
8. September 1795 . . . . . . . . . . . . . . . . . . . . . 35 Nr 310
11. und 12. September 1795 . . . . . . . . . . . . . . . . 35 Nr 316
14. September 1795 . . . . . . . . . . . . . . . . . . . . 35 Nr 318
15. September 1795 . . . . . . . . . . . . . . . . . . . . 35 Nr 320
22. September 1795 . . . . . . . . . . . . . . . . . . . . 35 Nr 324
26. September 1795 . . . . . . . . . . . . . . . . . . . . 35 Nr 331/43 KuE
28. September 1795 . . . . . . . . . . . . . . . . . . . . 35 Nr 334
2. Oktober 1795 . . . . . . . . . . . . . . . . . . . . . . 35 Nr 340

5. Oktober 1795 . . . . . . . . . . . . . . . . . . . . . . . . . 35 Nr 342
12. Oktober 1795 . . . . . . . . . . . . . . . . . . . . . . . . 35 Nr 347
16. Oktober 1795 . . . . . . . . . . . . . . . . . . . . . . . . 35 Nr 354
23. Oktober 1795 . . . . . . . . . . . . . . . . . . . . . . . . 35 Nr 360
30. Oktober 1795 . . . . . . . . . . . . . . . . . . . . . . . . 35 Nr 370
6. November 1795 . . . . . . . . . . . . . . . . . . . . . . . . 36 Nr 3
13. November 1795 . . . . . . . . . . . . . . . . . . . . . . . 36 Nr 10
20. November 1795 . . . . . . . . . . . . . . . . . . . . . . . 36 Nr 16
27. November 1795 . . . . . . . . . . . . . . . . . . . . . . . 36 Nr 22
4. Dezember 1795 . . . . . . . . . . . . . . . . . . . . . . . . 36 Nr 25
11. Dezember 1795 . . . . . . . . . . . . . . . . . . . . . . . 36 Nr 27
14. Dezember 1795 . . . . . . . . . . . . . . . . . . . . . . . 36 Nr 29
18. Dezember 1795 . . . . . . . . . . . . . . . . . . . . . . . 36 Nr 36
29. Dezember 1795 . . . . . . . . . . . . . . . . . . . . . . . 36 Nr 51
12. Januar 1796 . . . . . . . . . . . . . . . . . . . . . . . . 36 Nr 61
30. Januar 1796 . . . . . . . . . . . . . . . . . . . . . . . . 36 Nr 77
2. Februar 1796 . . . . . . . . . . . . . . . . . . . . . . . . 36 Nr 80
9. Februar 1796 . . . . . . . . . . . . . . . . . . . . . . . . 36 Nr 88
13. Februar 1796 . . . . . . . . . . . . . . . . . . . . . . . . 36 Nr 94
20. Februar 1796 . . . . . . . . . . . . . . . . . . . . . . . . 36 Nr 95/43 KuE
27. Februar 1796 . . . . . . . . . . . . . . . . . . . . . . . . 36 Nr 102
2. März 1796 . . . . . . . . . . . . . . . . . . . . . . . . . 36 Nr 107/43 KuE
5. März 1796 . . . . . . . . . . . . . . . . . . . . . . . . . 36 Nr 110
12. März 1796 . . . . . . . . . . . . . . . . . . . . . . . . . 36 Nr 120
26. März 1796 . . . . . . . . . . . . . . . . . . . . . . . . . 36 Nr 134
9. April 1796 . . . . . . . . . . . . . . . . . . . . . . . . . 36 Nr 142
3. Mai 1796 . . . . . . . . . . . . . . . . . . . . . . . . . 36 Nr 164
24. Mai 1796 *(abgedruckt in NA 36 II, 478)* . . . . . . . . . . 36 Nr 177a/43 KuE
31. Mai 1796 . . . . . . . . . . . . . . . . . . . . . . . . . 36 Nr 182
11. Juni 1796 . . . . . . . . . . . . . . . . . . . . . . . . . 36 Nr 189
25. Juni 1796 . . . . . . . . . . . . . . . . . . . . . . . . . 36 Nr 201
5. Juli 1796 . . . . . . . . . . . . . . . . . . . . . . . . . 36 Nr 214
9. Juli 1796 . . . . . . . . . . . . . . . . . . . . . . . . . 36 Nr 221
16. Juli 1796 . . . . . . . . . . . . . . . . . . . . . . . . . 36 Nr 231
19. Juli 1796 . . . . . . . . . . . . . . . . . . . . . . . . . 36 Nr 235/43 KuE
2. August 1796 . . . . . . . . . . . . . . . . . . . . . . . . 36 Nr 250
16. August 1796 (und Caroline von Humboldt) . . . . . . . . 36 Nr 265/43 KuE
20. September 1796 . . . . . . . . . . . . . . . . . . . . . . 36 Nr 286
1. Oktober 1796 . . . . . . . . . . . . . . . . . . . . . . . . 36 Nr 292
18. Oktober 1796 . . . . . . . . . . . . . . . . . . . . . . . . 36 Nr 305a/43 N
18. Juni 1797 . . . . . . . . . . . . . . . . . . . . . . . . . 37 Nr 49
25. Juni 1797 . . . . . . . . . . . . . . . . . . . . . . . . . 37 Nr 56
9. Juli 1797 . . . . . . . . . . . . . . . . . . . . . . . . . 37 Nr 68
16. Juli 1797 . . . . . . . . . . . . . . . . . . . . . . . . . 37 Nr 75
23. [und 25.] Juli 1797 . . . . . . . . . . . . . . . . . . . . 37 Nr 84

4. September 1797 . . . . . 37 Nr 120
24. Oktober 1797 . . . . . 37 Nr 151
7.[–11. (?)] Dezember 1797 . . . . . 37 Nr 177
[vor dem 20. Januar 1798] . . . . . 37 Nr 205
16. Februar [1798] . . . . . 37 Nr 220
19. April 1798 . . . . . 37 Nr 254
23. Juni 1798 . . . . . 37 Nr 290
12. Juli 1798 . . . . . 37 Nr 299
5. September 1798 . . . . . 37 Nr 327
26. April 1799 . . . . . 38 Nr 92
16. Juni 1800 . . . . . 38 Nr 346
[Anfang September 1800] . . . . . 38 Nr 400
10. Oktober 1800 . . . . . 38 Nr 424
5. Dezember 1800 . . . . . 38 Nr 453
11. November 1801 . . . . . 39 Nr 142
11. [und 18.] Mai 1802 . . . . . 39 Nr 262
29. Mai 1802 . . . . . 39 Nr 276
15. [und 18.] Oktober 1802
*(abgedruckt in NA 39 II, 792–794)* . . . . . 39 Nr 337a/43 KuE
10. Dezember 1802 . . . . . 39 Nr 356
30. April 1803 . . . . . 40 Nr 63
9. Juli 1803 . . . . . 40 Nr 92
11. Juli 1803 . . . . . 40 Nr 94
27. August 1803 . . . . . 40 Nr 113
22. Oktober 1803 . . . . . 40 Nr 145
Iffland, August Wilhelm:
19. Januar 1785 . . . . . 33 Nr 48
26. Januar 1795 . . . . . 35 Nr 132
[26. März 1796] . . . . . 36 Nr 133
2. April 1796 . . . . . 36 Nr 137
[7. April 1796] . . . . . 36 Nr 140
[vor 20. April 1796] . . . . . 36 Nr 152
5. Oktober 1798 . . . . . 37 Nr 340
17. November 1798 . . . . . 38 Nr 8
4. Dezember 1798 . . . . . 38 Nr 13
18. Dezember 1798 . . . . . 38 Nr 20
12. Januar 1799 . . . . . 38 Nr 32/43 KuE
10. Februar 1799 . . . . . 38 Nr 44
26. Februar 1799 . . . . . 38 Nr 54
23. März 1799 . . . . . 38 Nr 71
20. Mai 1800 . . . . . 38 Nr 331
28. Juni 1800 . . . . . 38 Nr 353
8. November 1800 . . . . . 38 Nr 432
4. Dezember 1800 . . . . . 38 Nr 450
23. Dezember 1800 . . . . . 38 Nr 463

24. Mai 1801 . . . . . . . . . . . . . . . . . . . . . . . . . 39 Nr 80
12. Januar 1802 . . . . . . . . . . . . . . . . . . . . . . . 39 Nr 172
16. April 1802 . . . . . . . . . . . . . . . . . . . . . . . . 39 Nr 246
8. April 1803 . . . . . . . . . . . . . . . . . . . . . . . . 40 Nr 52
30. April 1803 . . . . . . . . . . . . . . . . . . . . . . . . 40 Nr 62
18. Juni 1803 . . . . . . . . . . . . . . . . . . . . . . . . 40 Nr 83
28. [und 29.] Juli 1803 . . . . . . . . . . . . . . . . . . . 40 Nr 102
20. August 1803 . . . . . . . . . . . . . . . . . . . . . . . 40 Nr 108
25. Oktober 1803 . . . . . . . . . . . . . . . . . . . . . . 40 Nr 147
26. November 1803 . . . . . . . . . . . . . . . . . . . . . 40 Nr 155
14. Januar 1804 . . . . . . . . . . . . . . . . . . . . . . . 40 Nr 172
4. Februar 1804 . . . . . . . . . . . . . . . . . . . . . . . 40 Nr 188
17. März 1804 . . . . . . . . . . . . . . . . . . . . . . . . 40 Nr 208
7. April [1804] . . . . . . . . . . . . . . . . . . . . . . . 40 Nr 218
2. Mai [1804] . . . . . . . . . . . . . . . . . . . . . . . . 40 Nr 228
3. Mai 1804 . . . . . . . . . . . . . . . . . . . . . . . . . 40 Nr 229
4. Mai 1804 . . . . . . . . . . . . . . . . . . . . . . . . . 40 Nr 230
[13. (?) Mai 1804] . . . . . . . . . . . . . . . . . . . . . 40 Nr 236
17. Juli 1804 . . . . . . . . . . . . . . . . . . . . . . . . 40 Nr 262
22. Januar 1805 . . . . . . . . . . . . . . . . . . . . . . . 40 Nr 329
Imhoff, Amalie von:
[28. (?) August 1797] . . . . . . . . . . . . . . . . . . . . 37 Nr 112
[1. September 1797] . . . . . . . . . . . . . . . . . . . . . 37 Nr 117
[6. oder 7. Oktober 1797] . . . . . . . . . . . . . . . . . . 37 Nr 137
[23. (?) Mai 1798] . . . . . . . . . . . . . . . . . . . . . 37 Nr 273
[1. Februar 1799] . . . . . . . . . . . . . . . . . . . . . . 38 Nr 41
[14. März 1799] . . . . . . . . . . . . . . . . . . . . . . . 38 Nr 66
[16. Mai 1799] . . . . . . . . . . . . . . . . . . . . . . . 38 Nr 102
Jacobi, Christian Leonhard:
25. Mai 1799 . . . . . . . . . . . . . . . . . . . . . . . . 38 Nr 109
11. November 1800 . . . . . . . . . . . . . . . . . . . . . 38 Nr 436
Jacobi, Friedrich (Fritz) Heinrich:
10. September 1794 . . . . . . . . . . . . . . . . . . . . . 35 Nr 42/43 KuE
7. Juli 1795 . . . . . . . . . . . . . . . . . . . . . . . . 35 Nr 240
13. Juli 1795 . . . . . . . . . . . . . . . . . . . . . . . . 35 Nr 246
23. September 1795 . . . . . . . . . . . . . . . . . . . . . 35 Nr 326
Jacobi, Johann August Siegismund Lebrecht:
16. Januar 1801 [1802] . . . . . . . . . . . . . . . . . . . 39 Nr 176
19. Juni 1802 . . . . . . . . . . . . . . . . . . . . . . . . 39 Nr 293
Jacobi, Johann Georg:
29. Oktober 1801 . . . . . . . . . . . . . . . . . . . . . . 39 Nr 134
Jacobi, Karl Wigand Maximilian:
29. März 1798 . . . . . . . . . . . . . . . . . . . . . . . . 37 Nr 247
Jägle, Johann Jakob:
1. Mai 1797 . . . . . . . . . . . . . . . . . . . . . . . . . 37 Nr 19

Jagemann, Caroline:
[28. oder 29. April 1800] . . . . . . . . . . . . . . . . . . . . 38 Nr 317
[11. Mai 1800] . . . . . . . . . . . . . . . . . . . . . . . . . 38 Nr 324
[vielleicht 4. Juli 1803] . . . . . . . . . . . . . . . . . . . . 40 Nr 90
Jagemann, Christian Joseph:
29. April 1797 . . . . . . . . . . . . . . . . . . . . . . . . . 37 Nr 18
Jena, Prorektor und Senat der Universität:
14. März 1798 . . . . . . . . . . . . . . . . . . . . . . . . . 37 Nr 241
Jenisch, Daniel:
14. Juni 1792 . . . . . . . . . . . . . . . . . . . . . . . . . 34 Nr 138
24. Juli 1793 . . . . . . . . . . . . . . . . . . . . . . . . . 34 Nr 242
19. Mai 1795 . . . . . . . . . . . . . . . . . . . . . . . . . 35 Nr 211
Jett, Christoph:
2. August 1800 . . . . . . . . . . . . . . . . . . . . . . . . 38 Nr 387
Justi, Karl Wilhelm:
16. Februar 1793 . . . . . . . . . . . . . . . . . . . . . . . 34 Nr 195
Kalb, Charlotte von:
7. Juli [1784] . . . . . . . . . . . . . . . . . . . . . . . . . 33 Nr 26
11. [und 13.] Mai 1785 . . . . . . . . . . . . . . . . . . . . 33 Nr 59
27. April [1793] . . . . . . . . . . . . . . . . . . . . . . . . 34 Nr 214
28. Mai [1793] . . . . . . . . . . . . . . . . . . . . . . . . . 34 Nr 219
[31. Mai oder 1. Juni 1793] . . . . . . . . . . . . . . . . . . 34 Nr 221
2. Juni [1793] . . . . . . . . . . . . . . . . . . . . . . . . . 34 Nr 223
18. Juni [1793] . . . . . . . . . . . . . . . . . . . . . . . . 34 Nr 227
3. Juli [1793] . . . . . . . . . . . . . . . . . . . . . . . . . 34 Nr 232
20. Juli [1793] . . . . . . . . . . . . . . . . . . . . . . . . 34 Nr 239
24. und 25. [Juli 1793] . . . . . . . . . . . . . . . . . . . . 34 Nr 244
1. August [1793] . . . . . . . . . . . . . . . . . . . . . . . . 34 Nr 248
22. und 27. September [1793] . . . . . . . . . . . . . . . . . 34 Nr 265
18. Oktober [1793] . . . . . . . . . . . . . . . . . . . . . . . 34 Nr 273
31. Oktober [1793] . . . . . . . . . . . . . . . . . . . . . . . 34 Nr 281
2. Dezember [1793] . . . . . . . . . . . . . . . . . . . . . . . 34 Nr 287
10. Januar [1794] . . . . . . . . . . . . . . . . . . . . . . . 34 Nr 290
25. Juli [1794 (?)] . . . . . . . . . . . . . . . . . . . . . . 35 Nr 23
[August/September 1794] . . . . . . . . . . . . . . . . . . . . 35 Nr 31
25. Oktober [1794] . . . . . . . . . . . . . . . . . . . . . . . 35 Nr 64
9. Dezember [1794] . . . . . . . . . . . . . . . . . . . . . . . 35 Nr 92
14. Januar [1795] . . . . . . . . . . . . . . . . . . . . . . . 35 Nr 120
[24.–]28. Februar [1795] . . . . . . . . . . . . . . . . . . . . 35 Nr 160
22. März [1795] . . . . . . . . . . . . . . . . . . . . . . . . 35 Nr 176
20. April [1795 (?)] . . . . . . . . . . . . . . . . . . . . . . 35 Nr 189
[Mitte Oktober 1795] . . . . . . . . . . . . . . . . . . . . . . 35 Nr 352
14. Mai [1796] . . . . . . . . . . . . . . . . . . . . . . . . . 36 Nr 168
[31. Januar 1799] . . . . . . . . . . . . . . . . . . . . . . . 38 Nr 40
30. Juni [1799] . . . . . . . . . . . . . . . . . . . . . . . . 38 Nr 139

[1. oder 2. Juli 1799] . . . . . . . . . . . . . . . . . . . . . . . . 38 Nr 142
7. Juli [1799] . . . . . . . . . . . . . . . . . . . . . . . . . . . . 38 Nr 146
11. Juli [1799] . . . . . . . . . . . . . . . . . . . . . . . . . . . 38 Nr 151
25. Februar [1800] . . . . . . . . . . . . . . . . . . . . . . . . . 38 Nr 281
13. März 1800 . . . . . . . . . . . . . . . . . . . . . . . . . . . 38 Nr 286
[etwa 10. Juli 1800] . . . . . . . . . . . . . . . . . . . . . . . 38 Nr 365
4. August 1800 . . . . . . . . . . . . . . . . . . . . . . . . . . . 38 Nr 389
23. Oktober [1800] . . . . . . . . . . . . . . . . . . . . . . . . 38 Nr 427
[vielleicht Frühjahr 1801] . . . . . . . . . . . . . . . . . . . . 39 Nr 52
25. Dezember [1801] . . . . . . . . . . . . . . . . . . . . . . . 39 Nr 160
5. [und 8.] April [1802] . . . . . . . . . . . . . . . . . . . . . 39 Nr 236
[vielleicht Ende Mai 1802] . . . . . . . . . . . . . . . . . . . . 39 Nr 278
[vielleicht Sommer 1802] . . . . . . . . . . . . . . . . . . . . . 39 Nr 309
[vermutlich um den 10. August 1802] . . . . . . . . . . . . . 39 Nr 311
28. September [und 2. Oktober] 1802 . . . . . . . . . . . . . 39 Nr 332
Kalb, Heinrich von:
[24. (?) Juli 1793] . . . . . . . . . . . . . . . . . . . . . . . . 34 Nr 243
Kalchberg (Kalchegger von Kalchberg), Johann Nepomuk von:
12. Januar 1793 . . . . . . . . . . . . . . . . . . . . . . . . . . 34 Nr 185
Kant, Immanuel:
30. März 1795 . . . . . . . . . . . . . . . . . . . . . . . . . . . 35 Nr 182
Kapff, Sixt Gottlieb:
30. März 1801 . . . . . . . . . . . . . . . . . . . . . . . . . . . 39 Nr 49
16. November 1803 . . . . . . . . . . . . . . . . . . . . . . . . 40 Nr 152
Karsch, Anna Louisa:
4. Mai 1786 . . . . . . . . . . . . . . . . . . . . . . . . . . . . . 33 Nr 81
Kausler, Christoph Friedrich:
20. Juli 1795 . . . . . . . . . . . . . . . . . . . . . . . . . . . . 35 Nr 257
Kirms, Franz:
[29. Dezember 1798] (und Johann Wolfgang von Goethe) . . 38 Nr 27
9. Juli 1799 . . . . . . . . . . . . . . . . . . . . . . . . . . . . . 38 Nr 148
26. August 1799 . . . . . . . . . . . . . . . . . . . . . . . . . . 38 Nr 179
9. März 1800 . . . . . . . . . . . . . . . . . . . . . . . . . . . . 38 Nr 285
4. Mai 1800 . . . . . . . . . . . . . . . . . . . . . . . . . . . . . 38 Nr 320
29. Juli 1800 . . . . . . . . . . . . . . . . . . . . . . . . . . . . 38 Nr 381
2. Oktober 1800 . . . . . . . . . . . . . . . . . . . . . . . . . . 38 Nr 421
16. November 1800 . . . . . . . . . . . . . . . . . . . . . . . . 38 Nr 441
17. Dezember 1800 . . . . . . . . . . . . . . . . . . . . . . . . 38 Nr 460
26. März 1801 . . . . . . . . . . . . . . . . . . . . . . . . . . . 39 Nr 47
23. Juli 1801 . . . . . . . . . . . . . . . . . . . . . . . . . . . . 39 Nr 98
23. Mai 1802 . . . . . . . . . . . . . . . . . . . . . . . . . . . . 39 Nr 272
22. Mai 1803 . . . . . . . . . . . . . . . . . . . . . . . . . . . . 40 Nr 76
29. Juni 1804 . . . . . . . . . . . . . . . . . . . . . . . . . . . . 40 Nr 254
9. Juli 1804 . . . . . . . . . . . . . . . . . . . . . . . . . . . . . 40 Nr 259

Klein, Ernst Ferdinand:
2. Juni 1797 . . . . . . . . . . . . . . . . . . . . . . . . . 37 Nr 38
29. Dezember 1797 . . . . . . . . . . . . . . . . . . . . . 37 Nr 194
Klein, Joseph Traugott:
[Ende (?)] April 1803 . . . . . . . . . . . . . . . . . . . . 40 Nr 64
Klingemann, Ernst August Friedrich:
15. Juli 1800 . . . . . . . . . . . . . . . . . . . . . . . . 38 Nr 370
Knebel, Henriette von:
[20. oder 21. August 1804] . . . . . . . . . . . . . . . . . 40 Nr 276
Knebel, Karl Ludwig von:
[vielleicht Winter 1789/1790] . . . . . . . . . . . . . . . . 33 Nr 405
16. April 1796 . . . . . . . . . . . . . . . . . . . . . . . 36 Nr 148
[17. April 1796] . . . . . . . . . . . . . . . . . . . . . . 36 Nr 149
17. April 1796 . . . . . . . . . . . . . . . . . . . . . . . 36 Nr 150
Kochen, Albrecht Heinrich Matthias:
7. Juni 1798 . . . . . . . . . . . . . . . . . . . . . . . . 37 Nr 282
1. März 1800 . . . . . . . . . . . . . . . . . . . . . . . . 38 Nr 283
26. Juli 1800 . . . . . . . . . . . . . . . . . . . . . . . . 38 Nr 379
Körner, Christian Gottfried:
[4. oder 5. Juni 1784] . . . . . . . . . . . . . . . . . . . 33 Nr 24
11. Januar 1785 . . . . . . . . . . . . . . . . . . . . . . 33 Nr 45
3. März 1785 . . . . . . . . . . . . . . . . . . . . . . . . 33 Nr 53
2. Mai 1785 . . . . . . . . . . . . . . . . . . . . . . . . 33 Nr 57
8. Mai 1785 . . . . . . . . . . . . . . . . . . . . . . . . 33 Nr 58
14. Mai 1785 . . . . . . . . . . . . . . . . . . . . . . . . 33 Nr 60
8. Juli 1785 . . . . . . . . . . . . . . . . . . . . . . . . 33 Nr 62
17. Juli 1785 . . . . . . . . . . . . . . . . . . . . . . . . 33 Nr 63
14. August 1785 . . . . . . . . . . . . . . . . . . . . . . 33 Nr 65
23. Dezember 1786 . . . . . . . . . . . . . . . . . . . . . 33 Nr 93
31. Dezember 1786 . . . . . . . . . . . . . . . . . . . . . 33 Nr 96
2. Januar 1787 . . . . . . . . . . . . . . . . . . . . . . . 33 Nr 97
20. April 1787 . . . . . . . . . . . . . . . . . . . . . . . 33 Nr 102
23. April 1787 . . . . . . . . . . . . . . . . . . . . . . . 33 Nr 104
[27. April 1787] . . . . . . . . . . . . . . . . . . . . . . 33 Nr 105
2. Mai [1787] . . . . . . . . . . . . . . . . . . . . . . . . 33 Nr 109
24. [und 25.] Juli 1787 . . . . . . . . . . . . . . . . . . 33 Nr 111
2. August 1787 . . . . . . . . . . . . . . . . . . . . . . . 33 Nr 112/43 KuE
14. August 1787 . . . . . . . . . . . . . . . . . . . . . . 33 Nr 114
19. August 1787 . . . . . . . . . . . . . . . . . . . . . . 33 Nr 115
24. August 1787 . . . . . . . . . . . . . . . . . . . . . . 33 Nr 116
7. September 1787 . . . . . . . . . . . . . . . . . . . . . 33 Nr 118
14. September 1787 . . . . . . . . . . . . . . . . . . . . 33 Nr 119
18. September 1787 . . . . . . . . . . . . . . . . . . . . 33 Nr 120
5. Oktober 1787 . . . . . . . . . . . . . . . . . . . . . . 33 Nr 121

15. Oktober 1787 . . . . . . . . . . . . . . . . . . . . . . . 33 Nr 122
19. Oktober 1787 . . . . . . . . . . . . . . . . . . . . . . . 33 Nr 124
26. Oktober 1787 . . . . . . . . . . . . . . . . . . . . . . . 33 Nr 125
12. November 1787 . . . . . . . . . . . . . . . . . . . . . 33 Nr 127
23. November 1787 . . . . . . . . . . . . . . . . . . . . . 33 Nr 129
9. Dezember 1787 . . . . . . . . . . . . . . . . . . . . . . 33 Nr 131
24. Dezember 1787 . . . . . . . . . . . . . . . . . . . . . 33 Nr 132
4. Januar 1788 . . . . . . . . . . . . . . . . . . . . . . . . 33 Nr 133
13. Januar 1788 . . . . . . . . . . . . . . . . . . . . . . . 33 Nr 134
21. Januar 1788 . . . . . . . . . . . . . . . . . . . . . . . 33 Nr 135
6. Februar 1788 . . . . . . . . . . . . . . . . . . . . . . . 33 Nr 138
19. Februar 1788 . . . . . . . . . . . . . . . . . . . . . . 33 Nr 140
29. Februar 1788 . . . . . . . . . . . . . . . . . . . . . . 33 Nr 141
16. März 1788 . . . . . . . . . . . . . . . . . . . . . . . . 33 Nr 143/43 KuE
31. März 1788 . . . . . . . . . . . . . . . . . . . . . . . . 33 Nr 144
4. April 1788 . . . . . . . . . . . . . . . . . . . . . . . . . 33 Nr 146
20. April 1788 . . . . . . . . . . . . . . . . . . . . . . . . 33 Nr 148
21. April 1788 . . . . . . . . . . . . . . . . . . . . . . . . 33 Nr 149
25. April 1788 . . . . . . . . . . . . . . . . . . . . . . . . 33 Nr 151
2. Mai 1788 . . . . . . . . . . . . . . . . . . . . . . . . . 33 Nr 155
14. Mai 1788 . . . . . . . . . . . . . . . . . . . . . . . . 33 Nr 157
27. Mai 1788 . . . . . . . . . . . . . . . . . . . . . . . . 33 Nr 160
3. Juni 1788 . . . . . . . . . . . . . . . . . . . . . . . . . 33 Nr 165
17. Juni 1788 . . . . . . . . . . . . . . . . . . . . . . . . 33 Nr 169
1. [und 4.] Juli 1788 . . . . . . . . . . . . . . . . . . . . 33 Nr 178
20. [und 23.] Juli 1788 . . . . . . . . . . . . . . . . . . 33 Nr 182
11. August 1788 . . . . . . . . . . . . . . . . . . . . . . . 33 Nr 193
28. August 1788 . . . . . . . . . . . . . . . . . . . . . . . 33 Nr 206
17. September 1788 . . . . . . . . . . . . . . . . . . . . 33 Nr 216
28. September 1788 . . . . . . . . . . . . . . . . . . . . 33 Nr 222
3. Oktober 1788 . . . . . . . . . . . . . . . . . . . . . . . 33 Nr 226
14. Oktober 1788 . . . . . . . . . . . . . . . . . . . . . . 33 Nr 233
27. Oktober 1788 . . . . . . . . . . . . . . . . . . . . . . 33 Nr 237
31. Oktober [und 2. November] 1788 . . . . . . . . . . 33 Nr 238
[9. oder 10. (?)] November 1788 . . . . . . . . . . . . 33 Nr 239/43 KuE
24. November 1788 . . . . . . . . . . . . . . . . . . . . . 33 Nr 245/43 KuE
12. Dezember 1788 . . . . . . . . . . . . . . . . . . . . . 33 Nr 252
19. September [Dezember] 1788 . . . . . . . . . . . . 33 Nr 254
30. Dezember 1788 . . . . . . . . . . . . . . . . . . . . . 33 Nr 261
9. Januar 1789 . . . . . . . . . . . . . . . . . . . . . . . . 33 Nr 263
16. Januar 1789 . . . . . . . . . . . . . . . . . . . . . . . 33 Nr 264/43 KuE
30. Januar 1789 . . . . . . . . . . . . . . . . . . . . . . . 33 Nr 266
9. Februar 1789 . . . . . . . . . . . . . . . . . . . . . . . 33 Nr 269
[17.] Februar 1789 . . . . . . . . . . . . . . . . . . . . . 33 Nr 272
18. [und 19.] Februar 1789 . . . . . . . . . . . . . . . . 33 Nr 273

4. März 1789 . . . . . . . . . . . . . . . . . . . . . . . . 33 Nr 277
19. März 1789 . . . . . . . . . . . . . . . . . . . . . . . . 33 Nr 281
31. März 1789 . . . . . . . . . . . . . . . . . . . . . . . . 33 Nr 284
12. April 1789 . . . . . . . . . . . . . . . . . . . . . . . . 33 Nr 289
3. Mai 1789 . . . . . . . . . . . . . . . . . . . . . . . . 33 Nr 296
6. Mai 1789 . . . . . . . . . . . . . . . . . . . . . . . . 33 Nr 298
22. Mai 1789 . . . . . . . . . . . . . . . . . . . . . . . . 33 Nr 301
5. Juni 1789 . . . . . . . . . . . . . . . . . . . . . . . . 33 Nr 307
19. Juni 1789 . . . . . . . . . . . . . . . . . . . . . . . . 33 Nr 308
21. August 1789 . . . . . . . . . . . . . . . . . . . . . . . . 33 Nr 323
8. September 1789 . . . . . . . . . . . . . . . . . . . . . . . . 33 Nr 330/43 KuE
24. Oktober 1789 . . . . . . . . . . . . . . . . . . . . . . . . 33 Nr 335
17. November 1789 . . . . . . . . . . . . . . . . . . . . . . . . 33 Nr 348
3. Dezember 1789 . . . . . . . . . . . . . . . . . . . . . . . . 33 Nr 354
22. Dezember 1789 . . . . . . . . . . . . . . . . . . . . . . . . 33 Nr 372
15. Januar 1790 . . . . . . . . . . . . . . . . . . . . . . . . 33 Nr 382
19. Januar 1790 . . . . . . . . . . . . . . . . . . . . . . . . 33 Nr 384
26. Januar 1790 . . . . . . . . . . . . . . . . . . . . . . . . 33 Nr 390
9. Februar 1790 . . . . . . . . . . . . . . . . . . . . . . . . 33 Nr 400
9. März [1790] . . . . . . . . . . . . . . . . . . . . . . . . 34 Nr 2
16. März 1790 . . . . . . . . . . . . . . . . . . . . . . . . 34 Nr 3
2. April 1790 . . . . . . . . . . . . . . . . . . . . . . . . 34 Nr 6
23. April 1790 . . . . . . . . . . . . . . . . . . . . . . . . 34 Nr 7
13. Mai 1790 . . . . . . . . . . . . . . . . . . . . . . . . 34 Nr 12
28. Mai 1790 . . . . . . . . . . . . . . . . . . . . . . . . 34 Nr 16
29. Juni 1790 . . . . . . . . . . . . . . . . . . . . . . . . 34 Nr 17
9. Juli 1790 . . . . . . . . . . . . . . . . . . . . . . . . 34 Nr 20
13. August 1790 . . . . . . . . . . . . . . . . . . . . . . . . 34 Nr 24
14. September 1790 . . . . . . . . . . . . . . . . . . . . . . . . 34 Nr 28/43 KuE
21. September 1790 . . . . . . . . . . . . . . . . . . . . . . . . 34 Nr 29
6. Oktober 1790 . . . . . . . . . . . . . . . . . . . . . . . . 34 Nr 32
9. November 1790 . . . . . . . . . . . . . . . . . . . . . . . . 34 Nr 40
11. November 1790 . . . . . . . . . . . . . . . . . . . . . . . . 34 Nr 41
3. Dezember 1790 . . . . . . . . . . . . . . . . . . . . . . . . 34 Nr 43
6. Dezember 1790 . . . . . . . . . . . . . . . . . . . . . . . . 34 Nr 44
24. Dezember 1790 . . . . . . . . . . . . . . . . . . . . . . . . 34 Nr 48/43 KuE
1. Februar 1791 . . . . . . . . . . . . . . . . . . . . . . . . 34 Nr 50
11. Februar 1791 . . . . . . . . . . . . . . . . . . . . . . . . 34 Nr 51
25. Februar 1791 . . . . . . . . . . . . . . . . . . . . . . . . 34 Nr 53
1. März 1791 . . . . . . . . . . . . . . . . . . . . . . . . 34 Nr 54
13. März 1791 . . . . . . . . . . . . . . . . . . . . . . . . 34 Nr 55
13. April 1791 . . . . . . . . . . . . . . . . . . . . . . . . 34 Nr 58
5. Mai 1791 . . . . . . . . . . . . . . . . . . . . . . . . 34 Nr 61
31. Mai 1791 . . . . . . . . . . . . . . . . . . . . . . . . 34 Nr 63
13. Juni 1791 . . . . . . . . . . . . . . . . . . . . . . . . 34 Nr 64

16. Juni 1791 . . . . . . . . . . . . . . . . . . . . . . . . 34 Nr 66
1. Juli 1791 . . . . . . . . . . . . . . . . . . . . . . . . . 34 Nr 69
5. Juli 1791 . . . . . . . . . . . . . . . . . . . . . . . . . 34 Nr 71
22. Juli 1791 . . . . . . . . . . . . . . . . . . . . . . . . 34 Nr 74
8. August 1791 . . . . . . . . . . . . . . . . . . . . . . . 34 Nr 76
19. August 1791 . . . . . . . . . . . . . . . . . . . . . . 34 Nr 78
12. September 1791 . . . . . . . . . . . . . . . . . . . . 34 Nr 80
25. September 1791 . . . . . . . . . . . . . . . . . . . . 34 Nr 83
13. Oktober 1791 . . . . . . . . . . . . . . . . . . . . . 34 Nr 88
4. November 1791 . . . . . . . . . . . . . . . . . . . . . 34 Nr 91
2. [22.] November 1791 . . . . . . . . . . . . . . . . . 34 Nr 95
6. Dezember 1791 . . . . . . . . . . . . . . . . . . . . . 34 Nr 99
[16.] Dezember 1791 . . . . . . . . . . . . . . . . . . . 34 Nr 102
20. Dezember 1791 . . . . . . . . . . . . . . . . . . . . 34 Nr 103
6. Januar 1792 . . . . . . . . . . . . . . . . . . . . . . 34 Nr 105
7. Februar 1792 . . . . . . . . . . . . . . . . . . . . . . 34 Nr 115
24. Februar 1792 . . . . . . . . . . . . . . . . . . . . . 34 Nr 117
2. März 1792 . . . . . . . . . . . . . . . . . . . . . . . 34 Nr 119
27. März 1792 . . . . . . . . . . . . . . . . . . . . . . 34 Nr 124
14. Mai 1792 . . . . . . . . . . . . . . . . . . . . . . . 34 Nr 132
22. Mai 1792 . . . . . . . . . . . . . . . . . . . . . . . 34 Nr 133
4. Juni 1792 . . . . . . . . . . . . . . . . . . . . . . . 34 Nr 136
18. Juni 1792 . . . . . . . . . . . . . . . . . . . . . . 34 Nr 139
7. Juli 1792 . . . . . . . . . . . . . . . . . . . . . . . 34 Nr 141
17. August 1792 . . . . . . . . . . . . . . . . . . . . . 34 Nr 146
31. August 1792 . . . . . . . . . . . . . . . . . . . . . 34 Nr 151
18. September 1792 (und Dora Stock) . . . . . . . . . . . . 34 Nr 154
27. September 1792 . . . . . . . . . . . . . . . . . . . 34 Nr 156
16. Oktober 1792 . . . . . . . . . . . . . . . . . . . . 34 Nr 161
19. Oktober 1792 . . . . . . . . . . . . . . . . . . . . 34 Nr 162
4. November 1792 . . . . . . . . . . . . . . . . . . . . 34 Nr 166
12. November 1792 . . . . . . . . . . . . . . . . . . . 34 Nr 171
23. November 1792 . . . . . . . . . . . . . . . . . . . 34 Nr 172
14. Dezember 1792 . . . . . . . . . . . . . . . . . . . 34 Nr 178
21. Dezember 1792 . . . . . . . . . . . . . . . . . . . 34 Nr 181
27. Dezember 1792 . . . . . . . . . . . . . . . . . . . 34 Nr 183
18. Januar 1793 . . . . . . . . . . . . . . . . . . . . . 34 Nr 188
4. Februar 1793 . . . . . . . . . . . . . . . . . . . . . 34 Nr 193
15. Februar 1793 . . . . . . . . . . . . . . . . . . . . 34 Nr 194
26. Februar 1793 . . . . . . . . . . . . . . . . . . . . 34 Nr 198
4. März 1793 . . . . . . . . . . . . . . . . . . . . . . 34 Nr 202
7. März 1793 . . . . . . . . . . . . . . . . . . . . . . 34 Nr 203
27. März 1793 . . . . . . . . . . . . . . . . . . . . . 34 Nr 206
28. März 1793 . . . . . . . . . . . . . . . . . . . . . 34 Nr 207
26. April 1793 . . . . . . . . . . . . . . . . . . . . . 34 Nr 213

11. Mai 1793 . . . . . . . . . . . . . . . . . . . . . . . . . 34 Nr 215
31. Mai 1793 . . . . . . . . . . . . . . . . . . . . . . . . . 34 Nr 220
29. Juni 1793 . . . . . . . . . . . . . . . . . . . . . . . . . 34 Nr 231
7. Juli 1793 . . . . . . . . . . . . . . . . . . . . . . . . . . 34 Nr 235/43 KuE
9. August 1793 . . . . . . . . . . . . . . . . . . . . . . . . 34 Nr 251
22. September 1793 . . . . . . . . . . . . . . . . . . . . . 34 Nr 264
21. Oktober 1793 . . . . . . . . . . . . . . . . . . . . . . . 34 Nr 274
25. November 1793 . . . . . . . . . . . . . . . . . . . . . 34 Nr 286
20. Dezember 1793 . . . . . . . . . . . . . . . . . . . . . 34 Nr 289
14. Februar 1794 . . . . . . . . . . . . . . . . . . . . . . 34 Nr 291
28. März 1794 . . . . . . . . . . . . . . . . . . . . . . . . 34 Nr 298
25. Mai 1794 . . . . . . . . . . . . . . . . . . . . . . . . . 35 Nr 1
17. Juni 1794 . . . . . . . . . . . . . . . . . . . . . . . . . 35 Nr 7
11. Juli 1794 . . . . . . . . . . . . . . . . . . . . . . . . . 35 Nr 17
7. August 1794 . . . . . . . . . . . . . . . . . . . . . . . . 35 Nr 26
10. September 1794 . . . . . . . . . . . . . . . . . . . . . 35 Nr 41
19. September 1794 . . . . . . . . . . . . . . . . . . . . . 35 Nr 48
17. Oktober 1794 . . . . . . . . . . . . . . . . . . . . . . . 35 Nr 60
28. Oktober 1794 . . . . . . . . . . . . . . . . . . . . . . . 35 Nr 68
7. November 1794 . . . . . . . . . . . . . . . . . . . . . . 35 Nr 74
20. November 1794 . . . . . . . . . . . . . . . . . . . . . 35 Nr 78/43 KuE
12. Dezember 1794 . . . . . . . . . . . . . . . . . . . . . 35 Nr 97
26. Dezember 1794 . . . . . . . . . . . . . . . . . . . . . 35 Nr 108
2. Januar 1795 . . . . . . . . . . . . . . . . . . . . . . . . 35 Nr 113
11. Januar 1795 . . . . . . . . . . . . . . . . . . . . . . . 35 Nr 118
13. Januar 1795 . . . . . . . . . . . . . . . . . . . . . . . 35 Nr 119
16. Januar 1795 . . . . . . . . . . . . . . . . . . . . . . . 35 Nr 123
28. Januar 1795 . . . . . . . . . . . . . . . . . . . . . . . 35 Nr 134
10. Februar 1795 . . . . . . . . . . . . . . . . . . . . . . 35 Nr 145
16. Februar 1795 . . . . . . . . . . . . . . . . . . . . . . 35 Nr 148/43 KuE
15. März 1795 . . . . . . . . . . . . . . . . . . . . . . . . 35 Nr 168
3. April 1795 . . . . . . . . . . . . . . . . . . . . . . . . . 35 Nr 185
27. April 1795 . . . . . . . . . . . . . . . . . . . . . . . . 35 Nr 193
8. Mai 1795 . . . . . . . . . . . . . . . . . . . . . . . . . . 35 Nr 198
22. Mai 1795 . . . . . . . . . . . . . . . . . . . . . . . . . 35 Nr 213
15. Juni 1795 . . . . . . . . . . . . . . . . . . . . . . . . . 35 Nr 224
21. Juni 1795 . . . . . . . . . . . . . . . . . . . . . . . . . 35 Nr 230/43 KuE
16. Juli 1795 . . . . . . . . . . . . . . . . . . . . . . . . . 35 Nr 250
18. August 1795 . . . . . . . . . . . . . . . . . . . . . . . 35 Nr 284
23. August 1795 . . . . . . . . . . . . . . . . . . . . . . . 35 Nr 290
2. September 1795 . . . . . . . . . . . . . . . . . . . . . . 35 Nr 302
9. September 1795 . . . . . . . . . . . . . . . . . . . . . . 35 Nr 311
14. September 1795 . . . . . . . . . . . . . . . . . . . . . 35 Nr 319/43 KuE
27. September 1795 . . . . . . . . . . . . . . . . . . . . . 35 Nr 332
29. September 1795 . . . . . . . . . . . . . . . . . . . . . 35 Nr 335

6. November 1795 . . . . . . . . . . . . . . . . . . . . . . . . 36 Nr 2
15. Dezember 1795 . . . . . . . . . . . . . . . . . . . . . . 36 Nr 31
18. Dezember 1795 . . . . . . . . . . . . . . . . . . . . . . 36 Nr 35
1. Januar 1796 . . . . . . . . . . . . . . . . . . . . . . . . . 36 Nr 53
20. Januar 1796 . . . . . . . . . . . . . . . . . . . . . . . . 36 Nr 70
28. Januar 1796 . . . . . . . . . . . . . . . . . . . . . . . . 36 Nr 75
7. Februar 1796 . . . . . . . . . . . . . . . . . . . . . . . . 36 Nr 86
23. Februar 1796 . . . . . . . . . . . . . . . . . . . . . . . 36 Nr 98
22. März 1796 . . . . . . . . . . . . . . . . . . . . . . . . . 36 Nr 128
12. April 1796 . . . . . . . . . . . . . . . . . . . . . . . . . 36 Nr 143
15. April 1796 . . . . . . . . . . . . . . . . . . . . . . . . . 36 Nr 147
22. April 1796 . . . . . . . . . . . . . . . . . . . . . . . . . 36 Nr 155
18. Mai 1796 . . . . . . . . . . . . . . . . . . . . . . . . . . 36 Nr 171
29. Mai 1796 . . . . . . . . . . . . . . . . . . . . . . . . . . 36 Nr 181
7. Juni 1796 . . . . . . . . . . . . . . . . . . . . . . . . . . 36 Nr 184
15. Juni 1796 . . . . . . . . . . . . . . . . . . . . . . . . . 36 Nr 192
8. Juli 1796 . . . . . . . . . . . . . . . . . . . . . . . . . . . 36 Nr 218/43 KuE
15. Juli 1796 . . . . . . . . . . . . . . . . . . . . . . . . . . 36 Nr 229
22. Juli 1796 . . . . . . . . . . . . . . . . . . . . . . . . . . 36 Nr 242
8. August 1796 . . . . . . . . . . . . . . . . . . . . . . . . . 36 Nr 255
29. August 1796 . . . . . . . . . . . . . . . . . . . . . . . . 36 Nr 273
21. September 1796 . . . . . . . . . . . . . . . . . . . . . . 36 Nr 287
5. Oktober 1796 . . . . . . . . . . . . . . . . . . . . . . . . 36 Nr 294
11.[–14. (?)] Oktober 1796 . . . . . . . . . . . . . . . . . . 36 Nr 299
28. Oktober 1796 . . . . . . . . . . . . . . . . . . . . . . . 36 Nr 310
5.[–13. (?)] November 1796 . . . . . . . . . . . . . . . . . . 36 Nr 317
25. November 1796 . . . . . . . . . . . . . . . . . . . . . . 36 Nr 332
15. [14. (?)] Dezember 1796 . . . . . . . . . . . . . . . . . 36 Nr 347/43 KuE
11. Januar 1797 . . . . . . . . . . . . . . . . . . . . . . . . 36 Nr 361
21. Januar 1797 . . . . . . . . . . . . . . . . . . . . . . . . 36 Nr 370
17. Februar 1797 . . . . . . . . . . . . . . . . . . . . . . . 36 Nr 387
18. Februar 1797 . . . . . . . . . . . . . . . . . . . . . . . 36 Nr 389
10. März 1797 . . . . . . . . . . . . . . . . . . . . . . . . . 36 Nr 397
14. März 1797 . . . . . . . . . . . . . . . . . . . . . . . . . 36 Nr 399
17. April 1797 . . . . . . . . . . . . . . . . . . . . . . . . . 37 Nr 9
28. April 1797 . . . . . . . . . . . . . . . . . . . . . . . . . 37 Nr 17
29. Mai 1797 . . . . . . . . . . . . . . . . . . . . . . . . . . 37 Nr 35
10. Juni 1797 . . . . . . . . . . . . . . . . . . . . . . . . . 37 Nr 42
25. Juni 1797 . . . . . . . . . . . . . . . . . . . . . . . . . 37 Nr 57
9. und 11. Juli 1797 . . . . . . . . . . . . . . . . . . . . . 37 Nr 69
21. Juli 1797 . . . . . . . . . . . . . . . . . . . . . . . . . . 37 Nr 80/43 KuE
30. Juli 1797 . . . . . . . . . . . . . . . . . . . . . . . . . . 37 Nr 91
25. August 1797 . . . . . . . . . . . . . . . . . . . . . . . . 37 Nr 110/43 KuE
27. September 1797 . . . . . . . . . . . . . . . . . . . . . . 37 Nr 130
8. Oktober 1797 . . . . . . . . . . . . . . . . . . . . . . . . 37 Nr 139/43 KuE

7. November 1797 . . . 37 Nr 156
1. Dezember 1797 . . . 37 Nr 172
25. Dezember 1797 . . . 37 Nr 191
19. Januar 1798 . . . 37 Nr 204
6. Februar 1798 . . . 37 Nr 215
26. Februar 1798 . . . 37 Nr 230
26. März 1798 . . . 37 Nr 245
27. April 1798 . . . 37 Nr 259
18. Mai 1798 . . . 37 Nr 270
24. Juni 1798 . . . 37 Nr 292
12. August 1798 . . . 37 Nr 313
22. August 1798 . . . 37 Nr 316
16. September 1798 . . . 37 Nr 331
13. Oktober 1798 . . . 37 Nr 349
19. November 1798 . . . 38 Nr 9
27. Dezember 1798 . . . 38 Nr 25
20. Februar 1799 . . . 38 Nr 49
31. März 1799 . . . 38 Nr 75
9. [und etwa 13.] April 1799 . . . 38 Nr 81
17. Mai 1799 . . . 38 Nr 104
30. Mai 1799 . . . 38 Nr 113
25. Juni 1799 . . . 38 Nr 134
14. August 1799 . . . 38 Nr 171
27. Oktober 1799 . . . 38 Nr 203
6. November 1799 . . . 38 Nr 212
20. November 1799 . . . 38 Nr 220
13. Dezember 1799 . . . 38 Nr 233
12. Januar 1800 . . . 38 Nr 253
16. Januar 1800 . . . 38 Nr 255
17. März 1800 . . . 38 Nr 290
10. April 1800 . . . 38 Nr 305/43 KuE
26. Juni 1800 . . . 38 Nr 350
29. Juni 1800 . . . 38 Nr 356
9. Juli 1800 . . . 38 Nr 364
22. Juli 1800 . . . 38 Nr 375
25. Juli 1800 . . . 38 Nr 378
6. August 1800 . . . 38 Nr 391/43 KuE
10. September 1800 . . . 38 Nr 410
27. Oktober 1800 . . . 38 Nr 428
23. November 1800 . . . 38 Nr 443
29. Dezember 1800 . . . 38 Nr 466
18. Januar 1801 . . . 39 Nr 9
28. Januar 1801 . . . 39 Nr 14
18. März 1801 . . . 39 Nr 41
9. Mai 1801 . . . 39 Nr 72

18. Mai 1801 . . . . . . . . . . . . . . . . . . . . . . . . 39 Nr 77
22. Mai 1801 . . . . . . . . . . . . . . . . . . . . . . . . 39 Nr 79
27. Mai 1801 . . . . . . . . . . . . . . . . . . . . . . . . 39 Nr 81
22. Juni 1801 . . . . . . . . . . . . . . . . . . . . . . . . 39 Nr 91
17. Juli 1801 . . . . . . . . . . . . . . . . . . . . . . . . . 39 Nr 96
27. Juli 1801 . . . . . . . . . . . . . . . . . . . . . . . . . 39 Nr 103
22. September 1801 . . . . . . . . . . . . . . . . . . . . . 39 Nr 120
25. September 1801 . . . . . . . . . . . . . . . . . . . . . 39 Nr 123
4. Oktober 1801 . . . . . . . . . . . . . . . . . . . . . . . 39 Nr 124
7. Oktober 1801 . . . . . . . . . . . . . . . . . . . . . . . 39 Nr 126
25. Oktober 1801 . . . . . . . . . . . . . . . . . . . . . . 39 Nr 129
9. November 1801 . . . . . . . . . . . . . . . . . . . . . . 39 Nr 139
25. November 1801 . . . . . . . . . . . . . . . . . . . . . 39 Nr 146
19. Dezember 1801 . . . . . . . . . . . . . . . . . . . . . 39 Nr 156
10. Januar 1802 . . . . . . . . . . . . . . . . . . . . . . . 39 Nr 171
27. Januar 1802 . . . . . . . . . . . . . . . . . . . . . . . 39 Nr 187
30. Januar 1802 . . . . . . . . . . . . . . . . . . . . . . . 39 Nr 193
10. Februar 1802 . . . . . . . . . . . . . . . . . . . . . . 39 Nr 201
14. Februar 1802 . . . . . . . . . . . . . . . . . . . . . . 39 Nr 204
15. Februar 1802 . . . . . . . . . . . . . . . . . . . . . . 39 Nr 205
16. Februar 1802 . . . . . . . . . . . . . . . . . . . . . . 39 Nr 209
5. März 1802 . . . . . . . . . . . . . . . . . . . . . . . . 39 Nr 219
29. März 1802 . . . . . . . . . . . . . . . . . . . . . . . . 39 Nr 234
2. Mai 1802 . . . . . . . . . . . . . . . . . . . . . . . . . 39 Nr 252
16. Mai 1802 . . . . . . . . . . . . . . . . . . . . . . . . 39 Nr 267
9. Juni 1802 . . . . . . . . . . . . . . . . . . . . . . . . . 39 Nr 284
20. Juni 1802 . . . . . . . . . . . . . . . . . . . . . . . . 39 Nr 294
28. Juli 1802 . . . . . . . . . . . . . . . . . . . . . . . . . 39 Nr 307
30. August 1802 . . . . . . . . . . . . . . . . . . . . . . . 39 Nr 320
6. September 1802 . . . . . . . . . . . . . . . . . . . . . 39 Nr 321
19. September 1802 . . . . . . . . . . . . . . . . . . . . . 39 Nr 329
25. Oktober 1802 . . . . . . . . . . . . . . . . . . . . . . 39 Nr 341
31. Oktober 1802 . . . . . . . . . . . . . . . . . . . . . . 39 Nr 345
19. November 1802 . . . . . . . . . . . . . . . . . . . . . 39 Nr 352
31. Dezember 1802 . . . . . . . . . . . . . . . . . . . . . 39 Nr 366
18. Januar 1803 . . . . . . . . . . . . . . . . . . . . . . . 40 Nr 9
18. Februar 1803 . . . . . . . . . . . . . . . . . . . . . . 40 Nr 25
28. Februar 1803 . . . . . . . . . . . . . . . . . . . . . . 40 Nr 30
18. März 1803 . . . . . . . . . . . . . . . . . . . . . . . . 40 Nr 42
25. April 1803 . . . . . . . . . . . . . . . . . . . . . . . . 40 Nr 58
18. Mai 1803 . . . . . . . . . . . . . . . . . . . . . . . . 40 Nr 72
19. Juni 1803 . . . . . . . . . . . . . . . . . . . . . . . . 40 Nr 85
25. Juli 1803 . . . . . . . . . . . . . . . . . . . . . . . . . 40 Nr 101
5. September 1803 . . . . . . . . . . . . . . . . . . . . . 40 Nr 117
25. September 1803 . . . . . . . . . . . . . . . . . . . . . 40 Nr 130

9. Oktober 1803 . . . . . . . . . . . . . . . . . . . . . . . . . 40 Nr 141
24. Oktober 1803 . . . . . . . . . . . . . . . . . . . . . . . . 40 Nr 146
13. November 1803 . . . . . . . . . . . . . . . . . . . . . . . 40 Nr 151
15. Januar 1804 . . . . . . . . . . . . . . . . . . . . . . . . 40 Nr 173
17. März 1804 . . . . . . . . . . . . . . . . . . . . . . . . . 40 Nr 207
22. April 1804 . . . . . . . . . . . . . . . . . . . . . . . . 40 Nr 223
9. Juli 1804 . . . . . . . . . . . . . . . . . . . . . . . . . 40 Nr 260
27. Juli 1804 . . . . . . . . . . . . . . . . . . . . . . . . . 40 Nr 266
6. August 1804 . . . . . . . . . . . . . . . . . . . . . . . . 40 Nr 271
17. September 1804 . . . . . . . . . . . . . . . . . . . . . . 40 Nr 283
17. Oktober 1804 . . . . . . . . . . . . . . . . . . . . . . . 40 Nr 292
2. Dezember 1804 . . . . . . . . . . . . . . . . . . . . . . . 40 Nr 304
18. Dezember 1804 . . . . . . . . . . . . . . . . . . . . . . 40 Nr 308
27. Januar 1805 . . . . . . . . . . . . . . . . . . . . . . . . 40 Nr 331
25. Februar 1805 . . . . . . . . . . . . . . . . . . . . . . . 40 Nr 342
17. April 1805 . . . . . . . . . . . . . . . . . . . . . . . . 40 Nr 361
5. Mai 1805 . . . . . . . . . . . . . . . . . . . . . . . . . . 40 Nr 372
Koller, Joseph:
14. März 1800 . . . . . . . . . . . . . . . . . . . . . . . . . 38 Nr 289
Kosegarten, Friedrich Franz:
12. Mai 1799 . . . . . . . . . . . . . . . . . . . . . . . . . 38 Nr 100
Kosegarten, Ludwig Gotthard (Theobul):
24. Juli 1795 . . . . . . . . . . . . . . . . . . . . . . . . . 35 Nr 263
4. August 1795 . . . . . . . . . . . . . . . . . . . . . . . . 35 Nr 271
14. März 1796 . . . . . . . . . . . . . . . . . . . . . . . . . 36 Nr 124
23. Oktober 1796 . . . . . . . . . . . . . . . . . . . . . . . 36 Nr 308
15. Dezember 1796 . . . . . . . . . . . . . . . . . . . . . . 36 Nr 348
18. Mai 1797 . . . . . . . . . . . . . . . . . . . . . . . . . 37 Nr 29
14. Juli 1797 . . . . . . . . . . . . . . . . . . . . . . . . . 37 Nr 73
12. April 1803 . . . . . . . . . . . . . . . . . . . . . . . . 40 Nr 54
Kotzebue, August von:
3. November 1798 . . . . . . . . . . . . . . . . . . . . . . . 38 Nr 1
1. Januar 1799 . . . . . . . . . . . . . . . . . . . . . . . . 38 Nr 28
[zwischen dem 22. und 31. Mai 1799] . . . . . . . . . . . . . 38 Nr 113a/43 N
30. November 1802 . . . . . . . . . . . . . . . . . . . . . . . 39 Nr 353
Krause, Christian Sigmund:
26. Februar 1795 . . . . . . . . . . . . . . . . . . . . . . . 35 Nr 159
11. Januar 1796 . . . . . . . . . . . . . . . . . . . . . . . . 36 Nr 60
Krickeberg, Friederike:
8. November 1800 . . . . . . . . . . . . . . . . . . . . . . . 38 Nr 433
25. Januar 1802 . . . . . . . . . . . . . . . . . . . . . . . . 39 Nr 185
Kröber, Caroline (Lina) von:
20. Februar 1805 . . . . . . . . . . . . . . . . . . . . . . . 40 Nr 339
Krug von Nidda, Friedrich:
1. Juli 1799 . . . . . . . . . . . . . . . . . . . . . . . . . 38 Nr 140

Kuithan, Johann Wilhelm:
27. Juli 1796 . . . . . . . . . . . . . . . . . . . . . . . . . . . . 36 Nr 246
Kuhnhardt, August Georg Friedrich:
26. Oktober 1802 . . . . . . . . . . . . . . . . . . . . . . . . . 39 Nr 342
Kunze, Friedrich:
11. Dezember 1785 . . . . . . . . . . . . . . . . . . . . . . . . 33 Nr 73
Lagerbjelke, Gustav von:
31. August 1803 . . . . . . . . . . . . . . . . . . . . . . . . . . 40 Nr 115
Lakfalvy, Eduard von:
11. Mai 1793 *(Verfasserschaft unsicher)* . . . . . . . . . . . . . 34 Nr 216
Landvoigt, Friedrich August:
13. Oktober 1798 . . . . . . . . . . . . . . . . . . . . . . . . . 37 Nr 348
Langbein, August Friedrich Ernst:
27. Februar 1796 . . . . . . . . . . . . . . . . . . . . . . . . . . 36 Nr 103
Lange, Karl Julius:
25. Februar 1795 . . . . . . . . . . . . . . . . . . . . . . . . . . 35 Nr 158
Langer, Johann Peter:
20. März 1797 (und Johann Böninger) . . . . . . . . . . . . 36 Nr 403
Lanthieri Wagensperg, Aloysia von:
6. September 1793 . . . . . . . . . . . . . . . . . . . . . . . . . 34 Nr 261
Lassaulx, Franz von:
28. Dezember 1797 . . . . . . . . . . . . . . . . . . . . . . . . 37 Nr 193
La Roche, Sophie von:
17. [Januar] 1797 . . . . . . . . . . . . . . . . . . . . . . . . . 36 Nr 367
10. November 1799 . . . . . . . . . . . . . . . . . . . . . . . . 38 Nr 215
Lauenstein, Johann Dietrich Christian:
21. Mai 1800 . . . . . . . . . . . . . . . . . . . . . . . . . . . 38 Nr 333
Lavater, Johann Kaspar:
[Anfang 1785 (?)] . . . . . . . . . . . . . . . . . . . . . . . . . 33 Nr 41/43 KuE
Lawrence, James Henry:
28. September [1804] . . . . . . . . . . . . . . . . . . . . . . . 40 Nr 287
Lehmann, Friedrich Wilhelm:
6. August 1797 . . . . . . . . . . . . . . . . . . . . . . . . . . . 37 Nr 95
Lehndorff, August Adolph Leopold von:
18. Februar 1793 *(Verfasserschaft unsicher)* . . . . . . . . . . 34 Nr 196
Lempp, Albrecht Friedrich:
22. [und 27.] April 1784 . . . . . . . . . . . . . . . . . . . . . 33 Nr 21
15. Juli 1784 . . . . . . . . . . . . . . . . . . . . . . . . . . . . 33 Nr 27
30. November 1784 . . . . . . . . . . . . . . . . . . . . . . . . 33 Nr 36
10. September 1802 . . . . . . . . . . . . . . . . . . . . . . . . 39 Nr 324
Lengefeld, Charlotte von (*s. auch:* Schiller, Charlotte):
[18. (?) Februar 1788] . . . . . . . . . . . . . . . . . . . . . . 33 Nr 139
[3. oder 4. April 1788] . . . . . . . . . . . . . . . . . . . . . . 33 Nr 145
[5. April 1788] . . . . . . . . . . . . . . . . . . . . . . . . . . . 33 Nr 147
24. April 1788 . . . . . . . . . . . . . . . . . . . . . . . . . . . 33 Nr 150

[zwischen 20. und 24. Mai 1788] . . . . . . . . . . . . . . . 33 Nr 158
[27. Mai 1788] . . . . . . . . . . . . . . . . . . . . . . . . 33 Nr 159
[30. Mai 1788] . . . . . . . . . . . . . . . . . . . . . . . . 33 Nr 162
[31. Mai 1788] . . . . . . . . . . . . . . . . . . . . . . . . 33 Nr 163
[6. Juni 1788] . . . . . . . . . . . . . . . . . . . . . . . . 33 Nr 166
[zweite Hälfte Juni (?) 1788] . . . . . . . . . . . . . . . . 33 Nr 172
[22. (?) Juni 1788] . . . . . . . . . . . . . . . . . . . . . 33 Nr 173
[27. (?) Juni 1788] . . . . . . . . . . . . . . . . . . . . . 33 Nr 175
[29. (?) Juni 1788] . . . . . . . . . . . . . . . . . . . . . 33 Nr 176
[30. Juni oder 1. Juli 1788] . . . . . . . . . . . . . . . . 33 Nr 177
[3. Juli (?) 1788] . . . . . . . . . . . . . . . . . . . . . 33 Nr 179
[11. Juli (?) 1788] . . . . . . . . . . . . . . . . . . . . . 33 Nr 181
[24. Juli 1788] . . . . . . . . . . . . . . . . . . . . . . . 33 Nr 183
[25. Juli 1788] (und Caroline von Beulwitz) . . . . . . . . . 33 Nr 185
[2. August 1788] . . . . . . . . . . . . . . . . . . . . . . 33 Nr 187
[4. August (?) 1788] . . . . . . . . . . . . . . . . . . . . 33 Nr 188
[8. August (?) 1788] . . . . . . . . . . . . . . . . . . . . 33 Nr 192
[vor 14. August (?) 1788] . . . . . . . . . . . . . . . . . . 33 Nr 196
[14. August (?) 1788] . . . . . . . . . . . . . . . . . . . . 33 Nr 197
[19. August 1788] . . . . . . . . . . . . . . . . . . . . . . 33 Nr 198
[21. August 1788] . . . . . . . . . . . . . . . . . . . . . . 33 Nr 199
[25. August (?) 1788] . . . . . . . . . . . . . . . . . . . . 33 Nr 203
[gegen Ende August 1788] . . . . . . . . . . . . . . . . . . 33 Nr 205
[gegen Ende August (?) 1788] . . . . . . . . . . . . . . . . 33 Nr 207
[31. August 1788] . . . . . . . . . . . . . . . . . . . . . . 33 Nr 208
[1. September 1788] . . . . . . . . . . . . . . . . . . . . . 33 Nr 209
[2. September 1788] . . . . . . . . . . . . . . . . . . . . . 33 Nr 210
[6. September (?) 1788] . . . . . . . . . . . . . . . . . . . 33 Nr 211
[8. September 1788] . . . . . . . . . . . . . . . . . . . . . 33 Nr 212
[September (?) 1788] . . . . . . . . . . . . . . . . . . . . 33 Nr 213
[zwischen 21. und 26. September 1788] . . . . . . . . . . . . 33 Nr 217
[zweite Hälfte September (?) 1788] . . . . . . . . . . . . . 33 Nr 220
[28. September 1788] . . . . . . . . . . . . . . . . . . . . 33 Nr 221
[Ende September 1788] (und Caroline von Beulwitz) . . . . . . 33 Nr 223
[1. Oktober (?) 1788] . . . . . . . . . . . . . . . . . . . . 33 Nr 224
[2. Oktober (?) 1788] . . . . . . . . . . . . . . . . . . . . 33 Nr 225
[Oktober 1788] . . . . . . . . . . . . . . . . . . . . . . . 33 Nr 227
[Oktober 1788] . . . . . . . . . . . . . . . . . . . . . . . 33 Nr 228
[5. Oktober 1788] . . . . . . . . . . . . . . . . . . . . . . 33 Nr 229
[6. Oktober 1788] . . . . . . . . . . . . . . . . . . . . . . 33 Nr 230
[11. Oktober 1788] . . . . . . . . . . . . . . . . . . . . . 33 Nr 232
15. Oktober [1788] . . . . . . . . . . . . . . . . . . . . . 33 Nr 234
[10. November 1788] . . . . . . . . . . . . . . . . . . . . . 33 Nr 240
[11. und 12. November 1788] . . . . . . . . . . . . . . . . . 33 Nr 241
15. [und 17.] November 1788 . . . . . . . . . . . . . . . . . 33 Nr 242

22. [und 26.] November 1788 . . . . . . . . . . . . . . . . . . 33 Nr 244
2. [und 3.] Dezember 1788 . . . . . . . . . . . . . . . . . . . . 33 Nr 248
9. [und 10.] Dezember 1788 . . . . . . . . . . . . . . . . . . . 33 Nr 250
16.[–21.] Dezember 1788 . . . . . . . . . . . . . . . . . . . . 33 Nr 253
28. [und 29.] Dezember 1788 . . . . . . . . . . . . . . . . . . 33 Nr 257
[30. Dezember 1788] . . . . . . . . . . . . . . . . . . . . . . 33 Nr 260
5.[–15.] Januar 1789 . . . . . . . . . . . . . . . . . . . . . . 33 Nr 262
26. Januar [und 4. Februar] 1789 . . . . . . . . . . . . . . . 33 Nr 265
8.[–11.] Februar 1789 . . . . . . . . . . . . . . . . . . . . . 33 Nr 268
16. [17. und 19.] Februar 1789 . . . . . . . . . . . . . . . . 33 Nr 271
24. [Februar 1789] . . . . . . . . . . . . . . . . . . . . . . . 33 Nr 274
1. [und 3.] März 1789 . . . . . . . . . . . . . . . . . . . . . 33 Nr 275
9.[–11.] März 1789 . . . . . . . . . . . . . . . . . . . . . . . 33 Nr 278
17. [und 18.] März 1789 . . . . . . . . . . . . . . . . . . . . 33 Nr 279
25. März 1789 . . . . . . . . . . . . . . . . . . . . . . . . . 33 Nr 282
31. März [und 1. April] 1789 . . . . . . . . . . . . . . . . . 33 Nr 285
7. [und 8.] April 1789 . . . . . . . . . . . . . . . . . . . . . 33 Nr 288
13. April [1789] . . . . . . . . . . . . . . . . . . . . . . . . 33 Nr 290
15. April 1789 . . . . . . . . . . . . . . . . . . . . . . . . . 33 Nr 291
21. [und 22.] April 1789 . . . . . . . . . . . . . . . . . . . 33 Nr 293
28. [und 29.] April 1789 . . . . . . . . . . . . . . . . . . . 33 Nr 294
6. [und 14.–15.] Mai 1789 . . . . . . . . . . . . . . . . . . . 33 Nr 299
27. Mai 1789 . . . . . . . . . . . . . . . . . . . . . . . . . . 33 Nr 303
3. [und 5.] Juni 1789 . . . . . . . . . . . . . . . . . . . . . 33 Nr 305
21. Juni 1789 . . . . . . . . . . . . . . . . . . . . . . . . . 33 Nr 309
27.[–29.] Juni 1789 . . . . . . . . . . . . . . . . . . . . . . 33 Nr 311
6. Juli 1789 . . . . . . . . . . . . . . . . . . . . . . . . . . 33 Nr 312
13. Juli 1789 . . . . . . . . . . . . . . . . . . . . . . . . . 33 Nr 314
17. [und 18.] Juli 1789 . . . . . . . . . . . . . . . . . . . . 33 Nr 316
27. Juli 1789 . . . . . . . . . . . . . . . . . . . . . . . . . 33 Nr 317
28. Juli [1789] . . . . . . . . . . . . . . . . . . . . . . . . 33 Nr 318
[5. (?) August 1789] . . . . . . . . . . . . . . . . . . . . . 33 Nr 320
11. [und 12. August 1789] . . . . . . . . . . . . . . . . . . . 33 Nr 321
22.[–24.] August 1789 . . . . . . . . . . . . . . . . . . . . . 33 Nr 324
27. [und 28.] August 1789 . . . . . . . . . . . . . . . . . . . 33 Nr 325
29. [und 30. August 1789] . . . . . . . . . . . . . . . . . . . 33 Nr 326
2. [und 4.] September [1789] . . . . . . . . . . . . . . . . . 33 Nr 327
6. [und 7.] September 1789 . . . . . . . . . . . . . . . . . . 33 Nr 328
9.[–11.] September [1789] . . . . . . . . . . . . . . . . . . . 33 Nr 331
13. September 1789 . . . . . . . . . . . . . . . . . . . . . . 33 Nr 332
22. [und 23.] Oktober [1789] . . . . . . . . . . . . . . . . . 33 Nr 334
24.[–26. Oktober 1789] . . . . . . . . . . . . . . . . . . . . . 33 Nr 336
29. [und 30.] Oktober [1789] . . . . . . . . . . . . . . . . . 33 Nr 339
1. November 1789 . . . . . . . . . . . . . . . . . . . . . . . 33 Nr 340
5. [6.] November 1789 . . . . . . . . . . . . . . . . . . . . . 33 Nr 342

8. [und 9.] November [1789] . . . . . . . . . . . . . . . . . . 33 Nr 343
[12. und 13. November 1789] . . . . . . . . . . . . . . . . . . 33 Nr 345
14. [15. und 16.] November 1789 . . . . . . . . . . . . . . . . 33 Nr 346
19. [und 20.] November 1789 . . . . . . . . . . . . . . . . . . 33 Nr 349
22. [und 23.] November 1789 . . . . . . . . . . . . . . . . . . 33 Nr 350
26. [und 27.] November [1789] . . . . . . . . . . . . . . . . . 33 Nr 351
30. November [1789] . . . . . . . . . . . . . . . . . . . . . . 33 Nr 352
3. Dezember [1789] . . . . . . . . . . . . . . . . . . . . . . . 33 Nr 356
5. [und 6.] Dezember 1789 . . . . . . . . . . . . . . . . . . . 33 Nr 357
[7. und 8. Dezember 1789] . . . . . . . . . . . . . . . . . . . 33 Nr 359
9. [Dezember 1789] . . . . . . . . . . . . . . . . . . . . . . . 33 Nr 361
12. [13.] Dezember 1789 . . . . . . . . . . . . . . . . . . . . 33 Nr 363
15. Dezember [1789] . . . . . . . . . . . . . . . . . . . . . . 33 Nr 364
17. [Dezember 1789] . . . . . . . . . . . . . . . . . . . . . . 33 Nr 366
20. Dezember [1789] . . . . . . . . . . . . . . . . . . . . . . 33 Nr 368
22. Dezember [1789] . . . . . . . . . . . . . . . . . . . . . . 33 Nr 371
29. Dezember [1789] . . . . . . . . . . . . . . . . . . . . . . 33 Nr 374
3. Januar 1790 . . . . . . . . . . . . . . . . . . . . . . . . . 33 Nr 375
6. Januar 1790 . . . . . . . . . . . . . . . . . . . . . . . . . 33 Nr 377
9. Januar [1790] . . . . . . . . . . . . . . . . . . . . . . . . 33 Nr 378
12. Januar 1790 . . . . . . . . . . . . . . . . . . . . . . . . 33 Nr 380
[14. Januar 1790] . . . . . . . . . . . . . . . . . . . . . . . 33 Nr 381
[19. Januar 1790] . . . . . . . . . . . . . . . . . . . . . . . 33 Nr 383
22. [und 23. Januar 1790] . . . . . . . . . . . . . . . . . . . 33 Nr 385
[24. Januar] 1789 [1790] . . . . . . . . . . . . . . . . . . . 33 Nr 386
26. Januar [1790] . . . . . . . . . . . . . . . . . . . . . . . 33 Nr 389
[27. und 28. Januar 1790] . . . . . . . . . . . . . . . . . . . 33 Nr 391
2. Februar 1790 . . . . . . . . . . . . . . . . . . . . . . . . 33 Nr 393
[3. Februar 1790] . . . . . . . . . . . . . . . . . . . . . . . 33 Nr 394
4. Februar [1790] . . . . . . . . . . . . . . . . . . . . . . . 33 Nr 395
[6. Februar 1790] . . . . . . . . . . . . . . . . . . . . . . . 33 Nr 397
[7. Februar 1790] . . . . . . . . . . . . . . . . . . . . . . . 33 Nr 398
9. [und 10. Februar 1790] . . . . . . . . . . . . . . . . . . . 33 Nr 401
11. Februar [1790] . . . . . . . . . . . . . . . . . . . . . . 33 Nr 402
15. Februar 1790 . . . . . . . . . . . . . . . . . . . . . . . 33 Nr 403
Lengefeld, Louise von:
21. Dezember 1789 . . . . . . . . . . . . . . . . . . . . . . . 33 Nr 370
11. Januar [1790] . . . . . . . . . . . . . . . . . . . . . . . 33 Nr 379
[8. Februar 1790] . . . . . . . . . . . . . . . . . . . . . . . 33 Nr 399
25. April 1794 . . . . . . . . . . . . . . . . . . . . . . . . 34 Nr 302
[2. Januar 1799] . . . . . . . . . . . . . . . . . . . . . . . . 38 Nr 30
12. Dezember [1799] . . . . . . . . . . . . . . . . . . . . . . 38 Nr 232
Le Pique, Johann Philipp:
21. Januar 1801 . . . . . . . . . . . . . . . . . . . . . . . . 39 Nr 10

Leporin (Leporini), Amalie:
18. Januar 1805 (und die Freundinnen Eliese und Louise) . . . 40 Nr 325
Lezay-Marnésia, Adrien de:
18. Mai [1799] . . . . . . . . . . . . . . . . . . . . . . . . 38 Nr 107
Liliestråle, Joachim Vilhelm:
12. März 1797 . . . . . . . . . . . . . . . . . . . . . . . . 36 Nr 398
Loder, Justus (Just) Christian:
26. April 1798 . . . . . . . . . . . . . . . . . . . . . . . . 37 Nr 256
27. April 1798 . . . . . . . . . . . . . . . . . . . . . . . . 37 Nr 258
[6. Juni 1799] . . . . . . . . . . . . . . . . . . . . . . . . 38 Nr 117
24. Oktober 1799 . . . . . . . . . . . . . . . . . . . . . . . 38 Nr 200
12. Januar 1801 . . . . . . . . . . . . . . . . . . . . . . . 39 Nr 5
13. Januar 1801 . . . . . . . . . . . . . . . . . . . . . . . 39 Nr 6
[29. (?) März 1803] . . . . . . . . . . . . . . . . . . . . . 40 Nr 49
20. April 1803 . . . . . . . . . . . . . . . . . . . . . . . . 40 Nr 55
5. August 1803 . . . . . . . . . . . . . . . . . . . . . . . . 40 Nr 103
Löflund, Franz Christian:
8. Oktober 1803 . . . . . . . . . . . . . . . . . . . . . . . 40 Nr 139
Loos, Gottfried:
30. November 1798 . . . . . . . . . . . . . . . . . . . . . . 38 Nr 11
Ludwig, Christiane Sophia:
6. Dezember 1791 . . . . . . . . . . . . . . . . . . . . . . 34 Nr 100
Lüdger (Ludger), Wilhelm Eduard:
13. Dezember 1802 . . . . . . . . . . . . . . . . . . . . . 39 Nr 357
Lüdger, Conrad:
9. Juni 1799 . . . . . . . . . . . . . . . . . . . . . . . . . 38 Nr 120
16. September 1799 . . . . . . . . . . . . . . . . . . . . . 38 Nr 188
20. Oktober 1799 . . . . . . . . . . . . . . . . . . . . . . 38 Nr 196
17. Juli 1803 . . . . . . . . . . . . . . . . . . . . . . . . 40 Nr 98
Lütgendorf, Carl Friedrich August von:
27. Dezember 1795 . . . . . . . . . . . . . . . . . . . . . 36 Nr 47
Macdonald, James:
18. Januar 1797 . . . . . . . . . . . . . . . . . . . . . . . 36 Nr 368
Mahlmann, Siegfried August:
23. März 1796 . . . . . . . . . . . . . . . . . . . . . . . . 36 Nr 130
16. Mai 1799 . . . . . . . . . . . . . . . . . . . . . . . . 38 Nr 103
Majer, Friedrich:
30. April 1796 . . . . . . . . . . . . . . . . . . . . . . . . 36 Nr 160
[Ende September 1796] . . . . . . . . . . . . . . . . . . . 36 Nr 290
Marschall (*gen.* Greif), Johanna Amalie Ernestine von:
15. Januar 1803 . . . . . . . . . . . . . . . . . . . . . . . 40 Nr 8
Massenbach, Christian von:
10. Dezember 1790 . . . . . . . . . . . . . . . . . . . . . 34 Nr 46
Matthisson, Friedrich (von):
6. September 1794 . . . . . . . . . . . . . . . . . . . . . 35 Nr 37

2. Juli 1795 . . . . . . . . . . 35 Nr 238
3. Februar 1796 . . . . . . . . . . 36 Nr 82
29. Mai 1798 . . . . . . . . . . 37 Nr 277
30. August 1798 . . . . . . . . . . 37 Nr 323
12. Juni 1799 . . . . . . . . . . 38 Nr 123
Mauchart, Immmanuel David:
6. Februar 1795 . . . . . . . . . . 35 Nr 143
Mellish of Blyth (Blith, Blithe, Blythe), Joseph Charles:
[11. Juni 1799] . . . . . . . . . . 38 Nr 121
26. Juni 1799 . . . . . . . . . . 38 Nr 137
[30. November 1799] . . . . . . . . . . 38 Nr 224
17. Februar 1800 . . . . . . . . . . 38 Nr 280
9. April 1800 . . . . . . . . . . 38 Nr 303
24. April 1803 . . . . . . . . . . 40 Nr 57
Mereau, Sophie (*s. auch:* Schubert, Sophie:
11. Juli [1795] . . . . . . . . . . 35 Nr 245
18. November 1795 . . . . . . . . . . 36 Nr 14
19. Januar 1796 . . . . . . . . . . 36 Nr 66
[vor 3. Januar 1797] . . . . . . . . . . 36 Nr 358/43 KuE
[vielleicht Mitte Oktober 1797] . . . . . . . . . . 37 Nr 149
[Ende April oder Anfang Mai 1799] . . . . . . . . . . 38 Nr 97
[vermutlich zwischen dem 17. und dem 19. März 1802] . . . . 39 Nr 226
Merkel, Salomo Friedrich:
28. Dezember 1802 . . . . . . . . . . 39 Nr 365
Messerschmid, Friedrich:
6. Juni 1798 . . . . . . . . . . 37 Nr 279
30. April 1799 . . . . . . . . . . 38 Nr 96
16. Mai 1800 . . . . . . . . . . 38 Nr 327
11. Januar 1801 . . . . . . . . . . 39 Nr 4
Meyer, André:
29. Februar [1. März] 1793 . . . . . . . . . . 34 Nr 200
Meyer, August Wilhelm (*Pseudonym:* August Wilhelmi):
17. März 1797 . . . . . . . . . . 36 Nr 401
Meyer, Friedrich Ludwig Wilhelm:
8. August 1795 . . . . . . . . . . 35 Nr 275
26. Dezember 1795 . . . . . . . . . . 36 Nr 44
28. Juni 1796 . . . . . . . . . . 36 Nr 205
Meyer, Johann Heinrich:
22. November 1794 . . . . . . . . . . 35 Nr 79
2. Dezember 1794 . . . . . . . . . . 35 Nr 85
[23. Januar 1795] . . . . . . . . . . 35 Nr 127
2. Februar 1795 . . . . . . . . . . 35 Nr 139
20. März 1795 . . . . . . . . . . 35 Nr 173
14. Juli 1795 . . . . . . . . . . 35 Nr 247
25. September 1797 . . . . . . . . . . 37 Nr 128

15. Juni 1799 . . . . . . . . . . . . . . . . . . . . . . . . . 38 Nr 126
30. Oktober 1799 . . . . . . . . . . . . . . . . . . . . . . 38 Nr 204
10. September 1801 . . . . . . . . . . . . . . . . . . . . 39 Nr 118
4. Juli 1802 . . . . . . . . . . . . . . . . . . . . . . . . . . 39 Nr 302
Michaelis, Christian Friedrich:
22. Juni 1795 . . . . . . . . . . . . . . . . . . . . . . . . 35 Nr 232
Michaelis, Salomo:
11. Dezember 1794 . . . . . . . . . . . . . . . . . . . . 35 Nr 95
[Ende Mai 1795] . . . . . . . . . . . . . . . . . . . . . . 35 Nr 217
9. September 1795 . . . . . . . . . . . . . . . . . . . . 35 Nr 312
27. September 1795 . . . . . . . . . . . . . . . . . . . 35 Nr 333
18. Oktober 1795 . . . . . . . . . . . . . . . . . . . . . 35 Nr 356
20. Oktober 1795 . . . . . . . . . . . . . . . . . . . . . 35 Nr 357a/43 N
25. November 1795 . . . . . . . . . . . . . . . . . . . 36 Nr 21
15. Dezember 1795 . . . . . . . . . . . . . . . . . . . 36 Nr 33
28. Dezember 1795 . . . . . . . . . . . . . . . . . . . 36 Nr 50
11. März 1796 . . . . . . . . . . . . . . . . . . . . . . . 36 Nr 118/43 KuE
16. Juli 1796 *(in Michaelis' Auftrag)* . . . . . . . . . . . . . . 36 Nr 234
Mieg, Johann Friedrich:
28. März 1792 . . . . . . . . . . . . . . . . . . . . . . . 34 Nr 125
Möller, Friedrich Wilhelm:
11. März 1795 . . . . . . . . . . . . . . . . . . . . . . . 35 Nr 166
Morgenstern, Karl:
21. Mai 1797 . . . . . . . . . . . . . . . . . . . . . . . . 37 Nr 30
Müchler, Karl:
10. Mai 1792 . . . . . . . . . . . . . . . . . . . . . . . . 34 Nr 131
Müller, Methusalem:
[30. November 1797] . . . . . . . . . . . . . . . . . . 37 Nr 170
25. Juli 1799 . . . . . . . . . . . . . . . . . . . . . . . . 38 Nr 159
Münchhausen, Karl Ludwig August von:
12. Mai 1798 . . . . . . . . . . . . . . . . . . . . . . . . 37 Nr 267
Murr, Christoph Gottlieb von:
14. Januar 1792 . . . . . . . . . . . . . . . . . . . . . . 34 Nr 109
18. April 1795 . . . . . . . . . . . . . . . . . . . . . . . 35 Nr 187
15. Mai 1795 . . . . . . . . . . . . . . . . . . . . . . . . 35 Nr 205
Namsler *(Vornamen unbekannt)*:
5. Juni 1799 . . . . . . . . . . . . . . . . . . . . . . . . 38 Nr 116
Narbonne-Lara, Louis von:
17. Januar 1800 . . . . . . . . . . . . . . . . . . . . . . 38 Nr 256
15. April 1800 . . . . . . . . . . . . . . . . . . . . . . . 38 Nr 308
Nast, Johann Jacob:
6. April 1789 . . . . . . . . . . . . . . . . . . . . . . . . 33 Nr 287
1. Dezember 1789 . . . . . . . . . . . . . . . . . . . . 33 Nr 353
24. Februar 1790 . . . . . . . . . . . . . . . . . . . . . 33 Nr 404
25. April 1791 . . . . . . . . . . . . . . . . . . . . . . . 34 Nr 60

Nebe, Johann August:
30. April 1799 . . . . . . . . . . 38 Nr 95
Neumann, Johann Christian:
13. Dezember 1784 . . . . . . . . . . 33 Nr 38
Niemeyer, August Hermann:
8. Januar 1801 . . . . . . . . . . 39 Nr 2
1. Mai 1801 . . . . . . . . . . 39 Nr 68
12. August 1803 . . . . . . . . . . 40 Nr 106
23. September 1803 . . . . . . . . . . 40 Nr 129
Niemeyer, Christian:
15. Juli 1799 . . . . . . . . . . 38 Nr 154
Niemeyer, Wilhelmine:
11. Juli 1803 . . . . . . . . . . 40 Nr 93
Niethammer, Friedrich Immanuel:
22. November 1793 . . . . . . . . . . 34 Nr 285
[21. April 1795] . . . . . . . . . . 35 Nr 192
10. September 1795 . . . . . . . . . . 35 Nr 313
25. Juli 1800 . . . . . . . . . . 38 Nr 377
28. November 1800 . . . . . . . . . . 38 Nr 445
10. April 1801 . . . . . . . . . . 39 Nr 55
18. Januar 1802 . . . . . . . . . . 39 Nr 179
19. Februar 1802 . . . . . . . . . . 39 Nr 212
4. Juni 1802 . . . . . . . . . . 39 Nr 281
5. November 1803 . . . . . . . . . . 40 Nr 149
31. August 1804 . . . . . . . . . . 40 Nr 279
25. September 1804 . . . . . . . . . . 40 Nr 285
17. Dezember 1804 . . . . . . . . . . 40 Nr 307
8. Mai 1805 . . . . . . . . . . 40 Nr 373
Nöhden, Georg Heinrich:
9. Dezember 1796 . . . . . . . . . . 36 Nr 342
29. Januar 1797 . . . . . . . . . . 36 Nr 375
19. März 1797 . . . . . . . . . . 36 Nr 402
7. Oktober 1797 . . . . . . . . . . 37 Nr 138
26. Juli 1798 . . . . . . . . . . 37 Nr 308
24. Juli 1799 . . . . . . . . . . 38 Nr 158
Nöhden, Heinrich Adolph:
13. September 1801 . . . . . . . . . . 39 Nr 119
Nöldecke, Georg Justus Friedrich:
14. Oktober 1793 . . . . . . . . . . 34 Nr 272
Noeller, Jonathan Ludwig Lebrecht:
6. Juni 1798 . . . . . . . . . . 37 Nr 281
9. März 1799 . . . . . . . . . . 38 Nr 59
Nolde, Adolph Friedrich:
1. Juli 1799 . . . . . . . . . . 38 Nr 141

Nostitz, Ernst Ludwig Ferdinand von:
24. November 1794 . . . . . . . . . . . . . . . . . . . . . . . 35 Nr 80
Nostitz und Jänckendorf, Gottlob Adolph Ernst von:
2. [Januar ?] 1796 . . . . . . . . . . . . . . . . . . . . . . . 36 Nr 55
Novalis: *s.* Hardenberg, Friedrich von
Ochsenheimer, Ferdinand:
24. November 1801 . . . . . . . . . . . . . . . . . . . . . . . 39 Nr 144
Oehmigke d. J., Wilhelm:
24. November 1801 . . . . . . . . . . . . . . . . . . . . . . . 39 Nr 145
Opitz, Christian Wilhelm:
20. Februar 1799 . . . . . . . . . . . . . . . . . . . . . . . 38 Nr 50
3. April 1799 . . . . . . . . . . . . . . . . . . . . . . . 38 Nr 77
3. Mai 1800 . . . . . . . . . . . . . . . . . . . . . . . 38 Nr 318
13. Juli 1800 . . . . . . . . . . . . . . . . . . . . . . . 38 Nr 368
26. April 1801 . . . . . . . . . . . . . . . . . . . . . . . 39 Nr 64
3. Juni 1801 . . . . . . . . . . . . . . . . . . . . . . . 39 Nr 86
25. Juli 1801 . . . . . . . . . . . . . . . . . . . . . . . 39 Nr 99
1. August 1801 . . . . . . . . . . . . . . . . . . . . . . . 39 Nr 105
15. August 1801 . . . . . . . . . . . . . . . . . . . . . . . 39 Nr 109
23. September 1801 . . . . . . . . . . . . . . . . . . . . . . . 39 Nr 122
9. Februar 1802 . . . . . . . . . . . . . . . . . . . . . . . 39 Nr 200
5. Mai 1802 . . . . . . . . . . . . . . . . . . . . . . . 39 Nr 255
16. Mai 1802 . . . . . . . . . . . . . . . . . . . . . . . 39 Nr 266
30. Mai 1802 . . . . . . . . . . . . . . . . . . . . . . . 39 Nr 277
6. Februar 1803 . . . . . . . . . . . . . . . . . . . . . . . 40 Nr 19
6. März 1803 . . . . . . . . . . . . . . . . . . . . . . . 40 Nr 35
17. Juni 1803 . . . . . . . . . . . . . . . . . . . . . . . 40 Nr 82
Osten (*gen.* Sacken), Ernst von der:
11. August 1802 . . . . . . . . . . . . . . . . . . . . . . . 39 Nr 313
Pagowski, Jerôme von:
3. Dezember 1803 . . . . . . . . . . . . . . . . . . . . . . . 40 Nr 160
Paulus, Heinrich Eberhard Gottlob:
3. September 1791 . . . . . . . . . . . . . . . . . . . . . . . 34 Nr 79
15. September 1791 . . . . . . . . . . . . . . . . . . . . . . . 34 Nr 81
3. September 1793 . . . . . . . . . . . . . . . . . . . . . . . 34 Nr 259
9. Dezember 1799 . . . . . . . . . . . . . . . . . . . . . . . 38 Nr 229
4. Februar 1803 . . . . . . . . . . . . . . . . . . . . . . . 40 Nr 16
5. September 1803 . . . . . . . . . . . . . . . . . . . . . . . 40 Nr 116
30. September 1803 . . . . . . . . . . . . . . . . . . . . . . . 40 Nr 136
14. Mai 1805 . . . . . . . . . . . . . . . . . . . . . . . 40 Nr 374
Pelkhoven, Johann Nepomuk von:
13. Juni 1795 . . . . . . . . . . . . . . . . . . . . . . . 35 Nr 223
Pfaff, Christian Ludwig:
30. Juli 1797 . . . . . . . . . . . . . . . . . . . . . . . 37 Nr 92

Pölitz, Karl Heinrich Ludwig:
22. März 1795 . . . . . . . . . . . . . . . . . . . . . . . . . 35 Nr 177
Pohrt, Johann Eduard:
18. Juli 1797 . . . . . . . . . . . . . . . . . . . . . . . . . 37 Nr 77
Rahlenbeck, Karl:
7. Dezember 1797 . . . . . . . . . . . . . . . . . . . . . . . 37 Nr 176
Ramberg, Johann Heinrich:
18. April 1793 . . . . . . . . . . . . . . . . . . . . . . . . 34 Nr 211
14. Dezember 1794 . . . . . . . . . . . . . . . . . . . . . . 35 Nr 99
Rapp, Gottlob Heinrich:
13. Juli 1794 . . . . . . . . . . . . . . . . . . . . . . . . . 35 Nr 18
18. September 1794 . . . . . . . . . . . . . . . . . . . . . 35 Nr 47
Rechlin, Carl:
16. Mai 1790 (und Carl Georg Curtius) . . . . . . . . . . . . . 34 Nr 13
20. August 1792 (und Carl Georg Curtius) . . . . . . . . . . . 34 Nr 147
Recke, Elisa von der:
26. November 1797 . . . . . . . . . . . . . . . . . . . . . . 37 Nr 167
Reichardt, Johann Friedrich:
20. Juli 1795 . . . . . . . . . . . . . . . . . . . . . . . . . 35 Nr 256
26. August 1795 . . . . . . . . . . . . . . . . . . . . . . . 35 Nr 295
4. September 1795 . . . . . . . . . . . . . . . . . . . . . . 35 Nr 304
19. September 1795 . . . . . . . . . . . . . . . . . . . . . 35 Nr 323
Reichenbach, Christian:
31. Dezember 1800 (und Christian Georg Leberecht Reichenbach) . . . . . . . . . . . . . . . . . . . . . . 38 Nr 468
Reichenbach, Christian Georg Leberecht:
31. Dezember 1800 (und Christian Reichenbach) . . . . . . . . 38 Nr 468
Reimann, Amalia:
15. August 1804 . . . . . . . . . . . . . . . . . . . . . . . 40 Nr 273
Reinhard, Christian Adolph:
26. Februar 1805 . . . . . . . . . . . . . . . . . . . . . . . 40 Nr 344
Reinhard, Karl Friedrich:
16. November 1791 . . . . . . . . . . . . . . . . . . . . . . 34 Nr 94
Reinhardt, Philipp Christian:
20. November 1790 . . . . . . . . . . . . . . . . . . . . . . 34 Nr 42
11. Januar 1792 . . . . . . . . . . . . . . . . . . . . . . . 34 Nr 108
12. Juli 1793 . . . . . . . . . . . . . . . . . . . . . . . . . 34 Nr 236
Reinhart, Johann Christian:
April 1788 . . . . . . . . . . . . . . . . . . . . . . . . . . 33 Nr 153
8. Mai 1801 . . . . . . . . . . . . . . . . . . . . . . . . . 39 Nr 71
1. August 1801 . . . . . . . . . . . . . . . . . . . . . . . . 39 Nr 106
Reinhold, Karl Leonhard:
14. April 1802 . . . . . . . . . . . . . . . . . . . . . . . . 39 Nr 245
Reinwald, Christophine (*s. auch:* Schiller, Christophine):
5. Oktober 1786 (und Wilhelm Friedrich Hermann Reinwald) . . 33 Nr 87

6. Oktober 1786 . . . . . . . . . . . . . . . . . . . . . . . . . . . 33 Nr 88
12. [und 21.] November 1786 (und Wilhelm Friedrich
Hermann Reinwald) . . . . . . . . . . . . . . . . . . . . . . . . . 33 Nr 90
2. März 1788 (und Wilhelm Friedrich Hermann Reinwald) . . . . . 33 Nr 142
28. April 1788 (und Wilhelm Friedrich Hermann Reinwald) . . . . 33 Nr 152
28. [und 29]. Dezember 1789 (und Wilhelm Friedrich
Hermann Reinwald) . . . . . . . . . . . . . . . . . . . . . . . . . 33 Nr 373
25. Januar 1790 (und Wilhelm Friedrich Hermann Reinwald) . . . . 33 Nr 388
27. April 1790 . . . . . . . . . . . . . . . . . . . . . . . . . . . 34 Nr 8
4. Juni 1793 (und Wilhelm Friedrich Hermann Reinwald) . . . . . 34 Nr 224
1. Oktober 1793 (und Wilhelm Friedrich Hermann Reinwald) . . . 34 Nr 269
22. Juli 1794 (und Wilhelm Friedrich Hermann Reinwald) . . . . . 35 Nr 21
28. [und 29.] April 1796 . . . . . . . . . . . . . . . . . . . . . 36 Nr 158
11. Mai [1796] . . . . . . . . . . . . . . . . . . . . . . . . . . . 36 Nr 167
[20. Mai 1796] . . . . . . . . . . . . . . . . . . . . . . . . . . . 36 Nr 174
23. Mai [1796] . . . . . . . . . . . . . . . . . . . . . . . . . . . 36 Nr 177
10. und 11. Juni 1796 . . . . . . . . . . . . . . . . . . . . . . . 36 Nr 186
28. Juni 1796 (und Elisabetha Dorothea Schiller) . . . . . . . . . 36 Nr 206
20. Juli 1796 . . . . . . . . . . . . . . . . . . . . . . . . . . . 36 Nr 239
21. und 22. Juli 1796 . . . . . . . . . . . . . . . . . . . . . . . 36 Nr 240
22. Juli [1796] (und Elisabetha Dorothea Schiller) . . . . . . . . . 36 Nr 241
7. August [1796] . . . . . . . . . . . . . . . . . . . . . . . . . . 36 Nr 254
28.[–30.] August 1796 . . . . . . . . . . . . . . . . . . . . . . . 36 Nr 274
8. [und 9.] September [1796] . . . . . . . . . . . . . . . . . . . 36 Nr 277
29. Oktober 1796 . . . . . . . . . . . . . . . . . . . . . . . . . . 36 Nr 314
8. Februar 1797 (und Wilhelm Friedrich Hermann Reinwald) . . . . 36 Nr 381
17. März 1797 (und Wilhelm Friedrich Hermann Reinwald) . . . . 36 Nr 400
8. Mai 1797 (und Wilhelm Friedrich Hermann Reinwald) . . . . . 37 Nr 24
15. Februar 1799 (und Wilhelm Friedrich Hermann Reinwald) . . . 38 Nr 46
27. April 1799 . . . . . . . . . . . . . . . . . . . . . . . . . . . 38 Nr 94
9. November 1799 (und Wilhelm Friedrich Hermann Reinwald) . . 38 Nr 214
21. Dezember 1799 (und Wilhelm Friedrich Hermann Reinwald) . . 38 Nr 240
2. Januar 1802 (und Wilhelm Friedrich Hermann Reinwald) . . . . 39 Nr 166
27. Februar 1802 . . . . . . . . . . . . . . . . . . . . . . . . . . 39 Nr 217
9. April 1802 . . . . . . . . . . . . . . . . . . . . . . . . . . . 39 Nr 240
21. [und 22. Mai 1802] . . . . . . . . . . . . . . . . . . . . . . 39 Nr 270
9. Juni 1802 . . . . . . . . . . . . . . . . . . . . . . . . . . . . 39 Nr 286
27. August 1802 . . . . . . . . . . . . . . . . . . . . . . . . . . 39 Nr 317
15. Dezember [1802] . . . . . . . . . . . . . . . . . . . . . . . . 39 Nr 358
15. Januar 1803 . . . . . . . . . . . . . . . . . . . . . . . . . . 40 Nr 6
15. Januar 1803 (und Wilhelm Friedrich Hermann Reinwald) . . . . 40 Nr 7
30. April 1803 . . . . . . . . . . . . . . . . . . . . . . . . . . . 40 Nr 61
11. Januar 1804 . . . . . . . . . . . . . . . . . . . . . . . . . . 40 Nr 169
12. Mai 1804 (und Wilhelm Friedrich Hermann Reinwald) . . . . . 40 Nr 235
[vielleicht 18. August 1804] . . . . . . . . . . . . . . . . . . . 40 Nr 274

13. März 1805 (und Wilhelm Friedrich Hermann Reinwald) . . 40 Nr 349
30. März 1805 . . . . . . . . . . . . . . . . . . . . . . . . 40 Nr 354
Reinwald, Wilhelm Friedrich Hermann:
[23. oder 24. Juli 1783] . . . . . . . . . . . . . . . . . . . . 33 Nr 2
27. Oktober 1783 . . . . . . . . . . . . . . . . . . . . . . . 33 Nr 7
23. April 1784 . . . . . . . . . . . . . . . . . . . . . . . . 33 Nr 22
19. Mai 1784 . . . . . . . . . . . . . . . . . . . . . . . . . 33 Nr 23
13. August 1784 . . . . . . . . . . . . . . . . . . . . . . . 33 Nr 30
2. Dezember 1784 . . . . . . . . . . . . . . . . . . . . . . . 33 Nr 37
18. Januar 1785 . . . . . . . . . . . . . . . . . . . . . . . 33 Nr 47
[Anfang 1785] . . . . . . . . . . . . . . . . . . . . . . . . 33 Nr 49
[Anfang oder Mitte Januar 1786] . . . . . . . . . . . . . . . 33 Nr 74
26. April 1786 . . . . . . . . . . . . . . . . . . . . . . . . 33 Nr 79
5. Oktober 1786 (und Christophine Reinwald) . . . . . . . . . 33 Nr 87
12. [und 21.] November 1786 (und Christophine Reinwald) . . 33 Nr 90
25. Dezember 1786 . . . . . . . . . . . . . . . . . . . . . . 33 Nr 94
2. März 1788 (und Christophine Reinwald) . . . . . . . . . . . 33 Nr 142
28. April 1788 (und Christophine Reinwald) . . . . . . . . . . 33 Nr 152
23. Juni 1788 . . . . . . . . . . . . . . . . . . . . . . . . 33 Nr 174
6. August 1788 . . . . . . . . . . . . . . . . . . . . . . . . 33 Nr 191
28. [und 29.] Dezember 1789 (und Christophine Reinwald) . . 33 Nr 373
25. Januar 1790 (und Christophine Reinwald) . . . . . . . . . . 33 Nr 388
4. Juni 1793 (und Christophine Reinwald) . . . . . . . . . . . 34 Nr 224
22. Juni 1793 . . . . . . . . . . . . . . . . . . . . . . . . 34 Nr 230
18. Juli 1793 . . . . . . . . . . . . . . . . . . . . . . . . 34 Nr 238
1. Oktober 1793 (und Christophine Reinwald) . . . . . . . . . 34 Nr 269
22. Juli 1794 (und Christophine Reinwald) . . . . . . . . . . . 35 Nr 21
6. September 1794 . . . . . . . . . . . . . . . . . . . . . . 35 Nr 36
16. September 1794 . . . . . . . . . . . . . . . . . . . . . . 35 Nr 44
26. September 1794 . . . . . . . . . . . . . . . . . . . . . . 35 Nr 54
2. Januar 1795 . . . . . . . . . . . . . . . . . . . . . . . . 35 Nr 112
14. Oktober 1795 . . . . . . . . . . . . . . . . . . . . . . . 35 Nr 351
16. Januar 1796 . . . . . . . . . . . . . . . . . . . . . . . 36 Nr 65
6. Februar 1796 . . . . . . . . . . . . . . . . . . . . . . . 36 Nr 84
30. April 1796 . . . . . . . . . . . . . . . . . . . . . . . . 36 Nr 161
14. Mai 1796 . . . . . . . . . . . . . . . . . . . . . . . . . 36 Nr 169
11. Juni 1796 . . . . . . . . . . . . . . . . . . . . . . . . 36 Nr 190
9. Juli 1796 . . . . . . . . . . . . . . . . . . . . . . . . . 36 Nr 222
16. Juli 1796 . . . . . . . . . . . . . . . . . . . . . . . . 36 Nr 232
13. August 1796 . . . . . . . . . . . . . . . . . . . . . . . 36 Nr 261
10. September 1796 . . . . . . . . . . . . . . . . . . . . . . 36 Nr 281
8. Februar 1797 (und Christophine Reinwald) . . . . . . . . . . 36 Nr 381
17. März 1797 (und Christophine Reinwald) . . . . . . . . . . 36 Nr 400
8. Mai 1797 (und Christophine Reinwald) . . . . . . . . . . . . 37 Nr 24
1. September 1798 . . . . . . . . . . . . . . . . . . . . . . . 37 Nr 325

15. Februar 1799 (und Christophine Reinwald) . . . . . . . . 38 Nr 46
19. April 1799 . . . . . . . . . . . . . . . . . . . . . . . . . 38 Nr 88
11. Juni 1799 . . . . . . . . . . . . . . . . . . . . . . . . . 38 Nr 122
10. Juli 1799 . . . . . . . . . . . . . . . . . . . . . . . . . 38 Nr 150
9. November 1799 (und Christophine Reinwald) . . . . . . . 38 Nr 214
21. Dezember 1799 (und Christophine Reinwald) . . . . . . . 38 Nr 240
6. September 1800 . . . . . . . . . . . . . . . . . . . . . 38 Nr 404
2. Januar 1802 (und Christophine Reinwald) . . . . . . . . . 39 Nr 166
29. Januar 1802 . . . . . . . . . . . . . . . . . . . . . . 39 Nr 190
30. Oktober 1802 . . . . . . . . . . . . . . . . . . . . . . 39 Nr 344
15. Januar 1803 (und Christophine Reinwald) . . . . . . . . . 40 Nr 7
22. März 1803 . . . . . . . . . . . . . . . . . . . . . . . . 40 Nr 46
27. August 1803 . . . . . . . . . . . . . . . . . . . . . . . 40 Nr 112
12. Mai 1804 (und Christophine Reinwald) . . . . . . . . . . 40 Nr 235
[4. Juni 1804] . . . . . . . . . . . . . . . . . . . . . . . 40 Nr 241
7. Juli 1804 . . . . . . . . . . . . . . . . . . . . . . . . 40 Nr 258
23. September 1804 . . . . . . . . . . . . . . . . . . . . . 40 Nr 284
13. März 1805 (und Christophine Reinwald) . . . . . . . . . 40 Nr 349

Richardson, William:
24. August 1799 . . . . . . . . . . . . . . . . . . . . . . . 38 Nr 178

Ridel (Riedel), Cornelius Johann Rudolph:
20. Juni 1788 . . . . . . . . . . . . . . . . . . . . . . . . 33 Nr 171
[4. August 1788] . . . . . . . . . . . . . . . . . . . . . . 33 Nr 189
22. Mai 1790 . . . . . . . . . . . . . . . . . . . . . . . . 34 Nr 15

Rittner, Heinrich:
[zwischen März 1801 und November 1802]
*(Verfasserschaft unsicher)* . . . . . . . . . . . . . . . . . 39 Nr 164

Rochlitz, Johann Friedrich:
27. Juni 1801 . . . . . . . . . . . . . . . . . . . . . . . . 39 Nr 92
8. November 1801 . . . . . . . . . . . . . . . . . . . . . . 39 Nr 138
18. November 1804 . . . . . . . . . . . . . . . . . . . . . 40 Nr 301/43 KuE
29. Dezember 1804 . . . . . . . . . . . . . . . . . . . . . 40 Nr 316
29. Januar 1805 . . . . . . . . . . . . . . . . . . . . . . 40 Nr 333/43 KuE

Rohr, Heinrich Julius Ludwig von:
28. März 1799 . . . . . . . . . . . . . . . . . . . . . . . . 38 Nr 74

Roland de la Platière, Jean Marie:
10. Oktober 1792 . . . . . . . . . . . . . . . . . . . . . . 34 Nr 157

Rosenmüller, Johann Georg:
19. Oktober 1799 . . . . . . . . . . . . . . . . . . . . . . 38 Nr 195

Rothmaler, Friedrich Christoph:
7. März 1797 . . . . . . . . . . . . . . . . . . . . . . . . 36 Nr 396

Rudolph *(Familienname oder Vorname)* :
7. Januar 1800 . . . . . . . . . . . . . . . . . . . . . . . 38 Nr 250

Rückert, Joseph:
6. März 1800 . . . . . . . . . . . . . . . . . . . . . . . . 38 Nr 284

Rummel, Sophie:
5. Juli 1790 . . . . . . . . . . . . . . . . . . . . . . . . . 34 Nr 18
Runge, Daniel:
[Anfang Dezember 1795] . . . . . . . . . . . . . . . . . . . 36 Nr 24
Sachsen-Coburg-Saalfeld, Franz von:
31. Januar 1790 . . . . . . . . . . . . . . . . . . . . . . . 33 Nr 392
Sachsen-Meiningen, Georg von:
5. Januar 1790 . . . . . . . . . . . . . . . . . . . . . . . . 33 Nr 376
Sachsen-Weimar-Eisenach, Carl August von:
27. Dezember 1784 . . . . . . . . . . . . . . . . . . . . . . 33 Nr 40
9. Februar 1785 . . . . . . . . . . . . . . . . . . . . . . . 33 Nr 50
29. Oktober 1790 . . . . . . . . . . . . . . . . . . . . . . 34 Nr 35
8. Januar 1792 . . . . . . . . . . . . . . . . . . . . . . . . 34 Nr 106
23. Juli 1793 . . . . . . . . . . . . . . . . . . . . . . . . 34 Nr 241
22. Oktober 1793 . . . . . . . . . . . . . . . . . . . . . . 34 Nr 276
9. Juli 1795 . . . . . . . . . . . . . . . . . . . . . . . . . 35 Nr 242
11. September 1799 . . . . . . . . . . . . . . . . . . . . . 38 Nr 186
[um den 15. März 1802] . . . . . . . . . . . . . . . . . . . 39 Nr 224
16. November 1802 . . . . . . . . . . . . . . . . . . . . . 39 Nr 350
6. Juni 1804 . . . . . . . . . . . . . . . . . . . . . . . . . 40 Nr 242
8. Juni 1804 . . . . . . . . . . . . . . . . . . . . . . . . . 40 Nr 244
29. Januar 1805 . . . . . . . . . . . . . . . . . . . . . . . 40 Nr 332
5. Februar 1805 . . . . . . . . . . . . . . . . . . . . . . . 40 Nr 334
Sachsen-Weimar-Eisenach, Caroline von:
[20. oder 21. August 1804] . . . . . . . . . . . . . . . . . 40 Nr 275
Sachsen-Weimar-Eisenach, Louise von:
30. September 1793 . . . . . . . . . . . . . . . . . . . . . 34 Nr 268
9. Oktober 1797 . . . . . . . . . . . . . . . . . . . . . . . 37 Nr 140
21. Oktober 1799 *(abgedruckt in NA 38 II, 702)* . . . . . . . . 38 Nr 197a
[vermutlich Ende Januar/Anfang Februar 1802] . . . . . . . . 39 Nr 194
Sander, Johann Daniel:
3. Juli 1802 . . . . . . . . . . . . . . . . . . . . . . . . . 39 Nr 301
Sandrart, Karl:
11. November 1784 . . . . . . . . . . . . . . . . . . . . . . 33 Nr 34
Schad, Johann Baptist:
5. Mai 1802 . . . . . . . . . . . . . . . . . . . . . . . . . 39 Nr 256
Schall, Karl:
13. November 1800 . . . . . . . . . . . . . . . . . . . . . 38 Nr 438
19. April 1802 . . . . . . . . . . . . . . . . . . . . . . . . 39 Nr 247
1. Juni 1802 . . . . . . . . . . . . . . . . . . . . . . . . . 39 Nr 279
Scharf, Franz Wilhelm:
1. Dezember 1801 . . . . . . . . . . . . . . . . . . . . . . 39 Nr 151
Scharffenstein, Friedrich von:
3. Januar 1785 . . . . . . . . . . . . . . . . . . . . . . . . 33 Nr 42

Scheffer, Johann Eberhard Friedrich:
18. Juni 1802 . . . . . . . . . . . . . . . . . . . . . . . . . 39 Nr 292
Schelling, Friedrich Wilhelm Joseph:
16. April 1800 . . . . . . . . . . . . . . . . . . . . . . . . . 38 Nr 310
25. April 1800 . . . . . . . . . . . . . . . . . . . . . . . . . 38 Nr 315
Schelver, Ludwig Heinrich:
6. Juni 1798 . . . . . . . . . . . . . . . . . . . . . . . . . 37 Nr 280
25. Juli 1798 . . . . . . . . . . . . . . . . . . . . . . . . . 37 Nr 307
Scherer, Johann Benedikt von:
29. August 1801 . . . . . . . . . . . . . . . . . . . . . . . . 39 Nr 111
Scherer, Joseph (von):
20. März 1804 . . . . . . . . . . . . . . . . . . . . . . . . 40 Nr 210
Schiller, Charlotte (Lolo) (*s. auch:* Lengefeld, Charlotte von):
27. und 28. Juli 1790 . . . . . . . . . . . . . . . . . . . . 34 Nr 21
[30. Juli 1790] . . . . . . . . . . . . . . . . . . . . . . . . 34 Nr 22
[4. Oktober 1790] . . . . . . . . . . . . . . . . . . . . . . 34 Nr 31
[7. und 8. Oktober 1790] . . . . . . . . . . . . . . . . . . 34 Nr 33
[12. Januar 1791] . . . . . . . . . . . . . . . . . . . . . . 34 Nr 49
[3. September 1794] . . . . . . . . . . . . . . . . . . . . . 35 Nr 33
[4. und 5. September 1794] . . . . . . . . . . . . . . . . . 35 Nr 35
10. September [1794] . . . . . . . . . . . . . . . . . . . . 35 Nr 40
17. September [1794] . . . . . . . . . . . . . . . . . . . . 35 Nr 46
4. Juni 1798 . . . . . . . . . . . . . . . . . . . . . . . . . 37 Nr 278
[10. April 1799] . . . . . . . . . . . . . . . . . . . . . . . 38 Nr 82
[17. Mai 1800] . . . . . . . . . . . . . . . . . . . . . . . . 38 Nr 328
[18. Mai 1800] . . . . . . . . . . . . . . . . . . . . . . . . 38 Nr 329
[21. Mai 1800] . . . . . . . . . . . . . . . . . . . . . . . . 38 Nr 332
27. [Mai 1800] . . . . . . . . . . . . . . . . . . . . . . . . 38 Nr 334
[28. Mai 1800] . . . . . . . . . . . . . . . . . . . . . . . . 38 Nr 335
[29. Mai 1800] . . . . . . . . . . . . . . . . . . . . . . . . 38 Nr 336
[31. Mai 1800] . . . . . . . . . . . . . . . . . . . . . . . . 38 Nr 338
[1. Juni 1800] . . . . . . . . . . . . . . . . . . . . . . . . 38 Nr 339
30. Juni 1800 . . . . . . . . . . . . . . . . . . . . . . . . 38 Nr 357
2. Juli 1800 . . . . . . . . . . . . . . . . . . . . . . . . . 38 Nr 359
7. Juli [1800] . . . . . . . . . . . . . . . . . . . . . . . . 38 Nr 362
9. Juli 1800 . . . . . . . . . . . . . . . . . . . . . . . . . 38 Nr 363
7. März 1801 . . . . . . . . . . . . . . . . . . . . . . . . . 39 Nr 29
10. März 1801 . . . . . . . . . . . . . . . . . . . . . . . . 39 Nr 32
[15. März 1801] . . . . . . . . . . . . . . . . . . . . . . . 39 Nr 37
18. März 1801 . . . . . . . . . . . . . . . . . . . . . . . . 39 Nr 38
[18. März 1801] . . . . . . . . . . . . . . . . . . . . . . . 39 Nr 40
21. März 1801 . . . . . . . . . . . . . . . . . . . . . . . . 39 Nr 42
25. März 1801 . . . . . . . . . . . . . . . . . . . . . . . . 39 Nr 45
[28. März 1801] . . . . . . . . . . . . . . . . . . . . . . . 39 Nr 48
[31. März 1801] . . . . . . . . . . . . . . . . . . . . . . . 39 Nr 50

21. August 1804 . . . . . . . . . . . . . . . . . . . . . . . . . 40 Nr 277
23. [22.] August 1804 . . . . . . . . . . . . . . . . . . . . . . 40 Nr 278
Schiller, Christiane (Nane, Nanette):
[vielleicht Juli 1791] . . . . . . . . . . . . . . . . . . . . . . 34 Nr 73
29. Februar 1796 . . . . . . . . . . . . . . . . . . . . . . . . . 36 Nr 104
Schiller, Christophine (*s. auch:* Reinwald, Christophine):
9. September 1783 (und Elisabetha Dorothea Schiller) . . . . 33 Nr 3
8. August 1784 . . . . . . . . . . . . . . . . . . . . . . . . . 33 Nr 29
25. November 1784 . . . . . . . . . . . . . . . . . . . . . . . 33 Nr 35
Schiller, Elisabetha Dorothea:
9. September 1783 (und Christophine Schiller) . . . . . . . . 33 Nr 3
26. Mai 1792 (und Kaspar Schiller) . . . . . . . . . . . . . . 34 Nr 134
[vermutlich 26. Januar 1793] . . . . . . . . . . . . . . . . . 34 Nr 190
8. November 1793 (und Kaspar Schiller) . . . . . . . . . . . 34 Nr 283
12. August 1794 . . . . . . . . . . . . . . . . . . . . . . . . 35 Nr 28
15. November 1794 (und Kaspar Schiller) . . . . . . . . . . . 35 Nr 77
[vor dem 18. Dezember 1794] . . . . . . . . . . . . . . . . . 35 Nr 101
[21. oder 22. Februar 1795] (und Kaspar Schiller) . . . . . . . 35 Nr 155
30. März 1795 . . . . . . . . . . . . . . . . . . . . . . . . . 35 Nr 181
28. Juli 1795 (und Kaspar Schiller) . . . . . . . . . . . . . 35 Nr 266
[28. August 1795] . . . . . . . . . . . . . . . . . . . . . . . 35 Nr 297
23. Oktober 1795 (und Kaspar Schiller) . . . . . . . . . . . . 35 Nr 362
27. Dezember 1795 (und Kaspar Schiller) . . . . . . . . . . . 36 Nr 48
22. [12. (?)] April 1796 . . . . . . . . . . . . . . . . . . . . 36 Nr 144
[28.–]30. April 1796 . . . . . . . . . . . . . . . . . . . . . . 36 Nr 159
21. Mai [1796] . . . . . . . . . . . . . . . . . . . . . . . . . 36 Nr 175
11. Juni [1796] . . . . . . . . . . . . . . . . . . . . . . . . . 36 Nr 187
28. Juni 1796 (und Christophine Reinwald) . . . . . . . . . . 36 Nr 206
22. Juli [1796] (und Christophine Reinwald) . . . . . . . . . 36 Nr 241
6. August [1796] . . . . . . . . . . . . . . . . . . . . . . . . 36 Nr 253
[30. (?) August 1796] . . . . . . . . . . . . . . . . . . . . . 36 Nr 275
9. September [1796] . . . . . . . . . . . . . . . . . . . . . . 36 Nr 278
15. Oktober [1796] . . . . . . . . . . . . . . . . . . . . . . . 36 Nr 304
28. Oktober 1796 . . . . . . . . . . . . . . . . . . . . . . . . 36 Nr 312
12. November 1796 . . . . . . . . . . . . . . . . . . . . . . . 36 Nr 321
14. November [1796] . . . . . . . . . . . . . . . . . . . . . . 36 Nr 324
[Mitte Januar 1797] . . . . . . . . . . . . . . . . . . . . . . 36 Nr 366
30. Januar 1797 . . . . . . . . . . . . . . . . . . . . . . . . 36 Nr 376
16. Februar 1797 . . . . . . . . . . . . . . . . . . . . . . . . 36 Nr 385/43 KuE
4. April 1797 . . . . . . . . . . . . . . . . . . . . . . . . . . 37 Nr 1
16. Mai 1797 . . . . . . . . . . . . . . . . . . . . . . . . . . 37 Nr 26
29. Juni 1797 . . . . . . . . . . . . . . . . . . . . . . . . . . 37 Nr 60
8. August 1797 . . . . . . . . . . . . . . . . . . . . . . . . . 37 Nr 96
16. Dezember 1798 . . . . . . . . . . . . . . . . . . . . . . . 38 Nr 19
8. April 1799 . . . . . . . . . . . . . . . . . . . . . . . . . . 38 Nr 79

[etwa 19. April 1799] . . . . . . . . . . . . . . . . . . . . . . 38 Nr 89
20. Juni 1799 . . . . . . . . . . . . . . . . . . . . . . . . . . 38 Nr 131
10. November 1799 . . . . . . . . . . . . . . . . . . . . . . . 38 Nr 216
[etwa 20.–25. November 1799] . . . . . . . . . . . . . . . . 38 Nr 222
3. Dezember 1799 . . . . . . . . . . . . . . . . . . . . . . . . 38 Nr 225
24. Januar 1800 . . . . . . . . . . . . . . . . . . . . . . . . . 38 Nr 263
31. Januar 1800 . . . . . . . . . . . . . . . . . . . . . . . . . 38 Nr 267
18. Juli 1800 . . . . . . . . . . . . . . . . . . . . . . . . . . . 38 Nr 371
6. November 1800 . . . . . . . . . . . . . . . . . . . . . . . . 38 Nr 429
24. November [1800] . . . . . . . . . . . . . . . . . . . . . . 38 Nr 444
15. Dezember 1800 . . . . . . . . . . . . . . . . . . . . . . . 38 Nr 458
28. Februar 1801 . . . . . . . . . . . . . . . . . . . . . . . . 39 Nr 27
[vermutlich 10. Juni 1801] . . . . . . . . . . . . . . . . . . 39 Nr 88
[Ende August/Anfang September 1801] . . . . . . . . . . . . 39 Nr 114
30. Oktober 1801 . . . . . . . . . . . . . . . . . . . . . . . . 39 Nr 135
20. Dezember 1801 . . . . . . . . . . . . . . . . . . . . . . . 39 Nr 157
14. Januar 1802 . . . . . . . . . . . . . . . . . . . . . . . . . 39 Nr 174
20. [und 22.] Januar 1802 . . . . . . . . . . . . . . . . . . . 39 Nr 181
20. Februar 1802 . . . . . . . . . . . . . . . . . . . . . . . . 39 Nr 215
Schiller, Johann Kaspar:
14. September 1783 . . . . . . . . . . . . . . . . . . . . . . . 33 Nr 4
10. November 1783 . . . . . . . . . . . . . . . . . . . . . . . 33 Nr 9
25. November 1783 . . . . . . . . . . . . . . . . . . . . . . . 33 Nr 10
12. Dezember 1783 . . . . . . . . . . . . . . . . . . . . . . . 33 Nr 11
[vielleicht Mitte Dezember 1783] . . . . . . . . . . . . . . . 33 Nr 12
13. Februar 1784 . . . . . . . . . . . . . . . . . . . . . . . . 33 Nr 16
19. Februar 1784 . . . . . . . . . . . . . . . . . . . . . . . . 33 Nr 17
9. März 1784 . . . . . . . . . . . . . . . . . . . . . . . . . . 33 Nr 18
18. März 1784 . . . . . . . . . . . . . . . . . . . . . . . . . 33 Nr 19
4. April 1784 . . . . . . . . . . . . . . . . . . . . . . . . . . 33 Nr 20
30. Juni 1784 . . . . . . . . . . . . . . . . . . . . . . . . . . 33 Nr 25
31. Juli 1784 . . . . . . . . . . . . . . . . . . . . . . . . . . 33 Nr 28
14. September 1784 . . . . . . . . . . . . . . . . . . . . . . . 33 Nr 31
23. September 1784 . . . . . . . . . . . . . . . . . . . . . . . 33 Nr 32
12. Januar 1785 . . . . . . . . . . . . . . . . . . . . . . . . . 33 Nr 46
30. März 1785 . . . . . . . . . . . . . . . . . . . . . . . . . 33 Nr 55
7. April 1785 . . . . . . . . . . . . . . . . . . . . . . . . . . 33 Nr 56
14. Juni 1785 . . . . . . . . . . . . . . . . . . . . . . . . . . 33 Nr 61
27. Juni 1786 . . . . . . . . . . . . . . . . . . . . . . . . . . 33 Nr 85
6. März 1790 . . . . . . . . . . . . . . . . . . . . . . . . . . 34 Nr 1
1. Mai 1790 . . . . . . . . . . . . . . . . . . . . . . . . . . . 34 Nr 9
13. und 14. Dezember 1790 . . . . . . . . . . . . . . . . . . . 34 Nr 47
6. August 1791 . . . . . . . . . . . . . . . . . . . . . . . . . 34 Nr 75
[10. (?) November] 1791 . . . . . . . . . . . . . . . . . . . . 34 Nr 93
21. Februar 1792 . . . . . . . . . . . . . . . . . . . . . . . . 34 Nr 116

20. März 1792 . . . . . . . . . . . . . . . . . . . . . . . . . . . 34 Nr 122
26. Mai 1792 (und Elisabetha Dorothea Schiller) . . . . . . . . 34 Nr 134
25. August 1792 . . . . . . . . . . . . . . . . . . . . . . . . . . 34 Nr 150
17. September 1792 . . . . . . . . . . . . . . . . . . . . . . . . 34 Nr 153
15. Dezember 1792 . . . . . . . . . . . . . . . . . . . . . . . . 34 Nr 180
26. Januar 1793 . . . . . . . . . . . . . . . . . . . . . . . . . . 34 Nr 191
25. Februar 1793 . . . . . . . . . . . . . . . . . . . . . . . . . 34 Nr 197
20. April 1793 . . . . . . . . . . . . . . . . . . . . . . . . . . . 34 Nr 212
[um den 20. Mai 1793] . . . . . . . . . . . . . . . . . . . . . 34 Nr 217
15. Juni 1793 . . . . . . . . . . . . . . . . . . . . . . . . . . . 34 Nr 226
3. Juli 1793 . . . . . . . . . . . . . . . . . . . . . . . . . . . . 34 Nr 233
20. Juli 1793 . . . . . . . . . . . . . . . . . . . . . . . . . . . 34 Nr 240
11. August 1793 . . . . . . . . . . . . . . . . . . . . . . . . . . 34 Nr 252
13. August 1793 . . . . . . . . . . . . . . . . . . . . . . . . . . 34 Nr 253
20. August [1793] . . . . . . . . . . . . . . . . . . . . . . . . . 34 Nr 255
19. September 1793 . . . . . . . . . . . . . . . . . . . . . . . . 34 Nr 262
25. Oktober 1793 . . . . . . . . . . . . . . . . . . . . . . . . . 34 Nr 279
8. November 1793 (und Elisabetha Dorothea Schiller) . . . . . . 34 Nr 283
16. Februar 1794 . . . . . . . . . . . . . . . . . . . . . . . . . 34 Nr 292
1. März 1794 . . . . . . . . . . . . . . . . . . . . . . . . . . . 34 Nr 293
7. März 1794 . . . . . . . . . . . . . . . . . . . . . . . . . . . 34 Nr 294
17. Mai 1794 . . . . . . . . . . . . . . . . . . . . . . . . . . . 34 Nr 304
12. August 1794 . . . . . . . . . . . . . . . . . . . . . . . . . . 35 Nr 27
16. September 1794 . . . . . . . . . . . . . . . . . . . . . . . . 35 Nr 45
15. November 1794 (und Elisabetha Dorothea Schiller) . . . . . 35 Nr 77
18. Dezember 1794 . . . . . . . . . . . . . . . . . . . . . . . . 35 Nr 102
10. Februar 1795 . . . . . . . . . . . . . . . . . . . . . . . . . 35 Nr 146
[21. oder 22. Februar 1795] (und Elisabetha Dorothea Schiller) . . 35 Nr 155
19. April 1795 . . . . . . . . . . . . . . . . . . . . . . . . . . . 35 Nr 188
23. Mai 1795 . . . . . . . . . . . . . . . . . . . . . . . . . . . 35 Nr 214
20. Juni 1795 . . . . . . . . . . . . . . . . . . . . . . . . . . . 35 Nr 227
28. Juli 1795 (und Elisabetha Dorothea Schiller) . . . . . . . . . 35 Nr 266
28. August 1795 . . . . . . . . . . . . . . . . . . . . . . . . . . 35 Nr 296
23. Oktober 1795 (und Elisabetha Dorothea Schiller) . . . . . . 35 Nr 362
27. Dezember 1795 (und Elisabetha Dorothea Schiller) . . . . . 36 Nr 48
4. und 5. März 1796 (und Louise Schiller) . . . . . . . . . . . . 36 Nr 109
8. März 1796 . . . . . . . . . . . . . . . . . . . . . . . . . . . 36 Nr 114
15. März 1796 . . . . . . . . . . . . . . . . . . . . . . . . . . . 36 Nr 125
22. März 1796 . . . . . . . . . . . . . . . . . . . . . . . . . . . 36 Nr 129
23. März 1796 . . . . . . . . . . . . . . . . . . . . . . . . . . . 36 Nr 131
29. März 1796 . . . . . . . . . . . . . . . . . . . . . . . . . . . 36 Nr 135

Schiller, Louise (*s. auch:* Franckh, Louise):
[vermutlich 4. November 1792] . . . . . . . . . . . . . . . . . 34 Nr 167
4. und 5. März 1796 (und Kaspar Schiller) . . . . . . . . . . . 36 Nr 109
[etwa 6. April 1796] . . . . . . . . . . . . . . . . . . . . . . . 36 Nr 138

[21. Mai 1796] . . . . . . . . . . . . . . . . . . . . . . . . . 36 Nr 176
[9. September 1796] . . . . . . . . . . . . . . . . . . . . . 36 Nr 279
4. November 1796 . . . . . . . . . . . . . . . . . . . . . . . 36 Nr 316
11. November [1796] . . . . . . . . . . . . . . . . . . . . . 36 Nr 320
[16. (?) Februar 1797] . . . . . . . . . . . . . . . . . . . . 36 Nr 386
[8. April 1799] . . . . . . . . . . . . . . . . . . . . . . . . 38 Nr 80
Schimmelmann, Charlotte von:
1. Oktober 1795 . . . . . . . . . . . . . . . . . . . . . . . . 35 Nr 337
20. Dezember 1795 . . . . . . . . . . . . . . . . . . . . . . 36 Nr 39
26. Dezember 1795 . . . . . . . . . . . . . . . . . . . . . . 36 Nr 45
2. Februar 1796 . . . . . . . . . . . . . . . . . . . . . . . 36 Nr 81
14. April 1796 . . . . . . . . . . . . . . . . . . . . . . . . 36 Nr 146
18. (?) Juni 1796 . . . . . . . . . . . . . . . . . . . . . . 36 Nr 194
[1. (?) und] 8. November 1796 . . . . . . . . . . . . . . . 36 Nr 315
20. Dezember 1796 . . . . . . . . . . . . . . . . . . . . . . 36 Nr 350
13. Dezember 1797 . . . . . . . . . . . . . . . . . . . . . . 37 Nr 183
6. März 1798 . . . . . . . . . . . . . . . . . . . . . . . . . 37 Nr 235
Schimmelmann, Ernst Heinrich von:
27. November 1791 (und Friedrich Christian von Schleswig-Holstein-Augustenburg) . . . . . . . . . . . . . 34 Nr 97
23. August 1793 . . . . . . . . . . . . . . . . . . . . . . . 34 Nr 256
25. August 1795 . . . . . . . . . . . . . . . . . . . . . . . 35 Nr 294
Schlegel, August Wilhelm:
4. Juni 1795 . . . . . . . . . . . . . . . . . . . . . . . . . 35 Nr 218
6. August 1795 . . . . . . . . . . . . . . . . . . . . . . . . 35 Nr 273
[13.] Oktober 1795 . . . . . . . . . . . . . . . . . . . . . . 35 Nr 350
9. November 1795 . . . . . . . . . . . . . . . . . . . . . . . 36 Nr 4
[18. (?)] Dezember 1795 . . . . . . . . . . . . . . . . . . . 36 Nr 37
19. Januar 1796 . . . . . . . . . . . . . . . . . . . . . . . 36 Nr 67
26. Februar 1796 . . . . . . . . . . . . . . . . . . . . . . . 36 Nr 100
1. März 1796 . . . . . . . . . . . . . . . . . . . . . . . . . 36 Nr 106
4. März 1796 . . . . . . . . . . . . . . . . . . . . . . . . . 36 Nr 108
23. April 1796 . . . . . . . . . . . . . . . . . . . . . . . . 36 Nr 156
[28. Juni 1796] . . . . . . . . . . . . . . . . . . . . . . . . 36 Nr 204
1. Dezember 1796 . . . . . . . . . . . . . . . . . . . . . . . 36 Nr 337
[1. Juni 1797] (und Caroline Schlegel) . . . . . . . . . . . . 37 Nr 36
14. Juni 1797 . . . . . . . . . . . . . . . . . . . . . . . . . 37 Nr 46
3. Juli [1797] . . . . . . . . . . . . . . . . . . . . . . . . 37 Nr 63
28. Juli 1797 . . . . . . . . . . . . . . . . . . . . . . . . . 37 Nr 86
17. August [1797] . . . . . . . . . . . . . . . . . . . . . . 37 Nr 104
19. August [1797] . . . . . . . . . . . . . . . . . . . . . . 37 Nr 105
23. August [1797] . . . . . . . . . . . . . . . . . . . . . . 37 Nr 109
3. September 1797 . . . . . . . . . . . . . . . . . . . . . . 37 Nr 119
5. Mai 1801 (und Friederike Unzelmann) . . . . . . . . . . . 39 Nr 70

Schlegel, Caroline:
[1. Juni 1797] (und August Wilhelm Schlegel) . . . . . . . . . 37 Nr 36
Schlegel, Friedrich:
12. Dezember 1795 . . . . . . . . . . . . . . . . . . . . . . . 36 Nr 28
2. Mai 1796 . . . . . . . . . . . . . . . . . . . . . . . . . . 36 Nr 163
20. Juli 1796 . . . . . . . . . . . . . . . . . . . . . . . . . 36 Nr 237
[6. Mai 1797] . . . . . . . . . . . . . . . . . . . . . . . . 37 Nr 22
Schleswig-Holstein-Augustenburg, Friedrich Christian von:
27. November 1791 (und Ernst Heinrich von Schimmelmann) . . . . . . . . . . . . . . . . . . . . . . . . 34 Nr 97
17. Januar 1792 . . . . . . . . . . . . . . . . . . . . . . . 34 Nr 110
[vermutlich März 1793] . . . . . . . . . . . . . . . . . . . . 34 Nr 204
2. September 1793 . . . . . . . . . . . . . . . . . . . . . . 34 Nr 258
4. April 1794 . . . . . . . . . . . . . . . . . . . . . . . . 34 Nr 300
19. März 1795 . . . . . . . . . . . . . . . . . . . . . . . . 35 Nr 172
Schlichtegroll, Adolf Heinrich Friedrich:
2. April 1795 . . . . . . . . . . . . . . . . . . . . . . . . 35 Nr 184
Schmeling, Carl Georg:
4. Oktober 1802 . . . . . . . . . . . . . . . . . . . . . . . 39 Nr 335
Schmid, Ernst August:
11. Juni 1797 . . . . . . . . . . . . . . . . . . . . . . . . 37 Nr 43
Schmid, Carl Christian Ehrhard:
1. Juli 1791 . . . . . . . . . . . . . . . . . . . . . . . . . 34 Nr 68
Schmid, Siegfried:
20. Juli 1797 . . . . . . . . . . . . . . . . . . . . . . . . 37 Nr 79
13. August 1797 . . . . . . . . . . . . . . . . . . . . . . . 37 Nr 101
13. August 1800 . . . . . . . . . . . . . . . . . . . . . . . 38 Nr 394
Schmidt, Johann Christoph:
29. Oktober 1804 . . . . . . . . . . . . . . . . . . . . . . 40 Nr 295
Schmidt, Karl Christian Ludwig:
3. November 1801 . . . . . . . . . . . . . . . . . . . . . . 39 Nr 136
Schnorr von Carolsfeld, Veit:
30. Januar 1804 . . . . . . . . . . . . . . . . . . . . . . . 40 Nr 186
17. Februar 1805 . . . . . . . . . . . . . . . . . . . . . . 40 Nr 338
Schoder, Gustav:
30. Januar 1804 . . . . . . . . . . . . . . . . . . . . . . . 40 Nr 187
Schöttler, J. W.:
6. November 1790 . . . . . . . . . . . . . . . . . . . . . . 34 Nr 38
Schreiber, Christian:
22. August 1799 . . . . . . . . . . . . . . . . . . . . . . . 38 Nr 175
7. Dezember 1803 . . . . . . . . . . . . . . . . . . . . . . 40 Nr 163
Schreiter, Karl Gottfried:
2. Dezember 1804 . . . . . . . . . . . . . . . . . . . . . . 40 Nr 303
Schröder, Friedrich Ludwig:
[18. Oktober 1786] . . . . . . . . . . . . . . . . . . . . . 33 Nr 89

30. Dezember 1786 . . . . . . . . . . . . . . . . . . . . . . . 33 Nr 95
14. November 1787 . . . . . . . . . . . . . . . . . . . . . . . 33 Nr 128
1. August 1801 . . . . . . . . . . . . . . . . . . . . . . . . . 39 Nr 104
Schröter, Corona:
19. Oktober 1787 . . . . . . . . . . . . . . . . . . . . . . . 33 Nr 123
Schubart, Ludwig:
15. August 1789 . . . . . . . . . . . . . . . . . . . . . . . . 33 Nr 322
8. Juni 1792 . . . . . . . . . . . . . . . . . . . . . . . . . . 34 Nr 137
23. September 1792 . . . . . . . . . . . . . . . . . . . . . . 34 Nr 155
12. Mai 1795 . . . . . . . . . . . . . . . . . . . . . . . . . 35 Nr 202
6. März 1796 . . . . . . . . . . . . . . . . . . . . . . . . . 36 Nr 112
[zwischen dem 15. und dem 20. September 1798] . . . . . . . 37 Nr 333
8. September 1803 . . . . . . . . . . . . . . . . . . . . . . 40 Nr 122
Schubert (Schubart), Sophie (*s. auch:* Mereau, Sophie):
[Ende Januar (?) 1788] . . . . . . . . . . . . . . . . . . . . 33 Nr 137
[vermutlich zweite Hälfte Dezember 1791] . . . . . . . . . . 34 Nr 104
Schübler, Christian Ludwig:
29. September 1793 . . . . . . . . . . . . . . . . . . . . . . 34 Nr 267
Schütz, Christian Gottfried:
[Anfang September 1794] . . . . . . . . . . . . . . . . . . . 35 Nr 32
[1. Oktober 1794] . . . . . . . . . . . . . . . . . . . . . . . 35 Nr 55
14. Dezember 1794 . . . . . . . . . . . . . . . . . . . . . . 35 Nr 98
[6. Januar 1796] . . . . . . . . . . . . . . . . . . . . . . . 36 Nr 56
[zwischen dem 15. und dem 19. März 1798] . . . . . . . . . 37 Nr 244
28. November 1800 . . . . . . . . . . . . . . . . . . . . . . 38 Nr 446
8. Januar 1802 . . . . . . . . . . . . . . . . . . . . . . . . 39 Nr 168
17. Januar 1802 . . . . . . . . . . . . . . . . . . . . . . . 39 Nr 177
23. Januar 1802 . . . . . . . . . . . . . . . . . . . . . . . 39 Nr 184
Schulz, Joachim Christian [*recte:* Christoph] Friedrich:
10. August 1791 . . . . . . . . . . . . . . . . . . . . . . . . 34 Nr 77
23. September 1794 . . . . . . . . . . . . . . . . . . . . . . 35 Nr 51
2. November 1794 . . . . . . . . . . . . . . . . . . . . . . . 35 Nr 72
Schwan, Christian Friedrich:
11. August 1781 . . . . . . . . . . . . . . . . . . . . . . . . 33 Nr 1
26. Mai 1786 . . . . . . . . . . . . . . . . . . . . . . . . . 33 Nr 83/43 KuE
Schwan, Margaretha:
18. Juli 1785 . . . . . . . . . . . . . . . . . . . . . . . . . 33 Nr 64/43 KuE
Schwarz, Karl:
7. Februar 1804 . . . . . . . . . . . . . . . . . . . . . . . . 40 Nr 190
3. März 1804 . . . . . . . . . . . . . . . . . . . . . . . . . 40 Nr 203
10. März 1804 . . . . . . . . . . . . . . . . . . . . . . . . 40 Nr 204
Schweighäuser, Johann Gottfried:
8. April 1798 . . . . . . . . . . . . . . . . . . . . . . . . . 37 Nr 250

Seckendorff-Aberdar, Franz Karl Leopold (Leo) von:
8. März 1801 . . . . . . . . . . 39 Nr 31
19. Juni 1801 . . . . . . . . . . 39 Nr 90
Seckendorff-Gudent, Adolph von:
13. Mai 1802 . . . . . . . . . . 39 Nr 263
Semler, Michael Friedrich:
27. August 1797 . . . . . . . . . . 37 Nr 111
29. September 1798 . . . . . . . . . . 37 Nr 337
Seume, Johann Gottfried:
10. August 1792 . . . . . . . . . . 34 Nr 145
5. Juni 1793 . . . . . . . . . . 34 Nr 225
Severin, Friedrich:
20. März 1802 . . . . . . . . . . 39 Nr 229
Seyffer, Karl Felix (von):
4. April 1801 . . . . . . . . . . 39 Nr 54
17. Mai 1803 . . . . . . . . . . 40 Nr 69
20. September 1803 . . . . . . . . . . 40 Nr 125
Simoni, Caroline:
25. Mai 1802 . . . . . . . . . . 39 Nr 273
9. Juni 1802 . . . . . . . . . . 39 Nr 285
25. Juni 1802 . . . . . . . . . . 39 Nr 297
Sintzenich, Heinrich:
21. März 1787 . . . . . . . . . . 33 Nr 100
Soden, Julius von:
14. November 1795 . . . . . . . . . . 36 Nr 12
Sparr von Steinau: *s.* Lehndorff, August Adolph Leopold von
Spazier, Karl:
15. September 1802 . . . . . . . . . . 39 Nr 326
Spazier, Wilhelmine (Minna):
25. März 1805 . . . . . . . . . . 40 Nr 351
Spener, Karl:
20. August 1796 . . . . . . . . . . 36 Nr 268
10. September 1796 . . . . . . . . . . 36 Nr 282
27. September 1796 . . . . . . . . . . 36 Nr 288
22. November 1796 . . . . . . . . . . 36 Nr 331
11. April 1797 . . . . . . . . . . 37 Nr 4
15. April 1797 . . . . . . . . . . 37 Nr 8
Spiegel zum Diesenberg, Franz Wilhelm von:
29. März 1793 . . . . . . . . . . 34 Nr 209
Spilcker, Johann Christoph Ferdinand:
22. Januar 1798 . . . . . . . . . . 37 Nr 208
16. Februar 1798 . . . . . . . . . . 37 Nr 219
11. März 1801 . . . . . . . . . . 39 Nr 34

St., W. v.: *s.* Stein zu Nordheim und Ostheim, Wilhelm von
Stäudlin, Gotthold Friedrich:
1. Juni 1792 *(abgedruckt in NA 34 II, 589)* . . . . . . . . . . 34 Nr 135a
20. September 1793 . . . . . . . . . . . . . . . . . . . . . . 34 Nr 263
26. Oktober 1793 . . . . . . . . . . . . . . . . . . . . . . . 34 Nr 280
Staël-Holstein, Germaine de:
29. (?) Dezember 1803 *(abgedruckt in NA 40 II, 461)* . . . . . 40 Nr 166a
[5. Februar 1804] . . . . . . . . . . . . . . . . . . . . . . 40 Nr 189
[20. Februar 1804] . . . . . . . . . . . . . . . . . . . . . 40 Nr 195/43 KuE
Stark d. Ä. (Starke, Starck, Starcke), Johann Christian:
6. März 1796 . . . . . . . . . . . . . . . . . . . . . . . . 36 Nr 111
16. Dezember 1801 . . . . . . . . . . . . . . . . . . . . . . 39 Nr 154
17. Dezember 1801 . . . . . . . . . . . . . . . . . . . . . . 39 Nr 155
Steigentesch, August Ernst von:
18. Juni 1796 . . . . . . . . . . . . . . . . . . . . . . . . 36 Nr 195/43 KuE
13. März 1799 . . . . . . . . . . . . . . . . . . . . . . . . 38 Nr 65
6. April 1800 . . . . . . . . . . . . . . . . . . . . . . . . 38 Nr 301
31. August 1801 . . . . . . . . . . . . . . . . . . . . . . . 39 Nr 113
Stein, Charlotte von:
[10. September 1794] . . . . . . . . . . . . . . . . . . . . 35 Nr 39
12. Juli 1796 . . . . . . . . . . . . . . . . . . . . . . . . 36 Nr 224
Stein zu Nordheim und Ostheim, Julius Wilhelm von:
[vielleicht Mitte November 1804] . . . . . . . . . . . . . . 40 Nr 300
Steinhaus, Diedrich Christian August:
[27. März 1799] . . . . . . . . . . . . . . . . . . . . . . . 38 Nr 73
[12. April 1799] . . . . . . . . . . . . . . . . . . . . . . 38 Nr 85
Steinkopf, Johann Friedrich:
27. Juli 1799 . . . . . . . . . . . . . . . . . . . . . . . . 38 Nr 161
Stock, Johanna Dorothea (Dora):
7. Januar 1785 (und Ludwig Ferdinand Huber) . . . . . . . . 33 Nr 44
[vor 2. Mai 1787] . . . . . . . . . . . . . . . . . . . . . . 33 Nr 107
9. Juli 1791 . . . . . . . . . . . . . . . . . . . . . . . . . 34 Nr 72
18. September 1792 (und Christian Gottfried Körner) . . . . . 34 Nr 154
Stoll, Joseph:
26. August 1803 . . . . . . . . . . . . . . . . . . . . . . . 40 Nr 111
2. April 1804 . . . . . . . . . . . . . . . . . . . . . . . . 40 Nr 214
Strasser, Ernst August Christian:
12. Februar 1796 . . . . . . . . . . . . . . . . . . . . . . 36 Nr 91
Streckfuß, Adolph Friedrich Karl:
[vielleicht erste Hälfte 1798] . . . . . . . . . . . . . . . 37 Nr 296
Streicher, Andreas:
16. August 1795 . . . . . . . . . . . . . . . . . . . . . . . 35 Nr 279
Süvern, Johann Wilhelm:
19. Mai 1800 . . . . . . . . . . . . . . . . . . . . . . . . . 38 Nr 330

Thielmann, Johann Adolf:
19. Januar 1800 . . . . . . . . . . . . . . . . . . . . . . . . 38 Nr 260
7. Mai 1800 . . . . . . . . . . . . . . . . . . . . . . . . . . 38 Nr 323
Thilo, Ludwig:
13. August 1797 . . . . . . . . . . . . . . . . . . . . . . . 37 Nr 102
23. Mai 1798 . . . . . . . . . . . . . . . . . . . . . . . . . 37 Nr 274
20. Juni 1799 . . . . . . . . . . . . . . . . . . . . . . . . 38 Nr 130
Thompson, Benjamin:
10. Oktober 1800 . . . . . . . . . . . . . . . . . . . . . . 38 Nr 425
Thon, Christian Friedrich Gottlieb:
1. Oktober 1797 . . . . . . . . . . . . . . . . . . . . . . . 37 Nr 132
18. Oktober 1798 . . . . . . . . . . . . . . . . . . . . . . 37 Nr 351
Toepfer, Heinrich August:
20. Januar 1786 . . . . . . . . . . . . . . . . . . . . . . . 33 Nr 75
Torci, Pjotr Michajlovič de:
[vermutlich vor Mitte Mai 1794] . . . . . . . . . . . . . . 34 Nr 306
Unbekannt (*s. auch:* A. O. S., A. Z., W.)
8. August 1790 . . . . . . . . . . . . . . . . . . . . . . . . 34 Nr 23
[1793 oder 1794] . . . . . . . . . . . . . . . . . . . . . . . 34 Nr 305
[Ende Oktober 1794] . . . . . . . . . . . . . . . . . . . . . 35 Nr 70
[vielleicht Anfang Juli 1797] . . . . . . . . . . . . . . . . 37 Nr 62
29. August 1797 . . . . . . . . . . . . . . . . . . . . . . . 37 Nr 114
[vermutlich Sommer oder Herbst 1798] *(abgedruckt in NA 38 II, 699)* . . . . . . . . . . . . . . . . . . . . . . 38 Nr 1a
[Frühjahr 1804 (?)] . . . . . . . . . . . . . . . . . . . . . . 40 Nr 227
Unger, Friederike:
6. Januar 1805 . . . . . . . . . . . . . . . . . . . . . . . . 40 Nr 319
Unger, Johann Friedrich:
16. Juli 1797 . . . . . . . . . . . . . . . . . . . . . . . . . 37 Nr 74
16. September 1797 . . . . . . . . . . . . . . . . . . . . . 37 Nr 123
2. Oktober 1797 . . . . . . . . . . . . . . . . . . . . . . . 37 Nr 134
10. Oktober 1797 . . . . . . . . . . . . . . . . . . . . . . 37 Nr 141
16. Dezember 1797 . . . . . . . . . . . . . . . . . . . . . 37 Nr 185
12. Januar 1798 . . . . . . . . . . . . . . . . . . . . . . . 37 Nr 200
14. Mai 1799 . . . . . . . . . . . . . . . . . . . . . . . . . 38 Nr 101
[etwa 22. Juni 1799] . . . . . . . . . . . . . . . . . . . . . 38 Nr 133
22. März 1800 . . . . . . . . . . . . . . . . . . . . . . . . 38 Nr 292
3. Mai 1800 . . . . . . . . . . . . . . . . . . . . . . . . . . 38 Nr 319
15. Mai 1800 . . . . . . . . . . . . . . . . . . . . . . . . . 38 Nr 326
6. Juli 1800 . . . . . . . . . . . . . . . . . . . . . . . . . . 38 Nr 360
12. Juli 1800 . . . . . . . . . . . . . . . . . . . . . . . . . 38 Nr 367
23. August 1800 . . . . . . . . . . . . . . . . . . . . . . . 38 Nr 395
6. September 1800 . . . . . . . . . . . . . . . . . . . . . . 38 Nr 405
14. November 1800 . . . . . . . . . . . . . . . . . . . . . 38 Nr 440

13. Dezember 1800 . . . . . . . . . . . . . . . . . . . . . . . 38 Nr 457
9. Januar 1801 . . . . . . . . . . . . . . . . . . . . . . . . . 39 Nr 3
17. Januar 1801 . . . . . . . . . . . . . . . . . . . . . . . . 39 Nr 8
14. März 1801 . . . . . . . . . . . . . . . . . . . . . . . . . 39 Nr 36
18. April 1801 . . . . . . . . . . . . . . . . . . . . . . . . . 39 Nr 59
28. April 1801 . . . . . . . . . . . . . . . . . . . . . . . . . 39 Nr 67
11. Juli 1801 . . . . . . . . . . . . . . . . . . . . . . . . . . 39 Nr 95
25. Juli 1801 . . . . . . . . . . . . . . . . . . . . . . . . . . 39 Nr 101
8. August 1801 . . . . . . . . . . . . . . . . . . . . . . . . . 39 Nr 108
30. August 1801 . . . . . . . . . . . . . . . . . . . . . . . . 39 Nr 112
5. September 1801 . . . . . . . . . . . . . . . . . . . . . . . 39 Nr 116
22. September 1801 . . . . . . . . . . . . . . . . . . . . . . 39 Nr 121
12. Oktober 1801 . . . . . . . . . . . . . . . . . . . . . . . . 39 Nr 127
28. November 1801 . . . . . . . . . . . . . . . . . . . . . . . 39 Nr 149
6. März 1802 . . . . . . . . . . . . . . . . . . . . . . . . . . 39 Nr 220
13. Mai 1802 . . . . . . . . . . . . . . . . . . . . . . . . . . 39 Nr 264
Unzelmann, Friederike:
5. Mai 1801 (und August Wilhelm Schlegel) . . . . . . . . . . 39 Nr 70
25. Oktober 1801 . . . . . . . . . . . . . . . . . . . . . . . . 39 Nr 130
22. November 1803 . . . . . . . . . . . . . . . . . . . . . . . 40 Nr 154
Verhoeff, Peter Joseph:
4. Juli 1799 . . . . . . . . . . . . . . . . . . . . . . . . . . 38 Nr 143
Vermehren, Johann Bernhard:
18. Dezember 1799 . . . . . . . . . . . . . . . . . . . . . . . 38 Nr 238
29. Januar 1800 . . . . . . . . . . . . . . . . . . . . . . . . 38 Nr 266
28. Juni 1800 . . . . . . . . . . . . . . . . . . . . . . . . . 38 Nr 352
24. August 1800 . . . . . . . . . . . . . . . . . . . . . . . . 38 Nr 396
Vieweg, Johann Friedrich:
25. August 1798 . . . . . . . . . . . . . . . . . . . . . . . . 37 Nr 318
28. Januar 1799 . . . . . . . . . . . . . . . . . . . . . . . . 38 Nr 38
Vigera, Christoph Gottlieb:
17. April 1801 . . . . . . . . . . . . . . . . . . . . . . . . . 39 Nr 58
Voelkel, Johann Ludwig:
22. Mai 1793 . . . . . . . . . . . . . . . . . . . . . . . . . . 34 Nr 218
Vogel, Paul Joachim Sigismund:
3. Dezember 1794 . . . . . . . . . . . . . . . . . . . . . . . . 35 Nr 87
4. Oktober 1796 . . . . . . . . . . . . . . . . . . . . . . . . 36 Nr 293
Vogel, Wilhelm:
14. März 1802 . . . . . . . . . . . . . . . . . . . . . . . . . 39 Nr 222
Vogler, Georg:
1. Mai 1803 . . . . . . . . . . . . . . . . . . . . . . . . . . 40 Nr 65
13. Februar 1805 . . . . . . . . . . . . . . . . . . . . . . . . 40 Nr 337
Vogt, Nikolaus (Niklas):
21. Juni 1802 . . . . . . . . . . . . . . . . . . . . . . . . . 39 Nr 295
18. August 1802 . . . . . . . . . . . . . . . . . . . . . . . . 39 Nr 315

Vohs, Heinrich:
25. April 1801 . . . . . . . . . . . . . . . . . . . . . . . . 39 Nr 62
25. April 1801 . . . . . . . . . . . . . . . . . . . . . . . . 39 Nr 63
Voigt d. Ä., Christian Gottlob (von):
16. August 1793 . . . . . . . . . . . . . . . . . . . . . . . 34 Nr 254
11. Oktober 1793 . . . . . . . . . . . . . . . . . . . . . . 34 Nr 271
28. März 1795 . . . . . . . . . . . . . . . . . . . . . . . . 35 Nr 179
5. September 1795 . . . . . . . . . . . . . . . . . . . . . 35 Nr 306
13. Juli 1796 . . . . . . . . . . . . . . . . . . . . . . . . 36 Nr 226
27. Dezember 1796 . . . . . . . . . . . . . . . . . . . . . 36 Nr 354
[11.] Oktober 1797 . . . . . . . . . . . . . . . . . . . . . 37 Nr 145
18. Mai 1798 (und Johann Wolfgang von Goethe) . . . . . . . 37 Nr 269
10. Oktober 1798 . . . . . . . . . . . . . . . . . . . . . . 37 Nr 345
16. Oktober 1798 . . . . . . . . . . . . . . . . . . . . . . 37 Nr 350
24. Oktober 1798 . . . . . . . . . . . . . . . . . . . . . . 37 Nr 354
28. Mai 1799 . . . . . . . . . . . . . . . . . . . . . . . . 38 Nr 111
11. September 1799 . . . . . . . . . . . . . . . . . . . . . 38 Nr 187
23. Oktober 1799 . . . . . . . . . . . . . . . . . . . . . . 38 Nr 199
[17. oder 24. Januar 1800] . . . . . . . . . . . . . . . . . 38 Nr 258
8. April 1802 . . . . . . . . . . . . . . . . . . . . . . . . 39 Nr 238
[vermutlich 16. oder 17. Juli 1802] . . . . . . . . . . . . . 39 Nr 306
21. August 1802 . . . . . . . . . . . . . . . . . . . . . . . 39 Nr 316
[17. November 1802] . . . . . . . . . . . . . . . . . . . . . 39 Nr 351
30. Juni 1803 . . . . . . . . . . . . . . . . . . . . . . . . 40 Nr 88
Voigt, Johann Gottfried:
[vermutlich 13. oder 14. April 1793] . . . . . . . . . . . . . 34 Nr 210
Voigt, Johanna Viktoria:
[Ende Februar (?) 1804] . . . . . . . . . . . . . . . . . . . 40 Nr 201
Voß d. Ä., Johann Heinrich:
18. März 1795 . . . . . . . . . . . . . . . . . . . . . . . . 35 Nr 170
1. Oktober 1795 . . . . . . . . . . . . . . . . . . . . . . . 35 Nr 338
7. Februar 1796 . . . . . . . . . . . . . . . . . . . . . . . 36 Nr 87
8. April 1796 . . . . . . . . . . . . . . . . . . . . . . . . 36 Nr 141
24. April 1797 . . . . . . . . . . . . . . . . . . . . . . . . 37 Nr 13a/43 N
Voß d. J., Johann Heinrich:
28. Dezember 1804 . . . . . . . . . . . . . . . . . . . . . 40 Nr 314
Vulpius, August:
30. Juli 1799 . . . . . . . . . . . . . . . . . . . . . . . . 38 Nr 162
[18. Mai 1803] . . . . . . . . . . . . . . . . . . . . . . . . 40 Nr 70
W.:
1. Juni 1797 . . . . . . . . . . . . . . . . . . . . . . . . 37 Nr 37
Wächter, Johannes:
12. März 1796 . . . . . . . . . . . . . . . . . . . . . . . . 36 Nr 121
Wagner, Adolph:
16. März 1804 . . . . . . . . . . . . . . . . . . . . . . . . 40 Nr 206

Walther, Georg Jacob:
29. Januar 1804 . . . . . . . . . . . . . . . . . . . . . . . . 40 Nr 185
5. April 1804 . . . . . . . . . . . . . . . . . . . . . . . . . 40 Nr 216
28. April 1804 . . . . . . . . . . . . . . . . . . . . . . . . 40 Nr 224
17. Juni 1804 . . . . . . . . . . . . . . . . . . . . . . . . 40 Nr 248
Warmholz, Christian Friedrich:
5. August 1804 . . . . . . . . . . . . . . . . . . . . . . . . 40 Nr 270
Weber, Bernhard Anselm:
20. März 1804 . . . . . . . . . . . . . . . . . . . . . . . . 40 Nr 209
24. Juli 1804 . . . . . . . . . . . . . . . . . . . . . . . . . 40 Nr 263
Wedig, Johann Hieronymus Ernst von:
29. August 1797 . . . . . . . . . . . . . . . . . . . . . . . 37 Nr 113
Wellborn (Vornamen unbekannt):
30. August 1800 . . . . . . . . . . . . . . . . . . . . . . . 38 Nr 399
Werthes, Friedrich August Clemens:
24. April 1800 . . . . . . . . . . . . . . . . . . . . . . . . 38 Nr 314
Wesselhöft, Johann Carl:
21. März 1805 . . . . . . . . . . . . . . . . . . . . . . . . 40 Nr 350
Wessely, Karl Bernhard:
19. Februar 1803 . . . . . . . . . . . . . . . . . . . . . . . 40 Nr 26
Wessenberg, Ignaz von:
12. Juni 1799 . . . . . . . . . . . . . . . . . . . . . . . . 38 Nr 125
Wieland, Christoph Martin:
[8. Dezember 1787] . . . . . . . . . . . . . . . . . . . . . 33 Nr 130
[Ende Januar (?) 1788] . . . . . . . . . . . . . . . . . . . 33 Nr 136
2. Juni 1788 . . . . . . . . . . . . . . . . . . . . . . . . . 33 Nr 164
[Mitte Juni 1788] . . . . . . . . . . . . . . . . . . . . . . 33 Nr 168
28. Juli 1788 . . . . . . . . . . . . . . . . . . . . . . . . . 33 Nr 186
15. September 1788 . . . . . . . . . . . . . . . . . . . . . 33 Nr 215
7. April 1791 . . . . . . . . . . . . . . . . . . . . . . . . . 34 Nr 57
9. Oktober 1791 . . . . . . . . . . . . . . . . . . . . . . . 34 Nr 87/43 KuE
26. Dezember 1800 . . . . . . . . . . . . . . . . . . . . . . 38 Nr 464
Wilhelmi, August: *s.* Meyer, August Wilhelm
Wilhelmi, Carl August:
12. Dezember 1800 . . . . . . . . . . . . . . . . . . . . . . 38 Nr 455
Wilmans, Gerhard Friedrich:
13. März 1800 . . . . . . . . . . . . . . . . . . . . . . . . 38 Nr 287
28. Juli [Juni] 1800 . . . . . . . . . . . . . . . . . . . . . 38 Nr 354
9. November 1800 . . . . . . . . . . . . . . . . . . . . . . . 38 Nr 435
2. September 1801 . . . . . . . . . . . . . . . . . . . . . . 39 Nr 115
[um den 18. Juni 1802] . . . . . . . . . . . . . . . . . . . 39 Nr 291
29. September 1802 . . . . . . . . . . . . . . . . . . . . . 39 Nr 333
3. November 1802 . . . . . . . . . . . . . . . . . . . . . . 39 Nr 347
Winkelmann, Karl Philipp von:
23. Februar 1785 . . . . . . . . . . . . . . . . . . . . . . . 33 Nr 52

Woltmann, Karl Ludwig:
[13. Februar 1796] . . . . . . . . . . . . . . . . . . . . . . . . 36 Nr 92
6. September [1800] . . . . . . . . . . . . . . . . . . . . . . . 38 Nr 406
Wolzogen, Carl von:
15. November 1801 . . . . . . . . . . . . . . . . . . . . . . . 39 Nr 143
Wolzogen, Caroline von (*s. auch:* Beulwitz, Caroline von):
[11. April 1799] . . . . . . . . . . . . . . . . . . . . . . . . 38 Nr 83
8. Oktober [1803] . . . . . . . . . . . . . . . . . . . . . . . . 40 Nr 138
Wolzogen, Charlotte von:
21. Juni 1786 . . . . . . . . . . . . . . . . . . . . . . . . . . 33 Nr 84
2. Dezember 1786 . . . . . . . . . . . . . . . . . . . . . . . . 33 Nr 91
12. August 1788 (und Wilhelm von Wolzogen) . . . . . . . . 33 Nr 194
Wolzogen, Henriette von:
24. September [1783] . . . . . . . . . . . . . . . . . . . . . . 33 Nr 5
Wolzogen, Wilhelm von:
7. Januar 1784 . . . . . . . . . . . . . . . . . . . . . . . . . 33 Nr 14
5. August 1788 . . . . . . . . . . . . . . . . . . . . . . . . . 33 Nr 190
12. August 1788 (und Charlotte von Wolzogen) . . . . . . . . 33 Nr 194
14. Oktober 1791 . . . . . . . . . . . . . . . . . . . . . . . . 34 Nr 89
[vermutlich Ende März 1794] . . . . . . . . . . . . . . . . . 34 Nr 299
[etwa 20. Juni 1797] . . . . . . . . . . . . . . . . . . . . . . 37 Nr 50
22. Juni 1797 . . . . . . . . . . . . . . . . . . . . . . . . . . 37 Nr 54
2. Oktober [November] 1799 . . . . . . . . . . . . . . . . . 38 Nr 210
13. Juli 1803 . . . . . . . . . . . . . . . . . . . . . . . . . . 40 Nr 95
15. Juli 1803 . . . . . . . . . . . . . . . . . . . . . . . . . . 40 Nr 96
21. August 1803 . . . . . . . . . . . . . . . . . . . . . . . . 40 Nr 110
27. September 1803 . . . . . . . . . . . . . . . . . . . . . . 40 Nr 132
28. November 1803 . . . . . . . . . . . . . . . . . . . . . . 40 Nr 157
24. Februar 1804 . . . . . . . . . . . . . . . . . . . . . . . . 40 Nr 198
2. August 1804 . . . . . . . . . . . . . . . . . . . . . . . . . 40 Nr 267
Wright (Vornamen unbekannt):
[Mitte August 1799] . . . . . . . . . . . . . . . . . . . . . . 38 Nr 172
Wurmb, Wilhelm Christian Ludwig von:
19. Juni 1796 . . . . . . . . . . . . . . . . . . . . . . . . . . 36 Nr 196
13. Juli 1796 . . . . . . . . . . . . . . . . . . . . . . . . . . 36 Nr 227
Wyttenbach, Johann Hugo:
22. November 1796 . . . . . . . . . . . . . . . . . . . . . . 36 Nr 330
29. Dezember 1796 . . . . . . . . . . . . . . . . . . . . . . 36 Nr 356
Zahn, Christian Jakob:
16. Mai 1795 . . . . . . . . . . . . . . . . . . . . . . . . . . 35 Nr 208
2. Mai 1796 . . . . . . . . . . . . . . . . . . . . . . . . . . . 36 Nr 162
2. Mai 1797 . . . . . . . . . . . . . . . . . . . . . . . . . . . 37 Nr 20
17. Juli 1797 . . . . . . . . . . . . . . . . . . . . . . . . . . 37 Nr 76
Zelter, Karl Friedrich:
13. August 1796 . . . . . . . . . . . . . . . . . . . . . . . . 36 Nr 262

26. August 1796 . . . . . . . . . . . . . . . . . . . . . . . . . 36 Nr 271
27. November 1796 . . . . . . . . . . . . . . . . . . . . . . . 36 Nr 333a/43 N
14. Juli 1797 . . . . . . . . . . . . . . . . . . . . . . . . . . . 37 Nr 72
28. Juli 1797 . . . . . . . . . . . . . . . . . . . . . . . . . . . 37 Nr 89
15. November 1797 . . . . . . . . . . . . . . . . . . . . . . . 37 Nr 160
20. Februar 1798 . . . . . . . . . . . . . . . . . . . . . . . . . 37 Nr 224
7. April 1802 . . . . . . . . . . . . . . . . . . . . . . . . . . . 39 Nr 237
16. März 1803 . . . . . . . . . . . . . . . . . . . . . . . . . . 40 Nr 41
24. Juli 1804 . . . . . . . . . . . . . . . . . . . . . . . . . . . 40 Nr 264
Zerboni di Sposetti, Joseph:
14. Dezember 1792 . . . . . . . . . . . . . . . . . . . . . . . 34 Nr 179
Ziehnert, Johann Gottlieb (Amadeus):
7. April 1805 . . . . . . . . . . . . . . . . . . . . . . . . . . . 40 Nr 358
Zimmermann, Karl Wilhelm:
9. Mai 1804 . . . . . . . . . . . . . . . . . . . . . . . . . . . . 40 Nr 234
16. Januar 1805 . . . . . . . . . . . . . . . . . . . . . . . . . 40 Nr 323
Zschokke, Johann Heinrich Daniel:
24. Oktober 1793 . . . . . . . . . . . . . . . . . . . . . . . . 34 Nr 278
Zumsteeg, Johann Rudolph:
11. Oktober 1783 . . . . . . . . . . . . . . . . . . . . . . . . 33 Nr 6
26. Dezember 1783 . . . . . . . . . . . . . . . . . . . . . . . 33 Nr 13
15. Januar 1784 . . . . . . . . . . . . . . . . . . . . . . . . . 33 Nr 15
24. November 1797 . . . . . . . . . . . . . . . . . . . . . . . 37 Nr 164
12. Februar 1800 . . . . . . . . . . . . . . . . . . . . . . . . . 38 Nr 276
17. Januar 1802 . . . . . . . . . . . . . . . . . . . . . . . . . 39 Nr 178

# DOKUMENTE ZU SCHILLERS LEBEN

## LEBENSZEUGNISSE II (NA 41 II B)

*Vorbemerkungen*

*Die wenigen folgenden Ergänzungen und Korrekturen wurden den Herausgebern des vorliegenden Bandes vom Bandbearbeiter, Martin Schalhorn, zur Verfügung gestellt. Es handelt sich um Lektüreergebnisse, nicht um Ergebnisse einer systematischen Durchsicht.*

**Dok. 81**

*Am Schluß der Erläuterungen ist zu ergänzen:*

*ERLÄUTERUNGEN. […] – Ferner erfolgte auf gleicher Grundlage die Veröffentlichung des Personalstaats der Militär-Akademie in: „Des Hochlöbl. Schwäbischen Crayses vollständiges Staats- und Addreß-Buch, auf das Jahr 1776 […]. in Commission der Stettinischen Buchhandlung in Ulm 1776." In den Staatskalender ist nach S. 54 ein zusätzlicher, nicht paginierter Bogen eingeschoben, der neben der Militär-Akademie („Herzogliche Militair-Academie zu Stuttgart") den Personalstaat des württembergischen Militärs („Herzogl. Würtemb. Militair-Etat") enthält (vgl. die aufgedruckte Anweisung an den Buchbinder im Exemplar der Universitätsbibliothek Heidelberg:* Dieser Bogen wird zwischen pag. 54 und 55 gebunden. *[https://doi.org/10.11588/diglit.48098]).*

*Der Setzer übersah bei der Erstellung der Schülerliste eine (vor Schiller rangierende) 16köpfige Gruppe, die er dann ans Ende der Aufzählung setzte, und vergaß einen weiteren Schüler, so daß nur 49 Namen angegeben wurden, worunter Schiller irrtümlich an 28. Stelle rangierte. – Nach demselben Schema (auf eingeschobenem Bogen) und inhaltlich satzgleich wurde die Schülerliste von 1776 erneut im folgenden Jahrgang veröffentlicht: „Des Hochlöblichen Schwäbischen Crayses vollständiges Staats- und Addreß-Buch auf das Jahr 1777". In späteren Ausgaben des Staatskalenders (1779, 1780) wurden nur noch die Namen der Chevaliers- und Offizierssöhne mitgeteilt.*

**Dok. 520**

*Die Angaben zum Verbleib der Handschrift der Honorarquittung für das Königliche Nationaltheater in Berlin vom 18. November 1800 müssen korrigiert werden:*

*ÜBERLIEFERUNG. H: Privatbesitz. Zuletzt 2023 versteigert; vgl. Stargardt-Katalog 711. Auktion vom 28. März 2023. S. 88. Nr 152. Zur Handschrift wird dort mitgeteilt: „¾ S. 4°. Leicht fleckig." Facsimile ebd. S. 89. […]*

***Dok. 601***

*In der Erläuterung zu* 553,28 *muß es heißen: Christian (nicht: Carl) August Thon.*

***Personenregister***

Bertsch, Ehregott Joseph (1744 [nicht: 1743]–1814), *[...]*

Feyertag, Johann Heinrich (1736–1812), Lohnbedienter in Weimar, Clubdiener *[...]*

Frisch, Philipp Christian (1740–1802), *[...]*

Gerstenberg, Tobias Heinrich Martin (1816–1885), Hofkommissar, Mitglied des Hofstaats der Großherzogs Carl Alexander von Sachsen-Weimar-Eisenach, Sekretariat und Schatulle *[...]*

Häublein, Johann Friedrich (1755–1798), Kauf- und Handelsmann in Weimar: 485. *699.*

–, Caroline Auguste, geb. Marschall (1766–1832), dessen Frau, 1801 in zweiter Ehe verheiratet mit dem sachsen-weimarischen Landkammerrat Johann August Bernhard Rühlmann (1759–1834) *[...]*

Harseim, Johann Caspar (um 1754–1817), Regierungsdiener in Weimar *[...]*

Kielmann, Christian Friedrich (1750–1821 [nicht: 1811]), *[...]*

Just, Johann Gottfried (1764–1836), Bürger und Handarbeiter (Tagelöhner) in Weimar *[...]*

Kayser, Johann Heinrich (1753/54–1823), Geheimer Kanzleibote in Weimar *[...]*

Klein, Conrad Christian (von) (1740 [nicht: 1741]–1815), *[...]*

Kühnhold(t), Johann Georg Christoph (1753–1813), Maurermeister (Ratsmaurer) in Weimar *[...]*

Malter, Eberhard Friedrich *[...]*

–, Andreas Peter (1758–1781), *[...]*

Martini, *[...]*

–, Maria Henrietta Susanna, geb. Schmidt (1754–1824) *[...]*

Miller (Müller), Matthäus (um 1740–1808), 1771 Hauptmann *[...]* (bis 1793), Hauptmann bei der Landmiliz, zuletzt Pensionär in Schwäbisch Gmünd *[...]*

Morstatt (Mohrstadt), Johann Heinrich (1732 [nicht: 1737]–1801), *[...]*

Müller, Friedrich Theodor Adam Heinrich (1779–1849), ab 1801 Regierungsassessor in Weimar *[...]*
–, Müller, Carl Friedrich (1784–1843), Hofadvokat in Weimar, dessen Bruder

Pfeiffer, Ferdinand Friedrich (1759–1838 [nicht: nach 1809]), *[...]*

Reinhard, Christoph Friedrich (geb. 1745 [nicht: um 1746), *[...]* Stuttgart, dann Hauptmann, Wachtmeister beim Trabantencorps in Stuttgart *[...]*

Röder (Roeder), Johann Friedrich August *[...]*
Rödiger, Christoph Friedrich (1751–1811), aus Gera gebürtig, Perückenmacher in Weimar *[...]*

Saalfeld, Emanuel Christoph (geb. 1794), Regierungskanzleiakzessist in Weimar, seit 1817 Registrator (2. Aktuar) beim Justizamt Roßla, verheiratet mit Amalia Carolina Augusta (geb. 1796), einer Tochter der Pachters Johann Andreas Weidner aus Niederroßla. Saalfeld zog sich 1832 aus gesundheitlichen Gründen in den Ruhestand zurück (nach Rudolstadt) *[...]*

Schaul, Johann Baptist, gen. d. Ä. (1759 [nicht: 1758]–1822), *[...]*

Scheffauer, Philipp Jacob (1756–1806 [nicht: 1808]), *[...]*

Scheidle (Schaidle), Carl Friedrich, gen. d. Ä. (1754–nach 1805), *[...]*

Schmidt, Georg Friedrich (1711–1772), Zeug- und Raschhändler, auch Hoffaktor in Weimar *[...]*
–, Anna Margaretha, geb. Fiedler (1731–1974), dessen Frau *[...]*

Schunke, Christian (um 1752–1823), Bürger und herrschaftlicher Handarbeiter (Tagelöhner) in Weimar *[...]*

Schwabe, Gotthilf Sylvester (um 1769–1843), Rat und sachsen-weimarischer Hofkassierer, ein Vetter des folgenden *[...]*

Seybold *[...]*
–, Wilhelm Gottlob (1762–1812, Kaufmann in Stuttgart und Calw, dessen Bruder *[...]*

Stäps, Carl Gottfried (1790–1850), aus Schleusingen gebürtig, Jurist, ab 1818 Hofadvokat in Weimar *[...]*

Stedingk, Johann Friedrich Wilhelm von (1726–1790), *[...]*

Steinheil, Friedrich Christoph Philipp von (1759 [nicht: 1769]–1814), *[...]*

Undeutsch, Friedrich (1760–1838), aus Gera gebürtig, trat nach dem Studium 1789 in Weimar als Regierungskanzlist, zuletzt ab 1803 als Regierungssekretär in den Staatsdienst; 1807 wurde er Rentamtmann in Kahla *[...]*

Vol(l)and, Maria, geb. Seifert (Seyffard) (1765–1833), aus Haindorf gebürtig, heiratet 1784 den Sattler Johann Andreas Volland (1754–1817) in Buttelstedt *[...]*

Weisser, Johann Friedrich Christoph *[...]*, 1779/83 bis 1794 Professor des Rechnungswesens an der Militär-Akademie/Hohen Carlsschule, Kirchenratsexpeditionsrat, *[...]*

Werthes, Friedrich Clemens August *[...]*

Ziegler, Johann Jakob (1740–1809), *[...]*, zuletzt Hauptzoller in Oberesslingen *[...]*

# INHALTSVERZEICHNIS
# DER SCHILLER-NATIONALAUSGABE

INHALTSVERZEICHNIS
DER SCHILLER-NATIONALAUSGABE

**Band 1**

Schillers Werke. Nationalausgabe.
Im Auftrag des Goethe- und Schiller-Archivs, des Schiller-Nationalmuseums und der Deutschen Akademie hrsg. von Julius Petersen † und Friedrich Beißner.

Gedichte in der Reihenfolge ihres Erscheinens 1779–1799 [recte 1798] (Text).
Hrsg. von Julius Petersen † und Friedrich Beißner.
Weimar 1943 (Nachdruck 1992)

*Gedichttitel, die von den Herausgebern stammen, sind in eckige Klammern eingeschlossen. Gedichte ohne Titel werden mit ihren Anfangsworten in kursiver Schrift angeführt; dies geschieht auch – zur Unterscheidung – hinter gleichlautenden Gedichttiteln.*

OS MAGNA SONATURUM 1776–1780


Der Abend ........ 3
Der Eroberer ........ 6
[Aus „Selim und Sangir"] ........ 10
[Aufschriften für ein Hoffest] ........ 10
Empfindungen der Dankbarkeit beim NamensFeste Ihro Excellenz der Frau Reichsgräfin von Hohenheim ........ 11
1. Von der Akademie ........ 11
2. Von der École des Demoiselles ........ 12
Die Gruft der Könige ........ 14
Triumphgesang der Hölle ........ 14
Der Venuswagen ........ 15
Die Entzükung / an Laura ........ 23


STAMMBUCHBLÄTTER 1776–1781


[Für Ferdinand Moser] ........ 26
*Seelig ist der Freundschaft himmlisch Band* ........ 26
*Sperat infestis* ........ 26
[Für Immanuel Elwert] ........ 26
*So eingeschrenkt* (richtig: *eingeschrenckt*) *der Mensch ist* ........ 26
*Ist einer krank und ruhet gleich* ........ 27
[Für Heinrich Friedrich Ludwig Orth] ........ 27

[Für Johann Christian Wekherlin] . . . 27
[Einem ausgezeichneten Esser] . . . 27
[Für Karl Philipp Conz] . . . 28
[Für einen Unbekannten] *(Ein edles Herz)* . . . 28

TRAUERGEDICHTE 1780–1782

Trauer-Ode auf den Todt des Hauptmanns Wiltmaister . . . 31
Elegie auf den frühzeitigen Tod Johann Christian Weckerlins . . . 33
Todenfeyer am Grabe Philipp Friderich von Riegers . . . 37

ANTHOLOGIE AUF DAS JAHR 1782

Die Journalisten und Minos . . . 43
Fantasie / an Laura . . . 46
Bacchus im Triller . . . 49
An die Sonne . . . 51
Laura am Klavier . . . 53
Die Herrlichkeit der Schöpfung . . . 55
Elegie auf den Tod eines Jünglings . . . 57
Roußeau . . . 61
Die seeligen Augenblike / an Laura . . . 64
Spinoza . . . 65
Die Kindsmörderin . . . 66
In einer Bataille / von einem Offizier . . . 70
An die Parzen . . . 73
Der Triumf der Liebe . . . 75
Klopstok und Wieland . . . 81
Gespräch . . . 81
Vergleichung . . . 82
Die Rache der Musen . . . 83
Das Glück und die Weisheit . . . 85
An einen Moralisten . . . 86
Grabschrift eines gewissen – Physiognomen . . . 87
Eine Leichenfantasie . . . 88
Aktäon . . . 91
Zuversicht der Unsterblichkeit . . . 91
Vorwurf / an Laura . . . 92
Ein Vater an seinen Sohn . . . 95
Die Messiade . . . 95
Kastraten und Männer . . . 96
An den Frühling . . . 100
Hymne an den Unendlichen . . . 101
Die Gröse der Welt . . . 102
Meine Blumen . . . 103

Das Geheimniß der Reminiszenz / An Laura ..... 104
Gruppe aus dem Tartarus ..... 109
Die Freundschaft ..... 110
Der Wirtemberger ..... 112
Melancholie / an Laura ..... 112
Die Pest ..... 116
Das Muttermal ..... 116
Monument Moors des Räubers ..... 117
Morgenfantasie ..... 119
An Minna ..... 120
Elisium ..... 122
Quirl ..... 123
Die schlimmen Monarchen ..... 124
Graf Eberhard der Greiner von Wirtemberg ..... 128
Baurenständchen ..... 131
Die Winternacht ..... 133

AUF DER FLUCHT 1782–1783

[Aus „Teufel Amor“] ..... 136
Hochzeitgedicht auf die Verbindung Henrietten N. mit N. N. ..... 137
Wunderseltsame Historia des berühmten Feldzugs [...] ..... 142
Prolog *(Sie – die, gezeugt aus göttlichem Geschlechte)* ..... 147

STAMMBUCHBLÄTTER UND GELEGENHEITSGEDICHTE 1784–1786

[Für Rahbek] ..... 150
[Für Spangenberg] ..... 150
[An Körner. In dessen Exemplar der Anthologie] ..... 150
Unserm theuren Körner ..... 151
[An Körner. Zu dessen Hochzeit, 7. August 1785] ..... 153
Am 7. August 1785 ..... 158
Unterthänigstes Pro Memoria ..... 159

THALIA 1786

Freigeisterei der Leidenschaft ..... 163
Resignation ..... 166
An die Freude ..... 169
Die unüberwindliche Flotte ..... 173

DRESDEN 1787

Ein Wechselgesang ..... 177
[An Elisabeth Henriette von Arnim] ..... 179

## WEIMAR, RUDOLSTADT, VOLKSTEDT 1787–1788

[An Caroline Schmidt] . . . 183
Prolog *(Der Frühling kam)* . . . 184
Die Priesterinnen der Sonne . . . 186
[In das Stammbuch Charlottens von Lengefeld] . . . 189
Die Götter Griechenlandes . . . 190
[In die Holy Bible für Frau von Lengefeld] . . . 196
Die berühmte Frau . . . 196
Die Künstler . . . 201

## STAMMBUCHBLÄTTER 1790–1797

[Für Karl Graß] . . . 217
[Für Jens Baggesen] . . . 217
[Für Johannes Groß] . . . 218
[Für Behaghel von Adlerskron] . . . 218
[Für Franz Paul v. Herbert (?)] (richtig: [Für Friedrich Immanuel Niethammer] . 219
[Für Georg Friedrich Creuzer] . . . 219
[Für Karl Wilhelm Justi] . . . 219
[Für denselben] (richtig: [Für Joseph Friedrich Engelschall]) . . . 219
[Für H. v. T.] . . . 220
[Für Sophie Nösselt] . . . 220
[Für einen Kunstfreund] . . . 221
[Für Friederike Brun] . . . 221
[Für F. C. J. (richtig: F. L. J. ) Bodemann] . . . 221

## MUSEN-ALMANACH FÜR DAS JAHR 1796

Die Macht des Gesanges . . . 225
Das Kind in der Wiege . . . 227
Odysseus . . . 227
Das Unwandelbare . . . 227
Zevs zu Herkules . . . 227
Der Tanz . . . 228
Spruch des Confucius . . . 229
Würden . . . 229
Deutschland und seine Fürsten . . . 229
Pegasus in der Dienstbarkeit . . . 230
Der spielende Knabe . . . 233
Die Ritter des Spitals zu Jerusalem . . . 233
Der Sämann . . . 233
Die zwei Tugendwege . . . 234
Die Ideale . . . 234
Der Kaufmann . . . 237

Ein Wort an die Proselytenmacher ........ 238
Der beste Staat ........ 238
Der Abend / nach einem Gemälde ........ 238
Der Metaphysiker ........ 239
Columbus ........ 239
Würde der Frauen ........ 240
Stanzen an den Leser ........ 244

## DIE HOREN 1795–1796

Das Reich der Schatten ........ 247
Natur und Schule ........ 252
Das verschleierte Bild zu Sais ........ 254
Der philosophische Egoist ........ 257
Die Antike an einen Wanderer aus Norden ........ 257
Deutsche Treue ........ 258
Weißheit und Klugheit ........ 258
An einen Weltverbesserer ........ 259
Das Höchste ........ 259
Ilias ........ 259
Unsterblichkeit ........ 259
Elegie ........ 260
Die Theilung der Erde ........ 267
Die Thaten der Philosophen ........ 268
Theophanie ........ 269
Einem jungen Freund als er sich der Weltweißheit widmete ........ 270
Archimedes und der Schüler ........ 270
Menschliches Wissen ........ 271
Die Dichter der alten und neuen Welt ........ 271
Schön und erhaben ........ 272
Der Skrupel ........ 272
Karthago ........ 272
Ausgang aus dem Leben ........ 272
Der Dichter an seine Kunstrichterin ........ 272

## MUSEN-ALMANACH FÜR DAS JAHR 1797

Das Mädchen aus der Fremde ........ 275
Pompeji und Herkulanum ........ 276
Politische Lehre ........ 278
Die beste Staatsverfassung ........ 278
An die Gesetzgeber ........ 278
Würde des Menschen ........ 278
Majestas populi ........ 278
Das Ehrwürdige ........ 278

Klage der Ceres ........ 279
Jetzige Generation ........ 283
Falscher Studiertrieb ........ 283
Jugend ........ 283
Quelle der Verjüngung ........ 283
Der Aufpasser ........ 283
Die Geschlechter ........ 284
Der Naturkreis ........ 285
Der epische Hexameter ........ 285
Das Distichon ........ 285
Die achtzeilige Stanze ........ 285
Das Geschenk ........ 285
Grabschrift ........ 285
Der Homeruskopf als Siegel ........ 285
Der Genius mit der umgekehrten Fackel ........ 286
Macht des Weibes ........ 286
Tugend des Weibes ........ 286
Weibliches Urtheil ........ 286
Forum des Weibes ........ 286
Das weibliche Ideal / An Amanda ........ 287
Die schönste Erscheinung ........ 287
An die Astronomen ........ 287
Innerer Werth und äußere Erscheinung ........ 287
Freund und Feind ........ 288
Der griechische Genius / an Meyer, in Italien ........ 288
Erwartung und Erfüllung ........ 288
Das gemeinsame Schicksal ........ 288
Menschliches Wirken ........ 288
Der Vater ........ 288
Der Besuch ........ 289
Liebe und Begierde ........ 290
Güte und Größe ........ 290
Der Fuchs und der Kranich / An F. Nicolai ........ 290
Die Sachmänner ........ 290

Tabulae votivae

1 *Was Gott mich gelehret* ........ 291
2 Die verschiedene Bestimmung ........ 291
3 Das Belebende ........ 291
4 Zweyerley Wirkungsarten ........ 291
5 Unterschied der Stände ........ 291
6 Das Werthe und Würdige ........ 291
7 Der moralische und der schöne Charakter ........ 291
8 Die moralische Kraft ........ 292

9 Mittheilung .... 292
10 An * *(Theile mir mit)* .... 292
11 An ** *(Du willst wahres mich lehren?)* .... 292
12 An *** *Dich erwähl ich zum Lehrer)* .... 292
13 Das blinde Werkzeug .... 292
14 Wechselwirkung .... 292
15 An die Muse .... 292
16 Der Philister .... 293
17 Das ungleiche Schicksal .... 293
18 Pflicht für jeden .... 293
19 Der schöne Geist und der Schöngeist .... 293
20 Philister und Schöngeist .... 293
21 Die Übereinstimmung .... 293
22 Natur und Vernunft .... 293
23 Der Schlüssel .... 294
24 Das Subjekt .... 294
25 Glaubwürdigkeit .... 294
26 Was nutzt .... 294
27 Was schadet .... 294
28 Zucht .... 294
29 Das Schooßkind .... 294
30 Trost .... 294
31 Der Zergliederer .... 295
32 Metaphysiker und Physiker .... 295
33 Die Versuche .... 295
34 Die Quellen .... 295
35 Empiriker .... 295
36 Theoretiker .... 295
37 Letzte Zuflucht .... 295
38 Die Systeme .... 295
39 Die Philosophien .... 296
40 Die Vielwisser .... 296
41 Mein Glaube .... 296
42 Moralische Schwätzer .... 296
43 Meine Antipathie .... 296
44 Der Strengling und der Frömmling .... 296
45 Theophagen .... 297
46 Fratzen .... 297
47 Moral der Pflicht und der Liebe .... 297
48 Der Philosoph und der Schwärmer .... 297
49 Das irdische Bündel .... 297
50 Der wahre Grund .... 297
51 Die Triebfedern .... 297
52 An die Mystiker .... 298
53 Licht und Farbe .... 298

54 Wahrheit ........ 298
55 Schönheit ........ 298
56 Aufgabe ........ 298
57 Bedingung ........ 298
58 Das eigene Ideal ........ 298
59 Schöne Individualität ........ 298
60 Der Vorzug ........ 299
61 Die Erzieher ........ 299
62 Die Mannichfaltigkeit ........ 299
63 Das Göttliche ........ 299
64 Verstand ........ 299
65 Phantasie ........ 299
66 Dichtungskraft ........ 300
67 Der Genius *(Wiederho[h]len zwar kann der Verstand)* ........ 300
68 Der Nachahmer und der Genius ........ 300
69 Genialität ........ 300
70 Witz und Verstand ........ 300
71 Aberwitz und Wahnwitz ........ 300
72 Der Unterschied ........ 300
73 Die schwere Verbindung ........ 301
74 Korrektheit ........ 301
75 Lehre an den Kunstjünger ........ 301
76 Das Mittelmäßige und das Gute ........ 301
77 Das Privilegium ........ 301
78 Die Sicherheit ........ 301
79 Das Naturgesetz ........ 301
80 Vergebliches Geschwätz ........ 301
81 Genialische Kraft ........ 302
82 Delikatesse im Tadel ........ 302
83 Wahl ........ 302
84 Sprache ........ 302
85 An den Dichter ........ 302
86 Der Meister ........ 302
87 Dilettant ........ 302
88 Der berufene Richter ........ 302
90 An **** ........ 303
91 Das Mittel ........ 303
92 Die Unberufenen ........ 303
93 Die Belohnung ........ 303
94 Das gewöhnliche Schicksal ........ 303
95 Der Weg zum Ruhme ........ 303
96 Bedeutung ........ 303
97 An die Moralisten ........ 304
98 An die Muse ........ 304
99 Die Kunstschwätzer ........ 304

100 Deutsche Kunst .......... 304
101 Todte Sprachen .......... 304
102 Deutscher Genius .......... 304
103 Guter Rath .......... 304

Vielen

1 *Auf ihr Distichen frisch* .......... 305
2 Mannichfaltigkeit .......... 305
3 L. B. .......... 305
4 C. G. .......... 305
5 L. D. .......... 305
6 H. W. .......... 305
7 N. Z. S. O. A. D. .......... 305
8 A. L. .......... 305
9 Tuberose .......... 305
10 Klatschrose .......... 306
11 A. F. K. N. H. D. .......... 306
12 W. R. L. K. W. J. .......... 306
13 Geranium .......... 306
14 Ranunkeln .......... 306
15 M. R. .......... 306
16 Kornblume .......... 306
17 C. F. .......... 306
18 L. W. .......... 306

Einer .......... 307

Xenien

1 Der ästhetische Thorschreiber .......... 309
2 Xenien *(Halt Passagiere!)* .......... 309
3 Visitator .......... 309
4 Xenien *(Coffers führen wir nicht.)* .......... 309
5 Der Mann mit dem Klingelbeutel .......... 309
6 Helf Gott .......... 309
7 Der Glückskopf .......... 310
8 Die Kunden .......... 310
9 Das Widerwärtige .......... 310
10 Das Desideratum .......... 310
11 An einen gewissen moralischen Dichter .......... 310
12 Das Verbindungsmittel .......... 310
13 Für Töchter edler Herkunft .......... 310
14 Der Kunstgriff .......... 310
15 Der Teleolog .......... 311

16 Der Antiqua ... 311
17 Der Kenner ... 311
18 Erreurs et Verité ... 311
19 H. S. ... 311
20 Der Prophet ... 311
21 Das Amalgama ... 311
22 Der erhabene Stoff ... 311
23 Belsatzer ein Drama ... 312
24 Gewisse Romanhelden ... 312
25 Pfarrer Cyllenius ... 312
26 Jamben ... 312
27 Neuste Schule ... 312
28 An deutsche Baulustige ... 312
29 Affiche ... 312
30 Zur Abwechslung ... 312
31 Der Zeitpunkt ... 313
32 Goldnes Zeitalter ... 313
33 Manso von den Grazien ... 313
34 Tassos Jerusalem von demselben ... 313
35 Die Kunst zu lieben ... 313
36 Das Schulmeister zu Breslau ... 313
37 Amor, als Schulcollege ... 313
38 Der zweyte Ovid ... 313
39 Das Unverzeihliche ... 314
40 Prosaische Reimer ... 314
41 Jean Paul Richter ... 314
42 An seinen Lobredner ... 314
43 Feindlicher Einfall ... 314
44 Nekrolog ... 314
45 Bibliothek schöner Wissenschaften ... 314
46 Dieselbe ... 314
47 Die neuesten Geschmacksrichter ... 315
48 An Schwätzer und Schmierer ... 315
49 Guerre ouverte ... 315
50 An gewisse Collegen ... 315
51 An die Herren N. O. P. ... 315
52 Der Commissarius des jüngsten Gerichts ... 315
53 Kant und seine Ausleger ... 315
54 J – b ... 315
55 Die Stockblinden ... 316
56 Analytiker ... 316
57 Der Geist und der Buchstabe ... 316
58 Wissenschaftliches Genie ... 316
59 Die bornierten Köpfe ... 316
60 Bedientenpflicht ... 316

61 Ungebühr .... 316
62 Wissenschaft .... 316
63 An Kant .... 317
64 Der kurzweilige Philosoph .... 317
65 Verfehlter Beruf .... 317
66 Das philosophische Gespräch .... 317
67 Das Privilegium .... 317
68 Litterarischer Zodiacus .... 317
69 Zeichen des Widders .... 317
70 Zeichen des Stiers .... 317
71 Zeichen des Fuhrmanns .... 318
72 Zeichen der Zwillinge .... 318
73 Zeichen des Bärs .... 318
74 Zeichen des Krebses .... 318
75 Zeichen des Löwen .... 318
76 Zeichen der Jungfrau .... 318
77 Zeichen des Raben .... 318
78 Locken der Berenice .... 318
79 Zeichen der Waage .... 319
80 Zeichen des Scorpions .... 319
81 Ophiuchus .... 319
82 Zeichen des Schützen .... 319
83 Gans .... 319
84 Zeichen des Steinbocks .... 319
85 Zeichen des Pegasus .... 319
86 Zeichen des Wassermannes .... 319
87 Eridanus .... 319
88 Fische .... 320
89 Der fliegende Fisch .... 320
90 Glück auf den Weg .... 320
91 Die Aufgabe .... 320
92 Wohlfeile Achtung .... 320
93 Revolutionen .... 320
94 Partheygeist .... 320
95 Das deutsche Reich .... 320
96 Deutscher Nationalcharacter .... 321
97 Rhein .... 321
98 Rhein und Mosel .... 321
99 Donau in B** .... 321
100 Donau in O** .... 321
101 Mayn .... 321
102 Saale .... 321
103 Ilm .... 321
104 Pleisse .... 322
105 Elbe .... 322

106 Spree ... 322
107 Weser ... 322
108 Gesundbrunnen zu *** ... 322
109 P** bey N*** ... 322
110 Die **chen Flüsse ... 322
111 Salzach ... 322
112 Der anonyme Fluß ... 323
113 Les fleuves indiscrets ... 323
114 An den Leser ... 323
115 Gewissen Lesern ... 323
116 Dialogen aus dem Griechischen ... 323
117 Der Ersatz ... 323
118 Der moderne Halbgott ... 323
119 Charis ... 323
120 Nachbildung der Natur ... 324
121 Nachäffer ... 324
122 Klingklang ... 324
123 An gewisse Umschöpfer ... 324
124 Aufmunterung ... 324
125 Das Brüderpaar ... 324
126 K** ... 324
127 An die Moralisten ... 324
128 Der Leviathan und die Epigramme ... 325
129 Louise von Voß ... 325
130 Jupiters Kette ... 325
131 Aus einer der neuesten Episteln ... 325
132 B**s Taschenbuch ... 325
133 Ein deutsches Meisterstück ... 325
134 Unschuldige Schwachheit ... 325
135 Das neueste aus Rom ... 325
136 Deutsches Lustspiel ... 326
137 Das Mährchen ... 326
138 Frivole Neugier ... 326
139 Beyspielsammlung ... 326
140 Mit Erlaubniß ... 326
141 Der Sprachforscher ... 326
142 Geschichte eines dicken Mannes ... 326
143 Anecdoten von Friedrich II. ... 326
144 Litteraturbriefe ... 327
145 Gewisse Melodien ... 327
146 Ueberschriften dazu ... 327
147 Der böse Geselle ... 327
148 Karl von Karlsberg ... 327
149 Schriften für Damen und Kinder ... 327

150 Dieselbe ........ 327
151 Gesellschaft von Sprachfreunden ........ 327
152 Der Purist ........ 328
153 Vernünftige Betrachtung ........ 328
154 An ** *(Gerne plagt ich auch dich)* ........ 328
155 An *** *(Nein! Du erbittest mich nicht.)* ........ 328
156 Garve ........ 328
157 Auf gewisse Anfragen ........ 328
158 Stoßgebet ........ 328
159 Distinctionszeichen ........ 328
160 Die Addressen ........ 329
161 Schöpfung durch Feuer ........ 329
162 Mineralogischer Patriotismus ........ 329
163 Kurze Freude ........ 329
164 Triumph der Schule ........ 329
165 Die Möglichkeit ........ 329
166 Wiederholung ........ 329
167 Wer glaubts? ........ 329
168 Der Welt Lauf ........ 330
169 Hoffnung ........ 330
170 Exempel ........ 330
171 Der letzte Märtyrer ........ 330
172 Menschlichkeiten ........ 330
173 Und abermals Menschlichkeiten ........ 330
174 Der Widerstand ........ 330
175 Neueste Farbtheorie von Wünsch ........ 330
176 Das Mittel ........ 331
177 Moralische Zwecke der Poesie ........ 331
178 Sections-Wuth ........ 331
179 Kritische Studien ........ 331
180 Der astronomische Himmel ........ 331
181 Naturforscher und Transscendental-Philosophen ........ 331
182 An die voreiligen Verbindungsstifter ........ 331
183 Der treue Spiegel ........ 331
184 Nicolai ........ 332
185 Der Wichtige ........ 332
186 Der Plan des Werks ........ 332
187 Formalphilosophie ........ 332
188 Der Todfeind ........ 332
189 Philosophische Querköpfe ........ 332
190 Empirischer Querkopf ........ 332
191 Der Quellenforscher ........ 332
192 Derselbe ........ 332
193 N. Reisen XI. Band S. 177 ........ 333

194 Der Glückliche . . . 333
195 Verkehrte Wirkung . . . 333
196 Pfahl im Fleisch . . . 333
197 Die Horen an Nicolai . . . 333
198 Fichte und Er . . . 333
199 Briefe über ästhetische Bildung . . . 333
200 Modephilosophie . . . 333
201 Das grobe Organ . . . 333
202 Der Lastträger . . . 334
203 Die Waidtasche . . . 334
204 Das Unentbehrliche . . . 334
205 Die Xenien . . . 334
206 Lucri bonus odor . . . 334
207 Vorsatz . . . 334
208 Nur Zeitschriften . . . 334
209 Das Motto . . . 334
210 Der Wächter Zions . . . 335
211 Verschiedene Dressuren . . . 335
212 Böse Gesellschaft . . . 335
213 An die Obern . . . 335
214 Baalspfaffen . . . 335
215 Verfehlter Beruf . . . 335
216 An mehr als Einen . . . 335
217 Das Requisit . . . 335
218 Verdienst . . . 336
219 Umwälzung . . . 336
220 Der Halbvogel . . . 336
221 Der letzte Versuch . . . 336
222 Kunstgriff . . . 336
223 Dem Großsprecher . . . 336
224 Mottos . . . 336
225 Sein Handgriff . . . 336
226 Die Mitarbeiter . . . 336
227 Unmögliche Vergeltung . . . 337
228 Das züchtige Herz . . . 337
229 Abscheu . . . 337
230 Der Hausierer . . . 337
231 Deutschlands Revanche an Frankreich . . . 337
232 Der Patriot . . . 337
233 Die drey Stände . . . 337
234 Die Hauptsache . . . 337
235 Anacharsis der Zweyte . . . 338
236 Historische Quellen . . . 338
237 Der Almanach als Bienenkorb . . . 338

238 Etymologie ... 338
239 Ausnahme ... 338
240 Die Insekten ... 338
241 Einladung ... 338
242 Warnung ... 338
243 An die Philister ... 339
244 Hausrecht ... 339
245 Currus virum miratur inanes ... 339
246 Kalender der Musen und Grazien ... 339
247 Taschenbuch ... 339
248 Vossens Almanach ... 339
249 Schillers Almanach von 1796 ... 339
250 Das Paket ... 339
251 Das Journal Deutschland ... 340
252 Reichsanzeiger ... 340
253 A. d. Ph. ... 340
254 A. D. B. ... 340
255 A. d. Z. ... 340
256 Deutsche Monatsschrift ... 340
257 G. z. Z. ... 340
258 Urania ... 340
259 Merkur ... 341
260 Horen. Erster Jahrgang ... 341
261 Minerva ... 341
262 Journal des Luxus und der Moden ... 341
263 Dieser Musenalmanach ... 341
264 Der Wolfische Homer ... 341
265 M*** ... 341
266 Herr Leonhard ** ... 341
267 Pantheon der Deutschen I. Band ... 342
268 Borussias ... 342
269 Guter Rath ... 342
270 Reinecke Fuchs ... 342
271 Menschenhaß und Reue ... 342
272 Schinks Faust ... 342
273 An Madame B** und ihre Schwestern ... 342
274 Almansaris und Amanda ... 342
275 B** ... 343
276 Erholungen. Zweytes Stück ... 343
277 Moderecension ... 343
278 Dem Zudringlichen ... 343
279 Höchster Zweck der Kunst ... 343
280 Zum Geburtstag ... 343
281 Unter vier Augen ... 343

282 Charade . . . . . 343
283 Frage in den Reichsanzeiger . . . . . 343
284 Göschen an die deutschen Dichter . . . . . 344
285 Verleger von P** Schriften . . . . . 344
286 Josephs II. Dictum, an die Buchhändler . . . . . 344
287 Preisfrage der Academie nützl. Wissenschaften . . . . . 344
288 G. G. . . . . . 344
289 Hörsäle auf gewissen Universitäten . . . . . 344
290 Der Virtuose . . . . . 344
291 Sachen so gesucht werden . . . . . 344
292 Französische Lustspiele von Dyk . . . . . 345
293 Buchhändler-Anzeige . . . . . 345
294 Auction . . . . . 345
295 Gottesurtheil . . . . . 345
296 Sachen so gestohlen worden . . . . . 345
297 Antwort auf obigen Avis . . . . . 345
298 Schauspielerin . . . . . 345
299 Professor Historiarum . . . . . 345
300 Recension . . . . . 346
301 Literarischer Addreßkalender . . . . . 346
302 Neuste Kritikproben . . . . . 346
303 Eine zweyte . . . . . 346
304 Eine dritte . . . . . 346
305 Schillers Würde der Frauen . . . . . 346
306 Pegasus, von eben demselben . . . . . 346
307 Das ungleiche Verhältniß . . . . . 346
308 Neugier . . . . . 347
309 Jeremiaden aus dem Reichs-Anzeiger . . . . . 347
310 Böse Zeiten . . . . . 347
311 Scandal . . . . . 347
312 Das Publicum im Gedränge . . . . . 347
313 Das goldne Alter . . . . . 347
314 Comödie . . . . . 347
315 Alte deutsche Tragödie . . . . . 347
316 Roman . . . . . 348
317 Deutliche Prosa . . . . . 348
318 Chorus . . . . . 348
319 Gelehrte Zeitungen . . . . . 348
320 Die zwey Fieber . . . . . 348
321 Griechheit . . . . . 348
322 Warnung . . . . . 348
323 Uebertreibung und Einseitigkeit . . . . . 348
324 Neueste Behauptung . . . . . 349
325 Griechische und moderne Tragödie . . . . . 349

326 Entgegengesetzte Wirkung ........ 349
327 Die höchste Harmonie ........ 349
328 Aufgelößtes Räthsel ........ 349
329 Gefährliche Nachfolge ........ 349
330 Geschwindschreiber ........ 349
331 Die Sonntagskinder ........ 349
332 Xenien *(Muse, wo führst du uns hin?)* ........ 350
333 Muse ........ 350
334 Acheronta movebo ........ 350
335 Sterilemque tibi Proserpina vaccam ........ 350
336 Elpänor ........ 350
337 Unglückliche Eilfertigkeit ........ 350
338 Achilles ........ 350
339 Trost ........ 350
340 Seine Antwort ........ 351
341 Frage *(Du verkündige mir)* ........ 351
342 Antwort *(Freylich walten sie noch)* ........ 351
343 Frage *(Melde mir auch)* ........ 351
344 Antwort *(Ach! ihm mangelt leider)* ........ 351
345 Ajax ........ 351
346 Tantalus ........ 351
347 Phlegyasque miserrimus omnes admonet ........ 351
348 Die dreyfarbige Kokarde ........ 352
349 Agamemnon ........ 352
350 Porphyrogeneta, den Kopf unter dem Arme ........ 352
351 Sisyphus ........ 352
352 Sulzer ........ 352
353 Haller ........ 352
354 Moses Mendelsohn ........ 352
355 Der junge Werther ........ 352
356 L*** ........ 353
357 Dioscuren ........ 353
358 Unvermuthete Zusammenkunft ........ 353
359 Der Leichnam ........ 353
360 Peregrinus Proteus ........ 353
361 Lukian von Samosata ........ 353
362 Geständniß ........ 353
363 Alcibiades ........ 353
364 Martial ........ 354
365 Xenien *(Nicht doch!)* ........ 354
366 Rhapsoden ........ 354
367 Viele Stimmen ........ 354
368 Rechnungsfehler ........ 354
369 Einer aus dem Chor ........ 354

370 Vorschlag zur Güte ... 354
371 Philosophen ... 355
372 Aristoteles ... 355
373 Dringend ... 355
374 Einer aus dem Haufen ... 355
375 Ich *(Denk ich, so bin ich)* ... 355
376 Ein Zweyter ... 355
377 Ein Dritter ... 355
378 Ein Vierter ... 355
379 Ein Fünfter ... 356
380 Ein Sechster ... 356
381 Ein Siebenter ... 356
382 Ich *(Damit lock ich)* ... 356
383 Ein Achter ... 356
384 Ich *(Dacht' ichs doch!)* ... 356
385 David Hume ... 356
386 Rechtsfragen ... 356
387 Puffendorf ... 357
388 Gewissensscrupel ... 357
389 Decisum ... 357
390 Hercules ... 357
391 Heracliden ... 357
392 „Pure Manier" ... 357
393 Er *(Welche noch kühnere That)* ... 357
394 Ich *(Wegen Tiresias mußt' ich herab)* ... 357
395 Er *(Glauben sie nicht der Natur)* ... 358
396 Ich *(O die Natur)* ... 358
397 Er *(Wie? So ist wirklich)* ... 358
398 Ich *(Nichts mehr von diesem tragischen Spuk.)* ... 358
399 Er *(Auch gut! Philosophie)* ... 358
400 Ich *(Ja, ein derber und trockener Spaß)* ... 358
401 Er *(Also sieht man bey euch)* ... 358
402 Ich *(Keines von beyden!)* ... 358
403 Er *(Was? Es dürfte kein Cesar)* ... 359
404 Ich *(Nichts! Man siehet bey uns nur Pfarrer)* ... 359
405 Er *(Aber ich bitte dich Freund)* ... 359
406 Ich *(Was? Sie machen Kabale)* ... 359
407 Er *(Woher nehmt ihr denn aber)* ... 359
408 Ich *(Das sind Grillen!)* ... 359
409 Er *(Aber das habt ihr ja alles)* ... 359
410 Ich *(Nimms nicht übel mein Heros)* ... 359
411 Er *(Also eure Natur)* ... 359
412 Er *(Der Poet ist der Wirth)* ... 360
413 Muse der Xenien ... 360

414 An die Freyer .................... 360

## MUSEN-ALMANACH FÜR DAS JAHR 1798

Der Ring des Polykrates .................... 363
Der Handschuh .................... 366
Ritter Toggenburg .................... 368
Elegie / an Emma .................... 371
Der Taucher .................... 372
Reiterlied / Aus dem Wallenstein .................... 377
Die Urne und das Skelet .................... 378
Das Regiment .................... 378
Die Worte des Glaubens .................... 379
Nadowessische Todtenklage .................... 380
Der Obelisk .................... 382
Der Triumphbogen .................... 382
Die schöne Brücke .................... 382
Das Thor .................... 382
Die Peterskirche .................... 382
Licht und Wärme .................... 383
Breite und Tiefe .................... 384
Die Kraniche des Ibycus .................... 385
Das Geheimniß .................... 391
Der Gang nach dem Eisenhammer .................... 392

## DIE HOREN 1797

Hofnung .................... 401
Die Begegnung .................... 402

## GELEGENHEITSGEDICHTE 1797

Zum Geburtstag der Frau Griesbach .................... 404
An Demoiselle Slevoigt .................... 406

## MUSEN-ALMANACH FÜR DAS JAHR 1799

Das Glück .................... 409
Der Kampf mit dem Drachen .................... 412
Die Bürgschaft .................... 421
Bürgerlied .................... 426
Poesie des Lebens / An *** .................... 433
Des Mädchens Klage .................... 434

**Band 2 I**

Schillers Werke. Nationalausgabe.
Begründet von Julius Petersen. Fortgeführt von Lieselotte Blumenthal
und Benno von Wiese.
Hrsg. im Auftrag der Nationalen Forschungs- und Gedenkstätten der klassischen
deutschen Literatur in Weimar (Goethe- und Schiller-Archiv) und
des Schiller-Nationalmuseums in Marbach
von Norbert Oellers und Siegfried Seidel.

Gedichte in der Reihenfolge ihres Erscheinens 1799–1805,
der geplanten Ausgabe letzter Hand (Prachtausgabe) und aus dem Nachlaß (Text).
Hrsg. von Norbert Oellers.
Weimar 1983

*Das folgende Inhaltsverzeichnis enthält auch Gedichte, auf deren Texte an der angegebenen Stelle nur verwiesen wird. Gedichttitel, die vom Herausgeber stammen, sind in eckige Klammern eingeschlossen. Gedichte ohne Titel werden mit ihren Anfangsworten in kursiver Schrift angeführt. Überschriften, die auf größere Werkzusammenhänge verweisen (,Sammelüberschriften') und vom Herausgeber stammen, sind in normaler Schrift gesperrt gedruckt.*

NACHTRÄGE ZU BAND 1

IN DEN JAHREN 1780–1798 GEDRUCKTE GEDICHTE

Der Sturm auf dem Tyrrhener Meer. 1. Buch der Aeneide. Eine Übersezung ... 8
Lieder aus dem Schauspiel „Die Räuber"
[Brutus und Caesar] ... 13
Amalia im Garten ... 15
Abschied Andromachas und Hektors ... 16
[Räuberlied] ... 17
[Inschriften für Grabmäler]
[Luther] ... 19
[Keppler] ... 19
[Haller] ... 19
[Klopstock] ... 19
Aus „Iphigenie in Aulis" übersetzt aus dem Euripides
[Die Hochzeit der Thetis] ... 20
Die Phönizierinnen aus dem Euripides übersetzt ... 22
Die Zerstörung von Troja im zweyten Buch der Aeneide. Neu übersetzt
[Vorrede zur ersten Fassung] ... 22

Dido. Viertes Buch der Aeneide ........ 25
Einer jungen Freundin ins Stammbuch ........ 60
Prolog zu Wallensteins Lager ........ 61

## AUS DEM NACHLASS

### IN DEN JAHREN 1769–1796 ENTSTANDENE GEDICHTE

[Gedicht zum Neujahr 1769] ........ 66
[Aus dem Begrüßungsgedicht für den Oberpräzeptor Philipp Heinrich Winter im Juni 1771] ........ 67
[Danksagungsgedicht an Magister Georg Sebastian Zilling] ........ 68
[Beantwortung der Frage des Herzogs: „Welcher ist unter euch der Geringste?“] ........ 69
[Als vier Fräuleins einen Lorbeerkranz schickten] ........ 70
An die Frommen ........ 70
Ueber der Kammerthüre manches Berühmten ........ 71

### XENIEN AUS DEM NACHLASS

[Nicht in den Musen-Almanach für das Jahr 1797 aufgenommene Xenien Goethes und Schillers aus einer Sammelhandschrift]

415 Das doppelte Amt ........ 74
416 Das Monodistichon ........ 74
417 Uebersetzung ........ 74
418 Unser Vorgänger ........ 74
419 An die ernsthaften Xenien ........ 74
420 Die Journale Deutschland und Frankreich ........ 75
421 Das Local ........ 75
422 Der Wolf in Schafskleidern ........ 75
423 Das Merkmal ........ 75
424 Verlegene Waare ........ 75
425 Eure Absicht ........ 75
426 Nicht lange ........ 75
427 Der Stöpsel ........ 75
428 Die Staatsverbesserer ........ 76
429 Das Kennzeichen ........ 76
430 Er in Paris ........ 76
431 Böse Waare ........ 76
432 Meister und Diletant ........ 76
433 Der Zeitschrifftsteller ........ 76
434 *Schlechtes zu fertigen* ........ 76
435 Kennzeichen ........ 76

436 *Ist das Knie nur geschmeidig* ... 77
437 *Was du mit Beissen verdorben* ... 77
438 Die Bestimmung ... 77
439 An einige Repräsentanten ... 77
440 Der Unterschied ... 77
441 Venus in der Schlacht ... 77
442 Zevs zur Venus ... 77
443 An unsere Repräsentanten ... 77
444 Verkehrter Beruf ... 78
445 Die Unberufenen ... 78
446 Doppelter Irrthum ... 78
447 Trost ... 78
448 Warnung ... 78
449 Zeichen der Hunde ... 78
450 Die Eiche ... 78
451 Die Kronen ... 78
452 *Ista quidem mala sunt* ... 79
453 Reichsländer ... 79
454 Sein Schicksal ... 79
455 Donau bey Wien ... 79
456 Die Fajaken ... 79
457 Metaphysiker und Physiker ... 79
458 Aerzte ... 79
459 *Was ist das schwerste* ... 79
460 Die neue Entdeckung ... 80
461 *Sucht ihr das menschliche Ganze!* ... 80
462 *Welches Genie das größte wohl sey?* ... 80
463 *Sorgend bewacht der Verstand* ... 80
464 *Darum haßt er dich ewig Genie!* ... 80
465 Böser Kampf ... 80
466 Zeit ... 80
467 Einführung ... 80
468 Polyphem auf Reisen ... 81
469 Die zwey Sinne ... 81
470 Das Kennzeichen ... 81
471 Polizey Trost ... 81
472 Der bunte Styl ... 81
473 Ueberfluß und Mangel ... 81
474 Keine Rettung ... 81
475 *Nahe warst du dem Edeln* ... 81
476 Apolog ... 82
477 Dem Buchhändler ... 82
478 Dioscuren ... 82
479 Neueste Theorie der Liebe ... 82
480 Gewisse Romane ... 82

481 Qui pro quo . . . . . 82
482 Humanität . . . . . 82
483 An die Väter . . . . . 82
484 An die Jünglinge . . . . . 83
485 An die Bußfertigen . . . . . 83
486 Procul profani . . . . . 83
487 Derselbe [Manso] über die Verläumdung der Wissenschaften . . . . . 83
488 Alte Jungfern und Manso . . . . . 83
489 Bibliothek schöner Wissenschafften . . . . . 83
490 Moritz . . . . . 83
491 Philosophische Annalen . . . . . 83
492 Verfehlter Beruf . . . . . 84
493 *Was mich bewegt* . . . . . 84
494 B. T. R. . . . . . 84
495 *Ueberall bist du Poët* . . . . . 84
496 *Meine Freude verdarb er* . . . . . 84
497 *Ecce rubet quidam* . . . . . 84
498 Nikolais Romane . . . . . 84
499 Verfasser des Hesperus . . . . . 84
500 Der Wolfische Homeer . . . . . 85
501 Die Epopeen . . . . . 85
502 Richter . . . . . 85
503 Auswahl . . . . . 85
504 Hildegard von Hohenthal . . . . . 85
505 Herr Schatz, a. d. Reichsanzeiger . . . . . 85
506 Apollos Bildsäule in einem gewissen Gartentempel . . . . . 85
507 *Was mit glühendem Ernst* . . . . . 85
508 *Eine gesunde Moral* . . . . . 86
509 *Zwey Jahrzehende* . . . . . 86
510 Bürger . . . . . 86
511 Fichte . . . . . 86
512 Spittler . . . . . 86
513 Die Foderungen . . . . . 86
514 Das Dorf Döbritz . . . . . 86
515 Anschlagzettel zum Otto v. Wittelspach. a. d. Hamburg. Theater . . . . . 86
516 Preisfrage zur Aufmunterung des deutschen Genies . . . . . 87
517 $E_{**}$ Hymenäus zu der $St_{*}$ und $Sch_{*}$. Heirath . . . . . 87
518 Archiv der Zeit . . . . . 87
519 Der Bär wehrt die Fliegen . . . . . 87
520 Besorgniß . . . . . 87
521 Flora . . . . . 87
522 Flüchtlinge . . . . . 87
523 Meißners Apollo . . . . . 87
524 Lyrische Blumenlese . . . . . 88
525 Beckers Taschenbuch . . . . . 88

526 *Ein paar Jahre rühret euch nun* . . . . . 88
527 Im Ueberfahren . . . . . 88
528 Recensendum . . . . . 88
529 Der Höllenhund . . . . . 88
530 Salmoneus . . . . . 88
531 Antwort . . . . . 88
532 Tityos . . . . . 89
533 *Sohn der Erde!* . . . . . 89
534 *Ach das ist Frerons* . . . . . 89
535 Der ungeheure Orion . . . . . 89
536 Agamemnon . . . . . 89
537 Ovid . . . . . 89
538 Antwort . . . . . 89
539 Alexandriner . . . . . 89
540 Arabesken . . . . . 90
541 *Alle die andern* . . . . . 90
542 Architectur . . . . . 90
543 *Hüpfe nur leichtes Geschlecht* . . . . . 90
544 *Freylich kann ich dich nicht* . . . . . 90
545 Säule . . . . . 90
546 Tempel . . . . . 90
547 Gewölb . . . . . 90
548 Grenzscheide . . . . . 91
549 Die Basreliefs . . . . . 91
550 Pompeji . . . . . 91
551 *Verse! Wo irret ihr hin?* . . . . . 91
552 *Nie erscheinen die Götter allein* . . . . . 91
553 Die Dichterstunde . . . . . 91
554 *Wie bewirth ich die Götter?* . . . . . 91
555 *Liebe du mächtige* . . . . . 91
556 *Alles streitende lößt sich* . . . . . 92
557 Apollo der Hirt . . . . . 92
558 Die Idealwelt . . . . . 92
559 *Einmal sollst du dich* . . . . . 92
560 *Herrlich siehst du im Chor* . . . . . 92
561 E. v. B. – . . . . . 92
562 *Enthousiasmus suchst du* . . . . . 92
563 *Eines verzeih ich mir nicht* . . . . . 92
564 *Manch verwandtes Gemüth* . . . . . 92
565 *Geistige Liebe* . . . . . 93
566 *Falschheit nur* . . . . . 93
567 Die Bedingung . . . . . 93
568 W. v. H. . . . . . 93
569 *Lebet, ist Leben in euch* . . . . . 93

[Xenien Schillers von Anfang 1796, die nicht in den Musen-Almanach für das Jahr 1797 und nicht in die Sammelhandschrift aufgenommen wurden]


570 *Qui gravis es nimium* ........ 94
571 Ramler im Gött. M. Alm. 1796 ........ 94
572 An einen Herrn +tz+ ........ 94
573 Wxx und Jxx ........ 94
574 Nicolai ........ 94
575 Nicolai auf Reisen ........ 94
576 Abschied von Nicolai ........ 94
577 Donau ........ 95
578 Rhein und Donau ........ 95
579 Weser und Elbe ........ 95
580 Auf zwey Sudler die einander loben ........ 95
581 Die kritischen Wölfe ........ 95
582 Die Dykische Sippschaft ........ 95
583 Uebergang ........ 95
584 Charlotte ........ 95
585 An x x x ........ 96
586 An meine Freunde ........ 96
587 An einen Quidam ........ 96
588 Der Heinsische Ariost ........ 96
589 Gedikes Pindar ........ 96
590 Der schlechte Dichter ........ 96
591 Nach Martial ........ 96
592 Nach eben demselben ........ 96
593 Vorschlag des R. Anzeigers, die A. L. Z. betreffend ........ 97
594 Andre französische Stücke, von Dyk ........ 97
595 Philosoph ........ 97
596 Der falsche Messias zu Constantinopel ........ 97
597 Der Eschenburgische Shakespeare ........ 97
598 An die Menge ........ 97
599 Poetische Erdichtung und Wahrheit ........ 97
600 Socrates *(Weil er unwissend sich rühmte)* ........ 97
601 Socrates *(Dich erklärte der Pythia Mund)* ........ 98
602 Jakob der Kantianer ........ 98


## STAMMBUCHBLÄTTER 1776–1792


[Für Ferdinand Moser] ........ 100
[Für Wilhelmina Friederica Schneider] ........ 100
[Für Daniel Schütte] ........ 101
[Für Alexander Baron von Podmaniczky] ........ 101
[Für einen Unbekannten] *(Multa renascentur)* ........ 102

[Für Christian Rausch] .......... 102
[Für Bohuslaus Tablitz] .......... 102

## GEDICHTE IN DER REIHENFOLGE IHRES ERSCHEINENS 1799–1805

### MUSEN-ALMANACH FÜR DAS JAHR 1800

Spruch des Konfucius .......... 106
Die Erwartung .......... 106
Das Lied von der Glocke .......... 106

### GEDICHTE. ERSTER THEIL. 1800

Das Mädchen aus der Fremde .......... 108
Klage der Ceres .......... 108
Der Tanz .......... 108
Das Geheimniß .......... 108
Das Glück .......... 108
Der Genius *(„Glaub' ich, sprichst du [...]")* .......... 108
Die Worte des Glaubens .......... 108
Die Theilung der Erde .......... 108
Kolumbus .......... 109
Odysseus .......... 109
Die Bürgschaft. Ballade .......... 109
Der Abend, nach einem Gemählde .......... 109
Die Ideale .......... 109
Die Blumen .......... 109
Der Spaziergang .......... 109
Spruch des Confucius .......... 109
Des Mädchens Klage .......... 110
Die Geschlechter .......... 110
Menschliches Wissen .......... 110
Ritter Toggenburg. Ballade .......... 110
Das Eleusische Fest .......... 110
Die Begegnung .......... 110
Das Lied von der Glocke .......... 110
Spruch des Konfucius .......... 110
Der Kampf mit dem Drachen. Romanze .......... 111
Der Taucher. Ballade .......... 111
Der Handschuh. Erzählung .......... 111
Der Ring des Polykrates. Ballade .......... 111
Archimedes und der Schüler .......... 111
Die Antike an den nordischen Wandrer .......... 111

Dithyrambe ... 111
Poesie des Lebens / An *** ... 112
Die Kraniche des Ibycus. Ballade ... 112
Die Erwartung ... 112
Die Sänger der Vorwelt ... 112
Der Gang nach dem Eisenhammer. Ballade ... 112
Licht und Wärme ... 112
Der Kaufmann ... 112
Der Sämann ... 112
Pegasus im Joche ... 113
Der philosophische Egoist ... 116
Würden ... 116
Das Geschenk ... 116
Macht des Weibes ... 116
Die Johanniter ... 116
An die Proselytenmacher ... 116
Der Metaphysiker ... 116
Deutsche Treue ... 117
Nadowessische Todtenklage ... 117
Hoffnung ... 117
Die zwey Tugendwege ... 117
Die Zerstörung von Troja. Freie Uebersetzung des zweiten Buchs der Aeneide ... 118
Das Reich der Formen ... 118
An Göthe als er den Mahomet von Voltaire auf die Bühne brachte ... 118
Shakespears Schatten ... 118
Der Kampf ... 119
Die Götter Griechenlandes ... 120
Pompeji und Herkulanum ... 120
Resignation ... 120
Die Worte des Wahns ... 120
An Emma ... 120
Hektors Abschied ... 120
Votivtafeln
[Widmung] ... 120
Die verschiedne Bestimmung ... 120
Das Belebende ... 120
Zweierlei Wirkungsarten ... 120
Unterschied der Stände ... 120
Das Werthe und Würdige ... 120
Die moralische Kraft ... 120
Mittheilung ... 121
An * *(Theile mir mit)* ... 121
An ** *(Du willst wahres mich lehren?)* ... 121
An *** *(Dich erwähl ich zum Lehrer)* ... 121
Jetzige Generation ... 121

An die Muse ........ 121
Der gelehrte Arbeiter ........ 121
Pflicht für jeden ........ 121
Aufgabe ........ 121
Das eigne Ideal ........ 121
An die Mystiker ........ 121
Der Schlüssel ........ 121
Der Aufpasser ........ 121
Weisheit und Klugheit ........ 121
Die Uebereinstimmung ........ 122
Politische Lehre ........ 122
Majestas populi ........ 122
An einen Weltverbesserer ........ 122
Meine Antipathie ........ 122
An die Astronomen ........ 122
Astronomische Schriften ........ 122
Der beste Staat ........ 122
Mein Glaube ........ 122
Inneres und Aeußeres ........ 122
Freund und Feind ........ 122
Licht und Farbe ........ 122
Schöne Individualität ........ 122
Die idealische Freiheit ........ 122
Die Mannichfaltigkeit ........ 123
Die drey Alter der Natur ........ 123
Der Genius *(Wiederho[h]len zwar kann der Verstand)* ........ 123
Der Nachahmer ........ 123
Genialität ........ 123
Die Forscher ........ 123
Die schwere Verbindung ........ 123
Korrektheit ........ 123
Das Naturgesetz ........ 123
Wahl ........ 123
Tonkunst ........ 123
Sprache ........ 123
An den Dichter ........ 123
Der Meister ........ 123
Der Gürtel ........ 123
Dilettant ........ 124
Die Kunstschwätzer ........ 124
Die Philosophieen ........ 124
Die Gunst der Musen ........ 124
Der Homeruskopf als Siegel ........ 124
Nänie ........ 124

Die Hochzeit der Thetis. Nach dem Euripides ........ 124
Würde der Frauen ........ 124
Abschied vom Leser ........ 124

## GEDICHTE 1800–1802 IN TASCHENBÜCHERN AUF DIE JAHRE 1801–1803

Die Worte des Wahns ........ 126
Der Fischer. Lied der Hexen im Macbeth ........ 126
Hero und Leander ........ 127
An *** *(Edler Freund)* ........ 128
Voltaires Püçelle und die Jungfrau von Orleans ........ 129
An die Freunde ........ 130
Thekla. Eine Geisterstimme ........ 130
Die vier Weltalter ........ 130
Kassandra ........ 130
Drei Räthsel
1. *Von Perlen baut sich eine Brücke* ........ 131
2. *Ich wohne in einem steinernen Haus* ........ 131
3. *Unter allen Schlangen ist Eine* ........ 131
Die Gunst des Augenblicks ........ 132
Die Antiken in Paris ........ 132
Sehnsucht ........ 132
Dem Erbprinzen von Weimar als Er nach Paris reiste ........ 133

## GEDICHTE. ZWEYTER THEIL. 1803

Der Antritt des neuen Jahrhunderts. An*** ........ 136
Hero und Leander. Ballade ........ 136
Die Gunst des Augenblicks ........ 136
Sehnsucht ........ 136
Die Antiken zu Paris ........ 136
Die deutsche Muse ........ 136
Dem Erbprinzen von Weimar als er nach Paris reis'te ........ 137
Thekla. Eine Geisterstimme ........ 138
Die vier Weltalter ........ 138
An die Freunde ........ 138
Die Künstler ........ 138
Kassandra ........ 139
Die Macht des Gesanges ........ 139
Das Mädchen von Orleans ........ 139
Amalia ........ 139
Fantasie an Laura ........ 139
Laura am Klavier ........ 139

Die Entzückung an Laura ........ 140
Die Kindesmörderin ........ 140
Der Triumph der Liebe. Eine Hymne ........ 140
Das verschleierte Bild zu Sais ........ 140
Die Weltweisen ........ 140
Der spielende Knabe ........ 140
Einer jungen Freundin ins Stammbuch ........ 141
An die Freude ........ 141
Die unüberwindliche Flotte. Nach einem ältern Dichter ........ 141
Einem jungen Freund als er sich der Weltweisheit widmete ........ 141
Karthago ........ 141
Graf Eberhard der Greiner von Wirtemberg. Kriegslied ........ 141
An den Frühling ........ 142
Die Schlacht ........ 142
Der Flüchtling ........ 142
Gruppe aus dem Tartarus ........ 142
Elisium ........ 142
An Minna ........ 142
Das Glück und die Weißheit ........ 143
Die berühmte Frau. Epistel eines Ehmanns an einen andern ........ 143
Die Größe der Welt ........ 143
Männerwürde ........ 144
An einen Moralisten ........ 147
Griechheit ........ 148
Die Sonntagskinder ........ 148
Die Homeriden ........ 148
Die Philosophen ........ 148
B. B. [versehentlich für: G. G.] ........ 148
Die Danaiden ........ 148
Der erhabene Stoff ........ 148
Der moralische Dichter ........ 149
Der Kunstgriff ........ 149
Jeremiade ........ 149
Wissenschaft ........ 149
Kant und seine Ausleger ........ 149
Die Flüsse ........ 149
Schön und erhaben ........ 149
Breite und Tiefe ........ 150
Kleinigkeiten
  Der epische Hexameter ........ 150
  Das Distichon ........ 150
  Die achtzeilige Stanze ........ 150
  Der Obelisk ........ 150
  Der Triumphbogen ........ 150

Die schöne Brücke ........ 150
Das Thor ........ 150
Die Peterskirche ........ 150
Zenith und Nadir ........ 150
Ausgang aus dem Leben ........ 151
Das Kind in der Wiege ........ 151
Das Unwandelbare ........ 151
Theophanie ........ 151
Die Götter Griechenlandes. Für die Freunde der ersten Ausgabe abgedruckt ... 151
Das Spiel des Lebens ........ 152
Parabeln und Räthsel
1. *Von Perlen baut sich eine Brücke* ........ 153
2. *Es führt dich meilenweit von dannen* ........ 153
3. *Auf einer großen Weide gehen* ........ 153
4. *Es steht ein groß geräumig Haus* ........ 154
5. *Zwei Eimer sieht man ab und auf* ........ 154
6. *Kennst du das Bild auf zartem Grunde* ........ 155
7. *Unter allen Schlangen ist Eine* ........ 155
8. *Wie heißt das Ding* ........ 155
9. *Ich wohne in einem steinernen Haus* ........ 156
10. *Ein Vogel ist es* ........ 156
Roußeau ........ 156
Punschlied ........ 156
Das Geheimniß der Reminiszenz. An Laura ........ 157
Dido. Freie Uebersetzung des vierten Buchs der Aeneide ........ 157
Der Pilgrim ........ 157
Scenen aus den Phönizierinnen des Euripides ........ 157

## LETZTE GEDICHTE 1803–1805

Lied aus „Der Parasit“
Liebesklage ........ 160
In Taschenbüchern auf die Jahre 1804 und 1805
Der Graf von Habspurg ........ 162
Das Siegesfest ........ 162
Punschlied. Im Norden zu singen ........ 162
Der Jüngling am Bache ........ 163
Berglied ........ 163
Der Alpenjäger ........ 163
Aus der zweiten Auflage des ersten Teils der Gedichtsammlung von 1800 (1804)
Das Ideal und das Leben ........ 164
Aus der zweiten Auflage des zweiten Teils der Gedichtsammlung von 1803 (1805)
An Minna ........ 165
Die Führer des Lebens ........ 166

Parabeln und Räthsel
7. *Ein Gebäude steht da von uralten Zeiten* . . . . . . . . . 167
9. *Wir stammen, unsrer sechs Geschwister* . . . . . . . . . 167
12. *Ich drehe mich auf einer Scheibe* . . . . . . . . . 168
Berglied . . . . . . . . . 168
Der Graf von Habsburg. Ballade . . . . . . . . . 168
Das Siegesfest . . . . . . . . . 168
Punschlied. Im Norden zu singen . . . . . . . . . 168
Der Alpenjäger . . . . . . . . . 168
Der Jüngling am Bache . . . . . . . . . 168

## GEDICHTE AUS DEM NACHLASS IN DER REIHENFOLGE IHRER MÖGLICHEN ENTSTEHUNG 1800–1805

[Für August von Goethe] . . . . . . . . . 171
[Für Johannes Büel:] Das Bild der Isis . . . . . . . . . 171
[Für Amalie von Imhoff] . . . . . . . . . 171
[Für einen Unbekannten] *(vale et fave)* . . . . . . . . . 172
Scharade . . . . . . . . . 172
[Rätsel] *(Ein Mühlwerk)* . . . . . . . . . 173
[Zu den Parabeln und Rätseln]
*– Erdreiste eure Räthsel aufzulösen* . . . . . . . . . 173
*Der Sohn, der seinen vielen Brüdern* . . . . . . . . . 174
*Dieß leichte Schiff* . . . . . . . . . 174
*Die sechs Geschwister* . . . . . . . . . 174
*Was schneller läuft* . . . . . . . . . 175
*Dieß alte fest gegründete Gebäude* . . . . . . . . . 175
[Für Leopold von Oertzen] . . . . . . . . . 175
Lieder aus „Wilhelm Tell“
[Eingangslied] . . . . . . . . . 176
Jägerliedchen für Walther Tell . . . . . . . . . 177
Chor der barmherzigen Brüder . . . . . . . . . 178
[Für Carl Theodor von Dalberg] . . . . . . . . . 179
[Für Christian von Mechel] . . . . . . . . . 179

## AUSGABE LETZTER HAND NACH DEM PLAN DER PRACHTAUSGABE

### GEDICHTE. ERSTES BUCH

Das Mädchen aus der Fremde . . . . . . . . . 184
An die Freude . . . . . . . . . 185

Dithyrambe ........ 188
Das Siegesfest ........ 189
Die vier Weltalter ........ 193
Das Geheimniß ........ 196
Sehnsucht ........ 197
Thekla. Eine Geisterstimme ........ 198
Hektors Abschied ........ 199
Des Mädchens Klage ........ 200
Die Erwartung ........ 201
Das Geheimniß der Reminiszenz. An Laura ........ 203
Würde der Frauen ........ 205
An Emma ........ 207
Der Abend. Nach einem Gemählde ........ 208
Die Blumen ........ 209
Amalia ........ 210
Die Kindesmörderin ........ 211
Punschlied ........ 215
Berglied ........ 216
Reiterlied ........ 217
Nadoweßiers Todtenlied ........ 219
Der Pilgrim ........ 220
Der Jüngling am Bache ........ 222
Punschlied. Im Norden zu singen ........ 223
An die Freunde ........ 225
Das Lied von der Glocke ........ 227

## GEDICHTE. ZWEITES BUCH

Der Ring des Polykrates ........ 242
Die Kraniche des Ibycus ........ 245
Damon und Pythias ........ 250
Kassandra ........ 255
Hero und Leander ........ 259
Der Taucher ........ 266
Ritter Toggenburg ........ 272
Der Handschuh ........ 274
Der Graf von Habsburg ........ 276
Der Gang nach dem Eisenhammer ........ 280
Der Alpenjäger ........ 287
Der Kampf mit dem Drachen. Romanze ........ 288

## GEDICHTE. DRITTES BUCH

Die Sänger der Vorwelt ........ 298
Der Tanz ........ 299

Das Glück ........ 300
Der Genius *(„Glaub' ich, sprichst du […]")* ........ 302
Pompeji und Herkulanum ........ 304
Shakespears Schatten. Parodie ........ 306
Die Geschlechter ........ 307
Der Spaziergang ........ 308
Votivtafeln
1 *Was der Gott mich gelehrt* ........ 314
2 Die verschiedne Bestimmung ........ 314
3 Das Belebende ........ 314
4 Zweierlei Wirkungsarten ........ 314
5 Unterschied der Stände ........ 315
6 Das Werthe und Würdige ........ 315
7 Die moralische Kraft ........ 315
8 Aufgabe ........ 315
9 Pflicht für jeden ........ 315
10 An die Proselytenmacher ........ 315
11 Archimedes und der Schüler ........ 316
12 Jetzige Generation ........ 316
13 Die Uebereinstimmung ........ 316
14 Politische Lehre ........ 316
15 Majestas populi ........ 316
16 An die Astronomen ........ 317
17 Meine Antipathie ........ 317
18 Der Genius *(Wiederho[h]len zwar kann der Verstand)* ........ 317
19 Der Nachahmer ........ 317
20 Genialität ........ 317
21 Die Forscher ........ 318
22 Der Sämann ........ 318
23 Schöne Individualität ........ 318
24 Die Mannichfaltigkeit ........ 318
25 Menschliches Wissen ........ 318
26 An die Mystiker ........ 319
27 Weisheit und Klugheit ........ 319
28 Würden ........ 319
29 An einen Weltverbesserer ........ 319
30 Der beste Staat ........ 320
31 Der Schlüssel ........ 320
32 Der Aufpasser ........ 320
33 Mein Glaube ........ 320
34 Inneres und Aeußeres ........ 320
35 Freund und Feind ........ 321
36 Das Unwandelbare ........ 321
37 Kolumbus ........ 321

38 Der gelehrte Arbeiter ........ 321
39 Das Naturgesetz ........ 321
40 Korrektheit ........ 322
41 Sprache ........ 322
42 An den Dichter ........ 322
43 Der Meister ........ 322
44 Der Gürtel ........ 322
45 Die zwei Tugendwege ........ 322
46 Licht und Farbe ........ 323
47 Die schwere Verbindung ........ 323
48 Dilettant ........ 323
49 Die Kunstschwätzer ........ 323
50 G. G. ........ 323
51 Die drei Alter der Natur ........ 323
52 Die Antike an den nordischen Wanderer ........ 324
53 Der Obelisk ........ 324
54 Die Peterskirche ........ 324
55 Der Triumphbogen ........ 324
56 Das Distichon ........ 324
57 Die achtzeilige Stanze ........ 324
58 Tonkunst ........ 325
59 Odysseus ........ 325
60 Theophanie ........ 325
61 Die Gunst der Musen ........ 325
62 Der Homeruskopf als Siegel ........ 325
63 Astronomische Schriften ........ 325
64 Die Danaiden ........ 326
65 An die Muse ........ 326
66 Der Kaufmann ........ 326
Nänie ........ 326
Die Zerstörung von Troja. Freie Uebersetzung des zweiten Buchs der Aeneide ........ 327

## GEDICHTE. VIERTES BUCH

Am Antritt des neuen Jahrhunderts. An *** ........ 362
Die Götter Griechenlandes ........ 363
Die Ideale ........ 367
Die Worte des Glaubens ........ 370
Die Worte des Wahns ........ 371
Klage der Ceres ........ 372
Das Eleusische Fest ........ 376
Die Künstler ........ 383
Das Ideal und das Leben ........ 396

Resignation ... 401
An Göthe als er den Mahomet von Voltaire auf die Bühne brachte ... 404
Die Theilung der Erde ... 406
Die Antiken zu Paris ... 408
Die deutsche Muse ... 408
Hoffnung ... 409
Licht und Wärme ... 410
Breite und Tiefe ... 411
Spruch des Confucius ... 412
Spruch des Konfucius ... 413
Die Gunst des Augenblicks ... 414
Poesie des Lebens / An *** ... 415
Sängers Abschied ... 417

## PLÄNE, ENTWÜRFE UND FRAGMENTE IN DER REIHENFOLGE DER MÖGLICHEN ENTSTEHUNG

[Arie aus „Oberon"] ... 421
Der Fischer ... 421
[Themen geplanter Gedichte] *(Venus Urania [u. a.])* ... 422
[Don Juan] ... 422
[Orpheus in der Unterwelt] ... 425
[König Theoderich] ... 426
[Themen geplanter Gedichte] *(Schwedenborg und seine Geister [u. a.])* ... 426
Rosamund oder die Braut der Hölle ... 427
[Wandersänger (I)] ... 428
Wandersänger [II] ... 428
[Aus dem Umkreis der Seestücke]
[I] *Nach dem fernen Westen wollt ich steuern* ... 429
[II] *Seine Götter ruft der Meerkönig* ... 430
*Es tanzen drei Töchter /Schwestern* ... 430
[Deutsche Größe] ... 431
[Bianca] ... 437
Herzogin Vanda ... 438

## ZWEIFELHAFTES UND UNECHTES IN DER REIHENFOLGE DER MUTMASSLICHEN ENTSTEHUNG

Kurze Schilderung des menschlichen Lebens ... 441
Morgengedanken. Am Sonntag (von Christian Friedrich Daniel Schubart) ... 442

Sinngedicht auf die Stadt Stuttgard bei der Anwesenheit des Grafen von Falkenstein (von Balthasar Haug) . . . . 442
Auf die Ankunft des Grafen von Falkenstein in Stuttgart . . . . 443
Ode auf die glückliche Wiederkunft unsers gnädigsten Fürsten . . . . 445
[Joh. Simon Kerner] (von Johann Michael Armbruster) . . . . 446
Aus der „Anthologie auf das Jahr 1782"
Grabschrift . . . . 446
Der hypochondrische Pluto. Romanze . . . . 447
Die Alten und Neuen . . . . 453
Der einfältige Bauer . . . . 454
Die alten und die neuen Helden . . . . 454
Passanten-Zettel am Thor der Hölle . . . . 455
Item am Thor des Himmels . . . . 455
An Fanny (von Jakob Friedrich Abel?) . . . . 455
Der Satyr und meine Muse . . . . 456
An Laura . . . . 459
Trost am Grabe . . . . 460
Der Tod . . . . 462
Lied [I] . . . . 464
Lied [II] . . . . 465
[Zuversicht im Glauben] . . . . 466
[Für den Mundharmonikaspieler Koch] . . . . 467
[In das Fremdenbuch von Schwarzburg-Paulinzella (I)] . . . . 467
[In das Fremdenbuch von Schwarzburg-Paulinzella (II)] . . . . 468
Im October 1788 (von Gustav Schilling) . . . . 468
*Oft, wenn das wunde Herz noch blutet* . . . . 468
[Für einen Unbekannten] *(Zerstöre keinem Kinde)* . . . . 468
[Für einen Unbekannten] *(Jede Erden Wonne muß)* . . . . 469
Das Orakel (von Johann Gottfried Herder) . . . . 469
Unger über seine beyden Verlagsschriften: Wilhelm Meister und das Journal Deutschland . . . . 469
Der Mensch (von Joachim Lorenz Evers) . . . . 470
Die Danaiden (von Johann Diederich Gries) . . . . 470
Stanzen an Amalien bei Uebersendung des Damenkalenders von Lafontaine etc. auf 1798 (von Karl Ludwig Methusalem Müller) . . . . 470
Die Schatten auf einem Maskenball (von Amalie von Imhoff) . . . . 470
Cosmopoliten (von Karl Ludwig Woltmann?) . . . . 471
Das Neue (von Karl Ludwig Woltmann?) . . . . 471
Reiterlied [Schlußstrophe] . . . . 471
Gedanken bei dem Scheiden des 1798sten Jahres. Meiner Freundin Sarah von Phul gewidmet . . . . 472
[Neujahrswunsch 1799] . . . . 474
[Zum Geburtstage des Hofrats Loder] (von Christian Gottfried Schütz) . . . . 474
[An Carl Katz nach Subiacco] (von Karl August Böttiger?) . . . . 475
[Rätsel] *(Wer kraftvoll sein Geschick bezwungen)* . . . . 475

[Rätsel] *(Ein Bruder ist's von vielen Brüdern)* (von Goethe) ... 475
Gedichte aus dem Drama „Die zwey Emilien“ (von Charlotte von Stein)
Lied ... 476
Grabschrift ... 476
Der Klosterbruder ... 476
Orphischer Gesang. Nach einem griechischen Fragmente beim Stobäus (von Friedrich Bouterwek) ... 476
[Kampf und Ergebung] ... 477
Der Eroberer (von Karl Müchler) ... 477
[Gelegenheitsgedicht] (von Friedrich Messerschmid) ... 477
Andenken an Seifersdorf (von Friedrich Messerschmid) ... 478
Der verlorne Abend (von Friedrich Messerschmid) ... 478
Gesang der Heloise und ihrer Nonnen am Grabe Abälards (von Friedrich Messerschmid) ... 478
Charade (von Johann Heinrich [?] Scherber) ... 478

Nachbemerkung ... 479
Register der Gedichtüberschriften und Gedichtanfänge ... 484

**Band 2 II A**

Schillers Werke. Nationalausgabe.
Begründet von Julius Petersen. Fortgeführt von Lieselotte Blumenthal und Benno von Wiese.
Hrsg. im Auftrag der Nationalen Forschungs- und Gedenkstätten der klassischen deutschen Literatur in Weimar (Goethe- und Schiller-Archiv) und des Schiller-Nationalmuseums in Marbach von Norbert Oellers und Siegfried Seidel.

Gedichte (Anmerkungen zu Band 1).
Hrsg. von Georg Kurscheidt und Norbert Oellers.
Weimar 1991

*Gedichttitel, die von den Herausgebern stammen, sind in eckige Klammern eingeschlossen. Gedichte ohne Titel werden mit ihren Anfangsworten in kursiver Schrift angeführt; dies geschieht auch – zur Unterscheidung – hinter gleichlautenden Gedichttiteln. Die Überschriften der 103 Epigramme der „Tabulae votivae“ und die 414 Distichen der „Xenien“ sind nicht einzeln verzeichnet, sondern mit Hilfe des „Registers der Gedichtüberschriften und Gedichtanfänge“ in NA 2 I, 484–544 zu ermitteln. Wenn keine anderen Angaben gemacht werden, bestehen die Anmerkungen zu den einzelnen Gedichten aus den Abschnitten ENTSTEHUNG, ÜBERLIEFERUNG, (gegebenenfalls) LESARTEN sowie ERLÄUTERUNGEN.*

## GEDICHTE (ANMERKUNGEN ZU BAND 1)

Vorbemerkung . . . . . . . . . 7

Verzeichnis der Siglen und Abkürzungen . . . . . . . . . 8
Vorbemerkungen zu den Erläuterungen . . . . . . . . . 10

Zu den Jugendgedichten
1. Reim . . . . . . . . . 14
2. Sprache . . . . . . . . . 15
3. Stil . . . . . . . . . 16

Gedichte in der Reihenfolge ihres Erscheinens 1776–1799 [recte 1798]

Os magna sonaturum 1776–1780

Der Abend . . . . . . . . . 18
Der Eroberer . . . . . . . . . 21
[Aus „Selim und Sangir“] . . . . . . . . . 23
[Aufschriften für ein Hoffest] . . . . . . . . . 24
Empfindungen der Dankbarkeit beim NahmensFeste Ihro Excellenz der Frau Reichsgräfin von Hohenheim . . . . . . . . . 25
1. Von der Akademie . . . . . . . . . 26
2. Von der École des Demoiselles . . . . . . . . . 26
Die Gruft der Könige . . . . . . . . . 26
Triumphgesang der Hölle . . . . . . . . . 27
Der Venuswagen . . . . . . . . . 28
Die Entzükung / an Laura . . . . . . . . . 32

Stammbuchblätter 1776–1781

[Für Ferdinand Moser] . . . . . . . . . 34
*Seelig ist der Freundschafft himmlisch Band* . . . . . . . . . 34
*Sperat infestis* . . . . . . . . . 34
[Für Immanuel Elwert] . . . . . . . . . 35
*So eingeschrenckt der Mensch ist* . . . . . . . . . 35
*Ist einer krank und ruhet gleich* . . . . . . . . . 35
[Für Heinrich Friedrich Ludwig Orth] . . . . . . . . . 35
[Für Johann Christian Wekherlin] . . . . . . . . . 36
[Einem ausgezeichneten Esser] . . . . . . . . . 37
[Für Karl Philipp Conz] . . . . . . . . . 37
[Für einen Unbekannten] *(Ein edles Herz)* . . . . . . . . . 37

Trauergedichte 1780–1782


Trauer-Ode auf den Todt des Hauptmanns Wiltmaister . . . . 38
Elegie auf den frühzeitigen Tod Johann Christian Weckerlins . . . . 39
Todenfeyer am Grabe Philipp Friderich von Riegers . . . . 43


Anthologie auf das Jahr 1782


Die Journalisten und Minos . . . . 47
Fantasie / an Laura . . . . 49
Bacchus im Triller . . . . 51
An die Sonne . . . . 52
Laura am Klavier . . . . 57
Die Herrlichkeit der Schöpfung . . . . 58
Elegie auf den Tod eines Jünglings . . . . 60
Rousseau . . . . 61
Die seeligen Augenblike / an Laura . . . . 65
Spinoza . . . . 65
Die Kindsmörderin . . . . 66
In einer Bataille / von einem Offizier . . . . 70
An die Parzen . . . . 71
Der Triumf der Liebe . . . . 72
Klopstok und Wieland . . . . 76
Gespräch . . . . 77
Vergleichung . . . . 78
Die Rache der Musen . . . . 79
Das Glück und die Weisheit . . . . 80
An einen Moralisten . . . . 80
Grabschrift eines gewissen – Physiognomen . . . . 81
Eine Leichenfantasie . . . . 82
Aktäon . . . . 86
Zuversicht der Unsterblichkeit . . . . 86
Vorwurf / an Laura . . . . 86
Ein Vater an seinen Sohn . . . . 88
Die Messiade . . . . 88
Kastraten und Männer . . . . 89
An den Frühling . . . . 91
Hymne an den Unendlichen . . . . 92
Die Gröse der Welt . . . . 94
Meine Blumen . . . . 96
Das Geheimniß der Reminiszenz / An Laura . . . . 97
Gruppe aus dem Tartarus . . . . 101
Die Freundschaft . . . . 101
Der Wirtemberger . . . . 106
Melancholie / an Laura . . . . 106

Die Pest .......... 109
Das Muttermal .......... 110
Monument Moors des Räubers .......... 111
Morgenfantasie .......... 113
An Minna .......... 114
Elisium .......... 115
Quirl .......... 117
Die schlimmen Monarchen .......... 117
Graf Eberhard der Greiner von Wirtemberg .......... 121
Baurenständchen .......... 123
Die Winternacht .......... 123

Auf der Flucht 1782–1783

[Aus „Teufel Amor“] .......... 124
Hochzeitgedicht auf die Verbindung Henrietten N. mit N. N. .......... 125
Wunderseltsame Historia des berühmten Feldzuges [...] .......... 126
Prolog *(Sie – die, gezeugt aus göttlichem Geschlechte)* .......... 133

Stammbuchblätter und Gelegenheitsgedichte 1784–1786

[Für Rahbek] .......... 133
[Für Spangenberg] .......... 134
[An Körner. In dessen Exemplar der Anthologie] .......... 135
Unserm theuren Körner .......... 135
[An Körner. Zu dessen Hochzeit, 7. August 1785] .......... 136
Am 7. August 1785 .......... 137
Unterthänigstes Pro Memoria .......... 138

Thalia 1786

Freigeisterei der Leidenschaft .......... 141
Resignation .......... 143
An die Freude .......... 146
Die unüberwindliche Flotte .......... 152

Dresden 1787

Ein Wechselgesang .......... 155
[An Elisabeth Henriette von Arnim] .......... 156

Weimar, Rudolstadt, Volkstedt 1787–1788

[An Caroline Schmidt] .......... 157
Prolog *(Der Frühling kam)* .......... 158

Die Priesterinnen der Sonne . . . . . . . . . . 159
[In das Stammbuch Charlottens von Lengefeld] . . . . . . . . . . 161
Die Götter Griechenlandes
Entstehung . . . . . . . . . . 162
Überlieferung . . . . . . . . . . 162
Lesarten . . . . . . . . . . 162
Dokumente zu Entstehung und Aufnahme . . . . . . . . . . 162
Erläuterungen . . . . . . . . . . 168
[In die Holy Bible für Frau von Lengefeld] . . . . . . . . . . 175
Die berühmte Frau . . . . . . . . . . 176
Die Künstler
Entstehung . . . . . . . . . . 178
Überlieferung . . . . . . . . . . 178
Lesarten . . . . . . . . . . 178
Dokumente zu Entstehung, Kritik und Selbstdeutung aus Schillers Briefwechsel . . . . . . . . . . 179
Erläuterungen . . . . . . . . . . 191

Stammbuchblätter 1790–1797

[Für Karl Graß] . . . . . . . . . . 204
[Für Jens Baggesen] . . . . . . . . . . 204
[Für Johannes Groß] . . . . . . . . . . 205
[Für Behaghel von Adlerskron] . . . . . . . . . . 206
[Für Franz Paul v. Herbert (?)] (richtig: [Für Friedrich Immanuel Niethammer]) . . . . . . . . . . 206
[Für Georg Friedrich Creuzer] . . . . . . . . . . 207
[Für Karl Wilhelm Justi] . . . . . . . . . . 208
[Für denselben] (richtig: [Für Joseph Friedrich Engelschall]) . . . . . . . . . . 208
[Für H. v. T.] . . . . . . . . . . 209
[Für Sophie Nösselt] . . . . . . . . . . 210
[Für einen Kunstfreund] . . . . . . . . . . 211
[Für Friederike Brun] . . . . . . . . . . 212
[Für F. C. J. (richtig: F. L. J.) Bodemann] . . . . . . . . . . 212

Musen-Almanach für das Jahr 1796

Die Macht des Gesanges . . . . . . . . . . 213
Das Kind in der Wiege . . . . . . . . . . 215
Odysseus . . . . . . . . . . 215
Das Unwandelbare . . . . . . . . . . 216
Zevs zu Herkules . . . . . . . . . . 216
Der Tanz . . . . . . . . . . 217
Spruch des Confucius . . . . . . . . . . 219
Würden . . . . . . . . . . 220

Deutschland und seine Fürsten ........ 221
Pegasus in der Dienstbarkeit ........ 221
Der spielende Knabe ........ 223
Die Ritter des Spitals zu Jerusalem ........ 224
Der Sämann ........ 225
Die zwei Tugendwege ........ 226
Die Ideale ........ 227
Der Kaufmann ........ 230
Ein Wort an die Proselytenmacher ........ 230
Der beste Staat ........ 231
Der Abend / nach einem Gemählde ........ 231
Der Metaphysiker ........ 232
Columbus ........ 233
Würde der Frauen ........ 234
Stanzen an den Leser ........ 237

Die Horen 1795–1796

Das Reich der Schatten
 Entstehung ........ 238
 Überlieferung ........ 238
 Lesarten ........ 239
 Dokumente zu Entstehung, Kritik und Selbstdeutung aus Schillers Briefwechsel ........ 240
 Erläuterungen ........ 250
Natur und Schule ........ 259
Das verschleierte Bild zu Sais ........ 262
Der philosophische Egoist ........ 265
Die Antike an einen Wanderer aus Norden ........ 266
Deutsche Treue ........ 267
Weißheit und Klugheit ........ 269
An einen Weltverbesserer ........ 270
Das Höchste ........ 271
Ilias ........ 271
Unsterblichkeit ........ 272
Elegie
 Entstehung ........ 273
 Überlieferung ........ 273
 Lesarten ........ 273
 Dokumente zu Entstehung, Kritik und Selbstdeutung aus Schillers Briefwechsel ........ 275
 Erläuterungen ........ 285
Die Theilung der Erde ........ 294
Die Thaten der Philosophen ........ 295
Theophanie ........ 296

Einem jungen Freund als er sich der Weltweißheit widmete ... 297
Archimedes und der Schüler ... 297
Menschliches Wissen ... 298
Die Dichter der alten und neuen Welt ... 299
Schön und erhaben ... 300
Der Skrupel ... 301
Karthago ... 301
Ausgang aus dem Leben ... 302
Der Dichter an seine Kunstrichterin ... 302

Musen-Almanach für das Jahr 1797

Das Mädchen aus der Fremde ... 303
Pompeji und Herkulanum ... 304
Politische Lehre ... 307
Die beste Staatsverfassung ... 307
An die Gesetzgeber ... 308
Würde des Menschen ... 308
Majestas populi ... 309
Das Ehrwürdige ... 310
Klage der Ceres ... 310
Jetzige Generation ... 312
Falscher Studiertrieb ... 313
Jugend ... 313
Quelle der Verjüngung ... 314
Der Aufpasser ... 314
Die Geschlechter ... 315
Der Naturkreis ... 317
Der epische Hexameter ... 318
Das Distichon ... 318
Die achtzeilige Stanze ... 319
Das Geschenk ... 320
Grabschrift ... 320
Der Homeruskopf als Siegel ... 321
Der Genius mit der umgekehrten Fackel ... 321
Macht des Weibes ... 322
Tugend des Weibes ... 323
Weibliches Urtheil ... 323
Forum des Weibes ... 324
Das weibliche Ideal / An Amanda ... 324
Die schönste Erscheinung ... 325
An die Astronomen ... 325
Innerer Werth und äußere Erscheinung ... 326
Freund und Feind ... 327

Der griechische Genius / an Meyer, in Italien ........ 327
Erwartung und Erfüllung ........ 328
Das gemeinsame Schicksal ........ 328
Menschliches Wirken ........ 329
Der Vater ........ 329
Der Besuch ........ 330
Liebe und Begierde ........ 331
Güte und Größe ........ 331
Der Fuchs und der Kranich / An F. Nicolai ........ 332
Die Sachmänner ........ 333
Tabulae votivae / Xenien
  Entstehung ........ 333
  Textwiedergabe ........ 333
  Überlieferung ........ 334
  Konkordanz der überlieferten Textzeugen, Erstdrucke und späterer Drucke der „Tabulae votivae“ (T) und „Xenien“ (X) in NA 1/2 I ........ 341
  Konkordanz der „Xenien“-Sammelhandschrift $h^8$ ($H^b$) mit den „Tabulae votivae“ und „Xenien“ in NA 1/2 I ........ 362
Tabulae votivae (Nr 1–103)
  Lesarten und Erläuterungen ........ 384
Vielen ........ 420
Einer ........ 425
Xenien (Nr 1–414) ........ 426
  Dokumente zu Entstehung und Aufnahme aus Schillers Briefwechsel ........ 429
  Zu den Erläuterungen der „Xenien“ ........ 454
  Lesarten und Erläuterungen ........ 455

Musen-Almanach für das Jahr 1798

Der Ring des Polykrates ........ 601
Der Handschuh ........ 605
Ritter Toggenburg ........ 607
Elegie / an Emma ........ 608
Der Taucher ........ 608
Reiterlied /Aus dem Wallenstein ........ 612
Die Urne und das Skelet ........ 613
Das Regiment ........ 614
Die Worte des Glaubens ........ 614
Nadowessische Todtenklage ........ 615
Der Obelisk ........ 617
Der Triumphbogen ........ 618
Die schöne Brücke ........ 618
Das Thor ........ 619
Die Peterskirche ........ 619

Licht und Wärme ........ 619
Breite und Tiefe ........ 620
Die Kraniche des Ibycus
Entstehung ........ 621
Überlieferung ........ 621
Lesarten ........ 621
Dokumente zu Entstehung, Kritik und Selbstdeutung ........ 621
Erläuterungen ........ 630
Das Geheimniß ........ 636
Der Gang nach dem Eisenhammer ........ 637

Die Horen 1797

Hofnung ........ 641
Die Begegnung ........ 641

Gelegenheitsgedichte 1797

Zum Geburtstag der Frau Griesbach ........ 642
An Demoiselle Slevoigt ........ 643

Musen-Almanach für das Jahr 1799

Das Glück ........ 643
Der Kampf mit dem Drachen ........ 646
Die Bürgschaft ........ 649
Bürgerlied ........ 651
Poesie des Lebens / An *** ........ 655
Des Mädchens Klage ........ 657

**Band 2 II B**

Schillers Werke. Nationalausgabe.
1940 begründet von Julius Petersen. Fortgeführt von Lieselotte Blumenthal,
Benno von Wiese, Siegfried Seidel.
Hrsg. im Auftrag der Stiftung Weimarer Klassik und des Schiller-Nationalmuseums
in Marbach
von Norbert Oellers.
Redaktor Horst Nahler.

Gedichte (Anmerkungen zu Band 2 I).
Hrsg. von Georg Kurscheidt und Norbert Oellers.
Weimar 1993

*Gedichttitel, die von den Herausgebern stammen, sind in eckige Klammern eingeschlossen. Gedichte ohne Titel werden mit ihren Anfangsworten in kursiver Schrift angeführt; dies geschieht auch – zur Unterscheidung – hinter gleichlautenden Gedichttiteln. Die Überschriften der 188 Distichen der „Xenien" aus dem Nachlaß, der 55 Epigramme der „Votivtafeln" aus dem 1. Teil der „Gedichte" (1800) sowie der 66 „Votivtafeln" aus dem 3. Buch der Prachtausgabe sind nicht einzeln verzeichnet; sie können mit Hilfe des Inhaltsverzeichnisses und des „Registers der Gedichtüberschriften und Gedichtanfänge" in NA 2 I ermittelt werden. Wenn keine anderen Angaben gemacht werden, bestehen die Anmerkungen zu den einzelnen Gedichten aus den Abschnitten ENTSTEHUNG, ÜBERLIEFERUNG, (gegebenenfalls) LESARTEN sowie ERLÄUTERUNGEN.*

## GEDICHTE (ANMERKUNGEN ZU BAND 2 I)

Vorbemerkung ........ 7
Verzeichnis der Siglen und Abkürzungen ........ 8

### Nachträge zu Band 1

### In den Jahren 1780–1798 gedruckte Gedichte

Der Sturm auf dem Tyrrhener Meer. 1. Buch der Aeneide.
Eine Uebersezung ........ 12
Lieder aus dem Schauspiel „Die Räuber" ........ 15
[Brutus und Caesar] ........ 16
Amalia im Garten ........ 18
Abschied Andromachas und Hektors ........ 18
[Räuberlied] ........ 20
[Inschriften für Grabmäler] ........ 20
[Luther] ........ 20
[Keppler] ........ 20
[Haller] ........ 20
[Klopstock] ........ 20
Aus „Iphigenie in Aulis" übersetzt aus dem Euripides
[Die Hochzeit der Thetis] ........ 21
Die Phönizierinnen aus dem Euripides übersetzt ........ 22
Die Zerstörung von Troja im zweyten Buch der Aeneide. Neu übersetzt
[Vorrede zur ersten Fassung] ........ 22
Dido. Viertes Buch der Aeneide ........ 24
Einer jungen Freundin ins Stammbuch ........ 29
Prolog zu Wallensteins Lager ........ 30

Aus dem Nachlaß

In den Jahren 1769–1796 entstandene Gedichte

[Gedicht zum Neujahr 1769] .... 33
[Aus dem Begrüßungsgedicht für den Oberpräzeptor Philipp Heinrich Winter im Juni 1771] .... 34
[Danksagungsgedicht an Magister Georg Sebastian Zilling] .... 34
[Beantwortung der Frage des Herzogs: „Welcher ist unter euch der Geringste?"] .... 36
[Als vier Fräuleins einen Lorbeerkranz schickten] .... 37
An die Frommen .... 39
Ueber der Kammerthüre manches Berühmten .... 40

Xenien aus dem Nachlaß

[Nicht in den Musen-Almanach für das Jahr 1797 aufgenommene Xenien Goethes und Schillers aus einer Sammelhandschrift] .... 41
[Xenien Schillers von Anfang 1796, die nicht in den Musen-Almanach für das Jahr 1797 und nicht in die Sammelhandschrift aufgenommen wurden] .. 83

Stammbuchblätter 1776–1792

[Für Ferdinand Moser] .... 91
[Für Wilhelmina Friederica Schneider] .... 92
[Für Daniel Schütte] .... 92
[Für Alexander Baron von Podmaniczky] .... 93
[Für einen Unbekannten] *(Multa renascentur)* .... 94
[Für Christian Rausch] .... 94
[Für Bohuslaus Tablitz] .... 94

Gedichte in der Reihenfolge ihres Erscheinens 1799–1805

Musen-Almanach für das Jahr 1800 .... 95

Gedichte. Erster Theil. 1800

Pegasus im Joche .... 95
Die Johanniter .... 95
Deutsche Treue .... 96
Das Reich der Formen .... 96
Der Kampf .... 96

Votivtafeln
Mittheilung ... 97
Die idealische Freiheit ... 97
Die Philosophieen ... 97

Gedichte 1800–1802
in Taschenbüchern auf die Jahre 1801–1803

Der Fischer. Lied der Hexen im Macbeth ... 98
An *** *(Edler Freund!)* ... 99
Voltaires Püçelle und die Jungfrau von Orleans ... 101
Drei Räthsel ... 102
1 *Von Perlen baut sich eine Brücke* ... 102
2 *Ich wohne in einem steinernen Haus* ... 103
3 *Unter allen Schlangen ist Eine* ... 103
Dem Erbprinzen von Weimar als Er nach Paris reiste ... 104

Gedichte. Zweyter Theil. 1803

Dem Erbprinzen von Weimar als er nach Paris reis'te ... 105
Das Mädchen von Orleans ... 106
Der Triumph der Liebe ... 106
Der Flüchtling ... 106
Das Glück und die Weißheit ... 107
Männerwürde ... 107
An einen Moralisten ... 107
Zenith und Nadir ... 108
Das Spiel des Lebens ... 108
Parabeln und Räthsel ... 109
1 *Von Perlen baut sich eine Brücke* ... 109
2 *Es führt dich meilenweit von dannen* ... 109
3 *Auf einer großen Weide gehen* ... 110
4 *Es steht ein groß geräumig Haus* ... 110
5 *Zwei Eimer sieht man ab und auf* ... 110
6 *Kennst du das Bild auf zartem Grunde* ... 111
7 *Unter allen Schlangen ist Eine* ... 111
8 *Wie heißt das Ding, das wen'ge schätzen* ... 111
9 *Ich wohne in einem steinernen Haus* ... 112
10 *Ein Vogel ist es und an Schnelle* ... 112
Dido. Freie Uebersetzung des vierten Buchs der Aeneide ... 112

Letzte Gedichte 1803–1805

Lied aus „Der Parasit“
Liebesklage ... 112

Der Graf von Habspurg ........ 114
Das Ideal und das Leben ........ 114
An Minna ........ 114
Die Führer des Lebens ........ 114
Parabeln und Räthsel ........ 114
7 *Ein Gebäude steht da von uralten Zeiten* ........ 115
9 *Wir stammen, unsrer sechs Geschwister* ........ 115
12 *Ich drehe mich auf einer Scheibe* ........ 116

Gedichte aus dem Nachlaß
in der Reihenfolge ihrer möglichen Entstehung
1800–1805

[Für August von Goethe] ........ 117
[Für Johannes Büel:] Das Bild der Isis ........ 117
[Für Amalie von Imhoff] ........ 118
[Für einen Unbekannten] *(vale et fave)* ........ 118
Scharade ........ 119
[Rätsel] *(Ein Mühlwerk)* ........ 119
[Zu den Parabeln und Rätseln]
– *Erdreiste eure Räthsel aufzulösen* ........ 120
*Der Sohn, der seinen vielen Brüdern* ........ 120
*Dieß leichte Schiff, das mit Gedankenschnelle* ........ 120
*Die sechs Geschwister, die freundlichen Wesen* ........ 121
*Was schneller läuft als wie der Pfeil vom Bogen* ........ 121
*Dieß alte fest gegründete Gebäude* ........ 121
[Für Leopold von Oertzen] ........ 121
Lieder aus „Wilhelm Tell“ ........ 122
[Eingangslied] ........ 123
Jägerliedchen für Walther Tell ........ 123
Chor der barmherzigen Brüder ........ 124
[Für Carl Theodor von Dalberg] ........ 124
[Für Christian von Mechel] ........ 125

Ausgabe letzter Hand
nach dem Plan der Prachtausgabe

Entstehung ........ 126
Überlieferung ........ 127

Gedichte. Erstes Buch

Das Mädchen aus der Fremde ........ 134
An die Freude ........ 135
Dithyrambe ........ 136

Das Siegesfest ..... 137
Die vier Weltalter ..... 140
Das Geheimniß ..... 145
Sehnsucht ..... 145
Thekla. Eine Geisterstimme ..... 147
Hektors Abschied ..... 148
Des Mädchens Klage ..... 148
Die Erwartung ..... 149
Das Geheimniß der Reminiszenz. An Laura ..... 149
Würde der Frauen ..... 150
An Emma ..... 151
Der Abend. Nach einem Gemählde ..... 151
Die Blumen ..... 152
Amalia ..... 152
Die Kindesmörderin ..... 153
Punschlied ..... 153
Berglied ..... 155
Reiterlied ..... 157
Nadoweßiers Todtenlied ..... 157
Der Pilgrim ..... 158
Der Jüngling am Bache ..... 159
Punschlied. Im Norden zu singen ..... 159
An die Freunde ..... 160
Das Lied von der Glocke ..... 162

Gedichte. Zweites Buch

Der Ring des Polykrates ..... 174
Die Kraniche des Ibycus ..... 174
Damon und Pythias ..... 175
Kassandra ..... 176
Hero und Leander ..... 179
Der Taucher ..... 183
Ritter Toggenburg ..... 183
Der Handschuh ..... 184
Der Graf von Habsburg ..... 184
Der Gang nach dem Eisenhammer ..... 188
Der Alpenjäger ..... 188
Der Kampf mit dem Drachen ..... 190

Gedichte. Drittes Buch

Die Sänger der Vorwelt ..... 191
Der Tanz ..... 191
Das Glück ..... 192

Der Genius *(„Glaub' ich, sprichst du [...])* ... 193
Pompeji und Herkulanum ... 194
Shakespears Schatten ... 194
Die Geschlechter ... 195
Der Spaziergang ... 195
Votivtafeln ... 196
Nänie ... 216
Die Zerstörung von Troja. Freie Uebersetzung des zweiten Buchs der Aeneide .. 218

Gedichte. Viertes Buch

Am Antritt des neuen Jahrhunderts. An *** ... 229
Die Götter Griechenlandes ... 230
Die Ideale ... 232
Die Worte des Glaubens ... 233
Die Worte des Wahns ... 234
Klage der Ceres ... 234
Das Eleusische Fest ... 235
Die Künstler ... 235
Das Ideal und das Leben ... 236
Resignation ... 237
An Göthe als er den Mahomet von Voltaire auf die Bühne brachte ... 238
Die Theilung der Erde ... 240
Die Antiken zu Paris ... 240
Die deutsche Muse ... 242
Hoffnung ... 242
Licht und Wärme ... 243
Breite und Tiefe ... 243
Spruch des Confucius ... 243
Spruch des Konfucius ... 244
Die Gunst des Augenblicks ... 244
Poesie des Lebens. An *** ... 245
Sängers Abschied ... 246

Pläne, Entwürfe und Fragmente
in der Reihenfolge der möglichen Entstehung

[Arie aus „Oberon"] ... 246
Der Fischer ... 247
[Themen geplanter Gedichte] *(Venus Urania [u. a.])* ... 248
[Don Juan] ... 248
[Orpheus in der Unterwelt] ... 250

[König Theoderich] .......... 251
[Themen geplanter Gedichte] *(Schwedenborg und seine Geister [u. a.])* .......... 252
Rosamund oder die Braut der Hölle .......... 254
[Wandersänger (I)] .......... 254
Wandersänger [II] .......... 255
[Aus dem Umkreis der Seestücke [I]/[II] .......... 255
*Es tanzen drei Töchter /Schwestern* .......... 256
[Deutsche Größe] .......... 257
[Bianca] .......... 262
Herzogin Vanda .......... 263

## Zweifelhaftes und Unechtes in der Reihenfolge der mutmaßlichen Entstehung

Kurze Schilderung des menschlichen Lebens .......... 265
Morgengedanken. Am Sonntag (von Christian Friedrich Daniel Schubart) .......... 266
Sinngedicht auf die Stadt Stuttgard bei der Anwesenheit des Grafen von Falkenstein (von Balthasar Haug) .......... 266
Auf die Ankunft des Grafen von Falkenstein in Stuttgart .......... 267
Ode auf die glückliche Wiederkunft unsers gnädigsten Fürsten .......... 268
[Joh. Simon Kerner] (von Johann Michael Armbruster) .......... 269
Aus der „Anthologie auf das Jahr 1782" .......... 269
Grabschrift .......... 272
Der hypochondrische Pluto .......... 272
Die Alten und Neuen .......... 272
Der einfältige Bauer .......... 272
Die alten und neuen Helden .......... 272
Passanten-Zettel am Thor der Hölle .......... 273
Item am Thor des Himmels .......... 273
An Fanny (von Jakob Friedrich Abel?) .......... 273
Der Satyr und meine Muse .......... 273
An Laura .......... 273
Trost am Grabe .......... 275
Der Tod .......... 275
Lied [I] .......... 275
Lied [II] .......... 275
[Zuversicht im Glauben] .......... 276
[Für den Mundharmonikaspieler Koch] .......... 277
[In das Fremdenbuch von Schwarzburg-Paulinzella (I)] .......... 277
[In das Fremdenbuch von Schwarzburg-Paulinzella (II)] .......... 278
Im October 1788 (von Gustav Schilling) .......... 278
*Oft, wenn das wunde Herz noch blutet* .......... 278

[Für einen Unbekannten] *(Zerstöre keinem Kinde)* ........ 278
[Für einen Unbekannten] *(Jede Erden Wonne muß)* ........ 279
Das Orakel (von Johann Gottfried Herder) ........ 279
Unger über seine beyden Verlagsschriften: Wilhelm Meister und das Journal Deutschland ........ 279
Der Mensch (von Joachim Lorenz Evers) ........ 280
Die Danaiden (von Johann Diederich Gries) ........ 280
Stanzen an Amalien bei Uebersendung des Damenkalenders von Lafontaine etc. auf 1798 (Von Karl Ludwig Methusalem Müller) ........ 280
Die Schatten auf einem Maskenball (von Amalie von Imhoff) ........ 280
Cosmopoliten (von Karl Ludwig Woltmann?) ........ 281
Das Neue (von Karl Ludwig Woltmann?) ........ 281
Reiterlied [Schlußstrophe] ........ 281
Gedanken bei dem Scheiden des 1798sten Jahres. Meiner Freundin Sarah von Phul gewidmet ........ 282
[Neujahrswunsch 1799] ........ 282
[Zum Geburtstage des Hofrats Loder] (von Christian Gottfried Schütz) ........ 283
[An Carl Katz nach Subiacco] (von Karl August Böttiger ?) ........ 283
[Rätsel] *(Wer kraftvoll sein Geschick bezwungen)* ........ 283
[Rätsel] *(Ein Bruder ist's von vielen Brüdern)* (von Goethe) ........ 284
Gedichte aus dem Drama „Die zwey Emilien" (von Charlotte von Stein) ........ 284
Orphischer Gesang. Nach einem griechischen Fragmente beim Stobäus (von Friedrich Bouterwek) ........ 285
[Kampf und Ergebung] ........ 285
Der Eroberer (von Karl Müchler) ........ 285
[Gelegenheitsgedicht] (von Friedrich Messerschmid) ........ 286
Andenken an Seifersdorf (von Friedrich Messerschmid) ........ 286
Der verlorene Abend (von Friedrich Messerschmid) ........ 286
Gesang der Heloise und ihrer Nonnen am Grabe Abälards (von Friedrich Messerschmid) ........ 286
Charade (von Johann Heinrich [?] Scherber) ........ 286

### Nachträge zu Band 1 und 2 I in der Reihenfolge der Entstehung

[An Pius VI.] ........ 288
[Für Joseph von Stichaner] ........ 288
[Für einen Unbekannten] *(Freyheit des Geistes)* ........ 289
[Für Johan Niclas Lindahl] ........ 289
[Überschriften vollendeter Gedichte] ........ 290
[Für einen Unbekannten] *(Das Leben ist kurz)* ........ 290
[Für August Wilhelm Iffland] ........ 291

Nachträge zu „Zweifelhaftes und Unechtes“

Die Entstehung der rothen Rosen . . . . . 291
Nacht und Träume (von Matthäus Edler von Collin) . . . . . 293

Ergänzungen und Korrekturen zu Band 2 II A . . . . . 294

ANHANG

Schillers Lyrik . . . . . 299

Verzeichnis der abgekürzt zitierten Literatur . . . . . 324

Vertonungen von Schillers Gedichten durch Komponisten seiner Zeit . . . . . 357
1. Gedichte in der Reihenfolge ihres Erscheinens und ihre Komponisten . . . . 360
2. Verzeichnis der Komponisten und ihrer Werke . . . . . 379
3. Verzeichnis der vertonten Gedichte . . . . . 416

Verzeichnis der von Schiller autorisierten Drucke seiner Gedichte . . . . . 421

Register
I. Stichwortverzeichnis zu „Tabulae votivae“ und „Xenien“ . . . . . 455
II. Hinweise zu mythologischen Namen und Begriffen . . . . . 473
III. Personenregister . . . . . 497
IV. Register der Gedichtüberschriften und Gedichtanfänge . . . . . 511

**Band 3**

Schillers Werke. Nationalausgabe.
Im Auftrag des Goethe- und Schiller-Archivs und des Schiller-Nationalmuseums
hrsg. von Julius Petersen † und Hermann Schneider.

Die Räuber.
Hrsg. von Herbert Stubenrauch.
Weimar 1953 (Nachdruck 1966, 1993, 1998)

Einführung . . . . . VII

DIE RÄUBER. Ein Schauspiel von fünf Akten . . . . . 1

DIE RÄUBER, ein Trauerspiel . . . . . 137

DIE UNTERDRÜCKTEN BOGEN DER ERSTAUSGABE .............. 237
Die Räuber. Ein Schauspiel. 1781 .............. 239
Unterdrückte Vorrede .............. 243
Unterdrückter Bogen B .............. 247

ANMERKUNGEN

Entstehungsgeschichte und Quellen .............. 260
Das Schauspiel .............. 260
Die Abfassungszeit .............. 260
Die Räuberfabel und ihre Quellen .............. 266
Die Textgestaltung .............. 275
Selbstverlag und Druckgeschichte .............. 288
Die unterdrückten Bogen .............. 296
Der Erfolg .............. 305
Das Trauerspiel .............. 309
Entstehung der Bühnenbearbeitung .............. 309
Die Eingriffe Dalbergs .............. 313
Die endgültige Redaktion des Trauerspiels .............. 320
Die zweite Auflage des Schauspiels .............. 324
Textredaktion und Abfassungszeit .............. 324
Die Verlagsgeschichte .............. 333

Überlieferung und Lesarten .............. 344
Charakteristik der Handschriften und Drucke .............. 344
A. Schauspiel .............. 344
B. Trauerspiel .............. 349
I. Handschriften .............. 349
II. Drucke .............. 354
Lesarten .............. 357
A. Schauspiel .............. 357
B. Trauerspiel .............. 363
C. Die unterdrückten Bogen der Erstausgabe .............. 386

Erläuterungen .............. 387
Vergleichende Übersicht der Akte und Szenen .............. 388
A. Schauspiel .............. 389
B. Trauerspiel .............. 440
C. Die unterdrückten Bogen der Erstausgabe .............. 457

**Band 4**

Schillers Werke. Nationalausgabe.
Begründet von Julius Petersen. Fortgeführt von Lieselotte Blumenthal und Benno von Wiese.
Hrsg. im Auftrag der Nationalen Forschungs- und Gedenkstätten der klassischen deutschen Literatur in Weimar (Goethe- und Schiller-Archiv) und des Schiller-Nationalmuseums in Marbach von Norbert Oellers und Siegfried Seidel.

Die Verschwörung des Fiesko zu Genua.
Hrsg. von Edith Nahler und Horst Nahler.
Weimar 1983

DIE VERSCHWÖRUNG DES FIESKO ZU GENUA.
Ein republikanisches Trauerspiel *Erstausgabe 1783* ..................... 5

BERTHA IM KERKER
[Fragment eines Entwurfs zur Bühnenbearbeitung] .................... 123

DIE VERSCHWÖRUNG DES FIESKO ZU GENUA.
Ein Trauerspiel in fünf Akten *Mannheimer Bühnenbearbeitung 1784* ....... 127

ANMERKUNGEN

Editionsgrundsätze und Benutzungshinweise ........................... 233
1. Textfassungen und Lesarten ........................................ 233
2. Beschreibung der Überlieferung .................................... 234
3. Material zur Entstehungs- und Wirkungsgeschichte .................. 235
4. Erläuterungen ..................................................... 236
5. Verzeichnis der Siglen und Abkürzungen ............................ 236

Quellen ............................................................. 241

Zeugnisse, Dokumente und Daten zur Entstehungs- und Wirkungsgeschichte ............................................. 244

Entstehungs- und Wirkungsgeschichte ................................. 299

Wichtige Aufführungen bis 1805 ...................................... 309

Vergleichende Szenenübersicht ....................................... 317

Überlieferung ........ 320
1. Übersicht ........ 320
2. Handschriften ........ 321
3. Drucke ........ 334

Lesarten ........ 341
1. Erstausgabe 1783 ........ 341
2. Bertha im Kerker ........ 344
3. Mannheimer Bühnenbearbeitung 1784 ........ 344
4. Bühnenbearbeitung für Leipzig und Dresden 1785/1786 ........ 380

Erläuterungen ........ 417
1. Erstausgabe 1783 ........ 417
2. Mannheimer Bühnenbearbeitung 1784 ........ 509

Nachbemerkung ........ 515

**Band 5**

Schillers Werke. Nationalausgabe.
Im Auftrag des Goethe- und Schiller-Archivs und des Schiller-Nationalmuseums
hrsg. von Julius Petersen † und Hermann Schneider.

Kabale und Liebe.
Kleine Dramen.
Hrsg. von Heinz Otto Burger und Walter Höllerer.
Weimar 1957

KABALE UND LIEBE / ein bürgerliches Trauerspiel in fünf Aufzügen ........ 1

SEMELE, eine lyrische Operette von zwo Scenen ........ 111

DER VERSÖHNTE MENSCHENFEIND. Einige Scenen ........ 137

[KÖRNERS VORMITTAG] ........ 160

ANMERKUNGEN

Einführung ........ 171

Kabale und Liebe ........ 192
Überlieferungen und Lesarten ........ 192

1. Entstehungsgeschichte ..... 192
2. Überlieferung ..... 199
3. Gestaltung des Textes. Lesarten I ..... 204
4. Mannheimer Soufflierbuch. Lesarten II ..... 208
Erläuterungen ..... 218
Wirkungsgeschichte ..... 227
Literatur ..... 243

Semele ..... 245
1. Entstehungs- und Wirkungsgeschichte ..... 245
2. Überlieferung ..... 246
3. Lesarten ..... 247
4. Erläuterungen ..... 250

Der versöhnte Menschenfeind ..... 254
1. Entstehungs- und Wirkungsgeschichte ..... 254
2. Überlieferung ..... 256
3. Lesarten ..... 257
4. Erläuterungen ..... 257

[Körners Vormittag] ..... 258
1. Entstehungs- und Wirkungsgeschichte ..... 258
2. Überlieferung ..... 259
3. Lesarten ..... 259
4. Erläuterungen ..... 260

**Band 5 N**
(Neue Ausgabe)

Schillers Werke. Nationalausgabe.
1940 begründet von Julius Petersen. Fortgeführt von Lieselotte Blumenthal, Benno von Wiese, Siegfried Seidel.
Hrsg. im Auftrag der Stiftung Weimarer Klassik und des Schiller-Nationalmuseums in Marbach
von Norbert Oellers.

Kabale und Liebe.
Semele.
Der versöhnte Menschenfeind.
Körners Vormittag.
Hrsg. von Herbert Kraft, Claudia Pilling und Gert Vonhoff in Zusammenarbeit mit Grit Dommes und Diana Schilling.
Weimar 2000

KABALE UND LIEBE / ein bürgerliches Trauerspiel in fünf Aufzügen ....... 5
Druckfassung ....... 6
Bühnenbearbeitung ....... 7

SEMELE, eine lyrische Operette von zwo Scenen [1. Fassung] ....... 196
SEMELE / in zwey Scenen [2. Fassung] ....... 197

DER VERSÖHNTE MENSCHENFEIND. Einige Scenen ....... 247

[KÖRNERS VORMITTAG] ....... 279

ANMERKUNGEN

Vorbemerkungen ....... 321
Diakritische Zeichen, Siglen, Abkürzungen ....... 322
Abgekürzt zitierte Literatur ....... 324
Ausgaben ....... 328
Nachweis der Abbildungen ....... 330

Kabale und Liebe ....... 331
Überlieferung ....... 331
Dokumente zur Entstehungsgeschichte ....... 332
Entstehungsgeschichte ....... 359
Lesarten und Varianten ....... 388
Erläuterungen ....... 396

Semele ....... 495
Überlieferung ....... 495
Quelle ....... 496
Dokumente zur Entstehungsgeschichte ....... 498
Entstehungsgeschichte ....... 499
Lesarten und Varianten ....... 522
Erläuterungen ....... 525

Der versöhnte Menschenfeind ....... 556
Überlieferung ....... 556
Dokumente zur Entstehungsgeschichte ....... 556
Entstehungsgeschichte ....... 561
Lesarten und Varianten ....... 567
Erläuterungen ....... 568

[Körners Vormittag] .................................................. 588
Überlieferung .................................................. 588
Entstehungsgeschichte .................................................. 588
Lesarten und Varianten .................................................. 590
Erläuterungen .................................................. 591

Nachbemerkung .................................................. 619

**Band 6**

Schillers Werke. Nationalausgabe.
Begründet von Julius Petersen.
Hrsg. im Auftrag der Nationalen Forschungs- und Gedenkstätten
der klassischen deutschen Literatur in Weimar (Goethe- und Schiller-Archiv)
und des Schiller-Nationalmuseums in Marbach
von Lieselotte Blumenthal und Benno von Wiese.

Don Karlos.
Erstausgabe 1787. Thalia-Fragmente 1785–1787.
Hrsg. von Paul Böckmann und Gerhard Kluge.
Weimar 1973

DOM KARLOS / Infant von Spanien
Erstausgabe 1787 .................................................. 5

DOM KARLOS
Thalia-Fragmente 1785–1787 .................................................. 341

Thalia-Fragment 1785 .................................................. 343
Vorwort .................................................. 343
1. Akt (1.–9. Auftritt) .................................................. 347
Thalia-Fragment 1786 .................................................. 407
2. Akt (1.–16. Auftritt) .................................................. 407
Thalia-Fragment 1787 .................................................. 496
3. Akt (1.–10. Auftritt) .................................................. 496

**Band 7 I**

Schillers Werke. Nationalausgabe.
Begründet von Julius Petersen.
Hrsg. im Auftrag der Nationalen Forschungs- und Gedenkstätten
der klassischen deutschen Literatur in Weimar (Goethe- und Schiller-Archiv)
und des Schiller-Nationalmuseums in Marbach
von Lieselotte Blumenthal und Benno von Wiese.

Don Karlos.
Hamburger Bühnenfassung 1787. Rigaer Bühnenfassung 1787. Letzte Ausgabe 1805.
Unter Mitwirkung von Lieselotte Blumenthal hrsg. von Paul Böckmann
und Gerhard Kluge.
Weimar 1974

DOM KARLOS / Infant von Spanien
*Hamburger Bühnenfassung 1787* ... 5

DOM KARLOS / Infant von Spanien / Ein Trauerspiel in 5 Aufzügen
*Rigaer Bühnenfassung 1787* ... 231

DON KARLOS / Infant von Spanien / Ein dramatisches Gedicht
*Theater von Schiller. Erster Band. 1805* ... 359

**Band 7 II**

Schillers Werke. Nationalausgabe.
Begründet von Julius Petersen. Fortgeführt von Lieselotte Blumenthal
und Benno von Wiese.
Hrsg. im Auftrag der Nationalen Forschungs- und Gedenkstätten
der klassischen deutschen Literatur in Weimar (Goethe- und Schiller-Archiv)
und des Schiller-Nationalmuseums in Marbach
von Norbert Oellers und Siegfried Seidel.

Don Karlos (Anmerkungen).
Hrsg. von Paul Böckmann und Gerhard Kluge.
Weimar 1986

Verzeichnis der Siglen und Abkürzungen ... 7
Dokumente zur Entstehungsgeschichte und weitere Äußerungen Schillers
zu seinem Werk ... 12

Entstehungsgeschichte ........ 71
Druckgeschichte ........ 109
Quellen ........ 119
Überlieferung ........ 126
1. Übersicht ........ 126
2. Handschriften ........ 127
3. Drucke ........ 153
Fragmente und Bruchstücke. Entwürfe und Getilgtes ........ 169
Lesarten zu den „Thalia"-Fragmenten ........ 187
Lesarten der Buchausgaben von 1787–1805 ........ 188
Lesarten der Bühnenfassung in Jamben ........ 201
Lesarten der Bühnenfassungen in Prosa ........ 223
Tabellarische Übersicht zu den Verszahlen der Jambenfassungen ........ 269
Tabellarische Übersicht zu den Prosafassungen ........ 272
Kommentar zur Akt- und Szenenfolge ........ 276
Erläuterungen ........ 358
1. Zur Erstausgabe von 1787 ........ 358
2. Zu den „Thalia"-Fragmenten ........ 463
3. Anhang: Deutsche Fassung der angeführten Stellen aus Saint-Réals „Histoire de Dom Carlos" ........ 473
Bühnengeschichte ........ 482
Dokumente zur Wirkungsgeschichte ........ 502
Berichtigungen ........ 557
Nachbemerkung ........ 558

**Band 8**

Schillers Werke. Nationalausgabe.
Im Auftrag des Goethe- und Schiller-Archivs und des Schiller-Nationalmuseums
hrsg. von Julius Petersen † und Hermann Schneider.

Wallenstein.
Hrsg. von Hermann Schneider und Lieselotte Blumenthal.
Weimar 1949 (Nachdruck 1983)

WALLENSTEINS LAGER ........ 1

DIE PICCOLOMINI / In fünf Aufzügen ........ 55

WALLENSTEINS TOD / Ein Trauerspiel in fünf Aufzügen ........ 173

ERLÄUTERUNGEN UND BEIGABEN

Einführung ........ 357
Einzelnachweise zur Entstehungsgeschichte ........ 399
Überlieferung und Lesarten
1. Quellen ........ 408
2. Charakteristik der Handschriften und Drucke
A. Handschriften ........ 409
B. Drucke ........ 415
3. Lesarten ........ 417
4. Ältere Fassungen von Wallenstein-Szenen ........ 456
Anmerkungen ........ 473
Literatur ........ 505

**Band 8 N I**
(Neue Ausgabe)

Schillers Werke. Nationalausgabe.
1940 begründet von Julius Petersen. Fortgeführt von Lieselotte Blumenthal, Benno von Wiese, Siegfried Seidel.
Hrsg. im Auftrag der Klassik Stiftung Weimar und des Deutschen Literaturarchivs Marbach von Norbert Oellers.
Redaktor Georg Kurscheidt

Wallenstein. Text I.
Hrsg. von Norbert Oellers.
Weimar 2010

Zu dieser Ausgabe ........ 5
In den Transkriptionen verwendete Zeichen ........ 6
Abkürzungen in den Fußnoten ........ 7
Siglen der überlieferten Handschriften ........ 7

WALLENSTEINS LAGER (1798) ........ 9

DIE PICCOLOMINI (1798/99) ........ 65

WALLENSTEIN (1799) ........ 235

WALLENSTEINS LAGER, DIE PICCOLOMINI, WALLENSTEIN (1799) .. 365
Wallensteins Lager ........ 369

Die Piccolomini . . . . . . . . . . 413
Wallenstein . . . . . . . . . . 555

WALLENSTEINS LAGER (1798–1800) . . . . . . . . . . 679

DIE PICCOLOMINI (1798–1800) . . . . . . . . . . 729

Ausgewählte Facsimilia der Handschrift $h^{6(P)}$, 16 Seiten auf 8 Blatt (Einstecktasche)

**Band 8 N II**
(Neue Ausgabe)

Schillers Werke. Nationalausgabe.
1940 begründet von Julius Petersen. Fortgeführt von Lieselotte Blumenthal, Benno von Wiese, Siegfried Seidel.
Hrsg. im Auftrag der Klassik Stiftung Weimar und des Deutschen Literaturarchivs Marbach von Norbert Oellers.
Redaktor Georg Kurscheidt

Wallenstein. Text II.
Hrsg. von Norbert Oellers.
Weimar 2010

WALLENSTEINS TOD (1800) . . . . . . . . . . 5

DIE PICCOLOMINI, WALLENSTEINS TOD (1802) . . . . . . . . . . 153
Die Piccolomini . . . . . . . . . . 157
Wallenstein (Wallensteins Tod) . . . . . . . . . . 247

ZEITGENÖSSISCHE ABSCHRIFTEN, FRAGMENTE, PARALIPOMENA, ROLLENHEFTE (1798 ff.) . . . . . . . . . . 381
Wallenstein-Prolog (Beilage zu Goethes Brief an Friedrich Ludwig Schröder vom 7. Oktober 1798) . . . . . . . . . . 383
Wallenstein-Prolog (Text des am 12. Oktober 1798 bei der Uraufführung von „Wallensteins Lager“ gesprochenen, von Goethe bearbeiteten „Prologs“) . . 387
Rollenhefte 1 und 2 (1798)
1. Rolle des Ersten Jägers in der ersten Aufführung von „Wallensteins Lager“ am 12. Oktober 1798 . . . . . . . . . . 391
2. Rolle des Ersten Dragoners in „Wallensteins Lager“, vermutlich für die erste Aufführung des Stücks am 12. Oktober 1798 . . . . . . . . . . 392
Buchstabenorakel – Beilage zu Schillers Brief an Goethe vom 4. Dezember 1798 . . . . . . . . . . 393

Beilage zu Schillers Brief an Iffland vom 24. Dezember 1798 . . . . . . . . . . . . 396
„Wallensteins Tod“, V. 1106–1123 (1798 oder 1799) . . . . . . . . . . . . . . . . . . 397
Rollenhefte 3–5
3. Rolle der Thekla in der ersten Aufführung der „Piccolomini“ am 30. Januar 1799 . . . . . . . . . . . . . . . . . . . . . . . . . . . . . . . . . . . . . . . . 398
4. Rolle des Max in der ersten Aufführung der „Piccolomini“ am 30. Januar 1799 . . . . . . . . . . . . . . . . . . . . . . . . . . . . . . . . . . . . . . . . 400
5. Rolle des Gordon in der ersten Aufführung von „Wallenstein“ am 20. April 1799 . . . . . . . . . . . . . . . . . . . . . . . . . . . . . . . . . . . . . . . . 404
Aufzeichnungen Amalie Voigts . . . . . . . . . . . . . . . . . . . . . . . . . . . . . . . . 405
Eintragungen Johann Jakob Graffs in ein Exemplar des „Wallenstein“-Erstdrucks . . . . . . . . . . . . . . . . . . . . . . . . . . . . . . . . . 412

DRUCKE VON WALLENSTEIN-TEXTEN VOR DEM ERSTDRUCK . . . . 417
Reiterlied (1797) . . . . . . . . . . . . . . . . . . . . . . . . . . . . . . . . . . . . . . . 420
Des Mädchens Klage (1798) . . . . . . . . . . . . . . . . . . . . . . . . . . . . . . . . 422
Prolog zu Wallensteins Lager (Musen-Almanach für das Jahr 1799 [1798]) . . . . . . . . . . . . . . . . . . . . . . . . . . . . . . . . . . . . . . . . . . . . . . 423
Prolog zu Wallensteins Lager (Allgemeine Zeitung, 24. Oktober 1798) . . . . . 427
[Goethe:] Eröffnung des weimarischen Theaters. Aus einem Briefe (1798) . . . . . . . . . . . . . . . . . . . . . . . . . . . . . . . . . . . . . . . . . . . . . . 431
Karl August Böttiger: Ueber die erste Aufführung der Piccolomini auf dem Weimarischen Hoftheater (1799) . . . . . . . . . . . . . . . . . . . . . . 432
[Karl Ludwig Woltmann:] Ueber das Schauspiel die Piccolomini, und die Vorstellung desselben auf dem Nazionaltheater zu Berlin (1799) . . . . . . . . . . . . . . . . . . . . . . . . . . . . . . . . . . . . . . . . . . . . . . 433
[Goethe:] Die Piccolomini. Wallensteins Erster Theil. Ein Schauspiel in fünf Aufzügen. von Schiller (1799) . . . . . . . . . . . . . . . . . . . . . . . . 435
Die Piccolomini, von Schiller (1799) . . . . . . . . . . . . . . . . . . . . . . . . . . . 436
Wallensteins Tod. Ein Trauerspiel in fünf Aufzügen von Schiller. (Fortsetzung der Piccolomini.) Auf dem Berlinischen Nationaltheater zum erstenmale aufgeführt den 17ten May 1799 . . . . . . . . . . . . . . . . . . 437
[Peter Will:] An Account of Wallenstein's Life (1800) . . . . . . . . . . . . . . . . 440
Szenen aus Wallenstein; von Schiller (1800) . . . . . . . . . . . . . . . . . . . . . . 441
W. Süvern: Über Schillers Wallenstein in Hinsicht auf griechische Tragödie (1800) . . . . . . . . . . . . . . . . . . . . . . . . . . . . . . . . . . . . . . . 446

WALLENSTEIN – ERSTDRUCK (1800) . . . . . . . . . . . . . . . . . . . . . . . . . . 449
Wallenstein / ein dramatisches Gedicht von Schiller. Erster Theil . . . . . . . . . . 451
Wallensteins Lager . . . . . . . . . . . . . . . . . . . . . . . . . . . . . . . . . . . . . . 453
Die Piccolomini . . . . . . . . . . . . . . . . . . . . . . . . . . . . . . . . . . . . . . . . 501
Wallenstein / ein dramatisches Gedicht von Schiller. Zweyter Theil . . . . . . . . 609
Wallenstein's Tod . . . . . . . . . . . . . . . . . . . . . . . . . . . . . . . . . . . . . . . 611

**Band 8 N III**
(Neue Ausgabe)

Schillers Werke. Nationalausgabe.
1940 begründet von Julius Petersen. Fortgeführt von Lieselotte Blumenthal,
Benno von Wiese, Siegfried Seidel.
Hrsg. im Auftrag der Klassik Stiftung Weimar und
des Deutschen Literaturarchivs Marbach von Norbert Oellers.
Redaktor Georg Kurscheidt

Wallenstein. Anmerkungen.
Hrsg. von Norbert Oellers. Mit einem Beitrag von Beate Agnes Schmidt.
Weimar 2013

DIAKRITISCHE ZEICHEN, SIGLEN, ABKÜRZUNGEN .............. 7
Mit Namen oder Titeln abgekürzte Literatur .......................... 9

ÜBERLIEFERUNG
Handschriften ................................................ 17
Lesarten und Varianten, Nachträge ................................ 26
Synopse der Siglen überlieferter Handschriften ...................... 34
Drucke
Von Schiller autorisiert ........................................ 35
Weitere rechtmäßige Ausgaben .................................. 35
Nachdrucke .................................................. 36
Einteilige Bühnenbearbeitungen .................................. 36
Übersetzung ins Englische ...................................... 37
Bearbeitung für die französische Bühne ............................ 37
Ausgaben mit wissenschaftlichem Anspruch .......................... 37
Vergleich der „Wallenstein“-Aufzüge und -Auftritte der frühen Theaterfassungen mit denen der Buchausgabe ...................... 38

QUELLEN
Historische Quellen ............................................ 39
Mögliche literarische Quellen .................................... 41
Zitate, Paraphrasen, Anspielungen ................................ 42

DOKUMENTE I (1–850)
Briefe, Tagebücher, Regieanweisungen, Gespräche, Erinnerungen ......... 45
Register
Briefschreiber ................................................ 302
Briefempfänger ................................................ 305
Verfasser unterschiedlicher Texte ................................ 307

DOKUMENTE II (851–910)
Zeitgenössische Ankündigungen, Berichte, Kritiken, Rezensionen ......... 309
Inhaltsverzeichnis der Dokumente ................................ 309
Dokumente ................................................ 313
Register
Zitierte Zeitschriften und Bücher ............................... 587
Verfasser .................................................. 588

ENTSTEHUNGS- UND REZEPTIONSGESCHICHTE
Entstehungsgeschichte ........................................ 589
Druckgeschichte ............................................ 597
Übersetzung ins Englische .................................... 598
Aufführungen zu Schillers Lebzeiten ............................. 600
Zur zeitgenössischen Rezeption ................................ 605
Exkurs: Carl August Böttigers Übergriffe ........................... 605

ERLÄUTERUNGEN
Vorbemerkung ............................................. 609
Daten zur Biographie Wallensteins ............................... 609
Wallenstein in der Geschichtsforschung ........................... 612
„Wallenstein" in der Literaturwissenschaft ......................... 614
Einzelstellenerläuterungen .................................... 619
Titelblatt ................................................ 620
Prolog .................................................. 620
Wallensteins Lager ......................................... 623
Die Piccolomini ........................................... 644
Wallensteins Tod .......................................... 689

REGISTER VIELFACH VERWENDETER BEGRIFFE ................ 739

IM „WALLENSTEIN" VORKOMMENDE MÜNZ- UND
ZAHLUNGSBEGRIFFE ....................................... 745

MUSIKDRAMATURGIE (Beate Agnes Schmidt) ....................... 746

ABBILDUNGEN ............................................. 781

KORREKTUREN UND ERGÄNZUNGEN DER TEILBÄNDE 1 UND 2 .. 801

NACHTRAG ZU DOKUMENTE I IN DIESEM BAND ............... 803

DANK ..................................................... 804

**Band 9**

Schillers Werke. Nationalausgabe.
Im Auftrag des Goethe- und Schiller-Archivs und des Schiller-Nationalmuseums
hrsg. von Julius Petersen † und Hermann Schneider.

Maria Stuart.
Die Jungfrau von Orleans.
Hrsg. von Benno von Wiese und Lieselotte Blumenthal.
Weimar 1948 (Nachdruck 1983)


MARIA STUART / Ein Trauerspiel . . . . . . . . . . 1

DIE JUNGFRAU VON ORLEANS. Eine romantische Tragödie . . . . . . . . . . 165

ANMERKUNGEN

Maria Stuart . . . . . . . . . . 321
Einführung . . . . . . . . . . 323
Überlieferung und Lesarten
1. Entstehungsgeschichte . . . . . . . . . . 339
2. Quellen . . . . . . . . . . 340
3. Überlieferung . . . . . . . . . . 340
4. Lesarten . . . . . . . . . . 341
5. Anmerkungen zu den Lesarten . . . . . . . . . . 354
Erläuterungen . . . . . . . . . . 357
Wirkungsgeschichte . . . . . . . . . . 378
Literatur . . . . . . . . . . 386

Die Jungfrau von Orleans . . . . . . . . . . 387
Einführung . . . . . . . . . . 389
Überlieferung und Lesarten
1. Entstehungsgeschichte . . . . . . . . . . 401
2. Quellen . . . . . . . . . . 404
3. Überlieferung . . . . . . . . . . 405
4. Lesarten . . . . . . . . . . 414
Erläuterungen . . . . . . . . . . 422
Wirkungsgeschichte . . . . . . . . . . 438
Literatur . . . . . . . . . . 453

**Band 10**

Schillers Werke. Nationalausgabe.
Begründet von Julius Petersen. Fortgeführt von Lieselotte Blumenthal
und Benno von Wiese.
Hrsg. im Auftrag der Nationalen Forschungs- und Gedenkstätten
der klassischen deutschen Literatur in Weimar (Goethe- und Schiller-Archiv)
und des Schiller-Nationalmuseums in Marbach
von Norbert Oellers und Siegfried Seidel.

Die Braut von Messina.
Wilhelm Tell.
Die Huldigung der Künste.
Hrsg. von Siegfried Seidel.
Weimar 1980

DIE BRAUT VON MESSINA ODER DIE FEINDLICHEN BRÜDER /
ein Trauerspiel mit Chören ... 5

WILHELM TELL / Schauspiel ... 127

DIE HULDIGUNG DER KÜNSTE. Ein lyrisches Spiel ... 279

ANMERKUNGEN

Verzeichnis der Siglen und Abkürzungen ... 295

Die Braut von Messina ... 299
Entstehungsgeschichte ... 301
I. Dokumente zur Entstehungsgeschichte und weitere Äußerungen Schillers zu seinem Werk ... 301
II. Entstehungsgeschichte ... 311
Quellen ... 314
Überlieferung und Lesarten ... 315
I. Überlieferung ... 315
II. Lesarten ... 330
Erläuterungen ... 341
Wirkungsgeschichte ... 355

Wilhelm Tell ... 365
Entstehungsgeschichte ... 367
I. Dokumente zur Entstehungsgeschichte und weitere Äußerungen Schillers zu seinem Werk ... 367
II. Entstehungsgeschichte ... 386

Quellen ........ 389
Überlieferung und Lesarten ........ 394
I. Überlieferung ........ 394
1. Handschriften von Kollektaneen (HK) ........ 394
2. Handschriften von Skizzen (HS) ........ 413
3. Handschriften von Personenverzeichnissen und Bühnenanweisungen (HP) ........ 417
4. Frühere Fassung (korrigierte Reinschrift): $H^1$ ........ 421
5. Reinschrift (endgültige Fassung): $H^2$ ........ 431
6. Handschriften, die $H^1$ oder $H^2$ nicht zugeordnet werden können: $H^3$ ........ 441
7. Bühnenfassungen ........ 444
8. Drucke ........ 470
II. Lesarten ........ 475
Erläuterungen ........ 491
Wirkungsgeschichte ........ 521

Die Huldigung der Künste ........ 529
Entstehungsgeschichte ........ 531
I. Dokumente zur Entstehungsgeschichte und weitere Äußerungen Schillers zu seinem Werk ........ 531
II. Entstehungsgeschichte ........ 533
Überlieferung und Lesarten ........ 534
I. Überlieferung ........ 534
II. Lesarten ........ 537
Erläuterungen ........ 538
Wirkungsgeschichte ........ 539

Nachbemerkung ........ 541

**Band 11**

Schillers Werke. Nationalausgabe.
Begründet von Julius Petersen.
Hrsg. im Auftrag der Nationalen Forschungs- und Gedenkstätten
der klassischen deutschen Literatur in Weimar (Goethe- und Schiller-Archiv)
und des Schiller-Nationalmuseums in Marbach
von Lieselotte Blumenthal und Benno von Wiese.

Demetrius.
Hrsg. von Herbert Kraft.
Weimar 1971

DEMETRIUS
Zusammenstellung aus der jeweils letzten Redaktion der Szenen I – II, 3 der zweiten Fassung („Reichstagsfassung") ... 5

DEMETRIUS
Exzerpte, Studien, Vorstufen, Redaktionen ... 59
Kollektaneen ... 61
Studienheft ... 83
Skizzen ... 137
Szenar ... 175
Samborszenen. Aus der ersten Fassung („Samborfassung") ... 227
Entwürfe zur zweiten Fassung ... 251
Die Redaktionen der zweiten Fassung ... 285
Erster Aufzug. Erste Szene. 1. Auftritt I ... 287
Erster Aufzug. Erste Szene. 1. und 2. Auftritt II ... 289
Erster Aufzug. Erste Szene. 1. und 2. Auftritt III ... 305
Erster Aufzug. Erste Szene. 3. und 4. Auftritt ... 324
Erster Aufzug. Zweite Szene. 1. Auftritt I ... 333
Erster Aufzug. Zweite Szene. 1. Auftritt II ... 337
Erster Aufzug. Zweite Szene. 2. und 3. Auftritt ... 341
Erster Aufzug. Dritte Szene ... 349
Zweiter Aufzug. Erste Szene I ... 354
Zweiter Aufzug. Erste Szene II ... 357
Zweiter Aufzug. Erste Szene III ... 359
Zweiter Aufzug. Erste Szene IV ... 362
Zweiter Aufzug. Erste Szene V ... 365
Zweiter Aufzug. Erste Szene VI ... 366
Zweiter Aufzug. Erste Szene VII ... 370
Zweiter Aufzug. Erste Szene VIII ... 379
Zweiter Aufzug. Zweite Szene I ... 396
Zweiter Aufzug. Zweite Szene II ... 399
Zweiter Aufzug. Dritte Szene I ... 402
Zweiter Aufzug. Dritte Szene II ... 405

ANMERKUNGEN

Zur Edition ... 413
1. Gliederung der Ausgabe ... 413
2. Das Verfahren der Edition ... 413
Quellen ... 418
Dokumente zur Entstehungsgeschichte ... 420
Entstehungsgeschichte ... 429
Überlieferung ... 437
1. Handschriften (Überlieferungsträger) ... 437
a) Übersicht ... 437

b) Beschreibung ........ 438
c) Konkordanz ........ 448
2. Drucke (postume Veröffentlichungen) ........ 449
Erläuterungen ........ 450

Nachwort ........ 496

Register ........ 497

Nachträge zu diesem Band siehe Band 12 (Dramatische Fragmente), S. 633–636

**Band 12**

Schillers Werke. Nationalausgabe.
Begründet von Julius Petersen. Fortgeführt von Lieselotte Blumenthal
und Benno von Wiese.
Hrsg. im Auftrag der Nationalen Forschungs- und Gedenkstätten
der klassischen deutschen Literatur in Weimar (Goethe- und Schiller-Archiv)
und des Schiller-Nationalmuseums in Marbach
von Norbert Oellers und Siegfried Seidel.

Dramatische Fragmente.
In Zusammenarbeit mit Klaus Harro Hilzinger und Karl-Heinz Hucke
hrsg. von Herbert Kraft.
Weimar 1982

DIE BRAUT IN TRAUER ........ 5
DIE MALTHESER ........ 13
DIE POLIZEY ........ 89
DIE KINDER DES HAUSES ........ 109
AGRIPPINA ........ 149
WARBECK ........ 157
ROSAMUND ODER DIE BRAUT DER HÖLLE ........ 259
DIE GRÄFIN VON FLANDERN ........ 269
THEMISTOKLES ........ 297
DAS SCHIFF ........ 303
DIE FLIBUSTIERS ........ 311
SEESTÜCK ........ 315
ELFRIDE ........ 321
DIE PRINZESSIN VON ZELLE ........ 329
[Entwurf eines Lustspiels im Geschmack von Goethes „Bürgergeneral“] ........ 347

ANMERKUNGEN

Zur Edition ... 355
Siglen und Abkürzungen ... 358
Papiersorten ... 360

Die Braut in Trauer ... 362
Die Maltheser ... 374
Die Polizey ... 427
Die Kinder des Hauses ... 462
Agrippina ... 484
Warbeck ... 493
Rosamund oder die Braut der Hölle ... 530
Die Gräfin von Flandern ... 543
Themistokles ... 562
Das Schiff, Die Flibustiers, Seestück ... 568
Elfride ... 594
Die Prinzessin von Zelle ... 600
[Entwurf eines Lustspiels im Geschmack von Goethes „Bürgergeneral"] ... 615

ANHANG ... 621
Marbacher Dramenverzeichnis ... 623
Marbacher Themenliste ... 628
Nachträge zum elften Band („Demetrius") der Schiller-Nationalausgabe ... 633

Nachwort ... 637

**Band 13**

Schillers Werke. Nationalausgabe.
Im Auftrag des Goethe- und Schiller-Archivs und des Schiller-Nationalmuseums
hrsg. von Julius Petersen † und Hermann Schneider.

Bühnenbearbeitungen. Erster Teil.
Hrsg. von Hans Heinrich Borcherdt.
Weimar 1949 (Nachdruck 1996)

EGMONT (von Johann Wolfgang von Goethe) ... 1

MACBETH (von William Shakespeare) ... 73

NATHAN DER WEISE (von Gotthold Ephraim Lessing) ... 163

ANMERKUNGEN

Einführung in Schillers Bühnenbearbeitungen ........................ 291
Egmont ........................ 299
Macbeth ........................ 306
Nathan der Weise ........................ 315

Egmont
Überlieferung und Lesarten
1. Entstehungsgeschichte ........................ 321
2. Verhältnis zu Goethes Dichtung ........................ 325
3. Handschriften und Drucke
A. Handschriften ........................ 326
B. Drucke ........................ 333
4. Abdruckverfahren ........................ 334
5. Lesarten ........................ 335
Erläuterungen ........................ 348
Wirkungsgeschichte ........................ 358
Literatur ........................ 361

Macbeth
Überlieferung und Lesarten
1. Entstehungsgeschichte ........................ 362
2. Verhältnis zu den Quellen ........................ 366
A. Aufbau ........................ 366
B. Verhältnis zu Wielands Übersetzung ........................ 368
C. Verhältnis zu Eschenburg und den folgenden Übersetzungen ...... 370
D. Verhältnis zum Original ........................ 370
E. Verhältnis zu früheren Theaterbearbeitungen ........................ 371
3. Handschriften und Drucke
A. Handschriften ........................ 373
B. Drucke ........................ 376
C. Druckunterlage ........................ 376
4. Lesarten ........................ 377
Erläuterungen ........................ 386
Wirkungsgeschichte ........................ 400
Literatur ........................ 405

Nathan der Weise
Überlieferung und Lesarten
1. Entstehungsgeschichte ........................ 406
2. Verhältnis zu den Quellen ........................ 408
3. Handschriften ........................ 410
4. Abdruckverfahren ........................ 412
5. Lesarten ........................ 412

Erläuterungen . . . . . 416
Wirkungsgeschichte . . . . . 418
Literatur . . . . . 419

**Band 14**

Schillers Werke. Nationalausgabe.
Im Auftrag des Goethe- und Schiller-Archivs und des Schiller-Nationalmuseums
hrsg. von Julius Petersen † und Hermann Schneider.

Bühnenbearbeitungen. Zweiter Teil.
Hrsg. von Hans Heinrich Borcherdt.
Weimar 1949 (Nachdruck 1996)

TURANDOT / PRINZESSIN VON CHINA. / Ein tragikomisches Märchen
(von Carlo Gozzi) . . . . . 1
Anhang: Die Rätsel der Turandot . . . . . 137

OTHELLO (von William Shakespeare) . . . . . 147

ANMERKUNGEN

Einführung
Die Bühnenmanuskripte der hochklassischen Zeit . . . . . 267
Turandot . . . . . 276
Othello . . . . . 285

Turandot
Überlieferung und Lesarten
1. Entstehungsgeschichte . . . . . 290
2. Quelle . . . . . 298
3. Handschriften und Drucke
A. Handschriften . . . . . 299
B. Drucke . . . . . 301
C. Druckvorlage . . . . . 301
4. Lesarten . . . . . 301
Erläuterungen . . . . . 308
Wirkungsgeschichte . . . . . 316
Literatur . . . . . 326
Anhang: Die Rätsel der Turandot . . . . . 327

Iphigenie (von Johann Wolfgang von Goethe)
Überlieferung und Lesarten
1. Entstehungsgeschichte ........ 330
2. Die Berliner Handschrift ........ 335
3. Lesarten ........ 336

Stella (von Johann Wolfgang von Goethe)
Überlieferung und Lesarten
1. Entstehungsgeschichte ........ 337
2. Handschriften ........ 338
3. Lesarten ........ 339

Othello
Überlieferung und Lesarten
1. Entstehungsgeschichte ........ 343
2. Verhältnis zu den Quellen
A. Voß ........ 347
B. Schiller ........ 348
C. Aufbau ........ 348
3. Handschrift und Druck
A. Handschrift ........ 349
B. Druck ........ 352
4. Druckverfahren ........ 353
5. Lesarten ........ 354
Erläuterungen ........ 368
Wirkungsgeschichte ........ 376
Literatur ........ 377

Nachbemerkung ........ 377

## Band 15 I

Schillers Werke. Nationalausgabe.
1940 begründet von Julius Petersen. Fortgeführt von Lieselotte Blumenthal
und Benno von Wiese.
Hrsg. im Auftrag der Stiftung Weimarer Klassik und des Schiller-Nationalmuseums
Marbach
von Norbert Oellers und Siegfried Seidel †.
Redaktor Horst Nahler.

Übersetzungen aus dem Griechischen und Lateinischen.
Hrsg. von Heinz Gerd Ingenkamp.
Weimar 1993

TEXTE

IPHIGENIE IN AULIS / übersetzt aus dem Euripides .................. 7
ANMERKUNGEN [Schillers] .................................... 75

DIE PHÖNIZIERINNEN / aus dem Euripides übersezt / Einige Scenen. .... 81

DER STURM AUF DEM TYRRHENER MEER / 1. Buch der Aeneide / Eine Uebersezung ........................................ 107

DIE ZERSTÖRUNG VON TROJA / im zweyten Buch der Aeneide / Neu übersetzt ........................................ 113

DIDO/ Freie Uebersetzung des vierten Buchs der Aeneide ................. 153

ANMERKUNGEN

Editionsgrundsätze und Benutzungshinweise .......................... 187
1. Verzeichnis der Siglen und Abkürzungen .......................... 187
2. Literatur zu Schillers Übersetzungen aus den alten Sprachen ........... 188
3. Lesarten ................................................ 190
4. Grundsätze der Kommentierung ................................ 190
Allgemeines ................................................ 190
Der Vergleich der Übersetzung mit dem Original – die Euripidesübersetzung .................................. 190
Der Vergleich der Übersetzung mit dem Original – die Stanzenübersetzung ................................... 191
Der Vergleich der Übersetzung mit dem Original – die hexametrische Vergilübersetzung ........................... 191
Die Realienkommentierung .................................... 191
Die Bedeutung des Kommentars für die Feststellung der Vorlagen und Hilfsmittel Schillers ................................ 193
Zur Euripidesübersetzung .................................... 194
Zur Vergilübersetzung ...................................... 194

Die deutsche Euripides- und Vergilrezeption zur Zeit Schillers .............. 195
1. Allgemeines .............................................. 195
2. Die deutsche Euripidesrezeption zur Zeit Schillers .................. 196
Deutsche Übersetzungen der „Iphigenie" und der „Phönizierinnen" des Euripides zur Zeit Schillers ................................ 197
Die Rezeption der „Aulischen Iphigenie" zur Zeit Schillers ............. 198
Die Rezeption der „Phönizierinnen" zur Zeit Schillers ................. 203
Die Vergilrezeption zur Zeit Schillers ........................... 204
Stoffe aus der „Aeneis" in der deutschen Literatur des 18. Jahrhunderts ... 209
Übersetzungen der „Aeneis" zur Zeit Schillers ...................... 210

Schillers Kenntnis des Griechischen und Lateinischen zur Zeit der Abfassung der Übersetzungen ........ 211
1. Schillers Griechischkenntnisse ........ 211
Indizien aus der Euripidesübersetzung ........ 211
Grundausbildung in der Schule ........ 212
2. Schillers Lateinkenntnisse ........ 213
Die Übersetzung des „Sturms auf dem Tyrrhener Meer" (1780) ........ 213
Die Stäudlinrezension (1781) ........ 213
Grundausbildung in der Schule und spätere Beschäftigung mit lateinischen Texten ........ 214
Die Stanzenübersetzung ........ 215

Die Vorlagen und Hilfsmittel der Übersetzungen ........ 216
1. Die Vorlagen und Hilfsmittel der Euripidesübersetzungen ........ 216
Benutzung des griechischen Textes der „Iphigenie" (I) ........ 219
Benutzung des griechischen Textes der „Phönizierinnen" (P) ........ 219
Benutzung von Barnes (Ba) ........ 220
Benutzung des Théatre des Grecs (Br, Fl, Pr) ........ 220
Benutzung Steinbrüchels (St) ........ 220
„Freie" Übersetzungen Schillers ........ 221
Benutzung eines Hilfsmittels, das in den Dokumenten zur Entstehungsgeschichte nicht erscheint ........ 222
Benutzung der lateinischen Übersetzung des Hugo Grotius (1583 – 1645)? ........ 226
2. Schillers Vergilausgabe ........ 228
Hat Schiller für die Stanzenübersetzung Heynes Ausgabe benutzt? ........ 228
Hat Schiller für die Stanzenübersetzung Minellis Ausgabe benutzt? ........ 229
Hat Schiller bei der Übersetzung des „Sturms auf dem Tyrrhener Meer" neuere Ausgaben oder Minelli benutzt? ........ 230
Die Vergilphilologie zur Zeit Schillers ........ 231
Beschreibung der Schillerschen Vergilausgabe(n) ........ 232
3. Schillers Hilfsmittel zu den Vergilübersetzungen ........ 235
Zur Abhängigkeit der Vergilübersetzungen von Aeneisübersetzungen anderer moderner Autoren ........ 236
Zur Frage der Abhängigkeit der Stanzenübersetzung vom Minellikommentar ........ 236
Zur Frage der Abhängigkeit der hexametrischen Übersetzung vom Minellikommentar ........ 240
Ergebnis ........ 241
Weitere Hilfsmittel zur Stanzenübersetzung? ........ 241

Entstehungs-, Druck- und Rezeptionsgeschichte ........ 242
1. Die Euripidesübersetzungen ........ 242
Schillers Hinwendung zur Antike ........ 242
Die Zeit der Einstimmung in die Euripidesübersetzungen ........ 243

Die Rezension von Goethes „Iphigenie" ... 244
Das Motiv der Euripidesübersetzung ... 244
Beginn und Verlauf der Arbeit ... 244
Mühen ... 245
Weitere Unternehmungen dieser Periode ... 245
Druckgeschichte ... 245
Weitere Drucke ... 246
Rezeption ... 246
2. Die Vergilübersetzungen ... 248
Die Übersetzung des „Sturms auf dem Tyrrhener Meer" und erste Stanzen 248
Erste Pläne und Motive der Stanzenübersetzung ... 248
Der Beginn der Stanzenübersetzung und die Bürgerrezension ... 249
Vollendung der Vergilübersetzung ... 250
Druckgeschichte ... 250
Rezeption ... 251

Dokumente ... 252

Anmerkungen zu „Iphigenie in Aulis" ... 277
Überlieferung ... 277
Lesarten ... 278
Erläuterungen ... 278

Anmerkungen zu „Die Phönizierinnen" ... 429
Überlieferung ... 429
Lesarten ... 429
Erläuterungen ... 429

Anmerkungen zu „Der Sturm auf dem Tyrrhener Meer" ... 485
Überlieferung ... 485
Erläuterungen ... 485

Anmerkungen zu „Die Zerstörung von Troja" ... 494
Überlieferung ... 494
Lesarten ... 495
Erläuterungen ... 495

Anmerkungen zu „Dido" ... 536
Überlieferung ... 536
Lesarten ... 536
Erläuterungen ... 536

Nachbemerkung ... 587

**Band 15 II**

Schillers Werke. Nationalausgabe.
1940 begründet von Julius Petersen. Fortgeführt von Lieselotte Blumenthal, Benno von Wiese, Siegfried Seidel.
Hrsg. im Auftrag der Stiftung Weimarer Klassik und des Schiller-Nationalmuseums in Marbach von Norbert Oellers.
Redaktor Horst Nahler.

Übersetzungen aus dem Französischen.
Hrsg. von Willi Hirdt.
Weimar 1996

TEXTE

MEDIOCRE ET RAMPANT, OU LE MOYEN DE PARVENIR, Comédie / En Cinq Actes et en Vers (von Louis-Benoît Picard) . . . . . . . . . . . 6
DER PARASIT ODER DIE KUNST SEIN GLÜCK ZU MACHEN / Ein Lustspiel . . . . . . . . . . 7

ENCORE DES MENECHMES, Comédie / En Trois Actes et en Prose (von Louis-Benoît Picard) . . . . . . . . . . 176
DER NEFFE ALS ONKEL / Lustspiel in drey Aufzügen . . . . . . . . . . 177

Racine / BRITANNICUS / Tragédie . . . . . . . . . . 256
[Racine / BRITANNIKUS / Trauerspiel] . . . . . . . . . . 257

PHEDRE, Tragédie de Racine . . . . . . . . . . 274
PHÄDRA / Trauerspiel von Racine . . . . . . . . . . 275

ANMERKUNGEN

Verzeichnis der Siglen und Abkürzungen . . . . . . . . . . 391
Schillers Verhältnis zur Sprache und Literatur Frankreichs . . . . . . . . . . 396
Äußerungen Schillers zum französischen Theater, auf die die Einführung Bezug nimmt . . . . . . . . . . 432
Schiller als Übersetzer aus dem Französischen . . . . . . . . . . 442
1. Prinzipien des übersetzerischen Verfahrens . . . . . . . . . . 442
2. Schillers „Phädra“ als moderne „Nachbildung“ . . . . . . . . . . 459
3. Urteile über Schillers Übersetzung der „Phèdre“ . . . . . . . . . . 492

Der Parasit . . . . . . . . . . 496
Überlieferung . . . . . . . . . . 496

Dokumente zur Entstehungs- und Wirkungsgeschichte ... 496
Erläuterungen ... 501
Zur Einführung ... 501
Zu einzelnen Stellen ... 514

Der Neffe als Onkel ... 525
Überlieferung ... 525
Lesarten ... 525
Dokumente zur Entstehungs- und Wirkungsgeschichte ... 528
Erläuterungen ... 532
Zur Einführung ... 532
Zu einzelnen Stellen ... 536

Britannikus ... 541
Überlieferung ... 541
Lesarten ... 541
Entstehungsgeschichte ... 556
Dokumente im Zusammenhang mit der Entstehungsgeschichte (1. und 2. Vorwort Racines zum „Britannicus“) ... 562
Erläuterungen ... 573

Phädra ... 576
Überlieferung ... 576
1. Zur Einführung ... 576
2. Übersicht ... 578
3. Frühe Fassung (erste Niederschrift der Übersetzung): $H^1$ ... 580
4. Korrigierte Fassung (Reinschrift): $H^2$ ... 623
Dokumente zur Entstehungs- und Wirkungsgeschichte ... 676
Erläuterungen ... 687

Nachbemerkung ... 708

**Band 16**

Schillers Werke. Nationalausgabe.
Im Auftrag des Goethe- und Schiller-Archivs und des Schiller-Nationalmuseums
hrsg. von Julius Petersen † und Hermann Schneider.

Erzählungen.
Hrsg. von Hans Heinrich Borcherdt.
Weimar 1954 (Nachdruck 1985, 1995)

## EIGENE DICHTUNGEN

EINE GROSSMÜTIGE HANDLUNG, aus der neusten Geschichte ...... 3

DER VERBRECHER AUS VERLORENER EHRE.
Eine wahre Geschichte. ........................................ 7

HERZOG VON ALBA BEY EINEM FRÜHSTÜCK AUF DEM
SCHLOSSE ZU RUDOLSTADT IM JAHR 1547 .................... 30

SPIEL DES SCHICKSALS. Ein Bruchstück aus einer wahren Geschichte. .. 33

DER GEISTERSEHER. Aus den Memoires des Grafen von O**. ......... 45

[DAS PHILOSOPHISCHE GESPRÄCH AUS DEM GEISTERSEHER] .. 159

## ÜBERSETZUNGEN UND BEARBEITUNGEN

MERKWÜRDIGES BEISPIEL EINER WEIBLICHEN RACHE.
(Aus einem Manuskript des verstorbenen Diderot gezogen.) ............ 187

CHARLOTTE VON SCHILLERS ERZÄHLUNGEN
DIE NONNE ........................................ 225
DIE NEUE PAMELA ................................ 248
AUTUN UND MANON ................................ 279
DER PROZESS ...................................... 310
DIE HEIMLICHE HEIRAT ............................ 344

HAOH-KIÖH-TSCHUEN ................................ 361

## ANMERKUNGEN

Einführung
Eine großmütige Handlung ........................ 367
Der Verbrecher aus verlorener Ehre ................ 372
Herzog von Alba ................................ 380
Spiel des Schicksals .............................. 380
Der Geisterseher ................................ 382
Das Problem der geschichtlichen Erzählung bei Schiller ............ 395
Übersetzungen und Bearbeitungen .................. 398

Überlieferung und Lesarten

Eine großmütige Handlung ... 401
1. Entstehungsgeschichte und Quelle ... 401
2. Druck ... 401
3. Erläuterungen ... 402

Der Verbrecher aus verlorener Ehre ... 402
1. Entstehungsgeschichte und Quelle ... 402
2. Druck ... 405
3. Lesarten ... 405
4. Erläuterungen ... 407
5. Wirkungsgeschichte ... 407

Herzog von Alba ... 408
1. Entstehungsgeschichte ... 408
2. Quelle ... 408
3. Druck ... 409
4. Lesarten ... 410
5. Erläuterungen ... 410

Spiel des Schicksals ... 410
1. Entstehungsgeschichte ... 410
2. Druck ... 412
3. Lesarten ... 412
4. Erläuterungen ... 412

Der Geisterseher ... 414
[1.]Einzelnachweise zur Entstehungsgeschichte ... 414
2. Quellen ... 426
3. Drucke ... 430
4. Lesarten ... 431
5. Erläuterungen ... 444
6. Wirkungsgeschichte ... 451

[Das philosophische Gespräch aus dem Geisterseher] ... 452
1. Entstehungsgeschichte ... 452
2. Druckgestaltung ... 452
3. Lesarten ... 452
[4.]Erläuterungen ... 454

Merkwürdiges Beispiel einer weiblichen Rache ... 454
1. Entstehungsgeschichte ... 454
2. Druck ... 455
3. Lesarten ... 455
4. Erläuterungen ... 455

Karoline von Wolzogens Agnes von Lilien .......................... 456

Charlotte von Schillers Erzählungen
Entstehungsgeschichte ................................ 457
a) Die Nonne ................................ 460
b) Die Neue Pamela ................................ 469
c) Autun und Manon ................................ 476
d) Der Prozeß ................................ 485
e) Die heimliche Heirat ................................ 485

Haoh-Kiöh-Tschuen ................................ 488
1. Entstehungsgeschichte ................................ 488
2. Quelle ................................ 489
3. Handschrift ................................ 492
4. Lesarten ................................ 492

Anhang
Schillers epische Pläne ................................ 494

Nachbemerkung ................................ 498

**Band 17**

Schillers Werke. Nationalausgabe.
Begründet von Julius Petersen.
Hrsg. im Auftrag der Nationalen Forschungs- und Gedenkstätten
der klassischen deutschen Literatur in Weimar (Goethe- und Schiller-Archiv)
und des Schiller-Nationalmuseums in Marbach
von Lieselotte Blumenthal und Benno von Wiese.

Historische Schriften. Erster Teil.
Hrsg. von Karl-Heinz Hahn.
Weimar 1970

I. SCHRIFTEN ZUR NIEDERLÄNDISCHEN GESCHICHTE

GESCHICHTE DES ABFALLS DER VEREINIGTEN
NIEDERLANDE VON DER SPANISCHEN REGIERUNG ........... 7

DES GRAFEN LAMORAL VON EGMONT LEBEN UND TOD ....... 290

MERKWÜRDIGE BELAGERUNG VON ANTWERPEN IN DEN JAHREN 1584 UND 1585 ........ 312

II. SCHRIFTEN ZUR UNIVERSALGESCHICHTE

WAS HEISST UND ZU WELCHEM ENDE STUDIERT MAN UNIVERSALGESCHICHTE? ........ 359

DIE SENDUNG MOSES ........ 377

ETWAS ÜBER DIE ERSTE MENSCHENGESELLSCHAFT NACH DEM LEITFADEN DER MOSAISCHEN URKUNDE ........ 398

DIE GESETZGEBUNG DES LYKURGUS UND SOLON ........ 414

**Band 18**

Schillers Werke. Nationalausgabe.
Begründet von Julius Petersen.
Hrsg. im Auftrag der Nationalen Forschungs- und Gedenkstätten der klassischen deutschen Literatur in Weimar (Goethe- und Schiller-Archiv) und des Schiller-Nationalmuseums in Marbach von Lieselotte Blumenthal und Benno von Wiese.

Historische Schriften. Zweiter Teil.
Hrsg. von Karl-Heinz Hahn.
Weimar 1976

III. GESCHICHTE DES DREISSIGJÄHRIGEN [richtig: dreyßigjährigen] KRIEGS

Historischer Calender für Damen für das Jahr 1791
[Erstes Buch] ........ 9
Zweites Buch ........ 89

Historischer Calender für Damen für das Jahr 1792
Drittes Buch ........ 185

Historischer Calender für Damen für das Jahr 1793
Fortsetzung des dritten Buchs ........ 211
Viertes Buch ........ 283
[Fünftes Buch] ........ 331

**Band 19 I**

Schillers Werke. Nationalausgabe.
1940 begründet von Julius Petersen. Fortgeführt von Lieselotte Blumenthal, Benno von Wiese, Siegfried Seidel.
Hrsg. im Auftrag der Stiftung Weimarer Klassik und des Schiller-Nationalmuseums in Marbach von Norbert Oellers.
Redaktor Georg Kurscheidt

Historische Schriften. Dritter Teil.
Hrsg. von Waltraud Hagen und Thomas Prüfer.
Weimar 2003

TEXTE

IV. ALLGEMEINE SAMMLUNG HISTORISCHER MEMOIRES VOM ZWÖLFTEN JAHRHUNDERT BIS AUF DIE NEUESTEN ZEITEN
HERAUSGEGEBEN VON FRIEDRICH SCHILLER

ALLGEMEINE SAMMLUNG HISTORISCHER MEMOIRES
ERSTE ABTHEILUNG. ERSTER BAND (1790)
Vorbericht .......... 9
Universalhistorische Uebersicht der vornehmsten an den Kreutzzügen theilnehmenden Nationen, ihrer Staatsverfassung, Religionsbegriffe, Sitten, Beschäfftigungen, Meynungen und Gebräuche .......... 14

ALLGEMEINE SAMMLUNG HISTORISCHER MEMOIRES
ERSTE ABTHEILUNG. ZWEYTER BAND (1790)
Nachricht .......... 35

ALLGEMEINE SAMMLUNG HISTORISCHER MEMOIRES
ERSTE ABTHEILUNG. DRITTER BAND (1790)
Vorerinnerung .......... 37
Universalhistorische Uebersicht der merkwürdigsten Staatsbegebenheiten zu den Zeiten Kaiser Friedrichs I. .......... 41

ALLGEMEINE SAMMLUNG HISTORISCHER MEMOIRES
ZWEYTE ABTHEILUNG. ERSTER BAND (1791)
Vorbericht .......... 65
Historische Einleitung zu den Denkwürdigkeiten des Herzogs von Sully. Geschichte der französischen Unruhen, welche der Regierung Heinrichs IV. vorangiengen .......... 68

ALLGEMEINE SAMMLUNG HISTORISCHER MEMOIRES
ZWEYTE ABTHEILUNG. ZWEYTER BAND (1792)
Fortgesetzte Einleitung zu den Denkwürdigkeiten des Herzogs von Sully. Fortgesetzte Geschichte der französischen Unruhen, welche der Regierung Heinrichs IV. vorangiengen ........ 93

ALLGEMEINE SAMMLUNG HISTORISCHER MEMOIRES
ZWEYTE ABTHEILUNG. DRITTER BAND (1792)
Fortgesetzte Uebersicht der bürgerlichen Unruhen in Frankreich, welche der Regierung Heinrichs IV. vorangiengen. Bürgerkriege in Frankreich vom Jahr 1562–1569 ........ 115

ALLGEMEINE SAMMLUNG HISTORISCHER MEMOIRES
ZWEYTE ABTHEILUNG. VIERTER BAND (1792)
Fortgesetzte Uebersicht der bürgerlichen Unruhen in Frankreich, welche der Regierung Heinrichs IV. vorangiengen. Bürgerliche Unruhen in Frankreich in den Jahren 1568 und 1569 ........ 127

ALLGEMEINE SAMMLUNG HISTORISCHER MEMOIRES
ZWEYTE ABTHEILUNG. FÜNFTER BAND (1793)
Fortgesetzte Uebersicht der bürgerlichen Unruhen in Frankreich die dem Regierungsantritt Heinrichs IV vorangingen. Bürgerliche Unruhen in Frankreich den Jahren 1569 bis 1572 ........ 139

V. VEREINZELTE HISTORISCHE TEXTE

PHILIPP DER ZWEITE, KÖNIG VON SPANIEN.
VON MERCIER ........ 161

GESCHICHTE DER MERKWÜRDIGSTEN REBELLIONEN
UND VERSCHWÖRUNGEN
[Ankündigung] ........ 183

GESCHICHTE DER MERKWÜRDIGSTEN REBELLIONEN
UND VERSCHWÖRUNGEN AUS DEN MITTLERN UND
NEUERN ZEITEN
Nachricht ........ 184

[REZENSIONEN IN DER ALLGEMEINEN LITERATUR-ZEITUNG]

Friedrich der Große. Versuch eines historischen Gemäldes (von Fr. Schulz) .. 185

Historisch-kritische Encyclopädie über verschiedne Gegenstände, Begebenheiten und Charaktere berühmter Menschen ........ 185

Historische Nachricht von dem letzten Lebensjahre Königs Friedrichs II. von Preussen (hrsg. von H. G. Hoff) . . . . . 186

JESUITENREGIERUNG IN PARAGUAI . . . . . 187

HERZOG VON ALBA BEY EINEM FRÜHSTÜCK AUF DEM SCHLOSSE ZU RUDOLSTADT IM JAHR 1547 . . . . . 191

GESCHICHTE DES MALTHESERORDENS NACH VERTOT
Vorrede . . . . . 195

MERKWÜRDIGE RECHTSFÄLLE ALS EIN BEITRAG ZUR GESCHICHTE DER MENSCHHEIT. NACH DEM FRANZÖSISCHEN WERK DES PITAVAL
Vorrede . . . . . 201

DENKWÜRDIGKEITEN AUS DEM LEBEN DES MARSCHALLS VON VIEILLEVILLE . . . . . 205

LE CONTENU DU LIVRE INTITULÉ. LA FRANCE D'APRÈS NATURE . . . . . 209

ANMERKUNGEN

Vorbemerkung . . . . . 215
Verzeichnis der Siglen und Abkürzungen . . . . . 217

IV. Allgemeine Sammlung historischer Memoires vom zwölften Jahrhundert bis auf die neuesten Zeiten herausgegeben von Friedrich Schiller
Dokumente zur Entstehungsgeschichte . . . . . 225
Entstehung . . . . . 245
Planung und Vertragsabschluß . . . . . 246
Die erste Abteilung . . . . . 247
Die zweite Abteilung . . . . . 250
Die Herausgeber . . . . . 254
Überlieferung . . . . . 256
Lesarten . . . . . 260

Allgemeine Sammlung historischer Memoires
Erste Abtheilung. Erster Band (1790)
Vorbericht
Quelle . . . . . 261
Erläuterungen . . . . . 261

Universalhistorische Uebersicht der vornehmsten an den Kreutzzügen theilnehmenden Nationen, ihrer Staatsverfassung, Religionsbegriffe, Sitten, Beschäfftigungen, Meynungen und Gebräuche
Quellen ........ 267
Erläuterungen ........ 271

Allgemeine Sammlung historischer Memoires
Erste Abtheilung. Zweyter Band (1790)
Nachricht
Erläuterungen ........ 285

Allgemeine Sammlung historischer Memoires
Erste Abtheilung. Dritter Band (1790)
Vorerinnerung
Quelle ........ 286
Erläuterungen ........ 286
Universalhistorische Uebersicht der merkwürdigsten Staatsbegebenheiten zu den Zeiten Kaiser Friedrichs I.
Quellen ........ 289
Erläuterungen ........ 292

Allgemeine Sammlung historischer Memoires
Zweyte Abtheilung. Erster Band (1791)
Vorbericht
Quelle ........ 306
Erläuterungen ........ 306
Historische Einleitung zu den Denkwürdigkeiten des Herzogs Sully. Geschichte der französischen Unruhen, welche der Regierung Heinrichs IV. vorangiengen
Quellen ........ 308
Erläuterungen ........ 310
[1. Fortsetzung:]
Zweyte Abtheilung. Zweyter Band (1792)
Erläuterungen ........ 324
[2. Fortsetzung:]
Zweyte Abtheilung. Dritter Band (1792)
Erläuterungen ........ 330
[3. Fortsetzung:]
Zweyte Abtheilung. Vierter Band (1792)
Erläuterungen ........ 332
[4. Fortsetzung:]
Zweyte Abtheilung. Fünfter Band (1793)
Erläuterungen ........ 334

V. Vereinzelte historische Texte

Philipp der Zweite, König von Spanien. Von Mercier
Dokumente zur Entstehungsgeschichte ... 341
Entstehung ... 343
Zur Geschichte des Textes ... 343
Textvergleich ... 345
Zum Befund der Dokumente ... 346
Zur Frage des Übersetzers ... 348
Überlieferung ... 351
Quellen ... 351
Erläuterungen ... 352

Geschichte der merkwürdigsten Rebellionen und Verschwörungen aus den mittlern und neuern Zeiten
Dokumente zur Entstehungsgeschichte ... 357
Entstehung ... 363
Überlieferung ... 368
Quelle ... 369
Erläuterungen ... 369

[Rezensionen in der Allgemeinen Literatur-Zeitung]
Dokumente zur Entstehungsgeschichte ... 373
Entstehung ... 380
Überlieferung ... 382
Friedrich der Große. Versuch eines historischen Gemäldes
Quelle ... 383
Erläuterungen ... 383
Historisch-kritische Encyclopädie über verschiedne Gegenstände, Begebenheiten und Charaktere berühmter Menschen
Quelle ... 384
Erläuterungen ... 384
Historische Nachricht von dem letzten Lebensjahre Königs Friedrichs II. von Preussen
Quelle ... 385
Erläuterungen ... 385
Jesuitenregierung in Paraguai / Herzog von Alba bey einem Frühstück auf dem Schlosse zu Rudolstadt im Jahr 1547
Dokumente zur Entstehungsgeschichte ... 387
Entstehung ... 389
Überlieferung ... 390
Jesuitenregierung in Paraguai
Quelle ... 391
Erläuterungen ... 391

Herzog von Alba bey einem Frühstück auf dem Schlosse zu Rudolstadt
im Jahr 1547

Quellen ... 392
Erläuterungen ... 394

Geschichte des Maltheserordens nach Vertot. Vorrede /
Merkwürdige Rechtsfälle als ein Beitrag zur Geschichte der Menschheit.
Nach dem französischen Werk des Pitaval. Vorrede

Dokumente zur Entstehungsgeschichte ... 396
Entstehung ... 397
Überlieferung ... 399

Geschichte des Maltheserordens nach Vertot. Vorrede

Quellen ... 400
Erläuterungen ... 401

Merkwürdige Rechtsfälle als ein Beitrag zur Geschichte der Menschheit.
Nach dem französischen Werk des Pitaval. Vorrede

Quellen ... 406
Erläuterungen ... 406

Denkwürdigkeiten aus dem Leben des Marschalls von Vieilleville

Dokumente zur Entstehungsgeschichte ... 409
Entstehung ... 411
Überlieferung ... 412
Quellen ... 413
Erläuterungen ... 413

Le contenue du Livre intitulé: La France d'après nature

Dokumente zur Entstehungsgeschichte ... 415
Entstehung ... 416
Überlieferung ... 417
Quellen ... 417
Erläuterungen ... 418

Nachbemerkung ... 423

**Band 19 II**

Schillers Werke. Nationalausgabe.
1940 begründet von Julius Petersen. Fortgeführt von Lieselotte Blumenthal,
Benno von Wiese, Siegfried Seidel.
Hrsg. im Auftrag der Klassik Stiftung Weimar und
des Deutschen Literaturarchivs Marbach von Norbert Oellers.

Historische Schriften.
Anmerkungen zu den Bänden 17–18.
(Register zu den Bänden 17–19 I).
Hrsg. von Waltraud Hagen † und Thomas Prüfer
in Zusammenarbeit mit Bernhard Fischer, Armin Kohnle, Anton van der Lem,
Eric Moesker, Norbert Oellers und Irmingard Wroblewski.
Weimar 2023

ANMERKUNGEN
Vorbemerkung ... 7
Verzeichnis der Siglen und Abkürzungen ... 8

I. SCHRIFTEN ZUR NIEDERLÄNDISCHEN GESCHICHTE

Geschichte des Abfalls der vereinigten Niederlande von der Spanischen Regierung ... 15
Dokumente zur Entstehungs- und Wirkungsgeschichte ... 15
Entstehung und Wirkung ... 46
Überlieferung ... 58
Lesarten ... 61
Quellen ... 82
Erläuterungen ... 92

Des Grafen Lamoral von Egmont Leben und Tod ... 255
Dokumente zur Entstehungsgeschichte ... 255
Entstehung ... 255
Überlieferung ... 256
Lesarten ... 256
Quellen ... 257
Erläuterungen ... 259

Merkwürdie Belagerung von Antwerpen in den Jahren 1584 und 1585 ... 269
Dokumente zur Entstehungs- und Wirkungsgeschichte ... 269
Entstehung und Wirkung ... 271
Überlieferung ... 272
Lesarten ... 273

Quellen . . . . . . . . . . 277
Erläuterungen . . . . . . . . . . 278

II. SCHRIFTEN ZUR UNIVERSALGESCHICHTE

Dokumente zur Entstehungs- und Wirkungsgeschichte . . . . . . . . . . 295
Entstehung . . . . . . . . . . 307

Was heißt und zu welchem Ende studiert man Universalgeschichte? . . . . . . . . 311
Entstehung . . . . . . . . . . 311
Überlieferung . . . . . . . . . . 312
Lesarten . . . . . . . . . . 313
Quellen . . . . . . . . . . 315
Erläuterungen . . . . . . . . . . 325
Die Sendung Moses . . . . . . . . . . 353
Entstehung . . . . . . . . . . 353
Überlieferung . . . . . . . . . . 353
Lesarten . . . . . . . . . . 354
Quellen . . . . . . . . . . 355
Erläuterungen . . . . . . . . . . 357
Etwas über die erste Menschengesellschaft nach dem Leitfaden der mosaischen Urkunde . . . . . . . . . . 379
Entstehung . . . . . . . . . . 379
Überlieferung . . . . . . . . . . 379
Lesarten . . . . . . . . . . 380
Quellen . . . . . . . . . . 381
Erläuterungen . . . . . . . . . . 383
Die Gesetzgebung des Lykurgus und Solon . . . . . . . . . . 401
Entstehung . . . . . . . . . . 401
Überlieferung . . . . . . . . . . 402
Quellen . . . . . . . . . . 403
Erläuterungen . . . . . . . . . . 405

III. GESCHICHTE DES DREISSIGJÄHRIGEN KRIEGS

Dokumente zur Entstehungs- und Wirkungsgeschichte . . . . . . . . . . 445
Entstehung . . . . . . . . . . 482
Überlieferung . . . . . . . . . . 493
Lesarten . . . . . . . . . . 495
Quellen . . . . . . . . . . 504
Erläuterungen . . . . . . . . . . 512

HANDSCHRIFTEN

Vorbericht .......... 639
Faksimile .......... 639
Text .......... 641
Überlieferung .......... 641
Lesarten .......... 641
Schillers eigenhändiges Bücherverzeichnis .......... 642
Faksimile .......... 642
Überlieferung .......... 646

CHRONIK

Chronologie zu Schillers historischen Schriften .......... 649

REGISTER

I. Personenregister .......... 657
II. Ortsregister .......... 686
III. Sachregister .......... 694

Nachbemerkung .......... 860

**Band 20**

Schillers Werke. Nationalausgabe.
Begründet von Julius Petersen.
Hrsg. im Auftrag der Nationalen Forschungs- und Gedenkstätten
der klassischen deutschen Literatur in Weimar (Goethe- und Schiller-Archiv)
und des Schiller-Nationalmuseums in Marbach
von Lieselotte Blumenthal und Benno von Wiese.

Philosophische Schriften. Erster Teil.
Unter Mitwirkung von Helmut Koopmann hrsg. von Benno von Wiese.
Weimar 1962 (Nachdruck 1986, 2001)

I. SCHRIFTEN AUS DER ZEIT DER KARLSSCHULE

Rede über die Frage: Gehört allzuviel Güte, Leutseeligkeit und große
Freygebigkeit im engsten Verstande zur Tugend? .......... 3

Philosophie der Physiologie . . . . . . . . . . . . . . . . . . . . . . . . . . . . . . . . . . . . . . 10
Die Tugend in ihren Folgen betrachtet . . . . . . . . . . . . . . . . . . . . . . . . . . . . . 30
Versuch über den Zusammenhang der thierischen Natur des Menschen mit seiner geistigen . . . . . . . . . . . . . . . . . . . . . . . . . . . . . . . . . . . . . . . . . . . . . 37

II. WEITERE SCHRIFTEN DER VORKANTISCHEN EPOCHE

Ueber das gegenwärtige teutsche Theater . . . . . . . . . . . . . . . . . . . . . . . . . . . 79
Was kann eine gute stehende Schaubühne eigentlich wirken? . . . . . . . . . . . . . 87
Brief eines reisenden Dänen . . . . . . . . . . . . . . . . . . . . . . . . . . . . . . . . . . . . 101
Philosophische Briefe . . . . . . . . . . . . . . . . . . . . . . . . . . . . . . . . . . . . . . . . . 107

III. KLEINERE SCHRIFTEN NACH DER BEGEGNUNG MIT KANT

Ueber den Grund des Vergnügens an tragischen Gegenständen . . . . . . . . . . . 133
Ueber die tragische Kunst . . . . . . . . . . . . . . . . . . . . . . . . . . . . . . . . . . . . . . 148
Vom Erhabenen . . . . . . . . . . . . . . . . . . . . . . . . . . . . . . . . . . . . . . . . . . . . . 171
Ueber das Pathetische . . . . . . . . . . . . . . . . . . . . . . . . . . . . . . . . . . . . . . . . . 196
Zerstreute Betrachtungen über verschiedene ästhetische Gegenstände . . . . . . 222
Gedanken über den Gebrauch des Gemeinen und Niedrigen in der Kunst . . . 241

IV. DIE GROSSEN ABHANDLUNGEN

Ueber Anmuth und würde . . . . . . . . . . . . . . . . . . . . . . . . . . . . . . . . . . . . . . 251
Ueber die ästhetische Erziehung des Menschen in einer Reihe von Briefen . . . 309
Ueber naive und sentimentalische Dichtung . . . . . . . . . . . . . . . . . . . . . . . . 413

**Band 21**

Schillers Werke. Nationalausgabe.
Begründet von Julius Petersen.
Hrsg. im Auftrag der Nationalen Forschungs- und Gedenkstätten
der klassischen deutschen Literatur in Weimar (Goethe- und Schiller-Archiv)
und des Schiller-Nationalmuseums in Marbach
von Lieselotte Blumenthal und Benno von Wiese.

Philosophische Schriften. Zweiter Teil.
Unter Mitwirkung von Helmut Koopmann hrsg. von Benno von Wiese.
Weimar 1963 (Nachdruck 1987, ergänzt durch Register für Band 20 und 21
von Gisela und Axel Gellhaus)

V. WEITERE KLEINE SCHRIFTEN WÄHREND UND NACH DER ZEIT DER GROSSEN ABHANDLUNGEN

Ueber die nothwendigen Grenzen beim Gebrauch schöner Formen . . . . . . . . 3
Ueber den moralischen Nutzen ästhetischer Sitten . . . . . . . . . . . . . . . . . . . . 28
Ueber das Erhabene . . . . . . . . . . . . . . . . . . . . . . . . . . . . . . . . . . . . . . . . . . . . . 38

VI. SCHRIFTEN VON SCHILLER UND GOETHE, KOMMENTARE, NACHSCHRIFTEN UND NACHLASS

Ueber epische und dramatische Dichtung . . . . . . . . . . . . . . . . . . . . . . . . . . 57
[Über den Dilettantismus] . . . . . . . . . . . . . . . . . . . . . . . . . . . . . . . . . . . . . . 60
[Anmerkungen zu Wilhelm von Humboldt: Ueber das Studium des Alterthums, und des Griechischen insbesondre] . . . . . . . . . . . . . . . . . 63
[Fragmente aus Schillers aesthetischen Vorlesungen] . . . . . . . . . . . . . . . . . . . 66
[Notizen aus Schillers Nachlaß] . . . . . . . . . . . . . . . . . . . . . . . . . . . . . . . . . . 89
[Zweifelhaftes: Schillers Erklärung über die Freyheit] . . . . . . . . . . . . . . . . . . 96
Schemata: „Der Sammler und die Seinigen“ und „Über den Dilettantismus“ Einstecktasche

ANMERKUNGEN ZU BAND 20

Allgemeine Grundsätze der Edition . . . . . . . . . . . . . . . . . . . . . . . . . . . . . . . 99
Verzeichnis der Siglen und Abkürzungen . . . . . . . . . . . . . . . . . . . . . . . . . . . 104

Erste Karlsschulrede („Rede über die Frage: Gehört allzuviel Güte [...]?“) . . . . . 106
Philosophie der Physiologie . . . . . . . . . . . . . . . . . . . . . . . . . . . . . . . . . . . . . . 114
Zweite Karlsschulrede („Die Tugend in ihren Folgen betrachtet“) . . . . . . . . . . . . 121
Versuch über den Zusammenhang der thierischen Natur des Menschen mit seiner geistigen . . . . . . . . . . . . . . . . . . . . . . . . . . . . . . . . . . . . . . . . . . . 124
Ueber das gegenwärtige teutsche Theater . . . . . . . . . . . . . . . . . . . . . . . . . . . 133
Was kann eine gute stehende Schaubühne eigentlich wirken? . . . . . . . . . . . . . . 139
Brief eines reisenden Dänen . . . . . . . . . . . . . . . . . . . . . . . . . . . . . . . . . . . . . 146
Philosophische Briefe . . . . . . . . . . . . . . . . . . . . . . . . . . . . . . . . . . . . . . . . . . . 151
Ueber den Grund des Vergnügens an tragischen Gegenständen . . . . . . . . . . . . 168
Ueber die tragische Kunst . . . . . . . . . . . . . . . . . . . . . . . . . . . . . . . . . . . . . . . . 175
Vom Erhabenen/Ueber das Pathetische . . . . . . . . . . . . . . . . . . . . . . . . . . . . . . 183
Zerstreute Betrachtungen über verschiedene ästhetische Gegenstände . . . . . . . . 196
Über den Gebrauch des Gemeinen und Niedrigen in der Kunst . . . . . . . . . . . . . 208
Ueber Anmuth und Würde . . . . . . . . . . . . . . . . . . . . . . . . . . . . . . . . . . . . . . . 210
Ueber die ästhetische Erziehung des Menschen . . . . . . . . . . . . . . . . . . . . . . . 232
Ueber naive und sentimentalische Dichtung . . . . . . . . . . . . . . . . . . . . . . . . . . 278

ANMERKUNGEN ZU BAND 21

Ueber die nothwendigen Grenzen beim Gebrauch schöner Formen .......... 317
Ueber den moralischen Nutzen ästhetischer Sitten ........................ 324
Ueber das Erhabene .............................................. 328
Ueber epische und dramatische Dichtung ............................ 336
Schema zu „Der Sammler und die Seinigen" .......................... 347
[Über den Dilettantismus] ......................................... 350
[Anmerkungen zu Wilhelm von Humboldt: Ueber das Studium
des Alterthums, und des Griechischen insbesondre] .................... 379
[Fragmente aus Schillers aesthetischen Vorlesungen] ...................... 383
[Notizen aus Schillers Nachlaß] ................................... 389
[Zweifelhaftes: Erklärung über die Freyheit] ........................... 397

REGISTER ZU DEN PHILOSOPHISCHEN SCHRIFTEN SCHILLERS
IN DEN BÄNDEN 20 UND 21
Bearbeitet von Gisela und Axel Gellhaus (1987)

**Band 22**

Schillers Werke. Nationalausgabe.
Im Auftrag des Goethe- und Schiller-Archivs und des Schiller-Nationalmuseums
hrsg. von Julius Petersen † und Hermann Schneider.

Vermischte Schriften.
Hrsg. von Herbert Meyer.
Weimar 1958 (Nachdruck 1991, ergänzt durch ein Register von Annette Dedring)

I. DER ELEVE

[Bericht an Herzog Karl Eugen über die Mitschüler und sich selbst] ....... 3
Beobachtungen bei der Leichen-Öffnung des Eleve Hillers ............... 17
[Über die Krankheit des Eleven Grammont] ......................... 19
De discrimine febrium inflammatoriarum et putridarum ................ 31

II. DER PUBLIZIST

[Nachrichten zum Nutzen und Vergnügen] .......................... 65
Calliostro – Viel Lärmens um Nichts ............................ 65
Geschichte von La Motte ....................................... 66

Geistliche Nachrichten ... 68
[Königliche Großmut] ... 70
[Der Kopfputz der Florentinerinnen] ... 71
[Väterliche Lehre] ... 71
[Schlagfertige Antwort] ... 72
[Elektrizität als Heilmittel] ... 72
Wirtembergisches Repertorium der Litteratur ... 73
Vorbericht ... 73
Der Spaziergang unter den Linden ... 74
Der Jüngling und der Greis ... 79
Anthologie auf das Jahr 1782 ... 83
[Zueignung] ... 83
[Widmung] ... 83
[Vorrede] ... 85
Die Räuber. [Der Autor an das Publikum] ... 88
Fiesko. Erinnerung an das Publikum ... 89
Rheinische Thalia [und] Thalia ... 93
[Ankündigung der „Rheinischen Thalia"] ... 93
Entschuldigung ... 98
Anzeige [der „Thalia"] ... 99
[Zu Hubers Heimlichem Gericht] ... 100
Erklärung des Herausgebers ... 100
Neue Thalia. [Redaktionelle Bemerkungen] ... 101
Kleinere prosaische Schriften. Vorbericht ... 102
Die Horen ... 103
[Einladung zur Mitarbeit] ... 103
[Ankündigung] ... 106
[Gekürzte Ankündigung] ... 110
Gedichte ... 112
[Ankündigung] ... 112
Vorerinnerung [zum zweiten Bande] ... 112

III. DER KRITIKER

A. Das eigene Werk

Die Räuber ... 115
[Besprechung] ... 115
[Zur Ausgabe Tobias Löfflers] ... 131
Anthologie auf das Jahr 1782 ... 133
Briefe über Don Karlos ... 137
[Zu Rapps Kritik der „Resignation"] ... 178

B. Literarische Werke anderer Autoren

Proben einer teutschen Aeneis nebst lyrischen Gedichten (von G. Fr. Stäudlin) ... 179
Schwäbischer Musenalmanach auf das Jahr 1782 (hrsg. von G. Fr. Stäudlin) .. 186
Vermischte poetische Stücke (von G. Fr. Stäudlin) ... 189
Kasualgedichte eines Wirtembergers (von J. U. Schwindrazheim) ... 191
Vermischte teutsche und französische Poesien (von J. Chr. Schwab) ... 193
Nanine oder das besiegte Vorurteil (von F. Fr. Pfeiffer) ... 195
Zustand der Wissenschaften und Künste in Schwaben (hrsg. von B. Haug) .. 195
Kronau und Albertine (von Fr. L. Schröder) ... 195
Dya-Na-Sore (von W. Fr. von Meyern) ... 196
[Eckartshausens Sittenlehre] ... 197
[Über Egmont, Trauerspiel von Goethe] ... 199
[Über die Iphigenie auf Tauris] ... 211
[Goldonis Memoiren] ... 239
[Über Bürgers Gedichte] ... 245
[Über Matthissons Gedichte] ... 265

C. Bildende Kunst und Musik

[Über den Gartenkalender auf das Jahr 1795] (hrsg. von J. Fr. Cotta) ... 285
[Zu Gottfried Körners Aufsatz über Charakterdarstellung in der Musik] ... 293
An den Herausgeber der Propyläen ... 297

D. Theater und Schauspielkunst

Anhang über die Vorstellung der Räuber ... 309
[Mannheimer Dramaturgie. Entwurf] ... 313
[Über die Mannheimer Preismedaille] ... 314
[Über Iffland als Lear] ... 315
Repertorium des Mannheimer Nationaltheaters ... 315
Wallensteinischer Theaterkrieg ... 319
Dramaturgische Preisfragen ... 321
[Über die erste Aufführung der Piccolomini] ... 324
Dramatische Preisaufgabe ... 326

EINFÜHRUNG UND ANMERKUNGEN

Einführung

Der Mediziner ... 331
Der Publizist ... 335
Der Kritiker ... 342

Kommentar

Allgemeine Grundsätze der Edition ... 347

Der Eleve

Bericht über Mitschüler und sich selbst ... 349
Beobachtungen bei der Leichen-Öffnung des Eleve Hillers ... 352
Über die Krankheit des Eleven Grammont ... 352
De discrimine febrium ... 353

Der Publizist

Nachrichten zum Nutzen und Vergnügen ... 359
Calliostro ... 362
Geschichte von La Motte ... 364
Geistliche Nachrichten ... 365
Königliche Großmut ... 365
Der Kopfputz der Florentinerinnen ... 365
Väterliche Lehre ... 366
Schlagfertige Antwort ... 366
Elektrizität als Heilmittel ... 366
Wirtembergisches Repertorium ... 366
Vorbericht ... 366
Der Spaziergang unter den Linden ... 368
Der Jüngling und der Greis ... 371
Anthologie auf das Jahr 1782 ... 372
Zueignung und Widmung ... 372
Vorrede ... 373
Die Räuber. Der Autor an das Publikum ... 374
Fiesko. Erinnerung an das Publikum ... 375
Rheinische Thalia und Thalia ... 376
Ankündigung ... 376
Entschuldigung ... 378
Anzeige der Thalia ... 378
Zu Hubers Heimlichem Gericht ... 378
Erklärung des Herausgebers ... 378
Neue Thalia. Redaktionelle Bemerkungen ... 379
Kleinere prosaische Schriften. Vorbericht ... 379
Die Horen ... 380
Einladung zur Mitarbeit ... 380
Ankündigung ... 381
Gekürzte Ankündigung ... 383
Gedichte ... 384
Ankündigung ... 384
Vorerinnerung zum 2. Bande ... 384

Der Kritiker

Die Räuber . . . . . 385
Besprechung . . . . . 385
Zur Ausgabe Tobias Löfflers . . . . . 387
Anthologie auf das Jahr 1782 . . . . . 387
Briefe über Don Karlos . . . . . 388
Zu Rapps Kritik der Resignation . . . . . 395
Proben einer teutschen Aeneis von Stäudlin . . . . . 395
Stäudlins Schwäbischer Musenalmanach auf 1782 . . . . . 398
Stäudlins vermischte poetische Stücke . . . . . 399
Kasualgedichte eines Wirtembergers (J. U. Schwindrazheim) . . . . . 400
Schwabs vermischte Poesien . . . . . 401
Pfeiffers Nanine . . . . . 402
Zustand der Wissenschaften und Künste in Schwaben . . . . . 402
Kronau und Albertine . . . . . 402
Meyerns Dya-Na-Sore . . . . . 403
Eckartshausens Beiträge zur Sittenlehre . . . . . 403
Goethes Egmont . . . . . 403
Goethes Iphigenie . . . . . 406
Goldonis Memoiren . . . . . 410
Bürgers Gedichte . . . . . 410
Matthissons Gedichte . . . . . 422
Cottas Gartenkalender . . . . . 427
Körners Aufsatz über Musik . . . . . 429
An den Herausgeber der Propyläen . . . . . 430
Über die Vorstellung der Räuber . . . . . 431
Mannheimer Dramaturgie . . . . . 433
Über die Mannheimer Preismedaille . . . . . 434
Über Iffland als Lear . . . . . 434
Repertorium des Mannheimer Nationaltheaters . . . . . 435
Wallensteinischer Theaterkrieg . . . . . 438
Dramaturgische Preisfragen . . . . . 438
Über die erste Aufführung der Piccolomini . . . . . 439
Dramatische Preisaufgabe . . . . . 442

Literatur . . . . . 443

REGISTER ZU DEN VERMISCHTEN SCHRIFTEN SCHILLERS
IN BAND 22
Bearbeitet von Annette Dedring (1991)

**Band 23**

Schillers Werke. Nationalausgabe.
Im Auftrag des Goethe- und Schiller-Archivs und des Schiller-Nationalmuseums
hrsg. von Julius Petersen † und Hermann Schneider.

Briefwechsel. Schillers Briefe (21.4.) 1772–(25.3.) 1785.
Hrsg. von Walter Müller-Seidel.
Weimar 1956 (Nachdruck 1969)

Verzeichnis der Briefe .................... V

BRIEFE 1772–1785 .................... 1

EINFÜHRUNG UND KOMMENTAR
Einführung .................... 189
Überlieferungsgeschichte .................... 206
Allgemeine Grundsätze der Edition .................... 230
Anmerkungen zu den Briefen Schillers .................... 236
Literaturverzeichnis .................... 349

Nachwort .................... 352

Register .................... 354
I. Register der Werke Schillers .................... 354
II. Personenregister .................... 355
III. Sachregister .................... 362

**Band 24**

Schillers Werke. Nationalausgabe.
Begründet von Julius Petersen. Fortgeführt von Lieselotte Blumenthal
und Benno von Wiese.
Hrsg. im Auftrag der Nationalen Forschungs- und Gedenkstätten
der klassischen deutschen Literatur in Weimar (Goethe- und Schiller-Archiv)
und des Schiller-Nationalmuseums in Marbach
von Norbert Oellers und Siegfried Seidel.

Briefwechsel. Schillers Briefe 17.4.1785–31.12.1787.
In Verbindung mit Walter Müller-Seidel hrsg. von Karl Jürgen Skrodzki.
Weimar 1989

Verzeichnis der Briefe ........ V

SCHILLERS BRIEFE 1785–1787 ........ 1

ANMERKUNGEN
[Vorbemerkung] ........ 193
Verzeichnis der Siglen und Abkürzungen ........ 194
[Anmerkungen zu den Briefen Schillers] ........ 197

Register ........ 438
I. Register der Werke Schillers ........ 439
II. Personenregister ........ 440
III. Ortsregister ........ 460
IV. Sachregister ........ 462

**Band 25**

Schillers Werke. Nationalausgabe.
Begründet von Julius Petersen.
Hrsg. im Auftrag der Nationalen Forschungs- und Gedenkstätten
der klassischen deutschen Literatur in Weimar (Goethe- und Schiller-Archiv)
und des Schiller-Nationalmuseums in Marbach
von Lieselotte Blumenthal und Benno von Wiese.

Briefwechsel. Schillers Briefe 1. 1. 1788–28. 2. 1790.
Hrsg. von Eberhard Haufe.
Weimar 1979

Verzeichnis der Briefe ........ V

SCHILLERS BRIEFE 1788–1790 ........ 1

ANMERKUNGEN
[Vorbemerkung] ........ 425
Verzeichnis der Siglen und Abkürzungen ........ 426
[Anmerkungen zu den Briefen Schillers] ........ 428

Register ........ 784
I. Register der Werke Schillers ........ 785
II. Personenregister ........ 787
III. Ortsregister ........ 811
IV. Sachregister ........ 813

**Band 26**

Schillers Werke. Nationalausgabe.
1940 begründet von Julius Petersen. Fortgeführt von Lieselotte Blumenthal
und Benno von Wiese.
Hrsg. im Auftrag der Stiftung Weimarer Klassik und des Schiller-Nationalmuseums
Marbach von Norbert Oellers und Siegfried Seidel †.

Briefwechsel. Schillers Briefe 1. 3. 1790–17. 5. 1794.
Hrsg. von Edith Nahler und Horst Nahler.
Weimar 1992

Verzeichnis der Briefe ........ V

SCHILLERS BRIEFE 1790–1794 ........ 1

ANMERKUNGEN
[Vorbemerkung] ........ 363
Münzen um 1800 und ihr Wert im Verhältnis zueinander ........ 365
Verzeichnis der Siglen und Abkürzungen ........ 366
[Anmerkungen zu den Briefen Schillers] ........ 373

Register ........ 831
I. Register der Werke Schillers ........ 833
II. Personenregister ........ 837
III. Ortsregister ........ 866
IV. Sachregister ........ 869

**Band 27**

Schillers Werke. Nationalausgabe.
Im Auftrag des Goethe- und Schiller-Archivs und des Schiller-Nationalmuseums
hrsg. von Julius Petersen † und Hermann Schneider.

Briefwechsel. Schillers Briefe (18. 5.) 1794–(29. 6.) 1795.
Hrsg. von Günter Schulz.
Weimar 1958 (Nachdruck 1989)

Verzeichnis der Briefe ........ V

BRIEFE 1794–1795 ........ 1

EINFÜHRUNG UND KOMMENTAR
Einführung ........ 215
Kommentar (Verzeichnis der Siglen, Münzbegriffe) ........ 241
[Anmerkungen zu den Briefen Schillers] ........ 242
Literaturverzeichnis (und Abkürzungen) ........ 377
Die Mitarbeiter der Horen ........ 384
Inhaltsverzeichnis der Horen ........ 386
Alphabetisches Mitarbeiterverzeichnis der Horen ........ 394

Nachwort ........ 400

Register ........ 402
I. Register der Werke Schillers ........ 402
II. Personenregister ........ 403
III. Sachregister ........ 412

**Band 28**

Schillers Werke. Nationalausgabe.
Begründet von Julius Petersen.
Hrsg. im Auftrag der Nationalen Forschungs- und Gedenkstätten
der klassischen deutschen Literatur in Weimar (Goethe- und Schiller-Archiv)
und des Schiller-Nationalmuseums in Marbach
von Lieselotte Blumenthal und Benno von Wiese.

Briefwechsel. Schillers Briefe 1. 7. 1795–31. 10. 1796.
Hrsg. von Norbert Oellers.
Weimar 1969

Verzeichnis der Briefe ........ V

SCHILLERS BRIEFE 1795–1796 ........ 1

ANMERKUNGEN
[Vorbemerkung] ........ 331
Verzeichnis der Siglen und Abkürzungen ........ 335
[Anmerkungen zu den Briefen Schillers] ........ 338

Register ........ 655
I. Register der Werke Schillers ........ 656
II. Personenregister ........ 660
III. Ortsregister ........ 684
IV. Sachregister ........ 687

**Band 29**

Schillers Werke. Nationalausgabe.
Begründet von Julius Petersen.
Hrsg. im Auftrag der Nationalen Forschungs- und Gedenkstätten
der klassischen deutschen Literatur in Weimar (Goethe- und Schiller-Archiv)
und des Schiller-Nationalmuseums in Marbach
von Lieselotte Blumenthal und Benno von Wiese.

Briefwechsel. Schillers Briefe 1. 11. 1776–31. 10. 1798.
Hrsg. von Norbert Oellers und Frithjof Stock.
Weimar 1977

Verzeichnis der Briefe ........ V

SCHILLERS BRIEFE 1796–1798 ........ 1

ANMERKUNGEN
[Vorbemerkung] ........ 301
Verzeichnis der Siglen und Abkürzungen ........ 302
[Anmerkungen zu den Briefen Schillers] ........ 307

Register ........ 653
I. Register der Werke Schillers ........ 654
II. Personenregister ........ 656
III. Ortsregister ........ 680
IV. Sachregister ........ 683

Berichtigung ........ 710

## Band 30

Schillers Werke. Nationalausgabe.
Begründet von Julius Petersen.
Hrsg. im Auftrag der Nationalen Forschungs- und Gedenkstätten der klassischen deutschen Literatur
in Weimar (Goethe- und Schiller-Archiv) und des Schiller-Nationalmuseums in Marbach
von Lieselotte Blumenthal und Benno von Wiese.

Briefwechsel. Schillers Briefe 1. 11. 1798–31. 12. 1800.
Hrsg. von Lieselotte Blumenthal.
Weimar 1961 (Nachdruck 1990)

Verzeichnis der Briefe . . . . . . . . . . V

SCHILLERS BRIEFE 1798–1800 . . . . . . . . . . 1

ANMERKUNGEN
[Vorbemerkung] . . . . . . . . . . 229
Verzeichnis der Siglen und Abkürzungen . . . . . . . . . . 231
[Anmerkungen zu den Briefen Schillers] . . . . . . . . . . 233

Nachwort . . . . . . . . . . 428

Register (bearbeitet von Eberhard Haufe) . . . . . . . . . . 429
I. Register der Werke Schillers . . . . . . . . . . 429
II. Personenregister . . . . . . . . . . 431
III. Ortsregister . . . . . . . . . . 445
IV. Sachregister . . . . . . . . . . 446

## Band 31

Schillers Werke. Nationalausgabe.
Begründet von Julius Petersen. Fortgeführt von Lieselotte Blumenthal und Benno von Wiese.
Hrsg. im Auftrag der Nationalen Forschungs- und Gedenkstätten
der klassischen deutschen Literatur in Weimar (Goethe- und Schiller-Archiv)
und des Schiller-Nationalmuseums in Marbach
von Norbert Oellers und Siegfried Seidel.

Briefwechsel. Schillers Briefe 1. 1. 1801–31. 12. 1802.
Hrsg. von Stefan Ormanns.
Weimar 1985

Verzeichnis der Briefe . . . . . . . . . . V

SCHILLERS BRIEFE 1801–1802 . . . . . . . . . . 1

ANMERKUNGEN
[Vorbemerkung] . . . . . . . . . . 181
Verzeichnis der Siglen und Abkürzungen . . . . . . . . . . 183
[Anmerkungen zu den Briefen Schillers] . . . . . . . . . . 189

Register . . . . . . . . . . 579
I. Register der Werke Schillers . . . . . . . . . . 580
II. Personenregister . . . . . . . . . . 583
III. Ortsregister . . . . . . . . . . 616
IV. Sachregister . . . . . . . . . . 619

**Band 32**

Schillers Werke. Nationalausgabe.
Begründet von Julius Petersen. Fortgeführt von Lieselotte Blumenthal
und Benno von Wiese.
Hrsg. im Auftrag der Nationalen Forschungs- und Gedenkstätten
der klassischen deutschen Literatur in Weimar (Goethe- und Schiller-Archiv)
und des Schiller-Nationalmuseums in Marbach
von Norbert Oellers und Siegfried Seidel.

Briefwechsel. Schillers Briefe 1. 1. 1803–9. 5. 1805.
Hrsg. von Axel Gellhaus.
Weimar 1984

Verzeichnis der Briefe . . . . . . . . . . V

SCHILLERS BRIEFE 1803–1805 . . . . . . . . . . 1

UNECHTES UND ZWEIFELHAFTES . . . . . . . . . . 221

ANMERKUNGEN
[Vorbemerkung] . . . . . . . . . . 239

Verzeichnis der Siglen und Abkürzungen . . . 241
[Anmerkungen zu den Briefen Schillers] . . . 246
[Anmerkungen zu] Unechtes und Zweifelhaftes . . . 593

Register . . . 599
I. Register der Werke Schillers . . . 600
II. Personenregister . . . 602
III. Ortsregister . . . 623
IV. Sachregister . . . 626

**Band 33 I**

Schillers Werke. Nationalausgabe.
Begründet von Julius Petersen. Fortgeführt von Lieselotte Blumenthal
und Benno von Wiese.
Hrsg. im Auftrag der Nationalen Forschungs- und Gedenkstätten
der klassischen deutschen Literatur in Weimar (Goethe- und Schiller-Archiv)
und des Schiller-Nationalmuseums in Marbach
von Norbert Oellers und Siegfried Seidel.

Briefwechsel. Briefe an Schiller (11.8.) 1781–28.2.1790 (Text).
Hrsg. von Siegfried Seidel.
Weimar 1989

Verzeichnis der Briefe . . . V

BRIEFE AN SCHILLER 1781–1790 . . . 1

Register der Briefschreiber . . . 486

**Band 33 II**

Schillers Werke. Nationalausgabe.
1940 begründet von Julius Petersen. Fortgeführt von Lieselotte Blumenthal,
Benno von Wiese, Siegfried Seidel.
Hrsg. im Auftrag der Stiftung Weimarer Klassik
und des Schiller-Nationalmuseums in Marbach
von Norbert Oellers.
Redaktor Horst Nahler.

Briefwechsel. Briefe an Schiller (11. 8.) 1781–28. 2. 1790 (Anmerkungen).
Hrsg. von Georg Kurscheidt.
Weimar 1998

BRIEFE AN SCHILLER 1781–1790

ANMERKUNGEN
Vorbemerkung . . . . . . . . . . 7
Münzen um 1800 . . . . . . . . . . 9
Verzeichnis der Siglen und Abkürzungen . . . . . . . . . . 10
Verzeichnis der häufig vorkommenden Abkürzungen, Begriffe und Namen . . 19
Anmerkungen zu den Briefen an Schiller . . . . . . . . . . 21

Nachtrag
Entwürfe eines nicht überlieferten Briefs von Gottfried August Bürger an Schiller, Ende April 1789 . . . . . . . . . . 667

Nachtrag zu Nr 143
Lesarten zu Körners Brief an Schiller vom 16. März 1788 . . . . . . . . . . 668

Korrektur zu NA 34 II . . . . . . . . . . 669

Register . . . . . . . . . . 670
I. Register der Werke Schillers . . . . . . . . . . 670
II. Personenregister . . . . . . . . . . 676
III. Ortsregister . . . . . . . . . . 751
IV. Sachregister . . . . . . . . . . 760

Verzeichnis von Briefen Dritter im Anmerkungsband . . . . . . . . . . 877

Urkunden und Dokumente . . . . . . . . . . 877

**Band 34 I**

Schillers Werke. Nationalausgabe.
Begründet von Julius Petersen. Fortgeführt von Lieselotte Blumenthal und Benno von Wiese.
Hrsg. im Auftrag der Nationalen Forschungs- und Gedenkstätten der klassischen deutschen Literatur in Weimar (Goethe- und Schiller-Archiv) und des Schiller-Nationalmuseums in Marbach von Norbert Oellers und Siegfried Seidel.

Briefwechsel. Briefe an Schiller 1. 3. 1790–24. 5. 1794 (Text).
Hrsg. von Ursula Naumann.
Weimar 1991

Verzeichnis der Briefe .......... V

BRIEFE AN SCHILLER 1790–1794 .......... 1

ANHANG
Briefe an Charlotte Schiller mit Nachrichten für Schiller .......... 363

Register der Briefschreiber .......... 394

**Band 34 II**

Schillers Werke. Nationalausgabe.
1940 begründet von Julius Petersen. Fortgeführt von Lieselotte Blumenthal,
Benno von Wiese, Siegfried Seidel.
Hrsg. im Auftrag der Stiftung Weimarer Klassik
und des Schiller-Nationalmuseums in Marbach
von Norbert Oellers.
Redaktor Horst Nahler.

Briefwechsel. Briefe an Schiller 1. 3. 1790–24. 5. 1794 (Anmerkungen).
Hrsg. von Ursula Naumann.
Weimar 1997

BRIEFE AN SCHILLER 1790–1794

ANMERKUNGEN
[Vorbemerkung] .......... 7
Münzen um 1800 und ihr Wert im Verhältnis zueinander .......... 10
Verzeichnis der Siglen und Abkürzungen .......... 11
Anmerkungen zu den Briefen an Schiller .......... 19
Anmerkungen zu den Briefen an Charlotte Schiller .......... 560

Nachtrag
135 a. Brief von Stäudlin an Schiller, 1. Juni 1792 .......... 589

Register ... 590
I. Register der Werke Schillers ... 590
II. Personenregister ... 594
III. Ortsregister ... 641
IV. Sachregister (von Andreas Wistoff) ... 647

Korrektur zu Band 34 II siehe Band 33 II, S. 669

**Band 35**

Schillers Werke. Nationalausgabe.
Begründet von Julius Petersen.
Hrsg. im Auftrag der Nationalen Forschungs- und Gedenkstätten
der klassischen deutschen Literatur in Weimar (Goethe- und Schiller-Archiv)
und des Schiller-Nationalmuseums in Marbach
von Lieselotte Blumenthal und Benno von Wiese.

Briefwechsel. Briefe an Schiller 25. 5. 1794–31. 10. 1795.
In Verbindung mit Lieselotte Blumenthal hrsg. von Günter Schulz.
Weimar 1964 (Nachdruck 1993)

Verzeichnis der Briefe ... V

BRIEFE AN SCHILLER 1794–1795 ... 1

ANMERKUNGEN
[Vorbemerkung] ... 417
Verzeichnis der Siglen und Abkürzungen ... 419
[Anmerkungen zu den Briefen an Schiller] ... 423

Register ... 661
I. Register der Werke Schillers ... 661
II. Personenregister ... 663
III. Ortsregister ... 682
IV. Sachregister ... 684

**Band 36 I**

Schillers Werke. Nationalausgabe.
Begründet von Julius Petersen.
Hrsg. im Auftrag der Nationalen Forschungs- und Gedenkstätten
der klassischen deutschen Literatur in Weimar (Goethe- und Schiller-Archiv)
und des Schiller-Nationalmuseums in Marbach
von Lieselotte Blumenthal und Benno von Wiese.

Briefwechsel. Briefe an Schiller 1. 11. 1795–31. 3. 1797 (Text).
Hrsg. von Norbert Oellers.
Weimar 1972

Verzeichnis der Briefe . . . . . . . . . . . . . . . . . . . . . . . . . . . . . . . . . . . . . . . . . V

BRIEFE AN SCHILLER 1795–1797 . . . . . . . . . . . . . . . . . . . . . . . . . . . . . . . 1

**Band 36 II**

Schillers Werke. Nationalausgabe.
Begründet von Julius Petersen.
Hrsg. im Auftrag der Nationalen Forschungs- und Gedenkstätten
der klassischen deutschen Literatur in Weimar (Goethe- und Schiller-Archiv)
und des Schiller-Nationalmuseums in Marbach
von Lieselotte Blumenthal und Benno von Wiese.

Briefwechsel. Briefe an Schiller 1. 11. 1795–31. 3. 1797 (Anmerkungen).
Hrsg. von Norbert Oellers.
Weimar 1976

BRIEFE AN SCHILLER 1795–1797

ANMERKUNGEN
[Vorbemerkung] . . . . . . . . . . . . . . . . . . . . . . . . . . . . . . . . . . . . . . . . . . . . 3
Münzen um 1800 und ihr Wert im Verhältnis zueinander . . . . . . . . . . . . . . . 4
Verzeichnis der Siglen und Abkürzungen . . . . . . . . . . . . . . . . . . . . . . . . . . . 5
[Anmerkungen zu den Briefen an Schiller] . . . . . . . . . . . . . . . . . . . . . . . . . . 11

Korrekturen und Ergänzungen . . . . . . . . . . . . . . . . . . . . . . . . . . . . . . . . . . 477

Nachtrag
177 a. Brief von Wilhelm von Humboldt, 24. Mai 1796 ................ 478

Register (bearbeitet von Georg Kurscheidt unter Mitwirkung
von Lieselotte Blumenthal und Norbert Oellers) ........................ 480
I. Register der Werke Schillers .................................. 481
II. Personenregister ............................................ 485
III. Ortsregister ................................................ 528
IV. Sachregister ................................................ 533

**Band 37 I**

Schillers Werke. Nationalausgabe.
Begründet von Julius Petersen. Fortgeführt von Lieselotte Blumenthal
und Benno von Wiese.
Hrsg. im Auftrag der Nationalen Forschungs- und Gedenkstätten
der klassischen deutschen Literatur in Weimar (Goethe- und Schiller-Archiv)
und des Schiller-Nationalmuseums in Marbach
von Norbert Oellers und Siegfried Seidel.

Briefwechsel. Briefe an Schiller 1. 4. 1797–31. 10. 1798 (Text).
Hrsg. von Norbert Oellers und Frithjof Stock.
Weimar 1981

Verzeichnis der Briefe .............................................. V

BRIEFE AN SCHILLER 1797–1798 .................................. 1

Register der Briefschreiber ......................................... 375

**Band 37 II**

Schillers Werke. Nationalausgabe.
Begründet von Julius Petersen. Fortgeführt von Lieselotte Blumenthal
und Benno von Wiese.
Hrsg. im Auftrag der Nationalen Forschungs- und Gedenkstätten
der klassischen deutschen Literatur in Weimar (Goethe- und Schiller-Archiv)
und des Schiller-Nationalmuseums in Marbach
von Norbert Oellers und Siegfried Seidel.

Briefwechsel. Briefe an Schiller 1.4.1797–31.10.1798 (Anmerkungen).
Hrsg. von Norbert Oellers und Frithjof Stock.
Weimar 1988

BRIEFE AN SCHILLER 1797–1798

ANMERKUNGEN
[Vorbemerkung] ........ 3
Münzen um 1800 und ihr Wert im Verhältnis zueinander ........ 4
Verzeichnis der Siglen und Abkürzungen ........ 5
[Anmerkungen zu den Briefen an Schiller] ........ 11

Register ........ 474
I. Register der Werke Schillers ........ 475
II. Personenregister ........ 478
III. Ortsregister ........ 520
IV. Sachregister ........ 525

**Band 38 I**

Schillers Werke. Nationalausgabe.
Begründet von Julius Petersen.
Hrsg. im Auftrag der Nationalen Forschungs- und Gedenkstätten
der klassischen deutschen Literatur in Weimar (Goethe- und Schiller-Archiv)
und des Schiller-Nationalmuseums in Marbach
von Lieselotte Blumenthal und Benno von Wiese.

Briefwechsel. Briefe an Schiller 1.11.1798–31.12.1800 (Text).
Hrsg. von Lieselotte Blumenthal.
Weimar 1975

Verzeichnis der Briefe ........ V

BRIEFE AN SCHILLER 1798–1800 ........ 1

**Band 38 II**

Schillers Werke. Nationalausgabe.
1940 begründet von Julius Petersen. Fortgeführt von Lieselotte Blumenthal,
Benno von Wiese, Siegfried Seidel.
Hrsg. im Auftrag der Stiftung Weimarer Klassik
und des Schiller-Nationalmuseums in Marbach
von Norbert Oellers.
Redaktor Georg Kurscheidt.

Briefwechsel. Briefe an Schiller 1. 11. 1798–31. 12. 1800 (Anmerkungen).
Hrsg. von Andreas Wistoff.
Weimar 2000

BRIEFE AN SCHILLER 1798–1800

ANMERKUNGEN
Vorbemerkung .......... 7
Münze und Geldrechnung in Schillers Umfeld 1786–1800
(von Diedrich Deseniss) .......... 10
Verzeichnis der Siglen und Abkürzungen .......... 12
Anmerkungen zu den Briefen an Schiller .......... 21

Nachträge
1 a. Von Unbekannt, vermutlich Sommer oder Herbst 1798 .......... 699
190 a. Von Abel, 1. September [Oktober] 1799 .......... 700
197 a. Von Louise von Sachsen-Weimar-Eisenach, 21. Oktober 1799 .......... 702
442 a. Von Gutjahr, 19. November 1800 .......... 703

Zweifelhaftes
Von Schiller (?) an Unbekannt, 27. September 1800 .......... 706

Register .......... 707
I. Register der Werke Schillers .......... 707
II. Personenregister .......... 711
III. Ortsregister .......... 782
IV. Sachregister .......... 791

Verzeichnis von Briefen Dritter im Anmerkungsband .......... 849

Urkunden und Dokumente .......... 849

**Band 39 I**

Schillers Werke. Nationalausgabe.
Begründet von Julius Petersen. Fortgeführt von Lieselotte Blumenthal
und Benno von Wiese.
Hrsg. im Auftrag der Nationalen Forschungs- und Gedenkstätten
der klassischen deutschen Literatur in Weimar (Goethe- und Schiller-Archiv)
und des Schiller-Nationalmuseums in Marbach
von Norbert Oellers und Siegfried Seidel.

Briefwechsel. Briefe an Schiller 1. 1. 1801–31. 12. 1802 (Text).
Hrsg. von Stefan Ormanns.
Weimar 1988

Verzeichnis der Briefe ........ V

BRIEFE AN SCHILLER 1801–1802 ........ 1

Register der Briefschreiber ........ 357

**Band 39 II**

Schillers Werke. Nationalausgabe.
1940 begründet von Julius Petersen. Fortgeführt von Lieselotte Blumenthal,
Benno von Wiese, Siegfried Seidel.
Hrsg. im Auftrag der Stiftung Weimarer Klassik
und des Schiller-Nationalmuseums in Marbach
von Norbert Oellers.
Redaktor Georg Kurscheidt.

Briefwechsel. Briefe an Schiller 1.1.1801–31.12.1802 (Anmerkungen).
Hrsg. von Barbara Steingießer.
Weimar 2001

BRIEFE AN SCHILLER 1801–1802

ANMERKUNGEN
Vorbemerkung ........ 7
Münze und Geldrechnung in Schillers Umfeld 1786 – 1805
(von Diedrich Deseniss) ........ 10

Verzeichnis der Siglen und Abkürzungen ........................... 12
Anmerkungen zu den Briefen Schillers ........................... 25

Nachträge
94 a. Von Harbaur [zwischen Dezember 1800 und Dezember 1801; vielleicht 10. Juli 1801 ........................... 789
337 a. Von Wilhelm von Humboldt, 15. [und 18.] Oktober 1802 ......... 792
Von Körner an Charlotte Schiller, 20. April 1801 ..................... 802

Register
I. Register der Werke Schillers ........................... 805
II. Personenregister ........................... 810
III. Ortsregister ........................... 898
IV. Sachregister ........................... 906

Verzeichnis von Briefen Dritter im Anmerkungsband ..................... 991

Urkunden und Dokumente ........................... 993

**Band 40 I**

Schillers Werke. Nationalausgabe.
Begründet von Julius Petersen. Fortgeführt von Lieselotte Blumenthal und Benno von Wiese.
Hrsg. im Auftrag der Nationalen Forschungs- und Gedenkstätten der klassischen deutschen Literatur in Weimar (Goethe- und Schiller-Archiv) und des Schiller-Nationalmuseums in Marbach von Norbert Oellers und Siegfried Seidel.

Briefwechsel. Briefe an Schiller 1. 1. 1803–17. 5. 1805 (Text).
Hrsg. von Georg Kurscheidt und Norbert Oellers.
Weimar 1987

Verzeichnis der Briefe ........................... V

BRIEFE AN SCHILLER 1803–1805 ........................... 1

Register der Briefschreiber ........................... 325

**Band 40 II**

Schillers Werke. Nationalausgabe.
1940 begründet von Julius Petersen. Fortgeführt von Lieselotte Blumenthal, Benno von Wiese, Siegfried Seidel.
Hrsg. im Auftrag der Stiftung Weimarer Klassik und des Schiller-Nationalmuseums in Marbach
von Norbert Oellers.
Redaktor Horst Nahler.

Briefwechsel. Briefe an Schiller 1. 1. 1803–17. 5. 1805 (Anmerkungen).
Hrsg. von Georg Kurscheidt und Norbert Oellers.
Weimar 1995

BRIEFE AN SCHILLER 1803–1805

ANMERKUNGEN
Vorbemerkung . . . . . . . . . . 3
Münzen um 1800 und ihr Wert im Verhältnis zueinander . . . . . . . . . . 4
Verzeichnis der Siglen und Abkürzungen . . . . . . . . . . 5
Anmerkungen zu den Briefen an Schiller . . . . . . . . . . 13

Nachtrag
166 a. Von Anne-Germaine de Staël-Holstein, 29. [?] Dezember 1803 . . . . . . 461

Nachtrag zu NA 32
85 a. An Louise Brachmann, 30. September 1803 . . . . . . . . . . 462

Register (bearbeitet von Andreas Wistoff) . . . . . . . . . . 464
I. Register der Werke Schillers . . . . . . . . . . 465
II. Personenregister . . . . . . . . . . 468
III. Ortsregister . . . . . . . . . . 515
IV. Sachregister . . . . . . . . . . 520

Verzeichnis von Briefen Dritter im Anmerkungsband . . . . . . . . . . 605

**Band 41 I**

Schillers Werke. Nationalausgabe.
1940 begründet von Julius Petersen. Fortgeführt von Lieselotte Blumenthal,
Benno von Wiese, Siegfried Seidel.
Hrsg. im Auftrag der Stiftung Weimarer Klassik
und des Schiller-Nationalmuseums in Marbach
von Norbert Oellers.
Redaktor Georg Kurscheidt.

Lebenszeugnisse I. Schillers Kalender. Schillers Bibliothek.
Hrsg. von Georg Kurscheidt und Andreas Wistoff unter Mitarbeit von Horst Nahler
und unter Benutzung von Vorarbeiten von Friedrich Menzel und Konrad Kratzsch.
Weimar 2003

SCHILLERS KALENDER
(Hrsg. von Georg Kurscheidt)

1795 . . . . . 7
1796 . . . . . 22
1797 . . . . . 53
1798 . . . . . 81
1799 . . . . . 109
1800 . . . . . 131
1801 . . . . . 145
1802 . . . . . 159
1803 . . . . . 204
1804 . . . . . 227
1805 . . . . . 254

ANMERKUNGEN

Einführung . . . . . 265
Hinweise zur Wiedergabe der Kalendereintragungen . . . . . 265
Hinweise zur Benutzung der Erläuterungen . . . . . 267
Münze und Goldrechnung in Schillers Umfeld 1786–1805
(von Diedrich Deseniss) . . . . . 270
Zum Wert der Münzen und Rechnungseinheiten um 1800
(von Diedrich Deseniss) . . . . . 272
Maß und Gewicht in Schillers Kalender (von Diedrich Deseniss) . . . . . 274
Überlieferung . . . . . 275
Erläuterungen . . . . . 280
1795 . . . . . 280
1796 . . . . . 302

1797 .......... 340
1798 .......... 374
1799 .......... 392
1800 .......... 421
1801 .......... 436
1802 .......... 451
1803 .......... 488
1804 .......... 517
1805 .......... 548

## SCHILLERS BIBLIOTHEK

(Hrsg. von Andreas Wistoff unter Mitarbeit von Horst Nahler und unter Benutzung von Vorarbeiten von Friedrich Menzel und Konrad Kratzsch)

1. Schillers Werke (Nr 1–77) .......... 561
Von Schiller verfaßte oder herausgegebene Werke .......... 561
Übersetzungen von Werken Schillers .......... 592
Vertonungen von Werken Schillers .......... 595
Bildliche Darstellungen zu Werken Schillers .......... 596
Zeitgenössische Literatur über Werke Schillers .......... 596
2. Allgemeines (Nr 78–126) .......... 599
Nachschlagewerke (Wörterbücher, Lexika, Grammatiken) .......... 599
Auktions- und Bibliothekskataloge .......... 603
Allgemeine Zeitungen und Zeitschriften .......... 604
Kalender .......... 612
3. Theologie (Nr 127–138) .......... 614
4. Philosophie (Nr 139–177) .......... 618
5. Literatur- und Kunstwissenschaft, Ästhetik (Nr 178–214) .......... 629
6. Griechische Literatur (Nr 215–229) .......... 638
7. Römische Literatur (Nr 230–243) .......... 644
8. Deutsche Literatur (Nr 244–381) .......... 648
9. Französische Literatur (Nr 382–417) .......... 692
10. Englische Literatur (Nr 418–455) .......... 702
11. Französische Literatur (Nr 456–460) .......... 714
12. Spanische Literatur (Nr 461) .......... 716
13. Asiatische Literatur (Nr 462–464) .......... 716
14. Geschichte (Nr 465–581) .......... 718
Allgemein (Geschichtsphilosophie, Weltgeschichte, Alte Geschichte, Europäische Geschichte [Dreißigjähriger Krieg], Kirchengeschichte) .......... 718
Geschichte einzelner Staaten .......... 740
Deutsche Geschichte .......... 740
Französische Geschichte .......... 748
Belgische und niederländische Geschichte .......... 759

Britische Geschichte . . . . . . . . . . 764
Schweizerische Geschichte . . . . . . . . . . 765
Schwedische Geschichte . . . . . . . . . . 767
Italienische Geschichte . . . . . . . . . . 768
Spanische Geschichte . . . . . . . . . . 769
15. Biographien, Memoiren, Briefe (Nr 582–630) . . . . . . . . . . 770
Sammelwerke . . . . . . . . . . 770
Einzeldarstellungen . . . . . . . . . . 771
16. Geographie (Nr 631–657) . . . . . . . . . . 792
Texte . . . . . . . . . . 792
Landkarten . . . . . . . . . . 796
17. Naturwissenschaften, Medizin (Nr 658–677) . . . . . . . . . . 799
18. Varia (Nr 678–690) . . . . . . . . . . 804
Bücher und sonstige Druckschriften . . . . . . . . . . 804
Musikalien . . . . . . . . . . 807

ANMERKUNGEN

Hinweise zur Benutzung . . . . . . . . . . 808
Schillers eigenhändiges Bücherverzeichnis . . . . . . . . . . 811
Datierung . . . . . . . . . . 814
Überlieferung . . . . . . . . . . 814
Erläuterungen . . . . . . . . . . 814
Zur Geschichte von Schillers Bibliothek . . . . . . . . . . 821
Schillers Lektüre und Büchererwerb . . . . . . . . . . 821
Schillers Bibliothek 1805–1851 . . . . . . . . . . 826
Schillers Bibliothek 1851 bis heute . . . . . . . . . . 830
1. Hamburger Komplex . . . . . . . . . . 830
2. Weimarer Komplex . . . . . . . . . . 833
3. Marbacher Komplex . . . . . . . . . . 836
Literatur zu Schillers Bibliothek . . . . . . . . . . 839
Schema zur Überlieferung von Schillers Bibliothek . . . . . . . . . . 842
Nachbemerkung . . . . . . . . . . 844

Verzeichnis der Siglen und Abkürzungen . . . . . . . . . . 845

Register zu Schillers Kalender (bearbeitet von Georg Kurscheidt unter Mitwirkung von Barbara Steingießer) . . . . . . . . . . 853
I. Register der Werke Schillers . . . . . . . . . . 854
II. Personenregister . . . . . . . . . . 857

Register zu Schillers Bibliothek: Verfasser, Bearbeiter, Übersetzer (bearbeitet von Andreas Wistoff unter Mitwirkung von Barbara Steingießer) . . . 901

**Band 41 II A**

Schillers Werke. Nationalausgabe.
1940 begründet von Julius Petersen. Fortgeführt von Lieselotte Blumenthal,
Benno von Wiese, Siegfried Seidel.
Hrsg. im Auftrag der Stiftung Weimarer Klassik
und des Schiller-Nationalmuseums in Marbach
von Norbert Oellers.
Redaktor Georg Kurscheidt.

Lebenszeugnisse II. Dokumente zu Schillers Leben (Text).
Hrsg. von Martin Schalhorn.
Weimar 2006

I Prolog. Nr 1–18 . . . . 1
II Marbach – Ludwigsburg – Solitude – Stuttgart 1759–1782. Nr 19–173 . . . 11
III Mannheim – Bauerbach 1782–1785. Nr 174–220 . . . . 227
IV Leipzig – Dresden –Weimar 1785–1789. Nr 221–242 . . . . 261
V Jena 1789–1799. Nr 243–485 . . . . 285
VI Weimar 1799–1805. Nr 486–693 . . . . 461

**Band 41 II B**

Schillers Werke. Nationalausgabe.
1940 begründet von Julius Petersen. Fortgeführt von Lieselotte Blumenthal,
Benno von Wiese, Siegfried Seidel.
Hrsg. im Auftrag der Stiftung Weimarer Klassik
und des Schiller-Nationalmuseums in Marbach
von Norbert Oellers.

Lebenszeugnisse II. Dokumente zu Schillers Leben (Erläuterungen).
Hrsg. von Martin Schalhorn unter Mitarbeit
von Franca Victoria Schankweiler.
Weimar 2021

I Prolog. Nr 1–18 . . . . 53
II Marbach – Ludwigsburg – Solitude – Stuttgart 1759–1782. Nr 19–173 . . . 70
III Mannheim – Bauerbach 1782–1785. Nr 174–220 . . . . 271
IV Leipzig – Dresden –Weimar 1785–1789. Nr 221–242 . . . . 322
V Jena 1789–1799. Nr 243–485 . . . . 355
VI Weimar 1799–1805. Nr 486–693 . . . . 665

**Band 42**

Schillers Werke. Nationalausgabe.
Begründet von Julius Petersen.
Hrsg. im Auftrag der Nationalen Forschungs- und Gedenkstätten
der klassischen deutschen Literaturin Weimar (Goethe- und Schiller-Archiv)
und des Schiller-Nationalmuseums in Marbach
von Lieselotte Blumenthal und Benno von Wiese.

Schillers Gespräche.
Unter Mitwirkung von Lieselotte Blumenthal hrsg. von Dietrich Germann
und Eberhard Haufe.
Weimar 1967

SCHILLERS GESPRÄCHE ........ 1

1764–1782 Lorch – Ludwigsburg – Stuttgart ........ 1
1782–1785 Mannheim – Bauerbach – Mannheim ........ 35
1785–1789 Leipzig – Dresden – Weimar ........ 91
1789–1794 Jena – Ludwigsburg – Stuttgart ........ 121
1794–1799 Jena ........ 189
1799–1805 Weimar ........ 285

ANMERKUNGEN

[Vorbemerkung (Siglen a. E.)] ........ 439
1764–1782 Lorch – Ludwigsburg – Stuttgart ........ 447
1782–1785 Mannheim – Bauerbach – Mannheim ........ 471
1785–1789 Leipzig – Dresden – Weimar ........ 498
1789–1794 Jena – Ludwigsburg – Stuttgart ........ 517
1794–1799 Jena ........ 553
1799–1805 Weimar ........ 622

Nachwort ........ 728

Literaturverzeichnis [und Abkürzungen] ........ 730

Register ........ 739
I. Register der Werke Schillers ........ 739
II. Personenregister ........ 741
III. Ortsregister ........ 769
IV. Sachregister ........ 771

# INHALTSVERZEICHNIS

des dreiundvierzigsten Bandes

# INHALT

Einleitung .................................................. 5

Verzeichnis der Siglen und Abkürzungen .............................. 7

SCHILLERS WERKE (NA 1–22):

KORREKTUREN UND ERGÄNZUNGEN ....................................... 13

De discrimine febrium / Fieberschrift ............................. 57

Fieberschrift Anmerkungen ......................................... 119

Personenregister .................................................. 143

Glossar ........................................................... 146

Avanturen des neuen Telemachs ..................................... 155

Anmerkungen ....................................................... 189

BRIEFE VON UND AN SCHILLER (NA 23–40):

NACHTRÄGE, KORREKTUREN UND ERGÄNZUNGEN, VERZEICHNISSE ............. 211

Vorbemerkungen .................................................... 213

I. Nachträge ....................................................... 217

1. Schillers Briefe (NA 23–32) .................................... 219

Zweifelhaftes ..................................................... 267

2. Briefe an Schiller (NA 33–40) .................................. 269

II. Korrekturen und Ergänzungen .................................... 291

1. Schillers Briefe (NA 23–32) .................................... 293

2. Briefe an Schiller (NA 33–40) .................................. 469

Verzeichnis der Adressaten von Schillers Briefen .................. 529

Verzeichnis der Absender von Briefen an Schiller .................. 587

DOKUMENTE ZU SCHILLERS LEBEN (NA 41 B) ............................ 669

INHALTSVERZEICHNIS DER SCHILLER-NATIONALAUSGABE ... 673

Printed by Wilco bv, the Netherlands